JN437900

세상을 바꾼
위대한 거성들

90인 인물 평전

김영무 지음

아가페문화사

The Great Spiritual Giants That Have Changed The World

By

Young-Moo Kim

2018

Agape Culture publishing Company

Seoul, Korea

책 머리에

사람들은 나름대로의 삶의 철학에 근거해서 세상을 바라보고 평가한다. 혹자는 이대로도 세상은 살만한 곳이라고 말하기도 하지만, 필자는 한마디로 세상에 대하여 "변해야 한다" 고 말하고 싶다. 분명히 세상은 처음 에덴 동산의 상태로 돌아갈 수는 없어도 이대로 가서는 안되며, 변해야 하고 개혁되어야 한다.

예수 그리스도의 십자가는 그 당시의 비기독교인들은 감히 상상할 수도 없었던 하나님의 비밀의 계시로서, 하나님의 영광과 사랑을 보여준 사건이었다. 하나님의 아들이 사람으로 오심은 인류의 삶의 원리와 원칙을 바꾸어 놓았다. 그리고 2,000년 전 초대교회 교인들은 예수님을 구주로 믿고 그의 말씀대로 살기 위해 순교를 두려워하지 않았다. 그들의 죽음은 진리에 대한 그들의 믿음의 산물이었다. 또한 16세기의 종교개혁자들은 하나님의 말씀인 성경에서 진정한 삶의 가치를 발견하고 그들의 일생을 바쳐 종교개혁이란 대 변혁의 물결을 일으켜 놓았다. 이런 사건들은 세상을 바꾸는 살아있는 힘이었다. 그러나 세상은 아직도 복음으로 살아가는 우리 기독교인들의 전도와 사랑과 봉사의 삶에 의해 변화되어야 할 부분들로 가득차 있다. 이제 또 한 세대의 천년을 살아가는 우리는 무엇을 위해, 그리고 어떻게 살아가야 하는가?

모든 기독교인들은 이 시점에서 또다시 하나님의 비전과 사명을 확인해 보아야 한다. 우리는 우리가 서 있는 곳에서 하나님 나라가 이루어지도록 세상을 바꿀 수 있는 일들을 찾아 살아가야 한다. 우리가 그런 지혜와 힘을 얻기 위해서는 지난 2,000년 동안 세상을 변화시켰던 인물들의 회심의 원인과 가치관, 삶의 행적들을 연구하여 무엇이 그들로 하여금 그렇게 살게 했는지 깨달아야 한다. 우리는 다양한 인종과 계층, 갖가지 다른 재능과 직업을 가졌던 위인들이 극적으로 변화되어 오직 주님을 위해, 주님으로 말미암아, 주님을 닮기 위해 일생을 바쳤던 것을 살펴보면서 많은 교훈과 감동을 얻을 것이다. 이 일은 우리에게 세상을 변화시킬 힘과 용기와 지혜를 줄 것이며 진리에 대한 믿음 속에서 우리가 살아야 할 삶의 지표를 제시하고 재확인 시켜줄 것이다. 그리하여 우리가 성령의 역사로 말미암아 전적으로 그리스도 예수께로 삶을 전환하는 결단이 주의 일을 위하여 세상을 변화시키는 일에 동참하는 것일 뿐만 아니라, 하나님의 일꾼으로 쓰임받는 역사가 일어나게 될 것임을 믿어 의심치 않는다.

이 책은 다양한 사회의 영역 속에서 대표적이라고 할 수 있는 인물들의 전기를 그들의 기독교에로의 회심 사건을 중심으로 엮었다. 일반적으로 우리가 접할수 있는 신학적인 책들이 기독교적인 인물에 대한 조명을 너무 교회사에서의 유명한 인물들과 그들의 업적들에만 치우치는 것 같아서 나는 늘 안타까웠다. 그러한 책들은 신앙의 위대한 발자취를 남긴 인물들의 외형적인 삶에 치중하고 있으며, 그들이 내적으로 어떤 계기로 참된 신앙에 이르게 되었고, 하나님 앞에서 어떻게 헌신했는가를 제대로 설명해 주지 못하고 있다. 그래서 본서는 이들에 대한 간략한 전기를 보다 신앙적이며 자서전적인 관점에서 조명해 보고, 특별히 하나님 앞에서 새롭게 변화된 회심 사건에 집중해서 그들의 생애를 다루었다. 그러므로 필자는 할 수 있는 대로 그들이 직접 기록한 글을 모으려고 노력했고, 적절한 문헌이나 기록들이 없을 때에는 간접적인 자료들을 수록했다.

아무쪼록 이 책을 읽는 독자들이 다양한 기독교 인물들의 신앙과 극적이면서도 놀라운 회심 이야기들을 통해 다시 한번 스스로의 신앙에 각성이 있기를 바란다. 그리고 기독교의 모든 위대한 인물들은 하나님께서 자신을 부르셨다는 확신과 함께 항상 하나님 앞에 서 있다는 겸허하고도 확실한 소명 위에서 자신을 하나님께 바쳤다는 사실을 깊이 깨닫게 되기를 소망한다. 하나님께로 향하는 진정한 회심이 신앙의 첫 출발이요, 주님과 그의 나라와 공동체를 위한 헌신의 계기가 된다는 것을 명심해야 한다. 따라서, 이 책을 읽는 모든 독자들에게 주님의 세미한 음성을 듣고, 주님의 임재를 경험하며 견고한 신앙으로 축복이 넘치시기를 기원한다.

2018년 11월

저자 김영무

목 차

책 머리에 ······ 3

Ⅰ. 인생과 세상을 변화시키는 회심 ······ 9

Ⅱ. 세상을 바꾼 위대한 거성들 ······ 25
1. 반석으로 부름받은 사도 – **베드로** (B.C. 10년–A.D. 65년경) ······ 27
2. 이방인을 위한 사도 – **바울** (A.D. 5–66~67년경) ······ 39
3. 역사의 분기점이 된 – **황제 콘스탄틴** (272–337) ······ 56
4. 위대한 교부 – **성 어거스틴** (354–430) ······ 70
5. 사랑의 성자 – **성 프란시스** (1182–1226) ······ 81
6. 중세의 대신학자 – **토마스 아퀴나스** (1225–1274) ······ 95
7. 보헤미아의 종교개혁자 – **얀 후스** (1372–1415) ······ 104
8. 불타는 개혁자 – **마틴 루터** (1483–1546) ······ 116
9. 예수회의 창설자 – **이그나티우스 로욜라** (1491–1556) ······ 142
10. 종교개혁의 심장 – **존 칼빈** (1509–1564) ······ 153
11. 청교도의 설립자, 장로교의 창시자 – **존 낙스** (1514–1572) ······ 163
12. 아빌라의 성녀(聖女) – **테레사** (1515–1582) ······ 185
13. 신실한 청교도 – **리차드 백스터** (1615–1691) ······ 194
14. 위대한 학자 – **파스칼** (1623–1662) ······ 204
15. 평화를 사랑한 – **죠지 폭스** (1624–1691) ······ 217
16. 천로역정을 펼친 – **존 번연** (1628–1688) ······ 225
17. 세계가 나의 교구(敎區) – **요한 웨슬리** (1703–1791) ······ 235
18. 열정의 복음전도자 – **죠지 휫필드** (1714–1770) ······ 248
19. 대각성운동을 주도한 – **조나단 에드워드** (1703–1758) ······ 257
20. 인디언 선교의 대명사 – **데이비드 브레이너드** (1718–1747) ······ 271
21. 노예해방의 선각자 – **존 울만** (1720–1772) ······ 287
22. 찬송 작시가로 변화된 – **존 뉴톤** (1725–1807) ······ 297
23. 개척자적인 설교자 – **프란시스 애스베리** (1745–1816) ······ 306
24. 열정의 부흥사 – **바르톤 스톤** (1772–1844) ······ 311
25. 전사(戰士)적인 설교자 – **피터 카트라이트** (1785–1872) ······ 318
26. 예수의 변호사를 자임한 – **찰스 피니** (1792–1875) ······ 324
27. 자유를 위한 투쟁 – **서저너 트루스** (1797–1883) ······ 344

28. 카톨릭 역사신학자 – **존 헨리 뉴먼** (1801–1890) ······ 358
29. 기도의 아버지 – **죠지 뮬러** (1805–1898) ······ 369
30. 아프리카의 전도자 – **데이비드 리빙스턴** (1813–1873) ······ 386
31. 고뇌하는 위대한 소설가 – **레프 톨스토이** (1828–1910) ······ 394
32. 구세군 창설자 – **윌리암 부스** (1829–1912) ······ 408
33. 중국 오지 선교회(OMF) 창설자 – **허드슨 테일러** (1832–1905) ······ 420
34. 설교의 교본 – **찰스 스펄전** (1834–1892) ······ 432
35. 위대한 부흥사 – **드와이트 무디** (1837–1899) ······ 444
36. 불같은 열정의 선교사 – **아펜젤러** (1858–1902) ······ 463
37. 복음의 주춧돌이 된 – **언더우드** (1859–1916) ······ 473
38. 일본의 기독교 지도자 – **우찌무라 간조** (1861–1930) ······ 489
39. 불굴의 용사 – **C. T. 스터드** (1862–1931) ······ 502
40. 야구선수 전도자 – **빌리 선데이** (1862–1935) ······ 512
41. 병원선의 선교사 – **W. T. 그렌펠** (1865–1940) ······ 518
42. 그리스도의 증거자 – **헨리타 갠트** (1878–?) ······ 525
43. 피압제자들의 친구 – **C. F. 앤드류** (1871–1940) ······ 534
44. 변화된 공산주의자 – **세르게이 불가코프** (1871–1944) ······ 546
45. 위대한 성인 – **리쥬의 테레즈** (1873–1897) ······ 555
46. 영성을 추구한 작가 – **에블린 언더힐** (1875–1941) ······ 562
47. 생명에의 경외를 실천한 – **알버트 슈바이처** (1875–1965) ······ 570
48. 중보기도의 사람 – **리즈 하월즈** (1879–1950) ······ 583
49. 삼중고(三重苦)를 극복한 – **헬렌 켈러** (1880–1968) ······ 600
50. 인도를 사랑한 선교사 – **E. 스탠리 존스** (1884–1973) ······ 609
51. 인도의 성자 – **선다 싱** (1889–1929) ······ 631
52. 일본의 사회 운동가 – **가가와 도요히코** (1888–1960) ······ 640
53. 내적 영성을 추구한 – **사무엘 M. 슈메이커** (1893–1963) ······ 647
54. 유교에서 전향한 – **린위탕** (1895–1976) ······ 655
55. 사회정의를 추구한 작가 – **도로시 데이** (1897–1980) ······ 666
56. 변증가적 작가 – **C. S. 루이스** (1898–1963) ······ 680
57. 하나님을 사랑한 가수 – **에델 워터스** (1896–1977) ······ 690
58. 성경의 권위를 드러낸 설교자 – **마틴 로이드 존스** (1899–1981) ······ 697
59. 풍자적인 작가 – **에블린 워** (1903–1966) ······ 720
60. 다양한 삶의 사람 – **클레어 부스 루스** (1903–1987) ······ 728
61. 불꽃 같은 행동가 – **시몬느 베이유** (1909–1943) ······ 734

62. 예언적인 저술가 – **말콤 머거리즈** (1903–1990) ······ 745
63. 카톨릭의 영성을 추구한 작가 – **토마스 머톤** (1915–1968) ······ 752
64. 세계적인 여성작가 – **유지니아 프라이스** (1916–1996) ······ 760
65. 정열의 복음전도자 – **빌리 그래함** (1918–2018) ······ 777
66. 현대 복음주의의 거장 – **존 스토트** (1921–2011) ······ 799
67. 변화된 복음 혁명가 – **엘드릿지 클리버** (1935–1998) ······ 820
68. 그리스도의 참모로 변화된 – **찰스 W. 콜슨** (1931–2012) ······ 825
69. 힌두교에서 부름받은 – **아라빈다 데이** (1939–) ······ 839

Ⅲ. 민족의 등불, 대한민국의 거성들 ······ 859
70. 한국 천주교의 초석 – **이승훈** (1756–1801) ······ 861
71. 한국인 초대 신부 – **김대건** (1821–1846) ······ 878
72. 오순절을 평양에 재현한 – **길선주** (1869–1935) ······ 894
73. 제주도 초대 선교사 – **이기풍** (1865–1942) ······ 903
74. 기적의 부흥사 – **김익두** (1874–1950) ······ 910
75. 대한독립의 얼 – **안중근** (1879–1910) ······ 920
76. 민족의 스승 – **조만식** (1883–1950) ······ 929
77. 진리를 위한 순교자 – **주기철** (1897–1944) ······ 938
78. 사랑의 전도자 – **손양원** (1902–1950) ······ 947
79. 한국 보수신학의 수호자 – **박형룡** (1897–1978) ······ 960
80. 회개를 촉구한, 한국의 예레미야 – **김치선** (1899–1968) ······ 976
81. 한국 여성교육의 최고봉 – **김활란** (1899–1970) ······ 989
82. 불꽃 같은 부흥사 – **이성봉** (1900–1965) ······ 995
83. 한국적 기독교의 지도자 – **김교신** (1901–1945) ······ 1004
84. 씨알의 선각자 – **함석헌** (1901–1989) ······ 1013
85. 침묵의 성자 – **한상동** (1901–1976) ······ 1020
86. 한국 자유주의 신학의 선구자 – **김재준** (1901–1987) ······ 1037
87. 한국의 주경 신학자 – **박윤선** (1905–1988) ······ 1051
88. 예수를 따른 순교자 – **김응락** (1906–1950) ······ 1066
89. 청빈한 목자의 표상 – **한경직** (1902–2000) ······ 1079
90. 한국의 헬렌 켈러 – **양정신** (1920–2000) ······ 1090

Ⅳ. 맺음 말 ······ 1103

*** 찾아보기(색인)** ······ 1107

Ⅰ

인생과 세상을 변화시키는

회심

구원의 열망과 참된 신앙

예수 그리스도 안에서 성령의 역사로 이루어지는 구원에 있어서 그 순서를 영적인 분석으로 표현 한다면, 학자의 입장마다 조금씩 다르지만, 개혁주의 입장에서는 '소명 - 중생 - 회심 - 신앙 - 칭의 - 수양 - 성화 - 성도의 견인 - 영화' 의 아홉 가지 단계로 구분할 수 있다. 이 구원의 서정 중 특히, 거듭난 죄인(重生人)은 과거의 죄를 뉘우치고 하나님께로 돌아오는 마음과 생활의 변화가 뒤따르게 된다. 이러한 변화를 '개종'

(改宗), '회심' (回心, Conversion), 혹은 '회개' (悔改)라고 한다. '회심' 이란 참된 신앙을 갈구하는 크리스천들에게 중대한 사건이며, 우리 믿음의 귀한 계기가 될 뿐만 아니라, 특별한 양상으로 나타나 신앙의 결실에도 중차대한 역할을 해 준다. 따라서 이 '회심'에 대하여 구체적으로 서술하고자 한다.

어원적 의미

'회심' (conversion)은 '돌이키다', '전환' (turning)한다는 의미로서, 개인에게 구원의 확고한 전환점이 되기도 한다.

구약에서는 회심을 묘사하는 말을 특별히 두 말을 사용했다. '나함' (נָחַם: 후회한다)과 '수브' (שׁוּב = 돌아온다)이다. '나함' 은 애통이나 혹은 위안의 깊은 감정을 표현할 때 사용되었고, '수브' 는 '전환', '돌아옴' 을 의미한다. 이 말은 하나님과 사람에 관하여 문자적 의미로 자주 사용했으나, 나중에는 하나님을 향한 종교적 도덕적 의미를 갖게 되었다. 이 의미는 선지서에서 가장 현저하게 나타나며 주께로부터 떠나갔던 이스라엘의 돌아옴을 가리킨다. 이 말은 구약의 소위 회심이란, 죄로 이반(離反)했던 인생이 하나님에게 돌아옴이라는 것을 명시한다.[1)]

신약에서 '회심' 은 '에피스트로페' (*ἐπιστροφή*, '동사 *ἐπιστρέφω* : 에피스트레포 = 돌아온다' 에서 유래)라는 명사로 '다시 전환' (turning again) 혹은 '전환하여 옴' (turning back)의 의미로 끊임없이 사용되었다. 이것은 구약의 '수브' 와 같은 의미이다.[2)] 또한 '단순한 후회나 뉘우침' (메타멜로마이: *μεταμέλομαι*)과 달리, 회심을 가리키는 명사로서 '돌아옴' (*ἐπιστρέφειν*: 에피스트레페인)이라는 말이 있다. 이것은 일반적으로 사람이 우상들이나 악으로부터 하나님께로(행 14:15; 살전 1:9), 혹은 주님께로(행 9:35; 고후 3:36) 전향하는 행위를 말한다. 다시 말하면, 사람이 흑암으로부터 광명에, 사단의 권세로부터 하나님에게 전향함을 가리켜 사용된다. 회심은 종교적 경향의 변화를 더 많이 내포하고 있으며, '회개'

(μετάνοια: 메타노이아 = 나함: נָחַם)는 도덕적 성향의 변화에 더 큰 비중을 두고 있다. 이 용어의 의미는 둘 다 사람의 의식적 각성과 상태의 개선을 뜻하는 것이다. 이렇게 '회심'은 세상의 죄로부터의 휘둘린 삶에서 멀리하고 하나님을 향한 전향적인 의식적 각성을 말한다. 한마디로 회심이란 "죄인이 죄에서 떠나 하나님께로 돌아가는 의식적 변화"(요일 3:9)를 일컫는다.[3] 그러므로 '회심' 혹은 '회개'는 단순한 뉘우침이 아니며 그것은 반드시 '믿음'을 수반한다. 그래서 회개의 '소극적 요소'는 죄를 슬퍼하고 후회하는 것이며, '적극적 요소'는 하나님께로 돌아오는 것이다.[4]

영어로 '회심'(conversion)이라는 말의 뜻은 한 장소에서 다른 장소로 옮겨가는 '돌아섬'의 행위이다. 그 돌아서는 과정은 육체적일 수도 있고 영적인 것일 수도 있으며 감정적인 것이거나 신학적인 것이거나 혹은 도덕적인 것일 수도 있다. 구약성경과 신약성경의 원어인 히브리어와 헬라어 원뜻에는 육적이고 영적인 의미의 결합이 내포되어 있다. 따라서 회심은 어느 하나의 생활방식으로부터 다른 방식으로 완전하게 변화하는 것을 포함한다. 회심하는 것은 "180도 방향 전환"을 하는 것과 같다. 그것은 "처음부터 다시 시작하는 것"이며 혹은 "처음 자리로 돌아오는 것"이다.[5]

회심의 일반적 정의

회심은 설명하기에 상당히 어렵지만 구체적으로 살펴보면, 타동적인 요소와 자동적인 요소인 두 가지로 나누어 생각할 수 있다.

타동적인 요소의 회심은 하나님이 중생자로 하여금 의식생활 중에 회개와 신앙을 가지고 하나님 자신에게로 전향케 하시는 동작이다. 하나님이 간섭하시고 역사하시는 동작이란 말이다.[6]

자동적인 요소의 회심은 중생자가 하나님의 은혜를 통하여 회개와 신앙을 가지고 하나님께로 전향하는 의식적 동작이다.[7]

하나님은 성령의 사역을 통하여 사람을 죄의 낡은 경향으로부터 벗어나게 하고 해방시키신다. 성령이 사람에게 강권적으로 임재하심으로 감화 감동케 하시고, 생각과 의식을 변화시켜서 하나님께 헌신 봉사케 하신다. 신적 감화의 은혜는 사람에게 새 생활을 할 수 있는 활력소와 재능을 준다. 이런 생활은 영혼의 행동들에서만 실현 된다. 따라서 하나님이 역사하심으로써 타동적 회심이 일게 하므로 인간들의 자동적 회심의 원인이 되게 한다는 것이다. 이를테면, 회심의 요소에서 타동적이든 자동적이든 모두가 하나님의 작정과 섭리와 개입 안에서 진행되며 실현되는 것이다.[8)]

회심의 유형

성경 속에서 회심의 사역과 현상은 생존 인물들의 종교생활에서 일어나는 사건으로써 여러 가지 형태로, 구체적으로 나타난다.

회심의 교리는 성경을 기초로 이루어져 있으나, 항상 동일한 의미로 말하지 않는다. 회심은 많은 사람의 생활에 나타난 의식적 경험이므로 경험의 증언을 하나님의 말씀에 비춰 볼 수는 있으나, 그 자체가 결코 하나님의 말씀의 확실성을 보강하여 주는 것은 아니다. 따라서 우리의 영적 분별력으로 회심의 위치를 잘 인지할 필요가 있다.

첫째, 국민적 회심

구약 역사에서 국민 전체의 회심이 자주 나타난다. 모세, 여호수아, 사사시대의 이스라엘 백성은 반복적으로 여호와를 배반하고, 그의 진노를 경험한 후에 그들의 죄를 회개하고 주께로 돌아왔다. 유다의 왕국에서도 히스기야 시대와 요시야 시대에 국민적 회심이 있었고, 요나의 전도를 들은 니느웨 사람들도 그들의 죄를 회개하고 하나님의 사랑을 받았다(욘 3:10).[9)] 이 국민적인 회심은 단순히 도덕적 개혁의 성질의 종교운동이었고, 개인적인 종교적 회심을 동반한 것이었으나, 전체가 참된 회심을 경험한 것이 아닌 피상적인 종교운동들이었다. 이 운동들은 경건한 통치자들의 지도 아래 진행했으나, 악한 후계자들이 집정한즉 백성은 다시 악한 구습으로 돌아가고 말았다. 국민의 회심과 국가의 구출에 지도력을 담당한 사사나 왕이 죽은 후에 국민이 다시 종교적으로 타락하여 국난을 불러 온 일은 이스라엘의 역사에서 부끄럽게 자주 반복되었다(삿 3:7,12; 4:1; 6:1; 왕하 21:2,3,9).[10)]

둘째, 넓은 의미의 회심

넓은 의미의 회심은 일반적으로 악을 버리고 선을 추구함을 말한다. 이것은 '국민적 회심' 과 비슷하며 또 다른 명칭이기도 하다. 그러나 개인들의 경우에도 일반적인 악을 버리고 선을 향하므로 세상에서 칭송받는 선한 자지만, 구원에 이르지 못하는 회심이 많다.

마음과 의지의 인생적 행동뿐인 도덕적, 영적 의미의 전환은 인간 스스로 만든 도덕적 변화일 뿐, 일종의 피상적인 도덕적 개혁에 지나지 않는 것이다. 따라서, 여기에는 구원이 없다. 그러나 회심은 항상 모든 변화에서, 오직 그리스도를 향한 구원적 신앙을 가진 자를 위한 하나님의 사역이기 때문에, 예수 그리스도를 전제한 성령의 은혜로 변화를 받는 회심 밖에는 구원이 있을 수 없는 것이다.[11)]

셋째, 일시적 회심

성경은 중생의 결과가 아닌, 진정한 심정의 변화가 없고 일시적인 의미만을 가진 회심들을 보여주기도 한다. 이런 일시적 회심들은 얼마 동안 참 회심의 모양을 보이지만, 구원에 이르는 신앙을 갖지 못한다. 실상으로는 "바람에 불려 가는 물 없는 구름이요, 또 죽어 뿌리까지 뽑힌 열매 없는 가을 나무" (유 1:12)에 지나지 않는다. 그들은 빛 가운데 있는 모양을 보이나 "지금까지 어두운 가운데 있는 자요" (요일 2:9), "살았다 하는 이름은 가졌으나 죽은 자로다" (계 3:1). 이것이 회심의 계속적인 효과가 없는 일시적인 회심의 결과인 것이다. 이런 회심은 결코 구원에 이르지 못한다는 사실을 명심해야 한다.[12)]

넷째, 진정한 회심

하나님께로 혹은 주께로 전향하는 사람들이 영혼에 신적 감화를 받아 생의 변화가 있을 때에 그들은 회심되었다고 정당히 말하게 된다. 즉 "하나님의 뜻대로 하는 근심" 으로부터 출발하여 하나님께 헌심(獻心)하는 생활로 나아가는 것이다(고후 7:10). 이것은 중생의 사역에 뿌리를 두고 하나님의 성령에 의하여 죄인의 의식생활에 나타나는 변화이며, 이전 생활의 방향이 무지했고 오착이었다는 확신을 갖고 생의 전적인 행동의 과정을 고치는 사상과 의견, 욕망에 대한 결연한 변화이다.[13]

이 회심에는 하나님의 사역에 의하여 사람의 의식적 행동의 과정에서 일어나는 변화(타동)가 있고, 사역의 결과로 사람이 자기의 생활의 행동 과정을 변화시켜 하나님께로 전향하는 것이(자동) 있다.

이 진정한 회심은 하나님의 말씀에서 그 실례를 찾을 수 있다. 즉, 나아만(왕하 5:15), 므낫세(대하 33:12,13), 삭개오(눅 19:8,9), 날 때부터 소경된 사람(요 9:38), 사마리아 여자(요 4:29,39), 구시 내시(행 8:30), 고넬료(행 10:44 이하), 바울(행 9:5 이하), 루디아(행 19:14) 등의 회심이다.

다섯째, 반복 회심

회심된 사람이 신앙의 냉각과 연약함에 빠져 타락 상태에 있다가 회개하여 처음 사랑으로 돌아올 수 있다. 이렇게 회심자가 실족하여 타락했다가 하나님께로 다시 돌아오는 것을 반복 회심이라 할 수 있다. '회심' 이란 말은 단순히 '전환' (a turning)을 의미한다는 사실에 비추어 보면 그리스도인 생활에서 최초의 전환이 있은 후에 있는 죄로부터의 전환들도 종속적인 의미로 회심이라고 부를 수 있는 것이다(눅 22:32).

엄밀히 구원론적인 의미의 회심은 반복됨이 없는 것이다. 참된 회심을 경험한 자들이 일시적으로 악의 유혹에 유인되어 죄에 빠질 수 있으며 때로는 멀리 방황할 수도 있으나, 그들의 속에 새 생명의 원소가 심기어져 그것이 필경 다시 약동하여 그들로 하여금 통회하는 심정을 가지고 하나님께 돌아오게 한다. 그런즉 이후에 오는 회심을 최초의 그것으로부터 구별하기 위하여 반복이라는 수식어를 붙여 지칭하는 것이 적절한 것이다. 이는 인생의 성화의 과정에서 일어나는 또 다른 회심이라고도 말 할 수 있다.[14]

회심의 특징

첫째, 구원 과정의 한 부분

그리스도인의 경험에 있어서 회심은 영혼의 동작들의 구원을 향한 최고의 정점이라 말할 수 있다. 작금의 회심을 구원의 과정과 구원의 서정의 다른 부분들과 동일시하거나 회심이 그 과정의 전부인 듯이 과장하려는 경향은 금물이다. 단순히 구원의 서정의 한 부분이요, 구원의 서정 가운데 유기적 과정의 한 부분에 불과한 것이다. 때문에 자연적으로 다른 부분들과 밀접히 연결하고 연락되는 것뿐이다. 따라서 회심은 구원 과정의 출발점에 있는 한 부분의 경험이요, 앞으로 통과해야 할 구원을 완성하기 위한 한 노정에 불과하다는 것을 알아야 한다.[15]

둘째, 재창조의 동작

회심은 하나님의 재판적 행위이기 보다도 그의 재창조적 동작이다. 이것은 사람의 신분을 변경하는 것이 아니라, 그의 상태를 개선함을 뜻한다.

동시에 이것은 재판적 영역에서의 신적 공작과 밀접한 관계를 가지고 있다. 회심에서 사람은 자기가 부족하고 정죄를 받기에 당연하다는 사실을 의식하게 된다. 회심은 이미 신앙을 포함한 것으로서 예수 그리스도를 향한 구원의 확신을 갖게 한다. 따라서 이 신앙은 그리스도의 의를 충용함에 의하여 죄인에서 의인으로 칭함을 받는 중요한 기구가 된다. 그리하여 사람은 회심으로 자기의 모든 죄가 그리스도의 공로로 인하여 용서받게 된다는 깊은 감동과 확신에 도달하게 되는 것이다.[16]

셋째, 각성의식에서 이루어 짐

회심은 죄인의 잠재의식에서 되는 일이 아니라, 그의 각성 의식에서 이루어지는 것이다. 회심은 중생의 직접적 성과이니만큼 자연히 새 생명의 공작이 잠재의식에서 각성의식으로 변화되어 진행되었다. 따라서, 회심은 의식의 깊은 심원에서 시작하여 하나님의 개입과 간섭으로 극적인 각성의식의 역사로 이루어지는 것이다.[17)]

넷째, 옛 사람을 벗고 새 사람을 입음

회심은 옛 사람을 벗어 버리고(골 3:9, 10), 즉 죄를 떠나고 거룩한 생활을 위하여 힘쓰는 일을 의식적으로 시작한다. 중생에서 이미 옛 생명의 죄적 원소가 소멸되고 새 생명의 거룩한 원소로 바뀌게 되었다. 그렇기에 하나님의 뜻을 따라 나아간다. 죄인은 의식적으로 낡은 죄악생활을 버리고 하나님과 교통하며 하나님께 전적으로 헌신하는 생활에 임하게 된다. 그러나 이것은 옛 생활과 새 생활 사이의 투쟁이 즉시 끝난다는 것이 아니며, 오히려 평생 계속된다는 것이다.[18)]

다섯째, 단회적 변화

'회심' 이라는 것은 단회적, 즉 단번적 변화를 가리키고 성화와 같은 연속적 과정을 뜻하지 않는다. 회심은 중생에서 이미 변화된 성질의 최초 경험적 변화이니만큼 오직 한 번만 되고 반복될 수 없는 일이다. 따라서 본격적 회심은 회심의 원인인 중생과 같이 단 한 번만 생기는 것이다.

이것은 엄밀히 구원론적인 회심이다. 회심된 사람이 한 때 타락했다가 회개하고 하나님께로 돌아오는 것을 반복 회심이라 칭할 수 있다. 엄밀히 말하면 이 반복 회심은 구원의 서정에서의 단회적 회심과는 또 다른 차원의 해석이 필요한 것이다.[19)]

여섯째, 완급의 차이 존재

어떤 신자들은 모든 회심들이 동일한 전형으로 나타나는 것으로 오해한다. 그래서 자신들이 죄로부터 하나님께로 돌아온 경험을 내세워 다른 사람들의 참된 회심의 여부를 판단하는 표준이라고 생각한다. 그러나 주권적인 하나님은 죄인들을 자기와의 교통에 회복시키심에 있어서 여러 모양의 방법을 사용하신다는 것이다.[20]

성경은 돌연적 회심(므낫세 - 대하 33:11-13), (사울 - 행 9:1-19; 22:3-16; 26:9-20)과 점진적 회심(오바댜 - 왕상 18:12), (디모데 - 딤후 1:5,6; 3:14,15)을 예증한다. 돌연적이고 위기적인 회심들은 참된 종교 교육을 받지 못한 인물들과 진리, 의, 거룩의 길에서 멀리 떠나 방황하는 사람들의 생활에 자주 나타난다. 한편 경건한 기독교 가정에서 충분한 종교 교육을 받아 어릴 때부터 신앙생활을 계속한 신자들은 점진적 회심을 경험했기 때문에 자신들의 중생, 회심의 시기를 확실히 알지 못할 수도 있다는 사실이다. 이렇게 신앙의 역사나 상황에 따라 회심의 형태와 완급의 차이가 있는 것이다.[21]

일곱째, 율법적, 복음적 회심의 구별

회심의 방법에서 율법적 회심과 복음적 회심이 있다. 성령님은 어떤 사람들은 율법의 두려움을 도구로 사용하여 하나님께로 인도하시고, 또 다른 사람들에게는 복음을 통하여 회심케 하셨다.[22]

마틴 루터 같은 사람들은 양심의 공포와 형벌의 두려움에 위협되어 그들의 행위를 수정하며 하나님께 전향했다. 이런 사람들은 율법은 그리스도로 인도하는 몽학 선생이라는 것을 실제로 경험한다(갈 3:24). 혹 율법적 회심을 경험하는 사람들은 심히 맹렬한 비탄에 빠져 실망에 처하기도 한다.

그러나 극한 고민 없이 하나님과 그의 봉사를 위한 확고한 결의에 도달하는 사람도 있다. 어떤 자는 복음이 그리는 예수님의 훌륭한 사랑을 묵상함에 의하여 점차로 하나님께로 인도되기도 한다. 그래서 그리스도의 놀라운 사랑과 긍휼에 힘입어 주님께 완전히 투항하여 헌신하게 된다.

성령께서 한 생명을 위한 회심의 결정을 어떤 방편으로 사용하시고, 인도하셨든지 이것은 하나님이 허락하신 참된 회심인 것이다.[23]

여덟째, 초자연적 사역

현대의 많은 심리학자들은 회심을 하나의 청년기의 일반적, 자연적인 현상으로 축소하려는 경향이 있다. 그래서 회심을 자연적 현상뿐이라고 증명하려 한다. 뿐만 아니라 심리학자나 정신분석학자들은, 성적(性的) 발작이 회심에 중요한 역할을 한다고도 한다. 혹은 회심의 중심적 요소인 죄의 의식을 일종의 병적 상태로, 또는 불건전한 정신의 작용으로 취급하기도 한다. 그러나 분명히 우리는 회심을 말할 때에 인간의 인공적인 이성주의적, 자연주의적 경향을 배제해야 하며, 종교적 변화로 하나님의 초자연적 역사를 염두에 두고 정의되어야만 한다.[24]

회개의 세 요소

회개의 요소는 세 가지가 있다. 지성적, 감정적, 결의적 요소이다.

지성적 요소는 죄를 죄로 인식하는 것이다. 죄에 대한 견해(생각)의 변화이니, 즉 자기의 유죄와 오염의 무능을 포함하는 죄의 인식을 말하는 것이다.[25]

감정적 요소는 죄를 슬퍼하는 것이다. 죄에 대한 감정의 요소로서 거룩하고 의로우신 하나님을 반역하여 범한 죄를 슬퍼하는 것을 말한다.

결의적 요소는 죄에서 떠나는 방향 전환이다. 죄에 대한 의도(목적)의 변화로서 죄에서 떠나는 내면적 전환과 사죄 및 정화를 추구하는 성향을 말한다.[26]

회심의 조성자

회심의 조성자는 하나님이시며, 협력자는 사람이며 피동적이다. 이는 속 사람에 관계된 하나님의 사역이다.

하나님만이 회심의 조성자

회심은 영혼을 그리스도에게 연합시키는 인생적인 면의 사역이며 이 면에 신적 동작이 역사하여 지도한다. 사람이 죄로부터 하나님께 전향하는 일의 내면에 하나님의 사역이 존재한다는 것이다. 사람이 생활을 새롭게 하여 악한 길을 버리고 새롭게 변하게 하는 활동은 인간의 내면에 역사하시는 성령의 강하고 불가항력적인 공작의 은총인 것이다.[27)]

성경은 하나님만이 능히 회심을 일으키는 조성자(Author)라고 분명하게 가르친다(시 85:4; 렘 31:18; 행 11:18).

죄인의 회심에는 하나님의 2중 공작이 있다. 도적적인 것과 초월적인 것이다. 도적적인 공작에서 하나님은 율법의 방도로 회개를 조성하시고 (시 19:7; 롬 3:20), 복음의 방도로 신앙을 조성하신다(롬 10:17). 이 두 가지는 서로 분리할 수 없으며 율법은 복음으로 인도하고 복음은 율법을 완성하기 때문이다(마 5:17).[28)]

사람은 회심의 협력자

하나님만이 회심의 조성자이시나 사람의 협력도 필요하다는 사실을 알아야 한다. 회심은 사람의 의식적 행동과 과정에 일어나는 변화로서 하나님의 능동적 동작과 함께 사람의 피동적 동작을 포함한다. 이 일에 있어서 하나님의 공작은 주(主)요, 사람의 동작은 하나님에 속한 종(從)이라 할 수 있는 것이다.[29)] 중생은 인간의 무의식 속에서 이루어지는 하나님의 일방적인 주권사역이지만, 회개는 '인간의 협력' 을 요한다(빌 2:13, 사55:7, 렘18:11, 겔18:23, 32, 33:11, 행17:30).

사람 안에서 하나님의 사역

우리가 알 것은 인생의 행동과 동작은 항상 사람의 속에 이미 계신 하나님의 사역의 결과라는 것이다. 인간의 동작은 하나님의 동작과 계획과 섭리 안에 내포되어 있다. 하나님은 사람의 속에서 역사하시되 그의 활동이 제한 당하지 않으시고 하나님의 뜻대로 활발하게 역사 하신다. 바울 사도는 "두렵고 떨림으로 너희 구원을 이루라 너희 안에서 행하시는 이는 하나님이시니 자기의 기쁘신 뜻을 위하여 너희에게 소원을 두고 행하게 하시나니"라 하셨다(빌 2:12, 13). 사람은 믿으라고 명령 받으나 믿음은 '하나님의 은사' 라고 강조한다. 잃은 양을 찾아, 양을 메고 집에 오니 양 자신은 하는 일이 전혀 없는 것같이 보여지고(눅 15:4-7), 탕자는 회개하고 일어나서 아버지께로 돌아가니 모든 것을 자력으로 하는 듯이 보여진다(눅 15:20). 그러나 분명한 사실은 하나님이 사람을 자기에게로 돌이키신 것이다. 따라서 사람은 그에게로 돌아가는 것이다(애 5:21). 모든 것이 하나님의 계획과 섭리 속에서 회심의 역사가 나타나고 이루어지는 것이다.[30)]

회심과 중생과의 관계

회심과 중생은 밀접한 관계가 있으며 상이한 사건들이다. 어떤 사람들은 '중생' 과 '회심' 을 혼동하여 같은 의미의 말들로 사용했다. 그러나 실제 구원에 이르는 구원의 서정에서 '중생' 과 '회심' 은 상이한 사건들이다.

'중생' 에서 심어들인 새 생명의 원소는 '회심' 에서 죄인의 의식생활에서 동작으로 표현된다. '중생' 에서 잠재의식 생활의 결과로 나타난 변화는 '회심' 에서 각성의식 생활로 이어 가게 된다. 즉, '중생' 이 있으므로 '회심' 이 있는 것이다. '중생' 과 '회심' 은 인간이 시간적으로 감지할 수 있거나 분리되는 것이 아니다. 감각과 지각은 시간적으로 나누이지 않기 때문이다. '중생' 은 '회심' 의 원인이다. 그러므로 논리적으로는 '중생' 이 먼저요, '회심' 이 다음인 것이다. '중생' 이 있으므로 '회심' 이 있는 것이다.[31)]

회심의 필요성

구원에 필요

회심의 경험은 구원에 절대적으로 필요한 것이다. 특히 장년들에게는 절대 필요하다고 명명하고 있다(겔 33:11, 마 18:3, 눅 13:3). 주 예수의 명백한 교훈에 기초하여 중생(거듭남)이 하나님 나라에 들어가는데 선결요건이라는 것을 인정한다(요 3:3,5). 변별의 능력이 있는 연령에 도달한 모든 성인들에게는 중생의 열매인 회심이 구원의 절대적 조건이라는 것을 인식해야 한다. 따라서, 그들이 자기들의 죄로 인하여 참으로 근심하며 복음에서 구주되신 그리스도를 신실히 믿고 새로운 순종의 길을 결단함이 없이는 하나님 나라에 들어가지 못할 것이다.[32)]

회개의 복음

복음은 우리가 은혜로 믿음을 통해 구원 얻는다는 것만이 아니라, 회개의 복음까지 내포하고 있음을 깨달아야 한다. 따라서, 복음을 전파하는 전도자들은 예수님의 본을 받아 모든 사람들에게 회심의 필요를 외치기에 주저하지 말아야 한다. 주님은 "진실로 너희에게 이르노니 너희가 돌이켜 어린 아이들과 같이 되지 아니하면 결단코 천국에 들어가지 못하리라"(마 18:3). "너희도 만일 회개하지 아니하면 다 이와 같이 망하리라"(눅 13:3)고 하셨다. 이사야와 에스겔이 전한 하나님의 말씀도 악인의 회심을 강요했다(사 55:7; 겔 33:11)는 사실을 되새겨 보아야 한다.[33)]

사죄에 필요

회개가 사죄 받을 공로를 구성하는 것은 아니다. 그러나 사죄를 받음에 있어서 부족하지만 적어도 필요한 도덕적 타당성을 준비하게 된다는 것이다.

성경은 우리에게 회개에 합당한 열매를 맺을 것을 명령한다. 소요리문답 87번에서도 "생명에 이르는 회개는 곧 구원 얻는 은혜인데 이로 말미암아 죄인이 자기 죄를 참으로 알고, 또 그리스도 안에서 하나님의 긍휼하심을 깨달아 자기 죄를 원통히 여기고 미워함으로 죄에서 떠나 하나님께로 돌아가서 든든하게 결심하고 마음과 힘을 다하여 새로이 순종하는 것이다"(행 11:18, 2:37; 욜 2:13; 고후 7:11; 렘 31:18-19; 행 26:18; 시 119:59; 눅 1:77-79; 고후 7:10; 롬 6:18)라고 강조하고 있다.[34]

회개의 결과

성실한 자백

성실한 통회는 반드시 성실한 자백에로 인도한다. "자기의 죄를 숨기는 자는 형통하지 못하나 죄를 자복하고 버리는 자는 불쌍히 여김을 받으리라"(잠 28:13). 이를 위해 의무가 따르는 데, 그 의무를 실천할 수 있는 것은 은밀한 기도로 하나님께 우리의 모든 죄를 고백함이다. 참된 회개는 항상 하나님께 성실한 자백과 진솔한 고백이 전제되어야 한다.[35]

수복과 개선

회개의 다음 결과는 우리 죄로 인한 파괴에서 재빨리 원상으로 수복함이다. 회개하는 자는 자기의 죄의 영향이 소멸되기를 간절히 원한다. 따라서 자기의 죄로 인한 파괴를 회복하고 수복하기에 전심전력하여 개선하여 간다.[36]

깨어 죄를 대적함

회개의 다음 열매는 죄의 재발에 대항하여 깨어 경성하는 것이다. 이것은 자신이 명백하게 사리를 분별하여 단행해야 한다. 회개한 사람은 "보라 네가 나았으니 더 심한 것이 생기지 않게 다시는 죄를 범하지 말라" 고 하신 교훈 그대로 살고자 최선을 다해 노력한다(요 5:14). 모든 죄가 다 하나님의 거룩함에 위배됨을 익히 알아서 멀리하는 것은 진정한 회개의 열

매인 것이다.[37)]

하나님 사랑

회개한 사람은 마음속에 하나님의 사랑이 존재하게 되어 죄에 대한 반항의 동기가 되고 죄를 불식하는 거룩한 항체가 생기게 된다. 하나님의 자녀들이 모든 죄를 대적하여 싸우는 것은, 죄들이 하나님을 노엽게 하고 하나님의 영광과 거룩한 이름에 철저한 손상을 끼치기 때문이다. 그래서 우리는 죄의 정복과 퇴치의 목적이 자신의 삶과 신앙의 안녕을 조장하려는 욕망이기 보다는 하나님을 기쁘시게 하고 그의 나라와 그의 영광을 사모하고 촉진하려는 열성에 있음을 명심해야 한다.[38)]

이렇게 회개의 결과는 성실한 자백을 하게 하고, 수복(회복)과 개선을 가져다주며, 항상 깨어 죄를 대적케 한다. 뿐만 아니라 하나님을 더욱 사랑하게 하고 하나님의 영광과 기쁨을 위해 열심을 내고 헌신하게 한다.

회개와 신앙

회개는 모든 점에서 내면적이다. 회개는 구원의 소극적 조건뿐이다. 왜냐하면 회개는 죄의 형벌을 제거하지 못하기 때문이다. 진정한 회개는 신앙과 관련 없이 존재할 수 없다. 회개는 신앙에만 필연적이다. 따라서, 참된 신앙이 있는 곳에 참된 회개도 상존한다.

회개와 신앙은 중생된 심정의 운행이요, 중생을 가정하는 것이다. 선후순서에 있어서 회개가 먼저인가, 신앙이 먼저인가? 논리적으로 회개와 죄의 인식이, 그리스도에게 복종하여 신뢰하며 경애하는 신앙보다 선행한다는 것은 의심할 여지가 없다. 성경의 여러 구절에서도 회개를 신앙보다 먼저 놓았다(막 1:15; 행 2:38, 5:31, 20:21; 딤후 2:25). 철저한 회개는 견고한 신앙을 선물해 준다.[39)] 뿐만 아니라, 주님은 믿는 자에게 의롭다(칭의)하시고, 자녀로 삼아(수양) 주시고, 경건한 삶을 살게 하신다(성화). 하나님은 우리를 영원한 하나님의 나라에 입성할 때까지, 끝까지 보호하시고 책임지신다(성도를 견인). 그날에 우리는 기뻐하며 영화롭게 될 것이다.

이와 같이 구원론에서 중요한 위치를 차지하는 회심과 회개와 신앙관계를 서술함으로서 우리의 궁극적인 구원과 철저한 신앙의 목표를 제시하고 있다. 따라서 주님의 지상명령을 완수하기 위해 세상의 변화무쌍한 삶 속으로 들어가 변혁시키는 신앙과 신학의 지평을 다져가야 한다.

이에 비추어 다음 장에서는 동 · 서양의 총체적인 교회사에서 모범이 될만한 위대한 인물들을 찾아 신앙과 삶의 귀감이 되는 현장을 발췌하여 역동적이고 감동적으로 엮었다. 특히 그들의 철저한 회심에 대한 사건을 구체적으로 소개함으로서 현대를 사는 후손들에게 도전이 되게 하고, 그 신앙을 계승하여 변혁의 주체로서 영광된 삶을 영위할 수 있도록 했다.

이 위대한 신앙의 거성들처럼 하나님을 향한 거룩한 열정이 식어지지 않기를 기대하며, 그들의 삶을 통해 은혜의 바다로 이끄는 이 감동적인 메시지가 모든 독자들에게 새롭게 결단하는 계기가 되고, 견고한 믿음으로 승화될 수 있는 귀한 '나침반'이 되기를 소망한다.

각주) --------

1) 박형룡.『교의신학 V권 : 구원론』. (서울: 한국기독교교육연구원, 1977), p. 193.
2) Ibid., pp. 193-194 3) Ibid., pp. 195-196
4) http://blog.naver.com/PostView. 경향교회보. 2016. 8. 21.
5) Hugh T. Kerr & John M. Mulder,『위대한 회심자들』 김영봉 역 (서울: 생명의 말씀사, 1993), p. 5.
6) op. cit., p. 201. 7) Ibid., p. 201. 8) Ibid., p. 202. 9) Ibid., p. 197.
10)-11) Ibid., p. 198. 12)-13) Ibid., p. 199. 14) Ibid., p. 201. 15) Ibid., p. 202.
16)-17) Ibid., p. 203. 18)-20) Ibid., p. 204. 21) Ibid., p. 205. 22)-23) Ibid.
24) Ibid., p. 206. 25) Ibid., p. 208. 26) Ibid., p. 209. 27) Ibid., p. 216.
28)-29) Ibid., p. 217. 30)-31) Ibid., p. 218. 32) Ibid., p. 222. 33) Ibid., p. 221.
34) Ibid., p. 223. 35)-36) Ibid., p. 224. 37)-38) Ibid., p. 225. 39) Ibid., p. 220.

참고문헌 – 이 글은 아래 문헌에서 인용, 발췌한 것이다.
박형룡.『교의신학 V권 : 구원론』. 서울: 한국기독교교육연구원, 1977. pp. 193-225
Hugh T. Kerr & John M. Mulder. *conversions*. New York: Grand Rapids, 1983.
http://blog.naver.com/PostView. 경향교회보. 2016. 8. 21.

Ⅱ

세상을 바꾼 위대한 거성들

반석으로 부름받은 사도

베드로

Peter the Apostle

B.C. 10년~A.D. 65년경

그는 예수 그리스도의 수제자로 초대교회의 초석을 놓았고
로마의 박해받은 성도들과 함께 순교했다.

생계의 수단, 고기잡이

베드로가 갈릴리 호수에서 고기잡이하다 만난 예수는 그의 삶을 극적으로 변화시켰다. 사실 성경은 예수님을 만나기 전에 베드로가 어떤 삶을 살았는지에 대해 우리에게 많은 정보를 주고있지는 않다. 성경을 통해 우리가 알 수 있는 베드로에 대한 기사는 그가 결혼한 사람이며 어부였고 갈릴리 바다 근처 마을인 벳새다 출신이라는 것이 전부이다. 베드로는 형제 안드레와 함께 생계의 주요 수단으로 어업을 하고 있었다. 생활은 당시의 기층민이 그러하듯이 매우 어려운 생활을 영위했다. 고기를 잡아서 팔아 생계를 유지했던 것이다. 이러한 베드로라는 평범함 사람이 이제까지 걸어왔던 인생의 방향을 전적으로 바꾸고 하나님의 자녀가 되어 생의 마지막까지 복음의 일꾼으로 살 수 있었던 것은 오직 하나, 그의 생애에 예수님과의 만남이 있었기 때문이었다. 베드로는 그의 생애의 전반기를 지나 예수님을 만남으로써 진정한 인생을 시작한 셈이다. 또한 예수께서 공생애를 시작하신 직후에 베드로를 부르는 장면이 이어지고 있다는 사실은 특기할 만 하다. 왜냐하면 예수에 의해 부름받은 제자들은 평생을 예수와 동고동락하며 그들의 사명을 마지막까지 감당했기 때문이다. 마태복음 4장 17-20(막 1:14-18)에는 이 사건이 이렇게 서술되어 있다.

인생의 뒤바꾼 사건, 예수의 만남

예수와의 만남은 그의 생업의 현장인 갈릴리 해변에서 이루어졌다. 예수는 사람들이 찾아오기를 기다리지 아니하고 찾아 나섰다. 매우 의미심장한 베드로 부름의 기사를 복음서는 짧게 보고하고 있다.

"나를 따라오라 내가 너희를 사람을 낚는 어부가 되게 하리라"(마 4:19). 그는 존경받는 지식인도 아니었다. 그렇다고 재산가도 아니었다. 당시의 사회에서 뭔가를 변화시킬만한 위치에 있는 사람이 아니었다. 이러한 부름은 특별하고 매우 기이하다고 밖에 표현할 수 없다. 사람을 낚는 어부라는 표현에서 베드로가 느꼈던 심정을 우리는 알 수 없다. 한 가지 확실한 것은 베드로는 그 말씀을 듣고 결단했고 그 이후로 제자의 리더로서 지도자로서의 본분과 사명을 다했다는 사실이다.

예수께서는 베드로를 '게바' 라고 부르셨다. 이것을 헬라어로 번역하면 '베드로' 이다. 사실 베드로는 그렇게 성품이 온순하고 안정된 사람은 아니었다. 오히려 다혈질이었고 실수 투성이었고 자기 중심적이었다. 그러나 예수께서는 베드로의 인생이 달라질 것을 알고 계셨고 그래서 시몬의 현재를 본 것이 아니라 나중을 생각하시면서 "네가 장차 게바라 하리라" (요 1:42)고 말씀하셨던 것이다. 이것은 가능성과 변화를 본 예수님의 위대한 선언이셨다. 그러므로 예수님을 만나는 사람은 인생이 극적으로 변화될 수 있음을 믿어야 한다.

성경기사들을 종합해 보면 우리는 다음과 같은 사실을 발견할 수 있을 것이다. 즉 예수는 베드로를 보았을 때, 그를 부르시기로 이미 마음에 작정하셨다는 것이다. 물론 예수께서 베드로의 모든 상황을 알고 계셨다는 사실도 부인할 수 없다. 그는 베드로의 마음을 읽고 계셨다. 마치 그가 나다나엘의 마음을 감찰하고 계셨듯이(요 1:47-48) 베드로 역시 예수를 만났을 때, 그가 지금까지 만나왔던 다른 종교지도자들과는 다른 면모를 예수에게서 발견했음이 틀림없다. 그들은 실제로 예수님을 만나자마자 놀라고 있었고, 부인할 수 없는 권위를 예수에게서 발견했었다. 예수와의 조우는 베드로의 인생을 송두리째 바꾸어 놓았다. 그는 예수를 따르기 위하여 그가 가진 모든 것을 부인한 채 예수를 따랐던 것이다. 누가가 전하는 예수 만남의 보고는 좀 더 구체적이다.

"무리가 몰려와서 하나님의 말씀을 들을새 예수는 게네사렛 호숫가에 서서 호숫가에 배 두 척이 있는 것을 보시니 어부들은 배에서 나와서 그물을 씻는지라, 예수께서 한 배에 오르시니 그 배는 시몬의 배라 육지에서 조금 떼기를 청하시고 앉으사 배에서 무리를 가르치시더니 말씀을 마치시고 시몬에게 이르시되 깊은 데로 가서 그물을 내려 고기를 잡으라. 시몬이 대답하여 이르되 선생님 우리들이 밤이 새도록 수고하였으되 잡은 것이 없지마는 말씀에 의지하여 내가 그물을 내리리이다 하고, 그렇게 하니 고기를 잡은 것이 심히 많아 그물이 찢어지는지라. 이에 다른 배에 있는 동무들에게 손짓하여 와서 도와 달라 하니 그들이 와서 두 배에 채우매 잠기게 되었더라. 시몬 베드로가 이를 보고 예수의 무릎 아래 엎드려 이르되 주여 나를 떠나소서 나는 죄인이로소이다 하니, 이는 자기 및 자기와 함께 있는 모든 사람이 고기 잡힌 것으로 말미암아 놀라고, 세베대의 아들로서 시몬의 동업자인 야고보와 요한도 놀랐음이라. 예수께서 시몬에게 이르시되 무서워하지 말라 이제 후로는 네가 사람을 취하리라 하시니, 그들이 배들을 육지에 대고 모든 것을 버려 두고 예수를 따르니라"(눅 5:1-11).

연단받는 신앙

베드로에게 위기는 언제나 새로운 신앙의 도약을 안겨 주었으며 좋은 기회로 작용했다. 베드로와 다른 제자들은 역시 믿음의 시련을 겪었으며, 야고보는 시련에 대해서 이렇게 권면하고 있다. "내 형제들아 너희가 여러 가지 시험을 당하거든 온전히 기쁘게 여기라. 이는 너희 믿음의 시련이 인내를 만들어 내는 줄 너희가 앎이라"(약 1:2-3). 여기서 우리가 인생을 살면서 경험하는 어려움들 중에 상당히 많은 부분은 믿음을 더욱 견고케 하기 위한 시험에 해당한다는 것을 깨닫게 한다. 베드로가 겪은 사건 역시 그렇다.

"예수께서 즉시 제자들을 재촉하사 자기가 무리를 보내는 동안에 배를 타고 앞서 건너편으로 가게 하시고, 무리를 보내신 후에 기도하러 따로 산에 올라가시니라 저물매 거기 혼자 계시더니, 배가 이미 육지에서 수 리나 떠나서 바람이 거스르므로 물결로 말미암아 고난을 당하더라. 밤 사경에 …… 예수께서 바다 위로 걸어오심을 보고 놀라 유령이라 하며 무서워하여 소리 지르거늘, 예수께서 즉시 이르시되 안심하라 나니 두려워하지 말라. 베드로가 대답하여 이르되 주여 만일 주님이시거든 나를 명하사 물 위로 오라 하소서 하니, 오라 하시니 베드로가 배에서 내려 물 위로 걸어서 예수께로 가되, 바람을 보고 무서워 빠져 가는지라 소리 질러 이르되 주여 나를 구원하소서 하니, 예수께서 즉시 손을 내밀어 그를 붙잡으시며 이르시되 믿음이 작은 자여 왜 의심하였느냐 하시고, 배에 함께 오르매 바람이 그치는지라, 배에 있는 사람들이 예수께 절하며 이르되 진실로 하나님의 아들이로소이다 하더라" (마 14:22-33).

예수님은 오병이어의 기적을 베푸신 후 제자들을 게네사렛 지역으로 서둘러 보내시고 기도하러 산에 올라가셨다. 그렇지만 예수님을 떠나서 배를 타고 바다를 건너던 제자들에게 풍랑이 엄습한다. 갈릴리 한복판에서 제자들은 험한 물결 때문에 겁에 질려서 어찌할 바를 모르고 있었다. 그러나 주님은 제자들이 고난을 당하도록 그대로 버려두지 아니하시고 그들에게로 다가오셨다. 그리고 "안심하라 나니 두려워 말라" (27절)고 말씀하신다. 그러나 제자들은 물위를 걸어오시는 분이 주님이라는 것을 모르고 혹 유령이 아닐까 하여 더 큰 공포를 느꼈다. 모두가 두려워하여 어찌할 바를 모르고 있을 때에 베드로가 나서서 "주여 만일 주님이시거든 나를 명하사 물 위로 오라 하소서" (28절)라고 엉뚱한 요청을 한다. 이 요구에 주님은 "오라" 고 말씀하시고 베드로는 배에서 내려 물 위로 걷는 기적이 벌어졌다. 그에게 닥친 믿음의 시련은 오히려 기적을 체험하는 놀라운 기회가 되었다. 그러나 베드로는 끝까지 주님을 믿음으로 바라보고 걸어가지 못했다. 그는 곧 바람을 보고 무서워했고 주님에게서 시선을 떼고 파도를 바라보았다. 그 순간 그는 물 속으로 푹 빠져 들어가고 말았다. "주여 나를 구원하소서" (30절)라(31절)고 베드로는 외쳤다. 그는 "믿음이 작은 자" 라는 예수님의 책망을 통해서 자신의 믿음의 현주소를 파악했다. 그러나 그 시험은 그에게는 일생일대의 유익한 계기가 되었다. 그것은 그에게 믿음의 성숙을 가져다주었기 때문이다. 그들은 그 시험을 통해서 다시 한번 예수 그리스도의 정체성을 인식하게 되었다. 따라서 "배에 있는 사람들이 예수께 절하며 이르되 진실로 하나님의 아들이로소이다 하더라"(33절)라고 고백하기에 이르렀던 것이다.

"

신앙 고백

그러던 어느 날 예수께서는 지상 생애를 마무리할 마지막 순간이 다가온 것을 아시고 가이사랴 빌립보 지방에서 3년 동안 함께 했고, 함께 말씀을 나누었으며, 함께 복음을 전하고 선교했던 사랑하는 제자들을 모아 놓고는 "사람들이 인자를 누구라 하느냐?"는 중요한 질문을 하신다.

"더러는 세례 요한, 더러는 엘리야, 어떤 이는 예레미야나 선지자 중의 하나라 하나이다"라고 제자들이 대답했다.

예수께서 다시 물으신다.

"너희는 나를 누구라 하느냐?"

시몬 베드로가 대답하기를

"주는 그리스도시요, 살아 계신 하나님의 아들이시니이다"(마 16:14-16)라고 고백했다.

"

그때 예수께서 "바요나 시몬아 네가 복이 있도다. 이를 네게 알게 한 이는 혈육이 아니요 하늘에 계신 내 아버지시니라. 또 내가 네게 이르노니 너는 베드로라. 내가 이 반석 위에 내 교회를 세우리니 음부의 권세가 이기지 못하리라. 내가 천국 열쇠를 네게 주리니 네가 땅에서 무엇이든지 매면 하늘에서도 매일 것이요, 네가 땅에서 무엇이든지 풀면 하늘에서도 풀리리라"(마 16:17-19)고 말씀하셨던 것이다.

여기에서 베드로의 "예수가 그리스도이십니다"라는 이 짧은 신앙 고백에는 기독교의 핵심적인 메시지가 들어 있다. 주께서는 그 위대한 발견이 사람의 지혜 때문이 아니라 하나님 아버지의 섭리와 역사를 통해서 이루어진 것임을 말씀하신다. 그러고 나서 예수께서는 시몬을 향해 "너는 베드로(반석)라"고 말씀하신다. 이것은 시몬과의 첫 만남에서 예수께서 하신 말씀이기도 하다. 사실 견고하고 안정감있는 반석의 이미지는 성급하고 격정적이며 변덕이 심했던 시몬에게는 전혀 어울리지 않는 것이었다. 그러나 주께서는 이 시몬의 영혼에서 반석 같은 믿음의 사람이 될 가능성을 보시고 첫 만남에서부터 하나님의 흔들림 없는 견고한 승리의 비전을 제시하셨던 것이다. 그리고 지금 그 약속이 성취되고 있는 것이다. 이제는 훈련의 과정을 통과하고 하나님 앞에서 구체적으로 쓰임 받을 시기가 다가왔음을 알리고 있는 것이다. 예수께서는 베드로의 그 신앙고백 위에 교회의 기초를 세우고 베드로를 초대교회의 초석을 놓는데 사용하시기로 작정하신다. 하나님에게 쓰임받기를 원하는 자는 공통적으로 베드로가 고백했던 것처럼 확실한 신앙고백을 할 수 있어야 한다. 그리하여 베드로가 그 신앙고백을 바탕으로 천국 열쇠를 움직이는 자로 쓰임을 받은 것과 같이, 오늘날도 주님께서는 이 신앙고백과 더불어 주의 뜻을 추구해 가는 사람들에게 귀한 천국의 열쇠를 쥐어주실 것이다.

연약한 인간이었던 베드로

베드로가 예수를 따르기로 결단한 후, 예수에 대한 굳건한 믿음만을 가지고 일관된 형통의 삶을 산 것은 아니었다. 예수의 수제자로서 기둥같이 여겨졌던 지도자였지만, 그도 역시 인간이었기에 하나님의 뜻을 이해하지 못하고 인간적인 판단으로 거슬러 역행하는 일이 종종 있었다. 마가복음 8장 31-34절에서는 베드로의 이러한 예수의 사역에 대한 몰이해의 전형적인 예를 보여주고 있다.

인자가 많은 고난을 받고 장로들과 대제사장들과 서기관들에게 버린바 되어 죽임을 당하고 사흘만에 살아나야 할 것을 비로소 저희에게 가르치시되 드러내 놓고 이 말씀을 하시니, 베드로가 예수를 붙들고 항변하매 예수께서 돌이키사 제자들을 보시며 베드로를 꾸짖어 가라사대 사탄아 내 뒤로 물러가라 네가 하나님의 일을 생각지 아니하고 도리어 사람의 일을 생각하는도다 하시고, 무리와 제자들을 불러 이르시되 누구든지 나를 따라 오려거든 자기를 부인하고 자기 십자가를 지고 나를 따를 것이니라. …… 한편 바울은 갈라디아서 2장 11-14절에서 또 다른 베드로의 실수를 책망하고 있다.

"

게바가 안디옥에 이르렀을 때에 책망받을 일이 있기로 내가 그를 대면하여 책망하였노라. 야고보에게서 온 어떤 이들이 이르기 전에 게바가 이방인과 함께 먹다가 그들이 오매 그가 할례자들을 두려워하여 떠나 물러가매, 남은 유대인들도 그와 같이 외식하므로 바나바도 그들의 외식에 유혹되었느니라. 그러므로 나는 그들이 복음의 진리를 따라 바르게 행하지 아니함을 보고 모든 자 앞에서 게바에게 이르되 네가 유대인으로서 이방인을 따르고 유대인답게 살지 아니하면서 어찌하여 억지로 이방인을 유대인답게 살게 하려느냐 하였노라.

"

그는 또한 기억하고 싶지 않을 만큼 쓰라린 실수와 인간이 가진 연약함으로 인해 넘어지는 일들을 경험해야 했다. 누가복음 22장 54-62절에는 이에 대한 기사가 이렇게 서술되어 있다.

"

예수를 잡아끌고 대제사장의 집으로 들어갈새 베드로가 멀찍이 따라가니라. 사람들이 뜰 가운데 불을 피우고 함께 앉았는지라 베드로도 그 가운데 앉았더니, 한 여종이 베드로의 불빛을 향하여 앉은 것을 보고 주목하여 이르되 이 사람도 그와 함께 있었느니라 하니, 베드로가 부인하여 이르되 이 여자여 내가 그를 알지 못하노라 하더라. 조금 후에 다른 사람이 보고 이르되 너도 그 도당이라 하거늘 베드로가 이르되 이 사람아 나는 아니로라 하더라. 한 시간쯤 있다가 또 한 사람이 장담하여 이르되 이는 갈릴리 사람이니 참으로 그와 함께 있었느니라. 베드로가 이르되 이 사람아 나는 네가 하는 말을 알지 못하노라고 아직 말하고 있을 때에 닭이 곧 울더라. 주께서 돌이켜 베드로를 보시니 베드로가 주의 말씀, 곧 오늘 닭 울기 전에 네가 세 번 나를 부인하리라 하심이 생각나서 밖에 나가서 심히 통곡하니라.

❞

그러나 그의 장점이 있다면 언제나 곧바로 돌이키고 회개하고 다시 헌신하는 하나님 앞에서의 깨끗한 태도였다. 우리의 인생이 비록 실수로 얼룩진 것이라 할지라도 우리가 만약 주님을 진정으로 사랑한다면 주께서는 우리에게 마지막 승리를 보장하실 것이다. 왜냐하면 예수께서는 우리의 믿음의 실패를 통해서 그것을 딛고 일어나 교훈을 얻어 우리가 더욱 더 깨닫고 성숙해져서 겸손히 주님만 의지하기를 바라기 때문이다. 그래서 예수는 부활 후에 베드로에게 다시 한번 그의 사명을 확인시켜 주셨다. 요한복음 21장 13-22절은 예수의 자신의 제자에 대한 사랑과 그의 양들을 위한 관심을 이렇게 보여준다.

예수께서 가셔서 떡을 가져다가 그들에게 주시고 생선도 그와 같이 하시니라. 이것은 예수께서 죽은 자 가운데서 살아나신 후에 세 번째로 제자들에게 나타나신 것이라.

❝

내 양을 먹이라

저희가 조반먹은 후에 예수께서 시몬 베드로에게 이르시되,
"요한의 아들 시몬아 네가 이 사람들보다 나를 더 사랑하느냐"

하시니 이르되 “주님 그러하나이다 내가 주를 사랑하는 줄 주님께서 아시나이다.” 이르시되 “내 어린 양을 먹이라” 하시고, 또 두 번째 이르시되 “요한의 아들 시몬아 네가 나를 사랑하느냐” 하시니, 이르되 “주님 그러하나이다. 내가 주님을 사랑하는 줄 주님께서 아시나이다.” 이르시되 “내 양을 치라” 하시고, 세 번째 이르시되 “요한의 아들 시몬아 네가 나를 사랑하느냐” 하시므로, 베드로가 근심하여 이르되 “주님 모든 것을 아시오매 내가 주님을 사랑하는 줄을 주님께서 아시나이다.” 예수께서 이르시되 “내 양을 먹이라.”

“내가 진실로 진실로 네게 이르노니 네가 젊어서는 스스로 띠 띠고 원하는 곳으로 다녔거니와 늙어서는 네 팔을 벌리리니 남이 네게 띠 띠우고 원하지 아니하는 곳으로 데려가리라.” 이 말씀을 하심은 베드로가 어떠한 죽음으로 하나님께 영광을 돌릴 것을 가리키심이러라. 이 말씀을 하시고 베드로에게 이르시되 “나를 따르라” 하시니(요 21:15-19).

”

주님은 자신을 세 번씩 부인했던 제자에게 다시 찾아오셔서 세 번씩 사랑을 확인하셨다. 즉, 예수께서는 베드로를 실패의 자리에 다시 서게 하심으로써 그에게 다시 한번 회복하고 승리할 수 있는 기회를 주셨던 것이다. 그래서 예수께서는 베드로에게 “요한의 아들 시몬아 네가 이 사람들보다 나를 더 사랑하느냐”라고 물으셨다. 물론 예수께서는 베드로를 변함없이 사랑하셨다. 그러나 주께서는 베드로가 아직도 주님을 사랑하는지 확인하기를 원하셨다. 그 주님의 음성은 베드로에게는 고통으로 굳어있던 가슴을 따뜻하게 치료하셨으며 커다란 도전을 주었을 것이다. 그리고 주께서는 베드로에게 “나를 따르라”고 말씀하신다. 이것은 주께서 처음에 베드로를 부르시고 소명을 주실 때와 동일한 메시지이다. 즉, 주님은 베드로가 항상 새로운 각오로 그를 따를 것을 원하신 것이다. 그리고 베드로는 예수를 따랐다. 이후 베드로는 성숙해져서 오순절 이후에는 담대히 이스라엘 사람 앞에서 예수 그리스도는 주님이라고 시인하며 예수의 이름으로 기적을 행하는 것을 볼 수 있다. 이제 그는 성령의 충만함을 입고 복음을 전하는 전도자로 다시 태어나게 된 것이다. 사도행전에는 이러한 그의 전도 사역과 설교, 기적들이 많이 나타나고 있는 것을 볼 수 있다.

담대한 복음전도자

베드로가 열한 사도와 같이 서서 소리를 높여 이르되 유대인들과 예루살렘에 사는 모든 사람들아 이 일을 너희로 알게 할 것이니 내 말에 귀를 기울이라. 때가 제 삼 시니 너희 생각과 같이 이 사람들이 취한 것이 아니라. 이는 곧 선지자 요엘로 말씀하신 것이니 일렀으되(행 2:14-16) … 이스라엘 사람들아 이 말을 들으라 너희도 아는 바와 같이 하나님께서 나사렛 예수로 큰 권능과 기사와 표적을 너희 가운데서 베푸사 너희 앞에서 그를 증언하셨느니라. 그가 하나님께서 정하신 뜻과 미리 아신 대로 내준 바 되었거늘 너희가 법 없는 자들의 손을 빌려 못 박아 죽였으나, 하나님께서 그를 사망의 고통에서 풀어 살리셨으니 이는 그가 사망에게 매여 있을 수 없었음이라(행 2:22-24) … 형제들아 내가 조상 다윗에 대하여 담대히 말할 수 있노니 다윗이 죽어 장사되어 그 묘가 오늘까지 우리 중에 있도다. 그는 선지자라 하나님이 이미 맹세하사 그 자손 중에서 한 사람을 그 위에 앉게 하리라 하심을 알고, 미리 본 고로 그리스도의 부활을 말하되 그가 음부에 버림이 되지 않고 그의 육신이 썩음을 당하지 아니하시리라 하더니, 이 예수를 하나님이 살리신지라 우리가 다 이 일에 증인이로다. 하나님이 오른 손으로 예수를 높이시매 그가 약속하신 성령을 아버지께 받아서 너희가 보고 듣는 이것을 부어 주셨느니라(행 2:29-33).

> 제 구 시 기도 시간에 베드로와 요한이 성전에 올라갈새, 나면서 못 걷게 된 이를(앉은뱅이) 사람들이 메고 오니 이는 성전에 들어가는 사람들에게 구걸하기 위하여 날마다 미문이라는 성전 문에 두는 자라. 그가 베드로와 요한이 성전에 들어가려함을 보고 구걸하거늘, 베드로가 요한과 더불어 주목하여 이르되 우리를 보라 하니, 그가 그들에게서 무엇을 얻을까 하여 바라보거늘, 베드로가 이르되 은과 금은 내게 없거니와 내게 있는 이것을 네게 주노니, 나사렛 예수 그리스도의 이름으로 일어나 걸으라 하고, 오른손을 잡아 일으키니 발과 발목이 곧 힘을 얻고, 뛰어 서서 걸으며 그들과 함께 성전으로 들어가면서 걷기도 하고 뛰기도 하며 하나님을 찬송하니, 모든 백성이 그 걷는 것과 하나님을 찬송함을 보고, 그가 본래 성전 미문에 앉아 구걸하던 사람인 줄 알고 그에게 일어난 일로 인하여 심히 놀랍게 여기며 놀라니라(행 3:1-10).

하나님께서는 베드로의 한 번 설교를 통해서 3천명을 회개케 하시는 놀라운 역사를 일으키신다. 이제 그를 통해서 이방인 선교의 문을 여시고 그의 전도 활동과 설교에 의해서 초대교회의 기초가 마련되게 되었다. 그리고 베드로의 마지막은 예수께서 말씀하신 대로 십자가의 승리로 매듭지어졌다. 그래서 전하는 바에 의하면 베드로는 로마의 기독교인들에 대한 핍박이 극에 달할 때 다시 그 앞에 나타나신 주님을 뵙고 그의 사명을 확인하고 로마로 돌아가 성도들과 함께했다. 교회 야사에 따르면 그는 십자가에 거꾸로 매달려 순교했다고 한다.

이와 같은 베드로의 용단있고 위대한 삶의 역동적인 발자취는 예수 그리스도 안에서의 벅찬 회심을 통해 배어 나오는 믿음의 삶이라고 일컬을 수 있을 것이다. 이런 삶이 우리가 추구할 선망이 되었으면 한다.

이방인을 위한 사도

바울

Paul the Apostle

A.D. 5~66-67

다메섹 도상에서 부활하신 예수를 만난 그는
기독교의 핍박자에서 전격적으로 그리스도의 종이 되었다.

외면적인 모습

2세기경에 쓰인 것으로 보이는 바울과 데클라의 행적(The Acts of Paul and Thecla)이라는 외경(外經)이 있다. 여기에는 "대머리와 휜 다리에 눈썹은 서로 맞닿고 코는 매부리에 단신의 다부진 체구를 가진 호감에 찬 사나이, 그는 인간의 모습에 천사의 얼굴을 가진 자이다(1:7)" 라고 바울을 묘사한다. 비교적 자세한 이런 표현은 신빙성 있는 진술로 보여진다. 그러나 성경의 진술은 아니므로 전적으로 신뢰하기에는 무리가 있다.

율법에 열심이었던 사람

바울은 스스로가 길리기아 성(省)의 다소가 고향이라고 말했다. 로마의 철저한 지배 아래에 있던 당시에 바울은 대단한 특권에 해당되는 로마시민권이 부여된 가정에서 태어났다. 순수한 유대인으로서 바울은 유명한 스승 가말리엘의 문하에서 바리새인의 엄격한 율법의 교훈에 의하여 예루살렘에서 교육받은 엘리트였다. 그의 표현에 의하면 동족 중 여러 연갑자(연배)보다 유대교를 지나치게 믿었고 조상의 전통에 더욱 열심이 있었다. 그 정도의 수준이 구약의 율법을 거의 흠 없이 순종하였다고 주장할 수 있을 정도였다(행 21:39; 22:3; 22:28; 갈 1:13-14; 빌 3:5-6). 이와 관련한 바울의 표현은 매우 적나라하다. "그들이 히브리인이냐 나도 그러하며 그들이 이스라엘인이냐 나도 그러하며 그들이 아브라함의 후손이냐 나도 그러하며"(고후 11:22)라고 강조한다.

바울이 어렸을 때에 그의 부모는 바울을 공부시켜서 율법교사가 되게 하겠다고 작정했다. 당시의 엄격한 유대인들이 그러했듯이 바울은 어려서부터 회당에서 정기적인 교육을 받으면서 유대인들의 전통을 읽혔을 것이다. 바울이 접했던 성경은 히브리 성경이 아닌 헬라어로 된 70인역(Septuagint)이었을 가능성이 높다. 이 70인역 구약본(本)은 이집트의 알렉산드리아에 살던 유대인 학자들이 히브리 원전에서 번역했다. 팔레스틴 밖에서 살던 유대인들은 거의가 헬라어로 된 70인역을 애용했다. 유대 율법을 공부하는 학생들은 누구나 학과목 이외에도 상업에 필요한 기술 하나씩을 배워야만 했다. 바울이 익힌 것은 천막을 만드는 방법이었다. 이러한 기술의 습득은 후일 바울이 선교 여행을 하면서 생계를 꾸려가는 데 큰 도움이 되었다.

그리스도 교회의 핍박

바울은 이제 막 새싹처럼 움트는 교회를 매우 심하게 핍박했다. 이러한 바울의 행태는 그의 선생인 가말리엘의 온건한 입장과는 완전 대척점에 선 행동이었다. 가말리엘은 기독교를 핍박하지 말고 내버려두자고 제안했다. 유대인에게 큰 존경을 받는 스승의 견해를 무시한 바울의 돌발적인 행동은 스승을 난처하게 만들었음이 분명하다.

탈무드에는 위대한 랍비 가말리엘의 제자들 중에서 학문에 거만을 보이며 스승에게 상당한 골칫거리가 된 학생이 있었다고 한다. 이 학생이 학자들은 바울이라고 추정한다. 바울이 교회를 어느 정도로 핍박했던지 "사울이 교회를 잔멸할새 각 집에 들어가 남녀를 끌어다가 옥에 넘기니라(행 8:3)" 고 언급한다. 바울은 이에 대하여 "내가 이전에 유대교에 있을 때에 행한 일을 너희가 들었거니와 하나님의 교회를 심히 박해하여 멸하고(갈 1:13)" 라고 말한다. 바울의 혹독한 핍박은 잔멸, 잔해 등의 표현에서 그 정도를 짐작케 한다. 이 용어는 도시를 점령하여 약탈하는 상태와 사나운 짐승에 의해 몸이 완전하게 파괴된 상태를 말한다. 그의 핍박은 그리스도인들을 유대와 사마리아 곳곳으로 흩어지게 만들었다. 바울의 교회 핍박의 악명(惡名)은 그리스도인들 사이에 널리 퍼져 있는 상태였다. 다메섹에 거주하던 아나니아의 말에서 그 사실이 드러난다.

> "주여 이 사람에 대하여 내가 여러 사람에게 듣사온즉 그가 예루살렘에서 주의 성도에게 적지 않은 해를 끼쳤다 하더니 여기서도 주의 이름을 부르는 모든 사람을 결박할 권한을 대제사장들에게서 받았나이다(행 9:13-14)" 하는 표현은 이를 뒷받침하고 있다.

그러나 아이러니하게도 교회에의 핍박은 하나님의 복음이 널리 전해지는 계기가 되었다. 이제 교회를 진멸하려는 바울의 행위도 영역을 확장하고 있었다. 흩어진 그리스도인들을 잡으려고 바울은 몇몇 동료들과 다메섹으로 향하고 있었다(행 9:7).

바울이 예수와 교회를 왜 그렇게 미워하고 핍박, 진멸하려고 노력하고 행동하였는가? 그것은 예수가 메시야라고 주장한 결정적인 요인 때문이었다. 유대인들은 자기들만이 선민이라고 생각하고 주장했다. 그것은 그들의 특권이었다. 그러나 현실은 너무나 엄혹했다. 고난의 민족, 로마에 핍박당하여 나라조차도 변변하게 유지하지 못하고 있었다. 인간적 수단은 종종 실패하였으며 이제 그들의 위대한 민족이라는 원대한 꿈은 그야말로 신적인 방법 이외에는 기대할 수 없는 상태였다. 유일한 희망은 하나님이 보내신 메시야의 도래이며 그날만을 기다리고 있었다. 그런데 메시야라고 하는 예수를 보면 피할 수 없는 중대한 약점을 노출하고 있었다. 율법에 의하면 예수는 저주로 십자가에 달린자로 여겨졌기에 예수가 메시야요, 하나님의 아들이라는 주장은 신성모독이요, 치명적인 거짓말에 해당했다. 따라서 기독교를 근절하는 것이 민족을 위한 것이며 자신이 신봉하는 유대교에 공헌한 것이라고 할 수 있었다. 바울의 유대교에 대한 열심은 자신이 인정할 정도로 지나친 면이 있었다(갈 1:14). 자신이 속한 곳은 바리새파였지만 그는 그 중에서도 극단적인 성향을 가지고 있었다. 당시에 가장 열정적인 열심당에 동조하고 있었을 수도 있다. 열심당은 종파라기보다는 유대민족의 독립운동단체였다. 열심당은 유대 왕 아켈라오(Archelaus, 4 B.C.-A.D. 6)가 로마에 의해 파면되고 로마의 총독이 직접 통치하자 이에 반대하여 갈릴리의 유다가 일으킨 독립운동이 시초가 되어 발생한 단체였다. 요세푸스에 의하면 그들은 로마에 세금을 바치는 것과 주권자이신 하나님 외에 피조물을 인간의 통치자로 인정하는 것은 겁쟁이와 같은 비겁한 짓이라고 공격했다. 유다와 열심당원들은 하나님의 나라가 이 땅에 도래하려면 칼을 들고라도 이방세력을 몰아내고 악을 제거해야 한다고 생각했다. 바울의 유대교에 대한 열정이 초대교회를 핍박했듯이(빌 3:6), 유대교의 열정은 상대방을 적대시하게 했고 극도로 편협했다. 이런 면에서 바울과 열심당원은 일맥상통한 동질성을 갖고 있었다.

만일 예수님이 하나님과 그의 삶에 관해 주장하고 해석하신 것이 옳다면 그리스도를 핍박한 바울과 모든 정통주의적 유대인들이 믿는 유대교는 오류에 빠진 거짓된 사상으로 전락하고 말 것이다. 그들의 시각으로 볼 때, 예수님은 의도적으로 의식법과 계명들을 범했으며 죄인들과 세리들과 어울렸다. 그 모든 것은 이스라엘에 하나님의 통치가 임하게 하는데 그릇된 장애물로 보였다. 그러므로 바울이 기독교를 박해했을 때, 그는 스스로 하나님을 잘 섬기고 있으며, 하나님의 나라를 위해 온전히 일하며 살아가고 있다고 자부하고 있었다. 바울의 삶은 누구도 흠 잡을 수 없는 정통적인 유대인의 삶을 살았던 것이다.

처음에는 바울이 그리스도를 전하는 복음 전도자가 될 것처럼 보이지는 않았다. 그는 오직 한 가지의 종교적 열심으로 예수 그리스도의 기억을 이 세계로부터 없애버리고 기독교인을 한 사람도 남김없이 죽여 없애는 것이 라고 생각하던 때가 있었다. 이 시기는 그가 그의 인생에서 결코 잊을 수 없던 일이었다. 그의 기독교인에 대한 박해는 상상을 초월했다. 그는 스데반의 참혹한 순교 현장에도 있었다.

"

> 그들이 큰 소리를 지르며 귀를 막고 일제히 그에게 달려들어 성 밖으로 내치고 돌로 칠새 증인들이 옷을 벗어 사울이라 하는 청년의 발 앞에 두니라. 그들이 돌로 스데반을 치니 스데반이 부르짖어 이르되 주 예수여 내 영혼을 받으시옵소서 하고 무릎을 꿇고 크게 불러 이르되 주여 이 죄를 그들에게 돌리지 마옵소서 이 말을 하고 자니라. 사울은 그의 죽임 당함을 마땅히 여기더라. 그날에 예루살렘에 있는 교회에 큰 박해가 있

서 사도 외에는 다 유대와 사마리아 모든 땅으로 흩어지니라. 경건한 사람들이 스데반을 장사하고 위하여 크게 울더라, 사울이 교회를 잔멸할새 각 집에 들어가 남녀를 끌어다가 옥에 넘기니라(행 7:57-8:3).

❞

성경에서 바울은 스데반의 순교와 관련하여 사울이라는 이름으로 처음 나타난다. 증인들이 자신들의 옷을 사울이라는 청년 앞에 놓았다(행 7:58). 여기에 나타난 청년이란 그리스어 단어는 40세 이하의 젊은 사람, 즉 25세에서 40세까지를 가리킨다. 그러므로 바울은 예수와 거의 동시대에 태어나서 활동했음을 알 수 있다.

바울의 회심

바울의 회심과 관련한 묘사는 사도행전에서 세 군데나 자세히 기록되어 있다. 이는 바울의 생애뿐만 아니라 초대교회의 역사에 얼마나 중요한 사건이요, 체험이었는가를 말해준다. 사도행전 9장 3-19절은 누가가 전하는 사건의 기술이고, 22장 6-16절은 바울이 폭도의 위협 속에서 자신을 변호하는 모습을 묘사한다. 26장 9-23절에서는 바울이 헤롯 아그립바(Herod Agrippa) 2세 앞에서 자신을 변호하는 모습이 생생하게 언급되고 있다. 이 세 개의 기사는 모두 정확하게 일치하고 있지는 않지만 전체를 묶어서 하나로 보면 종합적인 모습이 나타난다.

바울의 행적에 비추어 볼 때 그의 회심은 극적이었으며 드라마틱한 역사적인 사실이었다.

❝

바울과 그의 동료들이 정오쯤 다메섹에 가까이 이르게 되었을 때 갑자기 하늘에서 해보다 더 빛난 빛이 그들을 둘러 비추었다(행 22:6; 26:13). 그로 인해 그들은 깜짝 놀라 땅에 엎드러졌고 강한 빛으로 눈을 뜰 수 없었다(행 22:7; 26:14). 히브리 방언인 아람어로 말씀하시는 소리를 들은 것은 바로 그때였다. 그 말은 직접적인 예수의 말씀이었다.

사울아 사울아 네가 어찌하여 나를 박해하느냐?(행 9:4; 26:14).

❞

바울을 두 번이나 부른 사실은 모세를 부른 것과(출 3:4) 사무엘을 부른 것을 생각나게 한다(삼상 3:10). 하늘에서 들려오는 음성을 동행한 자들이 모두 들었으나 그 소리를 구체적이고 확실하게 알아들은 자는 오직 바울 뿐이었다(행 9:7; 22:9).

❝

주여 누구시니이까(행 9:5).

나는 네가 박해하는 나사렛 예수라(행 22:8).

❞

바울의 물음은 충격과 당혹 속에서 떨리는 목소리로 나왔음을 짐작케 한다. 그러자 주님이 "네가 박해하는 예수라" 말씀하신다.

이에 바울의 두려움은 경천동지(驚天動地)함 바로 그 자체였을 것이다. 바울은 예수를 죽은 자 가운데서 살리셨다는 초대교회의 선포를 받아들일 수 없었다. 이는 신성모독이요, 있을 수 없었으며 더군다나 한 번도 경험해보지 못한 일이었다. 물론 바울은 기적도 믿었고 부활도 인정하는 바리새파인에 속해 있었다. 그러나 실제로 자신의 눈앞에서 갑자기 벌어진 사건을 목격하자 완전히 자신의 삶과 신앙이 뒤집어지는 충격적 전환을 경험하게 된다.

바울의 극적인 회심 장면은 하나님께서 사람을 부르시는 방법의 오묘하심을 나타내는 강력하고도 경이로운 사건이었다. 그 부르심은 바울의 일생을 완전히 뒤바꾸어 놓았을 뿐 아니라, 세계 기독교사에 하나의 이정표가 되는 기적적인 사건이었다. 우리는 한 사람이 그리스도를 만날 때 얼마나 급진적으로 그의 가치관이 변하는지를 바울의 경우에서 볼 수 있다. 이 사건은 우리에게도 예외 없이 갈망케 하고 우리가 추구하는 믿음의 표상이기도 하다.

예수께서는 그의 사랑하는 백성들을 핍박하는 사울을 향하여 물으시고 스스로 대답하신다.

"

사울아 사울아 네가 어찌하여 나를 박해하느냐? …….

나는 네가 박해하는 나사렛 예수라! …….

"

여기에 회심자들에게로 향하는 공통적인 질문과 해답이 주어져 있다. 즉 그는 십자가에 죽고 장사되고 삼일만에 부활하신 예수이시다. 우리는 우리의 인생에 있어서 이러한 예수 그리스도가 우리의 삶의 전체를 지배하고 있는지, 기독교인이 되었다고 스스로 자만하고 자위하고 있지는 않은지, 철저하게 자성하는 신앙을 가져야 한다.

이제 바울의 생애는 완전히 바뀌었다. 세상에 속한 사람이 아니라 하나님의 사람, 하나님의 나라에 속한 사람이 되었다. 그는 진리에 대한 신념이 주님께로 바뀐 후로는 죽을 때까지 결코 뒤 돌아보지 않았다.

복음을 위하여 부름 받은 자

바울의 복음 전파는 하나님의 섭리였다. 다메섹에서의 주님은 "네가 나를 본 일과 장차 내가 네게 나타날 일에 너로 종과 증인을 삼으려 함이니"(행 26:16)라고 하셨다. 또한 아나니아에게도 "이 사람은 내 이름을 이방인과 임금들과 이스라엘 자손들에게 전하기 위하여 택한 나의 그릇이라"(행 9:15)고 하셨다. 아나니아의 "네가 그를 위하여 모든 사람 앞에서 네가 보고 들은 것에 증인이 되리라"(행 22:15)는 발언은 이의 확증이다. 바울은 자신을 부르신 이가 예수님이라는 확증을 분명하게 인식하며 살았다. 하나님의 택정함 가운데 은혜로 부르심을 받았다고 생각했다(갈 1:15). 이방인의 사도로 부르심을 받았다는 분명한 인식은 그의 삶과 선교의 원동력이었다. 바울은 이렇게 고백한다.

"

사람들에게서 난 것도 아니요 사람으로 말미암은 것도 아니요 오직 예수 그리스도와 그를 죽은 자 가운데서 살리신 하나님 아버지로 말미암아 사도 된 바울이라(갈 1:1).

베드로에게 역사하사 그를 할례자의 사도로 삼으신 이가 또한 내게 역사하사 나를 이방인의 사도로 삼으셨느니라(갈 2:8)

"

고난과 전도여행

바울은 복음의 증거를 위하여 부르심을 받은 자였다.

"

예수 그리스도의 종 바울은 사도로 부르심을 받아 하나님의 복음을 위하여 택정함을 입었으니 이 복음은 하나님이 선지자들을 통하여 그의 아들에 관하여 성경에 미리 약속하신 것이라(롬 1:1-2).

"

바울이 전한 복음의 출처는 어디인가?

이와 관련하여 바울은 "내가 전한 복음은 사람의 뜻을 따라 된 것이 아니니라 이는 내가 사람에게서 받은 것도 아니요 배운 것도 아니요 오직 예수 그리스도의 계시로 말미암은 것이라" (갈 1:11-12)고 말한다.

자신이 전한 복음과 다른 복음을 전하면 저주를 받을 것이라는 강경한 입장이 바울의 기조였다(갈 1:8).

바울의 복음 전파는 무려 3차에 걸친 선교여행을 통하여 이루어졌다. 로마시민권을 가지고 있었고 유능한 학자로서 편안하게 살 수도 있었을 그는 이제 고생과 고통의 계곡을 지나가고 있었다.

바울의 복음 전파에 대한 초기 반응은 매우 좋았다. 누가는 "회당의 모임이 끝난 후에 유대인과 유대교에 입교한 경건한 사람들이 많이 바울과 바나바를 따르니"(행 13:43)라고 표현하고 있다. 물론 유대인들의 생각은 전략적이었다. 바울을 좇고 있는 이방인들이 언젠가는 할례를 받고 유대공동체로 들어오리라고 생각하고 있었다. 그러나 이러한 꿈은 곧바로 미몽(迷夢)이었음이 들어났다. 상황이 이렇게 되자 유대인들은 바울과 바나바를 반대하고 비방하기 시작했다. 유대교와 기독교가 함께하기에는 간극이 너무나 깊었다. 바울과 바나바는 선택의 갈림길에 서게 된 것이다. "우리가 이방인에게로 향하노라"(행 13:46)는 선언은 이런 와중에서 나왔다. 이방인들의 반응은 폭발적이었다. "이방인들이 듣고 기뻐하여 하나님의 말씀을 찬송하며 영생을 주시기로 작정된 자는 다 믿더라, 주의 말씀이 그 지방에 두루 퍼지니라"(행 13:48-49). 이러한 반응은 오래가지 못했다. 안디옥에서의 핍박은 예고편에 불과했다. 한편으로는 효과적이었지만 적대 세력도 늘어갔다. 사람들에게 그들이 베푼 기적은 인간이 아닌 신의 현현으로 인식하게 만들었다(행 14:12).

제2차 선교여행지인 빌립보에서는 실라와 함께 변호할 기회도 얻지 못하고 채찍질을 당하고 감옥에 갇히는 신세가 되었다(행 16:22-23). 고린도에서는 유대인들의 작당에 의하여 갈리오 총독에게 고소를 당하였다(행 18:12-13). 그러나 갈리오 총독은 "만일 문제가 언어와 명칭과 너희 법에 관한 것이면 너희가 스스로 처리하라 나는 이러한 일에 재판장 되기를 원하지 아니하노라"(행 18:15)고 말하고, 그들을 법정에서 쫓아냈다.

제3차 선교여행지였던 에베소에서도 환란을 당했다. 고린도전서 15장 32절은 "내가 범인처럼 에베소에서 맹수로 더불어 싸웠으면 내게 무슨 유익이 있느뇨 죽은 자가 다시 살지 못할 것이면 내일 죽을 터이니 먹고 마시자 하리라" 고 말하고 있다. 바울행전은 바울이 채찍으로 맞고 맹수에게 던짐을 당했으나 하나님의 이적으로 살아났다고 증언하고 있다. 바울이 당한 고통이 정확하게 무엇인지는 모르지만 혹독한 고통이었음은 틀림이 없다. 바울은 자신이 당한 고난에 대하여 "형제들아 우리가 아시아에서 당한 환란을 너희가 모르기를 원하지 아니하노니 힘에 겹도록 심한 고난을 당하여 살 소망까지 끊어지고, 우리는 우리 자신이 사형 선고를 받은 줄 알았으니" (고후 1:8-9)라고 표현한다.

바울은 왜 이러한 혹독한 고난을 기쁨으로 감당했을까? 유대교를 신봉했을 때에는 교회를 격심하게 핍박했지만 이제 오히려 교회를 위하여 감당하기 어려운 고난을 감수하고 있다. 고린도전서 9장 19-23절에는 바울의 마음의 일단이 나타나있다.

> "스스로 모든 사람에게 종이 된 것은 더 많은 사람을 얻고자 함이라, … 유대인과 같이 된 것은 유대인을 얻고자 함이요, … 율법 아래에 있는 자 같이 된 것은 율법 아래 있는 자들을 얻고자 함이요, … 율법 없는 자와 같이 된 것은 율법 없는 자들을 얻고자 함이라. 약한 자와 같이 된 것은 약한 자들을 얻고자 함이요, 내가 여러 사람에게 여러 모습이 된 것은 아무쪼록 몇 사람이라도 구원하고자 함이니, 내가 복음을 위하여 모든 것을 행함은 복음에 참여하고자 함이라" 고 고백한다.

이제 3차 전도여행을 마친 바울은 예루살렘에 도착했다. 때는 아마도 58년경이었을 것이다. 그러나 일은 아직 끝나지 않았다. 바울은 로마에 가서 복음을 전파하고 싶어 했다(행 19:21). 하나님은 이런 바울을 향해서 특별한 방법을 준비하고 계셨다.

로마의 오랜 통치는 유대 사회의 분위기가 험악해져 유대의 민족주의 운동이 강하게 일어나고 있는 상태였다. 총독 쿠마누스(Cumanus, A.D. 48-52)가 통치할 때에 로마 병사의 경건치 못한 행동으로 로마인과 유대인과의 갈등이 있었고 갈릴리의 유대인과 사마리아인 사이에도 갈등이 있었다. 쿠마누스를 뒤이은 벨릭스(Felix, A.D. 52-60)가 총독이었을 때는 이러한 혼란이 점점 심해져 가고 있는 상태였다. 강도와 사기꾼이 만연하고 거짓 선지자가 나타나고 대제사장이 총독에게 제거되는 일도 일어났다. 가이사랴에서 유대인과 사마리아인의 커다란 분쟁이 일어났다. 민족주의적 경향은 보수주의적 성향과 율법의 강조로 나타났다. 칼을 들고 로마와 싸워야 한다고 주장하는 것은 당연한 귀결이었다. 이에 바울도 예외가 될 수 없었다. 바울에 대한 소문도 좋지 않았기 때문이다.

"

> 네가 이방에 있는 모든 유대인들을 가르치되 모세를 배반하고 아들들에게 할례를 행하지 말고 또 관습을 지키지 말라 한다 함을 그들이 들었도다(행 21:21).

"

이와 관련하여 예루살렘의 교회 지도자들은 바울에게 결례를 행하라고 권고했다. 결례는 특정 기간 동안 자신을 정결케 하고 서원한 기간 동안 규범을 지키는 것을 의미했다. 독주를 마시지 않고, 머리를 깍지 않고 시체를 가까이 하지 않는 것은 전통적인 결례였다(민 6:8-12; 30:1-8; 신 23:23). 결례가 끝나면 머리를 깎고 희생 제사를 드려야 했다. 이것은 불가피한 조처였다.

그러나 결과적으로 보면 이러한 바울의 행위는 여러 가지 빌미와 오해를 불러왔다. 마녀사냥식의 재판이 시작되었다. 바울은 체포되었고, 천부장의 허락으로 사람들에게 변론할 기회가 주어졌으나 이 연설은

(행 22:1-21) 오히려 유대인들을 격동시키는 결과를 가져왔다. 바울은 생사의 위험에 처했다. 그러나 주님은 이런 바울에게 나타나셔서 말씀하셨다.

"

담대하라 네가 예루살렘에서 나의 일을 증언한 것 같이 로마에서도 증언하여야 하리라(행 23:11).

"

바울이 로마에 가는 것은 주님의 뜻이었다. 살 희망을 잃어버린 풍랑 속에서 주님은 사자를 보내서 말씀하셨다.

"

바울아 두려워 말라 네가 가이사 앞에 서야 하겠고 또 하나님께서 너와 함께 항해하는 자를 다 네게 주셨다(행 27:24).

"

바울은 그리스도로부터 이방인의 사도로 보내심을 받고, 이방세계의 복음의 전파를 위한 합의를 이끌어 소아시아와 그리스 세계의 여러 도시들과 유럽에 편만하게 열정적으로, 복음을 전파했다. 모두가 그를 극적으로 변화시켰던 회심의 삶 속에 그리스도가 살아 역사하셨기에 감당할 수 있었으며 극복할 수 있었다.

사도행전에서 누가는 예루살렘 안에 있는 다락방에 모였던 소수의 유대인 크리스천으로 기독교가 시작되어, 가서 온 세상 사람들에게 복음을 전하여 구원하라는 예수님의 명령이 실현될 가능성이 없는 것처럼 보이는 상황에서 어떻게 복음이 로마까지 전파되었는가를 보여주고 싶어했다. 바울은 그의 생애 내내 로마를 잊은 적이 없었다. 마지막으로 가기를 소망했던 곳이기 때문이다. 그는 가이사랴의 감옥에서 2년 동안 감금되어 있다가, 마침내 결박을 당한 채, 그리스도의 사신(Ambassador)으로서 로마에 도착되었다. 이것까지도 하나님의 섭리와 관여 가운데 복음 전파의 완성을 이루기 의한 것이라 생각하면, 참으로 감사한 일이 아니고 무엇이겠는가?

로마의 감옥과 바울의 마지막 순교

로마에서 바울은 또 2년 동안 감금되어 있었다. 개방형 감옥에서 거주하면서, 아무런 방해도 받지 않고 로마에서 복음을 전할 수 있었다. 바울은 당대 세계의 중심에서 예수를 전하고 있었다. 이제 기독교가 세계의 수도 속에서 확고히 뿌리를 내리기만 하면 기독교의 장래는 확실해 지는 것이다. 바울은 거기서 그의 포부가 실현되는 것을 보고 있었다. 비록 그의 꿈이 그의 방법대로가 아니라 하나님의 방식으로 실현되고 있었지만 말이다! …….

바울을 끝까지 동행했던 누가는 사도행전의 이야기를 승리의 함성으로 장식하고 있다.

> "
> 그런즉 하나님의 이 구원이 이방인에게로 보내어진 줄 알라. 그들은 그것을 들으리라 하더라. 바울이 온 이태를 자기 셋집에 머물면서 자기에게 오는 사람을 다 영접하고, 하나님의 나라를 전파하며 주 예수 그리스도에 관한 모든 것을 담대하게 거침없이 가르치더라(행 28:28-31).
> "

2년 동안 감금되어 있던 바울은 무죄로 석방되었다. 그 시기는 아마도 62년경이었을 것이다. 그가 감옥에서 풀려난 후에 어떤 사역을 했는지는 정확한 기록이 없어 알 수 없다. 그가 로마와 함께 그토록 원했던 스페인으로 선교여행을 갔는지(롬 15:24), 아니면 그렇게 사랑했던 제자 디모데를 만났는지(딤후 1:4) 정확한 추론은 불가능하다. 다만 하나 정확한 것은 복음을 한명에게라도 더 전하고자 불철주야 노력했을 것이라는 점이다.

64년 7월 18일 밤과 19일 사이에 로마에서 최악의 화재 사건이 발생했다. 원형경기장에서 시작된 화재는 9일 동안 로마의 열 네 개 구역 중 열 개 구역을 잿더미로 변하게 만들었다. 네로는 자기가 화재를 일으킨 주범이라는 사실을 모면하고자 천여 명에 불과한 기독교인들에게 이를 뒤집어 씌웠다. 이로 인하여 수많은 그리스도인들이 체포 구금되었다. 바울도 65년이나 66년경에 체포되었을 것이다. 기독교 지도자였던 바울은 어떠한 이유로든 이를 피해갈 수는 없었다.

디모데후서 4장에는 바울의 마지막 장면이 나타난다. 그는 이제 죄수의 몸으로 감옥에 갇혀있었다. 그의 옆에는 단지 누가만이 함께 있었다. 추운 겨울이 다가오고 있었다. 그는 유난이 춥고 외로웠다. 감옥에서는 엄격한 통제가 있었고 착고에 채워져 용신할 수 없는 지경이었다(딤후 2:9).

그래서 그는 드로아 가보의 집에 두고 온 겉옷이 필요했다. 그리고 그는 가죽 종이에 쓴 책들을 보고 싶어했다(딤후 4:9-13). 그 책들이 무엇이었는지는 확실하지 않다. 그것은 두루마리로 된 히브리어 성경일 수도 있고 예수님의 생애와 교훈을 기록한 책들이었을 수도 있다. 하나님 나라의 비전을 가지고 전 세계를 향하여 복음전도의 열정을 불태웠던 위대한 전도자의 말년에 화려한 개선행렬이나 드높은 칭송, 영광의 갈채는 없었다. 그것은 그리스도께서 그가 돌아가는 날을 위하여 하늘에 예비해 놓으셨으리라. 그는 생애 동안에 온갖 고난을 다 겪어야 했다. 그러나 그에게 결코 패배는 있을 수 없었다. 그러므로 그는 이렇게 고백한다.

“

전제와 같이 내가 벌써 부어지고 나의 떠날 시각이 가까웠도다

> 나는 선한 싸움을 싸우고 나의 달려갈 길을 마치고 믿음을 지켰으니, 이제 후로는 나를 위하여 의의 면류관이 예비되었으므로 주 곧 의로우신 재판장이 그날에 내게 주실 것이며 내게만 아니라 주의 나타나심을 사모하는 모든 자에게도니라(딤후 4:6-8).
>
> ”

이제 풀려날 가망이 없었고 죽음을 예견하고 있었다(딤후 4:6). 아마도 바울은 66년 또는 67년경에 참수되어 주님의 품으로 돌아갔을 것이다. 왜냐하면 네로는 68년 반란으로 퇴위되어 자살을 했고 당분간 그리스도인에 대한 박해는 없었기 때문이다.

바울의 믿음은 우리에게 큰 귀감이 된다. 그는 자신의 믿음으로 승리했고 많은 크리스천을 승리로 이끌었다. 그는 복음을 위해 생명을 바쳤다. 박해자 사울이 변하여 역량있는 전도자가 되었고 복음의 씨를 뿌린 그 땅에 드디어 그리스도의 계절이 오게 된 것이다. 복음의 영향을 받은 이방인이요, 법률가인 라틴 교부 터툴리안은 이렇게 고백했다.

자신이 가끔 크리스천들의 재판을 보았는데 마치 전쟁에서 승리한 것처럼 환한 미소를 띠며 죽어가는 모습을 목격했다는 것이다. 또한 크리스천들이 죽으면서도 로마를 정복했다고 말하는 장면을 목격했다. 터툴리안은 순교자의 피는 교회가 자라는 씨라고 강조하며 다음과 같이 기록했다.

> “
>
> 당신을 그렇게 화나게 만드는 바로 그 완고한 용기가 사람들을 기독교로 인도한다. 이러한 용기를 보고 있는 사람은 어디로부터 이러한 용기가 오는가 라고 묻지 않을 수 없을 것이다. 이러한 물음을 물을 때에 그는 크리스천들이 갖고 있는 신앙을 어떻게 받아들이지 않을 수 있겠는가?
>
> ”

바울의 숭고한 회심은 핍박을 자초했으나 복음을 풍성케 했고 복음을 위한 그의 순교는 오늘날 우리에게 살아 역사하고 있는 것이다. 바울은 자신의 순교의 현장인 단두대에서 "예수!", "예수!" 외쳤는데 이는 오늘 우리에게 "예수"로 갈급한 심령을 채워 줄 뿐만 아니라 "예수"만이 영원한 생명이요, 삶의 오아시스임을 선포하고 있는 것이다.

바울의 마지막 순교 현장을 되새겨 보자!
"예수!", "예수!", "예수!"
이 외침은 죽음의 절규가 아니라, 굳건한 생명의 함성이다!

이와 같이 그리스도를 향한 열심과 견고한 믿음은 세상을 바꾸기에 충분하며, 그 순교의 씨앗은 푸르고 푸른 그리스도의 계절을 이루고, 왕성한 생명력으로 풍성한 결실을 맺어, 대대 손손 건강하고 아름다운 세상으로 바꿔 줄 것이다.

참고문헌 – 이 글은 아래 문헌에서 인용, 발췌한 것이다.
편찬위원회. 『기독교대백과사전 6권』. 서울:기독교문사, 1991. pp. 1195~1269
오광석. 『주께 붙잡힌 바울』. 아가페문화사, 1995.
휴 커 · 죤 멀더. 『위대한 회심자들』. 김영봉 역. 서울: 생명의 말씀사, 1993. pp. 23~26
노재관 지음, 『바울–유대인 · 로마인 · 그리스도인』. 서울:아가페문화사, 2004.
존 드레인. 『바울』. 이중수 역. 서울:두란노, 2011.
http://ko.wikipedia.org/wiki/(위키백과)

역사의 분기점이 된

황제 콘스탄틴

3

Constantine

272~337

하나님의 도움으로 전쟁에서
승리한 그는 로마제국에서 313년 기독교를 공인했다.

역사의 주인공이 되다

기독교나 세계사적 위치에서 보면 콘스탄틴은 중대한 전환기적 인 인물이다. 313년 밀라노 칙령으로 기독교에 관용을 베풀어 박해를 끝내고 사실상의 로마의 공식 종교로 선포했다. 교회의 압류된 재산은 돌려주고 국가적인 보상을 했음은 물론이다. 325년에 제1차 세계종교회의 니케아공의회를 소집하여 부활절(춘분 후, 만월 다음 주)을 확정하므로써 오늘날까지도 지켜오고 있으며, 예수 그리스도가 완전한 신성과 인성이 존재하며, 하나님과 유사 본질이 아니라 동일 본질로서 규정하므로 삼위일체에 대한 교리의 초석을 놓는 등, 기독교의 발전에 큰 기여를 했다. 그의 지대하고도 획기적인 공헌은 동방정교회와 로마 카톨릭교회에서 그의 모친을 성녀 헬레나로, 콘스탄틴 자신을 성인으로 추대하여 부르는 데서 그 위업이 얼마나 대단한지 잘 알 수 있다.

콘스탄틴이 태어난 272년(270년, 273년 설도 있음)부터 324년 콘스탄틴이 로마제국의 통일을 이루게 되기까지의 기간은 권력을 쟁취하기 위하여 음모와 배신, 협잡, 폭력, 간교, 사기, 살인 등이 판치는 시기였다. 권력을 쟁취하기 위한 그들의 탐욕스러운 행태를 몇 줄로 정리하기에는 어려움이 있다. 그만큼 권력을 향한 그들의 행동은 치열하고 복잡한 형국을 띠고 있다. 다만 치열했던 권력 투쟁에 있어서 로마를 통일하고 명실상부한 군주가 된 최후의 승자는 콘스탄틴이었고, 이는 한창 성장하고 있는 기독교에게 중대한 분기점으로 작용하는 결과가 되었다. 콘스탄틴의 역할로 말미암아 기독교가 팔레스타인을 벗어나 유럽 전역에 확산되었으며, 전 세계로 전파되었다. 또한 교회와 국가의 결합이 서구교회의 역사에서 전형적인 형태가 되었고, 이러한 형태는 18세기까지 계속적으로 유지되었다. 오늘날 그 양식을 콘스탄틴형의 기독교(Constantinian Christianity)라 부른다.

이와 같은 결정적인 단초가 된 것이 콘스탄틴의 회심이며, 이는 기독교에 있어서 혁명적인 전환점이 되었다. 그런데 그의 회심과 관련한 콘스탄틴 자신의 진술이 없기 때문에 그의 회심에 대하여 정확히 묘사하기가 쉽지 않다. 다만 당시의 기독교 최초의 역사가인 유세비우스(Eusebius, 260-340)가 집필한 '교회사(Ecclesiasical History)' 와 역시 그의 저작으로 추정되는 '콘스탄틴 대제의 삶(The Life of Constantine the Great)' 이라는 책이 전부이다. 뿐만 아니라 막센티우스와의 밀비우스 다리 전투가 벌어지고 승리한 후 3년 뒤에 세운 콘스탄틴의 개선문에는 라바룸(라틴어 : labarum - 그리스도를 의미하는 그리스어 처음 두글자 *X*: '카이' 와 *P*: '로' 를 겹쳐놓은 표시)의 문양을 찾을 수 없다. '영혼의 위대함과 신의 영감으로(In-stinctu Divinitatis Mentis Magnitudine)' 나라를 구했다고만 적혀 있다. 그리고 당시의 동전에는 태양의 신이 새겨져 있다. 콘스탄틴은 로마제국의 국교로 기독교를 받아들인 후에도 로마 다신교의 수장(Pontifex Maximus)이라는 자리를 고수하고 있었다. 콘스탄틴이 하나님을 믿었던 것이 아니며, 정략적으로 기독교를 이용한 것이 아닌지? 그의 회심의 진정성이 의심받는 대목이다. 거기에 환상이 있었는가? 진정한 종교적 경험인가? 아니면 교활한 정치적인 책략인가? 그가 기독교를 받아들인 결정적 요인은 무엇인가? 그가 즉시로 완전한 기독교인이 되었는가? 아니면 모든 신들 중의 하나로 기독교의 신을 선택한 것인가? 더군다나 그의 회심은 세세한 정황을 언급하지 않고 있다. 이를 마냥 신비라고만 하기에는 무언가 개운치 못하다. 그에게 있어서는 제국에 국교를 제정하는 것이 좋은 정책이었을 수도 있다. 그것이 왜 기독교가 되었어야 했는지는 알 수가 없다. 어찌됐든 이런 논란에도 불구하고 콘스탄틴은 기독교인이 되었고, 312년에 벌어진 그의 회심은 세계의 역사를 바꿔 놓았다. 오늘날의 교회는 그리스도에 대하여 당시 콘스탄틴이 결정했던 결단의 열매들이 여전히 강력한 모티브로 작동하는 영향권 속에 살고있다. 이것이 바로 그가 남겨놓은 거대한 유산이다.

하나님께 특별한 기적을 간구하다

콘스탄틴은 세계를 하나의 유기체적인 거대한 몸으로 생각했다. 로마는 그 세계의 머리인데 로마제국의 수도가 사악한 폭군(막센티우스)의 압박 속에서 신음하고 있음을 묵과할 수 없었다. 처음에는 폭군의 징벌을 제국의 다른 곳을 다스리는 통치자에게 미루었다. 왜냐하면 콘스탄틴 보다 그들이 연장자였기 때문이다. 그러나 그 누구도 로마를 해방시킬만한 역량이 없었다. 그럼에도 불구하고 사악한 폭군의 타도에 도전한 자들은 모두 처참한 최후를 맞이해야만 했다. 그리하여 콘스탄틴은 압제에서 학대당하는 로마를 보면서 괴로움을 참을 수 없었으며 폭군을 징벌하기로 결심하고 준비하기 시작했다.

그를 퇴치하는 문제는 단순하지 않았다. 폭군은 사악하고 마술적인 힘을 그의 통치에 사용하고 있었다는 점이었다. 그러므로 콘스탄틴은 군사적인 힘보다도 강력한 특별한 도움이 필요하다는 것을 깊이 인식하고 있었다. 신적인 도움은 견고하여 누구도 침노할 수 없는 보증이라고 믿었다. 승리의 관건이 될 신(神)의 도움을 믿고 의지하는 것은 어쩌면 그의 최선의 선택이었다. 그래서 막센티우스와 싸울 때 도움을 줄 수 있는 신을 갈구하고 있었다. 앞서간 황제들은 수많은 우상과 거짓된 신들에게 희망을 걸고 희생과 제물로 섬겼다. 그 결과 아첨의 거짓 예언과 번영의 신탁(神託)에 기만당했고 마침내는 불행한 종말을 맞이했다. 그들의 신들은 임박한 하늘의 진노와 종말을 올바르게 경고해 주지 못했다. 무력한 신들을 섬겼던 수많은 사람들은 가족, 자손, 재산, 명성, 혹은 기념이 될만한 것들을 하나도 남기지 못하고 오히려 죽임을 당하여 멸절했다. 한편, 거짓되고 무력한 수많은 신들의 반대편에서 전 생애를 지고자(至高者) 하나님을 받들었던 한 사람은 하나님이 제국의 구원자시요, 보호자이시며 모든 선의 근원이심을 확신했다. 그는 아버지 콘스탄티우스의 하나님을 생각하게 되었다. 아버지가 섬기던 하나님은 여러 가지 모양으로 자신을 계시하셨고, 많은 증거를 보여 주셨다. 그는 수많은 신들의 가호 아래 군대를 일으켜 전장으로 나갔던 사람들이 폭군에 의해서 비참한 최후를 맞았다는 사실을 잘 알고 있었다. 그러므로 신(神)이 아닌 존재들을 섬기는 일과 확실한 증거에도 불구하고 진리의 하나님을 벗어나는 것이 얼마나 부질없고 어리석은 짓인가를 깨달았다. 아버지 콘스탄티우스의 하나님만을 섬기는 것이 자신의 의무요, 유일한 길이라고 생각했다. 그래서 진지하고 간절함으로 기도하면서 하나님께서 자기에게 나타나셔서 오른손을 펴사 지금의 곤경에서 붙들어 주시고 승리케 해 달라고 간청하며 부르짖었다.

신비한 현상이 일어나다

오후 시간에 콘스탄틴은 태양 위에 빛으로 만들어진 십자가의 형상이 있었고 거기에 "이 표시로 이기리라(In Hoc Signo Vinces)"라는 글자가 새겨져 있는 것을 보았다. 콘스탄틴과 모든 병사들도 함께 본 이 광경은 모두에게 놀라웠다. 그는 왜 이러한 표적이 나타났는지 의문스러워 했다. 그는 밤 중에 숙고하고 추리하는 동안 잠이 들었고, 꿈을 꾸게 되었다. 꿈 속에서 그리스도의 음성을 들었다. 그리스도가 표적을 가지고 나타나 똑같은 무늬를 넣은 군기를 만들 것을 명령하신 것이다. 그 표적은 기독교도를 나타내는 문자 가운데 X(카이)와 P(로)를 겹친 문자 라바룸으로 군기를 만들고 병사들의 방패에 그리게 하라는 것이다. 라틴어 '라바룸(labarum)' 은 그리스도라는 명칭을 그리스 문자로 쓴 것(*XPIΣTOΣ* 또는 *Xριστο*)의 처음 두 글자 '카이' (*X*)와 '로' (*P*)를 겹쳐놓은 표시이다. 다음 날 잠에서 깨어난 콘스탄틴은 그리스도의 명령에 따라 즉시 숙련공들에게 금과 보석으로 그 기(旗)를 만들 것을 지시했다. 그 기는 하나의 막대기가 가로 놓여 있는 큰 창으로 되어 있었고 윗부분은 왕관이 둘러싸인 모양이었다. 이렇게 화려하게 수놓아진 사각형의 깃발은 십자가 막대기로부터 내려져 있었고, 그 윗부분에는 황제와 그 아들들의 상반신이 그려져 있었다. 콘스탄틴 대제는 적과의 싸움에 있어서 늘 이 구원의 상징을 하나님의 도우심의 보장으로 사용했고, 그와 비슷한 다른 복제품들이 전군(全軍)의 선봉이 되도록 하라고 명령했다.

콘스탄틴은 이 특별한 환상의 체험 후에 커다란 충격을 받았고 자신에게 나타났던 하나님 외에는 아무 신도 섬기지 않겠다고 결심했다. 그래서 그 하나님에 대해서 알고 있던 사람들을 불러서 하나님에 대해서, 그리고 그가 본 환상의 의미에 대해서 자세한 해설을 부탁했다. 콘스탄틴은 그들로부터 유일하신 하나님의 독생자에 대해서 들었고, 그 표적이 영생의 상징이며 구세주가 이 땅에 강림하셔서 이룩한 죽음에 대한 승리의 의미가 담겨 있다고 알게 되었다. 그는 성육신 사건에 대한 자세한 이야기를 듣고 자신에게 나타난 신적인 계시에 깊은 감명을 받았다. 콘스탄틴은 이 회심사건으로 인해 크리스천이 되었다. 그래서 그의 일생 동안 모든 것에서 하나님께 영광을 돌리는 것이 자기의 임무라고 생각했다.

그는 이제 하나님이 보호하시고 역사하실 것이라는 확신을 갖고 전장으로 출정한다.

밀비우스 다리 전투를 벌이다

312년 초 콘스탄틴은 알프스를 넘어 이탈리아로 진격했다. 이어진 투린과 베로나의 전투에서 콘스탄틴은 막센티우스 군을 무찔렀다. 그리고 생사를 건 건곤일척의 밀비우스 다리 전투가 벌어졌다. 이 전투는 312년 10월 28일 로마 황제 콘스탄틴과 막센티우스가 로마 근교의 밀비우스 다리에서 벌인 전투이다. 여기에서 꿈에서 신비한 환상을 체험한 대로 만든 깃발을 선봉세우고 하나님이 도와주실 것을 확신하며 진군했다. 이 전쟁에서 막센티우스 군은 대패하고 결국은 막센티우스는 전사하고 만다. 이 전투는 서방에서 콘스탄틴이 유일한 강자이자 정제(正帝)로 군림하게 되는 계기가 되었다. 뿐만 아니라 콘스탄틴은 사두정치체제(국가 권력이나 왕좌를 네 명이 나누어 통치 : 디오클레티아누스가 창안 293년에서 약 20여년간 존속)를 끝내고 로마제국의 유일한 황제로 집권하는 길을 걷게 된다.

막센티우스의 군대가 궤멸되다

콘스탄틴은 폭군을 대항하여 싸우는 일을 사명으로 삼고 하나님을 의뢰하고 담대하게 나아갔다. 막센티우스는 이미 로마에 매우 가까이 근접하여 있었다. 하나님은 폭군으로 모든 로마인들이 싸우지 않도록 폭군을 성문 밖의 먼 곳까지 끌어내셨다. 그분은 성경에 기록되어 있는 기적들을 신자와 불신자 모두에게 확증시키셨다. 그리하여 모두를 기적의 증인이 되도록 하셨던 것이다. 하나님을 신실하게 섬기던 모세와 이스라엘 민족 시대에 바로의 병거와 그 군대를 바다 가운데 던지시니 그들이 홍해 가운데서 물에 잠겼고 큰물이 그들 위에 덮은 것처럼, 이번에도 막센티우스와 병졸들이 마찬가지로 깊은 강물에 내던져졌다. 그가 강 위에 배들을 이용하여 강한 다리를 만들고 폭파장치를 설치했으나 결국은 자신의 함정이 되었고 죽음을 자초한 것이 되고 말았다. 그들은 복병들을 실은 배들로 다리를 만들었고 그 위에 파괴 장치를 설치했다. 그러나 그 장치의 폭발로 인하여 배로 만든 강 위의 다리가 예상과는 다르게 계획된 시간이 되기 전에 파괴되었고, 그 길은 무너졌으며, 배들과 그 속에 있던 사람들은 물속으로 사라져버렸다. 즉 "그가 웅덩이를 파 만듦이여 제가 만든 함정에 빠졌도다. 그의 재앙은 자기 머리로 돌아가고 그의 포악은 자기 정수리에 내리리로다"(시 7:15-16)처럼 … 그래서 콘스탄틴과 그의 군대는 하나님의 보호 아래 승리를 얻은 사람들과 그 곁에 함께 섰던 사람들과 함께 그 옛날 하나님의 위대한 종 모세와 이스라엘 민족이 여호와를 찬양했던 것처럼 하나님께 영광을 돌렸다.

"이때에 모세와 이스라엘 자손이 … 여호와께 노래하니 일렀으되, 내가 여호와를 찬송하리니 그는 높고 영화로우심이요 말과 그 탄 자를 바다에 던지셨음이로다. 여호와는 나의 힘이요 노래시며 나의 구원이시로다. 그는 나의 하나님이시니 내가 그를 찬송할 것이요 내 아버지의 하나님이시니 내가 그를 높이리로다. … 여호와여 신 중에 주와 같은 자가 누구니이까 주와 같이 거룩함으로 영광스러우며 찬송할만한 위엄이 있으며 기이한 일을 행하는 자가 누구니이까"(출 15:1-2, 11).

콘스탄틴은 승리를 가지고 귀환했다. 약관 24세의 콘스탄틴은 명실상부한 서방의 최고의 통치자가 되었다. 이러한 이야기가 만일 어느 다른 사람에 의해 전해졌다면 아마 거의 믿을 수 없을 것이다. 그러나 이 전쟁에서 승리한 존경받는 황제는 궁중에 있었던 역사가 유세비우스에게 그의 체험을 직접 들려줌으로써 자기 진술의 역사성과 진실성을 확증시켜 주었다.* 유세비우스, The Life of Constantine the Great

그는 개선 장군으로 로마에 입성했으며, 원로원에 속한 모든 사람들과 남녀 노소를 막론하고 모든 로마 시민들이 그를 그들의 해방자요, 구원자요, 또한 은인으로서 환영했다. 그들의 눈은 빛났으며 온 마음으로 찬양했고 즐거움과 한없는 기쁨으로 그를 향하여 승전을 환호했다. 그러나 콘스탄틴은 그 환호 속에서도 흥분하지 않았고 그들의 아낌 없는 칭송에 대해서도 교만하지 않았다. 그 대신에 그는 그의 전쟁에서의 승리가 하나님께로부터 왔다는 것을 인식하고, 즉시 그 자신의 동상의 손에 구세주의 수난의 상징물을 만들 것을 명령했다. 즉 로마의 최고 중심부에 세워진 그의 동상 오른손에 구원의 표상인 십자가를 만들어 놓고 로마어로 다음과 같은 문구를 새길 것을 명령했다.

"

> 용맹성의 참된 증거인 이 훌륭한 상징물로서 나는 너의 도시를 폭군의 멍에로부터 구원하여 해방시켰노라. 그리고 원로원과 로마 시민들 모두에게 자유를 줌으로써 나는 그들의 옛 명성과 광휘를 되찾게 해 주었노라.

"

콘스탄틴과 리키니우스는 그들에게 이 모든 축복을 주신 하나님께 감사한 후, 그리스도인들을 위하여 완벽한 보호의 법령을 만들었고, 하나님께서 그들의 편에 서서 도우신 놀라운 기적들과 그들의 대항자였던 폭군에 대한 승리의 기록을 그 법령의 사본과 함께 막시미누스(Maximinus)에게 보냈다. 여전히 동방의 나라들을 통치하고 있었고 또한 그들과 화친을 가장하고 있었던 막시미누스는 폭군답게 이 소식을 접했을 때 몹시 괴로워했지만 이 명령을 무시할 수 없었다. 때문에 그의 수하에 있던 집정관들에게 기독교인들을 위한 포고령을 전달했다. 이렇듯 온 우주 만물의 창조자요 통치자인 하나님께서는 자신의 기뻐하신 뜻을 따라 콘스탄틴을 로마의 군주로 세우셨고, 그 어떤 사람도 콘스탄틴의 왕위 등극에 대하여 반대할 수 없는 강력한 인물이 되게 만드셨다.

동방에서도 정치적인 변화가 일어났다. 305년 디오클레티안이 퇴위한 후 갈레리우스가 황제의 자리를 차지했다. 그는 그의 조카 막시민 다이아(Maximin Daia)를 황제로 임명했다. 갈레리우스는 307년에 그의 친구이자 동료 군인인 리키니우스를 일리리아(Illyria)와 마케도니아(Macedonia)를 통치할 황제(Augustus)로 임명했다. 갈레리우스가 311년 병사한 후 리키니우스와 막시민이 함께 일리리아에서 아라비아에 이르는 영토를 통치했다. 정치적 야심이 컸던 리키니우스는 콘스탄틴과 동맹을 맺고 콘스탄틴의 누이를 아내로 맞았다. 313년 콘스탄틴과 리키니우스는 밀란의 칙령(the Edict of Milan)이라 알려진 것을 공포했다. 이 밀란의 칙령은 공식적으로 교회에 종교의 자유를 선포한 최초의 선언이었다. 유세비우스는 이 칙령을 이렇게 전한다:

“

우리는 이미 오래 전부터 종교의 자유를 부인해서는 안되며, 각 사람에게 자신의 결정에 따라 거룩한 의무를 수행할 권리를 부여해야 한다는 것을 깨닫고 있었다. 따라서 모든 백성들과 기독교인들이 자신이 선택한 종교와 독특한 예배방법을 준수해도 좋다는 명령을 내렸다. 그 칙령은 수많은 분파들에게 이러한 특권을 부여했으나 그 중 어떤 분파들은 얼마 후 이런 종류의 배려와 의식을 시행하지 않고 움츠러들었다. 그러므로 나 콘스탄틴 아우구스투스와 리키니우스 아우구스투스는 좋은 전조 아래 밀란으로 와서 공익 및 복지와 관련된 모든 일들을 고려하면서, 다른 것보다 이 일들이 모든 백성들에게 유익하고 도움이 되리라고 여겼다. 우리는 무엇보다도 하나님을 공경하고 예배하는 일에 관한 것을 먼저 제정하기로 결정했다. 따라서 우리는 기독교인과 자유 통치 아래 살고 있는 모든 백성들이 섬기는 어떤 신이나 거룩한 존재들에게 호의를 나타낼 것이다. 그러므로 우리는 건전하고 올바른 의도를 갖고서 기독교인들이 자신들의 관습을 지키고 예배를 드리는 자유를 박탈하지 않는다는 우리의 뜻을 천명하는 바이다. 우리는 각 사람이 자신에게 적합하다고 생각되는 신앙에 자신의 마음을 바칠 권리를 허락한다. 그러면 그 신은 도든 일에 있어서 우리에게 자신의 은총과 자비를 나타내실 것이다. 우리는 이것이 당연히 우리가 기뻐하는 사실임을 기록한다.

과거에 우리가 충성스러운 당신들에게 보냈던 서신에 기록되었던 기독교인들에 관한 모든 반대 조항, 그리고 우리의 온유함에 반대되는 모든 조처들은 완전히 제거되고 이제 완전히 무효화되었다. 이제 모든 기독교인들은 아무런 간섭과 괴롭힘을 받지 않고 자유로이 자신이 선택한 예배와 진리를 추구하고 좇을 수 있다. 우리가 기독교인들에게 자기들의 예배 양식을 따르는 자유를 허락했음을 당신이 깨닫도록 하기 위해 이 사실을 당신에게 전하여 완전히 당신의 보호와 배려하에 맡기기로 결심했다. 우리가 기독교인들에게 허락한 자유는 다른 사람들에게도 적용되므로 그들도 각기 자신이 원하는 예배와 신앙을 택할 수 있다. 각 사람이 자신의 마음에 드는 신을 선택하여 예배하는 특권을 누리게 되는 것은 우리 시대의 평화와 안정과도 일치하는 것이다. 우리가 어떤 종교나 예배 양식을 훼손할 의도로 이러한 조치를 내린 것이 아니다.

또한 우리는 기독교인과 관련하여 다음과 같이 명령한다. 즉 이미 당신에게 서신을 보낸 바와 같이 만일 어떤 사람이 과거에 기독교인들이 모이던 장소들을 다른 사람이나 국가로부터 사들였다면, 아무런 대가나 돈을 받지 말고 조금도 지체하지 말고 되돌려 주어야 한다. 또 혹시 이런 처소를 선물 받은 사람이 있다면, 그도 즉시 그것들을 기독교인들에게 반환해야 할 것이다. 그리고 만일 그 처소를 구입했거나 선물로 받았던 사람들이 정부에 요구할 것이 있다면 지방 총독에게 재판을 청구하라. 그러면 우리는 관대하게 그들에게 필요한 것을 제공할 것이다. 당신은 책임지고 이 모든 것들을 조금도 지체하지 말고 기독교인들에게 넘겨주어야 한다. 기독교인들은 이러한 집회처 외에도 개인의 것이 아니라 기독교인 전체의 소유인 다른 처소들을 소유했었다고 알려져 있다. 당신은 앞서 언급된 법에 따라 지체하지 말고 이 기독교인들 집단과 각 비밀 집회소의 소유였던 것들을 모두 그 주인에게 돌려주라고 명령하라. 앞서 명한 바와 같이 아무런 대가를 받지 않고 기독교인들에게 재산을 돌려준 사람들에 대해서는 국가가 보상하도록 하라. 당신은 기독교인들에게 우리의 명령을 신속하게 실시하고, 또 이렇게 하는 데 있어서 보편적이고 공적인 안정의 유지를 위해 필요한 것들을 국고에서 공급하는 책임을 지도록 하라. 이렇게 함으로써 이미 우리가 많은 일 속에서 경험했던 하나님의 은총이 항상 영원히 지속될 것이다. 이 같은 우리의 관용과 명령을 문서로 기록하고 공고하여 모든 사람에게 알리며, 그리하여 이 같은 우리의 관용과 자비를 알지 못하는 사람이 한 사람도 없게 하라.*

❞

이 '관용의 칙령' 으로 불리워지는 밀란의 칙령이 종교의 자유를 기독교에만 국한시킨 것은 아니지만, 이것은 기독교인들에게 합법적인 종교의 자유를 보장하는 공식적인 선언이었다. 핍박받으며 음성적으로 활동하던 기독교가 밀란의 칙령으로 공식적인 종교의 자유를 허용받은 것이다. 콘스탄틴 대제가 밀란의 칙령을 발표한 결정적인 이유는 전년도에 있었던 밀비우스 다리 전투에서 하나님의 가호를 체험하고 승리했기 때문이었다.

회심 후에 기독교 제국을 만들다

313년 서방의 정제 콘스탄틴은 동방의 정제 리키니우스와 밀라노에서 6월에 만났다. 여기에서 콘스탄틴의 배다른 누이동생 콘스탄티아를 리키니우스와 결혼시켰고 이로써 서로의 동맹관계를 확인했다. 제국의 여러 문제가 여기에서 논의되었는데, 그리스도교를 사실상 공인하게 되는 밀란 칙령이 발표되었다. 회담은 짧게 끝났다. 그런데 동방의 부제(副帝)인 막시미누스 다이아가 보스포루스 해협을 건너 리키니우스의 영토를 침범했다. 리키니우스는 막시미누스의 공격을 격퇴했다. 그리고 동방에서 일인자의 지위를 굳혔다. 이로써 제국의 서방과 동방에 두 명의 황제만 남게 되었다. 그런데 정략적인 그들의 동맹도 그리 오래가지는 못했다. 두 개의 태양이 존립할 수는 없었다. 두 세력은 서로 수시로 충돌했는데, 315년 키발라에 전투, 317년 마르디아 전투에서 콘스탄틴이 승리한다. 두 사람은 휴전협정을 맺었다. 이후 몇 년간 콘스탄틴은 아들 크리스푸스의 도움으로 고트족과 사르마티아족 등의 야만족과의 싸움에 전념했다.

324년 콘스탄틴과 리키니우스는 이제 로마의 패권을 놓고 최후의 결전을 벌였다. 콘스탄틴은 아드리아노플에서 벌어진 육상 전투와 비잔티움 근처의 해전에서 모두 승리했다. 이어 소아시아에서 벌어진 지상전에서도 리키니우스는 패배했으며 크리소폴리스에서 결국에는 항복한다. 콘스탄티아의 간절한 부탁으로 리키니우스는 데살로니가로 강제로 추방 당했다. 그러나 이듬해인 325년 반란을 시도했다는 명목으로 재판도 없이 처형했다. 이로써 콘스탄틴은 로마제국의 유일한 최고 권력자가 되었다. 그가 행한 첫 조치는 동로마제국의 기독교인들에게 관용령을 발표하고 호의를 베푼 일이었다.

콘스탄틴이 유일한 황제로 등극하자 제국의 권력과 부와 문화의 중심은 급격하게 동로마제국으로 이동하게 된다. 그것은 무절제한 낭비였다. 교회에의 관대함도 낭비적인 자선에 수반되는 악으로부터 벗어나지 못했다. 이로 인해 그에게 달갑지 않은 '낭비가' 라는 별칭이 생기기도 했다. 콘스탄틴은 비잔티움 고도를 자신의 도시로 대대적으로 개조했고 원로원과 같은 공공건물을 지었다. 그리고는 324년 비잔티움을 자신의 통치 정신과 업적들을 상징하기 위해서 '새로운 로마(Nova Roma)'로 공표했다. 그는 종교에도 개입했다. 아리우스 교리(유사본질 : 성자[예수]는 성부와 동질이 아니다)의 정죄와 부활절 논쟁을 결정짓기 위하여 대규모의 종교회의(니케아 회의: 325)를 개최했다. 비잔티움은 330년 공식적으로 로마제국의 새로운 수도로 지정했다.

콘스탄틴의 삶에는 감동적이고 치하할만한 업적도 많지만, 부정적인 면도 있었다. 우상숭배를 금지했으며, 이교전당을 몰수하여 교회에 주었고 관직은 기독교인이라야 등용될 수 있었다. 이로 인해 기독교가 인기있는 종교가 되었으며, 명목적인 그리스도인이 양산되기도 했다. 뿐만 아니라 세속 권력의 교회 간섭을 초래했다. 따라서 이는 교회에 부정적인 영향이 되었으며 부패의 뿌리가 되고 말았다. 또한 326년 콘스탄틴은 비극적인 가정사가 일어난다. 아들 크리스푸스가 아내 파우스타와 간통했다는 죄목으로 체포하여 고문 끝에 처형했다. 크리스푸스는 끝까지 무죄를 주장했지만 재판도 없이 29세의 나이로 처형되었다. 아내 파우스타도 목욕을 하다가 죽은 것으로 위장하여 죽였다. 불명예스럽고 오점을 남긴 어두운 가정사였다.

콘스탄틴은 337년 죽기 바로 직전에 아리우스파의 고위성직자인 니코메디아의 유세비우스에게 세례를 받은 것으로 전해진다. 한 때는 요단강에서 세례 받고자 했으나 이루지는 못했다. 시신은 비잔티움으로 옮겨져서 매장되었다. 권좌는 파우스타가 낳은 세 아들인 콘스탄틴 2세와 콘스탄티우스 2세, 콘스탄스에게 이어졌다. 콘스탄틴의 사후(死後)에 비잔티움은 황제 '콘스탄틴의 도시' 라는 뜻의 '콘스탄티노플'로 개명(改名)되었다. 그리고 세계 최초의 기독교 도시로서 이후 천년이 넘는 세월 동안 비잔틴 제국의 수도로서 명성을 날렸다.

그러나 이 도시는 현재, 기독교와 거리가 먼 터키의 이스탄불이 되었으며 이슬람교의 성지로 명망이 높다. 역사의 격동 속에서 기독교에서 이슬람교로 바뀌면서 성 소피아 사원 등, 기독교의 위대한 사원이 이슬람의 모스크로 바뀌었다. 이런 상황을 바라 볼 때, 우리의 신앙이 이대로 안주할 것이 아님을 새삼 자성케 하고, 믿음의 경각심과 강력하고 거룩한 도전을 일깨운다. 이런 정신이 영적으로 우리에게 의미심장한 믿음의 초석이 되고, 귀한 신앙으로 승화되기를 기원한다.

참고문헌 - 이 글은 아래 문헌에서 인용, 발췌한 것이다.

Hugh T. Kerr & John M. Mulder. *conversicns*. New York: Grand Rapids, 1983.

Philip Schaff & Henry Wace. Ed., *Nicene and Post-Nicene Fathers of the Christian church*와 유세비우스의 *The Life of Constantine the Great* 중에서 발췌.

*Lact. De mort. pers. XLVIII. Euseb. H.E. VIII.13

편찬위원회, 『기독교대백과사전 14권』, 서울: 기독교문사, 1989. pp. 1272~1304.

휴 커 · 존 멀더, 공편. 『위대한 회심자들』. 박영봉 역. 서울: 생명의 말씀사, 1993. pp. 27~36.

http://ko.wikipedia.org/wiki/(위키백과)

http://www.britannica.com/(브리테니커 Internet판)

위대한 교부

성 어거스틴

St. Augustine

354~430

경건한 어머니 모니카의 끊임없는 기도로 극적인 회심을 한 그는
초대교회와 중세교회를 연결하는 위치에 서 있었고
초대교회 신앙과 신학의 총 집결체였다.
루터와 칼빈도 어거스틴을 읽고 종고개혁을 일으켰다.

시대의 전환기

어거스틴이 태어났던 4세기 중엽은 격동의 시기였다. 이 시기는 고대 그리스 · 로마시대로부터 중세로 넘어가는 전환기에 해당했다. 거의 천년 동안 번성하던 로마제국의 쇠망기였던 만큼 사회적 변혁, 정치적 격동, 군사적 재난 등은 이 시기를 규정할 수 있는 주요한 용어였다. 어거스틴은 북아프리카의 타카스테에서 태어났으며 침략자 반달족들이 그의 교구 히포시를 엄습해 올 때에 사망한 것으로 알려져 있다.

어머니 모니카는 열성적이고 경건하며 호전적이라 할 만큼 청교도적인 기독교인이었던 반면에 아버지 패트리셔는 화급하고 영적인 것에 전혀 관심이 없었으며 거의 말년까지 이교도로 남아있었다. 어거스틴은 어머니의 교육으로 그리스도에 대해 경외심을 품었으나, 후에 청년기의 생애에서 보는 것처럼 육적인 방탕한 생활과 마니교에 심취하여 영적인 방황도 하게 된다. 그에게 영적인 어머니와 육적인 아버지의 생애가 전적인 영향을 미쳤다고 보아야 할 것이다.

어거스틴은 바울과 비견될 만큼 매우 극적이고 드라마틱한 회심을 경험했다. 이 회심의 경험이야말로 그의 역동적인 생애와 사상에 결정적인 역할을 하는 원동력이 되었다. 교회사에 있어서 그는 초대교회의 위대한 최후의 교부였으며, 아울러 중세 초기의 업적은 지금까지도 교회사와 신학에 중요한 발자취를 남겼다. 그러므로 교부신학과 중세신학은 어거스틴의 신학에서 그 연결고리를 찾아볼 수 있다. 그의 주요한 두 가지 신학적 체계는 죄와 은혜이다. 자신의 경험 속에 있었던 이 두 가지의 갈등이 회심 이후에 모든 저술의 주요 주제가 되었다.

철학과 마니교

어거스틴은 말하고 글 쓰는 표현력에 있어서 거의 예술가의 경지에 이르렀지만 역사와 철학, 과학은 거의 낙제점의 수준이었다. 웅변가로서 마지막 과정을 이수하기 위하여 열일곱 살인 어거스틴이 카르타고에 도착한 것은 371년이었다. 로마는 이 지역을 5세기 반이나 통치하고 있었다. 이 도시는 이교적인 분위기가 압도하고 있었으며 외설스러운 연극을 상연하는 거대한 극장을 가지고 있었다. 자극적이고 호색적이고 감정적인 쾌락주의자들이 생활양식을 고무시키는 사회적 풍조가 지배하는 이곳에서 어거스틴이 이러한 풍조에 동화되는 것은 지극히 당연한 일이었다. 어거스틴은 '파괴자들' 이라는 갱 멤버가 되었다. 파괴자들이란 스스로 악마적이고 당시 유행했던 폭력을 표현하기 위해 붙인 명칭이었다. 그는 악행에 직접적으로 참여하지는 아니했지만 기이하게 수치감을 느끼면서 한편으로는 묘한 쾌감과 즐거움을 맛보곤 했다.

어거스틴은 정통적인 교회의 신자라기보다는 완벽한 이교도인이었다. 그런 와중에도 규정된 교과목을 공부했으며 우연하게 지금은 유실된 키케로의 글 '호르텐시우스' (Hortensius) 를 접하게 되었다. 이 작품은 어거스틴의 인생관을 변화시켰다. 철학의 찬란한 영광들을 찬양하는 이 글은 지성적인 변화를 이루게 만들었다. 그리스도와는 상관이 없었으나 하나님께로 인도하는 계기가 되었다. 자연스럽게 성경에 대한 관심이 일어났다. 그러나 구약의 단조롭고 율법적인 표현은 어거스틴을 실망시켰다.

철학의 자유와 성경에 실망하고 있을 때 마니교와 접촉하게 되었다. 마니는 276년경 십자가에 달려 죽은 페르시아인이었다. 이들 가운데 '선택된 자들(Elect)' 계급의 헌신은 놀라웠다. 비밀리에 모이고 있었던 이들은 동양의 신비의 요소들을 두루 갖추고 있었다. 279년경 카르타고에 도달하여 적극적으로 포교활동을 벌였던 이들은 지식층들의 사회에 상당한 반향을 불러 일으키고 있었다. 무려 9년 동안 어거스틴은 '구도자들(Hearer)' 로서 이들과 함께 했다.

어거스틴에게는 동거하는 여자가 있었다. 정식으로 결혼한 여자가 아닌 사창가에서 만난 여자였지만 감정은 깊은 사랑으로 발전했다. 이러한 모습을 극단의 윤리주의자들은 추잡한 성 관계라고 비난했지만 당시의 아프리카나 제국 전역에서 흔하게 볼 수 있는 광경이었다. 어거스틴은 이를 통해 373년경에 아들을 얻고 아데오다투스, 곧 '하나님의 선물' 이라고 했다. 당시의 법률은 어거스틴이 원하면 자녀를 책임지지 않아도 되었다. 두 사람은 적어도 12년 이상을 동거했다.

수사학 교사

카르타고에서 돌아온 어거스틴은 고향에서 가르치는 직업을 얻기를 원했다. 모니카가 볼 때, 이는 신성모독적이고 혐오스럽고도 증오스러운 기이한 귀향이었다. 정부(情婦)와 이 사이에서 얻은 아데오다투스, 그리고 마니교도의 상태에서 동행했으니 말이다. 결국 어거스틴은 부모와 한 집에서 사는 것을 거부당했다. 가슴이 찢어지는 고통을 당한 어거스틴이었지만 마니교의 초신자로서의 정열과 열정으로 자기 친구들을 새로운 신앙으로 귀의시키는 데에 헌신했다.

모니카가 볼 때는 미친 짓이었다. 그녀의 소망과 기도와 꿈은 자기의 남편과 아들을 카톨릭으로 귀의시키는 것이었는데, 남편은 성공했으나 아들은 아직 돌아오지 않았다.

모니카는 계속 기도하고, 울고, 간청하는 가운데서, 꿈을 꾸었다. 그녀는 나무로 된 잣대 위에 선 꿈을 꾸었다. … 그녀가 자세히 보니 그녀와 같은 잣대 위에 어거스틴도 함께 서 있었다.

어거스틴은 그 당시 공중연설법을 가르치는 교사였다. 그러나 돈을 제대로 벌지는 못했다. 성품이 곧고 정직했던 어거스틴은 다른 이들의 교활함과 부정직을 보는 것만으로도 고통이었다. 개인적, 가족과의 갈등, 신학적인 번민과 날카로운 도덕적인 죄의식으로 고민하는 청년이었던 것이다. 376년에 어거스틴은 카르타고에서 전문적인 웅변 교사가 되었다. 여기에서 그는 상당한 성공을 거두었다. 380년에는 미와 조화(Beauty and Proportion)라는 책을 집필하기도 했다. 한편으로 마니교 신앙에 대하여 갈수록 실망을 하게 되었다. 파우스투스라는 마니교의 유명한 주교를 만났을 때 어거스틴은 전문적인 지식을 기대했으나 전혀 문외한이라는 것을 알면서 그의 실망은 정점에 다달았다.

383년 로마에 간 어거스틴은 수사학 교사로서 점차 성공하여 제국의 수도인 밀라노로 갔다. 그는 이제 마니교에 대해 숙고한 후 마니교를 떠나기로 결심했다. 그곳에서 서방 교부 암브로스의 설교를 듣게 되었다. 암브로스는 어거스틴이 전에 듣지 못했던 아주 감동적인 설교를 했다. 385년 모든 것을 정리한 모니카가 가족들을 이끌고 밀라노에 왔다. 이때에 어거스틴은 자신과 동거하던 정부를 정식적으로 결혼하기 위하여 사랑하면서도 떠나보냈다. 그는 큰 상처를 입었다.

> "
>
> 한편 나는 점점 더 죄에 빠져들어가고 있었다. 나의 결혼에 방해가 된다는 이유로 함께 살던 여인을 떠나보내야 했던 것은 나의 심장이 찢어질 것 같은 고통을 안겨주었다. 왜냐하면 나는 그녀를 참으로 사랑했기 때문이다. 그는 다시는 다른 남자와 살지 않을 것을 확실히 하면서 아프리카로 돌아갔다. 그녀가 낳은 아들은 나에게 남겨 주었다.
>
> "

정식 결혼을 위하여 첩을 버리는 행위는 4세기에는 매우 자연스러운 관습이었다. 어거스틴은 정식 결혼을 위해서 2년을 더 기다려야만 했다. 그 이유는 결혼 상대가 나이가 차지 않았기 때문이었다.

> "
>
> 나는 나와 결혼할 소녀가 나이가 차기까지의 2년간을 참고 기다릴 수가 없었다. 그리하여 결혼을 사랑하는 마음보다는 정욕의 노예였던 나는, 정당한 결혼 밖에서 또 다른 정부를 택했다.
>
> "

어거스틴은 정욕을 주체하지 못하는 호색한이었을까? 어쨌든 정욕을 퇴치하지 못하고 주체하지 못한 뼈저린 죄악을 저지르고 말았다.

'이른 사춘기' 에 올렸다고 전해지는 그의 유명한 기도, "나에게 정절과 절제를 허락하시옵소서. 그러나 아직 이 기도를 이루지는 마시옵소서"는 어쩌면 이 시기에 더욱 적절한 것이었는지도 모른다. 사랑하는 여인을 보내고, 대신 창녀와 함께 동침하고, 불타는 정욕과 고통하는 양심 속에 표류하는 것이야 말로 지옥이었다.

드라마틱한 회심

386년 8월 황제의 궁정에서 높은 지위를 가지고 있던 아프리카인 폰티키아누스가 어거스틴을 방문했다. 그는 책상 위에 놓여있던 책 한 권을 보았다. 그 책은 바울의 서신들이었다. 그는 웃음을 지으며 기뻐했다. 그러나 어거스틴은 바울의 저술을 열심히 보았지만 찾고자 했던 목표에는 도달하지 못하고 있었다. 폰타키아누스는 이집트의 수도사 안토니우스를 언급하면서 자기가 경험했던 용서하시는 하나님에 대해 간증했다. 안토니우스는 그의 동료들 셋이 트레베에서 회심하고 결혼을 비롯한 세상 일체의 쾌락을 저버렸던 것이다. 어거스틴은 폰타키아누스가 말하는 동안에 양심이 고통스러워 몸부림치고 있었다.

9월이 되었다. 알리피우스와 단 둘이서 저택에 딸린 정원의 무화과나무 아래에 앉아 있었다. 즐거움은 없었고 심각한 어거스틴의 고민만이 있었다. 격렬한 마음속의 고민과 고통과 싸우고 있는 동안 알리피우스는 지혜롭게 침묵을 지키고 있었다. 어거스틴은 "내가 지고 다니는 짐은 육신의 습관이었다"고 깨달았다. 몸부림을 치고 머리카락을 잡아당기고, 주먹으로 머리를 쳤다. 눈물을 흘리며 겟세마네의 씨름을 계속하고 있었다. 이때 갑자기 그의 귓가를 때렸다. "집어 들고 읽으라. 집어 들고 읽으라." 이는 확실하고 분명했다.

"

갑자기 나는 집 근처에서 들리는 어린 아이의 노래하는 듯한 음성을 듣게 되었다. 남자 아이였는지 여자 아이였는지는 분명치 않다. 그러나 그 음성은 "집어 들고 읽으라. 집어 들고 읽으라"는 후렴을 반복했다. 이때 나는 고개를 들었다. 과연 어린이들이 이러한 노래를 부르는 유희들이 있는가 생각했다. 그러나 이러한 구절을 예전에 전혀 들어 본적이 없었다."

바로 이것이 그 순간이었다. 일생에 걸쳤던 탐구의 절정이었다. 그는 이제 새로운 영역으로 들어서고 있었다.

나는 흐르는 눈물을 멈추고 일어섰다. 이는 성경을 펴들고 나의 눈에 처음 닿는 구절을 읽으라는 하나님의 명령으로 생각했다. 왜냐하면 안토니우스의 이야기를 들은 적이 있기 때문이다. … 그가 복음서가 낭독되고 있는 순간에 교회당에 들어갔다가, 이를 하나님이 그에게 주시는 말씀으로 받아 들였다는 사건이다. … 그리하여 나는 급히 알리피우스가 앉아 있는 자리로 가서 내가 놓고 온 바울서신을 집어 들고 펼쳐들었다.

본문은 로마서 13장 13절, 14절이었다.

"낮에와 같이 단정히 행하고 방탕하거나 술 취하지 말며 음란하거나 호색하지 말며 다투거나 시기하지 말고 오직 주 예수 그리스도로 옷 입고 정욕을 위하여 육신의 일을 도모하지 말라."

나는 더 이상 읽을 마음도 그럴 필요도 없었다. 왜냐하면 이 말씀을 읽는 순간 나의 마음속에는 확신의 광채가 넘쳐나고 모든 의심의 어두움이 순식간에 사라진 것 같았기 때문이다. 어거스틴은 조용히 알리피우스를 바라보았다. 이들은 함께 그 구절을 다시 읽고 알리피우스는 이를 읽으면서 "자기에게 적용했다."

우리는 집안으로 어머니에게 찾아갔다. 그리고 되어 진 일들을 모두 알렸다. 모니카는 "기쁨에 넘쳤다." 그녀는 하나님을 찬양했다. 이들이 그 경험을 이야기 할 때에 그녀는 "승리감을 감추지 못했다." 어거스틴은 완전한 하나님께서 하신 일이라고 고백했다.

"

> "당신께서는 저를 당신에게로 회심시키셨습니다. 그리하여 저는 더 이상 아내나 혹은 이 세상의 소망에 마음을 두지 아니하고, 이미 여러 해 전에 모친에게 보여 주셨던 대로 신앙의 잣대 위에 굳건하게 서게 하셨습니다."
>
> "이제 당신에 의하여 대속을 받았은즉, 다시는 저 자신을 팔지 않기로 했습니다."

"

그의 이러한 결단의 내용은 무엇이었을까? "이제야 드디어 나의 지성은 야망과 욕심으로부터 해방되었으며 더러움 속에 뒹굴고, 정욕의 가려운 상처를 더 이상 긁지 않게 되었다." 이러한 결단은 어디서부터 시작되었는가? "지성이 육체에 명령을 내리고 이는 즉시 복종되었다 …. 지성이 손에게 움직이도록 명령하셨다. … 또한 지성은 스스로에게 의지의 행동을 명령한다. …." 이는 과연 어거스틴 자신의 능력에 의하여 이루어진 결단이었는가? 절대로 그렇지 않다. "당신께서 이들을 나로부터 제거해 버리시고, 그 자리를 차지하셨습니다." 이는 하나님께서 하신 일이었으며, 참으로 은혜의 행위이시기도 했다.

하나님의 은혜에 의하여 어거스틴은 새로운 자신을 의식하게 되었다. 그의 의지는 이제 하나님의 손 안에 있었으며, 하나님의 목적을 섬기고자 했다. 그의 개인적으로 가장 큰 약점이자, 고통이었던 성(性)은 어떻게 되었는가? 그는 이제 그 욕망이 그리스도를 섬기고자 하는 불타는 정열로 변화되었다고 했다. 이는 변화한 것일까. 아니면 이전(移轉) 되었던 것일까?

영적이고 지적인 변화를 이룩하는데, 막대한 예비적 역할을 했던 것은 철학적인 번민과 씨름이었다. 이제 드디어 이러한 변화, 변신이 이루어졌다. 이는 참으로 형언할 수 없는 기쁨이요, 감격적인 순간이었다. '밀란의 정원' 은 어거스틴의 생애에 있어서 중요한 전환점을 이룬다. 실제로 이는 모든 경건 서적들 속에서 가장 감격적인 장면들 가운데 하나이다. 교회는 바울 사도의 다메섹 도상에서의 경험과 함께 이를 전체 기독교권을 위한 패라다임으로 만들었다.

후에 보다 성숙한 어거스틴은 시편 129편에 대해 상고하면서, 자기 자신의 경험을 이렇게 전하고 있다.

> "우리들의 깊은 구덩이는 바로 이 육체의 생명, 멀어질 수밖에 없는 이 생명이다. 누구든지 이러한 구덩이에 처한 스스로를 파악하는 이는 여기서 빠져 나와 모든 구덩이들보다 높은 자리에 앉으신 하나님에게 닿을 때까지 부르짖고, 신음하고, 한숨을 쉬게 된다. 그는 체루빔(일종의 천사들)들 위에 계신다. 그는 육체적인 존재들 뿐만 아니라, 영적 존재들까지도 다 창조하셨다. 영혼이 그에게 나오기까지, 그 자신의 형상, 인간 속에 있는 그 형상이 이러한 구덩이들 속에서 끊임없이 시달리며, 번민하다가 지쳐서 하나님에 의하여 해방되기 전에는 평화가 없는 것이다."

과연 어거스틴은 전체 기독교권에, 회심의 절대적인 패턴이라는 도그마를 제공했을까? 죄인은 한없이 아래로 떨어져야만이, 이토록 높이 구원하시는 하나님의 은혜를 진정으로 경험하게 되는 것일까? 과연 지고한 행복을 누리기 위하여는 반드시 형편없는 타락을 거쳐야만 할까?

“

우리들은 영원한 사물들을 파악할 능력이 없으므로, 그리고 우리들은 일시적인 사물들을 향한 욕심으로 인해 발생한 죄의 악함에 무겁게 눌려 있으므로, 그리고 이들은 인간 생명의 유한성으로 인하여 자연적으로 우리들 속에 심겨져 있으므로, 우리들은 정화되는 것이 필요하다. 그러나 우리들은 영원한 사물들에 걸맞게 정화되어질 수 없다. 따라서 이미 우리들이 맞추어져 있는 일시적인 방편들을 통하여 이러한 인간 정화는 이루어져야 한다.

”

어거스틴은 그의 독백에서 이렇게 간구하고 있다.

“

오 하나님! 우리들의 아버지시여, 당신은 우리들더러 기도하도록 권면하십니다. 그리고 당신께 간원하는 것들을 허락하여 주십니다. 진리 안에서 우리들이 당신께 기도할 때에 우리들은 더 나은 삶을 누리며, 우리들 자신들이 더 나아집니다. 어둠 속에서 떨고 있는 자의 목소리를 들어주시고, 당신의 오른손을 제게 펴 주시옵소서. 당신의 빛을 제게 비추어 주시며, 나를 더 이상 방향없이 헤메지 않도록 하여 주소서! 그리하여 당신의 안내를 통하여 나 자신이 당신에게로 돌아서게 하여 주시옵소서! 아멘.

”

어거스틴의 어머니, 모니카의 간절한 기도와 어거스틴의 기도는 하나님의 보좌를 움직였다. 어거스틴의 타락한 인생이 변하여 새로운 역사를 써나가는 위대한 인물로 만들어 주신 것이다.

어거스틴의 회심은 기독교 역사에 지대한 영향을 끼쳤으며 세상을 바꾸는 계기가 되었다. 그는 초대교회의 교부로서 히포의 존경받는 감독이 되었다. 그는 초대교회 교부들의 신학과 신앙을 모두 포용한다. 초대교회 신학에서 두 흐름인 라틴계의 신앙과 전통을 강조하는 사상과 알렉산드리아의 이성과 합리성을 주장하는 경향이 어거스틴 사상에서 조화를 이룬다. 또한 그리스도론에서 안디옥 신학은 인성을 강조하고 알렉산드리아는 신성을 강조하지만 어거스틴에 오면 니케아 신조에서 결정된, 성자이신 예수 그리스도는 "신성에서 하나님과 동일본질이시고, 인성에서도 죄 외에는 인간과 동일본질"이라는 고백이 보편화 된다. 나아가 교회의 권위와 감독권이 확립되고 정경이 신앙과 생활, 그리고 교회법의 유일한 규범이 됨을 이때 모든 교회가 인식한다. 그는 펠라기우스와의 논쟁으로 종교개혁 신학에도 큰 영향을 준 '오직 은혜로 구원' 의 교리를 확립시켰다. 초대교회의 모든 논쟁이나 신학 사상은 어거스틴에 의해 정리 해결되었다. 루터와 칼빈도 어거스틴을 탐독하고 종교개혁을 일으켰다. 실로 기독교 역사상 가장 위대한 신학자요, 역사철학자이며 목회자임과 동시에 교회 지도자였다.

그의 신앙과 신학은 오늘날까지도 가감없이 전해지고 있으며, 정통성을 빛내며 신학의 금자탑을 이루고 있다. 그의 주옥같은 명작과 공로들이 후세들에게 믿음의 초석이 되고 있다. 이를 대대 손손 계승하고자 하는 우리의 열정이 불꽃처럼 타오르게 하자!

참고문헌 - 이 글은 아래 문헌에서 인용, 발췌한 것이다.

편찬위원회, 『기독교대백과사전 10권』, 서울: 기독교문사, 1989. pp. 1039~1050.

위렌 토마스 스미스. 『어거스틴의 생애와 사상』, 박희석 옮김. 서울: 아가페문화사, 1994.

Hugh T. Kerr & John M. Mulder. *conversions*. New York: Grand Rapids, 1983.

어거스틴의 *Confession and Enchiridion* 중에서

휴 커 · 죤 멀더, 공편. 『위대한 회심자들』. 박영봉 역. 서울: 생명의 말씀사, 1993. pp. 57~64.

http://ko.wikipedia.org/wiki/(위키백과)

http://www.britannica.com/(브리테니커 Internet판)

사랑의 성자

성 프란시스

St. Francis

1182~1226

그는 평생 가난하고 불쌍한 자들의 사도로써
예수님의 인격을 구현한 삶을 살았다.

사랑의 성자

인류의 역사 속에서 신앙의 최고봉이라 일컫는 성인들은 거대한 신앙의 영봉을 오르고, 크리스천들에게 삶의 지표를 제시하므로서 큰 귀감이 되었다. 성 프란시스는 중세교회 역사상 천년 암흑기 가운데 가장 빛나는 존재임에 분명하다. 그는 위대한 성인들 중 타의 추종을 불허하는 실천 신앙으로 깊은 감명과 영감을 주었다. 프로테스탄트 종교개혁자들은 프란시스에 대한 대중들의 존경과 흠모가 예수 그리스도의 지위를 찬탈했다고까지 주장할 정도였다. 문학, 미술, 음악 등 중세의 모든 예술분야는 그를 신비롭고 아름답게 표현하고 있다. 프란시스는 예수 그리스도처럼 살겠다는 일념으로 선을 베풀고 가난한 삶을 직접 체휼하면서 평생 하나님을 사랑하고 진심으로 사람들을 섬겼던 사랑의 성자였다.

프란시스의 본명은 '프란시스 베르나도네'(Francis Bernadone)로, 지금은 앗시시의 성 프란시스로 세계에 널리 알려져 있다. 프란시스는 1181년 앗시시라는 이탈리아의 작은 도시에서 태어났다. 그의 아버지 피에트로 드 바르나도네는 부유한 직물상이었고 어머니는 피카였다. 중세의 전설에 의하면 아기 프란시스는 말구유에서 태어났다고 전해지는데, 이것은 예수 그리스도의 탄생과 프란시스를 연결시키고자 하는 의도에서 나온 것으로 보인다. '프란시스'라는 이름을 지은 이유에 대해서는, 프랑스어를 배우고 싶어 했던 아버지가 '프랑스'라는 뜻의 '프란시스'라고 붙였다는 속설도 전해진다.

프란시스는 어린 시절에 성 조지아 수도원에서 라틴어와 프랑스어를 배웠다. 그는 잘 생기고 활달한 성격으로 친구들 사이에서 언제나 골목대장 노릇을 했다. 그는 부유한 집안의 아들로서 돈도 잘 썼기 때문에 항상 귀족이나 기사들의 아들들에게 인기가 높았고 환심을 샀다. 그의 젊은 날에는 자유 분방하고 큰 야망을 가진 청년이었으며 초대교회의 어거스틴과 유사한 방탕한 삶을 살았다고 한다.

호전적이었던 프란시스

13세기초 프란시스가 공부나 사업에 특별한 관심을 보이지 않았던 젊은 시절, 고향인 앗시시와 그 이웃 상업도시 페루지아 사이에 전쟁이 일어났다. 그는 앗시시의 이권과 본인의 신분상승을 위해 대망의 기사가 되고자 입대했다. 하지만 전쟁터에 출정했다가 포로로 잡히고, 감옥살이를 하면서, 꿈에 "왜 주인을 섬기지 않고, 종을 섬기느냐? 집으로 돌아가라"는 환시를 보면서 기사가 되려던 꿈은 꺾이고 말았다. 그러고 나서 1년 뒤인 1203년 11월에 많은 보석금을 내고 석방되어 고향으로 돌아왔다. 포로, 감옥살이의 참혹함에 충격을 받고 목숨만 부지한 채 명예롭지 못한 귀향을 하게 된 것이다. 포로생활에서 돌아온 그는 다시 상류계급들의 오락과 파티에 빠져들었다. 그의 친구들은 프란시스가 파티를 즐기던 것을 기억하면서 그를 열렬히 환영해 주었다. 그는 그동안 억압되어 있었던 감정과 잃어버렸던 세월을 되찾으려는 듯이 연회와 도박과 쾌락을 즐겼다. 그러나 그 유흥과 방탕이 지나쳐서인지 그는 고향에 돌아온지 얼마 안되어 병으로 몹시 앓게 되었다. 포로생활로 쇠약해진데다가 무질서한 생활에 파묻히게 되어 병에 걸려서 거의 빈사상태에 이르게 된 것이다. 며칠간의 고통 후에 그는 생명의 위기를 넘기고 조금 원기를 회복하게 되었다. 그러던 어느 날 그는 야외로 산책을 나가게 되었다. 하지만 봄꽃들의 향기를 즐겨야 할 시간에, 그의 양심은 오히려 자신이 무의미한 삶으로 낭비한 젊음을 계속해서 상기시키며 자성했다.

부모의 극진한 보살핌에도 불구하고 끊임없는 악몽에 시달리며 이상한 행동을 일삼았다. 들판을 헤매는가 하면 종달새를 쫓아 지붕 위를 거닐고, 심지어 공장 노동자들의 궁핍한 생활을 동정하여 집안의 각종 진귀한 물건들을 그들에게 나누어 주기도 했다.

그러던 중 어느 날 프란시스가 하나님의 음성을 듣고 일련의 계시와 나병환자와의 만남이라는 신비의 체험을 통해 자신의 삶을 하나님께 드리기로 결심한다. 그는 1205년에 회심하여 개종하므로서 새로운 삶이 시작되었다.

"

어느 날 저녁 프란시스의 문을 두드리는 사람이 있었다.

그가 나가 보았더니 한 험상궂은 나병환자가 서 있었다.
그는 몹시 추우니 잠시 방에서 몸을 녹이면 안 되겠느냐고 간청했다.
프란시스는 그의 손을 잡고 방으로 안내해 주었다.
그러자 그 환자는 다시 저녁을 함께 먹도록 해달라는 것이었다.
두 사람은 같은 식탁에서 함께 저녁을 먹었다.
밤이 깊어지자 그 환자는 다시 부탁하기를 자기가 너무 추우니 프란시스에게 알몸으로 자기를 녹여달라고 했다.
프란시스는 입었던 옷을 모두 벗고 자신의 체온으로 그 나병환자를 녹여주었다.
이튿날 아침 프란시스가 일어나보니 그 환자는 온 데 간 데가 없었다.
뿐만 아니라 왔다간 흔적조차 없었다.
프란시스는 곧 모든 것을 깨닫고는 자신과 같이 비천한 사람을 찾아와 주셨던 하나님께 감사 기도를 올렸다.

”

이 기도가 바로 유명한 '성 프란시스의 평화의 기도문' 이다.

“

주여!
저를 평화의 도구로 써 주소서.
미움이 있는 곳에 사랑을,
상처가(다툼이) 있는 곳에 용서를,
분열이 있는 곳에 일치를,
의혹이 있는 곳에 신앙을 심게 하소서.
그릇됨이 있는 곳에 진리를,
절망이 있는 곳에 희망을,

어둠이 있는 곳에 광명을,
슬픔이 있는 곳에 기쁨을 가져오는 자 되게 하소서.
오, 거룩하신 하나님!
위로 받기보다는 위로하고,
이해 받기보다는 이해하며,
사랑 받기보다는 사랑하게 하여 주소서.
우리는 줌으로써 받고,
용서함으로써 용서받으며,
자기를 버리고 죽음으로써 영생을 얻기 때문입니다.

”

그는 스무살 전후의 젊은 날의 수많은 경험을 통해 가족과 부와 야망을 버리게 되었으며, 대신에 가난한 자들과 함께 살기로 다짐했다.

1205년에 그는 로마로 순례를 떠났다. 성 베드로 성당의 초라한 헌금통을 보고 가진 것을 모두 털어 넣고, 남루한 옷차림으로 지나가는 수도사에게 자신의 옷을 벗어주며, 대신 다 떨어진 수도사의 옷을 입고 거지들의 무리 속에서 하루 종일 서서 금식기도를 하는 프란시스의 모습에서는 벌써 성자의 징후가 나타나기 시작했다.

로마에서 앗시시로 돌아온 프란시스는 성 다미안 교회당에서 신비체험을 하게 된다. 1207년 청년 프란시스가 허물어져가던 산 다미아노(San Damiano) 교회당 십자가상 밑에서 기도하고 있을 때, 하나님의 음성을 듣는다.

“

프란시스야! 허물어져가는 내 집을 다시 세우라!

”

하나님의 음성이 세 번씩이나 들려왔다. 프란시스는 이 음성에 소명을 느꼈다.

그는 이 말씀을 곧이곧대로 알아들어 교회를 세우기 위해 맨손으로 흙과 돌을 들어 나르기 시작했다. 교회당을 다시 건축하라는 뜻으로 이해하고 혼자 힘으로 돌을 나르며 한 달 동안 성당을 재건함으로써 신비의 음성에 응답했다.

하나님의 말씀은 외형적인 교회 건축을 의미한 게 아니라, 몰락 위기에 처한 타락한 중세 교회를 회복시키라는 명령이었다. 하나님의 영적인 말씀을 늦게야 깨달은 프란시스는 예수님께 가까이 가는 길을 가난(poverty)에서 발견하고 가난과 소외자들을 위해 살기로 했다.

프란시스의 아버지는 이런 아들의 행동을 이해할 수 없었다. 그를 골방에다 가두고 만약 이런 이상한 행동을 당장 중단하지 않으면 재산 상속권을 몰수하겠다고 협박했다. 하지만 하나님의 사랑의 불꽃에 이끌린 프란시스의 발길을 누구도 돌이킬 수 없었다. 프란시스는 소외자들을 돕기 위해 자신의 말과 부친의 직물을 일부 팔아 자금을 마련했다. 그래서 그 부친은 지방의 주교가 보는 앞에서 프란시스를 잡아끌고 가며 자기에게 빚진 모든 것을 갚으라고 요구했다. 이에 프란시스는 교회 지도자들과 앗시시의 주민들이 보는 앞에서 모든 상속권을 포기하고 이제 하늘의 아버지만을 내 아버지로 고백하겠노라고 선언한다. 그리고 남은 돈과 입고 있던 옷까지 벗어 아버지께 넘겨드리자 아버지는 그것을 받은 후 냉담하게 아들에게서 돌아섰다.

프란시스는 정원사가 자신에게 빌려준 낡은 망토를 걸치고는 앗시시를 떠났다. 그 다음 2년 동안 그는 구걸하면서 야외에서 잠을 자면서 보냈다. 그는 가난한 자들과 문둥병자들에게 영적인 위로를 주었고, 무너져 가는 교회를 세우는 데 온 힘을 쏟았다.

그가 속세에 완전히 결별하고 추구한 것은 복음으로 돌아가 청빈하고, 겸손하며, 소박한 삶을 몸소 사는 것이었다. 맨발로 걸어 다녔고 그의 지갑은 언제나 비어 있었다. 이는 당시 교회가 심각하게 앓고 있던 세 가지 병폐인 부, 권력, 사치에 대한 명처방이 되었다. 그 파급력은 가히 메가톤급이었다. 힘으로 밀어붙인 무력 혁명도 아니요, 센세이셔널한 사상으로 새 시대를 연 이데올로기 혁명도 아닌, 그저 소박한 실천운동이었지만 세기를 거듭할수록 파장은 기하급수적으로 거세어져 갔다.

성 프란시스는 '개혁' 이라는 용어조차 사용하지 않고, 교회의 모든 스펙트럼을 아우르면서 수세기에 걸쳐 일어난 쇄신의 단초를 열었던 것이다. 그리하여 그는 동료 형제들을 동지로 얻었고, 숱한 추종자들을 협력자로 얻었다. '제2의 예수' 라 불렸을 만큼 존경 받는 성 프란시스가 일으킨 운동의 여운은 시간의 흐름 속에서 증폭되면서 중세교회를 개혁시키고 제자리로 돌려 놓게 되었다.

프란시스의 나이 27세 때인 1209년에 그는 그의 남은 여생을 완전히 주님께 헌신하는 결단의 말씀을 받았다. 그는 마태복음 10장 8-10절을 자신에게 직접 명령하시는 하나님의 말씀으로 받았다.

"

> 병든 자를 고치며 죽은 자를 살리며 나병환자를 깨끗하게 하며 귀신을 쫓아내되 너희가 거저 받았으니 거저 주라. 너희 전대에 금이나 은이나 동을 가지지 말고 여행을 위하여 주머니나 두 벌 옷이나 신이나 지팡이를 가지지 말라. 이는 일꾼이 자기의 먹을 것 받는 것이 마땅함이라.

"

이 말씀은 그에게 그가 올바른 길을 걷고 있음을 확신시켜 주었다. 그는 신을 벗어버리고 주머니를 없앴다. 가난한 삶을 자청하여 소외된 병든 자와 함께 생활했다. 그리고 성경말씀의 명령에 따라 살겠노라고 결단하는 사람들을 모으기 시작했다. 그들은 광장과 시장에서 노래를 부르며 설교를 했고, 가난한 사람들에게 먹을 것과 입을 것을 나누어 주었다. 그 모임에 들어오는 수도사들 또한, 모든 재물을 팔아 가난하고 물질이 필요한 사람들에게 나누어주었다. 프란시스와 그의 형제들은 암흑시대에 새로운 신앙적인 삶의 모습을 보여 주었고 어두운 시대에 참된 영성의 빛을 비춰주었다.

1209년, 프란시스는 신앙운동에 동참한 인원이 11명에 이르자 종교집단을 효과적으로 운영하고 절대청빈의 중심사상을 보존하기 위해 '회칙' 을 제정하여, 열두 명의 동료들과 함께 로마로 갔다. 교황 인노센트 3세에게 승인을 요청, '작은 형제단' 을 구두로 인가받았는데, 처음에는 회칙 인가를 거절당했지만, 인노센트가 꿈에 '프란시스가 쓰러져가는 라테란 성전을 받치고 있는 것' 을 보고, 교회가 부요함으로부터 깨어나게 하려는 하나님의 뜻으로 여기고 다음 날(1212년) 바로 인준했다고 한다.

드디어 교황 이노센트 3세로부터 그의 수도회가 승인되어, 그때부터 이들을 '탁발 수도회' 라고 일컫게 되었다. 13세기 초 구걸하면서 방랑하던 설교자들을 탁발 수도회로 조직화하는데 성공하므로 위대한 개혁의 첫걸음을 내딛게 된다. 프란시스는 그 회의 영적 성장을 위해 편지와 훈시를 보내는 것을 게을리 하지 않았다.

프란시스의 이상은 교회의 주목을 끌었을 뿐만 아니라 부모에게서 큰 유산을 물려받은 앗시시의 귀족 소녀 클라라에게도 영향을 미쳤다. 그가 작은 형제단에 가입함으로써, '가난한 클라라 수도회' 가 생겨났는데, 이 여성 수도회는 후일 프란시스의 이상을 보다 세상에 널리 전파하는데 크게 기여한다.

성 클라라는 프란시스의 모본대로 그리스도를 따르고자 했던 여인으로 가난과 기도의 삶을 살았으며 다른 사람들을 자신의 가난하고 거룩한 삶으로 인도하여 프란시스와 그의 형제들에게 힘과 영감을 제공했다.

프란시스는 피조물과 교감하는 능력, 즉 자연친화적 지성이 탁월했다. 피조물이 하나님을 찬양하는 소리를 들었다. 그것은 저 유명한 '태양의 찬가(The Canticles of Brother Sun : 독특한 자연과의 일치를 통해 주님을 찬양하고 있다. 이는 하나님에 대한 사랑을 극명하게 보여주고 있기 때문에 가히 프란시스 영성의 진수라 말할 수 있다)' 였다. 그는 새들에게 설교하기도 했다. 프란시스가 설교할 때, 새들이 설교를 들으며 부리를 종긋 세우고 설교를 듣었다 한다. 그 옆에는 임종때까지 그의 뜻을 따르며 곁을 지켰던 클라라 성녀가 지켜보고 있었다. 이 모습이 아직도 대성전 벽화에 그대로 담겨져 있다. 또한 마을에 내려와 농작물과 가축을 해치는 늑대들을 타일렀다는 전설도 있다. 그는 자기의 입술로 예수님의 이름을 부르면서 달콤함을 느낀 나머지 자신의 입술을 핥았다. 그는 하나님의 선하심(goodness)을 전적으로 확신했다.

짐승과 새들과도 말을 나눌 수 있었다는 청빈의 상징, 성 프란시스, 무소유의 정신으로 가난한 이들을 헌신적으로 돌봤던 그의 수도회는 중세 신분사회의 정체성을 크게 흔들어 놓기도 했다.

프란시스 수도회운동의 핵심은 가난에 대한 태도에 있었다. 프란시스는 자신의 것을 아무것도 원치 않았으며 형제들에게도 이러한 정신을 권면했다. 한번은 한 탁발 수도사가 제단 위에 자선 기부금으로 놓인 돈을 주워 창문 선반 위에 올려놓았다고 한다. 이 이야기를 들은 프란시스는 그에게 입으로 선반 위의 돈을 물어 배설물 더미 위에 올려놓으라고 명령했다. 프란시스의 초기 추종자들은 '그때 이후로 돈을 나귀의 배설물처럼 경멸했다' 고 전해진다.

소유물은 개인과 하나님 사이에 개입할 수 있는 온갖 것을 의미했다. 성적인 문제에 있어서도 그의 삶은 일편단심이었다. 소유물이 하나님을 섬기는데 장애물이 될 수 있다면 성욕과 결혼으로 인한 주의산만도 예외는 아니었다. 그리스도를 향한 프란시스의 이 같은 뜨거운 열정을 보나벤투르는 다음과 같이 묘사했다.

"프란시스가 그의 배우자 그리스도를 향해 불태운 그 열정적 사랑을 어떠한 인간의 혀도 결코 묘사할 수 없다. 그는 마치 이글거리는 숯불처럼 하나님의 사랑의 불에 완전히 빨려 들어간 듯했다."

성 프란시스에 대한 이러한 일화가 있다.

부유한 상인의 아들로 태어나 한 때는 방탕한 삶을 살았지만, 어느 날 하나님의 음성을 듣고 크게 뉘우쳐, 평생 하나님을 사랑하고 사람들을 사랑하는 성자의 삶을 살았던 성 프란시스 … 젊었을 때, 어느 날 성 프란시스는 여성에 대한 욕정이 일어났다, 성욕을 억제하기가 너무 힘들었다. 그러한 자신이 너무 미웠고 죄스러워서 더욱 견디기가 어려웠다. 이 유혹을 떨쳐내고자 몸부림친 성 프란시스는 정원의 장미 덩굴 위에서 뒹굴며 상처의 고통 속에서 하나님께 용서를 구했다. 정욕을 주체할 수 없어 힘겨울 때마다 예수님의 고통을 생각하며 가시 많은 장미 정원을 알몸으로 뒹굴었다. 가시가 몸에 찔리고, 피를 흘리고, 고통스러웠다. 그걸 통해 그는 욕정을 극복하고자 했다. 그때마다 장미 정원은 성 프란시스의 많은 피가 묻어나게 되었다.

이에 하나님이 성 프란시스가 안쓰러워서 천사를 시켜 장미의 모든 가시를 사라지게 했다고 한다. 그리고, 하나님께서 성 프란시스에게 이렇게 말씀하셨다.

"

프란시스야! 너는 참으로 의롭다. 너만 한 사람이 어디 있느냐? 너는 상처가 나면 안 된다.

"

이렇게 말씀하시면서 장미의 가시를 없애 주셨다고 한다.

하나님의 성품을 알 수 있는 일화다. 우리를 향한 하나님의 마음은 심판이 아니라 사랑이라는 걸 확인시켜 주셨다. 성 프란시스가 있었던 이탈리아 북부 앗시시에는 아직도 가시 없는 장미정원이 있으며, 이 장미를 다른 곳에 옮겨 심으면 살지 못한다고 한다.

이 일화는 대단히 인간적이다. 기독교역사를 통틀어 가장 사랑받는 성인으로 추앙받는 프란시스도 욕망 앞에서 고민하고, 싸우고, 좌절하고, 다시 싸우고 하는 과정을 거듭했다는 말이다. 그래서 프란시스가 걸었던 길은 우리에게 '나도 당신과 다를 바가 없었다. 이 길은 당신도 걸을 수 있는 길' 이라고 말하는 듯하다.

1212년 프란시스는 사라센에 대한 선교를 꿈꾸면서 시리아 지역으로 출발했지만 파선과 질병 때문에 계획을 취소할 수밖에 없었다. 무슬림과 이교도들에 대한 그의 선교 열정은 계속되었다. 2년 후에는 서북아프리카 지역인 모로코 선교를 계획하고 스페인에 갔지만 병 때문에 목적지에 도달하지 못했다. 대신 이탈리아로 돌아온 프란시스는 유럽 지역으로 퍼져나가는 프란시스 수도회의 선교사업을 진두지휘하여 여러 지역에 수도사를 파견했다.

1219년 프란시스는 십자군운동에 직접 참여하여 11명의 동료들과 함께 애굽의 성지에 이르러 이슬람 황제 앞에서 복음을 전하기도 했다. 그러면서 틈이 날 때마다 외딴 곳에서 혼자 기도하며 명상하는 것을 결코 소홀히 하지 않았다. 뿐만 아니라 1223년에 최초의 탁아소를 건립하기도 했다.

프란시스가 이탈리아로 돌아왔을 때, 자기 수도회운동의 상황은 떠나기 전과 같지 않았다. 그가 목격한 첫 번째 변화는 수도원 건물이 설립되었다는 것이다. 일부 형제들은 이를 자신들의 재산으로 간주했다. 초기 수도회의 절대청빈의 정신이 사라져가고 있었고, 수도회가 조직화되고 있었다. 프란시스는 용기를 내어 수도회 규범을 정비하여 수도회의 정신을 유지하려고 했으나 조직은 방대해졌고 계속해서 늘어나는 수도사를 효과적으로 통제할 수 있는 방법이 없었다. 자신의 수도회가 관료화되는 것을 보고 큰 실망을 느낀 프란시스는, 건강도 좋지 아니했고 타인들에게 선택의 폭을 넓혀 주고자 1223년 수도원장 직책을 사임, 다른 사람에게 물려주고 자신은 명상과 기도의 독거생활을 위해 1224년 몬테 아베르노 수도원으로 들어간다.

1224년 45세가 된 프란시스는 하나님의 한없는 사랑을 체험한다. 그 사랑은 고통과 죽음을 통해 전해져 오는 것이었다. 그는 기도와 명상 가운데 예수 그리스도의 십자가 상처가 자신의 몸에서 재현되는 기적을 체험하게 된다.

> “
>
> 그가 죽기 2년 전, 동굴에서 기도를 하고 있었다.
> 그런데 갑자기 그의 몸에 오상(五傷)이 나타났다고 한다.
> 오상은 십자가에 못박힌 예수의 몸에 난 다섯 상처다.
> 두 손과 두 발, 그리고 창으로 찔렸던 옆구리의 상처를 말한다.
>
> 그는 예수님이 십자가에서 받은 다섯 군데의 상처를 자기 몸에 경험하는 ‘오상의 은총’을 입었다. 이로 인해 엄청난 신체적 고통이 있었으나 오상은 평생을 그리스도와 일치하는 삶을 살다간 영광스런 흔적이요 증표가 되었다. 이런 프란시스를 통해 많은 사람들이 기적과 치유를 경험했다.
>
> ”

프란시스(Francis)는 자신의 모든 것을 버리고 예수를 위해 살므로 참 그리스도인이요, 기독교회사에 길이 남을 성자였다. 그는 모든 인간의 영혼을 매료시키는 참 인격의 향기가 짓게 배어 있었다. 그는 죽을 때까지 겸손했다. 누구든 간에 프란시스를 보면 그리스도를 연상케 되었다. 자기를 낮추고 하나님만을 높였다. 사도들 이후로 가장 예수님을 닮은 인물 중 하나라고 알려져 있다. 심지어 프란시스를 재림하신 예수님이라고 믿는 사람들도 있던 것 같다. 프란시스의 제자들은 그를 지극히 존경했다. 그의 제자 레오는 스승의 짧은 편지를 평생 품속에 간직하고 다녔다. 그 정도로 프란시스의 인격과 능력에서 뿜어져 나오는 카리스마는 하늘을 찔렀다. 프란시스는 정말 영성의 큰 나무였다. 프란시스의 영성이 평생 예수 그리스도의 발자취를 따른 삶의 결과로서 바울이 경험하고 증언했던 "아버지께서는 모든 충만으로 예수 안에 거하게 하시고"(골로새서 1:19)라는 고백처럼 다시 한번 프란시스를 통해 확증되었다.

철저한 고행과 절대청빈의 삶을 끝까지 계속했던 프란시스는 극도로 건강이 나빠졌다. 1225년, 실명하여 앞을 보지 못하던 프란시스에게 임종이 다가오고 있었다. 고향으로 돌아온 프란시스는 예수 그리스도처럼 최후의 만찬을 나누고 1226년 10월 3일 마지막 눈을 감았다. 그는 동네 범죄자들이 묻히는 변두리에 매장될 것을 소원했지만 프란시스 수도회에서는 그의 시신을 앗시시의 '성 프란시스 대성당' 에 비밀리에 안치했다. 프란시스의 시신은 그로부터 약 6백년이 지난 다음 발견되었다.

오늘날 이탈리아 중부 앗시시에 있는 성 프란시스 수도원은 '프란시스' 란 이름 하나만으로 세계적인 명소가 되어 순례지이자, 여행지가 되어 큰 각광을 받고 있다. 지금도 로마 카톨릭, 영국국교회, 루터교 등에 프란시스 수도회가 존재한다. 전세계 프란시스수도회는 어떤 수도회보다 가장 어렵고 소외받는 이웃들에게 가까이 다가가고 있다. 이들

외에도 오늘날 많은 사람들이 그리스도의 종이자 평화의 애호자이며 창조주에 대한 피조물적 의존성을 설파한 성 프란시스에게 감화를 받고 있다.

이 글을 통하여 성 프란시스에 대하여 깊이 생각하고, 그의 거룩하고 경건한 삶을 치하하고 기리는 우리의 삶이 되기를 소망한다. 생명을 머금은 프란시스의 영성과 신앙을 간절히 사모하자! 프란시스의 기도가 나의 기도, 우리의 기도가 되게 하자! 우리 모두 간절한 열정을 품고 결단하여 예수 그리스도의 군사로 세계만방을 향한 평화의 사도로 거듭나자!

참고문헌 - 이 글은 아래 문헌에서 인용, 발췌한 것이다.
제임스 헬프리. *How Great Christian met Christ* 중에서
엄두섭. 『성프란시스코』. 중에서
http://cafe.daum.net/cgsbong/
http://cafe.daum.net/heart/T8xl/
http://cafe.daum.net/spiritus/cDyN/

중세의 대신학자

토마스 아퀴나스

Thomas Aquinas

1225~1274

그는 학문적인 탁월함과 경건한 영성,
그리스도의 복음에 대한 열정을 함께 소유한
위대한 중세의 신앙인이다.

변화의 시대

토마스 아퀴나스는(Thomas Aquinas)는 스콜라학파의 거장이요, 어거스틴에 필적할만한 중세의 대신학자로서 대작 '대이교도대전'(Summa contra gentiles, 1259-1264)과 '신학대전'(Summa theologiae, I, II 1266-1272, III 1272-73, 미완성) 등을 저술한 위대한 인물이다. 그렇지만 그는 자신의 경건함 속에 조용함과 당당함을 함께 갖추고 설교했던 설교자이기도 했다.

토마스 아퀴나스가 태어났던 당시 유럽은 기근과 재난으로 인해 불안한 시대였고 또한 100여년을 넘게 계속되던 십자군 전쟁이 종식될 기미를 보이지 않고 있어 사람들은 이미 지쳐있던 시기였다.

더구나 이 십자군 전쟁으로 말미암아 이슬람 세계의 풍습과 문화, 철학이 서방에 영향을 끼쳐서 유럽에는 새로운 사상과 풍조가 생겨나기 시작하던 때이기도 했다. 또한 영국의 대헌장(Magna Charta)에서 영향을 받은 민중의 민주주의 자유운동이 사람들에게 정치적, 종교적 자유를 위해 새로운 눈을 뜨게 하고 새로운 투쟁을 전개할 계기를 마련해 주고 있던 때였다.

교회 안에서도 중요한 변화들이 일어나고 있었다. 프란시스와 도미니크 교단의 수도원들이 활발하게 영성과 경건운동을 펼치고 있었고, 학문적으로는 그리스 철학, 특히 플라톤과 아리스토텔레스의 사상들이 다시 부흥되어 교회의 신학과 신앙 안에 퍼지고 있었던 시기였다. 상당히 많은 믿지 않는 사람들이 이 철학에 매료되었다. 이때 등장한 토마스 아퀴나스는 그리스 철학을 이용하여 기독교 신앙에 대한 논제들을 옹호하는 방법을 발전시켰다. 그는 어거스틴과 아리스토텔레스 두 사람을 그의 학문에 대해 권위자로 받아들이면서 그의 신학적 이론들을 발전시켰다.

철저한 경건훈련

이러한 토마스의 생애를 우리가 조명해 보면, 전설적이고 우화적인 대목이 있어 우리에게 흥미를 더해 주고 있다. 그는 1225년 이탈리아의 아퀴노(Aquino) 부근 로카세카(Roccasecca) 성에서 롬바르드 왕족의 혈통에서 태어났다. 그는 귀족 가문에서 출생했으므로 어느 정도의 재산과 명예를 소유하고 있었다. 그는 다섯 살 때 베네딕트 수도원에 보내졌고, 이후 나폴리의 대학을 마칠 때까지 고된 학업을 계속했다.

도미니크 수도원에서는 설교자에게는 신학적으로 철저한 훈련을 요구했다. 토마스 아퀴나스는 연구와 경건을 향한 열망을 갖고 있었기 때문에 이 수도회의 규율에 따라 자신의 한평생을 경건하고 청빈하게 보내도록 그의 인생을 결단하기를 원했다. 도미니크 수도원은 토마스 아퀴나스에게 절대적인 호소력을 발휘했고, 그는 도미니크 수도사가 되기로 결심했다.

이러한 일을 알게 된 그의 가족들은 그의 결심에 거세게 반발했다. 토마스 아퀴나스가 고관(수도원장)이 되기를 원했던 어머니와 형들은 수도사가 되려는 그의 결심을 포기케 하려고 그에게 이성의 눈을 뜨게 했으며 성적 쾌락을 알게 하려 했다. 그래서 그가 잠든 방에 젊고 예쁜 여자를 보내 유혹하도록 시도했으나 소용이 없었다. 오히려 그는 타는 나무 조각을 들어 여자를 방에서 몰아내고 그 불타는 나무로 십자가 표시를 만들었다. 오직 그리스도만을 향한 그의 열정을 아무도 막을 수는 없었다.

어떤 노력으로도 그의 소신을 굽힐 수 없음을 알게 된 가족들은 결국 1245년 여름 토마스 아퀴나스를 나폴리의 도미니크회 소속의 수도원으로 되돌려 보낸다.

이와 같이 귀족의 아들로서 몬테 카시노의 수도원장이 될 수 있는 화려한 삶 대신 소박한 삶을 사는 수도사가 되기를 선택한 토마스 아퀴나스의 일화는 부유한 상인의 아들로 누릴 수 있었던 모든 화려한 삶을 포기하고 예수 그리스도의 삶을 모방하기로 결심한 앗시시의 프란시스의 일화를 연상시킨다. 더 나아가 화려한 미래가 보장된 길 대신 청빈한 수도사의 길을 선택한 소년 토마스 아퀴나스의 일화를 통해 우리는 이후 재속 성직자들과의 논쟁에서 탁발 수도회의 정당성을 옹호하는 단호한 수도사와 대주교직을 정중히 사절하게 되는 겸손한 수도사의 모습을 동시에 엿볼 수 있다.

그의 청년기는 최소한 3년간 파리대학교 혹은 도미니크회에서 7개의 필수 과목(문법, 논리학, 수사학, 대수학, 기하학, 음악, 천문학)을 배운 것으로 알려져 있다. 그리고 그는 1248년 쾰른에 있는 도미니크회 수도원에서 비로소 알베르투스 마그누스로부터 4년간 지도를 받게 되었다. 그의 스승의 영향 아래 아리스토텔레스의 철학은 물론 디오니시우스의 신학에 대한 심도 있는 연구를 수행한다. 당시 토마스 아퀴나스에게 다른 동료들이 붙여준 별명은 그의 우람한 몸집과 과묵한 성격을 바라보던 동료들의 장난기가 섞인 '시칠리아의 벙어리 황소' 였다고 한다. 하지만 이 별명과 관련하여 제자들이 모인 자리에서 알베르투스가 "지금 벙어리 황소라 불리는 저 수도사의 우렁찬 목소리를 온세상이 듣게 될 것" 이라고 예언했다는 일화가 전해지고 있다.

이 별명과 이와 얽힌 일화와 전설들이 사실이었는지는 분명치 않다. 하지만 이 전설들은 이국 땅에서 어눌한 외국어 구사능력으로 인해 혹은 몇몇 전설이 전하듯이 말더듬이였기 때문에 자신의 입장을 표현하는 데 어려움을 겪고 있었던, 그래서 벙어리 황소라는 별명으로 동료들에게 놀림을 받았던 이 소심하고 섬세한 감성을 가진 청년 수도사 토마스의 숨겨진 일면을 드러내주는 것으로 보인다. 그리고 더 나아가 소심한 젊은 제자의 침묵 뒤에 숨겨진 무한한 재능과 역량을 꿰뚫어보고 이것이 꽃피울 수 있는 환경을 마련해준 스승 알베르투스의 자상함과 혜안이 그가 전수한 학문적 지식과 더불어 미래의 토마스 아퀴나스에게 어떤 영감으로 작용하게 되었는지를 미루어 짐작하는 데 충분한 정보를 제공하고 있다.

수도사의 본분은 순종과 겸양

교수로서, 집필가로서 높아져 가는 명망과 쌓여가는 피로 속에서도 토마스 아퀴나스는 주변사람들에게 겸손하고 성실한 선생님이자 동료였고 또 따뜻하고 겸손한 사목자이자 수도사였다. 이와 같은 면모는 다음의 일화에서 확인할 수 있다.

오르비에토의 수도원으로 한 젊은 수도사가 수도원장에게 심부름을 왔다가 원장실에서 나가자마자 복도에서 가장 먼저 만난 수도사와 함께 어디에 다녀오라는 원장의 지시를 받게 된다. 이 젊은 수도사는 원장실을 나서자마자 복도에 서 있던 뚱뚱한 수도사의 소매를 잡아 채고는 원장의 지시이니 같이 길을 나서자고 했다. 그런데 이 젊은 수도사의 빠른 걸음을 뚱뚱한 수도사가 따라잡기는 쉽지 않았다. 결국 젊고 팔팔한 수도사는 땀을 뻘뻘 흘리며 따라오는 이 뚱뚱하고 느려터진 수도사에게 그로 인해 지체된 시간을 탓하며 오르비에토 시내의 한복판에서 꽤 고약한 말들을 퍼부었다고 한다. 오르비에토의 사람들은 기겁을 한 표정과 침묵으로 이 광경을 지켜보았다. 결국 한 사람이 보다 못해 이 젊은 수도사에게 묻기에 이른다.

"

"저분이 온 세상에 이름난 토마스 아퀴나스 수도사이신 건 알고 계십니까? 도대체 저분이 무슨 잘못을 하셨고 댁은 누구시길래 저분을 이리도 혹독하게 대하십니까?" 이 말을 듣고 젊은 수도사는 예수님을 다시 십자가에 못 박은 장본인과 같이 얼굴이 하얗게 질려서 토마스 수도사에게 거듭 머리가 땅에 닿도록 숙이며 사죄를 했다고 한다. 한편 젊은 수도사가 투박을 주는 동안 한숨을 돌렸을 토마스 수도사에게 사람들이 왜 한 마디도 불평 없이 그런 불편한 지경을 고스란히 당하셨느냐고 묻자, 토마스 아퀴나스는 다음과 같이 말했다고 한다. "수도사의 본분은 순종과 겸양입니다. 저 젊은 수도사와 저는 그 본분을 따랐을 뿐입니다."

"

철학사상

그는 기독교 교리와 아리스토텔레스의 철학을 종합하여 스콜라 철학을 집대성한 중세 기독교 최대의 신학자이다. 다만 아리스토텔레스를 수용할 때 "은총은 자연을 파괴하지 않고 오히려 자연을 완성시킨다"는 태도를 갖고 은총과 자연, 신앙과 이성 사이에 조화로운 통일을 부여했다. 그의 이러한 그리스도교적 휴머니즘은 특기할만한 것이다. 전 자연은 신이 창조한 것이다. 인간의 이성은 자연 가운데서 가장 고상한 부분이므로 인간이 자연 전체에 대한 이해를 통해 신의 존재를 추론(推論)하는 것은 신을 찬미하는 길인 것이다.

그의 학문과 저서들은 지성적이고 논리적 체계를 갖고 있었던 고등의 복잡한 것이었지만, 그는 지극히 단순하고 경건했던 인품을 가진 기도의 사람이었다. 중세 당시 설교가 교회 회중들로부터 외면당할 만큼 무미건조하여 호소력을 잃고 있을 때, 토마스는 권위있는 교사요 설교자로서 하나님의 말씀을 변증한 사람이었다. 한 번은 토마스 아퀴나스가 나폴리에서 수난절 설교를 했을 때, 청중들이 너무나 감동하여 눈물바다가 되는 바람에 설교를 중지할 수밖에 없었던 일화도 있었다. 또한 그가 로마에 있는 성 마리아 메이저(Saint Mary Major) 교회에서 부활주일에 그리스도의 부활에 관한 설교를 했을 때, 회중들은 그동안의 억제된 감정을 깨뜨리고 승리감에 넘쳐 주님께 환희의 눈물 속에서 넘치는 감사를 드렸다. 그는 신학 교수로서의 일 뿐만 아니라, 수도회의 설교자로서 그의 사역을 열성적으로 감당했다.

신학대전의 집필

토마스 아퀴나스는 파리로 유학을 떠나, 그곳에서 그는 유명한 학자 알베르트(Albert)를 만나 그로부터 지적으로 지대한 영향을 받았고, 31세 되던 해에 파리대학으로부터 신학교사 자격증을 받았다. 그는 그 이후 그에게 주어질 임무를 위해 하나님께 눈물로 도움을 간구했다.

> “주여! 진리가 인간의 자손들로부터 사라져 가고 있나이다. 저를 구원하소서. …”
>
> 간절한 그의 기도에 하나님께서는 그의 소명에 대한 확신과 재능을 주셔서 그를 강하고 담대하게 만드셨다. 그는 능력있는 사람이 되어서 상대를 제압하는 토론의 기술과 놀라운 기억력, 판단력을 가지고 가르쳤으며 감동적인 설교를 했다. 그가 세계적인 거작 ‘신학대전’을 집필하고 있을 때, 신앙교사들을 비난하는 파리의 재속 신부들과 논쟁이 벌어졌다. 이 일에 그는 특별히 그곳에 보냄을 받아 4년에 걸친 치열한 논쟁을 벌였고 이것으로 인해 그는 건강을 해쳤다. 그렇지만 그는 계속하여 도미니크 교단의 허락으로 나폴리에 신학교를 세웠고, 이어 교황 그레고리 10세의 명령을 받아 리용(Lyons) 회의에 참석하기 위하여 병든 몸에도 불구하고 출발했다가 도중에 그만 쓰러지고 말았다. 백승단 소속인 시토 수도원으로 옮겨진 토마스 아퀴나스는 계속해서 투병하다가 1274년 3월 7일, 49세의 나이로 100여 명의 수도사와 평신도들이 임종을 지키는 가운데 하나님의 부름을 받았다.

사후 정통성 확인

1274년 5월 2일 수요일 파리대학 총장과 운영진은 당시 철학부에 속해 있는 모든 교수들의 이름으로 도미니크회 총회에 비통함이 담긴 편지를 보낸다. 이 편지에는 토마스 아퀴나스의 죽음을 애도하면서 토마스 아퀴나스가 젊은 시절부터 자라고 배우며 가르쳤던 파리에 묻히도록 해달라는 부탁이 담겨 있었다. 물론 이 파리대학 총장과 교수들의 부탁은 이루어지지 않았다. 포사누오바의 시토회 수도원이 ‘위대한 성인' 의 시신을 내줄 수 없다고 완강하게 버텼기 때문이다. 그러나 이런 추모와 존경의 표현만이 토마스 아퀴나스에게 보내진 반응의 전부는 아니었다. 그가 죽은 지 정확히 3년째 되던 1277년 3월 7일 파리와 3월 18일 옥스퍼드에서 각각 에티엔 텅피에, 그리고 같은 도미니크회 출신의 로버트 킬워드비에 의해, 그리고 1286년 4월 30일 또다시 옥스퍼드에서 킬워드비의 후임 요하네스 페캄에 의해 토마스 아퀴나스의 실체적 형상의 단일성 이론을 포함한 몇몇 주요 이론들이 단죄 당하는 불운을 겪기도 한다. 그러나 결국 토마스 아퀴나스가 49세의 나이로 죽은 지 49년째 되던 1323년 7월 18일 카톨릭교회의 성인으로 시성되었으며 이후 그의 이론들에 대한 단죄는 모두 철회되었다. 또한 토마스 아퀴나스의 이론이 옥스퍼드에서 요하네스 페캄에 의해 이단으로 단죄 당한 지 39년이 지난 해인 1325년 2월 14일에는 토마스 아퀴나스의 정통성을 교황청이 재확인하게 된다. 그리고 1567년 4월 15일 토마스 아퀴나스를 교회학자로 공표한다. 한편 토마스 아퀴나스의 시성심사와 관련하여 토마스가 성인의 격에 어울릴만한 기적을 일으키지 못했다는 지적이 많았다고 한다. 하지만 이와 같은 지적에 대해 당시 교황 요한 22세는 다음과 같이 말하며 이를 일축했다고 한다.

“

그가 문제를 해결할 때마다
그만큼의 기적들을 행한 것이다.

”

토마스 아퀴나스의 전기를 정리했던 그의 제자 토코의 윌리엄(William of Tocco)은 이렇게 그의 뛰어난 지식과 열정, 그리고 경건을 내포한 설교자로서의 그의 자질을 증언한다.

"

사람들은 마치 그 설교가 하나님 그분 자체에서 오는 것 인양 그의 말을 경청했다.

"

토마스 아퀴나스가 심오한 신학자로서 너무나 유명하기 때문에 설교자로서의 그의 면모나 경건을 겸비한 자로서 그의 인격은 별로 알려지지 않았지만, 그의 49년의 생애에 거작 '신학대전'을 비롯해서 철학, 성경주석, 변증 등 60여권의 저술 속에서도 설교서적이 상당수를 차지한다. 비록 그의 설교에서 그리스도의 복음에 대한 해석보다도 윤리적 교훈에 중점을 둔 설교가 많았고, 설교의 내용과 논리적 전개 안에서 중세적 알레고리와 신학적 비약이 심한 아쉬움이 있지만, 그의 해박한 신학과 철학에 대한 지식은 사람들의 가슴에 하나님의 말씀을 전하는데 효과적인 도구로 사용되었다.

토마스 아퀴나스는 서방신학의 형성에 지대한 영향을 끼친 신학자로서 그의 업적과 인품, 하나님을 사랑하여 복음을 위하여 열정적인 설교자로서 헌신한 그의 생애는 오늘날까지 찬란하게 빛나고 있다.

참고문헌 - 이 글은 아래 문헌에서 인용, 발췌한 것이다.
편찬위원회. 『기독교대백과사전: 15권』. 서울: 기독교문사, 1990. pp. 345~355.
http://ko.wikipedia.org/wiki/(위키백과) "토마스 아퀴나스".
http://www.britannica.com/(브리테니커 Internet판)

보헤미아의 종교개혁자

얀 후스

Jan Hus

1372~1415

하나님의 명령을 위해 말씀선포에 목숨까지 바치겠다는 그의 결의는
관들이 제지하는 강요에 순복하지 않고 하나님의 사자를 언급했다.

성직자를 향하여

얀 후스(Jan Hus)는 1372년 7월 6일 체코의 보헤미아의 남쪽 프라하티체(Prachatice)의 인근 마을인 후시네츠(Husinec)의 가난한 농민 가정에서 태어났다.* 원래의 이름은 얀 오브 후시네츠(Jan of Husinec)였는데, 대학 때에 얀 후스로 개명했다. 그의 아버지는 이름이 미가엘(Michael)이었다는 사실 이외에는 알려진 바가 없다. 어머니도

* 태어난 연도는 학자들의 견해가 일치하지 않는다. 그의 출생일이 7월 6일이라고 하는 것도 사망일인 7월 6일에 그를 추도했다는 사실에서 추론한 것이다. 사망한 연도도 불분명하다.

역시 그러한데 어머니와 관련해서는 약간의 편린(片鱗)이 남겨져 있다. 어머니는 아들 후스에게 기도하는 법과 하나님을 의뢰하는 법을 가르쳐 주었다. 훗날 후스는 "하나님께서 허락해 주시기를! 아멘" 이라는 기도를 가르쳐주신 분이라고 자신의 책에서 쓰고 있다. 또한 후스가 성직자가 되고자 하는 최초의 열망을 심어준 사람이기도 했다.

후스의 성직을 향한 첫걸음은 13세부터 시작된다. 아들을 성직자로 키우겠다는 일념으로 어머니는 프라하티체(Prachatice)로 후스를 데리고 가서 라틴어학교에 입학시켰다.

> 얀 후스는 선지자 사무엘처럼 그의 어머니에 의해 소년시절부터 주 하나님께 바쳐졌다. 그의 어머니는 빵을 구워서 교장 선생님에게 갖다 주기 위해서 아들을 데리고 프라하티체(Prachatice)에 있는 학교로 가는 도중에 길에서 일곱 번 무릎을 꿇으며 기도하기를 자신의 아들이 겸손하게 하나님을 섬기며, 찬양을 돌리고 하나님의 백성들에게 유익을 가져다주는 사람이 되게 해달라고 간구했다.(체코 종교개혁자 얀 후스를 만나다, 21)

1386년 후스는 1년 만에 학교를 졸업하고 프라하(Prague)의 예비학교에 등록한다. 당시의 프라하는 유럽의 중심지였기에 수많은 나라에서 온 유학생으로 넘쳐나고 있었다. 거기에는 독일인도 많이 거주하고 있었으므로 후스는 독일어도 습득하는 계기가 되었다. 1390년 열여덟 살의 후스는 프라하대학교(카렐대학교라고도 함)에 입학했다. 사제의 길에 들어서서 이 대학에서 철학과 신학을 연구했다.

후스는 가난한 집안의 다른 학생들처럼 학비를 위하여 지역의 성당에서 미사곡을 부르고 허드렛일을 해야만 했다. 그런데 사제들이 미사곡의 보수를 가로채는 일도 있었다. 생활을 위해서 한 푼이라도 벌려고 애쓰는 동안 후스는 사제들의 풍요로운 삶을 직접 목격하게 되었다. 거기에다 존경을 받기까지 했다.

그러므로 후스가 좋은 집과 화려한 옷, 사람들의 존경을 받는 사제직을 열망한 것이 하나도 이상스러운 것이 아니었다. 왜 아니겠는가? 당시의 일반적인 사람들이 극심한 가난과 고통 속에 살았으므로 그런 생각을 품는 것은 하나도 이상할 것이 없다. 후일 후스는 철모르던 학생 시절에 보다 안정된 생활기반을 위해, 여유로운 생활과 좋은 의복과 사람들의 존경을 얻을 목적으로 하루속히 사제가 되기를 원했다고 고백했다. 부요한 가정과 거리가 멀었기에 후스는 지독할 정도로 학업에만 몰두했다. 성경을 부지런히 탐독했고, 그리스도의 제자로서 합당한 사람으로 변모되어 갔다. 훗날에 자신의 사역의 원칙은 이때에 세워진 것이었다.

"

나는 학창 시절의 초창기 때부터 스스로 하나의 규칙을 정해 놓고 있었다. 그것은 어떤 문제가 되었든 간에 더 온전한 견해를 발견하게 되면, 기꺼이 그리고 겸손하게 이전의 나의 견해를 포기한다는 것이었다. 왜냐하면 내가 알고 있는 것보다 모르는 것이 더 많다는 사실을 알고 있기 때문이다.(종교개혁의 거장들, 88~89)

"

1393년 후스는 문학사 학위를 취득했다. 그리고 1398년부터 1402년까지 프라하대학의 작은 학부였던 킹 벤체슬라스대학 내에서 거주한다. 그곳에서 학위를 위해서 계속 공부하며, 한편으로 여러 사람들과 계속 교류했다. 자신들의 스승 스타니슬라프 오브 즈노이모(Stanislav of Znojmo)와 더불어 정기적인 토론을 벌이기도 했다. 여기에서는 후스는 영국의 종교개혁가였던 존 위클리프(john Wycliffe, 1320년경-1384)에 심취해있던 스승 스타니슬라프에게 커다란 감동과 영향을 받게 된다. 위클리프의 가르침이 영국에서는 금지되어 있었지만 프라하에서는 만개하고 있었다. 심지어 교수들 대부분이 위클리프의 추종자들이었다. 1396년 후스는 석사과정을 졸업하고, 영국유학에서 돌아왔다. 후스는 1398년부터 교양학부에서 가르치기 시작했다. 그가 가르친 위클리프의 실재론적인 철학은 대학 내에서 커다란 인기를 얻었다.

개혁운동의 중심에 섬

1401년 후스의 오랜 친구인 제롬(Jerome of Prague, 1365년경-1416)이 자신이 공부하던 옥스퍼드에서 위클리프의 저작들을 필사해서 가지고 돌아왔다. 이로 인하여 체코의 개혁운동가들의 공부에 탄력을 받게 되었다. 1402년에 후스는 3천 명가량이 모였던 베들레헴교회(Bethlehem Chapel)의 사제로 임명되어 설교자로 활동하기도 했다. 이 교회는 체코 개혁운동의 근거지였다. 교회의 역사는 11년에 불과했지만 개혁의 상징과도 같은 곳이었다. 그것은 체코 개혁운동의 초창기의 밀리치(Jan Milic, 1305년경-1374)의 삶과 관련이 있었다. 밀리치는 카톨릭의 악습을 비판하고 매음굴에 가서 매춘부를 2백 여명이나 회심시켜 삶의 기반을 마련하고, 젊은이를 교육시키기 위한 건물을 짓는 등, 실제적인 개혁을 실천하던 중에 죽음을 맞이했다. 그를 따르던 사람들이 모금을 하여 1391년에 세운 교회가 베들레헴교회였다. 그곳에서는 설교가 체코어로 이루어지고 있었다. 후스는 그림과 같은 시각교재를 사용하여 교인들이 설교를 알아듣기 쉽게 했고, 교회 벽면에는 교황과 예수의 삶을 대비시켜서 그리스도인의 삶이 어떠해야 하는가를 분명하게 보여 주었다. 그는 체코 선현들의 개혁 전통에 굳건히 선 민족 설교자로서의 면모를 과시했다.

후스는 점차적으로 개혁운동의 중심 인물이 되어가고 있었다. 1405년부터는 왕 벤체스라우스(Wenceslaus)의 지원 하에 성직자들의 타락을 비판하기 시작했다. 이는 보헤미아인들의 열광적인 반응을 이끌어냈지만 많은 적대자들도 만들어냈다. 특히 정죄된 위클리프의 사상과 유사하다고 여겨졌으므로 대학에서의 독일인들에게 배척을 받았다. 설교자와 교수로서의 바쁜 일정 중에도 1406년 후스는 체코어 성경의 신약과 구약의 일부를 개정한다. 그는 자신들의 모국어로 성경을 읽을 수 있는 권리를 백성에게 안겨주고자 노력했고, 또한 이의 권리를 위하여 용감하게 싸웠다. 이런 상황에서 주체적인 신앙고백과 모국어를 중심한 신학운동을 전개한 후스의 개혁운동은 체코 민중의 열렬한 지지를 받았다.

1409년 10월에 프라하대학교에서 보헤미아인들과 독일인들의 갈등은 벤체스라우스의 법률 개정으로 종결된다. 분노한 독일인들은 대학을 떠나게 되었고, 공석이 된 총장 자리에 후스가 총장으로 취임하게 되었다. 취임 연설은 마태복음 22장 14절, "청함을 받은 자는 많되 택함을 입은 자는 적으니라" 에 기초한 연설이었다.

"

> 내 안에 삶의 거룩성도, 섬김을 위한 유용성도, 분명한 깨달음도 빛나지 않는데, 선출되고 임명되기 위한 조건이 저에게 충분하지 않는데, 어이쿠. 칭찬에 흔들리고 부끄럽습니다. 그러므로 불안 속에서 주제 연설도 두려우며…, 끊임없이 기억하고 있는 것은 청함을 받은 자는 많되 택함을 입은 자는 적다는 말씀입니다. 진실로 저는 두려워 떨지 않으면 안 됩니다. 그러나 저뿐 아니라 여러분 모두가 그래야 합니다. 모두가 오직 하나님의 자비하심을 기대하여야 하고, 어느 누구도 자신의 힘을 믿고 자만해서는 안 됩니다.(체코 종교개혁자 얀 후스를 만나다, 24~25)

"

1409년, 이 시기는 혼란이 끝을 보이지 않는 터널과도 같았다. 교회의 바벨론 포로시대(아비뇽 유수)라고 일컫는다. 아비뇽 교황과 로마 교황으로 나뉘어 각각 추대하므로 교황은 2명이나 되었다. 하나가 되기 위해 세계종교회의 피사회의가 열렸다. 여기에서 양쪽 교황을 폐위시키고, 다른 교황인 알렉산더 5세를 선출했다. 알렉산더 5세는 기다렸다는 듯이 위클리프의 모든 저서를 불태우라고 명령하고, 성당과 수도원을 제외한 모든 곳에서 설교를 금지하는 법령을 선포했다. 이는 후스를 겨냥한 조치였다. 왜냐하면 베들레헴교회만이 카톨릭 성당으로 간주하지 않던 유일한 장소였기 때문이다. 그러나 알렉산더 5세가 독살로 추정되는 죽음을 맞게 된다. 새로이 교황으로 선출된 요한 23세는 아주 사악한 자였다. 2백여 명에 달하는 여인들을 농락했고 매춘을 포함한 모든 일에 세금을 부과한 전력이 있는 자였다.

1410년 가을 무렵에 후스는 교황의 지시를 불복종한 경위를 소명하러 로마로 출두하라는 명령을 받게 된다. 이를 불복하자 1411년 2월, 로마의 최고 추기경으로부터 파문을 당하게 된다.

1412년 교황 요한 23세는 로마의 정권을 쥐고 있던 나폴리 왕과의 전쟁을 선포한다. 전쟁을 위한 자금을 마련하고자 대규모 면죄부 판매를 승인한다. 체코에서도 이것이 시행되자 후스와 제롬은 면죄부의 부당성을 공박하고, 성직자를 비판했던 강도보다 더욱 강경하게 비판하기 시작했다. 프라하 곳곳에서는 면죄부에 항거하여 크고 작은 폭동이 발생하기 시작했다. 여기의 제일 앞장서 있는 사람은 제롬이었다. 후스는 교황을 직접적으로 공격하면서 적그리스도로 규정하고, 루시퍼의 하수인이요, 악마의 대리자라고 비판했다. 시위는 점차 과격해져서 면죄부에 항의하던 세 사람이 처형되는 일이 발생했다. 이는 엄청난 저항을 불러왔지만, 동시에 왕실의 재정과 관련된 중대한 문제였다. 왕은 격노했고, 든든한 후원자였던 조피(Zofie) 왕비조차 어쩔 수 없는 상황으로 치달았다.

후스는 막다른 길목으로 몰리고 있었다. 친한 동료들도 배신을 하고 떠나갔다. 왕의 총애도 잃은 상태였다. 1412년에 열렸던 로마공의회에서 후스는 출두를 요구 받았으나 이를 거부하자 1413년 다시 파문되어 성사수여가 금지되었다. 그동안 후스는 인간인 교황에게 호소하거나 저항하기 보다는 정의로운 재판관인 하나님께 직접 호소하는 길을 선택하고 있었다. 교황과의 결별이었다! 교황의 명령은 가을에 프라하에 도착했다. 교황의 파문에도 불구하고 설교하는 일을 멈추지 않던 후스는 프라하 전역에 성사수여 금지령이 내려지자 1412년 10월 보헤미아 남부의 코라 호라텍(kozi hradek)으로 도피하게 된다. 후스는 도피해서 무엇을 했던가? 그는 고난의 삶을 살면서도 설교하기를 그치지 않았다. "나는 마을을 돌아다니며 시장터에서 설교해왔다. 지금은 담장 뒤편에서, 촌에서, 성에서, 들판에서, 숲속에서 설교하고 있다. 가능하다면, 해변가에서도 배 위에 올라 설교할 것이다. 나의 주님이 그러하셨듯이."(종교개혁의 거장들, 140) 또한 교인에게, 동료 교수에게, 친구에게 편지를 보냈다. 그는 낙심하지 않았고 진리가 승리할 것이라는 사실을 확고하게 믿었다. 후스에게 있어서 이러한 기회는 자기 성찰의 기회였고, 공부할 수 있는 기회이기도 했다. 1413년 후스는 도피의 와중에서 로마교회의 잘못을 지적하기 위하여 라틴어로 쓴 최고의 역작 교회론(De Ecclesia, On the Church)을 완성했다. 후스는 거기에서 이렇게 쓰고 있다.

"

자신들을 하나님의 거룩한 교회의 가장 크고 자랑스러운 존재들로 떠벌이고 있으나 그리스도의 길과는 정반대의 삶을 사는 적그리스도의 제자들을 부끄럽게 만들라. 그들은 세상의 탐욕과 교만함으로 철저히 더러워져 있음에도 불구하고, 자신들을 거룩한 교회의 몸이요, 머리라고 공공연하게 주장하고 있다. 그러나 그리스도의

말씀에 비춰볼 때, 그들이야말로 가장 아무것도 아닌 자들이다.(종교개혁의 거장들, 141)

99

음모의 덫에 걸려 순교한 후스

지기스문트(Sigismund, 1361-1437)는 헝가리의 왕에서 신성로마제국의 황제가 되었다. 그의 이복형이었던 보헤미아의 왕 바칠라프는 동생인 지기스문트의 황제 취임을 승낙하는 대신에 후스 문제를 종식시키기를 요구한다. 이 둘은 여기에 의기투합한다. 지기스문트는 교황 요한 23세에게 종교회의를 요구했고, 이에 1414년 11월에 독일의 콘스탄츠(Constance)에서 회의를 개최하기로 결정한다. 후스를 제거하기 위한 음모는 교황권 분열에 직면하여 '교회의 개혁과 일치' 를 명분으로 콘스탄츠에서 열렸던 공의회를 기점으로 구체화된다. 지기스문트는 후스를 유인하고자 초대장과 안전 통행증을 발급하여 종교회의에 초대한다. 제롬을 비롯한 친구들이 참석을 한사코 만류했지만 후스는 자신의 주장과 항변을 기독교 세계가 알아야 한다고 판단해서 여기에 참여하기로 결정한다.

1414년 10월초에 후스는 두 기사의 수행을 받으며, 콘스탄츠를 향해서 가게 된다. 20일이 넘은 11월초에 후스는 콘스탄츠에 도착했다. 교황은 후스에게 미사는 금지했지만 숙소에서의 자유로운 생활은 허용했다. 그렇지만 후스는 숙소에서 미사를 드렸다. 콘스탄츠에 거하는 동안에 후스는 자신의 입장을 변호할 기회를 갖고자 했다. 물론 그것은 묵살되었고 1414년 11월말에 불법적으로 체포되어 도미니칸 수도원의 냄새나고 축축한 지하 감옥에 감금되고 말았다. 거기에서 석 달이 넘는 기간 동안 갇혀 있으면서 학질에 걸려 사경을 헤매기도 했다. 변호사도 없는 심문을 두어 번 받은 게 고작이었다.

후스가 지하 감방에서 악전고투하고 있는 동안 베들레헴교회에서는 모든 교인에게 성찬용 빵과 포도주를 먹고 마실 수 있게 허락했다. 성찬식의 포도주는 오직 사제들만 마실 수 있었다. 이건 혁명이었다. 공의회가 부랴부랴 금지령을 발동했다. 후스는 금지령이 미친 짓이라고 비판했다. 동시에 체코 개혁가들에게는 편지를 보내서 격려했다.

콘스탄츠는 위선과 타락과 거짓이 판을 쳤고, 교황을 단죄하기 위한 작업이 진행되고 있었다. 이에 겁을 먹은 교황이 공의회 도중에 도망치는 사태가 발생했다. 그 후에 교황이 폐위되는 사태가 발생했으나 후스의 상황은 변하지 않았다. 다시 콘스탄츠 주교의 저택이 있는 코틀리벤(Gottlieben)으로 이감되었다. 그렇게 1415년 6월 5일까지 감금되었다. 재판이 다시 열렸다. 이미 말도 되지 않는 죄목으로 후스를 화형 시키고자 했기에 온갖 억지와 궤변이 난무했다. 가장 고약했던 것은 후스의 가장 친한 친구였던 팔레치(Stephen of Palec)를 배반시켜 후스의 죄목을 나열하여 고발장을 작성하도록 만들었다는 사실이다.

후스의 마지막 재판은 1415년 7월 6일 오전에 벌어졌다. 30개의 죄목이 낭독되었고, 변론의 기회는 허용되지 않았다. 판결은 개심의 여지가 없는 위클리프의 골수분자이며, 교회의 권위에 의도적이고 반복적으로 불복종한 이단자로 정죄하고 사형을 언도했다. 그리스도께 직접 호소한 죄인이라고 최후 판결이 내려졌다.

그때 그는 "주 예수 그리스도여, 나는 당신의 복음과 말씀의 전파를 위하여 무섭고 수치스럽고 잔인한 죽음을 가장 끈기있고 겸손하게 견디겠습니다"라고 기도했다.

루드비히 공작이 마지막으로 그의 주장을 철회하도록 끈질기게 강요하고 회유했을 때, 단호하고 확고하게 거부했다. 사람보다는 하나님의 말씀과 진리에 대한 순종의 길을 선택했다.

후스는 하늘을 바라보며 큰 소리로 대답했다.

"하나님이 나의 증인이시다. …… 나는 오늘 기꺼이 기쁘게 죽을 것이다."

그 후 장작에 불이 붙었다. 화형이 집행되었다. 화염 속에서 후스의 힘찬 찬송이 들려오기 시작했으나 곧 사그라졌다. 마지막으로 그는 희미한 목소리로 그를 구원하기 위해 죽으신 예수를 찬송하는 노래를 부르며 순교했다. 곧이어 한 무더기의 재로 변했다. 그들은 수레에 재를 실어서 라인 강(Rhine River) 속에 통째로 던져 버렸다.

후스와 같은 신학적 입장에서 후스의 입장을 대변했던 히로니무스 폰 프라하도 같은 이유로 같은 방법에 의해 같은 장소에서 화형대의 연기로 사라졌다. 지금도 독일 콘스탄츠에는 두 사람의 이름이 새겨진 큰 바위가 그날의 비정한 사건을 말없이 증언하고 있다.

후스의 개혁 영향

보헤미아에서의 후스의 엄청난 성공과 영향력은 비범한 목회 활동에 기인했다. 그의 활동이야말로 앞선 개혁자들의 활동을 능가했는데, 그것은 후스의 탁월한 설교 덕분이었다. 그는 체코어 라틴어로 수많은 글을 남겼는데 설교만 해도 무려 3천 편이 넘는다. 그의 설교는 평민들로부터 왕족과 귀족에 이르기까지 다양한 사람들이 청종했다. 그의 교회개혁과 사회윤리적 내용을 지닌 설교는 청중을 열광시키기에 충분했다.

후스는 대중의 탁월한 조직이나 지휘하는 데에 뛰어난 자질을 갖지는 못했다. 그의 추종자가 급증한 것은 대중의 열심을 깨우는 방법을 알았기 때문이다. 어찌됐던 그는 화형을 당했다. 그러나 그것으로 끝이 아니었다. 보헤미아와 모라비아를 비롯한 전역에서 저항운동이 발생했다. 수사와 대주교까지 민중들의 분노를 피하여 도망갈 정도였다. 후스에 대한 처우는 국가의 수치였고, 화형은 범죄행위로 간주되었다. 정부의 고위관료와 귀족들이 거의 5백여 명이 모였다. 그들은 자신들의 신분과 재산을 걸고 복음의 자유로운 설교를 수호하고 주교들의 명령이 성경의 명령과 일치하는 경우에만 복종하겠다고 선언했다. 1419년 무렵에 이들은 유럽 내에서 가장 두려운 집단 중의 하나인 후스파(Hussites)로 변모해 있었다. 그 지도자는 열렬한 후원자였던 조피 왕비의 경호원, 얀 지즈카(Jan Zizka)였다. 저항운동은 1436년 이글라우에서 후스파와 카톨릭의 연합(Campactata)에 대한 최종 선언이 이루어지기까지 계속되었다.

그 후, 1세기 후의 루터는 후스의 교리들이 상당 부분 자신의 것과 유사함에 놀라움을 표시했다. "우리 모두는 후스파이다." 이것이 루터의 반응이었다. 실제로 장 칼뱅(Jean Calvin)과 죠지 폭스(George Fox) 모두에게 영향을 끼쳤다. 또한 후스파의 일원인 모라비안 교도들(Moravian)을 통해 18세기의 감리교 창시자인 요한 웨슬리(John Wesley)에게까지 영향을 미쳤다.

후스의 생애와 사상은 한마디로 진리에 대한 탐구와 열정으로 요약할 수 있다. 그가 화형되기 전 남긴 글은 그가 전 생애를 통해 추구했던 진리가 무엇인지를 증언하고 있다.

"

> 신실한 그대 그리스도인들이여, 진리를 찾으라! 진리를 들으라! 진리를 배우라! 진리를 사랑하라! 진리를 말하라! 진리를 고수하라! 진리를 수호하라! 죽을 때까지! 왜냐하면, 진리만이 그대를 죄와 사탄과 영혼의 죽음으로부터 구원해줄 수 있기 때문이며, 끝내는 그대를 영원한 사망으로부터 자유롭게 해줄 것이기 때문이다."(종교개혁의 거장들, 170)

"

후스의 처형 뒤 후스의 사상과 뜻을 이어받은 강력한 신앙공동체인 보헤미안 동포단이 형성돼 이들을 통해 예수 그리스도의 십자가 부활의 복음이 체코 민중의 가슴에 심어졌다. 보헤미안 동포단은 경건주의의 모태가 되었을 뿐만 아니라 세계선교의 아방가르드 역할을 했다.

1432년 후스파 교도들은 공의회가 열리는 바젤에 와서 후스가 지향했던 종교개혁의 정당성을 변호하고 그 정당성을 인정받았다. 후스는 단순히 교회개혁의 선구자로서 뿐 아니라 주체적인 민족정신을 고양시킨 애국자로 지금까지 체코인들의 존경과 사랑을 받고 있다.

1915년 후스 사후 500년을 맞아 프라하 구(舊)시가 중심부에 후스의 기념비가 세워져 이곳을 찾는 이들에게 민족 주체성과 독립정신을 증언하고 있다.

후스는 죽기까지 진리를 위해 굳게 서 있었다. 일생토록 하나님의 진리를 전파했으며, 죽기까지 하나님의 말씀에 신실했던 사람이다. 후스의 종교개혁에서 가장 중요한 것은 교회에 유일한 진리요, 권위인 성경에 근거하여 교회를 개혁하고자 생명까지 바쳤다는 것이다.

참고문헌 – 이 글은 아래 문헌에서 인용, 발췌한 것이다.

편찬위원회, 『기독교대백과사전 9권』, 서울: 기독교문사, 1989. pp. 784~788

Roberts Liardon. 『종교개혁의 거장들』, 신겸사 옮김. 서울: 은혜출판사, 2014, pp. 79~174.

토마시 부타. 『체코 종교개혁자 얀 후스를 만나다』, 이종실 옮김. 서울: 도서출판 동연, 2015.

조성기. "종교개혁의 선구자 얀 후스". 협성대학교 신학대학원 2002학년도 신학석사 학위 논문.

박찬희. "보헤미아의 개혁자 얀 후스에 대한 연구-교회론을 중심으로". 서울신학대학교 대학원 2001학년도 석사학위 논문.

https://m.blog.naver.com/Post. 기독교세계관동역회. "체코의 거위(후스), 지금도 울고 있는가. 2017. 1. 11.

https://ko.wikipedia.org/wiki/ (한국어 위키백과).

http://100.daum.net/encyclopedia/ (다음 백과사전).

http://www.aspire7.net/belief-2-19.html. 김원배. "얀 후스 – 세계선교 잉태한 종교개혁 선구자"

불타는 개혁자
마틴 루터

Martin Luther

1483~1546

"오직 의인은 믿음으로 말미암아 살리라"는 말씀을 깨닫고
로마 카톨릭의 오류를 지적하며 개혁을 외쳤다.
결국은 프로테스탄트의 창시자가 되었다.

수도자로의 여정

독일 작센(Saxony) 지방 아이슬레벤(Eisleben)에서 1483년 11월 10일에 장차 종교개혁을 이끌 마르틴 루터(Martin Luther)가 부친 한스(Hans Luder)와 모친 마가레타(Margaretha) 사이에서 탄생했다. 그는 대학 시절에 자신의 성을 'Luder' 에서 'Luther' 로 바꾸었다. 부친은 루터가 출생할 당시에는 빈농이었다. 그러나 1484년 만스펠트(Mansfeld)로 이사와 동(銅)광산에서 여러 대의 용광로를 임대한 사업이 성공을 거두면서 경영주가 되었다. 또한 만스펠트 의회의 의원(1491)이 될 정도로 명성이 자자했다. 그러나 루터의 어린 시절은 무겁고 엄격한 종교 교육과 함께 경건함을 강요받은 시기였다. 그는 만스펠트 시립학교에서 라틴어, 전례 음악, 교리를 배웠다. 1495년에는 '공동생활의 형제회'가 운영하던 마그데부르크의 대성당 부속학교에서 수사학과 윤리학을 공부했다. 13세 때에는 아이제나흐의 게오르그 성당 부속학교에서 라틴어 문법, 수사학, 시를 공부했다. 1501년에는 에르푸르트대학에 입학했는데, 그곳에서 노래와 악기에 재능을 보였고, 친구들과의 진지한 토론으로 인하여 철학자라는 별명을 얻었다. 1502년에 문학사 학위를 받았고, 3년 후에는 문학석사 학위를 받았다. 부친은 루터가 법학을 공부하여 변호사가 되고 만스펠트에서 시장이라도 하기를 바랐다. 루터는 부친의 뜻을 받들어 문학석사 학위를 받은 그해 5월, 같은 대학의 법학과에 등록한다. 물론 예기치 않은 사건으로 그 결심은 3개월도 안되어 중단되고 만다. 부친의 격렬한 노여움과 친구들의 만류도 소용이 없이 7월 중순에 탁발수도회인 성 아우구스티노 은수자회의 에르푸르트 수도원에 들어갔다.

무슨 일로 수도원에 들어가게 되었을까? 후기 작품인 『탁상담화』(Tischreden)에 보면 수도원행을 결심한 사건의 일단이 기록되어 있다. 1505년 7월초에 루터는 부모를 만나고 에르푸르트로 가는 도중에 스토테른하임이라는 마을 부근에서 번개(뇌우, 雷雨)를 동반한 폭풍우를 만나 두려움에 떨었다. 그때 벼락을 맞아 죽음 당한 한 친구가 생각났다. 고해성사도 받지 못하고 죽을 것이라는 공포가 어른거리고 있었다. "성 안나님(St. Anne, 광부들의 수호성인) 살려주세요. 그러면 수도사가 될게요!" 루터는 공포에 질려서 소리치면서 서원했다고 한다. 루터 가족이 가장 좋아했던 성인이 성 안나였다. 또한 그녀가 예수님의 자애로운 외조모가 된다는 전승을 믿고 있었기 때문이다.

루터는 이 사건에 대하여 1521년 - '수도원 서원에 관하여' (De Votis monasticis)라는 책에서 다음과 같이 고백했다.

"

나는 내 자의로 수사가 된 것이 아니었다. 나는 갑작스러운 죽음의 공포와 고뇌에 사로잡혀 있었다. 그래서 나는 강제적이고 필연적인 서원을 하게 되었던 것이다.

"

학문에 소홀함이 없었던 루터

수도원에서 루터는 성경를 정독, 연구, 묵상하고 유명론 신학을 탐구했다. 그는 수도서원을 하고 정식 수도자가 되었고(1506. 9.), 다음해 사제 서품을 받았다(1507. 4.). 1508년 10월부터는 비텐베르그대학에서 윤리 철학을 강의하면서 성경와 신학, 그중에서도 유명론 신학을 연구했다. 그리고 성경와 베드로 롬바르도의 신학 명제론 4집을 강의할 수 있는 자격을 얻었다(1509).

1510년 말에 루터는 수도회의 개혁을 둘러싼 분쟁으로 로마에 가게 된다. 여기에서 빌라도의 법정 계단 28개를 무릎으로 한 계단씩 오르면서 보속(補贖: 죄를 면죄 받는)의 기도를 드렸다.

이 성(聖)계단의 오름에서 무릎이 상하고 고통을 느낄 때, 문득 얼마 전 수도원 골방에서 읽었던 말씀이 생각났다.

"

오직 의인은 믿음으로 말미암아 살리라(롬 1:17).

"

이 말씀이 루터를 사로잡았다. 순간 머뭇거리다가 성 계단에서 벌떡 일어나 내려오고 말았다. 인간의 선행으로는 구원을 얻을 자 없다는 것이다. 이 말씀은 그를 일생일대를 바꿔놓고, 개혁정신을 일깨워 준 사건이 되었다.

루터는 성 계단 위에서의 기도 후, 5개월 후에 귀국하여 비텐베르크 수도원의 부원장과 신학연수원 원장을 맡으면서 한편으로는 수도회의 설교가로서 사목(司牧)활동도 겸했다. 그는 비텐베르크대학에서 신학 명제론 4집 강의를 시작했고(1511년), 1513년 10월 19일에 신학박사 학위를 받고 성경교수가 되었다. 그는 비텐베르크 본당의 설교가로 임명되었으며(1515년), 강론에서 교회개혁을 제창했다. 이때에 성 아우구스티노 은수자회의 11개 수도원을 관장하는 지부장에도 선임되었다.

회심으로 가는 길

수도원의 일과는 한가하고 고요한 것이 아니었다. 하루에 여섯 번의 예배가 있었다. 루터는 여기의 사이사이에 기도, 명상, 영적 훈련을 끼워 넣었다. '나의 구원' 이 루터의 최대 관심사였기 때문이다. 육신을 단련하여 자신을 하나님이 용납하실만한 존재로 만들겠다는 열심에서 루터는 이 모든 것들을 뛰어 넘었다. 이러한 루터에게 오랫동안의 금식과 극기 훈련은 당연한 수순이었다. 차디찬 습기 가득한 공기로부터 자신의 몸을 지켜줄 담요 한 장 없이 석굴에 들어가 여러 날 밤을 새우기를 부지기수로 했다. 이러한 극심한 고행은 루터의 남은 생애를 두고두고 괴롭힌 질병의 원인으로 작동했다. 후일 루터는 이를 두고 이렇게 말했다.

> “
> 나는 거의 죽음에 이를 정도로 금식을 했다. 물 한방울 낟알 한 톨 입에 대지 않고 사흘씩 굶는 일을 거듭했다. 나는 그 일에 대단히 열중했다.
> ”

하나님의 인정을 받을만한 존재가 되는 일에 얼마나 열심이었든지 루터는 다른 수도자에게 소심한 수도자로 비쳐졌고 다른 한편으로는 부담이 되기도 했다. 자기 성찰과 반성의 실천, 그리고 끊임없는 자문은 루터의 습관이 되었다. 하나님의 은총보다 인간의 공로를 앞세우는 유명론적 윤리관의 영향을 받아 수도자로서 완벽한 신앙생활을 위해 엄청나게 노력했다.

"

나는 내 안에 있는 것을 다했는가?
나는 과연 하나님을 위하여 최선을 다했는가?

"

스스로 거룩해져야 한다는 강박관념 아래에서, 참으로 민감한 사람이라면 아무도 이 물음에 긍정적인 대답을 할 수 없으리라. 루터는 스스로 거룩함을 성취할 수 없는 자신에 대하여 언제나 근심하지 않을 수 없었다. 영적인 안내자와 고해신부를 끊임없이 찾았으나 아무런 위안도 도움도 되지 못했다. 물론 도덕주의와 인간의지를 강조하는 유명론의 주창자 옥캄(William of Ockham, 1285년경-1349?)의 신학도 마찬가지였다. 불안과 절망, 온갖 유혹으로 점철된 암흑의 터널을 루터는 지나고 있었다. 몇 년 후에 루터는 이와 관련하여 이렇게 말했다.

"

사랑과 선하심이 영원하신 분이라고 불리는 하나님께서 마치 죄를 기뻐하시며, 불쌍한 인간들이 영원한 형벌을 당하는 것을 즐거워하시는 분인 것처럼, 당신의 변덕스러우신 성품 때문에 인간들을 버리시고, 강퍅하게 만드시고, 벌을 주시는 것이라는 생각이 이성적으로 따져보아도 어디 말이나 되는 이야기인가? 그러나 그럼에도 불구하고, 모든 세대의 사람이 하나님을 그런 부당하고, 잔인하고, 무자비한 분으로 생각해왔으며, 그로 인해 수많은 사람이 마음에 상처와 분노를 품고 살아왔다. 어찌 누군들 그렇지 않을 수 있겠는가? 나 자신 역시 너무도 깊은 절망의 나락으로 떨어져 있었기에, 차라리 이 땅에 창조되지 않았었다면 좋았을 것이라며 절규했다. 내가 하나님을 사랑했느냐고? 천만에! 나는 그분을 증오하고 있었다.(종교개혁의 거장들, p. 205)

”

루터는 정말로 하나님에게 분노와 화를 쏟아 내고 있었다. 너무나도 화가 나서 하나님을 미워할 지경이었다. 구원의 임무가 우리 자신에게 떨어졌을 때 경험하게 되는 두 가지 가운데 하나를 루터는 선택해야만 했다. 하나는 절망감이고 다른 하나는 하나님의 사랑을 받기에 충분할 만큼 공적을 쌓았다고 생각하는데서 오는 자부심이다. 자부심은 물론 루터의 문제가 아니었다. 루터의 문제는 무엇이었던가? 견딜 수 없는 절망과 분노였다. 말년에 루터는 이 경험에 대해 다음 같이 회고했다.

“

남에게 꾸중 듣는 일 없이 수도생활을 했지만 나는 언제나 극심하게 더러워진 양심을 지닌 죄인으로 하나님 앞에 서 있는 초라한 자신을 느꼈다. 나는 하나님이 나의 고행으로 흡족해하신다고는 도무지 생각할 수가 없었다. 나는 사랑하지 않았다. 그렇다. 나는 죄인을 벌하시는 하나님의 의를 미워했다. 그리고 … 나는 하나님께 화를 냈다. “원죄로 말미암아 영원히 버림받은 비참한 죄인이 십계명의 엄격한 법조문에 깨어지고 나아가 우리를 의와 진노로 위협하는 복음에 의하여 아픔에 아픔을 겪는 것으로도 오히려 부족하단 말인가!” 그래서 나는 분노와 상처받은 양심으로 미칠 지경이 되었다. 그래도 끈질기게 바울을 그 자리에서 붙들고 늘어졌다. 성 바울이 무엇을 원했는지, 나는 그것이 알고 싶었다.

”

오직 의인은 믿음으로 산다

“오직 의인은 믿음으로 말미암아 살리라(롬 1:17).” 이 진리는 루터의 내면 세계를 근본적으로 흔들었다. 이 문장은 오늘날의 기독교인들에게는 전혀 문제가 되지 않는 구절이다. 그런데 루터는 왜, 어찌하여 여기서 복음에서 위협하는 하나님의 의와 진노를 읽었을까? 그것은 중세기 신학의 한계적 경향을 보여준다. 당시의 신학자와 목회자들은 하나님의 의를 죄인이 하나님과 "동등내지는 같게" 하게 되기 위한 설정하는 기준으로 제시했기 때문이다. 루터를 포함한 다른 사람들이 하나님을 무자비한 전제군주로 생각한 것은 하나도 이상할 게 없었다. 루터는 하나님의 요구는 계명에 언급된 율법에의 외적 복종을 넘어 마음의 순수함, 내적 동기와 의도에까지 영향을 미치는 것이라고 보았다. 그러므로 하나님의 은총 그 자체는 하나의 요청이며 지킬 수 없는 가혹한 요구라고 생각했다. 사랑보다 공포의 대상이 되는 하나님은 순종의 본질인 자발적 행동에 의한 복종이라기보다는 강요에 의한 복종을 받는 대상이었다. 자신이 율법에 온전히 복종할 수 없다는 강렬한 느낌은 필연적으로 자신은 위선자라는 느낌을 몰고 왔다. 하나님의 의를 그대로 따라야 할 요구로 이해하면, 이는 도저히 도달할 수 없기에 그것은 절망 밖에는 없다! 할 수 없는 것을 요구하는 하나님! 절망 이외에 무엇이 있겠는가? 상황이 그러했기에 루터는 몇 년 뒤에 이렇게 썼다. "그러나 이 구절을 읽을 때마다 하나님이 복음을 제시하지 않았더라면 하고 바랐다. 그 누가 진노하고 심판하고 저주하시는 하나님을 사랑할 수 있겠는가?" 1514년 가을로 추정되는 루터의 회심은 하나님의 의를 능동태(곧 우리가 하나님처럼 의로워진다)가 아니라 수동태(하나님이 당신의 의로움을 우리에게 주신다)로 이해하여야 한다는 사실을 깨달았을 때 회심은 벌써 이루어졌고 완료되었다.

❝

나는 내 자신이 새로이 거듭난 자라는 것을 느꼈다. 성경 전체가 이제까지와 전혀 달리 생각되었다. 하나님의 의를 증오했던 것을 이제야 사랑하게 되었다.

하나님의 자비를 힘입어 밤낮으로 명상하는 가운데 나는 본문의 앞뒤 문맥을 유심히 살펴보게 되었다. "복음에는 하나님의 의가 나타나서(계시되어) … 기록된바 오직 의인은 믿음으로 말미암아 살리라 함과 같으니라." 나는 여기서 하나님의 의란, 자비로우신 하나님이 믿음으로 우리를 의롭게 하신바 수동적인 의가 복음에 의하여 계시된 것이다. "하나님의 의란 나의 윤리적인 소행과는 관계없는 하나님의 선물로서 주신 것이라는 것을 확실히 깨달았다." 여기서 나는 나의 전체가 다시 태어나 활짝 열린 낙원으로 들어갔다고 느꼈다. 거기서 전체 성경의 전혀 다른 얼굴이 나에게 그 모습을 보여주었다. 기억을 더듬어 나는 성경을 탐독하고 관통해 들어갔다. 나는 서술된 표현에서 하나님의 뜻과 하나님의 일, 그분이 우리 안에서 무엇을 이루셨는지, 우리를 강하게 하시는 하나님의 능력, 우리를 슬기롭게 만드시는 하나님의 지혜, 하나님의 힘, 하나님의 구원, 하나님의 영광을 발견했다.(마틴 루터 : 은총으로 의롭게 됨, pp. 33-34).

"

면죄부와 95개조 논제

1517년 가을. 후일 10월 31일로 알려진 그날에 '95개조 논제'로 비롯된 면죄부에 관한 논쟁으로 루터는 공적(公的) 세계로 휩쓸려 들어가기 시작했다. 왜 95개조의 논제가 나왔을까? 그것은 당시의 종교적 상황과 밀접한 관련이 있다.

먼저 문제가 된 면죄부는 중세후기에는 성격과 범위가 분명해졌으나 당시에는 교리적 불확실성이 존재하고 있었다. 면죄부 자체는 죄로 인한 현세적인 벌의 일부 또는 고해자의 통회와 신부의 사면이 요구되는 고해성사의 일부인 실제적인 보속을 돈을 주어 경감시키는 것을 말한다. 면죄부는 교황의 권위로써 인정되었고 교황의 신임장을 가진 대행자에 의하여 집행되었다. 어느 시기가 되었든 면죄부가 하나님의 용서를 사거나 팔 수 있다는 것을 의미하지는 않았다. 회개하지 않은 자에게나 고해성사를 하지 않은 자에게 유효하다는 의미도 아니었다. 문제는 중세기에 이르러 교황청의 재정이 악화되자 면죄부 판매가 잦아졌다는 데에 있었다. 1476년 교황 식스투스 4세는 면죄부의 효력을 연옥의 영혼들에게까지 확장하자 면죄부 남용의 여지는 더 커지기 시작했다. 탐욕과 공포를 이용하고 면죄부에 수반된 허영과 분위기, 면죄부 상인들의 터무니없는 말들은 불평의 깊은 씨앗을 잉태하고 있었다. 이러한 상황에서 당시의 교황 레오 10세는 재정이 없었지만 속세의 경쟁자를 누르기 위하여 성 베드로 성당을 건축하고자 했다. 재정 확보에 골몰하던 교황은 면죄부 판매를 승인했다. 이것은 알브레히드라는 사람의 거액의 후원금과 관련되어 있었다. 알브레히드는 대주교가 되기에는 법적으로 나이가 모자랐고 그래서 정식으로 안수를 받지도 못했다. 그러나 돈을 들여서라도 그 지위를 사고자 한 호헨졸레른 가문의 사람이었다. 교황청이 알브레히드를 대주교로 받아들인 특면장은 막대한 헌금을 납부하고 얻은 것이었다. 그 돈의 액수가 너무나 엄청나서 당시의 유명한 은행가 푸게르한테서 매우 비싼 이자를 물고서 돈을 빌었던 것이다. 알브레히드 대주교는 막대한 빚을 갚기 위해서 면죄부를 팔 권리를 얻었다. 표면상으로는 성당 재건이었지만 비밀조약은 독일 매상액의 절반이 알브레히드에게 돌아가기로 되어 있었다. 젊은 대주교는 급속한 승진을 위하여 헌금만이 아닌 고위 성직자에게도 뇌물을 주었기에 많은 빚에 시달리고 있었다. 기를 쓰고 면죄부를 판매한 것은 매우 당연한 일이었다.

교회에 있어서 면죄부는 주요한 관심사 중의 하나였다. 루터가 면죄부의 남용과 관련한 설교를 자주한 것도 이상스러울 것이 하나도 없다. 그러하다면 루터를 도발시킨 것이 무엇이었을까? 그것은 도미니쿠

스회 소속의 요한 테젤(John Tetzel)이라는 노련한 늙은 면죄부 판매업자였다. 온갖 깃발과 교황의 상징물로 장식된 일행이 나팔을 불고 북을 치며 행진하여 사람들의 주목을 이끌어냈다. 지옥에 관한 무시무시한 설교를 한 것은 물론이다. 일가친척이 연옥에서 고통당하는 광경을 묘사했고, 면죄부로 천국으로 간 그들의 행복한 광경을 묘사했다. 천당행 티켓을 산 자들이 고해성사나 미사에 참석할 필요가 없다고까지 주장했다.

> 동전이 면죄부함에 떨어지는 즉시 연옥에 있는 한 영혼이 천국으로 솟아 오른다네.

이것이 테젤의 주장이었다.

이러한 상황을 예의주시하던 루터는 극도의 번민에 사로잡혔다. 악랄한 사기성도 정도껏이지 이를 보고서 분노하지 않을 사람이 있겠는가? 루터는 진실을 밝힐 목적으로 95개조의 논제를 작성했다. 루터는 면죄 교리를 거부하지 않았다. 루터의 공격은 테젤의 면죄 교리의 남용이었다. 이 95개조의 논제가 어떻게 세상에 알려져서 종교개혁의 도화선이 되었을까? 사실 흔히 알려진 대로 95개조는 1517년 10월 31일 '모든 성인들의 날' 전야에 루터는 비텐베르크의 '모든 성인들의 교회'의 문에 부착한 것이 아니다. 95개조의 논제는 라틴어로 작성되었다. 당시의 국민들 거의 대부분은 독일어도 모르는 문맹이었다! 독일어도 읽을 줄 모르는데, 하물며 라틴어야 무슨 말이 필요하겠는가? 루터는 논제를 테젤의 상관인 알브레히드 대주교에게 보냈다. 대주교가 테젤이 교회의 권위를 남용하고 있다는 사실을 모르고 있다고 루터는 매우 순박하게 생각했다! 그런데 이상한 일이 발생했다. 대주교 사무실에서 일하는 누군가가 95개조를 인쇄하여 로마로 보냈다. 루터를 놀라게 하고 두려워하게 만든 대폭팔의 서막은 그렇게 시작되었다. 루터는 자기도 모르게 정치와 교회의 얽히고 설킨 신경줄을 건드렸다.

1518년 여름, 교황청의 신학자 실베스터 프리에라아스는 루터가 교회를 공격했으므로 이단자에 해당한다고 몰아세웠다. 루터는 즉각 로마로 가라는 명령을 받았으나 당시의 독일의 법 조항과 현지의 자존심이 루터를 화형의 불구덩이에서 구원했다. 프리드리히 3세(Frederick) 영주는 비텐베르크에 세운 대학의 신입생이 늘어나고 있음을 인지하고 있었다. 따라서 자랑스럽게 생각하는 루터를 로마로 보내 화형을 당하게 만들고 싶지 않았다. 독일의 법은 독일 국민은 자기 나라에서 재판을 받는다고 명시하고 있었다. 이에 프리드리히 3세는 교황청의 요구를 완곡하게 거부했다. 그래서 교황의 특사들이 독일에서 루터를 면접하기로 조정되었으나 결과가 신통치 못했다. 한편으로 루터는 95개조 문서와 관련한 장문의 해명서를 가을에 라틴어로 출판했다. 루터의 원래의 항의가 전혀 일시적이거나 우발적인 것이 아니며 피상적인 것도 아니었음을 보여준다. 해명 문서를 출판한 그 시기, 10월에 아우크스부르크에서 추기경 카예타누스(Cajetanus, 1468-1534)를 만났다. 카예타누스는 1518년 10월 12일-15일에 소환당한 루터에게 면죄부와 관련한 교황의 교령(Unigenitus. 1343년)을 언급했다. 그러면서 면죄부를 승인한 교황의 권위에 순종해야 한다고 강조했다. 루터는 교황보다 공의회가 더 높으며, 모든 인간들은 오류를 범할 수 있다. 그러므로 기독교 신앙의 최종적인 권위는 교회가 아닌, 성경이 가진다고 반박했다. 그리고 죄인이라는 신분이 바뀌는 것은 아니지만, 하나님께서는 그리스도에 대한 믿음을 보시고 그리스도인을 의로운 사람으로 인정해주신다는, 루터의 표현대로 하면 수동적인 의인 칭의론(이신칭의)도 철회하지 않았다. 루터는 성경에 의해서 자신의 주장이 잘못되었다고 증명되지 않는 한 승복할 수 없다고 주장했고, 이에 추기경은 토론하지 않고 무조건 이단적인 교리를 취소하라고 명령했다.

라히프치히의 논쟁

'루터 사건' 이라고 할만한 변화는 1519년 7월 4일-14일에 걸쳐서 벌어진 라히프치히의 논쟁에서 발생했다. 루터는 신변의 보호를 위해서 동료와 무장한 학생들에게 둘러싸여 라이프치히에 갔다. 거기에서 가장 악랄하고 교활한 논객인 요한 에크(Johann Maier von Eck, 1486-1543)와 만났다. 에크는 루터를 후스파요, 보헤미안이라고 공격했다. 루터는 이에 항의했지만 잠시 생각한 후에 콘스탄쯔 공의회(1414년-1418년)에서 체코슬로바키아의 종교개혁자 얀 후스(Jan Hus, 1372-1415)의 정죄 받은 글들이야말로 진짜 기독교적이고 복음적이라고 주장했다. 뿐만 아니라 한발 더 나아가 교회와 교황이 잘못을 저지를 수 있으며, 에베소서에 근거하여 오직 그리스도만이 지상에서도 교회의 머리임을 주장했다. 이 논쟁의 요점은 네 가지로 정리된다.

첫째는 교황의 기원과 권위와 관련된 것이었다. 에크는 교황권이 하나님으로부터 나온 것이므로 교황에 순종해야 한다고 주장했다. 루터는 교황의 권세는 위조문서인 '이시도리안(이시도르) 교령집(Isidorian Decretals)' 에 기초했으므로 허위라고 반박했다.

둘째는 성경의 권위를 어떻게 볼 것인가의 문제였다. 루터는 오직 성경만이 신앙의 도리와 생활의 규범이므로 성경의 가르침에 따라 교회를 개혁해야 한다고 말했다. 반면 에크는 '오직 성경' 사상은 현대주의 사조를 따르는 이단들의 주장이며 따라서 루터는 이단이라고 공격했다.

셋째는 연옥에 관한 사항이었다. 에크는 연옥사상이 마카비후서 12장 45절에 나오므로 성경적인 것이라고 주장했다. 루터는 마카비서는 성경이라고 볼 수 없고 외경에 불과하기에 신적인 권위가 없으며, 따라서 연옥교리는 잘못이라고 지적했다.

넷째는 면죄부와 고해성사의 문제였다. 에크는 면죄부와 고해성사가 교회 전통에 근거한 것이므로 교회가 따라야 한다고 주장했다. 루터는 교회의 전통은 인간에게서 비롯된 것이므로 잘못될 수 있다. 오직 성경만이 오류가 없으며, 면죄부와 고해성사는 성경의 교훈에 배치되는 것이라고 정면으로 반박했다. 이로써 카톨릭과 루터 사이에는 돌아올 수 없는 강을 건넜다. 루터의 정죄와 파문은 시간문제일 뿐이었다.

이단 선고와 파문을 당함

라이프치히 논쟁은 루터에 대한 엄청난 기대와 열렬한 지지를 가져왔다. 동시에 그에 대한 악랄한 공격도 가속화되기 시작했다. 에크는 라이프치히 논쟁과 관련하여 보고서를 작성하여 루터의 파문에 대한 교황의 교서를 이끌어냈다. 1520년 6월 24일 발표된 교서 《Exurge Domine》(일어나소서! 주여!)에서 교황 레오는 뉘우칠 수 있는 6일간의 말미를 주었다. 이 기간 동안에 루터가 자신의 주장을 철회하지 않으면, 동료들을 포함하여 루터를 파문할 것이라 위협했다. 교서는 루터의 작품 중에서 41개 발언들을 열거하면서 '이단적이고 위법적이며 거짓' 이라고 단죄했다. 덧붙여 루터의 모든 저서를 불태울 것을 명령했다. 그러나 루터는 교황을 비난하는 3대 종교개혁 문서로 일컬어지는 일련의 소책자들을 내놓았다. 〈독일 국가의 그리스도교 귀족들에게 고함〉, 〈교회의 바빌론 유수생활〉, 〈그리스도인의 자유〉가 그것이다. 절대 다수의 여론은 루터 쪽에 서 있었다. 교황의 교서가 독일에 나붙으면서 실행된 분서(焚書)에 학생들은 문맹인 집행관을 조롱하면서 교황청과 학자들의 저술을 태워야 할 책들을 대신하여 태우게 했다. 그것은 12월 10일 거행되었다. 루터와 로마 사이의 연결된 모든 다리는 이로서 모두가 부서져 버렸다. 회복할 수 없는, 그리고 마주보고 달리는 열차의 충돌은 명약관화한 일이었다. 화형 영장은 루터를 분노하게 만들었다. 루터의 대답은 분명하고도 확고했다.

> 나의 이 말은 진리의 말, 건실한 말이며, 인간의 능력으로 가능한 한 충실히 땅 위에 하나님의 진리를 장려하고 인간의 영혼을 구하려는 것이다. 그런데 그대는 현세에서의 하나님의 대리인이라면서 사형 집행인과 화형으로 대답하는가? 하나님의 말씀을 그대에게 전하려 한 까닭으로, 나와 내 진리의 말을 화형에 처하려는 것인가? 그대는 하나님의 대리인이 아니라. 악마의 대리인이라는 생각이 든다. 그대의 교서라는 것은 종이를 더럽힌 거짓말이다. 그것이나 태워버려라. 그대는 그대가 하고 싶은 대로 할 것이다. 나는 이렇게 하겠다.(한국어 위키백과, 마르틴 루터)

교황의 화형 영장은 한줌의 재로 사라져버렸다.

보름스 칙령

루터를 최종적으로 파문하는 교황의 교서《Decet Romanum Pontificem》(로마 교황은 이렇게 말한다)는 1521년 1월 3일 로마에서 공포되었다. 물론 이 교서는 몇 달 후에 독일에 알려졌다.

로마에서 교황의 교서가 발표된 후에 보름스(Worms)에서 제국 의회(1월 27일-5월 8일)가 개최되었다. 루터의 지지와 반대에 관련하여 수많은 로비가 이루어지고 있었다. 교황의 파문에도 불구하고 프리드리히 3세를 중심으로 한 독일의 영주들은 의회에서 루터에게 변호할 기회를 주지 않고서는 정죄하지 않을 것과 의회에 루터가 출석하도록 소환시킬 것을 황제로부터 약속받았다. 그리하여 카를 5세(1519-1556)는 루터에게 신변에 대한 안전 보장을 약속하면서, 1521년 3월 6일에 초청장을 보내었다. 황제의 안전 보장은 믿을 바가 못 되었다. 궁전에서도 의견은 분분했고, 알레안드로와 같은 사람은 격분하여 교황의 정죄로 충분하며, 세속의 군대는 명령을 집행해야 할 뿐이라고 강력히 주장했다. 루터의 친구들은 놀라서 모든 방법을 동원하여 루터를 설득하려고 했다. 결국 갈 것인지 말 것인지는 루터의 몫이었다. 루터는 의회에 출두하기로 굳게 결심하고 "원수들이 보름스의 가왓장만큼이나 많아도 나는 가리라" 하며 길을 떠났다. 보름스로 가는 동안 황제가 자신의 책들을 소각하라는 명령을 내렸지만 개의치 않았다. 이단자의 보호 조치가 이루어져야 하고 죄수로 압송되어지는 분위기는 어디에도 없었다. 오히려 승리의 행진과도 같았으며, 보름스에 입성했을 때는 절정에 달했다. 4월 16일 보름스에 도착했을 때, 독일의 기마 기사단이 영접했고, 환호하는 엄청난 군중들로 가득했다.

루터는 보름스 회의에 출두하면서 자신이 작사, 작곡한 찬송을 부르면서 등장했다. 그 믿음과 결의는 하늘을 찔렀다.

"

내 주는 강하고 강한 성이요
방패와 병기되시니
큰 환난에서 우리를 구하여 내시리로다
옛 원수 마귀는 이때도 힘을 써
모략과 권세로 무기를 삼으니
천하에 누가 당하랴
내 힘만 의지 할 때는 패할 수밖에 없도다
힘 있는 장수 나와서 날 대신하여 싸우네
이 장수 누군가 주 예수 그리스도
만군의 주로다
당할 자 누구랴 반드시 이기리로다.

이 땅에 마귀 들끓어
우리를 삼키려하나
겁내지 말고 섰거라
진리로 이기리로다
친척과 재물과 명예와 생명을 다 빼앗긴대도
진리는 살아서 그 나라 영원하리라 아멘(찬송가 585장, 통일찬송 384)

”

4월 17일 저녁에 루터는 젊은 황제와 국가와 교회의 저명인사들 앞에 출두했다. 그의 앞에는 저술들 더미가 싸여져 있었다. 트리에르 대주교의 고문관은 루터에게 두 가지의 질문에 답하기를 요구했다. 이 저술들을 자신의 것으로 인정하는가와 책에서 쓴 주장들을 철회할 준비가 되어 있는가였다.

첫 번째 질문에 루터는 책의 제목을 확인해보아야 한다고 대답했다. 두 번째 질문에 커다란 중압감을 느낀 루터는 시간적인 여유를 달라고 요청했다. 그의 요청은 수락되었다. 이와 관련하여 루터는 비엔나의 요하네스 큐스피니아누스에게 편지를 쓰면서 "나는 그리스도께서 내게 은혜를 베풀어 주시는 한 영원히 한 글자도 철회하지 않을 것이다"고 단호하게 언급했다.

다음 날(4월 18일) 오후에는 더 큰 장소에서 수많은 군중이 모인 앞에 루터가 등장했다. 루터의 긴 연설을 막을 도리가 없었다. 먼저 루터는 논쟁 중의 과격한 발언에 대해서는 사과했다. 자신의 저술과 관련해서는 도덕함양의 저술을 포함한 나머지 저술은 취소할 필요도 없고 취소할 수도 없다고 단호하게 대답했다.

“

성경의 증거함과 명백한 이성에 비추어 나의 유죄가 증명되지 않는 이상 나는 교황들과 교회 회의의 권위를 인정하지 않겠습니다.

사실 이 둘은 오류를 범하여 왔고, 또 서로 엇갈린 주장을 펴왔습니다. 내 양심은 하나님의 말씀에 사로잡혀 있습니다. 나는 아무것도 철회할 수 없고 또 그럴 생각도 없습니다. 왜냐하면 양심에 반해서 행동하는 것은 안전하지도 못할 뿐만 아니라 현명한 일도 아니기 때문입니다. 하나님이여, 이 몸을 도우소서. 아멘.(한국어 위키백과)

보름스 국회에서 루터가 결론 삼아서 이렇게 기도했다.

나는 굳게 여기에 서 있습니다. 그리고 절대로 변할 수 없습니다. 하나님이여! 나를 도우소서. 아멘.

”

이것은 루터가 사람들의 권세보다는 하나님을 더 두려워하고 경외하는 단호한 태도를 보여준 사례라고 하겠다. 이제 루터는 아주 사소한 양보도 할 수 없게 되었으며, 이어진 교회 회의의 오류성에 대한 토론은 중도에 깨지고 말았다. 후일 종교개혁자이자 사회혁명가였던 토마스 뮌쩌는 만약 루터가 자기주장을 철회했다면 성난 기사들이 루터를 죽였을 것이라고 주장했다. 그만큼 루터는 민중들과 기사들의 절대적인 지지를 받고 있었던 것이다. 역사학자 토머스 칼라일은 루터가 보름스 의회에 출두하여 자신의 주장을 철회하지 않겠다고 말하는 장면이야말로 인류의 근대 역사에서 가장 위대한 순간이라고 주장했다. 또한 지옥 자체에 정면으로 도전하고자 했던 루터의 행위는 최고의 용기가 무엇인지를 보여줬다고 평가했다.

카를 황제는 5월 8일에 제국의회의 결정에 따라 보름스칙령에 서명하고 25일 공표했다. 루터는 공권상실자이며, 따라서 모든 재산을 몰수하고 저서를 전파하는 자들도 처벌하고 따르는 무리들을 추방한다는 내용이었다. 누가 그를 살해하더라도 법적으로 처벌받지 않을 것이었다. 다만 영주들이 이미 귀향했기에 칙령은 시행되지 못했다는 게 그나마 위안이었다. 이는 루터에게 생애 동안에 꼬리표와 같이 따라다녔고 행동들을 제약하는 족쇄로 작동했다. 후원자인 영주들도 공공연히 지지할 수 없게 만들었으며, 조심스러운 처신을 할 수밖에 없었다.

독일어 성경 번역

루터에 대한 정죄가 결정된 만큼 신변이 위험해졌다. 아무도 모르게 동료들과 함께 보름스를 떠난 것이 26일이었다. 카를 황제는 루터에 대하여 안전 보장의 약속만큼은 지키고자 했다. 루터가 3주 이내로 비텐베르크로 돌아갈 것과 도중에 설교와 저술을 하지 말라는 조건이었다. 이를 알게 된 프리드리히 3세는 루터를 위장 납치하여 바르트부르크(Wartburg) 성으로 데리고 갔다. 여기서 루터는 게오르게 기사 행세를 하며 1522년 3월까지 머물렀다.

루터에게는 원하지 않았던 명백하게 '강제된 휴가' 였다. 평신도 복장에 수염도 길렀고 운동부족으로 체중도 늘어났다. 몇 달 동안은 의기소침해서 좌절했다. 그러나 거기까지였다. 그 후부터는 성모 찬미가(Magnificat)의 주해서를 완성했다. 구약 시편 주석도 시작했다. 종교개혁의 근간이 되는 〈미사의 오용〉과 〈수도 서원〉이라는 소책자도 집필했다. 미사의 오용에서는 사제직과 주교직이 비성경적 요소를 담고 있다고 말하면서 미사는 거부되어야만 한다고 주장했다. 성직자의 독신은 자발적 선택에서 교회법으로 강요된 의무로 바뀌었다고 비판했다. 수도 서원에서는 하나님의 계명인 사랑, 특히 자녀의 부모 사랑에 수도자의 서원이 위배된다고 주장했다. 수도생활과 서원은 그 자체로는 나쁜 것은 아니었다. 하지만 이로 인하여 인간의 복음적 자유를 속박하는 것은 곤란했다. 따라서 종신서원 이후라도 언제든지 수도생활을 떠날 수 있는 인간의 근본적 자유가 있고 이는 하나님이 인간에게 부여한 자유라고 주장했다. 무엇보다 중요한 사실은 루터가 희랍어 신약성경 원전을 독일어로 번역을 시작했다는 점이다. 루터는 자기의 동료들, 특히 멜란히톤을 참여시켜 1522년 9월에 출판했다. 뒤이어 1534년 히브리어 원전인 구약성경도 독일어로 번역했다. 이것은 귀족이나 지식인의 언어보다 보통 사람들의 언어를 사용하려고 상당한 노력과 관심을 기울였다. 쉬팔라틴에게 보낸 편지는 그의 성경 번역이 어떻게 이루어졌는지를 알 수 있게 해준다.

> "
>
> 우리들은 당신에게 때때로 적합한 단어를 물어볼 것입니다. 그러니 우리들에게 단순한 말을 가르쳐 주십시오. 궁정이나 성 안에서 쓰는 말은 사절합니다. 왜냐하면 이 책은 단순성으로 유명해져야 하기 때문입니다.(한국어 위키백과)
>
> "

비텐베르크 소요와 개혁의 속도

루터가 바르트부르크에 머물고 있는 동안 비텐베르크대학에서는 동료인 칼슈타트(Carlstadt)가 교회를 강제로 개혁하려고 했다. 강제 개혁은 폭력행위를 불러왔다. 그것이 발생한 것은 1521년 10월초였다. 12월초에 비밀리에 비텐베르크를 방문한 루터는 이를 보고서 놀라지 않았다. 이듬해 연초에 아우구스티누스의 수도회가 원하는 자들이 있으면 누구나 환속해도 좋다는 결의는 루터의 영향 때문이었다. 그러나 강경한 사람들은 어디에나 있기 마련이다. 여기에 하나님에게서 특별한 계시를 받았다는 세 명의 '츠비카우의 예언자들' 이 12월말에 합세를 했다. 그들은 꿈과 환상을 통하여 자기들에게 계시된 것을 떠들어댔고, 세상의 종말이 다가왔으며 모든 사제들은 처형되어야 한다고 주장했다.

수개월 동안 상황은 악화되어갔다. 소요가 계속되자 루터는 1522년 3월 6일에 비텐베르크로 돌아와 의도적으로 아우구스티누스의 수사복을 입고서 시의 설교단에서 8일간 연속해서 강력하게 설교했다. 이 중요한 설교에서 루터의 보수주의와 과격한 개혁의 차이가 명백하게 들어났다. 루터는 폭력행사를 규탄했다. 하나님의 말씀만이 개혁의 매체여야 한다고 생각했기 때문이다. 폭동은 파괴와 무고한 피흘림을 피할 수 없다. 진짜 우상들은 사람들의 마음속에 존재하며 마음이 변화되면 교회 벽의 성상들은 자연스럽게 폐기될 터였다. 더욱이 개혁의 속도라는 것은 비개종자와 약한 형제들을 고려하여 정해져야만 할 것이었다. 루터의 개혁 투쟁은 이제 두 곳이 되었다. 카톨릭교회와 광신자들이라고 간주한 사람들이었다. 개혁은 둔화되었지만 명백하게 들어난 사회정치적 소요는 루터를 낙담시켰다. 이는 아무도 원치 않는 파국을 불러올 위험성이 있었다.

루터는 경고의 공개서한을 정부의 지도자들에게 보내는 방편으로 1523년 〈세속 정부에 대하여〉라는 논문을 발표했다. 여기에서 루터는 기독교인 영주의 의무와 인류를 위하시는 하나님의 섭리 가운데의 세속 정부의 위치를 단호하게 주장한다. 또한 영적인 통치와 세속적인 통치의 두 영역을 구분하고 시민의 복종 의무와 합법적 권위에 도전하는 반란의 죄성(罪性)을 언급했다. 결국 강력한 급진적인 개혁자였던 토마스 뮌쩌(Thomas Muntzer, 1489년-1525년)는 망명해서 1525년 농민혁명을 일으켰으나 실패했고, 체포되어 교수형을 당하고 말았다. 칼슈타트(Andreas Bodenstein von Karlstadt, 1486-1541)는 추방되었다.

1524년 여름에 독일 농민들이 영주들의 착취에 저항하여 전쟁을 일으켰다. 이는 처음 남서부의 알자스 인근 지역에서 개별적인 항쟁으로 시작되어 동부로 확산되었으며 오늘날의 오스트리아, 스위스 지역까지 영향을 미쳤다. 요구사항은 사냥과 삼림법, 십일조와 관련한 것이었다. 처음에 루터는 1525년 '자유를 위한 권유' 를 출판하여 농민들의 비애를 동정하고 영주들을 비판했다. 그러나 폭동으로 변하고 전쟁으로 바뀌어 세금도 거부하고 귀족들의 성(城)과 수도원을 약탈하자 귀족들의 입장에 서서 진압을 동조하게 된다. 사실 농민들은 빈약한 무기에 지휘체계, 포병, 기병도 없었기에 훈련된 귀족의 군대를 막아낼 수는 없었다. 농민전쟁의 확산과 함께 토마스 뮌쩌는 많은 농민들의 지지를 받았고, 정치적 · 사회적 혁명가로 급부상했다. 1525년에 뮌쩌는 중부 독일의 농민전쟁의 주도권을 장악했다. 이에 루터는 "살인과 도적질을 일삼는 농민 무리를 반박함"이라는 강력한 글을 썼다. 결과적으로 루터는 농민혁명이 복음을 독재체제로 왜곡시키려는 사탄의 공격이라고 보았다. 그래서 영주들에게 강경진압을 요구했다. 결국 1525년 전쟁은 엄청난 사상자를 내고서 종결된다.

결혼과 프로테스탄트

1525년 6월 13일 루터는 결혼을 했다. 그의 나이는 42세였다. 신부는 26세의 카톨릭교회의 수녀인 카타리나 폰 보라(Katharina von Bora, 1499-1552)였다. 루터는 이와 관련하여 결혼하기 전인 10일에 다음과 같이 썼다. "나는 사랑에 미쳐서 결혼하는 것이 아니다. 그러나 그녀는 나에게 소중한 사람이다 … 하나님의 선물은 주어질 때 받아야하는 법이다." 루터는 물론 결혼할 생각이 없었다. 그러나 차츰 생각이 바뀌어 갔고, 아버지의 조언이 결정적이었다. 아버지는 루터가 수도원을 나온 것을 기뻐했으며, 더군다나 장남이었기에 가정을 꾸리고 아이들을 나아서 가문의 대를 이어가기를 원했던 것이다.

루터는 오랜 숙고 끝에 마음을 확고히 했다. 결혼은 친구들에게 밝히지 않고서 속전속결로 이루어졌다. 루터에게 있어서 이런 방식은 피할 수 없는 선택이었다. 왜냐하면 그의 친구들은 세도 있는 명문 가문의 딸과 결혼하기를 바랐기 때문이다. 후일 루터는 자신이 결혼하려는 목적이 늙으신 아버지에게 손주를 안겨드리고, 결혼을 머뭇거리는 사람들에게 자신이 설교한 것을 몸소 실천하여 본을 보이기 위해서라고 주장했다.

온갖 비방이 꼬리를 물고 이어졌다. 루터가 결혼하면 세상과 사탄이 웃을 것이며, 무엇보다 그동안 이루어 놓은 개혁을 물거품으로 만들까 하는 걱정을 했다. 농민전쟁의 와중에서의 결혼은 놀라움 자체였다. 그러나 종교개혁과 함께 복음이 전파됨으로 해서 사탄이 마지막 공격을 하고 있다고 믿었던 루터의 신념을 바꿀 수는 없었다.

결혼은 루터에게 있어서 자신의 생활을 개혁시켜야 하는 커다란 사건이었다. 서로의 간섭을 용납해야만 했고, 씀씀이가 헤픈 재정 습관도 질서가 필요했다. 루터와 카타리나 사이에는 여섯 명의 자녀가 태어났다. 루터는 어거스틴 수도원 건물의 집에서 살았는데, 방이 무려 40개나 되었다. 그러므로 자연히 수많은 사람들로 둘러싸여 살게 되었고, 하숙집처럼 되었다. 식사 시간은 종종 가르침과 토론의 장으로 변했다. 그 유명한 『탁상담화(table talks)』는 그렇게 해서 나온 것이다. 루터는 결혼과 관련하여 많은 언급을 했고, 또한 글로 남겨 놓기도 했다.

"

"당연히 그리스도인은 자신의 아내를 사랑해야만 한다. 그리스도인은 자신의 이웃을 사랑하도록 되어있는데, 아내야말로 자신의 가장 가까운 이웃이기 때문이다. 아내는 남편의 가장 깊은 사랑의 대상이어야 하며, 그의 가장 소중한 친구가 되어야만 한다."

"결혼은 장난이 아니다. 그것은 끊임없이 상호 노력해야 하는 일이며, 기도해야 하는 일이다. … 아내를 얻는 일은 어렵지 않다. 그러나 아내를 변함없이 사랑하는 일은 쉽지 않다. … 왜냐하면 단순히 육체적인 결합만으로는 충분하지 않기 때문이다. 거기에는 취향과 성격의 합치가 있어야만 하기 때문이며, 그 합치라는 것이 하룻밤 사이에 생겨나는 것이 아닌 까닭이다."

“결혼생활에서 조화보다 더 달콤한 것은 없으며, 불화보다 더 씁쓸한 것은 없다. … 그리고 불화 다음으로 쓰라린 것이 있다면, 그것은 자식을 잃는 일이다.” (종교개혁의 거장들, pp. 257~258)

”

루터는 결혼하기 전인 1524년부터 당시의 유명한 인문주의자였던 에라스무스(Desiderius Erasmus, 1466-1536)와 논쟁을 벌이고 있었다. 로마 카톨릭과 개신교의 간의 대립은 분명했기에 이 세력 간의 논쟁에서 벗어나 있을 수는 없었다. 에라스무스의 명성은 대단해서 양측은 서로가 그에게 도움을 요청할 정도였다. 처음에 짐짓 중용의 입장을 취하던 에라스무스는 루터의 교회 비판의 주요 내용에 동의했다. 그는 루터를 ‘복음의 힘찬 나팔’로 비유하면서 “루터의 개혁 요구를 교회가 시급히 받아들일 필요가 있음은 분명하다”라고 인정했다. 루터와 그 사이는 서로 존경하는 입장이었지만 에라스무스의 모호한 태도는 결국에는 양쪽으로부터 공격을 받게 되었다. 그러자 대치 전선이 분명해졌다. 에라스무스는 1524년 〈자유 의지에 관하여〉를 통해 예속화된 의지에 관한 루터의 교리를 비판했다. 이에 루터는 1525년 〈노예 의지에 관하여〉에서 에라스무스를 혹독하고 과격하게 비판하면서 에라스무스를 ‘독사’, ‘거짓말쟁이’, ‘악마의 입과 장기’로 비유했다. 프리드리히 3세가 사망했다. 루터와는 한 번 밖에 만나지 않았으나 그 영주로부터는 많은 도움을 받았다.

1526년 스파이어 제국의회에서는 보름스칙령의 효력이 정지되는 결정이 내려졌다. 루터는 더 이상 계율이나 공포는 존재하지 않으며 모든 사람은 자기들이 원하는 바대로 행하라고 선언했다. 1529년 제2차 스파이어 제국의회에서는 카톨릭의 압력으로 이전의 양보 조항들이 취소되었다. 수많은 도시에서 취소에 반대하는 항의가 벌어졌다. 그로 인하여 처음으로 프로테스탄트(Protestant)라는 이름이 그들에게 붙여졌다.

성만찬 논쟁과 루터주의

1526년 스파이어 제국회의(the Diet of Spire)는 루터파를 이단으로 정죄한 보름스칙령을 철회했다. 그리고 독일의 영주들의 종교적 선택권을 인정할 수 있도록 했다. 3년이 지난 1529년에 열린 제2차 스파이어 제국회의에서는 사태가 반전되었다. 정치적 숙제를 해결하고 프랑스 왕, 교황과 화해한 카알 5세는 3년 전의 결정을 번복하고 루터에 대한 보름스칙령을 재확인했다. 1526년의 스파이어 회의의 결정사항을 번복하는 결의를 한 것이다.

사태가 이렇게 발전되자 독일의 개혁운동과 스위스의 개혁운동의 연대는 불가피했다. 그러나 루터와 츠빙글리(Ulrich Zwingli, 1484-1531) 사이에는 성만찬에 대하여 현격한 차이를 보이고 있었다. 이 문제만 해소된다면 양측이 공동전선을 형성하여 이 난국을 타개할 수 있을 것으로 보았다. 이러한 상황에서 1529년 10월 1일에서 4일까지 모였던 회담이 '성만찬 회담' 혹은 '마르부르크 회담(the Marburg Colloquy)' 이다.

문제의 핵심은 마태복음 26장 26절의 성찬식사(Words of Institution, 聖餐式辭)인 "이것은 내 몸이다"는 말씀에 대한 해석 문제였다. 루터나 츠빙글리 양자는 로마 카톨릭의 화체설(化體說, transubstantiation)을 반대했다. 그러나 다음이 문제였다. 루터는 예수 그리스도의 몸이 성찬상의 떡과 포도주에 임재한다고 주장했다. 즉 '이것은 내 몸이다' 라고 할 때, 이 말을 문자적으로 받아들여 그리스도께서 성찬의 떡과 포도주와 함께(with), 안에(in), 밑에(under) 임재한다고 보았다(임재설〈공재설〉, the Real Presence). 루터는 그리스도의 편재설에 근거하여 실재론적 견지에서 자신의 실재 임재(physical presence)의 개념을 발전시켰다.

반면에 츠빙글리는 네덜란드 호엔(Hoen)의 영향으로 "이것은 내 몸이다"라고 할 때 '이다(est)'는 실재로 '의미한다(significat)'라는 뜻으로 보았다. 즉 그는 "이것은 내 몸이다"는 말씀은 "이것은 내 몸을 상징한다"는 뜻으로 보았다. 따라서 츠빙글리에 있어서 성찬의 떡은 갈보리에서 단번에 제물이 되신 그리스도의 몸을 상징하는 것으로 이해했다(기념설). 그래서 츠빙글리는 루터의 견해를 비판했다. 중재에 나선 부처(Martin Bucer, 1491-1551)의 노력도 실패로 귀결되고 말았다. 견해 차이는 좁혀지지 못했기에 양측의 연대는 결렬되었고 결별을 가져왔다. 결국 독일의 개혁운동은 루터파로 발전했다. 별도로 스위스의 개혁운동은 개혁파로 발전하여 하나의 교회로 발전하지 못했다.

이제 각자의 길을 가기 시작했다. 루터는 멜란히톤(Philipp Melanchthon, 1497-1560)을 대리인으로 하여 1530년에 루터교의 신앙고백인 아우크스부르크 신앙고백을 작성하는데 성공한다. 이어서 1536년 부처에 의해서 주도된 멜란히톤과의 성만찬 문제에 합의에 도달한다(비텐베르크협약). 루터에게는 매우 헌신적인 동료들이 있었다. 루터의 저작들의 영향력은 서방 기독교 세계에 어느 곳이나 영향력을 미치고 있었다. 스칸디나비아, 헝가리, 오스트리아 등지에서 뿌리를 내리고 있었다.

찬송가와 루터의 말년

찬송가의 중요성을 인식한 루터는 친구들을 격려하여 찬송가를 작곡하게 만들었다. 또한 자신도 이와 관련한 노력을 기울였다. 처음에는 서툴렀지만 많은 노력의 결과로 좋은 찬송가를 만들었다. 1526년 무렵에 최초의 독일어 미사를 드릴 수 있을 정도로 충분한 기도문과 찬송가를 확보할 수 있었다. 가장 유명한 찬송가는 "내 주는 강한 성이요(A Mighty Fortress Is Our God)"이다. 이 찬송가는 루터의 생애에 있어서 가장 힘든 시기인 1527년(또는 1529년)에 지어진 것이다. 보름스

회의 출두 때 회의장에 등장하면서 담대하게 부른 찬송이기도 하다.

그의 생애 마지막 10년 동안 장 칼뱅(Jean Calvin, 1509-1564)이 스위스에서 종교개혁 세력으로 새롭게 등장했다. 둘의 접촉은 거의 없었다. 루터는 계속해서 광신자들을 공격했다. 1537년 담석증을 앓은 후로는 거의 만성병 환자가 되었으며, 둘째 딸 막달레나의 사망으로 더욱 고통스럽고 힘들어했다. 교수직도 창세기 강의를 마지막으로 끝났다. 거의 종말을 고하는 것처럼 보였던 카톨릭과 교황제의 회복도 목도하고 있었다.

1546년 초엽에 오만한 젊은 영주들의 영토 분쟁을 조정해달라는 요청을 받고 자신의 고향 아이슬레벤으로 갔다. 나이는 들었고 몸은 편치 않았지만 그들은 복종해야만 하는 당국자들이었다. 과업은 성공적으로 완수했으나 과로했고 죽음의 냉기가 스며들었다. 결국 죽음의 문턱에 선 루터를 1546년 2월 18일 새벽 두세 시경, 두 아들과 친구, 본당 사제, 의사 등이 지켜보게 되었다. 루터는 "당신이 설교한 가르침에 대해서 확신을 갖고 있는가?" 라는 질문에 "그렇다" 고 대답했다. 파란만장한 삶을 살았던 루터는 죽음을 확신과 소망 가운데 맞이했다. 루터의 장례식은 1546년 2월 22일에 멜란히톤의 집전으로 거행되었고, 유해는 비텐베르크의 '모든 성인들의 교회' 에 안치되었다.

참고문헌 - 이 글은 아래 문헌에서 인용, 발췌한 것이다.
편찬위원회, 『기독교대백과사전 5권』, 서울: 기독교문사, 1982. pp. 369~380
카터 린드버그. 『말틴 루터 : 은총으로 의롭게 됨』, 이현주 옮김, 서울: 컨콜디아사, 1990,
Roberts Liardon. 『종교개혁의 거장들』, 신겸사 옮김. 서울: 은혜출판사, 2014, pp. 175~298
http://ko.wikipedia.org/wiki/(한국어 위키백과)
http://www.catholic.or.kr/(카톨릭 사전)

예수회의 창설자

이그나티우스 로욜라

Ignatius Loyola

1491~1556

'예수회' 를 창설한 그는 하나님을 향한 뜨거운 사랑으로
복음을 전한 카톨릭의 수도사이다.

변화의 과정

로욜라는 스페인의 북서부 기푸스코아의 명문 귀족인 바스크 가문에서 태어났다. 그는 11남매 중에서 막내로 태어나 가족들의 사랑을 독차지했다. 그가 태어난 연도는 학자들의 여러 논란이 있으나 대체로 1491년으로 피력하고 있다. 어머니는 도나 마리아인데, 그를 낳고 바로 죽었다는 설과 아주 어렸을 때 죽었다는 설이 있다. 아버지 벨트란은 그를 유모인 마리아 기린에게 보내어 길렀으며, 신부로 만들

고자 했으나 성품이 성직자가 되기에 어울리지 않는다는 것을 깨달았다. 그는 청년 시절까지 이니고라는 이름을 사용했으나 때로는 이그나시오도 사용했다. 1537년부터는 이그나티우스라는 이름을 사용한 것으로 보인다. 그가 14세 때인 1521년, 아버지가 사망하자 왕실의 회계사인 후안 벨라스케스 데 쿠엘랴르의 집에 보내졌다. 그는 나바라 영주의 군대에 소속된 기사가 되었다. 나바라에 대한 스페인의 권리를 지키기 위해 프랑스와 전쟁이 벌어졌을 때, 그는 팜플로나(Pamplona) 요새의 포위 공격에서 포탄에 맞아서 다리에 위험할 정도로 크게 부상을 입고, 자신의 의지와는 관계없이 군인생활을 마감해야만 했다.

치료를 위하여 료욜라 성으로 옮겨진 그는 건강회복을 하고 있는 기간 중에 성인들과 그리스도의 일생을 알아보는 노력을 기울였다. 그래서 시간을 토마스 아 켐피스의 '그리스도를 본받아'와 작센의 루돌프의 '그리스도의 생애(Life of Christ)'라는 책을 읽고 크게 감동을 받았다. 그 결과로 그는 내적인 많은 변화를 체험하고 자신의 생활방식을 완전히 바꾸었다. 여행을 할 정도로 회복되자 만레사 수도원에 들어가서 경건한 신앙고백을 하고 철야기도를 했다. 그리고는 기사의 복장을 벗어던지고 식량을 구걸하며 금욕생활을 시작했다. 그는 이곳에서 '영성훈련'(Spiritual Exercise)의 주요부분을 저술했다. 이 책에서 그는 금욕훈련의 전체적인 개요를 서술했다. 주님을 따르는 자는 주께서 걸어가신 십자가의 길을 가는 것이라고 생각했다. 1522년 어느 날 꿈속에서 성모 마리아를 보고 난 다음에 고해성사를 하고 성지순례를 떠났다. 그는 직접 고난의 체험을 하기 위해서 걸어서 극빈자 수용소, 동굴에서의 기도, 단식, 고행을 하면서 예루살렘까지 순례했다. 그는 순례하면서 로마와 베네치아를 통과했고 1년이 지나서야 다시 바르셀로나로 돌아왔다. 자신이 하나님의 보다 큰 영광을 위하여 일하도록 부름 받았다는 확신이 이 시기에 들었던 것 같다. 그는 이의 실현을 위하여 성직자가 될 필요가 있다고 느끼고 남의 조소를 들어가면서, 33세의 나이에 바르셀로나에서 고등학생들과 더불어 라틴어 공부를 하기 시작했다. 그 이후 알카라와 살라망카대학교에서 수학했는데, 오히려 이 시기에 가르치는 교수보다 학생들에게 더 큰 영향력을 끼치게 되었다. 그는 주변에 몰려드는 제자들로 인해 종교 재판소에까지 가게 되었다.

고난을 통해서 다가온 소명

그는 26세 때까지 세상의 허영에 빠져있던 사람이었다. 전쟁무기를 들고 싸우는 것으로 특별한 재미를 삼고 있었으니 말이다. 그는 프랑스군의 공격을 받고 있던 한 요새에 있었다. 아군이 가능성이 없다고 믿었기 때문에 목숨을 부지하기 위해 프랑스군에게 항복을 해야 한다고 주장했다. 그러나 그는 사령관에게 방어 작전만이 살 길이라고 설득했다. 그러던 어느 날 전투에서 그는 총알을 맞고 쓰러졌다. 총탄이 다리를 관통한 것이다. 그가 부상당하자 아군들은 프랑스군에게 항복했다. 프랑스군은 그들에게 친절하게 대해 주었다. 팜플로나에서 12일 내지 15일을 지내자 그들은 그를 들것에 실어 그의 고향으로 데려다 주었다. 그의 상처는 심각하여 재수술까지 할 정도였다. 다리로 인해 무척 고통을 받았고, 건강 상태는 점점 악화되었다. 게다가 먹는 것조차 힘들어져서 거의 죽음 직전에 놓이게 되었다. 의사들은 회복될 가능성이 거의 없다고 말했다. 그래서 성 베드로와 바울의 축일 자정까지 회복의 기미를 보이지 않는다면 죽은 것이나 다름없다고 일러 주었다. 하지만 그는 성 베드로에게 간절한 기도를 드렸고, 주님은 그가 회복되는 것을 원하셨기에 바로 그날 밤 자정부터 몸이 회복되도록 배려하셨다. 그의 회복은 매우 빨라서 며칠 지나지 않아 죽음의 위험에서 벗어나게 되었다.

그는 거의 회복되어 다리의 뼈를 맞추었으나 무릎 뼈가 한쪽으로 툭 튀어나오게 되었다. 결국 그것이 그의 한쪽 다리를 짧게 만들고 말았다. 그는 출세 의욕이 강했기 때문에 자신의 이런 상태를 참을 수 없었다. 그는 튀어나온 부분을 없애기를 원했다. 그래서 그는 외과 의사에게 튀어나온 곳을 수술해 줄 것을 부탁했다. 그러자 의사는 그것을 잘라낼 때의 고통은 어떤 고통보다도 훨씬 더 클 것이라고 말했다. 왜냐하면 그는 이미 치료가 끝났고, 그런데 그것을 자르고 다시 수술한다는 것은 회복하는데 상당한 시간이 소요되기 때문이었다. 그럼에도 불구하고 그는 자신의 욕망을 만족시키기 위해 그 엄청난 고통을 감수하기로 결정했다. 그의 형은 그러한 고통을 참아낼 수 없을 것이라고 질책했다. 그러나 그 상이용사는 평소 가지고 있던 강한 인내심으로 그 고통을 참아 냈다.

외과 의사는 불필요하게 튀어 나온 뼈와 살을 잘라 낸 후, 그것들을 짧은 다리를 원래의 길이로 늘리는 데 사용했다. 그 다리를 늘리려고 여러 가지 도구들이 동원되었다. 다리를 제대로 유지시키는 데에는 엄청난 고통이 잇따랐다. 그러나 주님은 그의 건강을 회복시켜 주셨다. 모든 것이 잘 되어 건강했다. 하지만 그는 아직 다리를 딛고 일어설 수 없어서 계속 침대에 누워 있었다. 그는 침대에 누워 무술에 관계된 책과 소설이나 기사 등, 세상적인 책들을 읽는 취미를 가지고 있었다. 책 읽는 것이 소일(消日)에 도움이 되도록 그런 책들을 요구했다. 하지만 그 집에는 그에게 도움이 되는 책이 하나도 없어서 그들은 '그리스도의 생애'라는 책과 스페인 성자들의 생애에 관한 '성도들의 삶'이라는 책을 그에게 갖다 주었다.

이런 책들을 반복하여 읽던 중 그는 책에 나오는 인물들에 대해 애정을 느꼈다. 잠시 자신이 읽는 것을 멈추고, 그 사실들을 깊이 생각하게 되었다. 또 어떤 때에는 전에 그의 생각을 사로잡았던 세상적인 것들을 떠올려 보기도 했다. 그 생각을 사로잡았던 많은 헛된 수고들 가운데서 한 가지가 그의 마음을 아프게 했다. 그것은 한 여인에 대한 생각이었다. 그는 그녀를 너무 사랑해서 그녀에 대한 연모가 불가능하다는 것을 깨닫지 못할 정도였다. 그녀는 보통의 여성과는 달랐다. 그냥 귀족이나 공작과 같은 서열에 있는 사람이 아니었다. 오히려 그보다 훨씬 더 높은 고결함을 갖고 있었던 여성이었던 것이다. 그럼에도 불구하고 우리 주님은 그를 도와주었다. 왜냐하면 주님은 그의 고통이 그가 읽고 있는 책으로부터 생겨난 것임을 아셨기 때문이다. 주님과 성도들의 삶에 대한 책들을 읽으면서 그는 자신에 대해서 반추해 보게 되었다.

"

그는 "성 프란시스가 했다면 내가 못할 것이 무엇인가? 성 도미니크가 한 것을 내가 못할 이유가 없지 않은가?"라고 자문했다. 그는 "성 도미니크가 이 일을 했다. 그러므로 나도 해야 한다. 성 프란시스가 이 일을 했다. 그러므로 나도 이 일을 해야 한다"라고 스스로에게 결론지었다.

"

이런 생각이 오랫동안 그에게 지속되었다. 그러나 다시 세상의 것들에 대한 유혹이 그에게 엄습해 왔다. 오랫동안 이런 산만한 생각이 그에게 지속되었다. 한편으로는 세상의 즐거움을 다른 한편으로는 하나님의 일들이 병존하게 되어 갈등하고 있었다. 그러나 이 둘 사이의 갈등에 지쳐서 다른 일에 주의를 쏟기도 했다.

하나님을 알아가는 기쁨

그는 세상적인 일들에 대하여 생각할 때면, 그의 마음은 즐거움으로 충만했다. 그런데, 어느 날 그는 세상의 즐거움에 지쳐버렸다. 오히려 그러한 것이 재미가 없고 싫증을 느꼈다. 그는 맨발로 예루살렘에 가는 일과 목초만으로 연명하는 일과 성자들이 행했던 다른 고행들을 행하는 일에 대하여 생각할 때면 그는 오히려 위로를 느꼈다. 그때에 하나님의 일이 그토록 재미있고 기쁠 줄이야! 왜냐하면 이 기쁨은 하나님이 주시는 선물이기 때문이다. 단순히 세상이 주는 것은 기쁠 수 없다. 세상이 주는 것은 금방 목마르고 갈증이 나는 것이다. 가지면 가질수록 허무하고 무가치한 것일 뿐이다. 그는 차츰차츰 자신을 움직이는 두 영의 차이점을 인식하기 시작했다. 하나는 악한 사단의 영에게서 왔고, 다른 하나는 하나님으로부터 온 것이었다.

그는 이 책들로부터 적지 않은 가르침을 받았으며, 많은 빛을 발견했다. 그는 자신이 지낸 과거의 일을 진지하게 생각하다가 과거에 저지른 일에 대해서 회개할 필요성을 강하게 느꼈다. 그는 독서하는 동안에 성인들을 닮고자 하는 결심이 생겨났다. 건강이 회복되자마자 가장 먼저 하려고 했던 것은 예루살렘을 방문하는 것이었다. 그는 하나님에 대한 사랑으로 타오르는 열정을 갖고 금욕하며 훈련했다.

“

> 과거의 생각은 거룩한 소망 앞에서 자연스럽게 잊혀졌다. 그는 환상을 보게 되었다. 어느 날 밤에 잠자리에 들기 전에, 아기 예수를 안고 있는 동정녀 마리아의 모습을 분명하게 목격했다. 그 광경을 보고 그는 한참 동안 충만한 위로를 받았다. 그는 자신의 과거의 삶에 대해 심한 혐오를 느꼈다. 특별히 육체를 더럽힌 허물에 대하여 회개했다. 전에 그의 마음을 사로잡았던 모든 헛된 생각들이 말끔히 씻겨 졌다고 생각했다. 그리하여 지금 1553년 8월까지, 그는 두 번 다시 육신의 소욕을 따르지 않았다.

”

이런 영향은 그 계시가 하나님으로부터 온 것임을 보여주는 듯했다. 하지만 그는 결코 그 경험을 힘주어 강조하거나 상세히 드러내지는 않았다. 그러나 형제들은 그가 영혼의 내면에 격동의 변화가 일어났음을 알아챘다. 왜냐하면 외적인 태도가 이전과는 완전히 달라졌기 때문이다.

세상에 대한 관심을 모두 끊어버리고 그는 독서와 결단에 열중했다. 그가 가족들과 함께 시간을 보낼 때면 항상 하나님의 일에 대하여 이야기했고, 그들의 신앙에 도움을 주었고, 영혼을 소생케 했다. 그는 자신이 읽고 있는 책 속에서 커다란 기쁨을 발견했다. 그래서 그리스도의 생애와 성자들의 생애를 집필해 나갔다. 그는 훌륭한 솜씨로 그리스도의 말씀은 붉은 잉크로, 성모 마리아의 말씀은 푸른 잉크로 기록했다. "나는 그리스도의 말씀을 쓰면서 기쁨을 만끽한다" 고 고백하기도 했다. 그는 시간을 쪼개어 기도와 저술에 몰두했다. 그는 오랜 시간 동안 자주 하늘에 있는 별을 우러러보았으며, 이것은 그의 가장 큰 위안이 되기도 했다. 그렇게 하는 동안 그는 주님께 봉사하고 헌신하기로 마음속 깊이 결심했다. 그는 속히 완쾌되어 여행하기를 기원하며, 많은 시간을 하나님을 위해서 살아가리라는 자신의 결의를 펼치고자 숙고하고 있었다.

예수회의 창설

1528년 그는 파리대학에서 수학했으며 생 바브르대학에서는 성직자가 되기 위한 공부를 계속 했는데, 그곳에서 칼뱅을 만났던 것으로 보인다. 그는 방학 기간 중에는 구걸을 하면서 금욕했다. 마침내 그는 파리에서 자신의 이상을 공감하는 사람들의 모임을 결성하게 되었다. 그 동료들 가운데는 드보바댜, 파베르, 라이네츠, 르드리구에츠, 살메론, 자빙르 등이 있는데, 그들은 1534년에 파리의 몽마르트 성당에서 가난과 정절의 삶을 서약했다. 그와 동료들은 여러 병원과 많은 이탈리아의 소도시에서 봉사했다. 1537년 봄에 그들은 이탈리아 베네치아에서 모여 예루살렘 성지 순례를 하고자 계획했다. 그러나 오스만 제국의 박해로 인하여 단념할 수밖에 없었다. 그래서 성지 순례는 단념했다. 그때 그와 대부분의 동료들은 1537년 6월 24일 성직 임명을 받았다. 그 뒤 18개월 동안 성직 경험을 쌓으며 많은 시간을 기도했고, 이때 아직 대중에게 설교하지는 않았으나 그의 생애 가운데 손꼽히는 중요한 체험을 했다.

"

로욜라가 로마에 가까이 이르렀을 때였다. 라스토르라 소성당에 들어가서 기도를 하던 도중, 갑자기 황홀한 탈혼 상태에 빠져 성부가 나타나고 그 옆에 십자가를 지닌 성자 예수 그리스도의 용모가 보였다. 예수는 부드럽게 그를 내려다보며 "로마에서 너에게 은혜를 주겠노라" 고 말했다.

"

예수회 공동 설립자이자 지적인 논평가 디에고 라이네스는 이그나티우스가 많은 악조건 속에서도 어느 동료 학생보다 훨씬 더 근면했다고 평가했다. 이그나티우스는 이미 금욕주의 신학과 신비주의 신학이라는 어려운 분야에서 뛰어난 카톨릭교회의 지도자가 되어 있었다.

1539년 그와 동료들은 항구적인 단체를 만들기로 결정하고, 수도회에 대한 조직의 이름을 공식적으로 '예수회' 라 명명하고 로마 교황청의 인가를 받고자 했다. 이전에 맹세했던 청빈, 정결, 로마 교황에 대한 순명에 덧붙여 그들 사이에서 선출된 상급자에 대한 충성을 서약했다. 1540년 교황 파울루스 3세는 새로운 수도회 '예수회' 설립 계획을 승인하게 된다.

1540년 9월, 로마에 도착한 후로는 만사가 순조롭게 진행되었고, 그들은 교황 파울루스 3세에게 호소하여 승인받아 복종의 생활을 하는 종교단체를 조직할 수 있게 되었다. 그리하여 칙서를 통해 '예수회'가 공식적인 수도회 단체로 인정받게 되었다. 그는 1541년에 만장일치로 수도회의 총회장에 선출되었다. 예수회는 로욜라의 지도하에 급속히 발전했고 그가 죽었을 때는 관구라고 부르는 12개의 행정단위에 1,000명의 수사들이 있었으며, 이 관구는 이탈리아(3), 스페인(3), 독일(2), 프랑스(1), 포르투갈(1), 인도(1), 브라질(1) 관구로 구성되었다.

로욜라는 남은 인생을 로마에서 설교하고 예수회의 규칙과 규범도 집필하면서 보냈다. 그의 생활은 검소하고 엄격했으며, 수면 시간은 3시간에 불과했다. 자신에게는 지극히 엄격했으나 다른 사람들에게는 관대하고 온순하며 사랑으로 대했다. 제자들에게도 그와 같이 권하면서 고행은 덕을 쌓는데 있어서 중요하지만 건강을 해칠 정도로 가혹해서는 안 된다고 훈계했다.

말년에 독일과 인도에 많은 노력을 기울여 그의 유명한 추종자 페트루스 카니시우스와 프란시스 하비에르를 그곳으로 파견했고, 콩고와 에티오피아에도 선교사들을 파견했다. 1546년 로욜라는 간디아의 공작이자 카탈루냐의 부왕(副王)인 프란시스 보르자를 비밀리에 예수회에 입단시켰고, 4년 뒤 이 사실이 밝혀짐으로써 큰 화제가 되었다.

이그나티우스 로욜라는 정직했으며 특출한 재능은 없었지만 명석한 판단력과 두려움을 모르는 담대한 불굴의 투사였다.

"

로욜라의 고백 기록은 자신에 의해 구술 된 것인데, 여기서 그가 자신을 제3인칭으로 서술하고 있는 것이 매우 특징적이다. 이것은 그 자신의 겸손과 자기 부정의 표시이다. 그의 신앙은 무엇인가 늘 갈구했고 엄격했다. 그는 하나님의 군사로서 자기 자신뿐만 아니라 다른 사람들의 '보다 더 나은' 삶의 자세를 촉구했다. 그의 인생의 목표는 오직 '하나님의 더 큰 영광을 위해서' 였다.

99

예수회 회헌(會憲)

처음에는 동료들을 대학교 교수로 보내는 일에 다소 반대했지만 차츰 사제교육의 중요성을 인식했고, 말년에는 학교제도를 위한 기초를 쌓느라 분주히 보냈으며, 이로써 예수회는 교육 수도회로서 방향을 잡았다. 그가 말년에 남긴 가장 중요한 업적은 예수회의 〈회헌=헌법 Constitutions〉의 작성일 것이다.

여기에서 그는 예수회 수사들의 적응력과 기동성을 높이기 위해서 성무일도 때 부르는 찬송, 체벌, 고행의복 등 몇 가지 인습적인 종교행위를 금했고, 더 권위있는 체제를 만들기 위해서 수사들이 참사회를 다스리는 것을 중단시켰으며, 예수회 수사 서약을 완화하여 비슷한 카톨릭 집단보다 탈퇴하기 쉽게 만들었다. 그는 예수회의 성격에 대해서 "세계 어느 지역이든 하느님께 더 영광을 드리고 영혼들에게 유익을 끼칠 수 있는 희망이 있는 곳에서 기꺼이 살 준비가 되어 있는" 사도들의 수도회라고 설명했다.

로욜라는 추종자들에게 장기적이며 철저한 훈련을 강조했고, 수녀들은 상급수사보다 상급 수녀의 통제를 잘 받는다는 사실을 알고 어느 정도 망설이다가 결연히 예수회에서 수녀들을 제외시켰다. 로욜라는 교황에 대한 특별한 순종서약이 예수회의 "존재 곡적이며 주요근거"라고 했다.

그는 예수회 총회장으로 있는 동안 자주 병을 앓았고, 1551년 1월 병세가 악화되어 동료들에게 총회장직 사임을 수락해달라고 간청했으나 받아들여지지 않았으며, 병중에도 불구하고 1556년 7월 죽는 날까지 예수회를 계속 인도했다.

그의 생전에 많은 존경을 받았으나, 교회 안팎에서 반대도 또한 많았다. 일찍이 프로테스탄트 지도자들은 로욜라를 주요 대적 가운데 하나로 지목했고, 일부 카톨릭교도들은 그와 그의 추종자들을 은밀한 프로테스탄트라고 비난하는 등 그가 신앙생활에 일으킨 혁신은 구교·신교에서 모두의 비판을 받았다.

사후에는 1609년 교황 파울루스 5세에게 복자로 추앙되었으며, 1622년 교황 그레고리우스 15세에 의해 성인으로 추앙되었고, 1622년 교황 파이우스(Pius) 11세는 그를 모든 은둔자들의 수호성인으로 선언했다. 지지자들뿐 아니라 그의 적대자들까지도 이그나티우스 로욜라가 역사를 만들어낸 인물이라는 사실에 동의하고 있다.

오늘날까지 예수회와 예수회 〈회헌=헌법〉에 담긴 로욜라의 정신은 2만 7,000명이 넘는 예수회 수사들의 삶과 열정을 다스리는 가운데 세계 대부분의 나라에 퍼져 있다. 〈영성수련〉을 통해서 27명의 추종자들이 성인으로 추앙되었는데, 이중 프란시스 하비에르, 페트루스 카니시우스, 프란시스 보르자 3명은 로욜라와 친한 친구이다. 그와 그의 추종자들이 이루어 놓은 업적은 예수회에 관심있는 사람이라면 놓쳐서는 안 될 로마 카톨릭교회 역사의 한 장을 차지하고 있다.

참고문헌 – 이 글은 아래 문헌에서 인용, 발췌한 것이다.
편찬위원회, 『기독교대백과사전 12권』, 서울: 기독교문사, 1990. pp. 1084~1086
Hugh T. Kerr & John M. Mulder. *conversions*. New York: Grand Rapids, 1983.
이그나티우스 로욜라의 *St. Ignatius' Own Story as Told to Luis Gonzalez* 중에서
휴 커·존 멀더, 공편. 『위대한 회심자들』. 박영봉 역. 서울: 생명의 말씀사, 1993. pp. 43~49
http://ko.wikipedia.org/wiki/(위키백과)
http://www.britannica.com/(브리테니커 Internet판)
http://100.daum.net/encyclopedia/view/b06r1529b

종교개혁의 심장

존 칼빈

John Calvin
1509~1564

개혁교회의 기초를 놓은 그는 기독교의 영원한 고전
'기독교강요' 를 집필했고 현금의 장로교 신학을 태동시켰다.

열정적인 배움의 길

칼빈은 1509년 7월 10일에 프랑스 피카르디(Picardie) 지방의 조그만 도시 노용(Noyon)에서 태어났다. 아버지 제라드 꼬벵(Grard Cauvin)은 주교의 비서, 대성당 참사회의 재산과 재정을 관리하는 감독의 서기관으로 일했다. 상류 계급 출신의 어머니 잔느 르 프랑(Jeanne Le France)은 칼빈이 6살 때인 1515년경 세상을 떠났다. 이에 아버지는 재혼할 수밖에 없었다. 칼빈은 일곱 명의 자녀들 중 두 번째의 아들이었다. 성당에서 일했던 아버지는 아들들이 성직자가 되기를 기대했다. 아버지의 교육열로 인하여 칼빈을 비롯한 형제들은 귀족의 자제들과 함께 교육을 받았다. 그리고 14살인 1523년 8월에 당시 최고의 학문 중심지였던 파리로 교육을 받으려고 갔다. 소년 칼빈은 라 마르쉬학교를 거쳐 몽테귀대학에서 에라스무스, 라블레 등에게 인문과학을 공부할 수 있었다. 몽테귀대학에서 문학사 학위를 받은 이 시기에 칼빈의 아버지는 카톨릭교회와의 갈등과 아들의 출세를 위하여 칼빈을 법률가로 키우고자 생각을 바꿨다. 1528년 칼빈은 오르레앙대학교에서 법학을 공부하게 되었다. 그 후 아버지가 1531년 5월에 죽는다. 노용에 갔던 칼빈은 다시 파리로 돌아왔고, 거기서 그는 유명한 인문학자들과 함께 공부할 수 있는 기회를 갖게 되었다. 이곳에 머물렀던 칼빈은 1532년 4월 스토아 철학자인 루키우스 A. 세네카의 관용론(De clementia)에 대한 학문적인 주석을 쓰게 되었는데, 이것이 그의 최초의 저서가 되었다.

기독교강요와 제네바 개혁운동

1533년 8월 칼빈은 파리로 돌아왔다. 파리는 운동과 소요가 지배하고 있었다. 파리에 와서 얼마 후에 친구 니콜라 콥(Nicolas Cop)이 외과의사로서 파리대학교 총장으로 선출되었다. 콥은 전통에 따라서 만성절(萬聖節, 모든 성인의 날로 대축일)인 11월 1일 새 학기를 시작하는 공식석상에서 연설을 하기로 계획되어 있었다. 콥은 개혁운동에 서 있었으므로 자신의 확신을 드러내는 기회로 삼기를 원했다. 파리 국회는 연설 내용에 대하여 이의를 제기했고, 해명을 위하여 소환당하기 전에 도피하여 스위스 바젤로 갔다. 가장 친한 친구였던 칼빈도 도피하지 않을 수 없었다. 파리의 사건 이후 칼빈은 가명(假名)을 쓰면서 남프랑스에 잠적하여 살았다. 여러 곳을 전전하면서 강요된 한가로운 생활의 와중에 그는 이를 집중적으로 연구하는데 활용했다. 그리하여 1535년 기독교강요를 완료하여 1536년 3월 라틴어 초판을 스위스 바젤에서 출판했다. 이 작품으로 칼빈은 일약 종교개혁의 주도적인 신학자가 되었다.

1536년 초에 프랑수와 1세의 개신교인 추방령에 의하여 칼빈은 망명을 생각하고 있었다. 칼빈은 독일의 슈트라스부르크로 가려고 했으나 전쟁이 발발하여 제네바로 우회할 수밖에 없었다. 그러나 제네바에 잠시 머무르고 있던 칼빈에게 기욤 파렐이 찾아와서 자신의 개혁운동에 동참하기를 간청했다. 그리하여 9월 칼빈은 제네바에 체류하면서 종교개혁운동을 주도하기 시작했다. 제네바는 5월 21일 전체 시민이 종교개혁을 수용하기로 결의한 상태였다. 그러나 개혁은 순탄치 않아서 1538년 4월 25일 추방당했다. 바젤에 머물기를 원했던 칼빈은 마르틴 부처(Marten Bucer, 1491-1551)와 볼프강 카피토의 요청으로 9월 독일의 슈트라스부르크로 가게 되었다. 그런 와중에서도 1539년 기독교강요 두 번째 판을 출판했는데, 그것은 초판의 3배 분량의 방대한 양으로 늘어나 있었다. 1540년에는 그의 최초의 주석인 로마서를 출판했고, 8월 6일 과부였던 이델레뜨 드 뷔르와 결혼도 했다. 1542년 7월 28일 아들이 태어났으나 오래 살지 못하고 죽었으며, 아내도 1549년 3월 29일 세상을 떠나고 말았다.

1541년 5월 1일 제네바 시의회는 칼빈에게 내려졌던 금지령을 폐지하고 다시 청빙하기로 만장일치로 결의했다. 그리하여 1542년 제네바에 도착했던 칼빈은 자신이 제안한 교회법 초안을 제네바 의회가 수용하자 제네바의 종이 되겠다고 약속하여 또다시 거주하는 결정을 내렸다. 이후 칼빈은 1542년 방대한 양의 제네바 요리문답을 완성했는데, 이것은 이후 1552년의 제네바 신조의 기초가 되었다. 한편으로는 주민들에게 도움을 주고자 스위스의 자연 환경을 고려해서 직물공업과 정밀공업 육성을 제안했고, 목사와 평신도 각 12인의 동수로 구성된 종교

법원(Consistoire)을 만들어 신정적(神政的) 정치를 구현하고자 했다. 또한 목사 외의 장로, 집사, 교사를 교회 운영의 한축으로 인정한 대의원 교회 정치는 민주주의의 사상에 영향을 주었다. 1569년 6월 5일에는 장차 제네바대학이 되는 제네바 아카데미를 개설했다. 그리고 1564년 5월 27일 칼빈은 하나님의 부르심을 받았다.

회심의 시기

칼빈의 연구자들에게 있어서 칼빈의 인생에 중대한 의미를 갖는 갑작스러운 회심은 여전한 논란거리이다. 언제 카톨릭과 결별했고, 결단은 언제 내렸는지에 대하여 정확하게 특정할 수 없는 이견이 상존하고 있다. 더군다나 기독교의 유명한 역사적인 인물로서 회심의 자료는 변변치 못한 상황을 넘어서 취약한 상태이다. 그럼에도 이와 관련한 내용을 종합해 보면 칼빈의 회심은 1529년에서 1533년 사이에 이루어진 것으로 보인다.

칼빈과 가장 가까웠던 테오도레 베자(Theodore Beza, 1519-1605)는 회심 시기를 1527년이라고 말했다. 그때는 칼빈이 인문주의 학문을 새롭게 시작한 때였다. 하지만 몇몇 중요한 자료들은 이러한 견해를 거부하게 만든다. 왜냐하면 칼빈이 자신의 외견상의 생활양식과 삶의 양식에 뚜렷한 변화를 일으키지 않은 내적 체험을 '갑작스러운 회심(subita conversione)' 이라고 보지 않았을 것이기 때문이다. 오히려 그가 우연히 만난 것에 대해 "발전하고자 하는 강한 열망으로 불타오르고 있었다" 는 사실은 그의 갑작스러운 회심이 성령의 조명하심으로 인한 대단한 열정의 체험이었음을 암시하는 것 같다. 1529년은 아버지가 카톨릭에서 파문을 당한 해였다. 1531년에는 그의 아버지가 죽었으며, 장례 문제로 카톨릭과 협상을 해야만 했다. 그리고는 1534년 초에 칼빈은 성직록을 포기했다. 당시의 관습에 의하면 25세가 되어 교회 봉사에 입문하지 않으면 성직록을 포기하여야 했다. 칼빈은 성격이 강직한 사람이었다. 그는 우유부단하여 카톨릭교회의 혜택도 누리며 개신교를 지향하는 그런 종류의 사람은 아니었다. 그러므로 추측컨대 칼빈의 회심 시기는 그가 가지고 있던 교회의 모든 혜택을 포기했던 1534년 이전에 벌어진 것으로 생각된다.

칼빈은 1557년에 출판한 시편주석 서문에서 자신의 회심이 돌발적이었음을 언급하고 있다. 문제는 언제 어디서 어떻게 일어났는지에 대해서 또 그 과정에 대하여는 전혀 언급하지 않는다. 완전한 전환은 번개처럼 오는 법은 없다. 그것은 항상 일련의 과정을 거쳐서 오게 되어 있는 것이다. 칼빈은 성경을 열심히 연구했고, 개신교적인 성향을 가진 사람들과 자주 접촉했다. 그리고 기독교강요를 저술하게 되었다. 그 책에는 프랑스 왕 프랑수와 1세에게 보내는 헌정사가 들어있었다. 내용은 개신교를 강력하게 옹호하는 내용을 담고 있었다. 기독교강요는 새로운 교리들에 대한 뛰어난 해설서이자 변증서로서 당시 개신교도들에게 열광적인 인기를 얻게 되었으며 개혁자로 등장한 계기가 되었던 것이다. 이러한 성경연구를 통하여 이제 그에게는 지금까지 그가 보아왔던 것과 맞서 싸울 수 있는 광대하고도 새로운 지식의 세계를 터득하게 되었다. 그는 성경을 통하여 자신의 구세주와 창조주를 알게 되었다. 그가 항상 그리스도와 성경 중심이 된 것은 바로 이 때문인 것이다.

돌발적이고도 강렬했던 깨달음

부친은 내가 소년이었을 때부터 신학을 공부시키려고 작정했다. 그러나 후에 부친은 법조계에 종사하는 사람들이 대체적으로 부(富)를 쌓는다는 생각을 갖게 되었다. 나를 법과대학에 보내기로 마음을 변경한 것도 그래서였다. 나는 신학을 위한 철학공부를 집어던지고 법학공부를 시작했다. 이는 부친의 뜻에 복종하기 위해서였다. 그러나 하나님의 감추어진 섭리로 나의 인생의 행로는 다른 방향으로 변경되었다.

"

교황주의의 미신은 나를 너무나 중독 시키고 있었으므로 그 진흙탕의 수렁에서 쉽게 빠져 나올 수가 없었다. 하지만 하나님은 '갑작스러운 회심(subita conversio)' 으로 나의 마음을 녹여서 복종시키셨고 온유하고 유순함으로 길들이셨다. 그것은 생애 초기의 어떤 것에서 기대했던 것보다 나를 더욱 강렬하게 고무시켰다. 이렇게 하여 참된 신앙의 단맛과 지식을 얻은 후로는 그 속에서 해왔던 공부를 지속하고자 하는 강렬한 열망으로 불붙게 되었다. 비록 내가 다른 전공과목을 소홀히 하지는 않았지만 열정은 식어버렸다. 일 년이 경과하기도 전에 나 자신이 아직 일개 풋내기이며 초심자에 불과했는데도 순수한 가르침을 찾기를 갈망하는 사람들이 내게 배우러 몰려들기 시작했다. 천성적으로 시골 사람이었고 여가를 좋아하던 나는 조용히 은거하는 것을 원했다.

그러나 그것은 한 번도 제대로 이루어진 적이 없는 바람에 불과했다. 내가 바랐던 것은 은둔하여 사는 것이었는데 하나님은 이와는 정반대로 인도하셨다. 하나님은 어느 곳에서도 쉬도록 허용하지 않으셨다. 그리고 나의 타고난 성격과는 상관없이 대중의 주목을 끌게 하셨다. 나는 한가함을 즐기기 위하여 조국 프랑스를 떠나서 독일에 은거했다. 그런데 이게 어찌된 일인가? 내가 바젤에 숨어있는 동안 프랑스에서 신실하고 성스러운 많은 사람들이 산채로 화형을 당했다. 이러한 화형의 소식이 외국에 알려지자 독일의 여러 곳에서 아주 강력한 비난이 쏟아졌다. 그들은 그러한 악행을 저지른 장본인에 대해서 분노했다. 이 적개심을 누그러뜨리기 위해서 악하고도 허위적인 유인물들이 뿌려졌다. 내용은 잔인한 일을 저지를 사람들은 재세례파와 선동적인 사람들로서 종교와 정치 질서까지도 뒤엎으려 했다는 것이었다. 나는 이것이 프랑스 궁정의 사악한 계략임을 알았다. 그들은 거룩한 순교자들이 흘리는 거룩한 피를 거짓된 중상모략으로 은폐했고, 종교박해자들이 무자비한 살육을 계속하도록 돕고 있었다. 그들의 행위를 꿰뚫어 보면서 만약 내가 침묵한다면 비겁자와 배반자라는 오명을 씻을 수 없을 것이라는 생각이 들었다. 바로 이러한 생각이 나로 하여금 기독교강요를 출판하도록 한 것이었다. 내가 목적하는 것은 잘못되고 날조된 모략을 증명하여 형제들의 죽음이 주님 보시기에 고귀하다는 것을 변호하기 위한 것이었다. 또 하나의 목적은 외부인들의 동정과 관심을 환기시키기 위해서였다. 왜냐하면 그와 같은 잔학한 행위가 많은 불행한 사람들을 위협했기 때문이다. 사실 이 책은 현재의 것처럼 두껍고 노력이 많이 든 책이 아니었고 간단한 편람서(Enchirdion) 정도로 시작했다. 나는 사악하고 파렴치하고 중상모략을 일삼는 정략배들에 의하여 범죄자로 몰려 있던 사람들의 신앙을 옹호, 증거 하려는 목적 이외에는 아무 의도도 가지고 있지 않았다.

"

제네바의 거주와 고난

나는 그 책을 통하여 명성을 얻어 볼 의도가 전혀 없었다. 곧 바젤을 떠났다는 사실과 특히 내가 저자라는 사실을 그 누구도 몰랐다. 나는 익명으로 그 책을 펴냈으며 계속 그렇게 되기를 바랐다. 그러나 윌리암 파렐(William Farel, 1489-1565)에 의하여 나는 제네바에 묶여 버렸다. 그는 조언과 권고, 나중에는 협박성 명령으로 나를 잡았다. 그의 말이 얼마나 강렬했던지 흡사 하늘에서 나의 머리 위로 얹혀져있는 하나님의 손과 같았다. 전쟁으로 인하여 슈트라스부르크로 가는 길이 막혀 있었으므로 제네바로 우회했기에 여기에서 하룻밤 이상을 지체하지 않기로 마음을 먹고 있었다.

이러한 일이 발생하기 전에 카톨릭교회는 제네바로부터 완전히 추방당했다. 여기에는 파렐과 피터 비레(Peter Viret, 1511-1571)의 결정적인 역할로 인하여 가능해졌다. 물론 모든 일은 정돈되지 못했고, 그 도시는 아직까지는 카톨릭적인 모습과 그 잔당들이 기회를 노리고 있었다. 교황파와 연락하고 있던 한 사람이 내가 제네바에 있음을 알리는 행동을 취했고 이는 파렐에게까지 알려졌다. 파렐은 이를 듣자마자 나를 그 도시에 붙잡아두기 위하여 취할 수 있는 모든 방법을 동원했다. 파렐은 내가 은둔하여 홀로 연구에 몰두할 결심이라는 사실과 아무리 간청해도 내가 듣지 않으리라고 생각하고, 어려운 시기에 도움주기를 거부한다면 하나님이 나의 평화를 저주할 것이라고 말했다. 나는 그의 말에 두려움을 느꼈고 소심한 마음으로 인하여 슈트라스부르크로 가는 것을 포기하고 나의 은사를 모두 동원하여 신앙을 변호하고자 했다.

제네바에 거주한지 4개월이 채 되기도 전에 우리는 여러모로 공격을 당하는 상황에 몰려버렸다. 재세례파에 의한 공격이 그 첫 번째였고, 또 하나는 은밀하게 도움을 외부로부터 받고 있던 카톨릭의 잔당에 의한 공격이었다. 우리에게 있어서 후자는 더욱 큰 문제였다. 설상가상으로 내적인 분열이 일어나 우리의 고통은 감내하기 어려운 지경까지 이르고 있었다.

사실 나는 천성적인 소심함과 약함과 겁 많은 사람에 불과했다. 그럼에도 처음부터 거센 풍랑에 맞서도록 훈련되어지고 있었다. 고난에 굴복하지는 않았지만 용감하지는 못했으므로 도시에서 강제로 추방되었을 때 오히려 기쁨을 느꼈다.

소명으로부터 자유롭게 되어 하고 싶은 것을 추구할 수 있게 나는 일개인으로 돌아가 조용하게 살기를 원했다. 그러나 훌륭했던 사역자 마르틴 부처가 나를 새로운 자리로 이끌었다. 파렐이 했던 것과 똑같은 저주의 경고를 하면서 그랬다. 그는 요나의 예를 들어가면서 말했는데 나는 그 말에 두려움을 느꼈고 가르치는 일을 중단할 수 없었다. 나는 대중의 시선을 피해서 활동했지만 결국에는 교회의 여러 일에 끌려 다녔다(1540년의 보름스, 1541년의 레겐스부르크). 뿐만 아니라 대중 앞에서 연설까지 하게 되었다.

그 후에 주님은 제네바에 자비를 베푸셔서 치명적이고도 고통스러웠던 혼란을 해결해 주셨다. 여러 가지의 음모와 유혈 투쟁은 주님의 기적적인 방법에 의하여 봉쇄되었다. 그리고 나의 의지와는 상관없이 과거의 직책을 다시 맡게 되었다. 제네바교회의 안전은 나에게 있어서 중대한 문제로 생각되고 있었으므로 죽음과 맞서라고 요구한다 할지라도 이를 거부할 수 없을 정도였다. 하지만 소심했던 천성은 무거운 짐을 기뻐하지 않았다. 직책을 거부할 온갖 구실들이 마음에서 속삭이고 있었다. 그러나 소명적인 의무와 믿음의 요구는 나를 압도했고, 결국 도피처였던 슈트라스부르크에서 돌아왔다. 나의 수많은 근심과 눈물과 고통을 하나님 밖에 그 누가 알겠는가? 많은 신자들은 이러한 사정을 이해하고 있었다. 만약 신자들이 내가 당하는 고통과 같은 동일한 두려움에 구속된 상황이 아니었다면 그들은 내가 자유로워지기를 바랐을 것이다.

“

내가 겪었던 수많은 갈등과 시련들을 일일이 설명한다면 하나의 긴 이야기가 될 것이다. 까다로운 독자들을 불필요한 말로서 지루하게 할 필요는 없으므로 다윗의 생애를 고찰하고자 한다. 시편에서 다윗은 자신의 발자취를 내게 보여주었고 이것은 나에게 많은 위로를 받도록 했다. 그 거룩한 왕은 블레셋 족속과 이방 국가들로 인하여 계속된 전쟁의 시달림을 겪었다. 그러나 내부의 반역자들로 신실하지 못한 백성의 사악함으로 더욱더 고통을 받았다. 나의 처지도 다윗과 같았다고 말할 수 있다. 끊임없는 침노에의 내외적인 투쟁으로 나는 잠시 동안의 안식도 취할 수 없었다. 사단은 교회를 무너뜨리기 위해서 할 수 있는 수단을 총동원했다. 나는 비록 마음이 약하고 수줍음을 많이 타기는 했지만 사단의 무서운 공격을 나의 생명을 걸고 싸워서 거짓된 계획을 붕괴시켰던 때도 있었다. ...!

다윗은 시편 69편 4절에서 "까닭 없이 나를 미워하는 자가 나의 머리털보다 많고 부당하게 나의 원수가 되어 나를 끊으려 하는 자가 강하였으니 내가 빼앗지 아니한 것도 물어 주게 되었나이다"라고 고백했다. 사실 다윗은 백성에게 선한 대접을 받아 마땅했음에도 이유 없이 많은 사람에게 쓰라린 미움을 받았다. 그러므로 나를 위로하고 도와주어야 할 사람들의 미움을 까닭 없이 받을 때, 위대하고 탁월한 인물과 일치되고 있다는 생각에 많은 위로를 받는다.

”

이런 경험이 시편을 이해하는 데 커다란 도움을 준다. 왜냐하면 읽는 내용이 곧 나의 체험이었기 때문이다. 독자들은 내가 다른 사람보다도 더 친밀하게 다윗의 생각을 논의할 때에 먼 관찰자가 아니라 내 자신의 경험으로 아는 한 사람으로써 말하고 있다는 것을 알게 되기를 원한다.

참고문헌 – 이 글은 아래 문헌에서 인용, 발췌한 것이다.
편찬위원회, 『기독교대백과사전 14권』, 서울: 기독교문사, 1989. pp. 1104~1108
조신권. 『명작속의 크리스천』. 서울: 아가페문화사, 2007. pp. 74-79
Hugh T. Kerr & John M. Mulder. *conversions*. New York: Grand Rapids, 1983.
칼빈의 회심기록은 *Commentary on the Psalms* 서문 중에서 발췌.
휴 커 · 존 멀더, 공편. 『위대한 회심자들』. 박영봉 역. 서울: 생명의 말씀사, 1993. pp. 57~64.
http://ko.wikipedia.org/wiki/(위키백과)
http://www.britannica.com/(브리테니커 Internet판)
http://www.kirs.kr/(개혁주의학술원)

청교도의 설립자, 장로교회의 창시자

존 낙스

John Knox

1514~1572

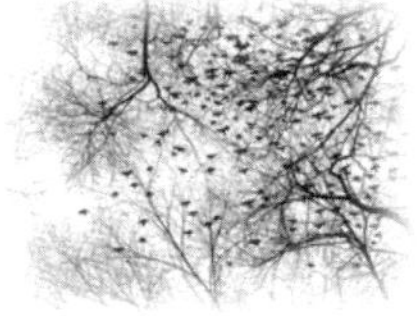

일생 동안 사람의 얼굴을 두려워하지 않고
오직 하나님만을 두려워하며 살아간 산 개혁자였다.

카톨릭 신앙으로 성장함

존 낙스(John Knox, 1514-1572)는 1514년경에 스코틀랜드의 에딘버러에서 서쪽으로 약 24키로의 거리에 위치한 이스트 로티안(East Lothian)주 지역의 하딩톤(Haddington) 교외의 기포트게이트(Giffordgate)에서 시골 농부의 아들로 태어났다.[1] 그는 하딩톤에서 교육을 받은 후에 1529년에는 성 앤드류에서 존 메이저(John Major, 1479-1550)밑에서 공부했다. 베자(Theodore Beza, 1519-1605)는 낙스가 자신과 동향출신인 유명한 존 메이저 아래서 성 앤드류대학에서 공부했다고 서술한다. 그리고 1531년에서 1536년에도 성 살바토르(St. Salvator)에서 메이저에게 신학공부를 한 것으로 알려져 있다.[2)]

낙스는 카톨릭 신앙 안에서 성장했으며, 성 앤드류대학에서 신학사 학위를 취득했으며 1536년 4월 15일 부활절 전야에 사제로 서품을 받았다. 그는 사제였지만 사제직을 수행한 것이 아니라, 1540년까지 하딩턴 근처에서 공증인으로 일했다. 그리고 1543년 롱니드리(Longniddry)로 옮겨가서 이곳의 영주인 휴 더글러스(Hugh Douglas) 경의 두 아들과 오미스톤의 존 콕버언(Cockburn)의 자녀들을 가르쳤다. 이들은 친영파로 영국의 종교개혁에 대하여 호의적이었다. 낙스는 위샤트(Geoge Wishart: 1513-1546)가 로디안에 올 때까지 이곳에서 있었다. 그리고 위샤트를 만난 후 그의 영향을 받고 종교개혁의 길로 점차 들어선 것으로 확인된다.[3)]

스코틀랜드의 정치적 상황

낙스의 초기 정치적 상황과 그 배경을 살펴보면, 스코틀랜드 왕국은 전통적으로 프랑스의 지원을 받으면서 영국에 대적하여 왔다. 그러나 16세기의 스코틀랜드는 영국과의 화친을 주장하는 사람이 승리했다. 그리하여 1502년경 스코틀랜드의 제임스 4세(James IV)는 영국의 헨리 7세(Henry VII)의 딸인 마가렛(Margaret Tudor)과 결혼했다. 그 후 헨리 8세(Henry VIII)는 그의 딸 메리(Mary)를 제임스 4세(James IV)의 아들인 제임스 5세와 결혼시켜 스코틀랜드와 평화로운 관계를 맺으려 했다. 그러나 스코틀랜드의 공론은 프랑스와의 전통적인 관계로 돌아감으로 제임스 5세(James V)는 프랑스의 메리(Mary of Guise)와 결혼했다. 그리하여 두 나라는 전적으로 대립하는 관계에 놓였으며, 스코틀랜드는 보다 카톨릭적인 프랑스의 영향 하에 있게 되었으며, 영국은 헨리 8세(Henry Ⅷ) 이후 종교개혁에 돌입했다. 이즈음에 개혁신앙이 스코틀랜드에 들어왔는데, 이 개혁신앙은 이미 이 나라에 들어와 자리 잡은 위클리프(John Wyclif, 1324-1384)의 영향을 받은 롤러드파(Lollard) 및 후스파(Hussite)와 주로 연결되어 있음을 알 수 있다. 그리고 이때에 독일에서 공부한 스코틀랜드 사람들이 루터와 다른 개혁자들의 작품들을 수입하기도 했다. 그러나 정부는 이를 철저하게 막았다.

66

극적인 회심

그는 가난한 가정에서 자랐다. 그의 조상 가운데 귀족은 아무도 없었으며, 누구도 그를 천거하지 않았다. 그는 순전히 타고난 재능으로 큰 업적을 이루었고, 회심 후에는 더욱 더 큰 위업을 달성했다.

그는 1545년 말에 공적으로 개신교 신앙을 고백한 것으로 보인다. 칼더우드(Calderwood)에 따르면, 도미니크 수도회 소속이면서 1543년에 잠시 동안 섭정이었던 아란(Arran) 백작의 사제였던 토마스 길리암(Thomas Guillaume)이 처음으로 "낙스에게 진리의 맛을 제공했다"고 한다.[4] 베자는 그의 개신교로의 변화를 어거스틴과 제롬의 연구에 돌렸다. 그러나 낙스의 개신교로의 회심에 직접적인 영향을 미친 인물은 1544년에 유럽에서 돌아와 개혁사상을 전파했던 조지 위샤트(George Wishart, 1513-1546)인 것으로 보인다. 스코틀랜드에 처음으로 종교개혁의 불길을 당긴 위샤트가 1545년 12월에 이스트 로티안에 왔을 때 낙스는 그를 만나 그의 가르침을 들었고, 조지 위샤트를 비롯한 종교개혁자들의 사역을 통해 극적으로 회심했다. 그리하여 그는 로마 카톨릭 신앙을 버리고 철저히 변화되었다.[5] 그는 회심 이후에 솔선하여 양날 달린 칼을 들고 위샤트를 호위했다. 어느 날 위샤트가 체포되어 비튼 주교에 의해 처형될

때, 그가 "희생자는 한 사람으로 족하다" 고 말하여 낙스는 피신하여 죽음을 모면했다.[6)]

"

성 앤드류에서의 사역

그는 위샤트의 처형에 격분하여 비튼 주교를 살해한 사람들이 성 앤드류 성으로 피할 때, 자신이 가르치던 학생들과 함께 그곳에 합류하여 사역을 시작했다. 처음에는 설교를 하지 않았지만, 나중에는 어쩔 수 없이 설교자가 되었다. 낙스가 쓴 『종교개혁사』의 설명에 따르면, "존 로우(John Rough)의 지명에 의해 1547년에 설교자가 되어 로마 카톨릭의 우상숭배를 신랄하게 비난하는 강력한 설교를 했다" 고 한다.[7)] 그러다가 프랑스 군대가 세인트 앤드류 성을 공격하여 포로들을 사로잡아 갈 때, 존 낙스도 그들과 함께 사로잡혀 거의 19개월 동안이나 갤리선의 노예로 일했다. 그것은 그가 당한 고난 가운데 가장 혹독한 고난이었으며, 지독히 모질면서도 잔인한 시간이었다. 당시의 경험은 그의 삶에 깊은 흔적을 남겼다. 그로 인해 건강을 크게 해친 것이다. 그는 늘 건강이 나빠 고생해야 했다. 그러나 하나님께서 자신을 버리지 않으실 것이라고 조국으로 돌아갈 것이라는 믿음을 가지고 인내했다.

영국에서의 사역 (1549-1554)

그는 이후에 잉글랜드와 스코틀랜드로 돌아왔다. 그런데 스코틀랜드에서의 상황이 매우 어려웠기 때문에 그는 결국 잉글랜드에 건너가 목회에 전념하기 위해 정착했다. 그는 처음에 스코틀랜드 국경 밑에 있으면서 덜함(Durham) 교구에 속해있는 버위크(Berwick)에서 성직자로 임명되어 말씀을 전했으며, 제일공도서(Book of Common Prayer)가 출판되었고 미사를 대치하도록 법으로 제정되었지만, 덜함 주교는 미사 시행을 계속해서 지원했다. 낙스는 이 교구에서 개혁파 교리를 설교한 첫 번째 인물이었고 많은 회심자를 얻었다. 1549년부터 1551년까지 그곳과 뉴캐슬(Newcastle)에서 활동했다.

그 후 낙스는 런던으로 갔다. 당시에는 에드워드 6세가 통치하고 있었으며, 낙스는 궁정목사 중 한 사람으로 일했다. 그는 잉글랜드의 중심지에서 일하면서 에드워드 6세와 그의 궁정에서 여러 번 말씀을 전했다. 그러나 에드워드 6세는 열여섯의 어린 나이로 죽고, '피의 메리(Bloody Mary)' 라고 불리는 메리 튜더 여왕이 보위에 올랐다. 그리하여 낙스와 다른 사람들은 목숨을 부지하기 위해 서둘러 피신해야만 했다.

대륙에서의 망명생활 (1554-1559)

낙스는 1553년 7월에 즉위하여 카톨릭으로 복귀한 메리 튜더의 박해를 피해 1554년 1월에 대륙으로 망명했다. 그는 유럽으로 건너가 제네바에 있는 존 칼빈 밑에서 성경을 연구했다. 그는 1554년 9월에 칼빈의 권유로 프랑크푸르트에 있는 영국 피난민교회의 목회자로 초빙 받아 갔다.[8)]

그곳에서 잉글랜드의 피난민을 위한 협동목사로 일했다. 당시 잉글랜드 피난민은 프랑크푸르트(Frankfurt)에서 교회를 형성하고 있었다. 그는 선뜻 마음이 내키지 않았지만 칼빈의 설득에 못 이겨 그곳에 가서 교회를 섬겼다. 그리고 많은 어려움과 논쟁을 겪은 뒤에 그는 프랑크푸르트를 떠나 다른 피난민들과 함께 제네바로 돌아왔다.

낙스는 제네바로 돌아온 후, 프랑크푸르트에서 예배논쟁과 관련된 입장을 변호하기 위하여 책들을 편집했다. 그들은 1556년 2월에 『예배모범』(Forme of Prayers and Ministration of the Sacraments)을 영어와 라틴어로 출판했는데, 성공회의 공도서와 구별되는 개혁파의 원리에 따른 예배 모범이었다.[9] 이것이 1560년 스코틀랜드에서 공동전례집(Book of Common Order)으로 채택이 되었다.

낙스는 제네바에서 1556년부터 1559년까지 영국인교회의 목회자로 일했다. 그러던 중 1559년 4월에 메리 여왕이 죽고 엘리자베스 여왕이 보위에 오르자 그는 제네바를 떠나 잉글랜드와 스코틀랜드로 돌아올 수 있었다.

그리고 1559년 4월에 스코틀랜드에서 위대한 사역을 시작했으며, 1572년 11월 24일에 세상을 떠나기까지 16년 여간 그곳에 머물렀다.

귀환과 스코틀랜드 종교개혁의 성취

낙스는 1559년 5월 2일 에딘버러에 도착했다. 개혁파 당파는 그가 부재하는 동안에 더욱 성장했다. 이들은 1557년 12월에 처음으로 교회를 개혁하겠다고 약속하는 언약을 체결했다. 이 언약체결에 가담한 인물들은 5명의 귀족들이었다.[10] 이들은 남자 귀족 신자들의 모임(lords of congregation)이라고 명명했는데, 종교개혁을 지지하는 귀족동맹이었다. 이들이 1557년에 낙스의 귀국을 요청했었다.

그러나 섭정인 메리 기즈가 자신의 딸인 메리 스코츠(Mary of Scots)를 프랑스의 프랑소와 2세와 결혼을 시키기로 결정하자 몇 명의 귀족들은 이러한 결혼에 찬성하여 개혁세력에서 이탈하게 되었고, 그래서 낙스에게 귀국하지 말도록 요청했다. 그렇지만 그 후에 개혁당의 세력이 확대되어 몇 차례의 언약을 체결했다. 그리고 이들의 활동으로 종교개혁이 진척되는 가운데, 낙스는 귀국하게 되었다. 섭정은 개혁당

세력을 무력으로 진압하고자 하여 스코틀랜드는 내란의 위기에 빠져 들어갔다.

이때 낙스는 귀국하여 강력한 설교를 하여 스코틀랜드 군의 사기를 북돋았고, 이러한 그의 사역에 대해 하나님의 나팔수라는 별명을 얻게 되었다. 그는 아주 담대하게 로마 카톨릭의 미사를 우상숭배라고 외쳤고 그 결과로 과격한 사람들이 교회를 "정화"하고 수도원을 파괴하기 시작했다. 당시에 정치와 종교는 밀접하게 연결되어 있었는데, 낙스는 스코틀랜드를 프랑스의 속박으로부터 해방시키려고 분투했다. 잉글랜드 여왕 엘리자베드 1세는 낙스의 『첫 번째 나팔소리』 때문에 스코틀랜드의 지원을 주저했으나, 스코틀랜드가 프랑스의 수중에 들어갈 경우에 영국에 미칠 위험을 고려하여 1560년 2월에 에딘버러 조약을 맺고 스코틀랜드의 지원을 결정했다. 이때의 섭정인 메리 기즈가 1560년 6월에 사망하고 영국군의 후원을 받으면서 개혁당들이 승리했다. 개혁당이 승리한 후에 영국군과 프랑스 군의 철군이 이루어진 상태에서 스코틀랜드의 종교개혁은 1560년 8월의 총회 소집을 통하여 이루어졌다. 이러한 종교개혁이 가까워질 때, 낙스를 중심한 개혁당에 소속한 목사들은 스코틀랜드 신조, 제1치리서, 예배모범의 세 가지 문서를 작성하여 종교개혁에 필요한 실질적인 문서들을 작성했다.

메리의 귀국과 낙스의 개혁활동

프랑스에서 메리의 남편인 프랑소와 2세가 말을 타고 마상시합을 하던 중 갑자기 사망하자 그녀는 1561년 8월에 귀국했다. 그녀가 귀국한 후에 낙스는 종교개혁에 중대한 위협을 느끼고, 그녀의 미사에 대하여 강력하게 공격했다. 이러한 그의 강력한 공격을 통해 5번의 여왕과의 면담이 이루어졌고, 여기서 낙스는 백성들의 저항권을 강력하게 주장했다. 결국 메리가 1567년 영국으로 망명함으로써 모레이(Moray) 공이 섭정이 되어 종교개혁이 추진되었다. 낙스는 1572년 11월에 사망했다. 낙스는 종교개혁을 수행하는 동안에 자신을 하나님으로부터 부름받은 예언자라는 의식을 가지고 활동했다.

능력있는 설교

낙스의 개혁활동에서 가장 중요한 측면은 그는 기본적으로 종교개혁자이자 설교자이며, 목회자라는 것이다.[11] 그가 지닌 큰 열정은 설교자로서 위대한 자질이 되었다. 열정은 복음의 능력을 의식함으로써 나타나는 결과이다. 열정에는 능력이 뒤따르기 때문에 존 낙스는 가장 강력한 설교자 중 한사람으로서 큰 영향력을 지닌 설교자가 될 수 있었다.[12] 낙스는 1547년 성 앤드류 성에서 설교를 시작한 이후 영국에서 1549년부터 1554년까지 설교를 했고, 대륙으로 망명한 후에도 프랑크프루트와 제네바에서 영국의 피난민들에게 설교했다. 1559년에 귀국해서 종교개혁 과정과 그 후에도 지속적으로 설교를 했다. 낙스는 헬라어와 히브리어와 함께 저지대 스코틀랜드어, 영어, 그리고 불어 등을 알아 국제적인 설교자가 될 수 있었다.[13]

하나님의 나팔수, 낙스

1559년, 낙스는 망명생활을 마치고 조국인 스코틀랜드로 돌아왔다. 당시 스코틀랜드는 영국과 프랑스의 이권 다툼의 장이었다. 영국과 프랑스는 자신들의 입지를 유리하게 하려고 스코틀랜드를 정략적으로 이용하고 있었으며, 스코틀랜드의 귀족들과 의회도 이들의 하수인이 되어 있었으므로 불안한 시기였다. 낙스가 귀국한 후 세인트앤드류를 개혁하려 하자 대주교는 병력을 동원하여 낙스에게 "당신이 만일 앞으로 교회에서 카톨릭교회를 비판하는 설교를 하면 당신은 죽을 것" 이라고 위협했다. 그러던 어느 날 "다음 주일에 설교하면 권총 열두 자루로 그의 얼굴에 발사하겠다"고 경고했다. 그러나 낙스는 단호히 주교의 위협을 무시하면서 "내가 주님의 영광을 위해서 산다면 주님께서 내 생명의 피난처가 되시므로 나는 아무것도 염려하지 않는다"라고 대답했다. 그의 친구들은 설교를 잠시 기다리자고 권했지만, 그는 당당히 앞으로 나가 그리스도께서 성전에서 물건을 사고파는 사람들을 내쫓으신 사건을 본문으로 말씀을 전했다. 데이비드 윌키(David Wilkie)의 유명한 그림은 1559년 6월 11일 당시의 상황을 적절히 묘사하고 있다.

이후 낙스는 세인트 가일즈교회에서 목회했는데, 그의 설교는 수백 개의 나팔을 부는 소리만큼이나 설교를 듣는 이들에게 강력한 인상을 주었다. 낙스는 어떤 어려움이 있더라도 자기의 조국을 떠나지 않을 것이라고 결심했다. 이런 이유에서 낙스에게 붙여진 별칭이 '하나님의 나팔수"였다.[14]

"

그는 "나는 주님의 나팔을 불기를 사랑한다"고 말했다. 하나님의 나팔수가 되어 그의 나팔을 분다는 것이 그의 설교에서 핵심적인 의식이었다. 따라서 이 "나팔수 주제가 그의 사고의 중심이 되었다." 혹은 더글러스 맥밀란(Douglas MacMillan)이 표현한 바와 같이, 이러한 "설교와 설교만이 성취할 수 있는 것에 대한 총체적인 헌신이 낙스를 인간, 기독교인, 그리고 개혁자로서 이해하는 실질적인 열쇠를 제공한다"고 했다.[15]

"

그의 설교는 우상숭배인 로마 카톨릭교회를 무너뜨리고 개혁된 참된 교회를 세우려는 목적으로 시행되었다.[16] 그러므로 그의 설교는 우상숭배를 공격하면서 이스라엘 나라의 종교를 개혁하려고 했던 구약을 중심으로 이루어졌다. 그의 설교는 구약에 대한 과도한 강조, 그리고 그 구약 본문을 거의 문자적으로 해석하면서 그 내용을 당시의 영국 혹은 스코틀랜드에 그대로 적용하면서 이루어졌다.

낙스는 개혁파 신학을 확실하게 이해했고, 그 신학을 토대로 강력한 설교를 했다. 그는 성경을 철저하게 연구했고, 교부들을 신학의 안내자로 삼으면서 설교자가 되었다. 그는 성경을 최고의 권위로 삼으면서 강단에서 권위있는 말씀의 선포자가 되었다. 그는 성경을 하나님의 말씀으로서 최고의 권위를 가지고 있다고 믿으면서 그 성경에 기초하여 설교했다. 그는 성경의 명료성을 확신하면서 성경의 문자적인 해석을 추구했다. 그래서 구약의 사건들에서 당시의 문제들로 나아가는 해석 방식을 취했다. 그는 1559년부터 1572년 세상을 떠날 때까지 주일에 두 번, 주중에 세 번 정도의 설교를 했다. 낙스는 설교할 때에 한 권의 책을 선택하여 전체적으로 강해설교를 하는 경우도 있었고, 필요한 경우에는 특별한 교리들을 선택하여 그 주제에 대하여 설교하기도 했다. 낙스의 설교는 영국과 스코틀랜드에서 종교개혁을 촉진시키는데 중요한 기여를 했고, 스코틀랜드의 설교의 모델을 제시했다.

낙스의 설교는 에드워드 6세와 여러 사람들에게 큰 영향을 미쳤으며, 그의 설교가 스코틀랜드 여왕 메리에게 미친 영향은 널리 알려져 있다. 그의 설교는 그녀의 눈에서 확신의 눈물이 아닌 분노의 눈물이 흐르도록 만들었다. 그녀는 낙스를 두려워했다. 그는 잉글랜드 군대보다 낙스의 기도와 설교가 더 무섭다고 말했다.

왕의 신하이자 대사였던 랜돌프(Randolph)는 낙스와 그의 설교에 대해 이렇게 증언했다.

❝

"한 시간에 걸친 한 사람의 목소리가 500개의 나팔이 끊임없이 우리의 귀전을 때리는 것보다 더 많은 감동과 생명을 우리에게 가져다 주었다"라는 당시 잉글랜드 대사의 말은 그때의 상황을 정확하게 묘사한다. [17]

"

낙스의 설교는 탁월했다. 그러나 그는 자신의 힘만으로 설교하지 않았다.

"

그는 "수많은 사람 가운데 가장 비참한 사람인 내가 증인이자 사역자요 설교자가 된 것은 하나님께서 그 기쁘신 뜻에 따라 나에게 과분한 은혜를 베풀어 주셨기 때문입니다"라고 고백한다.[18]

"

그의 권위는 '설교는 곧 하나님의 사역이요, 설교의 메시지는 곧 그 분의 말씀'이라는 확신에서 비롯되었다. 그는 성령께서 설교를 귀하게 여기신다고 확신했으며 그 확신을 굳게 붙잡았다. 그 결과 가장 혹독하고도 어려운 상황에서 놀라운 개혁이 이루어지는 역사가 일어났다. [19]

낙스는 자신이 예언자라는 의식을 가지고 성경을 해석하고 선포했으며 적용했다.[20] 그리고 예언자로서 스코틀랜드와 영국에 대한 하나님의 심판을 선포했고 해석자로서 성경을 문자적으로 해석하여 저항의 논리를 세웠으며, 목회자로서 그는 구약뿐만 아니라 신약을 설교했고, 그러한 설교에서 하나님의 사랑과 용서를 전파했다.

청교도주의의 설립자

제네바에는 위대한 종교개혁자들의 이름을 새긴 기념비가 있다. 거기에 낙스의 이름도 포함되어 있다. 그는 칼빈과 파렐(Farel, 1489-1565) 등의 종교개혁자들과 당당히 어깨를 나란히 하고 있다. 그것만 보더라도 존 낙스가 스코틀랜드에서 놀라운 사역을 행했을 뿐 아니라 국제적으로도 큰 위업을 이룬 인물이라는 것을 알 수 있다.[21)]

스코틀랜드의 토마스 칼라일(Thomas Carlyle)은 명망 높은 역사가로서 그의 『영웅과 영웅 숭배자』에서 존 낙스를 이렇게 소개한다. "낙스는 스코틀랜드와 뉴잉글랜드와 올리버 크롬웰(Oliver Cromwell)의 믿음, 곧 청교도주의의 설립자이자 제사장이었다"라고 말한다. 또한 그는 존 낙스가 영국을 넘어 역사의 전 과정에 영향을 미칠 놀라운 사건들을 선도한 신앙운동의 아버지요 창시자라고 강조한다.[22)]

사람들은 때로 낙스가 여러 번 박해와 위기를 피해 스코틀랜드에서 잉글랜드와 유럽으로 도망쳤다는 이유를 내세워 겁쟁이로 몰아붙인다. 그러나 그는 지혜롭고도 신중한 사람이었다. 그는 스코틀랜드에 계속 머물러 있다가는 조지 위샤트나 패트릭 해밀턴처럼 죽게 될 것이라고 생각했다. 그렇게 되면 더 이상 종교개혁을 주장할 수 없었기에 도망쳤다. 로이드 존스는 이를 두고 그의 도피가 정당하다고 생각했다. 때로는 가만히 머물러 있다가 순교하는 것보다 몸을 피하는 것이 더 큰 용기를 요구하기도 한다.[23)] 또한 낙스는 온건한 사람이었고 독창적인 사람이었다.

사람들은 존 낙스를 칼빈의 '축음기 음반'으로 생각하는 경향이 있다. 그러나 이는 착각이다. 낙스는 스스로 생각할 줄 아는 독창적인 사상가였다.

그는 자신이 성경을 바르게 이해했다고 확신하는 경우에는 성경 주석의 권위자 틴데일(Tyndale)이나 칼빈과 같은 사람의 견해일지라도 선뜻 동의하지 않았으며, 주저하지 않고 적절히 비판했다. 예를 들어, 그는 통치자와 군주에 대한 기독교인의 의무에 관해 칼빈이나 틴데일과는 다른 의견을 가지고 있었다. 그는 칼빈의 가르침이라고 해서 무조건 받아들이지 않았다. 어떤 상황에서는 통치자에게 복종하지 않아도 될 뿐 아니라 심지어 혁명도 가능하다고 말했다. 이것이 그가 독창적인 사상가였다는 증거이다. 그는 물론 다른 문제에 대해서도 동의할 근거가 없으면 칼빈의 가르침일지라도 거부했다.[24]

낙스는 감정이 풍부한 사람이었다. 그는 스코틀랜드로 돌아온 첫 해의 마지막 날인 1559년 12월 31일에 세인트앤드루스에서 앤 로크에게 다음과 같은 편지를 보냈다.

> "모세의 근심과 유혹에 관해 읽었습니다. 때로는 내가 그런 위험한 싸움을 잘 이겨 냈구나 하는 생각이 들기도 했습니다. 그러나 지금 생각해 보니 이전의 나의 삶이 헛될 뿐이라는 생각이 듭니다. 스코틀랜드에 도착한 이후에 겪은 고난스런 하루가 갤리선에서 19개월 동안 겪은 고통보다 훨씬 더 내 마음을 괴롭힙니다. 이전의 고통은 주로 육체를 괴롭혔지만, 지금의 고통은 영혼과 마음을 아프게 합니다."[25]
>
> "아내가 이곳에 도착한 후로 휴식과 안정을 제대로 취하지 못한 탓에 전날 밤에 자신이 한 말도 다음 날이 되면 기억하지 못할 정도가 되고 말았습니다."

마조리 낙스는 20대 청춘 시절부터 이미 건강이 좋지 않았다. 그러다가 1560년이 채 지나기도 전에 그녀는 유명을 달리했고, 낙스는 홀로 지내게 되었다.

칼빈은 그 소식을 듣고서 낙스에게 편지를 보내 "형제의 아내는 어디서도 흔히 발견할 수 없는 아내였습니다"라고 애도의 뜻을 전했다.

제네바의 개혁자 칼빈은 크리스토퍼 굿맨(Christopher Goodman)에게 보낸 편지에서 이렇게 말했다.

> "우리의 형제 낙스가 그 누구보다 훌륭했던 아내를 잃게 되어 몹시 서글픕니다. 그러나 그가 그녀의 죽음을 슬퍼하지만 않고 그리스도와 교회를 위해 열심히 일하니 한편으로 매우 다행입니다."

낙스는 그로부터 3년 뒤에 재혼했다. 그의 두 번째 아내인 마가렛 스튜어트(Margaret Stewart)는 자녀를 셋 나았는데, 모두 딸이었다(결혼할 당시 그녀의 나이는 열일곱 살이었고, 낙스는 약 마흔아홉 살이었다). 세 딸 중 막내인 엘리자베스는 나중에 에어의 존 웰시와 결혼했다. 토마스 맥크리(Thomas MaCrie)는 "엘리자베스가 아버지의 정신을 상당히 많이 물려받은 것 같았다"고 말한다.[26)]

위로와 격려의 사역

그는 때로 매우 냉혹하고 극단적이었던 것 같았다. 그가 혹독한 박해의 시절을 보냈다는 점을 고려한다면, 설령 그의 사역에 그런 요소들이 영향을 미쳤다고 하더라도 충분히 이해할 만 했다.

그러나 그의 기본적인 태도는 전혀 달랐다.

그는 메리 튜더의 통치 기간에 고난과 죽음에 직면한 신자들에게 보낸 편지에서 그들의 상황을 갈릴리 호수에서 풍랑을 만난 제자들의 상황을 빗대었다. 그는 이렇게 말한다. "믿음의 견고한 토대를 버리지 마십시오. 비록 예수 그리스도께서(제자들이 큰 풍랑을 만났을 때처럼) 눈앞에 보이지 않는다 하더라도 그분은 위대한 권능과 은혜로 항상 임재 해 계십니다. …… 그분은 긍휼과 자비가 풍성하십니다."[27)]

그는 또 이렇게 선포했다.

"예수 그리스도를 위해 싸우는 이때 그분과 함께 굳게 서십시오. 곧 싸움이 끝나고 영원한 승리가 찾아올 것입니다. 왜냐하면 주님께서 친히 그 놀라운 권능으로 우리를 보호하실 것이기 때문입니다. 그분은 싸움이 가장 치열할 때 우리에게 승리를 안겨 주실 것입니다. 그분은 우리의 눈물을 영원한 기쁨으로 바꾸어 주실 것입니다."[28)]

스코틀랜드 장로교회의 형성

낙스는 동료들과 함께 교회 문제와 관련해서 교황제도를 추방하고 예배와 권징의 순수성을 회복하며, 경건한 목사를 후원하기 위한 교회의 수입을 마련하며, 학문을 장려하고 가난한 자들을 구제하는 방식을 수립하자고 하는 청원서를 제출하게 된다. 바로 이런 청원서에 대한 첫 번째 대안으로서 제시된 것이 개혁교회의 목사들로 하여금 이런 정신을 대변할 수 있는 신앙고백서를 제정할 것을 스코틀랜드 의회가 수락하고 요청했던 것이다.[29)]

이 요구에 의해서 존 낙스(J. Knox)와 존 스팟티스우드(John Spottiswood), 존 로우(John Row), 존 더글러스(John Douglas), 존 윈램(John Winram), 존 윌록(John Willock) 등 6명은 4일 만에 『스코틀랜드 신앙고백서』(The Scots Confession:1560)를 작성하여 의회의 상임위원회에 제출했고, 상임위원회는 이를 인준하여 본회의에 상정했다. 스코틀랜드 신앙고백서의 채택은 미사제도와 교황의 사법권 행사를 강력하게 배격하는 결과를 가져오게 되었다. 그리고 개혁교회를 배척하고 로마 카톨릭을 지지하면서 만들어진 모든 기존 법령들을 파기하는 운동을 일으키기도 했다. 이처럼 본 신앙고백서의 채택으로 인해서 스코틀랜드 개혁교회는 성경의 정신에 입각한 순수한 신앙과 교회를 회복할 수 있게 되었던 것이다.[30)]

이처럼 어렵고 힘든 정치적인 배경 속에서 만들어지게 되었던 본 신앙고백서는 1560년 8월 18일에 "무오하신 하나님의 말씀에 기초한 교리"라는 인정을 받을 정도로 매우 훌륭한 것으로 평가되었다.

1567년, 메리 여왕이 죽은 후 제임스 6세가 왕으로 즉위하면서 스코틀랜드는 한동안 평화로웠다. 1560년에 의회에서 인준한 개신교도들을 위한 신앙 자유의 입법 조치가 회복되었기 때문이다. 스코틀랜드는 낙스에게 큰 빚을 진 것이다. 낙스는 신앙의 자유를 쟁취하고, 즉 종교개혁을 이룩했던 것이다.[31)] 의회는 "복음을 설교하는 목사들과 본 스코틀랜드 신앙고백에 따라 그리스도를 그백하는 사람들만이 스코틀랜드 안에서 유일하고 참되며 거룩한 예수 그리스도의 교회"라고 선포할 정도로 본 신앙고백서가 차지하게 된 비중은 매우 큰 것이었다.[32)]

낙스는 같은 해 12월 20일 에든버러에서 자신을 포함한 6명의 목사와 36명의 장로들과 스코틀랜드 장로교회를 조직했다. 이 총회를 통해서 미사 금지와 1년에 2번의 총회 개최, 교회 수입과 예산에 대한 파악 등이 제시되었다. 또한 이 총회를 통해서 스코틀랜드 장로교회의 정치 질서를 확립하는데 핵심적 역할이 되었던 『제1 치리서』(The First Book of Discipline: 1560)를 채택했다. 이것은 1560년 5월에 낙스가 작성한 것이다. 낙스는 이것을 작성하기 위해서 제네바에서 사용하던 『교회헌법』(Ecclesialstical Ordinaces)과 존 아 라스코(John a Lasko)가 런던에서 사용하던 『양식서』(Formula)와 프랑스 개혁교회가 1557년에서 1559년 사이에 작성한 『치리서』를 근거했다. 특히 개혁교회가 이것을 『제1 치리서』라고 하는 것은 앤드류 멜빌(Andrew Melville:1545-1623)이 작성한 『제2 치리서』(The Second Book of Discipline:1578)와 구분하기 위해서였다.[33)]

마지막 기도

1572년 봄, 낙스가 세인트앤드류에 있을 때 뇌졸중으로 쓰러져 그의 건강이 현저히 나빠졌다. 그러나 그는 8월에 에든버러로 돌아와 13개월 동안 자리를 비운 세인트자일스교회당에서 다시 설교했다. 많은 사람들이 모였지만, 그의 음성이 너무 약해 설교를 듣기가 어려웠다. 그리하여 9월 21일에는 규모가 훨씬 더 작은 톨부스 교회당으로 장소를 옮겨 그리스도의 십자가라는 주제로 설교했다. 잉글랜드 대사는 10월 6일에 "존 낙스는 이제 혼자 서 있을 수도 없고, 음성도 청중이 전혀 알아들을 수 없을 정도로 약해졌다"라고 보고했다.[34)]

낙스는 9월 9일 주일에 제임스 로슨(James Lawson)을 자신의 후임자로 임명하는 자리에서 말씀을 전했다. 그것이 그가 세상을 떠나기 전에 남긴 마지막 설교였다. 그는 그 주 목요일에 더 이상 책을 읽을 수 없게 되었고, 금요일에는 그날이 무슨 요일인지조차 구분하지 못해 교회에 나가 그리스도의 부활에 관해 설교해야 한다고 말했다. 그로부터 일주일이 지나 숨 쉬는 것조차 힘겨워지자 그는 관을 준비하라고 지시했다. 그러고는 아직 의식이 있는 동안 다른 사람이 읽어 주는 말씀에 귀를 기울였다(특히 이사야 53장, 요한복음 17장, 에베소서 중 한 장).

"

"나는 세상에 더 있지 아니하오나 저희는 세상에 있사옵고 나는 아버지께로 가옵나니 거룩하신 아버지여 내게 주신 아버지의 이름으로 저희를 보전하사 우리와 같이 하나가 되게 하옵소서."

"

이것은 예수님께서 자신의 죽음을 예상하시고 제자들을 위해 기도하시던 요한복음 17장의 한 구절로, 낙스는 1572년 11월 24일 죽음을 앞두고 아내의 음성을 통해 이 구절을 묵상하면서 남아 있는 스코틀랜드 형제들을 위해 기도했다.[35)]

그리고 친구들에게 작별 인사를 건넨 뒤에 간단한 유언과 기도를 남겼다.[36)]

> “그리스도 안에서 사시오. 그리스도 안에서 사시오. 육신의 죽음을 두려워할 필요가 없다오. 주님, 주님의 교회에 충실한 목회자들을 보내 주셔서 교리의 순결이 유지되게 하옵소서.”[37)]

11월 24일 월요일, 그는 일어나서 옷을 입겠다고 고집을 부렸지만 30분도 채 지나지 않아 다시 침대에 누워야 했습니다.

그는 “고통스러운가?”라는 한 친구의 물음에 “이제 곧 싸움이 끝날 것이라네, 고통 외에는 아무것도 괴롭지 않네”라고 대답했습니다.

그날 간간이 대화가 좀 더 이어지다가 고린도전서 15장(부활 장)을 읽어 주자 그는 “참으로 위로가 되는 말씀이 아닌가?”라고 소리쳤습니다. 그리고 그날 저녁 11시경, 그는 “이제 때가 되었다”라고 말했습니다. 그래서 그의 친구들은, 그가 말할 수 없음을 깨닫고, 그에게 그들의 말소리가 들리는 곳으로 평화롭게 죽는다는 표시를 그들에게 해달라고 청했습니다. 그 답으로 그는 얼마 후 한쪽 손을 들어 올렸습니다. 한 손을 위로 쳐들더니 평화롭게 마지막 싸움을 마쳤습니다. 그것이 그의 마지막이었습니다.[38)]

그가 죽음의 강을 건널 때, 저 하늘에서 나팔 소리가 크게 울려 퍼졌을 것이 틀림없습니다. 하나님의 위대한 전사였던 그는 하늘나라에 들어가 영원한 영광의 면류관을 받았습니다.

낙스의 비서였던 리처드 배너타인(Richard Bannatyne)은 이렇게 말했습니다.

"스코틀랜드의 빛이요 교회의 위로이자 경건의 표상이요, 모든 진실한 사역자의 귀감이자 본보기였던 이 하나님의 사람은 그렇게 세상을 떠났다."[39]

낙스가 죽었을 때 그의 나이 겨우 67세였습니다(1572년 11월 24일). 그러나 당시로서는 보통보다 더 오래 산편이었습니다.

낙스는 1572년 11월 26일에 수많은 군중이 모여든 가운데 장례식을 치루고 세인트 가일지교회 묘지에 안장되었습니다. 새로 선출된 섭정자 모튼은 짤막한 추도사에서 그의 성격을 잘 묘사해 주었습니다.

"여기, 이 세상의 사람을 결코 두려워하지 않은 사람,
오직 하나님만 두려워한 사람, 낙스가 누워 있습니다."[40]라고
애도했다.

그 종교개혁자는 그의 두 번째 아내와 그녀의 세 딸과 첫 번째 아내에게서 난 두 아들을 남겨 두고 그렇게 떠났습니다.

그 후 1825년 글라스고우에 건립된 존 낙스의 기념비 비문 중, 마지막에 이렇게 쓰여져 있습니다.

"그 위대한 종교개혁의 원칙과 축복에 대한 끝없는 경의를 간직

하기 위해 이 기념비를 세웠으며, …… 67세의 나이로 1572년 11월 24일, 에든버러에서 복음의 신앙을 기뻐하며 세상을 떠났다"라고 새겨져 있습니다.[41]

"

그는 종교개혁자들의 진정한 전형으로서, 거대한 과제에 완전히 몰두 했고, 성취를 위해 생을 다했다. 그는 편견 없는 넓은 심성의 소유자였고, 훌륭한 양식과 재치를 가진 사람이었다. 그의 열정은 항상 남자답고 인간적이었다. 그는 예리한 지성의 소유자였으며, 그의 생각은 대담했으며, 그가 행한 모든 일에 그의 개성이 드러나 있었다. 그의 성격의 특징은 열정과 대담성과 독립정신이었다. 적들의 위협을 두려워하지 않은 것처럼, 친구들의 청탁에도 흔들리지 않는 청렴한 인품이었다. 그의 삶은 두 개의 원칙을 가지고 있었다. 하나는 나라 사랑이요, 하나는 하나님의 영광을 드높이려는 거룩한 열정과 불타는 욕망이었다. 이런 사역의 원칙들로 인해 그는 개혁의 선봉에서 늘 푸르게 빛났으며, 언제나 세계의 참다운 거성으로 우뚝 서, 개혁의 표상으로서 신앙의 귀감이 되고있는 것이다.[42]

각주) -------

1) http://blog.naver.com/chju83/220619387620. 이은선. "J. Knox와 스코틀랜드 종교개혁", 2016. 2. 5.

2) http://krysiacsy.egloos.com/10529009. 신원균. "존 낙스(John Knox)의 생애와 사상 연구". p. 1. 2007. 11. 19.

3) Ibid.

4) D. Calderwood, The History of the Kirk of Scotland, T. Thompson ed. (Edinburgh, 1842), I, 155, 160. Stanford Reid, 『존 낙스의 생애와 사상』, 40 에서 재인용.

5) 마틴 로이드 존스, "존 녹스, 청교도주의의 설립자", 『존 녹스와 종교개혁』. 조계광 역. 서울: 지평서원, 2011. p. 55.

6) D. Calderwood, "The History of the Kirk of Scotland," 『존 낙스의 생애와 사상』, 69에서 재인용.

7) Dickinson, History of the Reformation in Scotland V. I, 82-3. 이은선, "J. Knox와 스코틀랜드 종교개혁"에서 재인용.
8) 이은선, op. cit.
9) Works IV, 141-216에 수록되어 있다.
10) Dickinson, History of the Reformation in Scotland V. I, 136-37. 이은선, "J. Knox와 스코틀랜드 종교개혁"에서 재인용.
11) Richard G. Kyle, The ministry of John Knox: pastor, preacher, and prophet (E. Mellen Press, 2002). 이은선, "J. Knox와 스코틀랜드 종교개혁"에서 재인용.
12) 이안 머리, "존 녹스와 그의 싸움", 『존 녹스와 종교개혁』. 조계광 역. 서울: 지평서원, 2011. p. 134.
13) Richard Kyle, "he Thundering Scot: John Knox the Preacher," Westminster Theological Journal 63 (2002), 140. 이은선, "J. Knox와 스코틀랜드 종교개혁"에서 재인용.
14) http://blog.naver.com/cworldview?Redirect=Log&logNo=220688331647. 권태경. "존 낙스". 2016. 04. 20.
15) J. Douglas MacMillan, "John Knox?reacher of the Word," Reformed Theological Journal (November 1987): 6. 이은선, "J. Knox와 스코틀랜드 종교개혁"에서 재인용.
16) Kyle, "he Thundering Scot: John Knox the Preacher," 135. 135-149. 이은선, "J. Knox와 스코틀랜드 종교개혁"에서 재인용.
17) 이안 머리, op. cit., p. 151
18) Ibid., p. 153
19) Ibid.
20) Kyle, "he Thundering Scot: John Knox the Preacher,"143. 이은선, "J. Knox와 스코틀랜드 종교개혁"에서 재인용.
21) 로이드 존스, op. cit., p. 53.
22) Ibid., p. 54.
23) Ibid., p. 61.
24) Ibid., p. 65.
25) 이안 머리, op. cit., p. 137.
26) Ibid., p. 139.
27) Ibid., p. 148
28) Ibid.
29) 신원균, op. cit., p. 4.
30) Ibid.
31) 권태경. op. cit.
32) 신원균, op. cit.
33) Ibid.
34) 이안 머리, op. cit., p. 158
35) 권태경. op. cit.
36) op. cit., pp. 158-159
37) Ibid., p. 159.
38) Ibid.
39) Ibid.

40) 권태경. op. cit.

41) G. 바넷트 스미스 · 도로시 마틴 『존 녹스와 종교개혁』. 편집부 역. 서울: 보이스사, 1988. p. 132.

42) Ibid., pp. 133-134.

참고문헌 - 이 글은 아래 문헌에서 인용, 발췌한 것이다.

D. Calderwood, The History of the Kirk of Scotland, T. Thompson ed. (Edinburgh, 1842), I.

Dickinson, History of the Reformation in Scotland V. I.

J. Douglas MacMillan, "John Knox?reacher of the Word," Reformed Theological Journal (November 1987).

Richard Kyle, "he Thundering Scot: John Knox the Preacher," Westminster Theological Journal 63 (2002).

Richard G. Kyle, The ministry of John Knox: pastor, preacher, and prophet (E. Mellen Press, 2002).

Works IV, 141-216

마틴 로이드 존스 · 이안 머리. 『존 녹스와 종교개혁』. 조계광 역. 서울: 지평서원, 2011.

G. 바넷트 스미스 · 도로시 마틴. 『존 녹스와 종교개혁』. 편집부 역. 서울: 보이스사, 1988.

홍치모. 『종교개혁의 세계』. 서울: 아가페문화사, 2003.

홍치모. "John Knox와 계약사상의 형성". 「신학지남」 45/1 (1978), 65-76.

권태경. "존 낙스(John Knox)의 개혁사상과 여성통치". 「신학지남」 66/3 (1999), 283-303.

http://blog.naver.com/chju83/220619387620. 이은선. "J. Knox와 스코틀랜드 종교개혁". 2016. 02. 05.

http://blog.naver.com/cworldview?Redirect=Log&logNo=220688331647. 권태경. "존 낙스". 2016. 04. 20.

http://krysiacsy.egloos.com/10529009. 신원균. "knox의 생애와 사상 연구". 2007. 11. 19.

아빌라의 성녀(聖女)

테레사

Teresa of Avila

1515~1582

신비로우면서도 개혁적인 신앙적 열정을 가졌던 그녀는
온전히 주님을 추구한 신앙의 영원한 모범이다.

순교를 열망한 아이

아빌라의 수녀 테레사는 예수의 테레사(Teresa de Jesus)라고도 불리며, 스페인 출신의 신비주의자이자 수도원의 개혁에 힘쓴 인물이다. 그녀는 스페인의 아빌라에서, 유대교에서 카톨릭으로 개종한 귀족가문에서 태어났다. 아버지는 독서를 좋아해서 자녀들에게도 독서를 많이 할 것을 권유했다. 테레사는 순교자의 전기를 읽으면서 그들의 삶에 매료되어 교회를 위해 목숨을 바치겠다며 몇 번을 가출하기도 했다. 그녀가 열두 살이 되던 해에 모친이 세상을 떠났는데, 테레사는 성모상 앞에서 눈물을 흘리며 성모 마리아에게 자신의 어머니가 되어 달라고 기도했다.

수녀가 되어

그의 아버지는 이러한 그녀를 염려하여 어거스틴 수도원에 6년 동안을 위탁 교육을 받게 했다. 그녀는 다시 1536년에 아빌라에 있는 카르멜 수녀원(Carmelite Convent)에 입회했으나 거기에서 심한 병을 앓게 되었다. 그녀는 혼수상태에 빠져서 죽은 것으로 여겨졌고, 나중에 회복되기는 했지만 병으로 인해 3년 동안 다리를 절어야 했다. 그녀는 집에서 요양하는 동안 수녀가 되기로 결심했다. 그리하여 19살이 되던 1535년 11월 아빌라의 카르멜 수도원에 들어갔다. 수녀가 되어 맡은 일은 환자들의 간호였다. 환자의 간호는 교회에서 모두가 주저하는 일 가운데 하나였다. 그러나 그녀는 인내하며 친절하게 환자들을 돌보았다. 환자들을 돌보는 것이 즐거워진 테레사는 이제는 오히려 환자들을 좀 더 이해하고자 자신도 병에 걸려봤으면 하는 소원을 바랐다. 보통 사람이라면 있을 수 없는 일이었다.

영적 신비를 체험

1958년 말라리아에 걸린 테레사는 잠시 요양을 하게 되었다. 병중에서는 신앙입문서(Abecedario espiritual)를 읽으면서 종교적인 황홀감을 반복해서 경험했다. 병에 걸린 지 8개월 만에 회복되어 수녀원에 돌아온 테레사는 은둔자들의 수녀원이 확장되어 봉쇄법이 유명무실해져 평신도들이 수시로 드나들어 수도자들의 내적인 수련에 전혀 도움이 되지 않는다는 것을 발견했다. 그래서 가급적 혼자서 많은 시간을 기도와 교부들의 저서를 읽는데 시간을 보냈다. 그러는 동안에 신비주의적인 체험과 환시가 나타났다. 성모승천 대축일에는 성모 마리아가 꿈에 직접 나타나서 카르멜회에 목걸이를 내렸고, 성 요셉은 죄의 정화를 상징하는 하얀 망토를 입혀 주기도 했다. 테레사의 법열과 환시는 계속되어서 기도하고 있는 테레사에게 불로 만든 창을 든 천사가 그녀의 가슴을 찌름으로 상상할 수 없는 신체의 아픔을 느끼기도 했다. 테레사의 심장에 성흔(聖痕)이 박히게 된 것이 그로 인해서였다. 1572년에는 자신이 '마음의 기도'라고 불렀던 엄격한 영적 훈련을 계속하던 중 하나님에게까지 동화되는 영적 신비 체험에 이른다.

카르멜에서 수녀로서 20년 동안 테레사는 쇠약한 몸 때문에 고통을 겪었을 뿐만 아니라 극심한 신앙적 갈등 때문에 이중고를 겪어야 했다. 훗날에 그녀는 이 기간을 일컬어 '폭풍의 바다 위에서의 20년'이라고 표현했다. 그렇지만 기도를 쉬지 않았으며 자신이 "내면적인 음성을 들었다"는 것과 '어떤 환상'을 보고 계시를 체험했다는 사실을 명확하게 인식하게 되었다. 자신의 회심과 신앙의 귀중한 삶의 기록은 이 20년 동안의 처절한 투쟁에서 비롯된 것이며, 그 기록은 이러한 삶의 여정 후에 새로운 평화를 회복했음을 보여준다. 그녀는 강한 신앙의 소유자였으며 실천적인 삶을 산 사람이었다.

수도원의 개혁자가 되어

1560년 테레사는 이렇게 단련된 강한 신앙과 확신 속에서 초창기의 엄격한 수도생활의 규율로 돌아갈 것을 주장하여, 자기가 속한 카르멜 수녀회의 개혁을 시작했다. 1562년 2월에는 로마 교황청에 새 수도원 창립을 위한 청원을 요청한다. 같은 해 8월 아빌라의 성 요셉 수녀원을 설립하고 13명의 수녀와 그곳으로 이동했다. 1567년 11월에는 신비주의자인 십자가의 성 요한과 함께 두루엘로에 수도승들을 위한 카르멜 수도원을 창립했다. 테레사가 세운 수도원은 수도승을 위하여 15개,

수녀들을 위하여 17개였다.

테레사의 일련의 개혁적인 행동이 순탄했던 것만은 아니었다. 카르멜회의 총장은 테레사와 동료들을 과격파라고 비난하고 공격했다. 1575년 총회는 개혁 그룹에 대하여 제한 조치를 내렸고, 그러한 반발은 1580년까지 보수파와 개혁파의 격렬한 투쟁으로 이어진다. 그러나 교황 그레고리 13세가 테레사의 손을 들어주어 이를 승인함으로 개혁은 성공을 거두게 되었다.

테레사는 1582년 9월에 알바 테 토르메스로 여행을 하다가 중병에 걸려 드러눕게 되었다. 같은 해 10월 밤중에 임종의 때가 가까웠음을 안 테레사는 하느님을 곧 만날 수 있다는 생각에 기뻐하며 "주여, 저는 성(聖)교회의 딸입니다" 라고 말하면서 67살의 나이에 숨을 거두었다

테레사의 삶에 대한 자전적 기록이었던 가장 위대한 신앙 저작들은 영혼의 성(The Interior Castle), 완덕의 길(The Way of Perfection), 삶(Life)과 기초 교리서(Book of Foundations) 등이 있다. 1617년 스페인 의회는 그녀를 스페인의 수호자로 선언했고, 1622년에는 교황 그레고리 15세에 의하여 시성 되었다. 1970년에는 여성으로는 처음으로 카톨릭교회의 박사로 지명되었다.

그리스도를 향한 절규

이때쯤 나의 영혼은 쇠약해져가고 있었다. 비록 그것이 안식을 갈망하고 있었지만 혹독한 습관들은 나의 영혼에게 쉼을 가져다주지 못하고 있었다. 어느 날 나는 예배당으로 들어가다가 한 형상을 보았다. 그것은 그 집에서의 어떤 한 축제를 위해서 만들어져, 그곳에 옮겨져 있었다. 심하게 상처받은 그리스도의 모습을 그리고 있었는데, 그를 보고 있는 동안에 나의 마음은 깊이 감동으로 움직였다. 그 그림은 우리를 위하여 고난당하시는 모습을 잘 묘사해 놓은 것이었다. 나는 주님

께 얼마나 많은 상처를 드렸는가를 생각하며 마음이 찢어지는 고통을 느꼈으며, 주님 앞에 무릎을 꿇고 한없이 눈물을 흘렸다. 나는 주님을 거스르지 않도록 힘을 달라고 기도했다.

나는 특히 성체를 나눌 때 영광스런 막달라에게 헌신을 했고, 그녀의 회심에 대하여 자주 생각했다. 분명히 주께서 나와 함께 하심을 알고 있었고, 내가 그분의 발아래 엎드렸을 때 나의 눈물을 거절하지 않을 것을 믿었다. 나는 내가 무슨 말을 하고 있는지 알지 못했지만, 주님은 내가 눈물 흘리는 것을 허락하셨고 큰 은혜를 보여 주셨다. 그래서 나는 슬픔을 곧 잊었고 내 자신을 영화로우신 성모에게 맡기곤 했다. 왜냐하면 그녀가 나를 위해 용서를 받아 주실 것으로 믿었기 때문이다.

그러나 그 형상을 본 이 마지막 순간에 나는 커다란 진보를 이룩했다고 생각한다. 왜냐하면 그때 내 자신을 신뢰하지 않고 하나님 안에 믿음을 두고 있었기 때문이다. 그래서 그때 내가 간구하는 것을 들어주실 때까지 그곳에서 결코 일어나지 않을 것이라고 말했다고 믿는다. 나는 확실히 그때로부터 진보하기 시작했다고 느낀다. 내면적으로 나는 그리스도의 모습을 그리려고 노력했다. 그리고 주님은 대부분의 시간에 혼자였다는 생각을 할 때마다 위로를 받았다. 왜냐하면 주님이 우리처럼 고독했고 상처받았다고 하는 사실이 그분께 가까이 갈 수 있도록 해주었기 때문이다. 나는 이렇게 단순하게 믿고 생각했다. 특별히 나는 주님의 겟세마네 동산에서의 기도에 몰두했고, 그분이 그곳에서 흘린 땀과 고통을 생각했다. 할 수만 있으면 주님의 얼굴에서 그 고통의 땀을 씻어드리고 싶었지만, 중간에 가로막힌 나의 무거운 죄는 그것을 허락하지 않았다. 그렇지만 나의 생각이 허락하는 한 그곳에 그분과 함께 있었다.

수년 동안 거의 매일 밤 잠들기 전, 나 자신을 하나님께 맡길 때 잠깐 동안이라도 겟세마네 동산에서의 기도 장면을 생각했고, 수녀가 되기 전에도 이 일을 계속했다. 왜냐하면 그렇게 함으로써 많은 속죄를 얻을 수 있다는 말을 들어서 알고 있었기 때문이다. 확신하거니와 이러한 일들을 통하여 나는 아주 많은 것을 얻을 수 있었다. 이 규칙적인 습관은 나에게 잠자리에 들기 전의 기도를 결코 빠트리지 않게 해주었기 때문이다.

마음의 영적인 반응이 일어나지 않는 기도는 영혼이 굉장한 이득을 얻거나 영혼 자체를 완전히 잃어버리는 것을 뜻한다. 즉 다른 길을 가고 있는 정신에 대하여 말하는 것이다. 만일 그것을 그대로 두면 매우 먼 길로 가버리게 된다. 이렇게 멀리 간 사람들은 주님께서 그들을 속히 부르셔서 침묵의 기도로 이끄시지 않는 한, 자기 자신들에게 많은 대가를 치러야 한다. 그것은 또한 나로 하여금 들이나 물이나 꽃을 보도록 도와주곤 했는데, 이러한 것들은 창조주를 기억하게 했다. 즉 그것들은 나를 일깨웠고 자신을 돌아볼 수 있도록 도왔으며 하나의 책과 같은 역할을 해주었다. 또한 그것들은 죄에 대하여 깨우쳐 주었다. 그러나 거룩한 것들이나 추상적인 주제에 이르게 될 때면, 나의 마음은 전혀 생각할 수 없을 정도로 어두워졌다. 주님께서 다른 방법으로 그런 것들을 보여 주실 때에만 깨달을 수 있었다.

나는 마음속에서 어떤 사물들을 형상화시키는 데 무능했다. 다른 사람들은 어떤 사물을 목격하지 않고도 형상화시킬 수 있었지만, 내 눈으로 어떤 사물을 실제로 목격할 때까지는 나의 상상력을 사용할 수 없었다. 그래서 나는 인간으로서의 그리스도에 대해서도 생각에 머무를 수밖에 없었다. 위대한 주님에 대하여 많이 읽고 그분에 대한 그림을 많이 보았지만, 나는 그분을 형상화시킬 수가 없었다. 소경과 같이 어둠 속에 있는 처지였다. 이런 부류의 사람들은 어떤 대상과 대화를 나누고 있을 때 그가 자기들과 함께 있음을 안다. 왜냐하면 그 사람이 그곳에 있음을 확실히 알고 믿기 때문이다. 그러나 그들은 그 사람을 실제로 보지는 못한다. 내가 우리 주님을 생각할 때가 바로 이런 경우였다. 내가 그림들을 무척 좋아했던 이유도 거기에 있었다. 자기의 잘못 때문에 이 축복을 잃는 자는 불행하다. 왜냐하면 그들이 주님을 사랑한다면, 사랑하는 어떤 사람의 그림을 보면서도 즐거움을 얻는 것처럼, 주님에 대한 그림을 보는 것으로도 기쁨을 얻을 수 있어야 하기 때문이다.

독서의 선물 – 길을 찾다

성 어거스틴의 참회록(Confessions of Saint Augustine)을 읽은 것이 바로 이즈음이었다. 나는 우리 주님께서 미리 그 일을 계획하셨다고 생각한다. 왜냐하면 나는 그 책을 한 번도 요구하거나 심지어 본 적도 없었기 때문이다. 내가 수녀가 되기 전까지 소속해 있던 수도회가 바로 어거스틴 수도회였으며, 그도 역시 한 사람의 죄인이었다는 점 때문에 나는 성 어거스틴에게 남다른 생각을 갖고 있었다. 나는 주님께서 부르시기 전까지, 죄인의 길에 서 있던 성인들의 전기를 읽음으로서 많은 위로를 얻었다. 그분께서 그들을 용서해 주셨으니 나에게도 같은 은혜를 베풀어 주시리라고 믿었기 때문이었다. 그런데 계속해서 나를 괴롭히던 문제는 주님께서 그들을 부르시고 난 후 그들은 다시 넘어지지 않았는데, 나는 계속해서 넘어지고 있다는 것이었다. 나는 근심했으나 주님의 사랑을 생각하고는 다시 용기를 얻곤 했다. 왜냐하면 그분의 나에 대한 사랑을 절대로 의심하지 않았기 때문이다.

"

오, 하나님께서 나를 도우셨도다! 내가 그분께로부터 받은 그 많은 도우심에도 불구하고 마음이 이토록 완고해졌음을 생각하니 얼마나 놀라운지! 나는 혼자서 할 수 있는 일이 아무것도 없다는 것과 하나님께 나 자신을 전적으로 드릴 결단을 할 수 없도록 철저히 묶여 있다는 생각을 하면 정말 놀라움을 떨쳐 버릴 수가 없다. 나는 참회록을 읽기 시작했을 때, 그 속에서 나 자신을 보는 것 같았고, 그래서 나를 그 영광스런 성자께 의탁하기 시작했다. 그의 회심 장면에 이르러서 정원에서 귀한 음성이 들려오는 소리를 들었다는 것을 읽었을 때, 나는 주님께서 그런 방법으로 나에게도 말씀하고 계신다고 느꼈다. 나는 오랜 기간 동안 눈물과 커다란 조바심과 고통 속에 젖어 있었다. 사랑의 하나님이시여, 한 영혼이 스스로의 주인이 되는 자유를 잃을 때 겪어야 하는 고통이 얼마나 큰지요! 지금 내가 그러한 고통의 상태 속에서 살 수 있었다는 사실에 놀라고 있다. 그러한 처절한 죽음을 끊어버리고 나에게 생명을 주신 하나님을 찬양할지어다!

내 영혼이 하나님의 위엄으로부터 커다란 힘을 얻었다고 생각한다. 그분은 분명히 나의 간구를 들으셨으며, 내가 흘린 그 많은 눈물에 자비를 베푸셨다. 나는 그분과 좀 더 많은 시간을 같이 하기를 원하면서 죄의 원인들을 제거하기 시작했다. 그래서 죄가 사라지고 나면 나는 그분의 위엄에 대한 새로운 사랑을 경험하곤 했다. 나는 주님을 사랑하고 있음을 알았다. 그러나 나는 하나님에 대한 참다운 사랑이 실제로 무엇을 의미하는지를 모르고 있었다. 하나님께서 다시 나를 돌아보시기 시작했을 때, 나는 그분께 봉사할 만큼 충분히 준비되지 못했다고 생각했다. 그러나 주님께서는 다른 사람들이 큰 수고를 하여 얻어내는 것을 나에게는 쉽게 얻도록 해주셨다. 그 후 몇 년 동안 주님은 나에게 위로와 자비를 베풀어 주셨다. 나는 결코 다른 호의들을 간구하지 않고, 단지 그분을 거역하지 않도록 하는 은혜와 나의 비참한 죄에 대한 용서만을 구했다. 왜냐하면 나는 그 죄들이 얼마나 참담한 것인지를 알고 있어서 감히 주님의 자비나 위로를 의식적으로 구할 수 없었기 때문이다. 그분의 긍휼은 내 안에서 충만히 역사하셨고, 나를 그분과 동행하게 하시고 그분에게로 이끄심으로써 나에게 크신 은혜를 베풀어 주셨다. 주님의 은혜로운 역사가 없었다면 나는 결코 그분 앞에 서 있지 못했을 것이다.

”

이와 같이 아빌라의 성스러운 수녀 테레사는 자기 자신의 생애를 오직 하나님께 근거하고 있으며, 하나님의 은혜로 생각하며 살았던 것이다. 그의 하나님을 향한 뜨거운 열정은 세계와 사회를 변화시키며, 감동시킨 참으로 아름다운 것이었으며, 우리를 주님께 이끄는 그의 역동적인 발자취는 숭고하기까지 한 실천적인 삶의 표상임에 틀림없는 것이었다.

참고문헌 – 이 글은 아래 문헌에서 인용, 발췌한 것이다.

편찬위원회, 『기독교대백과사전 15권』, 서울: 기독교문사, 1989. pp. 251~252

Hugh T. Kerr & John M. Mulder. *conversions*. New York: Grand Rapids, 1983.

아빌라의 테레사의 *The Life of the Holy Mather Teresa of Jesus in The Complete Works of Saint Teresa of Jesus.* 중에서

휴 커 · 죤 멀더, 공편. 『위대한 회심자들』. 박영봉 역. 서울: 생명의 말씀사, 1993. pp. 51~56.

http://ko.wikipedia.org/wiki/(위키백과)

http://www.britannica.com/(브리테니커 Internet판)

신실한 청교도

리차드 백스터

13

Richard Baxter

1615~1691

신앙의 절개와 삶의 정직함을 추구했던 그는
신념에 충실해서 고통도 마다하지 않았다.

원칙과 열정의 삶

리차드 백스터는 쉬레프셔의 로우턴에서 1615년 11월에 태어났다. 어려서는 가정의 경제적인 어려움이 있었고, 학창시절에는 병에 시달려서 정규적인 대학 교육을 받지 못했다. 18세가 되던 해, 법률가가 되기 위해 옥스퍼드대학에 가기를 원했지만 그의 형편을 아는 몇몇 목사들의 권유에 따라 인근 사립학교의 교장 리챠드 윅스테드 밑에서 개인 수업을 받게 되었다. 그는 비록 공식적인 교육을 받지는 못했으나 그의 '거룩한 지식'은 정규 대학 교육을 받은 사람들 가운데 소수만이 견줄 수 있을 정도로 탁월한 수준에 이르렀다. 그는 20세가 될 무렵에 허버트경의 후원으로 런던에서 지낼 수 있었다. 1633년 런던의 화이트홀에서 짧은 법정생활을 경험했으나 법정을 혐오하여 이를 떠나 신학을 공부했다. 1638년인 23세에는 우스터의 주교에 의해 서품되었으며, 1641년까지 브릿지노스의 윌리암 메드스타드 목사의 부목사로 있으면서 마치 '죽어 가고 있는 사람이 죽어 가고 있는 사람들에게' 하듯 뜨거운 설교를 했다. 이후 키드민스터의 성 마리아 교구를 맡아 그곳의 영성을 크게 진작시켰다. 그가 크롬웰 앞에서 고린도전서 1장 10절을 본문으로 교회의 분열을 반대하는 설교를 한 것은 대단한 용기였다. 그 외에도 여러 곳에서 설교했으며, 키더민스터에서 교사로서의 사역을 시작했다. 그곳에서 그는 처소가 완전히 변화되는 놀라운 부분적인 성공을 거두었다.

1641년 찰스 1세의 왕정과 의회의 싸움이 발생하자 의회의 편을 들었다. 키더민스터의 거의 모든 사람들은 왕정을 옹호했으므로, 백스터는 잠시 물러나 있다가 군종 사제로 일한 후에 다시 돌아왔다. 그러나 백스터는 나중에는 찰스 2세를 영국으로 받아들이는 편에 섰고, 찰스 2세는 그를 전속 사제로 임명하고 또한 헤레페드의 주교로 세우려고 했으나 이 제의는 거절했다. 1660년 런던에 온 백스터는 하원과 여러 성당, 시장과 런던 참사 회원 앞에서 설교했다. 1661년 사보이 회의에서 비국교파 지도자로서 비국교도 사용하도록 기도서를 개정할 것을 주장했다. 그는 자주 다른 강단에서도 설교했다. 1662년에 교식 통일령이 통과되기 3일 전에 그는 영국 국교회와 결별하고 런던의 서쪽 교외지인 액턴으로 물러났다. 이후로 1668년 윌리암과 메리가 즉위할 때까지 어떤 직책도 맡지 않았고 혹독하게 강요되는 억압적인 법들로 인하여 환란을 감수해야 했다. 1662년 9월에 자신보다 24살이나 어린 마거

릿과 결혼했다. 그녀는 부자였고 사회적 지위도 높았으며 헌신적으로 그를 돌보았다. 회고록에서 백스터는 비국교도로서 자신이 유배당할 때나 곤경에 처할 때마다 항상 동행했다고 적었다. 뿐만 아니라 불행한 처지에 있는 동료로서 고생하는 사람들을 아낌없이 도와주었다. 아내는 1681년 7월 사망했다.

백스터는 자신이 설교에서 주장한 것으로 인하여 두 번이나 투옥 되었다. 이유는 영국 국교회를 비방했다는 혐의이었다. 한 번은 짧았으나 한 번은 1685년 2월에서 1686년 11월까지 고생했다. 무거운 벌금, 혹독한 방랑과 고난 등 어떠한 위협도 그의 영혼을 흔들 수는 없었다. 대중에의 설교와 지속적인 저술 활동은 그에게 주어진 소명이었다. 1688년의 관용령으로 박해는 비로소 끝이 났고 비로소 평화가 찾아왔다. 그러나 노회한 설교자는 1691년에 세상의 달려갈 길을 마치고 영원한 안식을 떠났다.

백스터는 많은 저술활동을 한 목회자였다. 그의 신학사상은 당시의 사람들이 인정할 수 없는 부분이 많았고, 심지어는 비국교파 가운데서도 분열을 야기했다. 다만 후대에 그 이론이 수정되어 영국, 스코틀랜드, 미국 등지의 장로교회와 회중교회에서 사용되었다. 비국교도인들과 키더민스터 교인들이 1875년 7월 제막한 기념비에 그의 신앙에 대한 소신을 이렇게 소개하고 있다.

"

1641년부터 1660년까지 이 도시는 리차드 백스터의 일터였다. 이제 이곳은 그의 기독교적 지식과 목회적인 충성으로 인해 그와 동등하게 유명하게 되었다. 폭풍우가 몰아치는 분열의 시대에 그는 일치와 이해를 옹호했고 영원한 평안의 길을 제시했다.(기독교대백과사전 7권, p. 363)

"

열악했던 교회에서의 부친의 변화

나의 부친은 부동산 보유자로 좋은 토지를 소유하고 있었다. 그러나 부친은 젊은 시절부터 도박에 빠졌는데, 사실 이런 폐습은 할아버지부터 그러했다. 대를 이은 도박으로 토지가 부채로 저당 잡힌 것은 어찌 보면 당연한 일이었다. 이러한 많은 부채에서 자유로울 수 있기 전까지 이러한 상태는 계속 해소되지 않았고, 소유한 토지는 우리 집의 근심거리가 되었다.

우리는 설교라고는 전혀 들을 수 없는 외진 시골에서 살았다. 다만 예배 시에 성경이나 기도문을 낭독하는 사람이 있었을 뿐이다. 그조차도 6년 동안 4명이나 교체되었다. 그들은 무식했고, 더군다나 그들 중 두 사람은 부도덕한 생활을 하고 있었다. 이런 사람들이 학교 선생님이었다. 부친이 살았던 마을에는 80세의 노인이 예배에서 낭독하는 자가 있었는데, 그는 한 번도 설교한 적이 없었기에 예배를 제대로 인도할리 만무했다. 시력이 약해져서 아예 공동기도문을 외워서 읽었는데, 심지어 시편과 다른 성경을 읽을 때는 자신을 대신해서 한 해는 날품팔이를 고용했고, 다음 해에는 재단사를 고용해서 읽게 하기도 했다. 그러다가 마침내 자신의 친족 중의 한 사람을 데려다가 성직을 맡게 하고, 자리를 대신하게 했다. … 그 사람 다음에 또 다른 친족이 성직을 맡아 이어 갔고, 한동안은 학교를 다녔던 또 다른 이웃의 아들이 성직자가 되어 감히 설교도 하기 시작했다. ……

그들은 2명은 빼고 거의 모두가 무지했으며 가난했다. 거의 대부분이 무계획적이며 되는 대로의 생활을 하고 있었던 사람들이다. 서너 명의 유능한 설교자들이 우리 곁에 살고 있었지만, 그들은 악의적이고도 근거가 없는 비난의 표적이 되었다. 그들의 설교를 들으러 가는 사람은 모두가 '청교도' 라는 오명(汚名)을 감수해야만 했다.

좋은 교사를 가지지는 못했을지라도 부친을 변화시키신 하나님을 생각하면 지금도 감사한 마음이 일어난다. 부친은 어떠한 내적인 변화로 혼자서 성경을 읽었으며 그로 인하여 스스로가 변화되었다. 하나님은 부친을 통하여 미약했던 나의 신앙을 더욱 굳건한 확신으로 이끄셨다. 성경은 거룩한 삶에의 강력한 권고였으며, 추한 것으로부터 지켜 주는 방패였다. 내가 어렸을 때 부친은 하나님과 다가올 삶에 대하여 매우 진지하게 말씀하셨다. 죄에 대한 두려움을 갖게 된 것이 아마도 그때부터였다. 내가 열 살이었을 때 하이 에르칼(High Ercall)학교에 다녔고, 어느 날인가 우리는 왕의 대관식을 즐기기 위해서 떠났다. 그런데 그날 오후 2시경에 지진이 일어났다. 이 사건은 모든 사람들에게 커다란 걱정과 두려움을 안겨 주었으며, 심한 공포감에 사로잡혀 하나님을 기억하도록 했다.

고통스러웠던 죄악들

성경을 통하여 변화된 부친은 나에게 성경을 읽도록 지도했다. 처음은 역사 부분을 읽도록 했다. 이는 나에게 많은 재미와 흥미를 느끼도록 했고, 커다란 기쁨을 주었다. 교리와 구속의 신비에 관해서는 이해하지 못했고, 참된 의미도 알지 못했다. 그렇지만 이러한 독서는 실제적인 문제를 접할 수 있게 해 주었다. 또한 성경을 사랑하도록 만들어서 나에게 여러 분야를 탐구하는데 많은 도움을 주었다. 그러나 한편으로 죄를 지을 때마다 나의 양심이 심한 괴로움을 느꼈다. 나는 가끔씩 여러 가지 죄에 휘둘렸으며 양심에 반하는 행동을 했다. 다른 사람들에게 좋은 경고가 될 수 있겠다 싶어서 부끄러운 일이지만 고백한다.

❝

첫째, 피할 수도 있는 거짓말하기에 젖어 있었고, 그에 대한 제재를 두려워 했다.

둘째, 사과와 배를 너무나 탐식했다. 이것이 질병을 부르는 요인이 되었다.

셋째, 많은 과일이 집에 있음에도 이웃의 과수원에서 과일서리를 했다.

넷째, 돈에 대한 욕심과 탐욕 때문에 도박에 깊이 빠졌다.

다섯째, 소설과 잡지의 사랑이야기에 빠져 정서를 해치고 시간을 낭비했다.

여섯째, 쓸데없는 잡담과 나쁜 아이들의 무례한 말과 행동을 모방하는 죄를 지었다.

일곱째, 성적에 대한 선생님의 칭찬을 너무 의식하고 자랑했다. 물론 칭찬으로 자긍심을 채워주었으며, 학교에서 7~8년 동안 수석을 차지하게 했으며, 그로 인해 거만했고 겸손을 찾아 볼 수 없었다.

여덟째, 부모님에 대해 무례했고 공손한 마음을 갖지 못했다.

이런 것들이 어린 시절 내내 나를 괴롭히고 불편하게 만든 죄목들이다. 이것을 극복하기 위해서 상당한 시간을 노력해야했고, 그동안 내 양심은 괴로움으로 인한 고통스러움을 감내해야만 했다.

❞

어느 날 마을에서 한 낭독자가 공동기도문을 짧게 읽어 주었다. 그리고 그날의 나머지 시간은 밤을 맞도록 먹는 시간을 제외하고 춤을 추는 시간이었다. 장소는 부친의 집에서 그리 멀지 않은 곳으로 마을 사람들이 주로 모이는 공간이었다. 부친의 소작인 한 사람이 그곳에서 피리를 불었다. 부친은 피리 부는 것을 막을 수 없었고 그렇게 할 수도 없었다. 우리 집은 북소리와 피리 부는 소리 등의 소음으로 성경을 읽을 수 없었다. 여러 번 나의 마음은 노는 사람들 속에 휘말렸고, 가끔씩은 양심을 거슬려서 그 사람들과 합서하여 놀았다. 희한하게도 나는 그럴수록 더욱더 커다란 욕망 같은 것을 느꼈다. 그러나 그들이 부친을 청교도라고 부르는 소리를 들었을 때, 그들과 함께 노는 것을 멀리할 수밖에 없었다. 왜냐하면 성경을 읽는 부친의 생활습관이 확실히 모든 사람보다 뛰어났기 때문이다. 그리고 무엇을 위해서 부친과 동료들이 그런 식으로 조롱을 받는가를 곰곰이 생각하게 되었다.

은밀하게 다가온 변화

그때에 하나님은 눈을 열어 나의 영혼에 대한 실상을 분명하게 보도록 놀라운 자비를 베풀어 주셨다. 내가 전에 발견했던 것보다 영적인 것에 더욱 절실하도록 마음을 어루만져 주셨다. 그 사건의 순서는 다음과 같이 일어났다. 못된 아이들과 함께 나는 과수원에서 도둑질을 했다. 그것은 전보다 훨씬 더 양심의 가책을 느끼도록 만들었다. 그때 어떤 사람이 부친에게 『번니의 결심』(Bunny is Resolution)이라는 책(예수회의 목자들이 썼고 번니가 편집한 것)을 빌려주었다. 그 책을 나는 주의 깊게 읽었다. 당시 나는 15세였다. 그런데 그 책을 통하여 하나님은 나의 마음을 감동시켰으며 영혼을 변화시키셨다.

"

참된 회심이 이때에 일어났는지, 아니면 그전에 있었는지, 그 후에 있었는지는 정확하게 특정할 수는 없다. 왜냐하면 그 이전에도 선한 것들과 선한 사람들에의 사랑을 가지고 있었고, 전에 언급했던 죄 외에도 다른 죄들을 삼가 했기 때문이다. 나는 죄를 짓지 않으려 노력했고, 죄를 지었어도 항상 양심에 거리낌을 갖고 있었다. 그 무렵 가난한 행상인이 여러 가지 좋은 책들을 가지고 팔러왔다. 그 중에서 부친은 십(Sibb) 박사의 『상한 갈대』(Bruised Reed)라는 책을 사셨다. 나는 그 책도 읽었는데 그것은 매우 시기적절했다. 이 시기에 나는 인생의 많은 변화를 겪었다. 죄로부터의 의지적인 전환도 있었다. …….

❞

그 후 나는 교육을 받기 시작했고 대학에도 들어갔다. 그리고 교육이 하나님의 은혜를 효율적으로 전달하기 위하여 필요하다는 사실을 알았다. 말씀을 선포할 때 성령을 거슬리지 않는 것도 중요하다는 사실도 깨달았다. 나에게 그러한 변화를 주신 분은 하나님이셨다. …….

하나님이 나와 비슷한 어려움을 가졌던 많은 사람들을 위로하라고 부르셨을 때 마음의 평안함을 느꼈다. 그들의 의문에 답하는 것이 결국은 나 자신에게 답하는 것이었다. 그들에게 베푼 자선은 나에게로 돌아와서 두려움을 무의식 중에 누그러뜨렸고 내적인 평정과 안위를 더해 주었다.

그러나 지금도 나는 의문도 없는 확실성보다는 개연성을 더 좋아했다. 바로 오늘날까지도 나의 영혼에 큰 문제를 일으키고 두려움을 주는 의심은 물론 없지만, 모든 의심과 두려움을 몰아낼 정도로 견고한 확신을 가졌다고 자신 있게 말할 수도 없는 상태다.

백스터의 청교도 신앙은 기독교 신앙의 교리에 대한 단순한 동의보다는 하나님의 용서에 대한 개인적인 체험이 더 필요하다고 강조했다. 그리고 청교도들도 그들이 말하는 소위 "역사적 신앙(historical faith)과 "구원하는 신앙"(saving faith)을 끊임없이 대조시켰다. 그러나 백스터 자신의 회심 기록에서 나타나고 있듯이 한 인간이 구원을 받았다는 완벽한 증거가 늘 회심의 결과일 수만은 없다고 보았다. 회심 그 자체는 경험의 일부분일 수 있는 것이며 그 각각의 경험들이 하나님의 사랑에 대한 이해를 점점 더 깊게 해주는 것일 뿐이라고 생각했다.

백스터는 마틴 루터의 종교개혁 100년 이후에 나타난 영국 청교도운동의 대표적 목회자다. 청교도(Puritans)는 칼빈의 영향을 받아 깨끗한 신앙생활을 하려는 사람들이다. 대체로 청교도는 자신이 죄에서 온전히 벗어나고, 신앙의 철저한 훈련을 통하여 자신과 교회를 새롭게 하려는 운동으로부터 시작되었다.

백스터 역시 청교도의 탁월한 지도자로서 청교도의 거룩한 구별운동은 결혼, 우정, 오락에서 시작하여, 군대생활, 정치, 비즈니스 등에 적용되어야 한다고 보았다. 그러므로 백스터는 일하지 않고 먹는 유한계층의 사람을 "더러운 세대"로 정죄하면서 노동은 신자다움을 드러내는 선한 일이라고 말했다. 그는 6시간 이상 잠을 자서는 아니되며, 너무 기도를 길게 하므로 노동을 줄여서는 아니된다고 했고, "정직한 비즈니스"야 말로 인생을 풍성하게 채워주는 우리의 열정을 소진시킬 만한 것이라고 했다.

백스터와 같은 청교도 목사의 상당부분은 영국에서 낮은 귀족인 "신사"(紳士, gentry)에 속하는 사람들이었다. 이 신사라는 말은 예의바르고 성품이 너그러운 존경할만한 사람을 뜻한다. 복음의 말씀은 사람들을 신사적으로 만든다. 복음의 말씀은 사람의 내면을 너그럽고 부드럽게 만들며, 자신뿐 아니라 사회에 선한 영향력을 미치는 역할을 한다. 백스터는 기독교의 종교개혁 이후, "행위와 공로의 기독교"를 하나님의 "은혜의 기독교"로 바꾸었다. 그는 기독교가 개인의 개성과 창의성을 중시하는 "개인구원의 기독교"로 남아있던 것을 "소명과 사회변혁의 종교"로 바꾸었다. 오늘날 청교도정신은 영국 개혁과 미국 건국의 정신적 기초가 된다.

그의 설교는 수많은 청중을 회심케하는 역사를 낳았지만, 사실 그는 설교 준비보다는 저술에 더 많은 시간을 할애한 것으로 알려진다. 그가 록세터의 목회자 연합을 주도하면서 "목회자가 개혁되어야 성도들이 개혁된다"고 역설한 것과, 종교적 평화를 위한다는 구실로 국왕 찰스 2세가 로마 카톨릭을 수용하려 하자 왕의 면전에서 극구 반대한 것도 유명한 일화이다. 또한 그의 친구가 그의 탁월한 저작들이 많은 이에게 유익을 주고 있다고 칭찬하자,

"나는 단지 하나님의 손에 있는 펜이었을 뿐이네. 펜에게 무슨 찬양할 거리가 있는가"라고 한 말도 유명하다.

백스터만큼 전 생애를 복음을 위해 처절한 삶을 살다간 사람도 없을 것이다. 그것은 그의 유언에서 증명하고 있다.

"나는 죽어도 복음은 죽지 않습니다. 교회는 죽지 않습니다.
… 나는 잠들어도 내가 뿌린 씨앗은 자라서 세상에 유익이 될 것입니다"라고 한 말이 우리에게 영적인 심금을 울리며 다짐하게 하고, 오래오래 각인시켜 주고 있다.

참고문헌 - 이 글은 아래 문헌에서 인용, 발췌한 것이다.
편찬위원회, 『기독교대백과사전 7권』, 서울: 기독교문사, 1982. pp. 363~364.
Hugh T. Kerr & John M. Mulder. *conversions*. New York: Grand Rapids, 1983.
리차드 백스터의 *The Autobiography of Richard Baxter* 중에서
휴 커 · 죤 멀더, 공편. 『위대한 회심자들』. 박영봉 역. 서울: 생명의 말씀사, 1993. pp. 51~56. pp. 65~76.
http://ko.wikipedia.org/wiki/(위키백과)
http://www.britannica.com/(브리테니커 Internet판)
http://www.choonghyun.org/web/zboard.php?id=chmc_msnMsg&no=273 민종기-2010. 10. 29
http://mall.duranno.com/book/copyrighter_info.asp?mbr_num=10360167

위대한 학자

파스칼

Blaise Pascal

1623~1662

천재적인 재능을 가졌지만, 오직 그는
하나님만 더 사랑하고 추구하기를 원했다.

다방면의 재능자

블레즈 파스칼은 1623년 오베르뉴 주의 클레르몽페랑에서 태어났다. 그는 프랑스의 수학자요, 물리학자이며, 철학자이자 신학자이며 문학가로서 20년이라는 짧은 기간 동안에 위대한 명성을 남겼다. 그래서 그를 묘사하는 적합한 단어는 '천재적' (genius)이라는 말이다. 많은 작가들과 해석자들이 이 사실에 대하여 동의하고 있다. 그의 아버지 에티엔 파스칼은 세무법원의 판사였다. 1626년 어머니가 죽고

1631년 파스칼의 가족은 파리로 이주했다. 수학자였던 에티엔은 파리로 옮겨온 뒤에는 자식 교육에 전념했다. 1638년 그의 아버지가 리쉴리외의 재정정책에 반대하여 도망했다. 1639년 2세 아래인 누이 자클린이 리쉴리외를 위한 어린이 연극에서 훌륭하게 역할을 소화함으로 그의 아버지가 용서를 받았다. 그리하여 루앙의 왕실 세무관이 되었다. 파스칼은 수학분야에서 대단한 천재성을 발휘했다. 16세였던 1640년 종합 사영(射影) 기하학에 관한 지라르 데자르그의 저서를 연구하여, 그 결과를 가지고 '파스칼의 정리'를 포함하는『원뿔곡선론』(Essai pour les coniques)을 발표했다. 이 책은 수학계에서 대단한 성공을 거두어, 르네 데카르트를 놀라게 했으며 그가 시샘할 정도였다. 1642~44년에 파스칼은 아버지(1639년에 루앙시의 행정관으로 임명됨)의 세금 계산을 도우려고 계산기를 착안하여 발명했다. 어떤 의미에서 이 기계는 최초의 디지털 계산기였다. 파스칼은 물리학자나 수학자로서뿐만 아니라 문학적 영감이 번득이는 예술가의 면모를 보이기도 했다. 이러한 다방면의 풍부한 재능은 아버지에게서 물려받은 것이기도 하다.

얀센주의로의 전향

파스칼의 수학과 과학에의 공헌은 당시 매우 위대한 공헌이었지만 그의 종교와 철학적인 견해는 오히려 그의 업적을 약화시켰다. 1646년까지 파스칼 일가는 카톨릭 교리를 엄격하게 지키는 경건한 카톨릭 교도였다. 그러나 아버지의 사고(事故)는 파스칼로 하여금 카톨릭을 떠나 다른 심오한 종교적 세계와 만나게 만들었다. 그는 인생의 문제는 종교의 문제라고 생각했다. 아버지가 아플 때 얀센의 추종자인 두 사람이 돌보아 주게 된 것이 계기가 되었다. 얀센주의(Jensenism)는 프랑스 카톨릭교회의 일종의 퓨리탄으로 소박하고 겸손한 삶을 강조했다. 당시의 대단한 논쟁을 촉발한 이 운동은 예수회의 도덕적 결의론과 교리적인 소원성(remoteness)을 배격했다. 신학적인 면에서 볼 때, 종교적인 지식과 하나님의 은혜와 인간의 신앙 혹은 영성을 결합시키려는 17세기 형태의 성 어거스틴주의였다. 얀센주의는 인간의 자유의지를 거부했으며 신의 예정설을 믿었다. 구원의 열쇠는 인간의 선행이 아니라 신의 은총이라고 가르쳤다. 포르루아얄(Port-Royal) 수도원은 얀센주의 종파의 본산이었다. 파스칼은 말하기를 신앙의 확신성은 이성에 의하여 증명될 수 없는데, 그것은 "마음은 그 이유를 가지고 있는데 이성은 그것을 모르기" 때문이라는 것이다(팡세, Pensees, IV. 277). 신의 존재는 이성이 아니라 심성을 통해 체험할 수 있다고 가르치는 종교적 독단론을 설파했다. 직관론에 바탕을 둔 그의 사상은 장 자크 루소와 앙리 베르그송 및 실존주의자 등 후세의 철학자들에게 상당한 영향을 끼쳤다.

파스칼은 자신이 속세에서 신에게로 완전히 돌아서야 할 필요성을 느끼고 있었다. 신학자 생시랑의 저서를 읽고 교리의 논리적 일관성과 금욕주의에 매료되어 가족들에게 신앙을 권면한다. 아버지와 누나 질베르트를 개종시켰으며, 여동생 자클린은 더 깊이 신앙생활을 하게 된다. 그는 결국, 1646년 가족들까지 설득하여 얀센주의 신앙으로 전향하게 만들었다. 그의 편지를 보면 파스칼은 오랫동안 가족의 정신적 조언자 역할을 해 왔었다. 그러나 그는 세상의 삶과 금욕생활 사이에서 겪는 내적 갈등은 아직 해결되지 않은 상태였다.

과학과 종교의 사이에서

과학적 흥미에 다시금 몰입된 파스칼은 갈릴레오와 에반젤리스타 토리첼리(기압계 원리를 발견한 이탈리아의 물리학자)의 이론을 검증했다. 그는 수은 기압계를 만들어 파리와 클레르몽페랑이 내려다보이는 산꼭대기에서 이에 관한 실험을 검증하고 확대시켰다. 이 실험 결과는 유체동역학과 유체정역학에서 좀 더 진전된 연구가 이루어지는 데 길잡이가 되었다.

또한 실험 과정에서 파스칼은 주사기를 발명했으며, 파스칼의 원리(밀폐된 유체에 주어진 압력은 그 압력이 주어진 범위에 관계없이 모든 방향에 같게 전달됨)를 바탕으로 유압 프레스를 고안해냈다. 1647~48년 진공문제에 관한 논문을 잇달아 발표하여 더욱 명성을 얻었다. 그는 과로로 병이 났고, 의사들은 더 이상 연구에 몰두하지 말고 기분을 전환하라고 충고했다.

그러나 파스칼은 병이 났음에도 여전히 과학 연구에 몰두함으로써 세계적으로 명성을 떨쳤다. 이 시기 그의 여동생은 아버지가 죽자 파스칼의 반대에도 불구하고 1651년에 포르루아알의 수녀가 되었다. 1651~54년에 그는 액체평형에 관해서, 공기의 무게와 밀도에 관해서 또 산술 3각형에 관해서 논문을 썼다. 특히 산술 3각형에서는 확률 계산의 토대를 마련했다.

1653년 말에 종교적 가책을 느끼기 시작한 파스칼은 1654년 11월 밤에 '은총의 불'을 경험하고, 이것이야말로 새 삶의 시작을 알리는 신의 계시라고 확신했다. 다음해 1월 동생을 만나기 위해 포르루아얄 수도원을 방문했다가 얀센주의의 신학자인 앙트와느 아르노를 만나게 되었다. 이를 계기로 얀센주의에 급속하게 가까워지게 되었다. 그는 은둔자가 되지는 못했지만, 거기 포르루아얄 수도원에서 그들의 요구에 응하는 글을 쓰면서 여생을 보냈다. 저서를 발표할 때도 자기의 이름을 밝히지 않았다. 그가 『시골 친구에게 쓴 편지』(Les Provinciales)와 『명상록』(Pensees)이라는 제목으로 널리 알려진 두 저서를 집필한 것은 그가 포르루아얄 수도원에 입문한 것과 거의 같은 시기이다.

극적인 신비의 체험

형식적이고 교리 지향적이었던 카톨릭에서 얀센주의로의 전향한 것이 파스칼의 첫 번째 회심이라고 할 수 있다. 세상적인 쾌락을 모두 버리게 한 사건이라고 말할 수 있다.

그의 두 번째 회심은 매우 극적이고 종교적이었다. 일생 동안 잊지 못할 방법으로 찾아왔다. 어떤 환상이 자신의 내적 존재에 침입하여 무아경의 계시처럼 그 사건의 정확한 시간을 기록해 놓았다. 심지어 그 시간과 내용을 기록하여 양피지와 종이에 각각 한 장씩 기록하여 자신의 자켓 안감에 박아 놓았다! 이것은 그가 죽은 후 10년이 지나서야 하인에 의해 발견되었다.

추상록(Memorial)으로 알려져 있는 전문이 이곳에 번역(라틴어를 영어로)되어 있으며, 관련된 성구들도 첨부했다. 물론 '불' 은 성경에서 자주 사용되는 낯익은 상징으로서 하나님의 현존과 임재를 상징한다.

파스칼이 타오르는 불길과 같은 것을 보았는지는 우리가 알 수 없다. 모세의 불타는 덤불을 기억하든, 이사야의 숯불을 생각하든, 아니면 오순절에 강림했던 불의 혀를 생각하든, 그것이 하나님의 현존을 상징하고 의미하는 것은 명백한 사실이다. 성경은 "우리 하나님은 소멸하는 불이심이라" (히 12:29)고 말한다.

파스칼은 일생 동안 건강이 좋지 못한 상태로(뇌막염, 척추암, 위궤양 등) 늘 육체적 고통을 겪어야 했다. 어쨌든 그는 자신이 죽어 가고 있음을 알고 하나의 기도를 준비했다. 그리고 자신의 질병이 오히려 선한 목적에 사용될 수 있도록 하나님께 간절히 기도했다. 여기 일부분 수록되어 있는 그 기도는 그의 잊을 수 없는 회심 체험을 잘 대변해 준다.

“

추상록(追想錄, The Memorial)

은혜의 해, 1654년,
11월 23일 월요일, 교황이자 순교자이신 성 클레멘트의 축일,
그리고 순교사에 나오는 다른 사람들의 축일,
순교자이신 성 크리소고누스와 다른 이들을 위한 기도일
밤 10시 반경부터 12시 반경까지

불(Fire)

철학자와 학자의 하나님이 아니라
아브라함의 하나님, 이삭의 하나님, 야곱의 하나님(출 3:6; 마 22:32),
확신, 확신, 느낌, 기쁨, 평화.

예수 그리스도의 하나님.
내 하나님, 곧 너희 하나님(요 20:17).
하나님을 제외한 세상의 모든 것을 잊음.
그분은 복음 안에서 가르쳐진 방법으로만 발견될 수 있는 분이시다.
인간 영혼의 위대함.
“의로우신 아버지여, 세상이 아버지를 알지 못하여도 나는 아버지를 알았사옵나이다”(요 17:25).
기쁨, 기쁨, 기쁨, 기쁨의 눈물.

나는 나 자신을 그분에게서 분리시켰다.
생수의 근원되는 나를 버렸도다(렘 2:13).
"나의 하나님, 나의 하나님, 어찌하여 나를 버리셨나이까?" (마 27:46)
나로 하여금 하나님께로부터 나를 영원토록 분리시키지 마소서.
"영생은 곧 유일하신 참 하나님과 그의 보내신 자 예수 그리스도를 아는 것이니이다"(요 17:3).

예수 그리스도,
예수 그리스도.
나는 나 자신을 그분에게서 분리시켰다. 나는 그분에게서 도망했고, 그분을 부인했고, 그분을 십자가에 못박았다.
다시는 그분에게서 분리되지 말게 하소서.
우리는 복음이 가르쳐 준 방법대로만 그분을 붙잡는다.
철저하고 즐거운 포기.
예수 그리스도와 나의 선생에 대한 전적인 복종.
이 땅에서의 하루의 수고를 인한 기쁨에 영원히.
내가 주의 말씀을 잊지 않으리이다(시 119:16).
아멘.

그리고, 그는 질병이 선한 목적에 사용되도록 요청하는 기도를 드렸다. 그 기도는 회심된 그 자신의 신앙고백이라 할 수 있다.

”

이 기도문의 요지는 다음과 같다.

"

주님, 당신의 영은 만물 안에서 매우 선하고 자비로우시며, 자애로우십니다. 그래서, 성한 것이든 쇠한 것이 당신의 택함을 입는 것은 모두 당신의 긍휼하심의 결과입니다.

하나님은 변하지 아니 하시고, 해를 주실 때나 징벌을 하실 때에도 항상 위로하시고 용서를 해 주시는 분이십니다.

하나님께서는 건강을 주셔서 당신을 섬기게 하셨습니다. 그러나 저는 그 건강을 해쳤습니다. 당신께서는 저의 길을 고치시기 위해서 제게 질병을 보내셨나이다. 저의 조급함이 발동하여 그 병 때문에 당신께 화내지 않게 하여 주소서.

저는 저의 건강을 오용했고, 그것에 대해 징계하신 당신은 옳으십니다. 바라건대 당신의 징계를 제가 오용치 않게 하소서.

저의 본성은 당신의 은혜를 악하게 만들 만큼 타락해 있나이다.

오 나의 하나님이시여, 당신의 전능하신 은혜로써 당신의 응징이 저에게 유익이 되게 하옵소서. 만일 저의 마음이 아직도 건강하기 때문에 이 세상을 사랑하는 것이라면 저의 구원을 위하여 이 힘을 거두어 주옵소서.

저로 하여금 육신의 연약함을 인하여 이 세상을 즐길 수 없게 하옵시고, 당신께 대한 사랑으로 인하여 이 세상을 멀리하게 하옵소서. 그 사랑은 저를 오직 당신 안에서만 즐거움을 느낄 수 있게 만들어 주심으로써 저를 당신 안에서 살게 해줍니다.

오 하나님, 저의 생명이 끝날 때까지 그리고 이 세상이 끝날 때까지 제 생명의 기한은 오직 당신께 속해 있나이다! ….

오! 하나님, 당신께서는 제 생명의 마지막 순간에 제가 붙잡혀 있었던, 그리고 제가 저의 마음을 주었던 그 모든 것들로부터 저를 분리시키시옵니다.

오! 하나님, 당신은 심판의 날에 이 세상과 그 속의 모든 피조물들을 소멸시키실 것이며, 그리하여 당신만이 살아 계시다는 것과 당신만이 사랑할 가치가 있다는 것을 모든 사람에게 보여 주실 것입니다. 당신 없이는 아무것도 살아 있지 못할 것이기 때문입니다. ………

주님, 제가 당신의 뜻을 따를 수 있게 하옵소서. 병들어 있는 몸이대로 저의 고난 속에서 당신께 영광을 돌리게 하옵소서. 그 고난이 없이는 저는 영광에 이를 수 없습니다. 나의 구세주시여, 당신조차도 그러한 고난이 없었다면 영광에 이르지 못하셨을 것입니다. 당신은 당신의 고난의 흔적들을 통하여 제자들에 의해 주님으로 확인되셨고, 마찬가지로 당신은 그들의 고난의 흔적을 보시고 그들이 제자임을 확인하셨습니다. 그러므로 제가 범한 잘못으로 인하여 제 육신과 영혼이 겪고 있는 이 질병을 보시어 저를 당신의 제자로 인정하여 주소서.

당신에 의해 바쳐지지 않고는 그 무엇도 당신을 기쁘시게 할 수 없사오니, 저의 뜻을 당신의 뜻과 결합시켜 주시고, 저의 고난을 당신께서 당한 고난과 일치시켜 주소서.

저의 것이 모두 당신의 것이 되게 하시고, 저를 당신께 묶어 주시며, 제 속에 당신과 당신의 성령을 가득 채우소서. 저의 마음과 저의 영혼 속으로 들어오셔서, 그곳에서 저의 고난을 맡으시어 제 속에 남겨 두신 당신의 고난을 계속 이루시옵소서. 그 남겨 두신 고난을 당신께서는 당신의 몸을 완성시킬 때까지 당신의 지체들 속에서 이루고 계시옵니다. 따라서 사는 것과 고난받는 것은 이제 더 이상 제가 아니옵니다. 오! 나의 구세주시여, 제 속에서 살고 고난받는 것은 바로 당신이옵니다. 따라서 당신의 남은 고난 중 매우 적은 부분을 담당한 저에게, 당신께서 긍휼을 베푸사 그 고난으로 당신께 가져다 준 그 영광, 즉 당신께서 성부 하나님과 성령님과 더불어 영원히 거하고 계시는 그 영광으로 저에게도 가득하게 채워 주실 것입니다. 아멘!

”

파스칼은 종교적 회심을 경험하면서 얀센주의 수도원인 포르루아얄 수도원에서 그들의 요구에 응해 글을 쓰게 된다.

1656년에 얀센주의자들에 대한 예수회의 비난이 격해지자, 그들을 위해 『시골 친구에게 쓴 편지 Les Provinciales』 18편을 발표하기도 했다. 파스칼이 신부들의 도덕과 정책에 대해 쓴 『루이 드 몽탈트가 시골의 한 친구와 예수회 신부님들에게 보낸 편지』(18통), 이 저서는 『시골 친구에게 쓴 편지』라는 제목으로 더 잘 알려져 있다. 이는 앙투안 아르노를 변호하기 위해서였다.

앙투안 아르노는 교리 논쟁에 불을 붙인 저서를 발표함으로써 신학 교수단의 심판을 받은 얀센주의의 옹호자이자 예수회 교단의 적이었다. 『시골 친구에게 쓴 편지』에 실린 편지에서 파스칼은 예수회의 해이해진 도덕률을 비난했는데, 파스칼이 생각하기에 도덕성과 영성(靈性)은 결코 떨어질 수 없었다. 도덕률의 해이는 예수회가 포르루아얄과 벌인 논쟁 과정에서 드러난 약점이었다. 파스칼은 예수회 수사들의 대화와 저서를 자유자재로 인용하여, 때로는 비웃고 때로는 격정적으로 분개하면서 그들을 깎아내리고 있다. 여기서 상대의 약점을 사정없이 들춰내어 공격하는 살아있는 한 인간을 만나게 해 준다.

은총 문제를 다루고 있는 마지막 2통의 편지에서 파스칼은 중재자의 지위를 제안했는데, 이 덕분에 포르루아얄은 1668년 '교회의 평화' 에 서명함으로써 얀센주의자들이 시달림을 받아온 종교적 갈등에 잠정적인 종지부를 찍을 수 있었다.

『시골 친구에게 쓴 편지』는 즉각 성공을 거두었고, 그 인기는 이후 계속 유지되었다. 그 비결은 우선 그 형식 덕분이다. 과장되고 장황한 수사학이 이 책에서 처음으로 다양하고 간결하고 꼼꼼하고 명확한 문체로 바뀌었다.

파스칼은 수사학에 탁월했으며 문장력과 설득력이 뛰어났다. 고대 수사학으로부터 유래하는 수사학의 형태는 착상, 배열, 표현, 행위까지를 포함하는 말에 관한 총체적 방법이었고, 하나의 사실을 증명하거나 상대를 설득하기 위한 사고 체계로까지 인식되었다. 또한 인간 이성의 바탕인 로고스, 청중의 감동이나 감성에 호소하는 파토스, 화자의 도덕적 가치가 결부된 에토스에 대한 연구를 수반하는 종합 학문이기도 했다.

프랑스 문학 비평의 창시자인 니콜라 부알로가 인정했듯이 『시골 친구에게 쓴 편지』의 작품은 프랑스 근대 산문의 정수요, 출발점을 이루고 있다. 파스칼과 동시대를 산 라퐁텐느, 라브뤼에르, 라신느로부터 심지어 볼테르를 거쳐 베르나노스, 로리악, 줄리앙 그린에 이르기까지 파스칼의 이 작품이 미친 영향은 지대하다.

이 작품이 상류사회와 개신교도 및 회의주의자들한테까지도 인기를 얻은 것은 예수회에 대한 맹렬한 공격이 그들의 구미에 맞았기 때문인 것이 분명하다. 영국에서는 로마 카톨릭이 영국 국교를 위협할 때마다 이 책을 더욱 폭넓게 읽히게 했다. 하지만 『시골 친구에게 쓴 편지』는 카톨릭교회에 도움을 준 측면도 있다. 카톨릭은 『시골 친구에게 쓴 편지』의 공격을 받음으로써 자체의 약점을 없앴기 때문이다.

『시골 친구에게 쓴 편지』는 『팡세』의 많은 부분이 시골 친구에게 쓴 편지의 내용을 언급하거나 이와 관련된 내용으로 이루어져 있다는 사실에 주목할 만하다. 특히 『팡세』의 『예수회』,『진리와 폭력』,『기적』 등의 단편들은 『시골 친구에게 쓴 편지』가 쓰여진 상황과 밀접하게 맞물려 있으며, 그 내용 또한 많은 부분에서 일치한다는 면에서 『팡세』와 관련해서 접근하고 해석해야 확실하게 이해될 것이다.

또한 포르루아얄 수도원에서 여생을 보내면서 『그리스도교를 위한 변증』을 구상하고 심한 질병의 고통 중에도 집필을 계속했으나, 1962년 39세의 나이로 사망하면서 미완성에 그치고 만다. 이 단장된 원고들은 사후에 포르루아얄의 편집자에 의해 『명상록 Pensees』이라는 제목으로 널리 알려진 『팡세』로 출간되었다.

『팡세』는 기독교를 위한 변증으로서 천재 수학자이자 철학자 파스칼의 하나님, 12가지 성경 키워드로 재구성했다.

파스칼의 '팡세' 에서 12가지 주제인 죄, 인간, 은혜, 하나님, 예수 그리스도, 믿음, 그리스도교, 교회, 예언, 기적, 성경, 사유 등 342편을 새로 구성한 이 책은 수학자이자 철학자로서 파스칼의 영적 성찰이다. 카툰 타입의 일러스트가 본문의 이해를 돕는다. 몇몇 지인을 위해 기록한 기독교를 위한 변증인 팡세는 성경 속 키워드들을 바르게 사유하기를 바라는 그의 통찰로 가득하다.

『팡세』에 나타난 기하학의 정신과 섬세의 정신은 인간의 이성과 마음을 동시에 고려하는 글쓰기라 할 수 있다. 따라서 파스칼의 설득술은 고대로부터 이어지는 수사학 속에서 조망이 가능하며, 『시골 친구에게 쓴 편지』 역시 이 맥락에서 이해될 때 더욱 빛이 난다.

다시금 명성을 얻은 그는 자부심을 느꼈지만, 병에 걸리자 이전의 마음가짐을 되찾았고, 감리교를 창시한 영국의 성직자 찰스와 존 웨슬리 형제가 나중에 그토록 높이 평가하게 된 『개종을 위한 기도 Prayer for conversion』를 썼다. 병 때문에 정상적으로 일하는 것이 거의 불가능해진 그는 그 후 가난한 사람들을 돕는 일과 금욕적이고 헌신적인 생활에 몰두했다.

그러나 그는 이따금 '제문집' (교회 당국의 요구에 따라 누구나 성사[聖事]를 받기 전에 반드시 서명해야 하는 얀센주의의 5가지 명제를 비난한 서류)이 불러일으킨 논쟁에 참여했다. 포르루아얄의 신학자들과 의견 차이가 심해지자 그들과 관계를 끊지는 않았지만 그는 결국 이 논쟁에서 물러나게 되었다.

파스칼은 1662년 8월 19일 끔찍한 고통을 겪은 끝에 숨을 거두었다. 이 고통은 아마 위궤양이 악화되어 암세포가 뇌척수막까지 전이한 데 따른 뇌척수막염 때문이었을 것이다. 그는 죽을 때 얀센주의자가 아닌 교구 신부의 도움을 받았다.

영국의 탁월한 설교자 마틴 로이드 존스는 파스칼을 기독교사에 기록될 성령의 사람이며, 팡세는 아우구스티누스의 고백록을 능가한다고 했다. 팡세는 파스칼의 하나님과 신앙에 대한 사유이며, 인간학이기도 하다. 하나님 없는 비참함과 하나님과 함께하는 위대함을 가진 인간에게 용서와 구원, 영원한 기쁨을 가져온 그리스도의 사랑임을 강조하고 있다.

참고문헌 – 이 글은 아래 문헌에서 인용, 발췌한 것이다.

편찬위원회, 『기독교대백과사전 15권』, 서울: 기독교문사, 1989. pp. 514~519.

Hugh T. Kerr & John M. Mulder. *conversions*. New York: Grand Rapids, 1983.

파스칼의 *Memorial* 및 편역자 주.

휴 커 · 죤 멀더, 공편. 『위대한 회심자들』. 박영봉 역. 서울: 생명의 말씀사, 1993. pp. 77~83.

http://ko.wikipedia.org/wiki/(위키백과)

http://www.britannica.com/(브리테니커 Internet판)

http://blog.naver.com/PostView.nhn?blogId=miseos&logNo=221242267465

http://100.daum.net/encyclopedia/view/ɔ23p0797b

평화를 사랑한

죠지 폭스

15

George Fox

1624~1691

'친우회' (the Society of Friends)라고 알려져 있는 퀘이커교의 창시자로서 그는 온갖 박해와 어려움 속에서도 복음과 예수님의 사랑과 평화를 전파했다.

신실과 정직의 사람

죠지 폭스는 1624년 7월에 영국 중부의 레스터셔, 지금의 페니 드레이튼에서 태어났다. 그의 아버지 크리스토퍼 폭스(Christopher Fox)는 직공(織工)으로서 정직했기에 공정한 '크리스터' 로 불리었고, 어머니 마리 라고(Mary Lago)는 뛰어난 교양을 지녔다. 폭스의 어린 시절과 공식 교육을 얼마나 받았는지에 대하여는 알려진 바가 없다. 어려서부터 나이에 비하여 신앙심이 깊고 사색을 좋아했으며 침착하고 분별력이 있었다고 전한다. 또한 사려가 깊어서 어떤 사실에 대하여 문답을 할 때에는 사람들이 놀라워했는데, 특히 영(spirit)의 일들에 관해서 그랬다고 한다. 그는 십대의 어린 나이에 목사가 되기를 바라는 친척들의 바람을 뒤로하고 구두 제조업자 밑에서 일하면서 양털 장사를 했다. 폭스는 일단 '진실입니다' 라고 말하면 사람들이 어쩔 수 없다고 평가할 정도로 정직하고 성실했다고 한다. 당시에 물건을 속여 파는 것이 횡횡했으므로 사람들은 그를 비웃었으나 결국에는 좋아하게 되었고 사업도 번창하게 되었다.

깨달음과 험난했던 전도여행

18세 때인 1643년에 깨달음을 얻기 위해서 가족, 친구들과 작별하고 집을 떠나기도 했던 그는 20세 되던 해에 심각한 고민에 휩싸였다. 고민을 해소 하고자 친척과 수많은 목사들을 찾아다녔으나 해답을 구할 수 없었다. 그러던 중 1647년에 그는 결정적인 회심을 하게 되었다. 이런 체험이 그로 하여금 영국의 전통적인 종교가 갖지 못했던 것에 눈을 뜨게 했다고 술회한다.

이에 그는 도보 여행을 하면서 개인 혹은 군중들에게 설교했다. 그것은 잉글랜드 중부에서부터 시작되었다. 1649년에 그는 노팅험의 한 교회에서 성령이 모든 권위의 길잡이라고 주장하며 설교하다가 투옥을 당했다. 1650년에는 더비에서 신성모독자라는 죄목으로 투옥되었고, 그곳에서 퀘이커(떠는 자)라는 별명을 얻게 되었다. 그의 전도여행은 영국 북서부 지역에서 큰 반응을 얻었고, 본부를 북서쪽 울버스턴 근처 스워트모어대학에 두었다. 폭스와 그의 추종자들은 여러 번 체포와 구금을 당했다. 왜냐하면 그들이 선서를 행하는 일과 십일조를 납부하는 일을 거부했기 때문이다. 1652년에 이르러 폭스는 상당한 수의 회심자를 얻게 되었다. 폭스는 1649부터 1673년 사이에 무려 8년간의 구금을 당했다. 그는 출감 후 감옥의 공포 분위기와 인권 개선을 위한 운동을 벌이기도 했다.

1660년에 왕정복고가 이루어지자 1662년 퀘이커교도들을 탄압하기 위하여 특별한 법률이 제정되어 그들을 탄압하기 위한 광범위한 조치들이 행해졌다. 그러나 퀘이커교도들을 막을 수는 없었다. 그러자 1664년에 국교 모임을 제외하고는 다섯 사람 이상 모이는 종교 모임을 금하고 선서를 거부하는 사람은 처벌하라는 비밀 집회법(Conventicle Act)이 제정되었다. 혹독한 탄압은 1689년 관용령이 내려지기까지 지속되어서 퀘이커들은 겨울을 맞고 있었다. 1669년에 폭스는 아일랜드에서 선교하고 돌아오던 중 마가렛 펠(Margaret Fell)과 결혼했다. 1671부터 1673년에는 북아메리카의 영국 식민지 및 심지어는 인디언들을 방문하여 선교했다. 1677부터 1684년에는 네덜란드를 비롯한 유럽을 순방하며 선교를 했다. 그는 1675년에 자신의 생애에 대한 대략적인 내용을 그 유명한 '일기' (Journal)에 썼는데, 자신이 하나님으로부터 체험한 내적인 빛에 대해서 서술하고 있다.

그의 생애의 후반기 15년은 런던 및 근처의 친구들을 방문하면서 지냈다. 여러 위원회에 참여했고, 예배에서 설교했으며, 교우, 회중들과 광범위한 교류를 가졌다. 또한 다른 사람들을 돕는 등, 폭넓은 사회적 관심을 가졌다. 폭스는 모든 사람을 평등하게 존중했으며 그렇게 가르쳤다. 사회의 약자(고아, 과부, 나그네)를 찾아보고 돌보는 것이 참된 종교라고 말했다. 노예들을 학대하지 말고 오직 옳고 공정하게 대하라고 권고하며, 노예들에게는 의무를 다하며 정직할 것을 충고했다. 노예에 대한 이러한 태도는 계승 발전하여 나중에 미국에서 퀘이커들의 선도적인 노예폐지운동으로 이어졌다. 그는 1691년 1월 13일에 런던에서 사망하여 번힐 피즈 근처의 퀘이커교도의 묘지에 안장되었다. 그가 죽었을 때에 그의 신학을 받아들이기 어려웠던 사람들조차도 그가 이룬 평화주의적 업적과 인격의 순수성을 찬양했다. 폭스의 추종자 중 유명한 윌리암 펜(William Penn)은 이와 관련하여 이렇게 말했다. "많은 사람들이 이 세상에서 고결하게 업적을 쌓고 있다. 그러나 사랑하는 폭스는 그 모든 자들 보다 더 뛰어나다" 고 했다. 그는 폭스를 "아무도 모방하지 않은 본래적인 사람" 이라고 묘사했다.

내면의 빛을 경험하다

1643년의 18세 이후로 폭스의 고뇌는 자못 심각하여 세상의 어떤 것도 마음을 돌려놓을 수 없었고 관심을 끌지 못했다. 친척들은 결혼시키려 했고, 어떤 사람들은 정치 싸움에 필요한 지원부대에 가담하라 했으나 영적인 문제에 몰입한 그를 돌려 세울 수는 없었다. 그 수많은 날들의 불면의 밤과 고통을 무엇으로 표현할 수 있다는 말인가? 수많은 성직자들의 이론들이야 나무랄 데 없었으나 그들의 실제적인 삶은 그의 실망을 배가시키는 데에 일조했다. 그들의 삶을 도저히 납득할 수 없었던 것이다. 그는 이 시기의 심경을 자신의 일기(Journal)에 이렇게 기록했다.

> "
>
> 나의 몸은 슬픔과 고통과 괴로움으로 메말라 있었다. 고통들이 너무나 커서 차라리 태어나지 않거나, 장님으로 태어나 사악하고 허망한 것들을 보지 않거나, 벙어리로 태어나 헛되고 나쁜 말들이나 주님의 이름을 욕되게 하는 말들을 결코 듣지 않기를 바라는 게 나았을 정도였다.
>
> "

그러나 영원히 지속될 것 같았던 고뇌도 모르는 사이에 조금씩 조금씩 새로움의 지평을 향하여 가고 있었으니 폭스가 하나하나 깨달음을 얻어 가기 시작한 것이다.

"

주님이 나에게 옥스퍼드나 캠브리지에서 공부한 것이 그리스도의 일꾼이 되기에 충분한 자격을 주는 것이 아니라는 사실을 알게 하신 이후로 나는 성직자들을 별로 중요하게 생각하지 않았다. 오히려 분리주의자(국교회에서 이탈한 자들)들을 더 중요하게 여겼다. 이들 분리주의자들 가운데는 영적인 진리에 더욱 민감한 사람들이 있었고, 그 중에 많은 사람들이 진정한 영적 진리를 깨닫고 있었기 때문이다. 그들도 마침내 어떤 신비한 열림을 경험했다.

그러나 성직자들에게 실망했듯이 나는 분리주의자들에게도 실망을 하고 말았다. 분리주의자들은 경험이 많은 사람들을 높이 평가했는데 그 모든 사람들 가운데서 나는 내가 처한 상황을 말할 수 있는 사람을 한 사람도 찾지 못했다. 나는 그들에 대한 기대나 모든 사람들에 대한 희망이 사라지게 되어 외부적으로 아무런 도움을 얻지 못하고, 무엇을 해야 하는지도 모르고 있었다.

"

하나님이 그에게 보이신 깨달음에는 여러 가지가 있었다. "신교도이건 카톨릭교도이건 모두가 같은 그리스도인이다." "진정한 그리스도인은 이름뿐인 그리스도인이 아니라 하나님의 자녀로서 죽음에서 생명으로 옮긴 자들이어야 한다." 또한 "하나님은 사람의 손으로 만든 성전에 계시지 않고 사람들의 마음 가운데 계신다." 당시의 혼란을 틈타, "여자들은 영혼이 없다"고 주장하는 사람들도 있었는데, 폭스는 마리아의 찬양을 인용해 그것을 반박했다. 폭스의 이러한 깨달음들은 그 자신을 "주 예수 그리스도만을 의지하는, 모든 사람들에게 개방적인 사람"으로 만들었다.

이러한 깨달음에도 불구하고 폭스의 고뇌가 다 사라진 것은 아니었다. 그 자신이 "아브라함의 가슴 속에 있었노라"고 생각할 정도로 큰 기쁨을 맛보는 속에서도 끊이지 않고 번민은 계속되었다. 성직자들에게 실망을 했지만 그는 번민을 씻기 위해서 '열림' 의 경험을 한 다른 사람들을 끝없이 만났다. 그러나 그가 도달한 것은 자신의 처지에 대해 말해 줄 사람이 하나도 없다는 사실이었다. "나를 돕고 나에게 할 일을 가르쳐 줄 사람은 이제 아무도 없게 되었다." 이는 고통스러움 그 자체였다. 그러나 깨달음의 정점은 그야말로 우연하게 다가왔다. 좌절과 실의에 빠져 있던 그때에 한 목소리가 들려왔다.

> "
> 오직 한 분, 한결같은 예수 그리스도가 계시니, 그분이 네 처지를 말해줄 수 있다.
> "

놀라운 경험을 한 폭스는 너무 기뻐서 뛸 듯이 기뻐했다. 영의 문제로 고민하고 진리를 고대하던 그에게 이것은 그야말로 종결의 의미를 부여하는 것이었다. 확증이며, 신뢰이며, 계시며, 은혜였다. 그것은 '내면의 빛', '속에 계신 그리스도', '각 사람 안에 있는 하나님의 것' (that of God in every one), '하나님의 능력', '하나님의 증거' 였다. 그야말로 모든 사람에게 있으며, 모든 사람을 비추는 것이었다(요 1:9). 그 이후에 그는 하나님이 주는 '내면의 빛' 을 교리, 신조, 성경보다 우위에 두었고, 개인적인 체험을 권위의 원천에 두었다.

> "
> 왜 이 땅에는 내 처지에 관해 말해줄 수 있는 사람이 한 사람도 없는가를 주님은 깨닫게 하셨으며, 그 때문에 주께 영광을 돌릴 수 있었다. 사람들 모두가 나처럼 죄 아래 있다는 판단을 내리고 불신앙에 사로잡혀 있었기 때문이다. 예수 그리스도는 탁월하신 분으로 우리를 깨우치시며 우리에게 은총을 베푸시며 믿음과 능력을 주시는 분이시다. 이처럼 하나님께서 역사하시면 누가 우리를 가로막겠

는가? 이러한 사실을 나는 경험으로 알았다.

"

이러한 것들을 나는 사랑의 힘에 의해서도 비록 기록은 되어 있었으나 그 문자에 의해서도 보지 못했다. 나는 그것들을 주 예수의 그리스도의 빛 안에서 그리고 성경를 기록한 하나님의 거룩한 사람들처럼 그의 직접적인 성령의 능력을 통해서 보았다.

"

하나님의 사랑을 경험하며

나를 처절하게 사로잡은 여러 번의 깊은 절망과 슬픔에서 주님은 나를 자비로 지키셨다. 나는 내 마음속에 두 가지 갈망이 있다는 것을 알았다. 그 첫째는 피조물을 좇는 것이며, 둘째는 창조주이신 하나님과 그의 아들 예수 그리스도를 따르고자 하는 갈망이었다. 나는 이 세상은 그 무엇으로도 내게 아무런 유익을 줄 수 없다는 것을 알았다. 가령 내가 왕의 궁전에서 음식을 먹고 신하들을 거느린다 해도 아무런 소용이 없다는 것을 깨달았던 것이다. 즉 주님이 당신의 능력으로 나를 위로하시지 않는 한 아무것도 내게 위안이 될 수 없다는 것이었다. 나는 어떤 때는 하나님의 크신 사랑을 깨닫고 그 무한하신 사랑에 감탄한 나머지 마음을 가누지 못할 때가 있었다.

어느 날 홀로 바깥을 거닐다가 집에 돌아왔을 때 나는 갑자기 하나님의 사랑을 느끼게 되었다. 그때 나는 하나님의 사랑의 위대하심에 감탄할 수밖에 없었다. 그러한 상태에 있는 동안 영원한 빛과 능력을 통한 하나님의 사랑이 내게 열렸다. 나는 그 사랑을 통해 모든 것이 그리스도 안에서 그리스도로 말미암아 행하여졌으며 행해질 것이라는 것을 깨닫게 되었다. 또한 그리스도께서 어떻게 사단을 이기고 무너뜨렸는가를 분명히 깨닫게 되었다. 아울러 이제까지 내게 있었던 모든 고통은 내게 유익한 것이었으며 믿음의 시련을 통해 그리스도께서 내게 주신 시험임을 알게 되었다. 나는 고통과 유혹을 통해 주님이 깨닫게 하시는 힘으로 모든 것을 이해하게 된 것이다. 내게는 강한 믿음이 솟아났다. 그리하여 모든 일이 생명 되신 그리스도로 말미암아 되어진 일임을 깨닫고 나는 나의 믿음을 주님께 두었다. 빛이 가까이 옴에 따라 내게는 빛에서 벗어나 있는 모든 것들이 보였다. 어두움과 죽음, 그리고 불의와 불경건 등이 분명하게 빛 가운데서 드러났다.

그때에 내가 영을 분별하는 젊은이라는 소문이 퍼져나갔다. 그래서 목사들을 비롯한 많은 신앙고백자들, 일반인들이 나를 보러 원근 각처에서 찾아왔다. 주님의 능력이 역사하기 시작했다. 나는 계시와 예언이 있었으므로 하나님의 일을 담대하게 전했다. 그들은 관심을 가지고 주의 깊게 말씀을 경청했다. 소문은 더욱 멀리 퍼져나갔다. 그때에 유혹자가 다시 찾아와 나를 넘어뜨리려 했다. 내가 성령을 거슬러 죄를 지었다고 고소했다. 그러나 그것이 무엇을 설명하는지 알 수 없었다. 바울의 상황이 펼쳐진 것은 그때였다. 그가 삼층천에 들려 올라가서 말할 수 없는 것들을 목격하자 사단의 사자가 넘어뜨리려고 나타났던 상황이 떠올랐다. 결국 나는 그리스도의 능력으로 그 유혹을 물리쳤다.

”

참고문헌 - 이 글은 아래 문헌에서 인용, 발췌한 것이다.

편찬위원회, 『기독교대백과사전 15권』, 서울: 기독교문사, 1989. pp. 936~937.

Hugh T. Kerr & John M. Mulder. *conversions*. New York: Grand Rapids, 1983.

죠지 폭스의 *The Journal of George Fox* 중에서

휴 커 · 존 멀더, 공편. 『위대한 회심자들』. 박영봉 역. 서울: 생명의 말씀사, 1993. pp. 84~94.

http://ko.wikipedia.org/wiki/(위키백과)

http://www.quakerseoul.org/(퀘이커 서울 모임 홈페이지)

천로역정을 펼친

존 번연

John Bunyan

1628~1688

가난한 복음전도자요 천로역정의 저자로써
죄와 사단의 권세에 대항해서 분투하는
기독교인의 전형적인 모습을 보여준다.

독서에 몰입했던 청소년 시절

존 번연은 청교도 작가이자 설교자로서 1628년 11월에 잉글랜드의 농촌 베드포드 근처에 있는 엘스토우에서 태어났다. 그가 태어난 시기는 폭력, 전쟁 그리고 기독교 교리에 대한 치열한 분쟁이 가득했던 세계였다. 그가 살고 있던 시기의 유럽 대륙은 30년 전쟁 속에 휘말려 있었다. 이러한 전쟁의 분위기가 번연의 회심과 그의 인생관 속에 잘 드러나 있다. 그의 아버지 토마스 번연은 국교도였고, 비록 작지만 집과 땅을 가지고 있는 왕당파(王黨派) 지지자였다. 직업은 돌아다니며 그릇을 고쳐주는 놋쇠 세공사(細工士) 혹은 땜장이였다. 번연의 교육은 너무나 빈약했다. 후일 번연은 자기의 비천함을 인정하며 “내 아버지의 집은 우리나라 모든 사람들로부터 멸시받는 가장 비천한 계층에 속했다”고 실토할 정도였다. 그의 어린 시절은 세상에의 부정과 반항으로 얼룩졌고, 방탕한 삶은 고삐가 풀린 망아지와 같았다. 누구에게나 욕을 해댔고 거짓말, 저주, 하나님을 모독하는 말도 서슴없이 할 정도였다. 번연은 겨우 읽고 쓰는 것을 문법학교에서 배우고 10살의 어린 나이에 학교를 그만두고 아버지의 기술을 전수받았다. 그 일은 17살까지 계속되었는데, 이 기간 동안 일을 하면서 케임브리지 근처의 스타워브리지(Stourbbridge) 시장에서 싸구려 책들을 닥치는 대로 구입하여 읽어댔다. 『햄프턴의 베비스』(Bevis of Hampton)와 존 폭스의 『순교자 열전』(Book of Martyrs) 등을 통하여 풍부한 상상력을 길렀다. 한편으로 흠정역(The Authorized Version) 성경을 탐독했다.

12세 되던 1640년 청교도 혁명이 시작되었고 그가 살던 베드포드 주변은 주로 퓨리턴의 세력 하에 있었다. 1644년은 번연에게는 고난의 해였다. 6월 어머니가 돌아가시고, 7월 누이동생이 죽었으며, 8월에는 아버지가 3번째 결혼을 했고, 11월에는 의회군 병사로 징집을 당했다. 1647년 7월 의회군이 해산되어 엘스토우로 돌아와 땜장이 일을 계속했다. 20세가 되던 1649년 그는 메리와 결혼했는데, 아내로 인하여 교육과 종교에의 열정이 살아났다. 그의 아내가 결혼 지참금으로 가지고 온 두 책, 즉 아더 덴트(Arthur Dent)의 『평범한 사람들이 하늘로 가는 길』(The Plain Man’ s Path-Way to Heaven)과 루이스 베일리(Lewis Bayly)의 『경건의 연습』(The Practice of Piety)은 번연에게 깊은 감명을 주었다.

회심과 복음전파와 집필활동

그러던 어느 날 번연은 자기 집 문 앞에서 하나님에 대하여 말하던 가난한 여인들의 대화를 듣고 그리스도를 진정으로 영접했다. 그리고 마침내 루터의 갈라디아서 강해에서 하나님의 구원의 은혜를 강조하는 내용을 읽고는 회심한다. 1653년에 기포드 목사의 독립파교회에 가입한다. 1655년에는 첫 번째 아내를 잃었다. 그 후에 형제들로부터 설교를 해달라는 요청을 받게 되었는데 그의 설교에 대한 반응은 대단했다. 1660년에 번연은 허가 없이 설교했다는 죄목으로 체포되었다. 설교를 하지 않겠다는 약속을 하면 나올 수 있음에도 불구하고 간혹 출옥했다 갇힘을 반복했지만 1672년까지 감옥에 갇혀 있었다. 감옥에서 그는 천로역정을 포함한 몇 권의 책들을 쓸 수 있었다. 1672년 1월 출옥한 번연을 베드포드교회는 목사로 초빙했다. 5월에 찰스 2세의 관용령으로 설교할 수 있는 자격이 부여되었다. 풀려난 이후로는 베드포드에서 전도와 설교로 대부분의 시간을 보냈다. 그의 설교와 작가로서의 명성은 이제 '주교' 라는 별명을 얻을 정도로 유명해졌다. 영국의 여러 곳을 여행하며 설교했다. 60여권의 책을 집필한 번연은 1688년에 폐렴으로 투병하던 중 하나님의 부르심을 받았다.

영혼의 구원과 관련한 문제

새로운 죄가 나를 괴롭히려고 문 앞에 앉아 있을 때, 성경 말씀이 생각났다. 누가복음 18장 1절의 "예수께서 그들에게 항상 기도하고 낙심하지 말아야 할 것을 비유로 말씀하여"의 구절과 여러 말씀들이 기도하도록 용기를 북돋워 주었다. 유혹자가 이것을 간과할리 없었다. 그가 나의 아파하는 부분을 공격하면서 말했다. "하나님의 긍휼도 그리스도의 피도 나는 관심이 없다. 그것은 죄의 문제를 해결할 수 없다. 따라서 기도하는 것은 헛되다." 그러나 나는 생각했다. "나는 기도하리라." "하지만 너의 죄는 용서될 수 없다." 유혹자가 말했다. "그래도 기도할 것이다." 내가 말했다. 유혹자는 끈질겼다. "다 쓸데없는 행위야." "하지만 그래도 나는 기도한다." 이렇게 말하고서 즉각 기도에 들어갔다. 기도하는 중에 나는 이렇게 말씀을 드렸다.

"

"주님, 사탄은 저에게 말합니다. 당신의 긍휼도, 그리스도의 피도 영혼을 구원하기에는 충분하지 못하다고 말입니다. 주님, 당신이 내 영혼을 구원할 것이며, 구원할 수 있다고 믿음으로 당신을 섬겨야 합니까, 아니면 당신은 내 영혼을 구원하지도 않을 것이며 구원할 수 없다고 믿음으로 차라리 사탄을 섬겨야 합니까? 주님, 나는 당신이 구원할 것이며 구원할 수 있다고 믿음으로 당신을 섬길 것입니다."

"

이렇게 기도를 드리며 주님 앞에 있을 때 한 성경 구절이 마음을 붙잡았다. "소자여 그대의 믿음이 크도다." 누군가가 나의 등을 친 것처럼 무릎을 꿇었다. 그러나 이것이 믿음의 기도인지를 확신할 수가 없었다. 6개월의 기간이 지나갈 때까지 나는 믿음을 가지고는 있는지 하는 의구심이 들었다. 왜냐하면 믿음을 실행할 어떤 말씀이 있다는 것을 생각할 수 없었기 때문이다. 그러므로 나는 절망의 항구에 정박하여 있는 사람마냥 슬픈 눈물을 흘리고 있었다.

이 문제의 의구심을 벗어나는 것을 나는 진정으로 간절하게 바랐다. 내가 그것을 알기를 간절히 바라고 있을 때, 불현듯 다음과 같은 희망의 말씀이 떠올랐다. "주님께서 영원히 버리실까? 그분이 긍휼을 아예 영원히 쓸어버리시겠는가? 그분의 약속은 이제 힘이 없는가? 하나님이 은혜를 잊으셨을까? 그분이 당신의 긍휼을 진노 가운데에 가두셨는가?" 이러한 말들이 나의 마음을 지나가고 있을 때, 한편으로 이런 대답이 떠올랐다. "이것은 그분이 그러겠는가. 그러지 않겠는가의 물음이다. 그분은 그러지 않을 것이다." 그렇다. 이러한 문답은 나에게 분명한 확신을 부여해 주었다. 그분은 우리를 버리지 않으며, 긍휼을 베푸시며, 그분의 약속은 신실하며, 그분은 은혜를 기억하며, 긍휼을 진노 속에 가두지 않으셨다는 확신 말이다. 다른 한편 나의 마음속에는 다른 어떤 생각이 있었다. 지금 기억나지는 않지만 앞의 확신과 함께 나의 마음을 다독이고 편안하게 했으며, 이 긍휼이 지속되도록 했다.

영혼을 구원하는 그리스도의 보혈

"그리스도의 보혈이 나의 영혼을 구원하는데 충분한가?" 나의 기억에 의하면, 이런 질문에 빠진 적도 있었다. 그런 회의는 자못 심각하여 아침부터 저녁 8시 정도까지 앉아있었다. 그 보혈이 나를 붙들지 못할 수도 있다는 두려움에 지쳤을 때 갑작스럽게 다음의 말씀이 울려 퍼졌다. "그분은 충분히 하실 수 있다." 하실 수 있다는 이 말이 나에게 크게 들려져서 그것이 중요한 말처럼 보였다. 뿐만 아니라 대문자로 표기된 것처럼 생각되었다. 이 말은 나의 두려움과 의심에 커다란 혼란을 안겨주었다. 왜냐하면 하루 종일 그것은 나에게서 머물렀기 때문이었다. 그러한 체험은 나의 생애에 있어서 전무후무한 일이었다(히 7:25).

"

> 그러나 어느 날 아침에 나는 또다시 이런 문제에 대한 두려움에 떨면서 기도를 하고 있었다. 하나님의 말씀은 하나도 나를 돕지 못하고 있었고, 다만 "내 은혜가 네게 족하도다(고후 12:9)"라는 말씀만이 나의 마음을 울리고 있었다. 나는 마치 어떠한 희망이 남아 있는 것처럼 표현할 수 없는 힘을 느꼈다. 하나님이 당신의 말씀을 보내주시니 얼마나 다행스러운가! 2주일여를 그 문제로 씨름하고 있

었는데, 그 말씀이 위로와 함께 내 영혼에 가까이 오리라고는 생각지 못했다. 그래서 소중하게 생각하던 책을 집어 던지고 은혜가 충분하지 못하다고 불평했다. 그러나 아니었다. 부족한 것이 아니라 은혜가 너무나 커서 나와 다른 것들까지 포용할 수 있음을 알게 되었다.

이 말씀으로 나는 지탱이 되고 있었다. 물론 심한 갈등이 없는 것은 아니었다. 7주 혹은 8주 동안을 또 갈등하고 있었다. 나 자신의 평화는 하루에도 수십 번씩 들락날락했고, 잠깐씩 잠잠하다가 다시 뒤범벅이 되는 일을 반복하고 있었다. 평화는 잠시였고 곧바로 두려움과 죄책감이 가득했다. 이런 일은 무려 7주간이나 계속되었다. 한 쪽에는 은혜와 충만함이 자리잡고 반대편에는 에서의 권리상실이 자리 잡고서 이 둘이 마음에서 시소게임을 하듯이 움직였다. 마음이 평화로울 때면 은혜의 충만함이 갑자기 무거워졌고, 혼란스러우면 반대편이 갑자기 무거워졌다.

나는 계속하여 하나님께서 성경과 함께 나의 마음에 충만하게 역사하시기를 간구하지 않을 수 없었다. 즉 모든 말씀을 적용할 수 있도록 도와주시기를 기도했다. 왜냐하면 나는 아직은 그럴 수 없었기 때문이다. 그분이 주신 것을 보았다. 그럼에도 더 이상 나아갈 수 없었다. 나를 위한 긍휼이 있으리라는 막연한 희망을 나에게 심어주었다. "내 은혜가 네게 족하도다." 더는 나아가지 못했지만 그것은 과거의 내 물음에 대한 대답을 해주었다. 즉 희망이 있으리라는 것이다. 그러나 '너를 위한' 이라는 말이 빠져 있기에 만족할 수는 없어 다시 하나님께 간구했다. 그러던 어느 날 슬픔과 공포가 나를 지배함에도 하나님의 사람들과 모임을 갖고 있었다. 두려움을 물리치고자 해서였다. 나의 영혼은 조금도 나아지지 않고 있으며 상황은 슬프고 두렵다고 생각하고 있는데, 다음의 말씀들이 돌연히 떠올랐다. "내 능력이 그대에게 충분하다. 내 은혜가 그대에게 충분하다. 내 은혜가 그대에게 충분하다." 세 번씩이나 연달아 들렸다. 오! 나의 소견에는 모든 말이 다 강력했다. '내', '은혜', '충분하다', '그대에게'와 같은 말이 그때나 지금이나 다른 말들보다 훨씬 감동이었다.

그때에 나의 이해력이 밝아졌다. 예수 그리스도가 하늘에서 굽어보시고 내 위의 하늘을 열고 직접 말씀을 내려 보내시는 광경을 보는 것 같았다. 이는 나를 슬픔에 잠기게 했으며, 나의 마음에 기쁨이 가득 찼고, 나를 먼지같이 낮추게 만들었다. 이 영광과 고무적인 위로함이 오랫동안 머물지는 않았다. 그렇지만 여러 주일 동안 함께 했고 희망을 주었다. 그러나 이런 힘이 사라지자 에서의 악령이 예전처럼 다시 찾아왔다. 나의 영혼은 저울에 올려졌고 또다시 시소게임은 시작되었다. 올라가고 내려가고, 평화와 두려움에 빠지는 상태로 완벽하게 돌아갔다. 여러 주일 동안 이러한 상태는 지속되었다. 위로와 고통이 서로 지배하고자 싸우고 있는 것과 같았다. 나의 마음은 이에 따라서 출렁댔다. 그 고통은 견디기가 정말로 힘들었다. …….

"

"

우리의 의와 거룩함의 보증인 그리스도

어느 날 내가 모두가 틀렸다는 두려움과 양심의 가책이 마음에 가득하여 들판을 지나고 있었는데, 갑자기 이런 말이 들렸다. "너의 의는 하늘에 있느니라." 그리고 나는 영혼의 눈으로 하나님의 보좌 우편에 계신 예수 그리스도를 보았다. 그곳에 나의 의가 있었고 내가 어디에 있든 하나님은 나에게 "내가 너의 의를 원하노라"고 말씀하실 필요가 없었다. 왜냐하면 의는 그분 앞에 있었기 때문이다. 나는 놀라운 의미를 깨달았다. 즉 나에게 있어서 의의 향상도 타락도 마음의 작용이 아니라는 사실을 알았다. 나의 의는 '어제나 오늘이나 항상 변함없으신' 예수 그리스도 자신이셨기 때문이다.

그제야 다리를 얽어매고 있던 사슬이 풀려나갔다. 나는 고통과 속박에서 해방되었으며, 유혹들도 모두가 사라졌다. 그때부터 공포였던 하나님의 성경은 괴로움을 주지 않았다. 나는 하나님의 은혜와 사랑으로 기뻐하며 집으로 갈 수 있었다. 집에 도착하자 나는 "너의 의가 하늘 안에 있느니라"는 문장이 성경에 있는지를 찾아보았다. 그러나 그런 말을 찾는데 실패하고 말았다. 마음이 급속하게 가라앉기 시작했다. 하나의 말씀이 생각나기는 했다. "너희는 하나님으로부터 나서 그리스도 예수 안에 있고 예수는 하나님으로부터 나와서 우리에게 지혜와 의로움과 거룩함과 구원함이 되셨으니(고전 1:30)." 나는 이 말씀에 비추어 보고서 앞의 말씀이 진리임을 깨달았다.

이 성경 말씀에 의해 인간 예수 그리스도는 우리와 다르며, 자신의 육적인 임재를 가능케 하심으로 하나님 앞에서 우리의 의로움과 거룩함이 되신다는 사실을 깨달았다. 그러므로 나는 한동안 그리스도를 통하여 하나님과 화해한 기쁨으로 행복한 삶을 영위했다. 오! 그리스도! 그리스도! 나의 눈앞에는 그리스도 밖에 없었다. 나는 그리스도가 주시는 유익들을 피의 유익, 무덤의 유익, 혹은 부활의 유익 등으로 각각 별개로 나누어서 생각했다. 그러나 이제 그분을 전체적인 그리스도로 생각했다! 그분은 이 모든 것과 덕성과 관계와 직책과 작용들이 함께 결합된 존재이셨다. 그리고 그분은 하늘의 하나님 보좌 우편에 앉아 계셨다.

그분이 승천해 계신 것과 그분이 주시는 모든 유익과 가치와 효용을 내가 보았으니 이는 엄청나게 커다란 영광이었다. 이제는 나 자신에게서 눈을 돌려 그분을 바라볼 수 있었기 때문이며, 지금 내게 허락된 모든 은혜는 금은보화를 보관해둔 부자의 호주머니 속에 들어있는 잔돈 부스러기 같이 생각되었기 때문이다. 오! 나는 보화가 내 집의 금고에 있음을 보았다. 그것은 나의 주이시며 구세주이신 그리스도 안에 있었다. 이제는 그리스도가 전부였다. 그분이 나의 모든 의이며, 거룩함이요, 모든 구속이 되셨다.

게다가 주님은 나를 하나님의 아들과 연합되는 신비로 이끄셨다. 나는 그분과 하나가 되었고, 그분의 살 중의 살이요 뼈 중의 뼈가 되었다. 에베소서 5장 30절, "우리는 그 몸의 지체임이라"는 달콤한 말씀이 나에게 실현되었다. 이로써 나의 신앙은 의와 함께 그분에게 거하게 되었다. 그리고 한층 더 굳게 내 속에 뿌리내렸다. 만일 그분과 내가 하나라면, 그분의 의가 나의 의요, 그분의 덕이 나의 덕이요, 그분의 승리가 또한 나의 승리였다. 이제 나는 하늘과 땅에서 동시에 나 자신을 볼 수 있었다. 즉 하늘에서는 나의 그리스도, 나의 머리, 나의 의와 생명에 의해서, 땅에서는 나의 몸과 인성에 의해서 말이다.

이제 나는 그리스도 예수가 하나님이시라는 사실을 깨달았다. 그리고 그분은 보편적인 인격으로 생각되어야 함도 깨달았다. 보편적인 인격이라 함은 그분 안에서 그분이 세우신 모든 몸이 늘 생각될 수 있는 존재를 말한다. 우리는 그분으로 율법을 완성하며, 죽으며, 죽은 자에서 일어나며, 죄와 죽음과 지옥을 이긴다. 그리스도가 죽으면 우리도 죽고, 그리스도가 부활하면 우리도 부활한다. 그분은 "너희 죽은 인간들이 함께 살리라. 나의 죽은 몸과 함께 그들이 일어나리라"고 하셨다. 그리고 또 "이틀 후에 그분은 우리를 살리실 것이며, 사흘 되는 날에 우리는 그분 앞에 살리라"고 하셨다. 이 말씀은 인자가 하나님 우편에 앉으심으로 인하여 이루어졌다. 에베소서는 "허물로 죽은 우리를 그리스도와 함께 살리셨고(너희는 은혜로 구원을 받은 것이라) 또 함께 일으키사 그리스도 예수 안에서 함께 하늘에 앉히시니(엡 2:5-6)"라고 했다.

아! 그 당시에 이 복된 생각들과 성경 말씀들, 비슷한 다른 많은 것들이 나의 눈 속에서 영롱하게 빛났다. 나는 이렇게 찬양하지 않을 수 없었다.

성소에서 주 하나님을 찬양하라.
그 능력의 견고하심으로 그분을 찬양하라.
그분의 위대하신 역사로 인하여 그분을 찬양하라.
그분의 놀라우신 위대하심을 좇아 그분을 찬양하라.

99

참고문헌 - 이 글은 아래 문헌에서 인용, 발췌한 것이다.
편찬위원회, 『기독교대백과사전 7권』, 서울: 기독교문사, 1982. pp. 409~414.
조신권. 『명작속의 크리스천』. 서울: 아가페문화사, 2007. pp. 44-145
Hugh T. Kerr & John M. Mulder. *conversions*. New York: Grand Rapids, 1983.
존 번연의 *Grace Abounding to the Chief of Sinners in the Complete Works* 중에서
휴 커 · 죤 멀더, 공편. 『위대한 회심자들』. 박영봉 역. 서울: 생명의 말씀사, 1993. pp. 95~104.
http://cafe.daum.net/cgsbong(창골산 봉서방), 『존 번연의 생애와 사상』.
http://ko.wikipedia.org/wiki/(위키백과)

세계가 나의 교구(教區)

요한 웨슬리

John Wesley

1763~1791

감리교의 창시자인 그는 세계를 교구로 삼고
복음전파에 열정적으로 헌신했다.

가난했지만 신앙이 풍요로운 가정

18세기의 위대한 전도자였던 요한 웨슬리는 영국의 링컨 주(州)에 있는 엡워드(Epworth)에서 사무엘과 아내 수산나 사이에서 1703년 6월 17일에 태어났다. 항상 요한 웨슬리의 동역자였고, 찬송 작가로 유명했던 찰스 웨슬리는 그의 동생이다. 이들은 후에 기독교 역사를 변혁시킨 인물이었다. 그들의 부친 사무엘 웨슬리 목사는 애정 어린 친구와 스승으로 자녀들에게 깊은 감화를 주었다. 박학자요, 사색가였으며 특히 훌륭한 장서가로서 책을 사랑하도록 가르쳤고, 음악을 좋아하고 사랑하여 이 공부를 권장했다. 그의 모친 수잔나(Susanna)는 아름다움, 학식, 재능, 그리고 신앙면에서 비범한 여인이었다. 그녀는 19명의 자녀를 낳았으나 그 중 아홉명만이 성장했다. 웨슬리는 많은 식구들로 인하여 어린 시절을 몹시 가난하게 지냈고, 부친은 빚을 져서 감옥에 들어가기도 했다. 웨슬리가 6살 때 목사관에 화재가 발생하여 죽을 뻔했으나 극적으로 구출되었다. 그가 구출되었을 때 그의 어머니는 하나님께 찬양하기를 "이는 불구덩이에서 건진 타다 남은 부지깽이가 아닌가?"라고 했다. 이 말은 일생 동안 웨슬리를 따라다녔다. 웨슬리는 이를 두고서 자신을 "불에 타다 남은 나무 조각(슥 3:2)" 이라고 했다. 수잔나는 읽기, 쓰기, 셈하기는 물론, 라틴어, 희랍어, 역사, 문학, 종교에 이르기까지 손수 자녀들을 교육시켰다. 웨슬리는 이런 주기도문, 기도문, 성구를 암송했고, 성경과 고전문학, 기초적인 역사와 지리 등을 배우면서 철저한 경건훈련과 함께 자라났다.

옥스퍼드 시절과 홀리 클럽

웨슬리는 17세인 1720년에 옥스퍼드대학교에 입학하여 공부했다. 대학에 입학했을 때에도 웨슬리는 여전히 어머니가 집에서 가르쳐 준 엄격한 생활을 계속 유지했다. 그리고 그는 그리스도인임을 확신했다.

"

> 내가 약 22세 되었을 때, 나의 부친께서는 나에게 성직에 들어가라고 강요하셨다. 동시에 하나님의 섭리는 나에게 토마스 아 캠피스(Thomas A Kempis)의 『그리스도를 본받아』(Christian Pattern)라는 책을 보내 주도록 하셨다. 나는 참 종교란 마음에 있는 것이며, 하나님의 법은 말과 행동뿐 아니라 우리의 모든 생각에까지 미치는 것임을 깨닫기 시작했다. 그러나 캠피스가 너무 엄격하다는 점에 대하여 화가 났다. 그러나 나는 그의 글을 읽으면서 전에 느끼지 못

했던 큰 위로를 자주 느꼈다. 그리고 내가 지금까지 만날 수 없었던 그러한 신앙 깊은 친구와의 만남을 통해서, 나는 나의 대화형태를 전적으로 바꾸기 시작했고 진지하게 새로운 삶을 세우기 시작했다. 나는 하루에 한두 시간을 할애하여 종교적인 수련의 시간을 가졌다. 나는 매주일 성찬을 행했으며, 말이나 행동에 있어서의 모든 죄악을 경계했다. 나는 내적 경건성을 목표로 삼았고, 그것을 위해 기도했다. 이제 "그렇게 많은 일을 하고 그렇게 선한 삶을 살았으므로" 나는 내가 훌륭한 그리스도인임을 의심하지 않았다.

❞

이 시기에 장래 일을 고민하다가 아버지의 권면으로 성직자가 되기로 결정하고 링컨대학의 연구원으로 들어가 어학과 철학, 신학 등을 공부했다. 그리고 1728년에 목사 안수를 받았다. 한편 웨슬리는 동생과 함께 1729년에 신성클럽(Holy Club)을 조직하게 된다. 그들의 훈련된 삶 때문에 경멸적인 의미의 "규칙주의자들"(Methodists)이라는 별명을 얻기도 했다. 처음에는 4명에 불과했으나 웨슬리가 북미 선교를 위해 떠난 1735년 10월에는 유명한 복음 전도자가 된 휫필드(Whitefield)를 비롯하여 40명으로 불어나 있었다. 이들은 처음에는 주일 저녁에만 모였으나, 나중에는 매일 오후 6시에서 9시까지 기도와 성경을 연구하고 성찬을 거행했으며, 금요일에는 금식하면서 경건을 위해 노력했다. 또한 감옥을 방문하여 죄수를 돌보고 병자와 빈곤한 사람들을 돕고 어려운 가정의 아동들의 교육을 위하여 일하기도 했다.

결국 이것이 후에 요한 웨슬레가 일으킨 감리교운동의 시작이요 산실이 된 셈이다. 그 당시의 영국은 말할 수 없이 부패하여 퇴폐했고, 빈부의 차이가 심하여 사회는 혼돈 속에 있었다. 영국의 어린아이들은 "우리는 우리 아버지가 누구인지 알 수 없다"고 한 만큼 부녀자들의 성도덕은 타락했다. 18세기 이전의 영국 사회를 평하여 '영혼은 죽고, 밥

주머니만 활발한 시대' 라고 했다. 그런 속에서 일으킨 웨슬레의 경건 운동은 영국교회를 건질 뿐만 아니라. 영국 국가 사회를 건져내었다.

조지아 선교여행의 실패

웨슬리는 부친이 사망하자, 오글레소프 장군의 초청으로 선교를 위하여 1735년 10월 14일에 북미의 조지아 주로 동생을 비롯한 동료들과 함께 배를 타고 대서양을 횡단하게 되었다. 그런데 항해 도중에 무서운 풍랑을 만났다. 강력하고 엄청난 폭풍이 몰아닥쳤다. 웨슬리는 죽음의 두려움과 공포에 휩싸여서 떨었으나, 동행하고 있던 26명의 독일 모라비안 교도들은 찬송을 부르면서 태연자약한 태도를 보였다. 그들의 평화롭고 확신있는 신앙으로 큰 감명을 받았다. 1736년 2월 6일 육지에 상륙했다. 얼마 뒤 모라비아 교도인 쉬팡겐베르크를 만났다. 그는 웨슬리에게 물었다.

"

"당신은 예수 그리스도를 알고 있습니까?"

웨슬리는 조그마한 소리로 대답했다.

"나는 그분이 세상의 구주시라는 것을 알고 있습니다."

그러자 쉬팡겐베르크는 또 물었다.

"맞습니다. 하지만 당신은 그분이 당신을 구원하신 것을 알고 있습니까?"

웨슬리는 말했다.

"나는 그분이 나를 위하여 죽으신 것이기를 바라고 있습니다."

이와 관련하여 후일 웨슬리는 말했다.

"이는 구원의 확실성이 없는 헛소리(vain words)에 불과한 대답이었다."

"

조지아에서의 원주민에 대한 선교활동은 웨슬리의 고결하고 교회주의자적인 엄격하고도 권위적인 지도방법으로 인하여 참담한 실패를 맛보았다. 더군다나 행정장관의 조카 딸 소피아 합키(Sophia Hopkey)와의 불행한 연애 사건으로 문제가 야기되었고 결국은 초라하게 1937년 사바나를 떠나 영국으로 귀국했다. 그때 조지아 전도와 관련한 웨슬리의 고백과 견해는 이러했다.

> "나는 인디언들을 회개시키러 미국으로 갔다. 그러나 나를 회심시킬 자는 누구인가? 누가 나를 이 불신앙의 죄악 된 마음에서 건져줄 것인가? 나는 화창한 여름 날의 신앙을 가지고 있다. 나는 아무런 위험이 없을 때는 말도 잘하고 또 믿음도 좋다. 그러나 죽음이 내게 엄습할 때에는 나는 두려워 벌벌 떤다. … 오! 누가 나를 사망의 두려움에서 건져줄 것인가?" 이 고백이 그의 믿음의 현 주소였다.

놀라운 거듭남을 경험하다

모라비안 교도인 피터 뵐러(Peter Bohler) 목사는 1738년 2월 조지아에서 돌아온 웨슬리 형제와 사귐을 갖게 된다. 웨슬리는 자신의 심경을 털어 놓았다. 즉, 자신이 기독교에 대하여 많은 지식을 가지고 있음에도 불구하고 구원에 대한 믿음을 아직 가지고 있지 못하다고 느끼고 있으며, 설교를 그만두어야 옳지 않느냐는 느낌까지 든다고 심각하게 고백했다.

"절대로 그러지 마시오"라고 뵐러는 말했다.

웨슬리는 물었다.

"그러나 내가 무엇을 설교해야 합니까?" 뵐러는 대답했다.

"당신이 신앙을 가질 때까지 신앙을 설교하시오.

그러면 당신은 신앙을 가졌기 때문에 신앙을 설교하게 될 것이오."

웨슬리는 여기에서 인간이 행함으로는 구원을 받을 수 없음을 알게 되었다. 목사직의 포기까지도 생각할 정도로 갈등했던 그는 뵐러의 만류로 목사직은 유지하고 있었지만 회심에 목말라 있었다. 웨슬리는 그와 많은 대화를 나누었다.

내가 뵐러를 만났을 때, 우리는 성경과 체험의 문제를 같이 논의 해 보기로 했다. 이같이 결정된 이유는 다음과 같다. 처음에 나는 성경을 의논하려고 했다. 인간들의 주석을 제쳐놓고 단순히 하나님의 말씀을 상고하여 그것들을 함께 비교하고 애매한 구절을 보다 분명한 구절에 의하여 해석해 보려고 했다. 그런데 그 구절들이 모두가 부정적이라는 것을 발견했다. 그래서 나는 마지막 명제로 물러날 수밖에 없었다. 즉 "경험이라는 것은 성경에 대한 문자적인 해석과는 결코 일치하지 않는다." 그러므로 나는 경험과 관련하여 살아 있는 몇 명의 증인을 발견하기 전에는 그것을 진실로 용인할 수 없었다.

그는 내가 원한다면 언제라도 그 증거를 보여줄 수 있노라고 답변했다. 다음 날 그는 다른 세 명과 더불어 다시 방문했다. 그들은 모두 개인적인 경험에 의거하여 말했다. 과거와 현재의 모든 추악한 죄악에서 그리스도에 대한 참된 신앙은 용서와 완전한 자유, 그리고 해방의 느낌을 갖는 것이라고 말이다. 그들은 하나같이 신앙은 하나님의 거저 주시는 선물이며, 그것을 간절하고 끈질기게 찾는 모든 영혼에게 하나님은 확실히 수여해 주신다고 말했다.

그러므로 나는 확신하게 되었다. 하나님의 은혜에 의하여 다음의 방법으로 그것을 끝까지 추구키로 결심했다.

첫째, 나는 전체나 부분이나 자신의 행위나 의에 의지하는 행동을 배격하기로 했다. 나는 알고 있지는 못했지만 젊었을 때부터 구원 받음을 행위를 전제로 하고 있었다.

둘째, 의롭게 하고 구원하는 믿음을 위하여 계속 기도함을 전제하고, 나는 은혜의 다른 수단들을 계속해서 사용하기로 했다. 나를 위하여 피 흘리신 그리스도의 전적인 신뢰, 그리고 그분은 나의 그리스도요, 유일한 칭의요, 성화요, 구속으로 얻는 믿음, 이것을 목표로 한 기도를 함으로서이다. 그는 계속하여 그 믿음을 추구했다.

그러던 1738년 5월 24일, 새벽 5시경 성경을 읽었는데 두 구절이 가슴에 깊게 다가왔다.

"

이로써 그 보배롭고 지극히 큰 약속을 우리에게 주사 이 약속으로 말미암아 너희가 정욕 때문에 세상에서 썩어질 것을 피하여 신성한 성품에 참여하는 자가 되게 하려 하셨느니라(벧후 1:4).

예수께서 그가 지혜 있게 대답함을 보시고 이르시되 네가 하나님의 나라에서 멀지 않도다 하시니 그 후에 감히 묻는 자가 없더라(막 12:34).

"

나의 영혼은 계속 그분을 기다리고 있었다.

오후에는 친구의 권유로 성 바울 예배당에 갔다. 거기서 "여호와여, 내가 깊은데서 주를 불렀나이다"라는 찬송을 들었다. 그 찬송은 시편 13:1-6의 말씀이었다.

"

"…… 여호와 내 하나님이여, 나를 생각하사 응답하시고 나의 눈을 밝히소서, 두렵건대 내가 사망의 잠을 잘까 하오며, 두렵건대 나의 원수가 이르기를 내가 그를 이겼다 할까 하오며, 내가 흔들릴 때에 나의 대적들이 기뻐할까 하나이다. 나는 오직 주의 사랑을 의지하였사오니, 나의 마음은 주의 구원을 기뻐하리이다. 내가 여호와를 찬송하리니, 이는 주께서 내게 은덕을 베푸심이로다."

❞

그날, 저녁에 마음에 내키지는 않았지만 올더스게이트(Alder-sgate)의 한 집을 방문하여 모라비안 교도들의 집회에 참석했다. 거기서 어떤 사람이 루터의 로마서 주석 서문을 읽고 있었다. 그리스도에 대한 믿음을 통하여 하나님이 우리 마음에 역사하시는 변화에 대해 설명하고 있었다. 그때 그것을 듣는 웨슬리의 마음이 "이상하게 뜨거워졌다."

❝

나는 나의 구원이신 그리스도만을 의지하고 있음을 느꼈다. 그리고 웨슬리는 마음속에 뜨거움을 느꼈음을 모든 사람들에게 터놓고 간증했다! 놀라운 회심을 경험한 것이다.

하지만 조금 후에 원수 같은 마귀는 이렇게 속삭였다.

"이것은 믿음이 아니다. 그렇다면 기쁨은 어디에 있는가?"

그때에 나는 깨달았다. 평화와 죄에 대한 승리가 우리의 구원자 되시는 주님을 믿는 믿음에 있어서는 필수적인 것을 … 뿐만 아니라 나는 깊이 애통하는 사람에게 오는 기쁨은 하나님이 주시기도 하고 때로는 거두시기도 함을 깨달았다.

집에 돌아온 후에 여러 가지 시험으로 몹시 괴로웠다. 그러나 큰 소리로 외쳤더니 고통은 사라졌다. 시험은 자꾸 찾아왔다. 그럴 때마다 주님을 향해 부르짖었다.

주님은 항상 "거룩한 곳에서 나에게 도움을 주셨다." 나는 이런 체험과 이전의 신앙의 사이에는 커다란 차이가 있음을 발견했다. 나는 싸웠다. 그렇다. 나는 율법 아래서 또한 은혜 아래서 힘을 다해 싸우고 있었다. 과거에는 가끔 실패했다. 그러나 지금은 늘 승리하는 사람이 되었다.

❞

5월 25일, 목요일, 잠자리에서 눈을 떴을 때, '주 예수' 께서 내 마음과 내 입속에 계셨다. 나의 눈이 오로지 주님만을 지켜보고, 나의 영혼은 계속하여 그를 갈구하고 있음을 발견했다. 오후에 성 바울교회에 다시 갔을 때, 찬송가가 울려 퍼졌다. 그 찬송가 속에서 하나님의 말씀이 역사하시고 임재하셨다.

"내가 주님의 사랑과 자비를 항상 찬송하리라. 나의 입술로 영원토록 당신의 진리를 증거 하리라"는 가사였다.

그럼에도 원수 마귀는 나에게 두려움을 일으켰다. "참으로 네가 믿는다면 왜 명확한 변화가 없는가?" 나의 속에서 대답했다. "그것은 명확하게 모르겠다. 그러나 지금 나는 '하나님의 평화' 를 가지고 있다. 그리고 오늘 나는 죄를 범하고 있지 않다. 그리스도 예수는 내일의 근심은 하지 말라고 하셨다." 마귀는 물러서지 않고 또 물었다. "무슨 두려움이든지 네 안에 있다면 그것은 네가 실제로는 믿지 않는다는 증거가 아닌가?" 내가 이에 대하여 주님이 대답해 주실 것을 간구했다. 그리고 성경을 펼치니 바울의 말씀 한 구절이 띠었다. "우리가 마게도냐에 이르렀을 때에도 우리 육체가 편하지 못하였고 사방으로 환난을 당하여 밖으로는 다툼이요 안으로는 두려움이었노라." 나는 두려움이 마음속에 있는 것은 당연하며, 언젠가 두려움을 정복할 때까지 앞으로 전진해야함을 깨달았다. 오직, 주님 안에서 평안을 누릴 수 있다는 사실을 말이다.

이후 웨슬리는 진젠도르프(Zinzendorf, 1700-1760)의 초청으로 여름에 모라비안의 본거지인 마리엔보른(Marienborn)과 헤른후트(Herrnhut)를 방문했고, 여기에서 2주간 머물면서 경건생활을 배웠으며, 깊은 도전과 감명을 받았다.

1738년 10월에 런던에서 옥스퍼드로 가는 도중 조나단 에드워드의

『노드햄튼 대 부흥운동사』를 읽고 커다란 충격을 받았다. 여기에서 '성령 역사의 두드러진 표적' 이 신앙인에게 필요하다는 사실을 깨닫고, 성령을 간절하게 사모하는 계기가 되었다. 1739년 정초에 동생을 비롯한 60여명의 동지가 애찬과 기도회를 가졌는데 여기에서 놀라운 성령을 덧입게 되었다.

이와 같이 믿음은 '죄인인 나에게 긍휼을 베풀기' 를 간청하는 사람들에게 값 없이 주어지는 하나님의 선물이다. 그 까닭에 어떤 사람도 믿음을 스스로의 노력으로 쟁취(爭取)할 수 없다. 믿음은 우선, 하나님이 큰 긍휼과 은총으로 주신 것이다. 그 다음, 그리스도가 몸을 드리고 피를 흘려서 하나님의 공의(公儀)를 충족시키셨다. 그럼으로 믿음은 예수 그리스도의 공적(功績)을 통하여 하나님에게 나오는 신뢰이다.

자신을 온전히 선교활동에 바치다

웨슬리는 이제 역마차에서 여인숙에서 폭풍우가 치는 배안에서 장소를 불문하고 죄를 공격했고, 그리스도가 주시는 자유로운 은총을 선포하기 시작했다. 국교회에서 쫓겨나자 휫필드의 권면으로 부득이 1739년 4월부터는 노천 설교를 하는 등 본격적인 복음의 증거에 나섰다. 전도법에 일대 개혁을 일으켰다. 초기에는 런던을 중심으로 복음을 증거 했으나 점차로 브리스톨, 킹스우드, 뉴캐슬 등지로 전도 무대를 확장했다. 그 후 비범한 능력으로 메도디스트 교파를 창설하고 동년 5월 12일 브리스틀에 최초로 메도디스트(Methodist) 협회를 설립, 6월 3일 설교소(說敎所)를 개시했다. 1740년에는 순전한 메도디스트 연합회를 창설하고 1742년 2월에는 연합회의 규정을 발표했다. 그는 말을 타고 여행하면서 부흥운동을 일으켰는데, 1742년에 이르러서는 영국의 전역으로 확산되었다. 1739년 말경 8-9명의 신도들이 매주 목요일 저녁에 모여 신앙적 권면과 독려하고 기도하기 위해 연합 신도회

(Society) 모임을 가졌다. 신도회에 모이는 인원이 많아지자 더 작은 단위로 나누어 속회(Class meeting)를 처음으로 조직했다. 휫필드는 웨슬리가 조직한 속회제도에 대하여 이렇게 말했다.

"

> 나의 형제 웨슬리는 지혜롭게 일했다. 그는 전도하여 얻은 사람들을 신도회에 가입시켜 그들의 신앙을 보전시켰다. 나는 그러한 방법을 경시했기 때문에 내가 얻은 신도들은 모래로 꼬아놓은 신도와 같았다.

"

한편, 그는 1751년에 바젤의 미망인과 결혼했다. 그의 부인은 악처로 소문났다. 그의 가정생활은 전도의 사명과 달리 매우 불행했다. 아내의 비협조로 힘든 전도생활을 한 것이다. 이런 상황에도 불구하고 전도활동에 열을 올려 평균 일 주일에 15회나 설교를 했고, "나의 교구(parish)는 전 세계이다"라는 심정으로 해마다 8,000마일을 말을 타고 전도여행을 다니며, 말이 들어가는 곳마다 가서 복음을 전했다. 60년간 새벽 4시에 일어나서 새벽5시에 기도회를 가지며 설교하기를 50년간 계속했다. 복음을 전하는데 필요한 건강을 유지하기 위해, 1) 계속적인 운동과 기분 전환을 하고, 2) 육지에서든 바다에서든, 몸이 아프든 건강하든 간에 밤에는 반드시 수면을 취했으며, 3) 필요하면 언제든 잠을 자고, 지쳤다고 느껴질 때에는 밤이든 낮이든 잠을 청했다고 한다. 하나님의 일을 위해 자기 관리도 철저했다. 후에 감리교도들과 선교사들이 그의 삶과 그의 명령을 훌륭히 이행했다.

그의 설교는 대단한 감화력을 가졌으며 강력한 성령의 역사를 동반했다. 지속적인 전도활동과 더불어 조직을 세울 필요성을 느꼈고, 1744년 연회(年會)를 조직했다. 연회는 웨슬리 생전에 18차까지 열렸다. 웨슬리의 전도는 1739년 웨일즈, 1747년 아일랜드, 1751년 스코틀랜드를 거쳐 북미 대륙에 선교사를 파송하여 1760년 뉴욕에 교회를 세우는 결실로 나타났다. 그의 귀한 회심의 동력은 왕성한 사역으로 나타났고, 충성된 전도자의 사명을 감당하게 만든 원천이었다.

사순절에 드리는 회개의 기도 - 요한 웨슬리

오! 주님, 우리의 마음을 엽니다.
우리의 상한 심령을 주님께 드립니다.

오! 하나님 아버지의 크신 선하심을 따라
우리에게 사랑을 베풀어주시고
풍성한 사랑하심을 따라 우리의 죄를 제거하소서.

주님의 말할 수 없는 사랑으로
우리가 지은 죄에서 자유케 하시고,
우리가 받아 마땅한 징벌로부터 구해 주소서.

오! 모든 어둠의 행실에서 구하시고
영과 육의 모든 더러움을 씻기소서.
그리하여 때가 이를 때
정결한 마음과 생각으로
오직 한 분이신 참되신 하나님을 따르게 하소서.
오! 하나님 아버지의 크신 선하심을 따라
우리에게 사랑을 베풀어주시고
풍성한 사랑하심을 따라 우리의 죄를 제거하소서.

주님의 말할 수 없는 사랑으로
우리가 지은 죄에서 자유케 하시고,
우리가 받아 마땅한 징벌로부터 구해 주소서.

오! 모든 어둠의 행실에서 구하시고
영과 육의 모든 더러움을 씻기소서.
그리하여 때가 이를 때
정결한 마음과 생각으로
오직 한 분이신 참되신 하나님을 따르게 하소서.

세계 기독교 역사상, 전무후무한 웨슬리는 감리교회의 창시자로서, 200권이 넘는 책을 저술했다. 18세기 영국을 복음화 시키고 1791년 3월 2일 88세에 하나님의 부름으로 영원한 천국에 입성했다.

임종시 마지막 말은 "더 많은 빛을 내게 주소서!" 였다.
하나님을 끝까지 사모하는 웨슬리의 신앙을 치하하며, 우리도 이 신앙을 살아내고 이어 받아야 할 것이다.

참고문헌 - 이 글은 아래 문헌에서 인용, 발췌한 것이다.
편찬위원회, 『기독교대백과사전 12권』, 서울: 기독교문사, 1990. pp. 378~383.
Hugh T. Kerr & John M. Mulder. *conversions*. New York: Grand Rapids, 1983.
존 웨슬리의 *The Journal of John Wesley* 중에서
휴 커 · 죤 멀더, 공편. 『위대한 회심자들』. 박영봉 역. 서울: 생명의 말씀사, 1993. pp. 105~116..
http://blog.daum.net/qorrud/17734(하나님 사랑 · 이웃 사랑 · 다육사랑 블로그, - 요한 웨슬리(John Wesley) 생애
http://ko.wikipedia.org/wiki/(위키백과)
http://cafe.daum.net/arro75/VKyX/5263?q=%EC%9A%94%ED%95%9C%20%EC%9B%A8%EC%8A%AC%EB%A6%AC
http://stchopeter.blog.me/150010721447-윤사무엘

열정의 복음전도자

죠지 휫필드

George Whitefield

1714~1776

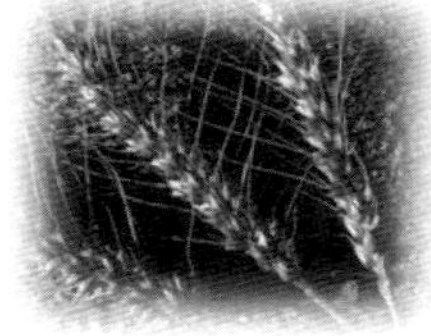

칼빈주의적 신앙을 갖고 있던 그는 뛰어난 설교로 청중을 사로잡은 열정적인 복음전도자였다.

복음과의 운명적인 만남

휫필드는 기독교 역사상 가장 위대한 설교자들 중 한 사람이었다. 그는 1714년 12월 영국 글로스터의 한 여인숙에서 태어났다. 어린 시절 부친을 여의고 가난한 여인숙을 운영하는 어머니 밑에서 자라났는데 "거짓말을 좋아하고, 욕설 및 하찮은 농담을 잘하며, 안식일을 범하며 극장에 드나들고 카드놀이를 좋아하고, 연애 이야기 읽는" 것을 좋아하던 평범한 아이였다. 스스로 말하기를 자신은 젊은이들이 빠지기 쉬운 거의 모든 죄를 저질렀다고 했다. 그는 가난했지만 시립 중학교에 무상으로 진학하여 라틴어와 헬라어를 배웠고, 웅변술도 익혔다. 그는 행복하지 못했고 예민한 양심은 죄책을 느끼게 되었다. 그는 결국 그가 일하던 술집을 나와 옥스퍼드로 향했다. 그는 18세에 옥스퍼드의 팸브록 칼리지에 근로 장학생으로 입학하여 수학함으로서 일생이 바뀌는 전기가 되었다. 그곳에서 요한 웨슬리와 그의 동생 찰스를 알게 되었고, 엄격한 생활방식(method) 때문에 처음으로 메도디스트(Methodists)로 불렸던 경건한 모임, 즉 홀리 클럽(Holy Club)의 일원이 되었다. 그는 회원들과 함께 좁은 문으로 들어가기 위해 노력했다.

"

> 그들보다 더 열심히 좁은 문으로 들어가기를 힘쓰는 사람들은 없었다. 그들은 자기 몸을 극단적으로 절제했다. 그들은 세상의 모든 것을 배설물과 찌꺼기로 여겼으며, 그들의 마음은 하나님에 대한 사랑으로 타올랐고, 악의로 비판하는 말을 들을 때, 그들의 속 사람은 오히려 풍성해 졌다. … 그래서 나도 그들처럼 규율에 따라 살기 시작했고 한 순간도 낭비되지 않도록 일분일초의 시간까지 활용 했다. 무엇을 먹든 마시든 무슨 일을 하든 나는 모든 일을 하나님의 영광을 위해 하려고 노력했다. … 예수 그리스도께서 좀 더 가까이 인도해 주리라 생각되는 수단들은 하나도 남김없이 활용했다.

"

그는 엄격한 자기 절제, 선행의 생활을 했고 이러한 수단으로 하나님께 더 가까이 가려고 노력했다.

그는 홀리클럽에서 토마스 아 켐피스의 『그리스도를 본받아』, 카스타누자(Castanuza)의 『영적 투쟁』(Spiritual Combat)과 같은 책을 읽으면서 금욕주의에 빠지기도 했다. 윌리엄 로(William Law)의 『진지한 부르심』(Call to the Unconverted), 알린(Allein)의 『회개치 않은 죄인들에 대한 경고』(Alarm to Unconverted Sinners) 등을 읽으면서 영적인 무지로부터 해방 되었다. 그러나 그의 사고방식을 완전히 바꿔놓은 책 한 권을 접하게 된다. 그것은 스코틀랜드 사람 헨리 스쿠갈(Henry Scougal)의 『인간 영혼 속에 있는 하나님의 생명』(Life of God in the Soul of Man)이라는 제목의 책이었다. 그때까지 휫필드는 '중생' 의 기적에 대해 아무것도 몰랐다. 그는 선행으로서 천국의 도상에 이를 수 있다고 생각했었다. 그러나 그 책을 읽고 그는 지금까지의 그런 생각들이 완전히 잘못된 것이었음을 깨닫게 되었다.

거듭남의 당위성

내 영혼이 하나님을 뵙기 전에 전적으로 새로워져야 한다는 것을 마음 깊이 확신하게 되었을 때, 외적인 시험과 내적인 시험을 겪어야 했다. '거듭나야 한다' 는 엄숙한 깨달음을 얻었으나 자신은 영원히 잃어버린바 된 자가 될지도 모른다는 두려운 감정에 휩싸이게 되고 아래와 같이 일기를 썼다.

"

> 편안한 마음이 곧 사라지고 끔찍할 정도의 두려움과 공포가 내 영혼을 압도했다. 어느 날 아침 … 나는 내적 어두움 속에서 내 가슴이 무언가에 짓눌리는 이상한 느낌을 받았다. …….
>
> 얼마나 많은 밤을 그 이상한 무게에 짓눌려 침상에서 신음하면서, 또 사단에게 예수님의 이름으로 나를 떠날 것을 명령하면서 지냈는지 오직 하나님만이 아신다. … 그렇게 몇 날 몇 주를 나는 바닥에 꿇어 엎드려, 내 영혼에 엄습한 유혹과 나의 타락한 성품과 싸우며 간절히 기도드렸다. …….
>
> 나의 속 사람이 이렇게 애쓰는 동안에 나의 겉 사람도 변해야 된다고 생각했다. 그래서 나는 점차로 과일과 다른 음식을 먹는 것을

줄였다. 나는 한 주일에 이틀을 금식했다. … 그리고 금식으로 인해 절약된 돈을 가난한 사람에게 주었다. 나의 의복은 남루했다. 나는 머리에 분을 바르는 것이 참회자에게 어울리지 않는다고 생각했다. 하나님의 나라가 먹고, 마시는 것에 있지 않음을 확신하고, 자기 부정의 자발적인 행위들을 철저하게 고집했다.

수개월 동안 나는 계속 이런 상태에 있었다. 희미하지만 과거에도 한 번 본 적이 있는 그 별이 다시 나타나 주기를 희망하면서 어둠 속을 찾아 헤맸다.

”

“

거룩한 절기인 사순절이 다가왔다.

이 절기를 친구들은 매우 엄격하게 지켰는데,

6주 동안 토요일을 제외하고 고기는 입에도 대지 않았고,

주일을 제외한 나머지 날 동안에는 설탕을 넣지 않은 사르비아 차와 거친 빵 외에 아무것도 먹지 않았다.

나는 한 손의 일부가 완전히 얼어 까맣게 될 때까지

추운 아침에 계속해서 밖을 거닐었다. 이런 계속적인 금욕과

내적 투쟁으로 말미암아 마침내 나의 몸을 수척하게 만들었다.

수난주간에는 계단을 기어 올라갈 수 없을 정도로 피폐해져 약해졌다는 사실을 깨닫고, 나를 아껴주시는 선생님께 몸의 상태를 알리지 않을 수 없었다.

선생님은 즉시 의사를 불러오셨다.

이런 상황은 학교 친구들 사이에서 조롱거리가 되었다.

그들은 "지금까지 어떻게 금식을 한 건가?"라고 하며, "그의 금식이 무슨 소용이 있는가?"라고 조소했다.

그러나 비록 내가 경솔했고 육체적인 건강을 많이 잃긴 했지만,

그럼에도 영적으로 성장했다는 사실을 알고 나서 이런 꾸짖음에도 불구하고, 내 속에서 성령이 충만해 있다는 사실을 알고 있었기 때문에 기쁘기만 했다.

이렇게 내 병은 7주 동안이나 계속되었다. 얼마나 영광스러운 방문인가?

복된 성령께서는 이 기간 내내 나의 영혼을 정결케 해 주셨다.

내 안에 집을 짓고 있던 이전의 내 모든 추잡함과 악명 높았던 죄악들, 심지어 내 마음의 죄까지 기억나게 하셨다.

나는 그런 일들을 즉시 기록했고, 아침저녁으로 하나님 앞에 고백했다.

아팠음에도 불구하고 저녁에 모든 일을 끝마치고 두 시간씩 이런 시간을 보냈으며,

내 건강이 허락하는 모든 시간마다, 헬라어 성경과 홀(Hall) 감독의 가장 탁월한 책, 명상(Contemplation)을 바탕으로 묵상하고, 기도했다.

7주가 끝나갈 즈음, 그리고 12개월 이상

내 몸과 마음이 말할 수 없는 압박 아래 신음한 후에,

하나님은 다음과 같은 방법으로 나를 해방시켜 주셨다.

”

“

어느 날, 유난히 목이 타고 입에서 불쾌한 단내가 난다는 것을 느끼고는 갈증을 없애려고 이것저것을 시도해 보았지만 소용이 없었다.

그때, “예수님이 ‘내가 목마르다’ 라고 소리치셨을 때가 고난과 시험이 정점에 이르고 있었구나” 하는 생각이 들었다.

그래서 나는 침대에 몸을 던지고 엎드려서

"목마르다. 목이 말라!" 라고 소리쳤다.

그러자, 그동안 무겁게 짓누르고 있던 짐에서부터 내 자신이 해방되었다는 사실을 발견하게 되었다.

애통하는 영이 나에게서 떠나갔고,

나의 구원자이신 하나님 안에서 기뻐하는 것이 진정 무엇인지를 알게 되었다. 그리고 얼마 동안, 나는 어디에 가든지 찬송을 부르지 않을 수 없었다. 그러나 나의 기쁨은 더욱 확고해져 갔다. 오 나의 영혼아 주님을 찬양하라. 내 속에 있는 모든 것들아 주님의 거룩한 이름을 찬양하라! 이렇게 하나님의 성호를 찬양했다.

하나님은 몇 번 되는 대로 간헐적으로 역사하시는 것이 아니었다.

그때 이후로 내 영혼에 거하셔서 점점 크고 강하게 역사하셨다.

이렇게 나의 애통하는 날들이 끝났다. 버림받음과 시험의 오랜 밤이 지나고, 전에 멀리서 보았던 그 별이 다시 나타나기 시작했으며, 낮의 별이 내 마음에 떠올랐다.

이제 하나님의 영께서 내 영혼을 자신의 소유로 삼으셨으며,

겸손히 바라는 바대로 구속의 날까지 인쳐주셨다.

"

휫필드는 자신에게 찾아 오신 하나님께 고백했다.

"

하나님께서는 그 무거운 짐을 치워주사 나로 하여금 살아있는 믿음으로써 그분의 존귀하신 아들을 붙잡을 수 있게 하시고, 나에게 양자의 영을 허락하사 영원히 구속을 받을 날까지 나를 인치시기를 기뻐하셨다.

오, 죄의 무게가 사라지고, 수심에 잠긴 내 영혼에 하나님의 사랑에 대한 의식이 늘 자리잡게 되었을 때, 내 영혼은 얼마나 큰 기쁨으

로 가득찼던가! 그것은 말로 설명할 수 없는 기쁨이었고 영광으로 가득찬 기쁨이었다.

그날은 영원히 기억에 남을 날이었음이 분명하다.
내 기쁨은 마치 홍수처럼 강둑을 넘어 범람했다.

때때로 산책을 할 때면
내 영혼은 마치 내 몸에 빠져나가기라도 하려는 듯 용솟음쳤다.
또 어떤 때 나는 하나님의 무한한 엄위로움에 압도된 나머지
땅에 엎드려 나 자신을 백지 한 장처럼
그분의 손에 드려 그분께서 쓰시고자 하시는 것을
그 위에 쓰시게 하고픈 마음을 갖지 않을 수 없었다.

❞

그는 1735년에 복음주의적 회심을 강렬하게 체험했고, 1736년 6월 목사 안수를 받았다. 그 후 그는 여러 곳을 순회하며 설교했으며, 존 웨슬리와 찰스 웨슬리와도 손잡고 복음을 함께 전했다. 나중에 그는 깊은 교제를 나누었던 웨슬리 형제와는 신학적인 의견의 차이로 인해 곧 갈라서게 되었는데, 그들은 구원문제의 유효성에 대해 견해를 달리했던 것 같다. 웨슬리가 알미니안적 견해를 채택한 반면에 휫필드는 칼빈주의적 견해를 취했다.

1731년 1월 브리스톨에서 첫 설교를 하고 1737년 5월까지 이곳에서의 설교 활동은 계속되었다. 휫필드는 광부 등의 가난한 자녀들을 위해 킹스우드 스쿨을 설립했으며, 웨일즈 장로교회로 불리는 웰쉬 칼빈적 메도디스트교회의 지도자가 되었다. 1743년에는 이 교회의 초대 회장이 되었다. 그의 영향은 스코틀랜드를 거쳐 미국으로 확대되었다. 1740년 이후 휫필드가 미국교회에 끼친 영향은 1735년 제1차 대각성운동을 능가하는 제2차 대각성운동이었다. 그는 미국을 일곱 번이나 방

문했으며, 34년간 18,000회 이상의 설교를 했다.

휫필드의 주된 설교 주제는 인간의 구제될 수 없는 죄악성과 그리스도의 효과적 구원에 관한 내용이었다. 그러므로 그의 설교는 중복되는 것이 많았는데, 그럼에도 불구하고 그의 설교는 생동감이 있었다. 그의 천국과 지옥에 대한 설교는 앉아 있는 청중들에게 천국과 지옥에 있는 것과 같은 느낌을 주었다. 그는 극적인 요소를 더하기 위하여 적절한 질문과 감탄의 표현들을 잘 사용했다. 그는 뛰어난 목소리와 제스처를 가지고 있었음에도 불구하고, 또한 부단히 노력했다. 1770년 9월 그는 자신에게 주어진 사명을 다하고 56세의 나이에 꿈에도 기리던 하나님의 품으로 돌아갔다.

“

마틴 로이드 존스(Martin Lloyd Jones)는 “가장 위대한 설교가요 연사”라고 말했다. 벤자민 프랭클린은 말하기를 “나는 그를 30년 이상이나 가깝게 알고 지냈다. 모든 선한 사업을 집행하여 가는 가운데 그는 순수함, 사욕 없음, 지칠 줄 모르는 열정에 사로잡혀 있었다”고 했다. 윌리암 쿠퍼는 그에 대한 찬사를 아끼지 않았다. “휫필드는 제2의 바울이었다. 사도적인 자비심에 있어서 바로 사도 바울과 동일한 인물이었다.”

19세기의 위대한 설교가 찰스 스펄전(Charles H. Spurgeon)은 이렇게 말했다. “죠지 휫필드 같은 사람에게 끌리는 관심은 끝이 없다. 그의 생애에 관한 책을 읽을 때마다 나는 명백한 각성을 의식하며 그때마다 돌아선다. 그는 살았다. 다른 사람들은 반쯤 살아 있는 정도였으나 휫필드는 온전히 살아 있었고, 불과 바람과 폭포 같은 삶을 살았다.”

”

그의 설교는 죄의 두려움과 죄사함의 놀라움에 대하여 설명했으며, 그의 설교는 역동적이었으며 그 자신의 회심 체험을 잘 나타내 주었다. 평일이나 주일이나 그가 전도하는 곳의 교회는 청중이 빽빽이 들어 찼고 굉장한 평판을 낳곤 했다. 그의 설교는 많은 이들을 매료시켰다. 명백한 사실은 참으로 웅변을 잘하고 즉석에서 아무 준비 없이 설교를 하는 전도자가 순수한 복음을 보기 드문 목소리와 훌륭한 몸짓으로 전하곤 했다. 그때 그 감동은 런던에서는 전혀 새로운 체험이었다. 그의 청중들은 놀라고 황홀해진 나머지 넋을 잃었다.

그는 그의 일생에 걸친 설교사역에서 에베소서 2장 8절의 말씀을 주제로 삼았다.

"너희가 그 은혜를 인하여 믿음으로 말미암아 구원을 얻었나니 이것이 너희에게서 난 것이 아니요 하나님의 선물이라"

개혁자의 신앙을 이어받아, 성령의 능력을 힘입어, 사람을 변화시키는 일에 진력한 휫필드의 삶은 굳어진 18세기 교회의 문을 부수고 무뎌진 명목상 신자들의 마음을 흔들어 놓았다. 사람들은 그의 복음 설교에 감격했고, 내면적 부흥운동의 큰 줄기로서 그들을 중생의 길로 인도했다.

참고문헌 - 이 글은 아래 문헌에서 인용, 발췌한 것이다.

편찬위원회, 『기독교대백과사전 16권』, 서울: 기독교문사, 1989. pp. 804~808.

Hugh T. Kerr & John M. Mulder. *conversions*. New York: Grand Rapids, 1983.

죠지 휫필드의 *George Whitefield's Journals* 중에서

아놀드 A. 델리모어. 『죠지 휫필드』. 오현미 역. 서울: 두란노서원, 1995.

휴 커 · 죤 멀더, 공편. 『위대한 회심자들』. 박영봉 역. 서울: 생명의 말씀사, 1993. pp. 117~127.

http://kjv.kimc.net/(희망의 말씀 홈페이지, 죠지 휫필드)

http://blog.naver.com/glorysong75/(죠지 휫필드의 회심)

http://ko.wikipedia.org/wiki/(위키백과)

http://www.aspire7.net/belief-2-6.html. "죠지 휫필드의 구원의 간증"

대각성운동을 주도한

조나단 에드워드

19

Jonathan Edwards

1763~1758

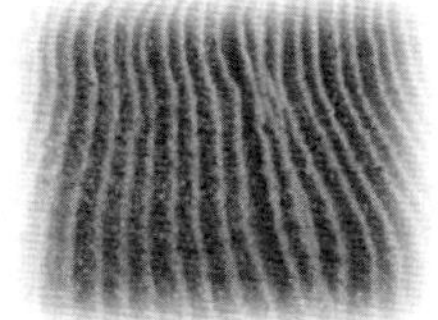

철저한 청교도식 신앙을 가졌던 그는
미국의 대각성운동의 선구자가 되었다.

청교도적 교육을 받음

조나단 에드워드는 1703년 10월 미국의 코네티컷 주의 윈저 팜스에서 태어났다. 그의 부친은 하버드대학교를 졸업하고 1694년 회중교회에서 목사로 안수 받았으며, 63년여를 목회했던 디모데 에드워드 목사였다. 어머니는 에스더 스토타드로 여왕과 같은 훌륭한 기품을 가진 여성이었다.

어렸을 때 에드워드는 집에서 교육을 받았다. 6세 때부터 언어를 배우기 시작하여 13세가 되기 전에 라틴어, 그리스어, 히브리어가 상당한 수준에 이르렀다. 어렸을 때부터 펜으로 글씨를 쓰면서 교육을 받은 덕분에 정확하게 사고하고 표현하는 능력을 배양하게 되었다. 이미 9살 때에는 유물론에 대하여 글을 썼고 12살쯤에는 자연 철학의 문제와 관련하여 글을 쓸 정도였다. 1716년에 13세의 나이로 예일대학교에 입학했으며, 1720년에는 매우 우수한 성적으로 학교를 졸업했다. 그는 대학을 졸업한 후에 2년 동안 뉴 헤븐에서 신학을 공부했다. 그 2년은 에드워드가 자신의 회심을 체험했던 시기로 추정된다. 1722년에서 1723년 겨울에 자기의 마음과 생활을 통제하는 지침서가 되는 일련의 규칙들을 만든 결의문의 대부분을 썼다. 무려 70개의 결심문으로 된 이 문서는 그리스도인의 임무에 대한 최고의 요약집이며, 복음적 선행 실천의 최고의 지침서로 평가되고 있다. 19세 때인 1922년에 설교자로서 인정을 받았으며 뉴욕의 장로교회에서 9개월 정도 설교했다. 1724년에서 3년 동안 예일대학교에서 강사 일을 하다가 24세가 되던 해인 1727년에 그는 성직 임명을 받았다. 그리고 메사추세츠의 회중교회에서 목회를 시작했다. 그때에 그는 사라 피에르폰트와 결혼했다.

대각성운동의 중심

젊은 설교자로서 에드워드는 열렬한 언어구사와 깊은 사상에 기초했으므로 바로 유명해졌다. 설교는 명령적이거나 화려한 몸동작도 없었고 원고에 충실했지만 청중을 압도했다. 그의 설교의 힘과 영향력은 믿을 수 없을 정도였다. 1734년, 1735년에는 에드워드의 교구에 종교적인 대각성운동이 발생했다. 이미 유명한 설교가로서 강력한 영향력을 미치고 있었던 에드워드는 이의 중심에 서 있었다. 연이어 1740년, 1741년에는 대각성운동이 뉴잉글랜드 대부분의 지역으로 퍼져 나갔다. 그는 죠지 휫필드와 함께 이를 주도해 나갔다. 이러한 상황에서 에드워드는 이상하리만큼 매우 포용적인 자세를 견지해 나가고 있었다. 그는 부흥운동가들의 변혁적인 방법에 수반하는 무절제한 행동을 좋아하지 않았다. 교회의 순수성의 증진과 열심의 고취는 그가 바라는 강력한 희망이었다. 시간이 흘러가면서 그는 조부였던 솔로몬 스토타드가 회심하지 않은 사람들에게도 성찬식에 참여하도록 한 것이 잘못이라고 확신했다. 교회 구성원들과의 논쟁은 지속되었다. 그 결과는 23년여 동안 목회했던 노댐프턴교회에서 1750년 축출되는 결말로 이어졌다.

1751년 8월 그는 매사추세츠의 스톡브리지의 작은 교회의 목사로 취임하여 호사톤족 인디언들의 선교사가 되어 헌신적으로 섬겼다. 1757년 9월에는 뉴져지대학(현, 프린스턴대학교)의 총장으로 선출되었다. 처음에는 이를 사양했으나 주위의 조언을 받아들여 1758년 1월 스톡브리지 목회지를 떠났다. 그리하여 2월 총장에 취임했다. 1주일 후 그는 천연두 예방 접종을 받았다. 그러나 이의 후유증으로 총장에 취임한지 5주 후에 하나님의 부르심을 받았다.

> 임종을 지켜보는 딸에게 "하나님을 신뢰하라. 그리고 두려워 말라"고 했다. 아내에게는 "오랫동안 우리 사이에 있었던 신비한 연합은 내가 믿은 대로 영적인 성질의 것이었으므로 영원히 계속될 것이요"라고 말했다.

영향력

많은 사람들이 미국의 가장 위대한 신학자로 꼽는 에드워즈는 '뉴잉글랜드 정신(the New England mind)'의 이상을 자신의 삶 속에 구현한 인물이다. 철학적으로 보면 반성적(reflective)이었고 지성적인 호소력을 가지고 있었다. 그는 온 피조 세계를 하나님의 주권이라는 전제하에서 보려고 노력했다. 노댐프턴에서 봉사하던 시기에 대각성운동이 시작됐고 성직자들의 격렬한 논쟁 속에서 에드워드는 이를 지지하고 주도했다. 그는 "사람들은 머리로 무엇을 알고 싶어할 뿐 아니라 마음으로 그 무엇을 느끼고 싶어 한다"고 말했다.

감정적인 폭풍의 대각성운동의 한가운데에서 그를 지탱한 것은 매우 깊은 그의 신학적인 소양이었다. 그의 생각은 엄격했고, 논쟁과 언변에 매우 탁월한 능력을 가지고 있었다. 대각성운동의 시기에 기록된 논문들은 그의 이런 지향점을 탁월하게 보여주고 있다. 「노댐프턴과 그 주변 도시의 수백 명의 회심에서 나타난 하나님의 놀라우신 역사에 대한 믿음의 기록」(A Faithful Narrative of the Surprising Work of God in the Conversion of Many Hundred Souls in Northampton and the Neighboring Towns and Villages, 1737), 「진노하신 하나님의 손 안에 있는 죄인들」(Sinners in the Hands of an Angry God, 1741), 「종교적 감정에 관한 논문」(A Treatise Concerning Religious Affections, 1746) 등이었다. 노댐프턴교회에서 축출되어 호사톤족의 인디언 공동체에서 목회하던 7년여의 기간 동안에 집필한 서적들은 매우 의미 깊고 사상성 있는 사고의 결정판이었다. 『의지의 자유』(Freedom, 1754)는 에드워드 철학의 반영이었다. 『참된 덕의 성격』(The Nature of True Virtue, 1755)은 그리스도 윤리에 대한 명쾌한 논문이었으며, 같은 시기에 집필한 『원죄』(Original Sin)는 그의 가장 탁월한 신학 작품으로 평가 받고 있다.

그리스도의 영광을 경험함

내 기억으로는, 하나님과 신적인 것들 안에서의 내적인 달콤한 기쁨을 처음 맛본 것은, 디모데전서 1장 17절의 말씀을 읽었을 때였다. "영원하신 왕 곧 썩지 아니하고 보이지 아니하고 홀로 하나이신 하나님께

존귀와 영광이 영원무궁하도록 있을지어다. 아멘." 이 말씀을 읽었을 때 거룩한 신의 영광이 내 영혼 속에 들어와 강하게 울려퍼졌다. 이것은 일찍이 경험했던 것과는 전혀 다른 느낌이었다. 성경의 어떤 말씀도 이 말씀처럼 나에게 감명 깊게 다가오지 못했다. 나는 그 하나님을 즐거워하고 하늘로 들림을 받고 영원히 하나님 안에서 살 수 있다면 하고 바랐다. 그 하나님은 얼마나 놀라우신 분이시며 나는 얼마나 행복할까 하고 생각했다. 나는 이 말씀을 반복하면서 그 하나님을 기쁘시게 하기 위해서 기도하러 갔다. 그때 나는 예전과는 다르게 애정을 갖고 하나님께 기도했다. 나의 마음은 그리스도에 대하여, 그리스도께서 값없이 베푸신 구원의 은혜를 흠모하면서 구원의 길에 대하여 읽고 명상하는 데 몰두하고 있었다. ……

1737년의 어느 날, 나는 건강을 위해 숲속으로 말을 타고 나갔다가 한적한 곳에 이르러 말에서 내렸다. 그곳은 항상 명상과 기도를 하기 위해 자주 산책하던 곳이었다. 거기서 명상과 기도를 시작했다. 그때 하나님은 그에게 생생하게 보여주셨다. 나는 하나님과 사람의 중재자이신 예수 그리스도의 영광을 보았다. 주님의 놀랍고, 크고, 충만하고, 순수하고, 달콤한 은혜와 사랑, 그리고 온유와 부드러운 겸손을 보았다. 이렇게 조용하고 달콤하게 나타났던 하나님의 은혜는 하늘 위에서도 역시 크게 나타났다. 그리스도께서 모든 사상과 관념을 다 섭렵하고도 남을 정도로 위대하고 놀라우신 분으로 나타나셨다. 이 사건은 내가 알아볼 수 있을 정도로 가까운 곳에서 약 한 시간 동안 계속되었다.

그 체험 후 나는 몇 시간 동안 눈물을 흘리며 목 놓아 울었다. 이를 달리 어떻게 표현해야 될지 모르겠지만 아무튼 그 순간에 내 영혼이 비어지고 소멸되기를 바라고, 먼지 속에 앉아 오직 그리스도만으로 채워지기를 바라고, 그분을 거룩하고 순수한 사랑으로 주님을 사랑하기를 바라며, 그를 의지하며, 그를 따르고 섬기며, 거룩한 하늘의 순수함으로 완벽하게 성화되고 청결해 지기를 바라는 강한 열망 속에 있었다. 나는 다른 때에도 여러 번 똑같은 체험을 했으며, 그 결과는 실로 감동적인 것이었다.

나는 삼위일체 하나님의 성령의 영광을 체험했다. 그분은 영혼을 채우고 만족시키기에 충분하시며 아름다운 교통 속에서 그 영을 부어 주셨다. 그리고 나는 자주 생명의 빛이신 달고 오묘한 생명의 말씀을 경험했다. 내 마음에 말씀을 사모하고, 말씀을 갈망하는 것은 그 말씀이 더욱 풍성히 임하게 하려는 하나님의 뜻이 내포된 전조였다. ….

나는 첫 회심 후에 2~3년 동안 어떤 면에서는 지금보다 훨씬 나은 그리스도인이었으며 좀 더 지속적인 기쁨 속에서 하나님의 뜻을 좇아 살았던 것 같다. 그래서 그 후부터 하나님의 절대 주권에 대한 임재가 충만하고 지속적인 것을 체험하게 되었다. 그때부터 나는 하나님의 권능과 주권 속에서 한없는 기쁨을 갖게 되었다. 또한 복음서에 나타난 말씀이 모든 가르침을 초월한 뛰어난 것이어서, 계시된 중재자로서의 그리스도의 영광에 대한 확신을 더욱 분명히 갖게 되었다. 그래서, 나는 그리스도를 따르는 일, 그리스도께 가르침과 깨우침을 받고 인도하는 일, 그리스도에 대하여 배우는 일, 그리스도를 위해 사는 일들이 은혜롭고 감미롭게만 느껴졌다.

신앙의 지침으로 삼은 결의문

에드워드는 1722-1723년 겨울에 자기의 마음과 생활을 통제하는 지침서가 되는 일련의 규칙들을 규정한 '결의문'의 대부분을 썼다. 이 결의문은 신앙과 관련하여 광범위하게 에드워드의 생각과 실천적인 규범을 제시하고 있다. 이 결의문은 "그리스도인의 임무에 대한 최고의 요약집, 지금까지 사람이 만들 수 있었던 것 중에서 복음적 선행 실

천에 대한 최고의 지침서" 로 평가되고 있다.[1)]

1. 나의 전 생애 동안 하나님의 영광과 나 자신의 행복과 유익과 기쁨에 최상의 도움이 되는 것이면 무엇이든지 하자. 지금 당장이든지 아니면 지금부터 수많은 세월이 지나가든지 간에 시간은 전혀 고려하지 말자. 내가 해야 할 의무와 인류 전체의 행복과 유익에 최상의 도움이 되는 것이면 무엇이든지 하자. 내가 부딪히게 될 어려움이 무엇이든지 간에 또한 그 어려움이 아무리 많고 크다 할지라도 그렇게 하자.
2. 전에서 언급한 사항을 잘 지키기 위해 도움을 주는 어떤 새로운 수단이나 방법을 찾기 위해 계속적으로 노력하자.
3. 혹시라도 내가 넘어져 점점 무감각해져서 이 결심문 중의 어떤 내용을 지키지 못하게 된다면, 다시 제정신이 돌아왔을 때 내가 기억할 수 있는 모든 것들을 회개하자.
4. 하나님의 영광에 도움 되는 것이 아니면 영혼에 관계된 것이든지 육체에 관계된 것이든지 또는 적든지 많든지 간에 어떤 것이라도 절대로 하지 말자. 만일 내가 그런 일을 피할 수 있다면 피하자.
5. 한 순간의 시간도 절대로 낭비하지 말고 그 시간을 가능한 한 최대로 유익하게 사용하자.
6. 내가 살아 있는 동안 힘껏 살자.
7. 만일 내 생애의 최후 순간이라고 가정했을 때, 하기가 꺼려지는 것이면 절대로 하지 말자.
8. 모든 면에서, 즉 말과 행동에 있어서 아무도 나처럼 그렇게 악하지는 않는 것처럼, 또한 내가 다른 사람과 똑같은 죄를 범하고, 똑같은 잘못과 실수를 범한 것처럼 행동하자. 다른 사람의 실패를 나 자신의 잘못을 살피는 계기로 삼고, 나의 죄와 비참을 하나님께 고백하는 기회로만 삼자.

9. 매사에 나의 죽음과 죽고 난 뒤에 무슨 일이 일어날 지에 대해서 많이 생각하자.
10. 고통스러울 때는 순교의 고통과 지옥의 고통을 생각하자.
11. 해결해야 할 어떤 신학원리가 있을 때, 만일 상황이 방해하지만 않는다면 그 문제 해결을 위해 내가 할 수 있는 것을 즉시로 하자.
12. 만일 내가 교만이나 허영이나 이런 것들을 만족시키기 위해서 어떤 것을 좋아하고 있다면 즉시로 그런 것들을 버리자.
13. 도움과 사랑을 꼭 받아야 할 사람이 누구인지를 찾기 위해 노력하자.
14. 절대로 복수심을 가지고 어떤 일을 하지 말자.
15. 비이성적인 인간에게는 아무리 사소한 화라도 내지 말자.
16. 절대로 다른 사람을 비방하지 말자. 그렇게 하는 것은 다수간 다른 사람을 불명예스럽게 하는 것이며, 실제로 아무런 유익이 없기 때문이다.
17. 내가 죽게 되었을 때, '그 일을 했으면 좋았을 텐데' 하고 바라는 것처럼 그렇게 살자.
18. 내가 최고로 헌신한 상태일 때, 그리고 내가 복음과 천국에 대해서 가장 분명한 생각을 가지고 있을 때, 그때 내가 최선이라고 생각하는 것처럼 언제나 그렇게 살자.
19. 마지막 나팔 소리를 듣기 전, 최후의 한 시간도 남지 않았을 때라고 가정하고 그때 하기가 꺼려지는 것은 절대로 하지 말자.
21. 먹고 마시는 것은 엄격하게 절제하며 살자.
22. 내가 생각할 수 있는 그리고 내가 할 수 있는 모든 나의 힘, 능력, 활력, 열심, 적극성을 다하여 가능한 한 천국에서 많은 행복을 누릴 수 있도록 노력하자.
23. 하나님의 영광을 위해서 하는 일이 아닌 것 같이 생각되는 일을 할

때는 매우 신중하게 행하자. 그리고 그 일의 원래 의도와 계획과 목적이 무엇인지 원인을 파악하자. 만일 그 일이 하나님의 영광을 위한 것이 아니라는 것을 알게 되면 그 일을 '결심문 4'를 어기는 것으로 간주하자.

24. 내가 어떤 현저한 나쁜 행동을 할 때마다 그 원인이 무엇인지를 철저하게 추적 하자. 그런 다음 더 이상 그런 행동을 하지 않도록 조심하자. 또한 나쁜 행동의 원인이 되는 것과 내 힘껏 싸우도록 하자. 하나님의 사랑을 의심하게 만드는 일이 무엇인지를 조심스럽고도 지속적으로 찾아내자. 그런 다음 내 모든 힘을 다해 그것과 싸우자.
25. 하나님의 사랑을 의심하게 만드는 일이 무엇인지를 조심스럽고도 지속적으로 찾아내자. 그런 다음 내 모든 힘을 다해 그것과 싸우자.
26. 내 구원의 확신을 약화시키는 것들을 발견하면 버리자.
27. 절대로 고의로 어떤 일을 태만하게 하지 말자. 하나님의 영광을 위한 태만은 예외지만, 자주 내 태만을 점검하자.
28. 성경을 아주 꾸준하게 지속적으로 자주 연구하자. 그렇게 해서 깨닫고, 쉽게 이해한 지식을 바탕으로 자라가자.
29. 절대로 하나님께서 응답해 주실 것이라고 바랄 수 없는 것을 기도라고 생각하거나 기도로 인정하거나 기도의 간구라고 하지 말자. 또한 하나님께서 받아주실 것이라고 바랄 수 없는 것을 죄 고백이라고 생각하지 말자.
30. 지난주보다 신앙과 은혜를 실천하는 삶이 더 나아지도록 매주 노력하자.
31. 결코 다른 사람을 비판하는 어떤 말을 하지 말자. 그러나 성도의 명예를 아주 실추시키거나, 인류에 대한 사랑을 아주 저해하는 것에 대한 비난은 정당하다.

32. 잠언 20장 6절에 '충성된 자를 누가 만날 수 있으랴' 라고 기록된 것이 나에게 해당하는 말이 되지 않도록 분명하고도 확실하게 내 신념에 충실하자.
33. 다른 면에서 지나친 손해가 생기지 않는다면 언제나 평화를 만들고 평화를 유지하고 평화를 지키는 방향으로 내가 할 수 있는 것을 하도록 하자.
34. 이야기하면서 어떤 사실에 대해서 말할 때는 반드시 참되고 단순한 진실만을 말하자.
35. 내가 지킨 의무에 대해서 의심이 많이 생길 때마다 그 일로 내 마음의 고요함과 평안함이 깨어지면 의문 사항들을 기록하고 그 의문을 풀 수 있는 방법을 강구하자.
36. 어느 누구에 대해서도 나쁘게 말하지 말자. 단 그렇게 하는 것이 잘했다고 말할 수 있는 어떤 특별한 경우는 예외다.
37. 매일 밤에 잠자리에 들기 전 내가 게으름을 피웠는지, 내가 무슨 죄를 지었는지, 내가 자신을 부인했는지 등에 대해서 자문해 보자. 또한 매주 말, 매월 말, 매년 말에도 그렇게 하자.
38. 일에는 절대로 농담이나 우스갯소리를 하지 말자.
39. 절대로 합법성에 의문이 많이 제기되는 일을 하지 말자. 동시에 그런 일을 하고 난 후에는 그 일이 합법적인 것인지 아닌지를 생각하고 조사하자, 또한 만일 내가 어떤 일을 하지 않는 것이 합법적인가에 대해 의문이 제기되는 일도 마찬가지다.
40. 매일 밤에 잠자리에 들기 전에 먹고 마시는 일에 있어서 내가 할 수 있는 최선을 다했는지 자문해보자.
41. 매일, 매주, 매달, 매해의 마지막에 어떤 면에서 더 낫게 행동할 수 있었는데 그렇지 못했던 것이 있었는지에 대해서 자문해 보자.
42. 세례 받을 때 했고, 성찬식 할 때 진지하게 했던 하나님께 대한 헌

신을 종종 새롭게 하자. 그리고 오늘 1월 12일 나는 진지하게 하나님께 대한 헌신을 새롭게 했다.

43. 오늘부터 죽을 때까지 내 인생이 나의 것인 양 행동하지 말고 전적으로 그리고 완전히 하나님의 것인 양 행동하자. 토요일에 깨달은 것과 일치하게 행동하자.

44. 다른 어떤 목적도 아닌 신앙만이 나의 행동에 영향을 미치도록 하자. 신앙적인 목적이 아니라면 어떤 환경 속에서도 행동하지 말자.

45. 신앙에 도움 되는 것이 아니면 그 어떤 것에도 절대로 쾌락이나 고통, 기쁨이나 슬픔 등을 느끼지 말자. 어떤 감정도, 조금의 감정도 품지 말자. 그리고 그런 것과 관련된 어떤 환경도 만들지 말자.

46. 부모님에게 어떠한 걱정이나 심려도 끼쳐 드리지 말자. 가능한 한 말이나 눈동자에 전혀 내색을 하지 않도록 해서 그런 결과가 생기지 않도록 하자. 그리고 특히 가족 중의 누구에 대해서도 존경심을 가지고 그렇게 하도록 조심하자.

47. 최선의 노력을 다해서 선하고, 보편적으로 부드럽고, 친절하고, 조용하고, 평화롭고, 만족하고, 편안하고, 자비롭고, 관용적이고, 겸손하고, 온유하고, 순종적이고, 의무를 다하고, 부지런하고 근면하며, 자애롭고, 침착하고, 인내하고, 절제하고, 용서하고, 진지한 성품에 도움 되지 않는 것이라면 무엇이든지 하지 말자. 그리고 항상 이러한 성품이 되도록 하자. 그리고 매 주말마다 내가 그렇게 실천했는지 여부를 엄격하게 점검하자.

48. 내가 참으로 그리스도에 대해서 관심을 가지고 있는지 그렇지 않는지를 알기 위해서 그리고 내가 임종의 순간에 이 문제에 대해서 회개할 무관심의 죄를 조금도 짓지 않도록 하기 위해서 지속적으로 아주 세밀하고도 부지런하게 그리고 가장 엄격하게 내 영혼의 상태를 조사하도록 하자.

49. 만일 내가 잘못을 저지르지 않을 수만 있다면 절대로 그런 잘못을 하지 않도록 하자.

50. 내가 내세에 들어갔을 때, 그렇게 한 것이 최선이었고, 가장 지혜로운 것이었다고 판단하게 될 것처럼 그렇게 행동하도록 하자.

51. 죽을 때 내가 뒤를 돌아보면서 '이런 일을 했으면 좋았을 텐데' 하고 생각하는 것처럼 모든 면에서 그렇게 하자.

52. 나는 종종 노인들이 자기가 인생을 다시 살 수만 있다면 어떻게 살겠다라고 말하는 것을 듣게 된다. 그러므로 내가 노인이 되었다고 가정했을 때, 그때 가서 '내가 이런 일을 했으면 좋았을 텐데' 하고 생각되는 바로 그런 일들을 하자.

53. 내가 가장 기분이 좋은 상태일 때 모든 기회를 이용해서 내 영혼을 주 예수 그리스도께 던지고 맡기자. 주님을 신뢰하고 의뢰하자. 완전히 주님께 헌신하자. 이로써 내가 나의 구속주를 알므로 내 구원의 확신을 가질 수 있을 것이다.

54. 어떤 사람을 칭찬하는 내용을 들을 때마다 나도 그런 칭찬 받을만한 일을 해야 되겠다고 생각되면 그 일을 본받도록 노력하자.

55. 이미 천국의 행복과 지옥의 고통을 맛본 사람처럼 행동하도록 최선을 다하자.

56. 아무리 내가 실패하더라도 내 안에 있는 부패와의 싸움을 절대로 포기하지도 말고 조금도 긴장을 풀지도 말자.

57. 불행과 불운에 대한 염려가 생길 때, 내 의무를 다했는가를 돌아보고 의무를 다하도록 결심하자. 그리고 그런 사건이 일어난 것은 하나님의 뜻이라고 생각하자. 할 수 있는 한 나는 내 의무와 내 죄에 대해서만 관심을 가지자.

58. 대화를 나눌 때 불쾌하거나 초조하거나 화를 낸 표정을 짓지 말고 사랑스럽고 즐거우며 친절한 모습을 보이도록 하자.

59. 나쁜 성질과 분노가 가장 많이 치밀어 오르려고 할 때, 가장 많이 노력해서 좋은 성격이 드러나도록 행동하자. 그렇다. 그럴 때 비록 다른 측면에서 불이익이 있을 수도 있고, 다른 때는 경솔하게 될 때도 있다고 생각하지만 좋은 성격을 드러내도록 하자.

60. 감정이 극도로 불안정하게 되기 시작할 때마다. 내 마음속에 아주 불편한 마음이 생기거나 감정이 밖으로 일관성 없이 표출될 때는 내 자신을 엄격하게 검사해 보자.

61. 핑계가 무엇이든지 간에 - 사실 게으름은 핑계 거리를 만들도록 하는 경향이 있지만 - 신앙에 온전하게 집중하지 못하도록 내 생각을 흐트러트리고 풀어지게 하는 게으름에 빠지지 않는 것이 최선이다.

62. 결코 어떤 일을 의무감으로만 하지 말고, 에베소서 6:6-8에 따라서 기쁘고 자원하는 마음으로 주께 하듯 하고, 사람에게 하듯 하지 말자. 어떤 사람이 어떤 선한 일을 하든지 간에 그는 주께 그대로 받을 것이라는 것을 알자.

63. 어떤 순간에도 모든 측면에서 인격의 어떤 부분이나 어떤 환경 하에서도 언제나 성도다운 참 빛을 비추며, 탁월하고 사랑스럽게 행동하는 참으로 완벽한 성도가 세상에 단 한 명 있다고 가정할 때, 만일 내가 그 한 사람이 되기 위해 내 힘껏 노력한다면 그렇게 될 수 있을 것처럼 행동하자.

64. 바울 사도가 말하는 '말할 수 없는 탄식' 과 시편 기자가 시편 119편 20절에서 말하는 '주의 규례를 항상 사모하는 마음' 이 내 안에 있는 것을 발견하게 되면, 있는 힘을 다하여 이것들을 향상시키도록 하자. 또한 나의 소원을 아뢰기 위해 간절히 노력하는 것이 약해지지 않도록 그리고 그러한 열심을 반복적으로 내는 것이 약해지지 않도록 하자.

65. 전 생애 동안 이것을 있는 힘을 다해 연습하자. 즉 맨톤 박사의 시

편 119편 설교에 따라 내가 할 수 있는 최대한 열린 마음을 가지고 나의 모든 죄와 유혹과 어려움과 슬픔과 두려움과 희망과 소원 그리고 모든 것과 모든 상황 속에서 나의 길을 하나님께 맡기면서, 나의 영혼을 하나님께 열어 놓자.

66. 어느 곳에서나, 어느 누구에게나 말이나 행동에 있어서 항상 친절한 태도와 분위기를 유지하도록 하기 위해 노력하자. 의무상 다르게 행동해야 할 때는 예외다.

67. 고난 후에는 고난으로 인해 내가 더 나아진 점이 무엇인지, 어떤 유익을 얻었는지, 또한 무엇을 얻을 수 있는지를 묻도록 하자.

68. 약점이든지 죄이든지 간에 내 안에서 발견되는 모든 것을 나 자신에게 솔직히 고백하자. 만일 그것이 신앙에 관련된 것이면 모든 것을 하나님께 고백하고 필요한 도움을 간구하자.

69. 다른 사람이 하는 것을 볼 때, 나도 저렇게 했으면 하는 것들을 항상 행하도록 하자.

70. 내가 하는 모든 말이 다른 사람들에게 유익이 되도록 하자.

이 신앙의 결의문은 그리스도인의 삶에 대한 최고의 지침서로 에드워드 자신 뿐만 아니라, 많은 그리스도인들에게 실천적 신앙의 규범을 제시하여 그리스도를 사모하게 하고 인격적으로 따르게 했다.

참고문헌 및 각주 - 이 글은 아래 문헌에서 인용, 발췌한 것이다.
편찬위원회, 『기독교대백과사전 11권』, 서울: 기독교문사, 1989. pp. 169~170.
Hugh T. Kerr & John M. Mulder. *conversions*. New York: Grand Rapids, 1983.
조나단 에드워드의 *The Works of President Edwards* 중에서
휴 커 · 죤 멀더, 공편. 『위대한 회심자들』. 박영붕 역. 서울: 생명의 말씀사, 1993. pp. 128~133.
1) http://cafe.daum.net/reform25(개혁신학연구소 카페), 조나단 에드워드의 생애
http://ko.wikipedia.org/wiki/ (위키백과)

인디언 선교의 대명사

데이비드 브레이너드

David Brainerd

1718~1747

연약한 건강에도 불구하고 선교사역에 헌신했던 그는
짧은 생애 동안에 남길 구원과 경건에 대한 깊은 묵상으로 인해
오늘날까지 커다란 영향을 끼치고 있다.

인디언을 위한 선교사역

데이비드 브레이너드의 선교사역은 찬란하게 타올랐던 하나의 영롱한 촛불이었다. 그는 1718년 4월 20일에 코네티컷 주의 핫담(Haddam)에서 5남 4녀 중 3남으로 태어났다. 가정은 불행하여 일곱 살 때 아버지를 여의고 열네 살 때는 모친조차 잃었다. 우울하고 내성적인 성격을 가졌으며, 구원에 대한 두려움이 1739년에 회심할 때까지 그를 사로잡아 고통스럽게 했다. 그의 회심은 그가 예일대학교에 다닐 때에 일어났다. 회심 이후 브레이너드는 대각성운동의 물결 속으로 휩쓸려 들어갔다. 죠지 휫필드와 조나단 에드워드와 관련한 그의 열렬한 옹호가 지나쳐서 당시 예일대학교 교수였던 휘틀세이(Whittelsey)를 가리켜 '직책 이외에는 다른 은혜를 얻지 못한 사람'으로 묘사했다. 이 말은 대학 당국에 보고되어서 결국 1742년에 학교에서 쫓겨나는 빌미가 되었다. 1743년에 학위를 받기 위해서 변호할 수 있기를 청원했으나 그 제안은 거부되고 말았다.

이 사건은 연약했던 심성에 커다란 충격과 상처를 주었다. 1742년 학교에서 쫓겨난 브레이너드는 이미 인디언들을 향해 선교사역을 시작하고 있었다. 스코틀랜드 포교협회는 브레이너드를 선교사로 파송했다. 처음에는 서부 메사추세츠와 뉴욕에서, 나중에는 델라웨어 강변에서, 맨 나중에는 중앙 뉴저지에서 선교사역을 감당했다. 좋지 못한 건강에도 불구하고 그는 인디안 부족들과 함께 머물 것을 결심하고 선교를 위해서 자신의 건강을 희생했다. 1745년 11월에 말을 타고 3천 마일 이상을 여행했으며, 1746년 3월까지 130명 이상의 인디언이 기독교로 개종했다. 그는 조나단 에드워드의 딸과 약혼했으나 건강이 너무 악화되어 형제인 존에게 선교사역을 맡기고 노드햄톤의 조나단 에드워드의 집으로 갔다. 마침내 그는 그곳에서 짧은 인생을 마감하고 말았다.

조나단 에드워드는 브레이너드의 경건한 일기에 깊이 감동되어 1749년에 "데이비드 브레이너드의 삶의 기록(An Account of the Life of the late Reverend Mr. David Brainerd)"이라는 글을 썼다. 에드워드는 브레이너드의 일기가 자신의 깊은 영적 고뇌, 자신을 하나님께 헌신하려는 열망, 거룩성과 순결성에 대한 끊임없는 갈망 등을 기록해 놓았기에, 특별히 선교사들에게 선교사역에 성공할 수 있는 올바른 길을 보여주고 커다란 가르침이 되기를 기대했었다. 이러한 에드워드의 기대는 현실로 이루어 졌다. 브레이너드의 일기가 베스트셀러가 되어 엄청난 영향을 주었기 때문이다. 브레이너드의 선교에 대한 열정과 헌신은 개신교 선교사들의 모형이 되었고, 그의 일기는 위대한 선교사들에게 깊은 영감을 주었다. 뿐만 아니라 수백 명의 많은 사람들이 선교에 헌신하기로 결단했으며 더 열정적인 선교의 동기를 부여해 주었다.

마음속의 죄악과 고통

1738년 초겨울에 접어든 어느 주일 아침이었다. 기도를 하려고 길을 걷고 있을 때 불현듯 하나님의 진노에 대한 위기와 불안감이 느껴졌다. 왜 갑자기 그런 생각이 드는가? 순간적인 놀라움으로 길을 멈추었고, 선한 생각들은 순식간에 모두 사라져버렸다. 나는 죄와 사악함의 깨달음이 하루 종일을 근심에 빠지게 만들었다. 뿐만 아니라 하나님의 진노가 곧바로 나를 삼킬 것이라는 두려움에 떨고 있었다. 나는 낙담했고, 사람들을 만날 수가 없었고 만나기도 싫었다. 새들과 들짐승의 행복이 부러울 지경이었다. 동물들은 내가 처해있는 영원한 비극적인 심판을 당할 필요가 없기 때문이다. 나의 생각은 갈수록 큰 근심에 빠지게 하여 헤어나지 못하고 하루하루를 보내게 만들었다. 하나님의 자비를 가로막는 넘을 수 없는 장애물이 나타나기도 했다. 회심은 너무나 엄청난 일로 보였고, 내가 회심의 주인공이 되는 것은 언감생심(焉敢生心)으로 보였다. 그럼에도 나는 무엇에 이끌린 것처럼 하나님께 틈틈이 기도하고 또 간구했고, 맡겨진 일에 최선을 다했다. 그러한 나의 행동들이 보상을 받고, 어떻게든 상황을 반전시키기를 바랐던 것이다.

한편으로 내가 당연히 수행하는 의무감에 어떤 가치가 있으리라는 기대감을 떨쳐버리고자 엄청난 힘을 썼다. 의무감에 관하여 생각하거나 행할 때에도 그러했다. 나의 고백은 처절했다.

"

나는 아무런 가치도 없으며, 훌륭하게 주어진 일을 수행해도 이와 관계없이 영원한 저주밖에 없다고 하나님께 말씀드렸다. 그러나 나는 이것이 신앙적인 의무의 수행이므로 하나님께 내세울 수 있으리라는 일말의 희망을 가지고 있었다. 열정을 다하여 기도하면 마음이 위안을 느끼는 것을 볼 때, 하나님이 이를 어여쁘게 보셔서 동정을 베푸시지 않을까라는 기대를 가지기도 했다.

당시에 나의 기도는 선한 모습을 가지고 있었고 죄악을 자복하고 있었다. 나는 하나님의 긍휼하심에 전적으로 의지하고 있었다. 그러한 나의 마음과 생각과 감정이 완전히 하나님께 굴복하고 기도하는 선행은 강력한 희망이 되었다. 이때 문이 나타났지만 모든 것은 좁은 문이었고, 들어가는 것이 불가능하게만 보였다. 그러나 어떤 때는 그것이 그렇게 어려운 일이 아니라는 것을 알게 되었다. 그래서 이런 생각이 들면 열심히 노력하고 근신하면 멀지않은 날에 목표를 이루리라는 희망을 갖게 되었다. 가끔 일이 잘 되어 상당한 마음의 감동이 있을 때에는 나는 하늘나라를 향해 큰 걸음을 내딛는 듯했다. 하나님은 나의 심각한 부르짖음을 들으시고 감동하셔서 응답하시리라 생각했다. 내가 낙심에 빠져 엎드려 은밀한 기도를 드릴 때면, 하나님은 응답하시고 위로해 주셨다. 그때에 나는 다시 평안을 얻을 수 있었으며, 치료 받아 영적인 침체에서 벗어나 정상적인 일상으로 복귀할 수 있었다.

"

금식과 기도

1739년 2월에 은밀한 기도와 금식을 하기 위한 하루를 정했다. 그리고는 하나님께 눈을 열어 주사 죄악을 보게 해 주시고, 예수 그리스도께서 주시는 생명의 길을 보게 해 달라고 하루 종일 간구했다. 그러자 하나님은 그날 자비를 베푸셔서 내 마음에 놀라운 것을 깨닫게 하셨다.

나는 내가 몰두하는 일이 선한 것이 아니었음에도 불구하고 항상 그것에 의존하고 있었다. 내가 그렇게 노력하는 일 속에는 하나님의 영광과도 전혀 관계가 없었다. 아마도 하나님은 내 자신이 나의 무력함을 깨닫게 하시기 위해, 나의 처절한 노력을 그냥 간과하신 것 같다.

내가 크게 기쁨을 느끼는 때도 자주 있었다. 열심을 내면 하나님이 나를 사랑하시어 나로 인하여 즐거워하신다고 생각했다. 그래서 멀지 않아서 하나님과 온전히 화해하게 될 거라는 즐거운 상상도 했다. 그러나 이러한 순진한 생각은 열심적인 의무의 이행, 뜨거운 감정, 결연한 결심에서 비롯된 추측에 불과한 것이었다. 주권자 하나님에게서 자신이 벗어나 보려는 비열함과 무능함은 나를 괴롭게 했고, 절망감을 느끼게 만들었다. 그럴 때면 그 사악함은 내가 질 수 없는 것으로 판단하고 스스로 지워 버렸다. 언젠가는 무거운 번민과 근심이 나를 사로잡았다. 나는 하나님 앞에 자포자기 한 채로, 모든 위선적인 생각들이 발가벗겨진 상태로 서 있었다. 나에게 두려움이 엄습했다. 너무나 무서워서 벨릭스가 바울에게 한 말이 터져 나오려고 했다. "지금은 네 갈길을 가라(행 24:25)"는 것이었다. 나는 죄를 좀 더 크게 회개해야만 한다고 생각했다. 그러면서 죄 사함 받기 위해서는 가공할만한 끔직한 상황이 일어나야 한다고 생각했다. 하지만 내가 갖고 있는 더럽고 추악한 마음을 발견했을 때, 그 광경이 너무도 무서워 내가 지옥에서 바둥거리는 모습이 선명하게 보이는 것 같았다. 그것은 참을 수 없는 두려움과 고통이었다. 그리스도의 사랑에 나 자신을 의탁하기 위하여 그리스도를 영접한 사람들이 이미 갖추었다고 생각하는 모든 것들을 갖추려고 끊임없이 노력했다. 때로는 마음에 완고함이 있음을 깨달았다. 그러나 그리스도께서 나를 영접하시기 전에 나의 완고한 마음은 깨어져야 한다고 생각했다. 나는 마음이 녹아짐을 느낄 때면 회개의 역사가 거의 이루어졌다고 생각했다. 마음의 괴로움과 근심이 여전히 있다고 판단되면 곧바로 하나님의 치유를 간구했다. 그리고는 사람들이 마음이 부드러워짐을 느낄 때에 하나님이 자비를 베푸신 것이 아닌가 생각했다. 모든 노력에도 쓰라린 괴로움은 여전히 살아남아 있었다. 이럴 때면 나는 더욱 하나님께서 붙들어 불식시켜 주시기를 간절히 부르짖었다.

어떤 때에는 별다른 죄의식도 없이 오랜 기간을 게으르고 나태하게 지냈다. 그러나 시간이 지나면 죄의식이 강력하게 사로잡아 괴롭혔다. 어느 날 밤의 일이 생각난다. 홀로 밖을 산책하고 있었는데 갑자기 죄에 대하여 생각났다. 동시에 발밑의 땅이 갈라져 나의 무덤이 되고, 영혼은 지옥에 떨어지리라는 착시현상에 의한 강력한 공포에 빠졌다. 고통스러운 근심이 다른 사람에게 보이지 않도록 침대로 가서 누웠지만 잠들 수가 없었다. 아침에 일어났을 때 지옥에 있다면 끔찍한 일이었기 때문이다. 때때로 근심은 무척이나 클지라도 육적인 안일에 빠져 임박한 진노에 무감각 상태가 되는 것은 가장 큰 두려움이었다. 성령의 역사를 훼방하지 않도록 행동의 엄격성에 지나치게 신경 쓰기도 했다. 심리적인 확신의 정도가 높다고 생각되면 그것에 쉽게 의존하기도 했다. 확신은 구원의 진보에 대한 희망을 고무시켰고, 무감각하고 나태한 상태를 불러왔다. 그러면 확신은 성기를 잃었고 두려움에 다시 깨어나서 근심하는 상황이 반복됐다. 나는 현재의 특별한 기회와 수단이 회심을 향한 큰 걸음이 되기를 자주 기대하고 또 바랐다.

하나님과의 논쟁

내가 경험했던 무수한 실망과 비탄은 전능하신 하나님과 쟁투하는 두렵고 무서운 상태로까지 몰아갔다. 나는 마음의 원한과 악의로 인간을 취급하시는 하나님의 처사를 헐뜯고 있었다. 아담의 죄를 후손에게 전가시키는 일도 비난했다. 나의 마음은 예수 그리스도 외의 다른 수단에 의한 구원의 길을 바라기도 했다. 폭풍의 바다처럼 생각이 혼란하면 다른 방법으로 하나님의 진노를 피하고자 했다. 전혀 다른 계획은 그러할 때 생각이 났다. 무신론적인 생각을 가진 그 계획은 나를 향한 하나님의 계획과 율법을 좌절시키고, 하나님의 진노와 시야에서 벗어나려는 것이었다. 물론 심사숙고한 끝에 하나님을 피할 수 없으며, 아무런 도움도 되지 못하고, 구원에도 유익이 될 수 없다는 사실만을 발견했을 따름이다. 이러한 계획은 하나님이 계시지 않기를 바라거나 또는 그분을 지배할 수 있는 또 다른 신의 존재를 바라는 상태로 전락시킬 뿐이었다. 이러한 생각과 바람은 내 마음의 은밀한 경향으로 간혹 행동으로 드러나기도 했다. 그러한 경향이 드러날 때에서야 놀랐다는 사실이 부끄럽지만 그것은 엄연한 나의 생각이요, 바람이었다. 내 마음이 하나님에 대한 적대감으로 가득 차 있었다고 하는 사실은 나를 심히 비참하게 했다. 하나님의 복수가 예고 없이 머리 위에 떨어지지나 않을까 하는 두려움이 나를 전율시켰다. 전에는 내가 성경이나 다른 책에서 말하는 것처럼 악하지 않다고 생각하고 있었다. 나는 마음에 좋은 생각, 겸비하고 순종적인 생각을 가지도록 자주 노력했다고 자부한다. 그리고 내면에 선한 요소가 있기를 희망했다. 그러나 율법의 엄격성, 하나님의 주권에 대하여 생각할 때, 마음의 타락은 피해갈 수 없었다. 나는 경계하지 않을 수 없었다. 좋은 생각은 모든 속박을 깨뜨리고 강물이 댐을 무너뜨리듯이 사방으로 퍼져나갈 것으로 기대했다.

겸손한 자의 구원

그리스도 안에서 구원을 받으려면 깊은 겸손이 필요하다는 사실을 느꼈다. 그래서 겸손의 전제 조건이 되는 신념이 무엇인가 마음속에서 헤아렸다. 하나님이 나를 영원히 버려도 그분은 정당하다는 신념, 수

년 동안 근심과 의무 이행을 수행하지 못했는 데도 자비를 베풀면 순수한 은혜라는 신념, 내가 과거에 행한 의무와 부르짖음과 눈물로 하나님이 동정을 베푸실 의무는 지고 있지 않다는 신념 등이다. 나는 이런 신념을 스스로 인정하고 마음으로 동의하려고 최선을 다했다. 나 자신으로부터 벗어나 겸손하여지고 하나님의 주권에 복종하기를 희망했다. 나는 하나님께서 기뻐하시는 자격을 다 갖추었으니 나에게도 자비를 베푸시기를 간구했다. 그러나 아무런 위안을 찾지 못하고 죄책감과 하나님의 진노에 대한 두려움에 눌리어 있었다. 나의 영혼은 격동하고 마음은 하나님께 반기를 들었다. 나를 내버려둠에 대한 반발이었다. 하지만 내 양심은 고개를 들었고 자책하는 마음으로 공의로우신 하나님께 회개했다. 이러한 모습은 내 마음의 사악한 모습을 보게 해주었고, 큰 근심에 빠트렸다. 나는 하나님께 반항하지 않기를 바랐다. 나는 또한 겸손을 빙자하여 자비를 구하고 싶지 않았다. 그것은 외견상의 선행을 모두 잃을 것이기 때문이었다.

타락함으로 당하는 고통

시간의 흐름에 따라서 나는 스스로 겸손해졌으며 구원의 준비를 잘하고 있다는 자족감에 빠져버렸다. 내가 이러한 근심과 방황 속에서 마음이 소용돌이치고 있을 때, 나의 타락한 마음은 다음의 것들로 인하여 괴로움을 당하고 있었다.

1. 하나님의 율법의 엄격성은 내가 최선을 다하여도 율법의 요청에 합치할 수 없음을 확인시킨다. 자주 새로운 결심을 했지만 작심삼일이었다. 나는 부주의해서라고 생각되어 좀 더 주의 깊은 삶을 살기를 소원했다. 더욱 강한 결심으로 노력하며 금식하고 기도에 전심으로 매달렸으나 실패했다. 나는 율법은 너무 불합리하며 엄격하다고 불만을 토로했다. 그것이 외적인 행위와 태도에만

적용된다면 어찌할 수 있을 것 같았다. 그러나 죄와 생각까지도 율법이 정죄하고 있는데, 그런 것들을 어떻게 막을 수 있겠는가? 이 문제에 철저하게 무능한 내가 싫어졌다. 그러나 실망을 되풀이 한 후에 나는 멸망보다는 조금이라도 응답하는 것이 낫다고 생각했다. 어떠한 상황이 나의 노력을 요청하면 극단적인 응답을 요구하더라도 최선을 다해 진지한 노력을 하기를 희망한다. 미래에는 상황이 나아질 것이며, 지금보다 좋으리라는 희망을 가진다면 완전한 실망을 할 필요가 없음을 알게 한다. 방법으로 어느 시기에 최선을 다해야 하는 것인지 알 수가 없었다. 그것은 주권자이신 하나님의 손에 있음을 보지 못하게 했고, 자유롭고 무한한 은혜에만 의지하게 만들었다.

2. 믿음으로 만이 구원에 이른다는 사실은 나의 일말의 희망에 찬물을 퍼붓는 것과 같았다. 하나님은 낮은 조건에 타협하지 않는다는 사실, 전심을 다하는 기도와 노력에 생명과 구원을 약속하지 않는다는 사실, "믿지 않는 사람은 정죄를 받으리라"(막 16:16)는 언급은 모든 희망을 거두어 버렸다. 믿음은 하나님의 주권적인 은사이며, 스스로의 힘이나 공적으로도 하나님께 은사를 베풀도록 강제할 수 없다는 것을 알았다(엡 2:1, 9). 나는 이렇게 항변할 수 있을 것이다. "이 말씀이 어려운데 누가 들을 수 있겠는가?" 내가 행한 모든 노력이 쓸모없는 일이었다는 것을 인정하기가 힘들었다. 나는 의무에 매우 신실했고 종교적이었으며 훨씬 많은 일을 했다고 자부했다. 나는 의무적으로 행함의 사악성을 고백했다. 의무가 악하다고 생각한 것은 나의 종잡을 수 없는 생각 때문이었다. 마귀처럼 전적으로 타락했거나 의무를 행한 원리가 잘못되어서가 아니었다. 나의 행위는 정직하고 믿음 깊은 노력이었다. 하나님은 그러한 노력에 아무런 구원의 약속을 해주지 않는다는 사실을 용

납할 수 없었다.

3. 믿음이 무엇인지, 또는 그리스도를 믿고 그분께 나아가야 한다는 것이 무엇인지 이해할 수가 없었다. 나는 수고하고 무거운 짐 진 자를 부르시는 그리스도의 부르심을 읽고 알고 있었다. 그러나 인도하여 걷게 할 길을 발견하지는 못했다. 만일 나아가는 그 방법을 안다면 의무의 행함보다 어려워도 기꺼이 나아가리라고 생각했다. 스토다드(Stoddard)의 『그리스도께 이르는 길』(Guide to Christ, 회심의 복된 수단이 하나님께 있다는 내용)을 읽었다. 그러나 저자에 대하여 저항감이 생겼다. 왜냐하면 마음에 확신을 가지라고 충고했고, 그의 안내가 도움처럼 생각되었으나 이 점이 실패였다. 그리스도를 위해서 할 수 있는 길을 하나도 알려주지 않고서 수렁에 밀어 넣은 꼴이 됐다. 실질적이고 실험적인 가르침이 필요했지만 그것이 아니었던 것이다. 믿음이란 초자연적인 것이므로 천사장이라도 아무에게나 줄 수 없다. 사람이 혼자 힘으로 믿음을 얻을 수 없다는 것이다. 한마디로 말하면 방법이 없었다.
4. 마지막 한 가지는 하나님의 주권에 관한 문제였다. 나는 구원이나 저주의 문제가 전적으로 하나님이 정하신 뜻에 좌우된다는 것을 납득할 수가 없었다. 로마서 9장 11절에서 34절은 계속해서 괴롭혔다. 특히 21절이 그러했다. "토기장이가 진흙 한 덩이로 하나는 귀히 쓸 그릇을, 하나는 천히 쓸 그릇을 만들 권한이 없느냐." 이 구절은 외견상의 공적들은 무가치하고 쓸모없는 것이 되어버렸다. 내가 겸손하고 복종하게 되었다고 생각되었을 때도 이 구절은 하나님의 주권에 대한 적대감을 어김없이 표출하게 만들었다. 이렇게 생성된 내적인 적대감과 불경건함을 곰곰이 생각하면 하나님은 두려웠고, 화해의 희망은 요원한 것이 되어 버렸다. 나는 나 자신의 두려운 모습을 보았다. 그분의 주권적인 역사 앞에서 하나

님의 손안에 있는 나를 보는 것보다 더 무서웠다. 그것은 나를 하나님에게 복종시키는 대신에 더욱 대적하게 만들었다. 왜냐하면 하나님께서 나의 저주와 파멸을 계획하고 있다고 생각했기 때문이었다.

자신의 의지와 수단을 버림

성령은 나에게 강력하게 역사하셨다. 자기 의존, 어떤 수단이 자기를 도우리라는 희망을 포기하라는 압력을 내면으로 강하게 받고 있었다. 모든 재산, 모든 노력, 모든 행함과 공적은 모두 파멸에 해당했다. "이젠 끝났다. 내 인생은 끝났어, 너 자신의 구원은 불가능하다." 거의 나흘 동안 좌절과 근심에 빠져 있었다. 전환점의 기로에서 망연자실하고 있었다. 하지만 오래지 않아서 몸을 추스렸다. 나는 나의 아무런 역할도 없이 하나님께 맡길 용기가 없었다. 나는 "죄와 불법으로 내가 죽었다"는 중요한 진리를 감히 보려하지 않았다. 그러나 그 상황에서 벗어나 있는 자신을 바라보니 비참했다. 어리석게도 나 자신을 하나님께 넘기는 것의 두려움에서 벗어나지 못하고 있었다. 편리한 시기로 미루어야겠다고 생각했지만 현재야말로 가장 좋은 때이며, 유일한 시기일 수도 있다는 생각이 너무나도 강하여서 그러지도 못하고 있었다.

나의 영혼이 일부러 피하고 쳐다 보는 일조차 두려워했던 것은 엄연한 진리와의 대면이었다. 나 자신에의 진실, 하나님에게서의 타락과 소외된 피조물로서의 진실, 하나님에게 자비를 간구할 수 없고 절대 주권에 복종할 수밖에 없다는 진실 말이다. 거듭나지 않는 자들이 그러하듯이 악을 행하는 사람은 진리의 빛을 미워하고 회피한다. 왜냐하면 그 행위를 책망하고 징계를 보여주기 때문이다(요 3:20). 하나님의 주권에 순종하려고 노력했지만 엉뚱한 일만 했던 것을 기억한다. 두려워하고 떨었던 것이 사실은 진정으로 갈망한 것이라는 사실을 몰랐던 것이다. 나는 믿음보다 우선한다고 생각했던 겸손을 이루었을 때 하나님의 버림을 받는다면 그것은 정당하지 않다고 생각했다. 그러나 이제 내 안에 어떠한 선이 있지도 않으며 영적으로 죽었고, 선행 자체가 결핍되어 있음을 보게 되었다. 선은 고사하고 입술이 선한 것을 말할 수조차 없었다. 그런 나를 보는 것이 두려웠다. 하나님 앞에 있는 나의 모습은 가파른 낭떠러지에서 부들부들 떠는 가련한 존재였다. 나는 범죄한 죄인이었으며 하나님은 엄정한 심판자이셨다. 나는 그러한 상태를 한 순간이라도 벗어나고자 노력했다. 나는 더 나은 형편이 되도록 애썼다. 한두 장의 책을 꼭 읽는다든지, 먼저 기도한다든지, 자연을 사랑하는 일들을 했다. 그와는 반대로 하나님에의 순종을 벗어나려고 시도해 보았다. 나는 아직까지 순종하는 방법을 잘 모르고 있었다. 하나님께 자신을 안전하게 맡길 수 없었으며, 심판보다 더 나은 어떤 일도 요구할 수 없었다. …….

생각을 더듬어 깨달아 가다

우여곡절을 거치고 수많은 시간을 보낸 어느 날 아침, 평소대로 나는 한적한 길을 따라 산보를 하고 있었다. 그러다가 어느 순간 스스로 구원을 얻기 위한 모든 계획과 시도들이 전적으로 헛된 것이었음을 순식간에 깨달았다. 길을 잃은 사람 모양으로 나는 한 순간에 우뚝 멈추어 서버렸다. 개인적으로 추구해온 방법이 쉽지 않다는 것은 예전에도 많이 생각했다. 그러나 이제 나는 자신의 구원이 다른 어떤 것으로도 어렵다는 것을 깨달았다. 과거에 온갖 구실을 만들어 좀 더 행하지 못한 사실을 자책했다. 그런 일을 행할 기회가 이제 영영 사라졌음을 알았다. 그러나 내가 하고 싶은 일을 행하더라도 이미 행한 일들이 그러하듯 나 자신을 구원하는 데는 전혀 도움이 되지 못한다는 사실, 그리고 모든 청원들이 모두 무익했다는 사실을 알았고, 따라서 예전에 남아 있던 마음속의 혼란도 평온해졌다. 자신의 모습과 하나님에 대하여 갈등하면서 느꼈던 괴로움도 완화되었다. 내가 할 수 있는 모든 일들은 모두가 부질없으며, 구원을 위하여 개선할 수 있는 점이 하나도 없다는 확신이 강하게 밀려왔다. 내가 예전에 이런 사실을 왜 깨닫지 못했는지 스스로가 생각해도 놀라울 정도였다.

이러한 상태가 계속되는 동안에 의무에 대한 견해도 과거에 생각해 온 것과는 완전하게 달라졌다. 이전에는 내가 의무에 열심을 내면 낼수록 하나님께서 나를 버리는 것은 더욱 어려워지리라고 생각했다. 그러면서도 동시에 나의 의무들 속에는 아무런 선함도 공로도 없다고 고백하고 생각했다. 하지만 이제는 하나님께 매달려 기도할수록 긍휼과 자비를 허락해주시는 하나님께 더 많은 은혜를 입고 있는 자신을 깨닫게 되었다. 나는 오직 이기주의만 갖고 기도했지 하나님의 영광을 위해서 기도해보지 않았음을 알았다. 나는 이제야 기도와 하나님의 자비심 사이에는 불가분적인 관련이 없다는 것을 깨달았다. 하나님이 내가 드리는 기도에 은혜를 베푸실 그 어떤 의무가 없었던 것이다. 그것은 강에서 손으로 물을 휘젓는 것처럼 아무런 소용이 없는 행위였다. 왜냐하면 이는 하나님에 대한 사랑이나 경외가 전혀 없이 행하여진 기도였기 때문이다. 하나님 앞에 나의 공적들, 이를테면 금식이나 기도 등의 행위를 수없이 쌓아왔다고 자부했다. 그것은 하나님의 영광을 위해서라는 확고한 명분이 있었다. 어떤 때는 실제로 그렇다고 생각했다. 그러나 따지고 보면 사실 그때에 하나님의 영광은 한 번도 고려해보지 않았고 나 자신의 행복만을 추구했다. 하나님을 위해서 한 일이 아무것도 없었으므로 그분께 구할 것은 전혀 없었다. 다만 나는 위선적인 헛된 수고만 했으며 영원한 조롱과 파멸만을 얻게 되었다. 나의 의무들이 과거와는 얼마나 차이가 크던가! 나는 맡은 의무를 죄와 허물로서 행하여 왔던 것이다. 맡은 의무에 성실하기는 했지만 그것은 하나님을 진정으로 경외해서가 아니었다. 그 의무에는 공허감과 함께 무익한 생각들이 줄곧 따라 다녔었다. 하나님에 대한 관심은 분명히 있었다. 그러나 그것조차 나를 생각한 것이었으며, 따라서 지금까지의 행위들은 하나님에 대한 조롱이며, 자기숭배이며, 거짓말의 연속이었음을 알게 되었다. 그러나 나는 단순한 헛소리 이상의 악한 것이 의무들에 내재해 있다는 사실을 알았다. 왜냐하면 그것들 모두가 자기숭배, 하나님에 대한 무서운 모욕이 전부를 차지했기 때문이다.

"

경이로움의 체험을 하다

내가 기억하기로는 금요일 아침부터 주일 저녁까지 이러한 마음의 상태가 계속되었다. 1739년 7월 12일의 주일 저녁, 다시 그 한적한 장소에서 산책하고 있었다. 나는 여기에서 비통하고 외로운 심정으로 기도를 드리고자 했다. 그러나 어쩐 일인지 기도나 어떤 다른 일을 하고 싶은 마음이 생기지 않았다. 하나님의 영이 나를 아주 떠나 버리셨다는 생각이 들었다. 그러나 절망적인 상태로 빠지지는 않았다. 다만 나를 행복하게 해 줄 수 있는 것이 전혀 없는 것 같아 울적해졌다. 거의 반시간 가량을 버벅대듯이 기도를 위해 노력하고, 울창하고 어두운 숲속을 거닐었다. 그때 시야가 확 트이면서 이루 형용할 수 없는 영광이 나를 사로잡았다. 외적인 찬란함이 아니다. 그런 것은 본적이 없다. 삼층천의 어느 세계에 존재하는 발광체나 이와 유사한 성질의 것도 아니다. 그것은 하나님에 대한 새로운 내면의 이해요 깨달음이었다. 과거에 이와 비슷한 것조차 본 적이 없었고 듣지도 못했다. 경이로움으로 그 자리에 멈춰 서서 탄성을 낼 뿐이었다. 탁월함과 아름다움에서 무엇에도 비견할 수가 없었다. 이제껏 생각하던 하나님과 성스러움의 관념과는 달랐다. 나는 삼위일체 하나님의 어느 한 분에 대해서도 특별한 이해를 가지지 못했다. 그러나 그 체험은 하나님의 놀라운 영광으로 보여졌다. 나는 영광스러운 하나님을 본 듯한 말할 수 없는 기쁨으로 넘쳐 있었다. 하나님이 영원무궁하게 모든 피조물 위에 계신다는 사실이 즐겁고 만족하게 만들었다. 나의 영혼은 하나님의 위대하심, 사랑하심, 높으심, 완전성에 완전히 매료되었고 즐거워했다. 나는 그분의 안전한 품에 안겨 있었다. 자신의 구원에 관한 생각을 잊어버릴 정도였다. 나는 나 자신이 피조물이라는 것을 잊어버리고 있었다.

나로 하여금 하나님은 온 우주의 왕으로 보좌에 앉으셔서 모든 영광과 존귀와 찬송을 돌려드리도록 해주셨다. 어두움이 올 때까지 내적인 기쁨, 평화, 흥분은 지속되었다. 나는 이 체험을 시간을 내어 검토해보고 나름대로 조사하기 시작했다. 다음 날 저녁에도 마음의 평정은 지속되고 있었다. 새로운 세계에 있는 것 같았고, 나와 관련된 모든 일들이 과거와 예외 없이 다르게 나타났다. 내 앞에 열린 구원의 길이 한없이 지혜롭고, 경이롭고, 타당하며, 탁월하게 보였다. 나는 과거에는 왜 다르게 생각했고, 아름답고 복되고 탁월한 이 방법을 따르지 않았는지 놀랍고 의아한 마음이 들었다. 만약 누군가가 내가 이전에 시도했던 길이나 다른 수단으로 구원을 얻을 수 있다고 주장 하더라도 나의 영혼은 모두 거부했으리라. 나는 세상이 오직 그리스도의 의에 의해서만이 전적으로 얻을 수 있는 이 구원의 방법을 알지도 따르지도 않는 것이 이상하게 생각되었다.

그때 느낀 달콤한 해방감의 감격은 수일 동안을 끊이지 않고서 강하게 때로는 약하게도 지속되었다. 나는 자나 깨나 하나님 안에서 기쁨을 누릴 뿐이었다. 그 다음 주일에도 강력하지는 않았지만 똑같은 경험을 했다. 그러나 오래지 않아서 나는 어둠 속의 큰 근심에 빠졌다. 물론 과거의 것과는 달랐다. 가책과 두려움, 죄책감을 느꼈고 과도한 압력을 받고 있었다. 나는 곧 하나님 안에서 참된 회개를 했으며 기쁨과 희열을 느꼈다. 이제 근심이 있다면 나의 영적 상태에 대한 것이다. 주님은 은혜를 베푸셨고 나에게 돌아오셨다.

"

그는 서른 번째의 생일을 앞에 두고 하나님의 부름을 받았으며 그의 일기와 회심은 수많은 사람들을 감동시켰다. 그는 살아 생전보다는 죽어서 더 큰 명성을 떨쳤다.

참고문헌 – 이 글은 아래 문헌에서 인용, 발췌한 것이다.

기독교대백과사전편찬위원회, 『기독교대백과사전 7권』, 서울: 기독교문사, 1982. p. 1399.

데이비드 브레이너드 지음. 『데이비드 브레이너드의 생애와 일기』. 김보람 역. 서울: 좋은 씨앗, 2009.

Hugh T. Kerr & John M. Mulder. *conversions*. New York: Grand Rapids, 1983.

브레이너드의 *Memoirs of the Rev. David Brainerd* 중에서

휴 커 · 존 멀더, 공편. 『위대한 회심자들』. 박영봉 역. 서울: 생명의 말씀사, 1993. pp. 134~149.

http://ko.wikipedia.org/wiki/(위키백과)

노예해방의 선각자

존 울만

John Woolman

1726~1772

깊은 영성을 소유한 퀘이커교 목사였던 그는
흑인들의 권리와 만인평등을 위해 평생을 헌신했다.

한 사람의 위대한 힘

그는 퀘이커교의 목사요 설교자로서 노예해방을 선언한(1865년) 링컨보다 1세기나 앞서서 활동했던 사람이다. 당시에 너무나도 당연시 되고 있었던 노예제도 하에서 노예의 참되고도 진정한 해방을 실천하고 이를 강조하던 위대한 사람이었다. 그의 헌신적인 노력은 수많은 성과를 거두었고, 퀘이커 교단에서 노예 소유자는 교회에 입문할 수 없도록 했으며, 노예해방을 위한 의회 청원까지 하게 되었다. 그래서 역사에 가정은 없지만, 만약에 진정한 복음에 기초한 존 울만과 같았던 사람이 10명만 있었다면, 미국 역사를 피로 물들인 추악한 남북전쟁은 일어나지 않았을지도 모른다고 평가되기도 한다.

존 울만이 부르짖던 흑인들의 권리와 인간 평등의 구현은 1세기 후, 남북전쟁을 승리로 이끈 링컨에 의해 1865년 미국 전역에 선언되었다. 그러나 실제로 링컨의 노예해방 선언은 그야말로 정치적인 선언에 불과했으며 이의 진정한 실천은 1870년대에 들어와서야 이루어졌다.

천부적인 인권 존중의 깨달음

존 울만은 미국 뉴저지 주의 안코카스에서 1720년에 10월 19일에 태어났다. 그의 부모는 원주민이었으며, 독실한 퀘이커교의 신도였다. 울만은 정규 교육은 받지 못했으며 21세까지 농부인 아버지를 도와 일했다. 1743년 뉴저지 주의 마운트홀리에 가서 장사를 시작했으며, 한편으로는 급료를 받지 않고 퀘이커 교리의 설교자로서 복음을 전하기 시작했다. 이러한 헌신적인 복음전파는 30여년의 기간 동안 지속되었다. 그는 양복점을 차렸으나, 유지가 어려워서 다른 일을 겸해야 할 정도였다. 결국에는 주로 재단사 일을 하면서 평생을 자기 힘으로 생계를 유지했다. 울만은 그의 상사가 노예 판매를 알리는 벽보를 작성하라고 요청할 때, 노예제도가 기독교 신앙에 어긋난다고 깨달았고, 그 이후로 그것은 평생의 주제가 되었다. 그는 노예의 해방은 정치적인 방안보다는 그 주인들의 자발적인 행동으로 이뤄져야 한다고 믿고 있었다. 이 시기에 다른 지역으로도 자주 전도여행을 했으며 고난을 감수해야 하는 경우도 있었다. 그의 메시지의 핵심은 인간의 천부적인 권리의 옹호와 이의 경각심 촉구였다. 자연히 같은 인간을 재산으로 하는 노예소유를 비판하는 설교를 했고, 노예제도를 반대하는 교리를 전했다. 그의 생활은 매우 엄격해서 일정 수준의 재물의 소유를 하지 않았고, 가난한 자들의 정의를 추구했으며, 노동자들의 좋은 작업 조건을 강조했다. 가능한 걸어서 여행했으며, 염색하지 않은 옷을 입고, 노예 매매와 관련된 상품은 일체 사용하지 않았다. 그의 이러한 확신과 영적인 경험은 퀘이커 공동체들에게 노예제도를 폐지하고 노예를 해방시키도록 하고 소유의 탐욕을 버리도록 집요하게 설득하여 많은 성과를 거두었다.

링컨보다 앞선 노예해방의 실천

퀘이커교도들은 노예를 내보내는 데에 기독교 신앙에 부합한 방식을 택했다. "네 동족 히브리 남자나 히브리 여자가 네게 팔렸다 하자 만일 여섯 해 동안 너를 섬겼거든 일곱째 해에 너는 그를 놓아 자유롭게 할 것이요 그를 놓아 자유하게 할 때에는 빈손으로 가게 하지 말고 네 양 무리 중에서와 타작마당에서와 포도주 틀에서 그에게 후히 줄지니 곧 네 하나님 여호와께서 네게 복을 주신 대로 그에게 줄지니라"(신 15:12~14). 퀘이커교도들은 앞의 말씀처럼 노예를 빈손으로 내보내지 않았다. 어떤 농장주는 노예들에게 베풀어주느라 파산하기도 했다는 기록이 남아 있을 정도로 퀘이커교도들은 자신들이 믿는 기독교 신앙에 따라 노예들에게 자유를 베푸는 데 적극적이었다.

울만은 전도여행 중에 노예들을 데리고 있는 사람들에게 노예제도의 잘못됨을 큰 마찰 없이 설득하곤 했다. 울만은 인간의 역사에 있어서 하나님의 활동에 대한 강한 확신을 갖고 있었다. 그래서 그는 '가난한 동료' 들을 지배하고 있는 사람들에게 하나님의 심판이 임한다는 것을 확신했다. 남북전쟁이 발발하기 1세기 전에 그는 "커다란 재난의 시간이 이 대륙에 급속하게 다가오고 있다"라고 예견했다. 울만의 헌신적인 노력으로 1758년의 퀘이커 모임(Quaker Yearly Meeting)에서 모든 퀘이커교도들은 노예들을 풀어줄 것을 결의했다. 1772년 영국으로 건너간 그는 그곳에 도착한지 얼마 되지 않아 요크셔에서 천연두에 걸렸고 10월 7일에 사망하고 말았다. 울만이 죽은 지 4년 뒤에 그의 헌신적인 사역의 결과가 나타났다. 1776년에 퀘이커교는 노예를 갖고 있는 사람들을 퀘이커교에 받아들이지 않는 미국의 첫 교단이 되었다.

신앙의 모범이 된 일기

울만이 남긴 일기(Journal)는 그를 역사의 중요하고 영향력 있는 인물로 만들었다. 그의 저작은 미국 일기문학의 고전이 되었으며, 신앙의 도전을 주는 매우 유익한 교본이다. 1756년에서 1772년 죽기 전까지 기록한 일기는 신앙에 절대적인 유익함 때문에 1774년에 출판되었다. 그 속에는 울만의 생애와 복음사역, 기독교인으로서의 경험들이 소박하고 감미로운 문체로 은혜롭게 녹아 있다. 또한 하나님을 사랑하고 인간이나 생물에게도 정의와 선으로 대하라고 강조하고 있다. 윌리암 챈닝(William Ellery Channing)은 그의 일기를 "언어로 기록된 것 중에서 가장 달콤하고 순수한 자서전"이라고 했으며, 사무엘 테일러 콜리지(Samuel Taylor Coleridge)는 "누구든지 일기에 기록된 존 울만의 삶을 보면서 마음의 변화를 경험하지 못한다면 나는 그 사람을 포기할 수밖에 없다"고 단언했다. 그 외에 노예매매에 반대하여 미국 최초의 노예폐지론서의 하나가 된 "흑인 노예소유권에 대한 고찰(Essay on Some Considerations on the Keeping of Negroes, 1754)"에도 잘 나타나 있다.

질병에서의 치유를 경험하고

하나님의 선하심에 대하여 글로 남기고 싶은 사랑의 충동을 나는 자주 느끼곤 했다. 36세인 지금에서야 이 작업을 시작했다.

나는 1720년에 뉴저지 주에서 태어났다. 일곱 살도 되기 전에 나는 하나님의 사랑의 역사를 체험했다. 나는 부모님의 돌봄으로 매우 일찍 글을 읽기 시작했다. 어느 날 학교에서 돌아오는 길에 친구들은 장난을 하고 있었고, 나는 한적한 곳에 가서 요한계시록 22장을 읽었던 기억이 난다.

> "
> 또 그가 수정 같이 맑은 생명수의 강을 내게 보이니 하나님과 및 어린 양의 보좌로부터 나와서(1절).
> "

이 말씀을 읽으면서 하나님이 그의 종들을 위해 예비해 놓으신 거룩한 거처를 찾는데 매료되었던 기억이 난다. 앉았던 자리, 마음을 감싸고 있던 기쁨이 기억 속에 새롭게 떠오른다. 말씀의 기쁨으로 인한 귀한 체험은 친구들의 거칠고 악한 언어 사용이나 행동에 물들지 않는 원천으로 작용했다.

나이가 들어가면서 친구들이 많아졌고, 그에 따라서 살아가는데 점점 어려움이 생겼다. 물론 성경을 읽고 하늘나라를 생각하며 위로를 얻었으나 세상 것에서 헤어날 수 없었다. 그리스도의 양떼로부터 벗어나 있음을 알았으나 되돌아갈 생각이나 결심은 없었다. 깊은 반성은 머나먼 길이었고, 청춘의 허영과 쾌락은 눈앞의 짜릿한 즐거움이었다. 나는 이 속된 생활을 반성하거나 청산할 수 없었다. 젊었을 적에 나의 방종과 나태는 나에게 커다란 기쁨이었기 때문이다. 이 길에서 많은 사람들을 만났으며, 우정 보다는 감흥을 중심으로 교제가 이루어졌다.

이런 상태에서 불현듯 병에 걸리게 되었다. 그러나 병 자체가 하나님의 은혜라고 생각했다. 회복될 가능성이 거의 없다는 생각이 들 정도로 상황은 악화되었다. 어두움과 공포와 놀라움이 나를 사로잡았으며, 육신의 고통과 근심이 엄습하여 마음을 지배하기 시작했다. 차라리 태어나지 않았으면 좋았을 것을, … 이런 생각이 들었다. 몸과 정신은 혼란과 고통으로 가득 찼고, 자기 자신이 한심스러워 슬퍼하지 않을 수 없었다. 문제는 하나님을 거역했던 죄악을 회개하고 호소할만한 믿음을 갖지 못한 것이었다. 하나님 앞에서 나의 큰 어리석음을 깨닫는 데는 많은 시간이 필요하지 않았다. 마침내 불과 같고 망치와도 같은 말씀이 반역적인 나의 마음을 부수어 놓았다. 참회 속에서 나는 간절히 호소했으며, 그분의 자비에서 내적 위로를 받게 되었다. 하나님이 은혜를 베푸시어 회복시키시면 늘 겸손하게 살 것이라고 약속하고 결심했다.

"

하나님과의 만남의 과정과 부르심

건강은 회복 되었다. 얼마 동안 나는 약속한 대로 행했다. 그러나 얼마가지 않아 약속을 파기하고 말았다. 얼마 동안 시간이 지나자 점차로 청춘의 허영에 빠져서 친구들과 방자한 관계 속에 놀아나므로 하나님과의 약속은 끝이 났다. 주님은 매우 자비로우셨고 근심에 빠져 있을 때 위로를 주셨다. 그럼에도 다시금 하나님을 배신하고 어리석음에 빠지고 말았다. 자책감, 두려움, 경고, 일시적인 돌이킴, 또다시 허영과 방탕 … 아직 완전하게 거듭나기에는 더 시간이 필요했고, 하나님의 강권적인 역사로 깊은 변화가 필요했다.

이 시기에 나는 부친과 함께 살았고 농장을 경영했다. 21살이 되던 해에 나는 아버지의 동의하에 제과업자에게 고용되어 상점 운영과 장부 정리를 맡아서 일을 했다. 집에서는 은둔자와 같이 무료하게 보냈지만 상업 분야에서는 기대 이상이었다. 한편으로 나는 자주 하나님을 사모했고 강렬한 이끄심을 경험했다. 모든 죄악과 타락에서 나를 지켜 주실 것을 간구했다. 이제 나의 세상 낙(樂)보다는 하나님의 영광을 위해 겸손과 자기 부정으로 은혜로우신 구속자이신 주님을 섬기게 해달라는 호소였다.

나를 고용하고 있던 제과업자는 홀리(Holly)산 근처의 상점을 나에게 맡기었다. 그곳에서 나는 혼자 지내면서 가게를 운영했다. 그곳에 정착하자마자 몇몇의 젊은 친구들이 찾아왔다. 그들은 나를 예전처럼 허영 속에서 살도록 유혹했다. 나는 주님께 은밀하게 지혜와 힘을 달라고 간구했다. 이는 세상의 삶에서 사면초가의 위기를 느꼈고, 자유로운 교제의 끝이 어리석음이었음을 슬퍼한 기억이 생생했기 때문이다. 나는 부친의 집을 떠나 있은 이후, 하늘의 아버지가 형언할 수 없는 자비를 베풀어 주셨음을 깨달았다.

낮에는 많은 사람들 중에 있었고 극복해야 할 많은 일들을 감당해야 했다. 저녁이 되면 거의 매일 홀로였고, 기도의 영이 자주 임했던 것을 감사드린다. 그 기도의 영으로 나는 자주 간구했고, 힘이 새로워지는 것을 느꼈다. 얼마 지나지 않아서 이전의 친구들은 내가 자신들과 한패가 되는 것을 포기했다. 나는 이제 영적으로 나에게 도움이 되는 대화를 나눌 수 있는 사람들과 새로운 관계를 형성하기 시작했다. 나는 타락할 수 있는 많은 여건에서 나를 구원하시고 폭풍의 바다를 안전하게 건너게 하신 하나님의 사랑을 경험했다. 그 사랑을 다 아는 사람이 어디 있으랴? 나의 마음은 이 하늘의 원리 안에서 더욱 넓어지고 크게 확장되었다. 나를 사로잡았던 그 사악한 뱀들에게 여전히 속박되어 있는 친구들에게 한없는 동정을 느꼈다. 이런 사랑과 너그러움이 점점 커지기 시작했고, 나의 마음은 동료들의 행복을 위해 일하기 시작했다. 나는 경외함으로 집회에 참석했으며 참된 목자의 음성을 듣기를 내면에서 부단히 분투했다. 어느 날 나는 성령의 강력한 역사로 모임에서 사람들에게 몇 마디의 말을 했다. 그러나 하나님의 계시에 근거하지 못했던 나는 필요 이상의 말을 했던 것이다. 곧바로 잘못을 인식한 나는 어떤 위로나 빛도 없이 수주일 동안 고통을 겪었다. 나는 하나님을 기억하면서 번민했다. 깊은 번민 속에 있을 때 하나님은 나를 불쌍히 여겨서 보혜사 성령님을 보내셨다. 죄의 용서는 시작되었고 마음은 평정을 찾을 수 있었다. 나는 주님의 자비를 진심으로 감사했다. 이로부터 6주 정도가 지났을 때에 나는 하나님의 사랑의 샘이 열려있음을 느꼈고, 다시 모임에서 힘 있게 말을 할 수 있었다. 그리고 그 속에서 진정한 평화를 발견했다.

십자가 밑에서 겸손해지고 훈련된 이성은 이제는 참된 영을 분별할 정도가 되었다. 그 영은 내적인 침묵 속에서 몇 주일이든 잠잠해야 할 때가 있음을 가르쳐 주었다. 언젠가 주님이 나를 나팔처럼 사용하여 주님의 양떼들에게 말씀하시게 될 때까지, 준비하고 기다려야 함을 느꼈다.

다른 사람들의 행복을 위한 진정한 동기는 바로 이 내적인 정화와 성령과의 동거로부터 시작된다. 신자들이라고 해서 모두 공적인 전도자로 활동해야 하는 것은 아니다. 그러나 누구든지 자신들의 영적 은혜의 경험을 전할 필요는 있다. 예배의 외적인 형태는 다양하다. 그러나 예수 그리스도의 참된 사역자는 먼저 자신을 정화시키고, 다른 사람의 상황에 대한 책임을 심어주는 성령의 역사를 받아야만 한다. 이것은 나 자신의 뜻이 부각되고 세상의 지혜로 말을 하며, 참된 복음 전도의 통로로부터 이탈되는 것을 방지하기 위함이다. 나는 이에 따라 참된 계시를 찾고 주의를 게을리 하지 말라는 가르침을 받았다. …….

❞

파수꾼의 직무를 부여받다

23세쯤 되었을 때, 가장 고귀한 존재인 인간에 대한 하나님의 관심과 섭리를 알게 되었다. 그래서 최선의 판단과 확신을 한 나는 하나님을 전적으로 믿었으며, 진리가 길을 열어주는 것에 따라서 더 이상 세상 사업에 매달리지 않았다.

나는 크리스마스 때에 많은 사람들이 술집으로 모여들어 술과 노름으로 시간을 보내고 서로 타락시키는 광경을 보았다. 그 광경은 나를 몹시 괴롭게 만들었다. 어떤 술집 하나가 혼란의 극에 달해 있었다. 나는 술집의 주인에게 말해주는 것이 나의 의무라는 믿음이 들었다. 동시에 이 도시에는 많은 원로들이 있고, 그 광경을 보고 있을 텐데, 감히 어린 내가 나서서 될까 생각했다. 그럼에도 마음이 왠지 불편했고 의무감을 떨쳐버릴 수가 없었다.

그 일로 마음이 무척 무거웠다. 하나님이 에스겔에게 파수꾼의 임무와 관련하여 말씀하신 것을 읽고 있을 때, 더욱 분명하게 깨달았다. 나는 눈물로서 주님의 도움을 구했고, 주님은 사랑과 온유함으로 나의 마음을 위로하시고 어루만져 주셨다. 적당한 기회를 잡아 술집으로 갔다. 사람들에게 둘러있는 주인을 보고 불러내서 마음에 담아두었던 말을 두려운 마음으로 해주었다. 그는 정중하게 받아들였고 나를 존경심으로 대하여 주었다. 그로부터 몇 년이 지나지 않아서 그는 중년의 나이에 세상을 뜨고 말았다. 만일 내가 그때에 의무를 소홀히 했더라면 그 책임을 면할 수 없었을 것이라고 생각하곤 했다. 그 당시에 나를 도와주셨던 하나님께 마음 깊이 감사를 드렸다.

흑인 여성을 소유했던 나의 상점 주인은 그녀를 팔고서 나에게 계약서를 쓰라고 했다. 그녀를 산 사람이 옆에서 기다리고 있었다. 그 일은 갑작스럽게 일어났다. 나와 같은 인간을 노예로 팔려는 계약서를 쓴다는 생각에 마음이 편치 않았으나, 나는 지금 고용된 직원이었고, 노예를 사려는 사람도 교단의 원로였기 때문에, 결국 약자인 나는 굴복하고 그 계약서를 쓸 수밖에 없었다. 그러나 그 일을 하면서 마음의 고통이 심했다. 그리하여 주인과 노예를 사려는 사람에게 내가 믿기로는 노예 소유가 그리스도교 신앙에 어긋나는 일이라고 말했다. 이런 말이 나의 죄책감을 조금이나마 감해 주었다. 그러나 그 일에 대하여 생각할 때마다, 책임을 벗어나고자 했으면 양심에 반대되는 그 일에 분명하게 행동했어야 했다고 생각했다. 이 일이 있은 후, 얼마 동안 시간이 지난 다음, 우리 교단의 한 젊은이가 찾아와서 노예 양도증서를 써달라고 부탁했다. 나는 그에게 쓸 수 없다고 단호하게 말했다. 그러면서 우리의 집회에 속하여 있는 많은 사람들과 다른 곳은 여전히 노예를 소유하고 있지만, 그 일은 옳지 않으며 그 증서를 쓸 수 없다고 선의를 가지고 설명했다. 그러자 그는 자신도 노예를 소유하는 것을 전적으로 찬성하지는 않지만 아내에게 노예를 선물하기로 약속했기에 어쩔 수 없다고 털어놓았다.

이런 노예 폐지운동은 일찍이 시민혁명을 겪은 영국에서 먼저 일어났다. 16세기 이래 신대륙에 확대된 식민지 노예제에 대하여 18세기 초부터 인간 존중, 인류 평등의 사상과 함께 비판의 소리가 일어났다. 이때 존 울만은 퀘이커 교단 뿐 아니라 1세기 후의 링컨의 노예해방을 선언(1865년)하는 데에 역할의 기반이 되어 지대한 공을 세웠으며, 이 노예제 폐지운동이 19세기에 이르러서는 인도주의적 노예폐지론이 대두되면서 노예제 폐지의 구체적 성과가 나타났던 것이다.

참고문헌 - 이 글은 아래 문헌에서 인용, 발췌한 것이다.
편찬위원회, 『기독교대백과사전 12권』, 서울: 기독교문사, 1990. p. 297.
Hugh T. Kerr & John M. Mulder. *conversions*. New York: Grand Rapids, 1983.
존 울만의 *The Journal of John Woolman* 중에서
휴 커 · 죤 멀더, 공편. 『위대한 회심자들』. 박영콩 역. 서울: 생명의 말씀사, 1993. pp. 150~158.
www.newsnjoy.us, 이태후. "노예 해방- '노예에서 빈민으로'", 2008년 01월 25일
http://www.quakerseoul.org/ 존 울만의 교훈
http://ko.wikipedia.org/wiki/(위키백과)

찬송 작시가로 변화된

존 뉴톤

22

John Newton

1725~1867

노예무역의 선봉장이었던 그는
극적인 회심을 하고 성공회의 성직자가 되었다.

성직자가 된 노예선장

존 뉴톤의 일생은 과장 없는 드라마 그 자체였고 역동적인 서사시였다. 그는 1725년 7월 24일 영국 런던에서 한 선장의 아들로 태어났다. 아버지는 카톨릭교도였고 어머니는 독실한 개신교도였다. 모친은 그를 성직자로 키우려고 세 살이 못되어서 영어, 성경, 교리문답 등을 가르쳤다. 여섯 살 때에는 라틴어를 가르치기 시작했으나 1732년 7월 어머니가 결핵으로 사망하자, 안타깝게도 교육은 중단되고 만다. 그 후 아버지가 선원이었으므로 계모가 거의 양육을 전담하게 되었다.

그런데 뉴톤과의 사이가 좋지 못했다. 결국 제대로 보살필 사람이 없었던 그는 기숙형 선원학교에 보내져 부당한 대우를 받았다.

결국은 11살부터 상선의 선장인 아버지를 따라서 바다로 나갔다. 17세까지 일곱 번의 항해를 했고, 지중해를 통해 서인도제도를 여러 번 항해하기도 했다. 어린 나이에 배를 타게 된 뉴톤은 거친 선원들과 함께 어울리면서 방탕하고 부도적한 길을 걷게 되었다. 그는 이때 엄청난 마음의 갈등을 겪게 되었으며 자신과 싸워야만 했다. 때로는 성경 읽기와 기도, 금식들을 하기도 했으나 그것은 확고한 신앙의 기초가 되지 못하고 새벽이슬처럼 사라졌다. 그래서 신의 저주와 모독, 사악한 행위까지 저질렀다. 이와 관련하여 그는 이렇게 회상한다.

"

나는 매일의 가장 많은 시간을 성경 읽기, 묵상과 기도로 보냈으며 자주 금식했고 3개월 동안 모든 동물성 음식을 끊기도 했습니다. 쓸데없는 말을 하게 될까봐 누가 묻는 말에 대답도 하지 않았고, 이전의 못된 행위를 매우 진지하게 때로는 눈물을 흘리면서 애통하기도 했습니다. 나는 이러한 진지한 분위기 안에서 어떤 큰 중단 없이 2년 이상을 지냈습니다. 그러나 그것은 깨달음이 없었고 가련한 종교였습니다. 그것은 여러 면에서 나를 죄의 세력 안에서 벗어나게 못했으며, 나를 우울하고, 어리석고, 비사회적이며 쓸모없는 사람으로 만들뿐이었습니다.

"

1743년 18세가 되던 해에 아버지가 원하던 해군 소위 후보생에 지원하여 배치 받게 된다. 그러나 규칙적이고 엄격한 장교생활에 적응을 할 수 없어 탈영하게 된다. 그러나 곧 체포되어 면직되고 남아프리카로 가는 노예상선에 팔리어 흑인 노예를 수송하는 노예무역에 종사하게 된다. 그때의 시대 상황은 흑인 매매의 절정이었으며, 따라서 가장 위험한 시기였다.

뉴톤은 그 길고도 외로웠던 항해 중에 스스로 기하학을 깨우쳤고, 라틴어를 배워 버질(Virgil)과 에라스무스(Erasmus)의 책을 읽었으며, 원어성경을 연구하여 선원들을 위해 주일예배를 집례했다. 1755년 병을 이유로 하선하고 신학 공부에 매진했다. 휘트필드와 웨슬리의 친구였던 그는 1764년 영국 국교회에서 안수를 받고자 했으나 거부당했다. 1764년 다트마우스(Dartmouth) 경의 도움을 입어 올네이(Olney)의 복음주의적인 성공회교회의 목사직에 임명되었다. 뉴톤은 곧 설교자로서 유명해졌다. 그가 시무하는 작은 교회는 설교를 들으러 온 사람들로 인해 자리가 모자라서 별도의 방청석을 마련해야 할 지경이었다. 시인 윌리암 카우퍼(William Cowper)는 올네이로 와서 뉴톤과 협력하여 『올네이 찬송』이라는 책을 출판했다. 뉴톤은 거의 300편이나 되는 찬송시를 작시하여 하나님께 봉헌했다. 그 중에는 우리나라의 찬송가에는 "지난 이레 동안에(44장)", "시온성과 같은 교회(210장)", "나 같은 죄인 살리신(305장)"이 포함되어 있다. 그 중에서 "나 같은 죄인 살리신"은 존 뉴톤의 종교 체험을 요약하고 있으며, 그 곡조로 인하여 다양한 종교적 배경을 가진 사람들에게도 큰 영향을 끼치었다. 그는 그때 회심했고, 곧 안수를 받았으며 영국성공회의 목사가 되어 탁월하게 활동했다. 그는 은혜가 충만하여 가는 곳마다 존경을 받았으며, 명성이 자자했다. 다음은 그의 회심을 향한 여정이다.

"

폭풍우의 생존을 위한 투쟁

항상 그랬던 것처럼 나는 그날 밤에도 평안함과 무관심 속에서 잠자리에 들었다. 한참 단잠에 빠져서 꿈나라를 해매고 있을 때에 거대한 풍랑이 배를 덮쳤다. 눈을 떴을 때에는 배 밑의 침실에까지 물이 찰 정도로 상황이 어려워져 있었다. 누군가가 갑판에서 배가 가라앉고 있다고 다급하게 소리쳤다. 정신을 차리자마자 갑판으로 올라가려고 시도했다. 갑판으로 올라가는 사다리에서 선장을 만났다. 그가 나에게 칼을 가져오라고 말했다. 칼을 가지러 방으로 돌아왔을 때에 어떤 사람이 내 방에 널브러져 있는 것을 보았다. 위층에서 파도에 쓸려 밀려왔던 것이다. 그는 죽어가고 있었으나 이를 슬퍼할 겨를이 없었다. 우리 모두가 그보다 오래 살아남는다는 보장이 없었다. 배가 물이 차서 가라앉고 있었기 때문이다. 거대한 풍랑은 배의 윗부분을 순식간에 부수어서 파편으로 만들어버렸다. 이러한 재난에서 살아남는다는 것은 상상할 수 없는 기적과 같은 것이었다. 우리는 계속하여 펌프질을 했으나 파도가 거대하여 그 노력은 허사가 되었다. 곳곳에서 양동이로 물을 퍼내고 있었으나 다 기진맥진하여 할 수 있는 사람은 열에 한둘에 불과했다. 우리가 할 수 있는 일을 다 했음에도 배에 물이 가득 차 있었다. 보통의 짐을 싫은 배였다면 침몰해 버렸을 것이다. 우리도 물론 많은 양의 밀랍과 목재들을 싣고 있었지만 그것들은 물보다 가벼운 것이었기 때문에 최악은 면한 상태였다. 우리가 거대한 폭풍우 속에서 침몰을 면하고자 밤새도록 대책을 세우고 극복할 수 있었다는 것은 전적으로 하나님의 도우심의 증거였다. 한 시간여가 지나자 날이 밝아왔다. 바람은 잦아들고 있었다. 우리는 입고 있던 옷을 찢어서 물이 새는 틈을 틀어막고 부서진 나뭇조각으로 쐐기를 박아두었다. 기적적으로 물이 줄기 시작했다. 이 당황스러운 순간에도 나는 거의 동요되지 않고 있었다. 나는 펌프질을 열심히 했고, 동료들을 격려했다. 그들 중의 한 사람에게는 며칠 후에는 술잔을 기울이면서 옛날을 이야기할거라고 위로하며 말했다. 그러나 그는 나보다 순수했는지 눈물을 흘리면서 너무 늦었다고 말했다. 아홉 시 정도 되어서 추위와 노동에 거의 탈진한 나는 다른 곳에서 일하던 선장을 만났다. 그리고 돌아오면서 불쑥 한 마디 했다. "우리가 할 일을 하면 주님이 자비를 베푸시겠지." 비록 의미가 없이 내뱉은 말이었지만 수년 동안에 처음으로 발설한 자비에 대한 절절한 갈망의 표시였다. 이 말을 해놓고서 스스로가 충격을 받고 말았다.

예후는 말했다. "평안이 네게 상관있느냐(왕하 9:19)?" 이처럼 "나에게 무슨 자비가 있을 것인가"라는 생각이 들었다. 나는 펌프로 돌아와서 정오가 되도록 물을 퍼냈다. 파도가 칠 때마다 물은 머리위에 쏟아졌지만 밧줄로 서로를 묶어놓았으므로 괜찮았다. 사실 나는 한번 가라앉은 배는 다시 떠오를 수 없다고 생각하고 있었다. 죽음은 두려웠고 오래 전부터 성경이 예언한 말씀대로 나의 죄 값을 내가 당하게 될 최악의 상태를 예감하고 있었다. 나는 반신반의(半信半疑)와 실망과 조급함이 뒤범벅이 된 우울한 상태가 계속되었다. 예수 그리스도가 옳다면 나는 용서받을 수 없을 것이었다. 나는 자주 그리스도가 옳은 경우의 최악의 상태를 알고 싶었다. …….

배움과 깨우침으로 이끄신 하나님

… 약 6년여를 주님은 매우 은밀한 방법으로 나를 인도하셨다. 그동안 나는 마음의 악을 깨달았고 성경을 비롯한 신앙적인 책을 많이 읽었다. 복음 진리와 관련한 지식도 상당하게 축적되어 갔다. 물론 마음에서 여러 혼재된 개념들의 갈등이 벌어지고 있었다. 이를 도와줄 만한 사람은 하나도 없었다. 성 크리스토퍼 항구에 도착했을 때에 런던에서 온 선장을 만났다. 그와의 대화가 신앙에 참으로 유익했다. 그는 B로 시작되는 교회에 출석하고 있었다. 하나님에 대한 체험이 많았고, 생생하고 들을 만한 가치가 있는 회심을 체험한 사람이었다. 우리는 여러 사람들이 모인 곳에서 대화를 하다가 자연스럽게 만났고 곧 진실로 친밀한 사람이 되었다. 거의 한 달이

되도록 우리는 매일 저녁에 만나서 대화를 하면서 때때로 날이 새도록 대화를 지속하기도 했다. 만남의 장소는 서로의 배를 번갈아 가면서 이용했다. 나는 거의가 듣는 입장이었는데 그의 메시지는 우둔함을 깨우쳤고 마음을 불붙게 만들었다. 함께 기도하는 중에는 입을 열라고 충고했으며 회심의 유익이 무엇인지 설명했다. 나는 그로 인하여 공개적으로 신앙을 고백했고, 하나님을 담대하게 말하게 되었다. 하나님은 그를 보내시어 우둔한 나에게 많은 지식을 가르쳐주셨다. 그로 인하여 생각은 긍정적으로 변했고 밝아졌으며, 복음적이 되어갔다. 그리고 오랫동안 나를 괴롭혔던 과거의 타락 속에 빠질지 모른다는 두려움에서 비로소 해방되었다. 이제 하나님께서 약속한 은혜의 계약이 구원을 확실하게 보장해준다는 것을 이해하게 되었다. 구원이란 자신의 능력과 거룩성에서 얻어지는 것이 아니라 하나님의 위대하신 능력과 약속에 의해, 다시 말하면 변함없는 구세주에 대한 믿음을 통해서 구원받으리라는 기대와 희망을 가지기 시작했다. 내가 알지 못하던 참된 신앙, 당시의 잘못과 논쟁점을 가르쳐주었고, 런던에서 더 많은 가르침을 받을 수 있는 곳을 알려 주었다. 나는 새로운 깨달음을 가지고 그와 헤어졌고, 집으로 돌아오는 여정은 배운 것을 되새길 여유를 주었다. 그와 만난 7주 동안에 나는 위로와 자유를 얻었고, 태양은 가려지지 않았다. 1754년 8월에 나는 리버풀(Liverpool)에 도착했다.

”

노예 매매를 멈추도록 하신 하나님

나의 국내 체류는 잠깐 동안 예정되어 있었고 11월에는 다시 여행을 떠나고자 준비하고 있었다. 그러나 주님은 나의 여행을 통제하는 것이 낫다고 생각하셨다. 그동안 나는 노예 매매업에 종사하고 있었으며 어떠한 거리낌도 없었다. 그 일은 만족스러웠고, 하나님은 이를 나에게 맡기셨다고 생각하고 있었다. 지금도 훌륭한 직업이라고 생각하며 수입도 매우 좋다. 그러나 여러 측면에서 옳지 못했고, 특히 나에게 그러했다. 주님은 부(富)의 증가가 좋을 수만은 없다는 사실을 깨우치셨다. 나는 노예 간수였고, 일괄 도급업자였다. 나는 그것이 영원히 사슬, 즉 자물쇠와 족쇄 같은 것과 관계있는 직업이라는 데에 자주 놀랐다. 이러한 이유로 기도하는 가운데 인간적인 직업의 허락을 간구했다. 가능하다면 주님의 백성과 의식에 자주 접하는 직업을 주시기를 간구했으며 타향살이에서 해방시켜 주시기를 바랐다. 이러한 기도는 전혀 의외의 방법으로 응답되었다.

"

항해를 이틀 앞둔 날이었다. 나는 좋은 건강을 유지하고 있었다. 그러나 오후에 아내와 차를 마시며 담소를 나누던 중에 갑자기 경련이 일어났다. 모든 움직임과 감각을 잃어버리고 숨만을 쉬고 있었다. 거의 한 시간여를 그렇게 있다가 깨어났는데, 머리에서 통증과 현기증이 떠나지를 않았다. 의사들은 나의 증상을 체크하고서 항해는 불가하다는 결정을 내렸다. 배의 소유자였던 친구의 충고에 따라서 항해를 하루 앞두고서 직책을 사임하게 되었다. 후에 알게 된 일이지만 그 항해를 했다면 나는 예정되었던 재난을 피할 수 없었다. 나의 직책을 대신했던 사람을 비롯하여 많은 고급 선원들과 갑판원들이 죽음을 당했고 가까스로 배는 귀환할 수 있었다.

"

나는 이제 노예 매매사업에서 해방되었다. 리버풀에서 떠나서 런던과 켄트(Kent)에서 대부분의 시간을 보냈다. 그곳에서 나는 새로운 시험을 마주쳤다. 아내는 무관심한 방관자가 아니었다. 내가 누워있는 기간이 길어졌고 죽을 것같이 되자, 아내도 나와 같은 증상으로 드러누워 버렸다. 아내는 두려움 속에서 병이 악화되었고, 오히려 나는 건강이 회복되어가고 있었다. 어떤 의사도 약도 아내를 진정시키지 못했다. 통상적인 폐결핵의 증상도 나타나지 않고서 눈에 띄게 수척해져갔다. 급기야는 방을 누가 가로질러 가는 것도 견딜 수 없을 정도로 예민하고 쇠약해졌다. 나는 거의 11개월을 의사가 "시간이 지날수록 더욱 캄캄해지는 것을 지켜보아야만 하는 두려운 직책"이라고 자신이 푸념했던 그런 상태에 놓여있었다. 인간적인 모든 수단에 대한 희망은 사라졌다. 그리고 주님은 자신의 손으로 아내를 친히 회복시켜 주셨다. 이 일이 발생하기 전에 몇 가지 언급할만한 특이한 일들을 경험했다. …….

이 동안에 나는 두 가지의 시련을 겪었다. 첫 번째는 아내의 질병이었다. 아내는 악화되었고, 나는 이별의 시간이 임박했다는 두려움에 사로잡혔다. 믿음이 있을 때에는 주님의 뜻에 의존했다. 그러나 마음은 종잡을 수 없어서 믿는 것이나 복종하는 것이 어렵다는 사실을 발견했다. 나는 또한 미래에 대한 위기감 때문에 걱정해야만 했다. 아프리카의 무역은 그 해에 끝이 났고, 친구들은 건강이 회복될 때까지도 배를 장만하지 않았다. 위기감은 가중되고 있었다. …….

그 사역에 대한 나의 견해를 한마디로 표현하겠다. 나는 결국 해냈다. 나는 이미 사역이 나에 대한 어머니의 소원임을 말한 적이 있다. 그러나 어머니는 일찍 돌아가셨고 그 후의 삶은 너무 거리가 멀었다. 가능성은 막혀버린 것처럼 보였다. 나의 마음에서 바랐던 첫 번째의 소망은 수년이 흐른 후에 갈라디아서 1:23-24을 묵상하는 와중에 다시 일어났다. "다만 우리를 박해하던 자가 전에 멸하려던 그 믿음을 지금 전한다 함을 듣고 나로 말미암아 하나님께 영광을 돌리니라." 나는 하나님의 풍성하신 은혜를 증거 할 수 있는 공적인 기회를 바라고 있었다. 나는 "예수 그리스도가 죄인의 괴수를 구원하시려고 세상에 오셨다"는 말씀을 전하는데 적합한 인물이라고 생각하고 있었다. 나의 삶은 비범한 회심으로 가득했고, 주님의 놀라운 역사를 보여주도록 선택받은 게 아닌가라는 생각도 들었다. 주님은 조만간 그분의 사역을 위하여 부르시리라는 느낌과 희망이 강력하게 들었다.

그는 죽기 전에 자기 자신의 묘비명을 준비해 놓았다.

“

존 뉴톤 그는 한때 신을 부인하고 방탕에 빠졌으며 아프리카 노예들의 시종이었으나, 우리의 주님이시요 구원자이신 예수 그리스도의 풍성한 은혜로써 보호되고 회복되고 용서 받았다. 그리고 주님은 그가 오랫동안 소멸시키기 위해 애썼던 바로 그 믿음을 선포하도록 위임하셨다. …….

”

그는 83세에 하나님의 부르심을 받아 천성에 입성했다.

그는 죽기 전에 이렇게 고백했다.

“죽는다는 것은 위대한 일입니다. 그리고 육체와 마음이 쇠할 때 우리 마음의 힘이요, 우리의 기업으로써 영원히 하나님을 모시고 있다는 것은 위대한 일입니다. 나는 내가 의뢰한 분을 알며, 그분이 내가 그에게 의탁한 것을 그날까지 지켜 주실 수 있다는 것을 압니다. 이후로 나를 위하여 의의 면류관이 예비 되었으니 그것은 의로우신 재판장이신 주께서 그날에 내게 주실 것입니다.”

참고문헌 – 이 글은 아래 문헌에서 인용, 발췌한 것이다.

편찬위원회, 『기독교대백과사전 3권』, 서울: 기독교문사, 1981. p. 737.

Hugh T. Kerr & John M. Mulder. *conversions*. New York: Grand Rapids, 1983.

존 뉴톤의 *The Work of the Rev. John Newton*과 제임스 헬프리의 *How Great Christians Met Christ* 중에서

휴 커 · 존 멀더, 공편. 『위대한 회심자들』. 박영봉 역. 서울: 생명의 말씀사, 1993. pp. 159~166.

http://cafe.daum.net/koo0091(목회자 설교마을 카페), 존 뉴톤의 생애

http://ko.wikipedia.org/wiki/ (위키백과)

개척자적인 설교자

프란시스 애스베리

23

Francis Aeseuberi

1745~1816

'미국 감리교의 아버지' 라고 불리우는 그는
어려운 환경에서도 평생을 기도와 말씀묵상, 복음전도로 보냈다.

미국 감리교의 초석

신대륙에 놀랄만한 영향을 끼쳐서 우리가 '미국 감리교의 아버지' 라고 부르는 애스베리는 미국에서 출생한 사람은 아니었다. 그는 1771년 감리교의 선교사로 영국에서부터 미국으로 왔다. 프란시스 애스베리는 그의 아버지의 헛간에서 한 친구와 함께 기도하던 중 회심했다. 그는 그 순간을 회상하기를 그 순간부터 줄곧 "행복했고, 죄와 공포로부터 자유로와졌으며, 죄를 이길 능력을 얻었고, 또한 큰 내면적 기쁨을 맛보았다"고 했다. 그의 회심 경험은 그의 인생을 완전히 바꾸어 놓았다. 그 회심 사건 이후 그는 곧 자기의 친구들과 함께 성경 공부반을 만들었다. 그는 웬즈베리에서 있었던 플레쳐 같은 하나님의 사람들이 복음을 전하는 것을 들으러 갔고, 휫트필드나 캔니크 같은 설교자들의 글들을 읽었다. 그러나 애스베리는 하나님에 대한 단순한 경험만으로는 만족할 수 없었다. 그는 종종 말하기를 "나는 매 순간 항상 하나님 안에서 산다"라고 했다. 이와 같은 계속적인 하나님과의 교제는 복음을 위한 그의 사역에 강력한 원동력이 되어 주었다.

기도의 사람

애스베리의 전기 작가 벤자민 그레고리는 "그는 참된 감리교인으로서 기도의 사람이었다"라고 기록하고 있다. 그레고리에 따르면, 애스베리는 어느 한 기간 동안은 매일 아침 세 시간씩 기도했고, 다른 기간에는 매일 일곱 번씩 기도했다. 그레고리는 감리교 감독교회의 목사들이 수백 명으로 증가했을 때에도, "그는 내가 아는 모든 사람들 중에서 가장 많이 그리고 가장 힘써 기도한 사람이다"라고 서술하고 있다.

> "
>
> 나는 오늘 아침에 싸우느냐, 아니면 죽느냐 하는 결심을 품고서 자리에서 일어났다. 그래서 진지하게 기도하는데 한 시간을 보냈다.
>
> 주여! 나를 항상 깨어 있도록 지켜 주소서.
>
> "

지치지 않는 순회 설교자

애스베리가 미국에 도착했을 때 그곳에는 단지 아홉 명의 감리교 목사들만이 있었다. 그러나 그는 어려운 환경에 좌절할 사람이 아니었다. 그는 아침 일찍부터, 때로는 새벽 5시부터 복음을 전파했고, 밤에 잠자리에 들기 전까지 설교를 했다. 그는 가능한 한 어디에서든지 사람과 장소를 불문하고 전심전력하여 헌신하여 설교를 했다. 그는 그의 발이 멈추는 곳마다 설교를 했다. 그는 한 번 설교를 하면 한시간 이하로 설교를 한 적이 거의 없었다. L.C. 루돌프는 " '나는 설교했다' 라는 말은 그의 일기장의 가장 대표적인 문구이다" 라고 말한다. 그는 정말 지칠 줄 모르는 순회 설교자였다.

"

나는 아침에 H씨 집에서 설교를 한 후에, 저녁에는 교실에서 설교를 할 작정이었다. 그러나 그 건물은 사람들의 반수도 수용할 수 없을 것 같았다. 그래서 나는 아예 문에 섰었고, 사람들은 밖에 모였었다.

오늘 저녁 나는 아주 엄숙한 가족 예배를 인도했다. 흑백을 막론하고 모든 사람들에게 낱낱이, 그리고 개인적으로 말씀을 전했다.

뜻밖에도 나는 2시에 하나님의 말씀을 듣기 위해 사람들이 기다리고 있는 것을 발견했다. 나는 자유롭게 말씀을 전했다. 그런데 하나님의 능력이 많은 사람들의 심령 속에서 강하게 역사했다.

나는 제임스 프레스베리의 집에서 말씀을 깨달을 수 있었던 많은 사람들에게 설교를 했다. 그때 나는 내 자신의 영혼 속에서 큰 능력이 역사하고 있음을 발견했다. 그러고 나서 3마일을 말을 타고 넥크로 갔다. 거기서 요한계시록 2장 11절의 말씀을 설교하면서 나는 엄숙함을 느꼈고 심령에 큰 감동을 받았다.

나는 우리의 설교처에서 설교하기 위해서 약 5마일을 갔다. 그 집은 유리창도, 문도 없었다. 날씨는 추웠다. 그래서 사람들이 찬바람을 맞는 것을 보았을 때 나의 마음이 안스러웠다. 나는 나의 머리에 손수건을 동여매고서 설교를 했다. 한 시간의 휴식 시간이 지났으나 사람들은 꼼짝도 않고 그 추위 가운데서도 나를 기다리고 있었다. 그러므로 나는 또 한 번 설교했다.

"

그러나 모든 설교자들이 겪었던 것처럼, 그 역시 설교 도중 어려움을 느낀 적이 있었다. 그는 이렇게 기록했다.

> 설교 도중 말문이 막혔을 때 나는 몹시도 부끄러웠다. 말문이 막힌 자가 무슨 말을 하려고 하는지를 들으려고 사람들이 기다리고 있는 것을 보는 것은 정말 괴로웠다. 이 모든 일들로 인하여 나를 겸손하게 만드시고, 나의 힘의 원천이 어디에 근거하고 있는가를 알게 하소서!

전적 순종

그러나 그의 설교를 수없이 들었던 사람들은 "그는 풍부한 다양성을 보여 주었으며 인상깊게 설교했다" 고 증언했다. 웨슬리는 애스베리가 영국에 돌아오자 그를 미국의 부총회장으로 임명했다. 그리고 그 후 1784년의 역사적인 크리스마스 대회에서 토마스 콕크와 프란시스 애스베리는 미국에 새롭게 창립된 감리교 감독교회의 합동 감독들로 선출되어서 그들의 임무를 감당했다.

1779년 11월 22일자 그의 일기는 그의 생애를 단적으로 보여 준다. 그는 거기서 아침 4시에서 5시 사이에 일어나 한 시간을 기도와 명상으로 보내고, 그리고 해가 떠오르기까지 몇 장의 성경을 묵상했다고 기록하고 있다. 그는 이렇게 말하고 있다.

> "나는 전적으로 하나님께 바쳐지기를 원한다."
>
> 그러고 나서 그는 맥스필드의 집으로 말을 타고 갔다. 거기서 그는 "주여, 누가 구원을 얻을 수 있나이까?" 라는 제목으로 약 삼백 명의 사람들에게 설교를 했다. 그는 거기서 우리가 무엇으로부터 구원을 받으며, 어떻게 구원을 받으며, 그리고 왜 구원받는 자가 소수인가를 밝혀 주었다. 그는 회개치 않는 죄인이나 극단의 분리주

의자, 위선자 또는 구태의연하고 타락한 자, 그리고 피상적으로 구하는 자들은 아무도 구원받을 수 없다고 외쳤다.

"

애스베리는 지칠 줄 모르는 복음의 설교자요, 조직에 천부적으로 강력한 소질을 가진 자로서 혹독하게 일에 몰두했다. 그는 강인했고, 언제든지 복음을 위해 일할 준비가 되어 있는 사람이었고, 또한 단순하고 진솔한 사람이었다. 그러나 그의 일들은 최악의 어려움을 견디어야 하는 환경 속에서 이루어졌다. 그는 단지 연봉 64달러만을 받았었고, 질병과 여러 가지 질환의 위험 속에서, 또한 매일 겪는 생명의 위기에도 불구하고 지도상에 도표도 채 없는 미국에서 하나님을 위하여 복음의 새로운 길들을 개척했다. 그는 자기 자신을 위한 집도 없었으며, 결혼도 하지 않았다. 그는 일만 육천 오백 번의 설교를 했으며, 말을 타고 해마다 육천 마일 가량을 누비고 돌아다녔다. 그는 세계 감리교 역사상 가장 큰 감독 교회의 지역에서 그의 지도력을 입증했으며, 칠백 명이 넘는 순회 목사들과 그 위에 이천 명이 넘는 지역 교회 목사들과 이십만이 훨씬 넘는 회중을 가진 대 감리교단을 이루고 나서야 그의 목회를 마쳤다.

말년에 그는 몹시 허약해져 복음을 선포하기 위해 들것에 실려 교회로 가곤 했지만, 그러나 그는 그가 할 수 있는 최선을 다했다. 그는 1816년 3월 버지니아의 리치몬드에서 마지막으로 설교를 한 후, 그 달 마지막 날에 하나님께 영원한 그의 상급을 받으러 돌아갔다.

참고문헌 - 이 글은 아래 문헌에서 인용, 발췌한 것이다.
프란시스 애스베리에 관해서는 L.C. Rudolph의 전기 "프란시스 애스베리" (Nashville, Abingdon, 1966)를 참고. 또한 "프란시스 애스베리의 일기와 서한들"(Journal and Letters of Francis Asbury, Nashville, Abingdon)이 전 3권으로 E.T 클라크, J.M. 포트쓰, J.S.페이톤에 의해 공동으로 편집되었다.

열정의 부흥사

바르톤 스톤

24

Barton Stone
1772~1844

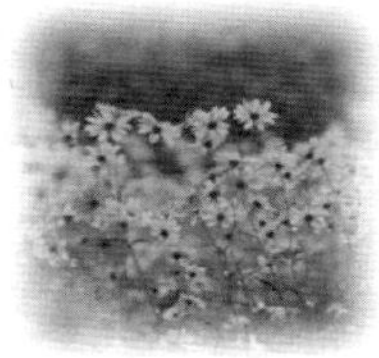

미국 서부 개척시대에 회심한 그는
'그리스도 제자회' 라는 독자적인 교단을 만들고
성경을 중심으로한 단순한 복음을 전했다.

그리스도 제자회 창설

미국 초기의 청교도적인 개척은 많은 전설들을 만들어 냈다. 그렇지만 미국의 서부 개척사는 미국 기독교 역사에 있어서 천막집회와 개척교회의 신앙의 정열에 사로잡혀 활동했던 실제적인 인물들이 포함되어 있다. 독립전쟁 이후에 많은 사람들이 서부로 이주했으며, 그들과 함께 설교자들도 동행했다. 그들 설교자 중의 한 사람이 '그리스도 제자회' 의 창설자 중의 한 명인 바르톤 스톤이었다.

그는 1772년 12월 24일 메릴랜드 주의 찰스 카운티에서 출생했다. 그의 공식적인 교육은 알려져 있지 않다. 스톤은 19세 때 장로교 부흥사 제임스 맥그리디(James McGready)에게 감화를 받아 회심했다. 그로부터 10년 후, 켄터키의 케인 리지(Cane Ridge)에서 일련의 부흥집회가 개최되었는데 거기의 유명한 설교자는 바르톤 스톤이었다. 그의 부흥집회에 대한 소식은 급속도로 퍼져나가 그 집회들을 통해서 많은 회심자들이 생겨났으며, 천막집회를 유행시켰다. 이 사건은 수천 명의 생각을 사로잡았다. 1798년 장로교에서 목사 안수를 받은 그는 1801년부터 1803년까지 켄터키 주의 패리스 부근에 있는 케인 리지교회의 설교자로 있었다. 그때에 그곳은 미국 남동부의 복음주의적인 운동인 제2차 대각성운동의 중심지였다.

그러나 스톤의 부흥회에서 나타난 일련의 현상과 활동들 중 장로교인들이 어떤 것에 대하여는 교리를 어긋난 설교가 아닌가 하고 미심쩍게 생각했다. 그에 대해 스톤 자신도 지나침이 없지 않다는 사실을 시인하기도 했다. 그러나 그는 그런 일들이 성령의 역사라고 변호했다. 그렇지만 강도 높은 비판들을 견디다 못해 그는 1803년 장로교단을 떠났다. 1820년대 침례교 목사인 알렉산더 캠벨과의 교제를 갖기 시작한 그는 1832년 두 사람의 추종자들을 더 연합하여서 '그리스도 사도교회(Christian Church; the Disciples of Christ, 그리스도의 제자회)' 라는 독자적인 교단을 만들게 되었다. 각 교회는 자치적으로 운영되었고, 그 구성원들은 단순히 그리스도인이라고만 호칭되었으며, 성경 이외에는 그 어떤 신조도 없었고, 또한 구원은 그리스도를 영접하는 모든 이들에게 주어지는 것이라고 선포했으며, 성인(成人)만이 세례를 받을 수 있다고 규정했다.

탁월한 설교자였던 바르톤 스톤은 그가 죽기 약 10년 전부터 그를 구속했던 신체 마비현상에도 불구하고 하나님 앞에 자신을 불태운 필생의 설교자였다. 그는 1884년 11월 9일 72세에 미주리 주의 한니발에서 선교에 관한 설교를 하다가 하나님의 부름을 받아 임종의 영광을 누렸다.

66

기이한 현상 – 쓰러짐

금세기 초엽에 커다란 흥분을 동반했던 육체적인 진동이나 행동들은 다양하게 나타났다. 이러한 현상들은 쓰러짐, 발작, 춤, 울부짖음, 웃음, 도망, 노래 부름 등등의 다양한 명칭들로 일컬어졌다. 나이와 계층에 상관없이 모든 성도들과 죄인들에게 뿐만 아니라 철학자로부터 광대에 이르기까지 모두가 이러한 현상을 경험했다. 쓰러지는 사람은 괴성을 지르고 마루나 땅이나 진흙탕 위에 통나무처럼 쓰러져서 마치 죽은 것처럼 보였다. 일례로 어느 집회에서 자매로 보이는 젊은 매춘부 둘이 함께 일어나 그와 같은 진동을 했고 그때에 설교도 했다. 그리고서 그들은 비명과 함께 쓰러졌다. 그들은 죽은듯한 상태로 한 시간 가량을 누워 있었다. 경건한 침례교도였던 그들의 어머니는 자매가 죽었을지도 모른다는 두려움에 떨고 있었다. 마침내 그들은 자비를 베풀어 주시기를 간절히 기도함으로서 살아났으나 곧 다시 죽음과 같은 상태가 되었다. 그들의 얼굴에는 근심의 표정이 가득했다. 잠시 후에 한 여자의 얼굴에 있던 근심의 빛이 거룩한 미소로 바뀌었고, '귀하신 예수' 라고 외치고는 깨어나 하나님의 사랑에 대하여 증거했다. 그들은 거의 초인간적인 언어로 예수님과 영광된 복음의 고귀함을 둘러섰던 무리들에게 증거했다. 회개할 것을 간절하게 권했다. 잠시 후에 나머지 한 여자도 그와 비슷하게 행동했다. 그때부터 그들은 그 교회의 매우 신실한 교인이 되었다.

나는 많은 경건한 자들이 그런 식으로 쓰러지는 것을 보아 왔다.

그러나 회심하지 않은 그들의 자녀나 형제나 자매들, 특별히 이웃과 죄악의 세상이 쓰러지는 이들을 볼 때 가지고 있던 위기의식을 나도 느끼게 되었다. 뿐만 아니라 나는 그들이 눈물을 흘리며 고통스러워하고 죄인에게 주시는 자비를 강력하게 부르짖으며 천사처럼 주위의 모든 사람들에게 증거 하는 것도 보았다.

기이한 현상 – 발작, 춤

그들의 발작은 쉽게 묘사하기 어렵게 여러 형태로 나타났다. 어떤 때는 신체의 일부분만이 진동했고, 어떤 때는 몸 전체가 진동하기도 했다. 머리만 진동할 경우에는 얼굴을 알아볼 수 없을 정도로 앞뒤로, 좌우로 심하게 흔들렸다. 온몸이 진동할 경우에는, 한 장소에 서 있던 사람이 빠른 속도로 앞뒤로 젖혀졌는데, 이마와 뒷머리가 거의 바닥에 닿을 정도였다. 성자든 죄인이든 모든 계층의 사람들이 이렇게 요동했다. 그들은 이 사건의 원인을 설명하지 못했다. 하지만 대부분 사람들이 그때가 일생 중 가장 행복한 시기라고 말했다. 나는 발작들을 비판하고 저주했던 몇몇 사람들이 땅에 넘어져서 진동하는 것도 보았다. 진동하고 요동침은 차마 끝까지 볼 수 없을 정도로 무서워 보였다. 그런데 이 요동 때문에 상처를 입었다는 사람은 한 사람도 없었다. 이것은 진동하고 요동치는 그 자체만큼이나 더 놀라운 사실이었다.

보통 발작과 함께 시작된 춤은 종교학자들에게는 매우 특이한 현상이었다. 한동안 발작을 한 뒤 이 춤이 시작되었고, 춤이 시작되면서 발작은 그쳤다. 그들의 춤은 실제로 보는 사람들에게는 하늘의 춤으로 보일 정도였다. 그 속에는 경박함이나 사람의 마음을 인위적으로 흥분시키려는 계산이 없었다. 하늘의 미소가 춤추는 사람의 얼굴에서 빛났으며, 그 사람 전체가 마치 천사와 같아 보였다. 그들의 움직임은 때론 빠르게, 때론 느리게 진행되었으며, 같은 공간을 일정하게 움직이면서 춤을 추다가 때가 되면 그쳤다. 그때 주위에서 있던 사람들이 그를 붙잡지 않으면, 그는 탈진된 사람처럼 앞으로 거꾸러질 것 같았다. 이 춤이 계속되는 동안 나는 하나님께 바쳐지는 그들의 경건한 찬양과 기도를 듣고 있었다.

기이한 현상 – 울부짖음, 웃음, 도망, 찬송

울부짖음은 발작의 일종으로 이들의 반대자들이 경멸하는 뜻으로 붙여진 이름이었다. 특히 머리의 발작을 경험하고 있던 사람들은 그 발작의 충격으로 인하여 자주 소리를 질렀고 부르짖었다. 울부짖음이라는 이름은 동부 테네시의 한 늙은 장로교 설교자에게서 처음 비롯된 것이다. 그는 홀로 기도하기 위하여 숲속으로 들어갔다가 그곳에서 발작하기 시작했는데, 작은 나무 옆에 서 있던 그는 넘어지지 않기 위하여 그 나무를 붙잡았다. 그러자 그의 머리가 뒤로 젖혀졌고, 그는 거의 울부짖음에 가까운 소리를 내었다. 그리고 그의 머리는 다시 앞으로 요동쳤다. 그때 마침 그곳을 지나가던 어떤 사람이 이 광경을 보았다. 그는 그 모습을 보고 노인이 어떤 나무를 보고 마구 울부짖고 있더라고 소문을 퍼뜨렸다.

웃음은 자주 일어나는 현상들 중 하나였다. 웃음은 신앙적인 것으로서 큰 소리로 온 마음으로 웃는 웃음이었으나, 그 자체만의 독특성을 가지고 있었다. 그 웃음은 다른 사람에게 웃음을 불러일으키지 않았다. 웃는 그들은 환희에 차 있었고 동시에 엄숙했다. 그리고 그들의 웃음은 성도들과 죄인들에게도 엄숙함을 불러 일으켰다. 한마디로 말해, 그 웃음은 참으로 묘사할 수 없는 현상이었다.

도망은 이러한 육체적인 진동을 느낀 사람들이 두려운 나머지 그것을 피하려고 하는 데서 비롯된 현상이었다. 그러나 그들은 멀리

도망가지도 못하고 넘어졌거나 혹은 더 이상 갈 수 없을 정도로 상태가 심하여졌다. 나는 한 귀족 가문의 어떤 젊은 의사를 알고 있었다. 그는 소문으로만 들었던 그 이상한 일들을 보기 위하여 어떤 큰 집회에 참석하여 멀리서 지켜보고 있었다. 그는 어떤 젊은 여자와 함께 만일 둘 중의 어느 한 사람이 넘어지면 나머지 한 사람이 돌보아 주기로 약속했다. 물론 그것은 순전히 농담으로 한 약속이었다. 마침내 그 의사는 이상한 느낌을 느끼기 시작했고 황급히 그 무리를 떠나 숲속으로 달려갔다. 그는 필사적으로 도망쳤으나 얼마 못 가서 넘어지게 되었다. 주님께 복종할 때까지 그곳에 누워 있었다. 그 후 그는 교회의 열렬한 교인이 되었다. 이러한 기적 같은 일은 여기, 저기서 많이 일어났다.

마지막으로 노래는 내가 보았던 어떤 것보다도 설명하기 어려운 현상이었다. 주인공들은 기쁜 마음으로 아름답게 노래했다. 그런데 그 노래는 입이나 코로 부르는 것이 아니라 그들의 온 몸과 마음으로 부르는 역동적인 것이었다. 이 음악은 다른 모든 소리를 침묵하게 했고 사람들의 이목을 집중시켰다. 그 음악은 듣고 싫증을 낼 사람은 아무도 없을 만큼 아름다운 천상의 음악이었다. 캠벨(J.P. Campbell)과 내가 한 집회에 참석한 적이 있었다. 그때 어떤 경건한 여자가 그 노래를 불렀다. 우리는 그 노래가 우리가 알고 있는 그 어떤 노래보다도 뛰어난 초월적인 음악이고 하나님을 사모하는 영성의 음악이라고 생각했다.

선한 결과를 가져온 현상들

이렇게 나는 금세기 초엽에 큰 논란을 일으켰던 그 놀라운 사건들에 대하여 간단하게 설명했다. 이러한 일련의 현상들 속에 지나친 일면이 있었고, 또한 광신적인 요소도 많이 있다는 사실은 열렬한 지지자들조차도 인정하는 사실이었다. 사실 당시의 상황 속에서 그러한 일들이 일어나지 않는다는 것은 오히려 하나의 기적처럼 생각될 것이다. 그러나 많은 선한 결과들이 많은 사람들에 의해서 확인되고 인정되었으며, 많은 교단 내에서 그것이 분쟁을 종식시키고 오랫동안 일치를 유지하는데 큰 역할을 했다. 만일 사람들이 자신들이 만든 넘어지려는 그들의 언약궤를 하나님의 언약궤로 잘못 알고 그들의 더러운 손을 내밀어 그것을 만지지만 않았더라면, 이 복된 결과들은 계속되었을 것이다.

참고문헌 - 이 글은 아래 문헌에서 인용, 발췌한 것이다.

편찬위원회, 『기독교대백과사전 9권』, 서울: 기독교문사, 1989. p. 1079.

Hugh T. Kerr & John M. Mulder. *conversions*. New York: Grand Rapids, 1983.

The Biography of Eld. *Barton Warren Stone,* Written by Himself (Cincinnati, 1847), 39-42. 바르톤 스톤 자서전 중에서

휴 커 · 존 멀더, 공편. 『위대한 회심자들』. 박영봉 역. 서울: 생명의 말씀사, 1993. pp. 167~171.

http://ko.wikipedia.org/wiki/(영어 위키백과)

전사(戰士)적인 설교자

피터 카트라이트

Peter Cartwright

1785~1872

미국 감리교의 순회설교자로써 그는 복음을 위해서
투쟁적인 열심을 가지고 헌신했다.

좌충우돌의 복음전파

피터 카트라이트는 미국 감리교의 개척자적인 순회 설교자로서 긴 사역을 위해 돌아다녔다. 따라서 그의 삶을 통하여 미국 개척 지역의 신앙 역사에 관한 전형을 엿볼 수 있다. 그는 버지니아에서 태어났고, 켄터키 주의 로간(Logan)에서 성장했다. 가정은 매우 가난했고 아버지는 질이 나쁜 사람이었다. 그에게 커다란 영향을 끼친 어머니는 매우 경건한 감리교도였다. 그러나 그의 형제 중 한 명이 살인 죄로 사형 당했으며, 누이는 방탕한 삶에 빠져 있었다. 피터는 자연스럽게 음주와 도박, 경마, 춤 등을 즐겼다. '말을 타고 카드놀이를 하고 춤을 추며 즐기는 생활' 에 대한 깊은 영적인 고뇌 후에, 1801년에 케인리지 부흥운동에 참여하여 장로교 부흥운동가였던 제임스 맥그리디의 설교에 의해 회심했다.

그 후 종교적인 삶에 몰두했던 그는 1806년 프란시스 에스베리에 의해 집사가 되었고, 1808년에는 장로가 되었다. 1824년에 그는 순회 감리교의 설교자로서의 그의 사역을 시작하게 되었다. 그는 켄터키, 오하이오, 테네시, 일리노이를 여행했다. 일리노이에서는 45년 동안 설교하는 장로가 되었다. 당시 대부분의 서부의 개척자들은 생존을 위해 원주민들과 싸웠으나 그는 죄와 사단에 대항하여 싸웠다. 그는 장로교인들을 조롱하여 칼빈주의를 비난하는 '마귀에게 보내는 편지' 를 쓰기도 했다. 셰이커교도들도(the Shakers, 정식 명칭은 그리스도 재림신자연합회이며, 천년왕국설을 믿는 독신주의자들의 단체임) 저주했다. 그는 필요하다면 사이비 종교가들과 싸웠으며 항상 승리했다. 그는 보기 드문 정력과 뛰어난 체질을 소유하고 있었다. 그는 인간 본성에 대한 명확한 인식을 갖고 있었으나, 신학은 단순화된 것은 아니지만 단순한 편이었다. 회개하라. 복음을 믿으라고 외쳤다. 그의 설교는 감정적이었으나 강력했다. 그는 사역을 위해서 목사들에게 신학교육을 하는 것은 불필요하다고 생각했다.

그는 감리교회를 세우는데 헌신했지만 정치에도 입문했다. 두 번씩이나 일리노이 주 의회에 도전했다. 그는 강력한 노예 반대주의자로서 1824년에 당선했고, 1832년에는 아브라함 링컨(Abraham Lincoln)을 누르고 당선되었다. 그러나 1846년의 의원 선거에서는 링컨에게 패배했다. 감리교단이 1844년 노예문제로 분열하자 노예제도를 반대하는 편에 가담했다. 그는 유명한 『장로사 50년』(Fifty Years a Presiding Elder)

과 자서전(1857)을 저술했다.

불현듯 찾아온 죄책감

내 나이 16세가 되던 1801년에 아버지와 이복형과 함께 집에서 5마일 가량 떨어진 곳의 어느 결혼식장에 갔다. 그곳에서는 많은 사람들이 술을 마시고 춤을 추며 놀고 있었다. 그것은 당시의 결혼잔치에 늘 따르는 흔한 풍습이었다. 나는 술을 거의 입에 대지 않았으며, 주로 춤을 즐기며 놀았다. 밤늦은 시간이 되어 우리는 말을 타고 집으로 향했다.

잠시 후 우리는 집으로 돌아와서 난로 앞에 앉아 있었다. 나는 그날 저녁에 있었던 일들을 곰곰이 생각하기 시작했다. 가책과 죄스러움을 느꼈다. 일어나서 마루를 거닐었다. 어머니는 잠자리에 드셨다. 그때 갑자기 피가 머리로 역류하는 것 같았고, 가슴이 두근거렸다. 아무것도 눈에 보이지 않았다. 꼼짝없이 죽을 것만 같았고 끔찍한 생각이 들었다. 무릎을 꿇고 하나님께 자비를 베풀어 달라고 간절히 간구하기 시작했다. 어머니도 놀라서 내 옆에서 같이 무릎을 꿇고 기도하셨다. 어머니는 그리스도께 자비를 간구하라고 말씀하셨다. 그때에 나는 주님에게 살려주시면 주님을 찾고 섬기겠다고 약속했다. 그리고 약속을 저버리지 않았다. 어머니는 오랫동안 나를 위해서 기도하셨다. 조금 시간이 지난 후에 자리에 누었으나 잠이 오지 않았다. 다음 날 아침에 일어났을 때 참담함이 마음을 지배했다. 성경을 읽고 은밀하게 기도했으나 위로를 얻을 수 없었다. 나는 아버지에게 내가 타던 경주용 말을 넘겨 팔아달라고 요청했다. 또한 내가 즐기던 카드 뭉치를 가져다가 어머니에게 드렸고, 그 카드는 불 속에 던져졌다. 이제 금식과 철야와 기도를 하면서 규칙적으로 성경을 읽었다. 나는 커다란 실망과 좌절에 빠져서 그 어떤 사업을 할 수 없을 정도가 되었다.

고통과 좌절 속에서

아버지는 나 때문에 크게 걱정하셨다. 틀림없이 내가 죽고 그러면 유일한 아들을 잃어버릴 것이라고까지 생각했다. 아버지는 사업에서 손을 완전히 떼라고 말하고는 지극한 정성으로 보살펴주셨다. 나의 좋지 않은 상태가 주변으로 빠르게 소문이 나돌았다. 좋지 않은 많은 친구들이 찾아와서 사악함에서 벗어난 나를 유혹하고 자기들에게로 다시 끌어들이려고 애를 썼다. 그것은 부질없는 짓이었다. 오히려 나는 그들에게 내가 있었던 사악한 길에서 돌아서라고 권고했다. 지역의 모임 인도자와 설교자들을 불러 예배를 요청했다. 그들은 피 흘리신 어린양에 대해서 말씀했고, 매우 간절하게 나를 위해서 기도했다. 그러나 여전히 위로를 받을 수 없었다. 나는 무조건적인 선택과 유기의 교리를 믿지는 않았지만, 내 마음이 내가 구원의 기회를 한 번도 받지 못한 채 영원히 버림받고 저주받고 잃어버려진 존재라고 믿고 싶었다.

어느 날, 마침내 마구간으로 걸어가면서 손을 모아 쥐고 처절한 절망감의 난간에서 고통스럽게 기도하고 있었다. 그때 하늘로부터 "피터야, 나를 보아라"라는 음성이 들려오는 듯 했다. 그러자 구원의 강렬한 느낌이 전기 충격처럼 전율이 일었고 순식간에 마음에 스며들었다. 그것은 나에게 강력한 희망의 느낌과 자비를 구할 수 있는 용기를 심어주었다. 그럼에도 죄책감은 여전히 그대로 남아 있었다. 즉시 집으로 돌아와 어머니에게 내게 일어난 일을 말씀드렸다. 어머니는 의아해 했지만 그 일을 금방 이해하셨다. 주님이 소망을 가지고 자비를 구하도록 그 일을 보여주신 것이라고 말씀하셨다. 용기를 가지고 계속해서 찾으면 하나님이 죄를 용서해 주시고 축복해 주실 것이라고 격려해 주셨다.

이런 일이 있은 지 며칠 지나서 은밀한 기도를 위해서 아버지의 농장에 있는 한 동굴로 들어갔다. 나의 영혼은 고통 가운데에 처해 있었다. 나는 울면서 기도하기를 "주님, 만일 저를 위한 자비가 있다면 그것을 보게 하소서"라고 간절히 기도했다. 실제로 구세주 안에서 하나님을 만날 것만 같았다. 그때 사단의 두려움이 엄습했고, 나를 사로잡아서 지옥으로 끌어내리는 것 같았다. 그 공포가 엄습하자 나는 벌떡 일어나 집에 있는 어머니에게로 달려갔다. 어머니는 이것은 사단이 나로 하여금 하나님이 주시는 축복을 받지 못하게 하려는 속임수라고 가르쳐 주셨다. 그로부터 3개월이 그냥 흘러가 버렸다. 나는 여전히 죄사함의 축복이 임하지 않았다.

부흥집회에서 만난 하나님

이 해의 봄에 장로교회의 맥그리디 목사를 만났다. 우리 집에서 3마일 정도가 떨어진 곳에서 집회를 갖고 있었다. 그는 우리 동네의 교회에서도 성찬을 위한 모임을 갖기로 하고 주변에 있는 감리교 설교자들을 초청했다. 장로교인들에게 많이 알려진 존 페이지(Jphn Page) 목사도 거기에 포함되어 있었다. 그는 큰 은혜를 끼쳤으며 아주 능력 있는 설교로 성공적으로 집회를 이끌었다.

이 시기에는 정규적인 형태의 천막집회는 없었다. 그러나 케인 리지에서 시작된 대각성운동은 많은 교회들을 각성시키고 있었다. 많은 사람들이 성찬집회에 참석했다. 교회는 너무나 비좁아 수용할 수 없었다. 단상을 교회 근처의 숲속에 마련했다. 여자들은 마차 속에서 잠을 잤고 남자들은 마차 아래서 잠을 잤다. 여러 날 동안을 많은 사람들이 불편해하면서 지냈지만 집회마다 하나님의 능력이 강력하게 역사했다. 설교할 때면 전쟁에서 사람들이 죽어 넘어지는 것처럼 죄인들이 거꾸러지고 회개하며 결단하는 역사가 일어났다. 은혜가 충만해진 그리스도인들은 기쁨에 넘쳐서 환성을 질렀다.

"

나는 이 집회에서 비로소 죄의 문제를 다 해결 받았다. 토요일 저녁 모임에서 많은 사람들과 함께 흐느껴 울며 강단으로 나아갔다. 거기서 모든 것을 정직하게 고백하고 하나님께 자비를 구했다. 나의 갈급한 영혼이 장엄한 영적 투쟁을 할 때, 내 마음속에 "너의 모든 죄가 온전히 용서되었느니라"는 음성이 들리는 듯했다. 하나님의 거룩한 빛이 내 주위를 비추었다. 그때 형용할 수 없는 기쁨이 내 영혼 속에서 넘쳐흘렀다. 나는 그 자리에서 일어나서 눈을 크게 떴다. 마치 하늘나라에 와있는 것처럼 황홀하게 느껴졌다. 나무들도, 잎사귀들도 그리고 내 눈에 보이는 모든 만물들도 하나님을 찬양하는 것 같았다. 어머니는 탄성을 지르셨고 몹시 기뻐하셨다. 그리고 예수 믿는 내 친구들도 내 주위로 몰려와서 함께 하나님을 찬양했다. 비록 내가 그 후로 여러 번 실족했지만, 그때 그곳에서 주님께서 나의 죄를 용서하셨고 나에게 신앙을 주사 구속하셨다는 사실을 한 번도 의심한 적이 없다.

"

참고문헌 – 이 글은 아래 문헌에서 인용, 발췌한 것이다.
편찬위원회, 『기독교대백과사전 14권』, 서울: 기독교문사, 1991. p. 1044.
Hugh T. Kerr & John M. Mulder. *conversions*. New York: Grand Rapids, 1983.
피터 카트라이트의 *Autobiography of Peter Cartwright* 중에서
휴 커 · 존 멀더, 공편. 『위대한 회심자들』. 박영봉 역. 서울: 생명의 말씀사, 1993. pp. 172~177.
http://ko.wikipedia.org/wiki/(영어 위키백과)

예수의 변호사를 자임한

찰스 피니

26

Charles G. Finney
1792~1875

미국에 거대한 부흥의 물결을 일으킨 그는
미국 복음주의를 변화시켰다.

삶을 통한 구원의 인도

찰스 피니는 1792년 8월 29일 미국의 코네티컷 주의 워렌에서 농부의 일곱 번째 아들로 태어났다. 영국 소설가의 소설을 애독하셨던 아버지는 소설 속의 인물의 이름을 따서 찰스 그랜더슨이라고 지으셨다. 그의 가정은 가난했고, 자라난 환경은 비기독교적인 환경이었으며, 교회와 전혀 관계가 없었다. 나의 양친은 소박한 시골 사람들로 종교적 생활은 전연 알지도 못했다. 더군다나 나의 아버지는 우리 가족들을 데리고 인적이 드문 변두리 황무지나 살림에 가서 살았기 때문에 그곳에는 주일학교는 물론 교회조차 없었다. 따라서 나는 나의 영적 생활에 대해 관심을 가질 기회조차 없었다. 그래서 젊은 시절에 허울뿐인 신자였다.

26세가 되던 해, 1818년, 나는 법학을 공부하기 위해 아담시스시로 가서 어느 변호사로부터 법학을 배웠고, 변호사가 되어 뉴욕 주의 아담시스에 있는 법률사무소에서 근무했다. 그의 예기치 못한 변화는 법학을 공부하는 동안에 일어났다. 그때에야 비로소 종교라는 것을 알게 되었다. 법률에 관한 기초 공부를 하면서 과거의 법학 관계 저술가들이 성경 구절, 특히 모세 율법을 자주 인용했다는 사실을 알게 되었다. 관습법의 기본율에 대한 전거가 되기 때문이었다. 호기심이 크게 자극된 그는 성경전서 한 권을 샀다. 그리고 법 해설가들의 성구 인용이 있으면 언제나 성경을 뒤적거려 본문을 찾고, 전후 관계를 읽어 두는 버릇이 생겼다. 그래서 전에 없던 성경을 열심히 읽고, 명상하게 되었지만, 그러나 물론 이해하지 못하는 것이 많았다. 나는 더 열심히 성경을 읽었고, 더 많은 목사와 얘기했고, 더 많은 그리스도인들과 그리스도인이 되고저 하는 사람들을 찾아보았다. 하지만 여전히 나는 공허했다. 어떤 오류가 내 영혼과 목사의 영혼을, 그리고 다른 사람들의 영혼을 지배하고 있었다. 그러나 비록 그렇다 해도, 성경만이 오류가 없는 유일한 진리의 원천이라는 것은 부인할 수 없었다.

“

> 성경을 읽을수록 나는 내가 죄인임을 점점 더 느끼게 되었습니다. 겉으로는 냉담한 척했지만 내 마음속 깊은 곳에서는 어느덧 간절히 하나님을 찾기 시작했고, 그러던 어느 날 구원은 하나님께서 죄인들에게 값없이 주신 "선물" 임을 깨닫고서, 이제 죄를 끊고 그리스도를 받아들이기로 결정했습니다.

그러한 결정 후로는, 별로 선하지 못한 의뢰인들의 법적 탈출구나 만들어 주는 일에는 더 이상 관심이 없어졌습니다. 변호사 일을 계속하는 것이 내키지 않았던 것입니다. 돈을 많이 벌 생각도 없었고, 그것이 어떤 것이든 세상적인 즐거움과 재미에는 흥미를 잃어 갔습니다. 반면 이 세상의 어떤 수고도, 죽어가고 있는 이 세상에 그리스도의 구원이 있음을 알리고 그 일보다 더 가치있는 것은 없어 보였습니다.

이 세상의 그 어떤 것과도 바꿀 수 없는 영혼의 가치를 깨닫게 된 것입니다. 나는 또 한 번 결단을 내릴 수밖에 없었습니다. 주 예수 그리스도의 소송 의뢰를 맡은 변호인으로서, 그분의 탄원을 사람들에게 호소하는데 나의 일생을 드리기로 말입니다.

❞

그는 세상의 변호사보다 강단의 변호사를 더 자랑스러워했다. 그가 회심한 후에 고객에게 한 말은 인생의 목표와 지향점이 어디에 있는지를 분명하게 보여주고 있다. 그는 고객에게 "나는 주 예수 그리스도로부터 그분의 사건을 변호하라는 변호 의뢰를 받았기 때문에 당신의 것을 변호할 수가 없습니다"라고 말했다고 한다.

1821년 드디어 변호사의 직위를 포기하고 장로교의 승인을 얻어 부흥사가 되었다. 그는 매우 특별하고 신선한 방법으로 메시지를 선포했다. 법정에서 배심원들 앞에서 진술하던 방법을 사용했던 것이다. 사람들에게 죄성(罪性)을 인식시켜 주었고, 스스로 결백하다는 생각을 가지고 죄 속에서 죽든지, 아니면 자신의 죄 됨을 인정하고 예수 그리스도를 영접하여 구원을 받든지 양자 택일하라고 제시했다. 그런 방법으로 뉴욕 주 북부지방의 여러 마을에 부흥집회를 인도하며 영적인 부흥을 일으켰다. 물론 엄격한 전통을 지닌 동부 학교들에서 공부한 라이먼 비처 같은 사람들에게 강한 비판을 받기도 했으나, 피니는 자신의 방법을 더욱 유연하게 함으로서 반대 세력의 공격을 서서히 수습할 수 있었다.

목회와 신학적인 관점

그의 신학은 장로교회의 교리적이고도 엄격한 칼빈주의와는 상당한 차이가 존재하고 있었다. 웨스트민스터 신앙고백을 지칭해서 '놀라운 신학적인 조작' 이라고 조소했으며, 교리는 '실행이 불가능한 것' 라고 평가했다. 그럼에도 장로교에서 목사의 안수를 받고자 했다. 장로교단은 프린스턴신학교에서 교육 받을 것을 요구했다. 그러나 그는 프린스턴의 교육적인 영향을 싫어했기 때문에 냉정하게 거절했다. 논란이 있었지만 장로교단은 결국 그에게 안수했고 곧 뉴욕에서 부흥사로서 커다란 명성을 얻게 되었다. 1832년에는 뉴욕시에서 제2 자유장로교회의 목사가 되어 끊임없이 부흥회를 열었다. 그러나 장로교 신학과 엄격한 규율에 대한 불만은 어쩔 수가 없었다. 결국 1834년 지지자들과 함께 브로드웨이 장막교회를 세웠다. 그 다음해인 1835년에는 오하이오 주의 오벌린(Oberlin)에 새로 세운 신학교의 교수가 되어, 목회와 교수생활을 동시에 감당했다. 그의 교수생활은 그가 1875년 하나님의 부르심을 받을 때까지 지속했다. 1837년에는 뉴욕을 떠나 오벌린대학과 밀접히 연관된 오벌린 제일회중교회의 목사가 되었고, 1851~ 1866년 오벌린대학의 총장의 직임을 수행하게 되었다.

시대의 문제에 응답한 소명자

그의 신학은 이성과 성경에 근거했으며 방법적으로 보면 실용성을 지향했다. 부흥운동은 단순한 하나님의 역사만이 아니라 올바른 방법을 적용할 때 일어나는 것이라고 주장했다. 그는 실천적인 『종교 부흥에 관한 강의』(Lectures on Revivals of Religion, 1835)라는 책을 출판했다. 여기서 그는 부흥운동은 마치 씨를 뿌리고 추수하는 농사일과 같은 것이라고 말했다. 피니는 '새로운 방법' 들을 제시했다. 회심한 사람들이 앉는 통회석(痛悔席), 회개를 강력히 촉구하는 특별한 집회, 공중예배에서 여성들의 대표기도, 회중 속에서 개인의 이름을 지명하며 직접적으로 회개를 촉구하는 등의 방법은 그가 개발, 발전시킨 것들이었다. 이는 논쟁을 촉발시켰으나 피니는 대단히 효과적이라고 판단했다. 한편으로 그의 추종자들은 피니의 방법들을 미국 부흥운동의 고유한 특징으로 발전시키고 유행시켰다.

찰스 피니는 사람이 거룩성과 죄성을 동시에 겸비할 수는 없다고 믿었다. 이러한 그의 믿음은 사람들이 완전성을 지향하도록 끊임없이 고무시켰다. 그는 노예제도에 대하여 반대했지만 그보다는 죄인들의 회심을 위해서 자신의 관심을 쏟아 부었다. 실로 피니는 19세기 초의 신앙 부흥운동의 중심이요, 핵심이었으며, 미국의 정신을 구현했다. 또한 역사적으로 보면 그는 최초의 전문 부흥사의 역할을 감당한 사람이었다. 부흥운동의 신학적인 근거와 방법론을 제시했으며, 보통 사람들이 은혜를 받고, 평범한 사람들이 이해할 수 있도록 신학을 재해석하는 역할을 수행함으로서 광범위하게 영향을 끼친 탁월한 사람이었다.

구원의 열망

1821년 가을의 어느 주일 저녁, 나는 영혼의 구원에 관한 문제를 단번에 결정짓기 위해서 하나님과 화해를 하기로 마음먹었다. 그러나 직장의 일로 너무나 바빴기에 특별한 목적의식을 갖고 결심하지 않으면 집중할 수가 없었다. 나는 업무에 많은 시간을 보내야 했지만 하나님의 섭리인지 월요일이나 화요일에는 그리 분주하지 않았다. 그래서 대부분의 시간을 성경을 읽고 기도하는 데에 쓸 수 있었다.

그러나 나는 부지불식간에 매우 자만해 있었다. 다른 사람들이 나를 어떻게 생각하는 가는 문제가 되지 않았다. 나는 기도회에 열심히 참석했으며, 아담시스(Adamsis)에 있는 동안에 종교에 대해서 매우 열성적이었다. 너무나 열성적이었기 때문에 교인들은 나를 아주 열렬한 탐구자라고 생각했다. 그러나 정작 문제에 직면하게 되었을 때, 내 영혼의 구원의 문제를 모색하고 있다는 것을 아무에게도 알게 하고 싶지 않았다. 그리하여 기도할 때 입 속에서만 속삭이는 것처럼 간구했다. 기도하고 있는 동안에는 누가 보지 못하도록 심지어 방문의 열쇠구멍을 막고서 기도하기까지 했다. 뿐만 아니라 나는 영혼의 구원에 관해 진지한 관심 이후에는 될 수 있는 한 성경을 보이지 않는데 감추어 두었다. 성경을 읽는 중에 누가 들어오면 법률서적을 성경 위에 놓아두곤 했다. 예전에는 어떤 사람하고도 이런 문제로 이야기할 수 있었는데 언제부터인가 누구하고도 이야기하는 것을 꺼리고 있었다. 심지어는 목사님을 보는 것도 바라지 않았다. 왜냐하면 나의 생각을 목사님에게 알리고 싶은 생각이 없었기 때문이다. 나는 목사님이 이해하고 적절하게 지도해 주실 것으로 느끼지 않았다. 같은 이유로 교회의 장로들이나 다른 그리스도인들과의 대화도 꺼렸다. 나의 생각을 그들에게 알리는 것이 부끄러웠고, 한편으로는 그들이 오해 할까봐 두려웠다. 나는 오직 성경 속에 자신을 가두어 놓았다.

월요일과 화요일에 나에게는 죄에 대한 자책이 더욱 가중되었고, 마음은 더욱 강퍅해지는 것 같은 느낌이 들었다. 한 방울의 눈물도 나오지 않았고, 기도도 할 수 없었다. 나는 숨소리보다도 더 크게 기도할 수 있는 기회를 갖지 못했다. 마음껏 소리를 지를 수 있는 장소만 있다면 기도로써 안식을 얻을 것 같았다. 수치심으로 인해 나는 그 문제에 관하여 누구하고도 이야기하고 싶지 않았다. 영혼 구원의 문제를 놓고서 고뇌와 갈등을 하고 있다는 사실을 그 누구에게도 알리고 싶지 않았기 때문이다.

놀라운 마음속의 변화 – 응답과 확신

어느 화요일 밤에는 곧 죽을 것 같은 공포가 덮쳐왔다. 만약 죽게 되면 지옥에 갈 것이 분명했기 때문이다. 이러한 공포는 아침이 되어서야 겨우 진정되었다. 이른 아침에 사무실로 갔다. 그런데 놀라운 일이 일어났다. 사무실에 도착하기 전에 마음속에서 여러 가지 질문이 떠올랐다. 그리고 내면의 음성이 나에게 강렬하게 들려왔다. "그대는 무엇을 기다리고 있는가?", "그대는 그대의 마음을 하나님께 드리기로 약속하지 않았던가?", "그런데 그대는 무엇을 하려고 하는가?", "그대는 그대 자신의 의를 세우기 위해 애쓰고 있는가?"

바로 이 순간에 구원의 복음에 관한 모든 의문이 명확하게 밝혀졌다. 그때 그리스도의 대속이 실재한다는 것과 완전하다는 것을 알았다. 하나님의 사역은 이미 완성되었음을 알게 되었다. 내가 하나님께 내세울 의가 필요하기 보다는 그리스도를 통한 하나님의 의에 나를 복종시키기만 하면 된다는 사실을 깨달았다. 나에게 필요한 것은 오직 그리스도를 영접하는 것이 전부였다. 구원은 나 자신의 노력으로 성취할 수 있는 것이 아니라, 주 예수 그리스도 안에서 전적으로 찾을 수 있는 선물인 것이다. 예수 그리스도는 나의 하나님이요 나의 구세주이시다.

나는 내면의 음성이 나를 사로잡은 그곳에 서 있었다. 얼마나 있었는지 알 수 없었다. 그런데 잠시 후에 다른 질문이 주어졌다.

"오늘 바로 그것을 받아들일 수 있겠는가?", "제가 그것을 받아들이겠습니다. 죽는 한이 있어도 그렇게 하겠습니다."

마을 북쪽 숲이 하나있었다. 날씨가 좋으면 거의 매일 북쪽의 산길을 산책했다. 때는 10월이었고 산책할 수 있는 시기는 아니었다. 그럼에도 사무실로 가지 않고 숲으로 갔다. 거기서 홀로 마음을 쏟아놓는 기도를 하고 싶었기 때문이다. 그러나 그때 마음의 자존심이 일어났다. 숲을 향하여 걸어갈 때, 누군가가 내가 기도하러 간다고 생각할 수 있었다. 어느 누가 그런 상상을 할까? 그처럼 자존심과 사람에의 두려움이 컸다. 마을 사람들이 보지 못하도록 담 밑으로 숨어 다닐 정도였다. 어느 날에는 한 나무 밑으로 들어갔다. 나무들이 얽혀 쓰러져 있었는데 공간이 보였다. 마치 골방과 같았다. 나는 거기서 들어가 무릎을 꿇고 기도하려고 준비했다. 그 언덕을 오르는 동안 나는, "내 마음을 하나님께 드릴 것이며, 그렇게 되지 않는 다면 결코 이산을 내려오지 않을 것이다"라고 결심했다. 그리고 계속해서 "하나님께 마음을 드린 후에 내려올 것이다"라고 되새겼다.

그럼에도 막상 기도하려 하자 마음을 주체할 수 없었다. 나는 남이 듣지 않는 곳에 있게 된다면 마음껏 기도할 수 있으리라 항상 생각했었다. 그러나 슬프도다! 소리 내어 기도하려 하자, 벙어리가 되고 말았다. 하나님께 할 말이 전혀 없었다. 기껏해야 마음에도 없는 몇 마디 말이 전부였다. 기도하기 위해 애쓰는 중에 나뭇잎이 흔들리는 소리만 들려도 누가 오지는 않나 생각하여 눈을 뜰 정도로 예민했다. 몇 번이나 계속 했는지 모른다.

결국에는 낙심하여, "기도할 수 없어. 내 마음은 하나님에 대하여 죽어 있어서 기도할 수가 없어"라는 생각이 저절로 들었다. 언덕을 오르며 마음을 하나님께 드리겠다고 약속한 것에 대하여 후회했다. 내 마음을 하나님께 드릴 수 없다는 사실을 알았다. 나의 내적인 영혼은 뒷걸음질을 쳤고, 나는 만사가 늦었다는 것을 깊이 느끼기 시작했고, 하나님께 버림받아 더 이상 희망이 없다고 느꼈다.

나는 하나님께 마음을 드리던지 죽든지 결단하겠다던 약속의 경솔함을 자책했다. 약속이 내 마음을 꽁꽁 묶어 버린 것 같이 무겁게 해서 파기하려 생각했다. 패배감과 실망감에 기운을 잃어서 무릎을 꿇고 있을 수 없었다. 이때 누군가가 접근해 오는 것 같은 느낌에 눈을 떴다. 그때 순간적으로 느낀 것은 나의 최대의 장애물은 한 줌도 안 되는 자존심임을 알았다. 하나님 앞에 무릎을 꿇고 있는 모습을 수치스럽게 생각했다는 것이 죄악처럼 느껴졌다. 그리하여 나는 이 땅의 사람들과 지옥의 악마가 나를 둘러싼다 할지라도 그 자리를 떠나지 않겠노라고 소리를 질렀다. "나와 같은 극악한 죄인이 위대하고 거룩하신 하나님 앞에 무릎을 꿇고 죄를 고백하는 것이 얼마나 놀라운가! 나 같은 인간, 죄인이 무릎을 꿇고 하나님과 화해를 갈구하는 것을 부끄러워하다니!" 죄는 무섭고 절망적으로 보였다. 죄의식으로 나는 무너졌다. 성경 구절이 번개처럼 마음을 꿰뚫었다. "너희가 내게 부르짖으며 내게 와서 기도하면 내가 너희들의 기도를 들을 것이요, 너희가 온 마음으로 나를 구하면 나를 찾을 것이요 나를 만나리라" (렘 29:12-13).

나는 즉시 이 구절을 마음에 새겼다. 전에는 성경을 지적으로 믿었으며, 믿음은 자발적인 신뢰라는 진리를 알지 못했었다. 그 순간 나는 하나님의 진실성을 신뢰하게 되었다. 그 구절을 읽은 기억은 없었지만 성경 구절이라는 것을 알고 있었다. 그러므로 그 말씀이 하나님의 말씀이요, 음성인 것을 알게 되었다. "주님 저는 말씀 속에서 당신을 뵈옵니다. 제가 당신을 전심으로 찾고 있다는 것과 기도하기 위해서 여기에 있다는 것을 아십니다. 또한 당신은 저의 기도를 들으시겠다고 약속하셨습니다" 라고 호소했다.

그것은 내가 그날의 약속을 이행할 수 있느냐는 문제를 해결해 주었던 것 같았다. 성령은 "너희가 전심으로 나를 찾고 찾으면" 이라는 말씀을 강조하시는 것 같았다. 나의 마음을 무겁게 짓누른 그 질문들에 대한 해답을 듣고 있었다. 나는 확신하게 되었다. "나는 주님의 말씀을 붙잡을 것이다. 하나님은 거짓말하실 수 없는 분이시다. 그러므로 하나님이 나를 찾으셨으며, 기도를 들으신 것이다."

그때 하나님은 많은 다른 약속을 해주셨다. 성경으로부터 특별히 우리 주 예수 그리스도에 관한 귀한 약속의 말씀을 주셨다. 약속들이 얼마나 귀하고 참되게 보였는지 이루 말로 표현할 수가 없다. 나는 말씀들을 절대무오한 진리로, 거짓말하실 수 없는 하나님의 약속으로 받아들였다. 말씀들은 자발적으로 잡을 수 있을 만큼 선뜻 머리나 마음으로 들어오지 않았다. 나는 물에 빠진 사람이 지푸라기라도 붙잡는 심정으로 말씀을 붙잡았다. 그리고 계속해서 기도했고 오랫동안 약속들을 붙잡았다. 시간이 얼마나 흘러갔는지 알 수 없을 정도였다. 나는 어쨌든 기도로 마음이 충만해져서야 비로소 산을 내려왔다. 내가 회심했는지에 대한 의문은 전혀 없었다. 다만 산을 올라올 때 "내가 회심하기만 하면 복음을 선포할 것이다"라는 말을 다시 생각했다.

나는 일어나 그 산을 내려와 마을로 향하면서 방금 전에 일어났던 일들을 되새겨 보았다. 내 마음은 놀라울 정도로 고요했고 평화로워졌음을 발견했다. 나는 "이게 웬일일까? 내가 성령을 근심하게 해드렸음이 분명하다. 나는 죄에 대한 의식을 모두 잃었다. 내 영혼에 대한 관심은 전혀 없었다. 성령이 나를 떠나가신 것이 틀림없다. 일생 동안 자신의 구원에 대한 관심을 떨쳐 본 적이 없었는데, ……."

내가 무릎을 꿇고 기도하고 있을 때, 내가 하나님께 했던 말, 즉 하나님의 말씀에서 그분을 뵙겠다고 한 말을 기억했다. 내가 했던 많은 말들을 상기해 보았다. 그리고는 성령께서 나를 떠나셨어도 조금도 놀라운 것이 없다는 결론을 얻었다. 나 같은 죄인이 하나님의 말씀을 그런 식으로 대하는 것은 신성모독은 아닐지라도 주제 넘는 것임에 틀림없었던 것이다. 나는 흥분해서 성령을 근심케 했으며 용서받지 못할 죄를 지은 것 같다고 결론을 내렸다.

나는 마을로 조용히 걸어내려 왔다. 나의 마음은 너무나 완벽한 평화를 유지해서 모든 만물이 속삭이는 소리도 들리는 것 같았다. 때는 10월 10일이었고 날씨가 무척 좋았다. 숲으로 들어갈 때는 매우 이른 시간이었는데, 마을로 돌아 왔을 때는 점심때가 되어 있었다. 그렇지만 시간이 얼마나 흘렀는지를 전혀 의식할 수 없었다. 마치 숲에 잠깐 들어갔다 나온 것처럼 시간이 매우 짧았던 것처럼 느껴졌다.

이런 마음의 평안을 어떻게 설명할 수 있을까? 나는 죄에 대한 깨달음을 되살리려고 애를 썼다. 그러나 죄에 대한 감각이, 즉 나의 죄와 죄책에 대한 감각이 내 의식에서 모두 사라져 버리고 없었다. "나 같은 죄인이 죄에 대해서 아무런 감각이 없다니. 대체 이것이 어찌된 일인가?" 나는 현재의 상태에 대해서 염려하고 애를 썼으나 헛수고였다. 오히려 너무나 평안했으므로 성령을 슬프게 해드린 결과가 아닌가하고 걱정하고 있었다. 그러나 아무리 애써도 내 영혼이나 영적 상태에 대하여 전혀 근심할 수 없었다. 내 마음의 평화는 이루 말로 표현할 수 없었다. 하나님에 대한 생각은 달콤했고 철저한 영적 평화는 나를 온전하게 사로잡았다. 이것은 하나의 커다란 신비였다. 그러나 나는 당황하지 않았다.

점심식사를 하러 갔으나 식욕이 없었다. 그래서 사무실로 갔는데 판사 W씨가 식사하러 가고 없었다. 나는 콘트라베이스를 들고는 늘 하던 대로 찬송가를 연주하고 부르기 시작했다. 그러나 울음이 북받쳤다. 눈물을 그치려 했으나 그칠 수 없었다. 눈물을 참는데 실패했고 결국 악기를 놓고 노래를 멈추었다.

점심시간이 지난 뒤 책과 사무실 비품을 다른 사무실로 옮겼다. 일을 하느라고 너무 바빠서 오후 내내 대화도 주고받지 못했다. 하지만 내 마음은 표현할 수 없는 평화를 유지하고 있었다. 모든 일이 순조로웠고 훼방하는 것은 아무것도 없었다. 저녁이 되기 전 다시 기도하고 싶은 생각으로 사로잡혔다. 사무실에 홀로 남게 되면 즉시 기도를 하겠다고 생각했다. 결코 그런 신앙 행위를 포기할 마음이 추오도 없었다. 더 이상 내 영혼에 대한 관심이 없다 하더라도 기도는 계속할 것이라고 결심한 것이다.

하나님과의 연속적인 만남

저녁때쯤 되어 책과 가구들을 다 정리했다. 그날 난롯가에서 혼자 있으려고 마음먹었다. 어둠이 깔리자 판사 W씨는 인사를 하고는 집으로 돌아갔다. 그를 문까지 바래다주고 돌아섰다. 내 마음이 다시 하나님의 장중 안에서 녹아내렸고 모든 감정이 흘러넘치고 있었다. 나는 감정이 북받쳐서 온 마음을 하나님께 아뢰어 쏟아 놓고 싶었다. 그래서 기도하기 위해 사무실 뒤편의 방으로 달려갔다.

그 방에는 불도 빛도 없었다. 그러나 나에게는 대낮같이 밝아 보였다. 마치 주 예수의 얼굴을 마주 대하는 것 같았다. 그분은 한 마디의 말도 하지 않았지만, 나는 그가 나를 자신의 발 앞에 복종케 하실 것 같은 눈으로 바라보시는 것 같았다. 그 눈길에 나는 엎드리어 마음을 모두 내어놓았다. 어린애처럼 소리 내어 목 놓아 울었고 숨 막히는 소리로 죄를 고백했다. 그분의 발을 눈물로 흠뻑 적셨던 것 같다. 하지만 그분을 만졌다는 분명한 느낌은 없었다고 생각한다.

나는 이런 상태 속에서 한참 동안 있었던 것 같다. 그러나 기도에 몰두해 있었기 때문에 무슨 말을 했었는지 기억할 수가 없었다. 사무실로 돌아왔을 때 장작불은 거의 다 타고 있었다. 그 불 옆 의자에 앉으려는 순간 강력한 성령의 세례를 받았다. 그것은 전혀 기대하지도 예측하지도 못한 것이었고, 나를 위해 그런 일이 있을 줄은 생각지도 못했으며 이 세상 누구에게도 들은 적이 없었다. 그런 나에게 성령은 마치 몸과 영혼을 꿰뚫고 지나가시는 것처럼 임하셨다. 마치 전류가 통하는 것 같은 느낌이 있었다. 실제로 그것은 사랑의 파도를 타고 오는 것 같았다. 어떤 다른 말로도 그 경험을 표현할 수가 없다. 그것은 마치 하나님의 숨결과도 같았다. 거대한 날개가 바람을 불어 주는 것 같았다. 내 마음에 스며들어온 그 놀라운 사랑을 이루 형언할 수 없다. 나는 기쁨과 사랑으로 크게 소리 내어 울었다. 말할 수 없는 감격으로 울부짖었다.

> "이 파도가 계속해서 나를 덮친다면 나는 죽을 것입니다.
> 주여! 더 이상 참을 수가 없나이다."

그러나 죽음에 대한 두려움은 없었다.

이 세례가 나를 통과해서 가기를 얼마 동안 지속되었는지는 알 수가 없다. 교회의 성가대원으로 있던 한 청년이(나는 지휘자였음) 나를 만나러 늦은 시간에 왔다가 큰 소리로 울고 있는 것을 보고 말했다. "피니 선생! 무슨 일이 있습니까?" 나는 잠시 할 말을 잊고 있었다. 그가 다시 물었다. "어디 아프십니까?" 나는 애써 대답했다. "아닙니다. 너무 행복해서 죽을 지경입니다."

그는 돌아서서 사무실을 나갔다. 그러더니 잠시 뒤에 길 건너편에서 가게를 운영하는 장로 한 분을 모셔왔다. 이 장로는 대단히 신중한 사람이었다. 내 앞에서는 매우 조심했는데 평소 나는 그가 웃는 모습을 보지 못했다. 그가 들어왔을 때 나는 여전히 울고 있었다. 그가 상태를 물었고 나는 대답했다. 내 말을 듣다가 그는 돌발적인 웃음을 터뜨렸다. 가슴속에서 솟구쳐 오르는 웃음을 참아내지 못하는 것 같았다.

이웃에 대학을 준비하는 한 청년이 있었는데 나와는 아주 친했다. 우리 목사님은 자주 그 청년과 신앙의 문제를 가지고 이야기했고, 나로 인하여 오도(誤導)되지 않도록 조심하라고 말했다는 것을 나중에 알게 되었다. 목사님은 내가 신앙에 있어서 부주의해서 나를 깊이 사귀면 그의 마음이 곁길로 빠져서 결국은 그도 회심하지 못할 것이라고 말했다는 것이다. 그러나 나의 회심 뒤에 이 청년도 회심했다. 그 청년은 자신이 게일(Gale) 목사님과 이야기할 때, 설교보다도 나와의 이야기에서 더 큰 영향을 받았다고 대답했다고 한다. 사실 나는 이 청년에게 많은 것을 털어놓았었다. 내가 체험한 그 느낌을 장로와 젊은 성가 대원에게 설명하고 있을 때에 바로 이 청년이 사무실로 들어왔다. 나는 등을 돌리고 있었기 때문에 그가 들어오는 것을 눈치 채지 못하고 있었다. 내가 하는 말을 듣고 있던 그는 바닥에 반쯤 쓰러져 "나를 위해서 기도해 주세요"라고 말했다. 장로와 청년은 그를 위해 기도하기 시작했다. 그들이 기도할 때에 나도 그들을 위해서 기도했다. 그러고 나서 그들은 곧 돌아갔고 나는 다시 홀로 있게 되었다.

혼자 있는 동안에 한 가지 의문이 떠올랐다. "왜 그 장로는 그렇게 웃었을까? 그는 내가 환영에 빠졌거나, 미쳤다고 생각하지 않았을까?" 이런 생각은 나를 우울하게 했다. 나는 나 같은 죄인이 그 젊은이를 위해 기도할 수 있는 자격이 있는지 의구심이 들었다. 먹구름이 나를 뒤덮는 것 같았다. 내가 의지할 수 있는 데가 아무 데도 없었다. 얼마 후에 잠자리에 들었으나 마음에 낙심한 상태는 아니었으나 왜 현재 상태를 만들었는지 어찌할 바를 모르는 마음이었다. 내가 받은 세례에도 불구하고 의문이 시야를 흐리게 만들어 나의 평화가 하나님으로부터라는 확신이 없이 잠자리에 들었다.

지속되는 기쁨의 체험

그러나 하나님의 사랑이 마음에 넘쳐흘러 잠이 깨었다. 하나님의 사랑으로 충만해져서 도저히 잠을 이룰 수 없었다. 잠시 후 잠이 들었는데, 또다시 잠이 깨고 말았다. 그러나 잠이 깼을 때에 의심의 유혹이 밀려왔다. 내 마음속에 있는 사랑이 식어지는 듯했다. 그러나 잠들기만 하면 마음속이 사랑으로 차올라서 다시 깨곤 했다. 이러기를 밤늦게까지 계속했고 마침내 충분한 평안함과 안식을 얻었다.

아침에 일어났을 때 태양이 떠올라 방안을 환하게 비추고 있었다.

햇빛은 내게 강렬한 인상으로 다가왔다. 그러자 지난 밤에 받았던 세례가 다시 임했다. 나는 침대에서 무릎을 꿇고 기쁨의 눈물을 흘렸다. 성령의 세례에 압도되어 하나님께 마음을 쏟아 놓을 수밖에 없었다. 이날 아침의 세례는 부드럽게 책망하고 있었다.

"

성령께서 "너는 의심하는가? 너는 의심하는가?"라고 반복해서 말씀하시는 것 같았다. 나는 외쳤다. "아닙니다. 주님, 의심하지 않을 것입니다. 의심할 수 없습니다." 그러자 주님은 밝히 보여 주셨다. 나는 성령이 내 마음을 사로잡고 계시다는 사실을 확신하게 되었다.

이런 상태에서 나는 이신칭의(以信稱義)의 교리를 배웠다. 예전에 그 교리가 내 마음을 사로잡은 적이 없었다. 나는 전에는 그 교리가 복음의 근본이 된다는 것을 미처 알지 못했었다. 사실상 나는 그것이 정확히 무엇을 의미하는지를 몰랐었다. 이제 나는 "우리가 믿음으로 말미암아 의롭다 하심을 얻었은즉, 우리 주 예수 그리스도로 말미암아 하나님과 화평을 누리자"(롬 5:1)라는 말씀의 의미를 깨닫고 이해하게 되었다. 내가 숲속에서 믿게 된 순간에 모든 멸망적인 생각이 마음에서 사라졌다. 그때부터 나는 죄의식을 전혀 느끼지 않았다. 죄책감은 완전히 사라져버렸고, 아무런 죄를 짓지 않은 사람처럼 자유로워졌다.

이것이 내가 갈급해 했던 계시였다. 믿음으로 의로움을 얻었다고 생각했다. 나는 죄를 짓지 않은 상태였다. 내 마음은 사랑으로 가득 흘러 넘쳤다. 축복과 사랑이 나를 지배하고 있었다. 내가 하나님께 대항하고 있다는 느낌도 전혀 없었다. 과거에 지은 죄의식을 느낄 수 없었다. 이때의 의롭다 일컫는 칭의의 경험을 그 누구에게도 말하지 않았다. 나에게 있어서 참으로 엄청난 사건이었다.

"

부흥 신학의 꽃을 피우다

피니는 이런 사건을 체험한 후, 성령 충만하여 흔들리지 않는 확고한 믿음으로 복음전파에 헌신하게 된다. 그는 자신의 사역에 대하여 그리스도의 변호사임을 자임하면서 이렇게 고백하고 있다.

"

> 나는 내가 맡은 그리스도의 소송에서 이기고자 하였고, 설교의 내용에 그 길이 있다고 생각했습니다. 내 눈에는 그리스도의 소송에는 능력있는 대변인이 참으로 드문 것처럼 보였습니다. 이제까지 내가 보아온 목사들이 그리스도의 의를 호소하는 것처럼 어떤 변호사가 자기 소송 의뢰인의 무죄를 변호한다면, 단 한 건도 승소하지 못할 것이기 때문입니다.
>
> 설교를 준비하기 위해 묵상할 때면, 나는 사람들에게 필요한 것이 무엇인지를 알아내고자 노력했습니다. 성령님을 의지하고 그들에게 필요한 것으로 생각되는 한 제목을 택하곤 했습니다. 그런 후에 그 설교를 준비하면서 많이 기도했습니다. 그리고는 그들에게 나아가 설교로써 넘치도록 쏟아놓곤 했습니다. 그러한 나의 설교는, 설교 내용이나 감상하며 설교자에게 칭찬이나 던져 주던 나태한 회중들에게 강력한 찔림이 되었습니다. 나는 설교를 통해 죄인들을 하나님 앞으로 이끌어 오고자 했습니다. 결과적으로 그들은 자신의 죄를 회개하고 그리스도께로 나아오거나, 격렬한 반대를 보였습니다.
>
> 하지만 많은 경우에 죄인들의 완악한 마음들이 부서져서 그리스도 앞에 무릎 꿇었습니다. 술집이 기도회 장소로, 호텔이 부흥의 장소로 돌변하고, 도시 전체가 회개의 물결에 휩싸이며, 지속적인 기도의 운동이 일어났습니다. 반면에 끝까지 반대하던 자들 중에는

졸도로 죽거나, 침대 위에서 죽은 채로 발견된 목사도 있었습니다.

강력한 복음 전파와 풍성한 기도에 힘입어 부흥이 일기 시작했습니다. 앤월프로 갔을 때의 일이었습니다. 술집을 경영하던 사람의 손에 교회 열쇠가 넘어가 있었습니다. 상황이 험악했지만, 나는 매일 이른 아침 숲속에서 간절히 기도했습니다. 기도하지 않고는 그 상황을 움직일 수 없었기 때문이었습니다. 게다가 기도로 주님의 은혜를 구하지 않고는 힘차고 능력있는 설교를 할 수도 없었고, 나의 언변이나 지혜로는 단 한 사람의 영혼도 구할 수 없음을 절실히 깨달았기 때문이었습니다.

나의 설교를 통해 드디어 그 마을 사람들의 마음이 움직이기 시작했습니다. 그런 그들에게 하나님께서는 쏟아져 내리는 우박과 같은 강렬한 사랑을 쏟아부으시는 것간 같았습니다. 모임 장소를 되찾았을 뿐만 아니라 수많은 사람들이 하나님의 나라에 들어왔습니다. 에반즈 밀즈, 앤월프, 가버너, 유티카, 로마… 가는 곳마다 수백 명씩 수천 명씩 주님께 돌아오는 부흥이 있었으며, 그 부흥 뒤에는 끊임없는 기도와 그를 통한 성령의 특별한 도우심이 있었던 것입니다.

계속해서 부흥이 일어나자 무시 무시한 반대도 일어나기 시작했습니다. 어떤 곳에서는 나와 내쉬 감독(나의 기도의 동역자)의 화상을 만들어 불태우기도 했습니다. 예배 모임중에 소란을 피우기도 했습니다. 뿐만 아니라 많은 음모와 거짓말과 거짓 보고가 난무했습니다. "그는 인간을 모두 악당이라고 부른다", "능력에 찬 부흥회라고 떠들지만 결과는 별로 없거나 전무하다", "젊은 개종자들을 분별없이 이용한다", "어중이 떠중이에게 연설을 하게 하며 난잡한 모임 속에서 기도들을 한다." … 그러나 나는 이러한 비난에 대답할 필요조차 느끼지 않았습니다. 또 그럴 의사도 없었습니다.

하나님께서 모든 반대 세력을 진압해 주시겠다고 하신 약속의 말씀이 있었기에, 오직 신뢰로써 나를 그분께 맡기고 그분의 약속을 붙잡고 한 곳만을 바라보며 전진해 나갈 뿐이었습니다. 나는 부흥을 위해서 그러했던 것처럼 반대에 대해서도 오직 그분께 기도할 뿐이었습니다. 결국 하나님께서는 그러한 반대자들의 공격을 뒤엎으셨고, 주요 도시들에 있는 교회 문들이 내 앞에 열리도록 나의 이름을 하나님의 일터로 널리 퍼지게 하셨습니다.

복음 사역을 시작한 지 15년째 되던 해의 일이었습니다. 그때 나에게 교수직의 제의가 들어왔는데, 나는 젊은 학생들을 그리스도께로 이끌 목적으로 그 제의를 수락하게 되었습니다. 그러나 얼마 지나지 않아 학교의 설립자가 파산해버려 학교는 부채를 떠안게 되었고, 나 역시 그해 겨울 동안 나의 가족을 부양할 길이 없었습니다. 최후의 방법으로 나는 여행용 가방을 팔아서 그것으로 한 마리 암소를 사야만 했습니다.

가방을 팔던 그날, 나는 하나님께 기도로 이 사실을 아뢰고 모든 것을 그분께 맡겼습니다. 예배가 끝나고 집에 도착했을 때, 하나님의 응답이 나를 기다리고 있었습니다. 집으로 날아온 한 통의 편지에 200불의 돈이 들어 있었습니다. 그 돈을 보내준 형제는 그 뒤로도 몇 해 동안 매년 600불씩 나의 필요를 채워 주었습니다. 학교의 부채도 만 이천 권이나 팔렸던 나의 저서 〈피니의 부흥 강의〉에 감명받은 영국인들에 의해 해결되었습니다.

그러나 나는 교수직을 수락한 뒤에도 나의 사역을 강의실에만 한정시키길 원치 않았습니다. 대학에서는 매해 겨울에 부흥회를 가질 수 있도록 허락해 주었고, 나는 계속적으로 복음을 전함으로 하나님과의 맹세를 충실히 지켜왔으며, 부흥의 물결은 계속되었습니다.

하나님께서는 한 사람의 부흥사로서, 목사로서, 저술가로서, 교수로서 나를 쓰셔서 많은 영혼들을 그분께로 이끌게 하셨습니다. 그분께서는 나를 도구로 사용하심으로 수많은 죄인들을 주님께로 인도하시고자 하셨던 것입니다. 따라서 나는 나 자신이나 지도 교수나 다른 목사들을 의지하지 않았습니다. 나는 오로지 성경을 나의 교본으로, 성령님을 나의 교사로, 기도를 나의 힘으로 삼았고, 따라서 그분의 사역의 놀라운 도구로 사용되었다고 감히 말할 수 있습니다.

한 세기의 3/4에 달하는 나의 생애가 다하기까지 그분의 일은 계속되었으며, 주님의 일하심으로 50만 명의 영혼들이 그리스도께로 나아왔습니다.

내가 고백할 수 있는 것은 나를 이끌어 준 것은 나의 지혜가 아니었다는 사실입니다. 나는 나의 무지와 무력함을 뼈저리게 느끼면서 계속 하나님을 바라보며 그분의 인도하심만을 간절히 구했고, 그분께서는 성령으로 나를 친히 이끌어 주셨습니다. 따라서 나는 이 모든 사역의 열매들을 그분의 것으로 인정할 수밖에 없습니다.

내게 다시 인생의 기회들이 주어진다해도, 나는 40여 년이 넘도록 이 부흥에 하나님의 도구로 쓰인 이 일에 다시 쓰이고자 간절히 소망할 것입니다.

— 믿음의 발자취를 따라서

”

이러한 피니의 기적적인 사역은 그의 흔들리지 않는 회심의 신앙으로부터 시작되었다. 그의 회심은 성령 충만하게 만들었고, 그의 삶을 변화시켰을 뿐 아니라, 19세기 미국 대부흥을 가져온 그릇으로 사용되는데 큰 원동력이 되었다. 하나님은 그를 통하여 미국 개신교에 극적인 영향을 발휘했으며, 자존과 독립이라는 19세기의 미국 정신을 구현했다. 그는 구원을 확신하고 선택함으로써 대각성운동의 선봉장이 되어, 부흥신학의 사명을 잘 감당했다. 그는 그리스도를 꽃피우고 다른 사람들에게 구원에 이르게 하는 복음의 문을 활짝 열어 놓는데 일생을 바쳤으며, 1875년 8월 16일 83세에 세상에서 감명 깊은 사명을 아름답게 마치고, 오벌린에서 하나님의 부르심을 받았다.

참고문헌 – 이 글은 아래 문헌에서 인용, 발췌한 것이다.

Hugh T. Kerr & John M. Mulder. *conversions*. New York: Grand Rapids, 1983.

찰스 피니의 *Rev. Charles G. Finney* 중에서

휴 커 · 존 멀더, 공편. 『위대한 회심자들』. 박영봉 역. 서울: 생명의 말씀사, 1993. pp. 178~192.

http://www.britannica.com/(브리테니커 Internet판)

http://blog.naver.com/soh2gi/20032331353. 주숙. "찰스 피니". 2007. 1. 3.

http://blog.daum.net/ohin74/5971324. 빗쏠이. "찰스 피니(Charles G. Finney)". 2008. 01. 29.

자유를 위한 투쟁

서져너 트루스

Sojourner Truth
1797~1883

노예의 신분으로 태어난 그녀는
신비적인 회심 후에 신앙간증과 노예폐지,
남녀평등, 흑인인권 등을 위한 사회운동에 헌신했다.

고통스러웠던 성장과정

서져너 트루스의 본래 이름은 '이사벨라 바움프리(Isabella Baumfree)' 이다. 그녀는 1797년 네덜란드인 부호 지주였던 찰스 하든버그 장군의 노예였던 제임스와 엘리자베스 바움프리의 13명의 자식 중의 한 명으로 태어났다. 그녀는 노예로 태어나 어린 시절 주인들의 학대를 받으며 자랐다. 당시의 노예의 운명이 그러했듯이 트루스도 운명의 사슬을 피해갈 수는 없었다. 1806년 찰스 하든버그가 죽은 이후 당시에 9살에 불과했던 그녀는 경매에 넘어가 100달러에 양들 한 떼와 함께 뉴욕의 존 릴리에게 팔려졌다. 네덜란드어 밖에 구사할 줄 몰랐던 그녀는 한 묶음의 몽둥이 구타를 당하는 등 어린 나이에 냉혹하고 잔인한 고난을 겪었다. 1808년 마티너스 슈라이버라는 술집 주인에게 105달러에 또다시 팔려갔으며, 거기서 18개월 동안 소유당하고 있다가 1810년 존 듀몬트라는 사람에게 175달러에 팔렸다. 듀몬트는 그녀에게 상당히 호의적이었으나 그의 아내는 수많은 방법으로 트루스를 괴롭혔고 고달프게 만들었다. 1815년경, 트루스는 이웃 농장의 로버트라는 노예와 사랑에 빠졌다. 그러나 로버트의 주인은 자신의 노예가 다른 사람의 노예와 사랑해서 아이를 낳으면 자신의 노예가 될 수 없다는 법 때문에 이들의 사랑을 금지시켰다. 뿐만 아니라 로버트는 주인에게 잔인하게 구타당했고 결국은 사망하고 말았다. 1817년 듀몬트는 트루스에게 토마스라는 노예와 결혼을 강요했고 결국은 그와의 사이에 다섯 명의 아이를 낳게 되었다.

탈출과 자유

뉴욕 주는 이미 1799년 노예제도 폐지를 입법한 상태였다. 그러나 1827년 7월 4일까지도 노예의 진정한 해방은 완료되지 못한 상태였다. 듀몬트는 노예 해방 선언이 있기 1년 전에 만약 그녀가 "충실하게 행동하는" 것을 전제로 자유를 주겠다고 약속해둔 상태였다. 하지만 그는 손의 상처를 빌미삼아 능률이 떨어진다고 하면서 중간에 마음을 바꾸어 버렸다. 트루스는 분노했지만 주인의 마음을 만족시키려고 100파운드의 양털을 짤 때까지 일을 계속했다. 그러나 이제 트루스는 주인을 믿고 희망을 걸 수가 없었다. 결국 1826년 말에 갓난아기 딸 소피아를 데리고 자유를 찾아서 탈출하고 만다. 당시의 법은 20대가 되도록 노예로서 일하지 않으면 법적인 해방은 불가능했으므로 다른 자식들은 데리고 나올 수가 없었다. 후일 그녀는 이 사건을 두고 "도망친 것은 아니었다. 그건 이상한 결정이니까. 대신 나는 걸어 나갔다. 그것이 옳은 길이라고 믿었다" 고 표현했다. 트루스는 아이작 밴 왜그너(Isaac Van Wagener)의 집으로 피신했다. 그녀를 받아준 밴 왜그너(Van Wagener) 집안과 인연을 맺었으며 이를 계기로 기독교로 개종하고 이때부터 이름을 이자벨라 밴 왜그너(Isabella Van Wagener)라고 했다. 거기에서 노예해방법이 시행될 때까지 잠잠히 지냈다. 트루스는 자신의 아들 피터(당시 5세)가 듀몬트에 의해 앨라배마의 한 남자에게 팔렸다는 것을 알았다. 트루스는 반 왜그너 부부의 도움으로 이를 법정으로 가지고 갔으며, 몇 달간의 법정 투쟁 끝에 아들을 되찾았다. 이 사건은 백인을 상대로 한 첫 승소에 해당하는 역사적인 사건이었다.

1827년 그녀는 아이작 밴 왜그너에 의하여 그렇게 바라던 노예의 신분에서 해방이 되었다. 그것은 뉴욕 주가 노예제도를 철폐한 이듬해의 일이었다. 밴 왜그너와 함께 있는 동안 트루스는 자신의 삶에 커다란 영향을 미친 종교적인 경험을 했고, 독실한 기독교인이 되었다.

한편, 퀘이커교도 친구들의 도움을 받아 불법적으로 남부에 팔려간 아들을 찾기 위한 법정투쟁을 벌였으며, 1829년경에는 가장 어린 두 아이와 함께 뉴욕시로 이사가서 가정부로 생계를 유지했다. 그곳에서 기독교 전도사 엘리야 피어슨(Elijah Pierson)을 만났다. 그녀는 어린 시절에 하느님의 형상과 음성을 경험한 뒤 신앙에 귀의했다. 뉴욕 시에서 열성적인 전도사인 엘리야 피어슨과 알게 된 뒤, 거리에서의 설교활동 외에도 피어슨의 검약공동체에 가입, 나중에는 그의 가족의 일원이 되었다. 트루스는 자연스럽게 엘리야 피어슨의 환상가의 그룹에 참여하게 되었다. 그러나 이 피어슨 종파는 1835년에 성적인 추행사건으로 말미암아 해체되고 말았다. 1832년에는 로버트 매튜와 만나 그의 가정부로 일했다. 한편, 아들 피터는 1839년 포경선에서 일하기 시작했다. 그러나 그 배가 1842년 항구로 돌아왔을 때에 피터는 없었고, 아들의 소식은 그 후로 듣지 못하는 불행을 경험했다.

노예폐지를 위한 평생의 투쟁

처음 회심을 경험한 이후에 그녀는 종교적인 환상들과 신비적인 현상들을 거듭 체험했다. 1843년에는 하나님과의 만남을 경험하기도 했다. 이러한 경험 후에 그녀는 자신의 이름을 "진실에 머무르는 사람"이라는 의미의 서저너 트루스(Sojourner Truth)로 바꾸고, 본격적인 설교와 노예제폐지, 여성인권과 관련된 연설을 시작했다. 친구들에게 "성령이 나를 부르고 있으니 나는 가야한다" 고 말했다. 그녀는 감리교 신자가 되었고, 노예폐지론에 대한 강연을 위해 여행을 떠났으며, 뉴잉글랜드 전역을 두루 다니면서 설교와 강연석상에서 자신의 종교적 체험들을 간증하면서 노예제도 폐지운동을 주도했다. 그녀는 흑인 노예와 여성에 대한 차별 대우를 동일시했고, 여성의 선거권과 권리를 강력하게 부르짖었다.

1850년 서저너 트루스가 윌리엄 로이드 개리슨(William Lloyd Garrison)의 권유로 친구 올리브 길버트(Olive Gilbert)에게 구술한 내용을 쓴 『서저너 트루스 이야기 : 어느 북부 노예(The Narrative of Sojour-ner Truth: A Northern Slave)』를 출판하여 생계를 유지했다.

1851년 그녀는 노스햄프턴을 떠나서 노예폐지론자인 연설가 조지 톰슨과 동행하게 되었다. 5월 오하이오 애크런에서 열린 여성 권리 집회에서 그 유명한 "나는 여성이 아닌가요?" 라는 유명한 즉흥연설을 했으며, 이후 10년 간 크고 작은 청중 앞에서 설득력 있고 감동적인 연설을 했다. 학교 교육도 받지 못했고 글도 몰랐지만 누구보다 설득력 있고 열정적인 연사로 유명했고 종교적 열정을 바탕으로 노예제폐지와 여권운동에 힘썼다. 이를 통해 서저너 트루스는 미국의 노예제폐지, 여성참정권운동에 크나큰 족적을 남겼다. 뿐만 아니라, 남북 전쟁 초기에는 연합군을 위한 흑인 군대를 조직하고 신병 모집과 군수품 지원을 거들고, 손자 제임스 콜드웰을 참전시켰다.

1864년 워싱턴 D. C.로 가서 전차에 흑인과 백인이 분승하는 것을 폐지하는 데 앞장서 전차들을 집결시켜 흑인 차별 대우를 폐지하는 캠페인을 수행했다. 이런 공로로 그해 10월 아브라함 링컨 대통령으로부터 백악관에 초대받았다. 같은 해 그녀는 전국 자유인 구제협회로부터 노예의 근절과 재정착문제를 상담하는 역으로 임명되었다. 그래서 흑인들의 생활환경 개선을 위해 일하기도 했다. 1865년 전쟁이 끝난 후 그녀는 버지니아에 있는 '국가자유민 구호협회' (National Freedmen' s Relief Association)에 종사하면서 해방 노예들의 정착, 건강, 그리고 교육 등을 위한 프로그램을 운영하면서, 한편으로는 인종 차별 폐지를 위한 연설을 계속했다.

그녀는 갈라디아서 3장에 바울이 선포한 자유에의 약속을 신앙과 자신의 삶 속에 있어서 확고히 붙들고 있었다. "너희는 유대인이나 헬라인이나 종이나 자유인이나 남자나 여자나 다 그리스도 예수 안에서 하나이니라"(28절). 그녀는 그리스도 안에서의 자유가 모든 사람들에게 차별이 없이 실현될 것을 미국인들에게 지속적으로 주지했다. 그녀는 살아있는 동안에 '리비아의 마녀' (The Libyan Sibyl)로 불리어졌다. 그녀의 동료 노예 폐지론자였던 파커 필스버리(Parker Pillsbury)는 그녀에 대하여 이렇게 회고한다. "이 뛰어난 여인의 놀라운 경험들은 하나의 문학은 되지 못할지언정, 그것들을 모두 모아 둔다면 웬만한 도서관 하나쯤은 꾸밀 수 있을 정도로 풍부하다." 많은 흑인 출신 노예들이 그랬던 것처럼, 그녀도 올리브 길버트(Olive Gilbert)의 손을 빌어 구술에 의한 자서전을 썼다. 이 자서전 속에서 그녀는 '이사벨라' 라는 3인칭으로 나타난다. 그녀의 이야기는 북부지방에서 노예제도의 철폐에 중요하고도 획기적인 역할을 했다. 1850년에 그녀는 그녀의 전기를 사람들에게 나누어주었다.

그녀가 죽기 며칠 전에 한 기자가 찾아와서 인터뷰를 하면서 한 마디 해줄 것을 요청했다. 그녀는 기자에게 다음과 같이 말했다.

"예수 그리스도를 따라가세요."

특별하게 경험한 신비

이삭 반 웨저너씨의 집에 머문 지 몇 개월이 지났을 때, 이사벨라는 어떤 절기가 다가오고 있음을 느끼고 있었다. 그녀는 그 절기가 네덜란드식의 이름으로 핑스터(Pingster)라는 것만을 알고 있었다. 그것은 아마도 영어의 성령 강림절(Whitsuntide)을 가리키는 것이었을 것 같다. 그녀는 "애굽을 돌아보니 그곳의 모든 것이 즐거워 보이더라" 고 말했다. 그녀는 그러한 과거의 삶과 현재의 바켄달(Wahkendall)에서 상류층 사람들과 함께 사는 조용하고도 평화스러운 삶을 비교해 보았다. 그것은 그녀의 과거의 삶으로 회귀하고 싶은 마음을 더욱 강하게 할뿐이었다. 그녀는 다가오는 절기를 옛 친구들과 다시 한번 즐기고 싶었다. 이러한 감정은 마음 한 구석에 깊게 자리 잡고 있어서 반 웨저너씨에게 옛 주인이었던 듀몬트(Dumont)가 그날 온다면, 돌아갈 때 함께 돌아가고 싶다고 말했다. 그들은 그런 그녀의 태도에 놀랐고 옛 주인이 온다는 소식을 어떻게 들었느냐고 물었다. 그녀는 아무도 그 소식을 그녀에게 전해주지 않았지만, 직감적으로 그가 올 것이라고 느꼈다고 대답했다.

확실히 그 사건은 "사전에 조짐을 보여 주는" 그런 것이었던 것 같다. 왜냐하면 그날 밤이 지나기 전에 듀몬트가 왔기 때문이다. 그녀는 그에게 함께 돌아가고 싶다는 의사를 전달했다. 그는 "나는 너를 다시 데리고 갈 수가 없단다. 너는 나에게서 도망했지 않니?"라고 대답했다. 그녀는 그의 말하는 투가 전적으로 거절하지 않는 것으로 생각되었기 때문에 아이들과 함께 떠날 수 있도록 준비를 했다. 이윽고 옛 주인이 개폐된 마차에 올라타자 그녀는 자신과 아이가 동석할 수 있는 자리가 있을 것으로 기대하고 그 마차로 접근했다. 그러나 그곳에 도달하기 전에 하나님은 그녀에게 갑작스런 빛으로 자신을 계시하셨다. 하나님은 "무소부재하다는 사실"과 "하나님이 계시지 않은 곳은 어디도 없다는 사실을 순식간에" 보여 주셨다. 그녀는 자신의 전능하신 친구요, "고통 중에 늘 함께 하시는 도움"이신 하나님을 잊고 살았던 큰 죄를 순간적으로 깨달았다. 그녀가 약속해 놓고도 지키지 않았던 모든 약속들이 떠올랐다. 그것은 마치 산같이 높은 파도를 동반한 밀물 같았다. 거짓으로 얼룩진 그녀의 영혼은 하나님에 대한 "경외로운 대면"에 크게 놀랐다. 그녀는 과거에 하나님이 마치 자신과 같은 인간과 비슷한 존재인 것처럼 말하곤 했다. 이 두려운 대면을 피하고자 했으나 그것은 헛된 일이었다. 음부에 가서 자리를 펼지라도 하나님은 거기에 계실 것이다. 그러므로 어디로 그분을 피할 수 있을 것인가? 무서운 멸망에 대한 음산한 공포가 그녀를 사로잡고 있었다. 그녀는 "또 다른 대면"에 의해 그분에게 멸망되기를, 불이 기름을 삼키듯이 삼켜지기를 기다리고 있었다.

그러나 두 번째 만남은 이루어지지 않았고, 그녀는 제 정신이 들었다. 그때에 자신의 옛 주인이 떠나버렸음을 발견했다. 그때 "오 하나님! 당신이 그토록 위대하신 줄을 내가 깨닫지 못했나이다"라고 외치면서 집으로 돌아가서 일을 계속했다. 그러나 일에 집중할 수가 없었고, 그런 상태를 하나님께 말씀드리고 싶었으나 죄악 된 마음은 그것을 방해해서 기도할 수가 없었다. 그리고 스스로 탄식했다. "아! 슬프다! 내가 다시금 하나님께 거짓말을 하려 하는가?" 이제 다시 그럴 수는 없었다. 그녀는 하나님과의 사이에 어떤 거리감을 느꼈다. 그래서 만일 하나님으로부터 사랑받는 어떤 사람이 나타나서 하나님께 변호를 해 준다면 받아 주실 것으로 생각했다. 마침내 한 친구가 나타났고 찜통더위 속에서 그녀의 머리 위에 내리쬐는 뜨거운 태양을 양산으로 가려주는 것과 같은 시원한 착각에 빠졌다. 그러나 냉철한 통찰력으로 그 친구를 바라보았을 때, 그 친구 역시 그녀와 다름없는 '상처받고 고통가운데 있는' 한 인간임을 발견했다. 그래서 그녀는 매우 실망하게 되었다. 그녀에게 있어서 적어도 그 친구는 그런 인간형과는 다른 사람이어야 했다.

하나의 환상이 거룩한 아름다움과 사랑으로써 비추어 들어오자 그녀는 소리 높여 외쳤다. "당신은 누구십니까?" 그녀는 그 신비의 방문객에게 소리 내어 말했다. "나는 당신을 압니다. 왜냐하면 당신은 전혀 낯설지가 않습니다. 당신이 현재에만 나를 사랑하신 것이 아니라 늘 나를 사랑해 오셨음을 내가 느끼고 있기 때문입니다. 그러나 나는 당신을 모릅니다. 나는 당신의 이름을 모릅니다." 그녀가 "나는 당신을 압니다"라고 말했을 때, 그 환상의 모습은 단호하면서도 침묵 속에서 서 있었다. 그러나 그녀가 "나는 당신을 모릅니다"라고 했을 때에 그 모습은 물결처럼 일렁거렸다. 그녀가 계속 "나는 당신을 압니다"라고 반복하여 말하자 그 환상은 명확하게 서 있었다. 그녀는 온 마음으로 "당신은 누구십니까?"라고 절규했고, 전심으로 이 거룩한 존재가 그녀에게 계시되어지고 함께 거하게 되기를 간구했다. 마침내 그녀가 모든 힘을 그런 기도로 인해 소진했을 때에 하나의 분명한 대답을 들을 수 있었다. 그 소리는 "그분은 예수시니라"고 분명하게 말했다. 그녀는 "옳습니다. 그분은 예수십니다"라고 응답했다.

지속적인 깨달음의 경험

이러한 경험 이전에 그녀는 책 읽는 소리나 다른 사람들의 대화 가운데서 예수라는 이름을 들어 본 적은 있었다. 그러나 그분이 워싱턴이나 라파예트(Lafayette) 같은 위대한 사람들보다 뛰어나다고는 생각하지 못했다. 그러나 지금 예수님은 한없이 온화하고 평안하고 사랑이 충만한 모습으로 나타나셨다. 그분이 그녀를 그렇게 오랫동안 사랑해 오셨는데 그것을 전혀 모르고 있었다니, 이 얼마나 놀라운 일인지! 또한 예수님이 그녀와 하나님 사이에 중보자로 계심으로서 그녀가 받은 축복이 얼마나 놀라운지! 하나님께서는 이제 더 이상 그녀의 공포의 대상이 아니었다.

예수님이 자기를 하나님께 화해시키셨는지, 아니면 하나님을 자기에게 화해시키셨는지를 마음속으로 끊임없이 생각했다. 하나님은 더 이상 그녀에게 무서운 소멸하는 불이 아니었다. 예수님은 전적으로 '하나님께 사랑받는 분' 이라는 사실에 그녀는 기뻐하고 있었다. 항상 두려움과 낙심 속에서 살았던 그녀의 영혼은 이제 기쁨과 즐거움으로 가득하게 되었다. 그녀는 이제 이 세상을 새로운 아름다움 속에서 바라 볼 수 있었으며, 하늘은 천국을 보여주듯이 보석처럼 반짝거렸다. 그녀는 이 세상의 많은 뛰어난 사람들 사이에 실재하는 감히 뛰어넘을 수 없는 장벽들과 그리고 그녀와 예수님 사이에 존재하는 결합을 비교해 보았다. 그것은 놀라운 비교였다. 예수님은 어떤 위인들에 비해 더욱 더 위대하시고 능력이 있으시며 초월적인 사랑을 가지고 계신 분이셨다. 그분은 인간같이 보였지만, 단순한 인간이 아니었다. 그녀는 만일 그분을 본다면 알게 될 것이라고 생각하면서 그분의 육적인 현시를 기다렸다. 그리고 그분이 왔을 때, 그는 친한 친구처럼 다가가서 그분과 함께 살려고 했다.

그녀는 예수님이 다른 사람도 자기처럼 그렇게 사랑하신다는 사실을 미처 깨닫지 못했다. 만일 다른 사람이 그녀가 하는 것처럼 예수님을 알고 사랑하게 된다면, 가난하고 무식하며 사람 앞에 내세울 것 없는 그녀 같은 사람은 잊혀 질 것이라고 생각하고 있었다. 그래서 누군가 다른 사람이 예수님에 대해서 말하는 것을 들을 때마다 자신이 새롭게 발견한 보물을 빼앗길까봐 질투심마저 느끼곤 했다.

어느 날 그녀는 책 읽는 소리를 듣고 있던 중 예수님이 결혼을 하셨을지도 모른다는 생각이 들어 성급히 그 책을 읽고 있던 사람에게 예수님이 결혼하셨었느냐고 물었다. 그러자 그 사람은 "뭐라고요? 하나님께서 아내를 취하셨느냐고요?"라고 되물었다. 이사벨라가 또다시 "예수님이 하나님이신가요?"라고 묻자 그는 "그렇지, 확실히 그래"라고 대답했다. 바로 그 일 이후부터 예수님에 대한 그녀의 생각은 확실히 고양되었고 영적으로 좀 더 깊어지게 되었다. 그때부터 그녀는 자신이 받은 가르침에 따라 자주 예수님을 하나님이라고 불렀다.

기독교계는 예수 그리스도의 인격에 대한 견해에 따라 많은 분파를 형성했다. 혹자는 예수 그리스도가 성부 하나님과 동일하며, 또한 그분 자신이 "참된 하나님"이며 그분 안에 하나님이 계신다고 믿는다. 또 다른 사람들은 예수 그리스도가 "매우 사랑받는 자," 그리고 "하나님의 유일한 독생자"라고 믿는다. 그리고 또 다른 부류의 사람들은 예수는 단순히 한 인간일 뿐이라고 생각한다. 이런 여러 가지 이론들에 접할 때마다 그녀는 이렇게 말했다.

"

나는 오직 내가 본 것만을 알뿐이다. 나는 그분이 하나님인 것을 보지 못했다. 그렇지 않다면 그분이 어찌 나와 하나님 사이에 서실 수 있었겠는가? 나는 그분을 나와 하나님 사이에 서 계신 한 친구로서 생각했다. 바로 그분을 통하여 사랑이 샘처럼 솟아 나왔다.

"

그녀는 어떤 통일된 신학 체계에 맞추어 그리스도의 인격과 위격에 대해 이해하지 않고 예수님을 태초에 아담과 이브가 창조주의 손에서 나왔을 때, 그들 속에 품고 있었던 바로 그 성령이라고 믿었다. 그들이 하나님께 불순종하여 타락했을 때, 이 순결한 영은 그들을 떠나 하늘로 올라갔고, 예수의 인격 속으로 되돌아 올 때까지 그곳에 머물러 있었다. 따라서 그녀는 인간은 그분과 인격적으로 하나가 되기까지 다만 동물의 영만을 소유하고 있는 야수에 불과하다고 생각했다.

기도로 주어진 승리

그녀는 생애에서 가장 어두웠던 시절에 자신의 가슴 속에 품고 있던 지옥을 가장 두려워했다. 그녀에게 있어서 지옥은 확실히 존재했고, 모든 악행에 대한 응보로서 그녀를 두렵게 했다. 그녀의 죄성(罪性)과 하나님의 거룩하심, 하나님의 무소부재하심과 같은 것은 매우 커다란 간격이었으며, 즉각적인 멸망의 위협을 안겨 주곤 했다. 그녀는 기도에 대해서도 예수님의 사랑에 대한 믿음과 같은 믿음을 소유하고 있었다. 그녀는 열정적으로 간절히 기도하면서 다음과 같이 말했다.

"

다른 사람들은 기도의 효력에 대해서 무엇이라고 말하는가?
나는 기도의 위력을 믿는다. 나는 기도할 것이다.
감사합니다. 하나님!

… 옳습니다.

나는 항상 당신께 기도할 것입니다.

❞

이러한 일련의 경험들에도 불구하고 이사벨라의 기도는 한동안 과거의 특성을 그대로 가지고 있었다. 그녀는 역경 속에서도 아들의 회복을 위하여 열정적으로 다음과 같이 기도했다.

❝

오, 하나님! 내가 당신께 거듭하여 기도합니다. 당신은 내가 얼마나 커다란 어려움 속에 있는지 아십니다. 하나님 이제 나의 기도를 들으시고 나의 아들을 일으켜 주옵소서. 만일 당신이, 내가 그렇듯이 고통 중에 계시고 당신이 나를 도우실 수 있는 것처럼 내가 당신을 도울 수 있다면 ……,

오, 하나님! 당신은 내가 당신을 도울 것이라는 것을 아십니다.

오, 하나님! 당신은 내가 너무나도 가난한 것을 아십니다. 나는 정말 돈이 한 푼도 없습니다. 그러나 당신께서는 사람들을 움직이셔서 나를 돕게 하실 수 있으십니다. 따라서 당신은 그렇게 하셔야만 합니다.

하나님, 나는 당신이 그렇게 하실 때까지 당신에게 평화를 위해 기도하지 않을 것입니다.

오 하나님! 사람들을 감동시키셔서 나의 말을 듣게 하소서. 그들이 나의 말을 듣거나 나를 돕기에 꺼려하며 나를 돕는 일로부터 등을 돌리지 않게 하소서.

❞

그녀는 하나님께서 간구하는 기도를 들으시리라는 것을 믿었다. 그녀는 그들과 사이에 커다란 간격과 넘지 못할 벽이 있다고 생각했던, 관료들과 탁월한 법률가들과 대법관들과 기타 다른 사람들의 마음을 하나님이 움직인다고 생각했다. 그들이 그녀의 요구를 인내심과 존경심을 갖고 들으며, 그것에 따른 모든 필요한 도움을 주게 하시리라는 것을 확신하고 있었다. 자신의 권리를 위하여 맞서 싸우던 사람들의 눈에 비친 그녀의 비참한 상태는 자주 무거운 짐처럼 그녀를 내리 눌렀다. 오로지 모든 무기들을 합쳐놓은 것보다 더 강하다고 믿었던 유일한 무기가 있다는 사실을 믿었다. 그녀의 확고한 믿음만이 그녀의 침몰하는 영으로부터 일어나게 했다. 그녀는 매우 자주 강력하게 부르짖었다.

"

오, 나는 얼마나 보잘 것 없는 인간인가!

만일 누구든지 무지와 가난 속에서 헐벗은 채 거리를 배회하는 나의 모습을 본다고 해도 하나도 놀라지 않을 것이다.

오직 하나님만이 그들로 하여금 나의 말을 듣게 하실 수 있으셨다. 그분은 내 기도를 응답하시고 역사하사 그들을 움직여 주셨다.

"

하나님이라는 견고한 반석에 기초한 그녀의 믿음은 영혼을 보호하는 요새였다. 그것은 반복되어 다가오는 커다란 두려움들과의 싸움에서 승리를 가져다주었다. 원수의 간계로부터 그녀를 구해 주었으며, 원수를 굴복시켜 승리를 쟁취할 때까지 계속해서 싸울 수 있도록 그녀에게 힘을 주신 것이었다.

그녀의 생애는 자유를 위한 투쟁이었다. 1870년에는 그녀의 공로로 워싱턴 D.C. 백악관에서 율리시스 S. 그랜트 대통령을 만났던 훌륭한 인물이었다. 1870년대말, 그녀의 생애의 말년에도 다수의 해방노예가 캔자스와 미주리로 이주하는 것을 도와 정착하도록 힘썼다.

그녀는 1883년 11월 26일 배틀 크릭의 집에서 지병으로 사망했으며,

장례식장에는 3,000명이 넘는 군중이 운집해 그녀의 죽음을 애도했다.

그는 군중들로부터 천국 환송을 받으며 배틀 크릭 오크 힐 공동묘지에 묻히게 되었다.

참고문헌 - 이 글은 아래 문헌에서 인용, 발췌한 것이다.

Hugh T. Kerr & John M. Mulder. *conversions*. New York: Grand Rapids, 1983.

서저너 트루스의 *Narrative of Sojourner Truth:* A Bondswoman of Olden Time... Drawn from Her "Book of Life," (Battle Creek, Mich., 1878), 64-71.

휴 커 · 존 멀더, 공편. 『위대한 회심자들』. 박영봉 역. 서울: 생명의 말씀사, 1993. pp. 193~201.

http://ko.wikipedia.org/wiki/(위키백과)

http://100.daum.net/encyclopedia/view/b22t4013a

http://terms.naver.com/entry.nhn?docId=2839788&cid=40942&categoryId=33486

카톨릭 역사신학자

존 헨리 뉴먼

28

John Henry Newman

1861~1896

영국 국교회에 속해 있던 그는 로마 카톨릭으로
전향한 추기경이자 역사신학자이다.

카톨릭으로 개종한 역사신학자

옥스퍼드의 교구 성직자이자 교사, 작가, 철학자였으며, 많은 저서를 남기고 그 사상은 오성(悟性)보다도 직관을 중시, 신토마스주의에 반대하여 후기에 근대주의자의 선구가 되었다. 존 헨리 뉴먼은 초대교회 교부역사에 대한 권위자였으며, 영국 국교회 전통에 속해 있었다. 후일 "부드럽게 빛으로 나를 인도하소서"라는 찬송을 불렀으며, 많은 이들은 이 노래가 그의 자서전인 것을 아마도 몰랐을 것이다.

그가 그 찬송가를 썼던 비슷한 시기인 1833년에, 소위 옥스퍼드운동은 영국 국교회의 현 상황에 대한 일련의 비판적인 팜플렛을 배포하기 시작했다. 이 운동은 영국 성공회에서 일어난 고교회파(高敎會派)운동으로 영국 성공회의 종교 전통에서 카톨릭 요소들을 강조하고, 교회를 개혁하려는 목적으로 시작된 것이다. 뉴먼은 프루드, 키블의 영향하에 고교회 사상에 접근, J. 키블 등과 함께 국교회를 속권의 지배에서 지키려는 옥스퍼드운동에 참가했다(1833). 그들 자신의 신앙의 유산에 대한 차별적인 특색을 재고하도록 그의 동료 성직자들에게 촉구하면서, 일약 옥스퍼드운동의인정받는 지도자가 되었다.

그 시기는 활발한 신학적 이념의 시기도 아니었으며, 영국교회의 종교생활은 부드럽고 활기를 잃게 되어버렸다. 뉴먼은 개신교, 로마 카톨릭, 그리고 영국 국교회 사이에 명확한 구분을 했다. 그는 카톨릭이 했던 것처럼, 종교개혁을 역사의 파생물로 간주하여 사도 연속성으로부터의 이단적인 출발로 간주했다. 그러나 이 시기에 그는 카톨릭 역시 교황 무오설과 같은 후일의 로마 카톨릭의 진전 때문에 비사도적인 것으로 여겼다. 그 자신의 영국 국교 전통 내에서, 그가 진보주의라 불렀던 타락한 영향력들을 기독교 문화 영역에 과학과 이성의 침입이라고 생각했다.

뉴먼은 그 자신의 전통에 대한 사도적 유효성을 입증하기 위해 애쓰면서, 그의 옥스퍼드운동의동료들과 함께 교회를 붕괴시켰다. 유명한 "소논문(Tract) 90"은 영국 국교회의 39개 조항을 카톨릭의 트랜트 공의회의 이념과 양립할 수 있는 것으로 해석하려고 한 것이다. 이는 뉴먼에게 그의 동료 성직자들, 특별히 주교들로부터 끊임없는 비판을 가져왔다. 그는 한편으로 영국 국교회의 주장의 유효성을 의심하기 시작했으며 사도 정통성의 관리자로서 카톨릭교회를 더 우호적으로 보기 시작했다. 또한 그의 유력한 책 〈교구민을 위한 평이한 설교집 Parochial and Plain Sermons〉(1834~42) · 〈교회의 예언자적 직무에 대한 강의 Lectures on the Prophetical Office of the Church〉(1837) · 〈대학설교집 University Sermons〉(1843)에서 교회의 교리적 권위에 대한 강조를 되살리고 영국 성공회를 5세기까지의 '카톨릭', 즉 보편교회의 형태로 개혁하라고 촉구했다. 1845년 무렵에는 로마 카톨릭교회가 초대교회에서 발전한 진정한 현대교회라고 보게 되었다.

뉴먼은 1843년에 옥스퍼드교회 자리를 사임했으며, 고통스러운 고립과 반성의 시간 후에 1845년 10월 9일 로마 카톨릭으로 전향했다.

그는 옥스퍼드를 떠나 리틀모어에 있는 자신의 예배당으로 가서 가까운 제자 몇몇을 모아 준(準)수도원을 형성했다. 그 후, 1847년 로마에서 사제가 되고, 귀국하여 버밍검에 오라토리오 회(會)의 성당을 열었다(1847). 아마도 그 당시에 그는 그것을 몰랐겠지만, 그가 지은 〈빛으로 인도하소서 Lead, kindly light〉라는 찬송처럼, 그의 전향은 내면의 고백이었고 영혼의 투쟁에 대한 묘사였던 것이다.

따뜻한 빛으로 인도하소서,
암흑의 한 복판에서 날 인도하소서
밤은 어둡고 나는 집에서 멀리 떠나 있습니다.
날 인도하소서.
내 걸음을 지켜주소서.
나는 먼 곳을 보기 원치 않으니 한 걸음씩 인도하소서.

그의 결정이 어떠하든지 간에 그는 모든 면에서 갈채를 받았고, 또한 동시에 비방을 당해야 했다. 후대들은 그가 그의 학식과 신에 대한 그의 개인적 신념에 의해 영국 국교회와 카톨릭 전통 모두를 크게 고양시켰다는 데 동의한다. 다음은 그에 대한 발췌 내용이다.[1)]

“

영국 국교회와 로마 카톨릭

영국 국교회와 로마 카톨릭간에 논쟁의 촛점은, 영국 국교회의 논점은 사도성에, 로마 카톨릭은 보편성에 입각하고 있다. 영국 국교회는 로마 카톨릭에게 말하고 있다. “단지 하나의 믿음만이 있으며 너희는 그걸 따르지 않았다”고 한다. 로마 카톨릭은 “단지 하나의 교파인 카톨릭만 있으며, 너희는 거기 출신이다”라고 반박한다. 그러나 영국 국교회는 주장한다. “너희의 특별한 믿음, 관행, 행동양식은 사도성에는 없다”는 것이다. 로마 카톨릭은 그 주장에 다시 반박한다. “너희는 네 자신과 파벌 외의 어떤 교회와도 교통할 수 없으며, 너희는 동서양에서 존재하고 수용되었던 원칙, 교리, 성찬과 관례를 폐기했다.” 교의에 명시된 것처럼, 진실한 교회는 보편성과 사도성 모두를 가진다고 강조한다.

이제 내가 가담했던 논쟁을 고찰해 보건대, 영국 국교회와 로마 카톨릭은 그들 간에 주석과 특권을 분할했다. 원인은 사도성 대 보편성이다. 그러나 이 문제를 언급함에 있어서 내가 보편성의 주석이 로마 카톨릭에 속하며, 영국 국교회에 대한 비방을 허용하는 것으로 여겨지지 않기를 희망한다. 그러나 나는 논쟁에 있어 로마 카톨릭의 특별한 요점, 또는 변명이 보편성이며 영국 국교회는 사도성이라고 생각했다. 물론 나는 보편성에 대한 로마 카톨릭의 개념이 사도적이지 않다고 주장했다. 나는 기독교계가 단지 열의가 없는 정치적 결합체라 할지라도 하나의 가시적인 몸 안에서 통일되어야 한다.

나는 사랑의 명령 때문에 그들 간에 밀접한 결합이 있었다 할지라도, 그 개별 부분들에는 매우 실제적인 상호독립이 존재했었다는 것을 주장했다. 나는 주교관구가 그들 각각은 나머지들과 비슷하지만 그 총합은 단지 수정들의 모임인 하나의 수정과 비교된다고 생각했다. 교회의 통일성은 어떤 정체로 존재하는 것이 아닌 최초의 창시자이자 주교의 사도후계자로서 내려온 한 종족, 가족으로 존재하는데 있다. 나는 이러한 사실은 성 이그나티우스의 편지에도 그 뜻을 명백히 하고 있다고 생각했다. 거기에는 주교는 교회의 질서와 편의를 위한 배치를 제외하고는 어느 누구도 그 위에 없는 그 교회의 최고권위자로서 대표되고 있다.

1835년 말 또는 1836년 초에 교회의 결정은 내 마음에 달렸다고 생각하게 되었다. 단일체의 중심, 아니면 재판권의 원천이든지 간에 교황의 위치에 대한 의문이 내 마음에 전혀 나타나지 않았다는 것은 주목할 만하다. 믿음과 교회에 대한 문제가 시종일관 논쟁에 대한 나의 이슈였을 뿐이다. 로마 카톨릭과 영국 국교회 간에는 그들 각자의 주장에 대한 모순이 있었으며, 나의 회심의 역사는 단순히 그것을 해결하려는 과정이었다.

나는 나의 상상이 아닌 이성에 따르도록 결정했다. 이런 고통스런 결정이 없었더라면 훨씬 더 빨리 카톨릭교인이 되었을 것이다. 게다가 나는 내가 그 동기가 지상에서 유발되지 않았는지에 대한 회의를 하고 있다는 생각을 했다. 그때 나는 내 스스로에게 단지 시간이 그 문제를 해결할 수 있다고 말했다. 그것은 여느 때처럼 계속되었고, 내 스스로를 굴복시킨 신념에 복종하는 일이었다. 사물에 대한 새로운 개념은 그렇게 해야할 논리적 주장을 갖고 있기 때문에 지금까지 나에게 영향을 끼쳤다. 만약 그것이 하늘에서 유발된 것이라면 그것은 다시 올 것이다. 나는 더 명확한 개요와 증거에 대한 더 큰 설득력과 일관성으로 그렇게 믿었다. 이것이 그 문제에 대한 대략의 나의 의견이며 또한 나의 명백한 결론이다.

나는 영국 국교회의 가르침에 있어 사도성과 보편성을 수용하는 방식에 놓여있는 모든 장애물들을 제거할 결심을 했다. 모두가 선택할 권리를 주장하며, 그리고 우리의 교회는 원시적인 고대 신념을 가르친다고 말하면서 … 나는 이것을 숨기지 않았다. '소논문 90' 에서 나는 "가장 카톨릭적인 의미에서 우리의 개혁된 양심을 취하는 것이 카톨릭 교회와 우리 자신에게 갚아야 할 의무라는 것과 우리가 그 구성자들에 대한 의무는 없다는 것"을 제 1의 원리로 정했다. 더 명백하게 소논문에 대한 설명인 젤프박사에게 보낸 편지에서 나는 이렇게 썼다.

"내가 주장하는 견해의 특색은 오늘날 작가들의 개별적인 믿음을 진실한 해석으로 여기는 것이 일상화된 반면, 나는 카톨릭교회의 믿음을 받드는 것이다. 어린아이들이 그들 부모의 믿음이 아닌 교회에 대한 믿음에서 세례받을 때 회심하는 것처럼, 그 조항들은 그들 구성자의 의미에서가 아닌 하나의 카톨릭 의미 내에서 수용되고 있다고 말한다."

1841년 말부터 내가 그 당시에 주의했다고 할지라도 영국 국교회의 자격에 대해서 나는 정지의 상태였다. … 그러나 결과적으로 나의 이야기는 위대한 기록물이 될 것임에 틀림없었다. 내가 긍정적, 또는 부정적인 명확한 항목들을 제외하고는 내 기억에 의지하지 않았기 때문이다. 죽은 친구들에게 보낸 편지는 내 손에 들어왔으며, 경우에 따라 다른 것들은 빌렸기 때문이다. 그리고 내가 나머지 것들과 몇 가지 비망록에 대한 초안을 갖고 있었다. 그리고 몇 개의 귀중한 기록들을 불행히도 잃어버리고 말았다.

의무에 대한 견해에 있어서 나의 입장은 이러하다.

하나, 1841년 봄 옥스퍼드 주교에게 보낸 편지에서 나는 운동에 있어 내 위치를 포기했다.

둘, 그러나 나는 나 때문에 들어오게 된 다양한 사람들을 향한 내 의무를 포기할 수 없었다.

셋, 나는 점차 속인으로서의 평신도원(Lay Communion)을 의지하기로 기대했거나 의도했다.

넷, 나는 영국 국교회를 떠나는 것을 결코 생각하지 않았다.

다섯, 카톨릭 교리를 수용하는게 허용되지 않는다면 나는 성직을 가질 수 없다.

여섯, 무한하고 영원한, 최고이며 나누어 질 수 없는 유일자에 대한 영광과 모순된 내 의식 속에서 내가 생각한 성모 마리아와 성인들이 받아야 할 영광 때문에 고통받고 있을지라도 나는 로마에 갈 수 없다.

일곱, 나는 조화를 이루는 조건하에서 로마와 함께 단일체를 희망했다.

여덟, 나는 리틀모어(Littlemore)의 토레스 베드라스(Torres Vedras)를 방문했으며, 그리고 우리가 은퇴해야 할 때 영국 국교회 내에서 어느 날 우리가 다시 전진할 거라고 생각했다.

아홉, 나는 온 힘을 다해 로마에 갈 의향이 있는 사람들을 억제했다.

그 이유는 서너 가지 이유 때문이다.

하나, 양심상 내 자신이 할 수 없는 것을 그들에게 하도록 고통을 줄 수 없기 때문이었다.

둘, 많은 경우에 있어서 그들이 흥분상태에서 행동하고 있다고 생각했기 때문이다.

셋, 내 교구와 영국 국교회에 대해 많은 의무를 갖고 있었다.

넷, 몇몇 경우에 있어, 영국 국교회 조상이나 선배들로부터 절대적인 책임을 받았기 때문이다.

이것이 1841년말부터 1843년 가을에 성 메리의 사임까지 내 의무에 대한 견해였다.

카톨릭으로의 전향

시종일관 성경의 진리 내에서 진보 원리의 범위는 로마 카톨릭과 고대 기독교성의 정체성에 찬성하는 논의였다. 그러나 교리신학의 주제로 작용하는 법이 있듯이, 종교적 신념의 문제에 있어서도 법이 있다.

이 이야기의 첫 장에서 나는 우리들에게 신성하게 의도되고 함께 하고 있는 중요한 것으로서 확신에 대하여, 그리고 일대일로 취해진 개연성인 확실하게 주어진 이성에 대한 축적된 힘에 대해 말했다. 내가 고찰한 내 인생의 시기들 안에서 내 정신상태를 이야기한 것을 수집했다. 나는 신학적으로 말하지 않으며, 또한 논쟁을 할 의향도, 더구나 내 자신을 방어할 생각도 없다. 그러나 1843-1844년에 내가 간직했던 것에 대해서 역사적으로 말하고 있다. 나는 개연성에 기초하여 신을 믿었으며, 개연성에 관해 기독교 신앙을 가졌으며, 개연성에 관해 카톨릭을 믿었다. 그래서 이들 세 개의 근본적 개연성은 증거의 본질에 있어 하나이자 똑같은, 여전히 개연성들 모두이다. 특별한 종류의 누적되고 뚜렷한 개연성, 우리에게 하도록 만든 신이 그렇게 의도한 까닭에 정말로 수학에서 우리는 엄격한 증명에 의해 확신에 도달해야 하지만, 종교에서는 누적된 개연성에 의해 확신에 도달해야 한다. 우리가 그렇게 행동하도록 신이 의도했다고 나는 말하고 있다. 그는 우리의 행위에 동참하고 그래서 신이 우리에게 하도록 의도하는 것을 가능케 하며, 그와 함께 한다면 그는 우리 결론의 논리적 힘보다 훨씬 더 높게 일어난 확신으로 우리를 인도한다.

로마 카톨릭으로 인도되는데 있어서 나는 2차적이고 고립된 이성 또는 세부적인 논쟁점에 의해 행동하지 않았으며, 2차적이며 특별한 논지 사용에 있어서 조차 위대하고 드넓은 원리에 의해 보호되고 정당화되는 것에 만족하고 있다는 것을 분명히 알게 되었다. 그러나 어떤 카톨릭교인이 결과적으로 내가 나쁜 방식으로 회심했다고 말한다 할지라도, 나는 지금 그것을 하지 않을 수 없다는 것을 방어하는 것이 아니라 사실을 말하고 있다는 것을 주시하자.

나는 더 이상 나의 종교 견해에 있어 변화에 대해 말할 것이 없다. 나는 한편으로 점점 더 영국 국교회가 옳지 않으며, 다른 한편으로 로마 카톨릭이 옳다는 것을 알았다. 계속해서 영국 국교회에서 일을 해야 할 당위성이 없었으며, 그리고 로마 카톨릭으로 전향하는데 반대할 이유도 없었다. 당시 나는 더 이상 알아야할 것이 없었다. 나의 회심에 여전히 남아있는 것은 견해의 더 많은 변화가 아니라 나의 개인의 신념의 명백함과 확고함으로 견해 자체를 변화시키는 것이었다. … 그리고 나는 1845년 초에 교리 발전에 관한 나의 에세이를 시작했으며, 1846년 2월 23일 월요일 과거를 청산하고 영원히 옥스퍼드를 떠났다.

나는 카톨릭교인이 되었으며 종교적 견해에 관해 더 이상 말할 것이 없었다. 이것을 말함은 내 정신이 나태하거나 신학적 주제에 관해 사고하는 것을 포기했다고 말하려는 게 아니다. 그러나 나는 기록할 만할 어떤 특별한 변화 또는 마음의 두려움도 없다. 나는 지금 자유롭고 완전한 평화와 만족의 상태에 있다. 나는 결코 어떤 후회와 회의도 없다. 나는 뜨거운 회심으로 내 마음속에서 작용한 개인적, 또는 도덕적 어떤 변화에 대해 스스로를 의식하지 않았다. 성경의 근본적 진리 내에서 더 확고한 신념에 대해서도 의식하지 않는다. 더 이상의 열정은 없을 것이다. 그러나 그것은 험난한 항해 후에 항구에 안착한 것과 같았다. 그러므로 나는 무한히 평화롭고 행복하다.

”

정신과 성격

뉴먼의 초상화들을 보면 예리함과 심미적 섬세함이 엿보인다. 시인이기도 했던 뉴먼은 많은 시를 썼는데 그중에서 아주 유명한 시들은 대부분 그가 성공회 신자였을 때 〈사도의 서정시 Lyra Apostolica〉에 기고한 시들로, 이중에는 1833년 배를 타고 가다가 사르디니아와 코르시카 사이의 해협에서 바람이 불지 않아 배가 멈추었을 때 지은 〈빛으로 인도하소서 Lead, kindly light〉라는 찬송과, 추도미사에 근거하여 지은 〈게론티우스의 꿈 The Dream of Gerontius〉(1865) · 〈지극히 거룩하신

분을 찬양하라 Praise to the holiest in the height〉·〈나는 확고하고 진실하게 믿나이다 Firmly I believe and truly〉 같이 잘 알려진 찬송들이 있다. 또한 철학자나 신학자, 설교가, 시인으로서 그의 사상도 시적인 정서와 밀접하게 관련되었다.

산문에는 한계가 있음을 늘 인식하여 비유와 유비의 필요성을 의식했다. 따라서 논리적인 신학자들은 그의 사상이 난해하거나 복잡하다고 생각하기도 했다.

그러나 그의 정신에는 아리스토텔레스, 데이비드 흄, 주교 조지프 버틀러, 리처드 웨이틀리를 연구하여 얻은 통찰력과 원동력이 있었다. 다만 겉으로 보기에 논리학과 변증법을 무시하는 듯한 인상을 주어 독자들로 하여금 그의 사상이 비논리적이라는 생각을 하게 했다. 그의 지적 결함은 오히려 지나친 예민함에 있었다.

그는 꼼꼼하게 논증하기를 좋아했고, 때로는 아주 정교한 자기 논리에 스스로 휘말려버리는 경향이 있었으며, 위험한 입장에 처했을 때에는 귀류법(歸謬法)을 사용하는 습관이 있었다. 아마 뉴먼 사상의 정수는 〈교구민을 위한 평이한 설교집〉이나 〈대학 설교집〉의 몇 군데서, 그리고 가장 조야한 면은 1843년에 출판된 〈교회의 기적들에 대한 논고 Essay on Ecclesiastical Miracles〉에서 찾아볼 수 있을 것이다.

그의 섬세한 성품은, 그 점이 마음에 들어 그와 사귀게 된 친구들도 있긴 하지만, 대중의 비판에 쉽게 상처를 받고 증오심을 품었다. 또한 종교개혁을 옹호하는 성공회 교도 또는 그의 카톨릭 신학을 공격하는 교황지상주의자 등 반대파들로부터 의심을 받으면서 겪은 좌절감 때문에 자신감을 많이 잃었고, 따라서 충분한 자질이 있었으면서도 지도자가 되지 못했다. 그렇지만 옥스퍼드운동을 일으켜 영국 성공회를 변화시키는 데 이바지했으며, 카톨릭 신학이 새로운 비판적 학문의 연구 결과들에 보다 개방적이 되도록 도왔다.

나의 생애를 위한 변명

〈나의 생애를 위한 변명〉은 영국 성공회 교인들이 카톨릭 사제들에 대해 품었던 노골적인 편견을 무너뜨리는 데 중요한 역할을 했다.

뉴먼은 1864년 찰스 킹즐리가 자신의 도덕 사상을 근거없이 공격하고 나선 것을 계기로 좌절감에서 벗어나게 되었다. 킹즐리는 결국 성공회 교인으로 살아온 자신의 삶의 정직함을 정당화하기 위해 그에게 도전한 셈이었다. 비록 킹즐리를 다소 심하게 다루긴 했지만 그 결과 쓰게 된 자신의 종교적 견해의 변천 내력을 다룬 〈나의 생애를 위한 변명 Apologia pro Vita Sua〉(1864)은 로마 카톨릭교회를 넘어서까지 널리 읽히고 인정을 받았으며, 공정하고 솔직하며 흥미롭고 문체가 아름다운 이 책으로 말미암아 예전에 누리던 국가적 인물로서의 위치를 되찾았다. 1870년에는 교황무오설에 반대했는데 개인적으로는 그 교리를 신봉했다. 그는 가장 중요한 신학서인 〈동의의 원리 An Essay in Aid of a Grammar of Assent〉(일반적으로 〈The Grammar of Assent〉로 알려져 있음)를 같은 해 1870년에 출판했다. 이 책에서는 신앙의 본질에 대한 깊은 성찰과 개연적일 뿐인 증거에서 신앙이 발생할 경우 어떻게 확실성을 가질 수 있는지를 설명하려고 했다. 1879년 레오 13세는 뉴먼을 벨라브로에 있는 세인트조지 성당의 부제 추기경으로 임명했다.

뉴먼은 1890년 버밍엄에서 하나님의 부름을 받은 뒤, 가장 친했던 앰브로즈 세인트 존과 함께 오라토리오회의 휴양지 레드널에 묻혔다.

참고문헌 – 이 글은 아래 문헌에서 인용, 발췌한 것이다.

1) *His Apologia Pro Vita Sua*: Being a History of His Religious Opinions, ed. Martin J. Svaglic (Oxford: The Clarendon Press, 1967).

http://ko.wikipedia.org/wiki/(위키백과)

http://www.britannica.com/(브리테니커 Internet판)

http://100.daum.net/encyclopedia/view/b04n0793b (존 헨리 뉴먼)

기도의 아버지

죠지 뮬러

George Mueller

1805~1898

믿음과 기도의 사람이었던 그는
한평생 고아들을 위한 사역에 헌신하여
'고아의 아버지' 로 불리어진다.

방탕한 삶

죠지 뮬러는 현재의 독일에 위치해있던 프로이센 왕국(1701-1918, 독일 북부에 위치함)의 할버스타트(Halberstadt)에서 가까운 크로펜스타트(Kroppenstaedt)에서 1805년 9월 27일에 태어났다. 4년여가 지났을 때에 그의 부모는 4마일 정도 떨어진 하이머스레벤(Heimersleben)으로 이사했다. 그곳에서 아버지는 세무원으로 일했으며, 11년 후에는 새로운 일을 맡아서 막데부르크(Magdeburg)에서 가까운 쇼네

벡(Schoenebeck)으로 이사했다.

뮬러는 잦은 이사도 한 원인이었겠지만 부모로부터 적절한 교육을 전혀 받지 못했다. 아버지의 사랑을 독차지했지만 이는 뮬러에게나 형제들 모두에게 해로운 결과를 가지고 왔다. 체계적인 교육을 배타시한 아버지가 선택한 방법은 돈을 쓰는 방법과 절약하는 법을 익히게 하고자했다. 그래서 돈을 자유롭게 손에 넣을 수 있게 했다. 자기 자신을 제어할 수 없는 어린 나이에 더군다나 그들은 거의 방치된 것이나 다름이 없었다! 그런 상황에서 돈을 자유롭게 접했을 때, 아버지가 의도한 것과는 달리 엉뚱한 결과를 가져온 것은 너무나 당연한 수순이었다.

상황은 어떻게 돌아가고 있었던가? 돈을 부주의하고 악한 목적으로 낭비하도록 만들었을 뿐이다. 돈을 지출한 근거를 대야만 했을 때에 낭비한 사실을 숨기기위해서 거짓말을 일삼았고, 이를 발견한 아버지가 벌을 내리면 개선하기는커녕 더 교활해지고 지능적으로 변해가고 있었다. 심지어 돈을 훔친 것이 잘못이 아니라 도둑질한 것이 발각되는 것을 잘못으로 여길 정도였다! 뮬러는 열 살도 되기 전에 상습적인 도둑이었고, 속이는 것에 전문가였다. 아버지가 가지고 있던 국고금(國庫金) 조차도 뮬러로부터 안전할 수 없을 정도였다.

아버지는 뮬러가 성직자가 되기를 원했다. 상습적인 거짓말, 도덕적인 부정함과 그리고 범죄 사실을 알고 있던 아버지가 소명과 헌신을 위해서 뮬러가 그 길을 가기를 원했다는 것은 믿을 수가 없는 일이다. 아버지는 전적으로 생활의 관점으로 성직자를 보았고, 안락한 생활의 관점에서 고려되었던 사항일 뿐이었다. 그리하여 열한 살이 되기 전에 대학 교육을 받을 준비를 하기 위해 할버스타트에 있는 교회 고전학교로 보내졌다. 그러나 뮬러는 이미 고삐가 풀린 망아지였다. 갖가지 소설읽기가 공부였고, 온갖 죄악된 습관에 탐닉하는 즐거움에 빠져 들어

갔다. 카드놀이와 술 마시는 것은 주요한 일과에 해당했다. 열네 살의 소년은 어머니가 갑자기 돌아가시던 날 밤에도 새벽까지 카드놀이를 하고 술을 마시며 길거리를 활보하고 돌아다녔다. 다음 날도 마찬가지였다. 어머니의 죽음조차도 충격이 되지 못했다. 양심은 아직도 잠자고 있었고, 잘못된 길에서 벗어나려는 의지나 생각조차도 없었다.

견신례(堅信禮)를 받을 나이가 되자 이를 준비하기 위한 신앙교육을 위해서 수업을 참여해야 했다. 뮬러에게 있어서 이것은 하나의 형식에 불과했다. 견신례를 위해서 전날에 고해성사를 위해서 목사를 만났을 때에 견신례 비용의 거의 전부를 목사를 속여 갈취했다. 그리고 1820년 부활절에 견신례를 받았다. 그에게는 하나님에 대한 신앙 자체가 없었다.

1821년 아버지가 쇼네벡으로 옮기게 되자 자신의 생활을 바꿔보고자 했다. 새로운 환경에서 스스로를 개선하고자 막데부르크에 있는 교회학교에 보내달라고 요청했다. 그러나 마음이 전혀 바뀌지 않은 상태에서 바깥의 내용이 바뀔 수는 없는 노릇이다. 한 곳에서 다른 곳으로의 이동은 죄악된 마음을 내려놓고 이동하는 것은 아니었음이 밝혀지는 것은 그리 오랜 시간이 필요하지 않았다. 이상한 독선을 가지고 있었던 아버지는 담임목사 나겔(Nagel)과 함께 고전을 읽는 동안에 집을 사용하도록 했으며, 잡일을 돕도록 했다. 그것은 고양이에게 생선을 맡긴 꼴이었다. 채무자들의 돈을 받도록 허락 받은 뮬러는 돈을 받아서 쓰고는 이 사실을 숨겼던 것이다. 완벽하게 예전 생활로 돌아갔다.

그해 11월, 뮬러는 막데부르크와 브룬스윅(Brunswick)에 갔다. 가정교사에게는 거짓말로 동의를 얻어냈다. 브른스윅에서 카톨릭 신자인 소녀와 사랑에 빠졌다. 막데부르크에서 일주일, 그리고 브른스윅에서는 값비싼 호텔에서 아버지의 돈을 허비했다. 삼촌 집에서는 나가라고 할 때까지 머물렀다. 그리고 또 다른 호텔에서 지불을 요구할 때까지 머무르고는 체포를 면하기 위해서 가장 비싼 옷을 벗어주고 나와야만 했다. 볼펜뷔텔에서 또다시 돈도 없이 호텔에 들어갔다. 돈이 많은 사람처럼 행세했다. 그러나 돈이 없자 도망쳤다. 그러나 주인에게 붙잡혀 감옥에 보내졌다. 16살의 나이에 죄수가 되어 감옥에 수감 되었다. 12월부터 다음 해 1월까지 거의 한달 동안 감옥에서 절도범, 살인범들과 같이 생활했다. 아버지는 이 소식을 듣고서 모든 비용을 지불하고 뮬러를 감옥에서 데리고 나왔다. 아버지의 호된 꾸지람을 들은 뮬러는 수학과 독일어, 불어와 라틴어 수업을 열심히 들었다. 그의 외적인 개선은 아버지를 기쁘게 만들었다.

아버지가 더 이상 집에 머무르게 하지 않았을 때, 뮬러는 시험을 치르기 위해서 대학 도시인 할레(Halle)로 마지못해서 떠났다. 그러나 뮬러가 선택한 것은 김나지움(gymnasium)에 들어가기 위해서 노드하우젠(Nordhausen)으로 갔다. 할레는 엄격했고 친구들을 사귀는데, 성가실 것이라는 판단에서였다. 집에 돌아와서도 뮬러는 이 사실을 숨겼으나, 노드하우젠으로 가기 전에 이 사실이 들통났다. 아버지는 화가 났으나 결국에는 이를 허락하고 말았다. 뮬러는 1822년 10월부터 1825년 부활절까지 여기에 머물렀다.

2년 반에 걸친 생활을 교장 선생님과 함께 살면서 고전, 불어, 역사 등을 공부했다. 행실은 크게 개선되었다. 다른 소년들의 모범이 되었고, 선생님과 라틴어로 산책하면서 대화하도록 허락받을 정도였다. 새벽 4시에 일어나 밤 열한 시까지 책을 읽는 생활을 거듭했다. 지독한 병을 앓아서 무려 13주 동안이나 방에 틀어박혀 있기도 했다. 그러나 아직까지도 하나님에게 돌아올 때는 되지 않았다. 사람들 모르게 방탕한 생활은 계속했고, 모자라는 돈을 폭력에 의해 도둑맞은 것처럼 꾸미다가 들통 나 버렸다. 이후로는 교장 선생님의 신임을 얻을 수 없었고, 병들었을 때에 어머니처럼 돌봐준 교장 부인의 얼굴도 다시는 볼 수 없었다.

그런 뮬러가 대학생이 되고 루터파 교단에서 설교할 자격도 부여 받았다. 물론 이 신학생은 하나님이나 구원 등에 관하여 전혀 모르고 있었다. 더 나은 삶을 살아야 할 필요는 느꼈지만, 강력한 동기가 그를 사로잡지는 못했다. 방탕한 생활은 발각되어서 어느 교구도 그를 목사로 삼으려 하지 않았다. 할레에 들어가서 그가 느낀 것은 자신의 결심이 거미집처럼 약하다고 한 사실이었다. 가진 돈은 바닥을 드러냈고 돈을 빌릴 수 없을 때까지 돈을 빌리고 시계와 옷가지를 저당 잡혔다. 자신을 바꾸고자 베타(Beta)라는 청년을 사귀었으나 그도 역시 타락자에 불과했다. 그러나 세상에 우연은 없었다. 후일 뮬러는 베타를 통하여 회심에 이르게 되었던 것이다.

악한 일을 꾸며내는데 있어서 뮬러는 전문가였다. 베타와 다른 두 친구와 알프스까지 여행하려는 계획을 세웠다. 뮬러의 계략으로 부모들에게서 여권을 받았다. 40일이 넘는 기간 동안을 이들은 도보로 여행했다. 뮬러는 공동의 지갑을 관리하면서 친구들에게 자신의 여행비용의 1/3을 지불하도록 만들었다.

"

회심

1825년 11월 중순의 어느 토요일 오후에 친구 베타와 함께 산책을 하고 돌아오고 있었다. 베타는 지나가는 듯이 저녁에 어느 신자의 가정에서 열리는 모임에 참석할 것이라고 말했다. 그 모임은 몇 명이 모여서 찬양하고 기도하고 하나님의 말씀을 읽고 인쇄된 설교를 읽는다는 것이었다. 그 이야기를 듣자 정확한 이유는 알 수 없었지만 모임에 참석해야겠다는 마음이 일어났다. 놀기 좋아하고 악한 쾌락에만 탐닉하는 뮬러가 불편함을 느낄까봐 주저했으나 결국에는 뮬러를 데리고 갔다. 사실 베타는 변화하고 있었다. 스위스 여행에서 돌아오면서 죄책감을 크게 느꼈고, 하나님께 죄를 철저히 고백했다. 할레대학의 학생이었던 그리스도인 리히터(Richter) 박사를 통하여 모임의 집주인 와그너(Wagner)씨를 만났던 것이다. 그날 저녁은 죠지 뮬러의 역사와 운명에 있어서 분기점이 되었다. 생소한 분위기와 사람들, 그리고 새로운 공기를 호흡하고 있는 느낌을 강렬하게 느꼈다. 자신을 환영하는 분위기에 적응하지 못하고 사과하는 발언까지 했다! 이때 들은 와그너의 대답은 결코 잊어버릴 수 없을 정도로 강렬했다.

"오고 싶을 때는 언제든지 오십시오. 집과 우리의 마음은 언제든지 당신에게 열려 있습니다."

모두 같이 앉아서 찬송을 불렀다. 이어서 후일 아프리카로 파송된 선교사가 된 형제가 무릎을 꿇고 이 모임을 축복해 달라고 기도했다. 무릎을 꿇고 기도하는 모습은 뮬러에게 깊은 감동이 되었다. 스물한 살이 되었지만 지금까지 무릎을 꿇고 기도하는 모습을 전혀 본 적이 없었기 때문이다. 프로이센 사람들은 공중기도에서 일어서서 기도했다. 하나님의 말씀과 인쇄된 설교문을 읽었다. 모임이 끝날 때쯤 찬송가 한 장을 더 불렀다. 그리고 집의 주인이 기도를 했다. 그가 기도할 때, 이런 생각이 들었다.

"이 사람보다 내가 학식이 많은데도, 나는 이렇게 기도할 수 없구나." 무언가가 자기를 그곳으로 이끌었던 것처럼 말로 설명할 수 없는 기쁨이 마음속으로부터 샘솟고 있었다. 뮬러는 베타에게 이렇게 말했다. "스위스를 여행하면서 보고 느낀 즐거움도 오늘 저녁의 기쁨에 비하면 아무것도 아니군."

그날 밤에 방에 돌아와 무릎을 꿇고 기도했는지 기억할 수는 없다. 그렇지만 침대에 누웠을 때의 평안과 안식은 결코 잊을 수 없었다. 하나님이 어떤 분이신지를 당시에는 잘 알지는 못했지만 그날은 확실히 뮬러 인생의 분수령이 되었다.

새로운 힘이 뮬러를 지배하고 있었다. 그냥 조금 바꾸려고 했던 예전의 모습이 아니었다. 오랫동안 유지되었던 관습들이 하루아침에 청산되지는 않았지만 사악한 쾌락과 이전의 달콤했던 세상 친구들을 멀리하기 시작했다. 자주 찾던 술집도 발을 끊었고, 거짓말을 일삼던 입에도 제어의 경비가 세워졌다. 하루아침에 그런 변화가 생긴 것은 아니었지만 차츰 성령을 의지했다. 파리를 방문하기 위한 경비 마련을 위하여 불어 소설을 번역했지만 내용이 신앙적이지 못했기에 원고를 불에 태워 버렸다. 성령의 음성에 따라 자신을 부정한 최초의 용기 있는 행동이었다! 뮬러의 생애에서 있을 수 없는 첫 행동이 벌어졌다.

악과의 선한 싸움이 벌어졌다. 연약하여 자주 넘어지고 유혹에 흔들렸지만 습관적인 죄를 계속하지 않았고, 하나님을 거역하여 슬프게도 하지 않았다. 공공연하고 은밀한 죄도 줄어들었다. 말씀을 읽고 기도했으며, 교회의 모임에 참석했고, 예전 동료들의 조소를 아랑곳하지 않고서 하나님 편에 용감하게 섰다!

”

소명

1826년부터 뮬러는 선교 저널을 읽기 시작했다. 선교사가 되고 싶은 열망이 생겼기 때문이다. 자주 이 문제를 놓고서 기도하면서 마음은 확고해지고 분명해졌다. 그러나 '엘머가르데' 라는 젊은 여성을 좋아하는 육신적인 문제가 등장하면서 영적인 퇴조가 6주일이나 지속되었다. 그러던 중에 부유하고 학식 있는 가정에서 태어난 헤르만 볼(Hermann Ball)이라는 신실하고 젊은 형제를 만났다. 그는 가족 곁에서 방종하고 호화로운 삶을 살기보다는 폴란드에 있는 유대인들 가운데서 사역하고 있었다. 젊은 뮬러는 이 사람으로부터 강렬하고 깊은 인상을 받았다. 거의 동시에 유명한 솔럭(Tholuck) 박사가 할레대학의 신학과 주임 교수가 되었다. 신실한 몇몇 학생들이 다른 대학에서 할레대학으로 옮길 정도였다. 새로운 형제들과 사귀며 신앙이 자라났다. 선교에 대한 열망도 되살아나서 아버지를 만났다. 아버지의 허락은 독일의 선교 단체와 관계를 맺는 전제였다. 아버지는 큰 소리로 심하게 꾸짖었다. 뮬러가 꿈쩍도 안하자 아버지는 눈물로 마음을 바꿀 것을 호소했다. 이제 분명해졌다. 아버지로부터 돈을 받지 않기로, 어떤 대가를 치를지라도 주님의 인도를 따르리라고 결단했다. 도움을 받는다는 것은 아버지의 바람에 순종하는 것을 의미했다. 그것은 하나님과는 멀어지는 길임이 분명했다.

이제 대가를 치러야만 했다. 대학을 졸업하려면 아직 2년이 더 남아 있었다. 이전보다 더 많은 돈이 필요했지만 아버지에게는 한 푼도 받지 않겠다고 결심했다. 뮬러는 이른 나이에 하나님이 궁핍하실 때에 신실한 공급자가 되신다는 사실을 확신했다. 아버지가 바라시는 대로 편안하게 사는 목회자가 아니라 십자가만 바라보는 목회자가 되는 것이 옳다고 생각했기에 아버지가 원하는 목회자가 되리라고 생각할 수 없었다. 주님은 이러한 결심을 지킬 수 있도록 인도하셨다.

그즈음에 대학교수였던 사람 중 찰스 핫지(Charles Hodge)가 포함된 미국 사람들 세 명이 할레에 머물며 독일어 교육을 받고자 원했다. 솔럭 박사는 뮬러를 독일어 선생으로 추천했다. 그들은 교습료와 강의록 집필료를 주어 등록금을 제외하고서도 용돈을 쓸 수 있을 정도로 많은 돈을 주었다.

선교하고자 하는 열망은 있었으되 아직 때는 이르지 않았다. 하나님의 인도하심을 기다리라는 권면을 들었으나 뮬러는 성급했다. 복권을 사서 이것이 당첨되자 하나님의 뜻이라고 생각했다. 선교 지원서를 베를린 선교협회에 보냈으나 아버지의 동의가 첨부되지 않았다는 이유로 거부당했다. 인도로 가고자 하는 계획이 실패로 돌아갔다. 뮬러의 연단이 더 필요했다. 자기의 문제를 더 자주 더 열심히 솔직하게 하나님 앞에 내어놓았다. 1826년 8월에 다른 사람의 설교를 암기해서 설교하면서 강해 설교의 중요성을 배우게 되었다.

이 시기에 거의 두 달 동안 프랑케(Francke)가 세운 유명한 고아원에 있는 신학생들을 위한 무료 기숙사에서 생활했다. 수백 년 전에 할레대학의 교수였던 프랑케는 전적으로 하나님을 의지하여 고아원을 세웠던 것이다. 후일 뮬러의 브리스톨(bristol)의 고아원 사역은 이 고아원의 전형을 따르는 것이었다. 성경 공부도 소홀히 하지 않았다. 성경은 하나님을 아는 지식을 증가시켜 오직 하나님만을 의뢰하게 만들었다.

출발

1827년 8월, 뮬러는 마음에서 선교에 대한 열망이 불타오르고 있었다. 영국 컨티넨탈 소사이어티(the Continental Society of Britain)에서 부카레스트(Bucharest)에서 일할 사역자를 찾는다는 소식을 들었다. 소사이어티를 대신해서 적절한 후보자를 찾고 있던 솔럭 박사를 통하여 뮬러는 스스로 지원했다. 놀랍게도 아버지는 이 계획을 동의하여 주었다. 또 다른 선교지도 나타났다. 폴란드의 유대인 가운데서 사역하고 있던 헤르만 볼이 몸이 약해져서 돌아왔다. 솔럭 박사도 유대인 사역이 어떻겠느냐고 물어왔다. 솔럭은 유대인 선교를 장려하는 런던 선교협회의 대리인이기도 했다. 부카레스트는 그곳에서 전쟁이 벌어지는 바람에 좌초되었다. 유대인 사역을 할 수 있음을 알게 된 런던협회는 사역 준비로 6개월을 함께 일해보자고 제안했다. 이제 군복무가 문제가 되었다. 프로이센 사람들은 3년의 군복무의 의무가 있었다. 면제 신청은 거절당했으며, 뮬러는 10주 정도를 재귀열(再歸熱, relapsing fever)로 시달렸다. 그 후에 두 번의 신체검사에서 불합격 판정을 받았다. 일생 동안 군대 복무를 완전히 면제 받은 것이다. 1829년 2월에 런던을 향해서 떠났다. 중간에 은퇴한 아버지를 보고서 3월에 런던에 도착했다. 하나님께 의뢰하는 것을 가장 우선시한 뮬러는 가을이 지나가기 전에 런던협회와의 관계를 심각하게 재고하기 시작했으며, 그해 12월 마침내 특정한 관계이외에는 모든 관계를 정리하기로 결정했다. 1830년 7월에 뮬러는 메리 그로브스(Mary Groves)와 결혼한다.

기도로 이룬 고아원의 아버지

영국으로 건너가 선교협회로부터 목사 안수를 받고 데번항구에서 잠시 목회를 한다. 1832년 4월에 뮬러는 자신의 평생 사역지가 된 브리스톨로 이주한다. 이 시기에 브리스톨은 콜레라가 창궐하고 있었다. 무엇보다 먹지못하는 육체의 고통과 배우지 못하는 정신적인 고통으로 신음하는 브리스톨을 위해 자신이 하나님 앞에서 무엇을 해야할지 고민케 되었다. 1834년 2월에 뮬러는 "국내외를 위한 성경 지식 보급회"를 설립했다. 이 회는 향후에 위대한 공익단체로 발전하게 된다. 그동안 한 가지 목표가 뮬러의 마음에 자리 잡기 시작했다. 부모 없는 아이들에게 어떤 영구적인 도움을 줄 수 없을까라는 생각이었다.

"

마태복음 18장 3절에서 "이르시되 진실로 너희에게 이르노니 너희가 돌이켜 어린 아이들과 같이 되지 아니하면 결단코 천국에 들어가지 못하리라" 말씀하셨습니다.

예수님은 어린 아이들 같이 되지 않으면 결간코 천국에 들어가지 못한다고 하셨습니다. 예수님은 우리가 어린 아이들처럼 순수하고, 마음이 청결하고, 세상에 때가 묻지 않기를 바라십니다. 또한 어린 아이들처럼 작은 일에도 감사하고 기뻐하며 찬양하기를 바라십니다.

어린아이의 속성 중 가장 중요한 것은 오직 부모만 의지하는 것을 말하는 것입니다. 어린 아이처럼 어떤 문제가 생겼을 때 자신을 의지하지 않고 오직 하나님만 의지하라는 것입니다. 교인이라 할지라도 내 돈이나 내 능력을 의지하면 이미 하나님의 일을 하는 것이 아닙니다. 내가 하나님 일을 하려고 하지 말고, 하나님이 나를 통해 일을 하도록 해야 합니다.

영적인 진리는 이 세상 진리와 정 반대입니다. 영적인 진리는 이 세상에서 버릴수록 채워지고, 약할수록 강해지며, 낮아질수록 높아지고, 죽을수록 살아납니다.

”

처음 그는 하나님의 뜻임을 믿고 학교를 세우기도 했다. 그러나 차츰 그의 관심이 학교에서 고아원으로 바뀌게 되었다. 뮬러는 학교에 다니던 고아 소년이 구빈원(救貧院)에 보내지는 일을 보았다. 이 일은 뮬러로 하여금 고아들에 대하여 계속 생각하고 기도하게 만들었다.

당시 고아들을 수용하고있는 구빈원의 실상은 아이들이 먹지못하여 해골처럼 말라있거나 병이 들어 퉁퉁 부어 있었다.

엄마! 엄마! 울다가 고통을 이기지 못하여 기진하여 쓰러져있는 아이도 있었다. 차마 눈뜨고 볼 수 없는 광경들이었다. 뮬러는 구빈원의 아이들을 인해 제대로 잠을 이룰수가 없었다. 뮬러는 이번에는 고아원을 설립하는 것이 하나님의 뜻임을 알고 영접했다.

그러자 반대는 거세게 일어났다. 그는 이제 겨우 브리스톨에서 개척교회를 시작하는 입장이었다. 그에게 고아원을 세워 고아들을 돌볼 많은 물질이 없었다.

“

“학교를 세우면 공부만 가르치면 되지만 고아원은 먹이고 입히고 재우고 공부도 가르쳐야 하므로 많은 물질이 필요한데 어디서 물질을 얻습니까?" 하며 그를 메몰차게 몰아세워 붙였다.

특별히 헨리 크리익 목사님은 이런 충고를 주기도 했다.

"기도하면 뭐든지 다 된다는 생각을 가지고 무리하게 기도한다면 분명 하나님을 놀리는 일이에요"

"현실을 보고 언제나 가능한 것만 선택해 기도하세요. 그렇기 때문에 하나님은 우리에게 이성을 주셨어요"

99

뮬러는 고아원일을 시작하기도 전에 맥이 빠지게 되었다.

한편, 프랑케에 관련된 전기를 1832년 2월에 접하고 감명을 받은 일이 생각났다. 뮬러는 1835년에 독일을 방문하면서 할레대학을 찾아갔다. 여기서 또다시 도전을 받게 된다. 그 후 브리스톨로 돌아온 후 11월 경에 한 자매의 집에서 차를 마시던 중에 프랑케의 전기를 또 보게 되었다. 오직 믿음으로 고아원을 개척했던 프랑케 전기를 읽고 다시금 용기를 얻게 되었다. 단순한 마음의 생각에서 확신과 인도와 결단으로 우뚝 서 있었다.

드디어 1835년 12월 2일에 공식 모임을 위한 광고 인쇄물이 나왔다. 삼일이 지날 즈음에 시편을 읽다가 충격적인 말씀을 보았다.

"네 입을 넓게 열라 내가 채우리라."(시편 81:10) 이 본문은 시편 68편 5절, "하나님은 고아의 아버지시며"라는 말씀과 함께, 그의 일생의 지표가 되었다. 그는 이 말씀에 새로운 힘과 용기를 얻었다. 말씀의 힘을 덧입어 혼자 조용히 부르짖는 기도를 계속해서 드릴 수 있었다.

66

"하나님 아버지 제가 고아원을 하고 싶어하는 것은 우연한 일이 아니라 하나님께서 친히 제 마음 가운데 불러 일으켜 주신 소원임을 믿습니다. 이 소원을 이루어야 할 장본인은 제가 아니라 하나님이셔야 하지 않겠습니까? 저는 오직 당신의 종으로만 일할 뿐입니다. 다만 필요한 것들을 주선하여 주시옵소서" 하며 기도의 단을 쌓아 나갔습니다.

사람들은 그의 생각을 이해하고 고아원 설립을 위해 바자화나 모금운동을 하자고 제안케 되었습니다. 그러나 그는 하나님의 뜻이 맞는 일이기에 처음부터 끝까지 자원하는 사람들의 성금과 성물로만 이 일을 하고자 거절했습니다. 그리고 분명 하나님은 살아계신 분이시기에 응답해 주실 것을 믿었습니다.

드디어 기도의 응답을 받기시작했습니다.

10파운드를 가져온 부인을 필두로 일생을 벌어 모은 100파운드의 돈을가져온 부인도 있었습니다. 물질뿐 아니라 부엌용품, 큰대야, 주전자, 음료수컵, 반찬 담는 그릇 등 많은 그릇과 용구들도 들어오게 되었습니다. 정말 하나님은 얼마나 자상한 분이신가를 실제로 보여주셨습니다.

❞

그래서, 1935년 12월 9일에 공식 모임이 열리고 자발적인 헌금도 이루어졌다. 그리하여 1836년 4월 1일에 고아원이 개원되었다.

기도로 고아원을 세운 후에는 아내의 반대를 물리치고 자신의 딸을 고아원에서 고아들과 함께 살도록 했다. 하나님 앞에서 네 아이 내 아이 구별해서는 안되며, 또 그렇게 하지 않을 경우 절대로 하나님의 일을 할수 없을 것이라 생각했다.

고아원이 세워진 후 5,6년 동안 그야말로 숱한 어려움이 끊이지 않는 시련의 때에도, 이 기간 동안 뮬러의 인내력은 더욱 견고케 되었다.

❝

아이들에게 줄 먹을것이 떨어졌다는 소리를 들으면 그 자리에서 때론 부엌바닥에서라도 뮬러는 직원들과 함께 하나님 앞에 엎드려 간구했습니다. 마치 아이가 자기 어머니에게 무엇을 달라고 청하는 것만큼 자연스럽게 자상하고 단순하고 간절하기만 했습니다.

"오 하나님, 우리 아이들이 모두 굶주릴 형편입니다. 차리리 제가 굶는 일은 참을 수 있지만, 우리 아이들이 굶주리는 일은 참을 수 없습니다. 그러니 주여 우리 아이들에게 일용할 양식을 주소서"

그처럼 기도하는 사이에 누군가 10파운드를 들고 찾아와 주고 갔습니다. 이처럼 뮬러는 단순하게 고아원에 필요한 모든 것을 기도로 간구하여 받았습니다.

폭우가 쏟아지던 어느 날 아침, 고아원에는 먹을 수 있는 것이라곤 아무것도 남아있지 않았습니다. 400명의 고아들과 함께 빈 식탁에 둘러 앉아 손을 맞잡고 식사 기도를 드렸습니다.

그의 기도가 끝났을 때 한대의 마차가 고아원 문을 두드렸습니다. 그 마차에는 아침에 막 구운 빵과 신선한 우유가 가득했습니다. 인근 공장에서 종업원들을 위한 야유회에 쓰기 위해 주문했지만 폭우로 취소되자, 고아들에게 보내온 것이었습니다.

"

결국 그는 기도로 고아원을 계속해서 성장시켜 애쉴리 다운가에 2000명의 고아들을 수용하는 고아원을 설립하게 되었다.

사람들은 처음 그를 가리켜 미친 자라고 부르기를 서슴치 않았다. 그러나 죠지 뮬러는 이것이 진정 하나님이 원하시는 것이라 확신이 들었을 때, 미쳤다는 이야기를 듣더라도 꿋꿋이 혼자라도 기도의 단을 쌓았다. 그리고 오직 기도만으로 누구도 상상치 못할 일들을 해 내었다. 뮬러는 이처럼 고아원을 운영한 63년 동안 순간순간 기적적인 주님의 공급을 체험했다. 그는 하나님께서는 구하는 자에게 가장 선한 것으로 주신다는 사실을 의심없이 믿었고 그 믿음은 늘 사실로 증명됐다.

애슐리 다운 고아원은 지금도 그 자리에서 운영되고 있으며, 뮬러가 헨리 크레이크와 함께 개척한 베데스다교회는 초대교회의 정신을 실천하는 '형제단운동'으로 발전해 영국을 비롯, 유럽 전역과 미국, 호주 등에 퍼져 있다.

산상수훈을 그대로 믿고 따르는 형제단운동은 여러 종파로 분열된 현대교회에 이를 극복할 수 있는 신앙 공동체의 모델로 평가되고 있다. 그는 일생 동안 무려 5만 번의 기도 응답을 받은 큰 믿음의 용사다.

죠지 뮬러는 오직 기도로서 수천 명의 고아들을 한 번도 굶기지 않고 먹인 기적을 보였으며, 말년에 모든 것을 사위에게 맡겼다. 1875년 이후 황혼기에는 세계 42개국을 돌아다니며 3백만 명에게 복음을 전했다. 그리고 세계 각지를 돌며 자신의 기도를 응답하신 하나님을 증거하는 기도 선교사로 살았다.

죠지 뮬러는 이렇게 고백한다(죠지 뮬러의 생애 - 바질 밀러 지음).

"

"내가 참으로 주님을 섬기고자 한다면, 참으로 하나님의 나라와 그의 의를 구한다면, 이러한 현실적인 요구도 채워질 것이다."

내가 원하고 되고자 하는 문이 닫힌 반면, 하나님은 그가 발을 내딛은 쪽으로 또 하나의 문을 열어주고 계셨다.

이제 나는 내 마음에 위로와 용기를 얻고 경고와 꾸짖음을 듣기 위해서 내가 해야 하는 가장 중요한 일은 하나님의 말씀을 읽고 그 말씀을 깊이 생각하는 데 내 자신을 바치는 일이라는 것을 알고 있다.

"너희가 내 이름으로 무엇을 구하든지 내가 행하리니
이는 아버지로 하여금 아들을 말미암아 영광을 받으시게 하려

함이라. 내 이름으로 무엇이든지 내게 구하면 내가 행하리라."

— 요한복음 14:13-14

영혼의 안식에 이르는 길은 하나 밖에 없다.

그것은 곧 하나님의 보좌로 인도하는 대로(大路)로, 바로 기도인 것이다.

"기도를 시작한다는 것으로는 부족하다"고 그가 우리에게 충고해 준다.

"바르게 기도한다는 것도, 얼마 동안 기도를 계속한다는 것도 충분하지 않다. 우리는 응답을 받을 때까지 믿음을 가지고 꾸준히 기도해야 한다.

더 나아가서는 끝까지 기도를 계속할 뿐 아니라 하나님께서 우리의 기도를 들으시고 응답해 주시리라는 것을 믿어야 한다.

대부분의 경우 우리는 축복을 받을 때까지 기도를 계속하지도 못하고 축복을 쉬지 않고 고대하지도 못한다."

"하나님 안에서의 진실된 믿음은 상황과 처지를 초월한다."

나는 추위로 인해 짜증냈던 죄를 고백하고 내 양심이 주님의 보혈로 씻겨지기를 구했다.

그는 나에게 자비를 베풀어 주셨고, 나는 평화를 되찾았다.

그리고 나는 하나님과의 유대를 계속해서 유지했다.

— 죠지 뮬러

"

여기에서 우리는 주실 때까지 기도하고 믿음으로 기다리는 것, 사람들의 말에 귀 기울이기보다는 기도와 말씀 읽기에 많은 시간을 투자하여 하나님의 분명한 음성을 들을 수 있도록 노력해야 한다는 것을 다시 한번 배우게 된다.

뮬러의 신앙에 큰 감명을 받은 사람 중에 허드슨 테일러가 있다. 그는 말년에 유럽 전역과 미국 캐나다 호주 인도 등지로 복음을 전하러 다닌 뮬러의 모습을 보면서 허드슨 테일러 자신도 오직 기도로 하나님만 의지하는 믿음을 갖고 중국 선교의 위대한 발걸음을 뗐다.

죠지 뮬러는 생애를 통하여 200번 이상의 성경을 읽었다고 고백하고 있다. 그 중 100번 이상은 무릎을 꿇고 읽었다고 한다. 그가 진심으로 하나님 말씀을 경외했다는 것을 알 수 있는 증거라고 생각한다. 또한 그가 고아원 사업과 선교 사업을 하면서 필요한 모든 재정을 기도를 통해서 받았고, 그 후원금을 개인적인 목적으로 사용하지 않고, 철저하게 하나님의 사업을 위해서만 사용했다고 한다. 이 기록에서, 하나님의 말씀에 충실했던 뮬러의 신앙의 자세와 믿음을 배울 수 있다.

죠지 뮬러는 전세기, 가장 위대한 기도의 사도로서, 회심한 후 70여 년 동안 5만 번 이상의 기도 응답을 받았던 사람이었다! 전 생애를 통해 성경을 통독했던 영적인 거장이었다! 고아원을 설립하여, 평생 1만 명의 고아를 돌보아 주었던 고아의 아버지였다! 성경연구회를 설립하여 세계 각국에 성경을 보급한 위대한 말씀 선교사였다. 이 위대한 죠지 뮬러는 1898년 3월 10일, 93세에 브리스톨의 애슐리 다운에서 그렇게 부르짖어 간구하며 찾았던 영광스런 하나님의 품으로 돌아갔다.

참고문헌 – 이 글은 아래 문헌에서 인용, 발췌한 것이다.
편찬위원회. 『기독교대백과사전 6권』, 서울: 기독교문사, 1982. pp. 682~683.
페이스 베일리. 『죠지 뮬러의 생애』, 서울: 생명의 말씀사, 1995.
C.A.S 편. 『5만 번 응답받은 뮬러의 기도 비밀』, 서울: 생명의 말씀사, 1995.
죠지 뮬러. 『죠지 뮬러와 기도의 응답』, 최종상역, 서울: 생명의 말씀사, 1986.
A.T. 피어선. 『죠지 뮬러』, 김진우 역, 서울: 생명의 말씀사, 1992
http://ko.wikipedia.org/wiki/(한국어 위키백과)
http://blog.daum.net/sgs0314/1717(블로그 해피송)
http://www.aspire7.net/belief-2-23.html. "죠지 뮬러"
http://blog.daum.net/kimnamsook/17208984. 베질 밀러. 『죠지 뮬러의 생애:믿음과 기적의 사람』. 양혜순 역. 서울: 새순출판사, 1992.

아프리카의 전도자

데이비드 리빙스턴

David Livingstone
1813~1873

아프리카를 위해 평생을 복음을 전하는 일로 헌신한 그는
아프리카 대륙에 구원의 빛을 밝혀 주었다.

복음을 위하여 바친 헌신

선교사이자 탐험가였던 리빙스턴만큼 아프리카에 대한 서구의 태도에 큰 영향을 끼친 사람은 없다. 그의 각고의 인내심과 선교의 열정은 아프리카를 횡단하게 했으며, 비유적으로 감히 아프리카 대륙을 '열어' 놓았다고 할 수 있다. 그는 제국주의자이기도 했으며, 아프리카의 민족주의와 자결주의의 선구자이기도 했고, 기독교 신앙과 상업의 결합이 아프리카를 구원할 것이라고 믿었다. 그리하여 아프리카 토착민이 선교의 사명을 수행해야 한다고 역설하기도 했다. 그는 아프리카의 노예 매매를 철폐시키는 일에 가담했고, 그의 저서와 연설들을 통하여 영국과 서방세계에 노예매매에 대한 반감을 불러일으키도록 하는데 큰 공헌을 했다. 그러나 그는 흑인들과의 관계에 있어서 빅토리아식의 간섭 정치의 모범이 되기도 했다.

데이비드 리빙스턴은 1813년 3월 19일 스코틀랜드의 글래스고우 남동쪽에 있는 블란타이어에서 출생했다. 그의 선조는 스코틀랜드 서부해안의 울바 섬에서 이주해온 사람들이었으며, 어머니 로랜더는 장로회 투사의 집단인 콘베난터스가(家)의 후예였다. 집안은 매우 가난했으므로 리빙스턴은 단칸방에서 7명의 형제들과 지냈다. 그는 어려운 가계를 돕기 위해 10세 때에 목화 공장에 들어가 일을 했다. 그는 첫 주의 임금으로 라틴어 문법책을 살 정도로 책벌레였다. 그는 책을 앞에 두고 기계가 돌아갈 때마다 한두 문장씩 읽으면서 일을 했다. 그는 집안이 찢어지게 가난했지만 스코틀랜드교회의 칼뱅주의 신앙 정신으로 잘 양육되었다. 그가 성장하자 아버지처럼 독립 기독교 모임에 참여했다. 그는 이때에 회심을 체험하게 되었다. 당시에 일어났던 그의 내적인 변화는 자신이 마치 색맹을 치료받은 것과 같았다고 묘사하고 있다.

❝

영적인 색맹을 벗어나서

부모님은 나에게 기독교의 중요한 교리들을 가르쳐주려고 무진장 애를 쓰셨다. 그러므로 내게는 예수 그리스도의 구속에 의한 은혜로운 구원의 이론을 이해하는데 커다란 어려움은 없었다. 그러나 속죄에 대한 말씀이 나 자신에게 적용될 필요성과 가치를 생생히 느끼기 시작했다. 그리고 어떤 변화가 나에게서 일어나기 시작했다. '영적인 색맹' 상태인 나를 어떻게 해야 하는지 고심할 때, 경이적으로 치료하는 손길이 임했던 것이다. 하나님의 책 속에 기록된 바와 마찬가지로 모든 죄에 대한 용서의 완전한 무조건성은 우리에게 자신의 피를 부어 주신 그분께 대한 사랑의 감정을 불러일으켰으며, 그분의 자비가 줄곧 나의 행동을 결정해 주었다는 점에서, 그분에 대한 복종심을 불러일으켜 주었다. 그때부터 하나님을 위한 헌신과 주님에 대한 깊은 의무감이 나의 생활을 사로잡았고 계속해서 큰 영향을 주었다. 나는 믿기 시작했던 그 영적인 내적 삶에 대하여는 다시 언급하지 않았다. 나는 그리스도의 사랑이 그때부터 큰 추진력을 주었던 것을 깨달았으며, 따라서 복음적인 노력에 관한 어느 것도 구체적으로 언급하지 않으려 한다.

그리스도가 영감을 주시는 사랑의 열정 속에서 나는 나의 삶을 인간의 불행한 상태를 제거하고 개선하는데 헌신하고자 결심했다. 이런 마음을 품은 나는 중국에서 기독교의 개척자가 되는 것이 그 광대한 대륙에 일부에나마 유익을 끼칠 수 있을 것이라고 생각했다. 그래서 나는 그 계획을 효과적으로 감당하기 위해서 의료 교육을 받기로 결심했다.

❞

하나님을 위해 봉사하기로 마음먹었던 그는 공장에서 시간제 근무를 계속하면서 런던선교회에 지원을 신청에 놓았다. 선교 사업을 위해 글래스고우대학에서 2년간 그리스어, 라틴어, 신학, 의학을 공부했다. 1834년 영국과 미국교회에서는 중국에 공식 의료 선교사를 파견하기로 하고 모집했다. 리빙스턴은 이를 보고서 응모했고, 의료 선교사가 되기로 결심했다. 그는 중국에 선교사로 가려고 계획했다. 이러한 노력 끝에 1838년 런던 선교회에서 인정을 받게 되었다. 그러나 1839년에 아편전쟁이 발생하여 중국에 갈 꿈을 포기해야 했다. 이때 남아프리카의 유명한 스코틀랜드 선교사 로버트 모팻을 만났다. 그는 리빙스턴에게 선교의 열정을 불어넣어 주었다. 이로 인해 아프리카가 자신이 일할 곳이라고 생각한다. 그리하여 1840년 안수 후, 11월 선교사로 임명받고 조오지호에 승선하여 남아프리카를 향해 떠났다. 그리고 1841년 3월 케이프타운에 도착한다.

리빙스턴은 세츠와나어를 배우기 시작했고 자신의 선교를 시작하기에 적합한 곳을 찾기 위해 곧 케이프타운을 떠났다. 그는 북쪽으로 길을 떠나 쿠루만과 츠와나의 영역으로 들어갔다. 쿠루만을 건설한 로버트 모펫은 20년 동안 선교에 힘써왔다.

도착한 리빙스턴은 인구가 많고 회심자가 많은 번영하는 마을을 발견할 수 있기를 기대했다. 그러나 그는 완전히 실망하고 말았다. 그 땅은 거의 황무지였으며 한발의 피해를 입고 있었고 관목에 덮인 땅이었다. 종교적 상황도 완전히 엉망이었다.

그는 많은 현지인들이 기독교를 먹고 마실 수 있는 음식으로 생각하고 있다는 것을 알게 되었다. 고립된 부족들에게 유럽인들은 이상하게 보였고 설교자들은 초자연적 힘을 가지고 있다고 믿어졌다. 그들은 종종 사람들의 눈에 띄는 것만으로도 두려움의 대상이 되었다.

사람들에게 그가 믿는 하나님은 눈에 보이지 않는 분이라는 점을 이해시키기 위해 리빙스턴은 머리를 낮추고 기도했는데, 이것을 본 그들은 그의 신이 땅속에 있다고 생각해서 폭소를 터뜨리기도 했다.

12년 동안의 노력에도 불구하고 단 한 명의 회심자 밖에 얻지 못한 리빙스턴은 점점 더 일상 선교사역에 대해 환멸을 느끼게 되었다. 그리고 아프리카 대륙의 문호가 열려서 유럽인들이 여행할 수 있고 쉽게 정착할 수 있어야 한다고 자각하게 되었다. 그렇게 되면 아프리카인들은 먼저 유럽의 방식이 우월하다는 것을 알게 될 것이며, 자신들의 관습을 버리고 서구의 신앙을 받아들이기를 더욱 바라게 될 것이다.

그는 "기독교, 무역, 개화"를 불가불리의 것으로 보게 되었다. 리빙스턴은 가족들을 배에 태워 영국으로 보냈다.

잠베지강은 오늘날의 잠비아에서 발원하여 앙골라 동부를 통과한다. 그리고 남동쪽으로 잠비아와 모잠비크를 가로질러 아프리카 남동 해안으로 빠져나간다. 그는 하나님께서 아프리카를 관통하는 고속도로를 준비해 두셨으며 그것을 발견하는 것이 자신의 소명이라고 믿고 있었다. 이때부터 리빙스턴의 삶은 아프리카를 기독교 선교에 개방시켜야 한다는 집념에 따라 움직이게 되었다.

그는 4년 간 탐험되지 않은 지역으로 4,000마일을 여행했다.

짐베시 북방 탐험에서 말라리아에 걸린 그는 거의 항상 질병에 시달렸다. 그러나 그의 의지력은 많은 그의 동료들을 앗아간 질병이나 불편함에 굴하지 않았다.

리빙스턴은 15년간을 아프리카의 탐험대로서, 전도자로서의 임무를 완수했다. 그는 복음이 전파되지 않은 지역으로 나아갔다. 그리고 아프리카 대륙을 가로지르는 3만 마일 정도의 선교여행을 시작했다. 그는 여러 곳을 탐험하던 중, 1855년 11월 잠베지강에서 거대한 폭포를 발견했다. 그 폭포를 애국심을 발휘하여 '빅토리아' 폭포라고 이름 지었다. 그는 후세에 역사상 한 사람이 단독으로 탐험할 수 있는 여행 가운데 가장 위대한 여행을 했다는 찬사를 받았다.

4년 간의 아프리카 횡단을 마친 리빙스턴은 고향에 돌아가 영웅대접을 받았다. 그는 남아프리카를 탐험한 경험을 바탕으로, 『남아프리카에서의 선교여행과 탐험』(Missionary Travels and Researches in South Africa, 1857)이라는 책과 『잠베지강과 그 지류 탐험에 대한 이야기』(Narrative of an Expedition to the Zambesi and Its Tributaries, 1865)라는 책을 출판했다. 전자의 책은 곧 베스트셀러가 되었으며 영어권 사람들의 생각을 사로잡았다. 그는 런던 선교협의회와의 관계를 청산하고, 두 번째 아프리카를 횡단하면서 심각한 노예제도의 폐해를 고발했고, 결과적으로 노예무역을 폐지하겠다는 열정으로 일했다. 그는 사역하는 도중 시력이 나빠져서 여러 사람들의 귀환 권고를 받았다. 그럼에도 그 권고를 뿌리친 채 선교를 계속했다. 아직도 그 지역에서 하나님이 자신에게 맡긴 일이 끝나지 않았다고 믿고 있었다.

그는 사람의 일을 하나님께서 관장하신다는 칼빈주의적인 신념을 잃지 않았다. 그는 자신의 삶을 향한 하나님의 계획이 있음을 확신했고 한마음으로 그것을 추구해 나갔다. 그렇게 함으로 그는 극심한 고통과 불편을 이겨낼 수 있었다.

그는 언젠가 이렇게 말한 적이 있다.

"하나님께서 내 봉사를 받으셨다면 내 인생은 나의 사역이 끝나는 날까지 하나님의 놀라우신 인도 하에 있게 될 것이다."

리빙스턴은 자신의 노력의 결과를 항상 볼 수 있으리라고는 생각지 않았다. 또한 그는 하나님의 계획은 한 사람의 인생보다 크다는 점을 강조했다. 그는 또한 자신의 본래 소명은 다른 사람들을 위한 길을 닦는 것이라고 결론 내렸다.

아프리카에서 그의 선교적 자세는 적극적이고 개척자적이었다.

남아프리카에서 처음 사역을 시작할 때부터 그는 "아직 선교사들의 발길이 닿지 않은 수천의 마을들"에 대한 부담을 가진 개척 선교사였다. 이에 대한 유명한 예화로 어느 날 영국에 있는 몇몇 친구들이 리빙스턴의 고생을 조금이라도 덜어 주겠다는 생각으로 다음과 같은 편지를 그에게 보냈다.

❝

"리빙스턴, 낯선 땅에서 사랑을 몸소 실천하고 있는 자네에게 격려의 박수를 보내네. 먼 나라에서 고생하고 있는 자네를 생각하면 여기서 편안하게 지내고 있다는 것이 부끄러울 뿐이네. 그래서 자네의 고생을 조금이라도 덜어 주기 위해 우리가 자네를 도와줄 사람을 몇 명 그곳으로 보내려 하네. 그러니 그곳까지 가는 길을 상세히 적어 다음 편지에 보내 주면 좋겠네."

❞

하지만 편지를 받은 리빙스턴은 다음과 같은 내용으로 답장을 보내 정중하게 그 제의를 거절했다.

❝

"마음은 고마우나 이곳까지 오는 길이 있어야만 오겠다는 사람들이라면 나는 사양하겠네. 이곳에서 진정 필요한 사람은 길이 없어도 스스로 찾아오겠다는 사람이거든."

❞

선교사로서 그가 주로 한 일은 아프리카의 길을 연 것이다. 그가 만든 지도를 따라 많은 선교사들이 아프리카 내륙으로 들어갈 수 있었다.

아프리카와 운명은 그를 불렀다. 그는 아프리카의 존재를 세계에 알린 사람이었다. 곳곳에서 아프리카인들에게 진정한 구원을 가져다 줄 수 있는 것은 복음 밖에 없다고 외쳤다. 남아프리카의 경계를 넘어 북쪽으로, 그리고 내륙의 중심부까지 그리스도교 · 상업 · 문명을 전파하기 위한 준비를 갖추었다. 그는 3가지 전파가 반드시 아프리카를 발전시킬 것이라고 확신했다. 자기는 그 길을 닦는 것뿐이라고 생각했다. 1853년, 그는 그가 행한 연설에서 "나는 내륙으로 가는 길을 열 것이다. 그렇지 않을 경우 그곳에 뼈를 묻겠다" 고 선언했다. 그는 1853년에서 1856년에 이르기까지 일단 아프리카인들을 데리고 대륙으로 들어갔다. 그는 여행기간에도 주일을 지켜 함께 하고 있는 동료들과 예배를 드렸으며, 규칙적으로 기도하는 것을 잊지 않았다. 그의 탐험을 통한 선교사역은 성공적이었고, 그 후에 헨리 스탠리(Sir Henry Morton Stanley, 1841-1904)에 의해 더 확장되어 갔다. 이 개척자의 이름은 아프리카의 역사에 영원히 잊지 못할 인물로 남게 될 것이다.

리빙스턴은 강렬한 신앙을 가지고 있었지만 과소 평가되어 있다. 다음에 제시된 그의 회심에 대한 기사는 그가 죽기 얼마 전 그의 생일에 적어놓은 간단하고 제한된 내용이다. 그 일기를 보면, 그의 경건심과 열정을 볼 수 있다.

"

1872년 3월 19일 - 생일.

나의 예수님, 나의 임금, 나의 생명, 나의 전부, 나는 다시금 내 자아의 전부를 당신께 바칩니다.

오, 은혜로우신 아버지시여, 나를 받아 주시고 이 해가 지나기 전에 나의 일을 마치게 하옵소서.

예수님의 이름으로 간구하옵나이다. 아멘. - 데이비드 리빙스턴.

"

죽음에 이르기까지 그의 개척자적인 삶은 지금의 아프리카에 위대한 복음의 업적을 이루게 되는 결과를 낳게 했다. 그렇게 몸을 돌보지 않고서 사역하던 그는 1873년 5월 1일, 선교지의 침상 곁에서 무릎 꿇고 기도하는 채로 하나님의 부름을 받았다.

그가 죽자 그의 아프리카 친구들은 그의 심장과 내장을 아프리카 땅에 묻고, 나머지 시신은 영국으로 보내어 1874년 4월 웨스트민스터 묘지에 안장시키게 했다.

참고문헌 - 이 글은 아래 문헌에서 인용, 발췌한 것이다.

기독교대백과사전편찬위원회, 『기독교대백과사전 5권』, 기독교문사, 1982. pp. 503~506

Hugh T. Kerr & John M. Mulder. *conversions*. New York: Grand Rapids, 1983.

리빙스톤의 Missionary Travels and Researches in South Africa 중에서

휴 커 · 존 멀더, 공편. 『위대한 회심자들』. 박영봉 역. 서울: 생명의 말씀사, 1993. pp. 202~205.

http://ko.wikipedia.org/wiki/(위키백과)

http://www.aspire7.net/belief-2-5.html. "데이빗 리빙스턴"

고뇌하는 위대한 소설가

레프 톨스토이

31

Lev Nikolaevich Tolstoi

1828~1910

그는 러시아의 위대한 소설가로 사회개혁을 위한 기독교적 이상을 품고 그의 삶을 추구했다.

기독교적 이상을 가진 소설가

레프 톨스토이(Lev Nikolayevich Tolstoy)는 러시아의 소설가, 종교적 신비가, 시인이자 사회개혁자이며 사상가이다. 그는 1828년 9월 9일, 모스크바에서 210km 정도 떨어진 남러시아 툴라 근처의 야스나야 폴랴나에서 출생했다. 아버지 니콜라이 일리치 톨스토이 백작과, 마리야 톨스타야 백작부인의 넷째 아들로 태어났다. 어려서 부모를 잃고(3세에 어머니, 6년 후에 아버지) 친척집에서 자랐다. 1840년에 동부 러시아의 카잔으로 가서 카잔대학교 동양어학과에 입학, 법학과로 전과해서 공부했으나 2년 후에 중퇴했다. 그것은 인간의 자유롭고 창의적인 생각을 억압하는 대학의 교육방식에 실망을 느껴서라고 말했다. 후대의 사람들은 그것이 교수의 탓이라고 했으나 무절제한 생활 탓도 있었던 것으로 추측된다. 그 후 자신의 영지로 돌아와서 농노들의 생활에 대해 깊은 관심을 가지면서 힘썼지만 실패했다. 그 뒤 잠시 방탕한 생활을 하다가 소설가에 대한 열망을 키운 것으로 보인다. 1851년 일련의 생각이 변화했으며, 자신이 속한 귀족계급의 어리석은 방탕함에서 벗어나고자 코카서스로 갔다. 거기에서 자서전적 단편의 형태를 띤 "유년 시대"(1852), "소년 시대"(1854), "청년 시대"(1856)를 저술했다. 특히 『지주의 아침』(1856)은 농노들의 삶을 관찰한 작품으로 자신이 농노들의 삶을 알지 못한 채 외부적으로 변화만 촉구했던 사실을 언급하고 있다. 이것은 자신의 삶을 가난한 농노들을 위하여 투신하도록 한 소위 민중들에 대한 관심의 시작이었다. 또한 『카자크 사람들』(1863)이라는 책을 구상하고 있었는데, 10년 후에 노름빚을 갚기 위해서 이 작품을 완성시켰다. 이 작품은 도시생활과 귀족생활의 인위적이고 타락한 생활방식에서의 자신의 선회를 예시하고 있다.

1851년 톨스토이는 사관후보생으로 군에 입대하여 세바스토폴리의 포병 중대장이 된다. 여기에서도 그는 "1854년 12월의 세바스토폴리", "1855년 5월의 세바스토폴리", "1856년 8월의 세바스토폴리"의 연작성 단편을 저술한다. 여기에서 러시아에 임박한 폭력의 위협을 엿볼 수 있다. 군생활은 전쟁의 사악함과 잔인성을 통감했고, 그에 대한 반감은 해가 갈수록 증가했다. 위의 세 작품들은 황제가 읽은 것으로 보이는데, 이로 인하여 생명을 구한 것으로 보인다. 톨스토이는 세바스토폴리가 함락(제정 러시아 군이 영국, 프랑스, 사르데냐 왕국, 오스만 제국 군에 맞서 격하게 싸웠지만 결국 패했다)되던 1855년에 그곳을 떠나, 신속하게 페테르스부르크로 이송되었으며, 그곳에서 군생활의 종지부를 찍었다.

1857~1861년까지 독일, 프랑스, 이탈리아, 스위스, 영국, 벨기에 등지를 여행하면서 교육방법을 배웠다. 한편으로 교육에 관한 많은 책을 저술하고 영지 내에 농부들의 아이들을 위한 학교를 개설했다. 스스로 매우 부끄럽고 수치스럽다고 여긴 이 시기에 마음속에서 민중들과 관련한 관심과 육체적인 본질의 정욕이 끊임없이 꿈틀거렸다. 작품 『참회』는 도덕적인 이중성으로 갈등하는 심정을 솔직하게 보여주고 있다.

"

나는 두려움과 혐오감 없이는 그 당시의 일들을 기억할 수 없다. 나는 전쟁터에서 수많은 사람을 죽였으며 카드놀이에서 돈을 잃고 농부들의 수고를 착취했다. 나는 그들을 체벌했으며 그들의 부녀자와 정을 통했고 그들을 기만했다. 거짓말, 도적질, 행음, 술취함, 폭행, 살인 등, 내가 저지르지 않은 죄라고는 아무것도 없었다. 그러나 이러한 나의 모든 추악함에도 불구하고 나는 여러 사람들에게서 칭송을 받았으며 나의 동시대인들은 나를 비교적 도덕적인 사람으로 간주했다. 나는 이러한 추악한 생활을 10년 동안이나 계속했다.[1)]

"

가정을 벗어나고자 했던 소설가

1862년 9월에 톨스토이는 소피아와 결혼한다. 그 이후에 『전쟁과 평화』(1864-1869), 『안나 카레리나』(1873-1877)를 저술한다. 여기에는 그의 마음을 사로잡고 있는 중심 주제들인 전쟁, 농노, 땅, 교육, 노동의 의무, 종교, 윤리 등과 관련된 톨스토이의 견해들이 녹아들어가 있음을 알 수 있다.

이 작품은 톨스토이를 위대한 문필가로 인정받게 만들었으나 돌연

문학계를 떠나면서 커다란 파문과 경악을 불러일으켰다. 사실 문학적인 야망은 자신의 가장 깊은 곳의 신념에 위배되는 것이었다. 이후의 삶은 농부와 어린이에게 도덕과 종교적인 가르침, 복음과 신조, 폭력의 기반의 연구와 음미에 바쳤다.

> 나의 행복한 가정생활의 새로운 상황들은 나로 하여금 삶의 보편적인 의미에 대한 모든 추구를 떠나도록 만들었다. 그 당시 나의 모든 생활은 나의 가족과 아내와 아이들과 재산 증가에 집중되어 있었다. 그리고 전에는 일반적인 완전을 추구했던 나의 삶은 내 자신과 가족의 안일과 행복을 위한 추구로 변질되어 있었다. 나는 15년간이나 이러한 생활을 영위했다.[2)]

삶의 안정과 행복한 가정은 일반적으로 누구나가 꿈꾸는 생활이다. 톨스토이는 자신이 두려움과 혐오감에 휩싸인 추악한 사람이라고 생각했다. 가정은 삶의 보편적인 의미나 일반적인 완전에 명백하게 위배된다고 보았다. 궁극적으로 도달하고자 했던 종교나 윤리적 신념이 그를 강력하게 지배하고 있었던 것이다. 그러므로 여기에서 벗어나려는 투쟁을 멈추지 않게 된다. 가족의 불행이나 자신의 비극적인 종말은 이로부터 기인한다.

가족들로부터 마음이 돌아선 후에 집필한 주요한 작품은 『참회』(1879-82), 『독단적 신학 비판』(1880-82), 『요약복음서』(1880-82), 『나의 종교』(1884), 『그러면 우리는 무엇을 할 것인가』(1884-86), 『기독교와 애국심』(1893), 『신의 왕국은 그대들 속에 있다』(1893), 『예술이란 무엇인가』(1897), 『부활』(1899) 등이 있다.

인간 행복의 조건

톨스토이는 실로 오랜 세월 동안 자신의 지위와 재산과 가족으로부터 떠남으로서 청교도적인 삶을 구현하고자 노력했다. 그것은 번번이 실패로서 귀결되었기에 투쟁이었다. 현실과 이상 사이에서 간극을 좁힐 수가 없었고 타협할 수도 없었다. 도망치고 싶었으나 도망갈 수가 없었다. 56세에 저술된 『나의 종교』에는 인간의 이상적인 삶의 모습을 다섯 가지로 그리고 있다. 첫째는 자연과의 결속을 깨트리지 않는 생활이다. 둘째는 식욕과 달콤한 수면을 가져다주는 육체적인 노동이다. 셋째는 가족생활이었다. 넷째는 모든 계층의 사람들과 자유롭게 나누는 교제가 필요했다. 다섯째는 건강 그리고 자연적이며 고통 없는 죽음을 맞이하는 것이었다.

생각을 깊게 할 필요도 없이 이러한 생활은 농부들에게 가까운 생활에 해당한다. 반면에 특권 계층으로 올라갈수록 그것은 도저히 성취할 수 없는 생활이다. 톨스토이의 신념이 이러했기에 말년에 이르러 농부와 같은 삶을 살고자 노력한다. 자신의 복잡한 성품인 금욕주의에 기인해서 가정생활을 깨뜨리게 되었지만 말이다. 영지의 관할권은 아내에게 넘기고, 여전히 가족들과 함께 살았지만 가능한 범위 안에서 자기 손으로 일하며 가난한 사람처럼 살아갔다. 타협을 통하여 평화를 찾을 수 없었기에 여러 번 가출했으나 가족에 대한 사랑으로 집으로 다시 돌아오고 말았다.

엄청난 양의 저술로 인하여 저작권의 분쟁도 벌어졌다. 아내는 아내대로 제자는 제자대로 심지어 딸은 딸대로 저작권을 가지고 이전투구가 벌어졌다. 정작 톨스토이는 자신의 도덕적 종교적 저서를 통하여 돈을 버는 것은 죄악이라고 생각하고 있었다. 그래서 1891년에 1881년부터 죽을 때까지 저술한 작품에 대한 출판을 누구나가 자유로이 할 수 있다고 선포한 상태였다.

그럼에도 불구하고 저작권을 차지하려는 온갖 협잡과 음모 속에 제자이자 딸의 남편인 체르트코프에게 양도하는 서명을 한 것이 1910년 7월이었다. 1910년 10월 25일, 영원히 집을 떠났으나 82세의 톨스토이는 생의 마지막에 가까워 있었다. 자기가 추구한 영원한 이상향과 자유를 꿈꾸던 톨스토이는 11월 7일에 하나님의 본향으로 돌아갔다.

"

형식적이었던 정교회 신앙

나는 어렸을 때에 그리스 정교회의 신앙에 의해 세례를 받았고, 그 신앙을 마음의 양식으로 해서 자라났다. 유년시절과 소년시절 그리고 청년시절에 이르기까지 나는 그 안에서 신앙의 교훈을 배웠다. 그러나 내가 18세 때에 대학 2학년을 중퇴했을 때에는 이미 그 전까지 배워온 이런 말씀들을 전혀 믿지 않게 되었다.

몇 가지 일을 생각해 볼 때에 나는 그때까지 참된 신앙을 가져 본 일이 없었으며, 지금까지의 교회의 가르침과 또한 주위의 어른들이 들려준 이야기에 의해서 단지 막연한 믿음만을 가지고 있었을 뿐이었다. 따라서 그 믿음이란 그야말로 매우 불안정하며 뿌리가 박히지 않은 것이었다. 12살 때의 일인데, 지금은 이미 고인이 되었지만 그 당시에는 중학교에 다니던 블라디미르 미류틴이라는 소년이 어느 일요일에 나를 찾아와서 최근의 소식이라고 말하면서 중학교에서 중요한 발견을 했다고 내게 말했다. 그가 말한 중요한 발견이란 세상에 신은 존재하지 않으며 우리가 신에 대해서 배워온 모든 것은 오직 허구에 지나지 않는다는 것이었다. 나는 형들이 이 말에 매우 흥미를 갖게 되어 이것을 토론의 대상으로 삼았던 일을 기억한다. 우리는 모두 이 소식에 대하여 매우 흥미롭고, 충분히 가능성이 있는 것으로 받아들였다.

당시에 대학에 다니던 드미트리가 선천적인 기질로 인해 갑자기 신앙에 몰두하여 교회의 모든 일에 참여하고 계명을 지키면서 도덕적인 생활을 하게 되었다. 그러자 우리 모두는 한패가 되어 그를 조롱하면서 그에게 '노아'라는 별명을 붙여주었다. 그 무렵에 카잔대학의 학감으로 있는 푸시킨이 우리를 무도회에 초대했다. 그때에 이 제의를 거절하는 드미트리를 놓고 우리는 "다윗도 법궤 앞에서 춤을 추지 않았느냐"라고 말하면서 어른들이 그를 비웃는 어조로 유혹하던 일이 생각이 난다. 나는 당시의 그 어른들의 농담에 공감하면서도 한편으로는 교리문답을 배워야했고 교회에 다녀야만 했다. 그렇지만 나는 볼테르의 작품을 읽고 그의 비판적인 필치에 흥미를 느끼곤 했다.

나의 신앙의 타락 현상도 나와 지적수준이 비슷한 사람들에게서 일어나고 있는 것과 마찬가지 현상으로서 나타나고 있었다. 나는 대부분의 타락이 다음과 같은 이유로 생겨난다고 생각했다. 즉 그것은 우리가 보통 사람들과 마찬가지의 생활을 하기 때문이다. 이 경우에 세상 사람들은 자신들의 종교적 신조와 조금도 합치되는 점이 없을 뿐더러 거의 대부분이 이에 배치되는 것이다. 그처럼 그들의 종교적 신조는 자신들의 실제 생활과는 전혀 관계가 없었다. 그들은 다른 사람들과 교제할 때에도 생활에서와 마찬가지로 전혀 신앙에 대해서 생각하지 않는다. 따라서 그들의 종교적 신조는 실제 생활과는 동떨어진 것이며 아주 엉뚱한 것을 믿고 있다. 설사 그들의 실제 생활이 종교적 신조와 어떤 관련을 맺고 있다 하더라도 그것은 참으로 하찮은 것이다. 신앙의 타락은 흔히 이와 같은 경우에 많이 생기는 것이다.

갈등하는 신앙

어렸을 적에 믿어오던 종교적 신조는 다른 사람들의 경우처럼 나로부터도 사라져 버렸다. 나는 열다섯 살 때부터 철학 서적을 탐독했기에 이미 신앙으로부터의 일탈은 나 스스로 깨닫고 있었다. 아마도 이점이 다른 사람과 다를 것이다. 열여섯 살 때에 나는 무릎을 꿇고 하나님께 기도하는 일을 중단했다. 교회에 나가고 금식하는 것도 중단했다. 그리고 더 이상 어릴 때부터 배워온 것을 믿지 않게 되었다. 하지만 무엇인가 믿기는 믿고 있었다. 그렇지만 누가 "무엇을 믿느냐"라고 내게 묻는다면 나는 어떠한 대답도 할 수 없었다. 나는 하나님은 믿었지만 그것은 하나님을 부정하지 않고 있는 상태로 보아야 할 것이다. 그것이 어떤 종류의 하나님인지는 밝힐 수는 없다. 나는 그리스도와 그의 가르침을 부정하지는 않았지만, 그 가르침의 근본이 무엇인지를 고백하고 분명히 밝힐 수는 없었다.

나는 자기 완성을 위해 노력했다. 나는 내 생활에서 일어난 모든 것과 내가 할 수 있는 모든 것을 배워나갔다. 나는 자기 의지의 완성뿐만 아니라 육체적인 단련을 위해서 체력을 증진시키고 민첩하게 훈련하여 어떠한 곤란한 상태라도 견디어 나갈 수 있도록 인내력과 지구력을 갖추기 위하여 노력했다. 사실 나는 이와 같은 것을 자기 완성이라고 생각했다. 그러나 어느 사이에 나의 그런 목적은 일반적인 욕망으로 바뀌어졌다. 즉, 그 의지는 자신이나 신에 대하여 보다 선량한 사람이 되겠다는 욕망이 아니고, 남에게 대하여 보다 선한 사람으로 보이려는 욕망으로 바뀌어 진 것이다. 그러므로 나는 남보다 더욱 선한 사람이 되려는 욕망, 남들보다 더 강한 사람이 되려는 욕망, 말하자면 다른 사람들보다 유명한 사람, 보다 중요하고, 보다 부유한 사람이 되려는 욕망을 갖고 있었던 것이다. …….

나는 시간이 갈수록 신앙과 이성 사이에서 갈등하고 싸워야만 했다. 그리고 신의 존재에 관해서 수도 없이 되물었다. 그래서 나는 언젠가 이런 결론을 내렸다. "우리 주님은 바보이거나, 혹은 존재하지 않는다. 우리는 지혜롭다. 그러므로 우리 자신이 쓸모없다는 것은 단지 우리의 느낌일 뿐이다." 이성적 지식이 빠지기 쉬운 착오에 대한 자각은 나를 공허한 지적 고찰의 현혹으로부터 벗어나도록 도와주었다. 진리는 실생활에서만 얻어질 수 있다는 신념은 나에게 삶의 정당성을 의심케 했다. 그러나 나는 나 자신의 폐쇄적인 삶에서 나와 평범한 노동자의 진정한 삶을 발견했고 그런 삶만이 참된 삶임을 깨닫게 되었다. 그리고 이 한 가지 깨달음에 의해서 이런 방황에서 탈출할 수 있었고 구원받았던 것이다.

나는 만일 내가 인생의 의미를 깨닫기 원한다면, 우선 기생충과 같은 생활을 벗어버리고 참된 생활을 하지 않으면 안 된다고 생각했다. 또한 인류가 인생에게 주고 있는 의미를 받아들여 그러한 생활과 융합하고 그러한 생활을 입증하지 않으면 안 된다는 것을 깨닫게 되었다. 이 당시에 나는 거의 끊임없이 나 자신에게 묻고 있었다. 나는 내가 노끈이나 권총 같은 것으로 단숨에 자살을 해 버리지 않을까 두려워지기도 했다. 나는 불가사의한 괴로운 감정에 사로잡혀 시달림을 받고 있었던 것이다. 나는 이런 감정을 끊임없는 하나님을 향한 추구라고 생각할 수밖에 없었다.

하나님에 대한 이런 추구는 이성적 추론이 아니고 분명히 감정의 작용이었다. 왜냐하면 이런 추구는 나의 사색의 과정에서 생겨난 것이 아니라 직접적인 마음에서 우러나온 것이기 때문이었다. 그것은 외딴 섬에서 홀로 남아 있는 공포와 고독의 감정이었으며, 동시에 그 누구에게 도움을 청하고 싶은 심정이었다. 나는 신의 존재를 입증하는 것이 불가능하다는 것을 잘 알고 있었지만 어쩔 수 없이 신을 찾아 헤매었다. 신을 찾는 동안에 항상 신을 발견할 수 있으리라는 기대를 갖고 있었다. 또한 나는 옛 습관에 따라 내가 찾아 헤매면서도 아직 발견하지 못한 신에 대하여 기도를 드리곤 했다. 때때로 나는 마음속으로 신의 존재를 입증할 수 없다고 말한 칸트나 쇼펜하우어의 주장을 다시 검토하고 반박하기 시작했다. 즉 원인이란 시간이나 공간에서처럼 사색의 범주가 아니라, 내가 존재한다면 거기에는 내가 존재하는 원인이 있고, 이 만물의 원인을 우리가 신이라고 부르지 않는가? 그러므로 나는 이러한 생각을 가지고 힘을 다하여 이 원인의 실재를 인식하려고 애썼다. 그러고 나서 나를 존재케 하는 힘을 인정하자마자 내가 살 수 있다는 것을 느끼게 되었다.

그러나 나는 다시 내 자신에게 물었다. "그렇다면 그 원인과 힘은 도대체 무엇인가? 그것을 어떻게 생각해야 좋은가? 내가 신이라고 부르는 것에 대하여 나는 어떤 관계가 있는가?" 그러나 이 물음에 대해서는 이미 내가 잘 알고 있는 대답이 나올 수밖에 없었다. 즉 "그는 만물의 창조자시며 보존하시는 분이시다"는 것이다. 하지만 이러한 대답은 나를 만족시켜주지 못했다. 그리하여 나의 마음속에서 가장 소중한 것이 무너져 내리는 것만 같았다. 커다란 두려움에 사로잡혔다. 그래서 내가 찾고 있는 신을 향해서 나를 구원해 달라고 기도하기를 시작했다. 그러나 기도하면 할수록 나의 기도를 들어줄 대상이 없는 것만 같아서 나는 기도할 수가 없었다. 이 당시의 나의 심리적 상태는 공허하고 착잡했다. 나는 자신도 모르게 조각배에 실려 어딘가 알 수 없는 해안으로부터 떠밀려서 맞은편을 향해 힘없이 서투른 노를 저으며 초췌히 홀로 내버려지는 듯한 생각이 들었다.

인생을 변혁시킨 꿈

나는 어느 날 내 인생에 급격한 변화를 가져다 준 꿈을 꾸게 되었다. 그 꿈은 이러했다. "나는 침대에 누어있었다. 유난히 기분이 좋은 것도 나쁜 것도 아니었다. 나는 누어서 내가 어떻게 누어있는가를 생각했다. 그리고 침대를 살펴보고 나서 나는 내 몸 양쪽이 끈으로 연결되어 있다는 것을 알게 되었다. 내 발은 한쪽 끈 위에 있고 허벅지는 다른 끈 위에 묶여 있었다. 이 때문에 다리가 불편했다. 나는 그 끈을 움직일 수 있을 것 같았다. 그래서 두 발을 움직여서 앞에 있는 끈을 멀리 밀어버렸다. 그렇게 하면 편안할 것이라고 생각되었기 때문이다. 그런데 나는 그것을 너무 멀리 밀어버렸다. 그리하여 두 발을 움직여서 그것을 다시 끌어당기려 했으나 오히려 허벅지를 묶고 있던 다른 끈 하나가 벗겨지면서 두 다리가 밑으로 처져버렸다. 하지만 나는 그것을 곧 편하게 처리할 수 있다고 믿었으므로 이번에는 온 몸을 움직여서 그것을 바로 잡으려고 했다. 그러나 이로 인해 나의 몸을 묶고 있던 다른 몇 개의 가닥이 벗겨져서 엉키기도 해서 오히려 처음보다 더 불편하게 되었다. 하반신은 완전히 매달린 것처럼 밑으로 축 늘어졌지만 발끝은 아직 땅에 닿지 않았다. 나는 단지 등으로 몸을 지탱하고 있었다. 드디어 몸이 불편할 뿐만 아니라 무서운 생각까지 들게 되었다.

이때에 나는 처음으로 내 자신에게 반문했다. 그것은 내가 지금까지 한 번도 머리에 떠올려 본 일이 없는 것이었다. 나는 도대체 어디에 있는 것인가? 나의 몸이 어디에 누워 있는가? 나는 주위를 둘러보았다. 그리고 먼저 몸이 늘어져서 당장이라도 떨어질 것만 같은 아래쪽을 보았다. 나는 내 눈을 의심했다. 나는 아주 높은 탑이나 산꼭대기와 같은 그런 곳에 있는 것도 아니라 상상할 수조차 없는 무시무시하게 높은 곳에 있는 것이 아닌가?

나는 하반신이 매달려 있어서 곧 까마득한 아래쪽으로 떨어지리라는 생각이 들었다. 나의 심장의 박동은 멈추었고, 나는 엄청난 공포에 사로잡히게 되었다. 나는 아래를 내려다보면 떨어져 죽을 것만 같아서 아래를 보지 않았다. 그러나 보지 않으면 않을수록 더욱 무서웠다. 왜냐하면 마지막 끈이 떨어지면 나에게 무슨 일이 일어날까 두려웠기 때문이었다. 공포 속에 마지막 힘을 잃고 등이 밑으로 조금씩 미끄러져 내려가는 것 같은 생각이 들었다. 그 순간 하나의 생각이 머리에 번뜩 떠올랐다. 이것은 사실이 아니다. 꿈이다. 그래 눈을 뜨자. 그러나 아무리 눈을 뜨려고 해도 눈이 뜨이지 않았다. 도대체 어떻게 해야 좋단 말인가? 나는 이렇게 자문하면서 머리 위를 올려다보았다. 그곳도 역시 끝없는 심연이었다. 나는 하늘의 심연을 바라보면서 아래쪽의 심연을 잊어버리려고 애썼다. 공포가 가라앉았다. 그러자 아래쪽 심연이 떠올라 나는 다시 공포에 떨었다. 그럴 때 하늘의 무한한 심연이 오히려 나를 끌어 당겨 안심시켜 주었다. 나는 여전히 심연 위의 마지막 끈에 등을 의지하고 매달려 있는 것을 알고 있었다. 그로 인해 나의 공포는 사라졌다. 그때 꿈속에서 흔히 있는 것처럼 누군가의 목소리가 들려왔다.

"잘 보아라. 이것이 바로 그것이다." 나는 끝없이 펼쳐져 있는 하늘을 뚫어지게 바라보았다. 그 하늘이 나를 부르고 있다는 것을 느꼈다. 나는 내게 일어난 모든 것을 기억한다. 그것이 어떻게 일어났는지를 말이다. 내가 다리를 움직였던 일, 공중에 매달려 있던 일, 위를 바라볼 때에 나의 공포에서 구원을 받았던 일 등을 생생히 기억한다. 이제 나는 내 자신에게 묻는다. "지금은 어떠한가? 여전히 예전과 같은 상태인가?" 나는 주위를 둘러보고 나를 떠받치고 있는 지주를 느꼈다. 나는 더 이상 매달려 있는 것이 아니라 굳게 받쳐져 있는 것을 알게 되었다. 나는 자신에게 이 몸이 어떻게 받쳐져 있는가를 물어보았다. 나는 몸을 뒤틀기도 하고 주위를 돌아다보기도 했다. 그리고 내 밑에 몸 한 가운데로 한 가닥의 끊어지지 않는 끈이 가로 놓여 있어 나의 온 몸을 떠받치고 있는 것을 알게 되었다.

꿈속에서 흔히 있는 것처럼 나를 받치고 있는 구조가 내게는 매우 자연스러웠다. 그것은 의심할 것도 없이 쉽게 이해될 수 있는 것이었다. 물론 내가 잠이 깼을 때 이 구조를 분명히 인식하지는 못했지만 말이다. 나는 꿈속에서 전에 이를 깨닫지 못했음에 새삼스럽게 놀랐다. 내 옆에 한 기둥이 있었다. 그 기둥은 의심할 것도 없이 안전한 것이었다. 내가 보니 그 기둥에서부터 교묘하게 박혀 있는 고리가 있었는데, 그 고리에 몸의 중심을 걸어 올려놓고 하늘을 바라보고 있으면 떨어질 염려는 전혀 없게 되어 있었다. 이런 모든 것들이 내게 명백해졌다. 나는 기뻐서 안도의 한숨을 내쉬었다. 그때에 어떤 사람이 나에게 "당신이 본 것을 깨달으시오"라고 말하는 것 같았다. 나는 꿈에서 깨어났다. 우리의 모든 것은 하나님으로부터 시작된다는 사실은 참으로 큰 위안인 것이다.[3)]

"

"

모든 기독교 교회는 항상 모든 인류가 지식과 사상들, 현명함과 어리석음의 차이가 있음에도 불구하고, 하나님 앞에서는 동등하며 하나님의 진리는 모두에게 열려 있음을 인정해 왔다. 그리스도께서도 현명한 자에게는 숨겨진 진리가 어리석은 자에게 밝혀짐이 하나님의 뜻이라고 말씀하셨다.

....

십자가에 못 박힌 도둑과 같은, 나는 그리스도의 가르침을 믿고서 구원 받았다. 이것은 결코 억지 비교가 아니라 내가 과거에 살았던 삶과 죽음의 문제에 대한 영적인 절망 및 공포 상태와, 지금 내가 누리고 있는 평화와 행복의 상태에 가장 가까운 표현이다.

도둑과 같은, 나는 악하게 살았고 살고 있다는 것을 알았으며, 나의 주위의 대부분의 사람들이 나처럼 사는 것을 보았다. 나는 그 도둑처럼, 불행하며 고통 받고 있다는 것을 알았다. 그리고 나의 주변에는 사람들이 고통 받고 불행하다는 것을 알았으며, 죽음에 의하지 않고는 그러한 처지에서 벗어날 아무런 방법이 없음을 깨달았다.

....

이 모든 비극에서 나는 정확히 도둑과 같았다. 그러나 차이는, 도둑은 이미 죽어가고 있었지만, 나는 아직도 살아 있었다. 도둑은 구원이 무덤 저편에 있는 것으로 믿었겠지만 나는 그러한 것을 만족할 수 없었다. 왜냐하면 무덤 저편의 삶 외에도 삶은 아직 이곳에서 기다리고 있었기 때문이다. 그러나 나는 그 삶을 이해하지 못했다. 그것은 나에게 무섭게 느껴졌다. 그런데 갑자기 그리스도의 말씀을 듣고부터 삶을 이해하게 되었고, 생(生)과 사(死), 악으로만 보이지 않았다. 나는 절망 대신에 죽음으로도 흔들리지 않는 삶의 행복과 기쁨을 경험했다. ....

— 모스크바, 1884년 1월 22일 레프 톨스토이의 간증 중에서

❞

참고문헌 및 각주 - 이 글은 아래 문헌에서 인용, 발췌한 것이다.

1) 편찬위원회, 『기독교대백과사전 15권』, 서울: 기독교문사, 1989. pp. 393~399

2) 레프 톨스토이의 *My Confession*, 기독교대백과 15권, p. 394.

3) 레프 톨스토이의 *My Confession, My Religion, the Gospel in Brief* 중에서

http://ko.wikipedia.org/wiki/(한국어 위키백과)

http://blog.daum.net/ohin74/5970294. 빛쏠이 2008. 01. 29.

구세군 창설자

윌리암 부스

32

William Booth

1829~1912

가난한 가정에서 태어난 그는
구세군의 창시자가 되어
그리스도의 복음을 위한 전사의 삶을 살았다.

영혼의 사역자

윌리암 부스는 구세군의 창시자이다. 19세기의 영국의 지독한 가난이 윌리암 부스와 그의 국제적인 부흥운동과 구제운동인 구세군(the Salvation Army)을 탄생시켰다. 부스는 1829년 4월 10일 노팅엄(Nottingham)의 가난한 건축업자의 가정에서 태어났다. 그는 열세 살 때에 아버지를 여의고 자신이 싫어했던 일인 전당포업자의 견습생으로 일했다. 국교도로 시작한 그는 15세인 1844년 회개의 경험을 하고 웨슬리 감리교회의 신도가 되었다. 1846년 나이 17세에 감리교 목사를 지원했다. 우리나라에서는 고등학교 1학년 정도인, 어리다고도 볼 수 있는 나이에 목사를 지원한 부스는 당시 의사에게서 절망적인 이야기를 들었다.

"

"이런 병약한 몸으로 목회를 하면 1년 후 사망하고 말 것입니다. 그만 포기하십시오."

그러나 부스는 순교한다는 각오로 복음을 증거했고, 불우한 이웃을 위해 구제사업을 펴는 가운데 무려 83세까지 살았다.

그는 말년에 이런 말을 남겼다고 한다.

"젊었을 때 의사가 나를 버렸으므로 나도 의사를 버렸다. 그리고 전능하신 하나님만 의지했다. 이 믿음이 나를 지켜주었다."

"

1849년 런던으로 간 그는 민생고의 현장으로 들어갔다. 전당포 일을 혐오하면서도 집으로 돈을 송금해야 했기에 다시 일하지 않을 수 없었다. 일을 하면서 부스는 자유 시간에는 설교와 전도활동을 열심히 병행했다. 이 무렵 그는 평생의 반려자가 된 캐더린 머포드(Catherine Mumford)를 만났다. 그는 나중에 자신의 불행했던 어린 시절을 '암울한 소년기' 라고 자주 말했다. 영국 산업도시들의 참담한 상황들은 부스에게 강한 인상을 주었다. 거기서 그는 특별히 어린이들이 고통을 겪는 것을 목격하고 큰 충격을 받았다. 만일 1844년에 그에게 회심이 일어나지 않았더라면, 아마 영국의 노동조합 지도자가 되었을 것이다.

그러나 그는 그 대신에 자신의 삶을 영혼 구원과 불행을 제거하는데 전 생애를 바쳤다. 1855년에 결혼한 그는 그녀의 영향으로 자신의 삶의 방향을 바꾸었고 목회사역에 집중했다. 아내는 그를 감리교의 전임 사역자가 되도록 설득했다. 그리하여 그는 개혁 감리교의 목사가 되었다. 그러나 부스의 과격한 설교는 곧 감리교회의 신경을 건드렸다. 그래서 1861년에 교회 지도자들이 그의 순회구역을 제한하려고 했다. 그리하여 그곳에서 나와서 소속이 없는 자유 복음전도자가 되었다.

세상을 구원하는 군대

윌리암 부스(William Booth)는 1861년 감리교 목사직을 사임하고, 1865년부터 부흥선교회(East London Revival Society, 1870)를 결성, 주민의 대부분이 극도의 가난에 처해 있던 동부 런던의 빈민굴에서 전도를 시작했다. 이를 거치면서 1878년부터는 구세군(The Salvation Army)으로 명칭을 변경하여 영혼을 구원하는 하나님의 군대로서의 태세를 갖추게 되었다. 당시 설교자 · 지도자로서도 유명한 부인 캐서린 부스와 함께 구세군을 조직, 자신이 구세군 대장이 되어, 전도와 함께 여러 가지 사회사업을 시작했다.

“

죽음 앞에서도 거리에는 우는 여인들이 있습니다.
“함께 우시오.”
배고픈 아이들이 있습니다.
“그대의 주머니를 터시오.”
감옥에 죄인이 넘쳐납니다.
“사랑의 손길을 펴시오.”
구세군은 사회의 악과 싸우는 주님의 군대입니다.
희생이 없는 신앙생활은 짠맛을 잃은 소금과 같습니다.

"그러나 그보다 여러분은 자기 자신과의 싸움에서 이겨야 합니다." 라고 말하며 어려운 사람들과 평생을 함께 한 윌리암 부스의 삶은 우리에게 많은 교훈을 줍니다.

❞

1879년에 구세군은 81개의 선교현장에 127명의 전담 복음전도자들을 배치하고 구세군 악대를 조직하여 행진곡을 부르면서 전도했다. 당시에 유행하던 곡은 부스가 지은 '믿는 사람들은 군병 같으니' 등이었다. 그들은 1878년에는 『구세군의 체제와 규율집』을 만들었고, 1880년에는 제복을 입게 되었다. 그리하여 구세군은 1884년에 이르러서는 90여개의 군단을 보유하게 되었다.

캐더린 부스는 남편의 가장 강력한 동맹군이 되었고, 아울러 그의 가장 엄격한 비판자가 되어 주었다. 그녀는 자신의 천재성을 발휘하여 구세군이 뻗어 나가는데 큰 도움을 주었다. 그녀는 구세군에서 남녀평등의 원칙을 세우는 큰 공헌을 했다. 뿐만 아니라 교육이 부족했던 남편을 다각도로 도와주었다. 부스의 활동은 몇 년 동안은 반대와 조롱을 받기도 했다. 집회 방해를 위한 해골 군대가 조직되었고, 수 년 동안 평화의 교란자로 몰려서 벌금형과 징역형을 받았다. 1889년에 이르러 혼돈과 고난은 잦아 들고 인정을 받게 되었다. 사람들이 그의 천재성과 그가 행한 일의 결과를 충분히 인식하게 되면서 폭넓은 공감을 얻었고, 구세군운동도 더욱 확산되었다.

1890년에 캐더린 부스는 죽고, 부스 대장은 홀로 세계를 여행하고 선교했다. 그는 지치지 않는 행정가, 여행가, 웅변가의 모습을 겸비했다. 그는 구세군운동의 경험을 바탕으로 쓴 『어둠 속의 영국과 탈출구』(Darkest England and the Way Out, 1890)라는 책을 출판했다. 이 책은 복음적인 입장에서 영국 사회를 개조하고 사회적인 구제 사업을 벌이기 위한 것이었다. 책에서 부스는 빈곤과 악습을 철폐하기 위한

10가지 방법을 제안했다. ① 시 실업자 구제기관, ② 농촌 실업자 구제기관, ③ 해외 실업자 구제기관, ④ 가정 구조대원, ⑤ 매춘부들을 위한 구제의 집, ⑥ 술주정뱅이 구제, ⑦ 교도소 방문대원, ⑧ 빈민은행, ⑨ 빈민들을 위한 변호사, ⑩ 해안가에 화이트채플 건립 등이 그것이다. 이 책은, 곧 베스트셀러가 되었고 논쟁의 핵심으로 떠올랐다. 그러나 놀랍게도 많은 사람이 구세군에 기부금을 내서 소요자금을 감당할 수 있었으며, 대부분의 계획이 실현되었다.

그의 아들 브람웰(Bramwell)은 영국에서 구세군을 조직화하는데 일익을 담당했고, 그의 딸 에반젤린(Evangeline)은 구세군을 미국과 캐나다로 전파시켰다. 20세기 초에 구세군은 미국과 캐나다에서 급속히 퍼져나갔다. 구세군의 돋보이는 제복과 감동적인 구세군 군가들, 그리고 거대한 구세군 군악대는 호기심을 갖는 자들, 반대하며 빈정거리는 자들과 죄인들을 불러 모았다. 구세군은 물질적인 도움뿐만 아니라 회개와 구원의 복음을 들고 사람들에게 다가갔다.

부스는 자신도 고백했듯이 신학에는 아무런 흥미가 없었다. 그는, 사람들은 오직 죄에 대해서 책임이 있고, 하나님은 그런 인간들의 구원에 대해 책임이 있다고 말했다. 그의 신학은 단순해 보이지만, 그런 신학 뒤에는 가난한 자들을 위한 기독교적인 동정이 깃들어 있었다. 아울러 인간의 삶을 저하시키는 세력에 대한 저항정신이 내포되어 있었다. 부스는 "버려진 자들을 구원하는데 있어 우선해야 할 일은, 그로 하여금 아무리 타락한 인간이라도 자신이 장차 살 것인가? 아니면 멸망할 것인가? 둘 중 하나를 선택할 수 있게 복음을 제시 해주는 일이다"라고 선언했다. 바로 이 목적을 향해서 구세군은 전진했다. 결국 구세군은 "하나님을 위해서라면, 나는 나의 온 힘을 다해 그 일을 할 것이다"라고 맹세했던 것이 그들의 유일한 유산이었다.

가장 작은 것까지도 회개함

열다섯 살 때 노팅엄에 있는 웨슬리 예배당에 출석했다. 다른 사람의 영향을 받아서 하나님께 복종했다는 기억은 전혀 없다. 나는 인간의 노력이 아닌 오직 성령의 역사를 체험했으며, 그분은 마음속에 새로운 삶을 위한 커다란 갈망을 심어 주셨다. 나는 방종의 삶을 청산하고 하나님을 기쁘시게 하는 삶을 살기를 원했다. 또한 모든 힘을 쏟아 하나님이 원하시는 삶으로 다른 사람들을 인도하는 일을 행복하게 담당하기를 원했다. 나는 그것이 옳다고 생각하여 그 일을 감당하기로 결심했다. 당시의 주변의 상황을 감안하면 이런 결단은 실로 놀라운 일이었다. 나의 주인은 제딴에는 그리스도인이라고 자처했으나, 하나님을 믿는 믿음을 소유한 자로서의 말을 한 마디도 듣지 못했다. 나의 친구들의 대부분은 세속적이었고 매우 감정적이었다. 그들 중 일부는 사악하기도 했다. 그러나 나는 보통사람들과 같이 본능적으로 태어날 때, 하나님에 대한 신앙을 소유하고 있었고 이러한 본능을 거부하고 싶지는 않았다. 만일 하나님이 계시다면 나는 그분의 법에 복종하고 그분의 섭리를 이루어 드려야 한다는 것을 깨닫게 되었다.

나는 악하게 사는 것보다 올바르게 사는 것이 낫다고 생각했다. 그래서 다른 사람의 문제에 깊은 관심을 가졌다. 이것은 주변 사람들의 고통스러운 상황이 나의 마음을 움직였기 때문이다. 당시 내가 인지하는 바로는 그들의 고통은 정점에 달하여 있었다. 부모에게 배고픔을 호소하는 아이들이 많았다. 그 부모들의 절망과 자괴감은 눈뜨고 볼 수 없을 정도였다.

그때 특별히 하나의 깨달음이 나의 마음을 사로잡았다. 나는 어제 일어난 것처럼 생생하게 기억할 수 있다. 그것은 회개냐 멸망이냐를 촉구하는 전도에만 인생을 모두 소비하는 것이 어리석은 게 아닌가 하는 느낌이었다. 그러던 중에 올바른 길을 가야만 한다는 조바심 속에서 감리교회에 들어갔으며, 모임도 참석하고 찬송하고 기도하고 대화도 나누었다. ………….

그러나 내적인 빛은 죄라고 생각하는 것은 모두 배격하고, 동시에 하나님과의 화해하기 전에 다른 사람들에게 행한 잘못을 힘닿는 데까지 갚아야 한다는 것을 계속하여 보여주었다.

하늘나라의 입성은 과거의 온갖 악행들로 인해 좌절되어 버렸다. 유치한 거래 행위로 나의 친구들로부터 부당한 이득을 취한 일도 있었다. 더군다나 그런 행위가 너그러운 우정에서 비롯된 것처럼 짐짓 위선으로 가장되었다. 그들은 나의 기만에 넘어가 나에게 감사의 표시로 은으로 된 필통을 선물했다. 선물을 되돌려 주는 것이 오히려 편했을 것이다. 그러나 그들을 속였다는 사실을 고백하는 것은 며칠을 갈등할 만큼 수치스러운 것이었다.

나는 이러한 일들이 바로 어제 일어난 일처럼 생생하게 기억하고 있다. 예배당 밑에 있던 어느 방의 한쪽 구석의 내가 있던 그 자리, 그 시간, 그 문제를 해결하겠다는 결심, 일어나서 뛰쳐나간 일, 내가 주로 속였던 친구를 만난 일, 죄의 고백, 연필통의 반환, 그러는 순간에 마음속의 죄의 짐이 즉각 벗어졌던 일, 그리고 그 자리에 찾아온 평화, 그 시간 이후로 하나님과 나의 세대에 봉사하겠다고 다짐했던 일들을 말이다.

이러한 나의 위대한 변화는 탁 트여진 거리의 한복판에서 일어났다. 그 행복한 순간에 서 있었던 그 포장석조차도 의미 있어졌다. 마치 요단강에서 가지고 온 돌들이 이스라엘 사람들에게 뜻 깊은 의미를 부여했던 것처럼 말이다.

그 후 내가 행복한 변화를 이룬 것은 밤 11시경이었다. 나의 삶의 전적인 관심은 거룩한 성품을 만드는 것과 하나님과 인간을 위해 사랑과 봉사하는 삶으로 변했다. 참된 신앙은 자신을 거룩하게 만드는 것만이 아니라, 십자가에 달리신 주님을 도와서 인간을 구원하시려는 그분의 사업을 계속해 나가는 것이라고 믿었다. 그 일은 사람들로 하여금 주의 군사가 되게 하며 그들을 충성스럽게 만들어서 하늘나라에 이르게 하는 일이었다.

십자가의 길에서의 승리

나는 십자가의 길을 따르면서 온갖 종류의 고초를 다 겪었다. 세상은 때로는 강렬하게, 때로는 어리석은 방법으로 나를 현혹시켰고 적대했다. 물론 나 자신의 육체적인 본능과 정신적인 경향성과 자연적인 불신앙으로 인한 인간 본연의 어려움을 겪기도 했다.

종교인과 비종교인 상관없이 많은 사람들은 동료나 이웃보다 자신이 훨씬 불리한 조건에 처해있다고 생각한다. 자신들의 상황과 환경이 하나님과 인간을 위한 의무 이행에 있어서 특별히 불리하게 작용하고 있다고 생각하는 경향이 있다.

이런 문제에 있어서 나도 예외가 아니었다. 나는 다른 사람에게 "거룩한 삶과 신앙의 싸움에 있어서 나와 같은 불리한 상황을 가진 사람은 아무도 없다"고 말하려는 유혹을 여러 번 경험했다. 그러나 사도 바울의 말씀을 기억함으로서 그 기만을 물리칠 수 있는 용기를 얻었다.

> 사람이 감당할 시험 밖에는 너희가 당한 것이 없나니 오직 하나님은 미쁘사 너희가 감당하지 못할 시험 당함을 허락하지 아니하시고 시험 당할 즈음에 또한 피할 길을 내사 너희로 능히 감당하게 하시느니라(고전 10:13).

나는 일생의 어느 순간에도 내 주변의 사람들보다 더 열심히 일했다거나, 자기 부정을 많이 했다거나, 좀 더 많은 수고를 했다거나 하는 말을 감히 할 수 없다. 그러나 의무의 이행에 있어서 하나님께 충성하는 것, 그리고 훌륭한 양심을 유지하는 것은 런던, 베를린, 파리, 뉴욕, 혹은 도쿄의 구세군들에게 요구하는 것만큼이나 심각한 투쟁을 감당해야만 했다는 사실을 기억하고 이해하기를 원한다.

> "
>
> 회심을 한 순간부터 내가 매일 승리를 얻을 수 있었던 주요한 이유는 세속의 세상과의 완전하고도 즉각적인 결별이었다. 나는 세상에서 등을 돌렸다. 세상을 포기했고 하나님을 온힘을 다하여 따를 것을 결심했다. 세상의 쾌락, 책, 유익, 오락을 바라는 대신 새로운 품성으로 모든 유혹, 현혹에서 벗어났다. 세상은 나에게 아무런 매력이 없다. 월터 스코트(Walter Scott), 페니모어 쿠퍼(Fenimore Cooper)의 소설들이 구세주 예수의 이야기와 비교될 수 있단 말인가? 훌륭한 연설가들이 바울과 어떻게 비교될 수 있는가? 돈을 벌어 가난한 어머니와 자매들을 돕겠다는 소망이 나에 의해 구원된 영혼들과 감히 비교될 수 있는가? 마침내 나는 세상이 주는 모든 것들을 경멸하기 시작했다.
>
> "

많은 회심자들이 그러했듯이 예수 그리스도를 위해서라면 땅 끝까지 즐거움으로 갈 수 있다고 느꼈다. 또한 다른 사람들의 영혼을 돕기 위해서라면 무슨 일이든지 감당할 수 있다고 생각했다. 예수 그리스도께서는 영원한 약속을 따라서 성령과 불로 나에게 세례를 베푸셨다. 하지만 나의 초기 측근자들은 전적인 헌신과 거리가 멀었고, 완전히 맞서 있었다. 뿐만 아니라 처음에는 어느 누구도 나를 격려하거나, 혹은 이 헌신의 삶 속에서 만나게 되는 난관들을 헤쳐 나갈 수 있는 가르침이나 조언을 주는 사람이 전혀 없었다.

회심케 하시고, 그를 구세군으로 만들어 끝까지 도와주시고, 하나님의 군병으로 사용하신 것은 오직 여호와 하나님이셨다.

하나님은 구세군을 통해서 세상을 구원하시고자 하는 하나님의 거룩한 계획을 중단시키지 않으시고 힘있게 전진하도록 하셨다.

조직은 군대식 제도를 모방했기 때문에 부스는 초대 대장이 되었다. 구세군의 조직을 살펴보면 각 군국에는 사령관이 있고, 지역사령부에는 지역사령관이 있다. 또 각 지방에는 소속된 영이 있어 담당 사관이 복음 선교와 예배, 지역사회 봉사사업을 지도한다. 구세군은 국제규모의 복음전도와 각종 사회사업을 전개하여 세계 80개국 나라에 1만 6천개의 전도 센터를 가지고 있으며, 3천여 개의 사회 복지 단체 · 기관 · 학교 · 병원 등을 운영하고 있다.

우리나라에 처음 들어온 것은 1908년이고, 구세군 냄비는 연중행사로서 해마다 연말에 실시하는 자선 모금운동이다. 이 구세군 냄비의 시초가 된 것은 1894년에 난파선 생존자를 위한 모금에서 한 구세군 여성 사관의 아이디어로 냄비를 사용했던 것이다.

우리나라에서는 자선 냄비를 1928년에 시작되어 매년 실시되고 있다. 붉은 세 다리 냄비걸이와 냄비 모양의 모금통, 제복을 입은 구세군 사관의 손 종소리는 이젠 우리에게도 익숙한 풍경이 되었다. 현재 서울을 비롯한 전국의 시 · 읍에서 실시되고 있는데, 이때 모금된 성금은 영세민 구호, 사회사업시설에 대한 원조, 각종 이재민 구호, 신체장애인 구호 등에 쓰인다고 한다.

평생을 어려운 사람들을 위해 헌신했던 윌리엄 부스는 83세 때 안질환으로 눈이 멀게 되었다.

"

아들 브람웰이 아버지를 바라보고 눈물을 흘리며 "아버지가 앞을 보지 못한다는 사실이 두렵습니다" 라고 말하자 부스는 아들의 손을 꼬옥 잡으며 말했습니다.

"이제 네 얼굴을 볼 수 없다는 뜻이로구나.
그러나 하나님은 새로운 계획을 준비하고 계실 것이다."

두 사람 사이에 한참 동안 침묵이 흘렀습니다. 부스는 무언가를 곰곰이 생각하더니 밝은 표정으로 입을 열었습니다.

"내가 두 눈을 가진 상태에서 이웃을 위해 봉사할 수 있는 일은 일단 끝났다.
이제부터는 두 눈이 없이 사람들을 위해 봉사할 수 있는 일을 찾아야지"

"

윌리엄 부스는 매우 긍정적인 사람이었다. 그는 실명을 당하고도 결코 절망하지 않고, 오히려 그것을 통해 새로운 봉사를 다짐했다. 사실 우리의 주변을 돌아보면 감사할 것들이 정말 많이 있다. 단지 부정적이고 비관적인 생각들이 자신의 삶에 감사할 수 있는 조건들을 가로막고 있을 뿐이다.

"역경은 희망에 의해서 극복된다" 고 말했던 윌리엄 부스의 삶을 통해 주어진 환경에 감사하며, "나보다 어려운 사람들을 돌아보는 따뜻한 마음을 가져보시라" 고 권하고 싶다.

"자신의 삶에 감사하느냐, 내가 갖지 못한 것을 부러워하며 원망하고 비관적인 생각을 가지느냐" 하는 것은 마음 먹기에 따라 달라지는 것이다. 그리고 그 작은 마음가짐이 우리의 삶을 성공적이고 행복하게 이끌 수 있다는 것도 잊지 말아야 한다.

1912년에 부스가 83세의 나이로 죽었을 때, 충성스런 그의 삶이 대변하듯 4만 명의 사람들이 장례식에 참석하여 그의 죽음을 애도했다. 진실로 그리스도의 용감한 구세군 대장이 하나님의 부르심을 받아 승리의 행진곡을 부르며 천국에 입성한 것이다.

참고문헌 - 이 글은 아래 문헌에서 인용, 발췌한 것이다.
전편찬위원회, 『기독교대백과사전 2권』, 기독교문사, 1981. pp. 210-234.
Hugh T. Kerr & John M. Mulder. *conversions*. New York: Grand Rapids, 1983.
윌리암 부스의 *The Authoritative Life of Genaeral Booth* 중에서
휴 커 · 존 멀더, 공편. 『위대한 회심자들』. 박영봉 역. 서울: 생명의 말씀사, 1993. pp. 213~219.
http://ko.wikipedia.org/wiki/(위키백과)
http://www.britannica.com/(브리테니커 Internet판)
http://www.aspire7.net/belief-2-11.html. "윌리암 부스"

중국 오지 선교회(OMF) 창설자

허드슨 테일러

Hudson Taylor

1832~1905

중국 선교에 평생을 바친 그는
선교회의 조직력과 성경번역 능력,
탁월한 성경해석력과 기도의 힘을 겸비한
놀라운 하나님의 사람이었다.

중국 오지 선교사의 회심의 시간

허드슨 테일러(James Hudson Taylor)는 성경에서 한나의 기도로 아들 사무엘을 하나님께 바친 것처럼, 그의 부모들이 중국 선교를 위해 태중에 있을 때 바쳐진 인물이다.

"사랑하는 하나님, 우리에게 아들을 주시려거든 그를 하나님을 위하여 중국에서 일할 수 있는 자로 삼아주옵소서."

허드슨 테일러가 태어나기 전부터 부모님은 복중에 있는 아이를 하나님께 바쳤다. 사실 중국은 허드슨 테일러의 부친의 관심사였다. 한때 유명했던 그리스나 로마제국은 흥했다가 망해간 반면에 중국이라는 제국은 여전히 남아있다는 사실이 매혹적으로 다가왔던 것이다. 19세기가 되었는데도 이곳은 단 한 사람의 선교사도 들어가지 못하고 있었다. 이게 목사로서 마음이 걸렸다.

허드슨 테일러는 영국 요크셔의 반즐리에서 1832년 5월 21일에 태어났다. 아버지는 반은 약사이고 반은 의사인 약제사로서 약국을 운영했다. 또한 웅변이 뛰어난 감리교의 지방 설교자이기도 했고, 어머니는 온화하고 인내심이 많은 내조의 여인이었다. 11살에 학교에 실증을 느꼈기에 어머니의 교육은 매우 중요한 역할을 했다. 허드슨은 아버지의 능력과 어머니의 온유한 성품을 그대로 물려 받았다. 은행의 하급 직원으로 일하기도 했으나 적응하지도 못했고, 눈병이 생겨서 그만 두고 말았다.

열일곱 살이 되고 한 달여가 지난 1849년 6월에 허드슨은 집에서 홀로 휴가를 보내고 있었다. 거의 같은 시간에 어머니는 80여km 정도 떨어진 곳에서 허드슨의 회심을 위해 기도하고 있었다. 누이동생 아멜리아도 평소에 허드슨의 회심을 위해 기도하고 있었다. 시간을 보낼만한 거리를 응접실에서 찾고 있던 허드슨은 복음 소책자를 하나 발견했다. 소책자의 내용은 심한 폐결핵을 앓던 한 광부의 이야기였다. 광부가 죽기 전에 몇 명의 그리스도인이 찾아와서 복음을 전하면서 예수님이 십자가에서 외친 "다 이루었다"는 말을 설명했을 때, 광부는 그 의미를 깨닫고 그리스도인이 되었다. 매우 간단한 이야기였지만 그것이 가슴에 와 닿았다. 예전에 자기를 무시했던 은행 동료들의 온갖 말들이 값어치 없고 하잘것없이 느껴졌다. 소책자의 내용을 다시 한번 생각하면서 자신의 죄를 깊이 깨달았고, 그리스도가 자신을 위해 죽으셨음을 깊이 느꼈다.

“성령께서 내 영혼에 빛을 비추시는 것 같았다. 즉 내가 구원을 얻기 위해 할 일이라고는 이 세상에 아무것도 없고 오직 무릎 꿇어 이 구주와 그분의 구원을 받아들이는 일과 그분을 영원토록 찬양하는 일뿐임을 가르쳐주었다.” 허드슨은 반즐리의 창고바닥에 무릎을 꿇었고, 거기서 그리스도인이 되었다. 그해 여름이 지나고 9월에 사이가 좋았던 누이동생이 다른 곳으로 가게 되었다. 어느 주일날 오후에 허드슨은 그리웠던 누이동생에게 편지를 쓰고서 저녁에 자기 방에서 하나님과 함께하는 시간을 보내고 있었다. 허드슨은 여기에서 하나님의 임재를 느꼈고, 전에 알지 못했던 기쁨이 밀려왔다. 그리고서 하나님이 자신의 생애가 어떻게 쓰여지기를 원하시는지를 깨달았다는 명백하고도 뚜렷한 확신이 찾아왔다. 허드슨은 이렇게 기록했다. “나는 내가 전능자와의 언약 속으로 들어가고 있다고 느꼈다. 나는 그 언약을 철회하고 싶었으나 그럴 수 없는 것처럼 느껴졌다. 어떤 음성이 내게 ‘너의 기도는 응답되었다’ 고 말하는 것 같았다. 그 시간 이후로 내가 중국으로 부름 받았다는 확신은 한 번도 나를 떠나지 않았다.”

중국을 위해 예비된 선교사

중국에 깊은 관심을 갖고 허드슨이 복중에 있을 때부터 중국에 선교사로 보내기를 소원했던 아버지. 어린 시절에 W.H. 메드허스트의 *China(1838)*라는 책을 읽고서 중국 선교에 대한 소망을 갖게 되었던 허드슨. 이제 목표가 분명해졌으므로 우물쭈물할 이유가 없었다. 필생의 소명을 위해 헐 지역에서 의사인 하디의 조수로 일했다. 런던 병원에서 의학도 공부했다. 이 시기, 중국에서는 태평천국(太平天國)의 난(1851-1864)이 발생했다. 주도자는 홍슈취안(洪秀全)이었다. 그는 그리스도교 서적을 읽고 깊은 영향을 받았으며, 사촌 형제들과 서로 세례를 주고 전도하기 시작했다. 미국인 선교사와 성경 공부를 하기도 했다. 홍의 전도 결과 상제회(上帝會)라는 종교 단체가 결성되었고, 1849년 홍은 이 단체의 지도자가 되었다. 상제회의 중간 지도자 계열에는 무인들도 많이 포함되어 있었다. 그들은 청 왕조를 뒤엎고 명 왕조를 회복하려는 삼합회(三合會)라는 비밀 결사 조직과 공동전선을 펴기로 했다. 홍의 일당 및 동맹자들과 만주 정부 사이의 교전은 1850년에 시작되었다. 초기에 그들은 성경과 십계명을 존중했고 우상을 타파했으며, 예배와 설교, 성인에게 세례를 주었다. 도덕은 엄격했고 우상은 타파했다. 영국과 미국, 유럽의 기독교인들이 흥분하면서 이를 주시한 것은 당연했다. 이 난은 초기의 기독교적인 분위기로 인하여 기독교를 향한 대규모 운동으로 잘못 추측되었다. 더군다나 귀츨라프의 선명하지만 과장된 보고서로 인하여 1852년 5월 중국회가 사역을 확장하면서 중국선교회(Chinese Evangelization Society, CES)가 창설되었다. 당시의 기독교 소식지 중의 하나였던 글리너 지는 이렇게 적었다. "중국은 지금 희어져 추수하게 되었다. 또 다른 유럽인 의료 선교사들을 길러내는 것이 하나님을 기쁘게 하는 일임을 확신한다." 이러한 소식은 허드슨을 고무시키기에 충분했다. 허드슨은 이 선교회에서 일하기로 결심한 후, 의학공부도 마치기 전인 1853년 9월 19일 중국행 배를 탔다.

1854년 봄에 상하이에 도착한 허드슨은 1860년까지 6년간 상하이, 닝보, 항저우 등지에서 선교사역을 감당한다. 중국에 도착한 허드슨은 중국선교회의 여러 가지 실책들을 보게 되었다. 태평군의 낙관적인 보고들만을 선택했고, 그로 인하여 황당무계한 선교 전략을 세웠던 것이다. 상하이의 유럽인들은 호화로운 생활을 하고 있었고, 선교사들조차도 위험한 내륙으로 들어가기 보다는 해안에서 선교의 흉내만 내면서 사교적인 분위기에 휩쓸리고 있었다. 엄격한 감리교의 분위기에서 자란 허드슨에게는 이해할 수 없는 일이었다. 복음이 정작 필요한 내륙으로는 들어갈 수가 없었다. 내륙으로 들어가서 선교할 수 없도록 한 1842년에 체결된 난징조약은 아직도 유효했다. 상하이에 있으면서 기껏 주변의 가까운 곳에만 간혹 선교 여행을 할 수 있을 뿐이었다. 중국인들과 차츰 접근하여 생활하면서 허드슨은 복장도 중국인과 같이 했고, 머리 변발도 하는 등 유럽의 생활방식을 완전히 버리는 파격적인 선교 방식을 채택했다. 이러한 허드슨의 행태는 중국인들의 폭발적인 반향을 불러일으켰다.

여행을 하면서 테일러는 자신이 신기한 존재로 느껴지고 있다는 사실을 알았다. 사람들은 그의 복음에 대한 메시지보다는 그의 복장과 태도에 호기심을 느꼈던 것이다. 그는 한 가지 결론에 도달했다. 즉 중국인의 옷을 입고 풍습을 따르는 중국인이 되자는 것이다. 오래 전 예수회 선교사들은 이런 방식으로 많은 성공을 거두었다.

그러나 대부분의 개신교 선교사들은 이런 것을, 전통적 방법을 떠난 파격적인 것으로서 올바른 선교 방법이 아니라고 생각하고 있었다.

그들은 기독교가 서양 문화의 옷을 입지 않으면 "잘못된 것" 이라고 여겼던 것이다. 푸른 눈에다 회색 머리를 한 요크셔 출신의 테일러에게 중국인이 된다는 것은 보통 복잡한 것이 아니었다.

"허리에 걸쳐 있기엔 너무 헐렁한 바지", "갑갑한 비단 옷", "굽 없는 신발" 등에 적응하는 것도 쉽지는 않았으나 중국인 사이에 섞여 살려면 무엇보다 검은 머리털과 변발을 갖춰야만 했다.

첫 번째 머리털 염색은 큰 소동만 일으키고 실패했다.

머리에 부은 암모니아가 살갗을 태워 하마터면 장님이 될 뻔했다.

다행히 의사인 선교사가 가까이 있었기 때문에 잘 치료해 주어 다시 염색할 수 있을 만큼 회복했다. 이런 실패에도 불구하고 그는 자신의 계획을 밀고 나갔다.

이번에는 이발사에게 맡겼기 때문에 우습지 않게 잘 염색되었다.

그는 "난생 처음 머리털을 밀고나니 햇볕이 따가워 견디기 힘들다"는 것을 알았다. 그리고 "염색도 5-6시간이 지나고 나서도 조금도 고통이 가시지 않았습니다." 그러나 결국 이런 수고는 값진 결실을 나타내었다.

비록 중국인들이 보기에는 잘못된 변발을 했지만 테일러는 이제 별다른 주목을 받지 않고서도 중국인들 사이에 낄 수 있었다.

"만약 내가 다른 중국인들과 섞여 있을 때 당신이 나를 만나게 된다면 알아보지 못할 것입니다. …… 나는 이제 외국인이라는 의심을 받지 않게 되었습니다."

자신의 변모된 모습을 테일러는 무척 대견하게 생각했지만, 다른 선교사들은 대부분 불쾌감을 표시했다. 그들은 테일러를 처음에는 골칫덩어리로 여기다가 나중에는 웃음거리로 삼았다.

이런 소식을 듣자 식구들까지 못마땅해 했다. 그러나 만약 테일러가 그렇게 하지 않았다면 그들은 테일러란 존재가 있는지도 몰랐을 것이다. 중국 옷을 입고 중국식대로 사는 것은 이제 그의 특징이 되었다.

그리고 그는 중국 내지를 마음대로 드나들 수 있을 뿐 아니라 중국에서 생활하기에는 서양 옷보다 중국 옷이 훨씬 더 편하다는 것을 알게 되었다. 테일러와 동행하며 여행을 하던 윌리암 번즈는 테일러가 편리하고 편안하게 생활하는 것을 보고는 자신도 중국 옷을 입고 다녔다.

중국 옷을 입었다고 해서 내지에서 사역하는 모든 어려움들이 해결되는 것은 아니었다. 시골로 여행하면서 의료활동을 하는 동안 그는 자신이 그 지역 의사들과 직접 경쟁을 하고 있음을 깨닫게 되었는데, 전통적인 방법과 다르다는 것을 알게 된 지방 의사들이 그를 쫓아낸 적도 있었다.

……………

중국 복음화 선교회 탈퇴

그는 선교본부와 불편한 관계를 가져오다가 1857년 테일러는 정식으로 중국 복음화 선교회를 탈퇴했다. 그 후로부터 그는 아무 곳에도 정착하지 않고 중국 내지를 돌아다니며, 한 선교사의 말처럼 "열심히, 그러나 목적없이" 선교를 했다.

이 후 내륙선교의 관문(Power Station)이 된 영파지방에 옮겨온 허드슨은 파커박사를 동역자로 얻었다. 그러나 이때 외국인 학살 계획이 세워져 생명을 잃을 위기에 처하기도 했다. 그는 1858년 1월 영파에서 닝보에서 만난 마리아와 결혼했다. 그해 6월에는 톈진조약이 체결되어 기독교의 승인과 선교사역이 보호되었다.

끊임없는 전쟁으로 생긴 난민들을 돕고자 무료 급식소를 열었으며 교회를 맡아 시무했고 병든 자들을 치료했다. 그는 주와 복음을 위해 쉬지 않고 일한 결과 현지인 동역자들을 얻게 되었다.

테일러가 예기치 않게 지방의 병원을 맡아야 했는데, 그로 인해 그들은 3년 동안 닝포에 남아 있었다. 그러나 그 자리는 테일러의 능력을 넘어선 것이었다.

그래서 비록 중국에서의 사역을 중단하고 떠난다는 것이 결코 쉬운 일이 아니었지만, 의학 공부를 더 해야 함을 깨닫게 되었다.

끝없는 헌신, 또 헌신했던 선교사

허드슨과 마리아 부부는 모두 결핵 등으로 건강이 좋지 않아 악화된 병의 치료와 의학공부 완료를 위해서 1860년 11월에 정기 휴가를 받아, 중국인 조수 왕라이치엔(Wang nae jeon)을 대동하고 영국으로 돌아왔다. 이 기회에 휴식을 취하고 병도 치료할 수 있었다. 또 교육을 더 받을 기회도 되었다. 테일러는 런던 병원에 들어가 의학공부를 계속하기로 하고, 응용화학 과정과 산부인과 과정을 마치고 왕립 외과대학의 회원 자격을 획득했다. 그것은 무엇보다도 공인된 자격을 구비하지 못한 데서 오는 불편함이 상당했기 때문이다.

왕은 허드슨이 찬송가와 여러 문서를 중국어로 번역하고, 닝보 방언으로 신약성경를 개정하도록 하여 중국인 조수와 다른 선교사의 도움을 받아 닝포 신약전서의 개역판을 만들었다. 이 어려운 일을 하루에 13시간 이상씩 일하면서 완성했다. 그의 역량은 출중했다.

또한 그는 선교사 지원자들에게 중국어를 가르치는 일을 돕기도 했다. 몸은 우려할 정도로 망가져 있었으나 이를 신경 쓸 틈이 없을 정도였다. 중국 복음화를 위하여 해야 할 일이 태산이었다. 중국어 문서선교를 위한 작업, 여러 곳에 중국에 관한 기사 기고를 끊임없이 할 수밖에 없었다. 그러나 이 휴가 기간중 그들이 가장 중요한 사역은 선교회를 조직한 것이었다. 그래서 중국내지선교회가 탄생한 것이다.

한편으로는 중국에 보낼 선교사를 모집하고 교육시켜서 보내는 일도 했다. 일은 하나 하나 진행되었고, 결과들이 나타났다. 의사 시험도 통과됐고 선교사도 파송했다. 죠지 뮬러와 스펄전과 교류도 했다. 1856년 초에 발간한 『중국의 영적 필요와 요구들』(*China : It' s Spiritual Need and Chairns*)이라는 책은 재판을 거듭하여 1887년에 7판이 인쇄될 정도로 영향력이 대단했다. 중국선교회(CES)는 해체되었다. 허드슨은 복음적인 선교 단체가 필요함을 느끼고 있었다. 1865년 허드슨은 China Inland Mission(CIM, 중국 내지 선교회)를 설립했다(후에 이 선교회는 Oerseas Missionary Fellowship, OMF로 바뀜). 이는 초교파였으며 급여는 보장되지 않았다. 모금운동도 하지 않고, 오직 하나님만을 의지하여야 했다. 선교회의 관리는 현장 실무자가 맡도록 했고, 체계적이고 실제적이어야 했다.

훈련된 선교사들과 중국으로 재출발

1866년 5월, 중국을 떠나온 지 6년 만에 허드슨 가족을 제외하고 자신이 훈련시킨 16명의 선교사를 데리고 중국으로 출발했다. 1888년 북미에 선교본부가 창설되었는데, 이를 전후로 하여 허드슨은 중국, 유럽, 북미 등을 광범위하게 여행하는 것이 불가피해졌다.

테일러는 중국 여러 곳을 여행하며 일하면 일할수록 수많은 사람들에 대한 복음 전파의 필요성을 더욱 느끼게 되어 강한 의무감에 사로잡혔다.

“수억의 사람들이 복음을 모른 채 죽어가고 있다. 매시간 1,000명이 죽음의 어둠 속으로 들어가고 있다.”

중국 전역을 복음화하는 것은 완전히 불가능한 일 같이 보였으나, 테일러는 한 가지 전략을 세웠다.

“만약에 1,000명의 복음 전파자를 확보한다면, 그리고 이들 각 사람이 매일 50명 내지 200명의 사람들에게 복음을 전한다면 3년 이내에 모든 중국인들에게 복음을 전할 수 있을 것이다."

물론 그것은 현실적인 계획이 아니었고 또 실제로 그렇게 하지도 못했다. 그러나 내지 선교회는 중국의 모든 성에 선교사를 파송했고, 선교회가 설립된지 30년이 경과된 1895년에는 640명 이상의 선교사들이 중국을 위해 자신들의 삶을 헌신했다.

이 선교회는 1911년 1월, 선교사의 숫자가 968명에 이르렀다.

계속되는 압력과 긴장은 건강을 위협했다. 개인사적으로도 크고 작은 일들이 발생했다. 1867년 8월에 딸 그레이스가 폐렴으로 죽었고, 1870년 2월에는 장염으로 6살 사무엘이 죽었다. 또한 7월에 태어난 아이가 태어난 지 20일 만에 죽었다. 그리고 결혼한 지 12년 만에 아내 마리아가 하나님 품으로 갔다.

그 후 1871년 제니와 만나 재혼했다. 제니와는 두 아이를 두었다. 제니는 1904년 7월에 암으로 허드슨 보다 먼저 죽음을 맞이했다. 그럼에도 불구하고 그는 복음의 열정이 불같이 타올랐다.

그는 성경 여백에다 다음과 같은 기도문을 적어 두었다.

"하나님께 간구합니다.
앞으로 1백 명의 선교사들을 추가로 더 보내주십시오.
그리고 저로 하여금 주님의 큰 사역을 잘 감당할 수 있게 하소서!"

그가 기록한 이 기도문이 기독교 신문에 기사화 됨으로 영국인들 안에 중국 선교에 대한 관심의 열풍이 일어났다.

가까스로 건강이 회복되자 45살의 나이로 다시 중국을 향해 떠났다. 그는 중국선교를 위해 목숨을 내던진 자였다.

허드슨은 여러 선교지역에서 많은 경험을 하면서 놀라운 진리를 깊이 터득하게 되었는데, 이는 선교사역을 추진시키는 원동력은 온갖 고난과 시련 속에서 생겨난다는 사실을 깨달았다.

그의 헌신으로 북미, 스웨덴, 노르웨이, 덴마크, 독일, 호주, 뉴질랜드에 중국선교회 지부가 설립되고, 이렇게 하여 한 때 중국에 모여든 선교사는 1천명을 넘었다.

1899년 9월 허드슨과 제니가 중국을 떠나온 이후로 상황은 악화되고 있었다. 그해 말에 반외세 운동인 의화단(義和團)의 난이 일어났다. 선교사들과 중국의 그리스도인들이 격심한 수난을 당했다. 중국 전역에서 130명이 넘는 개신교 선교사와 50명이 넘는 자녀들이 죽음을 당했고, 2,000명이 넘는 중국 그리스도인이 죽음을 당했다. 1900년 8월, 스위스의 다보스에서 요양을 취하고 있던 허드슨은 자신의 죽음이 가까웠음을 느끼고, 호스트를 선교회 총재 권한대행으로 지명했다(1901년 11월에 완전히 넘김). 1902년 그는 선교회 대표직을 사임했다.

마지막 생애

1905년 초에 허드슨은 몸이 좋아져서 생애 마지막이 될 중국을 방문하기로 했다. 73세인 그는 중국 방문여행에 아들과 며느리를 데리고 중국을 향했다. 4월에 중국에 도착한 그는 중국의 여러 곳을 방문했다. 그곳 그리스도인들은 사랑과 존경심으로 영접해 주었다. 그가 말년에 선교사들의 부축을 받으며 한 지방에 이르자 성문 위에서 금빛으로 '내륙 은인' 이라는 글자가 크게 새겨진 깃발이 펄럭이고 있었다. 어디를 가든지 그를 '중국인의 은인' 으로 불렀다.

그리고 5월 29일 하이난성의 창사에 이르렀다. 중국 복음화를 그토록 갈구했던 열정적인 허드슨은 여러 선교 본부를 방문한 후, 그는 이전에 배타적인 지방이었던 후난성의 지방도시 '장사' 에서 6월 3일, 73살의 나이로, 영원히 하나님의 품에 안겼다.

허드슨 테일러는 그리스도만을 위해서 살았고 많은 영혼들에게 구원의 복음을 전하는 일에 헌신했고, 전도의 목표를 위해 언어, 의학, 기도훈련을 철저히 감당했으며, 고난과 시련을 겪으며 감당한 헌신적인 전도생활을 실천했던 인물이었다. 그는 진정한 중국 복음화의 선구자였으며, 하나님께 영광을 돌리고자 하는 자들에게 귀감이 되었으며, 감동적인 주인공이 되었다.

참고문헌 - 이 글은 아래 문헌에서 인용, 발췌한 것이다.
편찬위원회, 『기독교대백과사전 15권』, 서울 : 기독교문사, 1989. pp. 313-314.
로저 스티어. 『허드슨 테일러(상, 하)』, 윤종석 옮김. 서울: 두란노서원, 1990.
http://ko.wikipedia.org/wiki/(한국어 위키백과)
http://www.aspire7.net/belief-2-30.html. "중국 선교의 선구자 '허드슨 테일러'

설교의 교본

찰스 스펄젼

Charles H. Spurgeon

1834~1892

영국 침례교 목사로써 끊임없는 성경연구를 통하여
뛰어난 설교자가 된 그는 사회사업에도
커다란 관심을 가지고 있었다.

목회의 부름과 응답

찰스 스펄젼은 1834년 6월 19일 런던 북동쪽 64km 지점에 있는 에섹스 켈비던(Essex Kelvedon) 마을에서 조용하고 엄숙한 목사의 아들로 태어났다. 그의 할아버지 제임스는 프랑스 위그노의 후손으로 45년 이상 목회한 비국교도 목사였고, 아버지 존은 역시 경건한 독립교단 목사였다. 그의 집안은 1568년부터 찰스 스펄젼이 태어나던 때까지 12대를 걸쳐 전통적인 청교도 신앙을 지켜왔다. 그런 영향으로 그의 몸엔 청교도적인 냄새가 깊이 배어있었다.

스펄전은 2살 때 할아버지 집에 보내져 어려서부터 할아버지가 소장하고 있던 청교도적인 경건서적들을 읽으며 자라났다.

> "
> 나는 어렸을 때부터 천로역정(Pilgrim's Progress)을 자주 읽었는데 아마 전 생애에 걸쳐 100번은 족히 읽었을 것이다.
> "

일곱 살부터 열다섯 살까지 그는 콜체스터의 한 학교에서 교육을 받았다. 그에게 그리스도인의 삶이란 어린 시절부터 몸에 배어온 일상이었다. 하지만 무거운 짐이 남아 있었다.

그러다가 16세에 우연히 이사야 45장 22절을 본문〈… 내게로 돌이켜 구원을 받으라, 나는 하나님이라 …〉으로 하는 설교를 듣고 회심을 체험했다. 그 후 성경을 공부하고 말씀과 기도로 주님의 교회를 섬기며 위대한 설교자로서의 자질을 갖추어 나갔다.

그의 천부적인 설교 재능은 '설교의 황태자' 라는 칭호에 부족함이 없었으며, 그의 위대한 설교 전문은 3,544편 그대로 후대에 남겨 빛을 발하고 있다. 한 시대 구술로 전달되고 사라질 메시지가 아니라, 주님의 재림까지 수많은 설교자들에게 설교의 영감이 무엇인지 가르치는 보석보다 귀한 영적인 유산을 남겼던 것이다.

내면의 무거운 짐과 갈등

스펄전은 오랜 청교도 가문의 신앙 전통 속에서 살았지만, 마음 깊은 곳에서부터 그리스도를 구주로 고백하는 삶은 아니었다. 그래서 사춘기를 구원을 향한 회의의 시기로 보내게 되었다. 그는 젊은이로서 내적인 불안과 심한 갈등을 겪고 있었다.

"

내 속의 나는 자꾸만 하나님의 율법을 두려워하게 되었습니다.

점점 등에 무거운 짐을 지고 있는 크리스찬의 모습과 닮아있는 나를 발견했거든요.

끔찍한 일이었어요.

나는 성실한 사람입니다.

아마 나의 삶을 옆에서 지켜본 사람이라면 나에게서 인간적으로나 도덕적으로, 그 어떠한 죄도 발견하지 못했을 것입니다.

나는 불성실하거나 부정직하거나 참담한 말을 하지 않았고, 여느 사람들과는 다른 삶을 살려고 노력했습니다.

하지만, …… 나를 율법 가운데 세우는 모세를 만났을 때, 나는 하나님을 거스르는 패역무도한 죄인이었습니다.

모세 앞에서 나는 내가 죄인이라는 사실을 인정하지 않을 수 없었습니다. 내 마음은 빛을 잃었고, 혼돈과 공허와 흑암만이 존재하는 절망의 구렁텅이로 빠져 버렸죠.

나는 간절히 기도했습니다.

나는 이 멸망의 구렁텅이에서 나오기 위해 열심히 성경 말씀을 찾아보았습니다. 그러나 시간이 흐르면 흐를수록 내 마음은 더욱 답답해졌습니다. 내 청년 시절의 5년 정도를 나는 이렇게 암흑에서 보냈던 것입니다.

내 소망은 오로지 마음의 평안을 찾는 것이었습니다.

한때 나는 내가 하나님의 선민이라는 특권을 갖고 있다고 생각했었어요. 어둠이 내린 가운데서도 나는 여러 가지 이론으로 꾸며, 내가 여전히 하나님의 자녀이며 선민의 특권을 가진 사람이라는 확신을 가지려고 했지만 그 노력은 헛수고였습니다. 그 특권은 내 것이 될 수 없었어요. 내 문제는 바로 여기에 있었습니다.

나는 확실히 복음을 깨닫지 못했던 것입니다.

나는 기독교 가정에서 태어났고, 아버지가 목사였음에도 불구하고, 그때까지 나는 복음의 단순성을 깨닫지 못했던 것입니다.

나는 너무도 답답하여 콜체스터의 모든 교회들을 두루 헤매고 다녔습니다. 그러나, 솔직히 고백하자면 그 많은 목회자들 중 누구도 나를 도와주지 못했습니다. 나는 아무것도 발견할 수 없었고, 설교가 끝나면 그저 '좋은 말씀 잘 들었다' 는 정도의 생각만 머릿속에 남을 뿐이었습니다.

"주 예수를 믿으라. 그리하면 너와 네 집이 구원을 얻으리라" 는 말씀을 수없이 들었지만, 여전히 주 예수를 믿는다는 것이 무엇을 의미하는지 몰랐습니다. 그 중 어떤 설교자는 항상 율법에 대해서만 설교했는데, 율법을 잘 지켜야 한다는 내용의 말만 강조함으로써, 그는 여러 사람들에게 자신도 다 실천할 수 없는 고통의 멍에를 더해주기만 했습니다.

"

우연히 맞은 예배당의 회심

어느 일요일 아침, 심한 눈보라가 몰아치는 아주 추운 아침을 나는 자주 생각해 본다. 그날 눈보라가 나의 길을 막지 않았더라면 나는 지금까지도 헤매고 있지 않을까 하는 생각을 하면서, 그날은 나에게 참으로 의미 있는 날이 되어준 날이었다.

눈보라가 치는 바람에 길이 막혀 나는 어쩔 수 없이 옆길로 빠져서 우리 집에서 그리 멀지 않은 곳에 있는 작은 수구파 감리교 예배당(Primitive Methodist Chapel)에 참석했다. 나는 수구파 감리교인들이 골치 아플 정도로 크게 찬송을 부른다는 사실을 익히 들어서 알고 있었다. 썩 마음이 내키진 않았지만 나는 별수 없이 그곳에서 아침 예배를 볼 생각을 했다.

예배당에는 12명에서 15명 정도의 사람들이 앉아 있었고, 목사도 나오지 않았다. 결국, 한 초라하고 깡마른 사람, 제화공이나 양복점 재단사로 보이는 남자가 강단 위로 올라갔다. 평신도 설교자였다. 원고도 없이 올라가 달리 할 말이 없었기 때문에 성경 본문을 그대로 읽기 시작했다.

통상적으로 설교자들은 교육을 잘 받은 사람들이다. 그런데 이 사람은 참으로 우둔했기에, 성경 본문에만 집착할 수밖에 없었다.

이사야 45:22. "땅 끝의 모든 백성아 나를 앙망하라 그리하면 구원을 얻으리라 나는 하나님이라 다른 이가 없음이니라"(개역성경)고 하는 말씀이었는데, 그 사람은 본문을 제대로 읽지도 못했다.

그러나 그 사람의 이어지는 말은 힘이 있었고, 나는 무언가 내 문제를 해결해 줄 것만 같은 느낌에 이끌렸다. 이상하게도 나는 그의 말 속으로 빨려 들어갔다.

❝

"여러분, 이 말씀은 아주 간단합니다. 여기에 '앙망하라' 고 했습니다. 앙망한다는 것, 즉 바라본다고 하는 것은 결코 어렵거나 힘이 드는 것이 아닙니다. 우리가 어떤 것을 보기 위해서 한 다리를 든다거나 손가락을 움직일 필요가 있습니까?

아닙니다. 그저 바라보기만 하면 됩니다.

그렇습니다. 우리는 보는 방법을 배우기 위해 대학 같은 곳에 다니며 고등 교육을 받을 필요도 없습니다. 누구나 볼 수 있는 것입니다. 어린 아기도 볼 수 있습니다. 바로 이와 똑같이 성경 말씀에도 '나를 바라보라' 고 되어 있습니다.

그런데 여러분, 왜 모두 자기 자신만 바라봅니까?

봐야 아무 소용도 없는 자기 자신을 바라본다고 자신의 문제가 해결됩니까? 결코 그렇지 않습니다.

여러분들은 자신을 바라보아서는 안 됩니다.

성경에는 그리스도를 바라보라고 했습니다. 예수를 보십시오.

지금 당장 그를 바라보십시오."

그 다음에 그는 다음과 같은 내용으로 마무리했습니다.

"나를 보라. 내가 수많은 핏방울을 흘리고 있다.

나를 보라. 나는 십자가에 매달려 있다.

나를 보라. 나는 죽었고 매장되었다.

나를 보라. 나는 다시 일어났다.

나를 보라. 나는 하늘로 올라간다.

나를 보라. 나는 하나님의 우편에 앉아 있다.

불쌍한 죄인들이여, 나를 보라! 나를 보라!"

여기까지 말하고 난 그 사람은 강단 바로 밑에 앉아 있던 나를 바라보았습니다. 적은 수의 사람들이 모이기 때문에 처음 참석한 내가 금방 눈에 띄었던 것이죠.

그는 수심에 잠긴 나를 향해 "당신은 왜 그렇게 가련한 모양을 하고 있소?"라고 물었습니다. 그 말은 나의 정곡을 찔렀습니다.

비록 가련한 모습을 하고 있긴 했겠지만, 나의 외모에 대해 이런 지적을 받은 적은 처음이었기에 나는 무척 당황했습니다.

나는 무어라 대답을 할 수 없었습니다.

그는 말을 계속했습니다.

"…… 지금 이 시간에 이 성경 말씀에 순종하면 당신은 구원을 받을 수 있소! 젊은이여, 예수를 바라보시오! 지금 바라보시오."

나는 그를 바라보았습니다.

그러자 그는 또다시 소리쳤습니다.

"왜 나를 바라보나요. 나를 바라보지 말고 예수를 바라보시오!"

내가 그를 바라보자 그는 자기를 바라보지 말고 예수를 바라보라고 소리 질렀습니다.

나는 깜짝 놀라 자리에서 벌떡 일어났습니다.

그리고 그 순간 예수를 보았습니다. 그 순간 …….

아! 나는 진실로 그리스도를 바라보았던 것입니다.

❞

완전한 구원의 날

나는 즉각적으로 구원의 도리를 보았다. 나는 그가 한 다른 말들은 기억나지 않는다. 그것을 주의해서 들을 수가 없었다. 오직 한 가지 생각만이 나를 사로잡았다. 마치 이스라엘 백성이 구리 뱀이 들어 올려 졌을 때 쳐다 보기만 해도 치료 받았던 것처럼 나도 그랬다. 나는 수십 가지의 일들을 기대하고 있었다. 그런데 '바라보라' 는 한 가지 외침만 들었으니 얼마나 감미로웠는지! 나는 눈이 아플 정도로 집중하여 바라보았다.

❝

나의 가슴에 꽉 차 있던 구름이 걷히고, 내 영혼이 구원의 빛과 만났던 것입니다. 나는 천로역정에 나오는 순례자와 같은 환희에 도취되었습니다. 깊고도 비통했던 죄의식에 완전히 사로잡혀 있던 나에게 드디어 죄 사함의 순하고 밝은 한 줄기 빛이 들어왔고, 나의 마음은 날아갈 듯 가벼워졌습니다. 등 뒤에 붙어있던 무거운 짐 덩어리가 어디론가 사라져 버렸습니다.

1850년 1월 6일.

나는 이 완전한 구원의 날, 한 순간, 나에게 그 비밀의 문이 열리고, 나는 성경이 말하고자 하는 것을 모두 이해할 수 있게 되었습니다. 나의 삶이 빛 가운데서 첫 발을 내딛는 순간이었습니다.

"

자기 자신이 구원된 날과 시간을 기억하는 사람들은 많지 않다. 그러나 리챠드 닐(Richard Knill, 1787-1857)은 말했다. "그때 하늘에 있던 모든 수금들이 울려 퍼졌다. 리챠드 닐이 거듭났기 때문이다." 그 말이 그대로 나에게도 적용되었다.

자비의 시계가 구원의 시간을 하늘에서 울려 주었다. 예배당에 들어간 10시 30분에서 집에 돌아온 12시 30분 사이에 놀라운 변화가 일어난 것이다. 어둠에서 빛으로 죽음에서 생명으로 옮겨졌다. 예수님을 보고서 절망에서 희망으로 구출되었다. 결과는 그야말로 주체할 수없는 기쁨이 찾아왔다. 사람들은 나를 보고 말했다. "무슨 놀라운 일이 있었군요." 나는 그 모든 일들을 이야기 하고 싶은 마음이 간절하여 견딜 수가 없었다. …….

나는 루터와 칼빈의 영향을 받아 복음의 내용과 요점이 '대리' (Substitution)라는 말 속에 있다고 늘 생각해 왔다.

나는 완전한 의를 행하지 않는 한 하늘나라에 들어갈 수 없다고 알고 있다. 나는 나 자신의 의를 세울 수 없다는 것을 확신하고 있다. 매일 같이 죄를 반복하고 있기 때문이다. 그러나 그리스도는 완전한 의를 가지고 계신다. 그분은 이렇게 말씀하셨다.

"

불쌍한 죄인이여, 나의 옷을 취하여 입으라. 그대는 마치 그리스도처럼 하나님 앞에 설 것이며, 나는 마치 죄인인 것처럼 하나님 앞에 설 것이다. 나는 죄인을 대신하여 수난을 겪을 것이며, 그대는 그대가 하지도 않은 일에 대한 보상을 받을 것이다. 그 일은 내가 그대를 위해서 해 놓았느니라.

"

그렇다. 주님이 우리 대신 죄를 지사, 자격이 없는 우리가 의롭게 되었으며, 의인이라 칭함을 받아 구원을 얻게 된 것이다.

악마는 "너는 성자가 아니다"라고 말한다.

그래, 내가 성자가 아닐지는 몰라도 죄인인 것만은 분명하다. 그런데 예수 그리스도께서는 바로 죄인들을 위하시려고 이 세상에 오셨다는 사실을 모르는가? 우리는 우리 죄를 위해 십자가에서 보혈을 흘리신 예수 그리스도를 믿고 바라보기만 하면 된다. 그러면 십자가의 능력이 우리에게 임하여 충만하게 할 것이다. 나는 나의 영혼을 처음으로 사로잡았던, "나를 보라"는 그 말씀이 아직도 내 귓전에 쟁쟁하다. 나는 그 말씀의 능력으로 회심했던 것처럼, 그 말씀 속에서 나는 계속하여 새로운 힘을 얻고, 새로워짐을 발견하게 된 것이다.

그때부터 스펄전의 삶은 주의 복음을 전하고자 하는 열정의 삶이 되었다. 1851년 그는 17세의 나이로 정식 목사 직분을 얻었다.

그 후 일생 동안 그가 설교하는 곳에는 수많은 사람들이 그의 설교를 듣기 위해 몰려들었다. 그의 힘차고, 신학적이며, 감미로운 설교는 그로 하여금 "설교의 황제"라고 불리게 만들었다.

위대한 설교의 황제

1854년 20세에 런던 사우워에 있는 뉴파크 스트리트(New Park Street) 침례교회 목사로 초빙을 받았다. 1856년에는 수산나와 결혼했고, 또한 그의 중심사역은 복음전파의 사명을 받은 사람들을 훈련시키기 위해 목회대학을 설립하여 설교자를 양성하고 영국교회의 영적 부흥에 기여했다.

그의 목회사역은 처음에 100명이던 교인들이 차고 넘쳐, 장소가 비좁아서 엑스터 홀과 서리 뮤직 홀로 예배 장소를 옮긴 후, 6천명이 한꺼번에 예배드릴 수 있는 메트로폴리탄교회를 건축하게 되었다. 새성전으로 입당한 후 31년 동안 평균 5천명 이상이 출석하여, 당시 세계 최고의 기록을 세웠다. 그는 22세 때에 당대의 가장 유명한 설교자가 되었던 것이다.

1861년 3월 31일 스펄전의 메트로폴리탄 태버나클에서 최초의 주일 예배가 드려졌다. 스펄전의 설교를 들으려 오는 사람들을 수용하기 위해 지어진 이 교회 건물은 6천석을 가지고 있었지만 몰려오는 사람들을 다 수용할 수 없었다. 그의 설교는 매번 서서 예배를 드리는 사람들까지 1만명을 넘었다. 그러고도 수백명의 사람들이 항상 되돌아가야만 했다. 약 천만 명의 사람들이 그의 설교를 육성으로 들었으며, 종종 한 주간에 서로 다른 장소에서 10번 이상의 설교를 하기도 했다. 그는 매 번의 설교를 위해 수 시간을 기도했다. 그는 결코 제목 설교를 한 적이 없었으며 항상 성경 본문으로 강해 설교를 했다. 그럼에도 불구하고 그는 내용이 다른 설교 3,500여 편을 중복해서 설교한 적이 없었다.

그의 영혼을 사랑하는 뜨거운 마음은 그가 그토록 많은 설교를 했음에도 불구하고 많은 시간을 개인 전도하는데 보냈다는 사실에서 알 수 있다. 그는 바쁜 일정 중에도 매주 화요일은 구원의 확신을 위한 개별적인 면담을 위해, 토요일은 복음을 위한 개별 방문을 정기적으로 행하기 위해 남겨두었다.

1865년에 런던 침례교 연합회를 세웠으며, 1869년에는 고아들을 돌보고 교육하는 '스펄전의 가정들' 을 세웠다. 그 고아원은 12개의 집과 500여명의 아동들을 수용하는 커다란 고아원으로 성장했다.

그는 감리교회에서 회심했으나 항상 침례교회에서 사역했다. 그러나 그의 사상은 복음주의적인 칼빈주의였다. 그는 타협을 거부하는 불굴의 의지를 가졌던 사람이었는데, 이러한 그의 성격으로 인해 말년에는 교단의 지도자들로부터 따돌림을 당하는 결과를 초래하기도 했다. 그는 1887년에 세례와 중생에 관한 논쟁으로 침례교연맹을 탈퇴하게 되었고, 그 이후부터 은퇴할 때까지 독자적인 교회의 목사로서 사역을 계속했다.

그는 사심 없는 설교자였으며, 끊임없는 성경연구를 통하여 뛰어난 설교자가 되었다. 그는 인간적인 동정심이 풍부했으며, 아울러 사회문제에 대해서도 건전한 관심을 기울였다. 그는 악을 거부하고 옳은 것에 대한 불굴의 의지를 가졌다. 기질에 있어서 민주적이었던 그는 구원과 은총의 복음에 대한 강한 열정을 갖고 있었다. 그는 많은 설교를 행했으면서도 꾸준히 독서를 즐기는 사람이었으며, 특히 17세기 청교도들을 좋아하여 그들의 저서를 탐구했다. 그는 다방면의 책을 저술했는데, 특히 그의 설교는 1,900편 이상이나 발행되었다. 그는 고등교육을 받지 못했으나 꾸준한 성경연구를 통하서 날카로운 분석력과 방법론을 소유하게 되었다. 그의 화술과 유머 감각은 그의 설교를 더욱 깊이 있게 만들었다. 그의 설교집 중 지금도 애독되고 있는 것은 『다윗의 보화』(The Treasury of David), 『아침과 저녁』, 『시편 주석』 등이 있다. 그는 주기적으로 병을 앓았고, 그래서 매년 건강 회복을 위해 프랑스 맨턴으로 휴양을 떠나야만 했다. 그 때문에 주일 강단을 비우는 경우도 있었다.

그는 "내가 소유한 것 중에서 받지 않은 것은 하나도 없다"는 사실을 자기가 꼭 명심하도록 해주시기를 하나님께 간구했다. 이런 겸손은 처음에는 비우호적이었던 사람들까지도 "그의 고조되어 가는 명성에 따라 자만심이 커져가기는커녕, 그가 우리의 눈을 깜짝 놀라게 했던 처음보다도 오히려 더욱 겸손하고, 더욱 자기를 부정하게 된 것 같다"고 말하게 만들었다.

그는 여러 찬송가를 작시하고 성가집을 펴내기도 했다. 또한 그의 설교는 이미 그의 생전에 속기로 기록되어 영어 뿐 아니라, 여러 언어로 번역되어 전 세계에서 출판 배포되었다. 이렇게 스펄전의 사역은 부흥 신학의 기반을 이루고, 꽃을 피우는데 큰 공헌을 이룩했다.

그는 1891년 6월 7일, '전리품을 나누는 다윗의 규례' 라는 제목으로 타버나클의 메트로폴리탄교회에서 마지막 설교를 했다. 그리고 10월 26일 요양을 위해 아내와 함께 프랑스 맨턴(망통)으로 떠났다.

그는 다음 해 1892년 1월 31일 58세에 프랑스 남부에 있는 맨턴(망통) 마을에서 설교하다가 하나님의 부르심을 받았다.

> "더럽고 불쌍하고 무력한 벌레인 제가 주의 친절하신 팔에 안깁니다" 이것이 마지막 고백이었다.
>
> 1892년 2월 9일, 관이 런던에 도착한 후, 노우드 묘지에 묻혔다. 그의 묘비에는 이렇게 기록되어 있다.
>
> "여기, 주님이시며 구주이신 예수 그리스도의 나타나심을 기다리며 찰스 해돈 스펄전이 잠들다."

그는 그의 생애가 끝날 때까지 불타는 진실성과 굽힐 줄 모르는 신학적 신념과 열정을 가진 '복음의 전파자' 로, 빛나는 설교로서 하나님께 영광을 돌렸던, 이 시대에 영성의 횃불을 밝힌 위대한 거성이었다.

참고문헌 - 이 글은 아래 문헌에서 인용, 발췌한 것이다.
편찬위원회, 『기독교대백과사전 9권』, 서울: 기독교문사, 1989. pp. 1095-1096.
Hugh T. Kerr & John M. Mulder. *conversions*. New York: Grand Rapids, 1983.
찰스 스펄전의 *The Autobiography of Charles H. Spurgeon* 중에서
휴 커 · 존 멀더, 공편. 『위대한 회심자들』. 박영봉 역. 서울: 생명의 말씀사, 1993. pp. 206~212.
http://ko.wikipedia.org/wiki/(위키백과)
http://www.britannica.com/(브리테니커 Internet판)
http://www.aspire7.net/belief-2-26.html "성경적 설교가 찰스 스펄전
http://blog.daum.net/ohin74/5987272. 빗쏠이. 찰스 해돈 스펄전(Charles H. Spurgean). 2008. 02. 01 07:37
https://m.blog.naver.com/Post "하나님의 사람 스펄전". 서울: 복있는 사람, 2017

위대한 세계적인 부흥사

드와이트 무디

35

Dwight L. Moody
1837~1899

가난한 구두직공 출신이었지만
복음에 대한 열정으로 영혼 구원을 위해
열심히 수많은 나라를 순회하며 복음을 전한
19세기 미국의 가장 위대한 부흥사이자, 전도자이다.

위대한 부흥사

드와이트 무디(Dwight Lyman Moody)는 미국의 메사추세츠(Massachusetts) 주의 노스필드(North Field)에서 1837년 2월 5일에 소작농이자 석수인 에드윈 무디(Edwin Moody)와 베시 홀턴(Betsy Holton) 사이에서 아홉 자녀 중 여섯 번째 자녀로 태어났다. 1841년 그가 4살되던 해, 아버지가 41세의 나이로 어려운 생활에 빚을 남기고 세상을 떠났다. 그래서 무디의 가족들은 빚쟁이들이 몰려와서 가구를 가져갈 정도로 극심한 가난에 시달렸다. 자연히 무디는 가난한 어린 시절을 보냈고, 교육도 제대로 받지 못하고 초등학교 5학년까지 공부한 것이 전부였다. 그는 생계를 돕기 위해 농사일을 해야만 했다. 당시에 자신이 다니던 유니테리언교회의 도움이 아니었다면 온 가족이 다 흩어졌을 것이다.

어린 시절을 농촌에서 보낸 무디는 어머니의 청교도적인 교육에 힘입어 자신이 옳다 생각하는 일에 모든 것을 쏟을 수 있는 열정과 자신에 대한 날카로운 성찰, 듣는 이에게 자신의 의사를 정확히 전할 수 있는 언변, 그리고 일을 추진함에 있어서의 적극성 등을 갖게 되었다. 아마도 무디의 부흥사로서의 인품 형성은 여러 어려움에도 불구하고 어머니의 경건하고 깊은 신앙으로부터 비롯되었던 것이다.

1854년 17세가 되던 해에 경제적인 어려움을 타개하고자 집을 나와 메사추세츠 주의 클린톤으로 갔다. 그는 그곳에서 독자들에게 신문을 발송하는 일을 했으나, 솜씨가 서툴러 곧 해고당하고 말았다. 그 후 여러 곳을 방황했으나 적당한 일자리를 얻지 못했다. 그러던 중 무디는 보스턴에 있는 외삼촌 사무엘 홀턴(Samuel Holton)의 제화점에서 4가지 조건 아래 구두 수선 일을 하기 시작했다. 그 조건들 중에 외삼촌이 다니던 마운트 버논 회중교회의 교회학교에 매주일 출석해야 한다는 것도 있었다. 그러나, 무디의 꿈은 빨리 돈을 벌어 세상에서 성공하는 것이었기에 신앙에 대해서는 별 관심을 두지 않았다.

그러나 조건 대로, 무디는 충실하게 교회학교에 출석했다. 형식적인 신앙생활! 무디는 예수님을 영접하면서 한 교회에 정착하지 못하고 떠돌이처럼 교회를 다니고 있었다. 주일도 자신의 중요한 일의 중요성에 의해 자주 후순위로 밀려났음은 물론이다. 신앙과 관련해서도 매우 기초적인 사항은 배우지도 못했고, 중요성에 대하여 인식하지도 못했다. 1855년 입교 신청이 보류되고 교인이 되는데 필요한 기초적인 신학교육을 받게 된다. 신앙은 있되 신앙이 아무런 역할을 하지 못하는 모습이 무디의 신앙상태였다. 이런 미지근한 신앙은 무디에게 항상 갈등과 번민을 가져왔다. 이 시기 주일학교 교사 에드워드 킴볼의 영향으로 무디는 유니테리언에서 근본주의적인 복음주의자로 전환하게 된다. 이렇게 하루하루를 지내던 무디에게 일생의 전환점이 된 사건이 일어났다.

살아서 움직이는 전선

1855년 4월 21일, 무디가 출석하고 있는 교회의 교회학교 선생님이 구두 가게에서 일하는 무디를 찾아왔다. 에드워드 킴볼(Edward Kimball)이었다. 사실 가끔씩 교회에 출석하고 있는 무디를 킴볼은 주목하고 있었다. 그래서 구두점 앞을 지나갈 때마다 몇 번이나 들어가서 무디를 만나보고자 하는 생각을 했었다. 마침내 이날 킴볼은 단호한 결심을 하고 문을 열고 들어갔다. 킴블이 무디가 일하고 있는 뒷방으로 들어갔을 때, 무디는 누가 옆에 와 있는지도 모르고 일에 열중하고 있었다. 60kg의 작은 몸집, 윤기 흐르는 까만 머리, 두터운 입술, 짙은 눈썹과 빛나는 갈색 눈을 가지고 있는 구두 직공이 바로 무디였다. 킴볼은 좁디좁은 창고에 발을 들여놓으면서 무디로부터 "전류가 강렬하게 통하고 있는 전선"이라는 충격적이고도 놀라운 느낌을 받았다. 끓어오르는 열정과 맡은 일에 대한 헌신적인 열심 ……. 무디는 매우 민첩하고도 빈틈없는 솜씨로 물건을 포장해서 정해진 자리에 쌓아올리고 있었다.

❝

킴볼은 잠시 동안 생각했다. "하나님이 '전류가 통하는 이 전선'을 쓰신다면 무엇이든 이루실 수 있을 것이다. 멈추지 않는 저 전선이 어디론가 뻗어나가기만 한다면 하나님의 전류가 흐르고 불이 붙지 않겠는가?" 그런 생각을 하면서 킴볼은 무디와 대화하기 시작했다.

"무디군, 자네가 우리 교회에 출석한지 한 해가 지났지?"

"그렇습니다. 1년이 되었네요."

"그렇다면 자네는 예수 그리스도를 구주로 받아들였는가?"

킴볼은 직접적으로 물었다.

"글쎄요. 저는 항상 예수님을 믿고 있다고 생각하는데요. 어머니도 고향에서 열심히 신앙생활을 하고 있습니다. 저도 어렸을 때부터 목사님의 설교도 듣고 주일에는 교회에 나갔어요."

"내 말은 그런 뜻이 아니라 예수 그리스도를 자신의 구주로 받아들이고 있느냐는 말이야. 한마디로 말하자면, 거듭남의 체험이 있느냐는 말이지."

"글쎄요. 그런 경험은 없는 것 같은데요. 저는 오히려 그런 생각에서 멀어지려고 한 것 같아요. 저도 기독교가 좋은 것이라고 생각하고 있어요. 하지만 그런 것에 깊이 빠지고 싶지는 않아요."

무디는 다시 물건을 포장하려고 손을 바삐 움직였다. 무디는 킴볼 선생님이 이곳을 교회학교로 착각하고 있다는 생각이 들었다. 구두에 대한 이야기라면 자신이 있었다. 그러나 거듭남이니, 구세주니 하는 단어는 잘 알지도 못할뿐더러 짜증이 슬슬 올라왔다. 더구나 자기를 쏘아보는 선생님의 눈빛은 마음에 들지도 않았고 너무 위압적인 느낌조차 들었다. 그때 사무엘 아저씨가 동정을 살피려는 듯이 힐끗 보면서 지나갔다. 무디는 기회가 바로 이때라고 생각했다. 재빠르게 흩어진 포장지를 정리하기 시작했다.

"잠깐, 무디군, 나는 지금 자네를 위해서 간절히 기도했네. 자네를 다른 곳으로 가도록 해달라고 하나님께 기도드렸으니 꼭 응답이 되리라고 믿네."

"다른 상점 말인가요?"

무디가 고개를 들면서 일어났다. 킴볼은 빙그레 웃으면서 무디의 어깨를 살며시 잡았다. 무디는 차마 손을 뿌리칠 수 없어서 그대로 있었다.

"무디군, 하나님은 자네를 사랑하셔. 하나님의 아들, 예수 그리스도가 무디를 위해서 십자가에 못 박히셨지."

무디는 어리둥절했다. 무언가 보이지 않는 위엄이 서려있는 킴볼 선생님의 말에 긴장감이 느껴질 정도였다.

"나는 자네가 이와 같은 사실을 과연 확실히 믿고 있는지를 확인하고 싶었다네. 그래서 며칠을 망설이다 이곳에 왔네. 무디군, 지금 당장 예수 그리스도를 받아들이겠는가?"

킴볼 선생님은 어느 때보다도 단호하게 말했다. "어떻게 하면 되는 거죠?" 어리둥절해진 무디가 할 말이라고는 이 말 밖에 없었다. 선생님은 하나님의 사랑과 예수 그리스도가 세상을 구원하기 위해 보냄을 받았다는 복음의 내용을 자세하고 친절하게 가르쳐 주었다.

"예수님을 믿고 세례를 받으면 죄 사함을 얻게 된단다. 성경에는 '그리하면 성령의 선물을 받으리니 이 약속은 너희와 너희 자녀와 모든 먼 데 사람 곧 주 우리 하나님이 얼마든지 부르시는 자들에게 하신 것이라' (행 2:38-39)는 말씀대로지."

선생님은 계속해서 말했다.

"이것이 이야기의 전부란다. 문제는 의외로 간단해. 예수 그리스도를 구주로 받아들이면 되는 거야. 이것은 자신이 스스로 결정할 일이야. 아무도 자네를 위해서 대신 이것을 해줄 수는 없어. 이것을 한 번 읽어봐."

선생님은 호주머니에서 손바닥 크기의 종이에 쓰인 것을 무디에게 내밀었다. "영접하는 자 곧 그 이름을 믿는 자들에게는 하나님의 자녀가 되는 권세를 주셨으니" (요 1:12)라는 말씀이었다.

"지금이 바로 그때야. 그렇게 하지 않겠나, 무디군?"

"네, 그렇지만 아직 확실하게 알지는 모르겠네요."

"그러면 지금 당장 마음을 열어달라고 하나님에게 함께 기도하세. 그리고 죄를 용서받고 구원에 이를 수 있는 마음이 되게 해달라고 요청하세."

드디어 무디와 킴볼 선생님은 구두점의 우중충한 뒷방에서 무릎을 꿇고 기도를 드렸다. 무디는 머리를 숙였고 자신이 죄인임을 고백했다. 또한 예수 그리스도를 구주로 영접하여 죄를 사하시도록 기도드렸다. 가죽 냄새를 맡으며 죄에 대해, 생명에 대해, 신성한 것에 대해 성령의 역사하심에 이끌리어 이야기했다. 예루살렘의 마가 다락방에 임했던 성령의 능력이 구두점 창고에 강하게 역사했다. 살아계신 하나님의 충만한 전류가 킴볼을 통하여 무디에게 전달되었고, 무디는 마침내 '살아서 움직이는 전선' 이 되었다.[1)]

99

킴볼 선생과의 대화는, 형식적인 신앙생활에 젖어 있던 무디의 마음을 일깨워 주었다. 그날 무디는 죄악된 자신의 모습을 발견하게 되었고, 그와 동시에 예수 그리스도를 구세주로 받아들여 자신의 모든 죄를 사함 받았다.

66

훗날 그는 당시의 심정을 이렇게 고백했다.

"그리스도의 은혜로 죄 사함 받은 날 아침, 밖으로 나가 만물을 보았습니다. 태양이 그토록 사랑스럽게 보인 적은 없었습니다. 지저귀는 새소리도 내 마음을 감동시켰습니다. 모든 것이 달라진 것입니다."

그는 구원을 받자마자 너무 기쁜 나머지 어머니께 편지를 썼다.

"어머니, 기뻐해 주세요. 1837년 2월 5일은 제가 어머니의 아들로 태어난 생일이지요? 18년이 지난 오늘 4월 21일은 성령으로 제 영혼이 거듭난 생일입니다."

❞

그가 거듭난 후에도 그에게는 10만달러를 벌겠다는 포부와 결심은 변함이 없었다. 그러나 하나님의 사랑을 모르고 멸망하는 영혼을 보았을 때, 그는 어린 시절부터 끊임없이 갖고 있던 꿈을 아낌없이 버린다.

하나님께서 무디를 쓰실 수밖에 없었던 이유 중 하나는 그가 잃어버린 영혼을 사랑하는 사람이었기 때문이다.

그가 오랫동안 간직하고 있던 꿈도 하나님의 사랑을 모르고 살아가는 사람들 앞에서는 그에게 큰 의미가 될 수 없었던 것이다. 그의 이러한 사랑은 불같은 정열로써 나타나게 된다. 그가 하루 동안 한 명 이상에게 복음을 전하지 않고는 잠을 자지 않겠다고 결심했을 때, 그는 잠자리에서도 일어나 복음을 전했던 것이다.

거듭난 지 1년 후, 1856년 9월, 무디는 시카고로 가서 잡화점을 운영하면서, 탁월한 재능을 발휘하여 사업은 점차 번성했다. 그러나 마음은 점차로 종교 사업으로 기울어가기 시작했다. 사업에 열중하면서도 한 교회의 주일학교에서 봉사를 했다. 그는 처음에 아이들을 모으는 일에 마음을 써서, 16명에 불과하던 주일학교가 몇 년만에 천여 명이 모일 만큼 엄청난 양적 성장을 이루었다. 그러나 많은 아이들이 개인적으로 구원의 확신을 갖지 못하고 있다는 사실을 발견한 무디는 직접적으로 복음을 전하기 시작했다.

주일 오후에는 전도지를 돌리며 신앙의 열정을 불살랐다. 무디는 위스월 제화 회사에서 2년 동안 일한 후에 순회 판매원으로 직책을 바꾸었다. 그는 수입도 증가하고, 교회도 시카고에 있는 제일침례교회에 정식으로 등록을 하여 성실하게 신앙생활을 했다. 무디는 의자를 손수 사서 거리에다가 놓고는 어린아이들에게 성경을 가르쳤다.

무디는 점차 유명해지기 시작했다. 여러 교회학교에서 말씀을 전해달라는 부탁을 받게 되었다. 그리하여 젊은 부흥사로서 미국 전역에 이름을 떨치기 시작했다. 무디는 교파나 교리에 얽어 매이지 않았다. 언제 어디서나 누구에게서나 초청에 응할 준비를 갖추고 있었고, 수많은 청중을 상대로 복음을 전했다. 무디는 YMCA회원으로 가입하여 그곳에서 자주 열리는 강연회와 그룹 활동에 적극 참여하면서 새벽기도회를 인도했다. 또한 도서실에서 밤새 책을 읽으며 신학지식을 넓혀 나갔다. 학식이 부족하여 문법에 맞지 않는 언어를 자주 구사했으나, 복음에 대한 열정은 지식의 부족을 뛰어 넘게 했다. 모든 것이 부족했으나 여기에 얽매이지 않았고 누구보다도 훌륭한 설교를 행한 뜨거운 전도자였던 것이다.

1860년부터는 사업을 정리하고 복음 전도에 전념했다. 술집을 개량하여 만든 그의 설교 장소에는 주로 빈민층의 사람들이 모여들었다. 그래서 얼마 후 모여드는 사람들을 수용할 교회(일리노이 스트리트)가 지어졌고, 무디는 자연스럽게 그 교회의 설교자로 세워졌다.

그 후 1861년 남북전쟁이 일어나자, 링컨의 노예 폐지론을 지지하며 전쟁터로 달려간 무디는 군인 교회에서 1,500여 차례 집회를 가졌고, 매번 집회를 연병장에서 가져야 될 정도로 그의 집회에는 많은 인원이 모여들었다.

그는 교파를 초월하여 어떤 교리에도 매이지 않았고, 단순히 예수 그리스도께서 온 세상 죄를 모두 사하셨다는 복음을 전하는 일에 치중했다. 그러나 그의 신앙관은 많은 사람들의 반감을 사서 그가 가는 곳마다 비방하는 무리들이 뒤따랐지만, 그의 집회에 참석한 사람들은 그의 말씀에 큰 감명을 받고 그와 같이 복음의 편에 섰다.

성령으로 충만했던 무디

무디가 복음을 전하기 시작했을 때, 준비된 것은 아무것도 없었다. 신학 지식이나 훌륭한 언변이나 재능이나 심지어 외모까지도 어느 것 하나도 보잘 것이 없었다. 그야말로 당시의 하층민에 불과했고 누구도 주목하지 않은 시골의 평범한 전도자에 불과했다. 오직 하나님과 복음에 대한 열정으로 성과는 뚜렷했으나, 마음속 깊은 곳에서의 만족스럽지 못한 느낌과 외면적인 문제들은 그를 절망에 이르게 만들기에 충분했다. 이런 무디를 깨어나게 만들고 하나님의 권능의 풍성함만을 의지하도록 이끈 사건들은 무엇이었는가?

무디는 처음에 성령과 관련한 성경구절은 알았지만 성령 충만을 알지는 못했다. 이와 관련하여 자신의 사역에 성령의 기름부음이 없다는 사실을 깨닫게 한 일이 일어났다. 무디가 자기 복음 사역의 역사에서 가장 큰 영향을 준 체험이라고 언급한 일은 사실 우연한 기회에 벌어졌다.

무디가 강연을 위해서 뉴욕으로 가던 중에 조그만 교회학교에서 강연을 요청했다. 강연을 마치고 다른 곳의 예배를 위해 마차를 타러 갈 때 백발이 날리는 노인이 어깨를 툭 치면서 "젊은 양반, 다른 데서 강연할 때는 성령에게 경의를 표하시게"라고 말했다. 이 노인과의 만남은 짧게 스쳐지나갔지만 여운은 매우 진하게 남아서 귓가에 맴돌았다. 무디는 처음에 그 말의 의미를 몰랐다. 6개월여를 지나서 전적으로 성령께 의지하라는 메시지임을 깨달았다.

그 후로 시카고에서 무디를 위해 기도하는 경건한 여인 두 명이 있었는데, 이들은 하나님의 사람인 무디가 성령 충만해야 한다는 거룩한 부담감을 크게 느꼈다. 무디는 이 두 사람과 함께 모여서 기도하는 중에 성령의 기름부음을 받기를 요청하는 기도를 울면서 간절하게 요청했다. 이 갈망은 너무나 갈급하여 예배를 위한 권능을 가지지 못한다면 죽고 싶을 정도로, 산다는 것이 아무 의미가 없다고 생각했다.

1867년에 무디는 결혼한 아내의 건강 문제를 계기로 영국을 처음으로 방문하게 된다. 여기서 전도활동을 서서히 벌여나갔다. 그곳에서 하나님은 무디에게 필요한 것을 채워 주시기 위해 죠지 윌리암스, C. H. 스펄전, 죠지 뮬러, 헨리 발리 목사 등, 신앙 동지를 만나게 해주신다. 무디는 그들로부터 배우기 위해 나름의 노력을 기울였다.

기도의 사람 죠지 뮬러는 무디의 정열적인 전도 방법과 교회사업에 대해 듣고는 "30세가 된 무디가 하나님을 위해 무엇을 했는가가 중요한 일이 아니라 하나님께서 무디를 통해서 무엇을 하셨는가가 중요한 것이다"라고 대답한다. 무디는 자신이 주님을 위해 무엇을 한 것이 아니라, 주님의 역사 속에 자신이 쓰임을 받게 된 것임을 알고 나서 하나님께 감사하게 된다.

또한 찰스 스펄전의 설교를 듣고는 무디는 충격을 받게 된다.

스펄전의 설교의 힘과 해박한 지식 앞에 그는 자신의 보잘것 없음과 부족함을 알게 되었고 하나님께 외치게 된다.

> "주여 가르쳐 주옵소서"라고 부르짖었다.

이런 낮아짐 속에서 그는 헨리 발리 목사가 인도하는 기도회에 참석하게 되며 무디는 그의 평생의 지침을 얻게 된다.

"세상은 하나님께서 그의 뜻에 완전히 헌신한 사람을 통하여 하실 수 있는 일을 보아야 합니다."

무디는 이 말에 놀라게 된다.

갑자기 그는 그 자신이 크고 유명해지는 것이 중요하지 않다는 것을 알게 되고, 그 대신 하나님께서 조그만 무디와 하실 수 있는 일이 중요하다는 것을 알게 된다. 무디는 헨리 발리 목사의 말을 듣고 자신이 그 사람이 되어야겠다고 결심하게 되었다. 그 말은 그의 생전에 그의 뇌리에서 떠나지 않았다.

영국을 다녀온 후 무디는 청소년 설교자 헨리 무어하우스를 만나게 된다. 헨리 무어하우스는 무디의 교회에서 6일 동안 요한복음 3장 16절 한 구절로 설교를 한다.

"하나님이 세상을 이처럼 사랑하사 독생자를 주셨으니 이는 그를 믿는 자마다 멸망하지 않고 영생을 얻게 하려 하심이라."

헨리 무어하우스는 매일 밤 성경에 나타나 있는 '하나님께서 인간을 얼마나 사랑하시는가'를 설교하게 되었고 마지막 7일째 되는 날, 그는 강단에 서서, "여러분 저는 온종일 설교할 새로운 본문을 찾아 보았습니다만, 요한복음 3장 16절보다 더 좋은 말씀을 찾지 못했습니다"라고 하면서 또다시 하나님의 사랑하심을 역설했다.

설교의 마지막에는 그는 "저는 일주일 동안 하나님의 사랑을 여러분에게 전하려고 노력했지만 둔한 이 혀로는 다 말할 수 없었습니다.

만일 내가 야곱의 사다리를 타고 올라가 전능자의 앞에 있는 가브리엘 천사에게 하나님의 세상 사랑하심을 들을 수 있다면 그가 말할 수 있는 모든 것은 바로 이 말 - 하나님이 세상을 이처럼 사랑하사 독생자를 주셨으니 이는 그를 믿는 자마다 멸망하지 않고 영생을 얻게 하려 하심이라 - 일 것입니다."

무디는 이 청소년 설교자의 설교를 통해 두 가지의 깊이 있는 깨달음을 얻게 된다. 먼저는 말씀의 무한한 깊이를 알게 되어 그 후 성경을 누구보다 열심히 연구하고 모든 설교의 중심을 성경에 두게 되었다. 학교 교육이라고는 초등학교 과정 5년 뿐인 그였지만 그는 부지런했고 매일 새벽 4시면 성경을 공부하는 성경학자가 되었다.

만일 능력을 원하는 사람이 있다면 능력을 주시면 행사케 하시는 주체로서의 하나님 말씀을 등한히 하고서 결코 그 능력을 얻을 수 없게 될 것이다. 무디는 능력을 소유하게 된 것이다. 그래서 그가 설교할 때는 그 시간이 오전이건 오후건 할 것 없이 청중이 몰리게 된다. 이것은 다름아닌 이 세상을 정화시킬 수 있는 유일한 것 "성경"을 잘 알고 있었기 때문이다.

다음으로 헨리 무어하우스로부터 무디는 하나님이 사랑이심을 배우게 된다. 그동안 무디는 하나님께선 죄인을 미워하시고 심판하시리라는 설교를 통해 무서운 지옥 대신에 천국을 가야 한다고 설교를 했던 것이다. 하지만 무어하우스는 사랑의 하나님을 말해줌으로써 죄인을 돌아오게 하는 것이었다.

하나님은 공포에 쫓기어 천당을 가는 노예를 원하시는 것이 아니라 하나님의 사랑에 이끌리어 돌아오는 아들들을 원하셨던 것이다.

무디는 비로소 "하나님은 사랑이시다"라고 외치게 된 것이다.

영국에서의 경험과 헨리 무어하우스로부터의 교훈은 그 후로 무디가 주님 앞에 갈 때까지 그에게서 떠나지 않는 중요한 교훈이 되었다.

1871년 시카고의 파웰홀에서 설교를 하고 폐회기도를 했을 때 '시카고 대화재' 가 발생하게 된다. 시카고의 삼분의 일 정도가 타버리는 엄청난 화재였다. 잿더미가 된 거리에서 무디는 자신이 모든 것을 잃었다고 생각하게 되었다. 그의 집도, 그의 교회도, 그의 주일학교도. 하지만 재가 된 그곳에서 그는 자신에게 하나님께서 함께 하심과 잃은 것보다 구한 것이 더 많음을 깨닫게 된다.

영국에서 그가 얻은 것은 화재로 잃은 것보다 헤아릴 수 없이 많으며 하나님께서는 그에게 모든 것을 남겨주셨던 것이다. 잿더미가 된 도시의 피난민 구제소에서 그는 일을 하기 시작한다. 중요한 것은 그가 지금 다른 사람을 위해서 할 수 있는 일을 하는 것이었다.

이재민 구호를 위한 기금을 위하여 동부로 갔다. 무디는 강연하기 전까지 하루 종일 울면서 성령을 채워달라고 요청했다. 그리고서 설교를 시작했고 수백 명이 주님을 영접하는 결과로 나타났다.

이제 무디의 설교는 날카롭고 예리해졌으며, 주님을 영접하는 사람이 수백 명씩 나타나기 시작했다. 전에는 성실한 노력과 지치지 않는 열정으로 설교했다면, 이제는 자신을 의지하는 것이 아니라 강력한 성령의 힘으로 설교했다. 점점 더 사랑의 정신을 이야기했고, 영적 충만에 대해 가르쳤다. 모든 열등함은 이제 무디의 관심사가 아니었다. 성령을 의지했을 때에 더욱 감동적으로 설교했으며, 많은 축하의 말속에서도 진실로 겸손의 옷을 입고 자신을 낮추었다.

1872년 영국을 다시 방문한 무디는 여러 전도집회를 주관하여 복음 전도자로서 탁월성을 인정받았다. 그 이듬해부터 무디는 찬양사역자인 아이라 데이비드 생키(Ira David Sankey, 1840~1908)를 대동하고 영국을 방문한다. 그때부터 무디와 생키는 뗄 수 없는 단짝이 되어 부흥사로서 훌륭한 명성을 얻게 된다.

무디의 거칠지만 솔직한 설교와 생키의 단순하면서도 영혼을 뒤흔드는 감동적인 찬송은 수많은 사람을 몰려들게 만들었다. 영국에서 2년 동안 집회를 가진 그들이 미국으로 오자 이미 소문을 들어서 알고 있던 교회들의 전도집회 요청이 밀려들기 시작했다. 가는 곳마다 대성황을 이루게 되었음은 물론이다. 이후에도 영국을 수차례 방문했으며, 수백 번에 걸쳐 집회를 인도했다.

1873년 무디는 영국을 다시 방문하게 된다. 그러나 영국에서의 복음전도의 문은 궁핍과 고난을 함께 수반하는 어려운 것이었다. 무디 개인의 자비로 시작된 전도여행은 처음부터 방해를 받게 된다. 종교가들의 비방과 복음전도방식(무디는 설교에 앞서 생키로 찬송가를 부르게 함으로써 사람들의 마음을 준비시켰다)에 대한 불만, 게다가 개인적인 생활에 대한 근거없는 소문과 모함 등, 그의 전도를 방해하는 세력이 너무도 크게 작용했다.

그러나 무디는 하나님께 자신을 바쳤고 하나님께서 자신을 사용하시도록 맡겼기에 3년간의 영국 전도여행은 영국이라는 섬 전체를 역동적으로 진동시키게 되었다.

하나님께 온전히 헌신한 한 사람으로 인해 많은 불신자가 그리스도를 알게 되었고, 수천의 타락했던 그리스도인이 다시 하나님께 돌아왔으며 영국 전체를 교파적인 불일치에서 떠나 복음주의 정신으로 되돌아오게 했다. 그는 영국을 다시금 하나님의 말씀 앞으로 돌아오게 하는데 크게 쓰임 받은 것이다.

"

묵도하심으로 시작하겠습니다.

"

무디가 영국에서 돌아온 뒤 미국의 온 대륙을 하나님 앞으로 돌아오게 하는데 시초가 된 뉴욕집회의 첫마디 말이다.

이로부터 미국대륙(필라델피아, 볼티모어, 세인트루이스, 신시내티,

시카고, 보스턴과 그 외의 중소도시)은 하나님께 모든것을 내어 맡긴 한 사람으로 인해 이루어지는 하나님의 역사를 보게 된다.

1876년부터 시작되어 1881년까지의 미국의 전도집회에서 무디는 미국 전역을 순회하며 짧게는 몇 주에서부터 길게는 몇 달에 걸쳐 복음을 전하게 된다.

무디는 전도집회로 수많은 여행을 하면서 항상 바쁘게 생활했다. 그럼에도 그는 일련의 교육 기관을 직접 설립하거나 이를 돕고 어린이 선교사역에 헌신했다. 1879년 젊은 여성들을 위한 신학교를 노드필드에 세웠다. 1881년에는 젊은 남자들을 위한 마운트 헤르몬 고등학교가 세워졌다. 또한 시카고에 1886년에 무디성경학원을 세워서 세계 선교를 위한 전초 기지가 되도록 했다.

무디는 확신에 가득차서 메시지를 전했으므로 많은 청중이 전도집회에서 회심하는 역사가 일어났다. 그만큼 무디의 설교는 청중을 사로잡는 강력한 힘이 있었다. 또한 수많은 나라를 순방하며 복음을 전파했다. 특별히 런던에서 집회를 가진 횟수는 285회에 달한다고 한다. 미국이 낳은 19세기의 가장 위대한 부흥사요, 전도자라고 불리는 이유가 여기에 있다.

그 후에도 무디는 그가 하나님께로 돌아가기 직전까지 복음이 필요한 곳, 하나님의 말씀을 전해야 될 곳이라면 어디라도 가서 하나님께서 그에게 맡기신 사명을 다하게 된다.

무디는 그의 생애를 통해 2억이라는 사람에게 하나님의 말씀을 전했다. 그 외에도 교회와 성경학교, 성경연구원, 서적협회 등 많은 기관들을 발족시켰다. 그는 세상에서 뛰어난 발자취를 남긴 사람이었다. 그러나 그에 앞서 그는 하나님의 쓰임에 합당한 사람이었던 것이다. 그가 자기자신을 위해서 더 이상 아무것도 하지 않기로 결정한 이후부터 그는 하나님의 일꾼이 된 것이다. 하나님께서 무디를 계속해서 쓰실 수 있던 이유는 그가 겸손한 사람이었기 때문이다. 그는 겸손을 꾸미는 자가 아니었고 진심으로 자신보다 남을 낫게 여겼다.

항상 하나님 앞에서 행했던 그는 하나님께서 자신보다 다른 사람을 더욱 놀랍게 사용하는 것이라고 믿고 있었다. 얼마나 많은 사람이 하나님께 쓰임을 받다가 스스로 높아짐으로 그 길에서 어긋나는지 모른다. 무디를 하나님께서 데려가시기 바로 직전까지 사용하신 것은 그가 얼마나 겸손했는가를 보여주는 것이다.

무디는 완전한 사람이 아니었다. 무디는 신학을 공부하지 않았고, 컬컬한 목소리와 많은 문법적 오류 등 설교에도 결함이 많았지만, 그가 평생의 좌우명으로 삼았던 위의 말처럼, 하나님만을 전적으로 의지했다. 하나님은 그런 그를 도구로 쓰셔서 셀 수 없을 정도로 많은 심령들을 건지셨고, 그가 세상을 떠난 후에도 그가 남긴 여러 말씀들을 통해 여전히 일하고 계신다. 그러나 그가 그리스도를 알고 그리스도께 모든 것을 헌신하기로 작정한 후부터 그는 사람의 영혼에 강하게 역사하는 설교를 할 수 있었다.

이는 그가 그리스도께 속한 사람으로 하나님께서 맡기신 모든 일을 어떤 망설임도 없이 순종할 수 있는 사람이었기 때문이다. 그 결과가 자기에게 해로운 것일지라도 그는 하나님의 뜻에 순종했던 것이다. 그는 또한 돈에 대해 너무도 깨끗했다. 그가 하나님께 바쳐진 이후 그에게 돈은 다시는 시험거리가 되지 못했다. 그는 돈을 버는 방법을 알았고 능력도 있었으나 그 모든 것은 하나님의 사역 안에서 사용하게 되는 것이었다.

무디는 단순히 그의 이름을 D.L. 무디라고 서명하고 목사 안수받기를 거절했다. 그는 단지 평범하게 무디씨 혹은 부흥사로 불러주기를 원했다.

무디는 "나는 할 수 없다. 그러나 하나님께서는 하실 수 있다"라는 것을 믿었다. 그는 실제적으로 기도에 응답하시는 하나님을 믿는 사람이었던 것이다. 이론상의 하나님이 아닌 모든 것의 신뢰를 받으시기에 합당하신 하나님을 말이다.

"

"여러분은 어느 날 무디가 죽었다는 것을 신문에서 보게 될 것입니다. 그러나 여러분은 그 말을 하나도 믿지 마십시오. 그 순간 나는 지금보다 더욱 더 생생한 모습으로 살아있을 것이기 때문입니다."

"

무디는 이 세상에서의 생을 마치고 하나님께로 돌아가, 세상에 없으나 하나님 앞에서 또 그리스도인들의 마음 안에서 생생하게 살아있는 것이다. 무디가 심어준 하나님의 사랑은 영원히 살아 역사할 것이다.

무디는 1899년 11월 16일 미주리 주 캔자스시에서 예배를 인도하다가 쓰러지고 만다. 어렵게 집에까지 도착하기는 했지만 12월 22일, 금요일 아침, 62세를 일기로 노드필드의 자택에서 하나님의 부름을 받았다. 그때 그의 아들 윌은 복도 건너편 아버지의 방에서 무디가 중얼거리는 소리를 들었다. 혼자말로 이렇게 중얼거렸다고 한다.

"

땅은 떨어져 간다. 천국 문이 내 앞에서 열리는구나.

그리고 아내를 향해서 말했다.

이제 나는 하나님의 뜻을 따라가오. 잠시 당신과 헤어지지만 천국에서 다시 만나게 될 것이오. 염려 말고 주님을 의지하고 사시오.

그때 아들 윌은 아버지의 방으로 달려갔다. 무디는 말하기를,

"이것은 꿈이 아니다. 윌, 정말 아름답다. 정말 황홀하구나! 만일 이것이 죽음이라면 무엇이 두려울 것이 있겠느냐! 하나님이 나를 부르고 있다. 나는 가야만 한다."

"

그러고 나서 무디는 의식을 잃어 갔다.

고통을 호소하지도 않고 정말 행복하다고 하면서 의식이 끊어 졌다. 주치의가 구명 노력을 하자 다시 살아나 자기가 이 세상 바깥에 갔다 왔노라고 말했다. 나는 천국의 문 앞에 갔는데, 그곳은 말할 수 없을 만큼 멋지고 아름다운 곳이며 애들도 만났다고 했다. 누구를 보았느냐고 묻자 무디는 죽은 아이린과 드와이트를 만났다고 말했다. 무디는 이렇게 말한 후 영원한 내세로 갈 신호를 받고 미지막으로 말한다.

> "무엇으로도 나를 더 이상 잡아둘 수 없다. 마차가 방안에 와 있다"고 말하며 밝은 천국으로의 기대에 안겨서 숨져 갔다.

무디가 떠난 후, 아내도 자신의 병상 일기를 이렇게 소개하고 있다. 병상에서 회복 후, 그녀가 죽어 있는 동안에 본 일을 기술하고 있다.

> 찬란한 밝은 빛에 휩싸인 예수 그리스도와 그녀의 죽은 남편 등 친지들을 만났다. 그녀는 하늘나라에 머물고 있고 싶었는데, 예수께서 그녀가 돌아가서 다른 사람들에게 천국이 있음을 알리도록 보냈노라고 말했다.
>
> 그 후 그녀는 의사(롤링즈)를 전화로 불러 자기는 하늘나라에 가서 그곳에 머물기를 원하니 이번에는 내가 다시 살아나도록 하지 말아달라고 당부했다.
>
> … 천사는 번쩍이는 건물과 아름다운 나무가 있는 동화 같은 도시의 길 위에 나를 내려놓았다. 도처에 아름다운 빛이 가득 했다. 그 빛은 불타는 듯 현란했으나 눈을 가려야 할 만큼 강한 것은 아니었다. 황홀함 그 자체였다.

스코필드(C. L. Scofield) 박사는 무디의 장례식 예배에서 이렇게 말씀을 선포했다.

"

뉴잉글랜드 출신의 배우지 못한 시골 소년이 하나님의 은혜로 무디가 되었습니다. 드와이트 무디가 어떻게 그런 능력을 갖게 되었는지 그 비밀은 이렇습니다.

첫째, 그는 그리스도의 구원의 은혜를 분명히 체험했습니다. 그는 사망에서 생명으로 옮겼고, 그것을 알고 있었습니다.

둘째, 그는 성경의 신성한 권위를 믿었습니다. 그에게 성경은 하나님의 목소리였으며, 그는 사람들의 양심 안에서 그 목소리를 되풀이했습니다.

셋째, 그는 성령으로 세례를 받았고, 그것을 알고 있었습니다. 그에게 성령의 세례는 주님을 영접한 체험처럼 분명한 것이었습니다.

넷째, 그는 기도하는 사람이었습니다. 그는 전능하고 자유로우신 하나님을 믿었습니다.

다섯째, 그는 일과 끊임없는 노력, 지혜로운 준비, 조직의 힘과 홍보의 힘을 믿었습니다. 그는 초자연적인 역사를 기대했으나 자연을 통해서 기대했습니다. 그는 대망을 품었으나 현실 생활에서 게으른 법이 없었습니다.[2)]

"

참고문헌 및 각주 - 이 글은 아래 문헌에서 인용, 발췌한 것이다.

1) 레이몬드 어드먼.『그들은 비밀을 발견하고 변화된 삶을 살았다』, 이선봉 역. 서울: 생명의 말씀사, 1994. pp. 124~133

2) Ibid., pp. 132~133

편찬위원회,『기독교대백과사전 6권』, 서울: 기독교문사, 1991. pp. 455~457

드와이트 무디의 *The Life of D.L. Moody* 중에서

http://ko.wikipedia.org/wiki/(한국어 위키백과)

http://www.aspire7.net/belief-2-4.html. '"부흥사 씨' (Mr. Revivalist)를 자처한 D.L. Moody"

불같은 열정의 선교사

아펜젤러

Henry Gerhard Appenzeller

1858~1902

아펜젤러는 한국에 온 감리교 선교사로서 불같은 열정으로 복음이 뿌리를 내리는데 헌신했다. 뿐만 아니라 이 땅에 교육의 기틀을 다졌으며 민족의 독립운동을 적극 지지하고 후원했다.

미감리회 한국 개척 선교사

아펜젤러의 선조는 독일계의 개혁교회 소속으로서 정부의 박해를 피해 신앙의 자유를 위하여 1735년에 미국으로 이주하여 펜실베이니아 주에 정착했다. 아펜젤러의 부모는 미국에 정착한 독일계의 4세대였다. 부친은 기드온 아펜젤러(Gideon Appenzeller)였고, 모친은 마리아 게하르트(Maria Gerhard)였다. 둘째 아들이었던 헨리 게하르트 아펜젤러(Henry G. Appenzeller)는 1858년 2월 6일 출생했다. 매우 헌신적이었던 모친은 거의 영어를 사용하지 않았다. 헨리 역시

12살이 될 때까지는 가정에서 어머니가 쓰는 펜실베이니아식의 독일어를 사용했다. 메노파 교도(Mennonite) 출신이었던 모친은 주일 오후에는 항상 자녀들에게 성경을 읽어주거나 성경공부를 했다. 아펜젤러는 가정의 이러한 독실한 신앙적 분위기에서 성장했고, 14세에는 임마누엘 개혁교회에 출석하기 시작했다. 1876년 웨스터체스터 사범학교에 진학하여 공부하던 중에 그곳 장로교회에 출석했다. 거기에서 아펜젤러는 복음전도자 풀턴(Fullton)의 설교를 듣다가 회심을 경험한다. 그는 이 회심을 기념하여 평생 10월 6일을 영적 생일로 지켰다. 1879년경에는 교회생활에 변화가 일어나기 시작했다. 랭카스터에서 감리교도들과 교제하면서 풍부한 체험을 갈망해온 그가 평안함을 느끼기 시작한 것이다. 제일 감리교회의 기도모임과 조모임(class meetings)에 매력을 느꼈고 4월 16일 필라델피아 연회록을 보고 일기(日記)에 이렇게 기록하고 있다.

> "내가 선택한 교회가 하고 있는 선한 사업은 나에게 기쁨을 준다"고 썼다. 그의 일기는 "개혁교회에서 감리교회로 옮기는 문제에 대한 이전의 모든 생각과 논쟁들이 오늘 모두 끝났다. 나는 감리교회의 완전한 신도로 받아들여졌기 때문이다. 이것은 내가 택한 일이다. …… 이 일은 한동안의 기도와 묵상 끝에 이루어진 것이다. 1876년 10월 6일 회개한 이래 나는 주로 감리교도들과 함께 지내면서 개혁교회에서보다 훨씬 편안하다는 느낌을 받았다. 나는 감리교회에 가입하는 것이 나의 의무라고 생각하며, 오늘 내가 한 일은 오로지 하나님의 영광을 위해 한 일이라고 생각한다."

한국 선교 비전을 심어준 신학교 선교대회

아펜젤러(H. G. Appenzeller)가 프랭클린 앤드 마샬대학(Franklin and

Marshall College)에 다니던 3학년 때, 1881년 2월 19일, 선교에 대한 설교를 듣고 돈이 조금밖에 되지 않는 것을 안타까워하며 2달러 50센트를 헌금했다. 1881년 2월 26일 주일, 그는 일기에 이렇게 기록했다. "나에게 야망이 있다면 그것은 주님을 봉사하는 데 완전히 헌신하는 것이다." 그가 선교사가 된 과정은 점차적인 확신, 소명(duty's call)에 대한 복종, 그리고 그것에 완전히 헌신한 것으로 명확하게 이루어졌다.(이만열 편, 73)

아펜젤러는 대학 졸업 후 1882년 뉴저지주 메디슨(Madison)의 드루 신학교(Drew Theological Seminary)에 진학했다. 당시 그곳은 역사가 짧았지만 강력한 영적훈련소였다. 학교 카탈로그에 졸업생 한 사람 한 사람이 언제 회심했는지를 기록할 정도로 회심을 중시했다. 한 명을 제외하고는 24명의 동료 졸업생 모두 회심을 경험했다.

그가 해외선교 비전을 갖고 구체화한 것은 신학교 2학년 때였다. 절친한 친구 워즈워드(J.S. Wadsworth)에게서 그리피스가 쓴 『한국, 은둔의 나라』(*Korea, the Hermit Nation*)를 빌려 읽고 한국에 관심을 갖기 시작했다. 그러나 그의 처음 선교 목적지는 한국이 아닌 일본이었다. 워즈워드가 그보다 더 열성적으로 은둔의 나라 한국에 가겠다는 생각으로 가득 차 있었기 때문이었다.(이만열 편, 73)

1883년 10월 24일부터 28일까지 전국신학교연맹(The Inter-Seminary Allince)의 집회가 코너티컷 주의 하트포드(Hartford)에서 열렸다. 전국 31개 신학교 350명의 학생 대표들이 모여 제4회 전국신학생 선교대회가 개최되었다. 여기에 감동적인 연사들이 나왔는데, 이들은 베렌즈(A.F. Behrends), 리처드 뉴턴(Richard Newton), 핫지(A.A. Hodge), 타운센드(L.T. Townsend), 고든(A.J. Gordon) 등, 대거 참석했다. 이들은 모두 당대에 저명한 탁월한 인물들로 각각 자신들의 교파, 즉 장로교, 감리교, 침례교, 성공회, 루터교, 화란개혁교회, 독일개혁교회 등, 다양한 교파신학교를 대표하고 있었다. 고든은 참석자들에게 심령에 내주하시고 충만케 하시며 이끄시고 권능을 주시는 강력한 성령의 은혜를 체험할 것을 촉구했다. 선교대회는 아펜젤러에게 해외선교에 대한 확고한 비전을 심어주었다. 이 대회에서 두드러지게 활약한 사람으로 호레이스 언더우드(Horace Underwood)가 있었는데, 그는 미국개혁교회신학교(the Seminary of the Reformed Church in America)에서 교육받은 사람이었다.(이만열 편, 78)

이는 한국 선교를 예비하시는 하나님의 특별한 섭리였다. 아펜젤러는 이 집회에 드루신학생 대표(5명)의 한 사람으로 참석하여 해외 선교에 대한 열띤 강연을 들었으며, 이때 뉴브룬즈윅신학교(New Brunswick Seminary) 신학생 대표로 참석한 언더우드(H. G. Underwood)를 만나게 되었다. 이들은 훗날에 변함없는 친구이자 동지이기도 했다. 이들은 시종일관 뜻이 맞았던 선교동역자였다.(이만열 편, 79)

아펜젤러가 1884년 졸업반이 되었을 때, 미감리회 해외선교부에서는 한국 선교를 결행하기로 하고 우선 학교와 병원사업을 추진할 선교사 후보를 물색했다. 우선 병원사업자로 의사인 스크랜턴(W.B. Scranton)이 선임되었고, 다른 한 자리를 워즈워드가 개인사정으로 포기하게 되었다. 누가 대신할 것인가? 바로 아펜젤러가 담당하게 되었다. 그는 1884년 12월 랭카스터에서 만난 청교도 후예인 닷지(Ella Dodge)와 결혼했고, 이듬해(1885) 함께 한국을 향해 출발했다. 출발에 앞서 2월 샌프란시스코에서 미감리회 해외선교부 총무인 파울러 감독에게 목사 안수를 받았다.

스크랜턴 부부와 함께 태평양 횡단 우편선인 아라빅호를 타고 2월 27일 일본 요코하마에 도착했다. 3월 5일 일본 주재 선교사 매클레이를 만나 서재에서 예배를 드리고 뜻 깊은 제1회 한국선교사회의를 개최했다. 이때 매클레이 목사는 시편 121편에서 "여호와께서 너를 지켜 모든 환난을 면케 하시며 또 네 영혼을 지키시리로다"라는 구절을 읽고 바울이 선교사업을 위해 맡은 일터로 떠나가는 모습을 연상케 하면서 한국을 향하는 선교사들의 장도를 격려했다.

1885년 3월 31일에는 일본에서 재한선교회가 조직되었다. 본국 파울러(C. H. Fowler) 감독은 감리사로 매클레이 목사, 부감리사에는 아펜젤러 목사, 회계로는 스크랜튼 의사를 각각 임명했다. 매클레이 감리사의 의견이 "여러 사람이 함께 한국에 들어가면 의심을 받을 염려가 있으니 따로 따로 가는 것이 좋겠다"라고 하여 아펜젤러는 나가사키로 가서 미북장로회 선교사로 임명받은 언더우드와 합류했고, 미츠비시 선박회사의 배편으로 요코하마를 떠나 한국으로 향했다. 그 배에는 아펜젤러 부부와 언더우드 외에 고종의 특사로 일본을 방문하고 돌아오던 우리나라 최초의 총세무사, 독일인 묄렌도르프(P.G. Mollendorf: 한국이름〈목인덕〉, 조선시대 해관을 창설)도 끼어 있었다.

1885년 4월 2일 아침에는 한국 땅의 모습을 바라보게 되었다. 그곳 부산에 도착하여 하루 정박하는 동안 하선하여 처음으로 한국 땅을 거닐었고, 다시 배는 남해안과 서해안을 돌아 제물포를 향해 북상하여, 4월 5일에 제물포항에 도착했다. "나의 아내가 제일 먼저 배에서 내려 한국 땅을 밟았다." 얼마나 한국행을 갈망했던지 그들은 상륙하자마자 땅 위에 엎드려 먼저 하나님께 감사하는 기도를 올렸다. 부활절날 제물포에 상륙한 아펜젤러는 그날의 감격을 기도문으로 보고서를 작성했다.(R. S. Maclay. p. 328)

"

> 우리는 부활절 날에 이곳에 도착했습니다. 오늘 죽음의 철창을 산산히 깨뜨리시고 부활하신 주께서 이 나라 백성들을 얽어맨 흑암의 결박을 끊으시고, 그들에게 하나님의 자녀들이 누리는 자유와 빛을 허락해 주시옵소서!

"

그러나 갑신정변이 일어난 지 3개월밖에 되지 않아 서울은 아직도 불안한 정세하에 있어서, 서울에 서양인 여자의 입국이 허락되지 않았다. 당시 미국 대리공사 폴크(G.C. Foulk)의 충고대로 인천의 여관에서 9일간을 머물다가 4월 13일 부인과 함께 다시 일본으로 돌아갈 수밖에 없었다. 일본에서 한 달을 머물면서 갑신정변으로 망명해 있던 박영효에게 한국어를 공부하며 지냈다. 한편, 여독(旅毒)으로 건강을 상한 부인의 치료 때문에 아펜젤러 목사의 한국 입국은 계속 늦어지고 있었다. 그사이 스크랜튼이 혼자 서울에 진출하여 정동에 집을 마련했고, 아펜젤러 부부는 6월 20일에 인천에 다시 상륙, 7월 19일에야 서울에 들어가 선교활동을 개시하게 되었다.

우선 그는 폴크를 통해 학교 설립의 가능성을 한국 정부에 타진하여 국왕으로부터 긍정적인 반응을 얻자, 8월부터 두 학생에게 영어를 가르치는 것으로 사업을 시작했다. 이것이 배재학당의 시초였다. 1886년에는 보다 적극적인 선교사업을 시작했는데 감리교 교리서를 한글로 번역" 출판했고 매서인을 고용해 전도를 시작했으며 자신도 배재학당 학생 등, 만나는 사람에게 전도하기 시작했다. 그 결과 1886년 부활절에 일본대사관에 근무하던 다카히라라는 일본인에게 첫 세례를 베풀었고 이듬해에는 배재학당 학생 2명에게 세례를 베풀었다. 1887년부터는 한국 선교부 감리사가 되면서 학교 · 병원 · 복음전도의 제반 선교사업을 관장했다. 그 해 정동에 1층짜리 양옥을 건축하여 학교교실 · 예배당 · 선교본부로 사용토록 했으며, 성경공부를 위한 별도의 집을 마련하여 '벧엘예배당' 을 설립하고, 1887년 10월 9일 첫 공중예배를 드렸는데 이것이 오늘의 정동제일교회의 모체가 되었다.

서울에서 어느 정도 선교사업이 본 궤도에 오르게 되자 장로교의 언더우드와 함께 지방전도여행에 나서 1888년 봄 소래를 거쳐 평양까지 순회했고 그 해 8월에는 감리교의 존스(G.H. Jones)와 동행하여 강원도 · 경상도 지방을 순회했다. 1888~1890년에 그는 전국 8도 중 6개 도의 각 지방을 순회했는데 총 여행거리는 1천 8백 마일에 이르렀다. 언더우드와의 친분관계로 한국에서의 감리교 · 장로교 양 교파 선교구역 분할도 큰 마찰 없이 추진될 수 있었다.

1887년 선교사들로 조직된 한국성서위원회 서기로 선출되어 성서사업의 실질업무를 관장했으며, 우선 성혜론 등과 협의하여 1890년 "한국성교서회"(韓國聖敎書會: 현 대한기독교서회)를 창설했고, 1892년부터는 회장이 되어 문서사업을 관장했다. 올링거가 맡아하던 "감리교 출판소"까지 맡게 되었고, 선교사들의 연구지인 The Korean Repository도 남다른 열정을 가지고 적극적이었으며 자신이 시무하는 정동교회도 1897년 10월 붉은 벽돌의 서양식 예배당으로 신축했다.

아펜젤러는 또한 한국 청년운동에도 큰 공을 남겼다. 갑신정변 때 미국으로 망명했다 귀국한 서재필과 손잡고 배재학당과 정동교회 내에서 기독교청년운동을 벌였으며 독립협회 운동도 적극 후원했다. 1897년 가을 정동교회 안에 엡윗청년회를 조직했고, 1899년에는 언더우드와 함께 한국에서의 YMCA운동을 주도했으며, 1901년에는 배재학교 내에 최초의 학생 YMCA가 설립되기도 했다. 그리고 독립협회사건(1898)으로 많은 민족지도자들이 투옥되었을 때 옥중으로 방문, 전도하여 이상재 · 이승만 · 유성춘 · 김정식 · 홍재기 · 안국선 · 김린 · 이원긍 · 남궁억 등이 기독교인이 되는 동기를 만들기도 했다. 특히 이승만 · 신흥우 · 정교 등이 그와 각별한 친분관계를 맺게 되었다.

1897년 2월, 그는 한국 최초의 순한글 종교신문인〈죠션크리스도인회보〉를 창간하여 교회뿐만 아니라 일반사회에도 민족계몽과 복음선교의 내용을 전했다. 이처럼 지칠 줄 모르는 활동으로 건강이 나빠졌으며 40대의 나이인데도 외모는 노인의 모습을 나타냈다. 1900년 그가 2차 안식년을 맞아(1차는 1891년) 귀국할 때, 고종 황제는 그를 특별히 불러 노고를 치하하고 선물을 내리기까지 했다. 안식년 휴가 후 귀국한 그는 새로이 구성된 미감리회 남지방회 감리사로 임명받아 서울 이남 지역의 교회들을 관장하게 되었다.

아펜젤러의 순직 – 죽기까지 자신을 내어놓은 삶

1902년 6월 1일 그는 무어 감독, 스웨어러 목사 등과 함께 서울 근교 무지내교회로 가다가 경부선 철도공사를 하던 일본인 노무자들에게 행패를 당해, 이 일로 6월 첫 주일 목포에서 열린 성경번역자회에 참석하지 못하고, 1주일 늦은 6월 11일에야 인천을 떠날 수 있었다. 조사 조한규와 목포가 고향인 여학교 학생을 데리고 일본 상선 구마가와마루를 탔으며 짙은 안개로 그가 탄 배가 군산 근처 어청도 앞바다에서 같은 일본 상선과 충돌, 침몰하며 함께 목숨을 잃었다. 다만 같은 배에 탔다가 생환한 미국인 탄광기술자 보울비가 물에 잠기면서도 함께 간 비서와 여학생을 구하기 위해 자신을 돌보지 않고 애쓰던 아펜젤러의 마지막 모습을 증언할 뿐이었다. 6월 29일 정동교회에서 개최된 추도예배에서는 각 선교부 선교사들과 한국인 목사와 교인들, 외국 외교관들이 참석한 가운데 엄숙하게 거행되었으며, 그가 죽은 지 30여 년이 지난 1935년 정동교회 안에 기념비가 세워져 현재까지 보존되어 있다.

교회에 나가고 있는 신자라면 적어도 한 번쯤 들어보았을 이름이 아펜젤러이다. 언더우드 선교사와 함께 가장 널리 알려진 인물이기도 하다. 그만큼 수많은 업적과 한국의 근대화를 위해 수고한 분임에 틀림없다. 그렇지만 그런 아펜젤러의 묘를 양화진에선 찾아볼 수 없다. 아니 다른 어떤 곳, 미국에서도 찾을 수 없다. 우리가 양화진에서 만나는 건 그의 추모비와 그의 가족들의 묘비인 것이다.

그는 목포에서 열리는 성경번역위원회에 참석하러 가는 도중 군산 앞바다에서 배가 파선되어 배와 함께 그곳에서 목숨을 잃었기 때문이다. 그때의 광경에 대해 존즈(G. H. Jones)는 이렇게 표현했다.

> "
>
> 그는 아무런 장신구도 없이, 그의 안식처는 아무런 표식도 없이, 침울과 영멸의 바다 속에서 잠자고 있다. 그러나 그 바다는 가장 위대한 무덤이다. 가장 위대하고 가장 영원한 인간을 안장한 무덤이다.
>
> "

오리 전택부 선생(1915~2008)은 『양화진선교사열전』에서 아펜젤러 편에 이렇게 서술한다.

> "
>
> "비록 그는 80여 년 전, 바다 속에 수장되었지만 이제라도 나는 그를 양화진에 이장하는 마음으로 이 글을 쓴다."
>
> 하나님의 놀라운 역사는 아버지의 죽음을 부른 이 땅에서 그의 자녀들을 통해 계속되었다. 그의 아들 아펜젤러 2세(Henry Dodge Appenzeller)는 4대 배재학당의 교장이 되어 학교를 이끌고, 누나였던 엘리스 레베카(Alice Rebecca Appenzeller)는 평생 독신으로 이화학당 교수와 학당장이 되었고, 1925년 이화학당을 '이화여자전문학교' 로 승격시키고 신촌에 대지를 매입하면서 이화여자대학교의 시작을 알렸다. 그들의 묘는 아펜젤러의 추모비와 함께 모두 양화진에 안장되어 있다. 실로 '그 아버지의 그 자식' 이라는 우리말이 참 이들에게 어울리는 표현인 것 같다.
>
> "

그는 유창하고 강력하고, 설득력 있는 복음전도자요 설교자였다. 성경 언어와 독일어는 물론 프랑스어까지 능숙하게 읽어낼 정도의 탁월한 어학 실력은 성경 번역에 유감없이 발휘됐다. 마태복음과 마가복음, 고린도전후서, 창세기, 신명기를 비롯한 많은 신구약 한글성경이 그의 손을 거쳐 탄생했다. 이뿐인가. 전국을 다니며 복음을 전했고, 일기와 사역을 기록했으며, 학교를 설립해 서재필과 이승만, 윤치호 등 수많은 민족 지도자를 양성했다. 한반도의 복음화와 민주화, 근대화는 그가 일생 동안 가슴에 품었던 선교 비전이었다. 그는 이 비전을 붙들고 사명에 살았다. 죽는 순간까지 이타적 사랑을 실천한 아펜젤러는 확실히 이 땅에 심겨진 한 알의 밀알이었다.

고요한 바다를 갈망

고요한 바다로 저 천당 향할 때 / 주 내게 순풍 주시니 참 감사합니다.
큰 물결 일어나 내 쉬지 못하나 / 이 풍랑 인연하여서 더 빨리 갑니다.
내 걱정 근심을 쉬 없게 하시고 / 내 주여 어둔 영혼을 곧 깨게 하옵소서.
이 세상 고락 간 주 뜻을 본 받고 / 내 몸이 의지 없을 때 날 믿음 줍소서.

'고요한 바다로' 는 아펜젤러가 즐겨 불렀던 찬송이라고 한다. 한국 최초 감리교 선교사인 그는 교육, 성경번역, 선교, 출판과 문서선교 등, 거의 모든 분야에서 감리교 선교의 개척자였다. 개척자는 때로 예측할 수 없는 상황에서 큰 풍파를 만났다. 그러나 그는 그것을 인하여서 더 힘차게 복음을 전했다.

참고문헌 - 이 글은 아래 문헌에서 인용, 발췌한 것이다.
이만열 편, 『아펜젤러』, 서울: 연세대학교출판부, 1985.
R. S. Maclay, *Comencement of the Korea Methodist Episcopal Mission, The Gospel in All Lands for 1885*. R. S. Maclay. p. 328
편찬위원회. 『기독교대백과사전: 10권』. 서울: 기독교문사, 1991. pp. 1125~1127.
한국 개척선교사 아펜젤러(Henry Gerhart Appenzeller, 1858 2. 6-1902. 6. 11) - 믿음의 사람들 2016. 05. 03.
http://news.Kmib.co.kr. 박용규. "한국 감리교의 아버지 아펜젤러". 한국교회사.
http://blog.daum.net/altjsl217/3883328. 위대한신앙인. "한국선교의 첫 선교사 아펜젤러와 언더우드". 2010. 07. 30.
http://blog.naver.com/sehwoom/220462894547
http://blog.naver.com/kjyoun24/220928834718
http://blog.daum.net/sunghwa/15853738 아펜젤러 순직 기념관 4(서천 동백정 교회) 2013. 9. 27.
http://blog.naver.com/noemisuh/220699950327

복음의 주춧돌이 된

언더우드

Horace Grant Underwood

1859~1916

언더우드는 한국에 온 장로교의 선교사로서
한국 기독교 초기의 여러 어려움을 극복하고
복음의 주춧돌을 놓는 데에 탁월한 역량을 발휘했다.
특히 선교와 교육에 상당한 업적을 남겼다.

어려움에 굴하지 않는 신앙

언더우드(Underwood, Horace Grant : 元杜尤,원두우)는 영국의 런던에서 1859년 7월 19일 존(John) 언더우드와 엘리자베스 그랜트 마리(Elizabeth Grant Maire)와의 사이에서 넷째 아들로 태어났다. 집안은 매우 부유했으며 모두 독실한 기독교인으로서 언더우드는 기독교적인 분위기에서 자라났다. 그러나 이러한 평안한 분위기는 1865년 한 해 동안에 존 언더우드는 아내와 아기, 그리고 사랑하는 노모를 한꺼번에 잃었다. 또 동업자로부터 사기를 당해 재정적 곤경에 빠지게 되었다. 이러한 어려움은 존 언더우드로 하여금 새로운 나라에서 운명에 도전하는 것이 낫겠다는 생각을 하게 만들었다.

아내가 다섯 명의 어린 자녀를 남기고 죽은 지 몇 년 후, 존 언더우드는 재혼을 했다. 호러스는 형 프레드(Fred)와 함께 프랑스의 불로뉴 슈메르(Boulogne Sur Mer) 지방에 기숙사가 있는 학교에 보내어졌다. 로마 카톨릭 계열의 이 학교는 디에(Die)라는 교수가 운영했다. 카톨릭계 학교였지만 소년들을 개종시키려는 일은 없었다. 그리하여 두 소년은 영국인 교회를 출석하며 흔들리지 않는 개신교의 신앙을 유지했다.

기숙사에서 두 형제는 집에서 하는 것처럼 잠자기 전에 기도를 드렸는데, 전혀 보지 못했던 행동에 프랑스 학생들은 커다란 박해를 가했다. 그럼에도 불구하고 이 두 소년은 굴함이 없이 지속적으로 기도했다. 그래서 함께 와 있던 다른 프랑스 학생들도 하나 둘씩 동참하게 만들었고, 결국은 기숙사의 모든 소년들이 기도를 하도록 만들었다. 프랑스에서의 학교생활은 아버지가 1872년 미국으로 이주함으로서 2년 만에 함께 이동하게 되었지만 이러한 언더우드의 모습은 신앙의 의지가 매우 강함을 보여주는 사건이었다.

삶을 통한 하나님의 손길을 경험함

미국으로 이주한 가족들은 그로브(Grove) 교회에 등록하여 신앙생활을 지속했다. 호러스는 이 교회에서 봉사하는 한편으로 유니온 힐(Union Hill) 등의 암흑가에서 종교서적을 배포하는 일에도 관여했다. 그들은 곧잘 술집에도 전도하러 갔었는데, 한 번은 난폭하고 하나님을 모욕하는 소리에도 불구하고 계속해서 방문했고 이들과 친해지기까지 했다. 1877년 뉴욕대학교(New York University)에 입학했고, 1881년에 졸업했다. 그리고 그 해 가을에 뉴 브룬스위크(New Brunswick)에 있는 화란 개혁신학교(the Dutch Reformed Theological Seminary)에 들어갔다. 신학을 전공하면서 호러스는 네 살의 어린 소년이었을 때 인도에서 온 어떤 사람의 설교를 듣고 선교사가 될 결심을 했었는데 선교를 위한 공부를 시작하자 이 결심은 더욱 확고해졌다. 그는 의학의 도움을 받지 못하는 오지의 선교부에서 일할 충분한 준비를 갖추는데 필요할지도 모르기 때문에 의학을 공부할 계획도 세우고 있었다. 호러스는 교육을 받는 과정에서 상당한 경제적 어려움을 겪었다. 그럼에도 그는 돈 씀씀이에 있어서 인색하게 굴지 않았다. 호주머니는 금방 비었고 다음 한 끼의 식사를 어떻게 해결해야 할지 모르는 경우도 종종 있었다. 그럼에도 그는 하나님에 대한 강력한 신뢰를 가지고 있었기 때문에 한 순간도 걱정에 시달리는 경우가 없었다. 송금이 늦어지거나 비상적인 상황에 직면하여 해결책이 없어 보일 때에도 그는 전혀 흔들리지 않았다. "잘 될 거야" 라고 항상 단언했고, 실제로 그렇게 되었다.

한국 선교를 위한 부르심에 응답

1884년 봄에 신학교를 졸업한 언더우드는 11월에 목사 안수를 받았다. 인도에 가기로 결정은 했지만 한국과 한국이 필요로 하는 것에 대하여 생각하고 있었다. 그 계기는 신학교에 다니던 1882년과 1883년 사이의 겨울에 앨트먼(Altman) 목사가 선교지원자들에게 보고서를 읽어준 것으로 인해서였다. 앨트먼으로부터 1882년 한국의 문호가 개방되었다는 이야기를 들었다. 언더우드 자신은 네 살 때부터 인도 선교에 소망을 자지고 있었기에 인도로 부르심을 받았다고 생각했으며, 그럼에도 이상스럽게도 한국에 갈 선교사를 찾는 일에 일 년이 넘도록 힘을 쏟았던 것이다. 그러나 일 년이 지나도록 한사람도 찾지 못했다. 더군다나 한국에 선교사를 파송하려는 교회도 선교사도 없었고, 지도자들조차도 한국에 들어가기에는 아직 이르다고 생각하고 있었다.

"

"왜들 이럴까? 헌신을 맹세한 사람들이 왜들 다 미온적이고 부정적일까? 복음의 처녀지, 주님이 기다리시는 그 땅으로 갈 선교사가 이렇게도 없단 말인가?"

그때 돌연히 강력한 반문의 소리가 그의 마음을 두드렸다.

"너는 왜 못가느냐?"

그것은 자신의 목소리나 자신의 뜻이 아니었다. 그것은 분명한 주님의 부르심의 메시지였다.

"그렇다 왜 나는 못가는가?"

그는 단 한 번도 복음을 못들어 본 미전도 종족인 조선민족에게 선교의 우선순위가 있다고 깨닫게 되었다.

어려운 결단을 하고, 조선을 선교지로 정하고 나서 교회와 선교부에 조선 선교사로 가기로 요청을 했지만, 두 번씩이나 거절당하고 말았다. 한국은 쇄국정책을 쓰고 있고, 외국인을 못 들어오게 하고 죽이기 때문에 이직은 시기상조라는 것이다. 한국의 문은 꽉 닫혀 있었고, 미국에 남아 있거나 인도로 가는 문만 넓게 열려져 있는 것처럼 보였다. 언더우드는 신학교를 졸업하고 실망하고 있는 중에 뉴욕에 있는 한 개혁교회가 담임자로 청빙했다. 그는 선교사로 나갈 것이냐, 아니면 목회로 나갈 것이냐, 갈림길에서 한참 고민하다가 목회하기로 결심하고, 청빙을 수락하는 편지를 써서 우체국으로 붙이러 갔다. 편지를 우체통에 넣으려는 순간 어떤 탄식과도 같은 목소리가 들려왔다.

"한국에 갈 사람은 아무도 없구나." 그것은 강력한 성령의 음성이었다. 그는 서신을 보내는 것을 일단 보류했다. 그 후, 집으로 가지 않고 다시 한번 장로교 선교부에 한국 선교사 신청을 하기로 했다. 그리고 선교부의 총무였던 엘린우드(Ellinwood) 박사의 사무실로 갔다. 언더우드는 한국 선교사로 파송해 달라고 강력하게 요청했다. 그의 열정은 충천했다. 언더우드는 여기에서 선교부가 원래 파송하려 했던 사람이 사정이 생겨서 갈 수 없게 되어 언더우드를 받아들이기로 했으며, 수일 내에 임명을 받을 것이라는 편지가 도착했음을 목격했다. 성령께서 결국 한국 선교의 길을 열어주셨다.

”

미지와 은둔의 나라 한국

한국 선교를 결정했지만 한국과 관련된 정보는 백지나 다름없이 무지했다. 일본은 어느 정도 복음의 빛으로 들어왔고, 중국은 무섭고 어두운 미지의 나라였다. 그러나 한국은 교육과 지식을 갖춘 사람들도 모두가 들어본 적이 없다 했고, 어디에 있는지도 추측도 해보지 않은 나라였다. 단편적으로 한국에의 소식을 들었다 하더라도 희망적이지 못한 것들 일색이었다. 꼬레(Coree)라고 하는 명칭을 가진 중국 근처의 한 섬으로 인식되었고, 예수회(Jesuit) 선교사들의 모진 고문과 죽임을 당했다는 정도만 알고 있었다. 반은 야만인이고, 반은 동물로 여겨지는 사나운 종족으로 생각하고 있었다.

언더우드의 형제들은 그가 다시는 오지 못할 어두운 지역으로 간다면 영국의 친척들에게 작별 인사라도 해야 한다고 생각했다. 1884년 여름에 언더우드는 친척들을 만나고자 영국을 방문했다. 그 친척들 중에서 언더우드를 다시 보리라고 생각한 사람들은 아무도 없었다. 그의 사촌들 중에도 인도, 아프리카, 호주, 브라질 등지에 있었으므로 언더우드의 일도 자연스러운 것으로 받아들여졌다.

미국으로 돌아온 언더우드는 12월에 뉴저지 노회에 가입하고 드디어 한국을 향한 여행길에 나섰다. 1885년 1월 25일에 일본에 도착한 언더우드는 일본에 선교사로 와 있던 제임스 커티스 햅번(James C. Hepburn, 1815-1911)의 도움을 받았다. 한국인 이수정(李樹廷, 1842-

1886)을 소개받아 그로부터 한국어를 배우게 된다. 일본에서도 한국에 대한 무시무시한 이야기를 들었다. 천주교 신자에 대한 박해와 한국인의 야만성, 황폐화된 산하(山河), 갑신정변과 관련된 이야기 등을 들었지만 언더우드의 결심을 좌초시킬 수는 없었다. 3월 26일 이수정 번역의 '마가복음'을 휴대하고 한국을 향하여 출발했다. 그리고 부산 거쳐 4월5일 부활절에 아펜젤러와 함께 마침내 제물포에 도착했다.

여기서 '보이지 않는 조선인의 마음'이란 기도문을 살펴 보자!

"

보이지 않는 조선의 마음

오 주여! 지금은 아무것도 보이지 않습니다.

주님, 메마르고 가난한 땅, 나무 한 그루 시원하게 자라 오르지 못하고 있는 땅에 저희들을 옮겨와 앉히셨습니다.

그 넓고 넓고 넓은 태평양을 어떻게 건너왔는지

그 사실이 기적입니다.

주께서 붙잡아 뚝 떨어뜨려 놓으신 듯 한 이곳,

지금은 아무것도 보이지 않습니다.

보이는 것은 고집스럽게 얼룩진 어둠뿐입니다.

어둠과 가난과 인습에 묶여 있는 조선사람뿐입니다.

그들은 왜 묶여 있는지도, 고통이라는 것도 모르고 있습니다.

고통을 고통인줄 모르는 자에게 고통을 벗겨주겠다고 하면

의심부터 하고 화부터 냅니다.

조선 남자들의 속셈이 보이지 않습니다.

이 나라 조정의 내심도 보이지 않습니다.

가마를 타고 다니는 여자들을 영영 볼 기회가 없으면 어찌하나 합니다.

조선의 마음이 보이질 않습니다.

그리고 저희가 해야 할 일이 보이지 않습니다. 그러나 주님, 순종하겠습니다.

겸손하게 순종할 때 주께서 일을 시작하시고, 그 하시는 일을 우리들의 영적인 눈이 볼 수 있는 날이 있을 줄 믿나이다.

"믿음은 바라는 것들의 실상이요, 보지 못하는 것들의 증거이니…"라고 하신 말씀을 따라 조선의 믿음의 앞날을 볼 수 있게 될 것을 믿습니다.

지금은 우리가 서양귀신, 양귀자(洋鬼子)라고 손가락질을 받고 있사오나, 저희들이 우리 영혼과 하나인 것을 깨닫고, 하늘나라의 한 백성, 한 자녀임을 알고 눈물로 기뻐할 날이 있음을 믿나이다.

지금은 예배드릴 예배당도 없고, 학교도 없고, 그저 경계와 의심과 멸시와 천대만이 가득한 곳이지만, 이곳이 머지않아 은총의 땅이 되리라는 것을 믿습니다. 주여, 오직 제 믿음을 지켜주소서!

”

그러나 우리는 공손하고 친절하며 따뜻한 마음씨에 관대하며 후한 민족을 발견했는데, 우리가 어디로 가든지 그들은 우리를 먼 곳에서 온 좋은 손님으로 대접해주려고 했습니다. 우리는 지나칠 정도로 어려움을 끝까지 참고 견디는 인내심이 많은 민족을 발견했습니다. 하지만 너무 심하게 당해서 일단 화가 한 번 나면 마치 억압된 끓는 물이 폭발하듯이 숨어 있던 야만성이 증가된 힘을 가지고 되돌아온 듯했습니다.

“

우리는 서양의 관점에서 볼 때는 매우 어리석지만, 동양의 관점에서 보면 교육받고 상당한 수준의 문화를 가진 민족을 발견했습니다. 우리는 또한 복음에 귀를 기울이고 기꺼이 열심히 복음서를 사는 민족을 발견했습니다. 본토인들이 기독교인이 아님에도 불구하고 기꺼이 책을 사려고 했다는 사실은 하나님께서 한국에 있는 그의 사자들 앞에 마련해 놓으신 활짝 열린 문을 아주 분명하게 드러내 보여주었습니다." (선교 20주년 회고, 1904)

"

선교 30주년 기념 연설(1914)

한편, 언더우드 부인은 한국에 온 최초의 여성 의사로서 언더우드보다도 여덟 살 연상이었는데, 1889년 결혼하여 그 이듬해 아들 원한경(元漢慶, Horace Horton Underwood, 1890~1951)을 얻었다. 한국에 파송되어 오던 즈음 이십대 중반 청년 언더우드의 인상착의에 대해 언더우드 부인 릴리아스 호튼 언더우드(Lillias Horton Underwood)는 다음과 같이 묘사 하고 있다.

"

당시 그의 젊은 모습을 한번 그려보는 것도 유익할 것이다. 그의 키는 약 170~172 센티미터쯤이었다. 어깨는 넓었고, 보기 드물게 큰 머리에 쌍가마가 나 있으며 짙은 밤색의 숱 많은 곱슬머리가 이마까지 내리덮고 있었다. 이목구비가 단정하여 섬세하고 세련된 반면, 강인함까지 겸비하고 있었다. 코는 약간 매부리코였고, 눈에 띌 정도는 아니었지만 약간 큰 편이었다. 입은 부드러운 말이 흘러나올 것 같은 생김새였지만 여성적이지는 않았다. 턱은 강하고 단단한 인상을 주었다. 맑은 암갈색의 눈에는 진지함, 목적에 대한 성실성, 열정과 친절이 배어 있었다. 그리고 이런 말만으로 설명 할 수 없는 무엇이 그 순수하고도 차분한 이마와 맑은 눈에 서려 있었는데, 그 부드러움과 이 세상 사람의 것이 아닌듯한 인상은 아마도 오래 전에 안식을 취하신 어머니로부터 물려받은 것이었으리라.

"

언더우드 사랑채에서 시작된 새문안교회(1887)

언더우드 선교사는 한국에 도착해 제중원에서 알렌의 진료를 돕고 영어를 배우려는 학생들을 가르치는 한편 성경의 한국어 번역을 시작했다. 언더우드의 정동 사택은 예배뿐만 아니라 교육사업의 출발지가 되었으며, 성경번역 활동과 기독교 서적 출판을 위한 기독교서회가 출범한 선교활동의 중심지이기도 했다.

"

한국에 선교사들이 처음 도착한 이후로 성경을 서둘러 번역해야 할 필요가 분명히 있었다. 그들은 한국인들과 직접 대화하기 위해 한국어를 배우려고 했고 무엇보다 모두가 하나님의 말씀을 한국어로 전하고 싶었다. 그 작업의 어려운 점은 성경을 가감 없이 온전히 그들의 언어로 번역해야 한다는 사실에 있었다. 우리는 문자 그대로 직역하는 것이 아니라 성경 원어의 표현을 그에 해당하는 한국어 표현으로 바꾸어야만 했다. 우리는 실수를 하지 않을까 몹시 걱정하면서도 성경 번역의 중요성을 고려해 도착한 첫 해에 개인적으로 번역을 시도했다.

1886년 초에 아펜젤러 목사는 필자와 협력하여 마가복음을 번역하기 시작했는데, 그 해가 지나가기 전에 번역을 마쳤고, 스코틀랜드성서공회와 영국성서공회를 대신 하여 스코틀랜드성서공회가 1887년 봄에 이것을 인쇄했다.(언더우드, 1911)

"

언더우드의 사택에서 매주 열리던 예배는 처음에는 외국인들만 참여하는 것이었으나 1886년부터는 한국인들도 참여하기 시작했다. 1886년 7월에는 최초의 세례식이 열렸고, 1887년 9월에는 14명의 세례인으로 첫 장로교 교회를 설립했다.

"

초기 장로교, 감리교 선교사들(1887)

지난 화요일 밤(9.27) 우리는 14명의 수세자로 이뤄진 한국 최초의 기독교 교회를 조직했으며, 지난 주일에 한 명의 수세자를 추가했음을 알려드립니다. 한국인들은 꾸준히 한명씩 오고 있으며 우리는 사업이 거의 매일 성장하는 것을 봅니다.(Underwood, 1887.9.30.)

"

최초의 복음선교사로 한국에 온 언더우드는 지방전도의 길을 열었으며, 특히 한국인 스스로 선교활동을 펼쳐갈 수 있도록 지도했다.

"

1887년 11월에 언더우드는 소래에서의 부름에 응하여 처음으로 지방여행을 떠났다. 물론 그는 말을 타고 떠났지만 일정 구간을 걷기도 했는데, 이로써 그는 조금이라도 서울 바깥의 내륙을 여행한 첫 유럽인이 되었다. 이렇게 언더우드가 말을 타기도 하고 걷기도 하여 한국 내륙을 여행한 첫 외국인이 된 반면, 그의 아내는 한국 고유의 가마를 타고 여행한 첫 외국여성이 되었다는 것은 재미있는 우연의 일치라고 할 수 있다. 사실상 이 여행(1889년 3월 14일에 결혼 후 신혼여행이자 선교여행)은 서울에서 강계와 의주까지의 길을 이런 식으로 거쳐 간 유일한 여행이 아닌가 생각된다. 또 그의 아들은 송도와 해주를 거쳐 소래에 이르기까지 새로 놓은 길을 처음으로 자동차를 타고 달린 사람이 되었다.(언더우드 부인)

지방여행을 떠나는 언더우드 가족(1889)

우리는 처음부터 복음 전파의 짐을 본토인의 어깨에 지웠다. 가능하면 모든 곳에서 이 일을 기꺼이 그들에게 맡겼다. 그리고 모든 한국인들로 하여금 복음은 자신만을 위해서 주어진 것이 아니라 이웃에게 전하도록 맡겨졌으며, 하나님의 동역자가 되는 것은 그 자신의 특권이라는 사실을 주지시켜 왔다.(언더우드, 1900)

"

언더우드와 원한경(1895)

언더우드 선교사는 조선 왕실과도 매우 돈독한 관계를 가졌다. 언더우드 부인은 민비의 시의였으며 민비 시해사건 이후의 정치적 위기 속에서 언더우드 선교사는 고종을 호위하는 역할을 마다하지 않았다. 기독교인을 중심으로 대중적인 고종 탄신 축하행사를 수행하기도 했다.

"

왕실과의 관계에 대해 언더우드 자신은 별로 크게 언급하지는 않았지만, 왕실 주변에서는 언더우드가 가장 총애를 받는다는 사실이 잘 알려져 있었다. 왕은 공개적으로 그를 형제라고 말했으며, 자신이 어려울 때 그를 위해 언더우드가 한 일을 결코 잊을 수 없다고 했다.(언더우드 부인)

"

언더우드 선교사는 오랜 기간 선교회의 재무를 담당하며 세브란스병원의 건립에도 직접 참여했고 서거하기 전까지 세브란스병원 이사회의 일원이었다.

"

이 모임에서 밝혀진 대로 비록 병원이 미국에 있는 기독교 신사의 후의로 제공되었고 그가 장로교 선교부의 관리 하에 두도록 했지만, 모든 국적, 계급, 신조, 종교의 삶들을 돌볼 것이며, 가슴 속에 동료 인간에 대한 관심을 가진 모든 자들의 마음에 가장 좋은 인상을 줄 것이다. 문명의 혜택을 누리는 우리에게 주변의 고통을 경감시키는 데에 감당해야 할 책임이 있지 않은가? 이 기관이 우리에게 그러한 일을 할 수 있는 기회를 주는 것은 아닌가?(언더우드, 1904)

"

특히 서울에 신학교가 아닌 일반인들을 대상으로 하는 고등교육기관, 즉 대학을 설립해야 한다는 언더우드 선교사의 의지는 1915년 '조선기독교대학' 설립으로 결실을 맺었으나, 이를 추진하는 과정에서는 선교회 내부의 반대에 직면하는 등 많은 어려움을 겪었다. (1917년 일본 총독부에 의해 연희전문학교로 승인되었다.)

"

한국인들은 변화된 국내외 여건에 대처하기 위해서 교육도 변해야 한다는 사실을 깨달았기 때문에 교육에 대한 열망이 강합니다. 한국인들은 정부(총독부)가 제공하는 교육뿐만 아니라, 우리의 중고등학교가 제공하는 교육보다도 더 높은 수준의 교육을 갈망합니다. 이 기회를 찾아서 많은 수의 학생들이 일본에 가서 공부하고 있습니다. 따라서 우리가 이 기회를 이용하기로 결정하고 실행한다면 이 나라의 고등교육분야에서 자유롭게 사역할 수 있습니다. 이 열린 문으로 들어가는 것이 교회에게 주어진 마땅한 의무라는 명제에 모두가 분명히 동의하리라고 믿습니다.(언더우드, 1912.12.23.)

"

1913년 언더우드 선교사는 건강이 위중한 상태가 되어 의사 에비슨이 고국으로 돌아가 치료받기를 권했으나, 대학의 설립 등의 문제를 해결해야만 한다며 사양했다. 언더우드 부인은 그가 서거하기 직전의 모습을 다음과 같이 묘사하고 있다.

"

그가 주님의 부르심을 받기 바로 전날 밤, 극도로 쇠약하고 말하기도 몹시 힘겨운 상태에서 언더우드는 "그 정도는 나도 여행할 수 있어, 할 수 있어"라고 말 하는 것 같았다. 그가 무슨 생각을 하고 있는 것인가 의아해하며 내가 "여보, 어디로요? 한국으로요?"라고 묻자 그는 얼굴이 밝아지면서 고개를 끄덕여 응답 했다. 워낙 쇠진하여 침대에서만 지내야 할 때조차도 그는 한국을 그리워했던 것이다. 다음 날 그의 생명이 얼마 남지 않았을 때, 나는 "예수가 곁에 계신 것 같아요?"라고 질문했다. 사랑스러운 미소가 그의 얼굴에 빛나면서 그는 크게 고개를 끄덕였다. "주님의 은혜가 계속되고 당신을 지켜줄 것 같아요?"라는 질문에 그는 죽음의 고통 속에서도 똑같은 미소를 떠올리며, 고개를 움직여 앞서와 마찬가지로 절대적이고 긍정적인 확신에 찬 응답을 했다.(언더우드 부인)

❞

언더우드 선교사의 서거에 대해서 수많은 기관과 개인으로부터 추모의 글이 발표되었는데, 그중에서도 특히 언더우드 선교사와 가장 밀접한 관계에 있던 에비슨의 편지를 살펴보자.

❝

언더우드 장례식(YMCA), 1916

우리가 얼마나 슬픔을 느끼는지, 특히 개인적으로 제가 얼마나 충격을 받았는지 짐작하실 것입니다. 24년간 언더우드 박사와 저는 형제와 같이 지냈습니다. 우리는 서울에서 함께 살면서 서로 아주 친밀하고 지속적인 조화 속에서 사역했습니다. 저는 완전한 상실감을 느끼며, 그의 따뜻한 지원과 동역 없이 제가 이곳에서 계속 사역하는 것을 거의 상상할 수 없습니다. … 저는 언더우드 박사를 한국에서, 아니 아마 전 선교지에서 가장 위대한 선교사 가운데 한 명이었다고 생각합니다. 지금까지 그 어느 누구도 그만큼 한국인의 신뢰를 받은 자가 없었다고 생각합니다. 이 나라의 가장 높은 자부터 가장 낮은 자까지 모두가 그를 존경했고 사랑했습니다.(선교본부에 보낸 편지, 1916.10.16)

❞

'조선기독교대학'의 초대 교장인 언더우드 선교사가 서거하자 부교장이었던 에비슨이 그 뒤를 이어 교장이 되었다. 언더우드 추도식에서의 연설문(1916.12)에는 에비슨의 다짐이 담겨 있다.

"

그의 동료 사역자들은 그의 위대한 믿음, 왕성한 활동, 넘쳐흐르는 열림, 그가 옳다고 믿는 것을 끝까지 붙잡는 인내가 없었더라면 이 대학이 결코 이루어지지 않았을 것임을 결코 잊지 않을 것입니다. 우리 가운데 많은 사람들은 이 대학의 완전한 발전이 그에 대한 가장 큰 기념이 되고, 그 대학이 다가올 미래에 한국의 사상과 활동에 미칠 지속적이고 지대한 영향력의 측면에서 그의 풍성한 삶에 영광스러운 면류관으로 증명될 것을 믿어 의심치 않습니다.

"

언더우드 선교사를 한국에 파송한 미국 북장로회 해외선교부가 발표한 공식 추도문(1916.10.23)은 다음과 같다.

"

그는 하나님을 위해서 위대한 일을 시도하고, 사람들을 바라고 받아들이면서, 하나님과 동행하는 삶이 어떤 것인지를 사람들 앞에 분명히 보여주었다. 그는 한국 교회의 개척자요 설립자로 기독교 역사 속에 살아 있을 것이다.

"

마지막으로 언더우드 선교사가 가졌던 한국 기독교의 미래는 어떤 것이었을까? 선교 20주년의 회고문(1904)에서 그가 밝힌 전망이다.

"

나는 오늘 우리 앞에 놓여 있는 새 한국, 완전히 해방된 나라, 정치적, 지적, 영적으로 실정과 무지와 미신의 속박에서 완전히 해방된 나라, 곧 기독교 한국을 분명히 볼 수 있다고 생각합니다. 나는 미래에 모든 읍과 마을에 세워진 학교에서 가르치는 공동체 정신을 가진 기독교 교사들을 보며, 모든 대도시에 세워진 중고등학교들, 의과대학과 간호학교, 모든 도시에 자급하는 병원들, 효율적인 본토인 여자 전도인들, 성경 교사들, 고통당하는 자를 돌보고 죽어가는 자에게 빛과 위안을 주는 여자 집사들, 그리고 전국 방방곡곡에 그리스도의 사랑을 실제로 보여주는 자비의 기관들을 봅니다. 나는 기독교 가정, 기독교 마을, 기독교 통치자들, 기독교 정부에 대한 비전을 갖게 됩니다.

”

언더우드는 위대한 하나님의 사람이었다. 하나님께서 그 뜻을 보이셨을 때, 믿고 순종하며 실천하면서 어떤 반대에도 굴하지 않고 목숨도 아깝게 여기지 않았음을 볼 수 있다. 지나친 과로로 언더우드는 1916년 4월 미국으로 귀국한 후, 6개월 뒤인 10월에 소천했다. 그가 그렇게도 돌아오기를 원했던 한국에 그가 다시 온 것은 1999년 5월 20일로, 그가 양화진에 묻힌 그의 아내와 아들 내외 옆에 다시 이장하게 된 때로, 그가 소천한지 84년여 후의 일이 되었다.

언더우드의 가문은 지난 121년 동안 연세대학교를 헌신적으로 섬겨서, 학교의 주요한 역사적 건물을 보면 언더우드가문에서 보내온 헌금을 기초한 것이 많이 있다. 이는 언더우드의 형, 존 언더우드가 언더우드 타이프라이터를 발명 제작 판매하여, 당시 가장 성공한 실업가로 갑부가 된 데도 이유가 있다. 그 형은 동생의 사역을 돕기 위하여 물심양면 노력했고, 연세대학교 첫 부지 30만평을 사도록 기꺼이 헌금했다.

한편, 국내에서 정치적으로 언더우드는 분명하게 정교분리의 성경적 입장을 고수했다. 고종황제와 신실한 친구관계를 유지했으나, 고종황제가 자신이 세례를 받겠으니, 미국 협조를 구해달라고 제안을 했을 때, 언더우드는 그 제안을 거절하며 정교분리의 원칙을 고수했다. 동시에 언더우드와 그의 부인은 고종황제와 명성황후가 일제침략의 어려움으로 혼돈 속에 들어가게 되었을 때 끝까지 가장 신실한 친구가 되어 주었다. 갑오경장, 동학혁명, 을사보호조약, 한일합병의 정치적 혼란 가운데 시종 언더우드는 한국을 사랑하며 신실한 사랑으로 한국 조정과 사회지도자들에게 그리스도인의 본이 되었다.

복음을 배에 싣고 당도한 조선, 새로운 희망으로 전진

조선과 조선인을 그토록 사랑했던 언더우드는 한국 개신교회의 장을 연 위대한 선교사였다. 그의 일생은 조선을 빼놓고는 아무것도 말할 수 없을 정도로 한국 사회와 교회에 절대적 영향을 미쳤다. 불타는 선교에의 열의는 물론 사회와 문화 다방면에 걸친 그의 업적은 개화기 풍전등화와 같던 조선의 큰 빛이었다. 개화기 조선의 암울했던 현실에서 언더우드와 선교사들은 그 현실을 직시했고, 그 안에서 복음을 효과적으로 증거하기 위해 모든 힘을 쏟았다. 그들의 열정은 오늘 한국교회의 모습 속에 그대로 녹아 있으며, 그들의 사랑은 오늘의 교회가 나아가야 할 방향을 강력히 지시하고 있다. 어느 것 하나 충족되지 않는 현실에서 그들이 취할 수 있었던 것은 오직 그리스도 복음뿐이었으나 그 복음의 힘(Power)이 오히려 그들의 험난한 삶을 애정과 열정, 그리고 헌신으로 이끌었다. 이제 전환기의 조선은 그들이 배에 싣고 온 복음을 통하여 새로운 세상으로 희망을 싣고 힘차게 나아가고 있다.

참고문헌 – 이 글은 아래 문헌에서 인용, 발췌한 것이다.

L. H. Underwood. 『언더우드-한국에 온 첫 선교사』. 이만열 역. 서울: 기독교문사, 1999.

이광린. 『초대 언더우드 선교사의 생애』. 서울 연세대학교 출판부, 1992.

편찬위원회. 『기독교대백과사전: 11권』. 서울: 기독교문사, 1990. pp. 111~112.

릴리어스 호튼 언더우드. 『상투잽이와 함께 보낸 십오년 세월』(Fifteen Years Among The Top-Knote). 김철 역. 『언더우드 부인의 조선생활』. 서울: 뿌리깊은 나무, 1984.

http://naver.me/5pxqqCzF [역사 속 연세]. "한국 기독교의 역사 언더우드". 연세소식 Vol. 601 2016.10.05..

http://weddingbhc.blog.me/30068486819. "하나님의 종 언더우드 선교사 일대기". 2009.09.03.

http://blog.daum.net/tjdmstlf/77. 서은실. "한국 최초의 장로교선교사 언더우드"(Undersood, H. G.). 2011. 05. 02.

일본의 기독교 지도자

우찌무라 간조

內村鑑三

1861~1930

일본의 죄악과 우상숭배에 대해서 애통하던 그는
일본을 복음화하고
변화시키기 위해 한 평생 고투했다.

일본의 복음 전도자

우찌무라 간조는 1861년 3월 23일 일본 무사의 가문에서 태어났다. 그는 1877년 17세때 삿포로 농업학교에 입학하면서 초대 교장 클라크(William.S. Clark)가 남긴 감화에 의해 예수를 믿고 세례를 받았다. 졸업 후 홋카이도 개척사에 근무하면서 친구들과 함께 삿포로 그리스도 교회를 건립하고 열심히 전도했다. 그 후 그곳을 떠나 상경하여 농상무성에 봉직했으나, 이혼 후 상처를 치료하고 신앙에 있어서의 의문들을 해결하고자 자비로 미국에 유학했다. 그는 펜실베니아 주립 아동백치원의 간호인이 되고, 애머스트대학에서 고생 끝에 이학사가 되어 졸업했다. 그러나 이 기간 동안 대학 총장 실리(Julius Hawley Seeley, 1824-1895)의 관심어린 도움으로 마침내 그리스도의 십자가에 의한 속죄의 복음을 믿고 전혀 다른 새 사람이 되었다. 그 후 하트포드 신학교(Hatford Theological Seminary)에 들어갔으나 3개월만에 중단하고 십자가의 복음을 동포에게 전하려는 일념에 불타서 그의 나이 28세 되던 1888년 5월 일본으로 귀국했다.

그는 귀국 후 교육 사업에 전념했으나 여러 가지 오해와 충돌로 인해 단념하고 교토로 이사하여 저술 생활에 몰두하여 『그리스도인의 위로』, 『구안록』, *How I Became a Christian*(『나는 어떻게 하여 크리스천이 되었는가』)" 등을 저술했다. 1897년 봄 구로이와 루이코우(1867-1920, 일본 신문사업 공로자, *Japan Times* 및 요로즈 쵸오호우 창간자)로부터 요로즈쵸 오호우지의 영문란 주필로 초청되어 시사 문제들을 예리하게 다루었다. 그러나 그는 이듬해 사임하고 자신의 평론지 『도쿄 도쿠리츠잣시』를 발행하여 세상을 날카롭게 비판하는 일을 하다가 2년 후에 폐간했다. 그는 마침내 그의 오랜 숙원이었던 『성경연구』를 창간하고 문필 전도와 복음 전도에 전념하다가 1930년 3월 28일 70세의 나이에 도쿄에서 하나님의 부름을 받았다.

무사의 가문

그가 무사의 가문에서 태어났다는 사실은 산다는 것이 곧 싸우는 것이 되는 것을 의미하는 것이었다. 그의 조부는 국토가 평화롭기만 하다고 한탄을 했으며, 자신의 가업을 실제로 활용하지 못했음을 유감스러워 하면서 세상을 떠났다. 그의 아버지는 훌륭한 시를 읊을 수 있을 만큼 교양이 있었고 막된 사람들이 모인 일대 부대를 탁월한 솜씨로 지휘할 수 있었던 사람이었다. 그의 외조부는 본질적으로 정직한 사람이었으며 절제하는 사람이었다. 외조모의 근면하고 성실한 품성을 이어받은 그의 어머니 또한 일벌레 처럼 그녀의 가정을 다스리고 유지하는 여인이었다. 그의 아버지는 모든 종류의 이교의 신들에 대해 다소 냉소적인 경향을 가졌던 사람이었다. 한 번은 그는 사찰의 시주함에 일전 짜리 동전을 던져 넣고 멸시하듯이 그곳 불상에게 말했다. 지금 계류중인 법원의 소송사건을 어떤 방법으로든지 이기게 해준다면 또 하나의 동전을 던져 주겠노라고, … 따라서 그가 소년 시절에 얻은 '종교적 감수성' 의 기원을 그의 가정내의 누구에게서도 찾을 수는 없다. 그러나 그는 하나님께 감사했다. 왜냐하면 그는 지난날 인육(人肉)을 맛보거나 자거노트(Juggernaut - 힌두 스탄어의 Jagannath, '세계의 주인' 에서 온 말. 힌두교의 비쉬누 신의 여덟 번째 화신인 크리슈나 신의 별명. 인도의 벵갈 주에 있는 이 신의 신전에 안치되어 있는 신상이 축제일에 거대한 수레에 실려 끌려 나오면 신자들은 그 바퀴에 몸을 던져 깔려 죽기를 빌었다는 전설이 있다)의 바퀴 앞에 엎드리거나 젖먹이를 악어의 먹이로 삼는 것을 목격하지 못했기 때문이다. 그리고 이교국들에서 이처럼 보편적으로 행해지고 있는 금전만능주의나 주류무역의 무서운 악으로부터 그가 보호될 수 있었기 때문이다.

만족시킬 수 없었던 신들

그의 지난날의 어떤 기억안에서도 미신적 암흑의 굴욕적인 사건을 그의 내면세계에 야기시켰던 것은 없었다. 그러나 그는 동시대의 일본인들이 그랬던 것처럼 여러 가지 신(神)들을 경배하고 있었다. 그가 가장 존경하며 숭배했던 신은 독서와 습자의 신이었다. 그는 적당한 정결과 정진으로 매달 25일을 신실하게 그 신을 위해 지켰다. 그는 그 상 앞에 엎드려 숙련되고 명석한 기억력을 갖게 해주기를 기원했다. 그의 아버지는 거의 집을 비우는 사람이었으므로 그는 어머니와 단둘이서 벼농사의 신에게 집의 화재, 도난으로부터 그의 가난한 집을 보호해 달라고 기도했다. 그 벼농사의 신이 보내는 인간세계에의 사자는 흰 여우였다. 그가 다른 모든 신보다 더욱 두려워한 또 하나의 신이 있었다. 그 신의 신사(神社)의 신관은 까마귀를 회색으로 인쇄한 종이를 나누어주었다. 왜냐하면 만약 거짓말을 한 자가 그것을 먹으면 즉석에서 피가 나는 이상한 효과가 있었기 때문이다. 그 신의 문장은 까마귀로 인간의 마음속을 간파하는 신이었다. 그는 그의 친구들이 그가 한 말을 의심하는 경우 그 부적을 이용하여 그의 진실을 시험하자고 요구하며 그들의 면전에서 그의 성실함을 변호한 적이 한 두 번이 아니었다. 그는 또 하나의 신에게도 기원하곤 했는데, 그 신은 치통에 시달리는 자에게 치유력을 부여하는 신이었다. 그는 항상 그 고통스러운 질환에 시달렸기 때문에 그 신에 대한 기원은 간절했다. 이 신은 특히 배를 싫어했으므로 그는 기꺼이 그것을 먹지 않았다. …….

이처럼 일본의 여러 가지 신에 따라 금지한 식품들이 많았기 때문에 그는 이같이 다수의 신들을 만족시켜야 하고 달래야 했으므로 몰래 겁에 질린 아이가 되어가고 있었다. 그래서 그는 어떠한 신에게도 바칠 수 있는 일반적인 기도를 고안해 내고, 여러 신사 앞을 지날 때면 각기 거기에 어울리는 특별한 기도를 첨가시켰다. 아침마다 세수를 하고난 후 그는 네 방위에 존재하는 네 가지 신들에게 이 공통된 기도를 올렸다. 그러나 그 모든 신들을 만족시킬 수 없었고, 그의 양심은 괴로움으로 시달렸다. 그는 이렇게 기록하고 있다.

"

여러 신사가 늘어서 있는 곳에서는 같은 기도를 그때마다 반복해야 하는 번거로움이 마음을 무겁게 했다. 나는 기도를 올려야 하는 번거로움을 양심의 가책없이 피하기 위하여 곧잘 신전의 수가 적은 쪽의 길을 택했던 것이다. 예배해야 할 신의 수는 날이 갈수록 늘어나 끝내는 나의 작은 영혼은 이 모든 신들의 뜻을 충족시킨다는 것이 전혀 불가능하다는 사실을 알게 되었다. 그러나 드디어 구원은 오고야 말았다.

”

기독교에 대한 첫 만남

그러던 어느 일요일 아침, 그의 학교 친구 하나가 그에게 뜻밖의 제안을 해왔다. "너 나와 함께 '외국인 거류지' 에 가지 않겠니? 거기에는 아름다운 여자가 노래를 부르며 긴 수염을 기른 키 큰 사나이가 이상한 모습으로 팔을 흔들고 허리를 굽혀가며 단상에서 소리치는 것을 볼 수 있어. 입장료는 받지 않아." 그것은 그에게는 그저 생소했던 외국어로 예배를 드리는 교회에 대한 그의 친구의 묘사였다. 그는 그것으로 인해 올 미래의 결과를 알지 못한 채 그 친구를 따라갔고, 그 후부터는 주일마다 이곳을 찾아갔다. 비록 그것이 진리 탐구를 위한 것이 아니라 구경이 전부였었지만, 그러나 그는 당시에는 그 사실조차도 깨닫지 못하고 있었다. 그는 그 당시를 이렇게 기록해 놓았다.

“

기독교란 그것을 받아들이라고 요구하지 않는 동안은 나에게는 즐거운 것이었다. 음악과 이야기, 그 신자들이 베풀어 준 친절은 나를 한없이 기쁘게 했다. 그러나 5년 후, 지켜야 할 엄격한 율법에 바쳐야 할 큰 희생을 더하여 그것을 받아들이도록 정식으로 나에게 요구되었을 때, 나의 모든 것은 나 자신이 그러한 길로 접어드는 것에 반발했다. 7일 중의 하루는 특히 종교를 위해 공제하며 그날만은 다른 모든 면학과 오락을 삼가야 한다는 사실은 나에게는 거의 불가능해 보이는 희생을 요구하는 것이었다. 또한 새로운 신앙을 받아들이는데 반항한 것은 단지 육체만이 아니었다. 나는 일찍이 우리나라를 다른 어떤 나라보다 숭배해야 하는 것과, 우리나라의 신을 섬겨야 하며 다른 어떤 신도 섬기면 안된다고 배워왔다. 나는 우리나라 신 이외의 다른 어떠한 신에게도 충성을 맹세한다는 것은 죽음보다도 더한 강요라고 생각해왔다. 만일 기원 자체가 다른 나라의 것인 종교에 귀의하는 것이라면 나는 조국에 대해 반역자가 되며 조국의 신앙으로부터 배교자가 되는 것이다.

”

강요된 기독교

그러나 그가 입학한 삿뽀로 농업학교는 뉴잉글랜드 출신의 한 기독교 과학자 클라크(William Smith Clark: 1826-1886)는 삿뽀로 농업학교 설립을 위해 미국 매사추세츠 주립 농과대학 학장직으로 있으면서 1년간 일본에 머물렀었다. 그 후 그가 떠날 때 남긴 'Boys, be ambitious'('소년들이여, 야망을 가져라' 라는 말이 유명하다)에 의해 이미 상급생(당시는 전교 학생이 2학급에 불과했다) 모두가 기독교에 귀의하고 있었다. 그러므로 거기에 그들의 새로운 종교적 열망과 전도의 정신이 가미되었을 때 우찌무라 간조가 받은 그들에 대한 인상은 상상할 수가 있을 것이다. 어느 날 그는 너무나도 고독해져서 그 고장의 수호신임을 정부가 인정했다는 부근의 한 이교(異教)의 신전을 찾아가서 엎드려 기도하기 시작했다. 그것은 그가 기독교의 신에게 바친 어떤 기도에도 뒤지지 않는 진지하고도 순수한 기도였다. 그는 그 수호신에게 조속히 우리학교 내의 새로운 종교열을 진정시키고 이교의 신을 거부하는 것을 완강히 부정하는 자들을 벌하고, 애국의 대의를 위해 노력하고 있는 그를 도와주기를 바라는 간절한 기도였다.

그러나 그가 기도를 마치고 다시 기숙사로 돌아왔을 때, 그는 다시 새로운 신앙을 받아들이라는 강한 설득에 시달렸다. 학교의 여론은 너무나 강했고, 거기에 비해서 그의 힘은 미약해서 그는 마침내 "예수를 믿은 자의 서약"에 서명하도록 하는 설득에 마침내 굴복하고야 말았다. 그것이 1877년 3월 5일의 일이었다. 그는 이렇게 기록하고 있다.

"

나의 기독교의 첫걸음은 나의 의지와는 달리 강요에서 시작된 것이었다. …….

"

그렇지만 그의 신앙이 하루아침에 굳건히 형성된 것은 아니었다. 그 또한 수많은 불면의 밤을 건너 그리스도에 대한 온전한 신뢰에 다다를 수 있었다.

"

진리를 위한 투쟁

진리의 '선택'과의 무서운 투쟁이다. 예수는 신인가 사람인가. 만약 내가 그는 사람이라고 믿는다면, 나는 영원한 지옥의 불 속에서 지내야 할 죄를 지는 것이 아닐까. 더우기 에머슨(Ralph Waldo Emerson: 미국의 사상가, 시인. 철학에서는 초월주의, 종교에서는 합리주의자), 개리슨(William Lloyd Garrison: 미국의 노예 폐지운동의 지도자), 로웰(James Russell Lowell: 미국의 시인, 문학가, 후에 영국공사를 지냄), 마티노(James Martineau: 영국의 Unitarian), 그 밖의 위대하고도 용감하고 학식있는 사람들이 그는 사람이었다는 말을 했다고 전한다. 그리스도의 신성에 대한 나의 신앙은 당시 내가 이토록 많은 희생을 치루며 포기한 미신적 우상숭배만큼 어리석고 근거가 없는 것이었다. 이 점에서 나의 투쟁이 아직 해결을 보지 못하고 있는 동안에 다른 교파의 성직자들이 나를 찾아 와서 프로테스탄트의 악마들에게 기만당하지 않도록 나에게 친절하게 경고하고, 또한 기도하는 마음으로 정성껏 정독하라며 카디날 기번(James Cardinal Gibbon: 미국의 카톨릭 성직자)의 '우리들 조상의 신앙' 의 일부를 나에게 전해 주었던 것이다. 그리하여 나의 주의력이 진지하게 이 중대 문제의 해결에 쏠리자마자 불가지론자는 다윈, 헉슬리, 스펜서의 이름으로 쓸데없는 의문을 포기하고 눈에 보이는 것과 만질 수 있는 것을 의지하라고 나에게 권고하는 것이었다.

❞

그리스도는 돌부리이다. 단지 옛날의 이교도였던 그리스인에 그치는 것이 아니라 오늘날의 이교도인 일본인, 중국인, 그 밖의 모든 이교도에게도 마찬가지이다. 유니테리언적으로 그를 해석한다는 것은 신비적인 동양인에게는 너무나 간단한 일이다. 그러나 삼위일체적 "이론" 은 그것과 동일하게 믿으려 들지 않는다. 누가 나를 위하여 돌을 굴려줄 것인가?…….

❝

나의 종교적 독서는 그때까지만 해도 '기독교 증거론' 이나 그와 비슷한 것이 많았으며, '성경' 그 자체는 적은 편이었다. 그러므로 나는 구약성경의 예언은 대개가 미래담이며, 인류의 구세주가 마지막으로 강림하셨을 때 '부합일치' 로 세상을 놀라게 하기 위하여 인류를 향해 말해 놓은 것이라고 생각해 왔다. 그러므로 나는 일찍부터 예언자의 책들을 불가해한 것들 속에 추가시켜 왔다. 나는 그것들에 관해 쓴 책은 읽었으나 그것들을 직접 읽지는 않았다. 그러나 이제 나는 반은 호기심에서, 반은 두려움으로 예레미야를 뒤진 것이다. … 그리하여 내가 도달한 결론은 예레미야에게 말을 전한 그 신은 설사 그토록 명확하지는 않더라도 나의 나라의 어떤 사람에게도 말을 전했다는 것이다. 그는 그 빛과 인도 없이 우리를 완전히 버려두지 않았다. 아니 모든 나라 중에서 가장 기독교적인 나라에서 그가 했듯이 이 기나긴 수 세기 동안 우리를 사랑하고, 우리를 지켜주셨다는 사실이었다. 이

사상은 나의 표현력을 초월하는 감격적인 것이었다. 외국 전래의 신앙을 받아들여 다소 냉각된 애국심은 이제 백 배의 활기와 감명을 동반하여 다시 나에게 돌아왔다. 나는 나의 나라의 지도를 살펴보고 그 위에다 기도하며 울었다. 나는 러시아를 바빌로니아에, 황제를 느부갓네살에, 또한 나의 나라를 외로운 하나님에게 고백함으로서 만이 구제가 가능한 무력한 이스라엘에다 비교했다.

… 이때부터 2년 동안 나는 성경를 들면 예언서 이외에 거의 아무것도 읽지 않았다. 나의 종교적 사상 전체는 그것으로 변화가 일어났다. 나의 친구들은 나의 종교가 기독교라기보다는 유대교의 일종이라고 한다. 그러나 그렇지가 않다. 나는 그리스도와 그의 사도들로부터는 어떻게 하면 나의 영혼을 구제할 것인가를 배웠다. 그러나 예언자들로부터는 어떻게 하면 나의 조국을 구제할 것인가를 배웠다.

”

미국에서 만난 하나님

우찌무라 간조는 미국으로 유학을 떠났다. 왜냐하면 그는 그의 기독교가 뉴잉글랜드에서 왔으며, 뉴잉글랜드에게는 그것으로 야기된 그의 모든 마음속의 투쟁에 대해 책임이 있다고 생각했기 때문이었다. 그래서 그는 뉴잉글랜드로 가기를 원했다. 그가 그곳을 찾아간 목적은 유명한 대학의 총장으로 있는 사람을 만나기 위해서였다. 그는 그 총장의 경건과 학식에 대해서 일본에서부터 이미 익히 들어 알고 있던 터였기 때문이었다. 단지 7달러와 때문은 너절한 옷을 걸친 채 '로마사' 다섯 권을 가지고 그는 그 총장을 방문했다. 그는 이미 그 총장에게 방문자로서 통지되어 있었다.

“

그는 젊은 야만인 하나가 자신을 찾아오리라는 것을 알고 있었던 것이다. 나는 그의 응접실에 안내되었다. 그리하여 그곳에서 나의 운명은 그의 지성과 플라톤적인 권위에 의해 큰 충격을 받을 시간을 기다리고 있었다. 조용히! 그가 온다! 그대의 영혼을 그의 죄없는 존재 앞에 내세울 마음의 준비를 하라. 그는 그대의 마음을 순간적으로 간파하여 그대의 진가로 그대를 측정하고 그대를 그의 제자로 인정하는 것을 거절할지도 모른다. 문이 열렸다. 그런데 보라, 그 유화함을! 크고 태연한 몸매, 눈물을 머금은 사자와 같은 눈, 이상하리만큼 강하고 따뜻한 악수, 환영과 동정이 어린 조용한 말투, … 그런데 이것은 그를 대하기 전에 내가 마음속으로 그리던 모습, 마음, 사람이 아니었다. 나는 순간적으로 각별한 평온함을 내 마음속에 느끼게 되었다. 나는 그가 기꺼이 약속해준 그 도움에 내 몸을 맡기기로 했다. 나는 물러났다. 그리하여 그때부터 나의 기독교는 전혀 다른 방향으로 나가기 시작했던 것이다.

… 총장님보다 나를 감화하고 변화시킨 사람은 없었다. 그가 예배당에 찬송가를 지시하고 성경를 낭독하며 기도하는 것으로 충분했다. 나는 존경해야 할 사람을 한번 본다는 오직 하나의 목적을 위해서 결코 예배당의 예배를 빼먹은 적이 없었다. 그는 하나님과 성경, 그리고 모든 것을 성취케 하는 기도의 힘을 믿고 있었다. 그 성스러운 사람이 기도하고 있을 때 자신들의 라틴어 과제를 공부한 그 철없는 작자들은 천국에 가서 그들의 행위를 후회하게 될 것이다. 나에게는 하루의 전투에 대비하기 위하여 그의 맑게 메아리치는 목소리 이외는 아무것도 필요로 하지 않았다. 하나님은 우리의 아버지이며, 우리가 그에 대해 열의가 있는 이상으로 그는 우리에 대한 사랑에 열심이라는 것, 그의 축복은 우주에 보편적으로 내려지고 있으므로 그에게 충만하여 있는 것이 "들어오자" 면 우리는 다만 마음만 열어놓으면 된다는 것, 우리의 진정한 잘못은 하나님 자신 이외에 그 누구도 우리를 깨끗하게 할 수가 없는데도 우리가 깨끗해지려고 노력한다는 바로 거기에 있다

는 것, 정녕 자기 자신을 사랑하는 자는 먼저 자기 자신을 미워하고 또한 타인을 위해 자기 자신을 바쳐야 하는 것이므로 자기주의는 따지고 보면 자기 증오라는 것 등등, … 이상과 같은 것과 그리고 그밖의 귀중한 교훈을 총장님 자신의 말과 행위로 나에게 가르쳐 주었다. 나는 나를 지배하는 사탄의 세력이 내가 그 사람을 접촉한 후부터는 약해지기 시작했다는 것을 고백한다. 서서히 나는 나의 원시의 죄와 파생된 죄를 씻어가기 시작했다. 대학생활 2년 후에도(나는 3학년에 입학했으므로) 나는 하늘을 향해 가는 도상에 있었다고 생각한다. 이는 내가 무릎을 꿇는 일을 그만두었다는 말이 아니다. 나는 여전히 무릎을 꿇고 부르짖었다. 그리하여 이제는 주님은 깊은 자비를 가지셨다는 것, 또한 그분은 나의 죄를 그분의 아들을 통해 씻어 주셨다는 것, 그분에 의지하여 나는 영원한 사랑에서 제외당하지 않았다는 것을 깨닫게 되었던 것이다.

3월 8일. 나의 생애에서 매우 중대한 날이다. '그리스도' 의 속죄의 힘이 오늘처럼 명확하게 나에게 계시된 일은 없었다. 하나님의 아들이 십자가에 못박힌 사실 속에 오늘까지 나의 마음을 괴롭혀 온 모든 난해한 문제들의 해결이 깃들어 있는 것이다. '그리스도' 는 나의 모든 부채를 지불해 주시고 나를 타락 이전의 최초의 사람으로서의 청정과 결백으로 환원시킬 수 있다. 이제 나는 신의 아들로서 나의 의무는 '예수' 를 믿는 데 있다. 그를 위하여 하나님은 내가 원하는 모든 것을 나에게 내리실 것이다. 그는 그의 영광을 위하여 나를 이용하실 것이다. 그리하여 끝내는 나를 천국으로 이끌어 갈 것이다. …….

방학이 시작되자 학생들은 모두 자신의 어머니를 만나기 위하여 돌아가고 나를 대학 언덕의 유일한 거주자로 남겨 두어 나의 '어머니'

인 자비한 하나님의 영과 단 둘이만 있게 했을 때 나의 천국은 찾아온 것이다. 수업 중이나 그밖의 이교적 소음으로 들끓던 언덕은 이제 변하여 참된 시온이 된 것이다. 사단이 나를 자유롭게 해주었을 때는 언제나 나는 마음속으로 먼바다 저편의 사랑하고 축복된 고국을 그리며 그것을 교회와 기독교 대학으로 점철시켜 갔다. 물론 그것은 나의 상상 속의 일에 불과했다. 지난날 나의 마음에 떠올랐던 어떤 감격적인 사상도 나는 그것을 나의 조국 사람들에 대한 메시지로서 마음에 새겨두지 않은 적이 없었다. 따지고 보면, 하나의 제국과 그 백성은 나의 한가한 시간을 모조리 빼앗아갔던 것이다.

5월 26일. 이 세상에는 악한 것보다 훨씬 많은 착한 일이 존재한다는 사상에서 많은 감명을 받았다. 새건, 꽃이건, 태양이건, 공기이건 … 이 얼마나 아름다운가. 빛이여, 향기여! 그런데도 사람은 자나깨나 악을 중얼거리고 있다. 세상을 낙원으로 만드는 데에는 오직 한 가지 일이 필요하다. 그것은 곧 '예수 그리스도' 의 종교이다.

❞

아마도 이 기간 중에 우찌무라 간조는 특별히 자신이 새롭게 변화된 그리스도인이 되었다고 생각했던 것 같다. 그것은 그에게는 진정한 회심의 기회나 다름없었다. 이 경험은 그로 하여금 귀국을 앞당기게 했고 진정한 기독교인으로서 그의 나라를 위해 헌신하도록 힘을 준 결정적인 계기가 되었다.(우찌무라 간조, 『나는 어떻게 크리스천이 되었는가?』)

김 정환의 『김교신 - 그 삶과 믿음과 소망』에 따르면, 우찌무라 간조의 가르침을 계승하여 일본인으로서 한국의 기독교 역사에 대해 지대한 관심을 갖고 있는 모리야마 고오지는 그의 논문 "우찌무라 간조와 조선" 에서 젊은 날부터 운명하는 날까지 조선에 깊은 관심을 갖고 조선과 관계를 맺고 있었던 몇 안 되는 대표적인 일본 지성인 중의 하나로 우찌무라를 꼽는다. 한국에 대한 그의 태도는 역사적으로, 또는 신앙과의 관계에서 규명해 보아야겠지만, 여기서 그의 글을 한 번 읽어보는 것도 흥미있는 경험이라 생각되어 실어본다.

"

듣건대 조선국에 현저한 성령의 강림이 있었다고.

행복할진저 조선국, 그녀는 이제 정치적 자유와 독립을 견지하는 듯.

원컨대, 일찌기 동양문화의 중심이었으니 이제 그 빛을 사방에 발하기를.

신은 조선국을 업수이 여기지 않음이여,

신은 조선인을 사랑하심이여,

그들에게 군대와 군함을 주지 않았으나,

그것보다 더 힘센 성령을 내려 주심이여,

조선국이여 실망하지 말지어다. …….

"

참고문헌 - 이 글은 아래 문헌에서 인용, 발췌한 것이다.

우찌무라 간조. 『나는 어떻게 크리스천이 되었는가?』. 김 갑수 역. 서울: 홍성사, 1986.

김정환, 김교신. 『그 삶과 믿음과 소망』, 서울: 한국신학연구소, 1994, 391-392.

불굴의 용사

C. T. 스터드

39

Charles Thomas Studd

1862~1931

영국의 유명한 캠브리지 7인의 한 사람으로서
그는 그의 인기가 최고조에 달했을 때
중국으로 선교하러 떠난 그리스도의 종이었다.
마지막은 아프리카 콩고 원주민에게 복음을 전하다가 하늘나라로 입성했다.

아버지의 회심

찰스 토마스 스터드(Charles Thomas Studd)는 빅토리아 여왕 시절인 1860년 12월 2일, 영국의 한 부유한 가정에서 삼형제 중 막내로 태어났다. 아버지는 인도에서 사업에 크게 성공한 후 영국으로 돌아와 사냥, 크리켓, 경마 등을 하면서 여유로운 삶을 즐겼다. 즐거움은 가족들의 삶을 지배하고 있었다. 가족들 모두는 기독교인이었으나 신앙생활은 형식적인 겉치레일 뿐이었다. 스터드 역시 어린 시절부터 거의 의무적으로 교회를 다녔지만 이런 상황을 벗어나지는 못했다. 스터드는 후일 당시를 이렇게 회상했다.

“

나는 신앙을 크게 오해하고 있었다. 신앙은 주일에만 입는 옷이라고 생각했다. 그래서 월요일부터는 벗고 다녀도 괜찮다고 생각했던 것이다.

”

스터드가 13살 되던 1875년에 이런 신앙생활에 익숙해있던 가족에게 일대 변화가 일어났다. 그것은 ‘19세기의 가장 위대한 복음전도자’로 알려진 무디(D. L. Moody)와의 만남에서 시작되었다.

1873~1877년 영국 전역은 유명한 전도자였던 무디와 생키의 ‘영국대전도집회’가 열렸다. 1875년 이 집회에 참석했던 농장주, 즉 스터드의 아버지 에드워드 스터드가 회심했다. 회심한 이후부터 그는 이전의 형식적인 신앙생활에서 완전히 벗어났다. 아버지는 경마와 놀음에 광적으로 몰두했다. 국립대경주에서 이기기도 했고, 야외 장애물 경주에서도 승승장구했다. 그랬던 그가 소유한 말을 팔아버렸다. 예전에 즐기던 세상적인 취미를 모두 끊는가하면 복음을 전하는 일에 몰두했다. 거의 충격적인 일들이 일어난 것이다. 그 중에서도 세 아들은 특별한 전도의 대상이었다. 매일 밤마다 아들의 방을 일일이 찾아가 예수님을 믿고 거듭나야 된다고 권고했으며, 그들의 구원을 두고 기도했다. 이러한 아버지의 변화에 자식들은 어떻게 반응했을까? 스터드는 아버지를 전혀 이해하지 못했으며, 아버지가 기도하러 오면 잠들어 있는 듯이 반응했다. 아버지와의 대화는 순식간에 단절되었다. 하루 종일 자기가 혼자 있는 것이 아버지에게 발견되지 않도록 노력할 정도였다.

복음과의 만남

그런 스터드에게도 변화의 선택이 다가오고 있었다. 아버지가 회심한지 1년 후인 1876년에 그 일은 일어났다. 아들들은 여름방학 동안에 다시 집으로 돌아왔다.

회심한 이후부터 아버지는 주일마다 설교자들을 집에 묵도록 하고 있었다. 어느 주말에 두 사람의 설교자가 그들의 집을 방문했다. 스터드는 그 중 한 사람이 말을 전혀 타지 못한다는 것을 알게 되었다. 스터드는 그에게 말 타는 방법을 가르쳐 주겠다고 같이 나가자고 졸랐다. 손님은 처음에는 사양했으나 호기심이 발동하여 함께 나갔다. 스터드와 손님은 앞장을 섰고 다른 두 사람은 뒤따라 왔다. 그런데 뒤에서 따라오던 두 사람의 말이 갑자기 바람처럼 휙 지나가는 돌발 상황이 발생했다. 그러자 손님이 탄 말이 속도를 빨리해서 그들의 뒤를 따라갔다. 말을 전혀 타지 못하는 불운한 손님이 두려움에 고통스러워하고 있는 동안 형제들은 배를 잡고 웃어댔다.

손님은 마치 그것에 대한 복수라도 하듯이 오후에 크리켓 경기를 하러 가는 스터드를 붙잡았다. "당신은 그리스도인 인가요?" 손님이 물었다. "예, 나는 예수 그리스도와 교회도 믿고 있지요." 스터드는 그를 떼어놓기를 바라면서 대답했다. 그는 포기하지 않고 집요하게 그에게 다가와서 말하기 시작했다. "여기 이 구절을 보십시오." 손님은 요한복음 3장 16장을 보이면서 말했다. "당신은 예수 그리스도께서 당신을 위해 죽으셨음을 믿습니까?" 스터드는 초조하게 머리를 끄덕였다. 마음은 크리켓 경기에 가있는 스터드가 진정성 있게 대답한다는 것은 기대할 수 없었다. 그럼에도 손님은 집요하게 묻고 늘어졌다. "당신은 이 구절의 뒷부분도 믿습니까?" " '믿는 자는 영생을 가졌다는 사실' 을 말입니다." 스터드는 한 번 흘낏 쳐다보고 나서 말했다. "그것은 믿을 수 없는데요?" "자, 그렇다면 당신이나 하나님 중에 한 쪽은 잘못된 것입니다." 손님이 다시 말했다. "하나님께서 이 진리를 말하고 있다고 생각하시나요?" "아니오." "그렇다면 당신은 그 구절의 반만 믿는 모순에 빠져 있습니다. 당신은 계속해서 이 일관성 없는 상태를 고집하겠습니까?" 손님이 말하기를 계속했다. "당신은 언제까지 그렇게 하실 작정입니까?" 스터드는 아랫입술을 깨물었다. "나는 물론 일관성을 유지할 것입니다." 손님은 자신이 기다리고 있던 토론으로 옮겨가고 있었다. "영생은 하나님의 선물입니다. 만약 크리스마스 선물로 어떤 사람이 선물을 주면 어떻게 하시겠습니까? 받겠지요? 그렇지 않습니까?" "예"라고 스터드는 대답했다. "그러면 우리 무릎을 꿇고 그 선물을 주신 것을 하나님께 감사합시다."

스터드는 초조하게 주위를 둘러보았다. 그는 그 사람의 말이 옳다는 것을 알고 있었다. 그는 무릎을 꿇었다. 그가 다시 일어났을 때 그의 마음속에는 기쁨과 평안이 가득 차 있었다. 그에게 있어서 기독교는 이제 주말의 공포가 아니었다. 그날 성령은 그 손님을 통해서 세 형제 모두를 그리스도에게로 나오게 했다.

진정한 회심

다음 해인 1877년 아버지가 돌아가시자, 스터드는 예전의 세상 즐거움으로 완벽하게 다시 빠져들기 시작했다. 스터드는 당시 영국에서 선풍적인 인기 스포츠였던 크리켓(cricket)에 천재적인 재능이 있었다. 열광적으로 크리켓에 몰두한 것은 어쩌면 당연했다. 거의 강요된 복음에 심지를 곧게 하기에는 14살의 어린 나이에 쉽지 않았으리라. 스터드는 이튼(Eton) 스쿨과 케임브리지대학교 시절, 학교의 크리켓 대표 선수로 뛰면서 자신의 재능을 폭발시켰다. 대학생 때 국가대표 선수가 되었다. 선풍적인 인기를 누리는 슈퍼스타가 되면서 마음은 신앙과 더 멀어졌다. 그러던 스터드에게 1884년에 삶에 결정적인 전환점이 찾아왔다. 형 죠지가 커다란 병에 걸려 사경을 헤매게 된 것이다. 생과 사의 갈림길을 오가는 형의 모습은 스터드 인생에 깊은 회의를 가져왔다.

> 나는 부와 명예를 모두 가지고 있다. 하지만 죽음 앞에서 그 모든 것들이 무슨 소용이 있다는 말인가? 나도 언젠가는 죽음 앞에 서게 될 것인데, 어떤 모습으로 서는 것이 가장 가치 있다는 말인가?

난생 처음으로 인생에 대해 깊이깊이 고민하기 시작했다. 학교에서 무디의 전도집회가 열린 것이 그때였다. 케임브리지대학교의 기독 학생단의 초청으로 학교 강당에서 1주일 동안 가진 무디의 집회는 학생 절반 이상이 참석할 정도로 열기가 뜨거웠다. 당시 집회로 200여 명의 학생들이 구원을 받아들였다. 무디의 열정적인 말씀은 인생에 대해 깊이 회의하던 스터드의 마음을 단숨에 사로잡았다. 이로 인하여 복음을 전하는 삶이 가장 가치 있음을 인식했다.

무디의 설교를 듣고 자신의 인생을 복음 전도에 헌신하기로 한 스터드는 즉시 동료인 크리켓 선수들에게 복음을 전하기 시작했다. 그리고 얼마 지나지 않아 한 학생이 구원을 받아들였다. 당시 심정을 스터드는 이렇게 표현했다.

> 처음으로 한 사람을 주님께 인도했을 때 느꼈던 기쁨을 형언할 수 없습니다. 수많은 세상의 기쁨을 맛보았지만, 그때의 기쁨과는 비교할 수 없었습니다.

대학 시절부터 영국의 크리켓 팀들에게서 거액의 입단 제의를 받아 온 스터드는 졸업을 앞두고 모든 제의를 사양했다. 대신 당시 허드슨 테일러가 세운 영국의 대표적인 복음주의 선교회였던 '중국내지선교회' 를 통해 중국 선교를 향한 마음을 가졌다. 하지만 어머니와 주위 사람들의 강력한 반대를 받아, 스터드는 중국 선교가 하나님의 뜻인지를 구했다. 밤을 새우며 기도하던 그에게 주님은 "내게 구하라. 내가 이방 나라를 유업으로 주리니, 네 소유가 땅 끝까지 이르리로다"(시 2:8)는 말씀을 약속으로 허락하셨다. 스터드는 주님이 자신을 땅 끝까지 복음을 전하는 일에 쓰실 것이라는 확신을 가졌다. 반대하던 어머니도 마음이 바뀌어 그의 후원자가 되었다.

최고의 스타가 중국 선교사로

"최고의 크리켓 스타 찰리, 중국 선교사로 간다!"

1882년 영국 전역을 깜짝 놀라게 만든 토픽 기사의 타이틀이다. 찰리는 스터드의 애칭이었다. 크리켓은 축구와 테니스 등 근대 스포츠의 종주국인 영국에서도 국기(國技)일 정도였다. 당시 스터드는 케임브리지대학교 크리켓 팀의 주장이었으며, 영국 국가대표 선수로 대학교 3학년 때 반세기 동안 깨지지 않은 대기록을 세우고 있었다. '영국의 가장 위대한 크리켓 선수' 였기에 인기를 독차지하고 있음은 말할 나위도 없었다. 그랬던 그가 온갖 부와 명예를 버리고 졸업 후 해외 선교를 가기로 결정했다는 소식은 수많은 사람에게 엄청난 충격을 주는 빅뉴스였던 것이다.

1885년 2월, 학교를 졸업한 스터드는 아버지에게 물려받은 막대한 재산을 죠지 뮬러의 고아원과 중국내지선교회 등에 기부하거나 가난한 사람들에게 나눠줬다. 자신을 따르는 케임브리지 학생 6명(케임브리지 세븐, 당시 유명했던 학생 그룹)과 함께 중국으로 가서 허드슨 테일러를 도와 복음을 전했다. 그리고 구세군에서 중국에 파송한 스튜워트 선교사와 결혼하여 선교단의 관례대로 4명의 자녀를 모두 중국식으로 양육했다.

스터드가 선교를 위해 정착한 지역은 중국 북부 지방이었다. 그는 처음 5년 동안은 수많은 어려움을 겪었다. 언어의 학습과 영국과는 완전히 다른 문화와 생활도 어려움이었다. 하지만 중국인들이 양귀(洋鬼, 서양 귀신)라고 부르며 피하는 것이 무엇보다 큰 고통이었다. 믿음이 아니었다면 이를 도저히 헤쳐 나갈 수 없었으리라. 어떤 난관에도 굴하지 아니하고 복음을 전하는 그의 열정에 마음을 열기 시작했다. 복음을 영접하고 구원을 받는 중국인들이 하나 둘 늘어났다. 당시 중국은 아편전쟁에 패배했다. 그리하여 아편이 합법적으로 들어오면서 수많은 중국인이 아편에 중독되어 가고 있었다. 이를 안타깝게 여긴 스터드는 아편 중독자들에게 주로 복음을 전했다. 중국에 사역한 7년 동안 800여 명의 아편 중독자들에게 변화를 가져올 정도였다. 그러나 너무나 열심히 선교에 매진한 나머지 건강이 악화되어 중국 선교 10년 만에 영국으로 돌아오고 말았다.

학생 복음운동에 나서다

"

나의 무덤이 단지 복음 전도의 길을 가는 젊은이들의 디딤돌에 불과할지라도 나는 갈 것이다.

"

1894년 중국에서 돌아온 스터드는 악화된 건강에도 굴하지 아니하고 영국의 대학가를 순회하기 시작했다. 순회집회는 학생들의 대대적인 호응을 이끌어냈다. 가는 곳마다 수천 명의 학생들이 모여들었다. 스터드는 하루에 여섯 번이나 집회를 가져야할 정도였다. 집회 소식은 미국에도 전해졌다. 이에 무디는 스터드를 초청했다. 스터드는 1895년 무디와 함께 미국 대학가를 순회하며 수십만 명의 학생에게 복음을 전했다. 이로 인해 영국과 미국의 대학생들이 한꺼번에 수백 명씩 해외

선교를 지원하는 놀라운 일들이 벌어졌다. 당시의 신문들은 이러한 경이로운 현상에 대해 대서특필했다. "선교 역사상 이렇게 우수한 학생들이 한꺼번에 선교사로 해외에 나간 일은 결코 없었다." 그로 인해 스터드는 '학생 복음운동의 선구자' 로 알려지게 된다. 사실 스터드는 이미 중국에 가기 전 모교인 케임브리지대학을 비롯하여 영국의 대학들을 순회하며 복음을 전하는 집회를 가졌었다. 그를 따르는 6명의 케임브리지 학생들과 함께 그들은 '케임브리지 7인' 으로 불리었고, 그들 모두가 중국 선교에 함께했다.

스터드는 자신이 학생 시절에 구원을 받아서인지 학생 전도운동에 특별한 은사가 있었다. 영국과 미국의 학생 전도집회가 성공적이었던 만큼 다른 나라 학생들에게 복음을 전할 수도 있었다. 오지로 가는 것에 비해서 그것은 좀 편할 수도 있었다. 그럼에도 인도에 복음을 전하길 부탁했던 아버지의 유언을 따라 1900년에는 인도로 선교를 위해서 떠났다. 하지만 또다시 건강이 악화되어 6년 후 영국으로 돌아와야만 했다. 이제 많은 사람은 스터드가 영국에 남아 복음의 일을 하길 권면했다.

위대한 복음 전도자

1908년 어느 날에 스터드는 리버풀에서 "식인종들도 선교사를 기다린다"는 아주 도발적인 선교사 자원 촉구 문구를 보았다. 오늘날에는 있을 수 없지만 당시의 영국은 그러했다. 또한 그것으로 인하여 선교사로 지원하는 경우가 많았던 것이다. 그것은 칼컴 박사라는 사람이 붙인 것이었다. 스터드는 아프리카에 황금을 찾으러 가는 사람들은 많지만 복음을 전하러 가는 사람은 거의 없다는 사실을 알게 되었다. 굉장한 부끄러움이 올라왔다. 스터드는 기도하면서 하나님과 마음의 대화를 나누었다.

"

주님, 왜 아프리카에는 그리스도인들이 가지 않습니까?
네가 가는 것이 어떠냐?
의사가 가지 못하게 할 것입니다.
내가 좋은 의사가 아니더냐?
내가 너와 함께하지 않느냐?
내가 너를 지켜주지 않겠느냐?

"

50세였던 스터드는 의사한테 "다시 선교를 떠나면 살아 돌아올 수 없다"는 경고를 듣고 있었다. 아내 역시 심장쇠약으로 치료를 받고 있었기에 아프리카 선교는 그야말로 목숨을 건 모험이었다. 의사를 비롯하여 주위 사람들의 강한 만류는 당연했다. 그럼에도 그는 다음과 같이 이야기하며 마음을 정했다.

"

황금을 찾기 위해 아프리카에 도박하듯 가는 불신자들도 있습니다. 나는 하나님을 위하여 도박을 하겠습니다.

"

복음을 위하여 대학 시절에는 자신의 미래를 걸었고, 중국 선교에서는 전 재산을 걸었으며, 이제는 목숨까지도 걸게 되었다.

스터드는 1910년에 단신으로 아프리카 정탐을 떠났다. 나일강과 당시에 아프리카에서 가장 넓은 체드호 중간 지역에 있던 사람들을 살펴보았다. 다음 해 영국으로 돌아와 '아프리카 심장 선교회' (WEC 선교회의 전신)를 설립했고, 이 선교회의 후원으로 1913년 후일 만사위가 된 알프레드와 함께 아프리카 선교를 떠났다. 그 후 두 딸과 막내 사위인 노만 그럽(스터드가 죽은 후 WEC를 계승)도 그의 사역에 동참했다. 스터드는 18년 동안 아프리카 중심에 자리 잡은 콩고의 원주민들에게 복음을 전하다가 1931년 7월 16일, 콩고 아이밤비에서 71세의 나이로 세상을 떠났다. 그의 장례식에는 7천 명이나 되는 원주민들이 참석했을 정도로 수많은 사람들이 그의 영향을 받았다. 그들은 스터드를 '브와나 무쿠바(위대한 하얀 추장)' 라고 부르며 그를 존경하며 따랐다.

스터드는 생명을 걸고 복음을 전했기에 복음을 전하는 일 외에 조금의 여유도 용납하지 않았다. 한번은 노만 그럽이 아프리카인들을 위한 특별 집회를 위해 기도회를 갖자고 제안했다. 그는 정규 시간을 아끼기 위해 원래 기상 시간보다 2시간 앞당겨 새벽 4시에 기도회를 가졌다. 노만 그럽은 그에 대해서 이렇게 말했다.

"

그는 오락이나 휴일도 없이 복음 전도에만 자신을 통째로 드린 하나님의 종이었다.

"

그는 복음을 위해 생명을 바친 불굴의 용사였으며, 위대한 복음 전도자였다.

참고문헌 - 이 글은 아래 문헌에서 인용, 발췌한 것이다.
편찬위원회. 『기독교대백과사전 6권』, 서울: 기독교문사, 1982. pp. 455~457
노만 그럽. 『C. T. 스터드』, 심민호 · 한송희 옮김, 서울: 두란노, 1992.
http://ko.wikipedia.org/wiki/(한국어 위키백과)

야구선수 전도자

빌리 선데이

40

Billy Sunday
1862~1935

그는 야구선수로도 명성을 날렸으나
그리스도를 영접하고
능력있는 복음 전도자가 되었다.

야구선수였던 전도자

본명은 '윌리암 아쉴리 선데이(William Ashley Sunday)' 이나 흔히 '빌리' 로 널리 알려졌다. 오하이오의 가난한 농장에서 고아로 자라난 그는 청부업자의 조수로 일했다. 그러다가 1883년 20세의 약관에 시카고의 야구팀인 화이트 싹스(White Sox)에 들어가서 스타덤에 올랐다. 아주 빠른 발을 갖고 있었던 그는 수시로 도루를 하곤 했다. 홈베이스까지 돌아오는데 14초밖에 걸리지 않을 정도였다. 한번은 혼자서 2루와 3루, 그리고 홈까지 도루를 해서 팀에 승리를 안겨준 적도 있었다. 이 시기에 그는 프로 야구선수로 일하면서 비시즌에는 시카코 앤드 노드웨스턴 철도의 소방수로 일했다.

1886년 그는 '퍼시픽 가든 선교회' 를 통하여 복음주의적인 회심을 체험하고 신앙을 갖게 되었다. 그의 회심은 삶뿐만 아니라 그의 직업까지도 완전히 바꾸어 놓았다. 야구선수로서 전도자가 된 그는 나라 전역을 돌아다니면서 복음을 전하는 사람이 되었던 것이다.

1891년 야구를 그만두고 시카고의 'YMCA' 에 신앙부 부간사로 취직해서 1893년까지 일했다. 봉급은 한 달에 겨우 83달러 33센트밖에 되지 않았다. 하지만 그는 그것을 가지고 그의 아내와 식구들을 먹여 살렸다. 그는 자신의 봉급으로 생활을 유지하기 위하여 날마다 직장까지 걸어 다녔으며, 헌 옷에 물을 들여 새 것처럼 입는 검소함을 보였다. 그는 월버 체프만을 도와 2년 동안 대중복음화에 힘썼으나 1896년부터 미국의 주요 도시들을 다니면서 부흥운동을 이끌었다. 1903년에는 장로교 목사 안수를 받았다. 미국의 복음전도자 드와이드 L. 무디와 성가대 인도자 호머 A. 로데히버를 비롯한 수많은 부흥 전문가들의 도움을 받아 300회 이상의 부흥집회를 인도했다. 그가 가는 곳은 사람들이 구름같이 모여 수용할 수 있는 시설이 없을 정도였다. 그의 조직적인 전도방법은 미국 전역의 도시들에 영향을 끼쳤다. 20여명의 전문가들로 구성된 '선데이' 그룹은 기획, 선전, 음악 및 실업가, 학생들 사이의 전문적인 활동 등을 위하여 책임을 지고 사역했다. 그는 엄청난 군중을 매료시켰으며 수십만의 죄인들을 그리스도 안에서 믿음으로 인도하는데 크게 쓰임 받았다.

교육을 별로 받지 못했던 그는 나름대로의 조야한 유머와 화려한 수사학을 결합시킨 독특한 설교 스타일을 발전시켰다. 또한 설교를 효율적으로 전달하기 위하여 수많은 몸동작을 사용했다. "만일 언어가 내 앞길을 막는다면 나는 그것을 짓밟아 버리겠다"고 말할 정도였다. 그럼에도 불구하고 감정을 억제하고 철저히 그리스도께 헌신할 것을 요구했다. 그리고 그는 항상 가난한 이들에게 자선을 베푸는 것을 잊지 않았다. 매년 그는 후하게 기부금을 냈으며, 인종차별과 여성들의 참정권, 그리고 공립학교에서 성교육을 실시할 것을 주장했다. 그는 신학적으로 철저한 근본주의의 편에 섰으며 진화론을 적극 반대하고 절제를 권장했다. 1935년 이 야구선수였던 전도자가 세상을 떠났을 때 그의 사역으로 구원받은 사람이 1백만 명에 이르렀고 그의 설교를 들은 사람이 1억이 넘었다.

전도를 통하여 접한 복음

그때는 일요일 오후였다. 나는 당시에 유명했던 몇몇의 야구선수들과 시카고 거리의 술집을 전전하고 있었다. 그러다가 술이 만취되어 길 한쪽 구석에 가서 앉았다. 나는 지금도 그 거리를 지날 때마다 나를 구원해 주신 것에 대해 하나님께 감사드린다. 당시 그 거리는 공터였다. 우리는 길바닥에 깐 연석 위에 앉아 있었다. 그때에 길의 건너편에서 한 무리의 남녀가 호른, 플루트, 트롬본 등의 악기를 연주하면서 복음성가를 부르고 있었다. 나는 과거에 주일학교에 나갔던 옛 교회에서 어머니께서 부르시던 찬송가를 들은 적이 있었다. 하나님은 바로 이때에 기억의 화판 위에 옛날의 사건과 사람들을 생생하게 그려 주셨다.

많은 사람들이 이미 오래 전에 세상을 떠나 없었다. 왜 그리도 눈물이 나는지? 울고 또 울었다. 이것은 의도된 것이 아니었다. 그때 한 젊은이가 나서서 말했다.

"

"우리는 퍼시픽 가든 선교회(Pacific Garden Mission)에 갈 것입니다. 여러분도 그곳에 가지 않으시렵니까? 나는 당신들이 기쁨을 얻을 것으로 확신합니다. 당신들은 술고래들의 구원 체험과 홍등가 여인들의 구원 사건을 들을 수 있을 것입니다."

나는 일어나 친구들에게 말했다.

"이제 나는 끝이다. 나는 예수 그리스도께 갈 것이다. 우리는 이제 작별할 때가 되었다."

그런 다음 나는 등을 돌렸다. 어떤 친구들은 웃었고, 또 다른 친구들은 조롱했다. 딱 한 사람만이 격려해 주었고 다른 사람들은 한 마디도 하지 않았다.

나는 스테이트 앤드 메디슨 거리의 그 구석에 있는 그 작은 운동장을 떠났고, 나는 그날 밤에 그 작은 선교회에 갔다. 그리고 무릎을 꿇고 죄의 공포를 느꼈으며 구세주의 팔에 안겼다.

다음 날 나는 연습장에 나가 훈련해야만 했다. 매일 아침 10시에는 연습을 시작하는 시간이었다. 나는 간밤에 한숨도 자지 못했다. 예수 그리스도에게 돌아섰다는 이유로 그들이 퍼부을 비웃음이 두려웠던 것이다.

나는 연습을 하기 위하여 연습장으로 걸어 들어갔다. 나는 그때 일을 잊을 수가 없다. 처음 만난 사람은 마이크 켈리였다. 켈리는 말했다. "빌, 나는 자네가 자랑스럽네. 나는 비록 종교에 깊이 빠져 있지는 않지만 최선을 다해서 자네를 돕겠네." 그리고 다른 선수들이 들어왔는데 그들은 하나같이 나를 격려하여 주었다. 비웃는 친구들은 하나도 없었다.

"

나는 지금의 아내가 된 넬(Nell)과 교제를 나누었고, 곧 그와 결혼했다. 그녀가 장로교 교인이었기에 나도 장로교인이 되었다. 만일에 그녀가 카톨릭교인 이었다면 카톨릭교인이 되었을 것이다. 왜냐하면 나는 넬의 뒤를 충실하게 뒤따랐기 때문이다.

"

보스턴은 술집과 환락가가 줄지어 있었다. 그때 그는 "보스턴의 사람들이여, 인생의 게임에서 승리한 자는 누구인가? 그들인가? 나인가?" 강렬하게 독려했다.

"

빌리 선데이의 메시지는 미국의 희망과 너무나 잘 어우러졌다. 이민 증가, 도시 성장과 산업화로 인한 급속한 사회 변화와 세속화의 물결로 미국인들의 영적 가치가 흔들리고 있을 때, 그는 보수적인 빅토리안 사회 가치로의 회귀를 촉구했다. 그 중에서도 술 문제는 빌리 선데이가 가장 강조한 부분이었다. 그는 이렇게 외쳤다.

"

"위스키와 맥주가 그곳에 있는 것은 당연합니다. 그곳은 다름 아닌 바로 지옥입니다. 술집은 아무짝에도 쓸모가 없습니다. 여러분 금주에 동참하시지 않겠습니까? 보스턴 주민 여러분! 매사추세츠주와 국민 여러분! 하나님의 도우심으로 그 운동에 동참하시겠다고 약속하시겠습니까? 약속하시면 일어서십시오."

"

그는 계속했다. "술집은 거짓말쟁이들입니다. 술이 건강에 좋다고 하지만 사실은 병을 가져다줍니다. 번영을 약속하지만 역경을 낳습니다. 행복을 약속한다고 하지만 실제로는 불행을 가져다줍니다." 술의 해악에 대한 빌리 선데이의 입장은 너무나 확고했다. 심지어 " 전능하신 하나님의 저주가 술집에 임할 것입니다." "기독교와 애국이 동의어이듯 지옥과 술집도 동의어입니다"라는 말도 주저하지 않았다. 당시 술 문제만큼 시급한 문제는 없었다. 미 전역에는 21만 8천 개의 술집이 있었다. 이는 150m마다 술집이 하나씩 있는 셈이었다. 이것을 거리로 환산하면 뉴욕에서 시카고까지의 거리였다. 매일 5백만 명의 남자와 여자, 젊은이들이 술집에 드나들며 술에 빠졌다. 정신장애아 75%가 술중독 부모에게서 태어났고 극빈자 80%, 범죄의 82%가 술에 취한 사람들에 의해 저질러졌으며 성인 범죄의 90%가 술에 의해 발생했다.

매년 5만 3,438건의 살인사건이 술집에서 발생했다. 1912년 미국 정부와 주정부의 주세 수입은 1억 3천 4백만 달러였지만, 빈민 · 고아 · 범죄문제로 인해 정부가 지출한 돈은 6억달러나 되었다. 주세 수입보다 훨씬 더 많은 돈이 술로 인한 사회 문제에 투입된 것이다. 이런 상황에서 미국의 희망을 꿈꾸던 미국인들에게 그의 메시지는 설득력이 있었다. 보스턴 시민들은 놀랍게 반응했고 실제로 사회 변화가 일어났다. 이런 분위기에 힘입어 1919년 금주법이 미국에서 통과되었다. 빌리 선데이 부흥집회를 달갑지 않게 여기던 프린스턴신학교 교수 찰스 어드만 마저 "주님이 그를 사용하시고 계시다는 증거"가 분명하다며 빌리 선데이에 대한 사랑과 존경을 공개적으로 표했을 정도였다.[1)]

29년 전, 나는 시카고에서 술에 취한 체 친구들과 함께 길모퉁이에 앉아 있었다. 그때 나는 말했다. "친구들이여, 안녕. 나는 이제 끝이다"라고 외쳤다. 그의 회심사건은 파격적이고 감동적인 드라마였다. 미국의 대각성운동에 한 획을 그은 사건이었다. 사람들은 빌리 선데이가 복음을 설파하고 죄를 질타하며, 타락을 경책하는 것을 넋을 잃고 보고 또 듣고 있었다고 한다. 그야말로 20세기 초 처음 30년 동안 미국에서 가장 인기있고 가장 열매가 많았던 복음 전도자였던 것이다.

참고문헌 및 각주 – 이 글은 아래 문헌에서 인용, 발췌한 것이다.
편찬위원회, 『기독교대백과사전 8권』, 서울: 기독교문사, 1983. p. 1107.
Hugh T. Kerr & John M. Mulder. *conversions*. New York: Grand Rapids, 1983.
제임스 헬프리의 *How Great Christians Met Christ* 중에서
휴 커 · 죤 멀더, 공편. 『위대한 회심자들』. 박영봉 역. 서울: 생명의 말씀사, 1993. pp. 220~225.
http://ko.wikipedia.org/wiki/(위키백과) / 브리테니커 Internet판
1) http://www.1907revival.com 박용규. "평양대부흥".

병원선의 선교사

W. T. 그렌펠

Wilfred Thomason Grenfell

1865~1940

영국의 의료선교사이자 작가였던 그는
오지를 섬기는 의료선을 출범시켜 어부들을 위해
래브라도와 뉴펀들랜드를 오가며 전도와 의료봉사,
사회봉사 활동에 헌신 했다.

해양 오지를 위한 선교사

W. T. 그렌펠은 잉글랜드 지방의 체셔(Cheshire)의 파크게이트(Parkgate)에서 태어났다. 그는 옥스퍼드대학에 가서 공부했으며 그곳 런던 병원에서 의학박사 학위를 받았다. 1885년의 어느 날 밤, 우연히 어느 전도집회에 참석해서 많은 감동을 받았다. 그 집회의 설교자는 미국의 위대한 부흥사 드와이트 무디(Dwight L. Moody)였다. 그렌펠은 이 집회에서 회심하고, 래브라도 북쪽 해변지역에서 의

료 선교에 일평생 헌신하기로 결심했다.

1887년 의과대학을 졸업하자 원양 어선 어부들을 위한 '왕립 원양어선 선원선교회'(the Royal National Mission to Deep Sea Fishermen)에 가입했다. 그리고 황무지와 폭풍의 바다로 구성되어 있던 방대한 지역을 봉사하기 위하여 최초의 병원선을 진수시켰다. 이후 5년 동안 북해 어업에 처음으로 파견된 병원선의 외과 의사로 일했다. 1892년에 래브라도의 어민들을 대상으로 선교 사업을 시작했고, 연안 주민들의 생활 개선을 위하여 순회강연을 벌였다. 또한 오늘날의 바이킹족(Vikings of Today, 1895)을 발간하여 기금을 조성하기도 했다. 그는 비스케이 만으로부터 아이슬란드까지 항해하며 어부들의 육체적, 영적인 상태를 돌보았다. 그는 선교지에서 집과 고아원, 병원 그리고 농장 등을 세웠다. 1912년 선교회의 지원이 중단되자 영국, 미국을 비롯한 캐나다 등지에 지회를 둔 '국제그렌펠협회'(International Grenfell Association)를 설립했다. 이 조직의 노력에 힘입어 1927년에는 본국으로부터 기사 작위를 받았다. 그 외에도 그는 많은 명예학위를 받았고, 래브라도와 뉴펀들랜드 해안에서 널리 알려져서 많은 사람들로부터 사랑을 받았다. 그는 매년 정기적으로 래브라도와 뉴펀들랜드를 항해하는 병원선을 가지고 멀리 떨어져 있는 사람들을 위한 전도에 힘썼다. 또한 많은 사회봉사활동을 했는데, 1935년에 은퇴하기 전까지 5개의 병원과 7개의 간호진료소, 고아들을 위한 3개의 기숙학교, 산업센터, 농업시험장 등을 세웠다. 그의 선교 기록을 보면 마치 소설을 읽는 것과 같다.

영국과 미국으로 휴가를 얻은 그는 북해(北海) 선교를 위해 모금을 했고 후원부대를 조직하는 역경을 마다하지 않았다. 그는 항상 젊은이 못지않게 건강하고 활력 넘치는 대담한 신앙인이었다. 열성적이고 활동적인 성격의 그렌펠은 원양 어업이든, 원양 선교이든 가리지 않고 열심히 일하는 모습을 보여준 선교사의 전형이었다.

선교 이야기에 관한 많은 책을 썼던 그는 또한 두 권의 자서전을 썼다. 그 책은 『래브라도 의사』(A Labrador Doctor, 1920)와 『래브라도를 위한 40년』(Forty Years for Labrador, 1932)이다. 그렌펠은 주로 래브라도에서 일했으며 동일한 시기에 슈바이쩌는 렘바레네에서 일을 했다. 그리고 두 분이 같은 사역을 감당했다는 것이다. 이 두 지역은 지리적으로 지구 중심을 축으로 하여 맞서 있어 특히 흥미를 끈다. 1935년에 두 위대한 의료 선교사는 에딘버러에서 극적으로 만났다. 그곳에서 슈바이쩌는 강연을 하고 있는 중이었다. 그들은 의료선교사로서 각자 오지에서 하나님의 일을 감당하다가 운명적으로 만나게 된 것이다.

갑자기 찾아온 회심

1883년의 어느 날 저녁, 산부인과 병원에서 돌아오는 길에 샤드웰의 어두운 거리를 지나고 있었다. 그때 서커스를 하는 곳처럼 커다란 천막을 보았다. 나는 무슨 일이 있나 궁금하여 가까이 가 들여다 보았다. 거기에는 나이가 많이 들어 보이는 사람이 청중들 앞에서 기도하고 있었다. 그는 기도를 매우 길게 했다. 나는 그의 단조로운 기도에 질려, 그곳을 떠나려고 했다. 그 순간, 갑자기 그의 옆에 있던 활달한 사람이 단상에 오르더니 이렇게 말했다. "우리의 형제가 기도를 끝낼 때까지 찬송을 부릅시다." 그의 '종교적'인 관습에 얽매이지 않는 유머틱한 모습이 나에게는 새로웠다. 영국 국교회에서는 사실 의식이나 집회에서의 말다툼이나 소란을 피우는 것이 금지되고 죄악시되었기 때문이다. 어떤 사람이 일어나 기도하던 사람이 오늘 저녁의 설교자라고 말해 주었다. 나는 그 사람이 무슨 말을 하는지 들어보려고 앉아있었다. 나는 그에 대하여 아는 것이 전혀 없었고, 그 후 14년이 지날 때까지 한 번도 그를 다시 보지 못했다. 그러나 그는 나의 마음속에 새로운 사상을 심어주었다. 그 사상은 살아계신 분에 대한 충성이 곧 신앙이며, 최고의 겸손한 삶을 통한 헌신적인 봉사가 곧 신앙의 표현이라는 것이었다. 그 사람은 그리스도께서도 그러하셨던 것처럼 우리의 일상적인 주변 환경의 사소한 일들을 예화로 사용했다. 그의 설교는 아주 단순하고 인간적이어서 듣는 이들의 마음을 감동시켰다. 그 설교자의 말에 따르면 신앙은 보험증서가 아니라 기사도적 정신이었다. 인생은 회피해야할 비극이 아니라, 그것을 대면할 용기를 일으켜주는 영광의 현장이었다. 그리스도의 부름은 단지 그분을 따르라는 것이었지, 받아들이거나 두려워하라는 것이 아니었다. 그리스도께서 우리에게 요구하신 것은 이성적인 봉사였다. 그의 신앙은 하나의 도전이지, 마약이나 뇌물이 아니었다. 그의 모든 말은 인간의 살아계신 인도자에 관해 집중되어 있었다.

그 설교자는 평범한 사람이었다. 나는 그가 직업적인 속셈이 없다고 느꼈기 때문에 설교를 유심히 경청했다. 집회가 끝난 후에 어떤 사람이 '성경을 읽는 법' 이라는 조그만 책자를 나에게 건네주었다. 그 책의 저자는 우리가 열심히 경청하고 있었던 바로 그 사람 D. L. 무디였다. 그 다음의 며칠 동안 나는 거기에 제시된 새로운 관심과 새로운 관점에 따라서 성경을 다시 읽어보았다. 그때 나는 그 속에서 인생의 특별한 지침이 되는 것들을 찾아보았다. 나는 갑자기 새롭게 깨닫기 시작했고, 전에는 당연하게 여겼던 인생의 여러 모습들을 새롭게 탐색하기 시작했다.

얼마 시간이 흐른 뒤, 나는 아주 유명한 운동선수가 동부 런던에서 연설을 한다는 광고를 보았다. 크리켓, 조정, 육상 선수들인 그들이 무엇을 말할 것인지에 대해서 관심이 많았다. 대서양의 양편에서 '캠브리지의 칠총사' 라는 별명으로 잘 알려진 일곱 명의 선수들은 후에 모두 중국으로 갔다. 그들의 신앙이 요한이나 베드로, 바울만큼 확고한 것이었다는 사실은, 그들 모두가 집에서 편하게 지낼 수 있는 부를 소유하고 있었음에도 불구하고 35년이라는 긴 세월 동안 중국에 머물러 있다는 점에서 입증된다. 내가 실제로 들었던 연사는 훌륭한 크리켓 선수였다. 지난 40년 동안 그는 런던에 있는 종합기술학교(the Polytechnic Institute)에서 소년들의 리더로 활동하고 있었다. 내가 그를 마지막으로 본 것은, 웨일즈 왕자를 위해 마련한 어느 도시의 연회석에서 런던의 최고 장관이 입는 호화스러운 제복을 입고 있었던 때였다.

❝

많은 세월이 지난 지금이지만 나는 아직도 그의 연설 내용을 기억한다. 그것은 옛날 여호수아에게 주어졌던 부름이었다. 자기 자신이냐, 친구들과 타인들에 대한 두려움이냐, 아니면 그리스도냐, 이 셋 중에서 "네가 오늘 섬길 자를 택하라"는 것이었다.

나는 그가 예나 지금이나 절대적으로 옳았다고 여전히 믿고 있다. 문제의 성격이나 우리의 이성이 가지고 있는 분명한 한계에 대한 인식에서 나타나는 바와 같이, 사물에 대한 우리의 이해 능력의 향상은 신앙을 더욱 더 선택의 문제로 만들어 준다. 믿으려는 의지야말로 절대적인 요소이다. 경험은 그 믿음을 지식으로 만들어 줄 것이다. 예수 그리스도는 "나를 따르는 자는 … 생명의 빛을 얻으리라(요 8:12)"고 하셨다. 지난 25년 동안의 경이로움 후에도 과학은 점점 더 겸손해지고 있다. 이 현상은 우리로 하여금 이 신앙을 받아들이는 데 한층 더 우리에게 자유롭게 만들어 주고 있다. 그리스도의 도전에 대한 생각은 이것을 더욱 신적인 것으로 보이게 만든다. 왜냐하면 주님의 "나를 따라오라"는 말씀은 "내가 살아가면서 한 순간 한 순간 행하는 그대로 행하라"는 것이었기 때문이다. 원자가 어떤 궤도 안에서 돌고 있는 실체인지, 아니면 아무것도 아닌지, 확신할 수 있는 사람은 아무도 없다. 심지어 나는 내 자신이 여기에 앉아 있다는 사실을 확신하지 못한다. 그러나 나는 그리스도의 발자취를 따르는 것이 인생의 의미를 설명해 준다는 것과 내가 실패했을 때에라도 그 사실에 대한 의심의 그늘이 나의 후회와 자책감을 누그러뜨리지 못한다는 것을 분명히 확신한다.

”

내가 그때 배운 진리이자 세월이 흐르면서 확증된 진리는, 참된 신앙은 참된 용기를 수반한다는 것이다. 내가 신앙에 대하여 비효율적인 관계를 맺고 있는 것은 신앙의 잘못이 아니라, 바로 우리의 잘못이었다. 우리는 진지하게 그리스도를 받아들일 생각을 전혀 갖고 있지 않았던 것이다. 연설의 마지막 즈음에 결단할 것을 독려했고 결심한 사람들에게 모두 일어날 것을 촉구했다. 그 모임에는 친구들이 많이 와 있었다. 그래서 나는 두려움의 포로가 되어버린 것 같았다. 타원형의 앞 좌석에는 항구의 훈련선에서 온 선원복장을 한 거친 남자들이 백 명이나 앉아 있었다. 갑자기 한 자그마한 소년이 일어나 그들 앞에 섰다. 놀란 눈동자가 모두 그에게 쏠렸다. 나는 그 선원들이 배에 돌아가서 그 소년을 어떻게 대할 지를 잘 알고 있었다. 이러한 생각이 나에게 용기를 불러일으켜 주었다. 나는 그 이후 이런 결단에 대해서 참으로 감사하게 생각한다. 당신이 어디에 서야 하는지를 안다는 것은 참으로 중요한 일이다. 자기 자신의 삶이라는 인생의 실험실 속에서 온 세대에 도전시키고 자극시켜 왔던 그 믿음을 엄밀히 시험해 보려는 결심은 그 문제에 대한 확고한 마음을 얻을 수 있는 유일한 방법이다. 우리가 아는 것처럼 영원한 가치가 있는 것은 거저 주어지는 것이 아니라 싸워서 쟁취하는 것이다.

순간적이었던 결단으로서 나타났던 그 결과가 어떠한 것이든 간에 그것은 전적으로 내 인생을 바꾸어 놓은 의미 있는 대사건이었다. 나는 어느 때보다도 인생을 한껏 즐겼다. 그리고 처음에 내가 두려워했던 친구들의 조소들도 일단 그들이 신앙의 참된 면을 알고 나자 태도가 바뀌었고, 신의적인 농담으로 받아들였다. 그 참된 면이라는 것은 신앙이 사람으로 하여금 모든 가치 있는 일을 하게 만든다는 것이다. …….

나의 인생의 초석이 된 그리스도에 대한 믿음은 나에게 마음과 몸과 영혼을 모두 만족시켜 주셨고 인생의 의미를 밝혀 주었다. 이 믿음을 통하여 하나님이 나에게 의미 있는 삶의 길을 보여주실 것이라는 희망은 나의 기대 이상으로 차고 넘치게 성취시켜 주셨다. 물질적인 것들이 사람에게 보여줄 수 있는 것의 한계를 보일 때에는 영광스럽게 다가올 초월적인 하나님을 붙잡는 것이 나게는 합리적인 것으로 확신했다. 하나님은 지난 40년을 통해서 스스로의 존재를 나에게 깨우쳐 주셨고, 또한 내가 실패했을 때에도 하나님은 결코 실패하지 않으시고, 능력의 하나님, 그 사랑의 하나님이 내가 장차 하나님 앞에서 그의 사랑을 가장 필요로 할 때 찾아 오셔서 역사하실 것을 믿어 의심치 않았다. 내가 하나님을 사모하고 갈망할 때, 나를 간과하거나 버리신다는 사실은 결코 있을 수 없는 일이며, 생각할 수도 없는 것이다.

참고문헌 – 이 글은 아래 문헌에서 인용, 발췌한 것이다.

기독교대백과사전편찬위원회, 『기독교대백과사전 2권』, 서울: 기독교문사, 1981. pp. 666.

Hugh T. Kerr & John M. Mulder. *conversions*. New York: Grand Rapids, 1983.

그렌펠의 *What Christ Means to Me* 중에서

휴 커 · 죤 멀더, 공편. 『위대한 회심자들』. 박영봉 역. 서울: 생명의 말씀사, 1993. pp. 226~232.

http://ko.wikipedia.org/wiki/(위키백과)

http://www.britannica.com/(브리테니커 Internet판)

그리스도의 증거자

헨리타 갠트

42

Henrieta Gantt

1878~?

어려운 환경을 이기고 그리스도 예수를 영접한 그녀는
그리스도의 복음을 전하는데 열정적으로 헌신했다.

절망적인 상황에서의 그리스도의 증인

미국의 종교 역사 가운데 어떻게 노예들과 그들의 후손들이 기독교로 회심하게 되었는가에 대한 내용이 아주 드물게 알려진 것이 사실이다. 그러나 우리는 노예들 사이에서 봉사한 성직자들과 선교사들의 일기들과 그 당시의 신문들을 갖고 있으며, 아프리카계 미국인들 사이에서 기독교 성장의 상당한 증거가 되는 흑인 전도자들과 지도자들의 자서전뿐만 아니라 비망록들을 보유하고 있다.

아프리카계 미국인 기독교 기원에 대한 가장 최근의 자료에는 라보튜[1)]도 포함된다. 라보튜는 1930년대 뉴딜 정책기간 동안 연방 작가들의 계획 하에 수행된 놀랄만한 인터뷰 수집을 포함하여 흑인들의 자료를 광범위하게 이용하고 있다. 실제로 최근까지 사가(史家)들에 의해서 무시된 이들 인터뷰는 19세기 미국 흑인들의 생활상을 밝혀주는데 풍부한 자료를 제공하고 있다.

다음의 회심 이야기는 1939년에 루이지애나에서 인터뷰를 했던 헨리타 갠트와 관계되는 것이다. 그녀의 이야기 끝부분에서 그 면담자는 그녀에 대해서 다음과 같이 기술하고 있다. “헨리타는 작고 다소 평범하게 생겼으며, 산뜻한 검은색 옷을 입고 있었다. 그녀는 낡은 검은 모자를 쓰고 있었고 실로 짠 구식 가방을 메고 있었다. 안경을 쓴 그녀가 61세 라고 말하지만 그녀는 60대 나이에 비해 건강해 보였다.”

그녀의 회상에 대한 헨리타 갠트의 설명에서 분명한 점은, 미국에 있는 아프리카인들이 기독교를 신봉했으나 그들의 부족종교와 문화의 음악과 전통에 기독교를 결합시켰다는 것이다. 그들의 최후의 산물은 아프리카계 미국인들의 기독교, 즉 분명히 기독교 신앙이었으나 그것이 아프리카의 종교생활에서 유래됐다는 것이다. 그것은 절망의 와중에서도 희망을 주는, 그리고 노예상태와 탄압에도 불구하고 자유를 약속하는 신앙이었다. 그들이 백인들로부터 들여온 기독교는 너무 자주 복종과 순종의 미덕을 강조했다. 아프리카계 미국인들의 기독교는 예정된 것을 능가하고 기독교를 찬양하는 자들이었으며 죄와 불완전을 헤치고 나가는 복음의 힘을 증명했다.[2)] …….

“

포기하지 않는 신앙

내가 신앙을 갖기까지는 오랜 시간이 걸렸다. 내가 신앙을 얻었을 때, 나는 "이 세상과는 끝이며, 퇴보는 없다"고 말했다. 나는 지난 달 6일 61세가 되었으며, 22년 동안 단지 교인이었으나 내가 기독교인이 된 이래 나는 배신도, 후회도 하지 않았다.

나는 루이지애나에서 나고 길러졌으나, 바유 라포르세(Bayou Lafourche)에서 신앙을 얻었다. 나의 남편은 들판에서 지팡이를 깎고 있었으므로 나는 그에게 갔다. 내가 거기 있을 때 나는 내 신앙을 위해 기도하기 시작했다. 스스로 내 자신을 떠나 단지 하나님에게만 말했다. 신앙을 얻기까지 오랜 시간이 걸렸으나, 하나님이 내게 신앙을 주셨을 때는 하나님께서 나를 죽이는 것 외에는 모든 일을 다 하셨다.

나는 대략 3주 동안 기도했으며 일주일 후에 회심했다. 나는 하나님께 내게 오셔서 말씀해주시기를 원했다. 나는 하나님께 우리가 앉아서 얘기하는 것처럼 직접적으로 내게 말씀해 주시기를 원했다. 그러나 그렇게 역사하지는 않았고 하나님께서는 그렇게 해 주시는 대신에 내게 나타나셨다. 하나님께서는 구름 속에서 내게 오셔서 환영의 인사를 하셨다. 하나님께서는 황금 단추가 달린 예쁜 푸른색 제복을 입으셨으며 푸른색 허리띠를 두르셨다. 하나님께서는 내가 당신을 바라보고 있는 것과 똑같이 나를 바라보셨다. 나는 너무 두려워 무엇을 하고 있는지를 몰랐다. 잠시 후 하나님께서는 꽃마차를 타고 내게 다시 나타나셨다. 하나님께서는 그전 같은 푸른 제복을 입고 계셨으며 다이아몬드가 박힌 황금 꽃마차를 타고 계셨다. 그 꽃마차는 말 여섯 마리가 끌고 있었다. 그것은 마치 하나님께서 등에 날개를 달고 계신 것처럼 보였다. 그는 꽃마차의 가장자리에 앉아 계셨으며, 내게 손짓을 하셨다. 나는 그것을 이해했다. 그는 나를 부르고 계셨다. 당신들은 그 모든 것을 알 것이다. 하나님께서는 나를 이미 영접해 주셨으나 나는 여전히 내가 회심했다고 믿지 않았다. 그래서 나는 하나님께 "내가 진실로 당신의 자녀라면 태양이 내게 세 번 소리치도록 하세요!"

라고 말했다.

그러면서 나는 혼자 있었고 남편이 들판에 나가 있었으므로 하루 종일 기도드렸다. 저녁 6시가 되어 태양은 구름 뒤로 사라졌다. 그래서 나는 말했다. "하나님 아버지, 태양이 떠서 세 번 소리치도록 해 주세요." 그런데 무슨 일이 생겼는지 아는가? 태양이 구름 밖으로 나와, 내게 세 번 소리쳤다. 태양은 내게 인사를 하고 나서 다시 구름 속으로 사라졌다. 그러나 그것이 결정적으로 나를 회심하게 만들지는 못했다.

하나님께 구하는 인도

그 뒤에 나는 하나님께서 내게 무엇을 시키실 것인지 물었다. 나는 마치 내가 지금 태연히 앉아있는 것처럼 집에 앉아 있었다. 그때 문을 두드리는 소리가 나서 밖에 나가보니 문에 간호사가 서 있었다. 그 여인은 와서 "헨리타, 당신이 할 일이 있어요. 이 제복을 입어요"라고 나에게 말했다. 나는 그녀에게 "나는 당신과 함께 갈 수 없어요. 내가 어디에서 당신이 입은 것처럼 이 제복을 입으란 말인가요?"라고 말했다. 그녀는 "바로 여기에서 입어요"라고 말했다. 나는 어두운 방에 가서 거울을 보고 그녀가 입은 것처럼 신발, 스타킹 등 모든 것을 하얗게 입었다. 그녀는 "갑시다"라고 말했으며 우리는 함께 집 밖으로 나와 다른 집으로 갔다. 거기에는 병들어 침대에 누워있는 어머니와 아버지, 그리고 다른 침대에는 병들어 있는 아들과 딸이 있었다. 간호사인 그녀는 "당신이 이 사람들을 치료하기를 원하세요. 그리고 당신이 그들을 치료할 때까지 여기에 머무르세요. 당신은 여기 머무르며 침대에 있는 어머니, 아버지와 아이들을 치료해야 합니다"라고 말했다. 내가 돌아서서 "무엇으로?"라고 말했을 때, 그녀는 가고 없었다. 나는 무엇을 해야 할지 몰랐다. 왜냐하면 내 인생에서 누구를 치료해 본 경험이 없었기 때문이었다. 그래서 나는 손으로 그들을 쓰다듬었고, 그러자 그들은 침대에서 일어나 걷게 되었다. 그러자 그들은 "당신은 가장 아름다운 능력을 가졌군요"라고 말했다.

그 간호사는 나의 복음의 어머니(Gospel-mother)였다. 당신의 복음 어머니는 하나님께서 당신을 위하여 보내신 누군가가 있을 것이다. 당신의 환상 속에서 함께 여행하는 누구, 그 사람은 교회안에 있는 누군가이고, 하나님께서는 그들을 당신에게 보내시고 그들은 당신의 복음을 깨닫게 하는 어머니가 되는 것이다. 그들은 당신과 함께 기도하고 당신을 양육하고 보살핀다. 그렇지만 내가 회심하기까지는 그 노력과는 관계없이 오랜 시간이 걸렸다.

하나님이 진실로 나를 사로잡은 것은 새벽 3시 15분과 3시 45분 사이였다. 나는 밤 12시에 일어나 기도드리며 하나님께 말씀드렸다. "저를 새롭게 하고 회심하게 하세요." 새벽 4시에 바유 라포르세 지방의 시골에 있는 침례교 목사가 그 교회 집사인 레이트 몰(Late Mole)과 함께 왔다. 그는 농부이자 농장 감독이었다. 그들은 회색 말과 함께 문 앞에 서 있었고, 그 목사는 "나는 당신에게 세례를 베풀려고 합니다"라고 말했다. 그들은 나를 강가로 데리고 가서 물 속에 넣었다. 그들은 다시 나를 마차에 태웠고, 나는 감격하며 모든 마을 사람들을 깨울 때까지 소리쳤다. 나는 그 지역에 있는 모든 사람들, 심지어 내 남편까지도 깨웠다. 그들은 "그녀가 신앙을 얻었습니다"라고 외쳤다. 나는 성령이 내 안에 얼마나 임재하시고 머물렀는지를 모른다. 왜냐하면 내 스스로 무심했으며 시간을 재보려고 하지 않았기 때문이다. 성령이 내게 찾아왔을 때 황홀했으며 나는 빛이 비치는 것을 보았다.

나는 바유 라포르세에서 세례받지 않았다. 왜냐하면 나는 하나님께 내가 세례받고 싶고, 다니고 싶고, 머무르고 싶은 교회가 어떤 것인지 분명히 말씀드렸기 때문이다. 그리고 나는 하나님께 어떤 교회를 다녀야 할지 내게 보여주시고, 그렇지 않으면 내게 말해줄 사람을 보내 달라고 간청했다. 그런데 12월 어느 추운 일요일 밤이었다. 나는 교회에 앉아서 하나님께 "만약 이곳이 나를 위한 곳이라면, 당신의 강권적인 역사로 나를 강단에 보내 주십시오"라고 말씀드렸다. 여러분은 하나님이 무엇을 하셨는지를 알 것이다. 하나님께서는 나를 일으켜 세우시고는 나를 데리고 가셨으며, 그리고 나는 강단에 서 있는 나 자신을 발견했던 것이다. 그 목사가 설교를 할 때 내가 설교를 멈추게 한 만큼 소리를 질렀다고 그들은 말했다. …… 만약 당신이 큰 재물과 이 세계를 내게 준다 하고 그날 밤 손수건을 잃어버린 그곳을 알려달라고 아무리 종용하여도 나는 당신에게 그 장소를 말할 수 없다. 나 혼자만의 소중한 비밀로 간직하고 싶기 때문이다. 나는 페레트(Ferret)와 하워드(Howard) 사이 1번가에 있는 성 요한의 교회에서 세례받았으며, 그 후로 그 교회의 교인이 되었다. 그것이 22년 전 일이었다.

여러분은 신앙을 얻기 위해 뭔가를 해야만 한다. 내가 기도를 할 때 나는 교회 근처에 있지 않았다. 여러분은 농장지대를 알고 있으며, 그 앞 사방에 교회가 있다는 걸 알고 있을 것이다. 그러나 그것은 너무나 멀어 나는 단지 집에서 기도했다. 나는 성령이 나를 감화시킬 때 찬송가를 부르지 않고 소리치고 흐느끼며 울부짖었다.

나는 언덕 위에 있는 하얀 집에 가서 물었다. "왜 우리가 죽기 시작하며 죽는 걸 두려워해야 합니까?" 그 하얀 집의 문이 열리고 하나님이 거기 계셨다. 그는 나를 의사처럼 테이블에 눕혔다. 성부, 성자, 성모가 거기 서 계셨으며 모두 하얀 옷을 입고 계셨다. 그녀의 머리카락은 그녀를 볼 수 없을 만큼 황금빛으로 밝게 빛나고 있었다. 그녀가 손을 내밀었을 때, 그 손은 다이아몬드처럼 빛났다. 그녀는 아름다웠다. 하나님은 내가 지금까지 본 어느 누구보다 더 독특한 모습이었다. 나는 그가 어떤 모습이었는지 어떻게 당신에게 말해야 할지 모른다. 성부, 성자, 성모는 내게 한 마디의 말씀도 하지 않으셨다. 하나님께서는 나를 테이블에 눕히고 수술하셨다. 내 가슴을 열고, 가르시고, 그것을 다시 꿰매셨다. 그러자 피 세 방울이 떨어졌다. 성모는 나를 향해 돌아서서 "너는 무엇 때문에 왔니?"라고 말씀하셨다. "너는 아이들을 돌보았으며, 네 일은 끝났다. 네가 할 일은 없다." 그녀는 어린아이들이 가득히 있는 다른 방으로 나를 데리고 갔다. 그들은 머리에 왕관을 쓴 채 모두 하얀 옷을 입고 있었다. 그것은 내가 안식일(Sabbath) 학교의 선생님이 되었다는 걸 내게 보여주시기 위한 것이었다. …….

조건 없는 신앙

나는 섣달 그믐날 이래 계속 아팠다. 나는 일을 마치고 오는 중이었다. 나는 먼로(Monroe) 거리 3018번지에서 세탁소 일을 했다. 나는 워싱턴 거리에서 버스를 내렸는데 큰 돈을 갖고 있었다. 그런데 그 순간 누군가 나를 때려 쓰러뜨리고 지갑을 빼앗아갔다. 나는 25.19달러를 갖고 있었는데, 그 중 15.19달러는 교회 돈이었다. 나는 교회 돈을 갚아야 한다고 늘 생각했다. 그것은 주일학교 여유 돈이 아니라 운영자금이었다. 지금은 외출하는 게 가능하며 약간의 일을 할 수가 있다. 그래서 나는 교회 돈을 갚기 위해 저축을 하고 있었다. 누가 나를 쓰러뜨렸는지는 모르지만, 그들은 내가 갖고 있던 모든 것을 빼앗아 갔다. 나는 아파서 의사에게 가야 했는데, 내 언니는 내가 죽을 거라고 생각하기도 했다. 나는 지금도 잘 걸을 수 없다. 의사는 내가 아픈 건 충격 때문이라고 말했다. 나는 극도의 신경과민에 시달렸다. 너무 아파 교회에 갈 수 없었기 때문에 교회에서 예배를 드린 것은 그때 그 일요일이 처음이었다. 나는 건강이 좋아지고 있다. 왜냐하면 내가 성령의 역사를 체험하고 하나님을 믿기 때문이다.

만약 당신이 한가지 이유로 하나님을 믿는다면, 그 생각을 버리고 모든 이유로 하나님을 믿어야 한다. 나는 진실로 하나님을 믿으므로 모든 면에서 전적으로 하나님을 의지한다. 당신이 하나님을 믿지 않는다면 신앙을 갖지 못한다. 당신이 신앙을 갖지 않으면 이 세상에는 아무것도 존재하지 않는다. 나는 당신에게 신앙은 그 어떤 것보다 더 좋은 거라고 말하고 싶다. 당신이 세례 받을 때는 앉아서 기다리지만, 그 세례의 시간이 오면 그들은 밴드로 당신의 머리를 묶고 다리를 단단히 묶는다. 당신은 그 순간이 행복하다고 느낄 것이다. 그렇게 행복하다면 당신은 다가올 당신의 시간을 기다릴 수 없다. 당신은 벽을 뛰어넘고 군대를 뚫고 달리는 것처럼 느낄 것이다. 나는 내가 세례 받았을 때에 대해서 아무것도 기억하지 못한다. 사람들은 그들이 나를 물에 잠기도록 했을 때 내가 매우 크게 소리를 질렀다고 말한다. 그때는 12월 31일이었으며 이쉬클(Ishickle)이 나무에 걸려 있었다. 나는 코트를 벗어 그것을 내 언니에게 주고 물에 젖은 가운을 입은 채 집에 갔다. 그리고 내가 결코 감기에 걸리지 않았다는 걸 알고 있다. 나는 하루종일 아무것도 먹지 않았다. 나는 커피를 너무 좋아했지만, 그날은 심지어 커피도 마시지 않았다. 그들이 교회에서 당신을 환영하며 당신에게 의지가 되는 우정을 준 그날 밤, 나는 고무되어 교회 전체를 울릴 만큼 크게 소리쳤다. 나는 신앙이 이 세상에서 가장 훌륭한 것이라고 생각한다.

우리는 매일 밤 12시에 부흥집회를 갖는다. 우리는 교회에서 감격하여 노래한다.

주님은 알고 계신다
네가 진심으로 그를 섬긴다면
세상을 향해 말하라, 구주가 계시네.
사람들이 너를 믿지 않아도, 외로워하지 말라.

주님은 알고 계시며, "잘했다" 말씀하시네.

당신이 진심으로 섬기니, 이제 여행을 떠나네.
지친밤을 지나서, 영혼이 승리하네.
구속의 십자가와 지팡이를 가지세
주님은 알고 계시며, "잘했다" 말씀하시네.

나는 부흥집회에서 가기 전에 나가서 먹을 것을 사야 한다.
그러나 만약 당신이 이때 다시 온다면,
나는 당신과 즐겁게 대화할 것이다.
왜냐하면, 나는 항상 신앙에 관해 말하기를 좋아하기 때문이다.
나는 그럴 때는 은혜에 심취하여 피곤한 줄도 모른다.

참고문헌 및 각주 - 이 글은 아래 문헌에서 인용, 발췌한 것이다.

1) Albret J. Raboteau's Slave Religion: The "Invisible Institution" in the Antebellum South(New York: Oxford University Press, 1978)
2) The original text of this interview is located in the Federal Writers' Project Collection, Archives Division, Northwestern State University, Natchitoches, Louisiana, and is reprinted here with permission.

http://ko.wikipedia.org/wiki/(한국어 위키백과)

피압제자들의 친구

C. F. 앤드류

C. F. Andrews
1871~1946

영국의 엄격한 독립교단에서 자라나 후에 자유롭게 복음을 위한 사역을 펼쳤던 그는 인도의 복음화와 사회변혁을 위해 헌신했다.

식민지 인도의 친구

앤드류는 1871년 2월 12일, 영국의 뉴캐슬 언 타인(Newcastle-on-Tyne)에서 태어났다. 그리고 버밍햄에 있는 학교를 다녔고, 나중에는 케임브리지대학에 입학했다. 그의 부친은 에드워드 어빙(Edward Irving)과 '어빙파'(Irvingites)에 의하여 세워진 카톨릭 사도교회(the Catholic Apostolic Church)의 목사였다. 그 교파는 초대교회의 단순성으로 돌아가기를 추구하고, 그리스도의 재림의 징조를 분별하고자 했던 독립적인 교단이었다. 그러나 앤드류는 그 교단에 관심이 없었으며 어떤 교단에 속하기를 거부했다. 그는 부친의 교회에 있다가 영국 국교회로 갔고, 인도 등지에서 활동하면서 오직 예수 그리스도의 제자로 불리는 것에 만족했다. 강렬한 회심 체험 후에는 캠브리지로 갔으며, 영국 국교회에 가입했다.

1904년에 그는 인도의 델리에 소재한 캠브리지 선교구로 갔다. 인도 사람들의 생활이나 정신 등이 자신의 마음에 들었기에, 당대에 가장 탁월했던 세명의 인도인들과도 인연을 맺게 되었다. 그들은 라빈드라낫 타고르(Rabindranath Tagore, 1861-1941), 사두 선다 싱(Sadhu Sundar Singh), 그리고 마하트마 간디(Mahatma Gandhi)였다. 그는 기독교적인 서방과 인도 사이를 중재하는 선교활동을 벌였다. 그는 이 시기에 아타나시우스 신조(The Athanasius Creed)에 대한 의구심과 불만을 갖게 되었고, 그래서 자연스럽게 영국 국교회에 대한 불신을 갖게 되었다.

1913년에 그는 악명 높은 노예계약제도에 고통당하는 인도의 노동자들을 돕기 위해 남아프리카로 갔다. 그는 거기서 마하트마 간디(Mahatma Gandhi)를 만나 돈독한 친구가 되었다. 인도로 돌아온 그는 영국 국교회를 탈퇴했다. 그의 인도에 대한 사랑은 수많은 친구들을 사귀게 했는데, 산티니케탄에 거주하던 타고르(Rabindranath Tagore)와 교류는 이때에 이루어졌다. 생각이 사려 깊고 다재다능했던 앤드류는 성자와 같은 품성으로 인하여, 그의 그리스도에 대한 증거는 세계의 도처에서 받아들여졌으며 존경과 신뢰를 얻었다. 점잖고 겸손했으며 사회 정의와 억압받는 자들에 대한 인권에 활동적이며 진취적인 기상을 보여주었다.

그는 당시 사회의 불의한 상황에 관심이 많았으며, 이는 자연스럽게 노동문제를 교회와 연결하는 것에 집중하도록 만들었다. 캠브리지에 있는 동안에 썼고 나중에 출판된 『자본과 노동자 사이의 갈등에 대한 기독교의 입장』(*The Relation of Christianity to the Conflict between Capital and Labour*, 1896)은 그의 이러한 인식의 일단을 보여준다고 하겠다. 인도에서는 소위 도제살이 노동의 철폐를 위한 투쟁에 깊이 개입했고, 이로 인하여 간디와 만나는 계기가 되었다. 이는 자연스럽게 간디와 인도의 자유와 독립을 위한 투쟁에 나서는 결과를 만들었다. 인도의 노동자들을 위해 일했던 앤드류는 남아프리카, 피지, 서인도 제도, 기아나 영연방(British Guiana) 등지토 여행했다. 여행하는 동안에도 앤드류는 계속해서 글을 썼다. 그의 글 중에 가장 잘 알려진 것은 마하트마 간디의 전기적인 기록이다(1930, 1931). 또한 그의 자서전인 『내가 그리스도에게 빚지고 있는 것』(*What I Owe to Christ*, 1932)은 많은 사람들의 신앙에 큰 영향을 주었다.

어머니의 사랑

내가 어렸을 때, 나의 신앙생활에 가장 큰 영향을 끼친 사람은 단연 나의 어머니였다. 어머니의 사랑은 나의 어린 시절에 가장 중요한 삶의 요소였다. 어머니가 나에게 하신 말씀이나 해 주신 일도 그랬거니와 어머니의 사람됨 자체가 더욱 더 그랬다.

모계 쪽으로는 스코틀랜드 계통의 조상들이 있었으며, 나의 모친은 카트라이트(Cartwright)라는 성을 갖은 웨섹스(Wessex) 가문의 출신이었다. 스코틀랜드 북부 고지대의 혈통과 색슨계의 혈통이 섞였던 것이다. 그래서인지, 모친의 눈과 얼굴에서 인식될 수 있는 조상들의 신비스러운 기운을 엿볼 수 있다.

어린아이였을 때 부친은 미드랜드로 이사했고 버밍햄의 에드워드 6세 학교에서 교육을 받았다. 그리고서 1890년에 캠브리지로 갔다.

다섯 살이 되었을 무렵 류마치스 열병에 걸려 매우 심하게 고통을 겪었다. 그것은 생명의 위협을 느낄 정도로 심각했다. 장기간의 투병 생활은 어머니에 대한 강렬한 애정을 느끼게 했다. 어머니의 자애로우신 손길로 극진하게 돌보심은 우리 모자 사이에 새로운 사랑의 줄을 더욱 견고하게 이어 주었다.

내가 하나님과 그리스도에 대하여 처음으로 생각하게 된 것도 어머니를 통해서였다. 어머니는 나에게 그리스도의 사랑과 어린이들에 대해 그리스도께서 가슴에 안고 축복해 주셨던 일을 말씀해 주셨기 때문이다. 집에는 선한 목자이신 예수 그리스도의 그림이 걸려 있었다. 그림에 있는 예수님은 어머니의 품속에서 보았던 것과 동일한 사랑의 모습으로 나를 쳐다보시곤 했다.

내가 자서전에서 언급했듯이 그 사건은 여러 해 동안 마음속에 간직되어 있었다. 오랫동안 나의 영혼은 생사의 기로를 헤매고 있었다. 그러던 어느 날 아침에 눈을 떴을 때, 어머니가 내가 잠든 사이에 내 침상 곁에 가져다 놓은 꽃을 보았다. 그 꽃의 신선한 아름다움은 나를 소생케 했고 삶에 대한 강렬한 욕구를 갖게 만들었다. 병은 그날로부터 급속히 회복되었다. 어머니의 자식에 대한 끊임없는 기도는 기적적으로 응답되었다. 우리의 머리털까지도 세신 바 되시고 하늘의 참새 한 마리도 돌보시는 하나님께서 나에게 건강한 힘을 주시기 위해 그 작은 일을 사용하셔서 크게 역사하신 것이었다.

영적 세계의 경험

내가 영적인 세계와 접촉하게 된 것은 어린 시절의 이 질병을 통해서였다. 물론 나는 이승과 저승을 넘나들고 있었다. 그러나 다음과 같은 놀라움은 금할 수 없다. 즉 나의 내적인 사고는 늘 변화하는데 왜 하나님과 그리스도, 그리고 영생에 대한 근본적인 믿음은 왜 그리도 확고한지 스스로도 이해할 수 없을 정도였다. 이는 감수성이 예민했던 그 시절, 오랜 질병 가운데 어머니가 끼친 무언의 영향과 매우 깊은 관계가 있을 것이다. …….

아버지의 계보를 이루는 조상들은 엄격한 청교도들이었다. 그들은 신앙적 양심을 위해서 심각한 박해까지도 당하셨다. 어떤 사람들은 영국에서는 찾아 볼 수 없는 신앙의 자유를 찾아 집과 모든 것을 버리고 북아메리카로 건너갔다. 나의 아버지도 자유에 대한 열정적인 사랑을 마음속 깊이 간직하고 있었다. 물론 이 자유의 사랑이 청교도적 신앙과 결합된 단호함과 철저함으로 인도하지는 않았지만 말이다. 아버지는 자상함과 어린이를 사랑하는 마음을 가지고 있었다. 이러한 성격은 아량이 넓은 이상주의자로 만들었다.

아버지가 어렸을 때, 에섹스(Essex)의 침례교 목사였던 조부는 에드워드 어빙이라는 이름을 가진 스코틀랜드 장로교 목사를 통해 성령의 놀라운 은사를 받은 어떤 성도들의 무리를 따르기 위해 자신의 회중들을 떠났다. 이 젊은 설교자는 요한계시록에 대한 설교로 런던을 뒤흔들어 놓았다. 그는 인간 역사의 종말이 나폴레옹의 몰락 이후에 있게 될 것이라고 선언했다. 예언과 방언과 치유가 함께하는 초대교회의 은사가 오늘날의 교회에 부활되었다고 선언했다.

부친이 성장하면서 열정적인 신자가 된 것은 어찌 보면 당연한 수순이었다. 그는 자신이 성경의 예언서에 대한 열쇠를 발견했으며 때의 징조들을 볼 수 있다고 주장했다. 그는 성령의 의도하심에 따라 예언했다. 아버지는 환자들에게 안수기도를 했고 환자들을 회복시키기도 했다. 따라서 아버지는 자신이 배워 믿게 된 가르침의 진실성들을 마치 자기 자신의 실존만큼이나 확신을 가지고 있었다.

나의 어린 시절은 성령 안에서 방언을 하고 엑스타시를 경험하는 이상하고도 감정적인 환경 속에서 보냈다. 요한계시록의 모든 장들이 그 시대에 일어날 것처럼 설명되어졌다. 예배의 장엄함과 경건성은 어린 이들에게는 상당한 두려움을 불러일으켰다. 때때로 그런 두려움은 나를 압도해서 신경질적인 반응을 일으킬 정도였다. 그리스도의 재림을 매일같이 기다렸다. 그리스도는 '밤에 도적같이' 오셔서 선택된 자를 데리고 가신다는 것이었다. '재림' 이라는 구절은 아버지의 입술 위에서 떠나지 않았고, 그는 항상 재림의 기대 속에서 살았다. 처음에 아버지가 가르쳐 준 이런 것들은 생생하고 강렬했다. 소년이었던 나의 예민한 상상력 때문에 요한계시록의 심상은 나를 사로잡았다. 그러나 학교를 다니는 동안에 악의 부정한 사고들이 유입되었고, 점차로 경외감과 경이로움은 내가 채우고 있던 초기의 신앙으로부터 멀어져갔다.

신앙의 쇠퇴는 내적 죄의식을 야기시켰고, 그리스도를 맞을 준비가 되어있지 않다는 고통스러운 두려움에 사로잡혔다. 외적으로는 완벽하며 엄격한 신앙생활을 하는 것처럼 보였다. 부모님과 함께 정기적으로 교회에 출석했으니 말이다. 그러나 내면에는 깊은 갈등이 존재했고 무의식의 상태에서 깊이 뿌리를 내리고 있었다. 이런 상태는 해결되지 않고 오랫동안 계속되었다.

회심의 기쁨

캠브리지대학에 입학할 무렵에 놀라운 회심 사건이 나에게 찾아왔다. 내 나이 열아홉 살 때의 일이었다. 그것은 내적인 삶 전체를 변화시키고 나를 얽어매었던 죄의 속박에서 해방시켰다. 내 인생의 중대한 전환점이 된 그 사건을 잠깐 언급해 보고자 한다.

"

어느 날 밤에 기도하기 위해서 침대 옆에서 무릎을 꿇었을 때, 내가 저지른 극악한 죄책감이 나를 덮쳐눌렀다. 어둠과 영적인 고통 속에서 몇 시간 동안 나는 울부짖었다. 나의 이러한 철저한 포기상태가 지나고 죄 사함과 해방의 기쁨이 마음속에서 솟아 올라왔다. 그 순간 그리스도 안에서의 새로운 삶이 나에게서 시작되었으며, 그야말로 새로운 탄생이었다. 주님의 은혜와 사랑이 나의 삶 전체에 흘러 넘쳤다. 그런 일을 경험한 후의 세월들은 찬란한 꿈과 같았다. 나는 빛과 사랑과 평화의 세계 속에서 전혀 다른 삶을 살고 있는 듯했다. 그것은 자연의 영광을 비추어 주었으며, 나는 대하는 모든 것에게 사랑을 주었다.

❞

이런 성령의 체험은 그리스도가 허락한 것이었고, 나는 즉시 가난한 사람들에게로 갔다. 이때까지도 나는 그리스도의 이름으로 행하는 봉사활동을 전혀 모르고 있었다. 그러나 내면의 힘이 나를 강제로 이끌어 갔다. 그리고 그리스도를 위해서 모든 것을 포기하고 궁핍한 사람들 가운데서 그분을 찾겠다는 열망은 일생 동안 나를 강하게 사로잡았다. 따라서 모든 것을 그것을 향하도록 해야만 했다. 내가 그리스도의 명령을 프란시스처럼 문자 그대로 순종할 수 없었지만, 추종자들이 모든 것을 버리고 주님을 따랐을 때, 그들이 느꼈던 기쁨을 잘 이해할 수 있었다. 왜냐하면 내가 알고 있던 가장 행복한 순간은 부유하고 중산층이 아니라, 누구보다도 고통 받는 가난한 사람들 중에 있을 때였기 때문이다. 이것은 다만 내 자신의 개인적인 삶 속에서 실제를 거듭 확증되었던 사실을 전달하려는 것뿐이다. 그리스도의 임재는 짓밟히고 억압당했던 사람들을 향하게 나를 이끌고 갔다. 나는 이런 사람들 사이에 있을 때 주님의 사랑이 더욱 깊어지는 것을 발견했다. …….

넓은 세상의 봉사를 위한 갈등

캠브리지에서의 대학과정을 마친 후에 나는 1896년에 왈워드의 펨브로크(Pembroke)대학 선교회의 목사로 임명을 받았다. 그 지역은 런던의 남동부에서 가장 가난한 지역이었다. 나는 그 가난한 사람들과 함께 살면서 내 인생의 가장 행복한 나날을 보냈다. 그리스도가 주신 봉사의 기쁨은 대단하여 힘이 솟구쳤고 무슨 일이라도 쉽게 할 수 있을 것만 같았다. 그러나 몇 년이 지난 후 나는 과로로 몸져눕고 말았다. 의사의 만류로 나는 이 일을 중단할 수밖에 없었다. 그런데 이 중대한 시기에 캠브리지에서 교수로 와 달라는 초청을 받게 되었다. 나는 대학에서도 슬픔의 뒤범벅 속에서 여전히 커다란 행복을 느끼며 지냈다. 그것은 내가 사랑했던 사람들의 죽음을 자주 직면했기 때문이다. 이러한 죽음의 목격은 기독교 신앙을 더 강한 확신으로 뿌리내리게 했다. 나는 영적 세계의 경계선상에서 그리스도와 함께 살고 있음을 확신하고 있었다.

안수와 함께 일어난 내적인 행복과 새로운 영적 비전에도 불구하고, 나의 지적인 삶 속에서 직면한 난제들은 감소되지 않았고, 새로운 의문들이 계속 생겨났다. 원수들에 대한 복수를 간구하는 기독교 예배 행위의 시편 암송은 내게는 용납될 수 없는 것이었다. 시편은 단순한 증오가 아니라 저주의 말을 퍼붓고 있었다. 저주의 말을 포함한 아다나시우스 신조도 상당히 커다란 걸림돌이었다. 과거에 내가 동의한 39개 신조도 또한 나를 괴롭혔다. 물론 그것들이 절대적인 것은 아니었고 어느 정도의 한계 속에서 수용하거나 무시해도 된다고 얼버무리고 넘어갈 수도 있었지만, 내가 과거처럼 기만하고 있다는 느낌만큼은 떨쳐버릴 수가 없었다.

이러한 문제들에 관한 결론을 내리기에는 아직도 멀지만, 나의 지적 문제의 해결의 유일한 열쇠는 일상생활 속에서 복음의 단순성으로 돌아가는 것뿐임을 점점 깨닫기 시작했다. 캠브리지에서 교수로 있는 동안에 나를 완전히 사로잡고 있던 것은 바로 이러한 생각이었다. 나는 그리스도를 완전하게 따를 수 있도록 준비해야 하며, 주님이 요청하시는 희생을 감당할 수 있도록 준비해야 한다는 사실을 마음속에서 알고 있었다.

주님의 부르심은 마침내 비극적이고도 갑작스럽게 다가왔다. 절친했던 친구인 바실 위스트코트(Basil Westcott)가 다른 사람의 생명을 구하기 위해 애쓰다가 콜레라로 델리(Delhi)에서 세상을 떠났던 것이다. 그의 죽음은 나에게 깊은 충격을 주었다. 나는 더 이상 생각할 여지가 없었다. 누군가가 그 직무를 대신해야 했고 그게 바로 나였기 때문이다. 나는 그의 직무를 대신하기 위해서 허락되는 한 최대한 빨리 인도로 떠났다. …….

인도에서의 도전

인도에서의 나는 대학 학장인 루드라(Susil Kumar Rudar)와 매우 깊은 우정을 나눔으로 즐거움은 배가 되었다. 그는 매년 나와 함께 심라(Simla) 건너편의 산맥을 오르곤 했다. 그의 두 아들이 우리와 동행하곤 했고 대학의 학생들이 같이 가기도 했다. 그러나 루드라의 아내가 막내아들을 낳고 산후중독증에 걸려 그만 세상을 떠나고 말았다. 그 후로 그는 재혼하지 않고 홀로 살았다.

나는 코트가르(Kotgarh)에서 필라델피아의 사무엘 스톡스(Samuel Stokes)를 만났다. 그는 사두 선다 싱과 함께 프란시스적인 마음을 비우고 성스러운 삶을 살고 있었다. 그리스도에 대한 그의 사랑은 아주 열렬했다. 나는 그로 인해 사랑이 불붙었다. 그는 예전 믿음의 선배들의 순수하고 숭고하고 훌륭한 신앙을 존경했다. 그는 자신의 주님이신 그리스도 안에서 모든 것이 완성된다고 믿고 있었다.

눈 덮인 산봉우리를 보면서 하늘을 찌르고 있는 나의 신앙의 편협됨을 절감하고 있었다. 사역의 범위를 넓혀야겠다는 결심이 서서히 일어나고 있었다. 편협성의 파괴는 1913년에 이루어졌다. 콕크할레

(Gokhale)는 위기에 처한 인도의 이익을 위해서 남아프리카를 방문해 달라는 요청을 했다. '도제살이'로 불리는 노예 노동이 수년 동안 행해지고 있었다. 인도의 시골 사람들이 꼬임에 빠져 사탕수수 농장으로 갔다. 그러나 이런 모집제도는 상상할 수 없을 정도로 온통 타락되어 있었다.

이 농장들의 도덕적인 상황은 참으로 비참했다. 마하트마 간디는 이런 상황을 종식시키기 위해 무저항운동을 시작했다. 간디는 2천명이 넘는 사람들과 함께 감옥에 들어갔다. 이 투쟁은 한계점에 직면하고 있었다. 나의 목적은 무저항운동을 돕기 위함이었다. 그래서 나는 윌리 피어슨(Willie Pearson)과 함께 동행 했다. 결국 무저항운동이 승리하여 간디는 돌아오게 되었다. 그러나 인도인에 대한 도제살이의 고용제도는 피지나 트리니다드 기아나 영연방 등지에서 여전히 시행되고 있었다. 이의 해결을 위해서 계속 여행을 해야만 했다. 그리하여 두 번이나 피지를 방문한 것이었다.

진정한 자유와 해방의 경험

마침내 1920년에 인도의 노예계약서는 완전히 폐지되었다. 1월 1일 영연방에서 노예제도가 사라졌다. 이어 미국에서 노예제도가 철폐되었다. 이제 인도에서 노동자들을 해외에 팔아넘기는 비인간적인 행위는 완전히 금지되었다.

남아프리카와 다른 지역에서의 이런 경험은 생명과 인권에 대한 나의 시각을 넓혀 주었다. 또한 그리스도 신앙의 새로운 세계관을 마련해 주었다. 남아프리카에서 인도로 다시 돌아왔을 때, 델리에 있는 캠브리지의 형제단의 제한된 영역에서 안주할 수는 없었다. 캠브리지 선교회의 회장 캐논 알러드 목사는 나에게 용기를 주면서 흔쾌히 떠나도록 허락했다.

거의 같은 시기에 다른 일이 더 일어났다. 기도서와 39개조에 대한 초기의 의문들이 다시 고개를 들었다. 결국 나는 영국 국교회를 떠나겠다고 결심했다.

라빈드라나타 타고르는 나에게 산티니케탄(Santiniketan)에 있는 자신의 연구소에 초청했다. 그는 안수받은 성직자인 나를 그대로 받아들일 수 있을 정도로 아량이 넓고 너그러웠다. 그는 나에게 가능한 한 나의 종교 활동을 계속 지원하기를 원했고, 산티니케탄에서 자신의 교육사업에 참여할 것을 권했다.

그러나 트리니티 선데이(Trinity Sunday)가 와서 내가 아다나시우스 신조를 암송하도록 했을 때, 나는 문득 저주 구절 때문에 그 신조를 고백할 수 없음을 깨달았다. 나는 인도의 기독교인들에게 그 신조를 암송하도록 하고 아무 일도 없다는 듯, 산티니케탄으로 돌아갈 수는 없다고 깊이 명심했다. 그래서 그 신조를 모두 생략해 버렸다. 이는 양심의 가책을 느끼는 비겁한 행동이라는 생각이 문득 들었다. 내가 시인인 타고르의 순수한 모습을 보았을 때, 나의 신실치 못함을 역력히 깨달았다. 그래서 나는 그동안 일어났던 모든 것을 그에게 고백했다. 참으로 수치스러웠다. 그리고 이제부터 어떻게 해야 참될 수 있는가를 물었다. 그는 그 문제에 대해서 서두르지 말라고 진지하게 말했다. 그러나 내가 거짓됨의 벼랑에서 추락할지도 모른다는 사실을 보이자, 그는 더 이상 자제시키지 않았다.

오랫동안 지속해왔던 내면적인 갈등의 투쟁은 갑자기 끝이 났다. 그러나 여러 해 동안 치유해야할 쓰라린 상처를 내게 남겨주었다. 그렇지만 어찌됐던 나를 속박해 왔던 굴레에서 해방되었고, 기독교인으로서 큰 힘으로 봉사를 할 수 있도록 했음이 분명해졌다. 하나님의 축복이 내게 임하사, 나를 한걸음 더 나가도록 해주셨다.

예수 그리스도는 나에게 복음 안에서 점차로 제자 됨과 지체됨을 정의하시고 가르쳐 주셨음을 깨달았다. 신앙의 하나 됨은 이를 일컬어서 하는 말이다. 주님은 분명하게 "하나님의 뜻을 행하는 자가 나의 형제요, 자매요, 어머니라" 고 하셨다. 그리스도의 분명한 이 말씀을 주님의 말씀대로 해석하지 않고 그 본연의 정의를 축소 한정하는 것은 잘못된 것이다. 궁극적으로 이러한 생각이 어디로 이끌어 갈지는 확실치 않다. 그렇지만 그리스도인은 누구이며 무엇을 해야 하는가에 대한 내 자신의 목표 속에서 이 신념은 큰 몫을 할 것이다.

참고문헌 - 이 글은 아래 문헌에서 인용, 발췌한 것이다.

편찬위원회, 『기독교대백과사전 10권』, 서울 : 기독교문사, 1989. p. 1429.

Hugh T. Kerr & John M. Mulder. *conversions*. New York: Grand Rapids, 1983.

안드류의 *Pilgrim's Progress* 중에서

휴 커 · 죤 멀더, 공편. 『위대한 회심자들』. 박영봉 역. 서울: 생명의 말씀사, 1993. pp. 242~252.

http://ko.wikipedia.org/wiki/(위키백과)

http://www.britannica.com/(브리테니커 Internet판)

변화된 공산주의자

세르게이 불가코프

Sergei Bulgakov

1871~1944

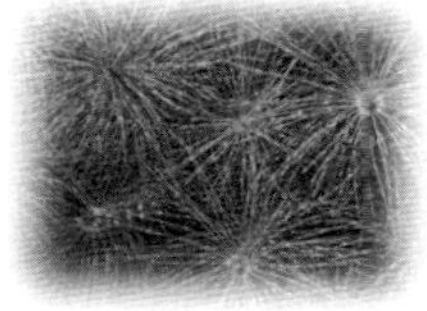

러시아의 철학자, 경제학자, 신학자였던 그는
러시아 정교회의 전통에서 자라난 후
여러 가지 학문과 막시즘 등 급격한 체험을 거듭한 후
다시 그리스도의 품안으로 돌아와 삶을 바쳤다.

롤러코스트 같은 인생

세르게이 불가코프는 러시아의 철학자이자 경제학자이며, 또한 신학자이다. 그의 경력은 다양했다. 그는 공산주의자였고 러시아 정교회에서의 에큐메니칼 운동가였으며 모스크바에서 파리로 이주하는 등, 순탄치 못했고 굴곡 많은 삶을 산 사람이었다. 그러나 그의 생애는 후세에 물려줄 만한 가치가 있는 훌륭한 인물이었다.

그의 조상들은 아버지까지 6대에 걸쳐서 러시아 정교회의 사제를 지냈다. 그러나 불가코프는 신학교에 다니던 중에 정교회의 종교적 가르침과 전통을 거부했다. 이것이 그의 최초의 위기였다. 그는 마르크스 사상에 관심을 갖고, 15년 동안 베를린과 파리, 그리고 런던에서 마르크스의 사상을 연구했다. 그리고 키에프대학교(1901-1906)와 모스크바 대학교(1906-1918)에서 정치학과 법률을 담당하는 교수가 되었다. 이 기간 동안에 『자본주의와 농업』(1902), 『철학과 경제학』(1912)을 집필했다. 그리고 러시아 제국회의에 입헌 민주당원 대표자로 선출되었고, 혁명 시대에 점차적으로 정교회와 관련을 맺게 되었다. 이 시기에 니콜라이 베르다예프를 포함하여 마르크스주의자였던 많은 사람들이 교회로 돌아왔다.

그는 1918년에 사제 서품을 받았으나 정부가 그의 교수직을 박탈하여 대학 교수직에서 쫓겨났고, 1923년 소련에서 추방되었다. 그리하여 그는 이스탄불, 프라하, 그리고 파리로 망명을 떠났다. 파리에서 그는 러시아의 작지만 영향력 있는 망명자들의 그룹을 조직했다. 그 모임은 '러시아 정교회신학교'를 세우고 불가코프를 학장으로 임명했다. 불가코프는 1927년에 로잔회의에 참석했으며, 1937년에는 옥스퍼드 회의에 참석했다. 종교에 관한 그의 저서는 영국 국교회, 카톨릭, 그리고 개신교에게까지 새로운 통찰력을 제공해 주었다.

그의 사상은 마르크스의 이론에서 관념론으로, 마지막으로는 신비주의로 발전되어 갔다. 그는 이 세상과 우주가 하나의 전체적 유기체이며 하나의 세계와 영혼에 의해서 생기를 얻게 되었다고 주장했다. 그에 따르면 신은 세계를 무(無)로부터, 그 자신의 본성의 유출로서 창조했다는 것이다. 그리고 신과 우주의 사이를 중개하고 그들을 연합시키는 제3의 존재가 소피아(sophia) 또는 신의 지혜라는 것이다. 그의 주장은 정교회 신학자들의 극렬한 논쟁을 야기시켰다. 결국 그는 1935년 유고슬라비아의 카를로프치 교회회의와 모스크바의 세르게이 총대

주교의 정죄를 받았다. 파리의 신학교 동료 교수들은 불가코프를 적극 옹호하고 지지했으며, 책을 집필하고 강의하도록 보호해주었다. 어떤 사람들은 그가 일종의 동양의 영지주의에 가까운 사람이라고 생각했고, 그렇게 주장하기도 했다. 하지만 그는 기독교의 신학적 특성들을 견지하고 있었다.

신앙을 벗어나서

나는 사제의 가정에서 태어났다. 여섯 세대 동안이나 계속된 레위인의 피가 나의 혈통 속에 흐르고 있었다. 나는 성 세르게이의 교회 관구 근처에서 자라났다. 그곳은 은혜로운 환경과 교회의 종소리를 들을 수 있는 곳이었다. 어린 시절에 대한 아름다움과 도덕성 등, 그 모든 기억은 교회의 삶과 떼어 놓을 수 없었다. 어린 나의 마음은 기도하면서 즐거워했고 죽은 자들을 위해 슬퍼했다. 청소년이 될 때까지 나는 교회의 신실한 아들로서 충실히 자라났다. 나는 고향인 리브니(Livny)에 있던 교구 부속학교에서 4년 동안 학교를 다녔고, 그 후 오리욜(Oryol)의 신학교에서 3년 동안 공부를 했다.

신학교를 다니던 2년 동안에 나는 신앙적인 위기를 경험했는데, 이 위기는 결국 여러 해 동안 신앙을 잃는 결과를 가져왔다. 14세 때부터 30세까지 먼 나라에 가서 방탕함으로서 많은 사람들, 특히 부모님에게 커다란 근심과 실망을 안겨주었다. 나는 많은 것을 잃어버렸고, 심지어 불신앙 속에서 자살을 생각해 보기도 했고, 아무런 갈등 없이 신앙을 포기했던 것이다.

신앙을 잃은 나는 당시의 지식인들이 그러했듯이 거의 자동적으로 혁명적인 방식을 택했다. 특별한 그룹에 속하지는 않았지만 나는 성직 분야를 주도했던 군주제도를 격렬히 반대했다. 이 시기의 나는 신학교에서 나의 선배들(체르니쉐브스키, 도브로리유보프 등과 같은 사람들)

과 똑같은 경험을 하고 있었던 것이다. 나는 비관적인 혁명적 허무주의에 빠져드는 것 같았다. 물론 내 경우에는 항상 예술과 문학이 그런 허무주의와 결합되어 있었지만, …… 전통과 강요에 근거한 신학교의 전반적인 분위기는 이런 허무주의와 싸우기에는 너무 무기력했다. 그것은 진리와 자유를 사랑했던 자만하고 독립적인 소년들에게는 더욱 더 견디기 힘든 것이었다.

원치 않았던 길

신학교 담당자들은 내가 계속해서 신학을 연구하기를 희망했다. 그러나 나는 당시에 구원에 대한 유일한 희망은 즉시 신학교에서 떠나 다시는 되돌아보지 않는 것이라고 생각했다. 어디로 갈 것인가? '쓸모 있는 곳으로', 과학적인 사상으로 인류의 진보를 발전시키는 곳으로 가고자 했다. 계획을 실천하는 것은 나에게는 그리 쉽지 않았다. 그것은 나 자신과 가족, 무엇보다도 부모님에게 거대한 희생을 요구하는 것이었다. 그럼에도 불구하고 1888년에 나는 오리욜(Oryol)신학교를 떠났다. 그리고 2년 동안 야레트(Yalet)의 고전학교를 다닌 후에 나는 1890년에 모스크바대학의 법학부에 입학했다.

전공을 선택할 때, 나는 적성을 무시하고 당시의 지식 계급을 무시했다. 나는 철학과 언어학, 그리고 문학에 매력을 느꼈으나 흥미가 없었던 법학을 선택했다. 이것이 황제의 전횡 정치로부터 조국을 구원하는데 도움을 줄 것이라고 생각했다. 그 목적을 위해 결국 나는 사회과학을 선택했고 족쇄에 묶여 있는 노예처럼 자신을 정치적, 경제적 문제에 속박시켰다. 나는 탕자인 나 자신의 죄를 속량하기 위해서는 이런 고통쯤은 달게 받아야 한다고 생각했다.

나는 나와는 동떨어진 학문에 헌신하기 위해 확고한 의지를 갖고 대학에 들어갔다. 그래서 재학 중에 이 결정을 실행에 옮겼다. 졸업 후에 나는 모스크바대학으로부터 정치와 경제를 강의해 달라는 요청을 받았다. 그것은 츄프로프(A. I. Chuprov) 교수에 의해서 이루어졌다. 그도 역시 신학생이었다가 이곳에 오게 된 사람이었다. 그는 자신의 과거를 잃어버린 낙원이라고 회고했다. 그러나 그는 '지성적인 광야' 를 넘어 '약속의 땅' 에 들어가려 하지 않았다. 후일에 내가 사제복을 입은 것을 보았다면 얼마나 놀랐을지 능히 짐작할 수 있다. 하지만 그는 충격적인 일을 볼만큼 오래 살지 못했다.

나의 정신은 사회주의 사상과 노선을 따라 발전했다. 결과적으로 나는 한 사상의 형태에서 또 다른 사상으로 결국에는 마르크스 이론의 노예가 되어버렸다. 1898~1900년까지 대학은 나를 해외에서 공부할 수 있는 기회를 제공해 주었다. 나는 자연스럽게 막시즘과 사회적 민주주의 땅인 독일로 갔다. 그러나 그곳에서 나는 곧 실망하고 말았다. 나의 세계관은 붕괴하기 시작했다.

마침내 나는 오랫동안 바랐던 정치경제학의 과장이 되기 위해 러시아로 돌아왔다. 그때 나는 완전히 영적으로 자포자기 상태에 있었다. 신앙의 음성은 처음에 희미하고도 불확실하게 들려오더니, 이내 점점 확실하게 들려왔다. 1901~1902년에 쓴 나의 글에서 이 믿음을 고백하기 시작했다. 나의 옛 친구들은 놀라워하며 심지어 분개하기까지 했다. 그러나 본질적으로 영적인 야만인의 상태에 있는 막시스트로서 나는 항상 종교를 갈망했고 결코 믿음에 대해서 무관심하지 않았다. 처음에 나는 세속적인 낙원 속에서 열정적이며 감정적 믿음을 가지고 있었다. 내가 나 자신을 그렇게 허락하기로 결심했을 때, 나에게는 갑작스러운 반작용이 일어났다. 나는 먼 나라에서 영적인 아버지의 고향으로 가기로 결심했다. 비인격적인 진보라는 우상에서 벗어나 '인격적인' 하나님께 대한 신앙을 되찾은 나는 그리스도를 영접했다. 나는 그리스도를 사랑했고 어린아이처럼 내 마음을 다 드렸다. 그리고 마침내 나는 정통교회로 돌아왔다.

다시 돌아온 교회

나는 고향의 교회로 자연스럽게 이끌려갔다. 아무것도 막을 수 없었다. 수년 동안 아버지의 집으로 돌아가려는 생각과 갈망은 실현되지 않은 채로 남아 있었다. 은밀한 고통은 무거운 대가였다. 나의 마음과 생각은 사회주의자로부터 신학자로 돌아가고 있었다 - 나는 수년 동안 도스도예프스키와 블라디미르 솔로비오브에로부터 많은 영적인 영향을 받았음에 감사를 드린다 - 동시에 나에게 소원이 생겨났고 그것은 결코 나를 떠나지 않았다. 나는 아버지의 집으로 돌아가 사제가 되고자 하는 바람이었다. 수년 동안 나는 나의 가장 친한 친구들에게 나를 빗대어 '제단의 배반자' 라고 말했었다. 나의 삶의 철학을 완전히 바꾸었다 해도 과언이 아니었다. 내 속에 흐르고 있는 레위 족속의 피는 더욱 강하게 나를 사로잡아서 나의 영혼으로 하여금 사제됨과 제단을 갈망하게 했다. 트루베츠코이 공작은 언젠가 내게 "네가 성의를 입고 있었던" 것처럼 느꼈다고 말했다. …….

내가 어쩌다가 신앙을 잃어버렸던가? 신앙을 잃어버리는 줄도 모르게 잃어버렸던 것이다. 내 어린 시절의 정서가 신학 교육의 그 무미건조함에 의해서 짓눌렸을 때, 그 일은 피할 수 없는 결과로 나타났던 것이다. 내가 처음 의심을 하기 시작하면서 나의 비판적인 능력이 잠에서 깨어나자마자, 나는 교과서에 나오는 변증들에 만족할 수는 없음을 깨달았다. 이런 신학교육은 나를 돕는 대신에 오히려 내 신앙을 좀먹어 들어가게 했다. 나의 신학교육은 끊임없이 나에게 많은 신앙적인 문제를 제기했으나 나는 그것에 대처할 수가 없었다. 교수들에 의해 주어진 가르침들은 나의 마음을 오히려 혼란하게 만들었다. 이런 갈등은 오랜 기간 동안의 강제적인 예배 출석에서 더 악화되었다. 정교회의 신앙은 나를 괴롭히기만 했다. 왜냐하면 신앙의 신비적인 측면이 나에게는 더 이상 존재하지 않았기 때문이었다.

내가 24세가 되었을 때, 나는 10여 년 동안 신앙 없이 살아왔다. 혹독했던 심각한 의심 이후로 신앙적 공허함이 나의 영혼을 지배했다. 어느 날 저녁 우리는 러시아의 남쪽 스텝 지역으로 차를 몰고 가고 있었다. 강한 향기를 풍기는 들판은 저녁노을 빛 아래서 황금으로 빛났다. 멀리서 코카서스의 능선을 보았다. 이것이 그 산을 본 첫 광경이었다. 나는 솟아오른 산을 보면서 황홀한 기쁨을 맛보았다. 나는 스텝의 공기를 마시며 자연이 들려주는 하나님의 계시를 들었다. 나의 영혼은 자연을 생명이 없는 사막으로 보고, 그리고 그 표면적 아름다움을 속임수의 가면을 쓴 것으로서 취급하는 어리석은 생각에 익숙해 있었다. 하지만 나의 지적인 확신과는 반대로 그 자연을 보면서 하나님을 생각하지 않을 수 없었다.

“

새로운 세계의 행복한 경험

그날 저녁에 나의 영혼은 기쁨으로 감동되었다. 우주가 사막이 아니고 그 아름다움이 가면이나 속임수가 아니며 자연이 죽음이 아닌 생명이라면 어떻게 될 것인가를 나는 생각하기 시작했다. 만약 자비로운 사랑의 하나님이 존재하고 계시고 자연이 그분의 사랑과 영광의 옷이면, 내가 그의 임재 속에서 살았고 연약하기에 그를 사랑하고 떨었던 때인 그 어린 시절의 경건한 감정이 참된 것이라고 한다면 지금의 허무한 눈으로 세상을 보는 견해는 단지 무지몽매함과 거짓에 불과하고, 그것은 바뀌어져야만 하는 것이 아닌가?

1898년에 나는 새로운 세계를 경험했다. 나는 ‘개인적인 행복’을 경험했다. 나는 처음으로 서방을 여행했다. 나는 서방 문화와 안전, 그리고 사회적 민주주의에의 감탄을 금할 수 없었다. 사회적 민주주의는 폭 넓었다. 그때에 나는 드레스덴에서 라파엘 시스틴 마돈나를 만날 수 있었다. 안개가 자욱한 어느 가을날 아침 나는 미술관으로 갔다. 유럽의 미술에 대한 나의 지식은 무지에 가까웠다. 나는 무엇을 보게 될지 알지 못했다. 그러나 그때 아기 예수를 팔에 안고 있는 성모 마리아의 눈이 나의 영혼을 꿰뚫었다. 나는 기쁨과 슬픔이 혼재된 눈물을 흘렸다. 그 눈물 범벅과 함께 나의 영혼 안에 있던 얼음이 녹는 듯했다. 나의 정신을 얽어매고 있던 매듭의 일부가 술술 풀어지는 듯했다. 이것은 미적인 감정이었으며 새로운 지식이었다. 그것은 하나의 기적이었다. 그때도 나는 여전히 마르크스주의자였으나 마돈나에 대한 나의 명상을 감히 '기도' 라는 이름으로 부르곤 했다. 나는 다른 사람들보다 먼저 가기 위해 아침 일찍이 쯔빙거(Zwinger) 미술관으로 갔다. 나는 그곳으로 달려가서 매일 그 동정녀 앞에서 기도하며 눈물을 흘렸다. 아마 내 일생에서 그보다 더 복된 경험은 없었을 것이다.

1908년 유난히도 하늘이 푸른 가을날, 숲속에 있는 고적한 움막 같은 교회로 갔다. 그곳에서 나는 익숙한 북극의 자연 경관에 둘러싸여 있었다. 나는 아직도 회의와 망설임 속에 있었다. 나는 친구와 동행했지만 내심으로는 은밀히 하나님을 만날 수 있기를 기대했다. 그러나 결심대로 되지 않았다. 저녁기도를 올리고 있는 동안 여전히 냉랭하고 무감각한 상태에 있었다. 고해를 위한 준비 기도를 하고 있을 때, 교회 바깥으로 뛰어나왔다. 나는 깊은 근심 속에서 손님을 맞는 영빈관으로 발을 돌렸다. 주변을 의식하지 않고 걷다가 문득, 장로실 앞에 서 있는 자기 자신을 발견했다. 나는 다른 방향으로 가려고 했으나 깊은 근심에 휩싸여 넋이 나가서 엉뚱한 방향으로 들어섰던 것이다.

그때에 기적이 나에게 일어났다. 나는 그 사실을 불을 보듯 명확하게 알고 있었다. 탕자를 보시고 아버지께서 나를 맞으러 뛰어오셨다. 나는 모든 인간의 죄는 하나님의 사랑의 바다와 비교할 때 대양의 물 한 방울과 같다는 사실을 그 장로로부터 들었다. 나는 사죄와 화해를 얻고 떨림과 울부짖음 속에서 그를 떠났다. 나는 교회 안으로 돌아왔음을 느꼈다. 그리고 예배당 문 앞에서 친구를 만났다. 그는 내가 아주 근심스럽게 실망하며 교회를 떠났던 사실을 알고 있었기 때문에 나를 보고 대단히 놀라워하며 기뻐했다. 그는 나의 이 회심 사건의 증인이었다.

석양에 노을이 물드는 어느 날이었다. 그러나 이번에는 남쪽이 아니라 북쪽에서 종소리가 기도자를 부르고 있었다. 나는 마치 난생 처음으로 그것을 듣는 것처럼 종소리를 듣고 있었다. 왜냐하면 그 종소리는 믿는 자들의 교제에 참석하라는 초대였기 때문이다. 나는 새로운 눈으로 이 세상을 보기 시작했다. 다음 날 아침 성찬을 나눌 때, 나는 구원에 대한 계약의 참여자가 되었다는 것을 알았다. 우리 주님이 십자가에서 죽으시고 나를 위해서 피를 흘리셨다는 사실을 깨달았다. 그리고 가장 축복된 식사가 사제에 의해 나를 위해 준비되고 있었다는 사실과 문둥이 시몬의 집에서의 베풀어진 식사와 사랑이 많던 여인에 대한 복음서의 기사들이 바로 나에게 개인적으로 말해진 것이라는 사실을 알았다. 내가 주님의 그 복되신 몸과 피에 참여하게 된 것은 바로 그날의 역사적인 일이었다.

❞

참고문헌 – 이 글은 아래 문헌에서 인용, 발췌한 것이다.
Hugh T. Kerr & John M. Mulder. *conversions*. New York: Grand Rapids, 1983.
불가코프의 *Bulgakov Anthology* 중에서
휴 커 · 죤 멀더, 공편. 『위대한 회심자들』. 박영봉 역. 서울: 생명의 말씀사, 1993. pp. 233~241.
http://ko.wikipedia.org/wiki/(위키백과)
http://www.britannica.com/(브리테니커 Internet판)

위대한 성인

리쥬의 테레즈

45

Therese de Lisieux

1873~1897

카톨릭의 성인으로 추앙된 그녀는
열정적이고 깊은 영성의 소유자로
그리스도에 대한 변함없는 신앙과 헌신으로
많은 사람들에게 영향을 끼쳤다.

성인으로서의 삶

리쥬의 성 테레즈는 기독교회에 영원한 흔적을 남긴 짧은 생애의 또 하나의 본보기다. 그녀는 매사에 신념과 신앙심의 세계를 통해 사람들에 대한 애정과 찬양을 가졌다. 어린 시절에 그녀는 "나는 성인이 되고 싶다"고 선언했고, 그것을 위해 온 힘을 다 바쳤다. 교황 파이우스 10세(Pius X, 1903-1914)는 그녀를 '현대의 가장 위대한 성인'으로 칭했다.

아홉 형제의 막내인 마리 프랑소아 테레즈 마탱은 프랑스의 알렝콩에서 태어났다. 그녀의 아버지는 부유한 시계 제조인이었으며, 어머니는 기술자였다. 그녀가 네 살이었을 때, 그녀의 어머니가 사망했는데 그 경험은 어린 소녀에게 쓰라린 고통이었다. 그러나 그녀는 그녀의 두 자매(Marie와 Pauline)가 카르멜 수녀가 되었기 때문에 조숙한 신앙심을 보여주었다. 병약한 테레즈는 열살 때 경련, 환각, 혼수상태 등으로 시달렸다. 3개월 후 그녀는 건강을 회복했는데 그녀는 그것을 성모 마리아의 기적의 손길이라 믿었다.

그녀는 어머니의 사망과 그녀의 회심 사이의 기간을 '시련의 겨울'이라고 불렀다. 처음에 그녀는 리쥬의 카르멜 수녀원에 들어가길 원했으나 어리다는 이유로 거절당했다. 아버지와 함께 한 로마순례와 그리고 주교에게 간청하여, 그녀는 회심 2년 후인 1888년에 수녀원에 들어갔다. 1889년에 그녀에게 서품식이 허락되어 1893년 수련 여수사의 보조가 되었다. 그녀는 1895년에 그녀의 사후 세계적 베스트셀러가 되었던 『영혼의 이야기』(*The Story of Soul*)를 쓰도록 권유받았다.

리쥬 수도원이 그녀의 생활을 몹시 격리시켰지만, 테레즈는 정치적 분쟁과 떨어져 지내면서 모든 것을 신의 의지에 복종하는 '매력적인 길' 을 갈 수 있었다. 그녀는 결핵을 앓고 있었으나 사망 6개월 전까지 수도원 생활을 계속했다. 요양소에 수용된 그녀는 엄청난 고통을 견디며 고백했다. "너무 고통스럽다고 생각지 않습니다." 그녀의 마지막 말은 "신이시여, 당신을 사랑합니다" 였다.

자서전의 엄청난 인기 여파로 테레즈는 카톨릭 평신도 사이에서 특별히 존경받는 인물이 되었다. 그녀의 높아가는 명성을 '영광의 허리케인' (A Hurricane of Glory)으로 부르며, 교황 파이우스 11세는 전통적으로 대기기간 50년을 폐지하고 1925년에 그녀를 성인으로 추앙했다. 교황은 그녀에게 경의를 표하면서 테레즈는 "사물에 대한 일상의 명령을 어김없이" 신성한 의무를 다했으며, 그녀의 하나님에 대한 사랑은 20세기의 성실하고 진실하며, 실제적인 신앙으로 남아있다고 말했다.

"

은혜로 주어진 회심

내가 완전한 회심의 은총을 받은 것은 1886년 12월 25일이었다. 우리는 한밤중에 미사에 가서 전능하신 하나님을 영접하는 환희를 맛보았다. 우리가 다시 집에 돌아왔을 때, 나는 난로가에 선물이 가득한 신발 때문에 너무 기뻤다. 어렸을 때, 이 오랜 습관은 우리에게 환희를 느끼게 했다. 셀린은 내가 가족 중에 가장 어렸기 때문에 나를 계속해서 아기처럼 대하기를 원했다. 아버지는 나의 행복한 모습을 보고 싶어 하셨으며 내가 마법의 신발에서 선물을 꺼낼 때의 환희의 비명을 듣고 싶어 하셨다. 그리고 나의 사랑하는 하나님에 대한 기쁨은 내 자신을 성장케 했다. 그러나 예수님께서는 어린 시절의 허물에서 나를 자유롭게 하시기를 원했으므로 그 천진난만한 기쁨을 가져가 버리셨다.

그는 아버지가 난롯가에 있는 내 신발을 보고서 화를 내게 하시고 그것에 대해서 무척 나를 가슴 아프게 말하게 하시면서 문제들을 정리했다. "신이시여 감사합니다. 이러한 것을 가질 수 있는 마지막 기회입니다." 나는 모자를 벗기 위해 2층으로 갔다. 셀린은 내가 얼마나 민감한지 알고 있었다. 그녀가 말했다. "테레즈, 다시는 지하실에 가지 마라. 네 신발에서 선물을 꺼내는 것이 너를 무척 당황케 할거야." 그러나 테레즈는 이미 예전과 똑같은 소녀가 아니었다. 예수님은 그녀를 바꿔놓았다. 나는 눈물을 참고, 지하실에 가서 내 신발을 들었다. 나는 즐겁게 선물을 꺼냈다. 아버지는 웃으셨고, 셀린은 그녀가 꿈을 꾸고 있다고 생각했다. 그러나 그건 꿈이 아니었다. 테레즈는 그녀가 네 살 반이었을 때 잃어버린 담대한 영혼을 되찾았다.

이 영광스런 밤에 내 인생의 3분의 1이 시작됐다. 그것은 모든 것

중에 가장 자랑스러운 것이며 천국의 은총이 가장 많은 것이었다. 나의 믿음에 기뻐하신 예수님은 10년 동안 내가 하지 못한 것을 순식간에 이룩하셨다. 우리는 사도처럼 말할 수 있었다. "주 예수 그리스도여, 온 밤을 수고했으나 아무것도 못 얻었나이다." 예수님은 그의 제자들보다 내게 더 자비로우셨다. 그 자신이 손수 그물을 치고 고기가 가득한 그물을 끌어올렸던 것처럼 은혜롭게 그는 나를 그의 어부로 만드셨다. 그 순간 나는 내가 예전에 결코 느끼지 못했던 열정으로 죄인들의 회심을 위해 일하기를 갈망했다. 나의 가슴에는 사랑이 충만했으며, 나는 내 자신을 잊고 행복했다.

어느 일요일에 내가 십자가에 있는 하나님의 그림을 보고있을 때 나는 한 손에서 나오고 있는 피를 보았다. 나는 그것이 땅으로 떨어지고 아무도 그것을 받기 위해 가지 않는다는 걸 생각하며 깊은 슬픔을 느꼈다. 나는 계속해서 십자가 밑에 머무르며 그것을 받기로 결심했다. 나는 그것을 다른 영혼들 사이로 퍼지게 해야 한다는 것을 알았다. "목이 마르다"는 예수님의 절규가 계속해서 내 마음에 울리며 나를 새롭게 강렬한 갈망으로 불타게 했다. 나는 내가 가장 사랑하는 하나님의 갈증을 해소시켜 주기를 원했으며 내 자신도 영혼의 갈증을 없앴다. 나는 성직자들의 영혼에 관심이 있는 것이 아니라 주님이 지옥의 불구덩이에서 꺼내기를 원했던 많은 죄인들의 영혼에 관심이 있었다. 하나님은 나의 이러한 열정을 기뻐하셨다.

나는 끔찍한 살인으로 사형을 선고받은 한 죄수에 대해 들었다. 그는 회개함이 없이 죽는 것 같았다. 나는 내가 할 수 있는 모든 수단을 다 사용했다. 혼자서는 아무것도 할 수 없다는 걸 알고서 나는 하나님께 무한한 헌신과 교회 보물을 드렸다. 나는 내 기도의 응답을 확신했으나, 죄인들을 위해 기도를 계속할 용기를 주시므로 나는 하나님께 말했다. "당신이 이 가엾은 프란치니(Pranzini)를 용서하실 것이라고 나는 확신합니다. 내가 하나님의 은혜 안에서 완전한 신앙을 갖고 있기 때문에 그가 믿음을 고백하지도 않으며, 어떤 회개도 하지 않는다 할지라도 당신께서 그렇게 하심을 믿을 것입니다. 그러나 그의 회개를 위해 내게 용기를 주십시요." 이 기도는 응답을 받았다. 하나님 아버지는 어떤 신문도 읽는 걸 허락하지 않으셨으나, 프란치니에 관한 이야기를 읽는 것은 정당하다고 나는 생각했다. 그의 사형집행 뒷날 나는 열심히 라크루아(La Croix: 종교 일간지)를 펼쳤으며 읽은 것에 대한 괴로움을 숨기려고 도망쳐야 했다. 프란치니는 믿음의 고백도 없이 사형대에 올랐으나, 갑자기 그의 생각을 바꿔 성직자에 의해 제공된 십자가를 붙들고 세 번 입을 맞춘 다음 단두대의 칼날에 그의 머리를 밀어 넣었다.

나는 그것은 전형적인 주님의 은총이며, 내게 죄인들을 위해 열심히 기도하라고 주시는 예수님의 신호로 받아들였다. 내게 영혼에 대한 열망이 일어나게 된 것은 예수님의 상처에서 흐르던 보혈을 보고 나서였다. 나는 그들의 죄사함을 위해 그 순결한 피를 맛보도록 하고 싶었는데 내 '첫 아이'(첫 영혼)의 입술이 신성한 상처에 입맞춰졌다. 이 얼마나 훌륭한 응답인가! 이 놀랄만한 은혜 후에 영혼을 향한 내 열망은 날마다 커져갔다. 예수님께서 사마리아 여인에게 말씀하신 것을 내게 말하고 있는 것 같았다. "내게 마실 것을 달라." 그것은 진실한 사랑의 교환이었다. 나는 영혼들에게 보혈을 주었으며 하나님께 갈증을 해소할 깨끗한 영혼을 바쳤다. 내가 하나님께 마실 것을 드릴수록 가련한 영혼의 갈증은 커져만 갔다. 그러나 하나님은 나의 불타는 갈증을 나를 위한 크나큰 사랑으로 갚아 주셨다.

하나님의 은총

셀린(Celine)은 나와 심오한 사상을 공유했다. 크리스마스 이래, 우리는 완전하게 서로를 이해했다. 예수님께서는 우리가 함께 나아가기를 원하셨기에 피보다 더 강하게 우리를 합치시키셨다. 그는 우리를 영혼의 자매로 만드셨고, 우리는 십자가의 성 요한의 말씀을 실천했다. … 우리는 정말로 예수님의 발자국을 즐겁게 따랐다. 하나님께서 우리 영혼에 그토록 풍부하게 사랑의 불꽃을 우리에게 심어 주셨고, 우리는 하나님에 의해 감화된 사랑의 말씀 안에서 살아 숨쉬었다. …………….

엄청난 은총이 넘쳐 흘렀다. 선은 우리에게 자연스러운 것이며 기쁨이 되었다. 처음에 내 체면이 가끔 내가 한 노력을 저버리기도 했으나 점차 자발적인 희생이 쉽게 되었다. 예수께서 말씀하셨다. "부유한 사람이 있다면, 선물이 그에게 주어질 것이며 부는 더 넘쳐나리라." 내가 선용한 모든 은총에 대해 하나님께서는 내게 더 많은 것으로 채워주셨다.

하나님은 내가 희망했던 것보다 더 자주 성전 안에서 내게 모든 것을 주셨다. 나는 나의 신앙고백자에 의해 허락된 모든 교회에 더 충실하기도 했지만, 결코 더 많이 달라고 요구하지 않기로 했다. 과거에는 지금과 같은 담대함이 없었다. 만약 있었다면 매우 달리 행동했어야 했다. 왜냐하면 사람들이 갈망하는 자들에게 그들이 하나님을 영접해야 한다는 걸 말해줘야 한다고 절대적으로 확신하기 때문이다. 하나님이 황금제단이 놓여있는 멀고 먼 천국에서 오시지 않기 때문이다. 하나님은 그를 무한히 사랑하는 또 다른 천국을 찾기 위해 오신다. 즉 그의 형상에 의해 창조된 우리 영혼의 천국, 사랑하는 삼위일체의 살아있는 성전의 천국을 위해 오신다.

내가 원한 것을 알고 계신 예수께서는 내게 매주 수 차례 성전출입을 허락하기 위하여 나의 신앙고백자들을 감화시키셨다. 나는 결코 내 영혼의 일에 대해서는 한 마디도 말하지 않았다. 내가 가는 그 길이 너무 빛나고 평탄한 길이기에 예수 외에는 어떤 안내자도 필요치 않다고 느꼈다. 영적 주관자는 영혼 안에서 예수의 빛을 충실히 반영하는 거울과 같다고 생각했지만, 신께서는 내가 관련된 중개자는 필요치 않다고 생각하셨다. 그는 나와 직접 관계하셨다.

정원사가 과일이 빨리 익기를 원하는 것은 나무에 걸려있게 하려는 것이 아니라, 풍부하게 차려진 식탁에 올리기 위해서다. 똑같은 이유로 예수께서는 그의 귀여운 꽃에 사랑을 듬뿍 쏟으신다. 하나님께서는 나를 통해서 사랑을 증거하시기를 원하시며, 내가 작고 약하기 때문에 내게 몸을 굽혀 사랑의 신비를 가르치셨다. 만약 일생을 연구에 바친 학자들이 내게 묻는다면, 그들의 모든 학식으로는 알 수 없는 완벽한 신비를 이해한 열네 살 아이를 만나고서 놀랄 것이라고 나는 확신한다. 왜냐하면 인간이 그것들을 체험하기 위해서는 영혼이 가난해져야 하기 때문이다.

"이 세상에서 하나님과 사랑에 빠졌던 사람, 한평생 줄곧 성령이신 사랑의 불로 불붙어 끊임없이 타오르는 통나무처럼 살았던 사람, 삼라만상을 사랑한 사람"인, 십자가의 성 요한(1542~1591)의 말처럼 "나는 안내자도, 그리고 내 마음에 빛나는 빛을 제외하고는 어떠한 빛도 갖고있지 않았다. 그 빛은 하나님이 나를 기다리시던 장소까지 한낮의 태양보다도 더 확실히 나를 인도했다." 그 장소는 카르멜(1568년 11월 28일 카르멜 남자 수도회 창설)이었다. 나는 그곳에서 많은 시련을 겪어야 했다. 그러나 하나님의 부르심은 매우 절박했으며, 만일 필요하다면 심지어 예수를 따라 불 속이라도 뛰어들 수 있었다.

99

참고문헌 – 리쥬의 성 테레즈의 전기는, 아래 문헌에서 인용, 발췌한 것이다.
테레즈. *The Story of a Soul*, Garden City, N.Y. Doubleday, 1996, 62-67.
http://www.camel.kr>st_juan

영성을 추구한 작가

에블린 언더힐

46

Evelyn Underhill
1875~1941

에큐메니칼 신학노선을 견지했던 그녀는
신비적 영적체험과 깊은 영성을 소유했고
지성과 종교에 대한 깊은 통찰력으로
저술과 강연 등으로 영성운동의 지도자로 활약했다.

영성 연구에 바친 일생

영국인은 전형적으로 여타 다른 분야에서와 마찬가지로 신앙과 신학에 있어서도 절제와 형식을 존중한다. 그러나 이러한 태도의 배후에는 또한 항상 영적으로 신비적인 것을 갈망하는 경향이 존재하는 것도 사실이다. 그는 1875년 12월 6일 잉글랜드의 울버햄프턴(Wolverhampton)에서 변호사인 아버지 아서(Arthur)와 어머니 아이런몽저(Ironmonger)사이에 무남독녀로 태어났다. 그는 런던 여학교 킹스 칼리지(King's College for Women)에 입학하여 역사와 생물을 전공, 철학과 종교분야에 취미를 가지고 공부했으며 깊이 생각에 잠기곤 했다. 32세 되던 1907년 7월에 어려서부터 함께 자란 변호사 허버트 무어(Hubert Stuart Moore)와 결혼했다. 부부사이에는 자녀가 없었다.

제1차 세계대전 이후 영국의 이곳 저곳에서 평화를 추구하는 사람들이 우후죽순 나타났다. 에블린 언더힐도 1939년 전쟁 반대의 성공회 평화주의자 협회 회원이 되어 글을 씀으로써 널리 알려졌다. 비종교적인 배경을 갖고 있던 에블린 언더힐은 오스트리아 태생의 배런 프리드리히 폰 휘겔의 영향을 많이 받았다. 그녀는 어린 시절에 영국으로 이주를 했으며, 나중에는 영적 체험에 대한 종교 철학에 있어 권위자가 되었다. 언더힐에게 가장 크게 영향을 미친 사람은 인도의 시인이며 신비주의자이며, 여행가, 노벨상을 받은 타고르(Rabindranath Tagore)이었다. 타고르와 교류하며 1915년 카비어(Kabir)의 노래라고 불리는 100수의 카비어를 타고르와 함께 번역 출판하기도 했다. 에큐메니칼 신학 노선을 견지했던 카톨릭교도인 그녀의 책들은 개신교 신학자들에 의해 많이 읽혀졌다. 그녀의 『종교의 신비적 요소』(*The Mystical Element of Religion*), 『영원한 생명』(*Eternal Life*), 그리고 『종교 철학』(*Philosophy of Religion*) 등과 같은 저서들은 후대의 신학적 흐름들을 미리 보여 주었다. 그녀는 종교의 신비적, 제도적이며 그리고 지적 측면들이 인간의 창조적인 긴장 속에서 유지되어야 한다고 보았다.

배런의 친절한 지도를 받은 언더힐은 로마 카톨릭의 일원이 됨으로써 자신의 기독교신앙을 고백했다. 그녀는 그 형식적인 의식을 자신의 내적 갈망의 외적 표현이라고 간주했다. 그러나 1907년에 교황 비오 10세가 카톨릭교회 내의 '현대주의'에 대한 칙령을 발표하자, 자신의 지성이 그것에 반작용을 할 것으로 생각하고 영국 국교회로 옮겼다.

에블린 언더힐은 『신비주의』(*Mysticism*, 1911), 『예배』(*Worship*,

1936)처럼 매우 개인적이고 학구적인 책들을 썼다. 『예배』 1장에서 "예배란 모든 차원과 방법에서 영원한 존재에 대한 피조물의 응답이다. 예배에 대한 이 정의에 더 가감할 필요가 없다. 인간에게 보이거나 보이지 않거나, 의식하거나 의식하지 않거나, 우주 전체를 예배의 행위로 생각한다"라고 시작한다. 이러한 저술들은 여자의 신분이면서도 교회 안팎의 영성운동의 지도자로 부상하는 계기를 가져다주었다. 조용한 성격에 고독한 사색가적 기질을 갖고, 영적인 문제의 상담가로, 또한 종교적인 수련회의 강사로 많은 사람들에게 인기를 독차지했다.

에블린 언더힐의 편지들은 그녀가 죽은 후 유명한 저술가 찰스 윌리암스에 의해 편집되었다. 그것들은 그녀의 철저한 정신들을 보여주며, 자신과 종교사상들에 대해 비판적인 그녀의 예민함을 나타내 준다. 그렇지만 그녀는 또한 풍자적이었고 유머스러움도 함께 가지고 있었다.

“

영혼의 평화

나는 작년과는 전혀 다르게 느끼고 있습니다. 그걸 한마디로 정의하기는 어렵습니다. 나는 발로서 안정되게 걸을 수는 없지만, 무릎으로는 좀 더 안정되게 걸을 수 있습니다. 나는 내적 공허함과 강렬한 위로 사이를 왔다갔다하는 일도 별로 없습니다. 비록 아직도 갈피를 잡지 못하고 있지만, 비틀거리지 않고 어느 정도 곧게 걷고 있습니다.

나는 내내 나의 관심을 감정으로부터 의지로 옮기기 위해 노력해 왔습니다. 그러나 아직 완전히 이루어지지 않았고, 그 일이 완성되기 전까지 나에게는 결코 안정이 없을 것입니다. 나의 내부에 그리스도 중심적인 사고가 한층 더 깊고 강하게 뿌리내리고 있습니다. 내가 이렇게 되리라고는 결코 상상할 수 없었습니다. 나는 거룩한 삶이 실제로 어떤 것인지를 깨닫기 시작했습니다. 내가 이것을 깨달을 수 있는 것은 오직 기적 같은 빛의 역사 안에서입니다. 내게 대체로 공허감과 함께 비참한 무능력의 시기와 그보다 더 심한 경지가 있었음에도, 내 생애 처음으로 이렇게 깊고 참된 행복과, 마침내 참된 영생을 얻게 되었다는 확신과 제한이 없는 사랑의 능력을 경험하고 있습니다. … 인간적으로, 나는 전적으로 당신으로부터 은혜를 입었습니다. 감사드린다는 말로는 나의 이 감격을 천 분의 일도 다 전하지 못할 것입니다.

정신적인 갈등은 여전합니다. 그러나 그러면서도 색다른 기쁨이 있습니다. 나는 그것에 대하여 그렇게 걱정하지 않습니다. 왜냐하면 중대한 포기에는 투쟁이 따른다고 믿기 때문입니다. 나는 지금 옛 나의 정신에서의 유혹들 — 완고하고 과장되며, 비판적이고 적대적이며 비관적이고 증오하는 성향들 — 에 의해 공격당하고 있음을 느낍니다.

나의 의지는 이러한 것들에게 동반하지 않고 대항하여 싸우고 있습니다. 그럼에도 불구하고 그것들은 나의 마음에 침입해서 며칠씩 머무르고 있습니다. 이것은 나의 저 밑바닥은 내가 아직 참된 그리스도인이 아니라는 또 하나의 증거입니다. 사실 나는 나의 진실한 그리스도인 친구들에게서 사랑스러움과 온유함과 찬란함을 발견합니다. 그래서 나도 그것들을 갈망하지만 얻을 수가 없습니다.

자기 성찰

나는 아직도 신앙적 행동들을 할 수 없습니다. 그 예가 바로 자기반성에 관한 것입니다. — 나는 피정 때 긴 글을 씀으로써 자기 반성을 하곤 했습니다. … 그러나 그것은 두려웠습니다. — 그렇지만 나는 그것에 큰 관심을 느낄 수 없으며, 또한 그 일이 그렇게 중요하게 생각되지 않습니다. 나는 우리에게 훨씬 더 중요하고 겸손한 일은 우리가 예수 그리스도를 바라보려고 애쓰는 것이라고 생각합니다. 나는 내가 어떤 가증스러운 일을 행할 때 즉시 그것을 느낄 수 있습니다. 심지어 성찬에 임하기 이전에는 그 사랑이 넘쳐흘러서 모든 것을 소멸시켜 버리도록 하는 일 이외에는 아무 일도 하지 않습니다.

지난 10월 어느 날, 내가 기도를 드리고 있을 때입니다. 나는 어떤 음성이 들리는 것을 느꼈습니다. 그 음성은 날카롭고 분명한 소리로 말했습니다. 매우 갑작스러운 일이었지만, 오직 한 마디의 짧은 말을 하고 사라졌습니다. 그것은 처음에는 라틴어로, 다음에는 영어로 반복되었습니다. 내가 지금 여기서 심리적인 어떤 기이한 현상을 말하고 있다고 상상하지는 마십시오. 그것은 두 번 다시 나에게 일어나지 않았으며, 또한 그렇게 되기를 원하지도 않습니다. 나는 환각에 취해 있는 것이 아닙니다. 그 음성은 한 줄기 빛처럼 지나갔지만 나를 30분이나 꼼짝 못하게 했습니다. 나는 분명히 부름 받아서 단번에 모든 것이 해결된 느낌이 들었습니다. 나는 그 배후에 좀 더 심오하고 실제적인 무엇이 존재하지 않았다고 믿을 수가 없습니다. 그 사건은 내게 하나의 전환점이 되었고, 모든 후회와 걱정과 소란을 없애 주었습니다. 나는 모든 하나님의 위로가 힘을 발휘한다면 그것은 그리 큰 의미가 없다고 생각합니다. 물론 많은 이들이 그들이 이미 익숙해 있는 것보다 더 고통스럽습니다. 그러나 그것은 동시에 정화시키는 측면도 가지고 있습니다. 그러므로 우리에게 필요한 것은 전적이고 무조건적인 헌신인데 그것은 그리 쉽지 않습니다. 나는 그 모퉁이를 지날 때마다 넘어지는 나를 봅니다. 때로는 다른 것들도 있습니다. 그것은 형체도 없고 신성하며, 예민하고 심오하며 겸손했습니다. 예전이나 지금이나 새로운 빛, 지성적인 통찰, '가시적인 헌신'이 있어왔습니다. 그것들은 우리가 미처 반 정도밖에 잡을 수 없을 만큼 매우 빠르고 광대합니다. 나는 좀 더 생생하고 감정적인 느낌에서 도망치고 싶습니다. 나는 그것을 전혀 믿지 않습니다. 그러나 어떻게 다른 사람에게 느낌을 강렬하게 받도록 도울 수 있습니까? 우리는 우리 자신의 느낌만을 가질 수 있는 하나의 영혼과 육신만을 가지고 있을 뿐입니다.

기도와 경건

기도는 좀 더 수동적인 것입니다. 그것은 때로 분명치 않은 열망이며 매우 자주 한 단어로만 그치기도 합니다. 나는 내가 때때로 지나치게 이런 식으로 생각하고 있지는 않는지 의아해 합니다. 그러나 우리가 습관적인 어둠과 맹목적인 즐거움 속에 빠져드는 것을 보면 참으로 놀랄 때가 많습니다. — 우리는 그런 식으로 영원 속에서 삽니다. — 그러나 그렇게는 얼마 견디지 못합니다. 길어야 20분이겠지요. …….

나는 매일 시편을 몇 편씩 암송하며 중보기도를 합니다. 그때는 모든 것을 잊을 수 있습니다. 물론 늘 그럴 수 있는 것은 아니지만 … 중보기도에 대해 말하자면, 나는 내게 다른 사람의 이익을 위하여 완전한 영적 손실을 감수할 수 있는지 묻곤 합니다. 그 사람을 회심하게 하기 위해서 말입니다. 나는 내가 그 일을 할 수 없다는 것을 압니다. 그러므로 나는 참된 그리스도의 사랑을 갖고 있지 않는 것입니다. 나는 이렇게 묻습니다. 만일 이러한 대가가 필요할 때 그것을 치를 준비가 되어 있지 않다면, 그가 다른 사람을 위해 참되게 중재할 수 있는가? …….

심리적 육체적 뒤엉킴

신경의 상태와 정신적인 예민함 사이에서 나는 또 고통을 당하고 있습니다. 신경과 정신은 서로 결합되어 있는 것 같습니다. 은총에서 벗어났다고 하는 것은 다만 정신적인 피로와 무기력 상태를 말할 뿐이라고 사람들은 말하지만, 내가 신경의 탈진 상태 속에서 경건생활을 얼마나 이끌어 갈 수 있을지 모르겠습니다. 나는 내가 정한 모든 규칙들을 잘 지키려 노력하고 있습니다. 정한 시간에 기도하기 위하여 무릎을 꿇는 일은 전혀 하지 않는 것보다 낫다고 생각합니다. 그러나 그럴 때 기도는 무익한 것이 되고 맙니다. 이런 식의 규칙 준수는 일종의 고정된 습관일 따름입니다. 만약 내가 이 규칙을 지키지 않으면 나는 불안해하고 갈급해 하기 때문입니다. 휴일을 즐기거나 여행이나 강연을 하는 동안에는 나는 그 규칙을 지킬 수가 없습니다. 혼자 있을 수 있는 상황도 아니고, 자유로운 시간도 주어지지 않으며, 또한 기도의 방해를 막을 만한 장치도 없기 때문입니다. 이럴 때마다 나는 더욱 더 기도를 하기 위해 노력해 보았지만 그 노력들은 나에게 도리어 긴장감만 더해 주어 결과적으로 기도에 악영향을 미쳤습니다. 따라서 휴일은 내게 도리어 비참한 기간이 되어버렸습니다. 물론 그것이 전혀 불가능한 상태에 있지 않는 한 나는 결코 성찬식을 희생시키지 않습니다. 우리가 요트 놀이를 하고 있을 때 나는 이것에 대하여 확신할 수가 없습니다. 여기서 나는 외적 규칙에 대하여 좀 더 유연한 자세를 갖는 일과, 장기적인 안목에서 비규칙성을 발휘하여 조용하고 적당한 기회가 있을 때마다 그때를 놓치지 않고 기도하게 되기를 바라고 있습니다. …… 어쨌든 나는 24시간 내내 다른 사람에 의해서 살아갈 수는 없기 때문입니다. 이러한 상황들을 헌신할 가치가 있는 어떤 것으로 바꿀 수 있는 사람이 아무도 없는가요? …….

하나님의 명령

나는 하나님께서 나에게 원하시는 것이 어떤 것인지 모르고 있습니다. 나는 개인적인 봉사의 기회를 더 많이 구했고, 나의 말대로 이루어졌습니다. 그러나 이제 연구를 위한 시간이나 여력이 전혀 없습니다. 늘 강연을 하고 또 준비하고, 조언을 하고, 논문을 쓰고, 일을 진척시키고, 위원회와 각종 회의를 주재하지만 영적인 양식은 공급받지 못하니 이러다가는 내가 입만 살아 움직이는 성직자로 전락할까봐 두렵습니다. 가족에 대한 의무와 가족 이외의 일 사이의 갈등도 점점 심해져갑니다. 자꾸만 노쇠해져 가시는 나의 부모님들은 나를 이해하지 못하시며 때론 약간의 질투가 담긴 요구를 하실 때도 있습니다(특별히 내가 수입이 없는 일을 할 때 더욱 그러하십니다). 비록 나는 그분들을 매일 뵙고 있지만, 그분들을 위해 좀 더 많은 시간을 할애해야 한다고 생각하고 있습니다. 그러나 그러기 위해서는 나는 하나님, 혹은 가난한 사람들, 또는 다른 어떤 것을 위한 일을 줄여야 합니다. 내가 그런 일들을 사랑하는데도 말입니다. 할 일이 산더미처럼 쌓여 있는데 한담이나 나누면서 부모님을 즐겁게 해드린다는 것은 참으로 곤란한 일이 아닐 수 없습니다. 그것이 생활 전반에서 요구되는 것은 아니지만 때로 나는 내가 상황을 분명하게 판단하고 있지 못하다고 생각될 때도 있습니다.

"

1923년 6월 에블린 언더힐은 배런에게 장문의 편지를 쓰면서 그녀의 영적 순례 상황과 단계 들을 자세히 기술해 놓았다.[1)]

에블린 언더힐은 잃어버린 중세의 신비주의자들과 카톨릭의 영성을 개신교 신자들에게 알리는 데 다른 어떤 사람보다 책임감을 가지고 앞장섰다. 또한 동양의 신비주의자의 삶을 영어를 사용하는 세계에 알리는 것을 사명감으로 여겼다. 그의 영성생활은 라디오 전파를 타고 많은 사람에게 영향을 미쳤으며, 1941년 언더 힐이 세상을 떠났을 때, 타임지는 "당대의 어느 전문교수도 언더힐의 신학주제에 도달할 수 없었다"고 보도했다.

참고문헌 및 각주 – 이 글은 아래 문헌에서 인용, 발췌한 것이다.
편찬위원회, 『기독교대백과사전 11권』, 서울 : 기독교문사, 1989. p. 115
Hugh T. Kerr & John M. Mulder. *conversions*. New York: Grand Rapids, 1983.
에버린 언더힐의 전기, *Evelyn Underhill,* by Margaret Cropper 중에서
휴 커 · 죤 멀더, 공편. 『위대한 회심자들』. 박영봉 역. 서울: 생명의 말씀사, 1993. pp. 259~267
http://ko.wikipedia.org/wiki/(위키백과)
http://www.britannica.com/(브리테니커 Internet판)

1) 이 편지는 에버린 언더힐의 전기 *Evelyn Underhill,* by Margaret Cropper (London: Longmans, Green & Co., 1958), 105-110에 수록되어 있다.

생명에의 경외를 실천한

알버트 슈바이처

Albert Schweitzer

1875~1965

독일의 탁월한 철학자, 신학자, 음악가이자 저술가였던 그는 비범한 재능을 소유했음에도 불구하고 아프리카를 위해 그의 모든 것을 희생하고 봉사했다.

고통의 땅 알자스에서의 배움

슈바이처는 1875년 1월 프랑스와 독일의 국경 부근에 있는 알자스 지방의 카이제르스부르크에서 루터교회 목사인 루이 슈바이처의 큰아들로 태어났다. 슈바이처는 태어났을 때부터 몸이 약했으므로 이를 걱정한 부모의 뜻에 따라 농촌 귄스바흐에서 자랐다. 역사적으로 알자스는 독일과 프랑스의 영토 다툼이 매우 심하던 곳이어서 당시에는 독일 영토였으나, 제1차 세계대전이 끝나면서 프랑스로 넘어가 현재에 이르고 있다.

그의 유년시절은 기독교 믿음과 정신 성숙에 지대한 영향을 주었다. 루터교회 목사인 부친은 아들이 성경를 읽으며 궁금해 하면 이를 알기 쉽게 설명해주었다. 또한 교우들의 대부분이 가난한 농부들이었으므로 자연스럽게 이에 대한 관심을 갖도록 했다. 부친은 성찬예배에서 아프리카 사람들의 비참한 삶에 대해서 자주 설교했다. 이러한 성장 환경은 슈바이처를 역사적 예수 연구에 참여한 진보적인 신학자이자, 아프리카 의료봉사자가 되는데 중요한 밑거름이 되었다.

알자스 지방은 복잡한 역사로 인하여 종교적으로 개신교와 로마 카톨릭이 공존하고 있었다. 이들은 예배의 형식은 비록 달랐지만 기독교인이라는 공통점 속에서 서로가 존중하는 풍토가 형성되어 있었다. 유년시절의 이러한 경험들은 슈바이처가 자신과 다른 사상을 존중하는 너그러움을 갖게 해주었다. 그곳에는 유대 상인도 있었다. 그는 가축과 땅을 거래하는 상인이었다. 당시에는 반유대주의가 상당했는데 그들은 사람들에게 '돼지' 라는 모욕을 받으면서도 미워하지 않았다. 이것을 보면서 슈바이처는 용서만이 악(惡)을 이기고 갈등을 극복하는 길임을 확신하는 평화주의자가 되었다.

또한 슈바이처는 음악가로서의 경력을 세워나갔다. 어려서부터 오르간을 배웠던 그는 파리에서 공부하기도 했다. 1906년 파리의 바흐(Bach)협회의 설립에 협력했고, 그곳의 오르간 연주자를 겸했다. 그는 바흐에 대한 권위자였다. 바흐의 합창곡과 칸타타에 대한 음악적 종교적 의미에 대한 결정적인 책을 저술했고, 20세기 초의 오르간 개선운동에 영향을 끼치기도 했다.

슈바이처는 1899년 스트라스부르그대학교에서 철학박사, 이듬해 신학박사의 학위를 취득했다. 신학생 시절 그는 당시 서구 신학계에 등장한 예수전(傳)들을 연구하면서 예수에 대한 자신의 생각이 신학적으로 맞는가를 연구했다. 그 결과는 신학계에 대단한 논쟁을 촉발시킨 『역사적 예수의 탐구』(*The Quest of the Historical Jesus*, 1906)라는 저서의 출판으로 나타났다. 그는 예수님을 종교적 진리의 교사이자 인본주의적인 이상을 가지고 있던 정신적인 지도자로 보았던 19세기의 자유주의의 견해를 뒤엎고, 복음서들 속에서 나타나는 메시야적 종말론을 진지하게 다루었다. 그리하여 그는 30세가 되기도 전에 널리 알려지는 신학자가 되었다. 1899년 스트라스부르그의 목사가 되었고, 1902년에는 모교의 신학부 강사가 되었다.

아프리카를 향한 열정

그는 21세 때 "30세까지는 학문과 예술 속에서 살고, 그 후부터는 인류에의 직접 봉사 활동으로 들어가자"는 결심을 했었다. 이를 실현하기 위하여 30세 되던 해인 1905년 슈바이처는 아프리카 열대지방의 의료선교사가 되기 위해 의학을 공부하기 시작하여, 1912년에 의학 박사 학위를 받았다.

1913년 아내 헬레네 브레슬라우와 함께 자신의 오랜 꿈이었던 흑인을 위한 의료 사업에 일생을 바치기 위해서 모든 직책에서 물러나 프랑스령 적도 아프리카(현재의 가봉 공화국)의 랑바레네에서 의료봉사를 시작했다. 병원은 자력으로 운영했다. 그러나 자금은 곧 한계를 드러냈고, 이에 병원의 기금을 모집하기 위하여 유럽으로 돌아왔을 때 제1차 세계대전이 일어났다. 알자스 지방은 당시 독일의 영토였으므로 독일 사람이라는 이유로 1917년 프랑스 포로수용소에 갇히게 되었다. 전쟁이 그에게 준 가장 큰 상처는 어머니가 1916년 프랑스 군인들의 군마(軍馬)에 치여 죽은 사건이었다. 독일이 제1차 세계대전에서 패하자 슈바이처의 고향은 프랑스 영토가 되었다. 슈바이처는 프랑스 식민지였던 가봉에서 활동하는데 어려움이 없도록 국적을 프랑스로 바꿨다. 그 후 6년간 유럽 각지로 돌아다니며 모금을 했고, 1924년 다시 아프리카로 돌아갔으나, 병원은 부서져 뼈대만 남아 있었다. 다행히 여러 곳에서 원조금이 들어와 병원은 곧 다시 세울 수 있었다. 그를 위하여 의사와 간호사들이 자원하여 왔다. 그는 한센병 환자 거주지도 추가로 세우는 등 활발한 활동을 했다. 이러한 활발한 활동은 많은 수의 의사, 간호사와 다수의 원주민 직원들의 헌신적인 봉사가 있었기에 가능한 일이었다. 병원 운영에 필요한 돈은 3년에 한 번 꼴로 유럽으로 돌아와 연주회를 열어 번 돈과 저서의 인세, 강연으로 받은 돈과 기부금으로 충당했다. 말년인 1957년 라디오 강연과 신문 기고를 통해 핵무기에 반대하는 반핵운동을 했다. 1965년 9월 90세의 고령으로 랑바레네에서 그가 평생 가장 좋아했던 바흐의 음악을 들으면서 숨을 거두었다.

1928년에 슈바이처는 괴테상을 받았고, 1952년에는 노벨평화상을 받았다. 그의 최후의 중요한 저술 작업은 문명에 대한 철학을 포함하고 있는데, 그는 여기서 '생명에의 경외' 를 사상의 핵심으로 삼고 있다. 신학자들과 성경학자들은 기독교 복음에 대한 그의 견해를 놓고 계속 논쟁을 벌여왔고, 파리 선교 협회는 그의 정통성을 의심했다. 그러나 어느 누구도 이 탁월한 재능을 가진 밀림의 의사가 예수님의 말씀을 가장 잘 실천했다는 것에는 의문을 품을 수 없었다.

"

내가 주릴 때에 너희가 먹을 것을 주었고, 목마를 때에 마시게 하였고, 나그네 되었을 때에 영접하였고, 헐벗었을 때에 옷을 입혔고, 병들었을 때에 돌보았고, 옥에 갇혔을 때에 와서 보았느니라(마 25:35-36).

"

마음의 결단

1905년 10월 13일 금요일, 나는 파리의 한 우체통에 부모님과 친지들에게 보내는 몇 통의 편지를 넣었다. 이 편지는 아프리카 적도에 가기 위하여 겨울학기 초부터 의학을 공부하겠다는 내용이 담겨 있었다. 이 편지 중 한 통에는 성 토마스 신학대학 학장직에 대한 사임서도 들어 있었다.

내가 실행에 옮기려던 계획은 이미 오래 전에 내 마음 속에 자리 잡고 있었다. 그것은 유년시절까지 거슬러 올라간다. 내 주변에는 많은 사람들이 고통과 근심의 나날을 보내고 있었다. 그러나 나만 행복한 생활을 누리도록 허용되었다는 것은 도저히 납득할 수 없는 일이었다. 나는 동급생들의 비참한 가정 형편과, 권스바하(G?nsbach) 목사관에 살고 있는 우리들이 누리고 있는 이상적인 가정생활을 비교해 보고 심한 충격을 받았다. 대학 시절에도 학문과 연구생활을 자유로이 할 수 있는 행복을 누리면서도, 나는 물질적 조건이나 건강 때문에 그러한 행복이 박탈당한 사람들을 생각하지 않을 수 없었다. 그것은 무거운 중압감이었고 일종의 부채의식과도 같은 것이었다.

1896년 청명한 여름날 아침 나는 권스바하에서 눈을 떴다. 그날은 성령강림절의 휴가 기간이었다. 잠에서 깼을 때 문득 나는 이 행복을 당연한 것으로 받아들여서는 안 되며, 그 대가를 어떤 형태로든 되돌려 주어야 한다는 생각이 들었다. 나는 밖에서 들려오는 새들의 지저귐을 들으면서 그 문제에 대하여 계속 생각했다. 그리고 잠자리에서 일어나기 전에 한 가지 결심을 했다. 그것은 30세까지는 학문과 예술을 위하여 정진하며, 그 이후에는 인류를 위하여 직접적으로 봉사하는 일에 삶을 바치겠다는 결심이었다. "누구든지 자기 목숨을 구원하고자 하면 잃을 것이요 누구든지 나와 복음을 위하여 자기 목숨을 잃으면 구원하리라" (막 8:35)고 하신 예수님의 말씀이 나에게 무슨 의미인지 참으로 여러 번 생각했다. 이제 그 해답이 밝혀졌다. 나는 외적 행복과 내적 행복까지 소유하는 기쁨을 누렸다. 미래를 위하여 계획된 활동이 어떤 것인지는 분명하지 않았다. 나는 그때 그때, 상황이 나를 인도해 주리라고 믿었다. 한 가지 분명한 것은 아무리 사소한 일이라 할지라도 인간을 위한 직접적인 봉사가 되어야만 한다는 것이었다.

실패를 통한 인도하심

우선적으로 생각한 것은 유럽에서의 사역이었다. 버림받거나 방치된 어린이들을 양육하여 후에 같은 방법으로 어린이들을 돌보도록 한다는 계획을 세웠다. 1903년 신학교 기숙사 사감으로 임명되어 성 토마스대학 2층의 양지바르고 넓은 사무실로 이사를 했다. 나는 이러한 일을 해 볼 수 있는 형편에 놓이게 되었다. 나는 여기저기 도움을 제공하여 보았으나 결과는 항상 실패였다. 버림받은 후견자 없는 어린이들을 돌보는 구호기관 원칙이 지원자들에 의한 자발적인 협력을 허락하지 않고 있었다. 스트라스부르그 고아원의 화재 이후에 몇 명의 아이를 수용하겠다고 원장에게 제안했지만 그는 내 말이 끝나기도 전에 이를 거절했다. 그 밖의 다른 곳에서도 시도들을 해보았지만 모두 실패로 돌아갔다. 얼마 동안은 부랑자들이나 석방된 죄수들을 위하여 헌신해 보려고 여러모로 노력을 해보기도 했다. 그러나 이마저도 좌절과 실패를 경험하고 끝나고 말았다.

1904년의 어느 가을날 아침에 나는 성 토마스대학의 내 책상 위에서 녹색 표지의 한 잡지를 보았다. 그것은 파리 선교회가 매달 발행하는 선교 활동에 대한 보고서였다. 나는 그 선교회의 초창기 선교사들 가운데 하나인 카살라스(Casalis)라는 사람의 편지를 통하여 깊은 인상을 받았다. 아버지는 어렸을 때에 예배 중에 그 편지를 큰 소리로 읽어주셨다. 이러한 사정을 잘 알고 있었던 쉐들린(Scherdlin) 양이 그것을 늘

나에게 가져오곤 했다. 그날 저녁, 일을 시작하기 위해 책상 위를 정리하려다가 무의식적으로 그 잡지를 펼쳐 보았다. 거기서 나는 이런 기사 제목에 가서 눈이 번쩍 뜨였다. "콩고 선교에 필요한 것들(Les besoins de la Mission du Congo)"이라는 기사였다. 그것은 알자스 출신으로 파리 선교회 회장이었던 알프레드 뵈그너(Alfred Boegner)의 글이었다. 그 글의 요지는 콩고 식민지 북부 지역인 가봉 지방에서 선교 업무를 수행할 인원이 부족하다는 호소였다. 그는 글을 이렇게 결말을 지었다. "주의 부르심에 서슴지 않고 '주여 나를 보내소서' 라고 말하는 사람들, 바로 이들이 교회가 필요로 하는 사람들이다." 그 글을 읽고 나서 나는 조용히 일을 시작했다. 이제 오랜 고민과 탐색은 끝이 났다.

아프리카를 향한 결심과 반대를 뚫고서

몇 개월 후에 맞은 30회 생일을 나는 "망대를 세우려는 생각으로 자기의 가진 것이 준공하기까지에 족할는지 먼저 앉아 그 비용을 예산하는" 비유의 주인공처럼 보냈다. 그 결과로 나는 순수한 인류를 위한 봉사에 대한 계획을 이제야말로 적도 아프리카에서 실현하기로 마음먹었다. 이 계획에 대하여 나는 친한 친구 한 사람 이외에는 아무에게도 알리지 않았다. 그러나 이 계획이 파리에서 보낸 내 편지로 인하여 알려지고 말았다. 나는 친지들과 친구들을 대항하여 힘든 싸움을 하지 않으면 안 되었다. 먼저 그들과 상의하지 않았다는 것은 그들을 신용하지 않기 때문이라는 비난이 도리어 이 계획 자체에 대한 비난보다 더 클 정도였다. 그들은 이러한 작은 문제를 가지고 나를 몹시 괴롭혔다. 이리하여 몇 주일 동안 나에게는 어려운 나날이 계속되었다. 신학을 공부한 친구들이 다른 사람들보다 더욱 심하게 공격했고, 그들은 나를 도저히 납득할 수 없는 사람으로 몰아세웠다. 왜냐하면 바울이 갈라디아서에서 기록했듯이 예수님을 위해서 일한다는 의미를 "살과 피에 관한 것이 아니라" 고 규정하면서 설교하고 있기 때문이다.

나의 친척들과 친구들은 모두 합세하여 내 계획은 참으로 어리석은 짓이라고 비난했다. 그들은 나를 이미 위임받은 달란트를 묻어 두고 그 달란트를 다른 위조 화폐와 맞바꾸고자 하는 사람과 같다고 말했다. 그 야만인들을 위한 활동은 학문과 예술에 별다른 재능과 업적이 없는 사람들에게 맡겨져야 한다는 것이었다. 나를 자식처럼 사랑하여 준 위도르(Widor)도 권총을 들고 발포선 안으로 들어가려는 장군처럼 어리석다고 나를 책망했다. 현대적인 사고를 가지고 있던 한 여인은 내가 실제로 의료 행위를 하느니보다는 원주민들을 위한 의료 원조를 위하여 강연하는 것이 그 일을 위하여 훨씬 더 효과 있을 것이라고 내게 충고했다. 그녀는 괴테의 파우스트(Faust)의 "태초에 행위가 있었다" 라는 말은 현대에 있어서 이미 통용되지 않는다고 말했다. 오늘날에 있어서는 선전이 모든 일의 어머니라는 것이었다.

나는 그리스도인이라는 사람들과 많은 논쟁을 했는데, 거기서 늘 연약한 상대자였다. 그러한 논쟁들을 통하여, 나는 그들이 예수님에 의해 선포된 사랑을 실천하려는 노력은 그 사람을 전혀 새로운 삶의 길로 옮겨 놓는다는 사실을 그들이 신약성경 속에서 거듭하여 읽으면서도 깨닫지 못하고 있음을 알게 되었다. 나는 예수의 말씀에 익숙해 있으면 일반적인 논리에 불합리하게 보이는 일들을 나 자신의 능력보다 훨씬 더 잘 이해할 수 있다는 사실을 당연하게 생각하고 있었다. 사실, 예수님의 사랑의 명령은 어떤 특수한 상황에서 그것에 복종하고 행동할 것을 천명하고 있는 것이다. 나의 이런 진솔한 호소에도 독선적인 망상이라고 비난을 받은 적이 한두 번이 아니었다. 사실 이러한 일로 논쟁 한다는 것조차 자제력을 갖지 않고서는 불가능한 일이었다. 나의 내적 자아를 허물어뜨리려고 시도했던 수많은 사람들에 의해서 나는 얼마나 고통을 당했는지 모른다.

내가 왜 이런 결심을 하게 되었는지 말한다는 것은 마음 내키지 않는 일이었다. 억지로 그렇게 하는 것은 전혀 소용없는 일이었다. 그들은 나의 결심 뒤에 무엇인가 다른 의도가 숨어 있을 것이라고 생각했다. 또한 나의 명성이 너무 느리게 알려지는 것에 대해서 실망하고 있기 때문이라는 추측도 나돌았다. 그러나 이것은 근거 없는 억측이었다. 왜냐하면 나는 젊은 나이에 이미 남들이 일생 동안을 싸우고 노력하여 차지하는 명성을 얻고 있었기 때문이다. 이러한 결심을 하게 된 이면에는 사랑에 실패한 경험들 때문이라고 말하기도 했다. 나는 나의 마음을 캐묻지 않고, 나를 제정신은 아니지만 조숙한 젊은이라고 생각하며 애정 섞인 조소를 보낸 사람들의 행동을 오히려 친절하게 느꼈을 정도였다.

나는 나의 친척들과 친구들이 내 계획에 반대하는 어떤 말을 하는 것이 무리는 아닐 것이라는 느낌도 들었다. 이상주의자들에게 그들의 견해에 있어서 냉정을 찾기를 바라는 한 사람으로서, 나는 남들이 걷지 않은 길을 걷는다는 것이 어떤 특별한 조건하에서만 성공할 것처럼 보이는 하나의 모험이라는 사실을 알고 있었다. 그러나 나는 내 경우에 있어서는 그 모험을 정당한 것이라고 말할 수 있는 충분한 이유가 있다고 믿었다. 나는 그것을 오랫동안 여러모로 생각해 보았다. 그리고 나는 원만한 결론에 도달할 수 있었다. 왜냐하면 나는 건강, 안정된 성품, 힘, 상식, 강인함, 분별력, 재산, 그리고 이상을 실현하는데 필요한 다른 여러 가지 요소를 지니고 있었기 때문이다. 그뿐만 아니라 나는 경우에 따라 일어날 수도 있는 실패들을 견디어 낼 수 있는 충분한 인내력을 가지고 있다고 믿었다.

이때부터 나와 같은 일을 감내해 보려는 많은 사람들이 나를 독특한 사업을 수행하고 있는 사람이라고 여겨서인지 여러 가지 의견이나 조언을 요청해 왔다. 그러나 나는 책임 있는 태도로 그들을 격려하는 경우는 거의 없었다. "어떤 특수한 것을 해보자"라는 요구는 신중하지 못한 사람들에게 많다는 사실을 깨달은 적이 한두 번이 아니었다. 이러한 사람들이 더 커다란 일에 헌신하고 싶어 하는 것은 지금 당면하고 있는 일에 만족하지 못하기 때문이다. 그들이 단지 부수적인 것을 고려한 나머지 결심했을 경우도 적지 않다. 어떤 일에서도 그 가치를 발견하고 그것에 전적인 책임을 지고 헌신할 수 있는 사람만이 자연적으로 맡겨진 일을 그만두고 비상한 일을 목표로 할 수 있는 자격을 가질 수 있는 것이다. 그 계획을 결코 일상적인 것이 아니라 초일상적인 것이라고 생각해서는 안 된다. 그는 그 일을 자명한 것으로 받아들이고 영웅심을 버리고 냉정한 열정으로 의무를 수행할 줄 알아야 한다. 이러한 사람만이 지금 세계가 필요로 하는 정신적인 모험자가 될 수 있는 것이다.

의사로서 아프리카를 가려는 이유

카알라일의 『영웅과 숭배』는 깊은 의미를 지닌 책이라고 할 수 있다. 사람들은 환경 때문에 자기의 이상을 포기하지 않을 수 없다. 그들은 자기에게 속해 있는 가족들을 돌보지 않으면 안 된다. 또한 자신의 생계를 유지하기 위하여 직업에 머물러 있어야 한다. 보통 이와 같은 이유로 대부분의 사람들은 그들의 꿈을 체념하고 살아가는 수밖에 없다. 오늘날에는 물질적으로 자기 자신의 힘이나 친구들의 도움으로 자유스러운 사람만이 감히 개인적인 야망의 길을 걸어갈 수 있다. 옛날에는 반드시 그렇지는 않았지만 말이다.

나는 환경이 불우하여 훌륭한 능력을 가진 사람들이 사회에 많은 유익을 끼칠 수 있는 이상을 포기할 수밖에 없는 경우를 종종 보아왔다. 다행하게도 자유스럽게 개인의 이상을 실현할 수 있는 사람들은 이 행복을 겸손한 마음으로 받아들여야 한다. 그들은 같은 일을 하기를 원하며 그 기능이 있으면서도 그렇게 하지 못하는 사람들을 생각하여야 한다. 그러한 사람들은 대체로 그 굳은 의지를 겸허한 마음으로 단련하지 않으면 안 된다. 실제로 자기 자신을 완전히 사용할 수 있는 사람은 행복한 사람이다.

이러한 축복을 받은 사람들은 겸손하여야만 한다. 비록 어떤 억압을 받는다 할지라도 격분하지 말고 "당연히 올 것이 왔다"라는 식으로 그것을 대범하게 받아 들여야 한다. 선(善)을 행하려는 사람은 선을 행한다고 하여 사람들이 그가 가는 길에서 돌을 치워줄 것이라고 기대해서는 안 된다. 아니 도리어 그들이 방해하기 위해 돌을 길에다 더 굴려다 놓으리라고 예상하고 그것을 숙명적인 것이라고 각오하여야 한다. 이러한 억압을 체험하여 내면적으로 경건하게 정화되고 강화된 힘만이 그것들을 이겨낼 수 있다. 그것에 분개하고 다만 항거만 한다면 심신을 낭비하는 데 그치고 말 것이다.

나는 선교사로서가 아니라 의사로서 아프리카에 가려 했다. 그러기 위해서는 30세의 나이로 다시 새로이 장기간의 어려운 공부를 감당하여야만 되었다. 이러한 사실 때문에 친구들은 내 계획을 가장 불합리한 것이라고 생각했다. 이와 같은 공부는 고된 노력을 요한다는 것을 나는 조금도 의심치 않았다. 나는 이제부터 닥쳐 올 여러 해 동안의 세월을 불안한 마음으로 바라보았다. 그러나 예정된 헌신의 길을 의사로서 걸어가 보겠다고 결심하게 된 근거가 대단히 중요했기 때문에 이에 비하면 다른 염려란 아무것도 아니었다.

내가 의사가 되기를 원한 것은 말하지 않고도 일할 수 있었기 때문이다. 수년 동안 나는 이 말에 심신을 바치고 있었다. 나는 기쁜 마음으로 신학 교수와 목사라는 직책에 종사했다. 그러므로 이제 새로운 행위는 사랑의 종교에 대한 설교이어서는 안 된다고 생각했다. 이번에는 그것을 실제로 실천해 보려고 생각했다. 봉사의 길이 나를 어디로 인도하든지 간에 의학 지식이야말로 내 의도를 가장 완전하게 실현시켜 줄 것이다. 선교사들의 보고에 의하면 내가 가려고 마음먹은 아프리카 적도지방은 의사가 무엇보다 긴요하다는 것이었다. 그렇기 때문에 내가 이 지방에서 일하기로 생각했을 때 내가 의학 지식을 가져야 한다는 것은 자명했다. 몸이 아파서 선교사를 찾아오는 원주민들에게 충분한 도움을 주지 못하고 있다고 선교 잡지에서 늘 호소하고 있었다. 장차 이런 가련한 사람들의 의사가 되려고 의학도가 된다는 것은 의미 있는 일이라고 판단했다. 이 때문에 너무나 오랜 세월을 희생하여야 한다고 느껴질 때면 해밀카나 한니발이 로마에 진군하기 위하여 오랫동안 스페인을 정복하고 준비했다는 사실을 생각하고 용기를 내었다.

내가 의사가 되기로 작정한 데에는 또 하나의 이유가 있었다. 왜냐하면 내가 아는 바에 의하면 파리 선교협회가 나를 선교사로 받아들여 주지 않을 것으로 의심했기 때문이었다. …….

파리선교협회는 다른 단체들보다 자유스럽다고 생각하여 프랑스 동부 낮은 보주(Vosges) 산맥 계곡의 목사였던, 나의 부친은 특별히 그것에 공감하고 있었다. 무엇보다도 그가 귀하게 생각한 것은 카잘리와 다른 이름난 선교사들이 보고서에서 달콤한 미사여구를 쓰지 않고 기독교인의 소박하고 정직한 마음에서 우러나오는 말을 사용한 것이었다. 그래서 나는 아버의 추억을 듣고 다른 선교단체와 마찬가지로 파리 선교 위원회에서도 정통신앙을 소유하고 있느냐 하는 문제가 중요하다는 사실을 곧 알게 되었다. 물론 협회 회장이며 친절한 선교사인 뵈그너는 그의 호소를 받아들여 콩고 선교에 지원한 사람이 있는 것을 보고 매우 감동했다. 그러나 그는 위원들이 나의 신학적 입장에 대하여 대단한 반대를 표명할 것이니 무엇보다도 먼저 이것이 제거되지 않으면 안 된다고 나에게 솔직히 말했다. 그렇지만 "단순히 의사의 자격으로만" 가기를 원한다는 나의 확고한 자세는 그에게 큰 믿음을 가져다주었다. 머지않아 그에게서 소식이 왔다. 위원 중 몇 사람은 바른 기독교적 사랑을 가지고 있다고 하지만 바른 신앙을 가지고 있지 않는 의료 전도자에게 임무를 맡길 수 없다고 반대하고 있다는 것이었다. 그러나 우리 두 사람은 이에 대해 너무 지나친 염려를 하지 않기로 했다. 아직도 기간이 남아 있으니 이들이 기독교인의 바른 이성으로 돌아오리라고 믿었다.

아마도 파리 선교협회보다는 좀 더 자유스러운 스위스의 선교 총연맹(Allgemeine Evangelische Missionsverein)은 나를 선교사의 자격으로든 혹은 의사의 자격으로든 서슴없이 받아들였을 것이다. 그러나 나는 파리 선교회 잡지에 실린 그 기사로 아프리카 적도지방에 대한 소명감을 느꼈기 때문에 할 수만 있다면 그 선교회에 소속하여 활동하기를 원했다. 무엇보다도 나는 예수님의 복음에 직면한 한 선교 협회가 그들의 선교 지역에서 고통 받고 있는 원주민들을 위하여 봉사하겠다는 한 의사의 제의를 단순히 그의 사상이 정통이 아니라는 이유만으로 거절할 만한 권리가 있는지 없는지, 문제에 대한 결정을 보고 싶은 마음도 있었다. 그러나 내가 의학 공부를 시작한 이후로 매일 쏟아지던 그 숱한 일들과 근심들 때문에 매달려야 했고, 앞으로 일어날 일에 대하여 관심을 둘만 한 시간도 여력도 없었다.

참고문헌 – 이 글은 아래 문헌에서 인용, 발췌한 것이다.
편찬위원회, 『기독교대백과사전 9권』, 서울 : 기독교문사, 1989. p. 908.
Hugh T. Kerr & John M. Mulder. *conversions*. New York: Grand Rapids, 1983.
알버트 슈바이처의 아프리카로 가려는 결심은, *Out of My Life and Thought: An Autobiography*, trans. C. T. Campion (New Yorkss: Henry Holt & Colk 1933), 102-118.
휴 커 · 죤 멀더, 공편. 『위대한 회심자들』. 박영봉 역. 서울: 생명의 말씀사, 1993. pp. 268~276.
http://ko.wikipedia.org/wiki/(위키백과)
http://www.britannica.com/(브리테니커 Internet판)

중보기도의 사람

리즈 하월즈

Rees Howells

1879~1950

가난했지만 경건한 가정에서 성장한 그는
성령체험 이후 어려운 처지에 있는 사람들을 위한
중보기도와 사회봉사, 선교활동 등에 삶을 바쳤다.

이웃을 위한 기도의 사람

리즈 하월즈(Rees Howells)는 영국 웨일즈 남부의 브리너맨이라는 가난한 광산촌에서 1879년 10월 10일에 8남 3녀 중에서 여섯 번째로 태어났다. 리즈의 아버지는 철공소에서 일하다가 석탄광산으로 옮겨서 일하고 있었다. 가정은 가난했지만 사랑이 넘쳤으며 평화롭고 행복했다. 그들은 하나님을 신뢰했고 경건함이 있는 가정이었기 때문이었다. 회심은 리즈에게 확신을 더했으며 견고한 신앙생활을 하도록 만들었다. 가난하고 병든 사람들에 대한 남다른 사랑은 그에게 주어진 은혜였다. 지속적인 기도를 통하여 병든 자들을 일으키는 역사는 일생 동안 지속되었다. 평생을 성령을 신뢰하며 하나님의 음성을 구하는 경건한 신앙생활을 유지했다. 그는 부랑자들과 고아, 그리고 병자들을 위한 기도를 아끼지 않았으며 이들과 함께 생활했다. 항상 하나님과 교통했으며 특별한 문제에 직면할 때마다 금식기도를 했다. 리즈의 중보기도는 여러 놀라운 변화를 가져왔다. 그래서 주위의 사람들로부터 기도의 요청이 항상 끊이지 않았다.

리즈는 항상 하나님 앞에서 영적으로 깨어있었던 사람이었다. 아프리카 선교사로 활동하기도 한 것은 그의 이런 모습의 표출이었다. 뿐만 아니라 고아원과 웨일즈 성경학교 등 사회 봉사활동에도 적극적으로 참여했다. 죽음을 앞에 두고서도 매우 의연한 태도로 하늘을 바라보며 찬양을 부르는 모습을 보여주었다. 마치 스데반이 죽음을 맞이할 때 그랬던 것처럼 얼굴에 환한 미소를 띠고 있었다. 마지막 숨을 거두면서 아내에게 한 말은 이것이었다.

“

모든 것이 이루어졌다. …, 승리, 할렐루야!

”

공포의 병에서 치유함을 받음

리즈는 1901년인 22세 때에 돈을 벌고자 영국을 떠나 미국에 갔다. 그곳에서 리즈는 교회에 다니며 경건한 삶을 살았다. 세상적인 즐거움에는 아예 흥미가 없었다. 그러기에 자신이 죄 가운데서 태어났으며 구원이 필요한 상태에 있음을 이해하지 못했다. 그가 다니던 교회의 목사님마저도 리즈는 ‘전교인 가운데서 가장 훌륭한 사람’이라고 생각할 정도였기 때문이다.

하나님이 사촌 에반을 통해 개입하신 것이 바로 이때였다. “리즈 너는 구원의 확신이 있니?" 에반의 질문은 정곡을 찔렀다. 리즈는 당황하고 갈등할 수밖에 없었다. 실상 자신은 어려서부터 학습된 경건에 물들어 있었다. 너무도 당연하게 그렇게 살아야 하는 것처럼 경건을 유지해왔다. 인생에 있어서 한 번도 자신의 신앙생활을 반추할 기회가 없었던 것이다. 삶은 아무런 문제가 없는 듯이 보였다. 리즈는 깊은 고민 가운데서 자신이 그저 그런 문제없는 교인으로서만 만족하고 있었음을 깨닫게 되었다. 그러면 어떻게 해야 할까?

세상은 예측할 수가 없다. 아이러니하게도 이때쯤 리즈는 장티푸스라는 치명적인 병에 걸리게 되었다. 아무도 없이 혼자 하숙방에서 극심한 죽음이라는 공포가 눈앞에서 어른거리는 가운데 사투를 벌이고 있었다. 두려움과 고통 이외에는 아무런 생각이 없었다. 오직 하나님께 울부짖으며 매달릴 수밖에 다른 방법이 없었다. 이런 가운데서 돈을 버는 일과 돌아다니며 구경하는 일 등에서 느꼈던 자잘한 즐거움조차도 회개하지 않을 수 없었다. 한 번만 더 기회를 주신다면 자신의 인생을 주님께 드리겠다고 했다. 여기에 서원기도가 들어 있었다. 리즈는 기도하면서 자신이 아직은 죽지 않을 것이라는 믿음이 들었다. 이때부터 장티푸스에서 극적으로 회복되기 시작했다. 병이 치유되는 동안 리즈는 자신이 예수님의 성육신과 우리의 구속하심과 부활을 항상 믿어왔지만, 자신의 삶에는 전혀 효능을 발휘하고 있지 못함을 발견했다. 자신이 믿고 있었던 그리스도는 역사 속에 존재해왔던 박제된 그리스도였을 뿐 살아계신 나의 구주는 아니었던 것이다. 왜 그러한가? 예수 그리스도가 죽음을 정복했는데, 죽음이 여전히 공포의 대상이 되어야 하는 이유는 무엇이란 말인가? 리즈는 나중에 이런 상황을 다음과 같이 회고했다.

"

나는 태어나서 처음으로 내 안에 있는 두려움이라는 것을 보았다. 우리가 보는 이 세상을 떠나서 전혀 모르는 세상으로 가야한다는 공포가 엄습해 왔다. 전에는 한 번도 느껴보지 못한 전율의 공포였다. 자비하셔서 나로 하여금 영원의 세계에 눈멀지 않게 해주신 하나님께 감사드린다. 인간은 수많은 사람 속에서 살게 되지만 하나님을 만나고 영원을 바라보게 되는 것은 혼자 있을 때이다.

"

하나님께 나아감

영원이라는 것을 가볍게 볼 수 있는가? 사실 거의 대다수의 사람은 가볍게 본다. 사람들은 눈에 보이지 않는 것보다 보이는 것을 우선시하기에 그렇다. 앞에 보이는 것은 냉엄한 현실이다. 영원보다 현실에 휘둘리는 것은 그래서이다. 리즈는 일련의 깨달음 속에서 이후로는 영원이라는 것을 결코 가볍게 보지 않았다. 아니 그럴 수가 없었다. 지옥의 실체, 즉 그것은 하나님과 인간의 영원한 분리였다. 이를 분명하게 직면해서 본 그로써 어떻게 이를 가벼이 블 수 있겠는가? 몸이 회복되는 동안에 벌어진 생각의 변화는 하나님의 은혜였다. 그는 자신이 최근에 경험한 일들을 기반으로 현재 자신의 위치를 새로운 조망으로 진지하게 점검했다. 자신이 분명히 현재의 육체적 죽음에서는 구출을 받았다. 그러나 죽음의 공포에 대한 잔상은 아직도 남아 있었다. 그야말로 아직 완전하게 구원받지 못한 것이다. 그때의 상황을 리즈는 이렇게 표현했다.

"

영원한 어둠 속으로 들어가야 하는 상황이었다. 그것도 모든 것을 다 놓고서 말이다. 일평생 처음으로 인생이 진정으로 무엇인지, 손으로 만지는 듯이 느낄 수 있었다. 이 세상이란 기껏해야 나를 영원한 허무함과 상실로 데려다 줄 뿐임을 깨달았다. 나의 모든 것은 나를 구원하신 하나님으로부터 말미암았다는 사실을 비로소 이때에 이해하게 되었다.

”

깊은 고민과 번민 속에서도 합리적인 결론에 이르지 못했다. 이제 대답해줄 수 있는 사람을 만나야만 했다. 만약 영생을 줄 수 있는 사람을 찾게 된다면 가진 모든 것을 몽땅 털어 그것을 살 것이다. 하늘 끝까지라도 그가 있는 곳에 쫓아 가겠노라고 다짐했다. 그러나 오직 한 군데 이외에 그가 생각할 수 있는 곳은 없었다. 150km도 넘게 떨어진 뉴캐슬로 가서 사촌 에반에게 이 문제에 대해서 물어보았다. 사촌은 명확한 대답을 해주지 못했다. 그 이후 얼마 되지 않아서 리즈는 새로운 곳으로 이사했다. 거기에서 리즈는 모리스 르우벤이라는 회심한 유대인이 피츠버그에서 집회를 갖고 있다는 사실을 들었다. 진리에 목말라 있던 리즈는 당연히 그의 전도집회에 참석했다. 르우벤은 자신이 겪은 회심과 성령의 역사, 그리고 갈보리의 십자가 이야기를 해주었다. 리즈는 르우벤의 간증을 듣는 가운데 충격을 받았다. 자신 대신 죽으신 십자가의 사랑을 알게 된 것이다. 르우벤의 간증이 끝나갈 무렵에 주님은 리즈에게 "이 사람이 네가 찾던 사람이다"라는 확신을 주셨다. 리즈는 이 일에 대해 나중에 이렇게 간증했다.

“

르우벤이 거룩한 간증을 하는 동안에 십자가를 다시 보게 되었다. 너무나 오랜 시간을 주님의 발 앞에 엎드려 보낸 것 같은 생각이 들었다. 나 자신이 완전히 없어졌다. 그동안 나는 죽음의 공포 속에서 살아왔다. 이제 나 대신 죽음의 고통을 당하신 주님의 모습을 보았다. 사실 부모님은 나를 극진히 사랑하셨다. 부모님 같은 사람은 아무도 없었다. 그런 부모님조차도 나를 위해 주님과 같은 죽음을 당해주지 않았다. 주님은 그렇게 하셨다. 나를 향한 주님의 사랑을 만약 부모님의 사랑과 비교한다면, 그것은 하늘과 땅 차이가 나리

라. 주님은 나로 하여금 주님을 사랑하게 만드셨다. 이제 나는 나의 모든 것으로 주님을 사랑한다. 주님은 나를 깨뜨리셨다. 비로소 내 안의 모든 것은 주님을 향하여 제 자리를 찾게 되었다.

주님이 내게 이렇게 말씀하시는 것처럼 느꼈다. "보라 내가 문밖에 서서 두드리노니 내가 르우벤의 다음에 들어갔던 것처럼 네 안에도 들어갈 수 있겠니? 그리고 아내의 자리, 아들의 자리, 가정의 자리, 사업의 자리, 그리고 온 세상의 자리로 내가 들어갈 수 있겠니?"

나는 "예"라고 대답했다. 드디어 주님은 내 안에 들어오셨다. 나는 하나님의 나라 안에 들어가 있게 되었다. 우리의 창조주 하나님이 아버지가 되셨다. 그날 밤에 영생의 선물을 받았다. 그 선물은 돈으로 살 수 없는 선물이었다.

그날 밤에 나와 동행했던 친구들이 있었다. 그런데 집회에서 아무것도 얻지 못하고 돌아온 친구도 있었다. 돌아오는 길에 그 친구가 심통이 난 것처럼 보였다. 이제 주님은 나의 모든 것이 되어 주셨다. 주님은 만민 중에 모든 것 위에 뛰어난 분이시다. 주님의 사랑은 내가 깨닫기 전이나 후에도 항상 그 자리에 있었다. 사실을 말하자면 내편에서의 반응이 전혀 없었다. 이제 후로는 나로부터 주님에게 엄청난 반향이 있게 되리라. 나에게는 이 세상의 모든 것이 험했지만, 주님은 모든 것이 말할 수 없이 거룩하고 순결하며 아름다웠다. 나는 완전히 다른 사람이 되었다. 나는 자연계의 존재들과는 일체의 교제도 나누지 않았다. 내가 깨달은 것은 교리의 문제가 아니라 갈보리의 십자가였다. 이것은 지적인 동의의 차원이 아니라 수건이 벗겨지고 눈이 뜨여졌을 때 보이는 그런 것이었다. 그날 밤 나의 눈에는 이 세상이 저주받은 곳으로 보였다. 나는 다시는 이 세상을 만지지도 않으리라고 생각했다.

주님의 사랑이 내게 계시되었다. 나의 주님이 내가 당해야 하는 고통을 대신 당해 주셨다. 이 세상 그 어떤 사랑도 주님의 사랑과 비교할 수가 없다. 주님은 내 곁에서 도와주실 뿐만 아니라 내가 서야 할 자리에 항상 서 계신다. 나는 주님의 이러한 사랑에 비하여 이 세상의 그 어떤 사랑도 하잘 것 없는 것임을 깨달았다. 세상의 사랑은 그 동기가 자아 중심적이지만 주님의 사랑은 영원부터 영원까지 항상 변치 않고 지속되는 것이다. 주님을 영접하는 순간 우리 인간은 하나님의 사랑을 영접하는 것이 된다. 이러한 주님의 사랑이 내 존재를 홍수처럼 덮어 버렸다. 그 이후부터 그 사랑이 항상 나를 감싸고 있다.

내게 오신 주님의 사랑은 이제 나로 하여금 다른 죄인들을 사랑하도록 하신다는 사실을 나는 깨닫는다. 이것은 내가 다른 사람을 억지로 사랑하는 것이 아니다. 이는 마치 주님이 나를 강압적으로 사랑하지 않으신 것과 같다. 이제 나는 그 어느 누구와도 적이 될 수 없다. 주님이 거하시는 곳에서 산다면 이제 나의 삶은 자비롭고 친절하며 이웃을 사랑하는 삶이 될 수밖에 없다. 내 안에 하나님의 사랑이 있는데 어찌 남을 해롭게 할 수가 있겠는가? 나는 이 세상과 나의 어리석은 모든 것을 버리고 오직 하나님의 사랑만이 거하는 하나님의 나라 안에서 다시 태어났다. 그것은 이 땅 위에서 살 수 있는 삶 중에서 가장 매력적인 삶인 것이다.

”

중보기도의 원칙

1906년 리즈는 27세에 랜드린다드 사경회에서 ‘성령 안에서 사는 삶’에 대한 설교를 들었다. 여기에서 그리스도가 몸을 입고 이 땅에 사셨던 것처럼 성령도 우리의 몸을 입으시고 여기에 사시는 분이라는 사실을 깨달았다. "그분은 내 삶의 현장에 같이 공존하지 않음을 명백히 하셨다. 나는 그분이 내 안에 들어와 거하시며, 나에게 주시는 영광을 보았다. 하지만 내게는 소중한 것들이 많이 있었다. 그분은 세상의 어떤 것 하나도 용납해 주지 않으심을 나는 알았다. 성령의 역사하심으로 나의 허무한 본성은 하나부터 열까지 십자가 앞에 내려놓아야만 했다. 그럴 때 성령은 당신 자신의 삶, 당신 자신의 본성을, … 내게 심어 주셨다." 조건을 달지 않는 무조건적인 굴복이란 이런 것이다.

이 '랜드리다드의 체험'이 계기가 되었다. 성화의 과정이 찾아온 것은 그때였다. 성령이 리즈 하월즈 안에서 가르치고자 했던 것은 '기도생활'이었다. 기도란 곧 내가 너에게 모든 것을 준다는 의미이다. 기분에 따라 생각에 따라 기도하는 것은 바람에 흔들리는 갈대와 같다. 확고한 마음으로 기도할 수 없는 것은 불문가지(不問可知)이다. 그러므로 오직 성령의 인도로 기도해야 한다.

리즈는 일생 동안 중보기도에 진력했다. 그의 중보기도는 놀라울 정도인데, 특징을 살펴보면 다음과 같다.

첫째, 상대방과 함께 동거 동락하면서 기도했다. 술에 중독되어 술이 없으면 유지하지 못하는 한 사람과 무려 3년 동안이나 함께하기도 했다. 더럽기 짝이 없었고, 누구나 외면하는 자였다. 그렇게 하면서 기도할 때 변화가 일어났다. 중요한 변화는 술중독자가 아니었다. 사람들의 밑바닥을 보면서 오히려 리즈 자신이 모든 사람을 사랑하는 결과를 가져왔다.

둘째, 후하게 상대방을 대접하는 기도였다. 경제적인 무능력자를 위한 기도에서 벌어진 사건이다. 짐 스테익스라는 사람을 위해서 기도하면서 리즈는 그가 2년 치의 방세가 밀려 있는 것을 알았다. 이를 대신 갚아주면서 기도했을 때, 짐 스테익스뿐만 아니라 그의 아내까지도 주님을 영접했다. 또한 짐 스테익스의 오두막에서 모임이 생겨났고, 이를 통해서 가장 포악한 사람도 주님께 돌아오는 역사가 일어났다.

셋째, 하나님은 리즈 안에 있는 잘못된 습관을 고쳐주시었다. 리즈는 안락한 집과, 하루 네 번의 식사에 익숙해 있었다. 한번은 리즈가 어떤 집회를 앞두고 주님이 하루 동안 금식하며 기도하라고 지시하심을 느꼈다. 그렇지만 점심을 먹고 방으로 돌아왔는데, 성령에게 불순종했다는 느낌이 들었다. 이를 눈물로 회개치 않을 수 없었다. 그날 이후로 리즈는 많은 날 동안 저녁을 먹지 않으면서 그 시간을 하나님과 함께 보냈다. "우리 마음이 계속 어떤 것에 연연하면, 우리가 그것을 원하고 있다는 뜻입니다. 우리가 그것을 주님께 돌려 드리면, 주님은 우리에게 되돌려 주실 수도 있습니다. 그때 되돌려 받아도 우리는 더 이상 그것에 연연해하지 않게 됩니다."

넷째, 개인적인 접촉이 전혀 없는 사람을 위한 기도였다. 그에게 영향력을 미칠 수 있는 방법은 전혀 없었다. 오직 하나님의 보좌를 움직이는 길밖에 없었다. 주님은 그에게 이렇게 말씀하셨다. "이것이 너의 중보기도의 시험대가 될 것이다." 이를 위해 이제 리즈는 사람들과 상대하여 일하는 것을 일체 그만두고 오직 하나님만 움직이는 법을 배워야만 했다. 이 일을 하기 위하여 성령은 요한복음 15장 7절 말씀을 주셨다. "너희가 내 안에 거하고 내 말이 너희 안에 거하면 무엇이든지 원하는 대로 구하라 그리하면 이루리라." 주님의 응답은 제한이 없으나 성취함은 '말씀이 거함'에 달려 있음을 알려 주셨다. '말씀이 거함'을 늘 유지하기 위하여 어떻게 해야 할까? 리즈에게 있어서 날마다 중보기도 시간 동안에 따로 시간을 떼어서 하나님만을 바라보는 시간이 필요했다. 이렇게 중보기도만을 통해서 한 자매의 영혼을 구원에 이르게 했다.

다섯째, 병을 위한 치유와 관련해서 배움이었다. 주님은 리즈를 폐병을 위한 중보기도로 인도하셨다. 중보기도자로서 이제 리즈는 그 병자의 고통 속으로 들어가야 했다. 자기가 위해서 기도하는 그 사람과 같이 아파할 수 있어야만 했다. 자신의 목숨을 대신 내어주기까지 서원하면서 3개월 동안 기도했다. 그러나 3개월 후, 주님은 갑자기 그 여자를 데려가셨다. 그리고는 리즈에게 이렇게 말씀하셨다. "내가 너의 중보기도는 받아들였지만, 그러나 너의 생명을 지금 취하지는 않겠다. 그 대신 너를 '살아있는 순교자' 로 사용하기 원한다. '살아있는 순교자' 라는 말은 이전에 한 번도 들어본 적이 없었다. 그러나 주님은 다음 사실을 분명히 해주셨다. 즉 내가 과연 내 생명에 대한 권리를 주님께 완전히 이양해 드렸다면, 이제 나는 꼭 죽어야만 한다는 내 입장까지도 다 버려야 한다는 것이었다."

주님은 리즈에게 부랑자들에 대한 부담을 주셨다. 즉 성령이 사랑스럽지 않은 사람을 사랑하는 삶의 수준으로 끌어 올려 주시기 위함이었다. 리즈는 그들이 어떻게 느끼는지를 조금씩 배워야만 했다. 그들이 앉아 있는 자리에 가서 앉는 법을 배워야 했다. 리즈는 광부로서 고된 일을 하고 있었다. 그럼에도 그들과 똑같이 하루 두 개의 빵과 치즈와 수프만 먹었다. 부랑자들의 실질적인 필요를 채워 주었고, 급기야는 자신의 집도 부랑자들을 위해 내어주었다.

중보기도의 중요함을 인식

하나님은 중보기도 하는 자를 찾으신다. 하지만 세상에 그런 사람은 많지 않다. 이사야를 통해서 주신 말씀에 이것이 잘 표현되어 있다. "사람이 없음을 보시며 중재자가 없음을 이상히 여기셨으므로"(사 59:16). 또한 에스겔을 통해서 실망에 찬 말씀에도 잘 나타나 있다. "이 땅을 위하여 성을 쌓으며 성 무너진 데를 막아 서서 나로 하여금 멸하지 못하게 할 사람을 내가 그 가운데에서 찾다가 찾지 못하였으므로"(겔 22:30), 보통의 평범한 기도에는 상관없지만 중보기도자라면 공통적으로 가지고 있는 3가지 요소가 있다. 그것은 동화(同化), 고통, 권위이다.

동화는 중보기도자의 제1법칙이다. 주님은 당신 자신의 생명을 내어 주셨다. 자신의 유익을 모두 버리시고, 오직 우리의 필요와 가난만을 생각하셨다. 최대한 글자 그대로 우리의 자리를 대신하셨다. 성령은 당신이 택한 그릇을 중보자의 삶으로 인도하시기 전에, 모든 세상적인 것들을 밑바닥까지 깨끗이 처리하신다. 돈을 사랑하는 마음, 개인적인 야망, 부모나 사랑하는 사람들을 향한 인간적인 애정, 육신의 욕구들, 인생을 사랑하는 마음, 회심한 사람이 자신의 안락이나 이익이나 발전이나 교분이 있는 모임을 위해서 사는 모든 것들을 십자가 앞에 내려놓아야 한다. 그것은 이론적인 죽음이 아니며, 진실로 그리스도와 함께 십자가에 못 박히는 것을 의미한다. 진실로 이런 자가 성령의 종이며 이런 자를 통해서 오직 성령만이 나타난다. 이렇게 십자가에 못 박히는 삶이 계속될 때, 중보기도는 비로소 시작된다. 온전한 순종은 기본이다. 이에 비로소 '주님의 말씀이 임한다.' 연약한 그릇이 성령의 권세로 옷을 입고, 구원의 말씀을 선포할 수 있게 되는 것이다. 일반적으로 하는 기도는 선하신 하나님이 우리에게 뭔가 주실 것을 소망한다. 그것을 주시면 우리는 기뻐한다. 하지만 언제 기도해도 그와 같은 응답을 받을 수 있다고 말할 수 있는 힘이나 권세가 없다. 그와는 달리, 어느 특정 영역에 대한 중보기도의 자리를 얻게 된 사람이 있다면, 그는 '믿음의 은혜' 차원에 들어간 것이다. 리즈에게는 병든 자의 아픔이 곧 자신의 고통이었다. 그러기에 자신을 위해서 기도하는 것과 같이 간구했다. 중보기도란 바로 이런 것이다.

리즈는 아침 7시부터 저녁 4시 반까지 탄광에서 일하고 직장 일이 끝나면 집회에 참석했고, 심방을 가서 두 번씩 모임을 가졌다. 유일한 기도 시간은 집회 장소까지 3km를 걷는 시간이었다. 그렇게 기도하는 동안에는 하나님의 임재가 너무도 강렬해서 늘 모자를 벗곤 했다. 이는 사소한 습관 같아 보이지만 실은 성령이 사람들의 반응에 일희일비하지 않도록 사용한 첫 번째 도구였다.

리즈에게 있어 또 하나의 큰 체험이 일어났다. 30년이나 넘게 누워있었던 불구의 몸인 외삼촌이 나으리라는 성령의 음성을 듣고 4개월 반 후에 치유가 된 것이다. 또한 리즈는 인도의 어린 과부들을 위한 중보기도를 감당하게 되었다. 누군가를 위하여 중보기도를 하려면 바로 그 사람처럼 살아야만 한다. 리즈는 이러한 중보기도의 법칙 아래 식사량을 줄여서 이틀에 거의 돼지가 먹는 것과 같은 오트밀 한 끼 분량만 먹어야 했다. 4개월 동안의 중보기도를 하고 있을 때, 1949년 인도가 독립되었다. 새 헌법이 제정되면서 과부들의 생계를 보장하기 위하여 상속법 조항에 최소한의 법률적 변화가 생기게 된 것이다.

때가 되자, 광부의 일을 내려놓고 오로지 복음으로 말미암아 살고자 하는 방향을 잡게 되었다. 그리고 옛날 사역팀에서 같이 일했던 엘리자베스 한나 존스와 결혼하고 본격적인 사역의 길로 들어선 리즈 하월즈는 신학대학에 입학했다. 그리고 한 교회의 제의를 받아들여 설교자로서의 일을 시작했다.

아프리카를 부흥시킴

아프리카에서 선교하고 있는 친구 부부를 위해 마음의 부담을 느낀 리즈는 딸 아이가 태어난 소식을 듣고 아기를 대신 키울 결심을 하게 된다. 아프리카의 기후조건은 신생아의 건강에 매우 좋지 않았기 때문이다. 이 결정은 함께 일하던 아내가 사역을 완전히 내려놓아야 함을 의미했다. 하지만 하나님의 인도하심은 전혀 예기치 않은 방향이었다. 몇 달 후 본국을 방문한 그 선교사는 제안을 완곡하게 거절했다. 그와 함께 참석한 한 선교집회에서 리즈는 아프리카에서 선교하는 환상을 보게 되었다. …….

물론 오랜 세월 동안 세계복음화를 위해 하루도 쉬지 않고 기도하고 있었지만 자신을 부르시리라고 생각하지는 못했다. 리즈는 무척 당황스러워했다. 게다가 얼마 전 그들 부부에게도 아기가 태어났기 때문이었다. 그때 하나님은 이렇게 말씀하셨다. “아들이나 딸을 나보다 더 사랑하는 자는 내게 합당치 않다. 이제 너는 네 아들을 바침으로 아프리카의 영혼들을 친아들보다 더 사랑한다는 사실을 증명해야 한다.” 이것은 너무도 고통스러운 시험이었다. 리즈는 아이를 입양시켰다. 주님은 리즈에게 다음의 약속을 주셨다. “너희가 나를 위해서 포기한 그 모든 것들에 대하여 내가 100배로 갚아 주겠다. 특히 이번 경우에 대해서는 아프리카의 수천수만의 영혼들을 달라고 주장해도 좋다.”(하지만 입양된 사무엘은 후일 옥스퍼드에 진학한다. 그리고 리즈에게 돌아와 그가 설립한 웨일즈 성경대학에서 봉사했으며, 리즈가 본향으로 부르심을 받은 후 성경대학의 학장이 되었다.)

선교 준비에 들어간 리즈 부부는 의학과 약학 공부를 시작했다. 사람들은 ‘그토록 놀라운 치유의 은사들을 받았는데, 굳이 의학을 공부해야 하는가’라고 의아해 했다. 그러나 이것은 중보기도의 삶을 살면서 발견한 원리, 즉 인간의 힘이 다한 곳에 하나님의 일이 시작된다는 영적 법칙에서 나온 행동이었다. 그리하여 1915년 7월 리즈 부부는 남아프리카 선교회 소속으로 포르투갈령 가자랜드에 도착한다. 이 지역은 전임자가 여러 해 동안 인내와 눈물로 생명의 씨앗을 뿌린 곳이었다. 사람들의 마음 밭은 준비되어 추수를 기다리고 있었다.

리즈는 집회에서 웨일즈에서 체험한 부흥을 이야기했다. 그러면서 성령은 여기서도 똑같이 행하실 것이라고 가르쳤다. 6주가 지났을 때 신자들의 마음에 부흥의 열망이 넘치기 시작했다. 10월 10일 주일 저녁예배 때였다. 자신이 성령을 맞을 수 없음을 깨닫고 3일 금식을 하고 있던 한 어린 소녀에게서 시작하여 5분도 안되어 온 회중에게 임하셨다. 폭풍과도 같은 강력한 성령의 역사가 일어났다. 흑인, 백인, 교사, 전도자 할 것 없이, 모두 울며 자기 죄를 고백했다. 선교사들도 감히 말을 잇지 못했으며 함께 울고 기도할 뿐이었다. 예배는 일주일 동안이나 계속되었다. 일주일여가 지났을 때는 모든 사람이 완전히 바뀌어 있었다. 그렇게 시작된 가자랜드의 부흥집회는 매일 두 차례 집회를 가지고 금요일은 하루 종일 집회를 가지는 방식으로 무려 15개월간이나 계속되었다. 1904년의 웨일즈 대부흥 때도 볼 수 없던 장면이었다.

가자랜드의 부흥집회가 끝났을 때, 남아프리카 선교회의 본부에서는 모든 지부에 매일 아침 30분 동안의 기도를 요청했다. 가자랜드에서 일어난 것과 똑같은 축복이 임하게 해달라는 내용이었다. 한편으로 리즈 하월즈에게는 각 지부를 순회하며 부흥을 일으키는 사역을 부탁했다. 리즈는 이 요청 앞에서 마음의 갈등이 있었지만 자기 안에서 함께 가시는 성령님이 바로 오순절의 주인이요 부흥의 근원이심을 믿고 수락했다.

어떤 경우에는 세 명의 통역자들이 통역을 해야 하는 경우도 있었다. 하지만 성령의 역사를 막지는 못했다. 말씀을 전할 때마다 수많은 영혼이 구원을 받았으며, 주의 이름으로 안수할 때, 즉시 치유가 일어났다. "힘으로도 되지 아니하며 능력으로 되지 아니하고 오직 나의 영으로 되느니라(슥 4:6)." 성경말씀 바로 그대로였다. 2년간에 1만 8천 ㎞를 지나가는 대장정 동안 성령은 약속대로 각 지부마다 부흥을 쉼 없이 부어주셨다.

영국에서 복음을 전파

1920년 리즈 하월즈 부부는 큰 승리의 체험을 안고 영국으로 돌아왔다. 부흥에 대한 리즈의 간증은 커다란 도전을 몰고 왔고 가는 곳마다 엄청난 영적 축복이 임했다. 선교회에서도 그를 자유연사로 지명하여, 세계 도처를 돌아다니면서 이 특별한 성령의 역사를 간증할 수 있도록 배려해주었다. 헌신하면서 포기했던 세계 일주의 꿈을 주님은 이렇게 놀라운 방법으로 보상해주신 것이었다.

한편으로 리즈는 제1차 대전 후 주님께 헌신하고 있는 젊은이를 훈련시킬 수 있는 훈련기관을 세워주실 것을 기도하고 있었다. 자신도 아프리카에 있는 동안 훈련된 일꾼의 부족을 너무도 절감했던 터였다. 그러기에 기도는 매우 간절했다. 그때 하나님은 도저히 믿을 수 없는 말씀을 하셨다.

"

"나는 대학을 세울 것이다. 그것도 너를 통해서 말이다."

미국의 무디 성경학교를 방문했을 때, 주님은 리즈에게 다시 한 번 물으셨다.

"내가 너를 통하여 웨일즈에도 이와 같은 대학을 세울 수 있다고 믿느냐?"

"예, 주님은 하실 수 있습니다. 주님은 하나님이십니다."

"

하나님은 리즈에게 대학을 향한 당신의 비전을 점점 구체적으로 보여주셨다. 그것은 30년 안에 당신의 통로로 쓰실 사람 1만 명을 세우시는 일을 위해 직접 일꾼을 키워 내거나, 중보기도로 세계 도처에서 일꾼을 일으키는 사명이었다. 사탄은 쉼 없이 돈도 없고 업무 경력도 하나 없으면서 그저 제멋대로 일을 벌려 놓기만 한다고 비난을 퍼부었다. 하지만 하나님께서 주신 그 비전을 확고히 붙잡고 나갔다.

하루는 하나님께서 그에게 대학이 세워질 부지를 보여 주시면서 계약을 하라고 명하셨다. 그것은 어림잡아도 1만 파운드는 될 것 같은 엄청난 성(城)이었는데 그때 그가 갖고 있던 돈은 2실링이 전부였다. 처음에 리즈는 그 성의 초인종을 누를 힘조차 없었다. 하지만 결국 이 성은 하나님의 약속대로 정확하게 채워진 6,150파운드의 대금으로 웨일즈 성경대학의 부지가 되었다.

1924년 웨일즈 성경대학이 개교되었다. 언론들은 이사회나 종교제단이 전혀 없음을 발견하고 이 학교를 '하나님의 대학'이라 보도했다. 얼마나 아름다운 이름인가! 이렇게 세워진 웨일즈 성경대학은 하나님께서 리즈 하월즈에게 주신 비전대로 장차 일어날 선교 대부흥을 준비하는 일에 귀하게 사용되었다.

1936년 제2차 세계대전이 발발하자 리즈 하월즈는 학생들에게 중보기도의 용사가 될 것에 대해 강력하게 권장하고 동기를 부여했다.

> "
>
> 하나님은 중보기도 할 자를 부르고 계십니다. 전선에서 적을 대항하여 싸우는 것처럼 사탄과의 싸움에 자기의 생명을 제단 위에 올려드릴 수 있는 사람을 찾고 계신 것입니다. 이 전쟁의 승패의 책임은 바로 여러분에게 있습니다. 전선에서 싸우는 병사들이 결코 여러분보다 더 많은 일을 하게 해서는 안 됩니다. 세계가 평화를 되찾게 될 때까지, 여러분도 결코 평화를 누려서는 안 될 것입니다.
>
> "

그리하여 전쟁이 끝날 때까지 몇 년 동안 대학은 매 저녁 7시부터 자정까지 기도를 쉬지 않았다. 그들은 악의 권세들이 복음전파의 자유를 방해하는 곳을 찾아서 전략적으로 적과 맞섰다.

제2차 세계대전이 끝나자 미국을 비롯해 영연방을 비롯한 나라들에서 수많은 젊은 청년이 선교사로 헌신하는 역사가 일어났다. 이것은 하나님께서 이미 리즈에게 보여주신 약속의 성취였다. 리즈의 마지막 중보기도 사역은 이처럼 온 땅에 퍼져 나가고 있는 하나님의 종들을 후원하는데 쓸 수 있는 재정의 안정적인 확보였다. 믿음으로 이 재정에 대한 승리를 확인한 날, 자신의 세상에서의 사명이 다했음을 알게 되었다. 그로부터 몇 주일 후인 1950년 2월 13일, 리즈는 그렇게 사모하던 본향으로 돌아가게 되었다.

리즈는 말하는 방식부터가 달랐다. 성령께서 그를 그렇게 다뤄 오셨기 때문이다. 한 젊은 크리스천이 하나님의 목소리를 어떻게 알아듣느냐고 물었다. 리즈는 이렇게 대답했다.

> "당신은 어머니의 목소리를 다른 사람들 목소리와 구별할 수 있습니까?"
>
> 젊은이가 대답했다.
>
> "물론 구별할 수 있습니다."
>
> 리즈는 다시 이렇게 말했다.
>
> "바로 그와 똑같이 나도 하나님의 목소리를 알아듣습니다."

참고문헌 - 이 글은 아래 문헌에서 인용, 발췌한 것이다.
노만 그럽. 『리즈 하월즈』, 윤종석 옮김, 서울: 두란노, 1993.
http://ko.wikipedia.org/wiki/(한국어 위키백과)
http://jmf.or.kr/(금제단선교회)

삼중고(三重苦)를 극복한

헬렌 켈러

49

Helen Adams Keller

1880~1968

태어 난지 1년 7개월 만에
보는 것과 듣는 것, 말하는 것까지 잃었지만 이를 극복하고
장애인이면서도 장애인을 위해 헌신적인 삶으로 평생을 일관했다.

견딜 수 없는 고통 가운데 빠지다

헬렌 켈러는 1880년 6월 27일 아티켈러와 케이드 사이에서 태어났다. 유복한 가정의 첫째 아이로 태어나 사랑을 한몸에 받고 자랐으나, 생후 19개월 때 앓은 뇌척수염의 열병으로 장님, 귀머거리, 벙어리의 삼중고(三重苦: 보고, 듣고, 말하지 못함)를 가지게 되었다. 그가 세상에서 햇빛을 본 것은 570여일이 유일했다. 평생을 그는 암흑과 침묵의 세상으로 파묻혀버리게 되었다. 냄새를 맡는 후각과 맛을 아는 미각과 접촉을 통하여 알게 되는 촉각인 기능만이 유일했다. 나이가 들어 갈수록 세 가지 기능을 모두 잃어버린 헬렌켈러는 자신을 통제하지 못했고 난폭해지기 시작했다. 누구든지 이해해 주지 않으면 물어뜯고 짐승처럼 소리치면서 날뛰었고, 자신의 얼굴과 몸을 손톱으로 할퀴기도 했다.

설리반 선생님을 만나다

헬렌 켈러의 이러한 상황에서 유일한 희망은 부모였다. 부모가 만약 희망을 거두고 방치한다면 그는 짐승과도 같은 삶을 영위해야만 했을 것이다. 부모는 헬렌 켈러에 대하여 희망을 거두지 않고서 적극적으로 교육을 시키고자 방법을 찾기 시작했다. 그래서 시각만이라도 되찾게 해주려고 노력하던 중에 지화법(손에 문자를 적어 의사를 소통하는 법)으로 교육을 성공적으로 이끈 아나그너스를 소개 받게 된다. 아나그너스는 헬렌 켈러에게 설리반 선생님을 소개시켜 주는데 그가 바로 헬렌 켈러의 인생을 완전히 뒤바꿔 놓게 된 설리반이다. 설리반은 술주정뱅이로 살다가 돌아가신 아버지, 자신과 곱사등이였던 동생을 먹여 살리려고 죽도록 일을 하다가 돌아가신 어머니, 그리고 동생마저 병이 들어 세상을 떠나버린 슬픈 가정을 지녔지만 이를 극복하고 맹아학교에서 6년을 공부하고 어려운 사람들을 도우려고 생각한 사람이었다.

설리반은 지화법을 통한 피눈물 나는 교육 끝에 언어를 소통하는 방법을 가르쳤다. 또한 바늘과 실로 헝겊을 꿰매고, 유리구슬을 실에다 꿰는 일, 귀바늘로 뜨개질하는 일도 가르쳤다. 지화법은 손의 감촉과 손바닥에 언어를 써서 표현하는 것이었으므로 끈질긴 인내와 반복 작업이 요구되는 일이었다. 그러나 헬렌켈러는 대단한 호기심을 가지고 노력했다. 그것은 감격과 기쁨이었다. 과학과 역사와 생물에 대한 지식도 습득했다. 헬렌켈러는 '나의 생애' 의 자서전에서 "선생님과 나는 집안보다도 들이나 숲속을 더 좋아하여 날씨만 맑으면 곧장 그리로 나가서 공부했습니다. 그리고 길가의 넓은 돌 위나 시원한 나무그늘 밑, 시냇가에 앉아서 세상의 온갖 것이 모두가 훌륭한 교훈을 담고 있다는 것을 배웠습니다" 고 적었다. 눈은 비록 보지 못했지만 그는 마음으로 세상을 보고 있었다.

신앙을 통하여 고난을 극복하다

헬렌 켈러는 1888년 4월에는 교회에 출석했다. 교회에 다니면서 그는 하나님에 대하여 세상에 대하여 자신에 대하여 궁금해 했다. "땅과 바다, 그리고 세상의 만물을 만드신 분은 정말 누구일까?, 내가 세상에 태어나기 이전에는 어디에 있었을까?, 풀과 나무는 분명히 땅에서 나지만 사람은 땅에서 나지 않는다. 그렇다면 세상에 살고 있는 많은 사람들은 어디서 난 것일까? 나는 아기를 낳는 나무를 본 적이 없다." 이러한 끊임없는 의문에 대하여 목사님을 통하여 깨닫고 해결하면서 헬렌 켈러의 신앙은 자라 나갔다. 그의 회심에 대한 분명한 기록은 없지만 보고 듣고 말하지 못하는 속에서 하나님에 대한 믿음은 절대적이었던 것이다.

헬렌 켈러가 점점 성숙하게 되자 미국의 심리학자들과 의학자들은 헬렌 켈러의 교육과정을 연구 자료로 삼기까지 했다. 미국의 여러 잡지와 신문들이 헬렌 켈러의 이야기를 앞 다투어 실었기 때문에 헬렌 켈러는 얼마가지 않아서 유명하게 되었다. 수많은 사람들과 교류를 나누게 된 때가 바로 이 시기였다. 헬렌 켈러가 10살 때인 1890년에는 농아학교의 학생으로 입학하여 말하는 것까지 배우게 되었다. 사람이 말할 때 헬렌 켈러의 손을 입에 대어서 혀와 입술의 움직임을 느끼게 만

듣고 발음하도록 훈련시켰던 것이다. 얼마 후에 헬렌 켈러는 정확하게 발음하여 언어를 구사할 수 있게 되었다. 기적 같은 일이 일어난 것이다.

> 그때에 맹인의 눈이 밝을 것이며 못 듣는 사람의 귀가 열릴 것이며 그때에 저는 자는 사슴 같이 뛸 것이며 말 못하는 자의 혀는 노래하리니 이는 광야에서 물이 솟겠고 사막에서 시내가 흐를 것임이라 (사 35:5-6).

헬렌 켈러와 관련된 일화

헬렌은 자신과 처지가 비슷한 장님이고 벙어리인, 네 살 난 토미에 대하여 이야기를 들었다. 토미의 어머니는 돌아가시고 아버지까지 직장을 잃게 되어 누구로부터도 보살핌을 받을 수 없는 형편이었다. 헬렌은 설리반 선생님에게 "참 불쌍합니다. 토미도 저와 같이 책을 읽고 말을 할 수 있게 교육을 시켜주세요"라고 부탁했다. 설리반 선생님은 비용이 너무 많이 들어 곤란하다고 말씀하셨다. 헬렌은 그날로 용돈을 모두 털어 토미를 돕자는 내용의 편지를 썼고, 이 소식이 알려지자 많은 사람들이 토미 돕기운동에 성금을 보내 주었다. 헬렌의 적극적인 노력으로 토미는 유치원에서 교육을 받을 수 있게 되었다. 이와 같이 헬렌은 열 한 살의 어린 나이였지만, 남의 도움만 받는 사람이 아니라 도움을 주는 사람으로 성장했던 것이다.

세상에 도전과 용기와 희망이 되다

1892년 12살의 어린 나이였지만 헬렌 켈러는 세인트 니콜라스라는 잡지를 통하여 자신의 이야기를 발표하여 많은 사람에게 용기를 주었다. 1893년에는 농아학교에 도서관을 세우기 위하여 다과회를 열어서 기부금을 모금하여 도서관을 세웠다. 1899년에는 래드클리프 여자 대학에 입학했다. 그것은 피나는 노력으로 얻은 결과였다. 독일어, 라틴어, 프랑스어, 수학, 영문학 등을 익혀야만 하는 과정이었다. 대학생활을 하는 과정에는 『나의 생애』와 『낙천주의 생활』이라는 두 가지 책을 내었다. 1904년 대학을 졸업하고는 『어둠에서 헤어나』를 발표했다. 수많은 불행한 사람들과 장애인들에게 용기와 도전이 되었다.

헬렌 켈러는 "인생은 과감한 모험이던가, 아니면 아무것도 아니다" 라는 글을 통해 위로와 용기를 준다.

"

누구나 인생은 풀리지 않는 숙제와도 같습니다.
잘 뭉친 실이 술술 풀리듯
자신이 계획하고 뜻한 바대로 인생이 흘러갈 수는 없으며,
그렇기 때문에 우리는 정해진 목표를 따라
올곧게 자신의 계획대로 정진해 나갈 필요도 있지만,
때로는 인생에 있어 무모한 결심을 내릴 필요도 있습니다.
헬렌 켈러는 인생은 과감한 모험과도 같다고 했습니다.
한치 앞을 내다볼 수 없는 것이 인생이라면,
그러한 인생에 있어 자기 자신을 모두 내걸만한
과감한 도전과 무모한 결심을 한 번쯤은 해볼 수 있지 아닐까요?

거기서 실패한다 해도 여러분이 포기하는 마음만 갖지 않는다면
열 번이고 스무 번이고 그 실패는
여러분을 더 강건하고 우직한 존재로 거듭나게 만들 것이며,
그러는 와중에 소리소문없이 성공은
여러분의 곁에 다가와 있을 것입니다.

"

1903년에는 그가 출판했던 자서전이 '해방' 이란 제목으로 영화화되기까지 했다. 헬렌 켈러의 신조는 "나는 내가 누리고 있는 기쁨을 될수록 많은 사람에게 나눠주는 것을 가장 큰 행복이다" 라고 했다.

헬렌 켈러의 기적

1904년, 헬렌은 세계 제일의 하버드대학을 졸업했다. 헬렌은 사각모자를 쓰고 소매가 넓은 가운을 입고 졸업생들과 함께 의젓하게 앉아 있었다. 순서에 의해 헬렌은 브릭스 총장으로부터 졸업장을 받았다. 졸업장을 받는 순간 눈물이 하염없이 흘러내렸다. 지금까지 고생했던 지난날의 기억들이 주마등처럼 스치고 지나갔다. 설리반 선생님도 감격의 눈물을 끊임없이 흘렸다. 식장에 있던 모든 사람들은 일제히 헬렌의 뛰어난 천재성과 설리반 선생님의 훌륭한 교육을 찬양했다. 몸이 성한 수재라도 입학하기 힘든 하버드대학, 그러한 명문대학에서 눈멀고, 귀먹고, 벙어리인 헬렌이 졸업의 영광을 안았으니, 그야말로 가히 기적이라고 아니할 수 없었다.

1929년에는 미국의 전체 맹인들을 위한 도서관 건립을 위한 모금운동을 펼쳐 헬렌 켈러의 주도로 세워졌다. 1930년 까지 290여회의 연설을 했고, 25만이 넘는 사람들이 그의 강연을 경청했다. 그는 계속해서 책을 냈고 예수 그리스도에게서 배운 사랑을 전했다.

한 사람의 삶보다도 더 위대한 두 사람의 우정

헬렌은 사실상 가족으로부터 버림받은 신세였고, 말년에 이르기까지 불운은 그치지 않았다. 1936년 10월 20일, 애니(Anne Sullivan, 1866-1936)는 70세의 나이로 눈을 감는다. 헬렌의 슬픔은 이루 말할 수 없이 컸다. 헬렌은 이 고마운 스승의 손을 마지막까지 꼭 붙잡고 놓지 않았다. 그러나 언제까지 슬픔에 빠져 있을 수만은 없었다. 그녀는 폴리 톰슨의 도움을 받아 미국뿐만 아니라 온 세계의 장애인을 위로하고 격려하기 위해서 세계 각국을 돌아다녔고, 그들의 교육과 사회 시설의 개선을 위해서 힘썼다. 1946년에는 살던 집에 불이 나서 그때까지 모은 자료며 원고 등이 모두 소실되는 사고를 겪는다. 헬렌과 애니의 일생에 관한 자료 가운데 빈 구석이 많은 것도 이때의 일 때문으로 추정된다. 1960년 3월 21일, 이번에는 애니 다음으로 헬렌에게 고마운 존재였던 폴리 톰슨이 66세의 나이로 눈을 감는다. 이후 헬렌은 당뇨병으로 인해 7년 넘게 휠체어와 침대 신세를 지다가, 행복을 전하는 파랑새로, 빛의 천사로 장애인을 위해 헌신적인 삶을 산 그가 웨스트포트에서 88세로 생애를 마치고 하나님의 품에 안겼다.

다음은 헬렌 켈러의 주옥같은 명언들이다.

1. 고개 숙이지 마십시오. 세상을 똑바로 정면으로 바라보십시오.
2. 고통의 뒷맛이 없으면 진정한 쾌락은 거의 없다.
3. 교육의 최고의 성과는 관용이다.
4. 나는 나의 역경에 대해서 하나님께 감사한다. 왜냐하면 나는 역경 때문에 나 자신, 나의 일, 그리고 나의 하나님을 발견했기 때문이다.
5. 나는 눈과 귀와 혀를 빼앗겼지만, 내 영혼을 잃지 않았기에, 그 모든 것을 가진 것이나 마찬가지입니다.
6. 나는 종종 성인(成人)들이 단 며칠간만이라도 맹인과 귀머거리가 될 수 있다면 좋을 것이라고 생각한다. 왜냐하면 맹인이 되면 시력의 중요성을 알게 될 것이고, 또 귀머거리가 되면 소리의 중요성을 알게 될 것이기 때문이다.
7. 낙천(樂天)은 사람을 성공으로 이끄는 신앙이다.

8. 말을 고귀하게 만드는 것은 사상이다.
9. 장애인이라도 노력하면 된다.
10. 선조들 중에서 노예를 가지지 아니한 왕은 하나도 없다. 그리고 선조들 중에서 왕을 가지지 아니한 노예도 하나도 없다.
11. 세상에서 가장 아름답고 소중한 것은 보이거나 만져지지 않는다. 단지 가슴으로만 느낄 수 있다.
12. 세상이 비록 고통으로 가득하더라도, 그것을 극복하는 힘도 가득합니다.
13. 신은 용기있는 자를 결코 버리지 않는다.
14. 아름다움은 내부의 생명으로부터 나오는 빛이다.
15. 여러분이 정말 불행할 때, 세상에는 당신이 해야 할 일이 있다는 것을 믿으십시오. 여러분이 타인의 고통을 덜어줄 수 있는 한, 삶은 헛되지 않습니다.
16. 우리가 할 수 있는 최선을 다할 때, 우리의 삶에, 아니 타인의 삶에 어떤 기적이 일어나는지 아무도 모를 것입니다!
17. 우리는 선과 악을 모두 알지 못하고는 스스로를 위한 바른 길을 자유롭고 현명하게 선택할 수 없다.
18. 이 세상에 인간의 마음속에는 너무나 많은 악(惡)이 있다. 그러나 이 세상과 인간의 마음속에는 크나큰 선(善)도 있다. 이 세상을 더 좋은 곳으로 만들기 위해 자신의 본분을 다하려 노력하면 삶의 평온한 시간을 누릴 수 있다.
19. 인간의 성격은 편안한 생활 속에서는 발전할 수 없다. 시련과 고생을 통해서 인간의 정신은 단련되고 또한 어떤 일을 똑똑히 판단할 수 있는 힘이 길러지며 더욱 큰 야망을 품고 그것을 성공시킬 수 있는 것이다.
20. 인생의 불모지를 친절로 열매가 풍성한 곳으로 만드는 사람들

과 상종하라. 당신의 마음속에 천국의 비전을 담고 다녀라. 그리고 그 비전에 부합되도록 개선시켜라.

21. 자기본위와 불평 때문에 마음이 비뚤어지고 흐려지듯 사랑도 사랑의 기쁨 때문에 명확한 분별력을 가지기도 하고 예민해지기도 한다.
22. 자기 연민은 최대의 적이며, 거기에 굴복하면, 이 세상에서 현명한 일은 아무것도 할 수 없다.
23. 죽음을 두려워하는 사람을 이해할 수가 없다. 삶이란 헛갈리고 이간질하는 것으로 죽음보다 더 잔인한 것이다. 반면에 죽음은 헛갈렸던 것이 모이고 타협하는 영원한 하나의 삶인 것이다.

   - 헬렌 켈러 [수상록]

24. 태양을 바라보고 살아라. 너의 그림자를 못 보리라.
25. 행복의 한 쪽 문이 닫히면 다른 쪽 문이 열린다. 그러나 흔히 우리는 닫혀진 문을 오랫동안 보기 때문에 우리를 위해 열려 있는 문을 보지 못한다.
26. 희망은 인간을 성공으로 인도하는 신앙이다. 희망이 없으면, 아무것도 이룰 수도 없다.

위에서 서술한 헬렌 켈러의 명언들은 하나님과 주님을 사모하며 오늘을 사는 우리에게도 삶의 귀한 나침반이 될 것으로 확신한다.

참고문헌 – 이 글은 아래 문헌에서 인용, 발췌한 것이다.
오병학, 『헬렌 켈러』, 서울: 규장문화사, 2001.
http://tip.daum.net/question/85757886. "헬렌 켈러의 명언과 업적". 2015.11.19.
http://blog.naver.com/ggoshdmgg/221032410469. "헬렌 켈러 – 과감한 모험을 하라". 2017.06.19. 10:29
https://namu.wiki/w/ "헬렌 켈러". 2017.06.17

인도를 사랑한 선교사

E. 스탠리 존스

E. Stanley Jones

1884~1973

미국에서 감리교의 신앙적 배경을 가지고 인도에 선교사로 간 그는
한평생 인도의 복음화와 독립, 사회변혁운동, 기도와 영성,
학문의 균형있는 발전의 추구로 조화로운 선교사의 모델이 되고 있다.
타임지 선정 '세계에서 가장 위대한 선교사' 였다.
인도에서는 그를 '하나님의 성자' 라고 불렀다.

인도를 위한 헌신

스탠리 존스(E. Stanley Jones)는 감리교 선교사로서, 1884년 미국 동부 메릴랜드(Maryland) 볼티모어에서 태어났다.[1] 그는 18세(1901년) 되던 해 예수 그리스도께 회심했다. 1906년에 '따뜻한 마음'과 '세계 교구' 를 강조하는 애즈베리신학교를 졸업했다. 그가 애즈베리대학 재학 중일 때 아프리카로 선교사를 신청했으나 감리교 선교부는 대학을 졸업하기 전에 인도 선교사로 가달라고 요청했다. 그가 대학을 수학한 뒤, 24살에 미국 감리교 선교국으로부터 인도 선교사로 럭크나우에 파송받아 사역하다가 시타푸르 지역으로 옮겨가서 복음에 대해 저항이 적은 빈민층을 상대로 최하층 계급과 불가촉 천민들 한가운데서 선교사역을 시작했다.[2]

처음엔 영국과 미국계 앵글로 인디안교회를 섬기게 되었는데 그는 이곳에서 개종자들에게 인도 문화를 거부하도록 종용하는 교회의 모습을 보면서 갈등을 하게 되었다. 그러던 중 다른 도시에서 비기독교인 법관을 만나면서 인도 선교에 대한 그의 인식은 완전히 달라지게 되었다. 그 법관은 "왜 기독교인들이 불가촉천민에게만 관심을 갖고 상층 카스트나 교육받은 사람들은 외면하느냐"고 물었다. 존스는 "상층 카스트들이 기독교에 관심이 없어서 그런 것이 아니겠냐"고 대답했다. 그러자 그 법관이 말했다. "그건 오해예요. 우리도 관심이 있어요. 단지 올바른 방법으로 접근하기만 한다면, ……"[3]

이 사건은 스탠리 존스에게는 큰 충격이었다. 마치 바울이 다메섹 도상에서 주님을 만난 뒤 그의 생각과 삶이 변화된 것처럼 말이다. 그 이후로 존스 선교사는 자신의 일생을 통해 그 바른 길을 찾기 위한 열정을 쏟게 되었다.

그는 인도가 빈민층만의 나라가 아니라는 것을 깨닫고 상류층의 지식인들을 상대로 선교사역을 시작했다. 그는 날카로운 지식인들에 의해 오히려 몰리기도 했으며 정신적 압박감이 너무 컸다. 8년 반을 일하는 동안 신경쇠약에 걸려 고생하다가 휴식을 위해 귀국했으나 인도로 돌아오자 정신적 고통이 다시 시작되었다. 그때 그는 깊은 영적 체험을 한 후 두 번 다시 정신적 고통을 겪지 않았다. 그의 설교 초점은 항상 그리스도였다. 사람들이 아는 기독교는 서양의 제도적인 교회였으며 선교사들이 인도에 들여온 것 역시 기독교였지 그리스도가 아니었다. 따라서 많은 지식인들은 기독교를 거부했다. 그는 기독교가 종교

중에서 독보적인 위치가 된 것은 성경이나 교리가 아니라 예수 그리스도 때문이므로 그리스도만 높여지고 강조되어야 한다고 믿었다.[4] 힌두교, 불교, 이슬람교를 공격하지 않고, 인도인들의 문화와 전통을 존중하면서도 있는 그대로의 예수, 서구의 체제와 문화를 벗어버린 순수한 예수를 제시함으로써 인도 고위층 지식인들의 이목을 끌었다.[5]

1920년대 초반, 마하트마 간디, 타고르 등과 함께 아슈람(Ashram)운동에 동참하는데, *타고르의 다음과 같은 말에서 인도의 모든 경제적 사회적 국민적 악의 뿌리가 속박 받는 인도의 관습에 있음을 짐작하게 한다. "무엇이든지 인도에 도착하면, 그것은 멈춰 버립니다." 스탠리 존스는 인도를 이러한 폐습으로부터 자유롭게 하는 최고의 방법은 예수 그리스도를 전하는 것이라고 결론짓는다.[6]

1928년, 미국 감리교 총회에서 감독(bishop)에 선출되었으나, 복음전도자와 선교사 임무에 충실하기 위해 그 다음 날 감독직을 내려놓았다. "나는 복음전도자이지 감독이 아니다"라며 사임했다. 스탠리 존스는 초지일관 철저한 복음전도자였다. 자신의 선교적 사역을 위하여 단념했다. 이 결단으로 인하여 복음은 많은 오지까지 침투하여 울려 퍼지게 했던 것이다.[7]

그는 타종교를 이해하는데 최선을 다했다, 그러나 언제나 그 종교에 동화되지 않고 그리스도의 절대성과 유일성을 증거했으며 예수와 부활로 말을 맺었다.

1930년대부터는 인도의 삿 탈에 기독교 피정기관인 삿 탈 아슈람을 설립하고, 기독교 아슈람운동을 펼치며 간디의 정신적 지도력을 바탕으로 한 크리스타그라하(Kristagragh)운동을 전개했다.

그는 복음을 전할 때 인도인의 풍습을 잘 활용했다. 그 예가 원탁회의와 기독교 아슈람이었다. 원탁회의는 인도인들이 흔히 마루에 둥글게 앉아 얘기하는 것을 본따 만들었다. 기독교, 힌두교, 회교 등의 사람을 원탁으로 초대하여 평등하게 토론을 벌여 복음전파의 좋은 방법이 되었다. 기독교 아슈람은 인도사회에는 적합한 선교방법으로서 힌두교의 그것과 비슷하다. 인도인이나 인간 누구나 마음속으로 깊고 지속적인 진정한 교제를 나누기 원한다. 아슈람은 아침 일찍 일어나 개인 경건시간, 육체노동 ,그룹토의 등의 활동을 하고 일주일에 한 번은 완벽한 침묵의 시간을 갖기 위해 노동과 토의를 멈춘다. 본래 아슈람의 목적은 개인의 영성훈련이었다. 이로 인해 기독교인 상호간에 존재하던 정치적이고 계급적인 장벽이 무너지게 되었다.[8)]

1938년 12월 12일, 「타임」지는 그를 '세계에서 가장 위대한 선교사'로 소개했다. 「크리스천 센츄리」는 '가장 신뢰받는 선교학 전문가'로 평가했다. 마하트마 간디의 친구로서 그와 정신적으로 깊이 교제했다. 인도의 독립을 성사시키는 데 크게 기여했다. 인도와 파키스탄의 분열을 막기 위해 힘썼다.[9)]

기독교 아슈람이 1940년까지 인도 전역에 24곳이나 생겼다. 복음 전도자와 기독교 지도자로서 그의 명성은 인도뿐만 아니라 세계적으로 높아졌다. 1940년 7월, 미국 뉴욕시에 할렘 아슈람을 세우면서 그의 기독교 아슈람운동은 인도를 넘어 미국과 유럽 등, 100여 곳를 세워 세계 여러 나라에 퍼져 나갔다. 이후 기독교 아슈람운동은 강력한 영적 성장의 중대한 사역이 되었다. 종교간 대화의 모체라고 할 수 있는 '원탁회의'를 인도에서 열어, 인도의 문화와 종교를 존중하여 다른 종교를 비난하지 않았고, 순수하게 예수를 적극적으로 소개했다. 마하트마 간디나 네루도 그의 친구였으며 그를 대단히 존경했다.[10)]

1941년 11월 7일, 수개월간 프랭클린 루스벨트 대통령과 일본 지도자들 사이에서 전쟁을 막기 위해 애썼다. 전후(戰後) 일본을 방문했을 때, 일본사람들이 "환영, 평화의 사도"라는 글귀가 적힌 깃발을 흔들며 그를 환영했다. 이외에도 아프리카, 버마, 한국, 벨기에령(領) 콩고 등의 분쟁지역을 찾아가 평화를 역설하며 중재사역에 힘썼다. 아프리카에서는 '중재자' 라는 별명을 얻었다. 1947년, 교회 연방제 통일을 위한 십자군을 출범시켰다.[11]

1959년, 미국의 감리교 감독들은 그를 "사도 바울 이후 가장 위대한 기독교 선교사"로 평가했다. 그리고 1961년에는 '간디 평화상' 을 수상했으며, 간디의 비폭력 · 비협력운동을 소개하며 마틴 루터 킹 목사에게 지대한 영향을 주었다. 또한 인도 독립운동과 연관된 활동과 제2차 세계대전 중에 펼친 평화활동 등으로 두 차례 노벨평화상 후보로 지명되기도 했다. 스탠리 존스는 철저한 복음주의자로 살면서도 열린 마음으로 인도인들에게 다가갔으며, 그들의 문화와 전통을 존중하면서도 유일하신 예수 그리스도의 복음을 효과적으로 전했던 인물이다.[12]

그의 자유롭고도 사려 깊은 영혼은 오히려 여러 사람들에게 불편함을 안겨주기도 했다. 사해 동포주의자로서 인도의 자국 통치를 옹호했던 그는 영국 정부 관리들에게 비난받았으며, 심지어 미국의 선교사들까지도 그의 자유분방한 방법을 비난하고 나섰다. 그러나 인도의 토착적인 기독교를 위한 그의 헌신과 노력은 엄청난 영향력을 미쳤으며 전무후무한 일이었다.[13]

"

절반의 회심

나는 영적인 존재와 연결되어 있기에 비범한 일들을 감당할 수 있었다. 그러나 이 존재와 분리된다면 나는 그냥 평범한 사람에 불과하다. 아니 오히려 그보다도 못한 사람에 불과할 것이다. 어떤 여성이 이렇게 말했다. "성령이 떠난다면 스탠리 존스 형제는 골칫거리로 전락할 것입니다." 그렇다. 그녀의 말이 전적으로 옳다. 그러나 성령이 함께함으로 나는 복음의 사자가 되었다. 나는 복음을 가지고 있다. 이것은 자랑이 아니라, 다른 사람에게 증거해야 할 의무가 있다는 것이다. 이 사실을 달리 말하는 것은 교만이요, 거짓된 겸손이 될 것이다.[14)]

그러면 이러한 모든 일이 어떻게 시작되었는가?

내가 신앙에 처음으로 입문한 것은, 어린 시절 볼티모어 남부의 프레드릭 애비뉴(Frederick Avenue) 감리교회의 주일학교에 새옷을 입고 간 때부터이다. 나는 새옷과 다른 사람의 관심을 끌기 위해 어른들 앞에서 헌금바구니를 들고서 돌리기 시작했다. 물론 나는 헌금에는 별 관심이 없었다. 새옷과 나에 대한 관심과 칭찬을 원했던 것이다. 그것은 결코 바람직한 출발이 아니었다. 그러나 나는 무의식 중에 종교의 핵심적인 문제인, 자기주장이 강한 자아의 문제에 빠져들게 되었다.[15)]

두 번째의 종교와의 만남은 10여년이 지난 후인 열다섯 살 때에 일어났다.

나는 친구들과 함께 기념교회(Memorial Church)의 회중석에 있었다. 설교자는 영국의 존 번연 기념교회에서 온 사람이었다. 그는 하나님의 사람이었다. 설교를 마칠 무렵 우리가 앉아 있는 곳을 가리키며 말했다.

"젊은이들이여, 예수님은 말씀 하셨습니다."

"나와 함께 아니하는 자는 나를 반대하는 자요 나와 함께 모으지 아니하는 자는 헤치는 자니라(마 12:30)."

그의 말은 이상하게도 나의 폐부를 찔렀고 마음을 뒤흔들어 놓았다. 나는 주님과 함께 하지도 안했지만 반대하고 싶지도 않았다. 그래서 친구에게 말했다.

"나는 그리스도께 나를 드릴 거야, 너도 그러지 않겠니?"

그는 곧바로 대답했다.

"싫어, 나는 생명을 먼저 생각할거야."

그 말을 듣고서 나는 혼자서 그 길을 가야한다는 사실을 깨달았다. 그래서 그렇게 했다. 나는 제단으로 올라갔다. 사람들은 모두 나를 보고 있었다. 나는 내가 죄를 지었고 그로 인하여 하나님에게 소외되었다는 파멸감에 울기 시작했다. 나는 하나님 나라의 문손잡이를 잡고자 더듬었으나 찾지 못했다. 그들이 나에게 찾는 방법을 일러주지 않았기 때문이다. 나는 하나님의 나라를 원했고, 하나님과 화해하기를 원했다. 그러나 교회의 일원이 되는 것으로 만족해야 했다.

다음 날 아침에 어머니는 방에 들어오셔서 조용히 나에게 키스해 주셨다. 그녀의 아들이 그리스도인이 되었던 것이다. 그러나 나는 곧 나 자신이 그리스도인이 아니라는 것을 발견했다. 적어도 몇 주일 동안은 신앙적인 분위기 속에 있기는 했다. 그러나 이런 분위기는 얼마가지 않아서 사라졌다. 나는 완벽하게 예전의 상태로 돌아가고 말았다. 옛날의 성격과 습관을 형성시키고 있었던 원천인, 그 쓴 뿌리가 그대로 남아 있었다. 나는 수평적으로는 회심했으나, 수직적으로는 그렇지 않았다. 외적인 변화는 일어났으나 내적인 변화는 아직 아니었다. 나는 아주 슬픈 딜레마에 빠져 있었다. 회심한 사람으로서 그저 그렇게 삶을 영위할 수는 없었다.

회고해 보니, 전적인 회심은 실패했으나 절반의 회심을 경험했다는 사실은 감사한 일이었다. 왜냐하면 절반의 회심에서 참된 것들을 얻었다는 사실은 아무런 성공도 하지 못하고 타협된 교착 상태, 무감각 상태, 무기력한 상태에 빠져 있는 사람들에게 오히려 용기를 줄 수 있을 것이기 때문이다. 그들도 역시 참된 것들을 얻을 수 있다. 이렇게 나의 실패는 다른 사람의 성공을 위해 사용될 수 있는

것이다.[16)]

진정한 회심

온전한 회심은 2년이 지난 후에 찾아왔다. 전도자 로버트 베이트맨(Robert J. bateman)이 기념교회에 왔다. 그의 우락부락한 모습에서 나는 그 안에 실재가 있음을 보았다. 알코올 중독자에서 회심한 그는 하나님의 사랑으로 불타고 있었다. 나는 "내가 원하는 모습이 바로 저 사람이야"라고 속삭였다.

이때 나의 진지함은 달랐다. 구호나 슬로건에는 아무 관심이 없었다. 오직 참된 것을 원했다. 여인숙 같은 것이 아니라 나의 집이 필요했다. 나는 3일 동안 그것을 찾아 헤맸다. 두 번이나 제단으로 나갔다. 어느 날 내가 존경하는 넬리 로간(Nellie Logan) 선생님이 내 옆에 무릎을 꿇고 요한복음 3장 16절을 이렇게 암송했다.[17)]

"하나님이 스탠리 존스를 이처럼 사랑하사 독생자를 주셨으니 이는 저를 믿는 스탠리 존스가 멸망치 않고 영생을 얻게 하려 하심이라."

나는 그녀를 따라 그것을 반복했지만 어떤 확신도 마음에 일어나지 않았다. 셋째 날 밤이 왔고, 나는 모임에 참석하기 전에 침대 옆에서 무릎을 꿇고서 일생에 가장 진지하게 기도했다. 나의 생애가 이 단순한 기도 위에 펼쳐 있었다.

"오 예수님, 오늘밤 나를 구원하소서."

그분은 나를 구원하셨다. 한 줄기의 빛이 마음에 가득한 어둠을 뚫고 들어왔다. 마음속에서 희망이 샘솟았다.

나도 모르게 "그분이 그 일을 이루시리라"라는 말이 튀어 나왔다.

지금까지도 나는 그분이 구원을 이루셨음을 믿고 있다. 그러나 당시에는 기도의 제단에서 그를 만날 수 있다고 배웠다. 내가 기도의 제단이 있는 교회로 가야만 한다고 생각한 것은 당연했다. 곧장 교회를 향해 달렸다. 영혼의 갈급함이 육체를 고무시키고 있었다. 마치 파멸에서 천상의 도성으로 나아가는 것과 같았다. 나는 교회로 들어가서 맨 앞의 자리에 앉았다. 이는 전에 결코 해보지 않은 일이었다. 그 전도자가 설교를 멈추기를 간절히 바랐다. 그래야만 기도의 제단으로 나아갈 수 있었기 때문이다. 그가 멈추었을 때, 제일 먼저 그곳으로 갔다.

내가 나아가서 무릎을 꿇자마자 하늘이 나의 영혼을 뚫고 들어오는 듯했고, 그때 확신과 함께 용서와 화해를 경험했다. 나는 옆에 앉아 있는 사람의 어깨를 잡고서 말했다.

"나는 그것을 잡았다."

"그걸 잡다니?" 이게 무슨 뜻이었던가?

이제 보니 '그것' 이 아니었다. 나는 그분을 잡은 것이었다.

그분, 즉 예수를 잡았으며 그분은 나를 잡았다. 우리는 서로를 소유했다. 마침내 나는 그분께 속하게 되었다. 소외감과 고독감은 사라져 버렸다. 나는 주님과 화해한 것이다. 무릎을 펴고 일어났을 때, 온 세상을 나의 두 팔로 감싸고 기쁨을 모든 사람들과 나누고 싶었다. 내가 남은 삶을 세계를 끌어안은 채 복음을 모든 사람들과 나누는 일에 헌신하게 될 줄은 당시에는 꿈에도 생각하지 못했다. 그러나 지금 나는 그렇게 살고 있다. 이것은 씨앗일 뿐이다. 나의 전체 미래가 바로 이 작은 씨앗 속에 숨겨져 있었다.

이러한 경험은 유치하지도 감정적인 것도 아니다. 인격적이고 창조적인 것이었다. 자아 지배적인 삶에서 그리스도 지배적인 삶으로 바꿔 준 것은 실상 감정적인 격변을 수반했다. 존재의 중심이 자아에서 구세주로 완전히 전환되었다. 자신의 의지로 죄를 버리려고 애쓸 필요도 없이 스스로 사라져 버렸다. 나는 주님을 바라보며 그분에게서 벗어난 것은 모두 버렸다. 나의 삶의 전체가 변화되었다. 이름 이외에는 모든 것이 달라졌다. 그날이 영혼의 탄생일이었다. 새로운 생명은 바로 그곳에서 다시 시작되었다. 내가 "시작되었다" 고 말하는 점에 주목하라. 나의 온 생애는 그 순간, 안에 싸여져 있던 것들을 하나씩 하나씩 펼쳐 왔기 때문이다.[18) ……].

나의 회고와 마지막 희망

만일 회심이 없었고, 삶이 새롭게 변화되지 않았으면 내가 어떻게 되었을까 생각하니 마음의 깊은 곳으로부터 감사와 찬양이 흘러넘쳤다. 기념교회가 프레데릭의 거리에서 새로운 곳으로 이사했을 때, 그들은 내가 무릎을 꿇고 회심했던 그 제단을 잘라서 기도 책상을 만들고, 그 위에 이런 글귀를 새겨 놓았다.

"이곳에서 스탠리 존스가 무릎을 꿇고 그리스도에게 자신을 드렸다."

다른 사람들에게도 그리하라는 일종의 격려와 권유였던 것이다.

전설에 따르면 삭개오는 처음 주님을 만난 그 뽕나무에 가서 자주 물을 주곤 했다고 한다. 나는 그 심정을 이해한다. 나도 주기적으로 그곳에 가서 감동과 감사의 눈물로 물을 주곤 했다. 왜냐하면 나는 거기에서 처음으로 빛을 보았고, 마음의 짐을 벗을 수 있었기 때문이다.

주님은 나의 마음속에 노래를 심어주셨다. 노래하지 않고는 견딜 수 없었다. 고음과 저음들이 하모니를 이루며 노래를 화려하게 만들었다. 나는 그곳에서 흔들리지 않는 기준 음(音)인 오직 구세주 '예수' 의 음을 꼭 잡았다. 그 기준 음은 나의 모든 것에 이르기까지 지배했다. 그날부터 66년이 지난 오늘날까지 그 유일한 기준 음을 가지고 살아 왔다. 나는 세계를 돌아다니면서 그 고귀한 '기준 음'

을 들려주고 있는 중이다. 나는 내 인생 최후(임종의 자리)의 말이 "나의 구세주를 당신에게 소개합니다" 라는 것이기를 소원한다.[19)]

"

그는 선교사로 사역하면서 많은 집필 활동을 했다. 1925년에 쓴 『인도의 길을 걷고 있는 예수』(The Christ of the Indian Road)는 수많은 사람들에게 큰 반향을 일으켜, 도전과 영향을 주었으며, 지금까지도 세계적으로 널리 읽혀지는 책이다. 그 외에 『순례자의 노래』(성전에 오르는 노래: *Song of Ascents*), '연합된' 교회를 주장하는 『원탁의 그리스도』(*Christ at the Round Table*, 1928), 기독교야말로 공산주의에 대한 '해답' 이라고 믿고, 『공산주의에 대한 그리스도의 대안』(*Christ's Alternative to Communism*, 1934)이라는 책들을 집필하여 지금도 사랑받고 있다. 그는 매우 독립적이고 주관이 뚜렷해서 모든 프로그램을 직접 짰고, 특히 대학의 젊은이들을 위한 연사로서 겸손하고 정중했으며, 복음의 능력에 대하여 늘 열정적으로 말했고 그리스도를 찬미했다.[20)]

인도의 길을 걷고 있는 예수

스탠리 존스는 놀라운 선교 신학적 발견을 『인도의 길을 걷고 있는 예수』를 통해서 제시했다. 기독교를 전하러 갔던 미국인 선교사가 인도에서 깨달은 것은 과연 무엇일까? 예수 그리스도와 마하트마 간디를 같은 인격체로 여기는 인도인들, '기독교인(기독교 공동체의 일원)' 과 '기독교적인 사람(예수처럼 생각하고 행동하는 사람)' 을 구분하고, 그리하여 누군가 그들에게 '기독교적인 사람' 이라고 불러주면 그것을 최상의 칭찬으로 여기는 인도인들, 약소국가에 항상 정복자의 모습으로 다가오는 기독교를 두고 '서구 문명은 바로 기독교' 라 여기는 인도인들 …….[21)]

스탠리 존스는 이러한 인도인들을 따뜻한 시선으로 바라보며 서구 문명과 백인들이 지닌 '우월성'이 전혀 기독교적이지 않음을 역설한다. 또한 "백인들의 카스트제도가 인도의 카스트제도보다 더 혐오스럽다"고 일침을 가하기도 한다.

간디는 스탠리 존스에게 "우선 당신네 기독교인들과 선교사들을 포함한 모든 서양인들은 오늘부터 예수 그리스도처럼 살아가도록 하십시오"라고 충고한다.

그리고 인도인들은 말한다.

"당신네 기독교인들이 진정으로 예수 그리스도와 같은 삶을 살았다면, 우리 힌두교인이 기독교로 개종하는 순간이 훨씬 더 빨리 찾아왔을 겁니다."[22)]

스탠리 존스는 인도인들이 기독교와 예수가 같은 존재가 아님을 발견했다는 사실에 놀라움을 금치 못한다. 그러면서 예수 그리스도에게 서구 문명, 물질주의에 만연된 서양인들을 떠나지 말아 달라고 부탁하는 장면은 인상적이다.

> "만약 동양인들이 예속(隸屬: 남의 지배나 지휘 아래 매임)의 십자가에 못 박혔다면, 우리 서양인들은 물질주의의 십자가에 못 박혀 있습니다. 우리 서양인들도 슬픔으로 가득 찬 가슴을 가지고 있습니다! 그리스도여, 우리를 떠나지 마소서!"[23)]

스탠리 존스는 평생 사역하면서, 자신이 꼭 지켜야 할 선교원칙을 이렇게 정해 놓았다.[24)]

> 1. 100%로 솔직할 것.

2. 어느 누구의 종교도 공격하지 않을 것임을 먼저 확인시켜 주어라.
3. 종교 간의 대화를 마칠 때에는 참가자들이 질문할 수 있도록 시간을 준다.
4. 집회가 열리는 도시의 비기독교 지도인사를 집회의장으로 세운다.
5. 기독교는 그리스도로 정의되어야 한다.
6. 그리스도는 단순한 논쟁이 아니라 기독교적인 경험에 의해 해석되어져야 한다.
7. 그리스도는 반드시 인도의 방식으로 소개되어야 한다.

”

“

스탠리 존스의 타문화 존중과 접근방법[25)]

스탠리 존스는 자신이 발견한 인도 선교의 접근방법을 이렇게 피력한다.

첫째는, 타종교에 대한 공격을 중지하는 것입니다. 타종교에 대한 공격은 사람의 마음 문을 닫고 전도의 문을 닫게 하는 요인이 되기 때문입니다.

둘째는, 타종교와 문화를 공감하고 열린 마음으로 배우는 태도를 취하는 것입니다. 하나님께서는 인도 백성에게도 하나님에 대한 증거와 진리의 빛을 비춰 주셨고 진리에 대한 갈망이 누구보다도 강한 민족이 인도 사람들이기도 합니다.

셋째는, 기독교는 구약이나 서양 문명으로서가 아니라 그리스도로 정의되어야 한다는 것입니다. 서양의 문명이 기독교가 아니며 세계대전과 다른 민족들을 침략했던 서양의 문명은 복음이라고 할 수 없기 때문입니다.

넷째는, 교리를 가르치거나 논쟁의 방법이 아니라 단순히 자신이 경험한 그리스도를 증거해야 한다. 인도 사람들은 철학과 논쟁에 능한 백성들입니다. 그들과 논쟁하기보다는 자신이 경험한 그리스도를 증거함으로써 성령님께서 그들의 마음을 터치하여 주시기를 바라는 것이 바람직합니다. 'R 7 to 7' 〈북인도 내 7개 지역(Region)에서 또 다른 7개 지역을 개척해 전도한다는 개념〉사역을 위해 훈련학교에서는 My story 와 His story라는 이름으로 간증을 통해서, 예수님에 대한 소식을 통해서 전도하는 법을 가르치는 훈련이 있습니다.

"인도교회 역사는 남인도의 해안가에서 북인도의 평야 지대로 이동해 왔다." "지금의 'R 7 to 7' 사역은 북인도를 중심으로 현지 사역자 훈련을 통한 교회 개척운동과 미전도 종족사역의 활성화를 통하여 북인도 지역의 복음화를 추구하고 있다"

다섯째는, 그리스도는 인도의 사상과 문화에 맞게 전달되어야 한다는 것입니다. 그 자신이 "인도의 길을 걷고 있는 예수"라는 책을 저술한 것처럼 인도의 사상과 문화에 익숙한 형태로 복음이 전달되어야 문화의 장벽을 넘어서 모든 민족에게 필요한 보편적인 그리스도가 나타날 수 있기 때문입니다. 선다 싱이 말한 "생수를 인도의 컵에 담아서 전한다"는 원리와 같은 맥락에서 표현된 원리라고 할 수 있습니다.

일명 '종교와의 대화'를 통해서 그는 인도의 사상과 종교 속에 있는 고상하고 심오한 철학을 발견하면서 공감과 배움의 태도 속에서 그리스도를 전하고자 했던 방법은 오늘날 우리에게도 그리스도를 증거할 때 어떠한 태도를 가져야 할 것인가를 말해주고 있습니다. 그러나 타종교 속에 있는 진리의 조각들 외에 미혹의 영도 있다는 사실은 매우 신중할 필요가 있다는 것을 말해줍니다. 인도에 선교사로 와서 인도 철학을 배우다가 아예 힌두교로 개종을 한 경우도 있기 때문입니다. 그러나 어떠한 경우에도 타종교와 문화를 존중하면서 존경과 배움의 태도를 가질 때 그리스도를 전할 수 있는 길이 열릴 수 있다는 사실은 우리가 명심해야 할 부분이 아닐까 합니다. 그리스도를 모르는 사람에게 전도할 때도 인간적인 강요보다 따뜻한 태도로 마음문을 열게 하고 복음을 듣도록 할 때 성령께서 역사할 수 있습니다. 회심은 성령의 역사이지, 우리의 역할이 아니기 때문입니다.[26]

”

종교적 너그러움

간디는 종교적으로 너그러워서 힌두교 이외의 종교인들과도 교류했다. 그의 친구 중에는 감리교 선교사인 스탠리 존스가 있었다. 스탠리 존스가 간디에게 기독교가 민중들에게 다가서려면 어떻게 해야 할지 지혜를 구하자, 간디는 "예수 그리스도 같은 삶"을 제안했다.

인도의 시인, 사상가, 교육자이며 노벨문학상을 받은 타고르는 이렇게 말했습니다.

“

"선교사들이 이방의 땅에 진실을 전파하고자 할 때, 인도 사람들을 존중하는 마음을 갖고 있지 않다면, 그 진실은 받아들여지지 않을 것이며 받아들여져서도 안 됩니다. 이방인에게 진실을 전하는 방식이 이방인들의 민족성이나 자존심에 상처를 주어서는 안 됩니다. 조화를 이루어야 합니다"[27]

”

'기독교는 예수 그리스도로 정의해야 한다.' '성경에는 기독교(Christianity)란 용어는 존재하지 않으며, 나는 기독교란 용어를 사용하지 않았다' 고 말하는 스탠리 존스와 '기독교는 부인하지만 예수는 인정' 하는 인도인들의 생각에는 일맥상통하는 점이 있다. "인도의 길거리에서 만날 수 있는 예수와 갈릴리 호숫가를 거닐던 예수와 무엇이 다릅니까? 전혀 다르지 않습니다." 이 같은 스탠리 존스의 말처럼, 인도에서 새롭게 발견되는 진정한 예수 그리스도와 만나게 될 것이며, 그의 열정적인 삶과 이야기를 통해 여러분은 특정 교리와 문화로 채색되지 않은 참된 기독교의 정신과 실천을 만나게 될 것이다.[28)]

순례자의 노래

내가 노래를 부르는 것은 노래할 이유가 있기 때문이다.

어떤 한 선교사가 사역하는 중 시장에서 무언가를 구입하면서 노래를 불렀다.

행복에 겨워 부르는 노래였다. 군중이 모여들었다. 그가 노래를 마치자, 그들이 또 다른 노래를 불러달라고 청했다. 그는 "여러분이 나를 위해 노래를 불러주시면 나도 노래를 불러드리겠습니다"라고 대답했다. 잠시 침묵이 감돌았다. 한 소녀가 소리 높여 말했다. "하지만 선생님, 우리에게는 노래할 이유가 하나도 없답니다." 그것은 의미심장한 말이었다.

그대는 노래할 이유가 있을 때에만 노래할 수 있다. 나는 주님을 '노래할 이유'로 삼는다. 나의 주제가는 예수 그리스도다.[29)]

> "나는 스탠리 형제님의 내핍생활을 보고 싶었습니다. 하지만 나는 그가 하나님에게 흠뻑 취한 자연의 아이라는 것을 알았습니다."

"하나님에게 흠뻑 취한 자연의 아이"라는 표현이 후렴구처럼 내 마음을 꿰뚫어 흐르고 있다. 나는 선하게 살려고 애쓰지 않는다. 나는 선, 곧 육화한 선에 흠뻑 빠져 있다. 나는 행복해지기 위해 애쓰지 않는다.

그저 행복하고 행복에 흠뻑 빠져 있을 뿐이다.

나는 천국에 이르기 위해 애쓰지 않는다. 나는 지금 천국에, 본향에 있는 까닭이다.

나는 상급을 바라지도 않는다. 나는 지금 상급을 소유하고 있기 때문이다.

그리스도야말로 나의 상급이다.[30)]

나는 나의 책 「마하트마 간디, 해설」이 실패작이라고 생각했다.

그러다가 마틴 루터 킹 박사(Dr. Martin Luther King)를 만났다.

그가 이렇게 말했다.

> “나는 간디를 다룬 당신의 책 덕분에 난생 처음 비폭력 비협력운동을 알게 되었습니다. 나는 속으로 ‘흑인이 자유를 획득할 수 있는 길이 비폭력 비협력운동에 있구나’ 하고 말했습니다. 우리는 흑인운동 전체를 폭력에서 비폭력으로 전환할 작정입니다. 우리는 우리의 영혼의 힘으로 다른 사람의 물리력에 맞서 싸울 것입니다.”
>
> 나는 이렇게 대답했다.
>
> “내 책은 실패작이 아니었군요.”
>
> 그가 답했다.
>
> “그럼요, 우리가 흑인운동을 비폭력운동으로 유지하는 한, 당신의 책은 실패작이 되지 않을 것입니다.”[31)]

우리는 “예수는 주님이시다”라고 말할 때마다 손가락 세 개를 들어 올렸다.

그 일은 20년 전 일본에서 시작되었다. 일본 국왕이 자신은 신이 아니라고 선언했다.

일본의 내적인 삶을 받쳐주던 기반이 떨어져나갔다. 왜냐하면 신적 존재로서의 일본 국왕을 중심으로 일본 사람들의 인생철학이 형성되어 있었기 때문이다.

남은 것은 공허감이었다. 연단에 앉아서 그들의 간절한 얼굴을 보는 순간, 저들의 공허감을 "예수는 주님이시다"라는 진리로 채워야겠다는 생각이 내 마음에 퍼뜩 떠올랐다. 그들은 그 진리를 환영했다. 그리스도인이건 그렇지 않은 사람이건 가릴 것 없이 모든 사람이 그 진리를 환대하고, 손가락 세 개를 들어 보이며, "예수는 주님이시다" 하고 열렬히 외쳤다.[32)]

한 평생 순례자의 노래를 부르며 인도의 길을 걸었던 위대한 선교사 스탠리 존스는 『순례자의 노래』에서 특별한 사건들에 대해 이야기하는 것이 아니라, 가장 특별한 사건인 예수 그리스도와 70년 가까이 전 세계를 돌아다니며 경험했던 그분에 관한 이야기들을 들려준다.

"

나사렛 예수 그리스도의 이름으로 평생 선교

스탠리 존스는 '일평생' 을 인도에서, '예수님의 복음' 을 전하면서, 자신의 삶을 헌신한 '선교사' 입니다.

인도에서는 그를 '하나님의 성자' 로 불렀습니다. 그의 나이가 89세 때, 중풍으로 쓰러지셨습니다. 젊은 나이에 쓰러져도, 다시 일어나기가 쉽지 않은 것이 중풍인데, 90세 가까운 나이에 쓰러졌으니, 무슨 희망이 있겠습니까?

미국 보스턴으로 후송이 되었는데, 그는 자기를 치료하는 의사들에게 이런 부탁을 했습니다.[33)]

"선생님! 제게 한 가지 부탁이 있습니다! 저를 보실 때마다,

스탠리 존스!

나사렛 예수 그리스도의 이름으로 명하노니, 일어나 걸어라 !

이렇게 외쳐주십시오."

의사들과 간호사들이, 그 말을 듣고 웃었습니다.

"아니, 선교사님! 저는 베드로도 아니고 요한도 아니고, 또 부흥사도 아닌데, …….

제가 어떻게? 그런 말을 외칠 수가 있습니까?"

그러나, '스탠리 존스' 가 억지로 강권하니까, 의사들과 간호사들은 어쩔 수 없이 볼 때마다,

그렇게 외쳐 주었습니다.

"스탠리 존스!

나사렛 예수 그리스도의 이름으로 명하노니!

일어나 걸어라!"

그때마다, 그는 침상에 누워 있다가,

큰 목소리로 "아멘! ~아멘!" 으로 화답을 했습니다.

"예수의 이름으로 명하노니 스탠리야 걸어라!"

여러 번 거듭, 거듭

"그 말" 을 의사들과 간호사들이 치료 중에 선포 했습니다!

과연, 어떤 일이 일어났을까요?

놀랍게도, 6개월만에 완쾌가 되었습니다.

그가 병원에 들어올 때는, 들것에 실려서 들어왔는데, …….

병원을 나갈 때는, 자기의 두 발로 당당하게 걸어서, '건강한 몸' 으로 퇴원을 했습니다.

그는 다시, 선교지로 돌아가서, 죽을 때까지,

'건강한 몸' 으로, 하나님이 주신 사명에 충성을 다했습니다.

여러분 ! 어떻게 90세에 가까운 노환자가, 중풍에서 완쾌될 수

있습니까? 바로 '나사렛 예수 그리스도의 이름' 의 '능력' 인 것입니다.

유명한 찬송가 작사가인, '제인 크로스비' 는 앞을 못보는 맹인이었습니다.

그러나, 그녀는 '예수의 이름' 으로 일어서라는, '말씀을 믿고' , '영의 눈' 을 떠서, '6천 편' 이나 되는 찬송가를 작사했습니다![34]

특히, 그가 작사한 '인애하신 구세주여' 라는 찬송은, 지금까지도, 우리를 '크게 위로' 하고 있습니다.

'예수님의 이름' 이 있는 곳에는 절망이 없습니다.

'예수님의 이름' 이 전해지면, '무한한 가치와 희망' 이 부여됩니다.

우리는 아무리 힘들고, 극한 상황에 직면 하더라고, 환경과 처지를 탓하지 말고!

'예수님의 이름' 으로 나타날 '권세' 를 믿고, '주님의 은총' 을 기다려야 합니다.

'예수님의 이름' 이 있는 곳에는, 전혀, 절망이 없습니다.

반드시, '승리와 희망' 이 있습니다!

'예수 그리스도의 이름' 을 믿을 때에, '주님의 능력' 이 생깁니다!

지금, 이 순간, 우리는 '누구의 이름' 으로 살아가고 있는가요?

지금, 우리가 걷는 걸음은 '누구의 이름' 으로 걷고 있습니까?

우리는 이 땅에서 살면서, "예수 그리스도의 이름" 으로 믿음을 얻고, '그 믿음' 으로 살고, '그 믿음' 을 '후손들' 에게 전해 주어야 합니다.[35]

❞

"너희가 내 이름으로, 무엇을 구하든지 내가 시행하리니, 이는 아버지로 하여금 아들을 인하여, '영광' 을 얻으시게 하려 함이라!" 말씀하셨습니다(요 14:13).

오늘도 '나사렛 예수 그리스도 이름' 으로, '영 육간의 앉은뱅이' 가 일어나고, '벙어리' 가 입을 열어서, '예수님의 복음' 을 증거하는 '귀한 역사' 가 있기를 기도합니다!

예측할 수 없는 세상의 어려운 격동 속에서, '예수 그리스도의 이름' 을 강하게 붙들어야 합니다!

'예수님의 이름' 에는 '소망' 이 있고, 또한, '그 이름' 을 통해서, 우리는 '영원한 하늘나라' 를 '약속' 받게 됩니다. 여러분이 그 주인공이 되시기를 기원합니다. 할렐루야!

각주 ----------

1) 편찬위원회, 『기독교대백과사전 13권』, (서울 : 기독교문사, 1984), p. 1262.
2) E. Stanley Jones. 『인도의 길을 걷고 있는 예수』. 김상근 역. (서울: 평단, 2005), pp. 38~40.
3) http://blog.naver.com/indo_study/221108872679. 게시판. "스탠리 존스의 타문화존중과 접근방법" 2017. 10. 01.
4) http://kin.naver.com/qna/detail.nhn?dlid=6&dirId=60901&docId=46784996&qb. 지식iN. "20세기의 예언자, 하나님의 사람-복음전도자 스탠리 존스" 2005. 01. 26.
5) Ibid.
6) http://news.zum.com/articles/34494736. 김영태. "인도로 간 미국인 선교사, 진정한 그리스도를 발견하다." CBS노컷뉴스. 2016. 11. 25. - <E. Stanley Jones. 『인도의 길을 걷고 있는 예수』, 김상근 역. 서울: IN크리스토, 2016.>에서 인용.
7) Hugh T. Kerr & John M. Mulder. 『위대한 회심자들』. 박영봉 역. 서울: 생명의 말씀사, 1993. pp. 253~258.
8) http://kin.naver.com/qna/detail.nhn?dlid=6&dirId=60901&docId=46784996&qb. 지식iN. "20세기의 예언자, 하나님의 사람-복음전도자 스탠리 존스" 2005. 01. 26.
9) 『인도의 길을 걷고 있는 예수』. op. cit.
10) 지식iN. op. cit.
11) E. Stanley Jones. op. cit.
12) Ibid.
13) Hugh T. Kerr & John M. Mulder. op. cit. p. 254.

14) Ibid., p. 254. 15) Ibid., p. 255.

16) Ibid., p. 256. - 그의 회심 기록은, E. Stanley Jones, A Song of Ascents: A Spiritual Autobiography (Nashville: Abingdon Press, 1968), pp. 26-33.-에서 발췌.

17) Ibid. 18) Ibid., p. 258.

19) Ibid. 20) Ibid., p. 253.

21) E. Stanley Jones. 『인도의 길을 걷고 있는 예수』, 김상근 역. (서울: IN크리스토, 2016), op. cit.

22) Ibid. 23) Ibid.

24) http://blog.naver.com/beerindia/70081734133. 인도선교연구소. "스탠리 존스의 선교원칙 7가지". 2010. 5. 11.

25) "스탠리 존스의 타문화존중과 접근방법", op. cit.

26) Ibid.

27) 인도선교연구소. op. cit.

28) E. Stanley Jones. op. cit.

29) http://blog.naver.com/durannobible/220862509008. 스탠리 존스. 『순례자의 노래』. 김순현 역. (서울: 복있는 사람. 2007), p. 30. - 2007. 05. 25.

30) Ibid., p. 489. 31) Ibid., p. 518.

32) Ibid., p. 707

33) http://blog.daum.net/whrbgus39/2620. 강화도령. "스탠리 존스 인도에서 '나사렛 예수 그리스도의 이름' 으로 평생 선교". 2017. 07. 30.

34) Ibid. 35) Ibid.

참고문헌 - 이 글은 아래 문헌에서 인용, 발췌한 것이다.

편찬위원회, 『기독교대백과사전 13권』, 서울 : 기독교문사, 1984. p. 1262.

Hugh T. Kerr & John M. Mulder. *conversions*. New York: Grand Rapids, 1983.

E. Stanley Jones. *A Song of Ascents: A Spiritual Autobiography*. Nashville: Abingdon Press, 1968,

E. Stanley Jones. 『인도의 길을 걷고 있는 예수』. 김상근 역. 서울: 평단, 2005.

휴커 · 존 멀더, 공편. 『위대한 회심자들』. 박영봉 역. 서울: 생명의 말씀사, 1993.

E. Stanley Jones. 『인도의 길을 걷고 있는 예수』, 김상근 역. 서울: IN크리스토, 2016.

http://blog.naver.com/indo_study/221108872679. 게시판. "스탠리 존스의 타문화존중과 접근방법" 2017. 10. 01.

http://blog.naver.com/beerindia/70081734133. 인도선교연구소. "스탠리 존스의 선교원칙 7가지". 2010. 5. 11.

http://blog.naver.com/durannobible/220862509008. 스탠리 존스. 『순례자의 노래』. 김순현 역. 서울: 복있는 사람. 2007. 05. 25.

http://blog.daum.net/whrbgus39/2620. 강화도령. "스탠리 존스 인도에서 '나사렛 예수 그리스도의 이름' 으로 평생 선교". 2017. 07. 30.

http://ko.wikipedia.org/wiki/(위키백과)

http://www.britannica.com/(브리테니커 Internet판)

인도의 성자

선다 싱

51

Sundar Singh
1889~1929

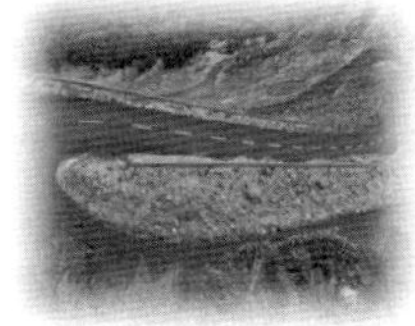

독실한 힌두교 집안에서 자라난 그는 회심 후,
인도 전역을 순회 전도함으로서 '맨발의 전도자' 라고 부른다.
그는 인도가 배출한 가장 이상적인 그리스도의 제자로,
주님의 뜨거운 사랑을 품고 환자를 간호, 위로하며 헌신한 사랑의 사도였다.

내면의 평화를 찾아서

선다 싱(Sundar Singh)은 1889년 9월 3일, 인도 북부의 펀자브(punjab) 주의 파티알라(Patiala), 람푸르(Rampur)에서 막내아들로 출생했다. 집안은 매우 부유했으므로 호사스러운 생활 속에서 성장했다. 부모는 힌두교의 한 종파인 시크교(sikh)의 독실한 신자였으나 예배처를 방문하여 경전을 읽고 시크교와 힌두교의 모든 스승들과 교류하는 등 거의 힌두교인처럼 보였다. 어머니는 선다의 종교적 성향을 지도한 정신적인 지주였다. 또한 힌두교 교훈의 살아 있는 본보기이자 성실한 추종자였다. 어머니는 해가 뜨기 전에 자리에서 일어나 목욕을 하고 바가바드-기타(Bhagavad-Gita)와 힌두 경전을 읽으셨다. 선다가 성장하여 이상으로 좇아야 할 사두의 삶을 끊임없이 제시했다. 세상의 것들을 버리고 태고부터 인도 종교에서 추구해온 영원토록 만족을 주는 내적 평화를 얻도록 힘쓰기를 당부했다. 어머니가 어느 정도로 선다에게 영향을 주었을까? 후일 캔터베리의 대주교에게 한 말은 선다에게 어머니의 영향력이 어느 정도였는가를 말해준다.

"

만일 천국에서 저의 어머니를 뵙지 못한다면, 저는 하나님께 간청하여 그분과 함께 있을 수 있도록 지옥으로 보내달라고 할 것입니다.

"

어머니는 어릴 때부터 어떤 종류의 죄도 멀리하고, 어려움에 처한 사람들을 동정하고 도와주어야 한다고 가르쳤다. 한번은 아버지가 용돈을 주신 일이 있다. 선다는 이를 쓰기 위하여 장터로 신나게 달려갔다. 그런데 가는 도중에 추위와 배고픔에 시달리는 굶주린 여자를 보았다. 선다는 동정심으로 가진 돈을 모두 주어버렸다, 그리고는 집으로 와서 아버지에게 불쌍한 여자에게 담요를 주지 않으면 얼어 죽을 것이라고 하면서 그녀를 도와주어야 한다고 말했다. 아버지는 전에도 그녀를 도와주었으니 이제는 이웃들이 나서야 할 때라고 말하면서 선다의 부탁을 외면했다. 선다는 아버지의 돈을 훔치고 말았다. 그녀를 도와준다는 생각은 커다란 만족감을 주었으나 도둑질은 양심의 가책을 가져왔다. 저녁 때가 되어 돈이 없어진 것을 아신 아버지가 물었으나 선다는 이를 부인했다. 벌은 지나갔으나 양심 때문에 선다는 밤잠을 설치게 되었다. 밤이 새도록 잠을 못잔 선다는 다음 날 아침에 도둑질과 거짓말을 실토하고 말았다. 아버지는 선다를 감싸않고 울면서 말했다.

"

내 아들아. 나는 언제나 너를 믿었단다. 그리고 이제 내가 틀리지 않았다는 것을 확실히 알게 되었구나.

"

그 후부터 아버지는 선다가 부탁하는 것을 거절하는 법이 없었다. 선다는 양심과 부모 뜻에 어긋나는 것은 하지 않으리라 결심했다.

이 일 후에 얼마 지나지 않아서 어머니가, 다시 몇 개월 후에 형이 죽었다. 선다는 다시는 만날 수 없다는 생각에 낙담과 절망에 빠졌다. 그들이 어떤 모습으로 다시 태어날지 몰랐고, 자신도 다시 태어나는 것을 생각할 수 없었기에 그러했다. 힌두교는 상심한 사람의 유일한 위로는 운명에 따라야 한다는 것과 인과응보라는 냉혹한 법칙에 굴복해야 한다는 것이었다. 급작스런 어머니의 죽음은 엄청난 충격을 가져와서 열네 살의 선다가 견뎌내기에는 정말로 무거운 짐이었다. 땅이 꺼지는 절망은 이를 두고 하는 말이었다. 어머니는 사제와 성자에게 데려가서 경전의 가르침을 받을 수 있도록 했다. 신에게로 접근하는 길이 어머니였다. 어머니가 돌아가신 다음에 신과 함께 하지 않으면 살 수 없다는 것이 선다의 깨달음이었다. 마음속에 심어놓은 이 평화에 대한 갈망은 갈수록 강해져갔다. 선다는 시크교 승려의 말을 중얼거렸다.

"나는 당신이 없이는 잠시도 살 수 없습니다. 나는 당신을 그리워합니다. 나는 당신을 갈망합니다. 오직 당신 품속에서 나는 평안을 찾을 수 있습니다." 그러나 어머니가 제시한 방법은 전혀 소용이 없었다. 힌두교 최고의 경전인 바가바드-기타를 거의 암송했다. 16세에는 시크교의 경전인 그란트(Granth)와 무슬림의 경전인 코란(Quran), 힌두교의 경전인 우파니샤드(Upanishads)도 읽었다. 요가(Yoga)도 수련했다. 요가는 황홀경으로 몰입되는 정신 집중을 통하여 지고의 정신(Supreme Spirit)과 일치를 이루고, 그 결과 평화와 조명(illumination)을 얻고자하는 것이었다. 이런 것들이 어느 정도 위로를 준 것이 사실이나 진정한 평화는 가져오지 못했다는 것이 문제였다.

사실 선다의 나이는 천진난만하고 놀기를 즐겨하고 호기심이 많아야 정상이었다. 그러나 집에 즐겁게 할만한 것들에는 관심이 없었다.

"네 또래의 아이들은 그저 노는 것만 생각하는데 너는 어떻게 돼서 벌써부터 이런 광적인 것에 사로잡혔단 말이냐? 인생에서 그런 것을 생각할 시간은 많아. 내가 보기에는 네 어머니와 그 사두인가 하는 사람에게서 그렇게 배운 것 같구나."

아버지는 이렇게 선다를 책망했으나 아무런 소용이 없었다. 선생님도 선다를 이상한 아이로 보기는 마찬가지였다. 틈만 나면 선다는 영적 곤경에 대하여 선생님에게 질문했다. 선생님이 말씀하셨다.

"네 어려움은 새롭고 이상한 것 같다. 네가 자라서 영적생활에 관해 많은 경험과 지식을 쌓게 되면 그런 어려움들이 저절로 사라질 것이라는 이야기밖에 할 말이 없다."

이것이 선생님의 대답의 전부였다. 선생님, 사두, 힌두학자 등 모두가 선다를 만족시켜 주지를 못했다. 마을에 있는 미국 장로교회선교회가 개설한 소규모 초등학교에 다니면서 성경를 처음으로 알게 되었지만 이는 조상 전래의 종교를 파괴하고 전통을 모욕하는 것이므로 혐오감만을 불러 일으켰다. 얌전하고 예의바르고 신앙이 두터웠던 학생이 난폭한 부랑아가 되어버렸다. 예수 그리스도가 선다가 갈망하는 평안을 줄 수 있다고 선생님들이 충고했다. 그러나 이는 선다의 사무친 가슴에 불을 질렀다. 교실에서의 무례한 장난은 예사였고 엉뚱한 질문과 욕설로 성경시간의 선생님을 내쫓았다. 결국에는 성경읽기와 수업을 거부했고, 아버지를 졸라서 미션스쿨을 그만두고 30마일이나 되는 세인월(Saneual)의 국립학교로 전학해서 몇 개월을 다녔다.

학교에서 나온 선다는 아예 노골적으로 기독교에 대한 반감을 드러냈다. 더럽고 나쁘다고 멀리했던 시장 부랑아들을 모아놓고서 왕초노릇을 했다. 자신이 다니던 초등학교를 부수고 선교사와 시장 안에 사는 기독교인들을 내쫓아 버렸다. 돌을 던지고 쓰레기와 오물을 투척했으며, 반항하는 사람들에게는 욕을 퍼부었다. 매주 사원에 다니던 모범생의 모습은 어디에서도 전혀 찾을 수가 없었다. 아버지 셔 싱은 아들과 관련한 소문을 반신반의 하면서 듣고 있었다. 아무도 선다가 마음에 적대감의 길을 왜 선택했는가를 이해하지 못했고, 알려고도 하지 않았다. 선다는 덥고 무더운 여름에 뜨거운 모래를 밟으며 학교에 다니다가 말라리아에 걸리고 말았다. 사경을 헤매다가 겨우 살아났다. 한동안 학교에 다닐 수 없었다. 아버지가 다시 장로교 초등학교에 다니라고 말했을 때, 선다는 이를 동의할 수밖에 없었다. 난폭하던 성질은 좌절감만 남아 있었다. 죽고 싶은 심정이 이때의 선다의 마음이었다. 다른 수업시간에 관심이 없던 선다였지만 성경 시간만은 예외였다. 기독교인들의 모순된 생활을 날카롭게 지적했고, 엉뚱한 질문으로 선생님들을 곤혹스럽게 하기는 마찬가지였다. 날씨가 선선해지기 시작한 11월에 선다는 교장 선생님에게 가서 성경 한 권을 사왔다. 교장 선생님은 기도를 하면서 기다리고 있었기에 드디어 선다가 변화할 그날이 온 줄로 생각했다. 그러나 그것은 역시 오판이었다.

선다는 학교 문을 나서면서 친구들에게 따라오라고 하면서 성경과 예수에 대한 나의 생각이 어떤가를 보여주겠노라고 했다. 친구들은 궁금해 하면서 따라왔다. 자기 집으로 친구들을 데리고 간 선다는 장작과 석유를 들고 안마당으로 나왔다. 그리고는 나무에 석유를 붓고 불을 붙였다. 교장 선생님으로부터 사온 신약성경를 한 장씩 찢어서 불에 태우기 시작했다. 아버지가 황급히 나와서 노기서린 목소리로 나무랐지만 아무런 소용이 없었다. 어색한 분위기 속에서 친구들은 슬금슬금 자리를 피하고 말았다. 이것이 친구들이 목격한 선다의 원한에 찬 마지막 증오였다.

“

환상으로 예수를 만나다

선다의 회심은 다메섹 도상에서 예수를 만난 바울을 연상시킨다. 매우 극적이고도 드라마틱한 회심 사건은 1904년 12월 18일에 일어났다. 성경를 불태우고 난 삼일 동안을 선다는 자기 방에서 두문불출했다. 자신의 행동이 옳다고 생각했지만, 마음은 불안했고, 이틀 동안은 비참함을 맛봤다고 했다. 모든 것에서 만족과 평화를 얻을 수가 없었다. 내세에서나 평화를 얻으리라 생각했다. 모든 것을 내팽개치고 자살할 것을 결심했다. 새벽 3시에 일어나서 한겨울에 냉수로 목욕재개하고 마지막으로 기도를 했다.

“오 신이여! 만일 당신이 계신다면, 저에게 올바른 길을 보여 주십시오. 그렇지 않으면 저는 자살하겠습니다.”

마지막으로 기도를 해보고 만족을 얻지 못하면 5시 기차가 지나가는 철로 위에 목을 드리우고 죽겠다는 것이었다. 기도하고 또 기도했다. 그럼에도 응답을 받지 못했다. 새벽 4시 30분. 죽으려면 이제 나가야할 시간이다. 바로 그때 선다는 보았다. 방안을 비추이고 있는 찬란하고 거대한 빛을! 불이 났는가 하고 주위를 둘러보았지만 아무것도 발견하지 못했다. 문을 열었지만 밖은 온통 어두움으로 싸여 있었다. 안으로 들어오자 빛은 뚜렷해지면서 둥그런 형상을 만들었고 빛 속에서 무언가가 나타났다. 빛 속에서 예수 그리스도의 형상이 보였다. 힌두교의 화신(Hindu incarnation)이나 크리슈나 신이나 부처를 보았다면 선다는 굴복하여 엎드렸을 것이다. 그러나 얼마 전에 모욕한 예수가 아니던가? 선다는 빛 속에서 힌두스탄어(15~18세기, 델리를 중심으로 이슬람교도들의 공통어)로 말씀하시는 예수의 말씀을 들었다.

"언제까지 네가 나를 핍박하겠느냐? 나는 너를 구원하러 왔다. 너는 올바른 길을 알고자 기도하면서 왜 그 길을 취하지 않느냐?"

그 말을 듣는 순간에 선다는 한 가지 생각이 들었다.

"예수 그리스도는 죽지 않고 살아 계시며, 이분이 바로 그분이심에 틀림없다." 그리고는 예수님 발밑에 엎드려서 어느 곳에서도 맛보지 못한 평화를 받아들였다. 그것은 기쁨이고 천국이었으며, 선다가 갈망했던 놀라운 평화! 바로 그것이었다. 모든 것은 분명해졌다. 선다는 너무나 기뻐서 아버지께로 달려가서 자신이 기독교인이 되었음을 고백했다. 잠자다가 일어난 아버지는 어안이 벙벙했다. 어이가 없는 표정으로 아버지가 한 마디 했다.

"가서 자거라. 네가 성경를 불태운 것이 바로 엊그제 인데? 이제는 기독교인이라고 말하는구나?" 선다는 곧바로 대답했다.

"그래요, 저는 그리스도가 살아 계신다는 것을 알았고, 그를 따르기로 결심했어요. 오늘부터 저는 그의 제자로서 그를 섬기겠습니다."

선다는 환상에 의문을 제기하는 사람들에게 두 가지 점을 강조한다. 그것은 겨울날인데도 냉수욕을 했으며, 둘째는 내면의 평화가 단 한 번도 사라진 적이 없고 시련과 박해를 받을 경우에는 오히려 더욱 깊어졌다는 사실이다.

"

홍포를 입은 거리의 전도자

집에서는 선다가 기독교인이 되지 못하도록 백방으로 노력했다. 조상 전래의 종교에 남아 있으면 모두 그의 것이 되었을 부와 사회적 지위, 가족에게는 수치와 불명예가 주어진다는 사실도 그를 돌아서게 만들지 못했다. 거의 9개월 동안에 갖가지 모욕과 창피를 당했다. 나중에는 족장(Raja)이 명예와 자존심에 호소했으나 결심은 바뀌지 않았다.

1905년 9월 3일. 선다는 시믈라(Simla)에 있는 성공회에서 세례를 받았다. 기독교인이 되면서 그는 힌두교의 '성자' 복장과 그 삶의 방식을 채택하여 그 인상적이고 창조적인 생각을 실천에 옮겼다. 사두(sadhu), 산야시(sannyasi), 파키르(fakir)들은 아무것도 소유하지 않고 오직 자기의 신분만을 나타내는 홍포만을 걸치고 다닌다. 선다가 그러했다. 홍포와 담요, 신약성경 한 권이 전부였고 맨발이었다. 복음을 전하고 음식을 주면 먹고, 그러지 않으면 풀뿌리나 나무 잎사귀를 먹었다. 잠자리를 제공하면 받고 그러지 않으면 동굴이나 나무 밑에서 잤다. 인도 전역과 아프가니스탄, 히말라야도 마다하지 않았다. 성 프란시스의 이야기를 들으면서 감복했지만 그의 모범을 따르지는 않았다.

"네 자신이 되어라. 다른 사람을 모방하지 마라." 이것이 선다의 삶의 기본 원리였다. 그는 예수님을 생각하며 맨발의 전도자로 나섰다.

"

눈보라가 몰아치는 어느 날 밤, 선다는 히말라야 남쪽 산길을 맨발로 넘게 되었다. 마침 같은 방향의 여행자를 만나 동행하게 되었다. 그들은 한참 걷다가 노인이 눈 위에 쓰러져 있는 것을 발견했다. "노인을 그냥 놔 두면 죽을 것 같아, 데리고 번갈아가며 업고 갑시다"라고 말했다. 동행자는 화를 내며 "무슨 말입니까? 나도 죽게 되었는데, 저런 노인네까지 데리고 간다면 우리 모두 죽게 될거요" 하면서 혼자 살기 위해 가버렸다. 하지만 선다 싱은 차마 그냥 둘 수 없어 노인을 업고, 추운 눈보라 속을 헤치며 맨발로 걷기 시작했다. 몇번을 넘어지고 일어서기를 반복하며 끝까지 참고 걸어갔다. 노인은 점점 무거워졌고 온 몸이 땀으로 젖었다. 언 몸이 더운 기운으로 가득하게 되자 업은 노인이 의식이 회복되기 시작했다. 두 사람은 서로의 체온으로 조금도 춥지 않았다. 마침내 그들은 마을에 무사히 도착하게 되었다. 그러나 마을 입구에서 또 다른 사람이 길가에

꽁꽁 언 채로 죽어있는 모습을 보게 되었다. 자세히 보니 앞서간 동행자였다. 선다 싱은 이 일을 계기로 자신을 위해 살고자 하는 자는 죽게 된다는 말씀을 확신하게 되었다(마태복음 16장 25절 참조).

❞

1908년부터는 티베트 전도여행을 했다. 그곳은 그의 주요한 사역지가 되었으며, 오랫동안 해결해야 할 과제와도 같았다. 1909년과 1910년은 라호르에서 신학교육을 이수했다. 『그리스도를 본받아』(Imitation of Christ)의 명작을 만난 것도 이 시기이다. 테레사, 십자가의 성 요한, 스웨덴보리 등, 신비가들도 책으로 만났으며 그들로부터 많은 영향을 받았다. 성공회의 부제로 서품 받았으나 선다는 얼마 되지 않아서 이를 반납했다. 교파에 속하지 않고 자유롭게 복음을 전하기 위함이었다. 예수님을 본받아서 40일 금식도 했다. 금식을 통하여 하나님의 평화가 더욱 강해진 것을 느꼈다. 온갖 고통과 핍박, 죽음의 위협을 겪었지만 복음을 전하는데 주저함이 없었다. 1918년부터 1922년까지 유럽과 미국 등, 세계 각지를 여행하면서 복음을 증거했다. 1929년 4월 선다는 티베트로 다시 한번 전도여행을 떠났다. 그것이 세상에서의 선다의 마지막 모습이었다. 티베트로 갈 때는 항상 돌아올 것을 전혀 생각하지 않는다던 선다 싱! 티베트로 떠난 모습을 끝으로 그는 어디서도 모습을 드러내지 않았다. 여러 가지 소문이 무성했지만 어느 것도 밝혀진 것은 없었다. 1933년 인도 정부는 선다 싱의 죽음을 공식 확인했다.

참고문헌 - 이 글은 아래 문헌에서 인용, 발췌한 것이다.
편찬위원회, 『기독교대백과사전 8권』, 서울: 기독교문사, 1983. p. 1107.
B.H. 스트리트, A.J. 아파사미. 『사두 썬다 싱』. 황선국 역. 서울: 은성, 1997.
시릴 J. 데이비. 『티벳 성자 선다 싱』. 박양조 역. 서울: 기독교문사, 1999
레이몬드 어드먼. 『예수 그리스도의 증인들』. 이선봉 역. 서울: 생명의 말씀사, 1994, pp. 112-132
http://ko.wikipedia.org/wiki/(한국어 위키백과)
http://blog.naver.com/elslgiforest/221092855406. "생명을 구원한 선다 싱", 2017. 9. 9.

일본의 사회운동가

가가와 도요히코

52

賀川豊彦

1888~1960

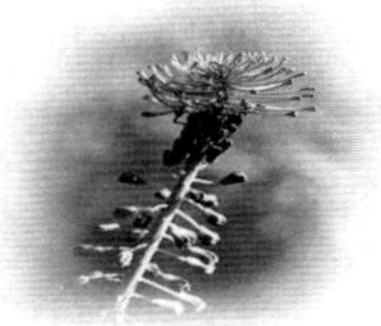

불우한 환경에서 태어나고 성장한 그는 회심한 후
일본의 빈민을 위한 복음전도와 사회가혁, 빈민해방을 위한
노동조합운동을 전개한 그리스도의 전사이다.

불우한 환경을 넘어서

가가와 도요히코는 1888년 7월 10일 고베에서 아버지 가가와 준이치와 어머니 스가우 가메 사이에서 태어났다. 아버지지의 첫부인은 미찌라는 여성이었는데 자식을 낳지 못해, 어머니 가메를 만나 도요히코를 낳았다. 그러나 불행하게도 4살에 아버지, 5살에 어머니가 돌아가셨다. 그래서 큰어머니 미찌와 할머니의 손에서 양육되었다. 큰어머니는 매우 차갑게 대했으나 할머니는 가문의 후계자로 키우려고 엄하면서도 사랑으로 보살펴주었다.

도요히코는 12살 때 구세군의 길거리 선교를 계기로 열심히 신앙생활을 시작했다. 그러나 선천적으로 병약했다. 1900년 도꾸시마 중학교에 입학하면서 선교사 로간과 마야스의 만남이 그의 일생을 바꾸어 놓았다. 영어를 배우고자 하는 열망에서 비롯된 만남이었지만 헌신적이고도 자상한 보살핌에 세례를 받고 기독교인이 되었다. 그는 두 선교사의 영향과 톨스토이의 반전론에 심취하면서 평화주의자가 되었고 교련훈련을 거부하여 종일 구타를 당하기도 했다.

마야스는 그에게 영어공부를 하는 데는 성경 말씀을 외우는 것이 제일 좋은 방법이라고 권했다. 그래서 그 충고를 따라 우선 누가복음 12장 27절을 영어로 외웠다. "백합화를 생각하여 보라. 실도 만들지 않고 짜지도 아니하느니라. 그러나 내가 너희에게 말하노니 솔로몬의 모든 영광으로도 입은 것이 이 꽃 하나만큼 훌륭하지 못하였느니라." 그는 어릴 때부터 들꽃들을 좋아해서 이 성구에 큰 감동을 느꼈다. 그것을 외우면 마치 하나님의 음성을 듣는 것같이 기뻤다. 하나님의 말씀이 그의 마음을 사로잡았고 신비한 힘에 이끌리고 있었다. 만일 이 우주에 하나님이 없다면, 그처럼 아름다운 백합화가 존재할 수 있을까? 내 마음이 뜨거워졌다. 하나님을 받아들여 내 마음속에도 항상 저 백합화가 피게 하리라 생각했다. 그리하여 다윈의 진화론을 버리고, 우주의 유일한 실재이신 하나님을 믿기로 결단했다. 그는 이렇게 고백한다.

“

이런 영적 경험을 남에게 전하면 그것은 자칫 잠꼬대로 들릴지도 모른다. 그래서 아무에게도 내 심경을 말하지 않았다. 다만 기도하고 싶을 때면 혼자서 이불을 푹 뒤집어쓰고 몰래 기도했다. 기도래야 단순하게 "하나님! 나를 착한 아이가 되게 해 주세요. 아멘"이라고 했다.

”

숙부에게서 신세를 지던 도요히코는 중학교를 졸업하고 메이지대학 신학부에 입학했다. 숙부는 도요히코가 등경대학에 진학하여 집안을 일으키기를 원했으므로 실망이 이만저만이 아니었다. 경제적 지원을 끊어버린 것은 어쩌면 당연한 조처였다. 그래서 마야스 박사의 집에서 기거하게 되었다. 대학교 2학년 때에 고베신학교가 설립되었고, 로간과 마야스가 교수직을 담당하게 되었다. 도요히코는 두 선교사의 권고에 따라서 신학교를 옮기기로 결정했다. 개강이 9월이었기에 몇 개월 동안 전도하기로 마음먹고 노방전도를 하다가 쓰러져 폐결핵 진단을 받았다. 의사는 죽음을 언급했으나 도요히코는 사명이 있다고 믿었고 살아갈 힘이 있다고 생각했다. 계속되는 병은 그를 괴롭혔다. 20대 초반 자주 자살을 생각한 것은 어쩌면 당연했다. 그러나 요한 웨슬리의 전기를 읽으며 마음을 다잡았고, 절망은 긍정으로 바뀌었다.

"

마야스 선생님은 내 신앙의 아버지이다. 그는 나의 성격과 생애에 큰 영향을 끼쳐준 분이다. 마야스 부인은 나에게 '잃었던 아들'이라는 별명을 붙여 주었다. 그녀는 나 고민을 함께 걱정하면서 눈물을 흘려줬고, 나를 위해 식탁을 마련해 주면서 고아인 나를 아들처럼 아끼고 사랑해 주었다.

"

빈민의 친구

1909년 저물어가는 크리스마스 전날 오후, 고베신학교에 다니던 도요히꼬는 기숙사를 나와서 고베의 빈민굴로 이사했다. 가난과 질병, 끊이지 않는 범죄가 들끓는 곳이었다. 비록 두 평의 단칸방이었고, 이불 살 돈이 없어서 헌 돗자리 석 장을 사서 방 아랫목에 깔았다. 당시에는 치명적인 병으로 알려진 폐병에 걸려있던 터였다. 오랜 고통 속에서 이런 생각이 들었다. 이왕 죽을 목숨이라면 차라리 빈민굴에 가서 복음이나 전해야겠다고 생각했다. 그래서 이곳에 이사왔던 것이다. 당시 고베에는 일곱 개의 빈민굴이 있었다. 그 중 제일 큰 것이 후끼아이의 빈민굴로, 한 평 반쯤 되는 판잣집(2천호)들이 성냥갑처럼 들어서 있었고, 만 명 이상의 빈민들이 모여 살았다. 이들의 직업은 지게꾼, 분뇨 처리하는 사람, 날품팔이, 땜장이, 엿장수, 떡장수 등, 헤아릴 수 없었다. 그는 이곳에서 14년간이나 살면서 그들을 위해 복음을 전했다. 빈민굴의 실정은 상상 이외로 비참했다. 러일전쟁 후 불경기의 여파로 빈민굴의 삶은 더욱 어려워졌다. 그곳은 최악의 환경과 싸움과 절도, 강간과 살인 등, 온갖 사회악의 온상이었다. 그는 신들린 사람처럼 기도하고 하나님의 복음을 전했지만 성과는 별로 없었다. 임질과 매독환자, 아내를 매춘부로 보내는 남자들, 깡패 두목, 구두쇠 고리대금업자 등에 대한 공포 때문에 노이로제에 걸릴 지경이었다. 그러나 자기의 십자가를 지는 심정으로 이들과 좋은 친구가 되기 위해 힘썼다. 한편, 도요히코는 그곳에서 하루라는 여성을 만나서 결혼하게 되었다.

> “나는 속죄자 예수의 제자로 무거운 짐을 지고 휘청거리는 다리로 빈민굴 구석에서 울어야 하는 숙명을 안고 태어난 것이다. … 하나님은 나를 인생의 밑바닥 하수도 구렁텅이 같은 빈민굴로 보낸 것이다.”

미국 독지가의 도움이 중단되자 사역도 위기를 맞았다. 이때 지식과 경험을 얻기 위해 학문의 길을 택했다. 1913년 자신은 프린스턴으로, 아내는 요코하마 여자신학교로 떠났다. 프린스턴에서 신학과 생물학을 공부하면서 뉴욕의 노동자들 6만 명의 시위를 목격했다. 거기서 일본에 가면 노동조합 운동을 하겠다고 다짐했다. 방학 동안 유타 주의 일본인회에서 서기를 맡아, 조합을 결성했고 백인 지주에게 혹사 당하던 일본 노동자들을 위해 헌신적인 투쟁으로 임금 인상을 이뤄냈다.

그는 착한 인간성을 좀먹는 빈곤과 그것이 가져온 타락을 직시했다. 그래서 인간이 무시되고 물질을 하나님처럼 받드는 가치관을 타파하고 참 인간을 형성해보려고 애썼다. 도요히코는 자본주의의 원리를 부정하고 인간의 생명과 인격을 중심으로 한 사회와 경제관계를 전개해 나갔다. 그는 기계문명 사회에서 종교는 사찰이나 교회당이 아니라, '인간형성건축' 이어야 한다고 강조했다. 하나님은 인간에게 하나의 이상적인 존재가 아니라, 하나님 자신이 우리 삶 속에 동행하시고 역사하셔야 한다는 참된 종교관을 강조했다.

> “
> 현재는 사리사욕을 위해 부를 일으켜 주는 것이 존중받고, 인간의 생명은 멸시받고 있는 실정이다. 우리는 이 모순된 사회를 개조하여 생명의 존엄성을 깊이 인식하는 사회를 만들어야 한다. 매춘부를 악인이라고 누가 감히 말할 수 있는가? 나는 그들의 벗이 된 후에 깨달았다. 세상엔 악인이 없다. 인생의 밑바닥에서 허덕이는 사람들에게도 선의 파편은 남아있다.
> ”

빈민 권리운동

유학 후에 교회나 신학교로 갈수도 있었지만 고베의 빈민촌으로 돌아갔다. 그곳에서 도요히코는 구제사업과 전도에 심각하게 고민했다. 그가 가장 고민한 문제는 세상의 악이었다. 그 악은 우주에 있는 투쟁과 고통, 죽음으로 보았다. 그러나 이것들은 무제한적인 것이 아니고, 부정적 측면을 다시 부정하면서, 전체적으로 조화를 이루고 진화해 가고 있다고 보았다. 그러나 이 우주악의 문제에서 심각한 것은 사회악의 문제였다. 그가 빈민굴에 들어간 것드 이 문제들을 극복하기 위해 몸소 부딪친 것이다. 그는 이런 운동들에 대해서 좀 더 근본적인 해결 방안을 모색하려고 애썼다.

“

구제란 말만으로는 소용없다. 노동자 스스로가 자기들의 힘으로 자기를 구제하는 노동조합을 결성하는 방법밖에 없다. 그래서 나는 일본에 돌아와 노동조합부터 시작했다.

”

그의 머릿속을 꽉 채우고 있는 것은 일본의 빈민층의 구제였다. 그에게는 노동조합운동도 이 빈민해방의 일환이었다. 빈민을 위한 방법은 여러 가지가 있지만 일본의 현실에 비추어 노동조합을 건전하게 육성하는 것이 가장 급선무였다. 당시에 일본에서는 노동조합을 결성, 노동자들이 쟁의를 일으키면 불법으로 검거되었다. 그리하여 정부당국을 자극하지 않으려고 온건한 '우애회' 라는 명칭으로 노동조합 공인과 치안경찰법 제17조의 철폐운동을 전국적으로 전개해, 관서지방 노동운동의 지도자가 되어 관서연합 '우애회' 를 창립했다. 이제 그에게 노동자는 "구제의 대상이 아니라 역사의 주인공이며 창조자였다."

노동운동이 전국적으로 확대되자, 곳곳에서 쟁의가 발생했고 정부는 경찰과 군대를 동원하여 시위를 억압하고 집회를 금지했다. 가가와는 노동운동의 지도자로서 체포되어 소요죄로 기소되었다. 이 데모는 무저항주의와 질서정연한 단체 운동을 기본으로 했으나 힘 앞에 무기력한 것을 발견한 노동자들은 눈은 눈으로, 이는 이로 대응해야 한다고 생각했다. 1920년부터 도요히코는 이 노동운동이 자신의 손을 떠난 것으로 판단했다. 1924년부터 그는 생협, 신협, 기독교 산업 청년회, 의료 생협운동 등을 전개했다. 이러한 일련의 사회운동들은 모두가 사회악과의 싸움이었다. 그는 하나님 나라를 추상적인 것이라고 생각할 수 없었다. 하나님 나라는 추상적, 관념적인 세계가 아니라, 의식주의 문제까지도 지배하는 구체성을 띤 세계여야만 했다. 한편으로 예수의 친구회라는 모임을 결성했다. 백만 구령운동의 시작이었다. 이는 메이지

대학 친구들과 결성한 조직으로 "예수에게 경건하라, 가난한 자의 벗이 되고 노동을 사랑하라, 세계의 평화를 위해 노력하라, 순결한 생활을 존중하라, 사회봉사에 뜻을 두어라"는 강령의 신앙운동체였다.

신과 걷는 하루 — 가가와 도요히코

나와 동행하시는 주여,
[1]나의 사랑과 진실을, [2]당신의 기도와 염려를, [3]당신의 부르짖음과 기도를,
나의 것으로 만드시어, 오늘도 내일도 걷게 하여 주십시오.

1931년 만주사변이 일어나고, 1932년에는 상해사변이 발생하면서 일본은 급격하게 파시즘의 국가가 되어갔다. 1937년 중일전쟁이 발발하자 그는 반전론을 주장했다. 1938년 12월에는 인도의 간디와 네루를 만나러 갔다. 그때 간디는 그에게 유명한 물레를 선물하면서 말했다. "제가 당신 입장이라면, 나라의 명예를 위해 거역하고 당신의 견해를 공표하고, 기쁘게 죽겠습니다. … 당신의 죽음을 통해서 일본을 살릴 것을 요구하고 싶습니다." 그 후 그가 책을 통해 중일전쟁에 대해 사죄하므로 대적에 의해 1940년 헌병대에 의해 스가모 형무소에 수감되었다. 41년 풀려난 그는 평화사절단으로 미국에 갔다. 국가적 위기를 조절해 보려 애썼으나 성과를 얻지 못하고 태평양전쟁이 발발했다. 1945년 8월 15일 패전 이후 내각 참여를 권고 받았지만 거부하고, 오히려 '전국민 참회운동'을 제창하면서 '국제평화협회'를 설립, 협동조합 정신에 의거 평화의 수립과 인류의 상호부조와 우애의 실현을 목표로 하는 운동을 전개했다.

그는 일본의 종교가요, 사회운동가로 70평생을 당시의 빈민들의 생활을 몸소 체험했다. 당시 싸움과 절도, 강간 등이 독버섯처럼 자라나는 일본 사회 속에서, 오직 소외된 빈민을 위해 자기의 전생을 바쳐서 살아있는 복음으로 그들을 깨우치기에 힘썼다. 그의 헌신은 평화의 사도로서 그리스도의 향기가 되어 널리 퍼져나갔다. 그의 빈민을 향한 헌신적인 사랑은 1960년 4월 23일 하나님의 부르심으로 끝을 맺는다.

참고문헌 - 이 글은 아래 문헌에서 인용, 발췌한 것이다.
피종진. 『세계 신앙의 거성』, 서울: 한국 문서선교회, 1981.
http://veritas.kr/articles/ 베리타스. "기독교 사회운동가 가가와 도요히코는 누구인가?" 2009년 10월 29일.
http://www.newsnjoy.or.kr/news/ 김재일. "가가와 도요히코를 아시나요?" 2008년 9월 23일.
http://www.missionmagazine.com/ 미션매거진. "가가와 도요히코의 생애." 2005년 12월 1일.
https://ko.wikipedia.org/wiki/ (한국어 위키백과)

내적 영성을 추구한

사무엘 M. 슈메이커

53

Samuel M. Shoemaker

1893~1963

미국의 성공회의 목회자요, 저술가인 그는
중국선교에서 삶의 방향을 정립하고 돌아와
정열적인 설교자이자 사랑이 많은 목회자로
영성과 지성을 겸비한 하나님의 사람으로 일했다.

시대를 앞서간 영성의 추구

슈메이커는 미국의 메릴랜드의 볼티모어에서 태어난 성공회의 성직자이자 저술가이다. 그는 프린스턴대학을 졸업하고 1917년부터 2년 동안 중국에서 Y.M.C.A. 간사로 있었다. 이것은 아시아인들에 대한 기독교적 혹은 인도주의적 관심을 가지고 있는 사람들에게 대학을 졸업한 후에 한 번 해볼 만한 일로 인기가 있었다.

그는 중국의 북경에 있는 동안에 중국인 친구 한 사람을 회심시키는 과정에서 자신이 새롭게 회심했다고 말했다. 그 체험이 너무나 확고해서 그의 일생을 바꿔놓았으며, 미래의 선교 활동을 위한 지침과 목적을 깨닫게 했다. 뉴욕으로 돌아온 그는 1921년 유니온신학교를 졸업하고 사제 서품을 받았다. 이어 제너럴신학교(General Theological Seminary)에서 공부했고, 그레이스교회(Grace Episcopal Church)의 부사제가 되었다. 그리고 1925년에는 갈보리 성공회의 관할 사제가 되었다. 북경에 있는 동안 그는 프랭크 부흐만(Frank Buchman)을 만났는데 그는 후대에 '도덕재무장운동'으로 잘 알려진 옥스퍼드운동의창시자였다. 그는 프랭크 부흐만의 도덕재무장운동에 매료되어 갈보리교회를 떠나기도 했으나, 1952년에 피츠버그에 있는 갈보리교회의 사제로 다시 돌아왔다. 그는 옥스퍼드 그룹에서 장점을 취해서 그것을 자신이 목회하고 있는 곳에 적용했다. 예를 들면, 모든 종류의 사람들에 대한 활동적인 선교 프로그램, 공개적이고도 정직한 신앙적 자기 평가, 세포 조직, 그리고 모든 종류의 기도 모임 등이다. 이러한 것들을 강조한 결과, 개인적인 종교 체험을 사람들 앞에 공개하는 것이 떳떳한 것으로 인식되었다.

슈메이커는 내적인 영성의 사람이 얼마나 중요한 가를 감지한 그 시대에 몇 안 되는 사람들 중의 하나이다. 그는 정열적인 설교자요, 애정이 많은 목회자요, 지성적이고 문학적인 개혁자였다. 10여권이 넘는 책을 쓴 그는 일련의 종교 잡지들을 편집했다. 그 중에서 가장 잘 알려진 잡지가 「행동하는 신앙」(Faith at Work)이었다.

❝

중국에서의 실패

1918년 1월, 북경에 있을 때의 경험은 내 삶과 사역의 방향을 완전히 바꾸어 놓았다. 그때는 전쟁 기간이었으며, 나는 단기간의 선교사역자로 중국에 갔다. 나는 전쟁이 발발하기 전에 이미 그곳에 가기로 결심했으며, 당시에 많은 수의 지원자들을 모집했기 때문에 마음만 먹으면 쉽게 갈 수 있었다. 그러나 내가 그곳에 가기로 결심한 결정적인 동기는 런던에 있던 킹즈 웨이 하우스(King's Weigh House)의 오챠드(W. E. Orchard) 박사의 말에 있었다. 그는 "외국 선교야말로 지금 이 시대에 해야 할 유일한 기독교적 사업이다"라고 주장했다.

그 당시 프린스턴대학은 중국에 경영학교를 개설하여 소년들에게 영어와 경영 기술을 배울 수 있게 운영하고 있었다. 그 학교는 북경 그리스도인 협회에 위탁되어 있었다. 북경에 도착한 직후, 나는 젊은 경영인들로 구성된 성경 연구반을 맡았다. 그들은 기독교 신앙에 대하여 깊은 관심을 가졌다. 우리는 내 방의 난로가에 둘러앉아서 공부했다. 처음에는 약 20분 정도 공부하고 헤어졌다. 그러나 그 다음은 14분, 세 번째는 약 7분으로 끝이 났다! 나는 이 성경 공부반에 문제가 있으며, 내가 사용하는 방식에도 무언가 중대한 문제가 있다는 것을 알았다. 그러나 이 문제가 다는 아니었다. 하나님과의 영적 교제가 막혀있었다. 하나님께서는 열려져 있지 않는 통로는 사용하실 수 없었다.

하나님을 붙들고서

나는 성공회 교인의 가정에서 자라났다. 어린 시절에 내가 만났던 사람들과 내가 배웠던 것들에 대하여 하나님께 감사드린다. 그것은 나를 종교 지향적으로 살도록 했으며, 그 사역에 투신하기로 결심하게 해주었다. 그러나 이것만으로는 아직 충분하지 않았다. 나는 신앙을 다른 사람에게 전할만한 충분한 능력이 내게 없음을 중국에 가서야 비로소 발견했다. 물론 고국에 있을 때에도 이미 알고 있었지만, 중국에서의 새로운 경험으로 인하여 더욱 심각하게 깨달았던 것이다.

이때쯤, 영적인 능력을 소유한 한 무리가 그 도시에 들어왔다. 그들은 다른 사람들에게 신앙을 살아 움직이게 하는 방법, 그들을 그리스도께로 초대 하는 방법, 그리고 믿음을 불타오르게 하는 방법 등을 잘 알고 있는 것 같았다. 프랭크 부흐만이 이 무리의 지도자였다. 나는 그 말을 듣고 그를 만나러 갔다. 그리고 그에게 지금 나의 성경 공부반에, 불교에 만족하지 못하고 무엇인가를 계속 갈망하고 있는 한 젊은 중국인 사업가가 있는데, 좀 도와 줄 수 없겠느냐고 부탁을 했다.

나는 여러 가지 이유로 프랭크 부흐만과 결별했다. 하지만 초창기 시절에 그가 나에게 해준 일에 관하여는 죽을 때까지 감사할 것이다. 그는 나를 위로하거나 격려하지 않았고, 적당히 칭찬하지도 않았다. 대신에 "왜 당신 자신이 그 사람을 설득시키지 못합니까?" 라고 말했다. 나는 그런 식으로 자라지 못했고, 교회에서도 그런 식으로 하지 않았다고 대답했다. 그러자 "아니 그것 말고 본질적인 이유가 무엇이냐는 말입니다" 라고 말했다. 나는 "그러면, 당신은 그 이유가 무엇이라고 생각합니까?" 라고 반문했다. 그러자 그는 대답했다. "아마도 그것은 죄일 것입니다. 적의와 분노는 나로 하여금 일 년 내내 이런 일을 하지 못하도록 방해하기도 했었으니까요." 그는 "네 가지의 절대적인 것" 을 나에게 설명했다. 그것은 로버트 스피어(Robert E. Speer) 박사가 산상수훈의 핵심으로 제시했던 것으로서 진실, 순결, 이타심, 사랑이었다. 그날 밤에 나는 기도하기 위해 노력했으나 복잡한 상념이 가득 차 있어서 실패하고야 말았다. 나는 다시금 참혹한 실패에 직면하여 생사의 갈림길에 서 있음을 알았다.

그날 밤에 내가 가능한 한 하나님의 뜻에 나를 복종시켰다. 하나님이 원하신다면 중국에 그대로 머물 수도 있다고 생각했다. 우리들 중 어떤 사람들은 쇠막대 같은 의지를 가지고 있어서, 그것을 부수고 그 자리에 하나님의 뜻을 세우는 일이 매우 어렵다. 나는 최선을 다해 정직하게 죄를 하나님께 다 내놓았다. 그리고 무릎을 꿇고 하나님께 모든 죄를 자백하고 나의 의지도 드렸다. 그러는 순간에도 아무런 느낌을 갖지 못했으며 밝은 빛을 보지도 못했다. 그러나 그 후, 나는 빛 속에서 평안을 느꼈다. 마치 삶이 정상적인 궤도로 진입한 것과 같은 느낌이었다.

다음 날 아침, 그 젊은 중국인 사업가에게 무언가 말을 해야 한다는 부담감을 안고 잠자리에서 일어났다. 그날 오후 인력거를 타고서 그가 사는 동부 도시로 갔다. 은근히 부재중이기를 마음속으로 바라면서 그의 집 문 앞에서 서성거렸다. 왜냐하면 아직도 그에게 무슨 말을 해야 할 것인지를 알지 못했기 때문이다. 만약에 그날 그가 외출하고 집안에 없었더라면 무슨 일이 일어났을지 알지 못한다. 그러나 그는 집에 있었다. 그의 집 문지방을 넘으면서 하나님께 무슨 말을 할지 가르쳐 달라고 간절하게 기도했다. "어젯밤 일어났던 일을 그에게 말하라"는 음성이 들리는 것 같았다. 나의 중국 친구는 앉을 것을 권했다. 그래서 우리는 의자에 앉아 대화하기 시작했다.

내가 먼저 말을 했다. "나는 당신이 성경에 흥미를 갖고 있다고 믿습니다. 그러나 내가 보기에 만족해하는 것 같지는 않습니다. 문제는 나에게 있습니다. 그래서 나는 지난밤에 나에게 있었던 일을 당신에게 말하고 싶군요." 그는 내 이야기를 진지하게 들었다. 내가 이야기를 마쳤을 때, 그는 "그 일이 나에게도 일어날 수 있기를 원합니다"라고 말했다. 그것은 나에게는 놀라운 사건이었다. 그래서 나는 "하나님을 완전히 모셔 들이면 당신에게도 그런 일이 일어날 것입니다"라고 말했다. 바로 그날 그는 결단했으며 그리스도를 만나게 되었다.

주님 영접을 위한 네 가지의 방법

내가 한 번에 한 사람에게만 관심을 갖기 시작한 것은 바로 이때부터의 일이다. 이런 일 이후에 나는 개별적으로 사람을 만나 그리스도를 영접하고 그분께 복종하도록 설득했다. 매일 낮에는 학교 학생들 중의 하나를 만났고, 저녁에는 회사나 정부에서 일하는 젊은이를 만났다. 나는 초기의 결심 속에는 주님을 영접하게 하는 네 가지 요소가 있다는 것을 깨달았다.

첫째, 의식적인 잘못과 단호히 결별하라.

— 죄가 우리를 다스리든지, 아니면 하나님이 우리를 다스리신다. 교만은 근원적인 죄이다. 교만은 그 사람이 하나님께 도움을 호소한다 해도 결과적으로 자신의 방식대로 행하기를 원한다. 많은 기독교인들이 이 단계를 철저하게 행하지 않는다. 이 때문에 오래 가지 않아 곁길로 빠지게 된다. 하나님께서 우리 안에 그리고 우리를 통하여 그분의 능력을 부으시는데, 우리는 이 일을 방해하는 그 어떤 것도 용납해서는 안 된다.

둘째, 개인적인 경건을 위한 시간을 매일 가지라.

— 나는 늦잠 자는 것을 즐겨했고, 기도는 건조했으며, 성경은 무의미한 톱밥 같다고 생각했다. 그러나 나의 새로운 경험은 기도를 생동하도록 만들었다. 왜냐하면 기도는 하나님의 뜻을 알고 새롭게

추구하는 것이지 그것을 바꾸려고 애쓰는 것이 아니기 때문이다. 성경은 하나님의 뜻에 순종한 사람들의 살아 있는 기록으로서 내 앞에 펼쳐졌다. 나는 시몬 베드로에 대한 것을 읽을 때마다 나에게 얼마나 도움이 되었는지 결코 잊을 수가 없다. 그도 역시 많은 약점을 가지고 있었으나 하나님은 그를 크게 사용하셨기 때문이다.

셋째, 인생의 중요한 결정들을 하나님의 손에 맡기라.

— 성직자가 되기로 결정했다고 해서 충분한 것은 아니다. 하나님이 나를 원하시는 곳이 어디인가? 나는 어떻게 하나님께 봉사할 것인가? 하나님이 말씀만 하시면 어디든지 갈 수 있는가? 우리 중 매우 많은 사람이 직업과 결혼의 문제를 자신의 선택과 결정에만 의존한다. 그러나 결혼 역시 하나님의 뜻에 합치되어야 한다. 기독교인의 결혼은 하나의 하나님의 명령인 것이다.

넷째, 증거 하는 방법을 배우라.

— 대부분의 기독교인들은 혀가 묶여 있고, 대부분의 공산주의자들은 유창하게 말한다. 이것이야말로 우리 세계의 가장 심각한 문제다. 만일 신앙이 우리에게 절실하다면, 우리는 마땅히 다른 사람들에게도 신앙을 절실하게 만들 수 있어야 한다. 우리가 증거 하지 못하는 것은 참된 회심이 없거나, 기도의 경험이 없거나 영적인 능력을 경험해 보지 못했거나, 혹은 증거 할 내용이 없어서가 아닌가? 우리는 이것을 수줍음이라고 말하지만, 실제로 이것은 영적인 빈곤이다. 우리는 친구들을 사귀고, 사람들로 하여금 그들 자신에 대하여 말하도록 돕고, 그들의 모든 상황에 그리스도를 적용시키고, 그들로 하여금 그리스도를 영접하고, 그분 안에서 그분을 위해 살도록 도와주는 방법을 배울 수 있어야 한다.

우리는 우리의 체험에 의해서 구원받는 것이 아니다. 우리를 위한 그리스도의 '위대한 역사', 즉 그리스도의 십자가와 부활에 의해 구원받는다. 그러나 많은 사람들에게서 이 방대한 진리들이 힘을 발휘하기 시작하는 때는, 그리스도께서 그들의 임박한 문제들과 상황들을 도우실 수 있다는 사실을 확실히 알게 될 때이며, 그것이 비로소 참된 진리가 될 수 있을 것이다.

”

최근 몇 년은 참으로 놀라운 시기였다. 처참한 실패들이 계속 이어졌고, 사단이 나를 옛날의 익숙한 자리로 돌아가게 할 때도 있었다. 그러나 나에게 신앙을 시작케 하고, 다른 사람들의 삶 속으로 뛰어들게 하여 교제하는 나에게 이 새로운 생명이 잘 보관되어 있는 그 작은 그룹의 장점을 가르쳐 준 이 최초의 경험을 빼앗기지 않을 것이며, 그 무엇과도 바꾸지 않을 것이다.

우리에게 승리를 주시는 하나님께 감사드리자!

참고문헌 - 이 글은 아래 문헌에서 인용, 발췌한 것이다.
편찬위원회, 『기독교대백과사전 9권』. 서울 : 기독교문사, 1989. p. 951.
Hugh T. Kerr & John M. Mulder. *conversions*. New York: Grand Rapids, 1983.
슈메이커의 *The Turning Point* 중에서
휴 커 · 죤 멀더, 공편. 『위대한 회심자들』. 박영봉 역. 서울: 생명의 말씀사, 1993. pp. 277~283.
http://ko.wikipedia.org/wiki/(위키백과)
브리테니커 Internet판

유교에서 전향한

린위탕

Lin Yutang, 林語堂

1895~1976

장로교 신학적 배경에서 자라난 그는 기독교를 떠났다가
후년에 이르러 다시 예수 그리스도를 영접하고
그는 중국의 소설가이자, 문학비평가로서
저술 작업으로 하나님이 맡기신 사명을 감당했다.

공자와 예수 사이에서

선교사들이 다른 종교로부터 기독교 신앙에로 회심한 사람들에 관한 매력적인 이야기들이 많이 전해지고 있지만, 린위탕(임어당: 林語堂)의 이야기는 아주 독특하다. 그는 1895년 10월 10일에 중국 푸젠성(福建省)의 동남쪽 해안 가까운 내륙의 장저우에서 장로교 목사의 셋째 아들로 태어났다. 13세에 장저우에 있는 중학교를 다녔고 아모이에 있는 신학교를 잠깐 다니다가 상하이의 성요한(聖約翰)대학 신학부로 옮겼다. 1916년에 졸업하고 그 해에 결혼했다. 1916년부터 1919년까지 베이징칭화학교(北京清華學校)에서 영어교사를 역임했다. 이 시기에 그는 기독교 신앙을 버리고 열렬한 유교주의자가 되었다. 그 원인은 기독교 신학은 하나님을 알 수 있고, 정의할 수 있다는 '건방진 오만함'을 가지고 있어서 싫어했고, 윤리에 관한 한 기독교보다는 유교 사상이 더 낫다고 생각했기 때문이다. 1919년에 아내와 함께 미국으로 건너가 하버드대학교에서 언어학을 공부하고, 1921년 독일로 건너가 예나대학교, 라이프치히대학교에서 고대 중국의 시(詩) 연구에 관한 논문으로 박사학위를 받았다. 1926년에 베이징여자사범대학의 교수가 되었으며, 영어잡지의 편집자로 일하는 한편 중국어 문학잡지에 수필을 기고했다. 중국에서 린위탕의 작가생활이 절정에 도달한 것은 그가 「논어」(論語, 반월간)라는 잡지를 창간한 1932년이었다. 이것은 그 당시 중국에는 전혀 존재하지 않던 새로운 유형의 서구식 풍자잡지였다. 이 반월간지는 대성공을 거두었고, 그는 곧 2개의 출판물을 더 선보였다. 그러나 이로 인하여 불순 교수로 지목되어 베이징에서 쫓겨났다. 그 뒤에 아모이대학의 교수로 지내다가 국민당 정부에 가담했다. 그는 혁명은 지지했지만 혁명가들을 싫어해서 1928년에 남경 정부가 설립되자 정계를 떠났다.

1935년에 미국으로 건너간 그는 그해, 수많은 영문 저서 가운데 첫 번째인 『내 나라 내 민족』(*My Country and My People*)을 출판했다. 대성공을 거둔 이 책은 여러 언어로 번역되었으며 중국에 대한 권위 있는 교과서로 간주되었다. 이듬해부터 대중적 요구에 부응하여 빠른 속도로 책을 써냈다. 이 시기의 저서로는 『북경호일』(北京好日, *Moment in Peking*, 1937), 『생활의 발견』(*The Importance of Living*, 1940), 『폭풍 속의 나뭇잎』(*A Leaf in the Strome*, 1941), 『중국과 인도의 지혜』(*The*

Wisdom of China and India, 1942) 등이 있다. 1939년에는 중일전쟁의 기록인 『신중국의 탄생』(*The Birth of New China*)을 출간했다. 1943년에는 중국으로 귀국하여 중앙대학교에서 중국 문화를 강의하고 여러 지역을 순회하며 가르쳤다. 그러나 그의 중국학에 대한 견해로 여러 곳에서 불화가 생겨 다시 미국으로 돌아갔다. 수많은 그의 저서는 근본적으로 중국사상에 기초하고 있었다. 1957년에 기독교 신앙에 열심이었던 아내의 영향으로 기독교로 다시 회심했다. 돌아온 그는 1959년에 『이교도에서 기독교로』라는 자서전을 비롯하여 영어 수필과 중국 고전의 영어 번역 등을 출간하며 활동하다가 1976년에 하나님의 품으로 돌아갔다.

기독교로의 전향함에 대한 변명

"스스로를 이교도라고 자처하고 다녔던 당신이 왜 다시 기독교 신앙으로 돌아섰는가?" 많은 사람들은 나에게 이런 호기심 어린 질문을 던졌다. 어떤 사람은 기쁨으로 어떤 사람은 실망의 의도를 가지고 물었다. 예수님이 그토록 단순하고 명백하게 계시해주신 하나님에의 지식과 사랑 속으로 다시 들어가고 싶었기 때문에 나는 기독교 신앙으로 돌아섰고 그리스도의 교회에 다시 나가기 시작했다.

진정 중요한 물음은 이것이다. 인간이 신앙이 없이 살아 갈 수 있는가? 30년 넘는 세월 동안 나에게 있어서 유일한 종교는 인도주의나 교육을 통해서 자기의 완성을 이룰 수 있다고 주장하는 유교였다. 신앙에 있어서 참된 인간성만이 충분조건이라고 믿었다. 지금 나의 생각은 물론 달라져 있지만 말이다. 인류는 종교 없이는 살 수 없으며 참된 인간성은 충분하지도 충분한 적도 없으며, 자기 완성의 종교는 인간의 생존에 충분하지 못하다는 사실을 나는 알고 있다. 인간은 자기보다 더 위대한 자기 자신 밖의 어떤 힘과 관계를 맺는 것이 중요하다. 기독교 신앙은 하나님께 이르는 길을 인간에게 유일하게 제공해준다고 믿는다. 그리스도 예수께서 그렇게 계시해 주셨기 때문이다. 나는 한 국가의 행동을 목격하면서 비종교성과 물질주의가 발전함에 따라 인간의 정신을 부패시키고 악화시킨다는 결론에 이르렀다.

신앙적인 가정생활

나의 배경에 대하여 몇 가지 할 말이 있다. 나는 3대째 내려온 중국인 그리스도인이었다. 부친은 중국의 남동 해안에 있는 아모이(Amoy) 항구로부터 산악 지대로 깊숙하게 들어가 있던 마을의 장로교 목사였다. 그 골짜기 피오아(Paoa)는 산들로 완전히 둘러싸여 있었기에 사람들은 '호수' 라고 불렀다. 나는 하나님과 그분의 위대하심을 가까이 느낄 수 있는 어린 시절을 보냈다. 산봉우리에 걸려 있던 아름다운 구름, 황혼녘의 저녁노을, 시냇가의 맑은 물소리 등, 이러한 기억들은 신앙과 밀접한 관계를 가지고 있었다. 나는 이런 기억들로 말미암아 순수하여서 인공적이고 복잡하고 작은 것들을 싫어하도록 만들었다.

어릴 적의 가정생활은 단순하고도 사랑이 깊었다. 형제들은 다툴 수도 없었고 형제 우애가 남달랐다. 우리 가정에는 배우려는 열망이 가득했다. 그것은 놀라울 정도였다. 황태후가 중국을 통치하는 시기였던 1900년대의 초기에 그 작은 마을에서 부친은 옥스퍼드대학교와 베를린대학교에 대하여 말씀해 주셨고, 내가 그곳에서 공부했으면 좋겠다는 말을 농담 반, 진담 반(弄半眞半)으로 말씀하시곤 했다. 우리 가정은 가화만사성(家和萬事成)을 꿈꾸는 자들의 환상의 모임이었다.

"

신학을 그만두다

나의 생애에 있어서 깊은 영향을 미친 사건이 하나 있었다. 재능과 실력을 겸비했던 둘째 누이가 대학을 가고 싶어 했다. 그러나 당시의 중국의 교육은 아들에게만 해당되었지 여성의 경우는 거의가 드물었다. 부친은 게다가 둘을 교육시킬 능력이 없었다. 그래서 스물한 살의 누이는 대학을 가는 대신에 결혼을 선택했다. 중국의 여자들은 그 정도의 나이에는 대부분 결혼을 하는 것이 관례였다. 우리는 같은 배를 타고 누이는 결혼을 위해서 나는 상하이의 대학을 위해서 고향을 떠났다. 결혼식 후에 누이는 호주머니에서 중국 돈 40전을 꺼내어 내 손에 쥐어주고 눈물을 흘리면서 말했다.

"너는 대학에 갈 기회를 잡았어. 여자인 나는 하고 싶어도 할 수가 없는 일이야. 네게 주어진 기회를 허비하지 말도록 해. 훌륭한 사람, 쓸모 있는 사람, 유명한 사람이 되겠다고 결심을 해, 알았지?"

그로부터 2년 후, 누이는 선(腺)페스트로 세상을 떠나고 말았다. 누이가 준 40전은 금방 사라졌지만, 그녀의 충고는 늘 나에게 슬픔으로 남아있었다.

상하이대학에서 나는 목사가 되기로 결심을 하고 공부를 시작했다. 그러나 당시에 신학적인 속임수라고 생각되었던 어떤 사실들이 나를 실망시켰다. 지성을 지향하던 나는 정직하게 목사가 되는 것을 포기했다. 하나님을 믿으면서도 교회를 등졌던 것이다.

나를 이교에 빠지게 만든 것은 또 있었다. 대학을 졸업하고 북경으로 갔을 때, 기독교 계통의 졸업생들이 그러하듯이 중국인들 사이에서 나는 거의 이방인 수준이었다. 중국인으로서 중국의 민속을 모르고 있었다. 정통적인 중국 사회와 북경의 장관을 접하고서 나는 무지에 대하여 수치를 느꼈고, 그 후 중국 문학과 철학적 연구에 몰두했다.

”

"

유교, 도교, 그리고 불교

뿌리 깊은 종교 가정에서 양육된 사람에게 있어서 그 종교와 절연한다는 것이 얼마나 힘들겠는가? 나는 한편으로는 하나님의 그늘에서 완전한 이교로의 전향을 두려워하고 있었다. 현대적인 교육을 받은 동료가 인간의 존엄성에 대한 유교적인 사상을 바탕으로 말했다.

"우리는 인간이므로 선한 사람이 되어야 한다."

공자(孔子, B.C. 551-B.C. 479)는 옳은 행동을 위하여 목숨도 바칠 수 있는 사람을 길러냈다.

맹자(孟子, B.C. 372-B.C. 289는 말했다.

"나는 생명을 사랑하며 의로움 또한 사랑한다. 만일 내가 이 둘을 다 가질 수 없다면, 나는 옳은 일을 위해 생명을 희생시킬 것이다."

"

이것이 바로 인도주의였다. 인간이 자기 자신의 힘으로 자신을 세움으로써 자기 자신을 향상시키고 이 세상을 더 좋은 세상으로 만들 수 있다는 인간 이성과 인간의 능력에 대한 믿음이 바로 인도주의였다. 이러한 사상은 부분적으로는 공자에 의해 주창되었던 18세기 합리론자들(볼테르, 디데로〈Diderot〉, 라이프니쯔)의 지론이었다. 그들의 시대를 일컬어 계몽시대라고 했다.

그 사상은 오랜 세월 동안 나에게 호소력을 가지고 있었다. 그러나 내 생활의 내면으로 반성과 경험으로부터 생겨난 불안감이 파고들기 시작했다. 나는 인본주의적 계몽시대가 맺어놓은 열매가 물질주의 시대임을 깨달았다. 자기 자신을 하나님으로 믿는 믿음은 그를 좀 더 신(神)답게 만들어 주는 것 같지도 않았다. 인간은 점점 더 영악해지고 있었다. 그러나 하나님 앞에 서 있는 존재가 취해야 할 겸손을 점점 더 잃어가고 있었다. 최근의 역사적인 사건들은 물질적인 측면과 기술적인 측면에서는 고도로 발전해 있으나 하나님 앞에서의 겸손을 잃어버린 인간이 얼마나 야만스러울 수 있는지를 나에게 보여주는 것 같았다.

인도주의에 대한 회의가 점차로 강해지면서 나는 나 자신에게 물어보았다. 현대의 교육받은 인간에게 만족스러운 종교가 존재하는가?

인도주의와 마찬가지로 유교사상은 그 가르침의 높은 도덕성에도 불구하고 충분한 만족을 주지 못했다. 왜냐하면 인간 자신은 그가 그렇게 선하지 않다는 사실을 매우 자주, 매우 절망스러운 방식으로 보여왔기 때문이다. 불교도 하나의 자비의 종교이기는 하지만 이 모든 물질 세상이 단지 하나의 허상일 뿐이라는 철학 위에 기초해 있다. 불자(佛者)가 인간을 향해 말해야 하는 것 중 최고의 말은, 그리고 불자가 이 세상을 향해 던져야 할 말 중 최고의 말은 "모든 것이 가엾어라"는 말이다. 도교(道教)의 가르침은 산상 설교에 매우 근접해있다. 그러나 도교 사상 속에 전해져 내려오는 자연회귀사상과 반 진보사상은 현대인의 정신에 맞지 않을 뿐더러 현대인의 문제를 해결하는 데에도 도움이 되지 않는다.

영생에 대한 메시지를 새롭게 듣다

아마도 이 기간 동안에 유년기의 신앙이 무의식중에 되살아나고 있었던 거 같다. 어느 곳을 가든 아내는 늘 교회에 나갔다. 때로 내가 그녀를 따라가는 경우도 있었다. 그러나 영감을 받는 때보다는 실망하는 때가 많았다. 나는 질이 떨어지는 설교를 도저히 참을 수 없었다. 죄와 지옥불과 유황에 대하여 목청 돋워 외쳐대는 설교를 들으며 몸을 뒤척였다. 다시는 안 가겠노라고 결심했던 적이 몇 번이었는지 모른다.

뉴욕에서의 어느 주일 아침, 아내는 또다시 교회에 가자고 간청했다. 그녀는 비록 내가 설교 내용에 동의할지 어쩔지 모르지만 설교자의 문학적 재능과 언변만큼은 나를 사로잡을 것이 분명하다면서 계속 유혹했다. 그때 나는 갈림길에 서 있었으나 결국 가기로 결정했다. 그녀가 데리고 간 교회는 메디슨 에비뉴 장로교회였고, 목사는 데이비드 리드(David Read) 박사였다.

나는 리드 박사의 아름다운 영어와 이야기 방식을 좋아한다. 그러나 그것이 핵심일 수는 없다. 그날의 설교의 주제는 영생이었다. 나는 그가 말하려는 주제에 대하여 커다란 호기심을 느꼈다. 우리가 영원토록 하나님만을 찬양하면서 살아갈 것이라는 천국, 날이면 날마다 아침부터 저녁까지 비틀거리거나 목마르거나 굶주리는 일이 없을 것이라는 천국은 나에게 아무런 매력이 없었다. 진주문들도 어느 전당포 주인의 꿈같이 보일 뿐이었다. 이생에서 한 번도 낙원을 밟아보지 못한 많은 사람들이 내생에서나 즐기기를 바라는 것과 같아 보였다.

"

"영생이 무엇입니까?" 목사는 물었다. 그것은 목사의 말에 의하면 살아가는 것 이상이다. 밥을 먹고 잠을 자고 아이를 낳는 등의 동물적 차원에서의 생명 연장, 그것은 그 이상의 무엇이다. 세속적인 차원, 즉 돈을 벌고 빚을 갚고 아이들을 교육시키는 등의 차원 이상의 것이다.

인간에게는 영적인 가치를 추구하고 비이기적인 희생을 기꺼이 감당하는 높은 차원이 있다. 영적 가치에 관심을 두며 세상의 정신 법칙의 신비와 저 하늘의 신비를 아는 이 고차원의 생명이 '한층 높은 생명' 이다. 그 생명은 영원히 살만한 생명이다. 영원성은 그 차원에서만 만족할 수 있을 것이다.

나는 놀랍도록 단순하고 아름다운 예수님의 가르침을 공부하기 위해 계속하여 교회에 출석했다. 이제 기독교 신앙에 대하여 서서히 깨닫기 시작했다.

나는 전에 예수님에 대하여 읽어본 적이 한 번도 없었지만 아무도 예수님처럼 말하지 못했다는 사실을 발견했다. 그분은 하나님에 대하여 말씀하시면서 그분을 잘 알고 있는 사람으로서, 그리고 지식과 사랑의 충만함에 있어서 그분과 동일한 사람으로서 말씀하셨다. 인간의 교사들 중 어느 누구도 하나님과의 개인적 친분이나 일체감을 보여 주지 못했다. 결과는 다음과 같은 충격적인 선언으로 나타났다.

"나를 본 자는 아버지를 보았느니라."

또한 예수님이 계시해 주신 하나님이 사람들이 생각해왔던 하나님의 모습과 매우 다르다는 사실도 놀라왔다. 십자가상에서의 예수님의 기도 안에는 전적으로 새로운 사랑과 동정의 명령이 들어있다. "아버지여, 저희를 사하여 주옵소서. 자기의 하는 것을 알지 못함이니이다." 과거 역사에는 없었던 그 음성은 용서하시는 하나님의 모습을 이론으로서가 아니라 그리스도 안에서 나타난 용서로서 계시해 준다. 어떤 교사도 이렇게 말하지 않았다. "내 형제들 중 지극히 작은 소자 하나에게 한 것이 곧 나에게 한 것이니라." 이 말씀에서의 '나'는 곧 심판 날에 앉아계신 하나님이다. 그분은 짓밟힌 가난한 자들, 비천한 과부, 불구의 고아들에게 최고의 관심을 두고 계신다. 예수님은 생명과 죽음을 정복한 교사의 자격으로 말씀을 하신다. 그분 안에서 사랑과 자비와 동정의 메시지가 육신이 되었다. 인간이 단순한 존경심이 아니라 경배를 그분께 돌려야 하는 이유가 바로 여기에 있다고 생각한다. 다메섹 도상에서 갑작스러운 충격으로 바울을 눈멀게 했던 그 빛이 온 세기를 통하여 계속해서 분명히 빛나고 있는 까닭도 바로 여기에 있다.

"

하나님은 사랑이시다

이 세계는 맹목적인 기계적 법칙에 따라 발생되는 맹목적인 원자들의 세계라고 우리 세대의 유물론자들은 믿는다. 이들에 의하여 하나님은 사랑이시라는 가르침과 우리의 세계를 좀 더 나은 세상으로 만들려는 후속적인 노력은 경멸당한다. 복음은 또한 증오와 폭력을 설교하는 마르크스주의자들의 경멸과 경원(敬遠)을 받을 것이다. 기독교 신앙의 이러한 정반대의 가르침과 주장과 명령 이외에는 아무것도 증오와 폭력과 허위와 기만으로부터 인간을 구제할 수 없다. 인도주의도 그럴 수 없다. 물질적으로 풍요하며 신이 없는 사회를 만들기 위하여 공산주의자들은 우선 하나님께 대한 인간의 두려움을 없애야 한다. 훌륭한 그리스도인들은 공산주의자가 될 수 없으며, 훌륭한 공산주의자는 그리스도인이 될 수 없다. 신이 없는 사회와 인간의 마음속에 하나님이 자리 잡고 있는 사회 사이의 갈등은 피할 수 없는 본질적인 문제이다.

“

“현대의 교육을 받은 사람들을 만족시킬만한 종교가 존재하느냐?” 나는 더 이상 묻지 않는다. 존재한다는 사실을 알고 있기 때문이다. 성경으로 돌아갔을 때, 나는 그곳에서 단순한 역사적 사건의 기록을 발견한 것이 아니었다. 그리스도를 통하여 하나님을 알게 하는 권위 있는 계시를 발견했다. 나는 교회로 돌아갔다. 이제 나는 주일 아침에 회중석에 앉아 있을 때 행복을 느낀다. 우리가 교회에 나가는 것은 죄인이기 때문이라거나 혹은 그리스도적 덕성의 귀감이기 때문이 아니라고 생각한다. 그것은 우리의 영적 유산을 알고 있어서다. 우리의 차원 높은 본성과 인간적인 나약함을 알고 있어서다. 우리는 외부에 있는 커다란 힘의 도움이 없으면 쉽게 굴러 떨어지고 마는 자기 만족의 버릇을 알고 있기 때문이다.

비교할 데 없는 아름다움과 영혼을 살찌우는 힘을 그리스도의 가르침에서 발견하고자 하는 사람은 어려움을 겪게 된다. 왜냐하면 가르침을 모호하게 만드는 경향을 가지고 있는 '종교적인 선전' 들과 자주 맞서 싸워야만 하기 때문이다. 그러나 기독교 신앙의 핵심과 다른 신앙을 넘어서 있는 타당성을 우리를 위해서 단순화시킨 분이 바로 예수님 자신이셨다. 하나님 사랑과 이웃 사랑이라는 두 계명이 '모든 율법과 예언들을' 완성시킨다. 그 위격과 복음이 충분하다는 것을 나는 발견했다. 그 위격과 복음만이 세상을 위해 역사하시기에 부족함이 있을 수 없다.

❞

나의 생애를 회고해보니 30년 동안을 마치 고아처럼 살고 있었음을 알았다. 그러나 더 이상은 고아가 아니다. 오랫동안 표류해왔다가 이제는 주님의 땅에 당도했다. 내가 교회에 다시 나갔던 그 주일의 아침은 곧 귀환을 뜻하는 감격적인 순간이었다.

참고문헌 - 이 글은 아래 문헌에서 인용, 발췌한 것이다.
Hugh T. Kerr & John M. Mulder. *conversions*. New York: Grand Rapids, 1983.
린위탕(임어당)의 *From Pagon to Christianity* 중에서
휴 커 · 죤 멀더, 공편. 『위대한 회심자들』. 박영봉 역. 서울: 생명의 말씀사, 1993. pp. 294~302.
http://ko.wikipedia.org/wiki/(위키백과)
http://www.britannica.com/(브리테니커 Internet판)

사회정의를 추구한 작가

도로시 데이

55

Dorothy Day
1897~1980

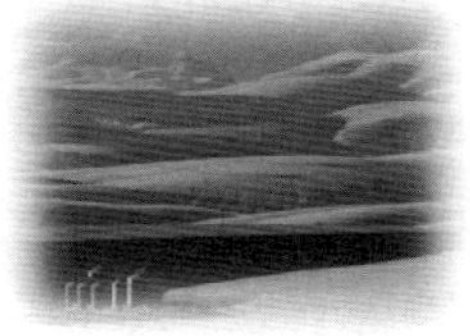

독실한 카톨릭교도로서 사회정의를 추구하는데 깊은 열정을 갖고 있던 그녀는
교회가 사회문제에 깊은 관심을 가질 것을 촉구하면서
저술과 강연을 통하여 그녀의 종교적 이상을 실현하려 애썼다.

사회 정의에 대한 열정

그녀는 1897년 11월 8일 뉴욕 브루클린에서 존 데이와 그레이스 데이의 5남매 중 셋째로 태어났다. 미국의 평범한 중산층 개신교 가정이었다. 1904~1906년 캘리포니아에 거주하면서 샌프란시스코 대지진을 경험했다. 1906년 시카고로 이주해 청소년기를 보냈다. 다문화적인 시카고의 풍경 속에서 잭 런던, 업튼 싱클레어 등의 책을 읽으며 예술적 감수성과 세상에 대한 이해를 넓혀갔다.

1914년 어바나 샴페인 소재 일리노이대학에 입학했다. 급진적인 사회사상이 담긴 책들을 읽으며 사회당에 가입하여 활동했다. 1916년 가족을 따라 뉴욕으로 이주했다. 아버지는 언론인이었다고 한다. 그녀가 대학을 졸업 후 사회주의 신문에서 기자로 활동하고, 간호실습생 일도 했다. 이 시절 낙태를 경험하고 완고한 낙태 반대자가 되었으며 이에 대한 트라우마로 종교에 점차 관심을 갖게 되었다.

스스로도 인정하는 바에 의하면 도로시 데이는 독특했다. 그녀의 일생을 통해서 그녀는 사회정의에 대한 정열적인 참여와 함께 확고하게 로마 카톨릭 교회에 대해 충실했다. 그녀는 피터 모린(Peter Maurin)과 함께 카톨릭 노동자운동에 관여했으며 카톨릭 노동자 신문(The Catholic Worker)을 통해 새로운 종교적 헌신과 가난한 자들의 고통의 완화를 소리 높여 외쳤다.

정치적 급진주의자들은 도로시 데이의 종교성을 이상하게 여겼으며, 동료 카톨릭교도들은 그녀의 정치성을 의심했다. 그러나 그녀는 스스로에게 질문했다.

"신 앞에 대중을 부르는 성인들은 어디에 있는가?"

그녀의 대답은 모두다 성인이 되기를 추구해야 하며 "그것이 혁명이다"라는 것이었다.

인생의 초창기에 그녀는 성도들을 향하지 않았다. 그녀의 전기작가인 윌리엄 밀러(William Miller)는 말했다.

"만약 누군가 인생의 초창기 25년이 절망으로 향했다면 그것은 바로 그녀였다. 그러나 그녀는 운명을 바꾸어 이상을 영원성에 두었고 결코 주저하지 않았다."

표면적으로 그녀는 종교적인 집안에서 태어났기에 좌파정치에 매력을 느꼈으며 지식인들을 멀리했다. 그녀는 뉴욕에 잠시 머무르면서 간호사가 되기 위한 훈련을 받았으며 불행한 사랑을 극복하고 고통스럽고 짧은 결혼생활을 시작했다. 그녀는 글쓰기로 되돌아와 소설을 발표하고 남편인 포스터 배터햄(Foster Batterham)과 안정된 삶을 시작했다. 1926년에 그녀는 임신한 사실을 알고 기뻐했다. 그러나 그녀의 딸인 다말(Tamar)을 교회에서 세례를 받게 하려는 희망은 모든 종교를 혐오하는 배터햄(Batterham)과의 갈등을 가져왔고, 그들은 마침내 이혼했다.

다음의 이야기는 카톨릭교인이 되고 그녀가 딸에게 세례를 받게 하는 것에 대한 고통을 연대순으로 기록한 것이며, 카톨릭 노동자운동의 목적과 '고통스러운 사랑'의 증언에 관한 '추신'으로 결말을 맺고 있다. 세례에 대한 견해는 오해의 소지가 있다. 왜냐하면 그녀가 존경 받기를 원하고 그녀의 죄사함을 추구하지 않았기 때문이다.

그녀는 말했다.

"그것은 창조의 영광이요, 꽃과 피조물에 대한 사랑의 아름다움이며, 새의 노래, 내 아이의 미소이다. 이것들은 신을 찬양하면서 울지 않을 수 없을 정도로 내 마음에 벅찬 기쁨을 가져다주었다."

많은 사람들이 그런 것처럼, 도로시 데이의 뇌리에는 프란시스 톰슨(Francis Thompson)의 시 '하늘의 사냥개'(The Hound of Heaven)가 떠나지 않았다. 결국 그녀는 일련의 수련 후에 뚜렷한 목적과 함께 평온을 찾았다. 그녀는 다음과 같이 썼다. "나는 결코 두려워하지 않을 것이다. 그리고 사랑에 대해 말하고 쓸것이다. 신은 나를 도울 것이며 나는 신을 사랑할 때 내가 사랑하는 굴욕, 격하, 오해로 고통받을 것이다."

그녀는 토마스 머톤, 다니엘 베리건, 마이클 해링톤, 존 코글리 등 많은 사람들에게 지대한 영향을 끼치며 카톨릭 좌파의 유력한 인사가 되었다. 그녀가 끊임없이 쓰고 나라를 여행하며 말했던 것들이 그녀가 교회에 돌아왔을 때는 이미 동쪽 아래 지방의 카톨릭 노동자들의 영혼의 자양분이 되어 있었다. 그녀는 가난한 자들을 위한 급진적 정치성을 평화주의와 보수적이며 의심할 여지없는 성찬의 견해와 결합시켰다. 교회는 그녀 인생의 중심이었다. 그녀는 말했다.

"교회는 내게 하나님에 대한 최고의 사랑을 가르쳐 주었다."

그녀의 헌신에도 불구하고 그녀는 기독교인이 되지도 않았으며, 기독교인이라는 이름을 받을 가치도 없으며, 때때로 인간이 맹목적인 신앙으로 살고 있다고 느꼈다. 그러나 하나님은 불멸의 암시를 보내신다. 그는 우리를 머리카락을 붙잡고 데려가 십자가의 길로 부활시키실 것을 우리가 믿으며 우리의 방랑이 어떤 것일지라도 여전히 말할 수 있다. "모든 것이 은혜이다."[1)]

"

지속적인 기도

나는 날마다 기도하는 내 자신을 발견하고 놀랐다. 나는 무릎을 꿇고 생각했다. "내가 진정으로 믿는가? 내가 누구에게 기도하고 있는가?" 회의와 수치심이 나를 엄습해왔고, 나는 내가 외롭고 불행하기 때문에 기도하는게 아닌가 하고 생각했다. 그러나 내가 우편물 때문에 마을로 갈 때, 나는 수년 전에 뉴오를레앙에서 메리 고든이 주었던 묵주를 만지며 기도하는 내 자신을 발견했다. 정확히 말할 수는 없지만 나는 기도가 나를 행복하게 만들기 때문에 기도를 계속했다. 그때 갑자기 나는 환각상태에 있는 것처럼 생각되었다.

"나는 마약 중독자이다." 다시 나는 내 마음속에서 "종교는 아편이다"라는 말을 힐난하듯이 반복했다. 그러나 나는 내 스스로에게 말했다. "내가 불행하기 때문이 아니라 행복하기 때문에 기도를 한다. 나는 하나님으로부터 위안이나 뭔가를 얻기 위해서 불행, 슬픔, 절망 상태에서 하나님에게 의지하지는 않는다."

나는 하나님께 감사하기 때문에 기도를 한다고 격려하며 기도를 계속했다. 기도의 환희가 내 안에서 얼마만큼 커졌는지를 말하기는 어렵다. 작년에 나는 정원에 씨를 뿌리면서 말했다. "씨들이 땅에 떨어져 꽃과 무우와 콩으로 자란다는 것을 믿어야 한다. 내가 그 섭리를 이해하지 못하기 때문에 그건 내게 기적이다. 자연주의자들도 그것을 이해하지 못한다. 그럴싸한 전문적 용어를 동원해도 우리 모두가 수용하는 기적의 어떤 것도 이해하지 못한다. 그런데 왜 하나님의 신비를 수용하지 않는가?"

일상에서의 기쁨

나는 일요일 아침에 정기적으로 미사에 나가기 시작했다. 나는 포스터(Forster)와 조용한 만에서 배를 젓는 것이 기뻤다. 배는 샌디 훅(Sandy Hook)의 바다 수평선을 향해 멀리 나아갔다. 거기에는 네 개의 돛대를 가진 배가 있었다. 나는 그걸 통해 푸른 하늘을 볼 수 있는 여러 개의 거대한 구멍이 그 배 옆에 있는 환상을 보았다. 편안하게 쉬고 있는 다른 배는 지평선 하늘에 떠있는 것 같았다. 포스터는 신기루와 대기현상에 관한 과학적 사실을 설명했으며, 나는 그에게 우리의 감각이 우리한테 어떻게 존재하는지를 지적했다. 그러나 그에게 종교나 신앙에 관해 말하는 건 불가능했다. 즉시 어떤 벽이 우리를 갈라놓았다. 자연에 대한 사랑과 자연의 신비에 대한 연구가 포스터를 종교로부터 멀어지게 했다. 나는 결혼하기 오래 전에 포스터를 알았으며, 그와 함께 한 생활이 나를 자연에 대한 기쁨과 하나님에게로 인도했다고 느꼈었다. 그의 창조에 대한 열정이 나를 만물의 창조주에게 인도했다고 생각했다. 그러나 내가 "이 모든 아름다운 것들이 존재하는데 거기에 어떻게 하나님이 없을 수 있느냐"고 그에게 울부짖었을 때, 그는 불쾌하게 등을 돌렸고 내가 결코 만족하지 않는다고 불평했다.

우리는 서로 강렬하게 사랑했으나 그는 순간의 사랑에 머무르기를 원했다. 그는 내가 그의 사랑 안에서 안주하기를 원했다. 그는 신앙이 없다면 사랑으로 남는 건 없다는 나의 태도에 대해 크게 항의했다.

나는 로망 롤랑의 장 크리스토프에 나오는 그의 친구와 황홀한 결혼에 관한 사랑이야기와 그 젊은이들이 어떻게 강렬한 사랑을 했는지를 기억했다. 나는 이성간의 사랑과 하나님에 대한 사랑이 양립할 수 없다는 걸 이해할 수 없었다. 하나님은 창조자이시며, 우리가 아이를 낳는다는 그 사실은 나로 하여금 우리가 하나님의 형상과 유사성 안에 있다는 걸 이해하게 만들었다. 나는 '인생의 본질적 고통'(that initial agony of having to live)에 관해 사샤(SaSha)에게 항의할 수 없었다. 왜냐하면 내가 사랑과 인생에 감사했고, 포스터와의 생활은 나에게 그것을 이해하게 만들었으며 심지어 숭배하도록 했기 때문이다. 그는 나에게 많은 아름답고 훌륭한 경험을 하도록 도왔으므로 나는 사물에 대한 이 새로운 관심은 그의 덕분이라고 생각했었다.

성장하는 신앙

혹독한 추위가 끝난 3월에 우리 아기가 태어났다. 나는 12월에 시골을 나와 도시에 아파트를 얻었다. 내 언니가 함께 지내며 고통스러운 마지막 달 동안 나를 도와주었다. 내가 기도할 수 있는 교회와 친구들이 가깝게 있다는 것이 좋았다. 나는 여러 달에 걸쳐 『그리스도를 본받아』를 읽었다. 나는 어떤 대가를 치르더라도 내 아이에게 세례를 받게 해야 한다는 걸 알았다. 여러 해에 걸쳐 내가 한 것처럼 그녀를 회의와 주저, 그리고 미숙하며 도덕과 관련 없는 허우적거림을 갖게 해서는 안 된다고 생각했다. 그것이 내 아이를 위하여 내가 할 수 있는 가장 위대한 것이라고 생각했다. 나는 혼자서 신앙의 선물을 위하여 기도했다. 나는 확신했었으나 그때는 아직 아니었다. 그래서 나는 결정을 미루었다.

여자는 그러한 때 혼자 있고 싶어하지 않는다. 나는 창조라는 엄청난 사실 때문에 가장 비정하고 불경스럽다는 것이 두려웠다. 카톨릭 교인이 된다는 것은 외로운 생활을 의미하므로 나는 가족생활에 집착했다. 내 아이와 내가 카톨릭교인이 되기 위해 남편을 포기한다는 것을 상상한다는 것은 고통스러운 일이었다. 내가 카톨릭을 신봉하게 된다면 포스터는 종교와 나와 아무런 관련이 없게 될 것이다. 그래서 나는 기다렸다. 기다림의 지난 몇 달 동안 나는 너무 행복해서 나의 미결정에 대한 불안함을 거의 느끼지 못했다. 나는 글쓰는데 많은 시간을 보냈고 대체로 평안을 느꼈다. 나는 모임에 나가서 많은 사람들을 만났고 그래서 과거의 인연에 얽매일 여력이 없었다.

내 귀여운 아이가 태어났을 때, 병원 침대에서 일어나 세상과 나의 기쁨을 공유하기를 원하며 '새로운 미사들' (New Masses)에 내 아이에 관한 글을 쓸 만큼 나의 기쁨은 컸다. 나는 그것이 모든 여성들이 알고 있는 기쁨이기에, 가난과 실업, 계급투쟁 때문에 슬퍼한다 할지라도 노동자 잡지에 이러한 기쁨을 쓰는 것이 즐거웠다. 그 글은 전세계 노동자 신문에 다시 실릴 만큼 마르크스주의자들인 나의 친구들에게도 호소력이 있었다.

영적 생활

영적 생활에 있어서 불안한 사실 중에 하나는 하나님께서 당신을 당신의 말 그대로 받아들이는 것이다. 조만간 한 인간에게 그의 사랑을 증거할 기회가 주어진다. 라틴어로 사랑이라는 단어 'diligo' 는 "내가 좋아한다" 를 의미한다. 나는 그의 행위와 내 아이의 탄생에 의해 내게 영광을 주신 그의 창조의 아름다움 내에서 하나님을 사랑한다. 그는 포스터와 나를 위해 물질세계를 존재하게 했으며 내 마음속에 감사를 일깨웠다. 이러한 사랑과 감사의 최종 대상은 하나님이었다.

인간은 아이를 낳은 후 내가 자주 느낀 것처럼 넘치는 사랑과 환희를 받거나 수용할 수 없다. 이로써 나는 신을 찬양하고 경배할 필요성이 생겼다. 나는 많은 사람들이 그들만의 방식으로 신을 숭배하기를 원하므로 그를 찬양할 교회나 관계할 사람들이 필요치 않다고 말하는 걸 들었다. 그러나 나는 이런 말들에 동의하지 않는다. 급진주의자로서 나는 나의 경험과 전체 조직이 하나님을 사랑하고 찬양하는데 있어 대중들과 협동하도록 노력했다. 나는 카톨릭교회의 주장을 연구해 볼 필요 없이 카톨릭이 유일하게 진실한 종교라고 기꺼이 인정했다. 카톨릭은 베드로 시대 이래 사라지지 않고 수세기에 걸쳐 이어져 왔으며 모든 도시 사람들에 의해 충실하게 신봉되고 있다. 그들은 9일간의 기도와 미사를 위해 일요일과 신성한 날에 교회 문 안팎으로 밀어닥쳤다. 만약 그들이 미사에 가지 않는다면 그들이 대죄를 짓는 것을 말하는가? 그들은 그 법을 따랐다. 그들에게 그들의 사랑을 보여줄 기회가 주어졌다. 그들은 그 종교를 받아들였다. 일요일 아침 집에서 신문보고 앉아있는 것이 사소한 일이라 할지라도, 그리고 사려가 깊지 않고 무조건적인 믿음에도 불구하고 "내 의지대로 그 종교를 사랑하는가" 라고 묻는 기회가 수없이 왔다. 그리고 나의 선택은 카톨릭이었다. ….

다말 테레사가 태어난 때부터 나는 그녀에게 세례를 받게 하고 싶었다. 병원 내 옆 침대에는 나에게 리쥬의 성 테레즈의 메달을 준 어린 카톨릭 소녀가 있었다. 나는 그녀에게 "난 이런 것들을 안 믿는단다" 라고 말했다. 그것은 그들이 의도하지 않는 것을 말하는 사람들의 또 하나의 보기였다. 그녀는 내게 말했다. "만약 당신이 누군가를 사랑한다면 당신은 그것들을 떠오르게 할 뭔가를 갖고 싶을 거예요."

나는 부끄러웠다. 나는 윌리엄 제임스(William James)의 『종교적 체험의 변화』(Varieties of Religious Experience)를 읽고 성인들을 알게 되었으며, 그리고 아빌라(Avila)의 성 테레사(St. Teresa)의 생애를 읽고 그녀를 사랑하게 되었다. 그녀는 신비스럽고 실험적인 여자였으며, 은둔자요 여행자이며, 수도원에 은거했던 수녀였지만 몹시 활동적이었다. 그녀는 어렸을 때 소설 읽기를 좋아했고, 그래서 수도원에 들어갔을 때는 빛나는 빨간 드레스를 입었다. 그녀가 다른 수녀들과 성직자들과 함께 스페인의 어느 지역을 여행할 때 개울을 건너게 되었는데 그녀는 당나귀에서 떨어졌다. 그 이야기는 하나님이 그녀에게 이렇게 말했다고 되어있다. "그것이 내가 어떻게 나의 친구들을 취급하는가 이다." 그녀가 응답했다. "하나님은 극소수만 그렇게 하십니다." 그녀는 인생을 "불편한 여관에서 밤을 보내는 것"이라고 했다. 한번은 그녀는 수녀들을 함께 모이게 하기 위해 마련된 레크레이션 시간을 회피하려 했지만 다른 수녀들이 그녀가 합류하기를 고집해서 캐스터네츠를 들고 춤을 추었다. 나이 많은 수녀들이 충격을 받았다고 말했을 때, 그녀는 "인간은 인생을 더 감내할 수 있게 하기 위해 때때로 일을 해야한다"라고 반박했다.

그녀가 선배가 된 후에 그녀는 수녀들이 우울해할 때는 고기를 먹이면서 길을 안내했다. 거기에는 내가 그녀를 사랑하게 되고 친밀감을 느끼게 하는 그녀의 생애에 관한 많은 감동적인 이야기가 있었다. 나는 종종 사람들이 성인들의 불완전함을 모방해서 지옥으로 갈 수 있다고 성직자들이 우울하게 말하는 걸 들어왔으나, 그녀의 자서전에 나오는 이 사소한 일들은 나와 그녀가 가까워지게 만들었다. 그래서 나는 그녀의 이름을 따서 나의 딸의 이름을 짓기로 결정했다. 그것이 나의 이웃이 내게 귀여운 테레사로 불린 리쥬의 성 테레즈의 메달을 준 이유이다.

"너는 신자가 아니면서 어떻게 너의 딸을 카톨릭교인으로 만들 수 있니?" 나의 언니 알로이지아는 계속해서 내게 물었다. 그러나 그녀는 다말 테레사의 세례를 위한 파티를 준비했다. 그녀는 말을 삼가지 않고 계속해서 "너 자신이 카톨릭교인이 되어야 한다"고 말했다. 그녀는 왜 내가 카톨릭 신앙을 억제하고 있는지에 관한 여러 이유에 대해 때때로 이상하게 생각했다. 그녀는 내게 읽어야 할 종교문학 작품과 선행에 관한 달콤한 소설, 어리고 나이 많은 성인들의 유약한 삶에 대한 이야기, 종교잡지 과월호 등을 가져다주었다. 그러나 그가 비록 불가지론자였을지라도 윌리엄 제임스(William James)가 더 많은 도움을 주었다. 왜냐하면 그는 내게 아빌라의 성(聖) 테레사와 십자가의 성(聖) 요한을 소개해 주었기 때문이다.

내가 시골에서 고립되어 있고, 신문이나 세속적인 잡지 외에는 어떤 것도 거의 읽지 않는 이웃들 외에 카톨릭교인을 몰랐기 때문에 지금과 같은 훌륭한 카톨릭 문학들을 소개받을 기회가 내게는 많지 않았다. 나는 정신적으로 맥이 없었지만 만족상태에 있었다. 나는 내 아이와 너무 행복했다. 성인들의 글 속에 강조된 인내에 대한 필요성이 맥빠진 상태의 나를 위로했다. 나는 모든 문제를 하나님의 손에 맡기고 기다렸다.

일주일에 세 번씩 언니 알로이지아가 내게 의무적으로 배우려 했던 교리문답 수업을 하기 위해 왔다. 그러나 그녀는 책에 있는 질문을 반복해서 한마디 한마디를 암송해야 한다고 주장했다. 만약 내가 수업을 받지 않으면 그녀는 "너는 네가 지적이라고 생각하니?"라고 나를 비난했다. 그녀는 종종 나를 기죽게 했다. "실제 은혜와 신성한 은혜의 정의는 무엇이냐? 내 4학년 학생들이 너보다 더 많이 알고 있다. … ."

잘못된 제도와의 투쟁

세례, 고해성사, 성찬식, 이 세 가지 성사에 참가하는데 있어서 내게는 구체적인 기쁨은 없었다. 나는 냉정하게 그 일들에 참석했으며, 확실한 위안도 없이 신앙적인 활동을 계속했다. 나는 내 마음의 일부를 한쪽에 두고 물음을 계속했다. "너는 무엇을 하고 있느냐? 너 스스로 확신하니? 이것은 어떤 종류의 가식이냐? 네가 경험하고 있는 이것은 무엇이냐? 너는 감정과 믿음을 유발하며 종교에 참가하려 하느냐?" 나는 무릎을 꿇고 나를 바라보고 있는 누군가에 대한 생각으로 전율한다 할지라도 내가 위선자처럼 느껴졌다. …….

나는 하나의 사랑을 남기는 것에 대한 고통을 말하고 있다. 그러나 급진주의 운동을 이끈 인생 역시 또 하나의 사랑이다. 내가 일련의 글들을 쓰던 그 겨울에 나는 노동자, 실업자들과 인터뷰를 했다. 나는 반제국주의 단체, 공산당 연맹과 함께 일했다. 나는 지금까지 자본주의와 제국주의에 반대했으며, 그래서 이제부터는 교회가 물질, 부자들, 국가, 자본주의와 모든 행위의 힘과 동맹하는 과정 때문에 저항하기로 했다. 나는 이것을 심사숙고 하도록 배웠으며 지금도 대부분 이것을 생각하고 있다. 추기경 먼드레인(Mundelein)은 교회가 나쁜 편에 협력하고 있다고 내게 자주 말했다. 바쿠닌(Bakunin)은 "기독교가 신성을 위하여 모든 종교제도의 본질인 박애의 빈곤과 노예상태, 그리고 인간성의 폐지를 명백히 나타내기 때문에 정확하게 훌륭한 종교"라고 말했다. 나는 이것을 확실히 믿었고, 가난하고 순결하고 순종적이기를 원했다. 나는 살기 위해 남편을 버리고 예수님을 찾기 위해 죽기를 원했다. 포스터가 왜 질투해서는 안되는가? 이러한 사랑에 참가하지 않는 사람은 나의 불신앙과 불의를 깨달을 것이다. 성경에서는 하나님을 제외한 어떠한 창조물에 의지하는 것도 불의하다고 반복하여 경고하고 있다. 나는 하나님을 위한 교회를 사랑했다. 로마노 구아디니(Romano Guar-dini)는 말했다. 교회는 성자 하나님이신 주님이 십자가에 못박힌 그 십자가이다. 인간은 십자가와 예수를 분리할 수 없으며 인간은 신앙에 대해 영원한 불만족 상태에서 살아야만 한다.

성직자들의 부의 축적, 빈자들과 노동자, 흑인, 멕시코인, 필리핀 사람들에 대한 의무감의 부족, 심지어 산업자본가들의 체제에 의해 그들에 대한 탄압의 동조, 이런 것들이 나로 하여금 교회가 아벨보다 오히려 가인에 가깝다고 느끼게 만들었다. 성직자들은 사회체제와 관련해서는 "내가 내 형제들의 파수꾼인가"라고 말하는 것 같았다. 너무도 초라한 정의를 제외하고는 많은 자비가 있었다. 여전히 성직자들은 성찬을 나누어 주는 자들이며 인간들에게 하나님을 모셔오며, 우리가 예수를 만나는 것을 가능케 하며, 평화와 단결의 세계에서 더 많은 것들이 이루어지도록 한다. 하나님은 "가장 사악한 적들은 우리 자신의 가족들이다"라고 우리에게 경고했다. 밀을 수확해야만 가라지를 근절할 수 있다. 카톨릭교인이 된 21년 동안 내가 믿은 모든 지식으로 그들의 일생을 친구들에게 바친 가난하고, 순결하며 순종적인 성직자들에 관해 많은 이야기를 쓸 수 있었다. 그러나 나는 내가 세례 받은 기간 동안 어떻게 느꼈는지에 관해 쓰고 있었다.

얼마 후, 한 성직자가 어떻게 교회의 사회적 가르침이 내가 카톨릭교인이 되도록 인도했는지 나의 회심에 관한 이야기를 쓸 것을 내게 권했다. 그러나 나는 그 당시의 교회의 사회적 가르침에 대해서는 아무것도 몰랐다. 나는 결코 회칙에 관해 들어본 적이 없다. 나는 교회가 가난한 자들을 위한 교회여야 한다고 생각했다. 성 패트릭교회는 여자 하인들의 푼돈으로 세워졌다. 그 교회는 이민자들에게 관심을 가졌으며, 병원, 고아원, 탁아소, 훌륭한 목사들과 노인들을 위한 집을 설립했다. 그러나 동시에 그 교회가 지금과 같은 많은 자비를 베풀고 있는 사회체제에 반기를 드는 모습은 없다고 느꼈다. 나는 여기서 자비는 질식된 단어라고 느꼈다. 누가 자비를 원했는가? 그것은 인간의 만족을 위해서가 아니라, 정의롭게 인간에게 지불되어야 할 것들과 엄밀한 의미에서의 인간의 존엄과 가치에 근거하고 있는 것이다. 그

> 런데 카톨릭교회들은 점점 더 국가로부터 도움을 받고 있었으므로 그들은 또한 국가에 보답해야 했다. 카톨릭교회들은 인간의 가치를 희생하면서 그들 자체를 관청, 부속건물, 관료주의, 법에 연루시켰다. 또한 그들은 중앙집권적이며 세분화된 공동기금과 차별적 혜택의 휘하에 놓여 있었다. '그것들에' 의해, 인간은 좌우되고 언제나 주교들은 그에 순응하고 있다고 생각한다. 그러나 해리 브리지스가 언젠가 내게 지적한 것처럼 "그들" 역시 그 체제의 희생자들이다. …….
>
> ❞

이후 도로시 데이는 피터 모린과 함께 "카톨릭 노동운동"이라는 노동자 신문과 "환대의 집"이라는 홈리스 시설을 모금을 통해서 운영해 나갔다. 이 후 반핵, 노동운동, 반전운동, 인권운동 등으로 평생 동안 투옥을 반복하며, KKK 등의 과격단체의 테러 위협에도 불구하고 봉사와 사회활동으로 살아간다. 그 대표적인 사건을 열거해 보기로 한다.

1939년 제2차 세계대전이 시작되었다. 〈카톨릭 노동자〉 신문은 평화주의 입장을 고수하며 안팎으로 많은 공격을 받았다. 카톨릭 노동자운동의 초창기 상황을 기록한 〈환대의 집〉을 출간했다.

1948년 5월 15일 영적 스승이자 동지인 모린이 세상을 떠났다.

1955년 핵공격 대피훈련에 반대하여 불복종운동을 벌였다.

(계속된 시위로 인해 데이는 여러 차례 벌금형을 선고 받고 유치장에 수감되기도 했으나, 시위는 1961년까지 계속되었고, 마침내 1962년에 대피훈련이 중단되었다.)

1956년 2월 흑인 민권운동이 고조되던 시기에 백인 극열단체인 KKK단의 위협과 공격 속에 있던 기독교 농업 공동체 '코이노니아'를 방문하던 중 총격을 받았다. 1962년 혁명이 발발한 쿠바를 방문하여, 쿠바 사람들의 일상적 삶에 대해 〈카톨릭 노동자〉 신문에 연재했다.

1963년 "평화를 위해 일한 어머니" 50명과 함께 로마 순례를 떠났다. 교황은 공공접견 중 이들을 언급하며 감사를 표했다. 카톨릭 노동자운동사를 기록한 〈빵과 물고기〉를 출간했다. 1965년 바티칸 공의회가 모든 전쟁에 반대하는 선언을 내놓기를 바라며 로마에서 19명의 카톨릭 신자들과 함께 열흘간 단식했다. 카톨릭 노동자운동과 관련된 다수의 사람들이 징병을 거부해 감옥에 가거나 대체복무를 선택했다.

1974~1975년 예수회 회원들이 수여하는 이삭 헤커상과 간디 평화상을 받았다.

1980년 11월 29일 여든세 살의 나이로 세상을 떠났다.

묘비에는 빵과 물고기 문양과 함께 한평의 주거공간도 재산도 소유하지 않은 그녀가 떠나면서 남긴 묘비명은 이러했다.

"Deo gracias!(하나님 감사드립니다!)"라는 글이 새겨졌다.

도로시 데이가 세상을 떠났을 때 〈뉴욕 타임스〉는 다음과 같은 기사로 그녀의 삶을 기렸다.

"빛나는 인격을 지닌 비폭력, 급진적 사회운동가 …….'카톨릭 노동자운동'의 설립자, 50년이 넘도록 사회 정의를 위해 수많은 싸움을 이끈 지도자"이다. 또한 개인과 사회, 공동체, 절대자를 고민한 한 치열한 지성의 영적 순례자이자, 20세기 초반 미국 사회상을 세밀하게 보여준 미국 기록문학의 대가이다.

1983년 카톨릭 성인으로 추대하는 시성 절차가 시작되었다. 그러나 데이는 생전에, 자신을 성인으로 우러러보는 사람들에게 종종 이렇게 말하곤 했다. "나를 성인이라고 부르지 마세요. 나는 그렇게 쉽게 물러나고 싶지 않답니다."

참고문헌 및 각주 – 이 글은 아래 문헌에서 인용, 발췌한 것이다.

1) 도로시 데이의 자전적인 증언들은, The Long Loneliness (New York: Harper & Row, 1952), 132-51; 285-86에서 발췌.

https://en.wikipedia.org/wiki/(위키백과)

http://blog.naver.com/hismessage?Redirect=Log&logNo=20109426374. 도로시 데이. "The Long Loneliness(오랜 외로움)"

변증가적 작가

C. S. 루이스

56

C. S. Lews

1898~1963

탁월한 문필가였던 그는 회심한 후 많은 저술을 통해서 합리적으로 복음을 전파한 20세기의 가장 뛰어난 변증가이다.

문학에 천착한 일생

C. S. 루이스는 1898년 11월 29일 아일랜드의 수도 벨파스트(Belfast)에서 출생했다. 아버지는 변호사로 성공한 사람이었다. 가족은 1905년에 벨파스트의 '작은 목장'이라는 교외로 이사했는데, 얼마 되지 않아서 어머니가 암으로 세상을 떠났다. 세 살 터울의 형 워런과 함께 유년기를 보냈다. 루이스가 7살이 되었을 때, 벨파스트 교외에 위치한 '작은 초원의 집'으로 이사했다. 호수와 언덕이 바라보이고 뱃고동 소리를 들으며 장래의 문학적 감수성을 키워나갔다. 아버지는

자식들을 위해 많은 책을 마련해 주었고, 그래서 많은 책을 읽을 수 있었다. 형과 함께 다락방에 올라가 책을 읽으며 읽은 내용을 바탕으로 자유로운 상상의 날개를 펼쳤다.

그들 형제들에게는 아버지로부터 물려받은 신체적 결함이 있었다. 그것은 엄지손가락 관절이 하나뿐이었던 것이다. 그래서 손으로 하는 것은 제대로 할 수 없어서 집이나, 비행기나, 배 등을 만들고 싶었지만 할 수 없었고, 대신 이야기를 쓰는 일에서 창작의 기쁨을 누릴 수밖에 없었다. 결국 그의 신체적 결함이 그의 문학적 재능을 키우는 데 일조했던 것이다. 그러나 에덴동산에서와 같은 행복한 유년기는 영원히 지속되지 않았다. 루이스가 아홉 살 때 그의 어머니가 세상을 떠났기 때문이다. 그는 이와 동시에 잃어버린 낙원처럼 되었다.

어머니가 세상을 떠난 후 어린 루이스는 신앙에도 변화가 일었다. 성공회에 소속되어 있던 집안에서 자라난 루이스는 진정 하나님이 전능하고 선한 분이라면 왜 어머니가 고통 가운데 죽어야 하는지 이해할 수 없었다. 이로 인해 성공회 교도로 양육되었던 10대의 학생이 신앙을 버리고, 어떤 때는 신앙을 회복하기도 하는 과정을 거듭한다. 그리고 마침내 지적으로 장성하고 정직한 자세를 취할 때에라야 하나님을 믿을 수 있다는 결론을 내린다.

한편, 그는 제1차 세계대전에 참전했으나 프랑스에서 부상당했다. 상처가 회복되고 1918년 옥스퍼드의 유니버시티 칼리지에 입학했다. 대학에서 고전학과 철학을 전공했던 그는 1922년에 최고 우등생이 되었고, 그 이듬해에는 영어로 전공을 바꾸면서 또다시 최고 우등생의 영예를 안았다. 1925년에는 옥스퍼드의 모들린대학의 펠로(Fellow)겸 담임교수가 되었다. 그래서 무신론자가 되었던 루이스는 예이츠의 낭만주의, 절대적 관념론에서 유신론으로 들어가 1929년 성공회로 새롭게 회심했고 이어서 기독교로 회심했다.

❝

하나님의 강제력에 의한 회심

나는 항상 무엇에게도 방해받지 않고, 자유롭기를 원했다. "나의 영혼을 나의 것이라고 부를 수 있기"를 원했고, 즐거움을 얻기보다는 고통을 피하는 것을 훨씬 더 열망했다. 나는 항상 한정된 책임만을 목표했었다. 초자연적인 것 자체는 밀주(密酒)와 같은 매력이 있었지만 만취 후의 역겨움 같은 느낌을 안겨 주었다. 나의 철학을 실현시키려는 최근의 시도는 각종 유보사항들에 의해 은밀하게 차단되어 있었다. 나의 이상적인 덕성은 결코 나를 참을 수 없는 고통으로 인도하지 않으리라는 것을 알고 있었다. 나는 '이성적'이었다. 그러나 하나의 이상이었던 것이 하나의 명령이 되어 버렸다. 그로 인하여 예상되지 않는 것은 무엇인가? 의심할 것 없이 하나님은 이성 그 자체였다. 그러나 하나님은 위로적인 의미에서도 '이성적'일까? 그러한 문제에 대해서 최소한의 확증도 나에게는 주어지지 않았다. 전적인 포기, 어둠 속에서의 절대적인 도약이 요구되었다. 아무런 타협을 할 수 없는 실재가 내 위에 있었다. 그 요구는 '전부(全部) 또는 전무(全無)'라는 것조차 아니었다. …… .

나는 잠시라도 그분을 만나지 않기를 간절히 바랐다. 그럼에도 마음이 여유를 찾게 되면 어김없이 하나님의 접근을 느끼면서 막달렌의 방에서 매일 밤을 혼자 지냈다. 내가 마음으로 두려워했던 그 일이 마침내 다가왔다.

1929년 부활절 이후(삼위일체 주일) 학기에 나는 드디어 항복했고, 하나님이 하나님이라는 사실을 인정했으며, 무릎 꿇고 기도했다.

❞

그러나 이 회심은 단지 유신론으로의 회심이었다. 신의 존재를 인정한 것에 불과한 것이다. 그의 고백은 이렇게 이어진다.

"

아마 그날 밤의 회심은 온 영국을 통틀어 가장 맥빠진 회심이자 내키지 않는 회심이었을 것이다.

나는 그때, 저항 끝의 엉거주춤한 무릎을 꿇었으니, 가장 빛나고 분명하게 보이는 것을 보지 못했다. 한 회심자를 있는 그대로 받아들이는 하나님의 겸허하심을 말이다. 그 탕자는 마침내 제발로 걸어서 집으로 갔다. 그러나 아직도 반항과 투쟁과 분노는 가득 차 있고 도망할 기회를 찾는 반항하는 탕자였다. 그런 상황에서 높은 문을 활짝 여신 깊은 사랑을 어떻게 제대로 찬양할 수 있겠는가? '억지로 데려오다(compelle intrare)' 라는 말은 악한 자들에게 너무 남용된 까닭에 효력이 상실한 듯하여 우리는 그 말을 두려워한다. 그러나 제대로 이해하면 그 말은 하나님의 깊고도 한량없는 자비를 보여준다. 하나님의 완고하심은 인간의 유연함보다 더 부드러우며 그분의 강제는 곧 우리의 해방과 자유인 것이다. …… .

단계별의 인도하심과 깨달음

그러나 그 회심은 …… 기독교 신앙으로의 돌이킴이 아니라, 오직 유신론에로의 회심으로만 이해되어야 한다. 왜냐하면 나는 성육신에 대해서는 아무것도 알지 못하는 상태였다. 내가 복종한 하나님은 전혀 인간이 아닌 초월적 존재였기 때문이다.

어린 시절부터 주어졌던 기쁨의 근원을 향하여 내가 지금 접근하고 있다는 생각이 나의 공포를 어느 정도 경감시켜 주느냐고 물을 수 있을 것이다. 그러나 전혀 그렇지 않았다. 하나님과 기쁨 사이에 어떤 관계가 있거나 있을 것이라는 암시는 없었다. 그런 것이 있었던 것처럼 보였으나 사실은 그 반대였다. 나는 실재의 핵심이 하나의 장소로 잘 상징될 수 있는 것이기를 원했다. 그러나 그것이 하나의 인격이라는 사실을 금방 발견했다. 내가 기쁨이라고 부르는 것을 전적으로 거부하는 것이 그분의 요구 중의 하나일지도, 최초의 요구일지도 몰랐다. 내가 그 관문을 통해 끌려가고 있을 때, 안에서 아무런 축하의 음악도 들리지 않았고 영원한 향내도 나지 않았으며 아무런 희망도 없었다.

나의 회심은 미래적 생명과 신앙의 확신에 찬 상태가 아니었다. 거의 수개월, 혹은 1년 동안은 있는 그대로 어떤 의문을 제기하지 않은 채 하나님을 알아가고 복종을 시도할 수 있도록 허락해 주신 것은 내가 받은 가장 커다란 은총 중의 하나로 여기고 있다. …….

회심의 마지막 단계

내 이야기의 마지막 장면, 유신론에서 그리스도교 신앙으로의 전환은 지금도 정확히는 모르고 있는 부분이다. 가장 최근의 일이기에 잘 모른다고 말하는 것은 이상하게 들릴 수 있다. 나는 여기에 두 가지의 이유가 있다고 생각한다. 하나는, 나이가 들어감에 따라서 현재보다 과거의 일들을 더 잘 기억하기 때문이다. 다른 하나는, 나 자신의 견해의 발전과정과 내 마음의 상태에 대하여 오랫동안 쏟아왔던 세밀한 관심이 현저히 떨어졌다는 점이다.

많은 건전한 성격의 사람에게서는 회심과 더불어서 자기성찰이 시작된다. 그러나 나의 경우는 정반대였다. 자기성찰은 계속되고 있었으나 일정한 시간을 두고 실제적인 목적을 위해서 행해졌다. 그것은 의무요, 규칙이요, 기분 나쁜 것이었을 뿐 습관은 되지 못했다. 믿는 것과 기도하는 것은 외향적 변화의 시작이었다. 그들의 말처럼, 나 자신으로부터 박탈되었다. 유신론이 나를 위해 다른 일을 아무것도 하지 못했다 해도, 나는 그것이 시간이나 소모하는 어리석은 일기 쓰는 습관에서 나를 치료해 주었다는 점으로 인해 감사해야 했을 것이다.

나는 유신론자가 되자 주일마다 교구 교회에 출석했고, 주간 중에는 대학 예배에 참석했다. 이는 내가 기독교 신앙을 가졌기 때문이라거나, 내가 기독교 신앙과 단순한 유신론의 차이가 별 것 아니라고 생각해서가 아니었다. 사람은 명백한 외적 표시로 자신의 "깃발을 올려야 한다" 고 생각했기 때문이다. 아마도 잘못된 것이었겠지만, 나는 어떤 명예심에 따라서 행동하고 있었다. 교인이 됨이라는 사상은 나에게 아무런 매력도 없었다. 나는 최소한 반(反)성직주의자는 아니었으되, 뿌리 깊은 반(反)교회주의자였다. …….

나는 곰을 좋아하듯이 성직자도 좋아했으나, 동물원에 가는 것을 싫어했던 것처럼 교회에 가는 것을 싫어했다. 우선, 그것은 인종의 집단이었다. 피곤한 모임의 연속이었다. 그런 종류의 것들이 영적인 생활과 무슨 관련이 있는지 이해할 수 없었다. 나에게 있어서 종교는 홀로 기도하고 영적인 문제를 상의하기 위하여 두세 사람이 모임을 가지는 선한 사람들의 문제여야 했다. 따라서 종이 울리고 사람들이 북적대고, 공지사항을 전달하고, 혼잡스러워지고, 정리하는 이런 일들은 시간만 허비하고 매우 비생산적이고 불필요한 낭비로 여겨졌다. 찬송은 특히 나의 비위를 거슬렀고 지금도 그렇다. 모든 악기 중에서 오르간을 제일 싫어했다. 나는 또한 어떤 의식에도 참여할 수 없게 만드는 영적 미성숙을 가지고 있었다. …….

이 시기에 나는 복음서를 신화로 간주하는 문학비평에 익숙해져 있었다. 사실 복음서들은 신화적인 색채는 없었다. 다만 주변 이교(異教)세계의 풍성한 신화를 모르고 편협하고 매력 없는 유대인들이 있었다. 이들은 꾸밈없는 역사적 방법으로 기록해 놓은 것은 분명히 위대한 신화의 사건이었다. 일찍이 신화가 사실이고 실현되었다면 바로 복음서처럼 되었을 것이다. 모든 문학에 있어서 다른 어떤 것도 이와 같지 않았다. 신화는 한 면에서는 그것과 같고, 역사는 또 다른 면에서 그것과 같다. 그러나 어느 것도 실제와 동일하게 같지는 않다. 아무도 그들이 묘사한 그 인격과 같지 않았다. 플라톤이 묘사한 소크라테스가 실제의 소크라테스가 아닌 것처럼 말이다. 그것은 이 세상을 초월한 어느 곳에서부터 온 빛에 의해 한 신(神)을 비추어 주었다. 그러나 만일 한 신이라고 한다면 우리는 더 이상 다신론자가 아니므로, 그 신은 한 신이 아니라 하나님이시다. 바로 이런 점에서 신화는 늘 사실이 되어왔다. 말씀이 육신이 되고 하나님이 인간이 되셨던 것이다. 이것은 '하나의 종교' 도 아니요, '하나의 철학' 도 아니다. 이것은 모든 것을 요약한 것이며 실체화한 것이다. …….

❞

루이스는 지적으로 유신론자가 되긴 했으나, 그의 하나님은 완전히 비인격적인 신이었다. 그는 여전히 복음서와 신화의 신빙성에 대해 해결하지 못하고 있었다. 루이스는 친구 톨킨(John Ronald Reuel Tolkien)과 강가를 거닐며 한 대화에서 그의 말을 듣고 이 문제를 해결하게 된다.

❝

우리 인간은 하나님으로부터 비롯된 존재이다. 그러므로 인간이 만들어낸 신화는 비록 인간의 그릇된 생각을 포함하고 있을지라도 진정한 빛, 하나님 안에 존재하는 영원한 진실에서 떨어져 나온 단편을 반영하고 있다. 신화를 창작함으로써, 부(副)창조자가 되어 이야기를 만들어냄으로써, 인간은 타락 이전에 경험했던 온전한 상태를 경험할 수 있다. 신화는 잘못된 방향으로 인도될 수도 있지만 아무리 험한 폭풍 속에서라도 진실의 항구를 향해 나아간다.

❞

함께 산책을 나갔던 다이슨(Freeman Dyson)도 톨킨과 동일한 의견을 피력했다. 루이스는 이들의 말을 통해 그리스도의 이야기가 진정한 신화임을, 다시 말해 다른 신화들과 마찬가지 방식으로 우리에게 작용하는 신화이지만 '실제로 일어난' 신화라고 이해했다. 이로써 루이스는 이교신화와 기독교의 관계를 이해함과 동시에 하나님을 믿는 데서 그리스도를 믿는 신앙으로 옮아갔다.

"

나는 표지판을 찾았다

나는 회심의 마지막 단계가 취해진 시기는 잘 알고 있으나, 그 방법은 거의가 모른다. 어느 청명한 날 아침 윕스네이드(Whipsnade)로 가야만 했다. 출발할 때, 나는 예수 그리스도가 하나님의 아들임을 믿지 않고 있었다. 그런데 우리가 동물원에 도착했을 때, 나는 그것을 믿고 있었다. 여행하는 내내 생각에 잠겨 있지는 않았다. 커다란 감정 속에 빠져 있지도 않았다. '감정'이라는 말은 매우 중요하고 커다란 사건들에 적용시키기에는 부적당한 것 같다. 나의 참된 회심의 순간은 오히려 오랜 잠에서 깨어난 사람이 침대 위에 가만히 누워서 자신이 이제 깨어났다는 것을 인식하게 되는 사람과 흡사했다. ……. 자유냐 혹은 필연성이냐? 아니면 그 둘이 끝에 가서는 다른 것인가? 무슨 다른 행동의 여지가 있겠는가? 우리가 의지나 감정이라고 부르는 것은 그야말로 잘 믿을 수가 없는 것이다. 또한 큰 감정이나 단호한 결의는 부분적으로 꾸며냈을 수도 있다는 은밀한 의심을 가지고 있다.

그들은 그 이후 윕스네이드를 손상시켰다. 머리 위에서는 새들이 노래하고 발 밑에서는 초롱꽃이 피어있고 캥거루가 이리 저리 뛰어다니던 숲은 에덴동산이었다. 그러나 기쁨은 어디로 갔는가? 이 기쁨은 그리스도인이 된 나에게 모든 매력을 상실했다. 실제로 워즈워드(Wordsworth) 같이 환상의 빛이 사라졌다고 불평할 수 없다. 옛날의 아픔은 회심 후에도 자주 날카롭게 다가왔다. 물론 옛날에 생각했던 그 의미는 아니었지만 말이다. 그것은 외적인 무엇을 지적해 주는 가치 이외는 아무것도 아니었다. 다른 무엇이 의심쩍어 보이면, 그 지침은 자연히 나의 생각 속에서 크게 부각되었다. 숲속에서 길을 잃으면 표지판을 먼저 찾는 것이 중요하다. 그것을 먼저 발견한 사람은 '찾았다'고 외친다. 그러면 흩어졌던 사람들은 모여서 표지판을 본다. 우리는 표지판의 지시대로 길을 찾아서 한참 동안 멈추지 않고 전진할 것이다. 표지판은 헤매는 자들에게 용기를 줄 것이고, 그들은 이를 세운 사람들에게 감사할 것이다. 뿐만 아니라 표지판을 은으로 만들고 금으로 글씨를 새겼다고 하더라도 그 자리에서 멈추어 서지 않을 것이다. 표지판 대로 계속 전진하여 "우리는 예루살렘에 이를 것이다."

"

기독교를 변증하다

루이스는 회심 후, 자신의 문학적인 소양을 훌륭하게 드러내서 40여 권의 저서를 집필했다. 평생을 외적인 활동보다 문서를 통하여 많은 사람들에게 영향을 끼쳤다. 자기를 들어내지 않고 조용히 일하는 것을 좋아했다. 그의 책은 대부분이 그리스도의 변증론에 해당한다. 그래서 사람들은 그를 20세기의 가장 뛰어난 최고의 기독교 변증가로 부른다. 가장 유명한 작품은 『스크루 테이프 편지』(*Screwtape Letters*, 1942)로서 작가의 의도와 이야기를 이끌어 가는 그의 재능이 잘 드러나 있다. 그는 아동문학으로도 상당한 명성을 얻었다. 영화로도 제작되었고 오늘날에도 가장 유명한 그의 작품인 『나니아 연대기』(*Chronicles of Narnia*, 1950)는 공상문학의 고전이 되었다. 그가 주목받기 시작한 첫 작품은 『순례자의 퇴보』(*The Pilgrim's Regress : An Allegorical Apology for Christianity, Reason and Romanticism*, 1933)이다. 『사랑의 알레고리』(*Allegory of Love : A Study in Medieval Tradition*, 1936)는 독창적인 비평서이다. 당시 생소한 장르였던 그의 첫 공상과학소설 『말없는 혹성에서』(*Out of the Silent Planet*, 1938)는 알레고리와 그리스도교의 변증론을 담고 있다. 공상소설 『페렐란드라』(*Perelandra*,

1943)와 『그 엄청난 힘』(*That Hideous Strength*, 1945)도 역시 호평을 받았다. 이 3권은 비평가들에 의해 공상과학소설의 최고 3부작으로 평가받았다. 이 작품은 통속 과학소설의 큰 인기를 예고하는 것이었다. 그의 환상적이며 비유적인 소설들은 남녀노소를 막론하고 널리 읽혀졌다. 『고통의 문제』(*The Problem of Pain*, 1940)로 그리스도교 변증론의 평신도 해설자로서 널리 인정받게 되었다. 그 밖에 주목받는 저작으로 자서전 『기쁨의 충격 : 유년기의 모습』(*Surprised by Joy : The Shape of My Early Life*, 1955)", 프시케와 큐피드의 이야기를 모체로 한 『우리가 얼굴을 가질 때까지』(*Till We Have Face : A Myth Retold*, 1956)가 있다. 그는 그의 저작 속에서만 모습을 보였고, 기독교 변증에 힘써 사명을 다했다.

1954년에서 1963년까지 캠브리지대학교에서 중세 및 르네상스 영어 교수로 재직했다. 그는 옥스포드와 켐브리지에서 학구적인 활동을 하면서 토마스 아퀴나스처럼 포효하기도 하고 "말없는 수소"가 되기도 했다. 거의 평생을 독신으로 살았던 그는 1956년 미국에 사는 유대인 기독교 개종자인 조이 데이빗맨 크레셤과 결혼했다. 그런데 그녀는 치명적인 암에 걸려 있는 상태였고 결국 1960년에 사망했다. 루이스는 아내에 이어 1963년 11월 22일에 옥스퍼드에 있는 자택에서 하나님의 부르심을 받아 영원한 하나님의 나라로 떠났다.

참고문헌 - 이 글은 아래 문헌에서 인용, 발췌한 것이다.
편찬위원회, 『기독교대백과사전 5권』, 서울 : 기독교문사, 1982. pp. 355-356.
Hugh T. Kerr & John M. Mulder. *conversions*. New York: Grand Rapids, 1983.
루이스의 *Surprised by Joy* 중에서
휴 커 · 죤 멀더, 공편. 『위대한 회심자들』. 박영봉 역. 서울: 생명의 말씀사, 1993. pp. 284~293.
http://ko.wikipedia.org/wiki/(위키백과)
http://www.britannica.com/(브리테니커 Internet판)
http:s//m.terms.naver.com/ent... "C.S. Lewis"

하나님을 사랑한 가수

에델 워터스

57

Ethel Waters

1896~1977

불우한 환경 가운데서 나고 성장했지만 예수 그리스도를 영접한 후,
수많은 복음 전도집회에서 주님을 찬양하여 영광을 돌렸다.

들꽃과 같이 자란 어린 시절

나는 아이가 결코 아니었다. 가족들은 나를 결코 응석을 부리게 하거나, 사랑하거나, 이해해주지 않았다. 나는 가족의 품을 따뜻이 느껴보지 못했다. 나는 항상 이방인이었다. 내가 서출로 태어났지만 그건 이런 모든 것들과 아무런 관련이 없다. 나 같은 사람들에게는 사람을 사랑한다는게 아무 의미가 없었다. 아무도 나를 길러주지 않았다.

이것은 에델 워터스가 그녀의 베스트셀러 자서전을 시작한 방식이다. 그녀의 자서전은 무대와 영화뿐만 아니라 교회에서도 스타덤에 오른 도시 빈민지역의 흑인소녀에 관한 이야기이다. 펜실베니아주 체스터(Chester)에서 태어난 에델 워터스는 그녀 자신을 '정말로 막된 아이' 로 서술했다.

나는 어린 시절에 들꽃처럼 자랐다. 나는 나쁜 아이였으며 언제나 도둑질과 모든 말썽을 일삼는 거리 갱단의 리더였다.

할렘가에서의 성공

그녀는 처음에 필라델피아에서 무대에 서기 전에 미혼으로 음식을 훔치고 주당 4.75달러를 벌었으며, 마침내 볼티모어 할렘가에서 성공을 거두었다. 그녀는 "Dinah", "Takin' s a Chance on Love", "Cabin in the sky" 그리고 "Am I blue" 뿐만 아니라 특별히 "St. Louis Blues"와 "Stormy Weather"의 연출로 유명해졌다. 그녀를 위한 그 노래들은 그녀의 자서전이었다. 나는 "나를 기른 깊은 열정에서 나온 노래들을 불렀다"라고 그녀는 말했다. 정열에 불타는 사람들만이 정열이 어떤 것인지를 안다. 미국의 한 주간지(The New Yorker)는 그녀의 노래에 관해 다음과 같이 썼다.

에델 워터스는 이 나라가 만들어낸 정말로 위대하고, 완벽하며, 인기가 많은 가수였다. 목소리, 기교, 독창성은 최고의 증거라고 말할 수 있다.

그녀의 드라마틱한 경험은 그녀가 흑인 뮤지컬 '아프리카인들' 에 출연했을 때인 1927년 브로드웨이에서 시작됐으며 그녀의 브로드웨이의 마지막 작품은 1959년 '에델 워터스의 밤' 이었다. 그녀의 가장 유명한 배역은 "Member of the Wedding"에서 Berenice Sadie Brown 역이었다. 게다가 그녀는 아홉 편의 영화에 출연했으며, 1959년 "흑인 여자(Pinky)" 연극으로 아카데미상 후보에 올랐다. 그녀는 노래보다 연기를 좋아해서 그녀가 젊었을 때 불러야 했던 경건치 못한 미숙한 노래들에 대해서 후회했다.

나는 품위있는 것들을 노래하고 싶었으나 그것들이 허락되지 않았다. 심지어 내가 할 수 있다는 것조차 알지 못했다.

복음 전도 대회에서의 찬양

그녀는 빌리 그래함 전도운동에 참가해 수많은 전도회에서 노래를 불렀다. 그녀는 특히 할머니로부터 배운 흑인영가를 좋아했으며 그래서 그것을 그녀 자서전의 제목으로 썼다.

그의 눈은 참새를 보신다

왜 내가 실망하게 되며
왜 내게 절망이 덮쳐오며
왜 나의 마음이 외로워하는가
천국과 집을 고대하라
예수는 나의 기업
그는 나의 변함없는 친구
그의 눈은 참새를 보신다.
그리고 나는 그가 나를 지켜보시는 것을 안다.

에델 워터스는 결코 어떤 특정종파에 특별하게 협력하지는 않았다.

인생 후반기에 그녀는 그녀의 믿음을 다음과 같이 간단하게 피력했다.

내가 신앙심이 깊은 사람이라고 말하지는 않겠다. 나는 하나님 안에서 다시 태어났다. 그리고 그것은 내 인생에서 가장 중요한 일이었다. 내가 살아계시는 하나님을 알았기에,…….[1)]

"

관심의 중심이었던 교회

춤을 추고, 남자아이들 사이에서 인기가 많았다 하더라도 내가 열한 살 때 나를 완전히 황홀하게 한 인간 탄생의 신비, 나의 가장 큰 관심은 교회에 있었다. 비록 내가 카톨릭교인이었을지라도, 나는 루이스(Louise)의 조그만 개신교 교회들이 소중하다는 걸 알았다. 노인들의 피곤한 얼굴에서 나오는 그 아름다움은 나를 흥분시켰다. 수 주 동안 그들 중의 많은 사람들이 당황했으며 똑바로 말을 하지 못했다. 그러나 일요일에 그들은 교회에서 노래하고 말하는데 어려움이 없었다. 그들이 느꼈던 그 감정은 그들보다 훨씬 컸다. 어떤 이는 몸을 흔들어댔다. 어떤 이는 울부짖었다. 어떤 이는 열정적으로 말했으며, 그들의 혼란과 의심은 사라졌다. 오! 그들의 찬송들…….

내 인생의 중대한 일은 하나님과 가까워진 것이다. 그러나 나는 선포된 모든 교리를 수용할 수 없었다. 나의 논리, 나의 이성이 그 많은 교리들을 의심케 만들었다. 예를 들면, 어린 소녀였을 때 나는 하나님께 나의 죄를 용서해 줄 것을 간청하라고 들었다. 그러나 어린 소녀가 무슨 죄를 지을 수 있었단 말인가?

친구의 구원을 위한 열심

하나님을 찾고 하나님을 아는 일은 어린이들을 신앙으로 거듭나게 하는 개신교 교회에서 시작되었다. 하나님을 진실하게 알고 존경하게 된 것도 바로 거기에서였다. 이웃에 있는 모든 친구들이 신앙으로 거듭났다. 나는 날마다 신앙심이 깊어갔다. 존경받는 윌리암스(R.J. Williams) 목사님이 회개하고 구원받기를 원하는 자들을 불렀을 때, 나의 갱단의 모든 조직원들은 회개자석에 올라가 무릎을 꿇었다. 그러나 그것은 오래가지 않았다. 그들이 새로운 영혼을 가졌다 할지라도 빠르게 빠져나갔다. 우리는 우리가 죄를 씻으려는 것이 아니라 주의를 끌려 했다는 걸 알고 있었다.

존경받는 윌리암스 목사님은 벼락같은 목소리로 말했다. "와서 내 손을 잡아라. 너희는 하나님의 사랑스런 용사들이 되기를 원하지 않느냐?" 나는 두세 번 올라가서 그의 손을 잡았다. 그리고 내 자리로 돌아왔다. 나는 내가 구원받기를 원한다고 확신하지 못했다. "내가 하나님께 무엇을 간청할 수 있는가?" 나는 계속해서 생각했다. "내가 하나님께 무엇을 말해야 하는가?"

하나님이 주신 평화

어느 날 밤에 모든 교인들 중에서 우리 친구들 중 아직 구원받지 못한 세 명이 있었다. 나머지 모든 사람들은 회개자석에 가서 죄사함을 받았다. 영감을 받은 열정적이며 추앙받는 윌리암스 목사님은 소리쳤다. "이리 오너라! 무릎을 꿇고 하나님께 기도드려라!" 그래서 나는 생각했다. "내가 무릎을 꿇는다면 무슨 일이 일어나는지를 보기 위해 나는 기도해야 한다." 나는 "오 하나님! 제가 당신께 무엇을 간청해야 할지를 모르겠나이다!"라고 기도했다.

나는 매일 밤 이것을 되풀이했다. 매일 밤 무릎을 꿇었다. 그러나 아무 일도 일어나지 않았다. 나는 죄사함과 하나님께 다가감을 느끼지 못했다. 나는 다른 사람들이 어느 정도까지 그렇게 신실하게 느꼈는지를 알지 못했다. 아이들의 부흥 전도회 마지막 날 저녁 내내 나는 이런 식이었다. 나는 구원받지 못한 채 남아있는 유일한 아이였으므로 목사님은 나를 바라보셨다. 그는 나를 보고 말씀하셨다. "필요하다면 3일밤을 더 부흥회를 계속하겠다." 단지 나를 구하시기 위해 … 나는 존경받는 윌리암스 목사님이 내 안에 있는 특별하고 강렬한 무엇, 그리고 구원과 영적 감흥을 향한 심오하고 열정적인 투쟁을 알고 있다고 생각하고 싶었다. 그 전도회의 남은 3일밤 중 마지막 날 나는 다시 한번 회개자석에 무릎을 꿇었다. 그리고 내 자신에게 말했다. "만약 오늘 밤 아무 일도 일어나지 않는다면, 나는 다시는 돌아오지 않을 것이다."

그날 밤 아무도 전도회에 나오지 않았다. 항상 거기에 있는 그 노인들 외에는 아무도 없었다. "내가 지금 무엇을 간구하고 있습니까?"라고 하나님께 간청하며, 나는 열심히 기도했다. 내가 당신께 무엇을 원하고 있습니까? 나를 도와주십시오! 만약 아무 일도 일어나지 않는다면, 여기에 더 이상 올 수 없습니다." 그런데 그것이 일어났다. 마음의 평화, 내 일생을 갈망해왔던 그 평화 …….

내가 살아있는 동안, 그날 밤 그 작은 교회에서 내가 받은 위대한 응답을 결코 다시는 경험할 수 없으리라는 것을 나는 알고 있다. 내 마음속에는 사랑이 넘쳤으며 하나님을 알았다. 나는 언제나 나를 담대하게 하시며 힘을 주시는 한 친구인 협력자가 있다. 내가 언제 일어났으며 무슨 일이 일어났는지를 정확히 모른다. 심지어 내가 무엇을 말했는지조차 모른다. 그날 밤 거기에 있었던 사람들은 모두 깜짝 놀랐다. 나중에 그들은 내가 빛났으며 꼼짝 않고 서 있었다고 말했다. 내 얼굴에서 나온 빛이 온 교회를 밝게 했다고 말했다. 나는 빛과 사랑으로 충만함을 느꼈다.

존경받는 윌리암스 목사님은 그의 내부에 사람들을 자극하는 놀랄만한 힘을 가지고 계셨다. 위대한 배우, 정치가와 대중스타들도 똑같은 힘을 갖고 있지만 위대한 목사들이 유달리 그러한 힘을 갖고 있다.

그는 그의 눈과, 목소리, 그리고 그의 가슴으로 당신을 편안하고 침착하게, 그리고 영혼 깊숙이 당신을 자극할 수 있다. 얼마 후 교회가 조용해졌다. 어떤 것도 나를 괴롭게 하지 않았다. 나는 더 이상 내가 혼자가 아니며, 내가 무엇을 하든지 어떤 곳에서도 혼자가 아니라는 걸 알았다.

나는 일요일마다 예배드리기 시작했다. 내게는 어떤 교파의 교회든지 언제나 하나님의 집이었다. 나는 카톨릭교인이었지만, 개신교교회, 유대인교회, 또는 힌두사원에 간다 할지라도 하나님께서 싫어하실 거라고 생각지는 않는다. 더 이상의 은혜와 평강은 없다. 나는 예전 상태로 남아 있었다. 모두다 웃으며 말했다. "그것은 당신이 가진 신앙의 겨울이다. 여름이 오면 그것은 사라질 것이다." 나는 그들을 향해 웃었다. 나는 그것에 대해 대답할 필요가 없었다. 그것이 신앙의 겨울이 아니며 사랑받고 보호받는 나의 느낌은 결코 나를 떠나지 않으리란 걸 나는 알았기 때문이다.

99

참고문헌 및 각주 - 에델 워터스의 자전적 고백들은, 아래 문헌에서 인용, 발췌한 것이다.
1) 에델 워터스. *His Eye is on the sparrow*, (Garden city, N.Y.: Doubleday & Co., 1951), 50-52.
에델 워터스. *His Eye is on the sparrow*, Garden city, N.Y.: Doubleday & Co., 1951,

성경의 권위를 드러낸 설교자

마틴 로이드존스

58

Martyn Lloyd-Jones

1899~1981

"내가 너희 중에서 예수 그리스도와 그의 십자가에 못 박히신 것 외에는 아무것도 알지 아니하기로 작정하였음이라"

- 그의 비석의 비문에서 -

어린 시절의 경험

마틴 로이드 존스(Martyn Lloyd-Jones)는 1899년 12월 20일 영국 남웨일즈 지방 카르디프(Cardiff) 주의 도날드(Donald)에서 부친 헨리 로이드 존스(Henry Lloyd-Jones)와 모친 막달렌(Magdalene) 사이에 둘째 아들로 태어났다.[1] 아버지 헨리 로이드 존스는 낙천적이면서 도덕적이고 강직하면서도 인격적이었고 영예심이 강했다, 어머니는 활동적이면서 친절한 분이었다. 로이드 존스는 부친과 모친을 매우 존경하는 가운데 경건하고 안정적인 가정에서 어린 소년시절을 유복하게 지냈다. 그 시절에 가장 즐거웠던 것은 그의 부친을 따라 마차를 타고 여행하는 것이었다. 마틴이 자신의 부친을 가리켜 "이제까지 만난 사람 가운데 가장 인간적인 분"이라고 할 정도로 무척 사랑하고 존경했다. 그의 가족은 처음에는 회중교회에 애착을 갖고 출석하다가 1906년 봄에 랑게이토(Llangeitho) 마을로 이사하면서 칼빈파 감리교회에 출석했다.[2] 이 웨일즈 칼빈파 감리교회는 호웰 해리스(Howell Harris)의 추종자들이 영국 국교회를 떠나서 하나의 교파를 형성하고 있었으며, 예배의 특징은 옛 곡조와 발라드에 맞춰서 찬송시로 노래를 부르는 찬송에 있었다.

1910년 1월 19일 수요일 아버지가 운영하는 식료품 상점에 불이 났다. 그 화재로 인해 구사일생으로 살아난 다틴 가족은 그 상처가 표면상으로 드러난 이상으로 심각했다. 그래서 그의 아버지는 물질적으로도 매우 어려움을 겪게 되었다. 할아버지가 가끔 아버지의 경제적 고통을 말해서 마틴도 익히 알고 있었다.

그리하여 1914년 1월에 랑케이토를 떠나야 했다. 가족들과 아버지는 런던에서 어려운 생활을 이어가게 되었다. 아버지가 우유배달업을 시작했다. 그를 돕던 외삼촌이 군에 입대하여 마틴이 대신 우유배달을 하게 되었다. 그래서 1914년 10월에 웨스트민스터의 레젠시 거리에 온 가족이 모여 살게 되었다. 로이드 존스는 정치에 대하여 예민한 반응을 보였고 역사와 영어에 관심도 많았다. 그러나 그에게 모든 관심은 과학과 일생을 보내게 될 의학과 관계된 과목들에 집중했다. 그 상황에서 그의 생애의 전환점이 왔다. 그의 기사가 웨일즈 신문에 실린 것이다. 그 내용은 "1916년에 치룬 여름 시험의 결과는 '랑케이토 소년 데이비드 마틴 로이드 존스, 런던대학교 고등부 시험에 6개 과목 통과,

그중 5개 과목은 최고 득점' 이다"라는 기사였다. 그런 결과로 로이드 존스는 성 바돌로매 병원에 가서 의학수업을 받게 되었다.[3)]

그는 그곳에서 의사이며 왕실 주치의였던 우명한 토마스 호더(Thomas Hoder) 경을 만나게 된다

로이드 존스는 호더와 같이 일을 하면서 "정확하게 사고하고 자기가 생각하고 있는 것을 정확하게 표현하는 몇 가지의 주요한 요점을 마스터 하는 것"을 그의 밑에 있는 동안 철저하게 훈련 받게 되었다. 호더가 그에게 영향을 끼친 가장 중요한 점은 '생각하고 가르치는 방식'이었다.

호더 경은 소크라테스적인 교육 전통으로 주도면밀한 질문을 던짐으로서 학생들을 교육시킨 특별한 가르침 속에서 큰 영향을 받게 되었다. 마틴 로이드 존스는 호더 경과 같은 훌륭한 내과의사가 되는 것이 꿈이었고 선망의 대상이었다. 로이드 존스는 1921년 의학공부의 첫 관문을 통과했고, 학위는 6월에 받았으며, 10월에는 의학박사를 받게 되었다.[4)] 그리고 23세의 나이로 호더의 수석 진료 조수가 되었다. 그는 토마스 호더 밑에서 훈련 받은 것에 대해 이렇게 고백했다.

"

> "내가 호더 경 밑에서 맡았던 엄한 의학적 수련은 하나님께서 후일에 나의 설교와 전도사역을 위해 미리 예비 하신 것이었다."[5)]

"

삶의 궤도를 바꾼 회심

그리스도인이 되는 기본적인 소명은 설교자가 되는 특수한 소명에 앞서 필수적인 것이다. "명백히 설교자는 다른 모든 신자들과 마찬가지로 신자이어야 한다. 이것은 근본적이고도 필수적인 문제이다."[6)] 이것은 토론할 여지가 없는 문제이다. 따라서 로이드 존스의 회심을 설

교자로서의 부름에 앞서 생각해 본다.

로이드 존스는 회심되기 전에도 웨일즈 장로교회에 정규적으로 꼬박꼬박 출석했다. 18세 때 일 년 동안 주일학교 부장으로 봉사했다. 그때는 이미 입교문답을 했고 정식 교회 회원이 되었다. 누구든지 그를 그리스도인으로 받아들였다. 그러나 20대 초반에 이르러서야 그는 모든 것을 새롭게 보게 되었다. "수년 동안 나는 실제는 그리스도인이 아니면서 그리스도인이라고 생각하고 있었다" 고 그는 훗날에 이런 사실을 고백했다. 그의 경우는 회심이 점진적이었다. 그가 기독교 신앙으로 인도되는 데는 여러 가지 거역할 수 없는 영향들이 있었다. 그 중의 하나는 이 세상의 불확실성과 무상성이었다.[7)]

그는 열 살 때에 자기의 집이 불타서 사그라져 내리는 것을 보았다. 그때가 그의 세 번째 집이었다. 그 다음에 살게 된 새로운 집에서도 안정을 얻지 못했다. 이 세상 자체가 영구한 도성을 제공하지 않는다는 것을 점차 의식하게 되었다. 아주 친했던 형 헤럴드의 갑작스런 죽음 후에, 주변 사람들의 죽어가는 모습을 보면서 인생의 불확실함과 인간의 무상함을 뼈저리게 느끼게 되었다. 이런 상황에서 에드먼드 버어크(Edmund Burke)가 말한 "우리는 그림자에 불과하며 우리가 추구하는 것도 그림자에 불과 하구나" 라는 것을 깊게 생각했다. 4년 후 무척 사랑했던 아버지의 죽음이 다시 한번 인생의 격랑을 겪게 하므로 동일한 진리를 인식시켜 주었다.[8)]

하나님의 섭리 속에 이것은 그에게 큰 인상을 심어 주었다. 이 진리는 그에게 경험적인 지식이 되었고 결코 잊어버릴 수가 없었다.

로이드 존스는 런던으로 이사 온 이후 의사시절에 교회에 다니던 때를 이렇게 회상한다.

❝

"내가 다니던 채링 크로스교회(Charing Cross Chapel)의 목사였던 그리피스(Peter Hughes Grifith)는 자기의 설교를 듣는 사람들을 그리스도인들로 전제하고 설교하는 성향을 갖고 있었다. 그래서 결과적으로 그의 설교는 이성이나 양심에 거의 호소력이 없었다. 그는 성경과 신학을 설교하기보다는 예화와 일화를 많이 들려주었다. 그는 설교를 통해서 그저 감정을 자극하기만 했다."[9)]

이러한 설교를 듣던 로이드는 "내가 필요로 하는 것은 나로 하여금 죄를 깨닫게 하고 나로 하여금 진정한 필요가 무엇인지를 알게 하는 그러한 설교였다. 또한 회개하게 하고 나에게 중생이 무엇인지를 알게 하는 설교였다. 그러나 나는 그런한 설교를 들어본 적이 없었다. 우리가 언제나 듣는 설교는 우리가 모두 다 그리스도인이라는 가정 하에서 작성된 설교였다. 우리가 그리스도인이 아니면 거기 회중석에 앉아 있을리 없다는 전제에서 행해지는 설교 말이다." 그래서 항상 갈급한 생각을 했다.[10)]

"여러 해 동안 모든 교단을 통틀어서 웨일즈에서 가장 잘 한다고 알려진 설교들의 설교를 들었지만, 그들 중에 한 사람의 설교도 내 양심을 감동시키지도 건드리지 못했다. 인기있는 설교자들 대부분은 어떤 사람도 회개케 하려는 것을 목적으로 하지 않았다. 그저 숙련되고 수사적인 방식으로 주제를 논의하고 '좋은 시간' 을 보내면 그것만으로 만족했다" 고 증언하고 있다.[11)]

❞

1923년 초기에 로이드 존스는 두드러지게 복음적인 것은 아니었지만 자기의 이해에 무언가 보탬이 되는 설교들을 듣기 시작했다. 당시 채링 크리스교회에서 웨스트민스터교회로 옮겼었는데, 그 교회에 존 휴튼 (John Hutton) 이라는 목사가 있었다. 그의 설교가 어찌나 회중들을 사로잡는지 로이드 존스는 후에 이 설교자에 대해 이렇게 회상했다.

> "이 사람의 설교는 정말 내게 큰 호소력을 가진 것이었다. 나는 그가 그 교회를 목회하는 동안 설교를 듣기 위하여 매주일 아침에 꼭 참석하게 되었다." 휴튼의 설교가 사상이나 효과적인 면에서 한 결같은 균형잡힌 것은 아니었다. 강해적인 설교자도 아니었다. 그러나 그는 로이드 존스의 사고에 뭔가를 더하여 주었다. "그의 설교는 사람의 삶을 변화시키는 하나님의 능력에 대하여 깊은 감동을 주었다"고 회상한다.

휴튼의 설교를 계속 들으면서 의사 로이드 존스는 하나님이 계획하시고 의도하신다는 것을 알게 되었다. 그는 이제 하나님이 행동하시고 간섭하신다는 것을 느꼈으며 눈치채고 있었던 것이다.[12)]

1923년 이후 그는 존 휴톤 박사의 설교 뿐만 아니라, 캠벨 몰간 목사와 윌리엄스 박사의 설교를 듣고 크게 감명을 받았으며 인간의 삶을 변화시키는 것이 하나님의 능력이라는 확신을 가지게 된다.[13)]

로이드 존스는 특별히 의사로 일하면서 인간의 문제가 신체나 지식에 있지 않고 도덕적이며 영적인 데 있다는 것을 깨달았다. 이와 동시에 그는 자신의 영적 빈곤을 느끼기 시작했다. 그리고 그는 "나의 문제는 내가 그릇된 일을 한다는데 있지 않고 내 자신, 즉 존재의 중심부터 잘못되어 있다는 데 있다"고 고백했다. 그는 런던의 빈민가에서 의료 활동을 하고 이즐링턴(Islington)의 불결한 지역에서 수련을 하던 중에 그의 생각에 극적인 영향을 주는 일들을 경험했다. 내과 진료를 통해 술취함과 성적 부도덕의 참혹한 결과를 본 그는 런던에 거주하는 가난한 자들의 상태가 매우 심각하다는 것을 깨달았고 상류층 인사 가운데

도 상당수가 인식하지 못한 채 술과 성생활의 방종으로 망가졌다는 것을 알았다.[14]

의사생활 가운데 그가 관찰한 세상에 대한 분석은 자기 자신의 죄악성에 대해 느끼는 심각성의 정도를 강해지게 하는 데 기여했다. 그는 죄라는 것은 일반적으로 부도덕한 죄행들을 인정하는 것보다 훨씬 깊은 것임을 인식하기 시작했다. 사람의 욕심 자체가 무언가 잘못이 있음을 간파하기 시작했다. 사도 바울은 그것을 '마음의 욕심' 이라고 불렀는데, 곧 교만과 질투와 시기, 악의와 분노와 원통함 등, 그 모든 것들이 바로 죄라고 하는 질병의 모든 부분이라는 것을 알게 되었다.

이러한 진단은 더 나아가서 성경과 그의 체험을 통해 자기는 실제로 하나님께 대하여 죽었고, 하나님을 반대하는 자였음을 알았다. 그는 자기만을 생각하는 이기심의 지배적인 원리를 발견했다. 자기 마음에만 관심을 갖고, 자기의 이익만을 생각하는 그러한 원리가 자기의 타락한 본성의 궁극적인 증거임을 알게 되었다. 그리고 그것이 하나님과 바르지 못한 관계에서 나오는 열매임도 알게 되었다.

"

"'죄' 란 마음과 영혼과 네 모든 생각과 성품과 힘을 다하여 네 하나님을 사랑하라는 계명을 지키는 자세와 삶에 대하여 정반대의 자리에 서는 것입니다.

만일 여러분이 그 계명을 지키고 있지 못한다면 여러분은 바로 죄인입니다. 여러분이 아무리 훌륭해 보인다 할지라도 그것은 하등의 문제가 되지 않습니다. 만일 여러분이 하나님의 영광만을 위하여 살고 있지 아니하다면, 여러분은 죄인입니다." 그는 이 진리에 대해 자신의 간증을 하게 되었다.[15]

그리고 이렇게 고백했다. "나는 하나님의 은혜 때문에만 그리스도인입니다. 내가 생각하는 것이나 내가 행한 것이나 말한 것 때문에 그리스도인이 된 것이 아닙니다.[16] 하나님은 나로 하여금 내가 죄인임을 알게 하셨습니다. 내가 죄와 허물로 죽은 사람임을 알게 하셨습니다. 내가 세상의 노예이며, 마귀의 노예이며, 육신의 노예였음을 하나님이 알게 하셨습니다. 내 안에 선한 것이 거하지 아니함을 알게 하셨습니다. 그리고 나는 하나님의 진노 아래 있으며 영원한 형벌을 향하여 나아가고 있음을 하나님이 깨닫게 하셨음을 알게 하셨습니다. 하나님은 존재의 근원으로부터 잘못되어진 나를 내 모든 문제와 모든 아픔의 진정한 원인은 하나님을 미워하고 죄를 사랑하는 악하고 타락한 본성임을 알게 하셨습니다."[17]

로이드 존스는, 회심은 십자가에 못 박혀 죽으시고 부활하여 하나님 우편에 오르신 그리스도, 모든 사람을 향해 언제나 "내게로 오라"고 부르시는 그리스도, 이 그리스도께 개인적으로 응답하는 것이라고 강조한다. 그리스도께 나아오는 데는 회개(죄를 버리고 그리스도를 자신의 주님으로 모심)와 믿음(죄와 무능력을 인정하고 그리스도를 자신의 구주로 모심)이 포함된다. 설교자들은 청중에게 "끊임없이 그리스도를 지적해 주어야 하며, 그리스도께 오는 자들이 얻게 될 평화와 기쁨, 마음의 변화, 삶의 새 자원을 찬양해야 한다"고 말한다.[18]

99

1925년에 이르러서 로이드 존스의 설교 주제는 '현대 웨일즈의 비극'으로서 그의 출신 지방에 영적인 대각성이 필요함을 역설했다. 그는 바돌로매 병원의 동료들에게 병원을 떠나는 문제에 대해서는 아무 말도 하지 않았지만 이런 사건을 통하여 동료들은 이미 짐작을 하고 있었다. 그러나 1926년에 그의 혼란은 끝이 나고 말았다. 그의 말처럼, "그를 사로잡아서 그리고 불러내어서 그 일을 위하여 그를 구별한 것은 전능하신 하나님의 손이었다."[19]

샌드필즈에서의 목회 시작

로이드 존스가 목회를 시작한 곳은 아베라본 샌드필즈(Sandfields)의 가난한 지역이었다. 당시는 경제 공황기였고 샌드필즈의 많은 가난한 사람들은 경제적으로 뿐만 아니라 영적으로도 실직상태에 있었었다. 샌드필즈 주민 약 90%는 당시 아무런 예배 처소에도 참석을 하지 않고 있었다. 그가 목회를 시작했던 1920년대 중반의 웨일즈 지역 목회자들 사이의 신학적인 기류는 더 이상 역사적인 칼빈주의가 아니라 옛 낙천주의적 자유주의였다. 그리하여 로이드 존스는 때를 잘못 타고 태어난 사람으로 불리어야만 했다.[20)]

그러나 그가 부임한 즉시 웨일즈의 그 장로교회는 끊임없는 회심을 통해서 성장해갔다. 동네에 악명 높은 사람들이 영광스러운 그리스도인이 되었고 교회에 다니기만 하던 사람들이 하나님의 자녀가 되었는데, 그 가운데는 그의 아내도 포함되었다.

로이드 존스에게 1926년은 중요한 해였다. 그가 십 년 가까이 사모하던 베단 필립스(Bethan Phillips) 박사가 그의 사랑을 받아 들였기 때문이다. 그리하여 그들의 결혼식은 1927년 1월 둘째 주 토요일 오후 2시 15분에 채링 크로스교회에서 열렸다. 그의 결혼에 대해서 〈사우스 웨일즈 뉴스지〉는 "마틴 로이드 존스 박사는 할레이 가에서의 의사생활을 포기함으로서 최근 큰 화제를 일으키고 있다. 그는 아베라본의 베들레헴교회의 목사가 되기로 수락했다. 그의 신부인 베단 필립스(Bethan Phillips) 박사도 역시 아베라본에서 남편의 목사 사역을 돕기 위해 대학병원의 의사생활을 포기했다"라고 보도했다. 20대의 청교도 목사가 탄생했고, 그의 첫 목회지는 하나님의 소낙비 같은 축복을 받게 되었다.[21)]

일평생을 이끌어간 청교도 사상

그에게 가장 많은 영향을 준 사상은 청교도 사상이었다. 그는 1917년 웨스트민스터 청교도 연구회에서 행한 '청교도주의와 그 기원' 이라는 연설에서 다음과 같이 말했다.

❝

"저는 웨일즈 칼빈주의 메도디스트교회에서 자라났고 그들의 역사에 흥미를 가지게 되었습니다. 그러면서 그 운동의 지도자들이 청교도라고 불리는 사람들의 책을 인쇄하여 발행했고 때로는 그들이 한 설교를 뽑아 도용한다는 비난을 받기도 했습니다. 그것은 저로 하여금 일반적인 관심을 갖게 했습니다. 그러나 진정한 관심은 1925년 우연히 리처드 백스터의 최신판 전기를 읽는데서 비롯되었습니다. 저는 그 당시 〈브리티시 위클리〉(British Weekly)지에서 그 책의 서평을 읽게 되었습니다. 그래서 매력을 느끼고 그 책을 사서 보았습니다. 그때부터 청교도와 그들의 저작에 대한 진정한 관심과 생생한 호기심에 사로잡히게 되었습니다. 이제까지 사역 전체가 이것에 의해 좌우되어 왔다고 솔직히 고백하는 바입니다."[22)]

❞

그 이후 1926년에 채링 크로스 문학토론 모임에서 '청교도 정신' 이란 특강을 하게 되었다.[23)]

❝

"청교도는 결코 강한 사람이 아닙니다. 청교도는 지극히 약한 사람이지만 자신이 약하다는 것을 깨닫는 가운데 강함을 체득하는 것입니다. 모든 사람은 약합니다. 남자도 여자도 모두, 그러나 죄인들은 자기들이 약하다는 것에 동의하지 않습니다. 반면에 그리스도인들은 그렇지 않습니다. 반드시 깨달아야 할 것은 기독교가 개념 속에서만 존재하는 것이 아니라 활발한 능력 속에서 존재한다는 것입니다. 그리고 기독교는 인간을 개량시키는 정도가 아니라 완전하게 변화시키는 것입니다. 그리스도인이 되려면 성령의 세례와 개인의 체험이 있어야 합니다. 하나님의 임재가 하나의 신비로운 이론일지 모르지만 청교도에게는 지극히 평범한 일인 것입니다."[24]

99

그런 점에서 로이드 존스는 청교도들을 영혼의 구령에 대한 열정을 품은 사람으로 이해했다. 그가 청교도에 대해 얼마나 관심이 많았었는지 그의 관심에서 잘 나타난다. 그는 결혼선물로 칼빈전집과 오웬(John Owen)의 저작전집을 요구했다. 이렇게 그가 청교도 신앙에 깊이 매료되었던 것이다.

로이드 존스에게 가장 큰 영향을 끼친 사람은 벤저민 워필드, 죠지 휫필드, 조나단 에드워드였다. 로이드 존스는 1921년 작고한 미국 프린스턴대학의 신학교수 워필드를 "의심 할 여지없이 지난 70년 동안 영어세계에서 가장 뛰어난 신학자"라고 평가했다.[25] 워필드는 그에게 교리적인 교육의 필요성에 대한 새로운 통찰력을 주었다. 로이드 존스는 워필드의 정확한 주해와 뜨거운 영성, 그리고 그의 개혁 신학에 매력을 느꼈다.

청교도들의 저작들은 그의 독서의 최대의 관심이었고 신앙의 좌우명이 되었던 것이다. 제임스 패커는 로이드 존스의 책 『부흥』의 서문에서 휫필드와 에드워드에 대한 깊은 연구가 있음을 언급했다. 로이드 존스는 휫필드의 설교가 자신의 설교의 모델이 되었으며 언제나 자신에게 용기를 주었다고 고백한다. 그는 휫필드를 통해서 힘을 얻고 겸손해지며 용기를 얻게 되었다고 고백하면서 설교자들에게 휫필드를 읽을 것을 강하게 권면했다.

"

"내가 용기가 없거나 과로하여 지쳐있을 때 나는 예외 없이 18세기로 갑니다. 죠지 휫필드가 나의 용기를 일깨우지 않은 적이 없습니다. 18세기로 사십시오. 다시 말하면, 18세기에 있었던 성령운동과 그 커다란 부흥의 조류를 읽으라는 말입니다. 그 일은 설교에 있어서 말할 수 없이 중요합니다." 우리가 이 사람에 대한 기억을 되살려 보아야 하는 것이 옳은 이유가 여기에 있습니다. 그의 설교에 온 회중이 전율했습니다. 그는 다른 교회에서도 설교했고 그때 역시 수많은 사람들이 모였습니다. 교회들마다 불을 켜놓아야 했습니다. 그 건물 내에서 설교를 들을 수 있는 곳이라면 어느 곳이나 말입니다. 이것은 정말 놀라운 일입니다.[26)]

"

또한 그는 조나단 에드워드에게서 많은 영향을 받았음을 고백한다.

"

"나는 내 경험상으로 볼 때, 내 목회 초년기에 조나단 에드워드의 설교를 읽음으로부터 얻었던 도움이 측량할 수 없을 만큼 크다는 것을 고백합니다. 그의 설교뿐 아니라, 18세기에 미국에서 일어난 대 부흥을 일으켰던 그의 사적이 그렇습니다. 그의 위대한 저서 『신앙과 정서』는 나에게 큰 용기를 주었습니다. 그 모든 것이 그렇게 가치가 있었던 것은 에드워드가 영혼의 상태와 조건을 해결하는데 전문가였기 때문입니다.[27)] 로이드 존스는 에드워드를 청교도주의의 꽃이라고 했고, 그를 에베레스트산에 비유했습니다. 그는 만약 자신에게 권위만 주어진다면 에드워드의 전집을 목사들의 필독서로 하고 싶다고 했으며, 자신의 사역의 모델로서의 에드워드를 극찬했습니다."

"

"

에드워드는 기독교 진리에 대해서 강의 하지 않았습니다. 그는 또한 본문의 주석만하는 사람이 아닙니다. 그것 역시 설교가 아닙니다. 그는 본문에서 출발했습니다. 또한 언제나 성경적이었습니다. 그는 사람에게 설교하고 있는 것이지 논문을 발표하거나 자기 생각을 회중 앞에서 표현하고 있는 것이 아니었습니다. 그는 언제나 듣는 사람에게 진리를 심어주고 그 진리를 적용하는데 관심이 있었습니다. 그러나 무엇보다도 그는 설교란 '뜨겁고 진지해야' 한다고 생각했습니다.[28)]

"그에게는 모든 빛나는 재능들과 함께 겸손과 온유 그리고 탁월한 영성이 있었습니다. 그는 체험적인 신앙에 대해서 누구보다 잘 알고 있었습니다. 그는 마음을 크게 강조했습니다. 다른 말로 해서 두드러진 사실은 완벽성과 균형입니다. 그는 유능한 신학자였고 동시에 위대한 복음 전도자였습니다."[29)]

"

그는 이외에도 청교도 신앙의 정신을 이어야 한다고 주장하면서 번연, 백스터, 굿윈, 오웬 등 17, 18세기 청교도들과 설교자들을 존경하며 수용했다.

성경통독과 독서생활

먼저 그에게 가장 영향력 있는 책은 성경이었다. 성경은 그의 생명의 떡이요, 그의 영혼의 만나로서 그를 형성하고 그의 삶의 지침서가 되었다. 로이드 존스는 로버트 머레이 맥체인의 '성경읽기 달력'을 따라 규칙적으로 그리고 조직적으로 성경을 읽었다.[30)]

신약성경을 110번 정도를 읽었고 구약은 55번 이상 읽었다고 하는데 특별히 바울에 관한 설교를 하면 막히지도 않고 15절 정도를 줄줄 말했다고 한다. 놀라운 사실은 그는 눈을 감기 바로 전 날에도 말씀을 읽었는데, 그 성경읽기 달력에 따라 고린도 전서 15장을 읽었다고 한다. 그 내용을 생각해 볼 때, 마치 그것은 주님께서 그의 부활을 가르쳐 주시는 것 같았을 것이다.[31]

로이드 존스의 다음의 말은 오늘날 우리의 약점을 잘 지적해 준다.

> "설교자들이 빠질 수 있는 가장 어리석은 습관 중에 하나는 설교 본문을 찾기 위한 목적으로만 성경을 읽는다는 것입니다. 이것은 정말 위험합니다. 그것은 힘이 닿는 데까지 막아야 하고 물리쳐야 하는 일입니다. 설교 본문을 찾으려고 성경을 읽지 마십시오. 성경이 하나님으로부터 여러분의 영혼에 제공하신 양식이기 때문에, 성경이 하나님을 알 수 있는 방편이기 때문에 그것을 읽으십시오. 성경이 생명의 떡이요, 여러분의 영혼의 양식과 영혼의 잘됨을 위해 공급된 만나이기 때문에 성경을 읽어야 합니다."[32]

로이드 존스는 정규적인 신학교육을 받지 않았지만 그의 사역 기간 중 오전 시간을 독서와 성경연구에 바쳤다. 심지어 그는 여름휴가 때에도 오전에는 주요한 신학저작을 읽었다고 한다.

로이드 존스는 문고본을 좋아하지 않았다. 책은 한평생을 같이할 친구인데 문고본은 분실되기 쉽다는 이유 때문이었다. 그는 요약된 글이나 백과사전을 좋아하지 않았다. 그것들은 생각하는 것보다 틀에 박힌 해답만을 준다고 생각했다. 로이드 존스는 책을 속독하지 않고 천천히 소화시키며 읽었고 폭넓은 범위의 독서를 했다.

특별히 로이드 존스가 관심을 가지고 있었던 것은 경건한 서적들이었다. 그것은 주로 청교도에 관한 책이었다.

특히 쉽스의 『상한 갈대』와 『영혼의 투쟁』은 그에게 많은 위로와 영향을 주었다. 로이드 존스의 책 『영적 침체』는 리처드 쉽스의 영향을 그대로 받았다. 그는 워필드 박사의 저서에서 교리적인 뿌리를 배웠고 메이첸에 대해 정통했다. 로이드 존스는 교회사와 전기를 존경하며 대했고 독서를 권했다.

> "교회사는 학생에게보다 설교자에게 더 큰 가치를 발휘합니다. 똑같은 방면에서 설교자는 하나님의 사람들의 전기를 읽는 것을 계속해야 합니다. 휫필드, 웨슬리 같은 인물들 말입니다. 읽기를 계속하십시오. 이런 방면의 책을 더 많이 읽으면 읽을수록 더욱 더 훌륭한 것을 갖추게 됩니다."[33)]

로이드 존스가 전기를 읽는 이유 중에 한 가지는 자신이 교만함을 죽이기 위한 것이었다. 특히 주일 저녁에는 아놀드 달리모어의 '휫필드 전기' 등, 위대한 성자들의 전기를 읽으면서 설교시간과 하루 일과에서 생긴 교만을 겸손으로 바꾸곤 했다.

철저하게 성경의 권위에 의존한 메시지

로이드 존스의 설교는 회중들이 익숙해 있는 설교와는 상당한 차이가 있었다. 그는 전도설교에 관한 설교를 한주에 한편씩 하는 것이 습관이고, 양육을 위한 설교는 주일 낮에, 교리 설교는 금요일 저녁에 했다. 그의 설교는 "철두철미하게 성경에 의존했고 성경이 정확무오한 진리의 유일한 원천이며, 종교체험의 마지막 선을 그어주는 재판장"[34)] 이었다. 그때 당시에는 성경의 축자영감이 공공연히 부정되고 고등비평이 보편적으로 인정되던 그런 시대에 진리로 정면 돌파했다.

그의 탁월한 설교는 두려움 없는 순전한 본질에서 기인한 것이었다. 당시 웨일즈의 많은 설교자들의 설교가 감정적이었지만, 로이드 존스의 설교는 감정적인 것이 아니었다. 또한 그의 설교는 지성적이거나 거만한 정신이 배어 있지도 않았고, 일차적으로 교회의 크기를 부풀리려는 의도도 없었다. 그의 설교는 능력 있고 성경적이며 타협하지 않는 복음주의적인 것이었다.[35)]

그는 복음의 진수를 다음과 같이 지적한다.

> "복음 안에서 우리에게 제시된 구원은 사람의 노력과 열심의 결과나 인간적인 땅에 속한 산물이 아니라, 본질적으로 신적이며 초자연적인 것입니다."[36)]

이 시기의 그의 설교에 자주 등장했던 또 다른 주제는 믿음의 싸움이다. "그리스도께서는 자신을 따르는 모든 참된 제자들에게 그 싸움에 돌입하라고 요청하십니다." 웨스트민스터 채플에서 행한 그의 설교들 속에서도 이점은 거듭해서 강조된다. 특히 그것은 에베소서 연속 강해 속에서 더욱 강조되고 있다.[37)]

그를 통해 놀라운 회심들이 일어남

먼 옛날 그 시절의 그곳에서 정말 놀라운 회심이 일어났다는 것이다. 이를 보여 주는 구체적인 증거가 1927~1938년 사이에 베단 사모의 기록에 나와 있다.

그녀는 특별히 조지 설리번(Georgie Sullivan)이라는 열다섯 살짜리 소년의 영광스런 회심에 대하여 언급한다. 그 소년이 일종의 급성 폐결핵에 걸려 갑작스럽게 심각한 상태에 이르렀을 때, '박사' 는 그 소년이 자기를 진정으로 간절히 보고 싶어 한다는 메시지를 받았다. 그래서 그는 그날 밤의 교회 모임을 다른 사람에게 맡기고 그곳으로 달려갔다.

“

“그는 가서 침대에 누워 있는 소년을 보았다. 그 소년의 얼굴은 고열로 달아올라 있었지만 눈은 빛나고 있었다.

소년은 숨쉬기가 매우 힘든 와중에도 이렇게 말했다. ‘박사님, 그것이 대체 무엇인지를 제게 말씀 좀 해 주세요. 저는 앉아서 박사님의 설교를 듣고 그것이 옳다는 것을 알았어요. 그러나 이해하지는 못하겠어요. 제가 무엇을 해야 하는지를 모르겠거든요.”

로이드 존스는 그 소년에게 구원의 길을 단순하면서도 분명하게 말해 주었다.

“그래, 너는 하나님을 불쾌하게 해 드린 일들에 대한 모든 것에 대하여 송구한 마음을 가지고 있느냐? 너는 하나님께 그렇게 말씀드려야 하며, 너를 용서해 주시기를 구해야 한다. 그러면, 주 예수 그리스도께서 십자가에서 네가 행한 그 잘못에 대한 벌책을 다 지불하셨으니, 하나님께서 용서해 주실 것이다. 그리하여 네가 행한 모든 잘못에 대한 책임이 영원히 지워져 버린단다. 그러면 너는 하나님 앞에 견고히 설 수 있고, 네가 용서받고 하나님께 영접함을 받아 영광 중에 함께 거하게 될 것을 알 수 있을 것이다.”

조지는 놀라면서 이렇게 말했다.

“박사님, 그것이 복음 전체입니까? 그 순간에 조지의 눈이 열렸다. 그는 그날 밤, 참된 평강과 기쁨이 충만한 마음으로 죽었다. 열다섯 살이든지 그보다 아니 적든지, 여든 살이든지 더 많이 살았든지, 그 나이가 얼마이든 간에 나이는 장애물이 아니다.”

”

통제할 수 없는 혈기를 부리면서 짐승같이 살았던 마크 맥칸(Mark McCann)의 회심, 스태포드쉬 빌(Staffordshire Bill, 본명은 William Thomas)의 회심 등도 그에 못지않게 놀라운 것이었다. 스태포드쉬 빌은 전에 하나님을 망령되이 일컫는 술주정뱅이였다. 그러나 하나님께 돌아온 이후에 자신을 자제하는 점잖은 사람이 되었고, 승리에 찬 그의 죽음은 평온하기만 했다. 이와 같은 감동적인 회심의 사건들이 50년 동안 계속해서 일어났던 것이다.[38]

아베라본의 성자를 초청

로이드 존스 목사는 미국 장로교의 전도부장인 윌리엄 클라인(William Klein)박사로부터 1937년 5월 25-26일에 전도집회에 초청을 받았다. 미국 장로교 내의 복음주의자들이 자유주의자들과의 논쟁에서 패배한 중대한 국면들이 그를 초청에 응하게 했던 것 같다. 그래서 필라델피아에서 설교할 수 있었다. 그 집회의 청중 가운데 캠벨 몰간(Cambell Morgan)도 끼어 있었다. 몰간은 설교에 큰 감명을 받고 로이드 존스를 그의 교회 동역자로 초빙해야겠다고 생각했다. 그러나 그는 얼마 동안 몰간의 요청을 거절했으나 그 해가 끝나갈 무렵쯤에는 하나님께서 아베라본의 교회를 떠나시길 원하신다는 것을 느끼게 되었다. 영국국립 신문의 보도는 그 분위기를 잘 나타내고 있다.[39]

“

“로이드 존스 목사는 11년간 아베라본에서 목회를 하면서 성자의 생활을 쌓아갔다. 그는 아베라본에 거하는 수백 명의 가난한 자들에게, 그들이 성도이든지 아니든지 모든 사람들에게 따뜻한 사랑을 베풀어 주었다. 지난 11년간의 그의 선행은 수천 가지에 다다른다. 돈이 필요한 사람에게는 돈을 나누어 주고, 심지어 집세가 밀린 사람들까지도 해결해 주었다. 그래서 아베라본의 사람들은 로이드 존스 목사가 다시 자기들에게 돌아오기를 기도하고 있다. 로이드 존스 목사의 목회생활은 그가 섬기고 있는 성도들과 사랑의 띠로 하나가 되는 생활이었다.”

”

캠벨 몰간 박사가 로이드 존스에게 제시했던 것은 6개월만 자기를 도와 달라는 것이었다. 몰간과 로이드 존스는 많은 차이가 있었다. 그러나 그것이 서로를 잘 조화하도록 했다. 몰간은 로이드 존스의 설교를 칭찬했다. 그 이유는 자신이 참 설교의 본질로서 진리성, 명확성, 그리고 열정 등을 말해 왔는데, 그것을 모두 갖춘 이가 로이드 존스였기 때문이다. 로이드 존스는 몰간이 1943년 은퇴하기까지 웨스트민스터교회 협동목사로 있다가 1968년까지 단독목회로 25년 동안 사역을 했다.

1947년이 되었을 때 교회의 아침예배 출석 인원은 평균 1천 5백 명이 되었고, 저녁예배에는 2천명 이상이 참석했다. 이렇게 많은 인원이 참석한 이유는 그의 설교의 능력 때문이었다. 미국인 방문객 중 한 사람인 에릭 파이프(Eric Fife)는 그를 '금세기 최고의 설교가' 라고 극찬까지 했다. 존 스토트(John Stott)도 "그는 과학적으로 훈련된 지성을 소유한 사람만이 가지는 용감한 분석력과 웨일즈 사람 특유의 열정을 연합시켰다" 는 표현으로 그의 설교의 강력함을 표현해 주었다.[40)]

그의 강력한 설교와 지도력을 통해서 그의 영향력은 더해갔다. 일단의 젊은 목회자들과 신학자들은 청교도 및 개혁주의 대회(The Puritan and Reformed Conference)를 통해 정규적인 토의장을 창출해서 매년 12월 초에 한 차례씩 모였다. 1967년 이후에 이 모임은 웨스트민스터 대회(The Westminster Conference)로 이름을 바꾸어 모이고 있다. 로이드 존스는 그 외에도 상당한 기구들이 시작되는 데 실제적이고도 영향력 있는 역할을 감당해서 〈진리의 깃발〉(The Banner of Truth Trust)이라는 출판사와 런던 복음주의 도서관과 런던신학교가 만들어지는 데도 큰 기여를 했다. 마지막으로 그는 자신의 고향인 웨일즈를 위해서도 공헌을 했는데, 웨일즈 복음주의운동과 연합해서 목회자 모임과 그 연례 회합이 생겨나는 데도 기여했다. 로이드 존스의 웨스트민스터 강단의 영향은 전 국가적일 뿐 아니라 전 세계적이며 이 영향은 다음 세대에도 지속될 것이다. “저가 죽었으나 그 믿음으로써 오히려 말하느니라”(히 11:4). 참으로 하나님의 은혜로 그는 20세기의 가장 뛰어난 설교자 중의 한 사람이었다.[41)]

인생의 등마루에 서서

1968년 로이드 존스는 심한 병을 앓게 되었다. 그해 5월 30일 드디어 그는 그 교회 사람들에게 한통의 편지를 보냈다. 그의 편지 내용은 목회 사역에서 은퇴하는 것이었다. 그것은 사람들에게 청천벽력이었다. 그는 이것이 성령의 인도하심이라 느꼈기 때문이다.

“그것은 책을 쓰기 위해서 더 많은 시간을 보내야 한다는 그러한 확신에서 나온 결론이었던 것이다.”

그는 이 병을 더 넓은 사역지로 가라는 하나님의 표적이라고 믿었다. 어느 정도 건강을 회복한 후, 필라델피아에 있는 웨스트민스터신학교에서 강의를 했는데, 그 내용이 『목사와 설교』라는 책으로 출판된 것이다. 그의 사역은 책을 쓰는 일이 주된 일이 되었다.

그가 은퇴한 후 13년을 더 살았다. 이 기간에도 그의 삶은 그 본질에 있어서 그가 41년간 목회생활에서 추구했던 것에서 거의 벗어나지 않았다. 그는 계속 런던에서 살았고, 설교와 가르침의 사역을 계속 해나갔다. 개인적인 일이나 목회적인 일들에 대한 조언을 계속하면서 말이다.[42)]

그는 특히 로마서와 에베소서 강해를 저술하는데 심혈을 기울였다. 그는 이미 그 이전에 산상수훈 강해 등을 출판하기도 했다.

로이드 존스는 ‘목사들을 목회하는 목사’ 였다. 그는 목회자의 삶 자체에 큰 관심을 가졌다. 그는 직접 만나는 방법으로 또는 전화를 통해 그의 도움을 필요로 하는 목회자들과 상담을 했다.

1981년 2월, 그는 그의 가족들에게 자신이 이 지상에서 해야 될 일을 끝마쳤다고 말하면서, 그의 가족들에게 자기의 병에 대해 이렇게 부탁했다.

"

"낫게 해 주십사 하는 기도는 하지 말아라. 영광스런 길을 막지는 말아다오."[43)]

"

그는 1981년 3월 1일 주일에 잠든 중에 고요히 숨을 거두었다.

그의 비석에 새겨진 비문에는 1926년 11월에 아베라본에서 행한 첫 번째 설교의 본문인 그의 삶의 여정을 이끌어 온 동기가 되었던 말씀이 기록되어 있다.

"

"내가 너희 중에서 예수 그리스도와 그가 십자가에 못 박히신 것 외에는 아무것도 알지 아니 하기로 작정하였음이라"(고전 2장 2절)라는 말씀이 적혀 있다.

"

이 메시지는 로이드 존스 목사의 가슴속에 평생 자리 잡고 있었으며, 그 말씀이 살아 역사하셔서 그 사명을 감당하고 견지할 수 있었다.

청교도들은 금세기를 포함해 어느 시대의 그리스도인들과 마찬가지로 죽음을 경건한 삶의 면류관으로 보았다. 로이드 존스 박사는 종종 설교 시에 죽음에 대한 준비가 필요함을 강조했으며, 한 동료에게 자기 삶의 종말은 유종의 미를 거둘, 자기 사역의 마지막 일이 될 것이라고 말했다.[44)]

로이드 존스 박사는 일생의 대부분을 '청교도 같은 사람'으로, 그렇게 살았다. 스펄전은 자기 시대에 '마지막 청교도'라고 일컬어 졌거니와, 로이드 존스 박사도 생전에 이 칭호가 유감없이 붙여졌다. 아마 지

금도 그를 이렇게 부르는 것이 합당할 것이다.[45)]

"

"로이드 존스는 세상의 것과 비견될 수 없는 복음의 본질을 자유주의 세력에 대항하여 최전방에서 홀로 지켜 낸 복음의 수호자였다. 그는 우리에게 보내진 하나님의 손길로서, 자기 책임을 다한 위대한 증인이었다."[46)] - (박영선 목사)

"

로이드 존스가 사역한 지역은 한정적이었지만 그의 영향은 전 세계적이었으며, 그는 이 세상을 떠났지만 그가 설교했던 강단의 영향은 가고 오는 세대에, 20~21세기에 가장 뛰어난 설교자의 모범으로 우뚝 서게 되었다.[47)] 이 거성의 빛을 따라 믿음으로 실천하는 우리가 되자!

각주 ---------

1) 존 피터스. 『마틴 로이드 존스 평전』. 서문강 옮김 (서울: 지평서원, 2007), p. 27.
2) 배도영. 「로이드 존스 설교 사상」. 고려신학대학원, 석사학위논문, 1997. p. 4
3) 존 피터스, op. cit.
4) Ibid,
5) 배도영, op. cit., p. 4.
6) http://blog.naver.com/bagraphe/220722714353. 이진일. "청교도(마틴 로이드 존스)". p. 3. 2016. 05. 30.
7) Ibid.
8) Ibid., p.4.
9) http://blog.naver.com/james6C34/130086179152. 손재익. "로이드 존스의 회심", 2010. 5. 16.
10)~12) Ibid.
113) 배도영, op. cit., p. 5.
14) 손재익, op. cit.
15)~16) Ibid.
17) 이안 머레이, 『마틴 로이드 존스의 초기 40년』, 서문강 역. 서울: 청교도신앙사, 1999. / http://blog.naver.com/simson77/80012125617. "로이드 존스의 회심", 2005. 4. 20.
18) 배도영, op. cit., p. 12.
19) 김광. ?D. M. Lloyd-Jones.의 설교연구?. 총신대학교 신학대학원, 석사학위청구논문, 1993. p. 5.
20) 이진일, op. cit., p. 1.
21) 김광, op. cit., pp. 5-6.
22) 로이드 존스,『청교도 신앙』, 서문강 역, (서울: 생명의 말씀사, 2009), pp. 248-249.
23) 로이드 존스는 이 강연에서 존 번연, 리차드 백스터, 죠우지 목스의 청교도 정신에 관해 설명했다.
24) 박영호, 『로이드 존스의 생애』, (서울: 기독교문서선교회, 2002), p. 43.

25) 이얀 머레이, 『마틴 로이드 존스의 초기 40년』, p. 285.
26) 로이드 존스, 『청교도 신앙』, op. cit., p. 119.
27) 로이드 존스, 『목사와 설교』, (서울: 기독교문서선교회, 1983), p. 94
28) 로이드 존스, 『청교도 신앙』, op. cit.,. pp. 369-370.
29) Ibid., p. 366.
30) 맥체인이 1842년 만들어 낸 성경읽기 달력은 매년 신약은 두 번 구약은 한 번 읽을 수 있도록 구성되어 있다. 창세기 1장부터 편율 적으로 읽는 것이 아니라, 하나님의 계시의 목적에 평행선을 그으며 따라가는 것이다. 조직적으로 성경 전체의 개관을 한눈에 알아 볼 수 있도록 고안된 성경읽기 카드라고 할 수 있다.
31) 박영호, 『로이드 존스의 생애』, p. 105.
32) 로이드 존스, 『목사와 설교』, op. cit.,, p. 190.
33) Ibid., pp. 195-196.
34) 박영호, 『로이드 존스의 생애』, (서울: 기독교문서선교회, 2002), p. 47.
35) 존 피터스., op. cit., p. 36.
36) Ibid., p. 38.
37) Ibid., p. 39.
38) 존 피터스, op. cit. pp. 39-41.
39) Ibid.
40) Ibid., p. 7.
41) http://blog.naver.com/bagraphe/220722714353. 이진일. "청교도(마틴 로이드 존스)". p. 2. 2016. 05. 30.
42) 존 피터스. op. cit., p. 65.
43) 김광, op. cit., p. 8.
44) 이진일. op. cit., p. 14.
45) Ibid., p. 14.
46) Ibid.
47) 배도영. op. cit., p. 9
48) 손재익, op. cit.
49) Ibid.
50) 김광, op. cit., p. 6.
51) 이안 머레이, 마틴 로이드 존스 『20세기 최고의 설교자』, 오현미 역 (서울: 복 있는 사람, 2016).

참고 문헌 – 이 글은 아래 문헌에서 인용, 발췌한 것이다.

존 피터스. 『마틴로이드존스 평전』. 서문강 옮김. 서울: 지평서원, 2007.

이안 머레이, 『마틴 로이드 존스-20세기 최고의 설교자』, 오현미 역. 서울: 복 있는 사람, 2016.

박영호, 『로이드 존스의 생애』, 서울: 기독교문서선교회, 2002.

로이드 존스, 『목사와 설교』, 서울: 기독교문서선교회, 1983,

로이드 존스, 『청교도 신앙』, 서문강 역, 생명의 말씀사, 2009.

이얀 머레이, 『마틴 로이드 존스의 초기 40년』, 서문강 역. 서울: 청고도신앙사, 1999.

김광. 「D. M. Lloyd-Jones.의 설교연구」. 총신대학교 신학대학원, 석사학위청구논문, 1993.

배도영. 「D. M. 로이드 존스 설교 사상」. 고려신학대학원. 석사학위논문, 1997.

http://blog.naver.com/bagraphe/220722714353. 이진일. "청교도(마틴 로이드 존스)". 2016. 05. 30.

http://blog.naver.com/james6034/130086179152. 손재익. "로이드 존스의 회심", 2010. 5. 16.

http://blog.naver.com/simson77/80012125617. "로이드 존스의 회심", 2005. 4. 20.

풍자적인 작가

에블린 워

59

Evelyn Waugh

1963~1966

귀족과 상류층의 생활을 신랄하게 풍자했던 그는 활발한 작품 활동으로 진정한 기독교인의 모습을 확립하고 기독교를 변증하는데 삶을 바쳤다.

풍자 문학으로 유명해진 작가

영국인이었던 에블린 워는 소설, 역사, 풍자문학과 같은 글로 폭넓은 인기를 얻었다. 중산층 출판인 집안에서 태어난 그는 귀족이 되기를 갈망했다. 그는 결국 귀족이 되었으며, 그의 작품들은 상류층 생활방식에 대한 신랄한 풍자와 엄격한 도덕생활을 담고 있다.

그는 서머싯 톤턴 근교 콤플로리에서 1903년 10월 28일 출생했다. 아버지는 유명한 출판사 체프만 앤드 홀의 간부였고, 형은 통속소설가였다. 옥스퍼드대학교에서 근대사를 배우고 졸업한 뒤 얼마 동안 미술학교를 다녔다. 또한 교직에도 있었으나 1927년에 라파엘 전파(前派)의 시인 D.G. 로세티의 평전(評傳)을 내었고, 이어서 소설 『쇠퇴와 타락』(*Decline and Fall*, 1928)으로 유명하게 되었다. 이것은 학생 폴이 친구의 장난 때문에 퇴학을 당하고, 시골의 교사를 시발점으로 하여 갖가지 기괴한 경험을 쌓는다는 피카레스크풍의 소설이다. 그 초기에 있어서 일관하여 다룬 것은 영국 상류사회이다. 제1차 세계대전 후의 그 퇴폐와 혼미, 특히 젊은 세대의 무궤도한 생활을 유머와 풍자를 가지고 희화적으로 엮으면서도 그 바닥에는 심각한 것을 느끼게 한다.

워는 1920년대에 옥스퍼드에서 생활했던 것에 관한 예리한 저술인 『돌아온 신부』(*Brideshead Revisited*, 1948)로 더 유명해졌다. 1982년에 그 책에 기초한 TV시리즈는 놀랄 만큼 높은 시청률을 기록했다. 기괴한 장례풍습에 관한 이야기인 1948년 작품 『고인』(*The Loved One*)은 코믹 베스트셀러가 되었으며 영화로도 만들어졌다. 유명한 문학비평가인 에드먼드 윌슨은 워가 "버나드 쇼 이래 영국에 등장한 최상의 코믹천재"라고 말했다.

워의 회심에 관한 서술은 위트와 자기 경시, 그리고 모든 그의 작품의 특징인 신랄한 비판을 담고있다. 그의 카톨릭 회심은 그가 26살이었을 때인 1930년에 이루어졌으며, 그의 책들에 나타난 도덕적 색채는 기독교에 대한 그의 깊은 관념을 반영한 것이었다.

에드먼드 윌슨이 『돌아온 신부』에 나타난 하나님에 관해 워를 비판했을 때, 그는 다음과 같이 반박했다.

"

나의 소설에 등장한 하나님을 비판하는 그의 평가기준에 대해 나는 분개했다. 나는 당신이 인격을 순결한 관념상태로 만들 때만이 하나님을 버릴 수 있다고 믿는다. 현대 소설가들은 인간의 마음과 영혼을 표현하려고 애쓰나 일정한 목적을 가진 하나님의 창조물로 존재하려는 확고한 인격은 생략하고 있다. 그래서 앞으로 내 작품들에는 두 가지 인기가 없는 것들이 있을 것이다. 호화로운 생활에 대한 편견과 인간을 더 완전하게 표현하려는 시도이다. 내게 있어 인간은 하나님과 관계하는 사람을 의미한다.

”

삶의 위기에서

1961년 그의 자서전 『인생공부』(*A Little Learning*)에서 워가 그 자신을 결코 돌아올 생각이 없이 바다를 헤엄쳐 나가는 사람으로 묘사한 것으로 보아, 그에게는 젊었을 때 절망과 회의의 기간이 있었음을 알 수 있다. 그러나 그 당시에도 인생의 코믹요소와 천성적인 위트가 그 위기로부터 그를 구했다. 그가 헤엄쳐 갈 때 해파리떼의 습격을 받았으나, 그는 고통을 모면하고 해변으로 돌아왔다. 그는 '그 당시' 를 이렇게 표현했다. "나는 일년 내내 앞에 놓인 가파른 언덕을 올라갔다."

그의 첫 번째 결혼은 이혼으로 끝났으나, 두 번째 부인과의 사이에서는 여섯 아이들을 두었다. 그는 지독할 정도로 사생활을 보호하려 노력하여서 집 앞에 이런 푯말까지 붙였다. '입장금지.' 그는 그의 가정생활에 대해 다음과 같이 말했다.

“

나는 작동되지 않는 난방공사 외에 백년 동안 아무 일도 없었던 시골의 초라한 돌집에서 살고 있다. 나는 닥치는 대로 값싸게 책을 사서 모은다. 나는 비어있는 와인 저장실과 정글상태인 정원을 갖고 있다. 나는 결혼생활에 만족한다. 10일에 한 번 보는 아이들을 갖고 있으며 멋진 감화의 순간을 희망한다.

”

워는 종종 최고의 런던클럽들을 방문했으며, 영국 귀족제와 그의 도덕적 비판의 상반된 가치는 그의 유명한 금언들 중의 하나에 잘 집약되어 있다. "예절은 특별히 솔직한 사람들에게 필요하다. 훌륭한 자들은 어떤 것도 잘해낼 수 있다."[1)]

66

천부적인 재능

나는 대대로 영국 국교회에 대하여 강한 성향을 가진 잉글랜드에서 태어났다. 나의 계보는 영국국교회 성직자들의 한 분파에서 시작된다. 나의 아버지는 소위 '독실한 신앙인' 이었다. 다시 말해, 그는 정기적으로 예배에 참석했으며 모범적인 삶을 살았다. 그러나 그는 신학에는 관심이 없었다. 그는 정치에도 관심이 없었으나 할아버지와 증조부가 하셨던 것처럼 언제나 토리(Tory)당을 지지했다. 그는 종교적인 의무에 있어서도 세심하고 면밀했다.

나는 열살 때 하이어워사(Hiawatha) 운율로 정죄에 관하여 장편의 시를 썼으며, 나의 소질을 파악하신 부모님을 당황하게 만들면서 성직자가 되겠다는 의향을 내비쳤다. 학교 친구들이 새알이나 모형기차에 쏟은 열정을 나는 신앙문제에 쏟았으며 제의와 국가만능론에 대해 장황하게 말하곤 했다. 그래서 나는 아주 강한 종교성향을 가진 것으로 유명한 학교에 보내졌다. 나는 열여섯 살 때 하나님을 믿지 않는 학교의 목사로 정식으로 통고받았다. 스물여섯 살 때 카톨릭교회에 들어갔으며 거기에서의 일련의 경험들은 카톨릭교회에 대한 나의 충성을 확립하게 했다.

세습된 신앙에서의 탈출

나는 이제 미국인 독자들에게 이러한 기행들을 설명하려 한다. 먼저 나의 유년시절의 신앙에 관한 것이다. 조숙한 열정 탓에 나는 모든 사실을 부인하는게 마음 내키지 않았다. 그런 것이 나의 학교 친구들의 새알과 모형기차처럼 나의 취미의 대부분이었다. 그 매력은 부분적으로 유전적인 것이며 심미적인 것이었다. 사람들의 인생을 통해서 그들의 많은 것들이 이런 식으로 주의를 끌게 된다. 내 경우에 있어서도 그것은 사춘기의 부산물이었다. 그러나 영국을 알지 못하는 사람들은 영국 국교회의 심미적 매력이 그들의 섬에는 유일하고 독특한 것이라는 걸 이해해야 한다. 다른 경우에 카톨릭에 대한 첫 관심은 때때로 개신교 교파의 냉혹함과 비열함과는 대조를 이루는 화려한 예배에 의해 회심자들의 마음속에 유발된다. 영국에서 그 매력은 다른 면모두 다 그렇다. 중세의 성당들과 교회들, 군주를 둘러싼 화려한 의식들, 캔터베리와 요크의 역사적 성당들, 지방교구들의 사회조직, 옥스퍼드와 캠브릿지의 전통과 문화, 영국의 산문체 전성기 때에 쓰여진 전례식문, 이런 모든 것들이 영국 국교회의 자산인 반면에, 카톨릭교인들은 현대식 건물에서 만나고 대개 검소한 아일랜드 선교사들에 의해 예배가 집전된다. …….

물론 적어도 그들의 일생의 일정기간 동안 신앙심을 잃어버린 수많은 카톨릭교인들이 있다. 그러나 그들에게는 언제나 고통스런 투쟁이 따른다. 나는 세습된 신앙을 마치 커서 못 입는 코트처럼 마음 편하게 버렸다. 그 상황은 이렇다. 제 1차 세계대전 동안에 많은 대학의 학장들이 군대가는 젊은 교수들을 해방시켜주는데 자발적으로 나섰다. 이들 중에서 지금은 주교인 탁월한 옥스퍼드 신학자가 우리학교에 왔다. 이 학식있고 독실한 남자는 우연하게도 나를 무신론자로 만들어 버렸다.

방황과 새로운 신앙

그는 신학수업에서 성경에 관한 책들 중 소문난 작가들에 의해 되어진 것은 한 권도 없다고 설명했다. 그는 4세기 방식으로 기독교의 성(聖)에 관해 고찰해 보기 위해 우리를 초대했다. 그가 내 신앙의 세습된 원리를 제거했을 때, 나는 그의 무신론을 성직자로서의 그의 위치와 조화시키는 더 높은 논리에 서 있는 그를 따르는 게 완전히 불가능하다는 걸 알았다.

동시에 나는 『인간에 관한 교황의 에세이』(*Pope's Essay on Man*)를 읽었다. 그 글은 나를 라이프니츠(Leibnitz)에게 인도했고 나는 형이상학에 대해 안내도 없이 불완전한 연구를 시작했다. 나는 인식의 본성에 관해 완전히 방황하게 되었다. 내게는 그 의문을 포기하는게 가장 간단할 것 같았으며 인간이 뭔가를 안다는 것은 불가능하다고 생각하는 것이 가장 현명할 것 같았다. 나는 내가 딱딱한 사람 또는 따분한 사람이라고 의심치는 않았지만, 내가 카톨릭학교에 다니는 학생이라면 나와 함께 나의 미숙한 가정을 연구할 수 있는 충분히 인내심 있는 누군가를 학교에서 만났어야 했다고 생각했다. 또한 내가 성찬에 의해 영적으로 강해졌다면, 너무 변덕스럽게 포기했던 나의 너무나 고귀한 신앙을 가치있게 만들어야 했었다. 학교에서 나는 현명한 모든 학생들에게 표준이 될 만큼 변화의 단계를 경험한 학생으로 간주되었다.

내 인생의 다음 10년은 수필가보다는 소설가에게 더 어울리는 자료들이다. 나의 작품들을 읽어본 사람들은 충분히 내 자신을 그 안에 내보낸 세상의 특색을 아마도 이해할 것이다. 10년 동안의 세상은 내게 하나님 없이는 인생은 이해할 수도 견딜 수도 없다는 걸 보여주기에 충분했다. 결론은 자명하다. 지금 나는 의문이 생기고 있다. 왜 카톨릭인가? 그의 신앙을 잃고 신앙의 필요성을 재발견한 카톨릭교인은 그가 떠났던 교회로 필연적으로 돌아온다. 나라고 예외가 아니지 않는가?

이제 나는 유럽인들이 미국인들에 비해 약간의 이점이 있다고 생각한다. 나는 교회의 교단 소속에 관해 진실로 주의를 기울이지 않는 미국 지역에서 성장한 사람은 적어도 그것이 가능하다고 생각한다. 그들은 카톨릭을 각자 신의를 주장하는 훌륭한 공동체들 중의 하나라고 볼 것이다. 그러나 유럽인들에게는 그것이 가능하지 않다. 영국인들은 9백년 동안 카톨릭을 신봉했었고, 3백년 동안은 개신교, 그리고 100년 동안은 불가지론을 믿었다. 그러므로 카톨릭 체계가 영국인 생활의 모든 면(역사, 지형학, 법, 고고학)에 조금씩 남아있다. 어떤 외국여행을 해 보면 그 나라의 지역적, 일시적인 이단과 분파의 특징과 보편적이고 영원한 종교의 특징을 알려준다. 이단이나 분파가 옳은 것이 아니면 국교회도 나쁘다는게 내게는 자명해졌다. 모두다 나쁘고 전체 기독교 계시는 사기, 또는 오해였다는 이론이 가능하게 된다. 그러나 만약 그 기독교 계시가 진실이라면, 그 국교회는 예수님에 의해 세워진 사회며 모든 다른 집단들은 대분파와 개혁이라는 파멸로부터 뭔가를 구원한다는 한에 있어서 단지 좋은 것임에 틀림없다. 이러한 명제는 깊이 고민할 문제가 아니라는 게 내게는 너무 분명했다. 그것은 단지 그 기독교 계시가 진실하다고 생각하기 위한 역사적 철학적 토대를 연구하기 위해 남아있었기 때문이다.

그 이래로 내 인생은 거대한 자유의 영토에서의 깨달음에 관한 무한히 즐거운 여행이었다. 나는 어떤 회심자들이 그들의 처음 몇 개월 동안의 믿음의 열정을 오히려 동경하며 회상한다고 들었다. 나는 전적으로 그것에 반대한다. 가끔 교회를 떠난 친구들이 나의 충고를 구한다. 그들은 다른 사람들에 의해 강요되거나 당황하게 된 어떤 특징들에 관심을 갖고 있다. 나는 단지 내 경험의 범위 안에서 그들에게 말할 수 있다.

”

안으로 들어 오라. 바깥에서는 교회가 어떤 것이라는 걸 알 수 없다.

당신이 신학에 대해 아무리 학식이 있다 할지라도, 교회에서 가장 순결한 실질적인 교인의 지식에 견주어보면 당신이 아는 것은 실상 아무것도 아니다.

에블린 워는 1930년 스콜라 철학자인 마틴 더시의 영향을 받아 카톨릭으로 개종하고 그 해에 『타락한 사람들』(*Vile Bodies*)을 냈다. 이후의 작풍은 점차 사실적이고 보수적인 경향을 띠어 『모략』(*Black Mischief*, 1932), 『한 줌의 먼지』(*A Handful of Dust*, 1934), 『특종』(*Scoop*, 1938) 등의 수작을 썼고, 또한 엘리자베스조 시대의 순교자 전기인 『에드먼드 캠피언』(*Edmund Campion*, 1935)으로 호손딘상을 받았다.

제2차 세계대전에 종군하여 이후의 작품에는 초기의 특징을 간직하면서도 완전히 사실적으로 기울어 종교적 질서의 실재(實在)를 주제로 삼게 되었다. 중후하고도 현란한 문체를 구사한 걸작 『브라이즈헤드 재방문』(*Brideshead Revisited*, 1945)과 역사소설 『헬레나』(*Helena*, 1950)는 그의 주요 저술이다. 또한 제2차 세계대전을 다룬 『무장한 사람들』(*Men at Arms*, 1952), 『사관과 신사』(*Officers and Gentlemen*, 1955), 『무조건 항복』(*Unconditional Surrender*, 1961) 등이 있는데, 모두가 카톨릭적인 소설이다. 그리고 1928~1930년 유럽 · 아프리카 · 남북아메리카를 여행하여 5편의 기행문을 썼고, 1964년에는 자서전의 일부가 『천학(淺學)』(*A Little Learning*)이란 표제로 출간되었다.

참고문헌 및 각주 - 이 글은 아래 문헌에서 인용, 발췌한 것이다.
1) '에블린 워의 전기와 자전적 고백들' John A. O' Brien ed., "The Road to Damascus: The Spiritual Pilgrimage of Fifteen Converts to Catholicism" (Garden City, N.Y.: Double & Co., 1949), 17-21에서 발췌.
https://en.wikipedia.org/wiki/(위키백과)
http://terms.naver.com/entry.nhn?docId=1130974&mobile&cid=40942&

다양한 삶의 사람

클레어 부스 루스

60

Clare Booth Luce

1903~1987

로마 카톨릭으로 개종한 그녀는 탁월하고 창조적인 능력으로 저널리스트,
작가, 의원, 정치가로도 활동하며 저술과 강연을 통해서
기독교의 사회봉사와 복음의 진정한 의미를 전파하는데 힘썼다.

다양한 재능을 발휘한 사람

여러 방면에 재능이 있었고 창조적인 사람이었던 클레어 부스 루스(Clare Booth Luce)는 1903년 3월 10일 뉴욕, 뉴욕시에서 태어났다. 그녀는 저널리스트, 편집자, 종군기자, 극작가, 작가, 그리고 여자 국회의원으로서 다양한 활동을 하며 많은 갈채를 받았던 인물이다. 그녀는 「상류 사회의 생활과 유행」(*Vanity Fair, Life, and Vogue*) 같은 다양한 잡지의 편집부에서 일했다. 코너디컷에서 공화당 하원의원에

뽑혀 1943~47년 78, 79대 의회에서 활동했고, 공화당 안에서 전국적으로 큰 영향력을 발휘했다. 1953년 아이젠하워 대통령 당시 이탈리아 주재 미국대사에 임명하기도 했다.

그녀는 뉴욕의 가든시티와 태리타운에서 개인교습으로 교육을 받아, 편집장까지 역임했다. 다작을 했던 클레어 부스 루스는 그녀의 다른 작품 중에서도 매우 성공적이었던 희곡 3개, *The Women*(1936), *Kiss the Boys Goodbye*(1938), *Margin for Error*(1939)를 썼다. 이 세 작품들 모두 브로드웨이 성공작이었으며, 나중에 모두다 영화로 제작되었다. 그녀는 또한 종교와 인도주의에 대한 글을 쓰고 강의를 했으며, 1948년에는 『원자시대의 기독교』(*Chri-stianity in the Atomic Age*)에 대한 제목 하에 전국을 돌며 대규모 청중들 앞에서 연설을 했다.

그녀는 1935년에 타임지의 유명한 편집자이며 발행인인 헨리 루스와 결혼했다. 개신교 선교사 집안에서 태어난 남편 루스는 완고한 장로교인이 되었으나, 클레어 부스 루스는 1946년에 로마 카톨릭으로 개종했다. 그녀는 그 당시에 그녀에게 설득력이 있었던 것 같은 단계와 논리를 설명하려고, "진짜 이유(*The Real Reason*)"라는 제목 하에 「멕클잡지」(*McCall's Magazine*)를 위해 여러 편의 글을 준비했다. 또 다른 것과 관련하여, 그녀가 카톨릭교인이 되겠다는 그녀의 확고한 결정으로 그녀에게 찾아온 초기의 환상 경험을 말했다. 후일 그녀의 반성적 사유는 대개 지적이며 신학적이었으나, 그녀의 예전의 회심 체험은 매우 다른 기준의 의식에 있었다. 신비스런 환상의 일부분이 여기에 소개된다.[1)]

"

기괴한 체험

회심에 중요한 모든 것을 소개하는데 어려움이 따르므로 내 자신의 체험으로부터 한 일화를 말하고 싶다. 아마도 내가 16살 또는 17살 때 생긴 체험이다. 어느 여름날이며, 미국 해변이라는 것 외에 그것이 어디에서 발생했는지를 더 이상 기억하지 못한다. 그때가 이른 아침이었으며, 내가 잠시 동안 모래 위에 혼자 서 있었음이 틀림없다고 기억하는 것 같으며, 심지어 지금은 그 체험이 완전한 고독감에 의한 것이라고 전제한 기억도 있다. 혼자가 아닌 일종의 격렬한 고독 …….

날씨는 시원하고 맑으며, 공기는 신선하고, 바람이 잔잔하고, 하늘이 푸르고 화창한 날이었다. 나는 물에 들어가지 않고 해변가에 서 있었던 나를 기억한다. 그리고 당시와 마찬가지로 지금 나는 내가 무슨 일이 일어났었는지를 설명하기가 어렵다. 나는 갑자기 "뭔가 나타났다"라고 말하는 것이 가장 쉬운 방법이라고 생각한다. 날카로운 칼에 의해 찢어진 면사포처럼, 내 영혼이 갈라지고 순결해졌다. 그리고 나는 알았다. 그렇지만 나는 그 당시 내가 안 것이 무엇인지를 모른다. 심지어 나는 그 당시에도 몰랐다고 기억한다. 즉 어떤 '능력'을 갖고서도 알지 못했다. 그것은 내 마음이나 심장 또는 혈류에 있는 것이 아니었다. 그러나 내가 알았던 것이 무엇이었든지 간에 그것은 거대한 깨달음 같은 것이었다. 그리고 그것이 마지막이었다. 그럼에도 불구하고 그 말은 '종말'을 의미하기 때문에 사용될 수 없다. 이러한 최후의 것에는 종말이 없었다. 그리고 기쁨이 내 안에 충만했다. 더 정확히 말하면 나는 기쁨으로 가득 찼다. 나는 내 본성을 잃어버린 것 같았고, 작은 먼지가 빛나는 황금 환풍기 구멍 안에서 춤추는 것처럼 나의 전 존재는 이 거대한 기쁨 속을 표류하고 있었다.

나는 이 체험이 얼마 동안 지속되었는지를 모른다. 그것이 몇 초, 또는 몇 시간, 아니면 둘 다라고 할지라도 한 시간이라기 보다는 몇 초에 더 가까웠다고 말해야 한다. 그것에 대한 기억은 나중에 여러 달 동안 내게서 사라지지 않았다. 처음에 나는 놀랐다. 그리고는 매우 기뻐했다. 그때 그것이 나를 괴롭히기 시작했으며 나는 그것을 예전의 경험 범주에다 놓으려 했다. 나는 기억하고 있다. 나는 어느 날 자연의 아름다움이 거대한 물질적 행복에 대한 예기치 않은 흥분과 조화를 이루었음이 틀림없다고 결론 내렸다. 점점 나는 그것을 망각해갔다. 그것에 대한 기억은 내가 회심을 하고 수년 후, 어느 날에야 내게 돌아왔다.

표현할 수 없는 기쁨

나의 어린 시절은 유별나게 불행하고 고통스러웠다. 나는 나이가 들어가면서 점점 더 그것에 대해 곰곰히 생각해왔고, 그것은 나에게는 깊은 우울과 원한의 원천이었다. "컵이 깨끗하지 않으면, 당신이 무엇을 따르더라도 못쓰게 된다"라고 플라톤은 말했다. 회심은 매우 괴로운 마음을 깨끗하게 한다. 나중에 나는 신기한 한 순간만을 제외하고는 상처만 남은 어린 시절을 거의 기억하지 못했다. 미사의 시작, 제단 밑에서 기도하던 동안 그 성직자는 말한다. "내가 신의 제단에 나갈 것이다." 그러면 대개 어린 사제는 맑고 부끄러우며 가늘고 여린 목소리로 대답한다. "네게 기쁨을 주시는 신에게로" 불행하게도 이 구절은 내게 괴로운 어린 시절에 대한 희미한 메아리를 깨웠다. 그래서 나는 생각하곤 했다. 왜 하나님은 나의 어린 시절에 기쁨을 주지 않으셨는가? 왜 기쁨은 나의 천진난만함으로부터 멀어졌는가?

내가 회심자가 된 여러 달 후 어느 날, 이러한 말처럼 나의 괴로움은 찾아오지 않았다. 대신에 내가 말한 그 체험이 내 마음에 몰려들어와 내 마음은 점점 그 믿을 수 없는 기쁨에 대한 즐거운 회상으로 가득찼다. 그때 내가 그것을 완전히 잊었던 것 같다 할지라도, 이 신기한 일은 나의 회심에 있어 거대한 부분을 차지한다는 걸 알았다. 오래 전에 그 거대한 순결과 순박함에서, 그리고 지금 매우 희미한 환기에서, 그것이 내 전 인생에 있어서 가장 진실한 체험이라는 것을 알았다. 그러나 이것이 얼마나 정확히 나의 회심에 영향을 주었던가? 왜 내가 그것을 망각했던가? 왜 내가 그것을 기억했던가? 오직 신만이 알고 계신다. 그리고 "왜 내가 카톨릭교인이 되었는가?" 에 관심있는 누군가에게 그것을 자세히 말하는 게 무슨 소용이 있는가?

99

그의 회심은 자신 뿐 아니라, 많은 사람에게 용기를 준다.

용기란, 모든 다른 미덕이 타고 오르는 사다리다. - 클레어 부스 루스

용기는 끝까지 잃지 않아야 하는
삶을 구성하는 중요한 요소입니다.
용기는 대단한 것만이 용기가 아닙니다.
우리가 작은 일이라도 자신의 힘으로 행하고자 할 때나
사소한 선택들도 용기가 필요한 것입니다.
용기란 자신을 위한 것만이 아닙니다.
남을 위해 진심어린 충고를 해줄 때도 용기가 필요한 것이고
불우이웃을 도우려고 모금함에 돈을 넣고 오는 행동도
작지만 용기가 필요한 것입니다.

클레어 부스 루스의 말처럼
용기는 모든 미덕을 타고 오르는 사다리인 것입니다.
용기가 없다면 희망도, 봉사도 희생도 다 없는 것입니다.
내가 지금 운동을 할까 말까 하는 갈등에서
운동을 하는 것을 선택하는 용기를 냄으로써 건강을 얻을 수 있습니다.
용기있는 자만이 쟁취할 수 있다는 말처럼,
용기만이 당신이 원하는 것을 얻게 해줄 수 있습니다.

당신이 가진 감정 중에
가장 우선시 되어야 하는 것은 무엇일까요?
사랑도 일도, 어떤 일이 됐든
그것을 처음 시작할 때,
당신이 가장 먼저 가져야 하는 것은 바로 용기입니다.
내가 용기로 똘똘 뭉칠 때,
불가능 하다고 생각했던 일들도
하나둘 씩 그 매듭을 풀게 됩니다.
당신이 여자든, 남자든, 어리든, 늙었든, 이것은 중요하지 않습니다.
나이가 먹었다고 나이가 어린 사람보다
용기있다고 할 순 없기 때문입니다.

클레어 부스 루스의 명언처럼 사다리를 오르듯 용기를 한 번 내고, 두 번 내고 할수록 나의 용기는 높이높이 올라갑니다.

그녀는 1959년과 1964년 다시 정치활동을 시작해 사회의 관심을 끌었으나, 그 뒤 정치에서 물러나 에리조나 피닉스에서 살다가 남편이 죽은 뒤 하와이 호놀룰루로 이주했다. 1981년 로널드 W. 레이건 대통령의 해외정보 자문위원회 위원이 되었고, 1983년 대통령 자유훈장을 받기도 했다. 그녀의 풍자적 유머 감각과 1940~60년대 미국정치에서 행한 역할은 미국 사회에 큰 영향을 끼쳤다. 그는 1987년 10월 9일 워싱턴 D.C.에서 영원하고 찬란한 하나님의 품으로 떠났다.

참고문헌 및 각주 - 이 글은 아래 문헌에서 인용, 발췌한 것이다.
1) *The Road to Damascus*: the Spiritual Pilgrimage of Fifteen Converts to Catholism ed., John A. O'Brien (Garden City, N.Y.: Doubleday, 1949), 223-225.
http://blog.naver.com/dae992000/220683899161. 좋은글. "클레어 부스 루스 - 용기". 2016. 4. 15.
http://100.daum.net.encyclopdia/view/bo6t2248a. "앤 클레어 부스 루스"

불꽃 같은 행동가

시몬느 베이유

Simone Weil

1969~1943

짧은 생애를 살았던 그녀는 20세기의 유럽의 공포와 야만성, 잔인성을 목격하면서 하나님으로부터 받은 탁월한 재능들을 기독교인의 사회참여와 행동으로 구현하는 삶을 살았다.

사회참여의 실천자

시몬느 베이유는 20세기의 가장 자극적이며 까다로운 사상가들 중의 한 사람이다. 그녀는 산업의 야만성, 파시즘의 발흥, 전쟁의 잔인함 등, 유럽의 공포들을 직접 목격했다. 그러므로 체계화되지는 않았지만 인간 영혼의 신성함에 대해 웅변적으로 말한 그녀의 철학은 그녀의 경험에서부터 나온 것이었다. 파리의 부유한 유대인 가정에서 태어난 그녀는 영리한 형제들에 대해 열등감을 느꼈었다는 고백에도 불구하고 매우 지능이 뛰어난 아이였다. 일찍이 그녀의 전 생애를 통해 주목했던 인간의 빈곤의 문제에 대해 민감함을 보였다. 전선에 있는 프랑스 군인들이 전혀 설탕을 가질 수 없었을 때, 다섯 살이던 그녀는 설탕 먹기를 거부했다. 그녀는 고등사범학교에서 철학, 고전문학, 과학을 공부한 후에 졸업하고, 지방 고등학교에서 교편을 잡았다. 그녀는 거기서 철학을 가르치는 많은 직책을 맡았으나 교육위원회와의 갈등으로 그 직업을 그만 두어야 했다.

그녀는 1934~1935년에 노동자 탄압을 직접 경험하기 위해 자동차 공장에서 일을 시작했으나 그녀의 허약한 건강 때문에 실패했다. 그 후 1936년에 스페인 시민 전쟁의 전투를 위해 훈련하는 한 무정부주의 단체에 가입했다. 그러나 그녀는 평화주의자였기 때문에 총을 들지는 않았다. 대신에 그녀는 끓는 기름에 심한 화상을 입을 때까지 군인들을 위한 요리사로 일했다. 그녀는 포르투갈에서 건강을 회복하면서 심오하고 강한 종교적 체험을 한 솔즈메(Solesmes)의 한 수도원을 방문했다. 그녀는 그 체험에 대해 다음과 같이 말했다.

"하나님께서 내려오셔서 나를 사로잡으셨다."

그녀는 유대인이었음에도 불구하고 기독교적인 영감 안에서 태어나고 성장했다고 말했다. 그녀는 성경을 열심히 공부했으나 교인이 되지는 않았다. 그녀는 비기독교성과 심지어 이단의 전통까지도 일체화시켜 그녀의 신앙은 총괄적이라고 주장하며 세례를 거부했다. 인간 예수가 되는데 있어 모든 사람들과 문화를 떠맡아야 한다는 걸 강조하며 그녀는 이러한 주장을 예수 형상과 일치시켰다.

제2차 세계대전 중에, 유럽의 유대인들에 대한 박해를 피해 그녀의 부모는 그들의 딸과 함께 프랑스를 떠나 뉴욕으로 가야 했다. 시몬느는 프랑스에 돌아갈 기회를 호소했고 1942년 마침내 런던으로 갔다. 그녀는 거기에서 자유 프랑스군 운동을 위해 일했다. 프랑스 사람들의 일상적 양보다 더 먹기를 거절하던 그녀는 다시 병이 들었고 늑막염으로 1943년 8월 24일 세상을 떠났다. 그녀가 죽은 후에, 그녀의 영혼의 자서전인 『하나님을 기다리며』(Waiting for God, 1951)를 포함한 그녀의 작품들이 출판되었다. 다음은 그의 영성어린 진술하고 감명 깊은 이야기이다.[1)]

“

하나님을 찾지 않았던 인생

아버지,

떠나기 전에 제가 아버지께 다시 말하기를 원합니다. 이것이 아마도 마지막이 될지도 모르겠군요. 유럽에 있는 동안은 아마도 종종 아버지께 제 소식을 전해드릴 것입니다.

언젠가 제가 아버지께 거대한 빚을 지고 있다고 말씀드렸습니다. 지금 저는 아버지께 그것이 정확히 무엇인지를 말씀드리고 싶습니다. 아버지께서 저의 영적 상태가 어떠한지를 정말로 이해하실 수 있다면, 제가 세례 받도록 인도하지 않은 것에 대해 전혀 슬퍼하셔서는 안 된다고 저는 생각합니다. 그러나 저는 아버지께서 이것을 이해하실 수 있는지는 모르겠습니다.

아버지께서는 제게 기독교적 감화도 가져다주시지 않으셨으며 하나님에게로 인도하지도 않으셨습니다. 왜냐하면 제가 아버지를 만났을 때는 더 이상의 어떤 필요성이 없었기 때문입니다. 그건 인간의 개입 없이 되어졌습니다. 만약 그것이 이미 획득된 것이 아니라면, 무조건적일 뿐만 아니라 의식적으로 제가 하나님으로부터 어떤 것도 받아서는 안 되었기에, 하나님은 제게 아무것도 주실 수가 없었습니다. 신앙의 세계에서 인간 영향력이 갖고 있을 것 같은 실수나 환상의 가능성을 두려워

해야 했기에 하나님을 향한 저의 사랑은 제게 당신의 메시지를 거부할 이유가 되었습니다.

제 인생의 어떤 순간에 "하나님을 찾았던" 적이 결코 없었다고 말씀드립니다. 아마도 너무 주관적인 이런 이유 때문에, 저는 이 말을 좋아하지 않았으며 제겐 거짓 같았습니다. 제가 사춘기를 맞이하자마자, 신의 문제에 대해서 저는 이 세상에서는 믿을 수 없는 어떤 문제로 생각했습니다. 그래서 저는 가장 사악한 것이었던 나쁜 해결책으로 나아가지 않는 확실하고 유일한 방법은 혼자가 되는 것이라고 결정했습니다. 그래서 혼자가 되었습니다.

부인할 수 없었던 기독교적 영향력

저는 어떤 것을 확신하거나 부인하지도 않았습니다. 제게는 그 문제를 해결하는 것이 쓸모없는 일인 것 같았습니다. 왜냐하면 이 세상에서 존재하면서 우리의 일은 이 세상의 문제와 관련하여 최선의 태도를 선택하는 것이며, 그러한 태도는 하나님 문제를 해결하는데 달려있지 않다고 생각했기 때문입니다.

어쨌든 저와 관련된 한에 있어 이것은 유효했습니다. 왜냐하면 저는 저의 태도를 선택하는데 있어서 결코 주저하지 않았기 때문입니다. 저는 항상 유일하게 가능한 것으로 기독교적 태도를 선택했습니다. 제가 기독교적인 영향력 안에서 태어나고 성장했다는 것을 이미 말씀드렸습니다. 제 사고 안에 하나님이 자리하고 있지 않을지라도 이 세상과 인생의 문제와 관련하여 저는 명백하고 엄격한 방식으로 가장 중요한 개념, 즉 기독교적 개념을 공유했습니다. 이 개념들 중의 상당수는 제가 기억할 수 있는 한에 있어 제 사고방식의 일부분이 되었습니다. 저는 나머지 것들로 시기와 방식의 도래와 제게 부여되었던 존재형식을 이해합니다.

예를 들어 저는 결코 저 자신을 미래 상태에 대해 생각하도록 허용치 않았으나 죽음의 순간은 저 자신이 인생의 핵심이자 대상이라고 항상 믿었습니다. 살아야 하기 때문에 사는 사람들에 있어서 죽음은 영혼이 솔직하고 확실하며 영원한 진실, 즉 미세한 시간의 파편으로 들어가는 순간이라고 생각하곤 했습니다. 저는 혼자서는 어떤 다른 좋은 것을 결코 바라지 않았다고 말씀드립니다. 선한 삶은 모든 사람에게 공통인 도덕률에 의해 규정된 것일 뿐만 아니라 그것은 엄밀히 인간적인 일련의 행위와 사건들로 구성되어 있습니다. 그래서 그것들을 한 쪽에 버려버린 사람은 결코 목표에 도달할 수 없습니다. 신의 소명에 관한 개념도 제겐 이것과 같았습니다. 저는 신의 소명을 수행하는 것은 근본적이며 명백히 다른 명령의 충동에 기인한 이유나 성향에 의해 강요된 행위와는 늘 다르다고 생각했습니다. 불가능하다 할지라도 그 자체를 느낄 수 있으며 내게 모든 악 중에서 가장 나쁜 것이라고 생각한 그런 충동을 따르는 것이 아니었습니다.

그리하여 저의 순종의 개념에 대해서 제가 공장에 있을 때, 심지어 최근에 당신께 말씀드렸던 격렬하며 끊임없는 불행의 상태에서조차 이 개념을 시험해보았습니다. 제게 가장 아름다운 인생은 환경의 강요 또는 앞서 언급했던 그런 충동에 의해서든지 모든 것이 결정되어 있는 곳, 그리고 선택의 여지가 결코 없는 곳에 인간이 존재하는 것 같았습니다.

감정에 빠졌던 시절

제가 열네 살이었을 때, 사춘기에 찾아온 헤아릴 수 없는 절망에 대한 감정의 폭발에 빠졌으며, 그래서 저의 천부적인 재능의 평범함 때문에 심각하게 죽음에 대해 생각했습니다. 어렸을 때 파스칼과 같은 사람들과 비교할 수 있는 제 형제들의 비범한 재능은 제게 열등감을 가져다주었습니다. 저는 확실한 성공에 관해서는 관심이 없었으나, 뛰어난 나를 슬프게 한 것은 단지 위대한 사람들에게 접근이 허용되며 진리가 살아 숨쉬는 뛰어난 학문세계로부터 배제되었다는 생각이었습니다. 저는 그 진리 없이 살기보다 오히려 죽기를 좋아했습니다. 몇 달 동안의 정신적 암흑기가 지나고 저는 갑자기 영원한 신념을 가졌습니다. 그것은 바로 비록 천부적인 재능이 없다 할지라도, 그가 진리를 갈망하고 끊임없이 그 목표에 모든 주의를 집중한다면, 어떤 인간이든지 천재들을 위해 예비된 그 세계를 통과할 수 있다는 것입니다. 이리하여 능력이 부족하다 할지라도 천재가 됩니다. 나중에, 두통에 약한 내가 나의 재능을 생각하기에 치유 불가능한 무능력한 것으로 만들었을 때, 이 신념은 주의를 집중하는 노력 속에서 나를 10년 동안 견디게 만들었습니다.

영혼의 빈곤과 순결

진리라는 명목에 저는 또한 미, 미덕, 그리고 모든 종류의 선을 포함시켰으며, 그래서 제겐 그것은 은혜와 희망의 관계에 대한 개념의 문제였습니다. 제게 찾아온 신념은 인간이 빵을 갈망할 때 보석을 받지 않는 것이었습니다. 그러나, 그 당시 나는 성경을 읽지 않았습니다.

영혼의 빈곤에 관해서는 그것이 불행하게도 약간 정도 저의 불완전과 양립했다 할지라도, 제 내부에 영혼이 빈곤한 순간이 언제 있었는지는 기억하지 못합니다. 저는 앗시시의 성 프란시스(Saint Francis)에 대해 알게 되자마자 그를 사랑했습니다. 저는 언제나 언젠가는 운명이 제게 성 프란시스가 기꺼이 받아들인 방랑과 빈곤 상태를 강요할 거라고 믿고 있었으며 또한 그렇게 되기를 희망했습니다. 실제로 저는 감옥에 관해서도 똑같이 느꼈습니다. 매우 어렸을 때부터 저는 항상 이웃들에 대해 기독교적인 사랑을 베풀었고, 그 이웃들에게 성경의 여러 부분에 나오는 가장 아름다운 정의를 주었습니다. …….

사춘기에 자연스러운 감정의 불안정을 겪고 난 몇 달 후인 16살 때 순결의 개념이 저를 사로잡았습니다. 이 개념은 제가 산풍경을 감상하고 있었을 때 찾아왔으며 점점 더 그것은 저항할 수 없는 방식으로 제게 부여되었습니다. 물론 제가 인생에 대한 개념이 기독교적이라는 걸 잘 알고 있습니다. 그것이 왜 제게 기독교 공동체에 들어가는 일이 일어나지 않았는가입니다. 저는 제가 하나님 안에서 태어난 걸 알고 있습니다. 그러나 명백한 증거에 의해 그렇게 하도록 강요됨이 없이, 이러한 인생의 개념에 교리를 더하는 일이 제게는 정직하지 못한 것 같습니다. 제가 혼자서 어떤 문제로서 교리의 진실성에 관한 의문을 생각하고, 심지어 이 주제에 관해 어떤 결론에 도달하기를 희망했다 하더라도, 제가 정직하지 못하다고 생각해야 했습니다. 저는 개인적인 정직에 관하여 정직함이 부족한 사람과는 결코 만나지 않을 만큼 매우 엄격한 기준을 갖고 있습니다. 그래서 저는 언제나 제 스스로 정직하지 못할까봐 두려워합니다. …….

노동 운동

일 년간의 공장생활 후 교단에 돌아가기 전에 부모님은 저를 포르투갈로 데려갔으며, 거기에서 저는 부모님을 떠나 혼자서 작은 마을로 갔습니다. 말하자면 저는 영혼과 육체가 갈기갈기 찢겨진 상태였습니다. 고통과의 만남이 제 젊음을 앗아갔습니다. 만약 우리가 자신을 중요치 않다고 생각하지만 않는다면, 제가 그랬던 것처럼 어떤 고통의 경험은 사회적이 아닌 생물학적인 부분적 고통이었습니다. 이 세상에서는 엄청나게 큰 고통이 있다는 걸 매우 잘 알고 있었습니다. 저는 그 생각에 괴로워했지만 오래 끌지 않았으며 그것을 직접 경험했습니다. 제가 공장에서 일을 할 때, 타인들의 고통이 제 몸과 영혼을 파고들었습니다. 제가 저의 과거를 잊고 미래를 학수고대하지 않았기 때문에, 그리고 모든 고통에서 살아날 가능성을 상상하기란 어려운 거라는 걸 알기 때문에, 그 어떤 것도 그들의 고통과 나를 분리시킬 수는 없었습니다. 제가 거기에서 경험한 것은 어떤 사람이건 어떤 환경에 있는 사람이건 간에 제게 잔인하지 않게 말하는 오늘날까지도 어떤 지속적인 방식으로 저를 특징화시키고 있어, 거기에 오해가 있으며 불행히도 십중팔구 그 오해가 사라질 거라는 생각을 갖지 않을 수 없습니다. 그때 저는 로마인들이 가장 경멸한 노예들 앞에 풀어놓은 흥분한 사자의 낙인처럼, 영원히 노예의 표시를 받아들였습니다. 그 이래로 저는 언제나 제 자신의 노예로 생각했습니다. …….

하나님 체험

1937년에 저는 앗시시에서 기적적인 이틀을 보냈습니다. 제가 7세기 조그만 로마네스크 성당에서 혼자 있을 때, 그 무엇과도 비교할 수 없는 순결의 기적이 일어났습니다. 1938년에 성찬식 후에 종려주일부터 부활절 주일 화요일까지 10일간을 솔즈메에서 보냈습니다. 저는 심한 두통을 앓고 있었습니다. 그 느낌은 나를 주먹으로 치는 것처럼 아프게 했습니다. 집중을 위한 극단적인 노력에 의해 저는 그 자체가 고통이며 구석에 쌓인 이 파괴된 육체를 극복하는 게 가능했으며 찬송과 서언의 상상할 수 없을 만큼의 아름다움 내에서 순결하고 완전한 환희를 발견하는 게 가능했습니다. 이러한 경험은 제게 고통의 와중에서도 신성한 사랑이 가능하다는 걸 더 잘 이해하는 것을 가능케 했습니다. 이렇게 신을 섬기는 동안에 하나님에 대한 사랑이 내 생명 안에서 시작되었음은 두말할 필요가 없습니다.

기독교는 그것이 보편적이기에 예외 없이 모든 신의 소명을 포함해야 합니다. 그러므로 교회 또한 그렇게 해야 합니다. 그러나 제 시각으로는 기독교가 보편적인 것이 사실이지만 사실은 그렇지 않습니다. 많은 것들이 그 밖에 있습니다. 제가 사랑하며 포기하고 싶지 않은 많은 것들, 하나님이 사랑하시는 많은 것들, 그렇지 않고서는 그들은 존재할 수 없습니다. 지난 20년대를 제외하고 과거 세기의 거대한 팽창이 그들 사이에 있었습니다. 유색 인종이 거주한 모든 나라들, 백인종 국가들의 모든 속세 생활, 이들 국가의 역사에 있는 마니교나 알비주의파 같은 이단시되는 모든 전통들, 너무 자주 격하되지만 전혀 가치가 없는 것이 아닌 르네상스에 기인한 모든 것들…….

기독교가 보편적이 되는 것이 올바르나 사실은 아니라 할지라도, 내 편에서는 잠시 동안 또는 필요하다면 전 일생 동안 교인이 되는 것이 정당하다고 보는 것이 올바르나 사실은 그렇지 않다고 생각합니다. 그러나 그것이 단순히 정당한 것은 아닙니다. 하나님께서 제게 어떤 일을 하도록 명령하시고 있다는 확신을 주지 않는 한, 그것이 저의 의무라고 생각합니다.

당신께서 그렇게 생각하는 것처럼, 다가올 2, 3년 동안의 우리 의무는 사람들에게 진실하게 구현된 기독교를 보여주는 것이라고 생각합니다. 지금까지 알려진 역사 속에서 오늘날처럼 지구의 모든 지역에서 이토록 영혼들이 위험에 처한 적은 결코 없었습니다. 그 구리뱀은 다시 높여져야 하며 누구든지 그가 구원받을 때까지 눈을 치켜떠야 할 것입니다. 그러나 모든 것이 밀접하게 함께 관련되어 있어 제가 규정한 의미에서 카톨릭이라면 기독교는 진실하게 구현될 수 없습니다. 만약 모든 것 자체를 완전하게 수용하지 않는다면 어떻게 유럽 모든 국가의 사람들에게 기독교 정신이 살아서 순환할 수 있겠습니까? 물론 거짓을 제외하고서 말입니다. 그러나 존재하는 모든 것에는 대부분 거짓 보다는 진실이 내포되어 있습니다. 너무 심하고 고통스러운 절박감이 있다 할지라도, 저는 그 진리를 배반해야 할 수밖에 없었습니다. 제가 태어난 이래 계속 머물렀던 기독교 정신과 비기독교적인 모든 것의 교차점을 떠나는 것이 오히려 제가 진리를 알 수 있는 계기가 되었기 때문입니다.

❞

그녀의 만년은 인간의 근원적 불행의 구제를 목표로 그리스도교적 신비주의의 경향을 보였다.

그녀의 생애는 항상 노동운동에 깊은 관심을 갖고, 억압당한 사람들에 대한 사랑과 이의 실천으로 일관되었으며 이를 위해 평생을 바쳤다. 사후에 출판된 여러 논문이나 유고(遺稿)는 전후의 사상에 커다란 영향을 주었다. 주요저서로 『억압과 자유』, 『뿌리를 갖는 일』 등 외에 종교적 명상을 적은 『중력(重力)과 은총』이 있다.

모든 죄악은 공허함을 채우려는 시도에서 비롯된다. - 시몬 베이유

사람들은 저마다 나쁜 습관이 하나씩 있습니다.
다른 사람 험담하기, 하루 종일 TV보며 실속없는 시간 보내기,
흡연, 음주, 도벽 등등, 다양한 버릇을 가지고 살고 있습니다.

나쁜 습관을 버리지 못하고 살고 있는 이유가 뭘까?
추측해 보면 스트레스와 불만 여러가지 짜증스런 상황들이 모여
되풀이 되는 것이 아닐까 생각합니다.
그렇다고 해서 이런 버릇을 두고 봐서는 안됩니다.
원인을 찾아 해결하려는 자세가 필요로 합니다.

나쁜 습관들은 기분이 풀리고 해결하라는 목적으로
행해지는 것이 아닙니다.
오히려 그 버릇들로 인하여 좋지 않은 상황은 계속되기도 합니다.
자신을 학대하는 것과 같은 나쁜 습관들을
하나씩 고쳐나가야 하겠습니다.

시몬 베이유의 명언처럼
작은 일에 아랑곳하지 않는 노력이 필요합니다.
죄가 될 수도 있는 나쁜 일은
자신을 위로 하려는 못된 습관에서
시작될 수도 있기 때문입니다.

애초에 잘못된 습관이 자리잡게 된 원인을 찾아
바로 잡으려는 자세가 되려 한다면
훌륭한 인생이 되어가는 것에 도움이 되리라 생각합니다.

참고문헌 및 각주 - 이 글은 아래 문헌에서 인용, 발췌한 것이다.
1) Emma Crauford trans., Waiting for God, (New York: G.P. Putnam's Sons, 1951), 15-33.
http://terms.naver.com/entry.nhn?docId=1118008&cid=40942&categoryId=33463. "시몬 베이유[Simone Weil]"
http://blog.naver.com/shinms2139/220419739156. 쿨 하. "시몬 베유-공허함". 2015. 7. 14.

예언적인 저술가

말콤 머거리즈

Malcolm Muggeridge
1903~1990

탁월한 재능을 소유했던 그는 저널리스트로 활동하며
복음과 하나님 나라를 이 세상의 모순과 부조리에 대한 대안으로 제시하며
기독교의 진리를 지성적으로 전파하는데 헌신했다.

자유인의 고민

재치와 영리함과 예언자적 정신을 소유한 사람이 말콤 머거리즈였다. 그는 자신의 임무를 정신적인 쇠파리라고 생각했다. 스스로를 '말품 팔이'라고 불렀으며, 평생을 평론, 저술, 편집, 출판에 종사했다. 그는 어느 한 곳에 머무는 것을 좋아하지 않는 자유인이었다. 캠브리지에서 카이로로, 다시 맨체스터 가디안(Manchester Guardian)으로 돌아왔고, 다시 모스크바에 통신원으로 갔다. 제2차 세계대전 때는 첩보원으로 인도, 아프리카, 이탈리아, 그리고 프랑스 등지를 돌아다니다가 다시 워싱턴에 통신원으로 갔다. 그 후 다시 펀치(Punch)의 편집자로서 영국으로 건너갔다. 50년 동안 끊임없는 순례적인 삶을 살면서 평론 기사들뿐만 아니라 다양한 주제로 여러 권의 책들을 저술했다.

그러는 동안에 두 가지의 심화되는 경험들이 머거리즈의 관심을 완전히 사로잡았다. 그 첫째는 공산주의, 자본주의, 혹은 사회주의 등, 그 어떤 것이든 현대 사회의 제도와 정치로는 이 땅에 하나님 나라를 건설할 수 없다는 것에 대한 환멸을 느꼈던 경험이다. 그는 이에 대하여 자신의 특징적인 문체로 간명하게 설명했다.

행복 추구에 반하는 행동들

나는 진보와 행복 추구를 믿지 않는다. 그리고 인간이 자신의 물질적이고도 육체적인 희망과 욕망을 만족시킬 수 있는 재화를 더욱 풍성히 제공받음에 의해 크게 만족할 수 있는 사회를 건설하려는 어떤 이념과 노력들을 전혀 믿지 않는다. …… 나의 의식이 살아 있던 지난 반세기는 아주 극단적으로 파괴적이었고 살인적이었으며 잔인했다. 이 시기에는 과거 어느 때보다 더 많은 사람들이 죽임을 당하고 테러를 당했으며, 그들의 가정과 고국으로부터 추방을 당했으며, 과거의 인류의 유산들이 더 많이 파괴되었으며, 거짓말들이 더 많이 번져나갔고 천박한 믿음들이 더 많이 성행했다. 그 반면에 예술, 문학, 정신 사조 등의 활동에 있어서는 역사상 그 어느 시기와도 비교도 될 수 없을 만큼 저조함을 보여주었다.

그러나 머거리즈의 두 번째로 강한 사상은 그는 마치 현대사회에 대한 그의 비관적인 분석을 추구하려는 듯이 고전적인 기독교 신앙을 우리 시대의 유일한 지주이자 위안이며 희망으로 생각한다. 그는 신학자가 되기를 거부하고, 심지어 습관적인 교인이 되는 것도 거절한다. 그러나 그는 이 회의주의와 급변하는 가치 체계와 거대한 물질주의적 세계에 있어서 분명하고도 확실한 진리는 오직 그리스도 예수뿐임을 믿는다.

머거리즈는 자신의 이런 기독교적인 믿음을 바탕으로 하여 여러 권의 책들을 저술했다. 그러나 그의 회심은 하늘로부터의 어떤 찬란한 기적 같은 현상이나 빛에 대한 감정적인 굴복이라기보다는 지성적인 자기 설득이라는 데 그 특징이 있다. 머거리즈는 우리로 하여금 자신과 함께 극도의 절망감에 대한 그 유일한 대안에 대하여 깨달아 가도록 인도하고 있다. 그는 예수님 자신에 대해 친근하게, 그러나 그리스도로서의 존경심을 가지고 '당신' 이라고 말한다.

"

지상에서 발견한 하나님 나라

지상의 하나님 나라에 대한 꿈이 나에게서 떠나 다시 되살아나지 않은 것은 내가 모스크바에 있을 때였습니다. 나와 같이 모스크바의 거리를 걷던 우울해 보였던 사람들은 다소 가깝고 친근했지만 한없이 먼 곳의 영원한 나그네들과 같아 보였습니다. 우울한 그 거리는 지상낙원이었고 사람 없는 빌딩들은 하늘나라를 구성하는 많은 거처들이었습니다. 나는 해방된 이후에 베를린에서 지상낙원을 또다시 보았습니다. 그곳의 집들은 깨어진 벽돌 조각이 되어 있었고, 아직도 자유의 불꽃을 안고 있던 천국의 사람들은 담배를 고기 통조림과 교환했고, 사랑도 이 두 가지의 물품들과 교환했습니다. 후에 이 지상낙원은 마법에 의하여 빛나는 것으로 변화되었습니다. 변화된 낙원에는 사랑과 바꿀 수 있는 채찍과 담배가 아직도 많이 있었으나 지폐와 바꿀 수 있는 통조림은 없었습니다. 그 밖의 많은 지상낙원들이 빛과 사랑의 거처들을 동반한 채 세계 도처에서 생겨났습니다. 가장 찬란한 지상낙원들의 기초가 된 원형은 맨하탄 섬에 있었습니다. 오, 하늘을 찌를 듯한 그 거처들이 얼마나 놀라운지! 거리와 빌딩들을 타고 흐르는 상업 음악들이 얼마나 천상의 음악 같으며, 즐거운 희망과 욕망들을 발산하는 불빛들이 얼마나 찬란하며, 그리고 생생한 색채로 마술적인 화면 위에서 행복을 추구하는 무리들이 얼마나 천국다운지!

그러면 당신은? 나는 어떠한 지상낙원에서도 당신의 모습을 볼 수 없었을 것입니다. 당신이 어느 2월 아침에 시카고의 바람 센 어느 모퉁이에서 함박웃음을 짓고 있던 그 늙은 흑인 구두닦이가 아니었다면, 혹은 뉴욕의 이민국에 있던 그 다리 절던 작은 소년이 아니었다면 말입니다. 그 소년이 잇따라 푸에르토리코인의 말을 들을 때, 그의 웃음 띤 인내심은 그곳으로부터 영원에로 이르는 것 같아 보였습니다. 오, 그리고 모스크바 근처의 클라아스마(Kliasma)의 숲 속에 있는 작은 교회의 문 앞에 그림을 그려 놓은 것은 누구입니까? 그 그림은 하늘과 같이 밝게 빛나는 파란색과 흰 눈보다 강한 흰색을 사용하여 그려져 있었습니다. 그것은 분명 당신이 하셨을 것입니다. 그리고 한 부활절 예배에서 집단적인 기근이 한창일 때, 키에프의 한 부활절 예배에서는 버나드 쇼(Bernard Shaw)와 신문 기자들은 넘치는 곡물 창고에 대하여, 그리고 우크라이나 지방의 낙농장에서 일하는 처녀의 아름다운 붉은 뺨에 대하여 이야기하고 있었습니다. 빽빽이 들어차 있던 무리들! 나 자신도 돌기둥에 압박되어 거의 숨을 쉴 수가 없었습니다. 내가 특별히 그렇게 되기를 원했기 때문이 아닙니다. 그러나 거기 있었던 많은 사람들은 우울하고도 굶주린 얼굴들이었으며, 엘 그레코(El Greco)의 어느 그림처럼 빛나고 있었습니다. 그들은 노래를 부르고 있었는데, 그 노래의 내용은 당신 외에는 어떠한 도움이 있을 수 없고 당신 밖에는 돌아갈 어떤 장소도 없으며 당신을 제외하고는 아무것도 어떤 위안을 가져다 줄 수 없다는 것이었습니다. 그때 당신이 내 가까이 계셨더라면 나는 당신을 만질 수 있었을 것입니다. 물론 턱수염을 한 사제들이 빛나는 관을 쓰고 절을 하고 성가를 부르고 향로를 흔드는 교회의 제단 위에서가 아니라, 가장 우울하고 가장 빛나는 사람으로서 말입니다.

혹독한 땅에서 발견한 그리스도

반(半)세기 동안이나 기독교의 모든 것이 혹독하고도 무자비하게 억압받아 왔던 땅에서 오히려 당신에게 가장 가까이 있는 나를 발견했다는 것은 이상한 일입니다. 야만적이고 잔인한 로마 군인들이 '유대인의 왕' 이라고 쓴 푯말을 당신의 머리 위에 써 붙였을 때처럼, 복음서들을 출판하는 것은 금지되어 있었고 당신이 강력한 국가기관에 의해 조롱을 당하고 있을 때입니다. 그러나 그것은 이상한 일이라고 할 수 없습니다. 그런 권력자들에 의해서 환영받기보다는 차라리 멸시당하는 편이 백배 천배 나은 일입니다. 하나님과 가이사의 구별이 현저한 곳에서는 그 둘 사이의 대화를 중재함으로써 어떤 소기의 목적을 달성할 수 있다고 쉽게 생각하는 것은 정신나간 사람이 아니면 할 수 없는 일입니다. 공산주의 국가들 안에는 악마의 손아귀에 있는 지상왕국과 당신의 나라 사이에 명백하고도 뛰어넘을 수 없는 깊은 구렁이 놓여 있습니다. 그곳에는 독립한 나라를 간섭하면서 알아들을 수 없는 말을 지껄이고 얼굴을 찡그리는 미친 성직자들도 없습니다. 그곳은 기독교 신앙이 새롭게 꽃필 수 있는 완벽한 상황을 제공해 줍니다. 마치 기독교 시대의 시초에 그 신앙이 꽃피웠던 상황과 신비스럽게도 유사합니다. 나는 베들레헴의 새 별을 찾기 위해 서방 세계를 보지 않고 동방 세계를 보고 있습니다.

이제 내가 보노라! 이렇게 말할 수 있다는 것은 우리에게 위로가 될 것입니다. “전능하사 천지를 만드신 하나님 아버지를 내가 믿사오며 …”라는 교회의 숭고한 신조의 한 구절을 전적인 믿음으로 암송하는 것이 위로가 될 것입니다. 모든 것들이 기적적으로 명백해지는 깨우침의 순간을 지적하는 것도, 그리스도인들이 드리는 다양한 예배의 하나를 충분히 인정하고 함께 동참하는 것도 말입니다. 또한 무엇보다도 당신을 ‘주님’이라고 부를 수 있다는 것과 확신을 가지고 당신의 명령을 기다리는 것도 위로가 될 것입니다. 위로, 그러나 슬프게도 그것은 진실이 아닐 것입니다. 그러나 당신이 우리들에게 요구하신 다른 모든 것들 중의 하나는 확실히 진리입니다. 따라서 나는 제대로 보지도 못하며 신조를 전적으로 믿지도 않으며, 모든 것을 밝혀주는 깨우침의 순간도 가지지 못했다는 것을 고백해야만 합니다.

그러면 당신은? 당신에 대해 내가 알고 있는 것은 무엇입니까? 당신은 세상 안에서 살아서 존재하시는 분, 수억의 인류 중에서 유일하게 하나님께로부터 직접 오셨으며, 하나님께로 직접 돌아간 분, 그러나 또한 매우 인간적으로 친밀하게 어제도, 오늘도, 내일도 영원히 우리들 가운데 거하시는 분입니다. 그들이 말하는 대로 당신은 사셨고 죽으셨고 죽은 자들로부터 다시 부활하셨습니까? 그 문제에 관해서 아는 자는 누구이며 관심을 갖고 있는 자는 누구입니까? 역사는 죽은 사람들을 위한 것입니다. 그러나 당신은 살아 있습니다. 마찬가지로 아주 작은 비밀 모임 장소로부터 하늘을 찌를 듯 웅대하게 세워진 거대한 교회들에 이르기까지 당신의 이름으로 세워지고 유지되는 모든 교회들은 죽은 사람들을 위한 것이며 그것들 스스로도 죽어야만 마땅합니다. 그들은 시간에 속해 있지만, 그러나 당신은 영원에 속해 있습니다. 시간과 영원의 교차로에서 멈추어 서서 당신은 우리들을 만납니다. 우리가 살면 죽고, 죽으면 산다는 것을 끊임없이 생각나게 해주는 분, 당신은 생각할수록 놀라운 성육신이시며 참으로 세상의 빛이십니다.

빛으로 오신 그리스도

빛이 있으라(Fiat Lux)! 하나님의 놀랍고도 위대한 명령에 의해 모든 것은 시작되었습니다. 그것은 자아가 지배하고 어두운 욕망으로 끝없이 지향하는 인간 의지의 가장 깊은 곳을 하나님이 빛을 비추어 조정하지 않는 한, 시간이 끝날 때까지 계속될 것입니다. 하나님의 역사는 끝나지 않습니다. 이 다른 빛을 본 나는 마치 식물들이 태양을 향해 본능적으로 뻗어 가는 것처럼 그 빛을 향하여 돌아서서 그것을 향하여 성장하고 있습니다. 사랑의 빛은 미움의 어둠을 제거시키며 평화의 빛은 전쟁과 혼란의 어둠을 소멸시킵니다. 생명의 빛은 죽음을, 창조의 빛은 파괴를 몰아냅니다. 역사의 빛에서 보면, 비록 어둠이 우리와 우리의 세계를 쓰러뜨리고 말살시킬지라도, 당신은 그때마다 역사를 뒤바꾸어 놓으셨습니다. 예수님을 믿는 사람은 누구든지 어둠 속에 있지 않게 하시려고 당신은 빛으로 세상에 오셨습니다. 당신의 빛은 어둠 속에서 빛나고 있으며, 어둠은 결코 빛을 이기지 못할 것입니다. 영원토록!

”

참고문헌 – 이 글은 아래 문헌에서 인용, 발췌한 것이다.

Hugh T. Kerr & John M. Mulder. *conversions*. New York: Grand Rapids, 1983.

말콤 머거리즈의 *Jesus Rediscovered*, New York: Doubleday& Co., 1969, 48-51

휴 커 · 존 멀더, 공편. 『위대한 회심자들』. 박영봉 역. 서울: 생명의 말씀사, 1993. pp. 316~321.

카톨릭의 영성을 추구한 작가

토마스 머톤

Thomas Meoton

1915~1968

다양한 영역에 걸쳐 깊고 풍부한 지식을 가지고 있었던 그는 현대세계를 종교적으로 해석하기 위해 카톨릭 영성에 심취하면서 깊은 종교적 성찰에서 나오는 고대와 현대, 동양과 서양의 정신과 영성을 종합하는 글들을 썼다.

카톨릭 영성의 선구자

시인, 소설가, 신비주의자이며 신학자였던 토마스 머톤(Thomas Merton)은 20세기에 가장 광범위하게 독서를 한 카톨릭 작가 중의 한 사람이었다. 그는 동양과 서양의 영성 모두에 동등한 지식을 가지고 있었으며, 현대 세계의 종교적, 사회적 이슈들을 말하기 위해 수도원 전통을 사용하기 시작하면서 중세 신앙에 깊이 몰두했다. 그는 침묵서약을 요구하는 가장 엄격한 카톨릭 교단 중의 하나인 트래피스트회(The Trappists)에 들어갔다. 다행히 대수도원장은 이 침묵하는 수도자에게 글쓰기를 통해 말할 것을 촉구했다. 그리고 고대와 현대, 동양과 서양을 종합하는 글들이 그의 펜에서 흘러나왔다.

프랑스에서 태어난 머톤은 버뮤다와 미국에서 훌륭한 교육을 받았다. 어렸을 때 고아가 되었지만, 그의 부모님은 그에게 많은 신탁재산을 남겼으므로, 그는 호화로운 생활을 하는데 그것을 이용할 수 있었다. 영국에서 공부하는 동안 그는 사생아의 아버지가 되었고, 그의 수탁자는 그 어머니와 함께 재산 양도를 조정했다. 그러나 그 어머니와 아이는 2차 대전 중에 런던의 공습으로 사망했다.

토마스 머톤은 18세에 로마를 여행하는 중에 비잔틴 모자이크에서 뜻밖의 매력을 발견하여 처음으로 성경을 읽기 시작했다. 당시 그는 영국 캠브리지대학교 클레어대학의 학생이었다. 2년 후 미국에 이주한 머톤은 뉴욕의 콜롬비아대학교에서 영문학을 공부하고, 문학 석사 학위를 취득했다. 그는 재능을 살릴 것을 권유받았으나, 그의 인생에 대한 불만족과 사회 부정이 그를 고정시켜버렸다. 그는 맨 처음에는 청년 공산주의자 단체에 관심을 보였으며, 또한 할렘 지역의 카톨릭 안보관에서 일을 했다. 그는 카톨릭에 대한 글들을 열심히 쓰면서 인간은 세례를 받아야 하며, "결국은 그 교회의 신과 조화를 이루는 생활"로 들어가야 한다고 결론을 내렸다.

그는 그가 상상한 것보다 더 가파르고 힘든 일곱 계층 정죄의 산을 오르기 시작해서 마침내 그 산 정상에 도달했다. 1941년에 그는 켄터키에 있는 겟세마네의 트래피스트 수도원에 들어갔고, 27년 동안 트래피스트 수도회의 수도승으로 살았다. 거기서 1948년 출간되자마자 베스트셀러가 된 그의 자서전 『칠층산』(*The Seven-Storey Mountain*)을 썼다. 그의 많은 책들이 계속 출판되면서, 그로부터 배우고 순례하기 위해 사람들이 겟세마네에 몰려들었다.

머톤은 1950년대와 1960년대에 시민권의 강력한 옹호자였으며 미국의 외교정책에 대하여 비판적이었다. 명성과 논쟁이 그에게 똑같은 크기로 찾아왔다. 방문객들이 증가하자 그는 완전히 고립되기 위해 대수도원의 자산인 은자의 집으로 물러났다. 그러나 그런 극단적인 조치도 성공적이지 못하자, 그는 평화와 아시아에서의 익명을 찾아 수도원을 떠났다. 그는 방콕의 종교회의에 참석하기로 되어 있었으나 이상한 사고로 호텔방에서 사망했다. 아마도 선풍기가 욕조에 떨어져 감전사 한 것 같았다. 머톤은 "인생에 있어 인간의 완전한 공부는 신을 아는 것이다"고 믿었으며 규율과 자기 희생으로 이 목표를 추구했다. 그는 그의 자서전을 하나님의 말씀이라고 믿은 자신의 비문으로 끝을 맺었다.

"

당신이 조금 찬양되고 사랑 받는다면, 나는 당신의 모든 선물과 사랑을 제거할 것입니다. 그러면 당신은 완전히 잊혀지고 버려질 것이며, 당신은 아무것도 아닐 것입니다. 그날 당신은 그토록 오래 바라던 고독에 사로잡힐 것입니다.[1)]

내면의 영적 성장

내 마음은 이 한 생각에 관심이 있었다. 세례 받는 것과 결국엔 교회의 하나님과 조화를 이루는 생활로 들어가는 것. 모든 나의 공부, 독서, 대화에도 불구하고, 나는 나의 내부에서 일어난 것을 이해하는데 있어 무한히 부족하고 가련했다. 나는 상상했던 것보다 더 가파르고 힘든 일곱 계층의 높은 산기슭에서 막 시작하려 했으며 올라가야 한다는 것에 대해 전혀 알지 못했다.

근본적인 것은 오르기 시작한 것이었다. 하나님의 편에서는 가장 고결한 세례가 그 시작이었다. 왜냐하면 내가 조건부로 세례를 받았다 할지라도, 하나님의 자비가 모든 죄와 나의 어두운 23년의 죄를 일시적으로 탕감해 주실 수 있기 때문이다. 그러나 나의 인간성, 나약함, 나쁜 습관은 나와 싸우고 나를 패배하게 만들었다. 11월 첫째 주말이 가까울 무렵, 아버지 무어는 16일날 내가 세례받아야 한다고 말씀하셨다. 내 인생에서 지금까지 경험한 것보다 더 행복하고 만족스러운 그날 밤 나는 사제관에서 나왔다. 어떤 성직자가 그 축제일을 집전할 것인지를 알기 위해 달력을 보았다. 바로 성 게르트루드였다.

죽음의 노예상태에서 해방되기 전 마지막 날에, 나는 내 자신의 나약함과 무력함에 대해 뭔가를 느끼는 은총을 입었다. 그 실체에 관해 매우 선명한 빛이 내게 주어진 것은 아니었다. 그러나 나는 결국 진실로 내가 가련하고 비참한 존재라는 것을 알았다. 11월 15일 밤 나는 세례와 최초의 성찬식 전야에 다음 날 뭔가 잘못되지 않을까 하는 두려움에 침대에 깨어 있었다. 점점 더 굴욕감을 느끼면서 내가 성찬을 위한 금식을 지킬 수 없을 거라는 두려움이 나를 엄습해왔다. 그것은 자정부터 10시까지 물도 마시지 않고 음식도 먹지 않는 것을 의미했다. 그러나 갑자기 추상적 징표이나 선 의지의 제스처 같은 극기가 내 힘이 완전히 미치지 않을 때까지 상상 속에서 커졌다. 10시간 대신에, 마치 10일 동안이나 물, 음식을 먹지 않고 지낸 것처럼 …, 나는 이것이 신기한 심리적 반응들 중의 하나라는 걸 깨닫기 위해 모든 의식을 동원했다.

아침에 일어났을 때 이를 닦는 것이 성찬을 위한 금식에 위배되는지 아닌지를 아버지 무어에게 묻는 것을 망각했기 때문에 이를 닦지 않았으며, 담배에 대해 유사한 문제에 직면했을 때도 나는 담배의 유혹을 이겨냈다. 날씨는 화창했지만 쌀쌀했다. 햇빛이 부서지는 강물 위로 상큼한 바람이 불었다. 그것은 위대한 시작을 위해 만들어진 활력과 승리로 충만한 가을날 중의 하루였다. 그러나 나는 전혀 신바람이 나지 않았다. 여전히 교회 안에서 일어난 외형들에 관해 막연한 반동적인 불안이 내 마음속에 일었기 때문이다.

모든 것은 매우 간단했다. 우선 아버지 무어가 이단과 분파에 대한 포기선서를 받았던 성모 마리아의 제단에 무릎을 꿇었다. 그리고 우리는 대문 곁에 있는 작은 어두운 구석에 있는 세례당에 갔다. 나는 문간에 섰다. … 그리고 젊은 성직자가 안경 너머로 의식서를 진지하고 조용하게 보면서 라틴어로 기도하기 시작했다. 영생을 간청하는 나는 여기저기 라틴어 구절을 이해하면서 그를 지켜보며 서 있었다. 그는 나를 향해 돌아섰다.

사단을 배척하는가?
세 번을 맹세하면서 나는 사단과 그의 허식과 행위와 단절했다.

너희가 만물의 창조주이신 하나님 아버지의 권세를 믿느냐?
믿습니다!

너희가 성육신하셔서 고통받으신 그의 유일한 아들 예수를 믿느냐?
믿습니다!

너희가 신성한 카톨릭의 성령과 죄사함, 부활과 영생을 믿느냐?
믿습니다!

어떤 산들이 내 어깨에서 떨어져 가는가? 내 안에 하나님의 형상과 그 진리를 놓기 위해 얼마만큼의 어두운 밤들이 내 지성을 제거하는가? 그러나 나는 다음 의식을 기다리며 성찬식에 몰두해 있었다. 그것은 다소 나를 두렵게 만드는 것들 중의 하나였으며, 23년 동안 내 안에 존재하던 많은 것들을 두렵게 하는 것 중의 하나였다. 이때 그 성직자가 내 앞에 불쑥 나타났다. 그는 말했다.

네 불결한 영혼을 떠나라.

그 성직자와 그 안에 살아계시는 예수님이 내 앞에 다시 나타났다. 왜냐하면 예수님은 살아있는 성직자를 통해 나의 정죄를 위한 성사에서 이러한 일들을 하시기 때문에, …….

토마스, 이 숨결을 통해 성령을 영접하라. 그리고 신의 축복을 받으라. 평화가 있을지어다!

일상에서의 영성

그는 다시 기도하기 시작했으며, 내게 성호를 긋고 내 혀에 소금을 놓았다. 지혜의 소금, 나는 신성한 맛을 보았고, 그리고 그는 마침내 내 머리에 물을 붓고 나를 토마스라 불렀다. 그 후에 나는 다른 조수들 중의 한 사람이 나를 기다리고 있는 고해실에 들어갔다. 나는 어둠 속에서 무릎을 꿇었다. 그 어둡고 촘촘히 맞물린 쇠창살을 통해 나는 맥고를 보았다. 그는 머리에 손을 얹고 숙이고 있었으며 나를 향하여 귀를 기울이고 있었다. '불쌍한 사람' 이라고 나는 생각했다. 그는 매우 어려 보였으며 착하게 보였다. 나는 내가 그에게 어떤 말을 해야 하나 확인하고 나의 고백을 이해하리라 생각했다. 그래서 나는 할 수 있는 한 최선을 다해 반항하듯이 모든 죄들을 뿌리까지 뜯어냈다. 그들 중의 어떤 것은 단단했으나 이러한 모든 일들이 일어날 시간들을 가깝게 하기 위해 최선을 다하면서 그것을 재빨리 단행했다. 그것들은 셀 수 없었고 단지 추측만 했다.

무어가 나를 보고 그와 나의 미사를 시작하기 위해 나왔던 그 교회 앞까지 내려가야 했다. 나는 고해실을 사랑했다. 벌써 그는 하얀 제의를 입고 제단에서 책을 펴고 있었다. 나는 제단 난간에 무릎을 꿇고 있었다. 화려한 성전은 모두 나의 것이다. 나는 성직자의 조용한 속삭임과 응답을 들을 수 있었다. 누군가 나를 쳐다보고 있는 것을 개의치 않았고, 일어서고 무릎 꿇기를 반복하면서 말할 수 있었다. 왜냐하면 나는 지금까지 이러한 일상적인 의식에 대해 확신하지 못했기 때문이다. 그러나 조그만 벨이 울렸을 때, 나는 무슨 일이 일어났는지 알았다. 그리고 높이계신 하나님을 보았다. 침묵과 순박함을 지니신 예수님이 다시 한번 승리하셨고, 높이 계셨으며, 예수님에게로 모든 것을 끌어들이셨다. 예수님에게로 나를 끌어들이셨다. …….

세상 죄를 지고 가는 하나님의 어린 양을 보라!

나의 최초의 성찬이 계단 아래 있는 나를 향해 오기 시작했다. 나는 제단 난간에 단지 혼자 있었다. 천국은 완전히 나의 것이었다. 천국을 공유하는 것이 경계를 만들지는 않으며 감소하지 않는다. 그러나 이 고독은 이 작은 하나님 안에 숨어있는 이 예수가 나를 위해 스스로에게 주시고 나에게 주시며, 완전한 하나님 그 자신과 성삼위와 함께 하는 일종의 성의에 대한 암시였다. 하나님 안에서 생활의 힘과 권세의 새로운 증가는 몇 분전에 성수반에서 시작되었다. 나는 제단 난간을 떠나 네 개의 그림자, 네 개의 비 실존체처럼 다른 사람들이 꿇고 있는 교회 신도석으로 돌아갔다.

나는 지금 막 하나님의 신전 안에 와 있으며 영생의, 그리고 순결한 희생자는 내 안에 살아계시는 하나님께 바쳐졌다. 그의 화신 속에서 합쳐지고 하나님과 함께 희생된 나, 신을 향한 신의 희생, 내 안에서 나신 예수, 내 안에 희생된 새로운 베들레헴, 내 안에서 일어선 예수님의 새로운 기병, 하나님 아버지께 나를 바침, 하나님 안에서 하나님을 구함, 나의 아버지이며 예수의 아버지. 하나님의 무한하고 특별한 사랑 안에서 나를 받아들임, 존재하는 모든 것들에 대하여 베푸시는 사랑이 아닌 하나님 사랑의 징표로서의 모든 존재들을 위한 사랑, 하나님이 사랑의 힘 안에서 이끌려지고 하나님의 사랑의 힘으로 이끌려진 창조물을 위한 사랑, …….

이제 나는 하나님의 삶이요, 영혼인 그 인력의 끊임없는 운동을 시작했다. 그의 무한한 본성을 향한 하나님의 인력, 영원한 미덕. 그리고 모든 것의 중심인 하나님, 그 영역의 광대함, 그리스도와의 신비한 합체를 통해 거대하고 무한한 사랑으로 합쳐진 나를 발견함, 끝까지 나를 사랑하신 성령님, …….

그는 나를 그의 거대한 심연으로부터 불러내었습니다. 할렐루야!

”

토마스 머톤(1915.1.31~1968.12.10)은 현대의 대표적인 영적 스승으로 꼽힌다. 트래피스트회 신부, 작가, 평화 인권운동가였다. 헨리 나우웬과 필립 얀시 등도 토머스 머튼의 삶과 사상에 영향을 받았다. 힐러리 클린턴 상원 의원, 에털 케네디 부인, 오프라 윈프리 토크쇼 진행자는 열광적으로 그를 존경한다고 고백했다.

'20세기 고백록'으로 평가받는 자서전 『칠층산』을 통해 세상에 알려진 그는 1968년 12월 10일 갑작스러운 죽음을 맞이했다. 토머스 머톤이 세상을 떠난 지 40여 년이 흘렀지만, 70여 권에 이르는 그의 작품들은 여전히 활발하게 출판이 되고 있다. 오히려 살아생전에는 알려지지 않았던 4,000여 통의 편지와 일기가 나오면서 독자들의 사랑을 받고 있다.

참고문헌 및 각주 – 이 글은 아래 문헌에서 인용, 발췌한 것이다.

1) 토머스 머톤. *The Seven-story Mountain*, New York: Harcourt, Brace & Co., 1948, 221-232..

https://terms.naver.com/entry.nhn?docId=2077549&cid=44546&categoryId=44546. 『해외저자사전』. 2018.11.02.

세계적인 여성작가

유지니아 프라이스

Eugenia Price
1916~1996

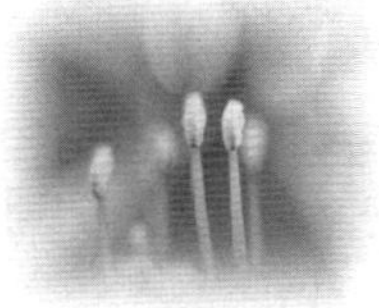

절망의 늪에서 그리스도의 복음에서 빛을 발견하고 회심했다.
그 후에 작가로서 재기한 그녀는 복음적인 기독교 작가로 활동했다.
깊은 영감과 여성 세계에 대한 책들을 주로 써서
복음을 탁월하게 전파했다.

성경의 영감과 여성을 드러내다

그는 많은 친구에게 제니(Genie)라는 애칭으로 불렸다. 유지니아 프라이스(Eugenia Price)는 1916년 6월 22일 미국 웨스트버지니아 주, 찰스턴의 중산층 가정에서 태어났다. 아버지 월터는 치과의사였다. 가정은 넉넉했기에 어린 시절을 아무런 어려움이 없이 보냈다. 제니는 매우 똑똑하고 우수해서 학교를 조기에 입학할 정도였다. 10세의 나이에 제니는 어머니 안나의 격려에 힘입어 작가의 길로 나가고자 결심했다. 1932년 찰스턴 고등학교를 졸업했을 때, 자신은 무신론자라고 선언했다. 2년 동안 오하이오대학교에서 공부한 후에 제니는 오하이오의 노드웨스턴 치과학교에 등록 할 수 있는 유일한 여성 학생이 되었다. 2년 동안 치과를 공부 한 후에 스스로 독학으로서 경력을 추구하기로 결정했다.

1939년 그녀는 NBC를 떠나 프록터 & 갬블에 의해 고용되어 1942년까지 일했다. 그 후에 자신의 라디오 시리즈로 NBC에 고용되었다. 1945년 그녀는 '유지니아 프라이스 프로덕션' 이라는 자신의 회사를 설립하여 작업을 계속했다.

1949년에 제니는 자신의 경력과 명성에 큰 영향을 미칠 기독교로의 회심을 결정한다. 기독교를 받아들이고 퍼시픽 가든 미션 후원 라디오 드라마로 일을 시작했다. 1953년 제니는 영감 소설가로 그녀의 경력을 시작하여 『내 인생 생활에서 만든 발견』을 발표했다. 그리고서 주로 여성, 영감과 신앙에 관련한 책을 쓰고, 교회, 시민 행사에서의 강연 등으로 1950년대를 보냈다.

제니는 역사와 유명한 인물을 포함하는 영역을 넘나드는 영감의 작품으로 호평 받았다. 다수가 미국 남부에 설정한 상세한 역사 소설을 쓰면서 그녀는 인생의 나머지를 보냈다. 책의 구성에 있어서 초기 작품은 광범위하게 실제 사람에 연구 및 기반으로 했다. 특히 『세인트 시몬스 3부작』, 『사랑하는 침략자』(1965), 『뉴문의 상승』(1969)과 『등대』(1972)가 이것은 『다른 날』(1984)과 자신의 캐릭터에 추천 『대기 시간』(1997)으로, 이것들은 그녀의 후반기 소설과는 대조적이다. 다른 역사 소설은 『밝은 포로』로 구성된 그녀의 『조지아 3부작』을 포함 『어디 그림자 이동』 및 『재에서 아름다움』, 『플로리다 3부작』, 『돈 후안 맥퀸』, 『마리아』, 『마가렛의 이야기』, 『어둠의 폭포 전에』 및 『사바나』와 『사바나 4중주』, 『당신을 다시 보고』와 『사바나의 낯선 사람』 등이 있다.

제니는 오랜 동반자와 함께 조지아 주의 세인트 시몬스로 1965년에 이동 한 후, 조이스 블랙번과(그녀의 연구를 지원하는 사람들) 현지의 여러 활동에 열성적으로 참여했다.

제니는 1996년 5월 28일에 울혈성 심부전증으로 조지아 주 브런즈윅에서 사망했다. 제니의 묘비는 이렇게 쓰여 있다.

"1949년 10월 2일 예수 그리스도로의 변형 후, 그녀는 빛을 집필했다. … 그리고 영원과 사랑 모두가 나의 것입니다." 기독교적인 저작들로는 『여성의 결단』, 『성경에 나온 위대한 여성들』, 『참제자가 되는 신앙』, 『짐을 벗어라』, 『성경에 나온 여성의 세계』 등의 책들이 있다.

무거운 짐이었던 삶

1932년은 고등학교를 졸업하던 해였다. 이때에 제니는 무신론자라고 스스로 선언했었다. 그로부터 17년이란 세월이 흘렀다. 제니는 어렸을 때부터의 꿈이었던 작가가 되었고, 꽤 유명세도 타고 있었다. 스스로가 마음의 한계에 부닥쳐서 고통스러운 생활을 보내고 있는 것을 빼면 아무런 문제도 없어 보였다. 그러나 내면이 문제였다. 모든 생활에서 벌어지는 일들은 무거운 짐이라고 느꼈고 스스로를 감당하기에 기력이 쇠해서 완전히 방전된 상태였다. 지치고 둔한 모습으로 권태로 가득 차서 두렵다는 사실을 인정하는 것조차 어려워하는 모습을 상상해보라! 제니 자신이 그러했다. 어찌할 수 없는 상태에 빠진 제니가 추구한 것은 외면(外面)이었다. 내면(內面)의 공허함이 변화무쌍한 외면의 것으로 채워질 수 있을까? 제니는 그러리라 생각했다. 하루의 몇 시간은 좋아하는 재즈 음악을 틀어놓았다. 열광적인 리듬에 몸을 맞기고 삶이란 다 그런 것이라고 생각하려고 노력했다. 재즈에 몰두하지 않으면 책을 붙들고 씨름했다. 재즈와 책, 이외에는 괴로움 자체였다. 나중에는 그야말로 모든 것이 귀찮아졌다. 마음속의 보이지 않는 무언가가 격동하고 있었다. 그것이 무엇이었을까? 무엇을 보아도 즐거움과 흥미와 관심을 잊어버렸다. 나이는 33세에 접어들고 있었으나 만사는 고통스러웠고 짜증나서 숨이 막힐 정도였다. …….

친구와의 대화

1949년 9월 하순의 어느 날, 친구 엘렌 라일리(Ellen Riley)가 방문했다. 엘렌은 완전히 달라져 있었다. 더 이상 술을 마시지도 않았고 그럴 필요가 없어졌다고 했다. 제니는 어색하고 무거운 침묵을 깨고자 방송작가로서 거둔 커다란 성과에 대하여 과장하면서 늘어놓았다. 제니가 녹음기처럼 싫증이 날만큼 장황하게 늘어놓는 것을 말없이 듣던 엘렌이 침묵을 깨뜨리고 불쑥 말했다.

"네가 훌륭한 일을 한 줄은 알고 있지만 내가 보기에 가장 불행하게 보이는 사람처럼 보이는데 왜 그러지?"

이 말에 제니는 무어라 할 말을 잃어버렸다. 고통스런 작금의 현실을 들켜버린 것 같은 느낌이 들었다. 불도 부치지 않은 담배를 쥐고서 질식할 것 같은 침묵 속에 당혹스러운 표정의 초라했던 모습이 제니였다. 엘렌이 퉁명스러웠던 것일까? 사실 엘렌의 표정과 음성은 너무나 부드러웠다. 엘렌은 평화로운 곳에 있었고, 제니는 쓸쓸하고 황량한 곳에 거주하고 있어서 왜소한 느낌 그대로였다.

외적인 측면에서 보자면 제니는 값비싼 집에서 살고 있었다. 엘렌에게는 널따란 거실도, 아름다운 정원도, 훌륭하고 극적인 제작 활동 그 무엇도 없었다. 그럼에도 엘렌의 생활은 제니를 어서 오라고 부르고 있었다. 온 우주가 엘렌의 생활을 지지하고 하나님이 돌보시는 강력한 느낌을 주고 있었다. 그에 비해서 제니는 하나님이 우주를 창조하셨을 때에 세우신 법칙들을 어기고 있었다.

제니는 자신의 삶의 밑바닥이 흔들리면서 가슴속에서 부르짖는 갈망의 소리를 더욱 분명하게 들었다. 18년 전에 엘렌이 알고 있던 평화롭고 커다란 눈을 깜박이던 수다쟁이의 제니가 아니었다. 이때까지 감추고 숨겨온 아름답게 보였던 벽들이 균열을 일으켰고 흔들리며 무너지면서 추한 속살을 들어내고 있었다. 제니는 커다란 공포 가운데 속으로 외마디 비명을 지르고 있었다. 빛이 비추어서 변해버린 흉측한 모습을 모두 보이기 전에 아무도 모르는 곳으로 도망쳐 버리고 싶었다.

엘렌은 제니에게 자신의 생활에서 무엇이 변했는지를 이야기했다. 사실 엘렌은 약 30년 전부터 변화된 가치관으로 살아 왔던 것이다. 제니는 주저하지 않고 물었다.

"

"네 생활의 중심이 무엇이니?"

"무엇이 아니라 거기엔 어떤 분이 계신단다."

"어떤 분이라니?"

"예수 그리스도가 계신단다."

"제발!"

제니는 그렇게 말하고 웃었으나 사실은 조금도 웃을 기분이 아니었다. 어떻게 할 바를 몰랐기 때문에 그저 웃었으며 정말 아무런 할 말도 찾을 수 없었다. 17년 전에 무신론자라고 선언했고, 한 번도 하나님을 영접하고 싶은 생각이 들지 않았는데 …….

그때 바흐의 음악을 몇 곡 듣고 있었는데, 엘렌은 바흐의 음악에서 하나님을 느낀다고 말했다. 제니는 물었다.

"하나님에 대해서 정말로 어떤 것을 믿고 있니?"

이에 대하여 엘렌은 고백했다.

"나는 하나님 당신이 참으로 어떤 분이신지 우리에게 보여주시려고 예수 그리스도의 형체로 세상에 오셨다는 것을 믿어. 그리고 우리를 죄에서 구원하시려고 오신 것을 믿지." "뭐, 죄라고?" "그래 죄야말로 우리를 하나님으로부터 떼어놓는 무서운 것이야. 예수 그리스도가 우리를 위해 십자가 위에서 행하신 일을 믿지 않으면 하나님께로 돌아갈 수 있는 길이 없어. 우린 용서를 받아야만 하거든!"

제니는 거칠게 담배를 비벼껐다.

"십자가가 어떻고 하는 이야기는 그만 둬! 듣지 않을 것이야!"

제니는 새로운 담배에 불을 붙였다. 그리고는 퉁명스럽게 말했다.

"이치에 닿는 말을 하란 말이야."

그 말은 누가 들어도 진부한 표현이었고, 이상한 말들이라고 생각했으므로 더 이상 말할 필요조차 없다고 단정했다. 그날 밤에 엘렌도 더 이상 말하지 않았다.

성경을 통하여 만난 하나님

그 후로 엘렌은 편지로 제니를 설득하려 했다. 제니는 엘렌에게 감동을 받기는 했지만 하나님을 마음에 모실 수는 없었다. 어느 수요일에 엘렌은 성경은 훌륭한 서적 이상이라고 말하면서 복음서를 읽어보라고 권유했다. 무엇이든 지나치게 권하는 법이 없었는데, 누군가가 엘렌을 인도하는 것만 같았다.

그날 밤 11시경에 제니는 성경을 들고 가만히 앉아 있었다. 엘렌은 제니의 시에서 어휘를 다루고 거기에 새로운 의미를 부여하는 방식이 에스겔서의 형식과 일맥상통한다고 언젠가 말한 적이 있었다. 제니는 에스겔서가 성경의 어떤 책인지 목차를 보아야겠다고 생각했다. 대학시절에 영문학을 전공할 때, 성경시간에 배운 기억을 더듬어보니 성경의 어떤 책은 선지자의 이름을 따라 명명되었다고 들었던 사실이 떠올랐다. 에스겔이란 이름을 보면 선지자인 듯했다. 제니는 에스겔서를 읽기 시작하면서 완전히 매료되고 말았다.

"모양이 놋같이 빛난 사람 하나가 손에 삼줄과 측량하는 장대를 가지고 문에 서서 있더니."

이렇게 쓰인 시적인 묘사가 기록되어 있는 사십 장 중간까지를 단숨에 읽어 내려갔다.

에스겔이 거기에 있는 이유라든가 해야 하는 일이 무엇인지는 전혀 알 수 없었다. 다만 명쾌하고 음악과도 같은 단순한 문장은 한 줄씩 읽어 내려갈수록 마음이 즐거워졌다. 매듭은 하나씩 풀려나가는 듯한 평안함을 느꼈다. 제니는 "각각 한 척수요, 이편도 육 척이요, 저편도 육 척인 문지기 방을 측량"하는 대목까지 계속해서 읽었다. "문지기 방에는 각각 닫힌 창이 있고, 문 안 좌우 편에 있는 벽 사이에는 창이 있고, 그 현관도 그러하고, 그 창은 안 좌우 편으로 벌여 있었으며, 각 문 벽 위에는 종려나무를 새겼더라." 이 대목에 이르러서는 탄성을 지르고 말았다.

"이 성경 말씀처럼 기쁨을 주는 것이 도대체 또 있을 수가 있을까?"

41장에 나오는 성전의 묘사는 한층 더 매혹적이었다. 지극한 안도감을 느꼈다. 어휘에 대하여 고정된 의미를 부여하는 것에 만족하지 않은 사람이 구약의 에스겔 선지자 한 분이 또 있었던 것이다.

제니는 주저앉아 눈물을 흘리기 시작했다. 바그너와 베토벤의 음악은 엄청난 음향의 복선으로 지고한 감정을 전달하면서도 우울하게 만들었다. 그런데 이제야말로 참으로 지고한 감정에 사로잡힐 수 있었다. 에스겔이라는 옛 선지자가 제니도 감히 나타내지 못했던 시적 아름다움을 가지고 감동시켰던 것이다. …….

"

의문과 확신

이튿날 아침에 묵고 있던 호텔에 엘렌이 왔을 때, 벅찬 감동을 마구 토로했다. 엘렌은 담담한 태도로 문학 형식에 대해서만 심취하느니보다 한 걸음 더 나아가 보면 어떨까 하는 뜻을 비쳤다. 그리고는 잠언 8장 22절부터 36절까지 소개해 주었다. 엘렌은 교묘하게 관심을 다른 데로 돌렸고, 잠언을 읽기 전에 잠깐 침묵한 후에 읽어나가기 시작했다. 그러다가 27절부터는 제니에게 읽도록 시켰다.

"그가 하늘을 지으시며 궁창을 해면에 두르실 때에 내가 거기 있었고 그가 위로 구름 하늘을 견고하게 하시며 바다의 샘들을 힘 있게 하시며 바다의 한계를 정하여 물이 명령을 거스르지 못하게 하시며 또 땅의 기초를 정하실 때에 내가 그 곁에 있어서 창조자가 되어 날마다 그의 기뻐하신 바가 되었으며 항상 그 앞에서 즐거워하였으며 사람이 거처할 땅에서 즐거워하며 인자들을 기뻐하였느니라." 여기서 읽기를 중단했다. 숨이 가빴다. 제니는 엘렌을 바라보며 무한히 기대에 찬 감동의 순간이 흘러감을 느꼈다.

"엘렌, 이 말씀에서 '나' 란 누구니? 아니 먼저 이걸 말해봐. '그' 란 하나님을 가리키니?" "그래, '그' 란 하나님이셔, 곧 아버지를 말하지." "그렇다면 나는 누구니? 하나님께서 바다의 한계를 정하실 때에 누가 거기 있었지?" 제니는 언성을 낮추려고 애썼다.

"산이 세우심을 입기 전에 누가 거기 있었지? '나' 란 도대체 누구야?" "제니야 누구신지 전혀 모르겠니?" "넌 예수 그리스도라고 말할 모양이구나." "맞아 그분이셔." "하지만 첫 부분에서 지혜가 말한다고 했는데, … 넌 상상이 지나쳐. 걸핏하면 예수 그리스도 운운한단 말이야!" "스코필드 성경주석에서 잠언의 그 부분에 대한 주석을 보면 언급된 지혜란 예수를 가르친다고 되어 있어 ……."

엘렌은 계속해서 그 성경말씀을 설명해 주었다. "내가 곁에 있어서 창조자가 되어 날마다 그 기뻐하신 바가 되었으며 항상 그 앞에서 즐거워했으며 사람이 거처할 땅에서 즐거워하며 인자들을 기뻐하였느니라." "… 인자들을 기뻐하였느니라." 그 구절에서의 '내'가 만일 구약의 지혜로서의 그리스도가 한 말이라면 그분은 오래 전에 이미 뉴욕과 시카고와 사람이 '거처할' 기타 지역을 사랑하고 진실로 '기뻐'하셨다는 뜻일까?

그것이 사실이라면 하나님은 제니도 기뻐하신다는 뜻이 된다. 어째서 엘렌은 특별히 그 구절을 읽기를 원했을까? 8장의 마지막 말씀은 다음과 같다.

"아들들아 이제 내게 들으라. 내 도를 지키는 자가 복이 있느니라 훈계를 들어서 지혜를 얻으라 그것을 버리지 말라 누구든지 내게 들으며 날마다 내 문 곁에서 기다리며 문설주 옆에서 기다리는 자는 복이 있나니 대저 나를 얻는 자는 생명을 얻고 여호와께 은총을 얻을 것임이니라. 그러나 내게 범죄하는 자는 자기의 영혼을 해하는 자라 나를 미워하는 자는 사망을 사랑하느니라." 끝까지 읽고서 제니는 오랫동안 가만히 앉아 있었다. 엘렌이 8장을 마지막까지 읽으라고 부탁한 이유를 알았다. "… 내게 범죄하는 자는 자기의 영혼을 해하는 자라. … 대저 나를 얻는 자는 생명을 얻고 …… (8장 36절)."

한밤이 지나서 다시 성경을 들었다. 이제는 성경이 얼마 전처럼 볼품없게 보이지 않았다. 이사야라는 부분에서 59장을 읽기 전에 58장의 마지막 절이 눈에 들어왔다. "네가 여호와 안에서 즐거움을 얻을 것이라 내가 너를 땅의 높은 곳에 올리고 ……." 나를? 하나님께서 나를 땅의 높은 곳에 올리시겠다는 뜻일까? 무엇 때문에? 어떻게? 나는 59장의 첫 부분을 읽었다. "여호와의 손이 짧아 구원하지 못하심도 아니요 귀가 둔하여 듣지 못하심도 아니라."

제니는 '구원받는다' 라는 말을 끔찍이 싫어했다. 열심히 교회에 다니는 사람들은 항상 영혼을 구원하고 어쩌고 하는 말들을 늘어놓고 있었다. 길모퉁이에서 그 볼품없는 전도지를 열성적으로 나누어주면서도 음울한 표정을 짓고 있는 사람들 말이다. 제니가 알기에는 용서할 수 없을 만큼 취미가 고약한 사람들이 '구원받는 일' 을 이야기했다. 어째서 이사야는 모든 것을 이렇게 기록해 놓은 것일까? 성경의 다른 부분은 모두가 예술 같았는데…. 그러나 "귀가 둔하여 듣지 못하심도 아니라" 는 하반절 말씀은 퍽 기쁜 말씀이었다. 또한 도움이 되는 말씀이었다. 사실 제니는 가엾을 정도로 과민해 있었다. 그렇기 때문에 살아계신 하나님의 장중에 붙들릴 수 있었던 것이다. 어느 때인가부터 진실로 그곳에 있기를 갈망했고 구원받기를 고대했다.

제니는 이사야가 전한 강렬한 말씀을 자석처럼 이끄는 대로 간절한 마음을 품고 따라갔다. 구원이라는 말은 잊어버렸다. "그 발은 행악하기에 빠르고…." 그 말은 옳다. 나도 그랬다. 그래서 어떻다는 것인가? "그들은 평강의 길을 알지 못하며 그들의 행하는 곳에는 공의가 없으며…." 어머니는 내가 매사에 판단력이 부족하다는 말을 하곤 했다. "굽은 길을 스스로 만드나니 무릇 이 길을 밟는 자는 평강을 알지 못하느니라. … 우리가 빛을 바라나 어둠뿐이요 밝은 것을 바라나 캄캄한 가운데에 행하므로(59장 9절)." 이제 견디지 못하고 일어섰다. 그만 읽을 수도 없었지만 이젠 도무지 그대로 가만히 앉아 있을 수도 없었다. 그래서 다시금 혼자 소리를 내어 읽기 시작했다. "우리가 맹인같이 담을 더듬으며 눈 없는 자 같이 두루 더듬으며 낮에도 황혼 때 같이 넘어지니 우리는 어두운 데 처하여 죽은 자 같은지라 … (10절)."

"아니야!"

제니는 흐느껴 울면서 침대 옆에 무릎을 꿇었다. "나는 어두운 데 처하여 죽은 자 같으니라…." 침대 옆에 성경을 펼쳐 두고 기도하는 법은 몰라도 하나님을 향하여 소리를 내서 계속 읽었다. 또한 시편 119편을 읽었다. " …… 잃은 양 같이 내가 방황하오니 주의 종을 찾으소서 내가 주의 계명을 잊지 아니함이니이다." 제니는 겨우 네 살이었을 때에 고향의 교회 제단에 서서 "양 아흔 아홉 마리"라는 찬송을 처음부터 끝까지 부른 일이 있었다. 그 후, 숱한 세월을 두고 술에 만취한 채 가슴속에서 진실의 소리를 희미하게 느끼며 '양 아흔 아홉 마리'를 부르곤 했다.

양 아흔 아홉 마리는 울안에 있으나
한 마리 양은 길을 잃고 헤맨다.
산은 높고 길은 험한데 목자를 떠났다.
목자를 떠났다.

자신이 하나님으로부터 멀어져 있다는 것을 갑자기 알게 되는 상황은 그야말로 공포가 지배한다. 하나님이 계시지 않는다고 믿으면서 자기 꿈을 좇아 살아온 사람에게야 무슨 말이 더 필요할까? 제니는 자신도 모르게 "오 하나님, 오 하나님"하고 비명을 질렀다. 살아계신 하나님에게 의탁한다는 것은 두려운 일이다. 그러나 이 두려움 가운데 "나의 인자는 네게서 떠나지 아니하며"라는 말씀이 생각났다. 제니는 하나님이 자신을 용서하시고 자녀로 받아주시리라는 확신이 생겼다. "오 하나님! 감사합니다."[1)]

이것으로 제니는 스스로 선택했던 무신론자에서 하나님에게로 온전히 돌아왔다. 마음속을 지배했던 고통스런 문제는 눈이 녹듯이 사라졌다. 외면적인 화려함이 정신적인 고통을 해결해주지 못함을 배웠다. 내면의 문제를 외적인 것으로 해결하려는 것이 얼마나 어리석은가? 그랬지만 제니는 그러했고, 오랫동안의 고통에 시달렸다. 이제 고통에서 벗어났고 그 끝은 인류를 끊임없이 사랑해서 자신을 십자가에 내어주신 예수 그리스도의 발견이었다.

진정한 회심

오래전에 그리스도를 영접한 제니는 분명코 내면적으로 다시 태어났다. 『짐이 가벼워졌다』(*The Burden Is Light*)라는 자서전에서 주님의 못 박힌 손이 자신에게 봉사의 길을 가리키고 있다는 것을 분명히 인식했다. 오로지 자기만을 위하여 살 때에는 꿈도 꾸어 볼 수 없는 일이었다. 마음을 다 바쳐서 하나님과 깊이 교제했으며 이웃들을 위한 돕는 일로 들어섰다. 자서전과 기독교와 관련된 수많은 저서도 집필했다. 5년여 동안을 제니는 아무런 문제없는 그리스도인으로 살아갔다. 문제는 성실한 믿음 생활을 하고 있는 제니에게 고통스런 일이 발생했다라는 사실이다. 그것과 관련하여 세세한 내용을 밝히고 있지는 않지만 걱정과 혼란, 암흑과 당혹과 낙담이 온통 그를 지배하고 있다는 것이었다. 물론 이러한 과정은 주님이 자신의 목적지로 이끄는 한 과정이요, 방법이었다. 제니는 깨닫고 있지 못하고 있었지만 말이다.

『그분은 영광스런 내 생명』(*He Is My Victorious Life*)에서의 회상은 제니의 곤혹스러운 입장을 적나라하게 보여주고 있다. 제니는 예수 그리스도를 5년 남짓 믿은 신자였다. 그런데 어느 날 제니를 암흑 속으로 밀어 넣는 사건이 일어났다. 오랜 세월을 암흑 속에서 살아온 제니에게도 처음 있는 일이었다! 제니는 아무리 진지하게 생각해도 스스로에게 문제가 없었다. 희생자라는 느낌이 그녀에게 있어서 가장 곤혹스러웠다. 희생자! 이것은 자신은 모든 것이 정당한데 알 수 없는 이유로 고통을 당한다는 의미이다. 제니가 그러했다. 온갖 그림자가 제니를 둘러싸고 있었다. 빠져나갈 수 없는 고통과 암흑 속에서 제니는 하나님께 물었다. 이러한 질문은 곧잘 반항으로 변한다. 왜냐하면 허공으로 메아리치는 느낌을 종종 수반하기 때문이다. 얼마나 충격이 컸던지 1954년 9월, 무려 두 주 동안이나 주저 앉은 채로 마루만 멍하니 처다 보고 있었다. 가을의 방송 스케줄이 시작 되려면 3주가 남아 있었지만 한 주일에 한 번은 여전히 라디오 극본을 써야 하는 상황이었다. 그 일도 내팽개쳐 놓고 절망한 채로 주저 않아 한 마디 말도 하기 싫은 극도의 절망감과 밑바닥에 처해있음을 체험했다.

아이러니하게도 암흑과 절망감은 『짐이 가벼워졌다』라는 자서전을 집필하고 난 다음에 찾아왔다. 이것이야말로 혼돈이었다. 이것은 엘리야가 바알과 아세라의 예언자 450명과 대결하고, 이세벨의 미움 속에서 광야로 도망쳐 호렙산에서 죽기를 간구하는 극심한 두려움에 빠진 것과 흡사했다. 승리의 찬가를 부르는 순간에 진흙탕에 빠졌다. 신앙의 깊은 태산의 질곡을 건너가는 시험은 제니가 처한 엄연한 현실이었다. 바로 이 순간에 안나 모우(Anna Mow)와의 극적인 전화 통화가 이루어졌다.

"내 친구이자 협력자인 엘렌 라일리(Ellen Riley)가 나를 위해 안나에게 부탁을 했어요. 내 사랑하는 친구 안나라면 나와 대화가 될 거라고 생각했던 거지요. 나는 안나를 피하고 있었어요. 그 문제를 누구와 상의한다는 것은 상상조차 할 수가 없었어요. 그러던 어느 날 나는 실수로 전화를 받게 되었습니다. 안나의 전화였죠. 나는 후에 매일의 묵상을 위한 『내 기쁨의 보석을 나누라』(*Share My Pleasant Stones*)를 안나에게 바쳤습니다. 안나가 나를 위해 영적으로 한 일에 대한 고마움의 표시였습니다. 안나의 영향력은 그날 내게 한 말로 절정에 달했습니다. 나는 안나에게 나 자신이 무서워졌다고 말했습니다. 전화에다가 소리를 질렀지요. 이 꼴을 가지고 어떻게 『내가 속박에서 벗어나』(*Unshacrled*)와 『발견』(*Discoveries*)과 『짐이 가벼워졌다』 같은 책을 쓴 저자라고 말할 수 있어? 그 책들은 진실이 아냐! 진실이라면 내가 왜 이렇게 되었어?"

안나 모우의 웃음소리는 특이했습니다. 그 웃음소리를 들으니 화가 났지요. 그러나 그 때문에 나는 소리 지르는 것을 멈추었고 안나가 말할 수 있었어요. "네가 쓴 것은 모두 진실이야. 너는 유지니아 프라이스에 대해 쓴 것이 아니야. 그렇지 않니? 너는 예수 그리스도에 대하여 증거한거야. 그리고 아무것도 그분을 바꾸어 놓을 수는 없어!"

나는 안나에게 자세한 사정을 말할 수밖에 없었습니다. "하지만 안나, 나는 불신자가 된 것 같아!" 안나가 다시 웃더군요. "그럼 불신자처럼 행동해! 그렇다고 예수 그리스도가 바뀌지 않으니까." 그 말을 듣고 잠시 멈추었다가 난 다시 시작했지요. "하지만 내가 정말로 믿지 않겠다고 말한다면?" 잠시 침묵이 흘렀고 고통스런 마음이 느껴지는 매우 조용하고 가라앉은 목소리였다. "좋아. 그렇다고 해도 그분을 바꾸어 놓을 수는 없을거야. 그분은 네가 의심을 극복하기를 기다리고 계실거야." (레이몬드 어드먼, p.177)

안나와의 대화는 끝났다. 더 이상의 말은 필요가 없었다. 전화를 끊었다. 암흑이 조금은 걷힌듯했다. 결정적인 빛은 없었으며 아직까지 모든 것은 회색빛인 채로였다. 회색의 세상에 무언가 희미하게 꿈틀거리는 것이 있는 것은 그나마 위로였다. 하루가 지나고 다음 날 아침에 안나의 카드를 받았다. "주님 부활하셨네!"라고 적혀있었다.

마음의 격동이 진정되었고 불평을 그쳤다. 그렇지만 마음이 정말로 변한 것은 아무것도 없었다. 제니는 매일 오후에 기도 시간을 정하고 기도하고 있었다. 부르짖을 대상은 사람일 수 없었다. 무언가 후련함이 필요했다. 할 수 있는 모든 언어를 동원해서 하나님을 맹렬하게 공격했다. 모든 기도의 요지는 이것이었다.

"내 문제를 해결해주지도 못하는 하나님이 뭐가 하나님입니까?" 아무 일도 일어나지 않았다. 제니는 무슨 증거가 필요하다고 생각했으나 그 무엇도 보지 못했다. 모든 외침은 바닥이 났다. 무슨 언어로 항거할 수 있을까? 마지막으로 이제 지쳤다고 하나님께 토로했던 것 같다. 그때 그분이 "좋아"라고 말하는 느낌을 받았다.

강렬한 확신! 그것이 온 것은 바로 그때였다. 아무런 소리도 없었고 그저 조용했는데, 그분이 제니의 모든 혼란을 돌아보고 계시고 있다는 확신이 들었다. 사람의 위로가 아니라 하나님의 깊은 위로와 감찰을 느꼈으니 더 무엇이 필요하겠는가? 웬일이지 알 수 없었지만 불평도 나오지 않았고 사람들이 예수를 변호하는 일이 더 이상 필요하지 않음을 느꼈다.

제니는 예수님을 영접하면서 아침 6시 30분에 일어나 주님과 교제하는 시간을 가지고 있었다. 그것은 번거롭고 귀찮은 일 중의 하나였다. 지긋지긋하게 싫어하기도 했지만, 어느 때부터인가 거의 의무처럼 되어 있었다. 물론 그 시간을 통하여 어떠한 일이나 얻은 것은 아무것도 없었다. 나중에서야 제니는 실상 아침의 주님과의 교제가 진정으로 중요했음을 알았다. 말씀을 자신의 잠재의식 속에 떨어뜨리면 그것은 힘과 능력을 갖추고 겉으로 표현되어 나타나는 것을 말이다.

위기의 순간은 지금이었다. 주님과의 교제를 지속해오던 1954년 9월 24일 아침 9시였다. 친구 엘렌이 전날에 아침 9시에 깨워달라고 부탁을 했다. 제니는 신약성경을 알던 모르던 아무 곳이나 여기저기 펼쳐서 보고 있었다. 문득 시계를 보니 9시 5분전이었다. 엘렌을 깨워주겠다고 하던 생각이 났으나 5분만 더 자게 하자고 생각했다.

그리고서 자리에 앉아서 이 생각 저 생각을 하고 있었다. 공상에 빠져 있을 때에 그런 것처럼 공허했고, 영적이지 못했다. 그러다가 가슴이 찢어질 듯이 아팠던 문제가 생각났다. 그러면서 갑자기 주님에게 큰 소리로 말했다. "새로운 생명을 갖는다는 것은 무슨 뜻입니까? 그것이 정말로 무슨 뜻입니까?" 그러면서 거의 무의식적인 상태에서 성경의 여기저기를 보기 시작했다.

다음의 여섯 구절이 그것이었다.

1. 사도행전 4장 31절, "빌기를 다하매 모인 곳이 진동하더니 무리가 다 성령이 충만하여 담대히 하나님의 말씀을 전하니라."
2. 요한복음 14장. ………… .
3. 요한복음 15장 5절, "나는 포도나무요 너희는 가지라 그가 내 안에, 내가 그 안에 거하면 사람이 열매를 많이 맺나니 나를 떠나서는 너희가 아무것도 할 수 없음이라."
4. 고린도후서 5장 17절, "그런즉 누구든지 그리스도 안에 있으면 새로운 피조물이라 이전 것은 지나갔으니 보라 새 것이 되었도다."
5. 로마서 6장 13절, "또한 너희 지체를 불의의 무기로 죄에게 내주지 말고 오직 너희 자신을 죽은 자 가운데서 다시 살아난 자 같이 하나님께 드리며 너희 지체를 의의 무기로 하나님께 드리라."
6. 시편 73편 25절, "하늘에서는 주 외에 누가 내게 있으리요 땅에서는 주밖에 내가 사모할 이 없나이다."

위의 성경 구절을 읽고 생각하면서 하나님에 대한 불신이 완전히 해소되었다. 몇 시간이 흘러간 것처럼 느꼈다. 문득 엘렌을 9시에 깨워주겠다는 생각이 났다. 놀라서 시계를 보니 9시 정각이었다. 세상의 시간이 정지해있는 것처럼 느꼈다. 창조적 묵상 시간(creative quite time)이 일어나지 않았나 하는 느낌이 들었다. 친구 엘렌은 그 시간 이후로 제니의 마음이 훨씬 편안해졌다고 말했다. 안정된 느낌! 휴식을 하는 느낌! 곤경은 여전히 사라지지 않았지만 그동안 싸웠던 회색의 세상에서 분명한 생각이 떠올랐다.

"

바로 예수 그리스도 안에 내 삶에 필요한 모든 것이 있다!

"

이제 제니는 주님이 자신의 삶에 온전하게 계시도록 기꺼이 허락했다. 구원보다 주님의 증언이 많아졌다. 마음은 편안하고 단순 명료해졌다. 이것을 신학적으로 규명할 필요가 있었던가? 굳이 그러할 필요를 느끼지 못했다. 풀무불의 현실, 모든 시험 속에서 주님께서 함께 하고 계셨다는 것만이 중요할 따름이었다. 제니는 알았다. 누구도 주님에게 특별한 경우는 없으며 주님에 비해 심각한 곤경은 없다는 사실을 말이다. 주님의 승리는 자기의 승리이며 물건이 아니라 존재임도 확신했다.

제니는 분명하게 알았다. 주님이 말씀하실 때, 항상 함께 하리라는 귀한 의미를 내포하고 있음을 말이다. 승리하기 위해서는 그분 안으로 녹아들어가야 한다. 자신의 곤경은 그리스도 밖에서 가지는 영광스러운 재산이었다. 주님의 사랑은 우리가 저항하기를 멈출 때에 자신이 생각하고 경험하는 것보다 훨씬 크고 감격적이며 창조적인 것이다.

참고문헌 및 각주 – 이 글은 아래 문헌에서 인용, 발췌한 것이다.
편찬위원회, 『기독교대백과사전 8권』, 서울 : 기독교문사, 1983. p. 1007.
레이몬드 어드먼. 『그들은 비밀을 발견하고 변화된 삶을 살았다』. 이선봉 옮김. 서울 생명의말씀사, 1994, pp. 176-186
https://en.wikipedia.org/wiki/Eugenia_Price(영어 위키백과)
1) 유지니아 프라이스의 *Burden is Light* 중에서 발췌

정열의 복음전도자

빌리 그래함

65

Billy Graham

1918~2018

검소한 생활로 세계를 교구로 생각하고 기도하는
겸손하고 온유한 인격의 소유자였으며,
전 세계에 복음을 전하는 열정적인 그리스도의 전도자였다.

7살에 그리스도인이 됨

빌리 그래함(Billy Graham)은 노스캐롤라이나 주의 샤를로트(Charlotte) 부근의 농촌에서 1918년 9월 7일에 부유한 낙농업자의 아들로 태어났다.[1)] 본명은 윌리암 프랭클린 그래함(William Franklin Graham)이지만 빌리(Billy)라는 애칭이 평생 강단의 이름으로 인상 깊게 남아 있다. 조부인 크룩크 그래함은 스코틀랜드 개척자의 후손이었다. 남북 전쟁 이후에 샤를로트 근처에 300에이커의 땅을 사서 그곳에 정착했다. 빌리는 어렸을 때, 장난이 심한 아이였고 운동을 좋아했다. 빌리는 처음에 유명한 야구 선수가 되고 싶어 했다. 만약 그렇게 되지 못한다면 아버지처럼 농부가 되겠다고 생각했다.[2] 그는 7살이 되던 해에 그리스도인이 되었다.[3] 빌리는 어렸을 때 심한 말더듬이였다고 한다. 그래서 그는 13살 때부터 뒷동산에 날마다 올라가 나무들을 사람이라고 생각하면서 웅변을 했다. 그래서 이런 말더듬을 극복할 수 있었다고 한다.[4] 이런 것조차도 후에 명부흥사가 되는데 필요한 하나님의 섭리였다.

어린 나이에 회심

1934년 16세인 고등학교 시절에 예전에 권투선수였던 모르드개 파울러 함(Fowler Ham)이라는 사람이 부흥사가 되어 샤를로트에 왔다. 일부 목회자와 기독남성회가 그를 초대한 것이다. 집회는 월요일만 빼고서 무려 11주 동안 아침저녁으로 열렸다. 모르드개 함은 청중을 향하여 지옥 형벌을 강조하는 근본주의적인 부흥사였다. 대놓고 죄를 공격하는 스타일이었다.

어느 날 빌리가 그 집회에 갔을 때, 집회는 이미 수 주간을 계속하고 있었다. 금발의 곱슬머리에 키가 큰 빌리는 교회에 나가는 것을 싫어하지는 않았다. 주일이 되면 부모님을 따라 교회에 출석했으며 담배도 피우지 않았고 술도 마시지 않았다. 아버지는 빌리가 집회에 나가는 것을 문제 삼지 않았으며 비록 소극적이었지만, 그 부흥사를 열렬히 지지했다. 굉장히 많은 사람들이 집회에 참석했다. 거의 5천석의 교회를 가득 채울 정도였다. 빌리와 그의 친구들은 거의 뒤쪽에 자리를 잡고 쇼를 구경하는 사람처럼 강사를 바라보고 있었다. 강사가 설교를 시작했을 때, 뭔가 형용하기 어려운 그의 말이 가슴을 파고들었다.

"당신은 죄인입니다." 빌리의 표현대로 이는 '성령의 소리' 였다. 깜짝 놀라서 앞에 앉아 있는 여성의 모자 뒤로 숨을 정도였다. 함의 설교에서 빌리는 자신의 죄성(罪性)과 하나님께 대한 반역을 깊이 깨닫게 된다. 함은 죄의 문제를 설명한 뒤에 하나님의 심판의 고통을 근거로 삶의 변화를 촉구했다. 함의 설교가 꼭 자신을 향한 소리로 들린 것이다. 동시에 빌리는 자신이 예수 그리스도를 아직 만나지 못했음을 깨닫게 된다.

집회에 참석한지 삼일 째가 되었다. 이번에도 빌리는 함의 말에 크게 충격을 받았다.

"

"오늘밤 여기에 큰 죄인이 있습니다." 빌리는 그가 자신을 두고서 말하고 있다고 생각했다. 설교자가 설교를 마쳤다. 그리고서 죄를 회개할 자는 앞으로 나오라고 구원으로 초대하고 있었다. 성가대가 노래를 부르고 있을 때, 빌리는 더 이상 참고 견딜 수가 없었다. 강단 앞으로 나아갔다. 갈등은 아직까지도 마음속에 도사리고 있었다. "진정한 그리스도인이 되려는 내 선의는 그리 오래가지 못할지도 모른다는 생각이 들었다. 혼자서 바보짓하고 있다는 의문이 들기도 했다."[5)]

빌리는 후일 이렇게 술회했다.

이때 F. D. 프리벳이라는 재단사가 결단을 촉구했다. 구원에 대한 하나님의 계획을 설명했다. 그리고는 빌리에게 구원을 위한 영접 기도를 하도록 도와주었다. 그날 밤에 빌리는 하나님을 영접했다. 그날 이후로 모든 것이 달라졌다. 신앙에의 확신이 생겼다. 교회 사역에 대한 홍미를 갖게 되었다. 담임목사의 설교가 은혜롭고 재미있어졌다. 교회가 장의사처럼 느껴졌는데, 이제는 교회에 가는

것이 즐거워졌다. 참된 회심을 체험한 것이다. 학업에 대한 열의도 생겨났다.[6)]

❞

복음전도자의 길

고등학교를 마친 빌리는 1936년 한 때(18세), 미국 노스캐롤라이나 주에서 가정주부들에게 주방용품을 판매하던 잘 생긴 청년이었다. 특유의 재담과 뛰어난 영업 전술을 가진 그 젊은 세일즈맨은 소수의 고객들에게 자기가 판매하는 제품을 일단 사용하게 한 다음, 그 경험담을 다른 고객과 나누는 방법으로 놀라운 세일즈 실적을 올리고 있었다. 쉽게 말해 고객들의 '간증'을 통하여, 자신이 판매하는 제품의 우수성을 다른 고객들에게 알린 것이다. 이 당시로서는 획기적인 판매전략이었다.[7)] 얼마나 영업수완이 좋았던지 플로리다 탬파 시에서 관광 안내원으로 잠시 일할 때는 탬파에 도착한 바로 그날부터 관광객들을 이끌고 탬파 시내 관광을 인솔할 정도였다고 한다. 후에 빌리 그래함 전도집회에 항상 중요한 순서를 차지하는 '신앙 간증'도 어쩌면, 이미 젊은 세일즈맨 빌리의 뛰어난 영업 전략에서 시작된 것인지도 모른다.[8)]

1936년 엄격하기로 유명한 밥 존스(Bob Jones)대학을 거쳐서, 1937년 플로리다의 성서신학교에 들어갔다. 여기에서 근본주의의 영향을 깊이 받았으며 골프장 캐디를 하면서 당시의 저명한 설교자들을 만나 조언을 들었다. 주일에는 템파나 트레일러 공원에서 하루에 대여섯 번의 노방 설교를 하면서 보냈다. 설교를 들은 많은 사람이 회심의 반응을 보이기도 했다. 이런 와중에 "평생 설교자가 될 수 있는가"라는 고민을 하기도 했다. 그러던 1938년 어느 날 밤에 골프장을 거닐며 그날도 이런 질문을 수없이 던졌다. 항거할 수 없는 내면의 충동은 사그라지지 않았다. 결국 빌리는 골프장 한쪽에서 무릎을 꿇고서 울면서 하나님께 기도한다.[9)]

"오, 하나님! 하나님께서 원하신다면 하나님을 섬기겠습니다."

주변의 모습은 그대로였지만 빌리는 알았다. 자신이 복음 설교자가 되리라는 사실을 말이다. 시기와 과정이 어떻게 되리라는 것만 몰랐을 뿐이다. 1940년 5월, 플로리다 성서신학교를 마친 뒤에 남침례회에서 목사 안수를 받았다. 그는 능력 있는 설교자가 되기 위해 밤마다 눅눅한 수풀사이에서 나무 등걸과 악어 떼, 그리고 캄캄한 어둠을 향하여 피나는 설교를 연습했다. 1940년 9월, 시카고의 휘튼대학교(Wheaton College)에 입학하여 문화인류학을 전공했다. 보수적인 신학교인 휘튼대학을 졸업한 것이 그가 공식적으로 받은 교육의 전부였다. 한때 빌리는 자신을 중국에 선교사로 부른다고 생각했으나 이에 대한 소명을 느낄 수 없었다. 그리하여 그는 졸업하자마자 일리노이 주 웨스턴 스프링스의 제일침례교회 담임목사로 부임하여 1945년까지 활동했다. 이 교회에서 목회하는 동안 대학생시절에 만난 선교사의 딸인 루스 매큐벨(Ruth McCue Bell: 1920. 6. 10.~ 2007. 6. 14.)과 결혼했다.[10] 그리하여 슬하에 다섯 명의 아이들을 두었다.

루스 그래함과 운명적인 만남

루스는 중국에서 태어났고, 중국에서 의료 선교사로 활동했던 넬슨 벨 박사의 딸이었다. 루스 벨은 한국과도 인연이 깊었다. 일제 강점기, 평양에서 지낸 1930년대, 이곳에서 청소년기를 지낸 루스, 당시 한국교회 부흥의 불씨가 평양을 덮어갈 즈음이었다. 루스의 견고한 신앙의 터가 갖추어지고 특별한 경험을 한 때가 바로 이 시기였다.[11]

중국에서 선교사의 딸로 자란 루스는 다른 자매들과 같이 평양 외국인학교에서 고등교육을 받았다. 당시 평양 외국인학교는 아시아 최고의 명문 기숙학교였고 많은 졸업생들이 미국의 명문 의과대학에 합격했기 때문에 아시아에서 활동하던 선교사들은 자녀를 평양 외국인학교에 입학시키려 했다. 이런 인연으로 부인 루스와 평양의 관계는 1992년과 1994년에 있었던 빌리 그래함 목사의 북한 방문에 절대적인 영향을 미쳤다. 루스는 자신이 고등학교 시절을 보냈던 평양 외국인학교를 꼭 찾아가고 싶어 했고 그래함은 이를 적극적으로 추진했다.[12)]

루스의 삶은 독특했다. 그녀는 깨진 꽃병 하나를 사는 등 …. 이것 역시 그의 검소함과 평소의 신앙을 잘 반영한 것이기도 하다. 이 작은 삶의 양식이 망가진 것들을 사랑하시는 하나님에 대한 신앙고백이 묻어 있기도 하다. 그리고 중요한 것은 루스의 삶의 태도이다. 루스는 "문제중심적인(problem-orented) 삶이 아닌 약속중심적인(promise-orented) 삶" 을 살았다. 문제를 바라보기보다 약속에 집중했다. 약속에 신실하신 하나님을 늘 신뢰하면서 나가는 루스의 삶이 빌리의 위대한 사역을 낳게 한 원천이기도 했다.

서로 다른 배경에서 성장한 루스와 빌리 그래함 부부, 그러나 함께 추구하는 삶이 있었다. 하나님의 영광을 위한 그들의 헌신된 삶, 그 삶의 결단이 서로를 격려하며, 지지하며, 의지하는 삶으로 결국 하나 된 삶으로 드러나게 된다.[13)] 그것은 "동역과 협력" 이었다. 동역과 협력은 한 가지의 특징으로 세워진다. 그것이 약함과 강함이다. 이 둘이 함께 인정되고 함께 보완될 때 놀라운 신앙의 유산을 남기게 됨을 본다. 다른 표현으로 빌리의 약함과 루스의 강함이 빚어낸 위대한 유산들이다. 그러나 그 위대한 유산은 결국 빌리 그래함의 유산이 되었다.[14)]

동역과 협력의 삶

'동역과 협력' 의 내용이 그에게 전도자의 삶을 성공적으로 이끌 수 있게 해 주었다.

여성 성경학자였던 헨리에타 미어즈(Henrietta Mears)에게서 '성경 말씀' 을, 당대 미국에서 가장 존경받는 복음주의 지도자였던 겸손의 사람 해롤드 존 오켄가(Harold John Ockenga)에게서 '기도의 삶' 과 겸손을 배우고, 휘튼대학의 총장이었던 레이몬드 에드만(Raymond Edman)에게서 '성령의 능력' 과 탁월한 지도력을 배웠으며, 그의 장인이며 의료선교사였던 넬슨 벨(Nelson Bell)에게서 '선교의 열정' 과 시대를 보는 통찰력이 뛰어난 목회자로서의 자질을 배웠다. 빌리 그래함은 이들을 존경했다. 그리고 철저하게 이들의 삶을 닮아가려고 힘썼다. 그래서 '동역과 협력' 이 강한 빌리 그래함으로 세워지게 했다.[15)]

'동역과 협력' 의 내용은 20세기 세계교회의 부흥을 낳은 또 다른 계기가 되었다. 빌리 그래함은 하나님 영광을 위해서 세워져야 할 리더십을 자신의 사역처럼 사랑하며 세워나갔다. 20세기에 그의 영향을 받지 않은 목회자, 신학자는 거의 없다.

그중에 20세기 영향력이 대단했던 목회자와 선교기관 창설자들은 그의 탁월한 네트워크역을 통해 소개되고 알려지게 된 인물들이다. 그 대표적인 인물이 빌 브라이트(Bill Bright: C.C.C. 창설자), 로렌 커닝햄(Loren Cunningham: Y.M. 창설자), 오랄 로버츠(Oral Roberts: 오랄 로버츠대학교 창설자), 조용기 목사(여의도순복음교회) 등, 빌리 그래함이 없었다면 그들의 사역은 주목받지 못했을 것이다.[16)]

1949년에 해리 트루먼 대통령의 초대로 처음 백악관을 방문한 뒤 드와이트 아이젠하워와 린든 존슨 및 리처드 닉슨 대통령의 절친한 친구였으며, 이후 미국의 어느 대통령이든 재임시 전쟁 선포와 같은 중요한 결정을 내리기 전에 국민목사 빌리 그래함에게 기도를 부탁하는 것으로 알려져 있다. 실제로 그와 함께 백악관 오벌 오피스에서 국가의 중

대한 결정을 국민에게 알리는 경우도 있을 정도로 빌리 그래함 목사의 영향력은 지대했다. 물론 정치적인 측면에서 이용되는 부분도 있지만, 어쨌든 그의 존재가 단순한 기독교 지도자의 수준에만 머물러 있지 않은 것만큼은 분명하다.[17)]

빌리 그래함은 트루먼 대통령 이후 미국 대통령들의 영적 조언자였다.[18)] 한국에서 6.25전쟁이 발발했을 때 트루먼 대통령에게 편지를 보내 "기독교 신앙의 이름으로 공산주의자를 무찔러달라"는 부탁과 함께, "기도로 대통령을 지원하겠다"고 밝히는 등, 정치적인 노력도 게을리 하지 않았다. 1969년, 닉슨 대통령의 취임식장에서 대표 기도를 인도함으로써 빌리 그래함은 미국의 모든 국민들에게 '국민목사'로서 지울 수 없는 인상을 남겼다. 1991년, 걸프전을 앞두고 부시 대통령과 함께 백악관에서 기도하던 빌리 그래함 목사의 인상적인 모습을 우리는 기억하고 있다.[19)] 조지 부시 대통령은 그를 '미국의 국민목사'로 추켜세우기도 했다.[20)] 그가 12명(트루먼/33대~오바마/44대까지)의 미국대통령의 멘토일 수 있었던 것도 그의 겸손과 깊은 신앙심에서 계속 유지될 수 있었고, 많은 신학자들과의 깊은 교류도 이런 '동역과 협력'의 두드러진 맥락에서 이루어진 것이다.[21)] 이제 빌리 그래함이 대통령과 면담을 요청하는 것이 아니라 대통령이 그와 면담을 요청할 정도가 되었고, 전쟁을 비롯한 국가의 운명이 걸린 중대한 결정에 앞서 빌리 그래함 목사와 상의하고 그의 기도와 축복을 부탁하게 되었다.[22)]

당대의 최고 신학자였던 칼 바르트(Karl Barth)와 독일의 신학자 헬무트 틸리케(Helmut Thielecke), 그리고 에밀 부르너 또한 미국의 신학 거장 하비 콕스(Harvey Cox), 그의 신앙고백을 잘 담아 발표했던 존 스토트(John Stott / 로잔언약) 등, 빌리 그래함은 20세기를 대표하는 위대

한 인물임에 틀림없다.[23)]

약함과 강함에서 서로가 보완되며 놀라운 20세기의 세계교회가 세워져 나갔던 것이다. 연합은 약함과 강함의 조화에서 비롯되고 그 열매는 놀라운 부흥으로 20세기를 덮었던 것이다.

빌리는 한 때, '밤중의 찬송'이라는 라디오 프로그램에 참여한다. 빌리가 맡으면서 이 프로그램은 지방 전역에서 인기를 누리게 되었다. 하나님이 자신을 다른 곳에서도 쓰시기를 원한다는 생각이 들기 시작했다. 때마침 새로 설립된 Y.F.C.(국제십대선교회)의 요청으로 여기에 참가하여 순회전도자로 일했다. 1945년에는 동(同)선교회의 수석부총재가 되어 미국의 전지역을 순회하는 부흥전도자가 되었다. 1947년에는 노드웨스턴 학원의 성서학교장에 취임했다.

인생을 완전히 바꾼 전도집회

1949년 캘리포니아 주의 로스앤젤레스에서 빌리는 자신의 인생을 완전히 바꾸어 놓은 전도집회를 인도한다. 로스앤젤레스 전도대회는 처음 몇 주 동안에는 그런대로 성공을 거두면서 이어갔다. 그러다가 유명한 예능인이었던 스튜어트 햄블런과 악명 높은 암흑가의 도청자인 짐 바우스가 회심하면서 집회의 분위기가 바뀌었다. 모이는 사람들의 규모도 급속도로 커져갔다. 전도집회는 수많은 사람이 모여 회개운동을 일으켰고, 집회를 인도한 빌리는 일약 최고의 부흥설교자로 떠오르게 되었다. 예정을 연장하여 8주간 동안 계속된 집회에서 설교자인 빌리 자신이 먼저 변화되었다. 지금까지 마음 한 구석에서 지워지지 않고 있던 성경에의 의심을 완전히 떨쳐 버린 것이다. 그리하여 성령의 대언자로서 확신 속에 굳게 선채로 계속 '성경이 말씀하신다' 를 외치고 또 외쳤다.

1950년에 미네소타의 미네아 폴리스에서 '빌리 그래함 복음 전도협회' 가 설립되었다. '결단의 시간' 이라는 방송 프로그램 또한 개설되어 전도집회와 매스컴 선교가 활기찬 진척을 보였다.

1954년의 런던집회는 설교의 힘과 회중들의 호응에 힘입어 영국교회에 새로운 이정표를 이룰만한 대역사로 기록되었다. 그것은 흔히 지난 세기에 있었던 찰스 피니, 무디와 금세기의 빌리 선데이 목사를 거쳐 부흥 전도자의 전통을 유지했다. 이렇게 빌리는 미국 복음주의 기독교의 전형적인 부흥 전도자의 설교와 비견되며 새로운 전도집회의 장을 여는 획기적인 사건이라고 일컬어진다. 여기를 통하여 빌리는 세계적인 부흥사로서의 비전을 발견하게 된다.

1966년 베를린세계복음화국제대회(World congress on Evangelism)를 개최, '한 인류, 한 복음, 한 과업' 이 그 주제였다. 104개 나라에서 1,200여명이 참석했는데 이 대회는 또한 대학생선교회(C.C.C.)에서 장기간 디렉터로 활약한 빌 브라이트에게 큰 영향을 끼친 계기가 되었다. 그는 빌 브라이트에게 "대학생 선교회 활동을 세계로 확장할" 비전을 갖게 했다.[24)]

빌리는 개회 설교에서 "전도는 불타는 영혼을 가지고 증인이 되는 것을 뜻합니다. 오늘날 우리에게 필요한 것은 사람들이 길을 잃었다는 사실을 깊이 깨닫는 것과 그들에게 예수 그리스도를 알리지 않고서는 쉬지 않겠다는 열정, 성령님의 기름 부으심을 받은 열정입니다.

우리의 목표는 다름 아닌 전 세계로 침투하는 것입니다. 지리적으로 세계로 침투할 뿐만 아니라 정치계, 학교, 직장과 가정, 연예계, 배운 사람, 못 배운 사람들의 세계로 침투해야 합니다"라고 외쳤다.

또한 한국과는 인연이 깊어서 이미 1952년 한국전쟁 중에 제주도를 방문했던 빌리는 1958년 서울운동장에서 대통령 및 정부 요인이 참관한 가운데 집회를 개최했다. 뿐만 아니라, 1973년 그의 여의도집회는 세계를 놀라게 했다.

"

블래싱 코리아 - 여의도집회

1973년, "그날"을 기억하고 있는가?

40년 전인 1973년 대한민국은 새로운 변혁의 시대를 맞게 된다. 비약적인 경제발전과 성장, 국민생활에 큰 변화의 틀이 마련된 시기이다. 그 이유에 대한 가장 확실하고 분명한 근거가 "그날"이다.

1973년 5월 30일부터 6월 3일까지 여의도광장이 만들어 진 이래 가장 많은 인파가 그곳에 모였다. 바로 빌리 그래함 전도집회였다. 그날은 단순한 대중집회가 아니었다. 대한민국을 축복하는 '블래싱 코리아'의 날이었다. 단번에 112만 여명이 여의도광장으로 모였다. 연인원 440만 명이다. 이는 빌리 그래함 집회 사상 최대의 인파가 모여 하나님께 드린 예배였다. 빌리 그래함 전도집회는 187개국에서 400회가 넘게 열렸고 약 22억 명의 사람이 집회에 참석했다. 그중에 가장 특별한 집회가 바로 여의도광장집희였다. 빌리 그래함 전기 작가인 윌리엄 마틴(William Martin)은 서울 여의도집회를 일컬어 '역사상 가장 성공적인 집회'라고 언급했다.[25] 그는 계속해서 "한국의 크리스천교회는 전체 인구증가율보다 4배나 빠르게 성장했다"고 밝혔고, "세계의 어떤 나라도 한국처럼 기독교의 폭발적인 성장을 경험한 나라는 없을 것이다"라고 했다.[26]

"

필자도 이 집회에 참석했다. 이때 받은 은혜를 지금까지도 잊을 수가 없다. 당시, 마포 대교로, 영등포에서 여의도 광장으로 들어오는 길뿐이었다. 이 길로 물밀 듯이 몰려드는 성도들의 인파는 여의도광장을 꽉 메웠다. 하나님이 역사하신 인파로 은혜가 차고 넘쳤다. 집회에서 하나의 불덩이가 되어 부르짖는 기도는 하늘 보좌를 움직였다. 통역을 맡은 수원 중앙침례교회 김장환 목사의 카랑카랑한 음성이 빌리 그래함의 메시지와 함께 더욱 은혜롭게 빛났다. 하나님의 임재로 청중들의 "아멘" 소리가 터져나왔다. 한마디로 은혜가 충천했다. 모여든 크리스천들이 해산하여 집으로 돌아가는 데도, 한 두 시간이 걸렸다. 이는 2천년 기독교 역사상 최대 규모의 집회로 기록되고 있다.

그날은 하늘의 축복이 대한민국을 덮은 날이었다. 20세기 식민지 국가 143개국 중 가장 탁월한 민족이 된 국가, 전쟁의 폐허 위에서 가장 빠른 회복과 발전을 이룩한 민족이 대한민국이다. 그 역사의 새 물줄기가 바로 "그날"의 축복이 가져온 하나님의 특별한 역사요 간섭이었다.[27]

세계복음화국제대회 – 로잔대회

이듬해 1974년, 스위스 로잔에서 개최된 세계복음화국제대회(로잔대회)는 이데올로기적 편향성을 보여 왔던 세계교회협의회의 진보적인 입장을 견제하기 위해, 빌리 그래함이 주도적으로 운영한 집회였다. 이 모임에서 채택된 '로잔 선언'은 20세기 복음주의 신학의 결정판이라고 할 수 있으며, 이는 빌리 그래함의 신학적 공헌이라고 할 수 있다.[28]

이 대회를 열게 했던 동기는 선교의 위기를 초래한 결정적인 대회 때문이었다. 그것은 1973년 W.C.C. 방콕대회(1972. 12.29~1973. 1. 12)였다. 대회는 '오늘의 구원'이라는 주제로 열렸다. 구원의 용어는 십자가의 희생적인 죽음에 대한 신앙과 개인의 회개를 바탕으로 한 죄인과 창조주간의 이해라는 성경적인 구원관이 아니라, 구원은 사회를 재건하려는 정치적이고 사회적인 노력에 연결시켰다.[29]

구원은 "억압된 사회에서 희망으로의 해방"으로 정의되었던 것이다.

결국, 빌리 그래함을 중심으로 1974년 7월 스위스 로잔의 볼리유 궁전에서 150개국으로부터 2천 7백여 명의 복음주의 지도자들을 초대하여 세계복음화국제대회가 개최되었다. 이 대회 전체운영비의 3/4을 빌리 그래함전도협회가 부담했다. 타임(Time)지는 이 대회를 "지금까지 개최된 크리스천 집회들 중 가장 광범위한 집회"라고 밝혔다. 사실 대회의 어려움이 커서 개최 무산의 위기에 처해 있을 때, 아내 루스는 강력하게 개최를 주장하고, 빌리 그래함을 설득하고 격려하여 대회를 개최할 수 있게 되었다.

> 빌리 그래함은 대회 개최 중 세계교회협의회에 대한 그의 입장을 묻는 인터뷰에서 "1948년도 설립 당시에는 엄청난 비전이 있었습니다. 하지만 협의회는 점점 전통적 기반에서 멀어져 갔습니다. 복음주의와의 틈이 점점 더 벌어졌습니다. 저는 이번 대회를 통해 세계교회협의회가 그들의 신학적 위상을 재평가하기를 희망합니다"라고 강조했다.

이곳에서 존 스토트(John Stott)를 비롯한 5명의 신학자에 의해서 『로잔 언약』이 제정되었다. 신학과 선교의 재발견이 이루어진 것이다. 로잔대회는 빌리 그래함의 가장 중요한 유산 중의 하나이다.[30)]

빌리 그레함은 오직 예수 그리스도를 통해서만 구원을 받을 수 있으며, 성경은 하나님의 무오한 말씀임을 주장하여, 예수 그리스도와 성경의 권위를 강조한 복음주의자이다. 또한 기독교 근본주의를 신복음주의운동을 통해 개혁하고자 했으며, 로마 카톨릭교회 및 진보적 그리스도인들과도 기꺼이 대화를 했다.[31)]

신학적 입장을 천명

1980년대에 일어난 그래함의 중요한 신학적 변화는 미국의 근본주의자들과의 결별을 선언한 것이었다. 애당초 교단의 차별이나 신학적 논쟁에 개입하지 않는 원칙을 고수했던 그래함 목사는 단순한 기독교 이해를 통해 복음을 전파했지만, 진보적인 신학자들과는 물론 극단적인 근본주의자들과의 경계도 분명히 했다. 빌리 그래함 목사의 단순하고 명료한 기독교 이해는 그의 자서전 『내 모습 이대로』에 잘 나타나 있다. 그는 여기서 자신의 간단명료한 신학적 입장을 천명한다.[32)]

❝

"나의 메시지는 무엇보다 먼저 하나님에 대한 것입니다. 하나님께서는 그의 형상을 따라 우리를 창조하셨습니다. 그가 우리를 창조하셨고 사랑하셨기 때문에 우리는 그와 더불어 평화를 누리고 신령한 교제를 나눌 수 있습니다. 우리는 우연히 이곳에 존재하게 된 것이 아닙니다. 분명한 목적 때문에 우리가 지금 이곳에 존재하며, 우리 삶의 근본 목적이 하나님의 목적이 되지 않으면 우리 삶은 결코 완성된 것이 아닙니다.

나의 메시지는 또한 저와 여러분 모두를 포함한 인류에 대한 것입니다. …… 하나님의 인도하심을 따르지 않고 우리 마음대로 살겠다고 고집한 것, 하나님을 우리 삶의 중심에 모시지 않았던 삶, 그것을 성경은 죄라고 가르치고 있습니다. 우리가 흔히 주위에서 발견할 수 있는 세상의 타락과 고통은 죄의 결과라는 것을 분명히 보여주고 있습니다. 우리가 살고 있는 세상에는 죄로 인한 고통과 신음이 가득합니다.

그러나 하나님은 아직도 우리를 사랑하신다는 메시지를 전하고자 합니다. …… 하나님은 우리를 대속하시기 위해서 십자가에 달리게 하셨고, 십자가에 달리신 예수 그리스도는 우리 죄를 대신 담당하셨습니다. 사망의 권세를 이기시고 부활하심으로 죄의 속박에서 우리를 건지셨고, 영생의 길을 우리에게 보여주셨습니다. 부활은 그가 과연 어떤 분이신지에 대해 잘 확인시켜주고 있습니다. 그는 우리 죄를 구하기 위하여 오신 하나님의 아들이십니다. 지금 하나님은 우리에게 용서와 영원한 삶을 제시하고 계십니다.

끝으로, 그 메시지는 우리들의 결단을 요구합니다. 다른 모든 선물들처럼, 하나님의 선물도 우리가 그것을 받아들이지 않으면 우리 것이 되지 못합니다. 하나님께서 우리에게 구원을 주시기 위해 모든 일을 준비하셨습니다. 단지 우리는 그것을 믿고 받아들이면 되는 것입니다."[33)]

❞

빌리 그래함은 1984년 한국 선교 100주년 기념대회에서도 여의도를 방문하여 설교를 하기도 했다. 또한 1992년과 1994년에 북한을 방문하여 김일성종합대학에서 강의하기도 했다.[34)] 아마도 그만큼 많은 사람 앞에서 설교한 사람도 없을 것이다. 그의 측근에 따르면, "1993년 한 해 동안 250만명이 넘는 사람들의 빌리 그래함의 설교를 듣고, 예수 그리스도를 인격적인 구세주로 받아들였다. 라디오 청취와 텔레비전 시청을 포함해서 그래함의 생애 동안 그의 설교를 들은 청중은 22억 명에 달한다"[35)]고 한다.

그의 주요 국제 사역은 헤아릴 수 없이 많으며, 그는 70여 년간을 복음전도만을 위해 헌신했다. 그는 미국인이 뽑은 가장 영향력 있는 크리스천 지도자로 우뚝 서 있다.[36)]

빌리의 전도집회는 자신의 전도협회 팀과 함께 많은 나라를 순회하면서 이루어졌다. 해당 지역 교회와 철저한 협력적인 복음 전도 체계를 유지한 것도 잡음이 없이 수많은 집회를 인도한 비결이다. 미디어의 발전에 따라서 이를 복음 전파에 적극 활용한 것도 한 요소가 되었다. 이미 1950년에 라디오를 이용하기 시작했고, 텔레비전을 통한 설교, 영화 제작 등, 수많은 매체를 적절하게 활용하여 복음을 전파했다. 문서 선교도 예외일 수 없었다. 1950년대 복음주의 성격의 기독교잡지인 「크리스처니티 투데이」(*Christianity Today*)를 창간하여 격월간으로 발행했다. 1960년에는 월간지 「디시즌」(*Decision*)을 창간하여 문서 선교에도 힘을 쏟았다. 또한 1953년 『하나님의 평화』(*Peace with God*)를 시작으로 그의 많은 저서는 세계적인 베스트셀러가 되면서 복음 전파의 효율적인 도구가 되었다.[37)]

물질 만능시대 – 번영의 신학을 경계

빌리 그래함 목사는 물질 만능시대에 번영의 신학을 경계하라고 경고한다. 또한 성경적이 아니라고 비판한다. 그는 예수와 그의 제자들은 결코 부자가 아니었다면서 예수 잘 믿으면 부자가 된다는 번영복음의 가르침을 맹비난 했다.[38)] 따라서 이 메시지는 우리에게 신앙의 지표가 되고 큰 교훈을 준다.

그는 빌리 그래함 복음협회(Billy Graham Evangelistic Association) 웹사이트의 질문과 답변 컬럼에서 하나님은 사람들이 부유하기를 원하시는지에 대한 질문을 받았다. 한 독자는 "하나님은 모든 사람들이 부유하기를 원하는가? 나는 TV에서 어떤 사람이 이것을 성경의 가르침이라고 말하는 것을 들었다. 하지만 나는 그것이 진실인지 알고 싶다"고 질문했다.

이에 대해 빌리 그래함 목사는 예수님 자신이 부자가 아니었던 것처럼, "성경은 예수를 따르는 사람들이 부유해 진다고 약속하지는 않는다. 예수님과 그의 제자들은 결코 부자가 아니었으며 돈에 관심을 가졌던 오직 한 사람은 탐욕과 불신앙으로 예수님을 은 30량에 팔아버린

'유다' 였다" 고 답변했다.

그는 이어 "성경은 반복해서 예수님 대신에 돈을 우선하는 것을 경고하고 있다. 예수님은 '한 사람이 두 주인을 섬길 수 없다. 너희는 하나님과 돈을 겸하여 섬길 수 없다' 고 말씀하셨다" 고 언급했다.

빌리 그래함 목사는 계속해서 더 좋은 부요함은 영적인 것임을 강조하면서, 예수님은 세상의 재물이 아닌 영적인 부요함을 가진 부자라는 것을 아는 것이 중요하다고 썼다.

그래함 목사는 "잠간 생각해 보라. 이 세상에서 하나님의 용서보다도 더 위대한 것이 있는가? 예수님이 매일 우리와 함께 하신다는 것보다 더 위대한 것이 있는가? 기도의 특권보다, 예수의 가족이 된다는 것보다 더 위대한 것이 있는가?" 라고 반문했다.[39)]

번영 복음신학은 하나님은 신자들이 부자가 되기를 원하며 신자들의 믿음이 좋으면 물질적으로 부요해 진다고 가르친다. 번영복음은 거의 대부분의 크리스천 서클에서 비난을 받고 있지만, 대형교회 목사들과 TV 복음전도자들은 번영복음을, 기복신앙을 가르치고 부추기고 있다.

번영복음을 비난하는 사람은 빌리 그래함 목사뿐 아니라, 새들백교회 담임 릭 워렌 목사도 비난하고 있다. 릭 워렌 목사는 하나님의 목적이 신자들의 생활을 물질적으로 풍요롭게 하고 세속적인 성공이라고 생각하는 것은 치명적인 실수라고 언급했다.[40)]

릭 워렌 목사는 이어 "사도 바울은 신실했지만 감옥에서 세상을 마감했다. 세례 요한도 신실했지만 참수 당했다. 수백만의 신실한 믿음의 사람들이 모든 것을 잃고 순교 당했다. 풍요로운 생활은 물질적 풍요가 아니다. 하나님께 신실한 것이 세속적 성공을 보장하지 않는다. 일시적인 영광에 포커스를 맞추지 말라" 고 강조했다.[41)]

오직, 설교하라고 부르신 하나님

빌리 그래함 목사는 젊은 시절, 잘 생긴 외모와 함께 독특한 카리스마를 갖고 있어 주목을 받는 일이 많았다. 한번은 영화 배급사인 파라마운트 픽쳐스로부터 영화배우를 하라는 제안을 받았다. 물론 상당한 수익이 보장된 일이었다. 인기와 명예를 얻을 수 있는 기회였었지만 청년 빌리 그래함은 그 제안을 거절한다.[42)]

그는 1950년대 말에 방송계로부터 또 한 번의 러브콜을 받았다. 그것은 NBC 방송사로부터의 제안이었는데, 그 당시에 타 방송사의 인기절정 프로그램이었던 '아서 갓 프레이' 와 같은 시간대에 경쟁 쇼를 진행해 보라는 것이었다. 수백만 달러의 출연료를 주겠다고 제안했다. 그러나 이 역시 거절한다.

그는 윌슨 대통령으로부터 대통령 출마에 대한 강력한 제안을 받기도 했다. 윌슨 대통령은 자신의 모든 것을 총동원해서 그를 돕겠다고 했는데, 빌리 그래함은 거절한다. 자신의 제안이 농담이 아님을 밝힌 윌슨 대통령은 재차 출마를 권했으나 빌리 그래함은 단호히 거절한다.

빌리 그래함은 리처드 닉슨 대통령에게도 많은 신임을 얻었다. 닉슨 대통령은 빌리 그래함 목사를 곁에 두고 싶어 했고, 빌리 그래함이 원하기만 한다면 대사직이든 장관직이든 어떤 자리라도 주겠다고 제안했다. 사실 대사직이든 장관직이든 평생 하는 일이 아니므로 임기가 끝나면 다시 자신의 본업으로 돌아가면 된다고 타협할 수 있는 상황이었음에도 불구하고 빌리 그래함은 그런 것들에 한눈을 팔지 않았다.

빌리 그래함 목사에게 대통령에 출마할 것을 제안했던 사람이 많았던 모양이다. H. L. 헌트 역시 그런 사람들 중 한명이다. 헌트는 텍사스의 억만장자였는데, 빌리 그래함이 대통령에 출마할 경우 그 대가로 6백만 달러를 주겠다고 제안했다. 헌트 외에도 많은 사람들이 주변에서 다양한 방법으로 빌리 그래함의 대통령 출마를 충동질했으나, 그때마

다 그는 분명하게 거절했다.[43)]

모든 상황들 속에서 빌리 그래함 목사는 자신이 해야 할 중요한 일에 집중했고, 사람들의 갈채나 인기, 돈과 명예에 흔들리는 모습을 보이지 않았다. 그 모든 멋진 제안들 앞에서 다음과 같이 결단하고 대답했다고 한다.

> "하나님은 나를 설교하라고 부르셨습니다. 나는 평생 동안 다른 일은 하지 않을 것입니다."[44)]

연합과 교회사역

빌리 그래함의 사역이 60년간 흔들림 없이 팀사역으로 이루어질 수 있었던 것은 원칙에 충실한 삶이었고, 그것을 핵심가치로 그와 60년을 함께한 팀원 모두가 존중한 규칙이었다.[45)]

그것이 『모데스토(Modesto) 선언문』이다. 여기에 4가지의 원칙이 담겨져 있다.

첫째, 남을 비판하지 않는다.

둘째, 재정은 정직하게 다룬다.

셋째, 인원은 정확하게 보고한다.

넷째, 도덕적으로 모범을 보인다.

이 네 가지 원칙이 빌리 그래함의 사역의 시작이고 마침이었다.

한국교회 연합과 교회사역에서 빚어지는 유감스러운 일들을 이 네 가지 원칙에 비추어 보면 부끄러운 부분이 너무나 많음을 보게 된다.[46)]

하나님께서 자신에게 허락하신 직임에 대해 자부심과 긍지를 가지고 "살아계신 하나님의 살아있는 말씀을 전하는 것" 에 언제나 헌신했으며 그 일에 모든 것을 바쳤다. 빌리 그래함 목사는 주님을 의지하는 강한 믿음으로 인하여 평생의 사역에 자신감을 얻었고, 흔들렸던 시대에 하나님께 온전히 붙들린 순전한 전도자였음에 틀림없다.

빌리 그래함이 자신의 파킨슨 병을 소개하는 글이다.[47)]

"최근 누군가 나에게
'충성스럽게 하나님을 섬겼는데, 파킨슨 병과 여러 질병을 허락하시는 것을 보면,
하나님은 불공평하지 않냐?' 고 물었다.
나는 그런 식으로 보지 않는다고 대답했다.
고통은 인간의 삶의 한 부분으로 누구에게나 온다.
중요한 것은 우리가 그것에 어떻게 대응하느냐 하는 것이다.
분노와 냉소로 하나님으로부터 고개를 돌릴 것이냐,
아니면 신뢰와 확신 가운데 하나님께 더 가까이 나아갈 것이냐."

– 빌리 그래함

그렇다. 우리도 고통 속에서도 실망하지 않고, 인내하며 하나님을 신뢰하고 확신하며 더 가까이 나아가야 한다. 그리하면, 용서하시고, 치유하시고, 축복하시는 하나님께서 참 자유를 누리게 할 것이다.

아내의 묘비 글

빌리 그래함 라이브러리 입구 좌측에는 2007. 6. 14. 먼저 세상을 떠난 루스 그래함 여사의 소박한 묘가 자리잡고 있다. 세상을 떠나기 전 어느 날 빌리와 함께 자동차를 타고 가다가 한 거리 모퉁이에 "공사 끝, 그동안의 인내를 감사드립니다"는 표지판을 본 루스는 그 순간 빙

그레 미소 지으며, 그 표지판의 글을 자신의 마지막 묘비 말로 삼겠다고 말했다고 한다.[48]

그리고 중국의 의료 선교사이었던 루스 여사의 아버지는 한자의 '의(義)' 자를 특히 좋아했다고 한다. 그것은 올바름을 나타내기도 하지만 한자를 분석해 보면 '나의 (어린) 양' 이 되기 때문이었다고 한다. 루스는 아버지의 무덤에 있었던 '의' (나의 어린 양, 예수 그리스도)라는 상징적 한자와 함께 "공사 끝, 그동안의 인내를 감사드립니다" 는 마지막 고백문을 그의 무덤에 남기고 주님 곁으로 갔다. 루스의 옆자리는 남편 빌리를 위해 비어 두었다. 언젠가 사랑하는 아내의 곁에 이 노 전도자도, 곧 눕게 될 것이다.[49] 그날은 2018년 2월 21일 오후 8시, 향년 99세 노스캐롤라이나 몬트리트의 자택에서 별세하므로 이루어졌다. 이 사실을 '빌리 그래함 전도협회' (BGEA) 마크 데모스(Mark DeMoss) 대변인을 통해 발표했다. 평소 그래함 목사는 폐렴과 암 등의 병환인 것으로 알려졌다. 한편 빌리 그래함의 손자 윌 그래함(Will Graham)은 '미국 크리스천투데이' 를 통해 생전 할아버지의 고언을 공개했다.

"할아버지는 이렇게 말씀하셨습니다. '언젠가 당신은 빌리 그래함이 죽었다는 소식을 듣게 될 겁니다. 그러나 그날 저는 이전보다 더욱 살아날 것입니다. 방금 이사를 마쳤기 때문입니다.' 사랑하는 여러분! 오늘 할아버지께서 이 땅에서 진짜 살아 있는 곳으로 이사를 한 날이 됐습니다."[50] 빌리 그래함은 손자의 이 성명서를 통해 죽어서까지 우리에게 큰 소망의 선물을 주셨고, 벅찬 신앙을 격려하고 있다.

우리에게 전하고 있는 빌리 그래함 목사의 소중한 발자취가 바로 우리에게 귀감이 되고, 감동을 주며 새 힘이 되고 있다. 빌리 그래함 목사님처럼, 주님을 사모하고, 주님의 말씀에 순종하고, 주님을 위해 살 것을 뜨겁게 고백하고 결단하기를 소망한다.

각주 -------

1) http://ko.wikipedia.org/wiki/(한국어 위키백과)
2) 편찬위원회, 『기독교대백과사전 7권』, 서울: 기독교문사, 1983. pp. 682~683
3) 한국어 위키백과, op. cit.
4) http://holytime5925.blog.me/150098310386. 박영철. "교회사 인물(57강): 빌리 그래함". 2010. 12. 04.
5) 편찬위원회, op. cit. pp. 682~683
6) http://www.newsnnet.com/news/articleView.html?idxno=4341. 장길남. 뉴스앤넷. 2016. 9. 25.
7) 박영철, op. cit. 8) Ibid.
9) 장길남, op. cit. 10) 박영철, op. cit.
11) http://cdntv.co.kr/s06_1.htm?mode=read&read_no=18655. 기독일보, "한국교회에 전하는 10가지 위대한 유산. 크리스천데일리뉴스." 2013. 06. 12.
12) 박영철, op. cit. 13)-14) Ibid.
15) 기독일보, op. cit. 16) Ibid.
17) 박영철. op. cit. 18) 한국어 의키백과, op. cit.
19) 박영철. op. cit. 20) Ibid.
21) 기독일보, op. cit. 22) 박영철. op. cit.
23) 기독일보, op. cit. 24) Ibid.
25) 한스피터 뉘에쉬. 『루스와 빌리 그래함 부부의 10가지 위대한 유산』. 조갑진 역 (서울: 바울서신, 2013), p. 534. 26)-27) Ibid.
28) 박영철, op. cit. 29) 한스피터 뉘에쉬, op. cit. p. 366.
30) Ibid. 31) 한국어 위키백과, op. cit.
32) 박영철, op. cit. 33) Ibid.
34) 한국어 위키백과, op. cit. 35)-36) Ibid.
37) 낸시 깁스, 마이클 더피. 『백악관과 빌리그래함』, 서울: 기독문서선교회, 2009.
38) 장길남. op. cit. 39)-41) Ibid.
42) 박영철, op. cit. 43)-44) Ibid.
45) 기독일보, op. cit. 46) Ibid.
47) 박영철, op. cit. 48)-49) Ibid. 50) 기독일보, op. cit.

참고문헌 - 이 글은 아래 문헌에서 인용, 발췌한 것이다.

편찬위원회, 『기독교대백과사전 7권』, 서울: 기독교문사, 1983. pp. 682~683
낸시 깁스, 마이클 더피. 『백악관과 빌리그래함』, 서울: 기독문서선교회, 2009.
한스피터 뉘에쉬. 『루스와 빌리 그래함 부부의 10가지 위대한 유산』. 조갑진 역. 서울: 바울서신, 2013.
http://www.newsnnet.com/news/articleView.html?idxno=4341. 장길남. 뉴스앤넷. 2016. 9. 25.
http://cdntv.co.kr/s06_1.htm?mode=read&read_no=18655. 기독일보. "한국교회에 전하는 10가지 위대한 유산. 크리스천데일리뉴스." 2013. 06. 12.
http://holytime5925.blog.me/150098310386. 박영철. "교회사 인물(57강): 빌리 그래함". 2010. 12. 04.
http://ko.wikipedia.org/wiki/(한국어 위키백과)

현대 복음주의의 거장

존 스토트

66

John Stott

1921~2011

성공회 목사로서, 세계학생복음운동의 선구자로 큰 기여를 했으며, 스위스 로잔에서 열린 세계복음화협의회에서 신학과 교육 위원장을 맡아 전도와 사회적 실천의 관계를 정립해 복음주의의 영역을 확장시켰다.

신앙으로 교육시킨 어머니

존 스토트는 1921년 4월 27일에 영국에서 태어났으며, 할아버지(John Robert Stott)와 아버지(Arnold Walmsley stott)의 이름을 따서 '존 로버트 윔슬리' 라고 이름이 지어졌다.[1] 아놀드 스토트와 릴리 스토트 부부의 1남 2녀 중 맏아들이자 하나밖에 없는 막내아들이었다. 아홉 살 난 조애나와 두 살 난 조이는 남동생이 생긴다는 소식에 잔뜩 기대에 부풀어 있었다. 그의 아버지는 심장전문 의사였다. 아버지는 런던 서쪽 끝의 해리가(Harley Street)에서 심장전문 의사로 일했고, 스토트는 BBC 방송국과 옥스퍼드가의 상점들 가까이의 랑함 플레이스, 올 소울즈 교구에서 성장했다. 그는 평생을 통해 전쟁 중에 몇 년 동안을 제외하고는 그곳을 떠난 적이 없었다.[2)]

어머니 릴리는 독일인이었고, 루터교의 영향을 받아 독실하고 경건한 루터교인으로서 자녀들을 양육했다. 어머니는 세 자녀를 교회에 보냈고 성경 읽기와 기도를 훈련시켰다. 그래서 존 스토트는 십대 중반까지 신앙생활을 충실히 했다. 반면 아버지 아놀드는 신앙이 없는 과학적인 세속주의자였다. 그는 강한 사회적 양심을 가지고 있었으며, 많은 고상한 전문직 종사자들을 당시의 프리메이슨 협회에 끌어들인 자선행위에 전념하는 프리메이슨(freemason)이었다. 과학을 신봉하는 인본주의자였던 그는 세상을 발전시키는 데 더 관심을 가졌다. 그는 세상의 잘못을 바로잡는 과학의 가치와 이성의 능력을 믿었다. 또한 열렬한 자연주의자이기도 했는데, 음악에 조예가 깊었고 우표 수집과 제물낚시, 와인을 좋아했다. 존은 특별히 음악에 대한 조예만큼은 아버지를 똑 닮았다. 그는 첼로를 배워 그랜드피아노를 치는 어머니와 거실에서 연주를 했는가 하면, 나중에 학교 관현악단에도 들어갔다. 하지만 존에게 자연계, 특히 조류(鳥類:새무리)에 대한 관심을 심어 준 것은 이때부터 아버지 아놀드의 영향이 컸다.[3)] 그러나 그는 그리스도인이 아니었기 때문에 신앙의 유산은 물려주지 못했다.

럭비 스쿨 입학

존은 운동에도 관심이 많고, 재능이 있어서 명문사립학교인 럭비 스쿨(Rugby School)에 들어갔다. 이 학교는 1567년 개교한 학교로서 영국의 워릭셔 주의 럭비(Rugby) 마을에 소재해 있으며, 1823년 럭비 경기가 처음 시작된 중학교이다. 그가 다니는 럭비 스쿨은 종교의 비중이 컸다. 존이 학교를 다닐 당시에는 세 명의 교목 중 한 사람이 담당하는 채플 예배, 사감이 매일 저녁 인도하는 기숙사 기도회, 학생들의 개인기도 시간인 기숙사 침묵 시간이 있었다. 학생들은 주일마다 성만찬에 참여했고, 교목 중 한 사람이 성경공부 모임을 지도했다. 여섯 차례에 걸친 교리 공부를 마치고, 1936년 가을 학기에 존은 코벤트리 주교 머빈 헤이의 집도로 견진성사(세례를 받은 후에 받을 수 있으며 칠성사 중의 하나이다. 안수기도를 함으로써, 그리스도인의 마음속에 성령이 임하게 하는 기독교의 성사이다. 전통적으로 성공회교회에서는 견진성사를 통해 성령이 임하게 하며, 칠은〈七恩,일곱 가지 은총〉을 얻게 된다고 믿는다)를 받았다.[4)]

"

십대 중반이 된 존은 하나님에게서 멀리 떨어져 있음을 느꼈다.

하나님을 찾으려고 애썼지만 그분은 내가 통과할 수 없는 깊은 안개 속에 계시는 것 같았다. 그래서 좌절했다. 나에게 이상과 현실의 간격이 너무 컸다. 이상은 높았지만 의지가 박약했다. 내가 되고 싶은 모습과 너무도 동떨어져 있었던 것이다.

토요일 오후가 되면 존은 혼자서 메모리얼 채플실로 몰래 들어갔다. 우뚝 솟은 학교 채플실 옆, 아담한 이곳은 그리스도의 수난과 십자가, 부활과 승천을 그린 커다란 창문이 네 개 있었다. 스테인드 그라스를 통해 어스름한 빛이 비추는 고요한 채플실에 앉아, 얇은 신앙서적을 정독하며 신비로운 분위기에 사로잡혔다. 그 책들은 교목실이 학생들을 위해 비치해 둔 것이었다. 교목실에서는 매주 수요일과 목요일 저녁에 한 시간 반 동안 예배를 드렸고, 학생들이 자유롭게 참석하도록 했다. 존은 거의 빠지지 않고 예배에 참석했지만 경건한 느낌만 들 뿐, 하나님과 의미 있는 관계를 맺지 못함에 실망했다. 하나님께 기도를 해도 그분은 늘 멀리 계셔서 다가갈 수 없는 존재로 느껴졌다.[5)]

"

배쉬 목사와 만남

그러던 어느 날, 존보다 한 살 많은 열다섯의 나이에 크리켓학교의 대표로 있었던 존 브릿저의 소개로 오늘날 기독학생회(Christian Union) 전신인 성서유니온(Scripture Union)이라는 복음주의 단체에 초대 되었다. 그곳의 사역자는 '배쉬'로 잘 알려진 에릭 내쉬였다. 그는 영국을 그리스도께 인도하겠다는 원대한 비전을 품었다. 그의 전략은 나라의 미래를 이끌 지도자가 될 학생들의 회심을 위해 일하고 기도하는 것이었다. 그는 이를 하나님이 주신 소명으로 굳게 믿었고 누구도 이 비전을 꺾을 수 없었다. 복음이 인생에서 가장 중요한 문제라는 것을 깨닫게 해주었다.[6)]

존 브릿저의 초대로 존 스토트는 1938년 2월 13일, 열일곱 번째 생일을 일주일 앞둔 일요일에 그 모임에 참석했다. 그는 럭비를 방문한 배쉬를 이렇게 회상한다.

> 배쉬는 그리 돋보이지 않았으며 늠름한 기독교의 사절은 결코 아니었다. 하지만 그가 말할 때 나는 주의를 집중하게 되었다.
>
> 그날 배쉬는 "그러면 그리스도라 하는 예수를 내가 어떻게 하랴?"라는 빌라도의 질문을 중심으로 이야기를 하고 있었다.[7)]
>
> 존은 자신이 예수와 무슨 관계가 있어야 한다는 생각을 평생 해 본 적이 없었다. 예수는 자기 할 일을 이미 다하지 않았던가? 그런데 에릭 내쉬는 모든 사람이 예수와 관계를 맺어야 한다고 나지막하고 작은 목소리로 강렬하게 주장하고 있었다. "여러분도 빌라도를 따라 나약하게 예수를 거부하든지, 그분을 인격적으로 받아들이고 따르든지, 둘 중 하나를 택해야 합니다." 중간은 있을 수 없다는 것이었다.

강연이 끝나고 모임이 끝날 무렵 존은 배쉬의 차를 얻어 타고 차 안에서 강연중의 의문에 대한 질문을 던지며, 자신의 입장을 허심탄회하게 털어놓았다. "만약 하나님이 계신다면(저는 하나님이 계신다고 믿습니다), 저는 그분을 잘 모르는 셈입니다. 어떤 사람이 되고 싶다는 생각은 있지만 늘 패배감에 사로잡힙니다. 저는 제 이상에 한참 못 미치니까요."

그때 배쉬는 넓은 문, 넓은 길과 멸망 그리고 이와 대조되는 좁은 문, 좁은 길과 생명에 대해 매우 아름답게 말했다.

배쉬는 존의 질문에 대답해 주고 구원의 길을 설명해 주었다. 존의 두 가지 필요, 즉 하나님과의 관계에서 느끼는 소외감과 인생의 패배감을 희한하게 만족시켜 주는 설명에 존은 깜짝 놀랐다. 배쉬는 존에게 요한계시록 한 구절을 소개했다. 일곱 교회에 보내는 편지 마지막 부분에서, 부활하신 주 예수가 자신을 인간의 마음 문 앞에서 문을 두드리는 모습을 묘사하신 내용이었다. "볼지어다. 내가 문 밖에 서서 두드리노니 누구든지 내 음성을 듣고 문을 열면 내가 그에게로 들어가 그와 더불어 먹고 그는 나와 더불어 먹으리라." 배쉬는 존 스토트에게 예수를 더 깊게 가르쳐 주었으며, 존이 그 자리에서 예수 그리스도께 나아가는 것을 결단 하도록 몰아붙이지 않고, 그 선택을 존중하고 존 스토트 자신이 결정하게 놔두었다.[8)]

"

예수 그리스도를 만나다.

그날 밤(1938년 17세 되던 해 어느 주일 밤) 기숙사 소등 이후, 존은 침대 옆에 무릎을 꿇고 앉아 그리스도께 마음 문을 열어 달라고 간절히 기도했다. 그는 주님께 자신이 자신의 삶을 뒤죽박죽으로 만들었음을 고백하고 자신의 죄를 자백했으며, 그리스도께서 자기를 위해 죽으신 것을 감사했으며, 예수님이 자신의 삶 속으로 들어오시기를 요청했다고 한다. 진심으로 회심했던 것이다. 회심 당시 찌릿찌릿한 감정이 느껴진다거나 대단한 사건이 일어나지는 않았다. 존은 침대에 누워 그대로 잠을 청했다.[9)]

"

존 스토트는 예수님을 인격적으로 영접하게 되어진다. 그가 남긴 일기 속에서 그 상황을 생생하게 살펴 볼 수 있다.

그는 다음 날 2월 14일 일기에 이렇게 썼다(역시 어제 일이다).

> "그리스도는 나의 안으로 들어오셨으며, 이제 내 안에서 통치하신다. 지금까지 그리스도께서는 주변에 계셨으며, 나는 그분에게 완전한 통제권을 드리는 대신 나를 인도해 달라고 청했다. 보라! 그분은 문밖에 서서 두드리신다. 나는 그분의 음성을 들었으며, 지금 그분은 나의 집에 들어와 계신다. 그분은 그 집을 깨끗하게 하셨으며, 이제 그 안에서 다스리신다. 사단이 와서 문에서 두드리면 내가 '죄의 쾌락'에 굴복하여 나가서 대답하는 것이 아니라, 그리스도께서 문으로 가실 것이며, 사단은 그분을 보고 도망칠 것이다. 그리스도께서 나의 주인이시라면 죄는 내 발 밑에서 죽어 있다."[10]

그가 회심을 경험한 후 실제로 그에게 어떤 일이 일어났는가를 깨닫고 이해하는 데에는 약간 시간이 걸렸다고 한다. 그가 회심했을 때 예수 그리스도께 전인격의 문을 열었다. 주님을 영접한 것이다. 얼마 동안은 어떤 변화도 느끼지 못했다. 그러나 그 후, 그에게 무슨 일이 일어났는가를 점점 이해하게 됐다고 한다.

존은 배쉬에게 그리스도께 마음 문을 열었다는 내용의 편지를 보냈고, 배쉬가 답장을 보내면서 두 사람의 편지 교환이 시작되었다. 그 후 5년 동안 1주일에 한 번씩 배쉬는 속죄 교리에 대한 문제나 도덕, 윤리, 생활 등과 성경 읽기와 기도, 그리스도의 임재 훈련 등에 대해서도 조언을 아끼지 않았다. 이렇듯 배쉬 목사를 통해서 배우고 많은 영향을 받았다. 그래서 그는 진정으로 회심했고 하나님의 권능에 압도되어 하나님의 말씀을 통하여 인생이 바뀌게 된 것이다. 덕분에 존은 "럭비 경기장에서도 예배당에서처럼 그분의 임재를 실감할 수 있게 되었다." 또 배쉬는 초신자들을 어떻게 격려해야 하는 지도 알려 주었다. 배쉬는 대개 성경에서 뽑은 '좋은 구절' 로 편지를 마무리하고는 내용이 너무 심각해지지 않도록 농담을 덧붙였다.

배쉬는 자신이 그리스도께 인도한 젊은이들에게 기대하는 바가 컸고, 존에게 보내는 편지에도 훈계가 빠지지 않았다. 한동안 배쉬의 꾸중이 너무 심할 때는 존은 30분 넘게 마음의 준비를 단단히 한 후에야 배쉬의 편지를 열어 볼 수 있었다. 교내를 걷던 존은 자신이 모든 사람과 사랑에 빠졌고 온 세상이 미소로 화답하는 듯한 기분을 느꼈다. 존은 "나의 모든 원수가 사라졌다" 고 썼다. 생활이 완전히 바뀐 것이다.

배쉬는 젊은 시절 가치관을 정립하지 못해 방황했던 존 스토트를 하나님의 신실한 종의 길로 인도하는 안내자가 되었다. 이 배쉬와 존 스토트의 만남과 관계를 통해, 영적으로 분별력과 지도력을 갖춘 성숙한 지도자를 만나는 것이 너무도 귀한 축복이며, 영적인 잠재력과 비전을 갖춘 소수의 사람들을 집중적으로 양육하는 것이 너무도 귀한 사역임을 보게 된다.

신앙의 확립

존 스토트는 1939년 캠브리지 트리니티대학에 진학하게 된다. 존 스토트는 입학하자마자 사람들에게 영향을 끼쳤다. 첫 학기에 그가 접촉한 사람 중 두 명이 회심했고, 열 명 정도의 작은 모임에서 그는 매우 큰 기여를 했다. 그는 복음전도와 어린 그리스도인을 돕는 일에 숙련된 일꾼이었다. 그리고 그는 강력한 훈련을 받은 기도의 사람이었으며, 규칙적이었다. 제 시간에 잠자리에 들고 제시간에 일어나 경건의 시간을 갖기 위해 모임을 일찍 떠나곤 했다. 그는 시계가 9시 30분을 가리키자마자 활발하게 토론을 벌이다 말고 갑자기 나가 버렸다. 그는 결코 자신이 돕는 사람들 위에 군림하지 않았다. 단지 시간을 내어 그들과 함께 성경을 읽고 기도하며 우정을 나눌 뿐이었다. 이런 경건의 습관과 삶의 태도는 평생 지속되었다. 이를 통해 존 스토트의 타고난 초인적 자질과 엄격한 성실성을 엿볼 수 있다. 그리고 신앙이 이때 굳건히 확립되었음을 짐작해 볼 수 있다.[11)]

성공회 사제 서품 – 병역 거부

영국은 1939년 9월 3일 독일에 선전 포고(2차 세계대전)를 했다. 전쟁이 나고 5-6주쯤 후에, 학교 측의 권유로 존을 비롯한 졸업생들은 버밍엄에 위치한 병무청을 방문해서 신체검사를 받고 입대 가능성을 타진했다. 그러나 존은 평화주의 입장을 취했다. 그는 이제 그리스도인의 시선으로 산상수훈을 읽었다. 다른 뺨을 돌려대고 원수를 사랑하라는 예수님의 말씀을 읽고도 어떻게 싸우러 나갈 수 있는지 이해할 수 없었다. 그는 그즈음 스스로 '직감으로 평화주의' 를 터득했다. 그에게 '정의로운 전쟁' 을 둘러싼 논쟁을 소개해 주거나 성경적으로 균형 잡힌 시선을 갖도록 도와준 사람은 아무도 없었다.[12)]

성공회 사제 서품을 받기로 마음을 정한 이상, 존은 심사 위원회에 공식 출석하지 않고도 양심적인 거부자로 군 입대를 면제받을 길이 있었다. 그래서 1940년 1월 학기 시작할 무렵, 존은 코벤트리 주교 머빈 헤이에게 편지를 썼다. 주교는 만나고 싶다고 답장이 왔다. 한편 우려도 표시했다. "서품 훈련을 아직 시작하지도 않은 젊은이가 지금 같은 시기에 군 복무 의무를 감당하지 않은 자신을 정당화할 수 있느냐 하는 윤리적 문제가 있습니다." 그 부분에 대해 존은, 주교가 언급한 문제는 충분히 이해하지만 자신은 전임 사역으로 확실한 부르심을 받았기 때문에 지금부터 준비를 해야 할 필요성을 느낀다고 답했다. 장기적인 관점에서는 이것이 당장의

군 입대보다 국가에 더 크게 이바지할 것이라는 주장이었다.[13]

이 사실을 알게 된 존의 부모들은 주교에게 편지를 써서 "케임브리지에서 학위를 마칠 때까지는 장래에 관한 결정을 유보해야 한다고 생각합니다"라고 보냈다.

그리고 아버지는 아들에게도 "사랑하는 조니에게"로 시작하는 편지를 보내, 지금 당장 서품 후보생으로 들어가는 것은 중대한 실수라고 말했다. 지금의 당면 과제는 나라를 위한 병역이라고 답했으며, 그러고는 대학을 졸업하고 천천히 미래에 대해 결정하는 편이 좋겠다고 조언했다.

어머니 릴리도 존이 염려스러웠다. 성직자가 되겠다는 뜻을 굽히지 않는 것도 그렇고, 양심상 국가를 위해 싸워야 할지, 말아야 할지 고민하는 것도 그랬다. "만 스물한 살 이전에는 사제 서품 후보생으로 나서지 말고 케임브리지에서 기초 학문을 다져야 한다는 아버지 말씀에 엄마도 적극 동의한다."

이런 내용의 편지가 부모님들과 오고 갔고, 존은 주교님의 유보 통보와 부모님들의 권면의 편지에도 흔들리지 않고 사제가 되겠다는 결심은 더욱 더 완고했다. 그리고 이런 내용의 편지를 보냈다.

> "…………
>
> 제가 평범하고 평화롭고 안락하고 한적하게 살려 한다고 생각하지 마세요. 저는 의를 위한 투쟁에 혼신을 다해 뛰어들 것입니다. 제가 바라는 것은 더 나은 세상을 만드는 것입니다. 이 일을 위해 저는 몸을 아끼지 않겠습니다. …… 아버지 도와주십시오. …… ."[14]

이어서 릴리도 존의 설득에 마음을 고쳐 먹고, 존을 지지하는 편지를 남편 아놀드에게 보냈다. 존이 사제 훈련을 받는 것이 조국을 가장 잘 섬길 수 있는 길이라고 판단하여 육군성에서 병역을 면제해 준 것이라면,

아놀드 역시 "넓은 도량으로 현실을 인정하고" 아들의 학비를 대 줄 수 없겠느냐는 골자였다. 존은 한 달 가까이 기다린 끝에 아버지의 답장을 받을 수 있었다. 아놀드는 1941년 5월 19일 전보로 회신을 보내 왔다.[15)]

"어쩔 수 없이 동의는 한다만 썩 기분이 좋진 않구나."

그렇게 해서 존은 아버지가 홀딩하고 있었던 등록금을 해결할 수 있었다. 그러나 아버지와의 관계는 여전히 껄끄러웠다. 그는 존에게 전쟁 중에 케임브리지에서 학업을 계속하는 것은 '지극히 비정상' 이라고 지적하면서, 부모에게 의존하지 않고 스스로 앞가림을 해야 할 때가 왔다고 말했다. 그러나 결국은 자식이기는 부모 없다고, 이렇게 편지를 보낸다.

"…… 그래서 솔직히 내키지 않지만 너에게 계속 학비를 보내기로 결정했다. 사용 내역까지 일일이 보낼 필요는 없지만, 최대한 절약한다고 가정하고 매 학기 돈이 얼마나 필요한지 알려 주길 바란다."

존은 아버지께서 설명과 양해와 감사를 담은 답장을 정성껏 써 보냈다. 이후로 부자간의 편지 내용은 훨씬 부드러워졌고, 얼굴을 마주할 때도 분위기가 좋아졌다.

1944년 여름 방학에 존은 리들리 홀 입학과 사제 서품 준비로 분주했다. 1945년 가을, 언쇼 스미스가 케임브리지(CICCU〈Cambridge Inter-Collegiate Christian Mission〉 60주년 기념예배)에 와서 말씀을 전했다. 그 때 존에게 물었다. "졸업 후에 사역할 곳을 찾았는가?" "아뇨, 아직 입니다." 존이 대답했다. "음, 올 소울즈는 어떠한가?" 존은 결정에 앞서 아버지의 조언을 구했다. 그리고 12월부터 올 소울즈에서 사역하기로 잠정

결정되었다.

리들리 홀을 떠나기 직전, 존은 150명쯤 되는 친구들과 친척들에게 연락해서 1945년 12월 21일 성 바울 성당에서 부제 서품을 받는다고 알렸다. 갓 결혼한 누나 조애나는 맨체스터에서 편지를 보내 왔다.

> “수많은 세월이 흘러 정말로 그때가 왔다고 생각하니 이상하다. 너도 알다시피 나는 성직에 대한 너의 관점을 도무지 이해할 수 없었어, 하지만 이제는 네가 원하는 것이 바로 성직이고, 그것을 목표로 지금까지 열심히 노력했다는 것을 분명히 알겠어. 이제야 네가 ‘성직에 딱 들어맞는 사람’ 이라는 생각이 드는구나.”16)

목회 사역

그는 1945년에 영국 성공회에서 목사 안수를 받았으며, 그 후 약 5년간은 교구의 부목사(curate)로 사역했다. 그가 섬겼던 교회는 런던의 중심부의 랑함플레이스에 있는 올 소울즈교회(All Souls Church)였다. 1950년 담임목사가 소천 해, 29세의 나이로 후임으로 담임목사(rector)가 되어 왕성한 활동을 펼쳤다. 올 소울즈교회에서 1950년부터 1975년까지 25년간 담임목사로 사역했다.

그는 담임목사가 된 직후 ‘다섯가지 사항에 대한 선언문’ 을 교회 회보에 실었는데, 그것은 첫째, 기도의 우선됨, 둘째, 강해설교, 셋째, 정기적인 전도, 넷째, 탐구자들과 회심자들에 대한 주의 깊은 양육, 다섯째, 돕는 자들과 지도자들에 대한 체계적인 훈련이었다. 이와 관련해 그는 솔선수범의 본을 보이게 된다. 당시 부목사로 재직한 리처드 고리(Richard Gorrie)는 이렇게 회상한다.17)

> “존 스토트는 전도집회에서 만난 노숙자를 자신의 집으로 데려가

서 식사를 주고 자신의 침대를 사용하도록 했으며 자기는 서재에서 캠프침대를 펴고 잤다. 그의 관리인은 그가 궁핍한 사람들을 위해 자주 이렇게 했다고 말했다." 18)

99

존 스토트는 교회를 성장시키기 위해 단독적인 전략을 쓰지 않고 교회생활의 모든 측면을 통합해 사용해야 한다는 관점을 가지고 있었다. 그래서 존 스토트는 첫 번째로 한달에 한 번씩 간호사, 의사, 의료인을 대상으로 하는 의료인 예배를 드렸다. 그리고, 올 소울즈 비거주자 교구민들을 위해 점심시간을 활용해 교구 내 다섯 개 주요 백화점을 대상으로 점심시간 예배를 통해 복음을 전했다. 그리고 1950년대 말, 올 소울즈 클럽하우스를 열어 어린이와 젊은이들을 섬기고 복음을 전했다. 그리고 복음전도와 양육과 훈련을 결합시킨 손님 초청예배를 만들어 복음전도에 최선을 다했다.

그 후 그는 명예 담임목사가 됐고, 세계 여러 곳을 다니며 사역했다. 결국 그는 도합 55년간 사역을 해온 셈이다.

대외 활동

그는 영국교회 복음주의위원회 회장, 영국 성서유니온선교회 대표, 영국복음주의연맹 대표 등으로 활동했는데, 세계복음주의협회가 구성되기 전에 세계복음주의연맹(World Evangelical Alliance)이 먼저 존재했으며, 사실 세계복음주의연맹은 영국복음주의연맹의 다른 이름이었다. 이 단체는 1846년에 조직됐다. 그는 1945년 목사로 안수 받은 후 영국복음주의연맹에 가담했다.

그러나 1951년 네덜란드에서 복음주의 대회가 열렸고 그 기간 중 세계

복음주의협회가 구성됐다. 그 후 영국복음주의연명은 자체 조직으로 남게 됐다. 그는 1951년부터 세계복음주의협회의 회원으로 활동해 왔으며, 1951년에 그 단체의 교리적, 신앙적 기반을 닦는 데 큰 역할을 감당했다.

그는 또한 50여 년 전 국제복음주의학생회(International Fellowship of Evangelical Student)의 발족 초기부터 참여해왔다. 그는 이 단체의 후원을 받아 전 세계를 여행하고 여러 나라들을 방문한 바 있다. 1982년에는 기독교의 반 지성주의를 반대하고 평신도들에게 신앙과 삶, 선교의 연관과 교육을 위한 현대기독교연구소를 창립해 소장을 맡아왔으며, 그러던 중 65세가 돼 퇴직하면서 명예 총재직을 맡게 됐다.

올 소울즈의 담임목사가 된 지 2년 후인 1952년 그는 처음으로 대학복음화대회를 인도해달라는 초청을 받았다. 대회가 처음 열린 곳은 그의 모교인 케임브리지대학이었다. 이것이 계기가 돼 1952년부터 1977년까지 그는 전 세계에 걸쳐서 50회의 대학복음화대회를 인도했다.

1956년에는 미국과 캐나다에서, 그리고 나서 아프리카, 아시아, 호주, 뉴질랜드 등, 전 세계에서 대학 복음화 사역을 감당했다. 그는 소천하기까지 수년 동안 1년 중 6개월은 올 소울즈교회의 목회에 협력하는 일에 보내며, 3개월은 세계 순회사역에, 그리고 3개월은 연구와 저술에 보냈다고 한다.

평생을 독신으로 지냄

그는 한 평생 독신으로 지냈는데, 독신생활이 가져다주는 제일 큰 유익은 '자유로움' 이라고 말했다.

"

고린도전서 7장에서 사도 바울이 말씀한 것처럼 독신으로 살게 되면 아내와 가족의 일보다는 주님의 일에 더 큰 관심을 기울일 수 있다는 장점이 있으며 사역자로 하여금 자신의 사역에만 전념할 수 있게 해 준다. 또한 그는 고린도전서 7장에서 가장 중요한 구절은 7절이라고 하며, "그러나 각각 하나님께 받은 자기의 은사가 있으니, 이 사람은 이러하고 저 사람은 저러하니라." 따라서 결혼하는 것도 하나님의 은사이며 독신으로 사는 것도 하나님의 은사이다. 양쪽 다 하나님의 은사로 여겼다.

”

그는 비록 자신이 한 평생 독신으로 지냈으면서도 로마 카톨릭교회의 성직자 독신 제도를 반대했다. 왜냐하면 그 제도는 강제적이고 의무적인 독신을 요구하기 때문이라고 한다. 예수님께서는 마태복음 19장 11절에서 "사람마다 이 말을 받지 못하고 오직 타고난 자라야 할지니라" 고 말씀하셨다. 그러므로 독신은 어떤 사람들에게 주신 하나님의 은사이다. 여러 해 전에 IVF 출판부에서 이 문제에 관한 상당히 좋은 책이 출간됐는데, 그 책의 제목은 '독신의 문제' (The Single Issue)이며 중국계인 앨버트 수(Albert Hsu)가 저술했다.

그 책의 마지막 부분에 부록이 있는데 그 부분을 그가 썼다고 한다. 그는 그 부록에서 앨버트 수가 제기한 독신에 대한 여러 문제들에 대한 답변을 제시했다. 고린도전서 7장에서 독신을 하나의 은사로 규정하고 있으므로, 그는 카톨릭의 강제적이고 의무적인 독신 제도가 신약성경의 가르침과 일치하지 않는다고 믿는다. 또 한 가지 좋은 증거는 디모데전서 3장과 디도서 1장에 나오는 장로와 감독의 자격 요건 중에, 그들이 한 아내의 남편이 되며, 자기 집을 잘 다스리는 자여야 한다는 조항이 있다. 이것은 초대교회 때부터 목회자들의 결혼생활을 전제하고 있다는 것을 보여준다. 따라서 목회자들에게 있어서 독신은 예외적인 것이지 의무적인 규범이 될 수 없다고 분명히 했다.

총체적 복음사역

존 스토트의 삶 속에는 총체적 복음사역자로서의 준비과정이 녹아져 있다. 어머니와 배쉬에게서 물려받은 굳건한 신앙의 유산과 아버지에게 영향 받은 사회 참여적 태도가 그의 총체적 복음사역의 밑거름이 된 것이다. 그리고 올 소울즈교회에서 단순한 설교를 통한 복음 선포가 아닌, 자비사역을 동반한 활동을 통해 총체적 복음사역의 현실 가능성을 보여주었다고 할 수 있다. 이러한 정신이 1974년 로잔대회를 통해 전 세계 복음주의 그리스도인들에게 나타낸 것이다.[19]

이를 통해 우리가 확인할 수 있는 것은 총체적 복음사역자는 한순간에 이뤄지는 것이 아니라, 깨달음과 함께 오랜 숙고와 노력이 동반되어야 한다는 점이다.

존 스토트는 영국 런던의 올 소울즈교회를 넘어 영국 복음주의운동의 지도자로 부상하게 된다. 그는 케임브리지, 런던, 옥스퍼드, 더햄 등지를 돌며 대학 선교대회 강사로 활동하게 된다. 그리고 1956년부터는 미국, 호주, 남아프리카공화국을 돌며 대학생들에게 복음을 전하는 전도자로 활동했다.

복음주의를 주도함

존 스토트는 W.C.C.(World Council of Churches)에도 참여하게 된다. 1968년에 웁살라에서 개최되었던 제4차 W.C.C. 모임에 참석했던 존 스토트는 그 모임 속에서 육신적인 가난이나 기아에 대해 염려와 외침은 들렸으나, 복음화되지 못한 수백만의 영적 기아에 대해 염려하고 주를 거부하고 회개하지 않았던 도성을 향해 우셨던 우리 주님의 눈물은 찾아볼 수 없었다고 우려를 표명했다. 그는 우리가 선교를 봉사적 관심 속에서 바라본다고 할지라도 우리는 먼저 그리스도 중심적인 존재가 되어야 그 다음에 세상을 향한 기능을 나타낼 수 있다고 주장했다.[20]

세계 복음화 로잔회의

1974년 7월 16~25일까지 스위스의 로잔에서 개최된 세계 복음화 국제대회(International Congress on World Evangelization)가 열렸다. 건전한 복음적 입장에서 현대교회의 사명을 촉구했다. 공식적으로 전체 준비위원장은 빌리 그래함 목사였고,[21] 신학과 교육 위원장은 존 스토트였다. 그는 이 일을 맡아 전도와 사회적 실천의 관계를 정립해 복음주의의 영역을 확장시켰다는 평가를 받았다.

"

일명 로잔대회가 150여개국 135개 개신교 교단, 2,470여명의 복음주의자들이 모여 "세계에 그리스도의 음성을"이란 주제를 가지고 개최되었다. 이때 존 스토트 목사가 주도적인 영향과 함께 성명서를 작성했다.

첫째, 사회 정치적 해방은 구원이 아니며, 사회 참여는 복음 전도가 아니라고 지적한다.

둘째, 구원이란 일차적으로 죄로부터의 개인적인 해방이며, 하나님의 진노와 심판으로부터의 구원이어야 함을 강조했다.

셋째, 세상의 모든 악으로부터의 구원은 아직 미래적인 것이라고 주장했다.

즉, W.C.C.의 치우친 선교관은 성경의 복음적 가르침과는 거리가 먼 주장임을 명백히 드러낸 것이다. 또한 존 스토트는 "과연 하나님께서 지금 모든 종류의 억압들로부터 그의 백성들을 해방시키시려 하시는가?"라는 문제를 제기했다. 즉 성경의 구원역사가 그의 자녀들에게 육체적 경제적 차원 등에서의 평안과 안식만을 가져다 주는 것은 아니며, 오히려 때로는 정치적 경제적 압제와 고통 중에 머무르도록 하시려는 하나님의 뜻이 있을 때도 있음을 인정한다고 주장했다.[22]

"

교회의 사회적 책임과 복음전도적 책임

일부 복음주의 그리스도인들은 우리의 사회적 책임을 소홀히 하고 복음전도에 집중하는 경향이 있었다. 반면에 다른 그리스도인들, 특히 에큐메니컬 운동권 내에 있는 이들은 사회, 정치적 책임에 치중하여 복음전도를 단념하는 경향이 있어 왔다. 그 중 일부는 복음전도를 사회적 책임이라는 견지에서 정의하려고까지 했다. 이것은 처음부터 슬프고도 헛된 논쟁이었다고 말하고 싶다. 사회적 책임과 복음 전도적 책임은 상호 분리될 수 없으며, 그러기에 우리는 1974년 개최된 로잔세계 복음화 대회에서 많은 복음주의자들이 한동안 잃어버렸던 사회의식을 되찾는 점에 대해 깊이 감사한다. 그리스도인들이 세상에 대해 취할 수 있는 사회적 태도는 오직 두 가지이다. 하나는 도피이고, 또 하나는 참여이다. 전자는 거부하는 마음으로 세상으로부터 등을 돌리는 것이며, 후자는 동정하는 마음으로 세상 쪽으로 향하는 것이다. 우리는 그분의 목소리를 들을 수 있어야 한다. 그가 행하신 것처럼 잃어버린 외로운 세상에 나아가 그 세상을 섬기라고 부르시는 그분의 목소리를 들어야 한다. 그리하여 그분처럼 살고 사랑하며 증거하고 섬기며 고난 받고 죽을 수 있기를 다짐하는 것이 선교가 의미하는 바이다.[23)]

W.C.C.를 중심으로 한 진보주의 진영과 그 반대선상에 놓인 보수진영 간의 선교관 및 선교사역의 의견 불일치로부터 종합적이고 총체적인 선교학이 필요하다. 이와 관련하여 스토트는 "총체적('전체가 부분의 합보다 더 크다.' 는 철학적 개념인 '전체론' 에서 나온 갈)이라는 말은 아마도 기독교 선교에 적응하기에는 그리 만족스럽지 못한 통찰일 것이다. 그러나 진정한 선교란 복음전도와 사회활동을 포함하는 포괄적인 행위임을 강조하며 그것들을 분리시키는 것을 거부하기 위해 만들어진 말이다. 성경에 계시된 하나님은 창조주시며 또한 구속주로서 그분이 만든 모든 인

간의 ‘전체적인 복지’ 에 관심을 가지신 분이시다.”[24)]

우리는 영혼과 육체, 개인과 사회, 구속과 창조, 은혜와 본성, 하늘과 땅, 칭의와 정의, 믿음과 행위를 건전하지 않은 방식으로 서로 대립시키는 경향이 있다. 성경은 이것들을 분명히 구별하지만, 그것들을 서로 관련시키며 우리에게 이것들 사이에서 역동적이고 창조적인 긴장을 유지하라고 가르친다.[25)]

소위 예수의 대제사장의 기도 중 “아버지께서 나를 세상에 보내신 것 같이 나도 그들을 세상에 보내었고”(요 17:18)와 예수의 부활 후의 “아버지께서 나를 보내신 것 같이 나도 너희를 보내노라”는 말씀이 지니는 모범적인 선교관이 그것이다. 위의 예수의 섬김 사역의 특성을 온전히 살피기 위해서는 우선적으로 예수의 성육신의 원리가 정당하게 자리매김하여야 한다. “인자가 온 것은 …… 도리어 섬기려 하고 자기 목숨을 많은 사람의 대속물로 주려 함이니라(막 10:45).” “나는 섬기는 자로 너희 중에 있노라(눅 22:27).”

존 스토트의 선교관은 복음주의적 전제들을 함축하면서도 그 실천적인 측면에서 종합적이고 총제적이다. 즉 그의 성경적 선교관은 “하나님께서 자기 백성을 세계 속에 보내어 하게 하시는 모든 일을 포괄하는 말이다” 에서 찾을 수 있다.[26)]

“

로잔운동의 선교 신학과 정신

로잔운동의 근거가 되며 상호 협력의 기초가 되는 세계 복음화운동의 신학적 입장과 정신은 어떤 것인가? 이는 1974년의 로잔 1차 대회 때에 발표한 로잔 언약(The lausanne Covenant)과 로잔 2차 대회 때에 발행한 마닐라 선언문(The Manila Manifesto)에 집약되어 나타나

> 있다. 로잔 언약은 '하나님의 목적' 에 관한 교리에서 시작해서 '그리스도 재림' 에 관한 교리에 이르기까지 15개 항으로 광범위하게 신학을 다루고 있다. 그러나 이 신학은 전통적인 복음주의적 신학의 토대 위에서 시작하되, 세계 복음화라는 관심과 오늘의 선교라는 콘텍스트(context)에서 다루어졌다. 아니, 이 '과업에 새롭게 헌신하려는 자세' 에서 이루어졌다.[27)]
>
> ”

로잔은 신학과 선교 전략, 그리고 그 실천을 창의적으로 종합하는 데 보다 능동적이었다. 이런 것이 로잔 언약의 내용과 정신에 잘 나타나 있다. 이런 면에서 로잔 언약은 과거의 복음주의 신학의 반복이 아니다. 로잔 신학은 진일보(advance)했을 뿐 아니라, 보다 살아있는 선교적 신학(missionary theology)인 것이다.[28)]

세계에 큰 영향을 준 목회자

존 스토트의 생애는 기독교 교회 역사에서 매우 독특했다. 그는 90년 가까이 한 교회에 출석하면서, 65년간 부제와 교구사제, 명예사제로 섬겼다. 반세기가 넘도록 같은 비서와 일하면서 50권의 책을 저술했다. 그의 책은 67개 언어로 번역되었다. 그는 또 신약성경 전체를 강해하는 시리즈의 편집자로 활약했는데, 이 시리즈는 본문에 충실하면서도 현대 세계에 적절한 메시지를 끌어냈다. 누가 또 이런 업적을 남길 수 있을까? 그는 런던 강의와 런던연구소, 랭햄 파트너십을 세우는 과정에서 비전을 현실로 옮기는 사업가적 수완을 유감없이 발휘했다. 개발도상국의 학문과 문서 사역, 설교 수준을 끌어올리기 위해 재정을 지원하고 사람을 키우는 프로그램을 시작했다. 전 세계 복음주의자들에게 복음전도와 사회적 행위의 균형을 잡으라고 촉구했다. 전 세계에 흩어진 친구들과 밀접한 관계를 맺었다. 이 친구들이 그의 투명함과 신실함을 증언해 준다. 그는 쌍안경으로 새를 관찰할 때든, 아름다운 전원이 펼쳐진 훅시스에서 사람들과 함께 연못을 청소할 때든 편히 휴식을 취할 줄 알았다. 겸손과 짓궂은 농담으로 사랑을 꽃피웠다. 그는 복음에 헌신했으며 예수 그리스도를 우리를 위해 십자가에서 목숨을 마친 온 세상의 구세주로 소개하는 능력이 뛰어났다. 그의 생애는 이 모든 면에서 독특했다. 그는 그를 예수님의 모형이자 온화한 목회자, 소중한 친구로 아는 특권을 누린 이들을 반짝이는 눈으로 반갑게 맞이해 주곤 했다.[29)]

존 스토트는 빌리 그래함처럼 "오늘날 세계에서 가장 존경받는 성직자"로 불릴 만큼 전 세계 교회에 영향을 끼쳤던 대표적인 복음주의 지도자였다. 자신의 맡은 바가 '말씀을 지키고 연구하며 적용하고 순종하는 것'이라 여겼던 그는 성경에 대한 믿음은 브수적으로 그 진리를 실천할 때는 예수의 급진적 제자의 모습으로 살았고 또 그렇게 가르쳤다. 생각과 행동, 복음과 사회적 책임, 교회를 섬기는 마음과 세상을 품는 마음 등, 모든 부분에서 균형 잡힌 모습을 보여주고 있으며, 사회적으로 이슈가 되고 있는 주제나 논쟁적인 교리에 대해서도 성경적인 확신을 가지고 자신의 분명한 목소리를 내는가 하면, 사랑과 겸손과 온화함으로 '하나님의 진리를 맡은 청지기' 역할을 성실히 수행했다.[30)]

세계 기독교계의 거목 존 스토트(John Stott. 1921. 4. 27 ~ 2011. 7. 27) 목사가 2011년 7월 27일 향년 90세 나이로 소천했다. 스토트 목사는 20세기 현대 복음주의에 가장 큰 영향을 미친 목회자이자 신학자로 손꼽힌다. 그의 한평생 갈고 닦은 고귀한 가르침들은 후대에 아름다운 꽃을 피우고, 결실되어 세계만방에 보석처럼 기리기리 빛날 것이다.

각주 -------

1) 안병만, 『존 스토트 설교의 원리와 방법』 (서울: 프리셉트, 2001). 23
2) 로저 스티어. 『존 스토트의 생애』. 이지혜 역. (서울: 한국기독학생회출판부, 2010), p. 29.
3) Ibid., p. 31.
4) http://ko.wikipedia.org/wiki/(위키백과)
5) 로저 스티어, op.cit., p. 46.
6) Ibid.
7) Ibid., p. 47.
8) Ibid., p. 48.
9) Ibid., p. 49.
10) http://blog.daum.net/hui-jae/81. 주전담백(박희재). "존 스토트의 총체적 복음사역", 2010. 7. 10.
11) Ibid.
12) 로저 스티어, op.cit., pp. 53-54.
13) Ibid., p. 54.
14) Ibid., pp. 68-69.
15) Ibid., p. 69.
16) Ibid., p. 88.
17) 주전담백, op.cit.
18)~20) Ibid.
21) 박해경, 『성경과 신조』 (서울: 아가페문화사, 1998), p. 219.
22) 주전담백, op.cit.,
23)~26) Ibid.
27) http://www.futurekorea.co.kr/news/articleView.html?idxno=20604. 미래한국. "세계 기독교계의 거목 존 스토트 목사를 회고한다." 2011. 9. 27일
28) Ibid.
29) 로저 스티어. 『존 스토트의 생애』. 이지혜 역. (서울: 한국기독학생회출판부, 2010), pp. 443-444.
30) http://terms.naver.com/entry.nhn?docId=2077502&cid=44546&categoryId=44546. 해외저자사전, "존 스토트", 2014. 5.

참고 문헌 - 이 글은 아래 문헌에서 인용, 발췌한 것이다.

로저 스티어. 『존 스토트의 생애』. 이지혜 역. 서울: 한국기독학생회출판부, 2010.

크리스토퍼 라이트, 편. 『존 스토트, 우리의 친구』. 김명희 외 5명 역. 서울: 한국기독학생회출판부, 2011.

박해경, 『성경과 신조』. 서울: 아가페문화사, 1998.

http://www.futurekorea.co.kr/news/articleView.html?idxno=20604. 미래한국. "세계 기독교계의 거목 존 스토트 목사를 회고한다." 2011. 9. 27일

http://terms.naver.com/entry.nhn?docId=2077502&cid=44546&categoryId=44546. 해외저자사전, "존 스토트", 2014. 5.

http://www.happycampus.com/doc/10877601. "운동가 존 스토트" 2017. 8. 14.

http://blog.daum.net/hui-jae/81. 주전담백(박희재). "존 스토트의 총체적 복음사역", 2010. 7. 10.

변화된 복음 혁명가

엘드릿지 클리버

Eldridge Cleaver

1935~1998

과격한 흑인 혁명에 헌신했던 그는
회심하여 사회주의와 혁명의 이데올로기는 버리고
기독교 복음을 전파하고 강연하는 일에 모든 삶을 바쳤다.

예수 혁명

엘드리지 클리버의 회심 기사는 가장 많은 지역에서 출판된 이야기들 중 하나이다. 그는 1960년대에 흑인 혁명가이자 전투적인 블랙 팬더(Black Panther, 미국의 과격한 흑인 운동원) 조직의 지도자의 한 사람으로서 이름을 날렸다. 그는 교도소에 수감되어 있는 동안 그의 유명한 자서전 『얼음 위의 영혼』(Soul on Ice, 1966)을 발간했으며, 석방된 후에 다시 1968년에 오클랜드(Oakland) 경찰과의 충돌에 가담했다. 그는 그 일로 인해서 캐나다로 갔고 정치적 망명자로서 은신처를 얻기 위해 쿠바, 알제리, 프랑스 등으로 전전하게 되었다.

비록 그가 1960년대와 1970년대에 마르크스 사상에 강한 영향을 받았기는 했지만, 그는 그 사상의 혁명적인 경향에 대해 환멸을 느끼기 시작했다. 그는 그 이유를 다음과 같이 설명한다.

공산주의 사상은 나에게 전제 정치의 또 다른 장을 보여 주었을 뿐이다. 나는 일생 동안 그 사상을 피하기 위해 노력해 왔으며 그 사상의 주요 핵심들에 대하여 관심을 갖지 않았다.

그는 마침내 미국으로 귀환하기를 갈망했고 그 일을 위하여 그의 변호사와 의논했다. 그의 친구들은 그 모든 일이 불가능하다고 충고했다. 그의 한 친구는 이전에 그와 함께 흑인 혁명운동에 참가했던 사람들조차도 이제는 그와 함께 일하기를 원하지 않는다고 말했다. 클리버는 이렇게 회고했다. "그것은 새로운 봉사의 시대를 선고하는 것과 같았다."

훗날에 그가 그의 책 『불 위의 영혼』 안에 기록한 것과 같이 그의 회심은 그의 삶에 실망과 절망이 가득 찼을 때 찾아왔으며, 그는 결국 미국으로 돌아가서 그의 앞에 닥칠 시련을 직면하기로 결정했다. 다양한 기독교인들이 그를 찾아 교도소를 방문했으며, 기독교인 실업가 단체는 그의 보석금을 위해서 십만 달러를 내놓았다. 1980년에 그는 그에 대한 세 가지의 폭력 혐의를 스스로 인정하고 집행 유예와 2천 시간의 사회 봉사 활동을 선고받았다. 클리버가 기독교 신앙으로 전환하게 된 것은 사회 정의에 대한 그의 관심과 활동이 가져다 준 결과는 아니었다. 그는 이렇게 증언했다.

"사회주의 이론은 부분적으로 예수 그리스도의 가르침에 근거하고 있다. 나는 혁명의 이데올로기에 이르기 전까지는 '기독교와 사회주의 이론' 사이에 어떤 갈등도 없다고 본다. … 나는 그리스도인 가정에서 무슨 일이 일어나고 있는지를 여전히 알고 싶다. … 나는 순진하게도 예수님께서 모든 사람들을 위해 존재하신다는 믿음을 여전히 가지고 있다. 이런 구별을 하는 것은 우리들이지 예수님은 아니다."

그러나 그의 회심은 교회의 안팎에서 회의의 시선과 함께 불신을 받았다. 무신론자들의 단체인 분리주의자 협회(The Society of Separationists)는 1977년 클리버에게 그 해의 종교 위선자 상을 주었다. 그는 일부 기독교인들의 그에 대한 냉소적 반응에 대해서 불평했다. 그는 이렇게 말했다.

새로운 기독교인들을 골탕먹이려는 대신에 그들에게 용기를 북돋워 주는데 더 큰 관심을 두는 기독교인들도 있다. 반면 어떤 사람들은 나를 교회의 공동체 안으로 받아들이기를 원치 않는다.

그는 자기 자신의 선교 단체를 설립했으며, 널리 여행을 하면서 여러 종교 단체에서 강연 등을 했다.

"

원망과 희망의 교차로

내가 미국으로 다시 돌아갈 수 없다는 소식은 내게 마지막으로 매달려 있던 한 가닥의 희망의 실오라기마저도 끊어지는 것과 같은 충격을 주었다. 나는 심한 절망을 경험했고, 심지어 만일 내가 일생 동안 미친 상태로 살아왔었다고 해도 빠져들 수 없을 정도의 극심한 절망과 근심과 고통에 빠져 들었다. 프랑스에서 나는 내가 전혀 쓸모 없다는 자책감으로 짐스러움을 느끼기 시작했다. 나는 가족에게 있어서는 장애물이었다. 캐들린과 아이들은 자유의 몸이었고 살아오는 동안 한 번도 체포된 적이 없었다. 오직 나만이 망명자였다. 우리가 추방당하게 된 것은 전적으로 나의 잘못이었다. 그러므로 나는 그들을 볼 면목조차 없었고, 이미 우리들의 일상적인 삶이 되어버린 공허감을 느끼며 비참함과 죄책감을 아울러 느껴야만 했다. …….

나는 이곳 저곳을 방황했고 상황은 점점 더 악화되어갔다. 파리에서의 어느 날 밤, 나는 마침내 나의 상황이 절망으로 가득찬 것을 보았다. … 나는 다시 지중해 연안으로 돌아갔으며, 자살로써 그 비극을 끝내야겠다는 생각을 하기 시작했다. 나는 실제로 자살을 생각하기 시작했던 것이다. 그러던 어느 날 밤, 나는 13층에 있는 내 아파트의 발코니에 잠자코 앉아 있었다. 지중해의 밤은 아름다웠다. … 그러나 나는 나의 생명줄의 마지막에 서서 근심으로 가득차서 절망하고 있었다. 내가 달을 올려다보고 있을 때 나는 그곳에서 어떤 그림자를 보았다. … 그러자 그 달 속에 있는 그림자는 어떤 사람의 모습으로 변했고, 나는 그것이 바로 나 자신의 옆모습임을 깨달았다. 그것은 블랙 팬더 당을 위해 붙여졌던 포스터들에서 내가 수 없이 본 모습이었다. 이 광경은 나를 당황하고 겁에 질리게 만들었다. 그리고 그 모습을 보았을 때 나는 떨기 시작했다. 즉 그것은 내 마음속 깊은 곳으로부터 일어난 떨림이었다. … 내가 그 모습을 응시했을 때 그것은 다시 변했다. 나는 과거에 내가 숭배했던 나의 영웅들이 내 눈앞에서 행진하는 것을 보았다. 피델 카스트로(Fidel Castro), 마오쩌둥(毛擇東), 칼 마르크스(Karl Heinrich Marx), 프레드리히 엥겔스(Friedrich Engels) 등이 그 행렬에 끼여 있었다. 그들 각자는 멸망한 영웅들과 같이 잠깐 동안 나타났다가는 다시 사라져 갔다. 그러나 마지막으로 행렬의 맨 끝에 현란하고도 희미한 빛 속에서 예수 그리스도의 모습이 나타났다. 그것이 문제의 발단이었다.

오열과 평화

그때 나는 허물어져서 울기 시작했다. 나는 난간을 붙잡고 무릎을 꿇었다. 이렇게 오열하고 있는 중에 주기도문과 시편 23편이 내 마음속에 떠올랐다. 나는 여러 해 동안 잊고 있었던 그 기도문들을 외우기 시작했고, 잠시 후 어느 정도 마음을 가라앉힐 수 있었다. 그러고 나서 나는 서재로 가서 성경책을 집어들었다. 그 성경책은 나의 어머니가 맏아들인 나에게 물려주신 가정용 성경이었다. 캐들린은 미국을 떠나올 때 그것을 작은 가방 속에 넣어 가지고 왔다. 그녀는 『공산당 선언』 혹은 『자본론』 같은 책 대신에 그 성경책을 가져 왔던 것이다. … 나는 시편 23편을 처음부터 끝까지 읽었다. 그때 나는 주기도문을 어디서 찾아야 할지를 몰랐기 때문에 필사적으로 그 기도문을 찾았다. 그러나 얼마 못 가서 눈이 피로하여 활자가 제대로 보이지 않아 나는 침대에 누워 잠을 잤다.

그날 밤 나는 나의 생애에서 가장 평온한 잠을 잤다. 다음 날 아침 나는 누군가가 나를 건드린 것처럼 흠칫 놀라 깨어났다. 그리고 나는 나의 마음속에서 길을 보았을 때와 같이 분명하게 집으로 돌아가는 길을 볼 수 있었다. 어두운 감방 하나를 통해 지나가는 빛의 길을 보았던 것이다. … 이 감방은 이 빛의 길 위에 있는 유일한 흑점이었다. 그 의미는 나에게 확실했던 것처럼, 내가 집으로 돌아가는 데는 어떤 정치가의 도움도 필요치 않다는 사실이었다. 나는 이미 자수했고 그것은 나를 집으로 돌아가는 일을 나의 능력 안에 있도록 한 것이다. 이제 나는 모든 일이 순조롭게 진행될 것을 분명히 믿고 있었다.

”

참고문헌 – 이 글은 아래 문헌에서 인용, 발췌한 것이다.

Hugh T. Kerr & John M. Mulder. *conversions*. New York: Grand Rapids, 1983.

엘드릿지 클리버의 회심 기사는, *Soul on Fire*, (Waco, Tex.: Word Books, 1978), 210-212.에서 발췌.

휴 커 · 죤 멀더, 공편. 『위대한 회심자들』. 박영봉 역. 서울: 생명의 말씀사, 1993. pp. 322~326.

http://en.wikipedia.org/wiki/(위키백과)

그리스도의 참모로 변화된

찰스 W. 콜슨

Charles W. Colson
1931~2012

리차드 닉슨 대통령의 신임받는 참모로서 정치가의 야망을 추구했던 그는
워터게이트사건 이후 회심하여 그리스도 예수의 종이 되어
복음전파와 사회봉사에 헌신했다.

고통과 절망 속에서 만난 예수 그리스도

리처드 닉슨(Richard M. Nixon, 1913-1994)의 최고의 참모로 잘 알려진 찰스 W. 콜슨은 1974년에 워터게이트 사건에 연루되었다. 대통령 특별보좌관이었던 그는 엄청난 시기 동안에 정치적 음모의 중심에 서 있었던 사람이었다. 이 사건으로 인하여 콜슨은 7개월간의 복역을 하고 1975년 1월 31일에 풀려났다.

1973년 초에 콜슨은 자신이 예수 그리스도를 영접했다고 공개적으로 말했다. 그의 회심 기록은 그의 책 『거듭남』(*Born Again*, 1976) 속에서 당시의 정치적 사건들과 함께 잘 묘사되어 있다. 그가 신학적이며 교리적인 용어는 사용하지 않았을지라도 회심의 이야기는 진실하다고 보아야 할 것이다. 어떤 이들은 콜슨의 회심의 진정성을 의심했다. 그러나 빌리 그래함(Billy Graham)이나 캐더린 마샬(Catharine Marshall)과 같은 사람들은 그를 인정했다.

회심 기사에서 종종 그러한 것처럼 다른 사람들의 격려와 도움으로 인해 주님을 찾게 되는 경우가 많다. 그의 경우는 레이테온(Raytheon)의 사장인 친구 톰 필립스(Tom Phillips)의 도움이 컸다. 필립스는 콜슨에게 C. S. 루이스의 『단순한 기독교』(*Mere Christianity*)를 소개함으로써 그의 회심을 도왔다.

감옥에서 나온 후에 콜슨은 감옥의 죄수들을 돕는 데에 관심을 기울였다. 그는 전 상원의원이자 신실한 기독교인인 해롤드 휴즈(Harold Hughes)와 같은 동료들의 격려로 '교도소선교회' (Prison Fellowship)를 설립했다. 많은 사람들이 그의 혁신적이면서도 실제적인 교도소 사역에 감동을 받고 있다. 그는 모든 책들의 인세와 연설 사례비를 교도소 선교를 돕는데 쓰고 있다. 1993년 종교 발전에 기여한 공로로 템플턴상을 수상했다. 콜슨은 자신의 기독교 복음주의운동에 대한 사역을 『생명 선언』(*Life Sentence*, 1979)이라는 작품에서 자세히 설명하고 있다. 이외에도 그는 『사랑하는 하나님』(*Loving God*, 1983)과 『하나님의 나라』(*Kingdom of God*, 1987), 『좋은 삶』(*The Good Life*, 2004), 『믿음』(*The Faith*, 2008)" 등 15권 이상의 책을 집필했다.

친구가 만난 예수 그리스도

뉴잉글랜드 지방의 기후로는 유난히도 덥고 후덥지근하여 마치 담요를 뒤집어쓰고 있는 것 같은 밤이었다. 톰의 권유로 양복의 자켓을 벗고 나중에는 넥타이도 풀어버렸다. 그는 내가 앉은 소파 옆으로 의자를 끌어 당겨 앉고서는 말하기 시작했다.

"찰스, 말 좀 해보게. 괜찮은가?" 3월에도 비슷한 질문을 했었다. 대통령의 막역한 친구로서 워싱턴의 거물급 법률가로서 나는 자세를 흐트러뜨리지 않으려고 노력했다. "음, 그리 나쁜 상황은 아니야. 워터게이트 문제가 전부를 차지하고 있을 정도지. 모두가 비난하는 사람뿐이어서 좀 지쳐 있는 정도야. 그나저나 톰, 자네에 대하여 이야기하고 싶은 것이 있네. 자네가 무언가 변했는데, 도대체 무슨 일이 일어났는지 알고 싶네."

톰은 음료수를 마시고는 의자에 기대앉아 무슨 생각에 잠기는 듯했다. 그리고는 간단하게 레이테온에서 실력자로 급성장한 과정에 대해서 말했다. 37세에 부사장이 되었고, 40세에 사장이 될 정도로 밤낮을 가리지 않고 열심히 일했다. "결국에는 성공했어. 하지만 무언가 중요한 게 빠져 있었어." 무언가를 음미하듯이 그는 말했다. "나는 뭔가 모를 허탈감 내지는 공허감을 깊숙하게 느꼈어. 불현듯 밤중에 일어나 잠들지 못하고 서성거렸고 캄캄한 창밖을 몇 시간이고 멍하니 바라보고는 했네." "나는 도저히 이해 할 수가 없네." 내가 말했다. "나는 자네를 잘 알고 있다고 생각하네. 자네는 곧게 날아가는 화살과 같았어. 가정생활도 행복했고 모든 일이 성공적이었어. 만사가 자네 편이었지 않은가?"

"그래 맞아. 그것은 전부 사실이었어. 찰스, 하지만 내 생활은 완전하지는 못했어. 매일 사무실에 출근해서 업무를 처리하고 회사의 성장을 위해서 쉴틈 없이 일했어. 하지만 생활은 큰 구멍이 뚫려있었어. 무언가 해답이 필요했어. 그래서 성경을 읽기 시작했어. 하나님과의 인격적인 관계가 필요하다는 것을 어디선가 깨달았네. 깨달음은 나로 하여금 그것을 추구하도록 했네."

어떤 전율감과도 같은 것이 내 몸을 스쳐갔다. 내가 영적인 해답을 찾지 않았던 것을 제외한다면, 지나간 여러 달 동안 내가 겪은 일들이 이상한 것이 아니었다. 나는 인간이 하나님과 인격적인 관계를 갖는 일이 가능하리라고는 생각한 적이 없었다. 나는 풍요로운 생활과 내적인 공허감 사이에서 느낀 모순을 쉽게 설명해 달라고 말했다.

"이해하기가 쉽지 않을 텐데." 톰은 웃으며 말했다. "나는 중요한 무언가를 잊고 있는 것 같았어. 모든 것은 표면적이었어. 물질이 아무리 풍족하여도 그 근본에 흐르는 것을 알지 못한다면 모든 것은 무의미하다는 것이지."

한동안 침묵이 흘렀다. 나는 그 말의 의미를 이해하려고 노력했다. 밖에는 어둠이 깔려 있었다. 톰은 일어나서 현관 구석의 작은 탁자 위에 있는 두 개의 작은 등을 켰다.

"사업을 위하여 뉴욕에 갔을 때, 어느 날 밤 메디슨 스퀘어 가든에서 빌리 그래함의 집회가 열리고 있는 것을 보았네." 톰은 계속했다. "나는 호기심과 더불어 막연한 기대감으로 그곳에 갔어. 그곳에서 나는 치명적으로 결여된 것이 무언가를 발견했어. 예수 그리스도와의 인격적 관계, 나는 그분을 삶속으로 초청한 적이 한 번도 없었으며, 나의 삶을 그분에게 돌리지도 않았다는 사실을 알았네. 바로 그것이었어. 그래서 나는 바로 그날 밤 그 집회에서 그렇게 했네."

키가 크고 마른 톰이 나를 향하여 몸을 기대었고, 몸 뒤로 노란 불빛이 어른거리고 있었다. 비록 얼굴은 어둡게 보였지만 눈은 빛나고 있었고, 음성은 점점 더 부드러워지고 있었다. "주님께 나의 삶속으로 들어오시기를 요청했네. 나는 그분의 임재를 느꼈고 그분의 평화가 있음을 느꼈어. 성령이 나에게 임하는 것도 느낄 수 있었네. 나는 뉴욕의 거리를 혼자서 걸었지. 예전에는 뉴욕을 싫어했어. 그런데 그날 밤의 뉴욕은 아름다웠어. 그래서 거리를 걷고 또 걸었어. 모든 것이 다르게 느껴졌어. 이슬비가 내리고 있었는데, 도시의 불빛은 금빛으로 변했어. 무언가 중대한 변화가 마음에서 일어났고, 나는 그것을 알고 있었지."

"자네가 방금 구한 것, 그러니까 그리스도를 영접한다는 것이 그런 의미인가?" 나는 이전보다 더 혼란스러워지고 있었다.

"그래. 그것은 생각보다 단순하다네." 톰이 대답했다. "자네의 삶속에 예수님을 원해야 하네. 진실로 원해야 해. 그러면 변화가 생기기 시작하지. 그때 이후로 삶의 만족감과 기쁨을 느끼고 있어. 과거에는 전혀 불가능하다고 생각했던 것이야."

나에게 예수는 역사상의 한 인물에 불과했다. 그러나 톰은 그분이 오늘 살아 계신다는 것과 그분의 영이 오늘 활동하신다는 것을 믿지 않는 한, 그분을 삶속에 모실 수 없다는 것이었다. 톰의 이야기는 나에게 감동을 주었다. 그러나 그렇게 간단한 방법으로 기적과 같은 변화가 일어날 수 있었는지, 도대체 이해가 되지 않았다. 경험을 이야기하는 톰의 음성에는 흥분이 서려 있어서, 그의 이야기를 믿지 않을 수가 없었다. 톰은 실제로 사람이 달라져 있었다. 좀 더 생기가 있었다.

워터게이트 추문을 말하다

자신의 이야기를 끝낸 톰은 이야기의 방향을 나의 문제로 돌렸다. 워터게이트 사건 때문에 내가 받는 고통, 그것으로 인한 심리적인 압박감, 언론의 부당한 비방 등을 설명했다. 나는 방어적으로 자신을 변호하고 있었다. 내가 설명을 마치자 톰은 부드럽지만 단호한 어투로 말했다.

"지난번의 선거에서 나도 닉슨을 지지한 사실을 자네는 알거야. 하지만 자네의 친구들은 현명치 못하게도 커다란 실수를 저질렀어. 자네들은 추잡한 수단을 쓰지 않더라도 선거에 이겼을 거야. 워터게이트나 지저분한 술수는 불필요했어. 그것은 부당한 일이야. 철저하게 부당했어. 자네는 그 일을 하지 말아야 했어."

톰은 상체를 앞으로 숙이고 팔꿈치를 무릎 위에 둔 채 마치 나를 잡으려는 듯이 손을 앞으로 뻗치면서 말했다. 눈에는 다급하고 간절한 호소가 있었다. "그걸 이해하지 못하겠나?" 그는 매우 진실한 감정으로 말했다. 아무런 거부감이 느껴지지 않았다.

"만약 자네가 옳다고 확신한다면, 이런 일은 하나도 필요 없을 거야. 이런 일이 하나도 일어나지 않을 것이네. 찰스, 자네와 자네 친구들의 문제는 단순히 다른 사람의 목을 노렸다는 점에 있어. 자네들은 적들을 멸망시키려고 애써야 했네. 자네들은 스스로를 믿을 수 없었기에 상대방을 파멸시켜야 했어."

그 순간 참을 수 없을 정도의 지독한 더위를 느꼈다. 입술 위로 흘러내려온 땀방울을 나는 닦아 냈다. 얼음차를 한 모금 마시자 약간 진정되었다. 톰의 질책은 더운 날씨를 부채질하는 것 같았다. 스카치와 소다수 생각이 간절했다. 톰은 정곡을 찔러 말했다. 그것을 시인하지 않을 수 없었다. 고립된 백악관에서 보았을 때, 그것은 우리 세계의 싸움이었다. 다시 말하면 이 세상에 대한 닉슨의 백악관을 확보하기 위한 싸움이었다. 우리는 목적 달성에 대하여 안심할 수 없다고 판단했고, 목표를 확보하기 위한 방법으로 과잉 살상 계획을 채택했다. 그러나, …….

"톰, 자네가 이해하지 못하는 것이 있네. 정치라는 것은 적자생존의 적나라한 현장이야. 그렇지 않으면 살아남지 못하네. 바로 이곳 매사추세츠에서의 여러 가지 정치적 활동을 포함하여 나는 20년 동안 정치에 종사하여 왔네. 나는 일들이 어떻게 돌아가는지 이치를 알아. 정치는 총성 없는 전쟁과 비슷하네. 만일 자네가 적들을 몰아붙이지 못하면, 자네 자신은 궁지에 몰리게 되는 거야. 톰, 닉슨은 평생을 끊임없이 공격에 시달렸네. 그가 선택할 수 있었던 유일한 방법은 뒤통수를 치는 것이었어. 베트남 전쟁으로 그가 받았던 비판들을 보게. 그러나 그는 옳았네. 우리가 선택한 방식대로 싸우지 않았다면, 즉 비판하는 사람들을 되받아쳐 우리를 이기지 못하게 하는 방식으로 싸우지 않았다면, 우리는 승리하지 못했을 걸세. 우리는 다른 선택을 할 여유가 없었네."

말을 하는 동안, 나의 말이 스스로 공허하게 들려왔다. 상투적인 변명에 불과함을 깨달았다. 나는 정치적 세계의 방법들을 이야기하면서 불현듯 좀 더 나은 방법이 있었던 것은 아닐까라는 의문이 들었다. 어쨌든 톰은 그렇게 믿었다. 톰은 나의 기분을 상하게 하지 않을 정도로 부드럽게 말했다. 그는 나의 말을 모두 접어 두고서 말했다. "찰스, 나는 이것을 말하는 것을 좋아하지 않네만, 자네들은 뿌린 것들을 거두고 있는 것이야. 만일 자네들이 하나님을 믿었고, 자네들의 목적이 정당했다면, 그분은 자네들을 인도하셨을 걸세. 그분의 도움은 자네들의 엉터리 선전과 음모를 모두 다 합한 것보다 천 배는 더 능력이 있다네."

예수 그리스도를 소개받다

다른 어떤 사람의 경우든지 하나님에의 의존은 지나친 낙천주의자의 행동으로 밖에는 보이지 않았었다. 그러나 톰이 정치 분야와 마찬가지로 똑같이 경쟁적인 사업 세계 속에서 자신의 회사를 운영하는 방법은 나에게 큰 감명을 주었다. 그는 적들을 무시하고 오직 하나님의 방법만을 따르기 위해 애썼던 것이다. 그의 회심 이후에 레이테온은 전례가 없이 성장하고 있었다. 판매량과 이윤은 하늘 높이 치솟았다. 아마도 그만한 까닭이 있었을 것이다. 어쨌든 성공에 대하여 논하는 것은 쉽지 않았다.

"찰스, 자네가 자신을 정직하고 담대하게 맞설 용기를 가질 때, 나의 말을 이해하게 될 거야. 이것이 첫 단계야." 톰은 모퉁이의 책상으로 가서 조그마한 책을 하나 가져왔다. C. S. 루이스의 『단순한 기독교』

(*Mere Christianity*)" 였다. "이 책을 휴가 기간 동안에 한 번 읽어보면 좋을 것 같네." 톰은 책을 건네주려다가 말했다. "내가 한 장을 읽어 주지."

나는 아직까지도 방어적인 자세로 등받이에 기대어 앉았다. 나의 마음과 감정은 갈피를 잡지 못하고 있었다.

"누구의 예외도 없이 세상 사람들을 속박하는 죄가 있다. 세상 사람들은 다른 사람에게서 그 죄를 볼 때 몸서리를 친다. 그리고 그리스도인 이외에는 그 누구도 자신이 죄를 범하고 있음을 알지 못한다. 자신의 성질이 고약하거나, 혹은 주색잡기를 멀리할 수 없거나, 혹은 겁쟁이라고 고백하는 사람들을 나는 많이 보아 왔다. 그러나 그리스도인이 아닌 사람이 이러한 죄를 짓고 있다고 고백하는 경우는 한 번도 보지 못했다. … 우리가 내면에 있는 것들 중에서 이 죄를 가장 모르고 있다. 우리가 좀 더 많이 그 죄를 가질수록 다른 사람에게서 보이는 그 죄를 더욱 싫어한다. 내가 말하고 있는 그 죄악은 교만 또는 자존심이다. … 교만은 모든 행악의 근원이다. 이것이야말로 하나님에게 전적으로 대항하는 마음 상태이다."

그가 읽어가는 동안에 나는 얼굴이 달아오르는 것을 느꼈다. 이상하게 뭔가 뜨거운 것이 치밀어 올랐고, 그 밤이 더욱 뜨겁게 느껴졌다. 루이스의 말은 나를 두고 하는 말 같았다.

"…… 이 세상의 시작 이래로 모든 국가, 모든 가정이 불행한 주요한 원인은 바로 교만이었다. 다른 죄악은 때로 사람을 함께 묶어 줄 수도 있다. 술에 취한 사람이나 부정한 사람들 사이에서 친근함과 농담과 우정을 볼 수도 있다. 그러나 교만은 늘 적대감을 의미한다. 아니 적대감 자체이다. 그리고 인간과 인간 사이의 적대감을 넘어서 하나님께 대한 적대감이다."

"하나님 안에서 당신은 모든 면에서 당신을 능가하는 그 어떤 것을 만난다. 만약 당신이 하나님을 그렇게 알지 못한다면, 그리고 하나님과 비교하여 당신 자신을 아무것도 아닌 것으로 알지 못하면, 당신은 하나님을 전혀 모르고 있는 것이다. 당신이 교만하면 하나님을 알 수가 없다. 교만한 사람은 항상 사물과 사람을 멸시한다. 당신이 멸시를 하는 한 당신 위에 있는 어떤 것을 볼 수 없다."

나는 갑자기 벌거벗은 알몸이며 부정한 느낌을 받았다. 허세와 같은 나의 방어 자세가 어느새 무력해져 있었다. 나의 정체가 드러났으니 방어할 것이 없어졌다. 루이스의 말은 나를 설명하는 것이었다. 그는 계속해서 읽었다. 그 중의 한 구절은 백악관의 일을 요약하는 말이었다. "교만은 영적인 암이다. 그러기에 사랑과 만족, 상식의 근원까지도 먹어치워 버린다."

옛날을 회상하다

죽어가는 사람은 자기 생애의 주요한 사건들을 회상하게 된다고 한다. 8월의 어느 날, 톰의 목소리를 들으면서 생애의 사건들이 영상으로 떠오르듯 눈앞에 펼쳐졌다. 최근 몇 년 동안 잊고 있던 일들도 나타났다. 고등학교 졸업식에서의 연설, 해병대에서의 '훌륭한' 복무, 나의 첫 결혼식과 '정상적인' 가정, 시민 지도자들이 연달아 나와서 나를 보스턴의 가장 훌륭한 청년으로 추켜세우는 동안 제이키즈 단상에 앉아 있던 일, 백악관으로의 입성, 출세를 위해서 밀고 당기던 싸움, "콜슨씨, 대통령께서 부르십니다. 콜슨씨, 대통령께서 지금 당장 당신을 보고 싶어 하십니다." 등등이 기억에서 떠올랐다.

무슨 이유에서인지 1972년 선거 이후의 한 가지 사건이 생각났다. 오랫동안 닉슨을 비방하던 기자가 사무실로 찾아와 뉘우치는 것과 같은 어조로 백악관의 호의를 어떻게 살 수 있느냐고 물었다. 나는 그에게 '그의 손목을 자르는 일'을 해보라고 말했다. 물론 전적인 농담이었다. 그러나 그 말에 그는 잠간을 머뭇거렸다. 그것은 적을 완전히 굴종시키려는 승자의 오만일 뿐, 다름이 아니었다.

그때, 희미하게 불을 밝힌 베란다에 앉아 있는 동안 자기중심으로만 살아왔던 과거의 일이 파도처럼 나를 뒤덮었다. 고통과 번민이 뒤범벅이 되었다. 나는 자신을 변호하고 지키려고 최선의 노력을 했다. 나는 큰 수입을 마다하고 주식을 모두 모험적인 투자에 쏟아 넣었다. 이것은 나로서는 희생이었다. 그러면 정부를 위한 나의 희생은 어떻게 되는가? 사실 나는 돈보다도 백악관의 어떤 지위를 원했다. 따지고 보면 그것은 전혀 희생이라고 할 수 없었다. 나의 희생에 대해 자꾸 얘기할수록 사실은 다른 사람에게 나 자신을 드러내 보이려는 행위였다. 정부의 최고의 요직을 차지하기 위해서는 너가 가진 모든 것을 포기할 용의가 있었다. 지금까지 나를 이끌어온 것은 따지고 보면 결국은 교만이었고, 루이스가 말한 대로 '대 죄'(大罪)에 해당하는 것이었다.

톰은 교만에 관한 장을 다 읽고서 책을 덮었다. 내가 무슨 말인가를 중얼거렸다. "그 책을 읽고 싶네"라는 말도 아닌 그냥 무어라고 중얼거렸다. 그러나 루이스의 폭탄이 나의 배 한가운데를 관통했다. 나의 눈을 응시하고 있던 필립스도 그 사실을 알았을 것이다. 그가 읽은 그 부분은 42년 동안 무의식중에 나를 방어하고 있던 무기들을 일거에 쓸어 갔다. 물론 나는 하나님을 알지 못했다. 나 자신만을 생각해 왔던 내가 어떻게 그분을 알 수 있었겠는가? 나는 여러 가지 일을 했고, 성취했고, 성공했고, 하나님께 신뢰를 두지 않았고 은총 때문에 감사하지도 않았다. 나는 나 자신보다 '한없이 높으신' 어떤 것을 생각해 본 적도 없었고, 설령 지나가는 생각 속에서 하나님의 무한한 능력을 생각했다 해도 내 삶을 그분과 연결시키지는 않았다. 톰이 책을 읽던 짧은 순간에 나는 처음으로 자신을 보게 되었다. 그리고 나의 모습은 추악했다.

"어떤 생각이 드는가, 찰스?" 톰이 묻는 소리에 정신을 차렸다. 나는 질문의 핵심이 무엇인지 정확히 알고 있었다. 그가 뉴욕에서 경험한 것처럼 신앙을 받아들일 준비가 되어 있는가? 다시 말해서 그리스도를 모셔드릴 준비가 되었는가를 묻고 있었다.

"톰, 자네는 나의 전체를 흔들어 놓았네. 나는 그것을 인정하네. 지금 읽은 장은 나를 두고 한 말 같아. 하지만 자네가 한 것같이 결단할 준비가 되었다고는 말할 수 없네. 나에게는 확신이 필요해. 나는 좀 더 알아야만 하네. 나는 아직도 과거에 가지고 있었던 많은 지적 관심사들을 해결하지 못하고 있네."

톰은 잠시 잠깐 실망하는 눈빛을 보이더니 이내 미소를 지었다. 그리고 말했다. "이해할 수 있어. 이해한다고." 나는 다시 말을 계속했다. "해병대에 있을 때에 하나님께 의지하는 사람들을 많이 보았지. 나도 한번 그런 경험을 했었지. 그러나 잠시 후에 모든 것은 잊혀져버렸고 과거의 자리로 되돌아가 버렸네. 필요할 때만 믿는 피난처와 같은 종교생활은 하나님을 이용하는 것밖에는 안 돼. 지금 내가 어떻게 무슨 결단을 할 수 있겠나? 나의 세계가 주변에서부터 무너져 내리고 있네. 내가 지금 피할 길만을 찾고 있지 않다는 것과 그 위기가 지나가도 내가 신앙을 잊지 않으리라는 것을 어떻게 확신할 수 있는가? 나는 우선 이러한 지적인 문제들을 해결해야만 하네. 그렇게 된다면 확신해도 좋겠지." "이해할 수 있어." 톰은 조용한 목소리로 다시 말했다.

그의 태도에 나는 마음이 놓였다. 다른 한편으로 마음속 깊은 곳에서는 톰에게 공격하고 싶은 내용의 이야기들이 있었다. 그는 하나님에 대해 처음으로 이야기 해보는 사람을 깊이 이해하고 있었다. 톰은 더는 강요하지 않았다. 그는 『단순한 기독교』라는 책을 나에게 넘겨주었다. "이 책을 읽고 나면 성경의 요한복음을 읽고 싶을 걸세." 나는 그가 인용한 중요한 구절들 위에 표시를 해 두었다. "워싱턴에 가면 만나야 할 사람이 있네." 그가 계속했다. "덕 코우(Doug Coe)라는 사람이지. 그는 그리스도인들을 모아 놓고 조찬 기도회나 그 밖의 봉사활동을 하는 사람이야. 내가 연락해서 자네와 만나게 해주겠네."

그리고서 톰은 성경을 꺼내서 자기가 좋아하는 시편을 몇 편 읽어 주었다. 위로의 말씀들은 마치 차가운 진통제와도 같았다. 생전 처음으로 나는 어릴 때 교회에서 뜻도 모르고 들었던 성경 구절들이 되살아나는 것을 느꼈다. 톰은 계속 읽었다. "여호와를 의지하라." 할 수만 있다면 나는 그분을 의지하고 싶었다. 바로 그 순간에 그렇게 하고 싶었다. 그러나 나는 그 방법을 몰랐고 더군다나 확신할 수가 없었다.

"찰스, 같이 기도하지 않겠나?" 성경을 덮어 옆의 책상 위에 놓으면서 그가 말했다.

❝

예수 그리스도를 만나다

나는 깜짝 놀라서 깊은 생각에서 벗어났다. "그래 좋아." 아마도 이렇게 말했던 것 같다. 나는 식사하기 전에 누군가가 멋있게 기도하던 것 외에는 다른 누구와도 함께 기도를 한 적이 없었다. 톰은 양손을 마주 잡고는 의자 끝에 몸을 굽힌 채 고개를 숙였다. 그가 기도를 시작했다. "주님, 찰스와 찰스의 가족을 위해 기도합니다. 그의 마음을 열어 주셔서 당신의 빛과 길을 보여 주시옵소서! ……."

톰이 기도하는 동안, 내 마음속으로 표현할 수 없는 어떤 것, 일종의 힘 같은 것이 흘러 들어오기 시작하는 것 같았다. 커다란 감동이 전신을 휩쓸자 눈물이 날 것만 같았다. 나는 참으려고 애썼다. 톰은 하나님이 우리 옆에 앉아 계신 듯 대화하는 것 같았다. 내가 그때까지 들어온 기도는 형식적이고 판에 박은 듯 모두가 비슷한 기도뿐이었다.

그의 기도가 끝나고 한동안 침묵이 흘렀다. 내가 기도하기를 그가 바라고 있다는 것을 알았으나, 무엇을 말해야 할지 몰랐으며 자의식이 너무 강해 말을 꺼낼 수가 없었다. 우리가 함께 부엌으로 갔을 때 거트(Gert)가 책을 읽고 있었다. 나는 톰과 그녀에게 친절과 환대에 대하여 고마움을 전했다.

“또 오실 수 있겠죠?” 그녀가 말했다. 그녀의 미소는 진실의 말임을 입증시키고 있었다.

“조심하게. 찰스, 그리고 그 책에 대하여 자네의 생각이 어떤지 알려주게.” 그 말을 하면서 톰은 내 어깨를 쓰다듬었다.

“곧 다시 만나세.”

나는 말을 많이 할 수 없었다. 나는 목이 떨릴까 봐 겁이 났다. 그러나 나도 다시 그를 만날 거라는 강한 느낌을 갖고 있었다. 그의 작은 책을 읽을 때까지 기다릴 수 없었다. 밖에 나가 어둠 속에 서니 참았던 감정의 둑이 무너지기 시작했다. 어둠 가운데서 시동 열쇠를 더듬어 찾는 동안 눈에는 샘솟듯 눈물이 흘렀다. 신경질적으로 눈물을 닦아내며 시동을 걸었다. “이게 무슨 나약한 모습이야?” 나는 중얼거렸다. 눈물은 계속 흘러나왔다. 문득 그 집으로 다시 들어가 톰과 함께 기도해야 한다는 느낌이 들었다. 나는 시동을 끄고 차 밖으로 나왔다. 그때에 부엌의 등불이 꺼지더니 식당의 불도 꺼졌다. 응접실의 창문을 통해 보니, 톰은 한쪽 곁에 서 있었고 거트는 그보다 앞서서 계단을 오르고 있었다. 이제 그 응접실의 불도 꺼졌다. 상당히 늦은 시각이었던 것이다. 이층 침실의 불빛을 제외하고는 어둠에 묻힌 그 집을 바라보며 한동안 그곳에 서 있었다. 톰이 기회를 주었을 때에 나는 왜 기도하지 않았을까? 기도하고픈 마음은 간절했는데 이제는 정말 혼자였다.

톰의 집을 떠나오면서 눈에서는 눈물이 그칠 줄 모르고 흘러내렸다. 거리에는 가로등도, 달빛도 없었다. 자동차의 불빛이 길을 밝혀 주었지만 얼마나 눈물이 흘러내리는지 물속에서 잠수하고 있는 것처럼 앞을 분간할 수 없었다. 톰의 집에서 100야드도 못가 나는 길가에 차를 세웠다. 바퀴가 솔잎이 쌓인 부드러운 곳에 푹 빠졌다. 톰이나 거트가 나의 흐느끼는 소리를 듣지 못하기를 바랐다. 귀뚜라미 우는 소리만 고요한 밤하늘을 울렸다. 나는 얼굴을 손으로 감싼 채 운전대에 머리를 기대었다. 영웅심도, 위선도, 연약함에 대한 두려움도 모두 잊었다. 그러자 나는 놀라운 해방감을 경험하기 시작했다. 그때, 물이 점점 줄어들어 나의 온몸이 깨끗하게 씻어진 모습으로 드러나는 이상한 느낌을 받았다. 슬픔이나 회오의 눈물이 아니었다. 기쁨의 눈물도 아니었다. 그것은 구원의 눈물이었다.

❞

나는 처음으로 진실하고 간절한 기도를 드리기 시작했다. "하나님, 나는 당신을 어떻게 발견할 수 있는지를 모릅니다. 하지만 진심으로 찾겠습니다! 나는 지금 길을 잘못 들어섰습니다. 그러나 나는 당신께 나의 모든 것을 드리기를 원합니다." 더 이상 무슨 말을 했는지 기억나지 않았다. 다만 "나를 받으시옵소서." 이 말을 거듭해서 되풀이했다.

나는 그리스도를 '영접하지' 않았다. 나는 아직도 그분이 어떤 분인지를 모르고 있었다. 나의 마음은 우선 그것을 발견하는 것이 중요하다고 생각했다. 그러면 내가 하고 있는 일이 무엇인지를 알 것이며, 그것을 원하고 있으며, 그것과 함께 거할 것이라는 것을 확신하게 되리라고 생각했다. 그날 밤에 내 속에 있는 그 무엇이 나를, 내가 알지 못하던 그 누구에게 내가 복종하기를 강요하고 있었다. 나는 30분 이상을 어두운 밤의 적막한 자동차에서 앉아 있었다. 눈물로 인하여 젖은 눈으로 기도하며, 한편으로는 생각하면서 말이다. 그렇지만 그 순간 내 생애 최초로 내가 혼자가 아님을 확신했다.

참고문헌 – 이 글은 아래 문헌에서 인용, 발췌한 것이다.

Hugh T. Kerr & John M. Mulder. *conversions*. New York: Grand Rapids, 1983.

찰스 콜슨의 *Born Again* 중에서

휴 커 · 존 멀더, 공편. 『위대한 회심자들』. 박영봉 역. 서울: 생명의 말씀사, 1993. pp. 327~340.

http://en.wikipedia.org/wiki/(위키백과)

힌두교에서 부름받은

아라빈다 데이

69

Arabinda Dey

1939~

힌두교도였던 그는 극적이고 신비한 하나님에 대한 체험 후에
그리스도의 종이 되어 문서선교를 통한 복음전도자와 탁월한 목회사역,
기독교적 영성을 고취하는 찬송가의 작곡과 강연,
모범적인 삶으로 인도에 복음의 빛을 비춰주고 있다.

복음전도자가 된 힌두교인

아라빈다 데이(Arabinda Dey)는 인도의 힌두교 가문에서 태어나 힌두교 사상에 철저했고, 그 삶에 익숙하여 있었다. 그러나 하나님은 인도의 12억 6,600만명이 넘는 사람 중에 그를 선택하여 부르셔서 힌두교의 늪에서 헤쳐나오게 하시고 크리스천이 되어 방황과 갈등 끝에도 극복하게 하사 결국 목사로 만드셨다. 그리하여 그는 그리스도의 신실한 종으로, 문필가로, 찬양 작곡자로, 목회자로 복음을 어떻게 변호하고 변증할 것인가? 미 개척지 인도에 어떻게 복음을 전파할 것인가에 전력을 다했다.

그의 모든 글들은 복음 전도가 어려운 상황에서도 기독인의 사상과 사고에 많은 영감을 주었고, 그가 작곡한 찬양들은 그리스도의 복음을 효과적으로 전파하게 했고, 많은 사람들에게 큰 은혜를 끼쳤다. 뿐만 아니라 그의 목회는 섬김의 삶을 실천했으며 기독교적 영감으로 충만했고 삶 자체가 복음 증거였다.

그의 활동 영역은 초등학교 운영, 진료소 개원, 기독교서적 출판, 훈련원 운영, 교회 개척 등을 통해 인도의 동부 켈커터에서 힌두교의 장벽을 허물어가며 의식과 교리에 관계없이 사람들을 섬기고 주님의 정신과 복음을 착실하게 전파하는 훌륭한 사역자가 되었다.

인도는 일찍이 찬란한 고대 문명을 꽃피웠고 그리스도의 복음도 일찍 도마의 손에 의해 전파되었다고 전해지고 있다. 그 나라는 선다 싱을 낳았고, 간디를 배출했으며 타고르를 만들어 냈다. 따라서 인도의 자존심은 굽힐 줄 모르고 충천했다.

그런데, 오늘날 인도는 소를 신으로 숭배하고 힌두교의 포악한 다신교를 숭상하면서 그들의 신(神)속에 포로로 잡혀있다. 그래서 크리스천은 겨우 3~5% 정도이고 선교사는 물론 복음조차 거절하는 나라가 되었다. 이러한 암흑 속에서 사도 바울의 다메섹 경험과 같은 신비한 부르심으로 힌두교를 과감히 버리고, 그리스도의 용감한 종이 된 아라빈다 데이의 탈출 경험이 인도의 곳곳마다 복음의 빛으로 밝혀 주고 있다.

그는 인도의 디브로가르(Dibrugarh)대학을 졸업했으며, 회심 후에 미국으로 가서 엘에이 시티(L.A. City)대학 신학박사 학위를 받았으며, 미국 에프라임 무어(Ephraim Moore)대학에서 찰학 박사 학위를 받았다. 그의 자전적인 작품은 지금까지도 크리스천들에게 심금을 울리는

『나의 참회록』이 있다. 그리고 작곡된 찬양곡들과 그 외에도 아람어, 카시어, 네팔어, 힌두어, 영어에도 능통하여 그 은사로 많은 책들을 출간하여 하나님께 영광을 돌렸다.

다음은 그의 자전적인 저작 『나의 참회록』을 소개하므로, 힌두교의 암흑에서 부름받은 아라빈다 데이 목사의 생애와 깊은 영성과 은혜를 나누고자 한다.

"

아라빈다 데이의 참회

나는 인간에 대해 생각하게 되었다. 인간은 언젠가는 죽음으로 끝이 난다. 나는 내 자신에 대해서도 생각하고 있었다. 나는 내 자신이 불안해 하고 있을 때였다. 바로 그 순간 누군가 나를 불렀다. 나는 주위를 둘러보았고 하늘의 색깔이 완전히 변해있는 것을 보았다. 하늘은 먹구름으로 덮여 있었다. 갑자기 바람이 강하게 불기 시작했다. 나는 갑자기 당황했다. 주위에 집도, 어느 누구도 보이지 않았다. 나는 홀로 있었다.

갑자기 고대(古代)로 돌아가는 것처럼 느껴졌다. 어두운 하늘, 강한 바람이 불더니, 또다시 귀청 터져라 누군가가 내 이름을 부르고 있었다. 하늘에서 번개와 천둥이 쳤다. "도대체 무슨 일인가?" 나는 당황했다. 나는 이상한 아주 이상한 어떤 것을 보았다. 나는 말을 잃었다. "저게 무엇이지? 십자가가 아닌가?"

나는 나 자신에게 물었다. 그리고 얼마 후 …. 나는 하늘 표면에서 아름다운 한쌍이 빛나는, 그리고 고요한 두 눈이 나를 보고 웃는 것을 보았다. 나는 멍해지며 감각을 잃었다. … 비가 무섭게 내리기 시작했다. … 그리고 나는 거의 의식을 잃었고, 땅에 구름이 떨어졌다.

그 다음은 … 나도 모르겠다. … 나는 깊은 잠이 들었다.

내가 본 것은 무엇인가? 그것은 환각이라 불리우는 바로 그것인가? 내가 깨어났을 때 만물이 비에 흠뻑 젖어 있었다. 나는 내 자신에게 물었다. "하늘에서 내가 본 것은 무엇이지?" 평화로운 눈, 그 웃는 얼굴은 무엇인가?

조상들이 섬기는 힌두교

나는 어린 시절에 많은 의문이 생기기 시작했다.

우리가 힌두 사원에 가서 약간의 제물을 드리면 우리에게 복을 주는 신이나 여신이 배가 고파서인지 아닌지 궁금해 했다. "누가 이 여신을 보았는가?" 궁금해지곤 했다. '힌두교에는 다수의 신과 여신들이 있다(주: 힌두교는 다신론). 그리고 이 신들과 여신들의 이름과 시초를 잘 알고 있다. 그리고는 다시 특별히 한 가지 목적을 위하여 오직 한 신 또는 한 여신이 있다. 그것은 정말 이상하다. 당신은 모든 기도들을 한 신 또는 한 여신에게 드릴 수 없다. 당신은 당신의 문제에 따라 그들 모두에게 가야만 한다. 그들 중 각 한 사람씩, 모두에게 ……."

이러한 질문들은 내 마음에 쌓이곤 했고, 나는 정확한 해답과 설명들을 구했다. 그래서 부모님께 물었다.

"아들아, 그것은 아주 단순하잖니? 비록 네가 일생 동안 기도를 해도 너는 그들을 만나는 것이 불가능하단다."

왜 그럴까? 나는 궁금해 하곤 했다.

만일 내가 그들을 간절하게 만나기를 원한다 해도 …….

그들은 나보다 뛰어나기 때문에, 너무 멀리 존재하기에 나는 그들을 만날 수 없다는 것이 결론이었다.

힌두교와 멀어진 나

나는 조금씩 조금씩 질문과 의문이 더해지면서 나의 마음은 힌두교, 즉 나의 선조들이 아주 엄격하게 따랐던 그 종교로부터 멀어지기 시작했다.

나는 주위에 모든 하나님의 절묘한 창조물들을 바라보기 시작했다. "만물의 창조주에게 갈 길을 보여 줄 사람이 내게 아무도 없단 말인가?" 나는 마음속에서 절절한 갈등이 파도치고 있었다.

나는 복잡한 심정에 술과 담배를 즐기기 시작했다. 어떤 것인가가 내 마음 속에 생기기 시작했다. 이 결박들은 나를 짓눌렀고 나는 참을 수가 없었다. 비록 내가 태어날 때부터 힌두인이었을지라도 독단적인 태도, 금기, 힌두교에 대한 맹목적 관습이 나를 조금씩 조금씩 병들게 했다. 하지만 불안은 없었다. 그러나 나는 우울증 환자처럼 행동하기 시작했고, 그때 나는 안절부절하고 어느 때는 정신이 완전히 혼미했다. "왜? 왜 내가 이렇게 되었지?" 나는 의문스러웠다. …….

나는 내 마음속에 계속 다가오는 한 가지를 떨쳐버릴 수 없었다. "내가 그때 하늘에서 본 것은 무엇인가? 그 소리는 환청인가? 왜 나는 태어났는가? 나는 누구인가? 이 세상에서 나의 소용은 무엇인가?" 작은 침대에 누워 혼잡스럽게 뒤범벅 된 채로 나는 생각했다. 그리고 나는 왜 이렇게 불행할까? …….

확실히 내가 원하는 것은 무엇인가?

오~! 하나님~!

나는 내가 무엇을 원하는지 조차도 모르고 있었다. 나는 미쳐가고 있는가? 나는 알기를 원했다. 그러나 나의 정신적 혼돈의 이유를 발견할 수 없었다. 거대한 공허가 나를 삼켜버렸다.

부모님은 갈수록 나에 대해 걱정이 많았다. 천구들도 무엇인가가 나의 정신건강을 해치고 있다고 생각했다. 모든 사람들은 내가 폐인이 되었다고 단정해 버렸다. 나 자신까지도 나의 장래에 대해 걱정하기 시작했다.

이런 비참한 마음 가운데 어느 누구에게도 말하지 않고 하나님을 찾아 집을 떠났다. 황량한 방랑자가 되어 버린 것이다.

이때가 나의 일생 중 가장 어려웠던 시절이었다.

빈손으로 집을 떠나기는 쉬웠지만 방랑자로써 삶을 영위하기란 쉬운 일이 아니었다. 나는 어느 곳에서든지 벽돌을 벼개로 삼아 잠을 잤다. 집시가 따로 있는 것이 아니었다. 나는 결코 나의 생애 중 이런 육체적 고통을 당해보지 못했다. 그러나 이러한 끔찍한 고통 속에서도 행복이 있었다. 나는 결코 파멸되거나 실패하지 않았다.

"나는 항상 어느 날 자비로운 하나님께서 틀림없이 내 앞에 나타나실 것이고 나를 그의 넓은 사랑의 가슴속에 품으시고 내게 옳은 길을 보이실 것이다" 라고 생각하곤 했다.

어떤 때는 모든 인간이 육체의 안식을 원한다. "그런데 나는 왜 안식이 안되는가?" 나는 그 사실을 깨달았다. 행복의 근원은 "부유"가 아니라는 것을 말이다. 돈은 물론 필요하지만 전부는 아니다. 그것으로 정신적 행복을 보장할 수 없다. 그런데도 나는 하나님을 판단하고, 나 자신의 교만으로 고통을 자초하기도 했다. 그야말로 나의 사고의 세계는 한계가 있었고 실로 얄팍하기 짝이 없었다.

이렇게 수많은 혼잡한 사고들의 정처 없는 흐름에 따라서 비하르(Bihar)에 있는 베거사라이(Begusarai)라는 작은 도시에 도착했다. 이때 나는 많이 지쳐있었다. 도시를 오랫동안 방황한 후 도시의 한 끝에 흐르는 작은 강가에 왔다. 나는 완전히 녹초가 되었다. 잠시 휴식을 취하며 나무에 기댄 채 내가 지금 하고 있는 이 방랑의 의미에 대해 생각했다.

지평선은 붉었다. 해는 지고 있고 나는 새롭게 됨을 느꼈다. 이 석양의 절묘한 아름다움이 나의 모든 근심들을 내려놓게 했다. 나는 압도당했고 말문이 막혔다. 갑자기 바스락 거리는 소리에 주위를 둘러보았다. 나는 나를 보고 웃는 건장한 사람을 보았다. 그는 내게 다가와 명백한 벵갈어로 벵갈사람이냐고 물었다. 나는 그렇다고 했다.

"당신은 어디에 살고 있죠?"
"길 위에 어디나 머뭅니다."
"아! 집에서 도망쳤군요."
"아니요. 꼭 그렇지는 않아요. 나는 집을 나왔습니다."
"왜죠? 왜 당신은 이렇게 젊은 나이에 집을 나왔나요."
"하나님을 찾아서요."

그것은 나의 혀로 자연스럽게 말하여졌다. 그러자 그 사람은 나에게 갑자기 웃었다. 그 웃음을 멈추고 학력을 묻더니, 따라오라고 명령조로 말했다. 나는 그 말에 승낙하고 따라나섰다. 알고보니 그는 벵갈지역 변호사였다.

나는 변호사 사무실에서 근무하면서 이집의 가정적 분위기가 고향과 가족을 그리워하게 했다. 그래서 아버지께 편지를 보냈다. 아버지는 전보를 쳐서 집으로 돌아올 것을 권유했다. 그래서 집으로 돌아갈 것을 결심했다. 내가 실롱을 향하여 베거사라이(Begusarai)를 떠난 것이 1968년 12월이었다.

실롱에 돌아온 나에게, 모든 사람들은 내가 무엇보다도 또다시 방랑자가 되지 않으리라는데 안도의 한숨을 쉬었다. 나의 아버지는 조심스럽게 하나님을 찾아 방랑자가 되는 것은 무의미하다고 권면해 주었고, 누구든지 집에서 하나님을 섬길 수 있다고 말해 주셨다. 나는 그 말씀을 수긍했고 내 마음은 편안해졌다.

”

“

영혼을 뒤흔든 성경

이때 나는 실롱에서 처음으로 만난 많은 사람들과 친구가 되었다. 그들 중 대부분은 이미 내가 하나님을 찾기 위해서 집을 나온 사실에 대해 알고 있었고, 내게 많은 질문을 하곤 했다. 나는 그들 중 몇 사람에게 폭풍우가 몰아치던 날 하늘에서 내가 보았던 사건들을 우연찮게 이야기했다. 내가 그들에게 그것을 말한 후로 왜 그들이 나를 다르게 대했는지 그 이유는 모르겠다. 그들 중 한 사람은 내가 하늘에서 본 것은 실제로 "그리스도"라고 단도직입적으로 말했다. 그 말은 나를 웃게 만들었다.

나의 친구 중의 하나는 이 시기에 나에게 신약성경 한 권을 주었다. 누군가 내게 성경을 준 것은 이번이 처음이었다. 나는 그것을 보통책과 다름없이 읽었다. 처음 읽었을 때는 너무 재미가 없었다. 그래서 나는 읽는 것을 그만 두었다. 그리고 나의 하루 일과는 계속되었다. 나는 아버지가 내게 원하시던 많은 부를 소유하고 수입이 증가하는 존경할 만한 사람이 되는 것에 열중해 있었다. 사실 나는 그런 사람이 되기 위해 많은 노력을 했었다. 그러나 한 사람의 생애가 그 얼마나 달라질 수 있는지는 아무도 모른다.

그러던 어느 날 바쁜 생활로부터 내가 잠시 정신을 차렸을 때, 내게 신약성경을 준 나의 친구는 그 책을 모두 읽었는지 아닌지를 내게 물었다. 나는 "물론 읽었지"라고 더듬거리며 대답했다. "무엇을 느꼈는데?"라고 그가 물었다. 나는 소스라치게 놀랐다. 솔직히 말해서 나는 그 책을 건성으로 읽었던 것이다. 그러나 그 책에 대해서 어느 날 나의 친구가 물었다고 해서 그것이 특별히 나를 자극하지는 못했다. "뭐 그저 그렇지 …" 나는 잠시 머뭇거렸다. "특별히 거기에서 무엇을 느낄 게 있나?" 나는 대답했다. "아무것도 느끼지 않았다고? 아무것도? 이상하군 …" 그의 말에 나는 매우 당황했고 마땅히 대꾸할 말이 없었으므로 변명을 시도했다. "이봐! 내가 느낀 것은 조금 다른 거라구." "아니, 내가 말하는 것은 그게 아니야. 그것은 매우 쉽고 그것보다 더 쉬운 것은 아무것도 없어 … 그렇다면 너 나를 위해 한가지 기쁜 일을 할 수 있니?" "그게 뭔데?" "그것을 할거야?" "물론 … 내가 할 수 있는 일이라면 하지." "감추려 하지 말고 내게 솔직히 말해 봐." "말했잖아. 내가 할 수 있는 일이라면 할거라고."

"할 수 있지, 아무것도 불가능하지 않으니까. 만일 네가 어떤 것이 하고 싶으면 이 세상에서 불가능한 것은 없지!" "그래? 만일 내가 하나님을 만나기를 원한다면 그것도 가능하니?"라고 나는 물었다. "물론 가능하고 말고"라고 그가 대답했다.

나는 깜짝 놀랐고 잠시 동안 아무 말도 할 수가 없었다. 그러나 나는 이 우스운 제안을 거절할 수가 없었다. 나는 "좋아. Laitumkhra에 있는 Lalitbabu 모임처럼 단순하니?"라고 짧게 물었다. "물론 그래. 그렇지만 너는 Lalitbabu를 잘 알고 있지? 그래서 네가 그를 만나는 것은 별로 어렵지 않아. 그러나 만일 네가 Dhakas Chak Bazar의 Pranabesbabu를 만나기를 원한다면, 너는 적극적인 한 원자를 찾아야 되는 것처럼 오직 다른 한 사람을 통해서 너는 Pranabesbabu를 만날 수 있어. 안 그래?" "그래, 옳은 말이야." "똑같은 원리야. 네가 하나님을 만나러 갈 때 너는 누군가를 통해서 갈 수 있지. 왜냐하면 너는 그 길을 잘 모르기 때문이야. 그렇지만 내가 네게 말할 수 있는 것은 그를 만나는 것은 불가능하지 않다는 것이야."

나는 그 친구가 약간 잘못되었는지 의심스러워졌다. 그에게 말했다. "이봐 내 생각엔, …" 내 말이 채 끝나기도 전에 그가 "아! 내가 무슨 말을 하고 있는지 네가 믿기 어렵다는 것을 알아. 나는 네가 지금 나의 말을 전적으로 믿기를 원하지 않아. 너는 네 스스로 모든 결론을 내리고 '신앙' 과 '불신앙' 을 결정하겠지? 그러니 지금 당장은 내 말을 믿지 않아도 돼. 그러나 나는 네가 네 자신이 믿음을 갖게 되는 것을 너무 거부하지 않기를 바라고 있어"라고 말했다.

"무슨 말인지 모르겠군, … " 나는 이 논리에 맞지 않는 짧은 대화에서 그 무엇인가가 그에게 잘못되어 가고 있음을 확신했다. "이것 봐. 나는 너를 궁금하게 만들고 싶지 않아. 그리고 수수께끼같이 이야기하고 싶지도 않아"라고 그는 말했다. "말해도 되겠지?" "물론." "너의 생애 가운데 어떤 일이 일어난 적이 있었니? 하나님을 본적이 있어?" "뭘 보았다고?" 나는 되물었다. "너는 내가 바보라고 생각하는 것 같구나?" "흥분하지마. 나는 한 가지 너에게 꼭 말하고 싶은 것이 있어." "그것이 무엇인데?" "신약성경을 다시 읽어봐, 신중하게." 그는 더 이상 말하지 않았고, 나를 향해 미소 짓고는 조용히 걸어갔다. 나는 왜 그가 내게 신약성경을 다시 읽기를 요구했는지 궁금한 채로 그냥 서 있었다. 며칠이 지났다. 나는 많은 것들, 즉 직업, 공부, 그리고 약간의 집안 일들로 인해 바빴다. 어쨌거나 나는 신약성경에 대해서는 잊고 있었다. 그러다 하루는 책장을 청소하던 중 나의 눈이 갑자기 신약성경의 표지에 멈췄다. 나는 친구의 요청이 생각났다. 그날 할 일이 많지 않아서 나는 비록 흥미는 없었지만 그 책을 집어들고 읽기 시작했다. 그러나 나는 그때부터 그것이 무엇인가 완전히 다르다는 것을 깨달았다. 이때는 분명히 그 책을 건성으로 읽지 않았다.

전에는 두 주도 못되어서 읽은 책을 이번에는 한 장을 읽는데도 많은 시간이 걸렸다. 단순히 시간에 상관없이 나는 그것을 재미있게 읽었다. 그리고 나는 완전히 그 책에 매료되었다. 나는 이 책이 나에게 있어서 최상으로 필요한 것이며, 나의 모든 질문에 해답을 가지고 있다는 것을 깨달았다.

내가 그것을 읽기를 마쳤을 때 나는 너무 놀랐으며, 내가 어렸을 적부터 품어 오던 나의 모든 믿음들이 흔들리고 있음을 느꼈다. 나는 내 마음속에서 파도치기 시작했던 동요를 설명할 수는 없다. 그리고 그 책은 내 마음 가운데 많은 질문을 일으켰다.

힌두교의 경전에 따르면 하나님은 보이지 않는 능력이다. 그러나 신약에서 하나님은 사람으로서 묘사되고 있다. 누가 이 분과 친해질 수 있는가? 사실인가? 나는 몹시 궁금해졌다. 인간이 하나님과 함께 인격적인 교제를 가질 수 있는가? 그런 사실은 상상만 해도 기쁜 일이다.

그러나 그것이 실제로 가능한가? 성경은 다시금 나를 쉬지 못하게 만들었다. 나는 그것을 다시 읽기 시작했다. 더욱 신중하게 그것을 한 번 더 읽은 후, 나는 더 많은 질문을 가지게 되었다. 나는 너무 불안해졌고, 밤에도 잠을 잘 수가 없었다. 누구에게 조언을 들을 수 있을까? 이때 나의 아버지는 500마일 떨어진 곳에 살고 계셨는데 나는 그에게 나의 정신적 상태에 대해서 편지를 썼다.

나는 아버지가 이 모든 경험들에서 나를 돕고 안전하게 보호해 줄 수 있다고 느꼈다. 그는 매우 냉정하고 인내심이 많은 사람이었다. 나는 초조하게 나의 아버지의 답장을 기다렸다. 얼마 동안 신약성경은 나의 영혼을 뿌리째 흔들었고 나는 나를 절제하기 위하여 힘썼다. 왜 사람들은 이 책을 읽음으로 해서 단순히 기독교인이 되어야 한다고 생각하는가?

기독교와 힌두교 사이의 혼돈

나는 저항했다. 만일 한 기독교인이 힌두교 경전을 읽었다면 그는 한 밤중에라도 힌두교인이 될 수 있을까? 코란에도 역시 많은 충고들이 있다. 비록 내가 아직까지 코란을 읽지 않았어도 말이다. 그러나 만일 누군가 코란을 읽고 코란을 좋아한다고 해서 그는 꼭 회교도가 되어야 하는 것은 아니지 않는가?

나의 마음은 이 모든 질문들과 의심들로 인해 분열되고 있었다. 그리고 그 누구도 그것들에 대해 해답을 줄 수 없었다. 그러나 나에게는 이 모든 해답들이 그 책 속에 있는 것처럼 보였다. 이 성경 안에 있는 한 절 한 절 그리고 모든 장 속에서 확실히 신비한 감정을 느끼고 있었던 어느 날 오후, 우체부가 소포 하나를 가져왔다. 그 소포를 열었을 때 나는 아버지가 여신의 그림과 함께 그 안에 긴 편지를 보냈음을 알았다. 편지의 내용은 내가 스스로 진정하고 절제하기를 충고하는 것이었다. 그러나 아버지는 내가 하나님을 찾았던 노력이 이런 식으로 도달한 사실에 대해서 불만스럽지는 않다고 쓰셨다.

아버지께서는 그것은 좋은 징조이지만, 사람들은 자신을 절제해야 하며 내게 과식하는 것처럼 너무 많은 사고들을 하는 것은 피해야만 한다고 충고하셨다. 아버지는 적절할 때 내게 편지를 주셨고, 그것은 하나님에 대해서 생각하도록 나를 이끌어준 좋은 계기가 되었다. 만일 어떤 사람이 충분히 열중하지 않는다면 어떻게 그가 자신을 산 제물로 드릴 열망이 생기겠는가? 아무리 성경에 대해 훤히 알고 있다 할지라도 당신의 마음속 깊은 곳에 자리하고 있는 무지가 한꺼번에 제거되지는 않는다. 만일 당신이 그 무지들을 몰아내기를 원한다면, 당신은 먼저 이런 것들에 대해 알아야만 하고 체험해야만 한다. 어떤 사람이 자신의 그림자와 싸울 수 있겠는가?

아버지는 내게 "왜 너 자신을 괴롭게 하느냐?"라고 말씀하셨다. 그러면서 "보아라, 네 육체는 숲속에 들어간다 할지라도 너의 마음은 숲에 속해 있지는 않을 것이라는 것을 기억하라. 그러므로 너는 먼저 너의 의무를 다한 후에 하나님께 너의 마음을 드리기를 준비할 수 있을 것이다"라고 하셨다.

나의 아버지는 편지의 마지막 부분에서 아주 인자하게 그림 속의 여신에게 예배하라고 말씀하셨다. 나는 아버지의 뜻을 따라서 여신을 예배하기 시작했다. 그리고 그 여신이 나를 구원할 것으로 확신했다. 나는 헌신적으로 그 여신에게 기도하기 시작했다. 그렇지만 나는 마음이 더욱 더 공허해짐을 느꼈다. 무엇보다도 놀란 것은 내가 전에 실제로 어두움 속에 있었다는 사실을 발견했을 대였다. 진짜로 신약성경은 나의 마음의 눈을 밝혀 주었다.

"그럴 순 없어. 결코 나는 기독교인이 될 수 없어!" 나는 자신에게 소리쳤다. "나는 힌두교도이며, 또한 힌두교인으로서 죽을 것이다. 한 힌두교인은 인간이며, 회교도인이며, 또한 기독교인이다. 그렇다면 왜 나는 굳이 기독교인이 되어야만 하는가?"

"아! 이 고통스러움 …" 한 권의 책은 천 개의 무기보다 더 능력이 있다. 내게 그 책은 더 이상 단순히 생명 없는 인쇄물이 아니었다. 이때 나는 갈수록 성경을 두려워하기도 했고 때로는 지극히 존경하기도 했다. 어렸을 때 무엇인가 잘못되어 가면 즉시 엄마에게 달려가듯 나는 문제가 생기면 그 책을 펼치곤 했다. 신약성경은 나의 단 하나의 인도자가 되었다. 나는 그 책이 마치 내게 말하는 것처럼 느꼈다.

어느 날 심사숙고한 끝에 나는 친구에게 그 책을 돌려주었다. 그러면서 나는 안도의 한숨을 쉬었다. 나는 지금부터 여신에게 복종할 것이라고 결심했다. 이때에는 나는 이 일이 옳다고 생각했다. 그러던 어느 날, 갑자기 우리 집에 한 네팔인 기독교인이 왔다. 이때 나는 별로 그의 방문을 기뻐하지 않았다. 나는 속으로 내가 전에 돌려준 신약성경이 옷을 입고 왔다고 생각했다. 그렇지만 나는 그를 냉대하지 않고 안으로 맞아들였다. 그것은 그를 기분 좋게 했고, 그는 내게 부드럽고 친절히 말하기 시작했다. 그는 "만일 어떤 사람이 기독교인이 되지 않는다 할지라도 그 생명은 결코 의미 없는 것이 아닙니다"라고 했다. 그리고는 어떻게, 왜 주님이 우리 죄 때문에 십자가에서 돌아가셨는지에 대해서 나에게 설명했다. 나는 그의 말에 흔들리기 시작했다. 나는 그가 아주 헌신적이고 정직한 설교자임을 알 수 있었다.

나는 불안한 마음을 그에게 쏟아 놓고 싶었다. 비록 내 마음속에 있는 전부는 아니었지만 나는 그에게 나에 대해서 많은 것을 이야기했다. 그는 매우 참을성 있게 나의 이야기들을 들어주었다. 그는 깊은 관심을 가지고 나의 이야기를 들은 후에, 하나님과의 교제를 향한 나의 갈망을 부러워하며 하나님을 알기 위해서는 예수님의 도우심 외에는 다른 길이 없다고 말해 주었다.

"어떤 사람이 강을 건너기 위해서는 보트가, 사막을 건너기 위해서는 낙타가, 지식을 얻기 위해서는 책이 필요한 것과 마찬가지로 예수님은 우리의 가장 소중한 친구이며 철학자이며 인도자입니다. 만일 누군가가 하나님께로 가기를 원한다면 말이죠." 그는 매우 단순하게 설명했다.

"예수님은 원하지 않는 영혼을 억지로 끌고 가지 않고 기다리신다는 것은 사실이지만, 만일 누구든지 그의 도움을 원한다면 그분은 모든 가능한 방법으로 그를 돕습니다. 사람은 물론 자신의 길을 갈 수 있고 그 스스로 모든 것을 시작할 수 있지만, 그러나 그런 시도를 하는 모두가 자신의 목적을 달성하는 것이 아니라는 것입니다. 그러나 만일 누군가가 한 경험자의 도움을 구한다면 그 도움으로 인해 또한 그의 열망은 이루어질 것입니다." 이런 식으로 그는 내게 작별의 인사를 하기까지 비유로 많은 것을 이야기했다. 그는 아주 부드럽게 미소지으며 조용하게 그러면서도 확고하게 이야기했다. "예수님을 체험하십시오. 그가 얼마나 사랑스러운 분인지 ……."

그가 떠난 후, 한동안 나는 자신과 강하게 싸우고 있었다. "나는 그 앞에서 얼마나 많은 논쟁과 변명들을 늘어놓았던가?" 그러다가 나는 마침내 내 인생에서 처음으로 나 자신에 대해 진지하게 질문하기 시작했다.

예배와 성경, 회심

하루는 나의 친구가 예배모임에 가자고 제안했다. 처음에 나는 조금 주저했으나 곧 승낙하고 따라갔다. 내가 비록 죄의 고백을 준비하지 않았다고 하더라도 그때 나는 양심에 의하여 충분히 괴롭힘을 당하고 있었다. 그 모임은 내게 좋은 호감을 주었다.

내가 회개하기를 권유받을 때마다 나의 영혼은 내게 "망설이지 말라"고 말했다. "이것은 내가 회개하고 죄를 고백하는 기회이다. 그리고 회개는 영혼을 맑게 할 것이다. 어떻게 너의 영혼이 씻음을 받지 않아도 된다고 그분께 말할 수 있는가? 왜 너는 회개를 둘째의 것으로 생각하고 있는가? 너의 의심과 주저들을 떨쳐 버려라. 어서 가자"라고 나의 속 사람은 내게 지시하곤 했다. 그러나 나의 겉 사람은 내가 예배모임에 나가는 것을 방해했다. 나는 많은 것을 두려워했는데, 그 중에서도 부모, 친척, 그리고 내가 살아온 사회 등이 그 주요 대상이었다.

나는 두려움 때문에 되돌려 주었던 신약성경을 다시 빌렸다. 나는 그 거룩한 책을 다시 읽기 시작했다. 그리고 나는 점점 더 말씀을 이해하고 좋아하게 되었다. 나는 그것을 읽을 때 몰입되어 종종 시간 감각을 잃곤 했다. 때때로 나는 기쁨으로 충만해지기도 하고 회개와 함께 우울함이 엄습하기도 했다. 그러면서도 나는 마태에 의해 기록된 복음서 6장을 읽고 있을 때 모든 힘을 쏟았다. 이것은 본래 나의 습관이다. 만일 내가 어떤 것에 호감을 가지면 그것에 대단히 열중하곤 한다. 나의 마음의 문이 조금씩 열려지기 시작했다. 어떤 것에 혹은 누군가에 의한 압력도 없이 나는 내 인생의 푯대로서 신약성경을 선택했다.

마음의 눈은 무엇인가? 마음의 눈으로 보는 어떤 것이 정말 존재할까? 어린 시절에는 나는 이런 것들을 비웃곤 했다. 그러나 세월이 지난 지금, 나는 그것이 무엇을 의미하는지 깨달았다. 아무것도 그리고 그 아무도 내게 기독교인이 되라고 말한 사람은 없었다. 내 앞에는 어떤 것이든 시련은 거의 없었다. 나는 수많은 시련과 권유에 의해 개종하는 것에 대해 들었지만, 맹세코 그 어느 누구도 내게 기독교인이 되라고 요구하지 않았다. 그렇지만 나의 선조들이 그렇게 열심히 마음에 간직했던 신앙에 대해서 내가 표류했었는지는 명백하지 않다. 힌두교에 대해 경시하지는 않지만, 나는 힌두교의 과장, 반계몽주의, 그리고 우상이 항상 나를 좌절시켜 왔음을 말해야만 한다. 그리고 나는 사회에서 힌두교로 가장한 너무도 많은 불합리한 처사들을 보아 왔었다.

도적들조차도 역시 힌두의 여신인 칼링에게 헌신적으로 예배를 드리고 마땅히 죽어야 할 죄인도 갠지스강에 몸을 담그면 그 죄가 씻겨진다는 것은 매우 아이러니칼하다. 이 모든 것이 나를 고민하게 하면서 나는 힌두교로부터 표류하기 시작했다.

어떤 사람이 묻기를 "당신은 기독교에 대해 무엇을 알고 있는가?" 라고 묻는다면 나 역시 모른다고 할 수밖에 없다. 나는 지금까지 고심하면서 기독교에 대해 알아가는 과정에 있다. 그러나 나는 많은 기독교인들을 만났고 그들 중 많은 사람들과 아주 친하다. 나는 그들의 단순한 삶의 방식과 종교적 진리들과 그것에 대한 해석들을 좋아한다. 그것은 나에게는 매우 논리적인 설명들처럼 보인다.

우리는 이 거대한 우주 안에 있는 어린아이들과 같으므로 인도자와 선각자가 필요하다. 이 선각자가 곧 그리스도이시다. 나는 그분에 대해 믿음을 가지기를 원한다. 우리는 누군가를 믿어야만 하는데 우리가 그리스도를 믿으면 우리 자신이 어떻게 느끼고 있는지 볼 수 있다. 대부분 나의 친구들은 힌두교인이다. 그들은 오랫동안 힌두경전을 따라 살아왔다. 그런데도 왜 그들의 마음속에는 평화가 없을까? 왜 그들의 신들은 그들에게 도움이 되지 못할까? 왜 그들은 날마다 푸자(Puja: 힌두교 예배에서 드리는 제물)들을 드려야만 할까? 내게는 수많은 질문들이 자꾸만 생겨났다.

나는 내 자신이 어떻게 변해 가고 있는지 알았다. 내게는 이제 소위 '성공한 사람' 이 되는 것 따위는 더 이상 필요하지 않았다. 나는 나의 진정한 지도자에 따라 일해야만 한다. 나는 가난하고 학대받는 사람들을 위해 일해야만 하며 그들에게 영감을 주어야만 한다. 나는 이보다 더 큰 야망을 가질 수가 없다. 만일 내가 이 열망을 채울 수만 있다면 그것보다 더 위대한 성공은 없을 것이다. 그러면서도 나는 나의 능력에 대해 자신이 없었다. 나는 많은 것을 배워야만 하고 찾아야만 한다는 것을 알고 있었다. 나는 가장 값진 친구들의 도움을 구해야만 한다. "누가 그러한 선생님인가?" "누가 그러한 친구인가?" 나의 기분은 하늘을 날고 있는 것만 같았다. 그리고 내가 나의 작은 방에 도착했었음에도 깨닫지 못하고 있었다. 나는 떨기 시작했고 최면에 걸린 사람처럼 창문들과 문을 닫았다. 나는 나의 죄들을 고백하고 회개하고 있었다. 갑자기 나는 무의식 속으로 빠져들었다. 그리고 한 아름다운 빛이 내 앞에 나타나서 나는 무릎을 꿇고 복종했다. 이때가 1970년 3월이었다.

내가 그처럼 얼마 동안이나 움직이지 않고 있었는지 기억할 수는 없다. 그러나 나는 단순히 무릎을 꿇었던 것과 나의 얼굴에서 하염없이 흐르던 눈물을 기억하고 있다. 왜 내가 갑자기 허공으로 손을 올렸는지 모르겠다. 나는 문을 열고 밖으로 나왔다. 내 안에는 넘치는 평화가 있었다. 나는 날것 같은 기분으로 목적 없이 걷기 시작했다. 갑자기 나는 모든 만물에 대해서 이상하게도 사랑을 느꼈다. 사람들, 나무들, 새들, 동물들, 그리고 하늘 등이 예전과는 무언가 다르게 보였다.

그러나 "어떻게 이렇게 변할 수 있지? 이것들은 전에도 존재하고 있었는데 어떤 신비함이 그들을 변화시켰을까?"라고 나는 생각했다. 아니다. 그들이 변화된 것이 아니라 내 자신이 변화된 것이다. 평범하게 보이던 모든 것들이 아름답게 보였다. 얼마 전까지만 해도 지저분해 보이던 개들조차도 사랑스럽게 보였다.

"안녕, 잘 지냈니?" 나의 친구들 중 한 명이 맞은 편에서 걸어오면서 물었다. 나는 생각에 몰두해 있었으므로 그를 전혀 알아보지 못했다. 그는 매우 신앙이 깊은 기독교인이었다. "좋아, 자네는 어떤가?"라고 내가 물었다. 우리는 일반적인 것에 대해 이야기했다. 조금 후에 그는 나의 어깨에 손을 얹으며 아주 부드럽게 물었다. "물어 볼 것이 있는데, 괜찮겠지? 그것에 대해 어떤 결정이라도 내렸나?" "무엇에 대해서?" 내가 되물었다. "기독교인이 되겠다는 것에 대해." "응, 저 … 잘 모르겠어 … 조금." "무엇이 문제가 되지? 너는 스스로 결정해야만 해. 아무도 너를 위해 그것을 결정해 줄 수는 없어." "그래 나도 알아, 하지만 …." 나는 주저했다.

"아직 결정하지 못했어. 조금 더 시간이 필요한 것 같애." "물론이지. 너의 시간을 가져야지. 서두를 필요는 없어. 주님께서 너를 깨닫게 하실 거야. 그때가 언제 일지는 아무도 모르지. 그래 다시 보자. 안녕." 그는 웃으면서 인사하고 지나갔다. 갑자기 내게 어떤 죄책감이 들었다. "왜 나는 진실을 고백할 수 없었지? 왜 주저했을까? 무엇 때문에?" 나는 내 말에 대해 변명을 할 수가 없었고, 스스로 비겁함을 느꼈다. 나는 나 자신을 속였다. "왜 거짓말을 했을까?" 나는 주위를 보며 그 친구를 찾았다. 만일 그가 보이기만 한다면 그에게 달려가 사과하고 사실을 이야기할 생각이었다. 그러나 아쉽게도 그는 나의 시야에서 사라져 버렸다. 나는 결단하지 않았다고 그에게 얘기했으나 내 마음의 상태는 완전히 달랐다. 하나님과의 교제는 비밀리에 지켜졌다. 아마 이것이 나로 하여금 진실을 말하지 못하게 한 것 같다. 내가 그에게 말한 것은 혼란스러웠고 분명하지 않았다.

오랜 생각 끝에 나는 나의 이상한 행동에 대해 잘못을 발견했다. 나는 나의 죄를 회개했다. 그리고 그리스도를 나의 구주로 영접했다. 전에 나는 이것을 읽었었다. "우리가 기적에 의해 구원에 도달하는 것은 분명한 것이다. 하지만 우리 마음속에 자리하는 그것에 비하면 아무것도 아니다 ……."

나는 회개하고 싶어서 더 이상 견딜 수가 없었다. 갑자기 나는 작은 방이 흔들리는 것을 느꼈고 의식을 잃었다. 내가 언제 조용히 회개하기 시작했는지 모르겠다. 나의 얼굴에는 하염없이 눈물이 흘렀다. 나는 주님을 향하여 두 팔을 들고 하나님의 용서를 구했다. 나는 모든 죄를 고백했다. 그리고 믿음으로 내 마음속에 주님을 영접한 후 새로운 삶을 위해 주님께 기도를 드렸다.

❞

하나님은 '아라빈다 데이'에게 새로운 삶을 열어 주셨다. 힌두교인에서 기독교인으로 회심케 하셨다. 그는 회심 후 새로운 삶을 위해 덴마크와 미국으로 신학공부를 위해 떠났으며, 거기에서 목사가 되었다. 하나님은 그를 인도뿐만 아니라 세계적인 인물로 사용하셨다. 하나님의 사역을 위해 스웨덴, 덴마크의 코펜하겐, 네덜란드, 핀란드, 독일, 스위스의 로잔, 영국의 런던 등 각 선교회와 많은 나라의 초청으로 복음 전파에 진력을 다했다. 또한 각 나라 선교지와 인도의 델리, 켈커타, 실롱에서 인도를 위해, 인도의 복음화를 위해 몸 바쳐 헌신했다. 그는 자신의 사역의 목표를 한 시인의 시를 빌려 이렇게 말하고 있다.

"나는 세상 모든 곳에 나의 집을 가지고 있네.
나는 다만 그것을 찾아야만 한다네. ……"라고 고백했다.

그는 어느 곳에서 사역하든지 복음화와 하나님의 영광을 위해 줄기차게 정진했던 하나님의 사신이었다.

오! 주님!
당신의 말씀으로
우리에게 힘을 주시며,
담대하게 하시며,
가르치소서.
아멘!

참고문헌 - 이 글은 아래 문헌에서 인용, 발췌한 것이다.
Arabidna Dey. 『나의 참회록』. 심현주 역. 서울: 한국개혁신학연구원, 1991.
Arabidna Dey. *My Confession* 중에서.

Ⅲ

민족의 등불,
대한민국의 거성들

한국 천주교의 초석

이승훈

70

1756~1801

한국 천주교회 최초로 세례를 받은 그는
1801년 신유교난 때 순교했다.

한국 천주교 최초의 수세자

한국 천주교는 이승훈에게서 기원하며 한국 천주교회 창설자 중의 한 사람이다. 그는 1784년 2월에 북경의 북천주당에서 그라몽(Louis de Grammont) 신부로부터 영세를 받아 한국 천주교회의 최초의 수세자가 되었다. 이승훈은 1756년(영조 32년) 강원도 평창에서 태어났다.[1] 자는 자술(子述), 호는 만천(蔓川)이다. 아버지는 참판(參判) 동욱(東郁)으로 남인(南人)이었다. 그는 어렸을 때부터 뛰어난 재주로 세상에 알려졌다. 1780년 25세 때 그는 진사 시험에 합격했고, 1789년에는 평택지방의 현감을 지냈다. 그는 1775년 정약용의 누이와 결혼했으며 이벽과는 사돈관계가 된다. 그의 어머니는 이익의 종손인 이가환의 누님이며, 그의 아우 이치훈은 권이강의 딸과 결혼했다. 이렇게 이들은 모두 인척관계로서 남인 학자들이었다.

서학 연구에 헌신한 이들은 1694년의 갑술옥사 이후 은퇴한 남인파 학자들이 대부분으로 중심지는 경기도의 광주와 양근이었다. 그러나 서학(西學)을 종교로 받아들이는 데 가장 큰 난관은 한국 고유의 풍속과 교리와의 대립으로서 특히 유교의 제사를 어떻게 취급하느냐는 것이었다.[2)]

1783년, 지금까지 태어나서 집을 멀리 떠난 적이 없었던 이승훈은 동지사의 서장관인 아버지 이동욱(李東郁)을 따라 청나라로 가게 되었다. 처음 발을 디딘 베이징은 그동안 좁은 울타리에서만 살고 있던 이승훈에게 새로운 세상에 대한 눈을 뜨게 해주었다.[3)]

"아, 처음 그때엔 가슴이 벅차 오르는 걸 막을 길이 없었지."

이승훈이 나지막하게 중얼거렸다.

조선에서 보다 훨씬 더 높게 느껴지는 하늘과 끝도 없이 이어질 것 같은 대지, 분주히 오가는 수많은 사람들은 거대한 세상을 보게 해주었던 것이다

청나라로 출발하기 전날 밤, 친척 이벽(李檗)이 찾아왔다.

❝

"내가 긴한 부탁이 있어 이렇게 찾아왔다네. 사실 어려운 일이 될 수도 있는데 들어줄 수 있겠나?"

"무슨 부탁이신데 그리 장황하십니까?"

이승훈이 머리를 앞으로 내밀며 물었다.

"서학(西學) 서적을 구해 왔으면 하네만, … 어려운 부탁인줄은 알지만, 조선 땅에서는 구할 방도가 없는 데다가 아무에게나 청할 일이 아니어서 그렇다네."

마음으로 적잖이 당황한 이승훈은 잠시 망설였다.

"서학은 사학(邪學)이라 하여 멀리하여야 하는 것으로 알고 있습니다만 중한 연유라도 있으십니까?"

"그것은 자네가 잘 모르고 있는 것이네. 조선에서는 그리하고 있는 실정이네만 사실은 그렇지가 않네. 긴말을 늘어놓아야 부질없는 것이고, 자네가 한 번 탐독해보면 알 수 있을 것일세. 거기에는 조선에는 없는 새로운 세계가 있지. 나도 시초엔 놀라울 따름이었으나 그 뜻을 새길수록 깊이 생각하게 되었지. 우물 안 개구리처럼 살아서야 무얼 하겠나. 대장부라면 새로운 학문과 세상에 눈과 귀를 멀리해서는 아니 되지."

이승훈이 얼른 대답하지 못하고 가만히 있으니, 이벽이 계속 말을 이었다.

"베이징[北京]의 북천주당(北天主堂)이라는 곳에 가면 구할 수 있다고 하니 내 부탁을 들어 주게나."

❞

한국 최초의 영세(세례)신자

얼떨결에 이벽의 부탁을 승낙한 이승훈은 베이징에서 천주교 서적을 구하고 교리를 연구하게 되었다. 북경에 간 이승훈은 과학지식을 넓히기도 했으며 선교사를 만나 천주교의 교리를 파악하려고 노력했다. 호기심에 시작한 일이었으나 곧 그 내용에 깊이 감화되어 입교할 결심을 하기에 이르렀다. 그리하여 이듬해 그는 마침내 귀국하기 전 1784년 2월 예수회의 신부, 루이 그라몽(Grammont. 중국명 梁棟材.1736~1812) 신부로부터 영세(세례)를 받았다. 그라몽 신부는 이승훈이 한국교회의 초석이 되기를 기원하는 마음으로 베드로(Peter: 반석)라는 이름을 주었다. 북경에 주재하고 있던 각국의 선교사들은 아직 선교사가 들어가지 못하고 있는 나라의 한 젊은이가 외국을 자진 방문하여 교리를 배우고 세례를 받은 이 특이한 사실을 선교사의 기적으로 보고 경탄해 마지않았다. 그는 자발적인 종교 탐구로 한국 천주교 최초의 영세(세례)신자가 되었다.[4]

입춘이 되어 만물의 새싹이 돋아날 무렵, 이승훈은 수십 종의 교리 서적과 십자고상(十字苦像) · 성화 · 묵주 등을 가지고 귀국할 준비를 하고 있었다. 숙소에서 고국으로 돌아갈 짐을 꾸리던 이승훈은 열어 놓은 창문으로 들어온 봄바람에 고개를 들었다. 창문으로 밖을 바라보니 오고가는 중국인들이 왠지 멀리 느껴졌다.

"

"허기야, 저 사람들은 타지 사람들이지. 그동안 이곳에서 많은 것을 접하고 또 많은 사람들을 만나게 되었지만 나는 이제 고향으로 돌아갈 준비를 하고 있다. 비록 그리 긴 시간들은 아니었지만 이곳에서 새로운 세상을 보게 되었지. 이제 영세를 받은 내가 돌아가면 어떤 일들이 나를 기다리고 있을까?"

"

이승훈은 고국으로 돌아갈 마음에 설레이기도 하면서 왠지 모를 두려움에 착잡한 기분이 되었다. 이곳으로 오기 전 친척 이벽의 부탁으로 말미암아 천주교 교리에 눈을 뜨게 되었지만 그것이 순탄한 길이 아님을 스스로도 잘 알고 있었던 것이다. 하지만 새로운 세상의 지식들을 가까운 사람들에게 알려주고 전도하고 싶었다.

이윽고 고향으로 돌아 온 이승훈은 그해 3월 이벽에게 몇몇의 서적을 전해주고, 평소 가까이 지내던 최인길(崔仁吉), 권일신, 정약용(丁若鏞) 형제 등을 대상으로 전도활동을 하면서 영세를 집전했다. 그들은 모두 서양의 신학문에 수용 열정을 갖고 있었기 때문에 긴밀한 관계를 유지할 수 있었다.

한국 최초의 천주교회 창설

모임이 잦아질수록 교회의 필요성을 절감한 그들은 다음해 명례동(明禮洞)에 사는 중인(中人) 김범우(金範禹)의 집에 한국 최초의 천주교회를 창설했다. 비록 신분은 달랐지만 교리에 몰두한 그들에게 그것은 중요한 일이 아니었다. 중인인 김범우는 양반은 아니었지만 품성이 의젓하고 양반 못지않은 학식을 갖추고 있는 인물이었다.

김범우의 제의로 중인이나 천민에게도 전도할 열의를 느낀 그들은 이승훈의 주도하에 교리서를 언문(言文)으로 번역하고 배포하여 비밀스런 활동의 범위를 넓혀 나갔다. 정기적인 신앙모임이 있는 날이면 그들이 있는 방에서 불이 꺼질 줄을 몰랐다.[5)]

이들의 활동으로 교인의 수가 증가하게 되었다. 이를 전후해서 정약전, 정약종, 정약용의 삼 형제를 비롯하여 홍낙민, 최인길, 지황, 최창현, 김범우 등, 주로 양반이나 중인계급의 사람들이 많이 입교했다.

하지만 조용조용하게 벌이던 전도활동도 마침내는 소문이 퍼져 주위사람들에게 알려지자, 대부분의 조선 사람들은 유교를 숭상하고 있었기 때문에 임금이나 부모의 위치보다 위에 또 다른 섬길 신이 있다는 것을 인정하려 들지 않았다. 보수적이고 배타적인 유가(儒家)들은 매우 놀라서 이를 탄압하기 시작했다. 1785년 장령 유하원은 국왕에게 상서하여 서학(西學) 사서를 읽지 못하게 하는 천주교를 탄압하게 했다.[6)]

을사추조적발 사건

1785년 어느 날 밤, 여느 때와 같이 김범우의 집에서 종교집회를 갖던 그들은 갑자기 들이닥친 관헌의 포졸들에게 둘러싸이고 말았다. 책상 위의 교리서들을 미처 다 치우지도 못하고 들켜버린 그들은 달리 변명의 여지가 없었다. 몇몇 중인들은 사색이 된 얼굴로 울 듯한 얼굴이 되어 머리를 방바닥에 조아리고는 바들바들 떨고 있었다.

을사추조적발(乙巳秋曹摘發)이라 불리는 이 사건으로 인하여 이승훈은 물론이고 집안 식구들과 친척들까지 극심한 지탄을 받게 되었다. 유림(儒林) 등의 탄압에 견디다 못한 이승훈의 가족들은 이승훈을 회유하기 위해 온갖 노력을 기울였다.[7)]

❝

"네가 우리 집안을 기어이 망하게 하려느냐?"

눈을 부릅뜬 이승훈의 아버지 이동욱(李東郁)의 주먹이 그의 무릎 위에서 부르르 떨리고 있었다.

"아버지 제가 한 일이 비난 받을 짓이 아닙니다. 조선의 학문과 사상은 이미 고루한 것이 되었습니다. 이제는 눈을 크게 뜨고 새로운 세상의 학문을 받아들일 때 입니다." 조용하지만 힘이 있는 이승훈의 목소리엔 굳은 신념이 묻어있었다.

"그렇게 타일렀건만 고집을 굽히지 않는구나. 네가 하는 서학(천주학)이 그리도 대단한 것이냐? 이 아비와 어미보다도 더 중하고 나라의 임금이나 조상보다도 더 중하단 말이냐? 네가 뜻을 굽히지 않겠다면, 우리는 널 아들로 생각하지 않겠다. 너는 이날 이 시간부터 내 자식이 아니니 이 집에서 나가거라."

❞

어머니의 배교 설득

아버지 이동욱의 호통에 당황한 이승훈이 잠시 머뭇거리자 어머니 이씨가 말을 이었다.

"

"승훈아 제발 정신 좀 차리거라. 도대체 왜 이렇게 근심을 만드는 것이냐? 나는 정말이지 너를 모르겠다. …."

고개를 저으며 말을 하는 어머니 이씨의 눈에는 눈물방울이 맺히고 있었다. 이승훈은 어머니의 눈물을 보자 마음이 흔들리는 것을 느꼈다. 그도 그럴 것이 태어나서 처음으로 보는 어머니의 눈물이었던 것이다.

"이런 일이 생길 줄 알았더라면 네가 베이징에 따라가는 것을 말렸어야 했는데, ……"

"

어머니의 슬픈 얼굴에 이승훈은 자신의 행동이 후회스러웠다. 비록 바른 일이라고는 해도 어머니를 저렇게까지 힘들게 하면서 일을 벌이는 것은 삼가 해야 할 것 같았다.

척사문(斥邪文)을 지어, 자신의 배교를 공언

다음 날, 이승훈의 아버지 이동욱은 마침내 이승훈에게서 배교 약속을 받아낼 수 있었다. 몇 날 며칠을 타이르고 꾸짖어도 흔들리지 않았던 아들이 아내의 눈물을 보고서야 마음을 돌린 것이었다. 같은 날, 이승훈은 베이징에서 사들여 온 서학(천주학)관련 서적들을 모두 불태우고 서학을 이단으로 배척하는 내용의 척사문(斥邪文)을 지어 자신의 배교를 공언했다. 이것으로 일단의 사건은 마무리되는 듯했다.[8)]

한동안 조용하게 지내던 이승훈이 움직이기 시작했다. 어머니의 눈물 앞에서 자식 된 도리로 배교를 했지만, 마음 깊은 곳에서는 서학(천주학)에 대한 열의를 지우지 않고 있었던 것이다. 비밀리에 교회로 돌아간 이승훈은 다시 복교를 하고 본격적인 활동을 재개했다.

이승훈은 신자들에게 세례를 주고 견진성사(堅振聖事) 등의 성사를 집전하며 가성직제도(假聖職制度)를 주도했다. 미사를 드리고 견진성사를 집전할 권한을 가진 중심 인물은 이승훈 자신이었으며, 얼마 후에는 미사를 드릴 수 있는 권한을 권일신, 홍낙민, 유항검 등 10여명의 열성적인 신자에게 부여했다.

교회법에 어긋난 가성직제도

이러한 이승훈의 적극적인 성직수행은 을사추조적발(乙巳秋曹摘發) 사건 후, 일시적으로 위축되었던 서학(천주학)신앙을 급속히 전파하는 새로운 계기가 되었다. 이승훈은 베이징에서 돌아와 처음으로 전도했던 정약용과 함께 서울 반촌(泮村: 현재의 혜화동)에서 천주교 교리를 연구하고 강술하는 등, 교회활동을 영도했다.

“

어느 날, 정약용이 이승훈을 찾아왔다.

“이보게. 내 교리를 연구하던 중 우리가 간과하고 있었던 사실을 알게 되어 이렇게 급히 자네를 찾아왔다네.”

이승훈이 궁금한 얼굴로 바짝 다가가 앉으며 물었다.

“무슨 일이 길래 그렇게 다급한 얼굴인가?”

“우리가 행하고 있는 가성직제도가 교회법에 어긋난 행위였다네. 내가 들은 말이 있어 자네가 가지고 온 서적을 꼼꼼히 탐독해보니 과연 그와 같은 내용이 적혀 있었네.”

“허허. 그런 내용이 있었단 말인가? 이거 큰일이로군. 그 말이 사실이라면 내 신자들을 무슨 면목으로 본단 말인가? 부끄러운 일이로군. 어디, 어떤 서적에 있었는지 알려주게나. 내가 재차 확인을 해봄세.”

”

난감한 기색이 완연한 얼굴로 이승훈이 일어나 감추어둔 교리서들을 모두 들고 나왔다. 과연 찬찬히 살펴보니 그와 같은 내용이 있었다. 이렇게 해서 가성직제도가 교회법에 어긋난 것임을 알게 된 이승훈은 정약용을 비롯한 몇몇 중심 신자들을 불러 모아 회의를 하기에 이르렀다.

결국, 그동안 견진성사 등을 집전하던 교회의 조직은 스스로 해산하게 되었다. 대처 방안을 모색하던 이승훈은 평택현감으로 등용이 되어 선정을 베푸는 반면, 중국으로부터 성직자 영입을 하기 위해 베이징에 밀파할 인물을 찾고 있었다.

성직자 영입을 위한 밀파

이듬해인 1790년 이승훈은 신자 윤유일(尹有一)을 베이징에 밀파할 인물로 정하고 당부의 자리를 마련했다.

> “유일이, 자네를 택한 것은 자네가 그 누구보다 조심스럽고 신중한 성품을 갖추었기 때문이네. 우리가 조선 땅에 살다 보니 교회의 법 등에 어두워 의도하지 않았음에도 불구하고 실수를 범하는 일이 생기고 있네. 그런 연유로 자네가 베이징에 직접 가서 소상히 알아보고 돌아와야 하네. 비록 먼 길이라 힘든 여정일 테지만 나를 대신하여 잘 알아보고 오게나.”

이승훈은 따로 마련해 온 여비를 신자 윤유일의 손에 쥐어 주었다. 윤유일이 한사코 사양했으나 이승훈은 거듭 손에 쥐어주며 무사히 다녀오라는 당부의 말을 했다. 이미 여행길에 오른 적이 있는 이승훈이기에 그 길이 멀고 험하다는 것을 잘 알고 있었던 것이다. 간혹 여정에 오른 나그네가 도적을 만나 여비를 빼앗기거나 죽임을 당하는 일도 일어나기에 먼 길을 떠나는 것은 위험을 동반하는 것이었다.

몇 달이 흐르고 밀사 윤유일이 돌아왔다. 하지만 그가 전한 소식은 뜻밖이었다. 가성직제도를 금한다는 것은 이미 알고 있는 사실이었지만, 조상에 대한 제사마저도 금한다는 것이었다. 윤유일 역시 이와 같은 북경교구장 알렉상드르 구베아(Alexander de Gouvea. 중국명 湯士選, 1751~1808)의 명을 전하면서 난색을 표했다.[9] 이승훈은 매우 혼란스러웠다. 정약용을 비롯한 다른 신자들도 마찬가지였지만 애초에 처음으로 교리를 소개하고 전도한 이승훈의 마음은 더욱 무거울 수밖에 없었다.

> "아 신자들에게 무슨 말을 하면 좋단 말인가? 그들 모두에게 제사를 지내면 안 된다고 해야 한단 말인가? … "

윤유일이 돌아온 후, 이승훈은 외출을 삼가고 집 안에만 있었다. 가까운 교우들과 신자들이 그의 집으로 찾아왔지만 대문은 열리지 않았다. 계절은 어느 덧 가을이 되어 스산한 기운이 맴돌고 있었다. 귀뚜라미 울음소리가 유난하게 들리던 날, 이승훈의 방에서는 새벽이 될 때까지 불이 꺼지지 않고 있었다.

제사문제로 교회를 떠나기로 결심

다음 날, 달포 동안이나 집에서 나오지 않던 이승훈이 교우(敎友)들을 불러 모았다. 이른 아침부터 전갈을 받은 교우들은 서둘러 집을 나와 그의 집으로 모여 들었다.

사랑채에 모여 있던 이승훈의 교우들은 의아함에 웅성대고 있었다. 이윽고 방문이 열리고 이승훈이 방안으로 들어서자, 모두 이승훈을 바라보았다. 이승훈은 착잡한 얼굴로 묵묵히 자리에 앉았다. 모두 그의 말을 기다리고 있었지만 이승훈은 쉽사리 입을 열지 않았다.

❝

그 중 성격이 급한 한 사람이 말문을 열었다.

"영감 무슨 일이십니까? 그동안 통 움직이질 않으셔서 모두 궁금해 하고 있었습니다. 윤유일이 베이징에 다녀왔다는 소식은 듣고 있었습니다. 그리고 그가 전한 말도 알고는 있습니다만, 그것 때문에 그러시는 것이라면 …."

말이 채 끝나기도 전에, 무거운 얼굴의 이승훈이 괴로운 듯 말했다.

"나는 교회를 떠나기로 했습니다."

이승훈의 포고에 모두들 깜짝 놀라 다시 웅성거리기 시작했다.

"나는 일찍이 베이징에 가서 새로운 세상과 학문을 접하고 여러분들에게 그 뜻을 전파했습니다. 조선의 학문은 이미 고루하여 신학문에 눈을 떠야 한다고 믿었기 때문입니다. 하지만 …."

하던 말을 멈추고 다시 이승훈이 말문을 닫았다. 방안의 사람들은 이승훈의 침통한 표정에 눌려 모두 잠자코 있었다.

"조선의 사람들은 어버이를 존경하고 조상에 제를 지내며 예를 갖추어왔습니다. 비록 서양의 학문이 지혜롭기는 하나 천주학의 규율대로 조상에 대한 제사를 금한다는 법도를 지켜야 한다면 그것만은 차마 따를 수가 없습니다."[10)]

이승훈의 얼굴은 고뇌의 흔적이 역력했다.

"베이징에 다녀온 윤유일의 말을 듣고 달포 동안 고민을 거듭했지만 교리의 법도에 어긋나게 행동하면서 서학(천주학)에 몸담을 수도, 조상에 대한 제사를 지내지 않을 수도 없다는 결론을 내렸습니다. 여러분들에게 천주교를 전도한 내가 이렇게 먼저 떠난다는 것이 괴로워 잠을 설치며 망설였지만 결국 이렇게 되었습니다. 여러분들에게 나를 따르라는 말은 하지 않겠습니다. 각자 생각이 있을 터이니 그 뜻에 맞게 행동하시길 바랍니다."

❞

이승훈의 배교가 있은 뒤 다른 신자들은 우왕좌왕했다. 얼마 후부터 이승훈의 뒤를 따라 배교를 한 이가 있는가 하면 독자적으로 교리 공부를 계속하며 주위 사람들에게 전도를 하려고 애쓴 이들도 있었다. 하지만 중심 인물이 없어진 교회의 조직은 체계적으로 활동을 하기가 순조롭지는 않았다. 어찌했든 비밀리에 움직이는 조직이었기 때문에 음성적일 수밖에 없었던 것이다.

전라도 진산 사건

나름대로 지속되던 교회활동은 1791년 전라도 진산(珍山)에서 신자 윤지충(尹持忠) · 권상연(權尙然)의 제사 거부로 비롯된 폐제분주(廢祭焚主)로 인하여 잠시 주춤하게 되었다. 평택현감으로 재직 중이던 이승훈은 신자 권일신과 함께 체포되었다.

이승훈은 과거 향교에 배례하지 않았던 사실과 반촌에서 서학(천주학)서를 공부했다는 정미반회사건(丁未泮會事件)이 문제가 되어 투옥되었는데, 공식적으로 배교를 선언하여 관직만 삭탈 당하고 곧 방면되었다. 이기경을 비롯한 유생들의 상소가 이승훈에게 화가 되었던 것이다.[11)]

이승훈의 가족들은 이승훈이 한가로운 선비로 돌아가 글을 읽는 것에 몰두하며 지내기를 바랐지만 결코 쉬운 일이 아니었다. 이승훈의 아내인 정씨의 친정 오빠 또한 서양의 실용적인 학문에 관심이 많은 정약용이었던 것이다.

정약용이 위로 삼아 이승훈의 집에 드나들며 함께 하는 시간이 잦아질수록 차츰 이승훈의 마음도 다시금 서학(천주학)에 젖어 들고 있었다. 애초에 서학 서적을 처음 접하고 그 세계에 빠져들었던 이승훈이기에 재차 마음이 기울기란 쉬운 것이었다.

> "
> 이승훈이 베이징에 있던 당시 '조선천주교회의 주춧돌이 되라'는 희망의 뜻으로 베드로라는 이름으로 세례(洗禮)를 받아 최초의 영세자가 되었을 뿐만 아니라, 그는 모든 형벌과 죽음을 감수하고서라도 진리를 명백히 아는 이 종교를 지키겠다고 서약했던 것이다.
> "

대외적인 활동을 자재하고 홀로 교리를 공부하며 지내던 이승훈은 1794년 12월에 중국에서 주문모(周文謨) 신부가 입국해 전도활동을 하자 교회와 다시 접촉했다. 그동안의 마음의 갈등을 잊고 다시 교회 활동을 하던 이승훈은 다음해인 1795년 주신부를 맞이한 죄목으로 윤유일 · 최인길 · 지황(池璜) 등이 체포, 처형되자 이에 연루되어 다시 투옥되었다.[12)]

충청도 예산으로 유배

관아에서는 같은 해 6월에 이미 이승훈을 체포하려고 했지만 실패한 적이 있었다. 이번에 피하지 못하고 체포된 이승훈은 결국 충청남도 예산(禮山)으로 유배되었다.[13)]

일 년여의 유배생활 동안 이승훈은 많은 생각을 하게 되었다. 처음 아버지를 따라 베이징에 갔던 일이며, 조선으로 돌아와 가까운 사람들에게 서학을 전파하고 교회활동을 했던 일 등, 생각해보면 의외의 일들도 많았다. 특히 중인들과도 관계를 갖고 교리서를 언문으로 번역까지 했던 일들은 그 전의 이승훈이었다면 결코 관심을 가지지 않았을 일들이었다.

이승훈은 영세를 받고 종교를 지키겠다고 맹세를 하고도 두 번씩이나 배교를 하고 그 뒤에 또다시 교회로 돌아갔었다. 결국 종교를 지키겠다는 맹세를 지키게 된 것인지, 아니면 그렇지 못한 것인지 스스로도 명확하게 알 수가 없었다. 비록 투옥되어 배교를 선언하고 방면이 되기는 했지만, 지금의 이 유배는 결국 주신부와 함께 교회활동을 한 때문이지 않은가.

예산에서 사계절을 겪는 동안, 이승훈의 얼굴에는 전에 없던 주름살이 늘어가고 있었다. 1796년, 이승훈은 유배에서 풀려나자 〈주자백록동연의, 朱子白鹿洞衍義〉를 짓고 교회활동을 단절한 입장을 밝혔지만 그것은 대외적인 일일 뿐 이었다.

조정에는 이승훈과 관련하여 많은 상소가 올라오고 있었다. 조선의 유생들은 이승훈을 비롯한 여러 명의 서학(천주학) 신봉자들을 처단해야 한다는 주장이 분분했으나, 신학문과 신문물에 관대한 정조는 애써 외면하고 있었다. 이러한 정조의 관대함으로 이승훈의 유배생활은 비교적 짧게 끝날 수 있었다.[14)]

유배에서 풀려 난 이승훈은 주신부를 도와 교회의 조직을 정비하고 교세를 만회하는데 사력을 다했다. 과거에 배교를 했었던 일을 만회하려는 마음은 이승훈으로 하여금 더욱 교회활동을 적극적으로 하게 만들었다. 이러한 노력의 덕분으로 1800년에 이르러서는 교인수가 1만 명에 다다를 만큼 교세가 확장되었다.

신유교난을 일으킴

1800년 정조가 서거하자 세상은 바뀌어 천주교의 수난시대가 도래했다. 정조의 뒤를 이어 11세의 나이로 등극한 어린 순조를 대왕대비 김씨가 수렴정치를 하게 되면서 서학을 향한 탄압을 시작했다. 1801년인 순조 1년, 즉위 후 정순왕후(貞純王后)와 심환지(沈煥之) 등, 벽파세력 및 최헌중(崔獻重) 등, 남인의 일부 세력은 남인 시파가 천주교와 밀접한 관계를 이루고 있음을 계기로 사학탄압(邪學彈壓)을 내세우면서 신유교난을 일으켰다. 그리하여 대왕대비의 교서로 박해령이 선포되자 관에서는 전국의 교회신자들을 수색, 체포했다.[15]

이승훈의 집을 수색한 결과, 천주교에 관련한 책과 물품 등이 쏟아져 나왔다. 이승훈은 고문과 16일 간의 추국 끝에 자복했다. 다음은 이승훈에 대해서 조선왕조실록이 기록한 내용이다.

> "
>
> "죄인 이승훈은 서장관인 그 아비 이동욱을 따라 중국에 간 다음 북경의 천주당에 가서 구경하다가, 서양인과 교유(交遊: 서로 사귀어 놀거나 왕래함)를 맺고 그가 증여한 서책을 얻어 가지고 돌아와서 사학(邪學)을 널리 배포하여 전염시켰는데, 조정에서 금령(禁令)을 내린 후에 이르러서는 분서(焚書)의 시(詩)와 이단을 배척하는 글을 지어 겉으로는 혁면을 보였으나, 속으로는 실제로 고혹되어 항상 서양인과 서찰을 통하니, 친척과 가족들이 모두 물들었다.
>
> 문서가 적발되고 죄악이 죄다 드러났는데, 요사한 책과 요사한 말을 전하여 많은 사람들을 현혹시킨 것으로서 자복을 받고 참수시켰다" 라고 기록되어 있다. ―〈순조 1년 2월 26일조(신유)〉
>
> "

순교를 각오한 나날들

결국, 이승훈은 이가환 · 정약종(丁若鍾) · 홍낙민 등과 함께 체포되어 투옥되었다. 하지만 이승훈은 전과 다르게 마음의 평안을 느끼고 있었다. 주위에서 들려오는 소문은 이번에는 목숨을 부지하기 어려울 거라는 것이었다. 그도 그럴 것이 정조가 죽은 뒤 전에 없이 교회에 대한 탄압이 심해져 왔던 것이다.

이승훈(李承薰)은 이미 죽을 날만 기다리고 있었다. 어느 날 몇 시에 죽을지는 알 수 없으나 이상하게도 마음만은 담담하기만 했다. 이승훈이 갇혀있는 감옥은 매우 어두웠으나 이승훈에게는 중요하게 생각되지 않았다. 간혹 밖으로부터 들리는 이름 모를 새의 울음만이 천국의 노래인양 느껴졌다.[16)]

이승훈이 투옥되어 있는 감옥의 창문은 몹시 높고 작았지만 가느다란 빛이 새어 들어와 시간이 지나는 것을 느낄 수는 있었다. 이승훈은 마음을 가라앉히고 몸을 바르게 하여 고요히 앉아 종일 기도를 하며 지내고 있었다. 그렇게 지내던 어느 날, 포졸들이 이승훈이 갇혀있는 감옥을 향해 다가왔다.

이상하게도 이승훈은 이것이 마지막이라는 것을 느낄 수 있었다. 하지만 죽음에 대한 공포는 느껴지지 않았다. 이승훈은 처음 세례를 받았을 때 그라몽 신부 앞에서 했던 맹세가 떠올랐다.

> "어떠한 형벌과 죽음을 감수하고서라도 진리를 명백히 아는 이 종교를 지키리라."[17)]

순교의 영광

1801년 1월 11일 유학 이외의 다른 학문을 박멸하라는 명령이 발표되어, 음력 2월 26일(양력 4월8일)에는 이승훈을 비롯하여 정약종, 최필공, 홍교만, 홍낙민 등이 '구서전법'(購書傳法, 전도하고)·'밀통양인'(密通洋人, 양인과 몰래 내통)·'잠모가환'(潛謀家煥, 집에 모여 계략을 꾸밈)의 죄목으로 서대문 밖 형장에서 참수 사형되었다. 이가환, 권철신 등은 감옥에서 고문으로 사망했고, 정약전과 정약용은 강진으로 유배되었다. 또한 이미 세상을 떠난 이승훈의 아버지 이동욱의 관직을 박탈하고 시신을 파헤쳤으며, 이승훈을 북경에 수반하게 한 부경사의 정사였던 황인점의 관직을 박탈했다. 4월 20일에는 자수한 중국인 신부 주문모를 사형에 처하였고, 그에게 세례를 받은 은언군의 부인 송씨와 그의 자부 신씨는 사약으로 순교했고, 그 후 은언군도 사약으로 세상을 떠났다. 이 신유교난으로 희생되어 순교한 천주교도는 삼백명 이상이었다. 운이 좋게 살아남은 교도들은 경기도의 야산지대나 강원도 · 충청도 등의 산간지방으로 숨어들어 신앙을 지켜갔다.[18)]

이승훈은 한국 천주교 역사에서 불후의 존재로서 당시 서양의 선교사나 종교가들로부터 기적의 사람으로 불리었다. 그는 한때 배교했지만 결코 본의가 아니었기에 곧 회개하고 한국 천주교회의 초석으로서의 역할을 다하다가 1801년 신유교난에 45세로 순교했다. 뿐만 아니라, 그들의 후손들은 신앙을 지키기 위해, 1856년(철종 7년)에 아들 신규(身逵)의 탄원으로 대역죄가 되고 말았다. 이후 신규와 손자 재의(在誼)는 1866년(고종 5년)에, 증손 연구(蓮龜) · 균구(筠龜)는 1871년에 제물포에서 순교하여 4대에 걸쳐 순교자를 냈다. 이 가문은 많은 천주교인들에게 신앙의 귀감이 되었으며 오늘날까지도 영광스러운 가문으로 빛나고 있다.[19)]

참고문헌 및 각주 – 이 글은 아래 문헌에서 인용, 발췌한 것이다.
김광수, 『한국 기독교 인물사』, 서울: 기독교문사, 1974. – 각주 – 2), 4), 6)–7), 18)–19).
http://100.daum.net/encyclopedia/view/b17a3822a. "이승훈". 다음백과.– 각주) – 1), 15)
http://www.culturecontent.com/ 정보문화콘텐츠닷컴. "이승훈의 집에서 천주쟁이의 물건이 쏟아져 나오다". (조선시대 유배문화). 문화원형백과. 2005. / http://www.kocca.kr. 한국콘텐츠진흥원. 2017. 9. 9. – 각주) – 3), 5), 8)–14), 16)–17).

한국인 초대 신부

김대건

1821~1846

한국 천주교회사에 한국인 최초로 신부서품을 받은 그는
신앙의 절개를 지키다 25세의 나이로 순교했다.

한국 최초의 신부

김대건은 1821년(순조21) 8월21일, 충청도 솔뫼(현, 충남 당진군 우강면 송산리)에서 김제준과 장흥 고씨 우르술라의 장남으로 태어났다. 그의 집안은 몰락 양반의 가문으로, 천주교와 관계를 맺은 것은 김대건의 증조부인 김진후 때였다. 김진후는 한국 천주교회가 탄생된 지 얼마 안 되어 내포의 사도인 이존창(李存昌: 한국 초기 천주교의 순교자)의 전교(典校, 지방향교를 관리하는 직원)로 입교했다. 그는 신해박해(1791) 때 체포되어 관가에서 신앙을 고백한 적이 있고, 1801년 때 유배되었다가 1805년에 다시 해미에서 잡혀 10년 동안 옥고를 치른 끝에 1814년 옥사 순교했다.

관하의 끊임없는 박해로 말미암아 자연히 이 집안은 많은 가족이 한데 모여 살기가 어렵게 되었다. 그래서, 김진후의 셋째 아들 종한은 솔뫼에서 경상도 영양 우련밭으로 피신해 살다가, 여기서 1815년 을해박해 때 체포되어 1816년 대구 감영에서 참수 순교했다. 그리고 종한의 딸 김데레사는 1839년에 1839년 기해박해 때 서울 당고개에서 교수되고, 그에 앞서 남편 손연욱(요셉)은 1824년 덕산에서 옥사했다. 또 진후의 아우 선후의 손자 제교와 진후의 넷째 아들 희연의 아들인 제항은 1866년 공주에서 순교했고, 김대건의 숙부 제철의 아들인 진식은 1867년 공주에서, 선식은 해미에서 병인박해 때 순교했다. 그리고 김대건의 아버지 제준은 1839년 서울 서소문에서 참수 순교함으로써, 103위 성인 중 한 사람이 되었다. 이처럼 김대건의 가계는 순교자들로 일가를 이루었다. 김진후의 둘째 아들인 택현은 솔뫼를 떠나 용인군 이동면 묵리 한덕골에 정착했는데, 1827년 정해박해를 피하여 이곳으로 이주한 듯하다. 김대건의 부친 김제준이 세례를 받은 것은 1836년이었다. 그는 1836년 초 입국하여 서울 정하상의 집에 거주하고 있는 모방 신부를 찾아가 세례를 받았다.

모방(Maubant) 신부는 1836년 부활절(4월5일)을 전후하여 경기도와 충청도 일대의 공소(본당〈本堂〉보다 작은 교회 단위, 때때로 교우들의 모임 장소)를 순방하던 중 골배마실에 인접한 '은이' 공소를 방문했다. 그는 여기서 김대건을 신학생 후보로 선발하고 세례를 주었다. 세례명은 '안드레아' 라고 이름했다. 김대건에 앞서 두 소년이 신학생으로 선발 되었는데 최양업(토마)은 2월 6일에, 최방제는 3월 14일에 각각 서울로 올라와 한문과 라틴어 등, 외국으로 유학 갈 공부를 하며 수련에 있었다. 그러나 김대건은 7월 11일에서야 이들과 합류하여 수련생활을 했다. 모방 신부는 김대건의 총명함을 보았고, 또한 순교자의 후손인 것을 알자 그를 신학생으로 유학을 보내기로 작정했다.

모방 신부는 박해 때문에 국내에서는 조선인 성직자 양성교육이 불가능하다고 판단했다. 그래서 신학생들을 파리 외방전교회 동양 대표부가 있는 마카오에 보내기로 했다. 세 신학생들은 유방제 신부와 함께 중국 대륙을 가로질러 남하하여 국경을 넘어 1837년 6월 7일 마카오에 도착했다.

마카오는 포르투갈의 '령(領)'으로서, 신앙인들이 극동 진출의 근거지로 삼은 곳이며 동양 전교활동의 거점이었다. 출발할 당시에는 세 신학생들이 공부할 장소가 결정되지 않았었다. 이들은 파리 외방전교회가 운영하는 동양인 성직자 양성소인 페낭신학교에 갈 수도 있었지만, 당시 이 신학교에서 공부하던 중국인 신학생들이 소요를 일으킨 일이 있어서 면학 분위기가 좋지 않았다. 그래서 파리 외방전교회 신부들은 파리 외방전교회 동양 대표부에 조선인신학교를 세워 교육을 맡았다.

세 신학생들은 현지에서 일어난 민란으로 인하여, 1837년 8월과 1939년 4월 두 차례나 필리핀의 마닐라로 피신했다. 그때마다 신학생들은 그곳에서 몇 개월 동안 공부하다가 마카오로 다시 돌아오곤 했는데, 이런 와중에 신학생인 최방제가 1838년 11월 27일 열병으로 죽었다. 김대건의 건강 역시 좋은 편은 아니었다. 두 신학생은 1841년 11월 철학 과정을 마치고 신학 과정에 들어갔다.

1842년 아편전쟁이 끝날 무렵, 두 신학생은 아직 수학 중이었지만, 프랑스 함대의 함장 세실(Amiral Cecile)은 마카오 대표부를 방문하여 조선 원정 계획을 알리면서 조선인 신학생 한 명을 통역으로 동행시켜 줄 것을 요청했다. 그렇지 않아도 몇 년째 조선 교회로부터 소식이 끊겨 있었던 터라 대표부 신부들은 이번 일을 하느님이 주신 기회로 여겼다. 김대건은 조선 포교를 지망한 메스트르 신부와 함께 2월 15일 에리곤호를 타고 마카오를 출발했다. 그러나 프랑스 함대는 1842년 8월 29일 남경조약이 체결되자 조선 출동을 중지하고 마닐라로 회항했다. 그 이유는 프랑스 정부에서도 이 조약 체결에 참가하여 이권을 얻고, 한국과의 통상의 길을 찾기 위해서 출항한 것이었기 때문이다. 그래서 김대건은 하선하여 강남 교구장 베지의 도움을 받아 중국 배를 타고 귀국길에 오르게 되었다.

10월 2일 상해를 떠난 그는 10월 23일 요동 땅에 도착하여 백가점에 머물면서 3차에 걸쳐 의주 변문을 통한 잠입로를 개척하고자 시도했으나 실패했다. 그리고 1843년 4월부터 거처를 소팔가자로 옮겨 최양업과 같이 신학 공부를 계속했다. 이곳에는 1841년부터 페레올 신부가 머물고 있었다. 김대건은 1843년 12월 양관에서 있은 제3대 조선 교구장 페레올 주교의 성성식(세 명의 주교가 새 주교의 머리 위에 안수하고 성령이 내리기를 기도하는 예식)에 참석한 후 주교의 지시를 받고, 1884년 12월 두만강을 통하여 입국을 시도 했지만 실패하고 소팔가자로 돌아왔다. 그리고 그 해 12월 최양업과 같이 소정의 신학 과정을 마치고 삭발례부터 부제품까지 받았다. 그들은 사제품의 법정 연령인 만 24세 미만이므로 사제품을 받지는 못했다.

김대건은 1845년 1월 1일 변문을 무사히 통과하여 1월 15일 서울에 도착한 뒤 선교사들을 영입하기 위하여 상해로 도항할 준비를 하고, 4월 30일 11명의 조선인 선원들과 작은 목선인 라파엘호에 승선하여 제물포를 떠나 6월 4일 상해에 도착했다.

그리고 8월 17일 상해 연안에 있는 금가항에서 페레올(Jean Joseph Ferreol) 주교로부터 신부 사제품을 받았다. 그리고 8월 24일 주일에 만당신학교에서 최초의 미사를 집행했다. 그는 한국 천주교회 역사 60년만에 한국인 최초의 신부가 되었고, 최초의 미사를 집행했다. 그런 다음 페레올 주교와 다블뤼 신부와 함께 8월 30일 상해를 출발 40여일 만인 10월 12일 금강 상류 강경 부근의 황산포 나바위에 도착했다.

김대건의 사목 활동 기간은 짧았다. 그는 입국하던 해 11월~12월 사이에 서울과 경기도 용인의 '은이' 공소 등을 방문했는데, '은이' 공소에는 그의 동생 난식과 어머니가 살고 있었다. 이 두 달이 조선에서 있은 사목 방문 활동의 전부였다.

신부님의 행적 – 선교사 입국 통로 개척

1846년 5월 12일 그는 메이스레(Maistre) 신부의 입국을 돕기 위하여 최양업과 함께 황해도 대청군도로 가서 신부에게 전달하는 편지를 중국 어선에게 맡겼다가 군교에게 발각되어 체포되었다.

그의 교회 활동은 선교사의 입국 통로를 개척하는 일에서 시작하여 그 사명을 수행하는 일에서 끝났으니, 말년의 직책은 조선 교구 부교구장이었다. 그는 1846년 5월 14일 주교로부터 서해 해로를 통한 메이스레(Maistre) 신부의 선교사 영입 방도를 개척하라는 지시를 받고 출범하여 백령도에서 중국 어선과 접촉하고 편지와 지도를 탁송한 후 순위도로 왔다. 거기서 6월 5일 군교에게 발각되어 처음에는 중국 사람이라 했으나, 본말(本末)을 사실대로 고하므로 체포되어, 10일에는 해주 감영으로 이송 되었다가 다음 날인 6월 21일 서울 포도청으로 압송되었다. 그는 끝까지 신앙을 지켰고 옥중에서 편지를 통해 신자들을 독려하고 격려했다.

"

옥중서신 – 마지막 남긴 말씀

가장 사랑하는 형제들이여, 잘 생각하여 주십시오.

우리들의 주 예수 그리스도께서는 이 세상에 내려 오사 스스로 헤아릴 수 없는 고난을 참아 받으셨습니다. 그 고난으로써 성(聖) 교회는 세워지고, 이 성 교회도 십자가와 많은 고난 속에서 발전하지 않으면 안됩니다. 성서에 의하면 천주(天主)는 우리들의 머리털까지도 일일이 헤아리고 계시어서 한가닥이라도 허락하심이 없이는 빠져 떨어져 버리는 일이 없게 하신다고 합니다. 그러므로 천주의 뜻에 따라 우리들의 머리 위에 계신 예수 그리스도의 편이 되어 세속의 마귀에 대해서 항상 싸워 나갑시다.

이러한 시끄럽고 어지러운 세상이오니, 용감한 군사와도 같이 씩씩하게 무장하고 전장에 뛰어나가 분투하여 승리를 거둡시다.

특히 서로와의 사이에 사랑을 잊지 말고 서로 돕고 서로 베풀어서 천주께서 당신들에게 자비를 내리시고 당신들의 기도를 들어주실 때를 기다립시다.

재앙을 겁내지 말고, 용기를 잃지 말고, 천주를 섬기는 데서 물러나지 말고, 오로지 성인(聖人)들의 자취를 밟아서 성(聖) 교회의 영광을 높이고, 주의 충실한 병사이며 참된 시민임을 증명하여 주시오. 사랑을 잊지 마시오.

서로 참고 도와서 천주가 당신들을 불쌍히 여기실 때를 기다리시오. 쓰고 싶은 것은 많으나 장소가 장소이니만큼 생각대로 되지 않으오.

사랑하는 교우들이여!

나도 천국에서 그대들과 같이 만나 영원한 복을 즐기게 될 것을 바라고 있소. 그대들을 정답게 껴안아 주겠소.

다시 한마디 하고자 하오. 이 세상의 일은 모두 천주의 명령에 말미암은 것이오니, 어떻게 보면 상이냐 벌이냐 하는 것 뿐이오. 박해라는 것도 천주의 허락하심이 없이는 일어나는 게 아니오. 마땅히 천주를 위하여 힘차게 참아주시오. 오직 성교회에 평화를 주십사고 눈물로써 탄원하시오. 나의 죽음은 당신들에게 확실히 뼈아픈 일일 것이오. 당신들의 영혼은 슬픔에 잠길 것이오. 그러나 얼마 안가서 주께서는 나보다도 훨씬 훌륭한 목자를 주실 것이 틀림없으니 그리 몹시 슬퍼 마시고 큰 사랑을 가지고 천주를 섬기도록 힘쓰시오. 내가 없음으로써 한 몸 한마음이 됩시다. 그렇게 하면 죽은 후 영원히 주의 앞에서 서로 만나 끝없는 즐거움에 들어 갈 수 있을 것이요. 나는 천 번이고 만 번이고 이를 바랍니다.

감옥에서 교우들에게 마지막으로 남긴 편지

"우리 벗아 생각하고 생각할지어다. 천주 무시지시(無始之時)로부터 천지 만물을 배설(配設)하시고, 그 중에 우리 사람을 당신 모상과 같이 내어 세상에 두신 위자(慰藉: 위로하고 도와 줌)와 그 뜻을 생각할지어다. 온갖 세상 일을 가만히 생각하면 가련하고 슬픈 일이 많다. 이 같은 험하고 가련한 세상에 한 번 나서 우리를 내신 임자(하느님)를 알지 못하면 난 보람이 없고, 있어 쓸데 없고, 비록 주은(主恩)으로 세상에 나고 주은으로 영세(領洗) 입교하여 주의 제자되니, 이름이 또한 귀하거니와 실이 없으면 이름이 무엇에 쓰며, 세상에 나 입교한 효험(效驗)이 없을 뿐 아니라, 도리어 배주배은(背

主背恩)하니, 주의 은혜만 입고 주께 득죄(得罪)하면 아니 난 것만 못하리요." (마지막 서한에서)

"

"

김대건에 대하여 조선 헌종실록에 이렇게 기록하고 있다.

《헌종실록》 13년.

왕이 말하기를,

"김대건(金大建)의 일은 어떻게 처치할 것인가?"

하자, 권돈인이 말하기를,

"김대건의 일은 한 시각이라도 용서할 수 없습니다. 스스로 사교(邪敎)에 의탁하여 인심을 속여 현혹했으니, 그 한 짓을 밝혀 보면 오로지 의혹하여 현혹시키고, 선동하여 어지럽히려는 계책에서 나왔습니다. 그리고 사술뿐만 아니라, 그는 본래 조선인으로서 본국을 배반하여 다른 나라 지경을 범했고, 스스로 사학(邪學)을 칭했으며, 그가 말한 것은 마치 공동(恐動)하는 것이 있는 듯하니, 생각하면 모르는 사이에 뼈가 오싹하고 쓸개가 흔들립니다. 이를 안법(按法)하여 주벌(誅罰)하지 않으면 구실을 찾는 단서가 되기에 알맞고, 또 약함을 보이는 것을 면하지 못할 것입니다." -《헌종실록》

"

조정 내 몇몇 대신도 그 능력이 너무나도 아깝다고 하여, 천주교만 버리면 살려줄 뿐 아니라 벼슬도 내리고 후한 보상을 하겠다면서 설득해 보았지만 그가 결사코 거부했다. 다만 배교는 거부해도 조정에서 프랑스와의 협상을 요청해 오면 그 일은 협조할 생각이었는데, 천주교 사제 신분으로 조선 정부를 대신하여 프랑스와 협상을 좋게 이끌어 내는데 성공만 한다면, 천주교 공인까지는 몰라도 천주교의 이미지가 올라갈 건 확실하니 김대건 신부로서도 해볼 만한 일이었던 셈이다. 그러나 프랑스 함대가 자신들의 입장이 담긴 종이 쪼가리만 휙 던져주고 사라져버려 이런 기대는 물거품이 되었고, 결국 조선 정부도 어쩔 수 없었는지 배교를 다시 권했으나 거부하자, 결국 사형 판결이 내려져 김대건 신부는 1846년 7월 26일 25세의 나이로 한강 새남터 형장에서 다른 신자들처럼 참수를 당하며 순교했다. 그러나 그는 끝까지 자신의 신앙을 지켰고 죽음도 두려워 하지 않았다.

> 새남터에서 순교 직전 남긴 말씀
>
> "나의 마지막 시간이 다다랐으니 잘 들으시오. 내가 외국인과 연락한 것은 나의 종교를 위해서이고 나의 천주를 위해서입니다. 이제 내가 죽는 것은 그분을 위해서 입니다. 나를 위해 영원한 생명이 바야흐로 시작되려 합니다. 여러분도 사후에 행복하려면 천주를 믿으시오." – (순교 직전 최후 증언)

인생의 여정을 편지로 남김

김대건 신부는 22편의 편지를 남겼는데. 한글본 1편, 한문본 1편 나머지는 라틴어로 쓰여 졌다. 라틴어 편지는 23편으로 비망록을 제외하고는 대부분 마카오 주재 파리 외방전교회 은사 신부님에게 보낸 편지들로서 조선 입국 통로를 답사할 때의 보고와 옥중 편지이다. 서두를 "신자들 보아라"로 시작하는 한글 편지는 사형을 앞두고 옥중에서 조선 신자들에게 보낸 회유문이다. 한문 편지는 장문으로 되어 있으며 조선 입국 통로의 개척을 위한 네 번째 답사 여행 후 기록한 것인데 한문 진본은 없고 프랑스 번역본만이 남아 있다.

또한 그는 현재 파리 외방전교회 고문서고에 소장되어 있는 2통의 라틴어 작문과 〈조선 전도〉도 작성했다. 이중 작문은 신학생 시절에 작성한 것이고, 지도는 선교사의 조선 입국 안내를 위한 일종의 행정 지도로 부제이던 1845년 초 잠시 귀국했을 때 작성한 것이다. 이 밖에도 교회측 기록에는 김대건 신부가 옥중에 있을 때 정부 당국의 요청으로 세계 지도를 작성하고, 지리 개설서를 저술했다고 하나 현재 전해지지 않고 있다.

김대건의 사상을 알 수 있는 것은 그가 남긴 편지들과 선교사들의 편지뿐이다. 그 편지들은 자신이 겪고 있던 상황을 보고한 글이어서 사상을 체계적으로 제시해 주지 못하고 있다. 그러나 그가 사형장에서 "내가 외국인들과 교섭한 것은 내 종교를 위해서였고 내 하느님을 위해서였다. 나는 천주를 위해서 죽는다"고 말했듯이, 그는 하느님과 한국교회를 죽기까지 사랑했다. 그의 사상에 영향을 끼친 것은 신학교 교육과 그의 마음속에 축적되어 있던 가문의 신앙과 한국 전통문화였던 것으로 짐작된다.

김대건은 당시 조선의 전통사상, 즉 중국이 세계의 중심이라는 중화주의적 세계관을 극복하고 또 하나의 문명 세계인 서양의 학식을 신앙 실천을 통하여 전파하려 했다. 그는 세계를 일종의 가부장적 공동체로 인식하여 하느님을 인류의 아버지라 하고 인류를 대가족이라 말하면서, 모든 인류가 형제와 같이 결합되어 친구처럼 지내는 사해동포주의를 열망했다. 그러나 그의 세계 인식은 중국과 조선을 사대 관계로 파악하고 조선을 중국의 종속국으로 인정하는 데서 벗어나지 못했다. 그는 옥중에서 임박한 죽음을 의식하며 마카오에 있는 프랑스 선교사들에게 편지를 보냈는데, 그 편지에서 선교의 자유를 획득할 수 있는 방안을 다음과 같이 제시했다. 즉 중국의 황제가 조선 왕에게 프랑스 선교사들을 살해하지 못하게 하고, 한국인 신자들에게 신앙의 자유를 주도록 명령한다면 해결될 것으로 믿고, 이 일은 중국 주재 프랑스 공사가 중국 황제에게 협조를 요청하면 이루어질 것이라고 했다. 중국에서는 1844년 중국과 프랑스 간에 체결과 황포 조약에 따라 중국 황제가 선교의 자유를 허용하고 중국인 신자들을 처형하지 않는다는 칙령을 발표했는데, 이러한 성공은 프랑스의 종교 보호정책에 의하여 이루어진 것이었다.

선교의 불꽃

김대건은 선교열에 불타고 있었다. 그래서 천주교를 박해하고 프랑스 선교사의 입국을 금지하며 처형하는 조선의 쇄국정책을 야만적 행위라고까지 비난했다. 그는 외부의 지원이 없이는 선교에 성공할 수 없다고 판단하고 프랑스의 종교 보호정책이 중국의 속국인 한국에서도 실현되기를 기대했으며, 선교의 목적을 달성하기 위해 사용되는 수단은 정당한 것으로 여기고 무력으로 체결한 황포조약이 한국에서도 적용되기를 희망했던 것이다. 그는 프랑스에 호의를 갖고 있었을 뿐 아니라, 극한 상황에 처해 있는 한국교회를 구출하고 신앙의 자유를 성취하려는 일념과 민족 구원을 우선적으로 앞세운 나머지, 프랑스 정부의 외교적 노력을 기대한 것이다.

사상과 영성

이 세상을 창조한 임자와 이 임자에 대한 효애(孝愛)는 김대건의 사상과 영성의 핵심이라고 할 수 있다. 김대건은 그리스도교의 하느님[天主]을 '임자'로 표현했다. 임자이기 때문에 그를 알아보지 못하면 이 세상에 난 보람이 없고, 그러나 한 번 알아본 후 그를 배신하면 차라리 이 세상에 아니 난 것만 못하다고 했다. 그는 이렇게 임자에 대한 절대적 효애를 가르치는 데 그치지 않고 실제로 순교를 통해 솔선수범을 보였다. 김대건은 출국에 앞서 교회 장상에 대한 순종을 선서한 이래 이 선서에 끝까지 충실했다. 그는 입국의 길을 개척하라는 주교의 명령에 죽기까지, 아니 십자가를 감래하고 죽기까지 순종했다.

김대건은 하느님에 대한 지극한 효애 가운데서도 부모에 대한 효성을 결코 잊지 않았다. 그는 순교하기 전에 그의 어머니를 보호해주도록 주교와 친구에게 간곡히 부탁함으로써 또한 효성을 지닌 인간성의 소유자임을 보여 주었다. 김대건은 종교자유를 허용하고 문호를 개방하는 것이 민족과 국가를 위한 것임을 역설했다. 그러므로 그는 교회 내의 성인으로서 뿐만 아니라, 민족의 선각자로서 모든 이의 칭송을 받아 마땅하다.

천국을 향한 전투

김대건의 영성은 새로운 것이 아니라, 박해시대 신자들의 영성과 동일했다. 그의 하느님에 대한 인식은 유교적인 효의 개념에다가 그리스도교의 전통적인 신앙이 혼합되어 있다. 그가 아버지라고 부른 하느님은 창조주, 상선벌악을 결정하는 심판관, 모든 권위의 절대자, 온갖 환난에서 보호해 주고 힘을 주는 분, 은총으로 섭리하는 분이었다. 또한 하느님을 군주제에 비유하여 임금 위에 있는 절대자로서 당신을 공경하도록 명령할 뿐 아니라, 이웃을 사랑하도록 애덕의 의무를 함께 명령하는 분으로 생각했다. 그는 신자들에게 남긴 마지막 편지에서 하느님의 자녀 된 증거로 이웃을 사랑하도록 간곡히 당부했다. 그것이 곧 유언이 되었다. 그의 의식을 지배한 것은 미래 지향적인 종말론으로 천당과 지옥, 그리고 사후 심판이었다. 그는 말하기를 이 세상은 인간이 항구히 거처할 곳이 아니고, 사람은 잠깐 땅 위를 지나가는 나그네에 불과하다고 하면서, 현세를 나그네의 여인숙에 지나지 않는 것으로 간주했다. 그가 지향하는 세계는 영복을 누릴 천당이고, 현세는 천당을 준비하는 곳이지만 현세의 선행에 따라 사후 천당이 결정되었다. 그래서 생전의 선행은 사후의 노자라고 말했다. 현재와 내세, 천당과 지옥은 긴장과 대립의 관계였다. 김대건은 현세를 천국을 얻기 위한 영혼의 전투장, 사형 집행장을 영혼이 재적해야 할 최후의 격전장으로 보았다. 그래서 천국을 얻으려면 마음을 허실하게 먹지 말고 주야로 하느님의 도우심을 받아 영혼의 삼구(三仇, 영혼의 세 가지 원수가 되는 육신, 세속, 마귀)와 투쟁하여 박해를 극복하라고 강조했다.

순교 정신

김대건의 순교 정신은 효애 정신으로도 충분히 설명된다. 그러나 그는 순교를 그리스도의 순교와 연결지어 말하고 있다. 그는 순교를 하느님께 순종한 그리스도의 모범을 따르는 하나의 덕행으로 말했다. 그리스도는 아버지께 순종하며 자신을 완전히 봉헌하고 맡겨진 목자로서 사명에 충성을 다하는 증거로 자유로이 죽음을 받아들였다고 한다. 그러면서 그리스도의 죽음을 한국에서 선교하다가 순교한 선교사들의 원형으로 말하고, 순교를 사목자의 사명을 수행하는 본질적인 것으로 간주했다. 그리스도가 당신 양들을 위하여 자의적으로 죽음을 받아들였듯이 사목자라면 양들을 위하여 자의적으로 최고의 청원인 죽음을 받아들여야 하는 것으로 의식하고, 자기의 죽음을 목자로서의 사명과 불가분의 일로 여겼다.

김대건은 그리스도께 자기를 전적으로 내맡기며 그리스도의 승리와 은총을 굳게 믿었다. 그는 옥중에서 말하기를, 자신은 그리스도의 이름으로 결박당해 있으며 그리스도의 승리와 은총을 굳게 믿는다고 했다. 김대건은 교회의 시작을 그리스도의 순교로부터 말했다. 그리스도가 무수한 수난을 받고 순교로써 교회를 세웠듯이 교회도 당연히 수난을 겪으면서 자랄 수밖에 없다고 했다. 그는 이러한 사실을 신자들에게 상기시키면서 한국교회가 겪고 있는 박해를 당연한 것으로 말했다. 그러면서 시련을 견디는 충실한 신자들끼리 서로 위로하고 한 몸 같이 형제애를 나누며, 낙담하지 말고 자기 자신에게 충실하며, 마음을 견고하게 다지고 박해에 임하도록 권고했다.

"

목숨까지도 하나님께

김대건은 한국 천주교회 설립 후 한국교회의 희원을 이룬 첫 사제였다. 그의 인물됨에 대하여 당시의 조선 교구장이던 페레올 주교는 "열렬한 신앙심, 솔직하고 신실한 신심, 놀랄 만큼 유창한 말씨는 한 번에 신자들의 존경과 사랑을 그에게 얻어 주는 것이었다"고 했다. 그는 서양 학문을 직접 수학하고 체득한 지식인답게 세계조류에 대해 폭 넓은 지식을 소유하고 있었으며, 세계정세에 비추어 볼 때, 한국의 문호를 개방하고 종교의 자유를 허용하는 것이 민족과 국가 발전에 유익한 일임을 역설한 선각자였다. 그는 하느님에게 사로잡힌 사람답게 죽음을 목전에 둔 극한 상황에서도 천주교의 진리를 설파했고, 하느님과 교회, 교회의 장상과 동료들, 그리고 신자들을 깊은 애정으로 사랑했다. 그는 사목자로서의 사명을 충실하게 실천하다가 죽음으로 자신을 완전하게 바쳤다.

"

순교 후, 장엄한 열성식

1857년 교황 파이우스(Pius) 9세는 한국에서 순교한 훌륭한 천주교도들을 선정하여 가경자로 선포한 것을 시작으로, 1925년 7월 5일 교황 파이우스(Pius) 11세는 로마 카톨릭의 성 베드로 대성당에서 장엄하고도 화려한 열성식이 거행되었다. 여기서 김대건을 비롯한 79명에게 복자 위를 내리기로 결정했다. 한국 천주교 성직자단에서는 1949년 11

월 15일부로 김대건을 대 주보로 받든다는 결의를 했고, 7월 5일을 그를 위한 축일로 제정했다(김광수, 한국 기독교인물사). 그 후 김대건은 1984년 5월 6일 한국 카톨릭 200주년을 맞아 우리나라를 방문한 교황 요한 바오로 2세에 의해, 다른 순교자 102명과 함께 성인으로 추대되었다. 김대건 신부의 동상이 '애국선열동상건립위원회'에 의해 1972년 5월 14일 절두산 성당광장에 건립되었다.

본래 형을 받은 죄수는 통상 사흘 뒤에 연고자가 시신을 찾아 가는 것이 관례였으나, 김대건 신부의 경우는 참수된 자리에 시신을 파묻고 경비를 두어 지키게 했다.

"

세상에서의 흔적 – 성유물

당시 17세의 소년 이민식(빈첸시오)은 파수군졸의 눈을 피해 김대건 신부 순교 40일이 지난 후에 시신을 한강 새남터 백사장에서 빼내는 데 성공(……). 그리고는 시신을 가슴에 안고 등에 지고, 험한 산길로만 밤에만 걸어서 닷새 만에 자신의 고향 선산이 있는, 현(現), 안성시 양성면에 도착하여(……) 무사히 안장시킬 수 있었는데, 바로 이곳이 오늘날의 미리내 성지이다. 그 후 1901년에는 용산 성직자 묘지로 옮겨졌다가 1951년 그의 두개골을 혜화동 소재 카톨릭대학으로 옮겨 보관하고 있다.

지금도 김대건의 유해는 미리내 성지에 안장되어 있으며, 경당 바로 밑에 묘소가 조성되어 있다. 김대건 신부의 아래 턱뼈는 미리내 성지 내의 조그만 성당인 성 요셉 성당 제단 아래에 모셔져 있으며, 기타 여러 뼛조각들도 성유물로 전 세계에 산재되어 있다.

"

김대건 신부는 한국 최초의 카톨릭 사제에 그치지 않고, 한국 천주교 역사에 한 획을 그었을 만큼 업적이 뛰어나다는 데 의의가 있다. 그렇기 때문에 김대건 신부와 동기이자 동시대 사람이며 친구이자 한국의 2번째 신부라는 타이틀을 거머쥔 최양업 토마스 신부는, 그 입지가 김대건 신부보다 업적은 많을지언정 인지도에서는 미비하다. 한국 천주교에서 김대건 신부를 피의 증거자라고 부르고, 최양업 신부를 땀의 증거자라고 부르는데, 최양업 신부가 죽은 김대건 신부의 몫까지 도맡아 하느라 결국 과로로 유명을 달리한 걸 보면 땀의 증거자라는 말이 과언이 아님을 실감하게 한다.

신자들이여! 구교(카톨릭)나 신교(개신교)의 종파를 떠나, 반목하지 말고, 조국의 열악한 격랑기에 생명을 바친 이들의 순교와 분투 앞에 뜨겁게 다짐하고 성찰합시다!

참고문헌 - 이 글은 아래 문헌에서 인용, 발췌한 것이다.
김광수. 『한국 기독교인물사』. 서울: 기독교문사, 1974.
샤를르 달레 原著, 安應烈 · 崔奭祐 譯註, 『韓國天主教會史』, 上 · 中 · 下, 분도出版社, 1979~1980
Andre Kim, *Missions-Etrangeres*, Paris 1925
『한국 카톨릭 대사전』. "교우들 보아라"에서 발췌
http://sba0303.egloos.com/6105253
http://info.catholic.or.kr/dictionary/dic_view.asp?ctxtIdNum=4430

오순절을 평양에 재현한

길선주

72

1869~1935

역사의식이 투철하여 독립운동가로서 3.1 민족대표 33인 중의 한 사람이었고,
1907년 평양의 대부흥운동의 주역이었다.
또한 교회를 사임하고 부흥사로서 전국을 돌며 평생 부흥회를 인도했다.

참된 도를 찾아 헤매다

길선주는 고려와 조선시대 유학자였던 야은(冶隱) 길재(吉再, 1353-1419)의 19대손으로 그의 부친 길봉순의 둘째 아들로 태어났다. 길봉순은 무과에 급제한 무장이었고, 모친은 한학에 조예가 깊었다. 이러한 영향으로 길선주는 어려서부터 한문을 배워 한학에 능했고 정서가 풍부하고 총기가 뛰어나 주위 사람들을 놀라게 했다.

그가 14세 때에 그의 부친은 무과에 급제하여 16세에 안주 노강첨사

(老江僉使)로 부임한다. 그리고 길선주는 17세가 되던 해에 깡패 윤학영의 일파에게 이유 없이 얻어맞고 큰 상처를 입었는데, 이때 입은 정신적인 상처로 인하여 현실적인 세계에 염세적인 사상을 품게 되었고 영계(靈界)를 추구하게 되었다. 그러나 부친이 연로하여 집안 살림을 꾸려가야 했던 그는 독자적인 상점을 운영했지만 실패하고 만다. 이에 부인의 권유로 용악사에 들어가 수양했지만 병은 깊어졌고 점차적으로 '어떤 도'를 닦음으로 참다운 세계를 추구하겠다는 결심을 굳히게 된다. 이러한 생각은 그로 하여금 관성제군(關聖帝君)의 보고문(譜告文)을 만독하므로 그의 도행(道行)에 심취하게 된다. 그는 여기에서 오래지 않아 강령(降靈)을 체험했으며 좀 더 심원한 도의 세계에 접하고자 21세 때부터는 선도(仙道)의 수련에 심혈을 기울였다. 그래서 창일거사(蒼日居士)로 유명했던 김순호(金舜昊)에게서 산신차력주문(山神借力呪文), 장득한(張得漢)으로부터 옥경(玉經)의 구령삼정주송법(九靈三精呪誦法), 삼령주문(三靈呪文)을 배운다. 23세 때에 그는 신차력(神借力), 수차력(水借力), 약차력(藥借力)에 통달하여 초인적인 힘을 소유하게 되었다. 부인과 함께 몸이 건강해지고 마음은 평안하여 이보다 좋은 도는 없다고 생각하게 되었다. 그의 명성은 전국에 퍼지게 되었고 공부하려는 무리들이 전국으로부터 몰려들었다. 그럼에도 길선주는 영생의 이치를 찾아내지 못하고 세상을 비관하고 공허함과 번민이 가시지 않고 있었다.

영생의 이치에 목마르다

사회상황은 극도로 혼란에 빠져 있었다. 29세까지 선도(仙道)에 심취해 있었지만 그것으로 민족을 구원할 수는 없었다. 도에 대한 길선주의 연구는 아직도 멈추지 않고 있었다. 암자를 찾아 100일 수행을 하고 제법 사람들을 놀라게 할 만한 재주를 보여주기도 했던 길선주였지만, 마음에 해결할 수 없는 짙은 공허함으로 갈증을 느끼고 있었다. 그때 "서양 귀신이 도(道)를 이긴다"는 말을 전해 듣고 관심을 갖게 되었다. 그럴 즈음에 평양에는 괴이한 소문이 떠돌고 있었다.

> "평양에 괴상한 사람이 하나 나타났다더라. 키가 껵다리이고, 파란 눈이 우묵 들어가고, 코가 크고, 머리털은 볼그레하고, 옷은 괴상하게도 쳇다리 같은 바지에 무당의 덧옷 같은 긴 저고리를 입고, 말은 무슨 소리인지 도대체 알아들을 수 없는데, 그게 바로 양귀자(洋鬼子)라고 하더라. 그런데 그 사람이 양교(洋敎)라는 교를 가지고 와서 전하는데, 한번 거기 발을 들여 놓으면 혼이 뽑혀 미치고 만다더라."

이러한 소문은 순식간에 퍼져 온 평양 성내가 떠들썩했다. 이 괴상한 인물은 한국에 파송된 북장로교 선교사 마펫(S. A. Moffett;馬布三悅, 1864-1939)을 지칭했다. 마펫은 1890년 1월 제물포를 거쳐 서울에 도착했는데 그해 8월에 평양에 와서 김선달의 집에 유숙하며 선교하고 있었다. 새로운 종교를 전한다는 이러한 소문을 접한 길선주가 가만히 있을 리가 없었다. 그래서 길선주는 마펫을 찾아가 기독교 교리에 관하여 담론했으나 선교사가 전하는 교가 알쏭달쏭하여 뭔가 감이 잡히지 않았다. 이에 그는 기독교를 좀 더 알고자 하여 1893년 봄에 친구 문홍준을 마펫과 한석진(韓錫晋, 1868-1939)에게 소개했고, 여름에는 한때 자신과 함께 도교에 심취했던 친구 도우(道友) 김종섭(金鍾燮)을 소개하여 기독교를 좀 더 알고자 했다. 그런데 얼마 후에 김종섭이 오히려 기독교인이 되어 길선주를 전도하는 사태가 벌어졌다. 길선주는 이에 대노했으나 김종섭의 회도(回道)에 적잖은 충격을 받았다. 그래서 거기에는 무슨 곡절이 있으리라고 생각하고 기독교를 철저히 연구하고자 중국성서공회에서 발행한 관주 신약, 구약성경, 성경주석 등을 구입하여 읽기 시작했다.

놀라운 경험을 하다

그러던 중 1895년 갑오경장으로 촉발된 청일전쟁으로 사회는 혼란 속에 또다시 빠졌고 평양은 더욱 피해가 심각했다. 길선주는 가족을 이끌고 성천(成川)의 영태산으로 피신했다가 1896년 봄 난리가 평정되자 평양으로 다시 이주한다. 그가 돌아왔다는 소식을 접한 김종섭은 다시 길선주에게 나타나 '그리스도 신문'을 읽어 주는 등 전도에 힘을 기울인다. 중국 사람이 자신의 잘못을 뉘우치고 예수를 믿게 되는 '이선생전', 기독교 교리에 대한 '장원양우상론(張元兩友相論)', '천로역정' 등의 서적을 주면서 끈질기게 전도한다. 이러한 책을 읽으면서 결국은 마음이 열리게 되었고 선도가 과연 영생불사(永生不死)의 도인지 의심이 가기 시작했다. 썩은 새끼줄을 튼튼한 생명줄로 잘못 알고 있는 건 아닌지 하는 생각이 머리에서 떠나지 않은 것이다. 끈질긴 김종섭의 설득은 마침내 예수교가 참 도리인지 아닌지 알기 위해 상제(上帝)에게 기도하는 단계에까지 이르렀던 것이다. 길선주는 감히 하나님을 아버지(天父)로 부를 수 없다고 했던 것이다. 길선주는 새벽마다 상제에게 바른 길을 알려달라고 기도했고, 마침내 하늘의 음성을 듣는다.

> "길선주야~, 길선주야~, 길선주야~"라는 하나님의 음성을 듣게 되었고 이에 놀랍고도 두려워 엎드린 채로 "사랑하는 아버지여, 저의 죄를 용서하시고 저를 살려 주옵소서!"라고 기도했다. 스스로 죄인임을 깨닫고 흐느껴 울면서 회개한 것이다. 중생의 체험을 한 이때가 28세 때인 1896년 가을이었다.

거듭난 자의 삶을 보이다

길선주는 거듭난 자의 삶이 어떠한가에 대하여 유감없이 보여 주었다. 건강이 회복되었고 생각과 말과 행실이 전과는 판이하게 달랐다. 기독교인이 된 징표로 상투를 자르고 기도와 성경연구에 몰두했고 성령이 충만했다. 이러한 기쁨은 선도에서 신비로운 체험을 했을 때와는 비교도 되지 않았다. 그는 잠자코 있을 수 없었다. 가게 일을 돕고 있었던 이정식에게 전도하여 후에 영수(領袖, 조직이 미비한 교회를 인도하는 직분)가 되도록 했다. 부모도 전도하여 구원했다. 도(道)와 의리로 굳게 맺은 의제(義弟) 김찬성도 전도했는데 그는 후에 평남 순천, 자산, 안주, 숙천 등지에 교회를 개척하고 만주 안동현, 황해도까지 전도하여 많은 사람을 하나님 앞으로 인도했다. 길선주는 의제 김찬성을 위하여 30여년을 계속해서 기도했고, 이는 길선주의 큰 자랑거리 중의 하나였다.

그 후 1898년에는 널다리교회 영수로 임명을 받고 마포삼열 선교사의 일을 열심히 돕게 되었다.

한편으로 길선주는 안창호(安昌浩, 1878~1938) 등, 17인에 의해 발족된 독립협회의 경성본부에 연락하여 평양지회도 인준을 받아 발족시키고 사법부장의 직책을 맡는다. 1901년에는 방기창과 함께 장대현교회의 장로가 되었고, 1902년에는 장대현교회의 조사(전도사), 황해도 평안도의 도조사(都助事)로 취임한다. 조사는 하나님 일에 전념해야 했는데 당시의 생계비가 80원이 소요되었다. 이 당시 조사의 급여는 6원밖에 되지 않았으므로 매우 어려운 결단이었다.

길선주는 하나님의 일을 체계적이고 조직적으로 전개하기 위하여 구역을 분할, 설정하고 심방대를 조직했으며 여자 교회를 세우고 여성개방운동에 힘썼다. 또한 기독교 주간학교를 설립했는데 후에 숭덕과 숭현학교로 발전했다. 문맹퇴치에 힘썼고 겨 절 사경회를 개최했다.

길선주와 김종섭이 도가(道家), 선문교를 버리고 야소교로 개종했다는 말에 자연히 교인들이 몰려들기 시작했다. 1900년 널다리교회는 더 이상 몰려오는 교인들을 수용할 수가 없게 되자 장대현으로 옮기면서, 그곳에 기역자(ㄱ) 교회를 신축하여 장대현교회라 불렀다. 1901년 장로 선거가 있을 때 많은 사람들이 길선주 영수의 신앙심에 감복되어 그를 장로로 선출했으며, 다시 마포삼열 선교사는 그 넓은 평안남도 지역에 전도를 해서 교회를 설립해야 한다는 의무감을 갖고, 자신이 맡았던 장대현교회는 길선주 장로에게 맡겼다.

> “여러분, 지금 우리가 일본에 의해 나라를 빼앗길 위기에 놓여있습니다. 이 일에 대해서 우리 백성들은 각성하고 회개하며 정신 차려, 나라를 사랑해야 합니다.”

이미 민족애가 투철했던 길선주 장로는 장대현교회에서 매주 설교 시간마다 민족애를 부르짖었다. 길선주 장로는 그해 9월 평양에서 모인 대한예수교장로회 독노회에서 목사 안수를 받고 계속하여 장대현교회 담임목사로 시무하게 되었다.

평양의 오순절, 갈망하는 기도

하나님의 일이 많아지고 바빠지자 길선주는 약국을 정리하고 신학을 체계 있게 공부하고자 1903년 평양에 설립된 신학교에 입학한다. 신학교에 재학 중이던 1905년부터는 박치록 장로와 함께 새벽기도회를 시작한다. 1906년 8월에는 평양에 와있던 선교사들이 원산의 하디(Howardie)박사를 초청하여 집회를 열었다. 또한 서울에서 존스턴(Howard Agnew Johnston)박사를 장대현교회에 초청하여 집회를 열었는데, 1905년 영국의 웨일즈 지방에서 성령의 불길이 일어나서 서방교회에 부흥을 일으켰다고 설교하면서 누가 조선에서 교회를 부흥시킬 성령의 은혜를 충만하게 받겠느냐고 했을 때 길선주가 일어났다. 이에 존스턴 박사는 장차 조선에 큰 부흥이 임할 것을 예언하고 교회와 그를 위해 기도했다.

"

1905년부터 시작된 새벽기도회와 밤마다 열린 성경공부는 점차적으로 성황을 이루었고 성령의 역사가 강하게 일어나고 있었다. 그래서 길선주는 동계사경회 전에 한국 최초의 부흥회를 개최했는데, 5일에 걸친 이 집회는 많은 사람들을 통회 자복하게 만들었고 성령의 역사로 가득 찼다. 1907년 1월 6일부터 장대현교회를 비롯한 평양의 4개 교회는 부흥집회를 시작했는데, 이것이 그 유명한 1907년 대부흥운동의 시발점이 되었다. 오순절의 시작이었다. 눈물과 감격의 통회자복이 일어났다. 방은덕(方恩德)이라는 순검은 길선주의 집회에 많은 사람들이 자기 죄를 자복한다는 말을 듣고 범인을 잡으려고 왔다가 회개했다. 김덕화(金德華)라는 스님은 기적이 일어났다는 소식을 듣고 참여했다가 개종했다. 한 카톨릭 신부는 하나님의 구속의 역사와 성령의 기적을 똑똑히 보았다고 증언했다. 선교사들이 예측하지 못한 놀라운 역사들이 일어나기 시작한 것이다.

이길함(Graham Lee) 선교사는 "우리는 모두 뭔가 임하고 있다는 것을 느낄 수 있었다. 사람들이 연이어 자리에서 일어나 자기의 죄를 고백하면서 흐느껴 울기도 하고 꺼꾸러지기도 했다. 새벽 2시까지 회개의 울음과 기도가 계속되었다" 고 썼다.

"

1907년 1월 6일부터 장대현교회는 사경회를 준비하면서 새벽기도를 시작했는데, 한국교회의 새벽기도와 통성기도는 이때부터 시작되었다고 하며 한국교회가 특별한 때마다 통성기도로 부르짖는 역사의 시작도 이때 길선주 목사로부터 시작되었다고 한다.

"

부흥사경회 중에 한 건장한 남자가 손을 들고 앞으로 나와서 "나는 이 모임에서 강도들이 회개한다고 해서 쉽게 잡으려고 찾아온 순검입니다. 강도를 잡으면 한 계급 특진할 수 있어서 왔다가 제가 먼저 회개합니다. 용서해 주십시오"라고 고백하며 통회를 했다.

이때 길선주 목사가 충격을 받고 큰 소리로 "저는 아간과 같은 사람입니다. 제 친구가 병으로 삶을 마감하며 부인과 아이들을 돌봐주라고 100원을 맡겼는데 그 돈을 제가 써 버렸습니다. 이제야 회개합니다. 하나님 용서해 주세요. 여러분 제가 죽일 놈이었습니다"라고 큰 소리로 통곡하며 회개를 했다. 마침내 예배당은 갑자기 통회의 눈물바다가 되고 말았다. 길선주 목사로부터 앞장서서 복음을 전하면서 회개의 간증과 통회자복하는 기도를 드리자 참석한 교인들이 자신의 죄를 고백하기 시작했고, 이윽고 선교사들 역시 자신들의 죄를 회개하면서 불길 같은 성령의 역사가 일어났으며 가슴을 치는 회개운동으로 장대현교회 사경회는 1월 13일 월요일까지 계속되었고, 이어지는 성령운동은 1907년 역사적인 평양대부흥운동의 불을 지폈고 국내 교회들뿐 아니라 서방세계에까지 번져 나갔다.

"

2월에 서울집회가 열렸고 전국적으로 확대되어 만주에까지 이르렀다. 1907년의 부흥운동은 '백만명구령운동' 으로 발전되었다. 1907년 6월 길선주는 신학교를 졸업한다. 길선주는 일생을 통하여 구약 30회, 창세기와 에스더와 이사야서는 540회 요한서신은 500회, 신약은 100회, 계시록은 만독(萬讀)을 했다. 1911년 105인 사건으로 맏아들 진형이 고문당한 끝에 숨지는 사건이 발생했다. 그럼에도 불구하고 길선주는 가는 곳마다 애국을 강조했으며, 이러한 그의 행적과 사상이 1919년 민족대표 33인 중 하나로 3.1운동을 주도했다. 이로 인해 서대문형무소에서 2년간 옥살이를 했으나 옥살이 중에 요한계시록 만독(萬讀)을 마치면서 요한계시록을 다 외워버렸다고 하니 그의 열정이 놀랍기만 하다. 그는 출옥 후에도 성령의 힘으로 전국을 다니며 사경회를 이끌었으며 간도지방에 살던 우리 동포교회에까지 성령운동을 펼쳤다.

1927년에는 장대현교회를 사임하고 전국을 무대로 하는 대전도자가 되었다. 일제와 사회의 무서운 핍박에도 불구하고 그는 평생을 전국을 누비면서 복음을 외치다가 1935년 11월 26일 평안남도 강서 고창교회에서 사경회를 인도하고 사경회 마지막 날 축도하던 중 뇌일혈로 쓰러져 순교자적인 최후를 마쳤다.

환경이나 사람에 구애받지 않고 오직 말씀에 의지하여 사역하던 길선주 목사는 기독교로 귀의한 뒤 2만번 이상의 설교를 통해 380여만명에게 복음을 전했으며 그가 세운 교회는 60여개에 이르고 이를 통해 배출된 목사 전도사 장로 교사가 800여명, 세례를 받은 성도는 3천여명에 달한다.

그는 뜨거운 성령 체험을 통해 기독교가 단순한 정신무장운동이 아니라 생명의 진리라는 점을 깨닫게 한 한국 기독교의 진정한 아버지라고 할 수 있다.

참고문헌 - 이 글은 아래 문헌에서 인용, 발췌한 것이다.
편찬위원회, 『기독교대백과사전 3권』, 서울: 기독교문사, 1981.
http://www.aspire7.net/belief-2-3.html. 김지방(국민일보). "길선주 목사… 신앙부흥 일으킨 한국기독교의 선구자".
http://blog.naver.com/sanol53/221093792659. 박경진. "평양대부흥운동의 주역 길선주 목사". 2017. 9. 10. / http://www.kmcnews.co.kr. 감리교뉴스.
민경배. 『한국기독교회사』. 서울: 대한기독교서회, 1972
길진경. 『영계, 길선주』. 서울 종로서적, 1980

제주도 초대 선교사

이기풍

1865~1942

다혈질이던 그는 혈기를 참지 못하고 마포삼열 선교사에게
돌맹이를 휘둘렀으나 후에 회개하고
하나님의 복음을 위하여 모진 고난을 받으며 헌신했다.

좌절한 야망가

이기풍은 1865년 12월 23일 평양에서 농민의 아들로 태어났다. 그래서 그는 어릴 때부터 권세자들과 세도정치에 대해 강한 불만을 가지고 있었다. 그가 한번은 술에 만취하여 평양거리를 지나가는 평양 좌수의 거만한 행렬에 화가 나서 좌수에게 달려들어 그를 땅바닥에 내동댕이쳐 체포되어 고생한 일도 있었다. 이기풍은 성질이 괄괄하여 한 번 화가 나면 앞뒤를 분별하지 못하고 난폭한 짓을 하는 저돌적인 성격의 소유자였다. 그렇지만 그는 12세 때 백일장에서 장원을 한 만큼 학문할 뜻을 가지고 있었다. 그러므로 그의 난폭한 행동들은 단순히 혈기에서 비롯된 것이 아니라 개탄할 현실에 대한 반감에서 오는 것이었다. 그는 외세의 침략을 받은 나라도 서양 종교를 믿으라는 선교사도 싫었다. 그 일부는 그 당시에 서양인들이 우리나라를 삼키려 한다는 파다하게 퍼진 소문 때문이었다.

선교사 마포삼열

1890년 2월 25일 25세의 나이로 미국인 선교사 마포삼열(Samuel Austin Moffett)은 서울 마포구에 들어와 6개월간 한국어를 익혀 어느 정도 자기 의사를 표시할 수 있게 되자, 8월 28일 서울을 떠나 조랑말을 타고 6일만에 평양에 도착했다. 1891년 5월에는 도보로 한국 최초의 전도사의 직책을 맡긴 백홍준, 서상윤, 최명오를 동반하고 서울을 떠나 평양, 의주, 강계, 함흥, 원산 등지를 순방하는 전도여행을 하여 불굴의 의지력과 소명을 위한 인내를 보여 주었다. 그는 1893년 평양을 자기의 선교구로 작정했고 4월에는 대동문 근처 술막골로 거처를 옮겼다. 그는 이곳에서 열심히 전도하여 1849년 1월 22명의 학습교인을 세웠고, 7명에게 세례를 베풀어서 이들을 기초로 평양 성내에 교회를 설립했다. 이것이 장대현교회의 전신인 중앙교회이다. 이 당시에 서양 사람이 평양거리에서 전도하면 극심한 핍박과 조롱을 받았다. 밤마다 날아드는 돌로 마포삼열 선교사의 집 기왓장과 창문은 박살이 났고 전도 강연을 하면 돌팔매를 맞기가 일쑤였다. 어느 날 그가 서문 네거리에서 전도지를 뿌리면서 예수를 증거하고 있을 때 갑자기 돌이 날아와 마포 선교사의 턱을 정통으로 때리는 바람에 그는 피투성이가 되어 쓰러졌다. 이 일의 주인공은 평양 거리에서도 악명 높은 이기풍이었다. 건축 중이던 장대현교회를 때려 부쉈다. 세상에 대한 불만을 폭력으로 분출했다.

이런 이기풍이었지만 청일전쟁으로 평양이 싸움터로 변하자 원산으로 피난을 가게 되었다. 전쟁과 피난으로 모든 것을 잃어버린 그는 낯선 객지에서 서투른 솜씨로 담뱃대에 그림을 그려 가지고 다니면서 팔아 생계를 유지했으나 수입이 여의치 못하여 기운 없이 원산 거리를 방황하고 있었다. 이런 그의 앞에 평양의 마포 선교사와 똑같은 모습을 한 서양 사람이 나타났다. 이기풍은 그를 보는 순간 깜짝 놀랐다. 왜냐하면 평양에서 죄 없는 마포삼열 선교사를 괴롭힌 일이 순간적으로 스쳐 지나갔기 때문이었다. 그 사람은 당시 원산을 중심으로 선교를 하고 있던 스왈렌(W.L. Swallen) 목사였다. 그가 이기풍을 향하여 "죄를 회개하고 예수를 믿고 구원을 얻으십시오"라고 하자, 그 소리는 마치 하늘로부터 오는 우뢰와 같이 이기풍의 귀를 울렸다. 양심의 가책으로 그는 쇠뭉치로 한 대 얻어맞은 것처럼 눌리게 되었다. 그러던 어느 날, 예수님이 꿈속에 나타나 말씀하셨다.

"

"기풍아~ 기풍아, 왜 나를 핍박하느냐? 너는 나의 '증인'이 될 사람이다."

이기풍은 곧바로 엎드렸고, 자신의 수많은 죄가 떠올라, 가슴을 치고 머리카락을 쥐어뜯으며 통곡했다.

이 소식이 스왈른 선교사에게 전해졌다.

"예수님이 당신을 귀하게 쓰실 징조요, 당신 죄는 예수님이 다 사하여 주셨소."

이리하여 이기풍은 죄를 회개하고 회심하여 예수를 구주로 영접하면서 새 사람으로 거듭나 이후 거룩한 전도자의 삶을 출발하게 되었다.

"

한국 최초의 선교사

예수를 믿은 후에 그는 열심히 전도를 했다. 그러던 중 그는 자신이 부족함을 느껴 성경을 공부할 필요를 느끼고 평양으로 돌아와 마포 선교사의 집을 찾아갔다. 이기풍은 지난날의 모든 잘못을 뉘우치면서 눈물을 흘리며 용서를 구했다. 마포 선교사는 그를 기쁨으로 용서해 주었다. 천하 불량배인 이기풍이 신자가 되었다는 소식은 평양 시내를 발칵 뒤집어 놓았고 온갖 멸시와 조롱이 그에게 날아왔다. 그러나 그는 하나님의 사람으로 전혀 개의치 않았다. 1896년 이기풍은 마포 목사를 도와 함경도 지방으로 긴 전도여행을 다녀왔다. 그러나 그는 전도 때마다 자신의 부족을 느꼈고, 불같이 일어나는 소명의식을 의식하고는 마포 선교사의 권고로 1903년 평양신학교에 입학했다.

1907년은 우리나라에 대 부흥의 역사가 일어나 한국 교회사의 커다란 전환을 맞이한 시기이다. 9월 17일 평양 중앙교회에서 열린 회의에서는 미국 남북장로교회와 캐나다 및 호주장로교회의 선교사들이 대한예수교장로회 독노회의 조직을 합의하여 한국교회의 새로운 출범을 약속했고, 신학교 졸업생 서경조, 방기창, 한석진, 양전백, 송린서, 길선주, 이기풍의 7명을 1908년 대한예수교장로회 독노회에서 제 1대 노회장 마포삼열 목사의 선언에 의하여 한국 최초의 목사로 안수했다. 그리고 이 노회는 제주도 선교사를 물색했다.

이기풍은 "이 땅의 끝 제주도로 가겠습니다. 평양의 불씨를 제주도에 옮겨 붙이겠습니다." 노회는 이기풍을 선교사로 택하여 제주도로 파송했다. 제주도는 멀리 떨어진 섬으로 풍속이나 방언이 전혀 달라 선교하기에 쉽지 않은 곳이었다. 바다에서 풍랑을 만나 죽을 고비를 넘기고 제주도에 도착했지만, 그곳에는 더 큰 풍랑이 기다리고 있었다. 제주 방언을 몰라 말이 통하지 않았고, 그 당시 '천주교인 학살사건' 이 있었는데 사람들은 이기풍을 증오에 찬 눈으로 바라보았다.

이기풍은 섬에 상륙하자마자 섬사람들로부터 몰매를 맞았다. 그는 먹을 것이 없어 굶었고, 위협과 기근과 온갖 어려움을 견디어야 했다. 아무도 방을 빌려주지 않아 한라산 기슭이나 마구간에서 자야 했다. 그래도 그는 굴하지 않았다. 일손이 부족한 밭에 가서 일을 도와주고, 도움이 필요한 곳은 어디든지 달려갔다. 헌신적으로 돕고 주님의 사랑으로 대하자, 굳게 닫혀 있던 그들의 마음이 하나 둘 씩 열렸고 수많은 사람들이 예수를 만났다. 주민들의 많은 반발에도 불구하고 성안교회를 비롯하여, 금성, 삼양, 성읍, 조춘, 모슬포, 한림, 용수, 세화 등, 여러 교회를 개척했다.

모진 고난과 역경 속에서도 이기풍은 13년 동안이나 제주도 선교를 위하여 분투했다. 오늘날 제주도에는 하나의 완전한 노회가 그곳에 구성되어 있었다. 1912년 〈조선예수교장로회총회〉에 의하면, 당시 제주도의 교인은 410명, 예배당 3개, 기도회 처소가 5곳, 매주 모이는 남녀가 3백여 명에 이른다고 보고되어 있다. 이는 모두가 이기풍 목사의 헌신적인 사역의 결과였다. 그 후 1918년 광주 북문안교회(北門內敎會) 초대 목사로 부임했고, 1920년 전라 노회장, 장로회총회 부회장, 그 다음 해 1921년 대한예수교장로회총회 제 10대 총회장이 되어 일생을 한국교회의 설립을 위해 바쳤다. 2년간 병고로 휴양한 다음 1923년 전라남도 순천교회, 1924년 고흥교회, 1927년 다시 제주도 성내교회에서, 1934년에는 일흔의 나이에 여수의 남면 우학리교회에서 목회했다. 그의 말년에 1934년부터 일제가 신사참배를 강요했다. 1938년 일본의 명령이 떨어졌다.

“교회는 예배를 드리기 전, 신사참배를 먼저 하라”

이기풍이 소속된 장로교총회는 9월 ‘신사참배’ 결의에 이른다. 공식적으로 인정하게 되었다. 그때부터 신사참배에 반대하는 움직임이 본격화되었는데, 이기풍 목사 역시 신사참배에 격렬하게 반대했다. 그는 신사참배를 거부함으로써 여수 감옥에 투옥되었다.

"

"예수님이 나를 버린 적 없는데,
어찌 내가 예수님을 배반하겠는가?"
"죽을 때도 얼마 남지 않았는데,
목숨이 그리 아깝다고 변절까지 하겠소.
나는 못하오!"

그는 성도들에게 죽어도 절하지 말라며 순수한 신앙을 가질 것을 항상 강조했다. 70세 이상은 취조와 고문이 법률로 금지되었지만, 이기풍 목사님은 뼈와 가죽만 앙상하게 남을 때까지 심한 고문을 당했다. 초죽음 상태가 된 이기풍 목사님에게 출감조치가 결정되었지만, 나머지 목사님들이 출감하기 전까지 절대 나가지 않겠다고 했다. 혹독한 고문은 그를 병들게 했고, 보석되었으나 후유증으로 결국 건강이 극도로 나빠진 이기풍 목사는 여수 남면 우학리 섬에 목사관으로 옮겨졌고, 마지막 성찬예식을 거행하고 일주일 뒤, 1942년 9월 20일 77세의 나이에 우학리교회에서 하나님을 위한 일을 마치고 순교의 길을 걸었다.

이기풍은 하나님을 만난 후 새 사람이 되어, 평생 "예수님의 증인"으로 헌신했던 것이다.

"그는 한국 기독교 역사의 '산 증인'이 되었다"

이기풍은 사람들 중 예수님을 바로 보여주는 표상이 될만한 한 사람이었다. 그는 목사님이자 선교사로서 복음을 훌륭하게 전한 선구자였지만, 그 이전에 진정한 개심(改心)을 보여준 순교자이셨다.
”

선교사 크램(W. G. Cram)에 따르면 신앙각성운동을 통해 "하나님의 성령이 한국교회의 성격(character)을 갖추게 하셨다" 고 했다.

평양의 대각성부흥운동은 전도운동이 아니었다. 이미 기독교인이 된 교인들의 신앙을 새롭게 한 것이었다. 즉 교회 안에 있는 사람들이 성령의 능력을 체험하여 구원에 대한 확신을 갖게 했고, 삶이 바뀌는 윤리적인 결단이 일어났다는 것이다.

오늘날 그리스도인이 된 다수의 한국인들 중에는 죄에 대하여 배우기는 했으나 자신의 죄를 진심으로 깨닫고 깊이 뉘우쳐 본 적이 없다고 하는 사람들도 있다. 모두가 다 이기풍 목사님처럼, 사도 바울처럼, 강력한 회개와 중생의 체험을 해야 한다고 말할 수는 없다. 또한 그렇게 할 수도 없다. 회개와 중생은 성령의 역사하심을 따라 이루어지는 것이며 그것은 개인마다 모두 다르기 때문이다. 그럼에도 불구하고 진정한 회심은 자신의 죄에 대한 철저한 깨달음과 고백과 함께, 하나님을 향한 전인적인 돌이킴이 있는 것이다. 우리는 이 사실을 깊이 새기고 살아 내자!

참고문헌 - 이 글은 아래 문헌에서 인용, 발췌한 것이다.
김광수, 『한국 기독교 인물사』, 서울: 기독교문사, 1974.
심군식, 『한국교회 인물 25인 약사』, 서울: 영문, 1993.
http://blog.naver.com/kybl382/220969308642. "이기풍 목사님"
http://blog.naver.com/aejulll7/220814517361. "한국 교회사 속에서 예수님을 바로 보여주는 사람들 스무번째 이야기 '이기풍 목사'". 2016. 09. 18.
http://newspower.co.kr/sub_read.html?uid=26643. 이건영. "길선주 목사님과 이기풍 목사님의 회개의 신앙을 사모하며". 2015. 02. 16. 한복협(newspower 범영수).

기적의 부흥사

김익두

1874~1950

청년시절 방탕한 삶을 살다가 하나님께 돌아온 그는
한국 최대의 부흥사로서 수많은 이적을 행했으며
평생을 헌신하는 삶을 살다가 6.25때에 순교했다.

주색에 빠진 청년

김익두는 1874년 1월 3일 김응선(金應善)과 전익선(田益善)의 외아들로 태어났다. 부유한 선비의 아들로 태어난 김익두는 공부도 잘하고 효심이 지극하여 집안의 사랑을 독차지했다. 16세가 되었을 때 과거를 보았으나 벼슬아치의 배경과 돈이 없어 그만 낙방하고 말았다. 그만큼 관리들은 부패해 있었다. 김익두는 이후 아버지를 여의고 17세에 김익진과 혼인했다. 이 무렵 김익두는 인생 문제에 심각하게 고민하여 동학(東學)에 귀의하기도 하고 불교에 귀의하기도 했으나 만족하지 못했다. 그러다가 친구에게 보증을 서줬다가 친구가 도망하는 바람에 완전히 빈털터리가 되고 말았다. 그는 자포자기에 빠져 술의 힘을 빌어서 하루하루를 지탱해 나가는 신세가 되고 말았다. 기방을 출입하여 기생의 치마폭에 묻혀 살았고 주정이 심하여 행패가 말이 아니었다. 뼈대 있는 집안의 선비가 주색잡기에 빠져 천하의 불한당이 되었던 것이다. 힘이 장사였기에 누구하나 제대로 대항도 못하여 김익두는 '안악고을의 호랑이', '망나니' 라고 부르며 "오늘은 김익두만 만나지 않게 해달라" 고 성황당에 빌었다는 소문까지 있었다. 그만큼 김익두는 사람들에게 무섭고 피하고 싶은 존재였다. 그가 술이 깨어 제정신이 돌아오면 인생에 대하여 회의하고 번뇌했지만 고쳐지지 않았다. 정신을 차려보려고 했지만 마음대로 되지 않았다.

놀라운 경험

김익두는 술이 거나하게 취하면 양민들을 괴롭히고 술에서 깨면 고민과 갈등에 시달리는 생활을 계속하고 있었다. 어머니와 아내의 고생은 이루 말할 수 없을 지경이었다. 그러던 어느 날 시장에 나갔는데 한 서양 여자 선교사가 전도하고 있었다. 김익두가 가까이 가니 종이 한 장을 주면서 말했다.

❝

"예수 믿고 복 받으세요!"

그 종이쪽지를 무심코 읽어보니 하나님이 어떻고, 예수가 어떻고, 천당이 어떻고, 하는 허무맹랑한 소리만 잔뜩 적혀 있었다. 김익두는 울컥 화가 치밀었다.

"흥~! 하나님? 예수? 천당? 잘 논다. 공자, 맹자면 다지, 무슨 얼어 죽을 하나님, 예수냐!~"

그 전도지에는 "인생은 무엇인가?"라는 글귀와 이와 관련된 성경구절도 적혀 있었다. 김익두는 이를 받아서 코를 풀어 길바닥에 던져 버렸다.

그 여자(소안론 선교사로 생각된다)는 눈을 크게 뜨고 부드러운 목소리로 말했다.

"청년, 전도지로 코 풀면 벌 받아요"라고 말했다.

"뭐? ~ 벌을 받아?"

김익두는 이렇게 되받아 뇌까렸으나. 그러나 어쩐지 그 여자의 말에 마음이 찔렸다.

"저 여자는 왜? 비싼 밥 먹고 이역만리의 낯선 타국에 와서 저러는 것일까?"

김익두로 하여금 낯선 이국땅에 와서 전도하는 걸 보니 뭔가가 있지 않을까 생각하게 만들었다. 방탕한 생활을 하기는 했지만 평소 '인생'에 대해서 고민하던 김익두는 전도지에 마음이 끌렸다. 이 사건이 일생일대의 변화되는 계기가 되었다.

그러던 김익두에게도 전도의 손길을 받게 된 것은 1900년 그의 나이 27세 때였다. 친구 박태후의 설득에 황해도 안악 금산교회에 출석하여 스왈론(W. L. Swallon: 한국명-소안론) 목사의 '영생'이라는 설교를 듣게 된 것이다. 그는 머리가 노랗고 콧날이 우뚝 선 키다리 서양 사람이 나타났다. 소안론 선교사였다. 유창한 한국말에 놀랐다. 그는 청중을 압도했다. 그의 입에서 흘러나온 말은 청년 김익두의 귀를 때리고 심금을 울렸다. 그것은 사서삼경에 정통한 지식인으로 자부한 김익두에게 전혀 새로운 말이었다.

"여러분, 하나님은 살아 계십니다. 여러분 중에는 이 사실을 이미 알고 있는 분도 계시지만, 모르는 분이 더 많을 것입니다. 이런 분들에게는 내 말이 막연하게 들릴 것입니다.

…… 내말이 거짓이 아니라는 것을 이런 체험을 한 사람이면 누구나 인정할 것입니다. 하나님은 우주를 지으시고 인간을 지으신 분입니다. 그리하여 여러분이 하나님의 품으로 돌아오시기를 기다리고 계십니다. 하나님께서 여러분을 사랑하시기 때문입니다."

선교사의 표정과 목소리는 확신에 차 있었다. 청년 김익두는 마음이 점점 긴장되었다. "저 선교사의 말이 사실일까? 그렇다면 문제는 심각하다." …… .

"예수님은 우리네 죄인을 부르러 이 세상에 오신 것입니다. 우리는 그에게로 가야 합니다. 그리고 그를 믿어야 합니다. 그는 우리에게 영생을 주시는 주인공이기 때문입니다. 이것이 우리의 가야할 길이요, 살 길입니다."

선교사가 전하는 하나님의 도는 일찌기 자기가 숭상해 온 공자에게서는 전혀 들어보지 못한 세계였다. 공자는 다만 처세의 도에 대해 가르쳤을 뿐, 죽은 후의 내세나 구원과 같은 인간에게 가장 중요한 근본 문제에 대해서는 언급하지 않았다.

계로가 "죽음이란 무엇입니까?" 하는 물음에 공자는 "아직 삶도 모르면서 어떻게 죽음에 대해 알 수 있겠느냐" 고 대답했다.

그런데 선교사의 말을 가만히 들어보니 예수를 영접하면 분명히 자기의 과거를 청산하고 새 삶의 길을 찾을 수 있을 것 같았다. 그는 인생의 갈림길에서 하나의 돌파구를 찾은 듯 싶어 가슴이 뿌듯했다. 그것은 사나이 대장부로서 '수신제가치국평천하(修身齊家治國平天下)' 하면 전부인줄 알았던 김익두에게는 큰 충격을 주었다.

김익두는 크게 깨달은 바가 있어 교회에 출석한지 3주 만에 입교하게 되었다. 김익두가 입교하던 날, 그의 어머니는 아들이 귀신을 때려 부수는 꿈을 꾸고 교회에 나갔고 부인도 교회에 다니기 시작했다. 그런데 김익두가 입교한지 3개월쯤 지난 어느 날 우연히 만난 술친구에게 억지로 끌려가 술자리에 앉게 되었다. 처음에는 술을 입에 대지 않았으나 술잔을 들고 입에 들어붓다시피 하는 바람에 그만 술에 취했고 기생까지 희롱했다. 한 번은 예수를 영접하고 전도를 하려고 예전에 출입했던 기방에 갔다가 이별주라고 강권하여 술을 마셨는데, 무려 일주일 동안이나 사지를 움직이지 못하게 된 사건이 있었다. 김익두는 이후부터 선교사의 가르침대로 성경을 읽고 찬송하며 기도하는데 전념했다. 예전의 불량기는 가시고 완전히 새 사람이 된 것이다.

거듭남의 체험

김익두는 어느 날 아무에게도 알리지 아니하고 깊은 산속에 들어가 3일 동안 금식기도를 했다. 몹시 배가 고프고 견디기 힘들었으나 참고, 죄를 회개하고 용서를 구했다. 그러던 중 사흘째 접어든 새벽, 비몽사몽간에 '큰 불덩이'가 떨어져 가슴에 콱 안기우는지라. "아이구, 벼락이야!" 소리 질렀다. 벼락이 아니라 '불세례'였다!(김익두의 고백) 커다란 불덩어리가 가슴에 떨어져 온몸이 불덩어리가 되었다. 성령의 불세례를 받은 것이다. 3일 동안 금식을 끝내고 산에서 내려오는데 하늘로부터 "김익두야~! 김익두야~!"라는 소리를 듣는 체험을 하게 된다. 이것은 하나님께서 자신과 함께 계심을 알려 주시는 영음이 틀림없었다. "오, 하나님께서 여기 계셨구나!" 하고 그는 생각했다. 그러자 그는 온몸에 솟구치는 듯했다. 그리하여 입에서 감사의 찬송이 저절로 흘러 나왔다. 두 줄기 눈물이 뺨을 적시고 가슴이 화끈거렸다. 하나님 앞에서 신비 체험을 하면서 새 사람으로 온전히 거듭남을 입은 것이다.

"

그 당시 1년에 한 번 선교사가 내려와 세례식과 성찬식을 거행했는데, 김익두는 세례를 받기 위해 1년 동안 부부가 따로 방을 쓰면서 성스런 생활로 준비했다. 그런데 예정된 주일 선교사가 내려왔으나 교인 중에 분란이 생겨 선교사는 세례만 주고 성찬식은 집행하지 않고 돌아가 버렸다. 결국 김익두는 성찬을 받기까지 또 1년 간 '독방 생활'을 하며 기다렸다. 이런 믿음이었기에 그가 받은 세례는 물세례이자 동시에 불세례였고 그가 받은 성찬은 그리스도를 몸으로 모시는 사건이었다. 이처럼 '뜨겁고 경건한' 신앙으로 선교사들을 감동시켰다. 가시떨기 같은 인생이 성령의 불 받고 이렇게 변화된 삶을 살게 되었던 것이다.

전도와 목회

1902년 29세에 김익두는 재령교회로부터 전도사로 초빙을 받게 된다. 그러나 자기와 같은 죄인이 어찌 감히 단상에서 교인을 인도하랴 해서 거절했으나 스왈론 선교사의 권면으로 승낙하게 된다. 여기에서 1년도 안 되어서 장년 40, 주일학교 50명으로 늘어났다. 이에 스왈론 선교사는 신천(信川)에 교회개척을 부탁하여 김익두는 신천으로 가게 된다. 신천에서는 무척이나 많은 고난과 핍박을 받았다. 더군다나 김익두의 과거는 온갖 조소와 핍박과 수난의 근거가 되었다. 이러한 수모는 비일비재 했다. 그러다가 산에 올라가서 금식하며 기도하여 최소한 세 사람은 불러 주시기를 갈구했다. 그리하여 차츰 전도가 되고 교인이 늘게 되어 2년 후에는 300명을 헤아리는 큰 교회로 발전했다. 이후 별세하기까지 신천읍을 근거로 전국적인 부흥사로 활약하게 되었다.

신유가 나타난 부흥회

김익두는 목회를 할수록 부족함을 절감하여 1906년 신학을 좀 더 체계 있게 공부하기 위하여 평양신학교에 입학했고 4년 후에 졸업한다. 김익두는 졸업과 함께 교회 건축을 하고 목사 안수를 받는다.

김익두는 언제나 교만의 그물에 걸리지 않도록 하나님께 간구했고 자기도 주님과 같은 신유의 은사를 행하여 병마에 시달리는 많은 사람을 고통에서 건져 주고 싶었다. 하루는 심방을 마치고 돌아오는 길에 앉은뱅이 걸인을 보았다. 김익두는 고쳐주고 싶은 생각에 옆으로 가서 "주 예수의 이름으로 일어나라!"고 외쳤다. 그러자 앉은뱅이는 그를 빤히 쳐다보면서 그게 무슨 소리냐고 반문했다. 매우 난처하게 된 김익두는 주머니를 뒤져 돈을 몇 푼 쥐어 주고 급히 그곳을 떠났다. 믿음이 매우 부족함을 느꼈다. 이적이 없는 것은 기도가 부족해서이고 믿음이 부족해서라고 생각했다. 그래서 신유의 은사를 달라고 간구했다. 그 후 약 한 달 후에 부인의 목에 통증을 느끼기 시작하여 약을 써도 낫지 않아 고생했는데 하나님께 두 내외가 주야로 금식하여 깨끗이 낫는 체험을 한다.

무악재 고개의 봉변

그가 한 번은 무악재 고개를 넘어가고 있었다. 그 당시만 해도 교통수단이 변변치 못해서 땀을 흘리며 오르막길을 올라갔다.

잠시 땀을 닦으며 쉬고 있는데, 갑자기 술에 취한 청년이 다가와서는 다짜고짜로 시비를 걸었다. 그러더니 무조건 주먹질을 하기 시작하는 것이었다. 그는 가만히 맞고만 계셨다.

한참 뒤 청년은 제 풀에 꺾여서 때리던 손길을 멈추었다.

그제서야 목사님은 청년의 손을 꽉 쥐고서는 그에게 물었다.

"

> "도대체 나를 왜 때렸소?"
>
> 본시 김 목사님이 이름난 깡패 출신이니까, 그 팔 힘이 얼마나 세었겠는가?
>
> 청년은 그래도 짐짓 언성을 높이며 이렇게 말했다.

"네가 나보다 먼저 올라와 기분 나빠서 때렸다. 왜 어쩔래?"

"내가 도대체 누군지 알고 그러오?

내가 바로 김익두 라는 사람이오."

그제야 청년은 목사님을 알아보고서 정신을 차렸다.

"아이고, 형님! 제가 죽을 죄를 지었습니다. 술에 취해서 사람을 몰라보았습니다. 한 번만 용서해 주시면 두 번 다시 그러지 않겠습니다."

그때 김익두 목사님은 이런 유명한 말을 했다.

"이놈아, 예수는 내가 믿는데, 복은 네가 다 받았구나!"

"

만일 목사님이 예수를 믿지 않았다면 그 길로 청년은 반쯤 죽었을 것이다. 목사님은 그 청년을 그 길로 부흥회로 인도했다. 그 청년도 새 사람이 되어 나중에는 그 교회의 장로가 되었다고 한다.

본격적인 부흥사역

김익두 목사가 본격적으로 부흥사역에 나서게 된 것은 1919년 삼일 운동 직후였다. 온 민족이 나서 독립을 외쳤지만 일제의 잔혹한 탄압과 박해로 바랐던 독립은 얻지 못하고 대신 많은 사람들이 목숨을 잃었고 교회당과 학교 건물이 불탔다. 좌절과 낙망의 시절이었다. 이때 김익두 목사의 부흥운동이 시작된 것이다. 당대 문필가 김인서 목사의 설명이다.

"

"대정 9년(1920년) 여름이라. 길(선주) 목사는 있지 않았다. 사람들은 새벽기도회에 모이면 회개하여 울고 슬퍼 울었나니 울고 울어 눈물의 집회가 되었고, 낮 공부에 모이면 두려운 기운에 잠기었고, 저녁에 모이면 웃고 또 울었다. 그런데 사람이 너무 많이 모인 때문에 다수의 회중은 김익두 목사의 말을 잘 듣지도 못하면서 김 목사의 모양만 보고 웃고 또 울었다."

김익두 목사가 인도하는 부흥회는 웃음과 울음이 반복, 교차되는 특이한 형식으로 진행되었다. 나라 잃은 설움에 대한 울음이요, 그럼에도 다가오는 새 하늘과 새 땅에 대한 기대감과 확신에서 오는 웃음이었다. 김익두 목사는 그런 식으로 1920년대 우리 민족이 겪어야 했던 아픔과 상처를 치유했다. 그의 치유는 정신적이고 종교적인 것으로 그치지 않았다. 그는 1920년에는 총회장이 되었다.

그의 부흥운동의 특징은 '기사와 이적' 이었다. 1919년 12월 현풍교회 집회 때부터 나타나기 시작했는데, 그의 부흥집회에 참석했던 각종 병자와 환자, 불구자들이 고침을 받고 건강을 회복하는 이적 현상이 나타난 것이다. 그러자 그의 주변 인사들이 '김익두 목사 이적명증회' 라는 단체를 만들어 그의 이적에 대한 과학적 증거들을 수집, 〈김익두 목사 이적명증〉이란 책까지 발간하여 "금일에는 이적을 행하는 권능이 정지되었느니라"는 당시 장로교회 헌법을 수정하려는 운동까지 벌였다.

김익두는 성경을 거의 외우다시피 했고 꾸준한 기도생활로 설교에 힘이 있었고 은혜를 끼쳤다. 그의 명성은 점점 널리 퍼져서 여러 교회 부흥회를 인도해 달라는 요청을 받게 되었다. 그의 부흥회는 이적이 일어났고 불치병자가 낫고 회개와 결신이 있었다. 예수의 십자가와 보혈, 회계와 천국, 부활의 복음이 있었다. 전국을 비롯하여 만주와 일본 등지에까지 하나님의 복음을 전했다. 특별히 김익두는 일제시대 때 아주 위대한 신유의 종으로 가는 곳마다 많은 병자를 고쳤다. 벙어리가 말을 하고 앉은뱅이가 일어났다. 당시 동아일보에 이 기사가 기록될 정도로 큰 기적을 일으켰다. 집회 수는 776회, 설교는 2만 8천 여회, 연집회 인원이 250만 명, 결신자가 28만 8천 명, 신축한 교회가 150여 곳, 유치원 120여 곳, 병 고침을 받은 자가 만여 명, 그로 인하여 목사가 된 자가 200여 명에 이르렀다. 그의 부흥회에 참석하여 치유를 받은 사람은 물론이고 은혜 받고 거듭난 사람들은 수없이 많다. 한국교회 대표적 순교자 주기철 목사, 그의 대를 이어 한국교회 부흥운동을 이끌었던 이성봉 목사, 한국의 대표적인 진보적 신학자 김재준 목사가 대표적인 인물이다. 그런 식으로 김익두 목사는 일제시대 암울했던 한국교회에 부흥의 불길을 일으켰다.

그러나 안타깝게도 시간이 흐르면서 이적에 대한 사회의 반론이 있었고, 미설(迷說)의 기적을 추구한다고 비판 받았다. '이적증명서' 란 책자를 발간함으로써, 1926년 3월 용정에서 반종교가의 폭행이 있었다. 또한 전북의 '전북 민중운동자 연맹' 과 '이리청년회' 는 1926년 5월 '고등무당' 이라고 하여 비판대회를 갖기도 했다. 조선일보는 김익두의 이적을 '영계를 팔려는 것' 이라고 혹평했다.

이러한 상황에서 1940년에는 신사참배에 강제로 끌려가는 수모를 당했고, 이로 인하여 채정민 목사로부터 호된 망신을 당하기도 했다. 해방 이후 1946년 공산당과 강양욱의 감언이설로 기독교도연맹에 가입하는 실책을 저지른다. 그리고 6.25전쟁이 한창이던 1950년 10월 14일 김익두는 후퇴하는 공산당에 의해 새벽예배 후에 총살당했다.

참고문헌 - 이 글은 아래 문헌에서 인용, 발췌한 것이다.

최 현, 『대부흥사 김익두』, 서울: 예루살렘, 2000.

http://www.newscj.com/news/articleView.html?idxno=124329. 백지원. "안악골 호랑이, 목사로 새 삶 살다". 2012.03.28.

http://blog.naver.com/kjyoun24/60040936749. "부흥운동가 김익두 목사". 교회연합신문. 2007. 1. 12.

http://blog.daum.net/bang4776/23891 "김익두 목사님 일화..." 2017.06.08

http://blog.daum.net/bang4776/24616

대한독립의 얼

안중근

75

1879~1910

신실한 천주교도였던 그는 조국의 독립을 위하여
이토 히로부미를 저격하고 붙잡혀
여순 감옥 형장에서 32세의 나이로 순국했다.

독립을 위한 인생

안중근은 1879년 9월 2일 황해도 해주 광석동에서 독실한 천주교 신자인 아버지 안태훈과 어머니 조마리아 사이의 맏아들로 태어났다. 그가 5세 되던 1884년 그의 가족은 신천으로 이사했다. 그는 5세 때부터 글을 배웠고 7세에 말타기, 활쏘기를 배워 무사의 기질도 갖추기 시작했다. 그의 가족은 모두 천주교 신자였기 때문에 1895년 프랑스인 신부 홍석구에게 세례를 받아 세례명을 토마스(Thomas)라 했다. 이런 배경 탓에 그는 천주교를 통하여 신학문에 관심을 가졌으며 신부를 통하여 프랑스어를 배웠다.

부유한 집안의 덕으로 그는 15세 때부터 서양의 총을 구입하여 사냥을 즐겼고 견문을 넓히려고 서울, 상하이, 간도 등지를 다니면서 새로운 문화를 경험했다. 그는 17세에 같은 마을 김아려와 결혼하여 2남 1녀를 두었다. 그는 소년 시절부터 믿음으로 자랐으며 그에게 세례를 준 홍석구 신부로부터 신앙의 지도를 받으면서 믿음의 사람이 되었다. 그는 시베리아 한촌 거리에서 12명의 동지와 동양의 평화와 조국의 독립을 위하여 헌신하기로 약속할 때 먼저 하나님께 기도한 후, 왼손 넷째 손가락의 피로 혈서를 썼다. 그리고 하얼빈에서 이토 히로부미 암살을 결행하기 직전에도 우덕순과 함께 기도로서 서약을 했다. 훗날 그의 유언 가운데는 장남을 신부로 키워달라고 할 정도로 그는 깊은 신앙을 갖고 있었다.

그가 27세 되던 1905년에 일본과 을사조약이 체결되었다. 그 해에 도산 안창호는 미국으로부터 돌아와 신민회를 조직하고 항일운동을 벌이고 있었다. 그는 평양으로 가서 도산을 만나 지도를 받고 육영사업, 산업진흥, 항일투쟁으로 독립 방안을 마련했고 진남포에 돈의학교를 세웠다. 그러나 국운이 기울고 1907년 정미 7조약으로 고종 황제가 강제로 양위되고 조선군대가 해산되자, 그는 합법적이고 정당한 구국운동으로는 나라를 구할 수 없다고 생각하고 망명길에 올랐다. 그는 서울, 부산, 원산을 거쳐 연해주로 들어갔고, 무력만이 국권을 회복할 수 있는 첩경이라고 확신하여 대한 의용군 참모총장의 중임을 띠고 일본을 무찌르는데 전력했다.

1909년 10월 안중근은 한국 침략의 주범인 이토 히로부미가 한국 통감을 내어놓고 일본으로 돌아가 추밀원 의장직을 맡으면서 이제 중국을 침략하려는 야욕을 갖고 만주시찰이란 명목으로 하얼빈을 방문할 계획이었다.

1909년 10월 21일 안중근은 신문기사에 이토 히로부미가 10월 26일 중국 하얼빈을 방문하여 러시아 재무대신인 코코체프와 러일 간 경제 회담을 갖는 목적으로 방문한다는 정보를 알아내어, 그는 이때야말로 나라의 원수를 제거할 황금의 기회로 생각하고 대동공보의 편집장 이강으로부터 하얼빈으로 갈 수 있는 소개장을 받고 블라디보스톡을 떠나 거사 동지인 우덕순과 함께 기차를 타고 하얼빈으로 출발했다. 1박을 머문 끝에 다음 날 하얼빈에 도착한 안중근과 우덕순은, 러시아에서 세탁소를 운영한다는 재러시아 한국인 조도선을 만나서 거사에 동의했다.

그 중 기차들이 중간에 정차하게 되어서 쉬어간다는 '차이자거우(蔡家具)역' 에서 우덕순, 조도선이 거사를 분담하기로 했다. 그리고 신문기사에 이토 히로부미의 특별열차도 차이자거우역에 정차한다는 예상이 나오자, 세 사람은 차이자거우로 향하여 기차역 객사(客舍)에 머물며 거사를 준비한다.

그러나 철도들의 분기점인, 차이자거우 역은 경비가 삼엄해 객사에서 나가 의거를 한다는 것 자체가 불가능했던 데다가 러시아 헌병들이 숙소 문을 잠가버려 탈출도 불가능했다.

다행히 당초에 차이자거우에 왔던 안중근은 하얼빈 거사를 위해 우덕순, 조도선에게 차이자거우 거사를 분담하며 자신은 이미 하얼빈으로 이동했던 상태였다. 만약 이때 안중근마저 객사에 갇혔다면 하얼빈 거사도 실패했고 이토 히로부미도 무사히 경제회담을 마치고 일본으로 살아서 귀국했을 것으로 예상되었다. 그리고 이 거사 실패 후 우덕순, 조도선은 안중근의 하얼빈 거사 성공 이후 차이자거우역 객사에서 러시아군 헌병대에 체포되어 압송되었다.

차이자거우 거사가 실패함에 따라 안중근은 하얼빈으로 건너가 드디어 이토 히로부미와의 운명을 결정할 거사 준비에 돌입하게 된다.

그는 기차역에서 검문을 받을 때 일본군으로 가장하고 기차역에 입장했다.

이때까지만 해도 안중근은 이토 히로부미와 면식이 없었던 탓에 수많은 군중과 섞여 있는 이토 히로부미를 알아보지 못했다가, 일부 군중이 이토 히로부미의 이름을 부르며 기뻐하는 모습을 보고 백발의 늙어 보이는 남자가 바로 이토 히로부미임을 인식했다. 이에 품속에 있는 권총을 준비하여 이토 히로부미를 향해 조준하고, 이토가 헌병들 사이에 지나가고 있는 순간 그를 향해 첫 발을 쏘았다. 1909년 10월 26일 오전 9시 30분 총소리가 하얼빈역을 진동했다. 첫 발은 바로 이토 히로부미의 몸을 관통했고, 안중근은 계속해서 2~3발을 추가로 발포했다. 이토 히로부미는 결국 땅바닥에 쓰러졌고, 안중근은 그를 보호하기 위해 나온 일부 일행에게도 총탄을 발포하여 중상을 입혔다.

안중근은 총을 내던지고 품속에서 태극기를 꺼내 펼치면서 에스페란토어로 “코레아 후라!(대한제국 만세!)”를 외쳤다. 그는 즉시 청국과 러시아의 호위병들에게 체포되었다. 하얼빈은 청나라 땅에 러시아 조계지이므로 러시아 내지인 청나라에서 조사 후 재판받는 게 맞았다. 실제로 한인 변호사들은 러시아 헌병이나 청나라 경찰이 이를 조사하고 청나라에서 재판하기를 원했지만, 청나라에 있던 일본 경찰 영사는 안중근의 신병을 일본으로 넘겨 버린다.

거사 이후 하얼빈역에서는 안중근 의사가 이토 히로부미를 저격한 바로 그곳에 화살표 모양의 타일을 설치했으며, 이토 히로부미가 저격당한 지점에는 마름모 모양의 타일을 설치 해두어 당시의 일을 증명해주고 있다. 그리고 대한민국 대통령의 기념비 설치 제안에 일본이 반발하자 아예 기념관을 건설해주는 대륙의 기상을 보여주었다

그는 민족과 나라를 위한 거사자였지만 평화를 사랑하는 인물이었다. 다음은 그가 감옥에서 쓴 것이다.

"

진정한 평화를 위한 행동

하늘이 사람을 내어 세상이 모두 형제가 되었다. 각각 자유를 지켜 삶을 좋아하고 죽음을 싫어하는 것은 누구나 가진 떳떳한 정의다. 오늘을 세상 사람들은 문명의 시대라고 말하지만 나는 그렇지 않다고 확신한다. 무릇 문명이란 동서양의 만민이 각각 천부의 성품을 지키고 도덕을 숭상하여 다투는 마음이 없이 제 땅에서 감히 태평을 누리는 그것이다. 그런데 오늘의 시대는 그렇지 못하여 이른바 고등 인물들은 의논한다는 것이 전쟁이요, 연구한다는 것이 사람 죽이는 기계이다. 동양 세계를 바라볼 때 비참한 현상이 너무나 심하다. 이토 히로부미는 잔혹한 정책을 써서 동양 전체를 멸망하게 만들었다. 슬프다, 천하대세를 걱정하는 청년들이 앉아서 죽기를 기다리는 것이 옳을까 보냐. 그러므로 나는 하얼빈에서 총 한방으로 만인이 보는 앞에서 늙은 도적의 죄를 성토하여 뜻 있는 동양 청년들의 정신을 일깨웠노라.

"

그는 감옥에서 매일 같이 책을 읽고 글을 썼다. 만국의 자유와 평화를 위하는 『동양평화론』을 집필했고 6회에 걸쳐 재판을 받았다. 그는 공판석에 설 때마다 조국의 국권회복과 동양평화를 외쳤다. 그는 11월

6일 공판정에서 이토 히로부미의 15가지의 죄목을 들어 규탄하며 그의 의거의 정당성을 주장했다. 죽기를 각오한 의사조차도 "판사도 일본인, 검사도 일본인, 변호사도 일본인, 통역관도 일본인, 방청인도 일본인. 이야말로 벙어리 연설회냐 귀머거리 방청이냐. 이러한 때에 설명해서 무엇하랴"라 불만을 토로할 정도로 일본인들만에 의해 형식적으로 진행되었고, 그 결과는 뻔한 것이었다. 2월 14일 공판에서 의사는 일제의 각본대로 사형을 선고 받았다.

"사형이 되거든 당당하게 죽음을 택해서 속히 하느님 앞으로 가라"는 모친의 말에 따라 의사는 이후 공소도 포기한 채, 여순감옥에서 「안응칠역사」와 「동양평화론」의 저술에만 심혈을 쏟았다. 「안응칠역사」는 의사의 자서전이고, 「동양평화론」은 거사의 이유를 밝힌 것이었다. 재판이 공개되지 않는 상황에서 의사는 일본인들에게 거사의 이유를 설명할 필요성을 느끼지 못했다. 구구하게 이유를 밝혀 목숨을 구걸한다는 인상을 주기도 싫었다. 그래서 의사는 공소를 포기한 뒤, 「동양평화론」을 저술하여 후세에 거사의 진정한 이유를 남기려고 했다. 그러나 이것마저 일제는 허락하지 않았다. 의사는 「동양평화론」을 시작하면서 이것이 끝날 때까지 만이라도 사형 집행을 연기해 줄 것을 요구했다. 하지만 일제는 이를 무시하고 사형을 집행하기에 이른다.

안중근은 자아의 희생이 없이는 조국의 독립과 동양의 평화가 실현될 수 없다고 믿었다. 그러므로 그는 죽음 앞에서 의연했다. 그는 이토 히로부미의 죽음이 확인되자 피하지 않고 체포되었고 공판 석상에서도 항상 자기는 독립전쟁의 포로임을 밝히었다. 이는 안중근이 동생들에게 남긴 최후의 유언이다.

"

내가 죽은 뒤에 나의 뼈를 하얼빈 공원 곁에 묻어 두었다가 국권이 회복되거든 고국으로 안장해다오. 나는 천국에 가서도 또한 마땅히 우리나라의 회복을 위해 힘쓸 것이다. 너희들은 돌아가서 동포들에게 각각 모두 나라의 책임을 지고 국민의 의무를 다하며 마음을 같이하고 힘을 합하여 공로를 세우고 업을 이루도록 일러다오. 대한독립의 소리가 천국에 들려오면 나는 마땅히 춤추며 만세를 부를 것이다.

"

안중근이 을사조약의 주역인 이토 히로부미라는 원흉을 저격함으로서 민족의 정의와 자존심을 보여주었다. 또한 동시에 일본의 동아시아 국가에 대한 침략행위를 막아내려는 안중근의 투지와 의지를 알리기도 한 사건이었다.

"

그는 1910년 3월 26일 여순 감옥 형장에서 31세의 청춘의 나이로 순국하고 말았다.

31세 …….

형을 집행할 시간이 되어 형장으로 갈 시간을 알리는 교도관에게 청한 그분의 마지막 말씀이 가슴을 후벼 파는 듯하다.

"내가 읽던 책을 다 읽지 못했으니 5분만 시간을 주시오."

그리고, 읽던 책을 다 읽은 후 고맙다 인사를 하고 자리에서 일어선 안중근 의사. …….

그순간 그는 어떤 마음이 오갔을까?

내 생애 오랫동안 기억될 여운이다.

죽음 앞에선 그 뉘라도 두려움으로 가득 차 오금이 저려왔을 것이다. 그러나 그는 마지막 그 순간까지도 의연하고 떳떳하게 죽음을 받아들였다.

누구도 흉내조차 낼 수 없을 그분의 용기가 슬프도록 부럽다.

지금까지도 그분의 유해조차 찾지 못한 채 우리는 너무도 배부르고 등 따시게 지내고 있는 게 아닌지 부끄럽기도 하다.

과거 무슨 일이 있었냐는 듯 당장의 하루를 숨 가쁘게 보내고 있다.

잊힌 걸까. 잊고 있었나. 오늘은 문득 그분이 생각 난다.

그. 냥. 문. 득

그와 같은 분들은 과거 속에서만 존재한 것일까.

알파고에 마음 빼앗겨 시대에 이끌려가는 삶에서 돌아다볼 여유 또한 잃은 것일까?

난세에 영웅이 탄생한다는 말이 미혹에 흔들리는 우리 땅에는 무색하다.

그. 후. 지. 금

슬프고 감사한 용기로 지켜주신 우리 땅에도 안전하고 강한 새로운 봄이 왔으면 좋겠다.

간. 절. 하. 게

그분들의 희생으로 회복된 나의 소중한 삶을 더욱 아끼며 가치로움으로 부여해야겠다.

이. 제. 라. 도

조금은 어렵겠으나 어떠한 상황에서도 당황하지 않고 침착하고 담대하게, 그리고 떳떳할 순간들을 위해 깊이깊이 숨겨두었던 미혹되지 않을 용기를 끄집어 내어야겠다.

지. 금. 부. 터

”

늦었지만, 정부에서는 의사의 공훈을 기리어 1962년 건국훈장 대한민국장을 추서했다.

"여러분들이여! 그를 잊어서야 되겠는가?
하나님 앞에서, 그의 용기를 끄집어 내어
나의, 우리의, 이 조국의 용기로 승화시키자!"

참고문헌 – 이 글은 아래 문헌에서 인용, 발췌한 것이다.
김광수, 『한국 기독교 인물사』, 서울: 기독교문사, 1974.
http://blog.naver.com/PostView.nhn?blogId=hoho4541&logNo=221029447289. "문득 그리움-[안중근 의사] 미혹 없는 슬프고 감사한 용기". 2017. 06. 14.
http://terms.naver.com/entry.nhn?docId=3570520&cid=59011&categoryId=59011. 유동하. "독립운동가, 안중근, 제국주의 심장을 쏘다". 2010. 10. 25.
https://namu.wiki/w/ "안중근 의사 하얼빈 의거". 2017. 05. 06.

민족의 스승

조만식

76

1883~1956

한평생 국가의 독립을 위해 살았던 그는
회심한 후 민족을 구원하기 위한 독립운동의 일환으로
교육활동, 사회운동, 반탁, 반공운동에 헌신했다.

민족의 구원을 위한 결단

고당 조만식 선생은 '한국의 간디'로 일컬어졌으며, 1883년 2월 1일 평안남도 강서군 반석면 반일리에서 조경섭씨의 독자로 태어났다. 1888년 6살에 서당에 들어가 한문 공부를 했고, 8년 가까운 세월 동안 글을 익혔으며, 17세부터 상업에 종사했다. 그러나 당시의 국내 정세는 너무나 불안했다. 그 당시 부잣집 도령들이 그랬듯이 조만식도 술 좋아하고, 기생집 가고, 놀음하면서 방탕한 생활에 빠져 있었다. 또 장사하는 아버지를 도와 돈벌이에 나서서 젊은 날에 많은 재물도 모으기도 했다. 그러던 중에 한 친구가 찾아와서 이렇게 말했다.

"여보게, 지금 나라 돌아가는 꼴을 보게. 이 나라는 이대로 가다가는 망할지도 모르는 위기에 처해 있는 것을 왜 모르는가? 나라가 망해 가는데도 우리는 돈만 모은다고 잘 살겠는가?"

친구의 말을 듣고 보니 조만식도 걱정이 되어 물었다.

❝

"그럼 어떡하면 좋겠는가?"

"우리가 이럴 때 올바른 정신을 가지고 우선 나부터 옳게 산 뒤에 다른 청년들도 옳게 살도록 하는 운동을 해야 될 때라고 생각하네. 그렇게 하는 길은 하나 밖에 없어. 새 사람이 되는 것이네. 새 사람이 되려면 예수를 믿어야 하네. 예수를 믿으면 술을 좋아하던 사람이 술을 끊고 도박꾼이 도박을 끊고, 기생집 드나들던 사람이 신실해져 새 사람이 되더군. 새 사람 되어 나도 살고 나라도 살리는 운동을 해야 하네."

❞

그 말을 들은 청년 조만식은 마음에 깊은 감명을 받고 그 자리에서 결단했다.

❝

"그래, 자네 말이 맞네.

나부터 생활을 바꿔야겠네. 예수를 믿어야겠네."

이렇게 해서 청년 조만식은 예수를 믿고 교회에 다니게 되었다. 그리고 과거에 같이 놀던 친구들을 어느 날 큰 음식점으로 다 불러서 술과 음식을 대접한 뒤 이렇게 말했다.

"자네들과 이렇게 술 마시고 노는 것도 오늘이 마지막일세. 나는 예수를 믿기로 작정했네. 이런 생활은 오늘 저녁으로 완전히 청산한다네. 앞으로 나와 변함없는 친구가 되고 싶다면 자네들도 예수를 믿게나."

99

청년 조만식은 예수를 믿고 정말로 새 사람이 되었다. '시일야방성대곡의 날' 조만식은 상점의 문을 닫고 새로운 결심으로 24세의 나이로 미국 북장로교회의 선교부에서 운영하는 평양 숭실중학교에 입학했다. 이리하여 그는 기독교 신앙을 받아들이게 되었으며 그때부터 술과 담배를 끊었다. 숭실중학교를 졸업한 후 일본으로 건너가 동경에 있는 세이소구 영어학교를 마친 다음 메이지대학 법학부를 졸업했다. 그해가 바로 1910년 국치의 해이었고 당시 조만식의 나이 29세였다. 조국으로 돌아온 후 그는 동지 이승훈이 사재를 털어서 설립한 오산학교에서 봉급을 받지 않는 조건으로 교사생활을 했고 1915년에는 교장이 되었다. 그리하여 1919년에 그가 3.1운동을 지도하기 위하여 교장직을 물러나기까지 5년간 오산에서 많은 인재들을 길러 내었다. 그들 중에 신사참배를 거부하며 순교한 주기철 목사가 있고, 한경직 목사가 있었으며, 소월 김정식 등도 있었다.

조만식은 학생들에게 근검, 절약, 근면 정신을 강조했다. 이것은 장로교회를 시작한 존 칼빈의 가르침이기도 했다. 조만식의 이런 절약과 근검의 정신은 주기철에게도 큰 영향을 미쳐 주기철은 생을 마치는 날까지 이를 실천하며 살았다.

특히 조만식은 지리 과목을 가르치면서 하나님께서 우리 민족에게 주신 이 아름다운 삼천리 금수강산을 잘 가꾸어 보존하여 우리 민족의 삶의 터전으로 영원히 계승해야 한다고 강조, 은연중에 학생들에게 국토 사랑의 정신을 불어넣어 주면서 애국사상을 고취했다. 하나님께서 주신 우리 삶의 터전을 일제에 빼앗긴 것은 하나님께 우리 민족에게 맡겨 주신 소명을 잘 감당치 못한 결과라는 것을 암시한 것이다.

조만식이 오산에 있으면서 학생들에게 결정적으로 감동을 준 것은 민족에 대한 애끓는 사랑의 정신과 지조였다. 그리하여 오산학교 졸업생 중에 일제하에 관리가 된 사람이 없고, 경찰이 되어 일제의 앞잡이 노릇을 한 사람도 없다. 이런 바탕에서 주기철의 높은 민족애의 정신이 자라났던 것이다.(김인수,『예수의 양, 주기철』)

물산장려회 운동

3.1운동으로 2년의 옥고를 치르고 나온 이후, 그의 항일 독립투쟁은 새로운 방향으로 전개되었다. 일본당국은 그가 오산의 교장으로 취임하는 것을 인가하지 않았으므로 1921년 그는 평양 YMCA의 총무가 되었으며, 또한 평양 산정현교회의 장로로 장립되었다. 1922년 그는 오윤선 장로와 함께 국산품전용을 주장하는 조선물산장려회를 조직하고 그 회장에 취임했다. 그의 가정과 주변에서는 일제품이나 외제품을 찾아볼 수 없었다. 그의 옷차림은 평생 우리의 손으로 짠 무명과 삼베옷이었으며 옷고름 대신에 단추를 달고 두루마기의 길이는 무릎을 덮지 않았다. 사철을 가리지 않고 우리나라 사람이 만든 말총 모자와 편리화를 사용했으므로 사람들은 그를 '한국의 간디' 라고 불렀다.

마하트마 간디가 영국을 향해 무저항운동을 벌일 당시 스스로 물레를 돌리면서 실을 만들어 옷을 짰다는 얘기는 너무나 유명하다. 그런데 민족의 지도자 고당 조만식 선생도 국산품 애용운동을 벌임으로서 일본을 향해 간접적으로 대항하여 한국이 낳은 간디라는 말을 듣게 되었다.

그러던 어느 날 경찰 당국은 고당을 불러 트집을 잡았다.

“

“당신이 지금 벌이고 있는 운동이 뭐요?”

“보시다시피 물산장려운동입니다.”

“그 안에 불순한 계획이 들어 있는 것 아닙니까?”

“불순한 계획이라니,
그래 국산품을 쓰자는 것도 불순한 운동입니까?”

“그렇게 하여 우리 일본의 화폐를 몰아내자는 것 아니오.”

“그것은 당신네들 생각이지 내 생각은 아니오. 단지 우리 운동의 목적은 생존을 위한 최소한의 몸부림일 뿐이오.”

”

한편, 그의 교육사업에 대한 정열은 가시지 않아 평양의 숭인상업학교에서 잠시 교장직을 맡았으나 6.10 만세 사건으로 인하여 45세에 영영 교단에서 물러나게 되었다.

조만식 장로와 주기철 목사의 유명한 일화

주기철 목사님이 평양 산정현교회의 청빙을 받게 되었다. 교회대표로 조만식 장로님이 주기철 목사님을 찾아가 교회의 청빙결정을 전하고 모시기로 했다.

주기철 목사님을 찾아온 조만식 장로님은 젊은 주 목사님 앞에 무릎을 꿇었다. 그리고 “목사님 저희 교회에 부임하실 것을 허락해 주십시요”라고 청원했다. 그런데 놀라운 것은 주기철 목사님이 오산학교를 다닐 때 조만식 장로님은 교장이었다는 사실이다.

또 다른 일화도 있다. 주기철 목사님의 청빙 후의 사례이다. 어느 주일 낮 조만식 장로님이 바쁜 일로 예배에 늦었다.

황급히 들어서는 조만식 장로님을 본 주기철 목사님이 소리쳤다.

> "조 장로님 거기 서 계십시요.
> 장로님이 예배에 늦으면 어떻게 본이 되겠습니까?"

그날 조 장로님은 문간에 서 있었다. 그리고 예배 후 다시는 예배에 늦지 않겠다고 사과를 했다는 것이다.

초대 한국교회를 빛냈던 두 거인의 이야기는 우리에게 특별한 감동과 교훈을 준다.

조만식은 1927년 민족의 미래를 위해 민족의 대동단결을 염원하여 신간회를 결성했으나 1931년 일제의 강압으로 해산되고 말았다. 1937년 이후 일본의 대륙 침략이 중일전쟁으로 확대되자 조만식의 사업은 모두 중단되었을 뿐만 아니라 그는 극도의 제한 속에서 감시당하게 되었다. 그는 일본의 갖가지 계략에도 굴하지 않았다. 일본의 만행은 교회에까지 확대되어 신사참배 반대에 앞장서던 산정현교회를 폐쇄했고 담임목사이던 주기철은 옥중에서 순교했다. 조만식 장로, 유계준 장로, 오윤선 장로는 목사 없는 교회의 양무리를 돌보면서 일제에게 항거했다.

반탁 운동

1945년 8월 15일 해방이 되자 조만식은 좌익계 인물까지 널리 포섭하여 평남 건국준비위원회를 구성했다. 그러나 소련군이 진주하자 좌익계는 재빨리 북조선 공산당에 가 붙어 그를 비롯한 민족 진영과 대립하게 되었다. 그해 11월 3일 조만식은 소련군의 감시와 노농 적위대의 위협 아래 '조선 민주당' 을 창당하고 당수의 자리에 앉았다. '조선 민주당' 은 북한 전역에 일대 선풍을 일으켰다. 그러나 12월 28일 모스크바 삼상회의 직후 그는 '조선 민주당' 당수의 자격으로 소련군 사령부에 소환되었다. 스티코프 사령관은 그에게 앞으로 5년간 한국을 신탁통치 한다는 결정에 지지 성명서를 내라고 요구했다. 이후 7차에 걸친 회담은 회유와 협박의 연속이었으나 그는 신념을 굽히지 않았다. 1946년 1월 5일, 조만식이 그의 숙소인 '고려호텔' 2층의 좁은 방에 감금되자 이를 계기로 하여 북한 전 지역에서는 반탁, 반공운동이 치열하게 전개되었다. '조선 민주당' 의 젊은이들은 몇 차례나 그를 구출하려 했으나 그는 북한 동포를 두고 혼자 떠나지 않겠다며 북한의 천만 동포와 운명을 같이 할 것을 결심했다.

"내가 북쪽 땅을 떠나고 싶지 않은데 탈출을 한다고 한들 무슨 의미가 있단 말이냐. 나는 이 땅 1천만 동포와 살아도 같이 살고, 죽어도 같이 죽을 것이다. 이것이 내가 섬기는 하나님께서 명하신 일이니라."

그는 이미 죽음을 각오하고 슬픔과 치욕의 땅에서 또 다른 악한 지배자에 대항하여 무저항의 투쟁을 계속해야만 했다.

남북 협상이라는 가면극을 연출할 때도 북한 공산당은 조만식의 참석을 의도했으나 그는 끝내 거절했다. 6. 25동란 이후 그는 극심한 심적 고통 때문에 심장병에다가 복막염까지 겹쳐서 병원에 이송되었다. 전세가 악화되자 공산당은 내무성 안에 그를 옮겨놓고 계속 감시했다. 이러한 그를 위하여 마지막까지 접촉해서 외부의 소식을 전달했던 산정현교회의 동료인 유계준마저 공산당에 의하여 살해되었다.

마지막 면회, 유언의 송가

그 후 어느 날, 소련 당국은 부인 전선애 여사에게 남편을 면회하도록 허락해 주었다. 전선애 여사는 남편이 갈아입을 옷을 준비하고는 어린 딸 선영과 아들 연흥, 그리고 연수도 데리고 갔다.

면회를 마칠 즈음 조만식 선생은 부인에게 봉투 하나를 내밀면서 조용히 말했다.

"이건 내 머리카락을 담은 것이니 가지고 가서 소중히 보관하시오. 그리고 언제 다시 만날지 모르겠지만 부인은 아이들을 데리고 어서 남쪽으로 내려가시오."

그것은 유언과 다름없는 말이었다. 전선애 여사는 가슴이 미어지는 것 같은 슬픔을 참을 수 없어 그만 울음을 떠뜨리고 말았다.

침묵을 지키고 있던 조만식 선생은 조용히 입을 열어 작별의 찬송가를 부르기 시작했다. 그러자 아이들까지도 그 찬송가를 따라 불렀다.

우리 다시 만날 때까지
하나님이 함께 계셔
훈계로서 인도하며
도와 주시기를 바라네
다시 만날 때 다시 만날 때
예수 앞에 만날 때
다시 만날 때 다시 만날 때
그때까지 계심 바라네

그 후 조만식 선생은 겨레의 기대를 남겨둔 채, 그만 소식이 끊어졌고 생사를 알 수 없었다. 단지 그가 공산당의 손에 의하여 죽음을 당하고 말았을 것이라는 추측만 남겨놓았을 뿐, 누구도 그 사실을 확인조차 할 수가 없었다.

조만식은 사상가, 이론가가 아니고 실천가였고 행동하는 사람이었다. 우리는 조만식의 생애에서 네 가지의 특별한 정신을 발견할 수 있다. 첫째, 민족사상, 둘째, 기독교 신앙, 셋째, 비폭력 정신, 넷째, 실천적 봉사주의의 인생관이다. 그는 일제의 탄압과 공산당의 유혹과 총칼 앞에서 끝까지 절개를 굽히지 않았다. 그는 기독교 신앙을 근본으로 삼고 민족의 독립과 동포의 복지를 위하여 일하는 민족의 스승이었다.

그가 주도한 혁혁한 독립운동 뒤에는 신앙의 힘이 컸다. 그는 '산정현교회' 장로로 추대되면서 산정현교회 김동원 장로와 함께 YMCA를 조직, 기독교 청년운동을 주도했다. 또한 언론계에 투신하여 조선일보사 제8대 사장을 역임했다. 그 무렵 '산정현교회' 는 민족주의자가 많기로 평양내서 으뜸이었으며 특히 1938년부터 7년간의 '신사참배 반대' 투쟁은 당회원들과 제직들의 피와 눈물의 결과였다.

해방 후, 남북이 분단되기 전까지 그는 자신의 가족들만 남하시킨 채, 자신은 일천만 북한 동포들과 운명을 같이 하겠다고 결단, 끝끝내 남하를 거부했다. 민족의 별 '조만식 장로', 그가 가족들과 소식이 끊긴지 40년만인 1991년에 이르러서야 1950년 10월 18일 평양에서 학살되었다는 비보가 비로소 남한에 전해졌다. 그의 유해는 지금 동작동 국립묘지에 안장되어있다. 조만식 선생은 그렇게 우리 앞에서 사라져가고 말았지만, 그의 빛나는 생애는 살아있는 조국의 정신 위에 영원히 남아 역사할 것이다.

참고문헌 - 이 글은 아래 문헌에서 인용, 발췌한 것이다.
김광수. 『한국 기독교 인물사』, 서울: 기독교문사, 1974.
김인수, 『예수의 양, 주기철』. 서울: 홍성사, 2007, 36-7.
오병학. 『조만식』, 서울: 규장문화사, 1998.
http://blog.daum.net/bnj0691/1355742. 배남준. "조만식 장로의 겸손 - 친구 말 듣고 예수 믿다". 2017. 05. 15.

진리를 위한 순교자

주기철

1897~1944

하나님에 대한 깊은 체험 후,
하나님께 모든 삶을 드리기로 결심한 그는
신사참배에 반대하여 굳건히 신앙을 지키다가 순교했다.

믿음의 가정

순교자 주기철의 생애는 우리에게 그리 많이 알려져 있지 않다. 더구나 그의 무덤마저도 평양에 있으니 더욱 그렇다. 머지않아 통일이 되면 많은 한국 기독교의 영적 스승들의 삶들이 더욱 더 자세하게 고증될 수 있을 것이다. 주기철이 태어나고 활동했던 시기는 한국 기독교의 역사에 있어서 기초가 잡혀가던 시기였으므로 그의 생애의 시대적 배경은 한국 기독 교회사의 역사와 겹쳐있는 셈이다. 그가 심각하게 회심한 것이 1919년 3.1운동 직후였기 때문에, 그의 생애의 시대배경은 독특한 역사를 반영하고 있다고 볼 수 있다.

주기철은 명성황후 국장(1897년 11월 22일) 사흘 후인 1897년 11월 25일 경상남도 창원군 웅천, 웅읍면 북부리에서 주현성 장로와 조재선의 넷째 아들로 태어났다. 그의 어릴 때의 이름은 기복이었다. 그의 아버지 주현성은 1914년 8월 2일에 입교하여, 같은 해 10월 25일에 학습 세례를 받았고, 다음 해인 1915년 6월 8일에 입교 세례를 받은 후, 11월 21일에는 영수에 피임되었다. 웅천교회의 기록에 따르면, 주기철이 어린 시절을 보내며 신앙생활을 했던 웅천교회는 1900년에 성내리의 김수완이 김해교회 배동식 장로의 전도를 받아 그의 편모, 매부 김균일, 그리고 이웃 김도연과 함께 주일예배를 드림으로써 그 교회가 시작된 것으로 전해진다.

주기철은 엄격한 신앙의 훈련장에서 어린 시절을 보냈다. 시골에 세워진 교회는 종교적 신앙과 개화의 장소였다. 주일학교에서 기도와 경건을 몸에 익힌 주기철은 1906년 웅천 개통학교에 입학했다. 여기에서 그는 교장 김창세, 교사 김창환, 유수성, 이규설 등에게서 강력한 민족애를 배우게 된다.

한국의 시대적 상황은 을사보호조약으로 일제가 한국을 보호령으로 침탈한 후, 1907년 다시 정미 7조약을 강제 조인하여 한국에 대하여 결정적인 내정 간섭과 주권 침해에 나서고 있었다. 시대적 상황은 문화와 종교의 성격을 규정하게 된다. 한국이 일본제국에 대한 정면 대결은 불가능한 상태였기 때문에, 많은 사람들은 국권을 찾는 일은 도덕적이고 정신적인 강력한 내적 힘에 의해서 점차적인 변혁의 힘에 의해서만 가능하다고 생각하게 되었다. 그러므로 교회가 전국에 세워지기 시작했고, 젊은이들은 구름떼같이 학교와 교회로 몰려들었다. 평양 대부흥의 성령의 불길이 솟아오른 것도 바로 이때였다. 바야흐로 한민족은 종말론적인 구원, 메시야적 구속의 유토피아를 목전에 보는 듯했다.

민족적인 교육

주기철은 14세이던 1910년 12월 25일에 입교했다. 그리고 1913년 오산학교에 입학을 결단하면서 주기철은 '기복' 이었던 그의 이름을 '기철' 로 바꾸었다. '여강' 이란 그의 호 역시 이때 쓰기 시작한 것 같다. 그가 이름을 바꾼 그 이유와 동기는 알려지지 않고 있으나, 아마도 기독교의 진리에 '철저히' 따른다는 의미로 보여진다. 1913년 초봄 주기철은 종형 주기용과 함께 마을 앞 곰개(웅포)에서 배를 타고, 부산을 거쳐 정주를 찾아갔다. 그것은 한반도 남단에서 북단을 찾아가는 길고 먼 여행이었다. 그 당시 정주나 선천 지역은 한국 유수의 기독교 개화의 중심지였으므로, 선천 지역에만도 100여개의 학교가 설립되어 있었다. 주기철이 당시 오산학교의 교장이었던 남강 이승훈이나 고당 조만식의 영향을 직접 받았는지는 확실하지 않다. 왜냐하면 그가 그의 회고와 고백에서 남강 이승훈을 직접 언급하지 않고 있기 때문이다. 그리고 주기철이 기독교인이긴 했지만, 사실 그 당시에는 그가 심층의 종교적 회심을 동반하지 않았으므로, 그가 특별한 변화 없이 오산학교를 마치게 되었다고 판단된다. 그러나 남강 이승훈의 교육정신과 그의 기독교적 민족구원의 메시야니즘, 그리고 그 후 고당 조만식의 현실적인 민족구원의 사회적 차원은 그 학교의 정신에 있어서 중추적 역할을 하고 있었을 것임은 분명하다.

1916년 3월 23일, 오산학교를 졸업한 주기철은 곧 그 해 연희전문학교 상과에 입학했다. 그 이유는 남강 이승훈과 고당 조만식의 이념들을 기독교적 휴머니즘의 정신으로 실천해보고자 하는 그의 의지 때문이었다. 즉 그는 민족산업 중흥을 토대로 한 민족 구원의 꿈을 가지고 있었다. 그러나 바울에게 있었던 육체의 가시처럼 그의 생애를 결정적인 변화로 이끈 안질의 악화로 인하여 그는 아직은 뚜렷한 내적 인식의 전환은 없었으나, 일 년도 채 다니지 못하고 연희전문학교를 떠나야만 했다. 1917년 곰내로 돌아온 주기철은 한때 좌절과 실의 속에서 나날을 보냈다. 1917년의 한국은 경제적 난황과 함께 일제의 교회 탄압으로 나라는 심각한 기아 상태와 도탄에 빠졌고, 교회 상황 또한 어려워져만 가고 있었다. 그러나 주기철은 아직도 그의 생애를 결정적으로 결단할만한 '부름' 을 받지 않고 있었다.

1919년은 3.1운동의 좌절 후에, 우리 민족은 허무주의로 치달아 가고 사람들의 인생에 대한 회의와 환멸이 극도에 달해 있었다. 그때는 한국 민족의 정신사 뿐만 아니라 주기철에게 있어도 획기적인 새로운 전환점이 될 정신적 지도이념이나 가치관이 새롭게 필요하던 때였다. 그 시기는 마침내 다가오고 있었다. 한국교회 초유의 부흥과 신유의 영적 지도자였던 김익두가 1920년 5월 27일 마산 문창교회에서 부흥회를 열었다. 주기철은 이 마산 문창교회에서 열린 부흥회에 지수왕과 배운환 등과 함께 참석하여 신앙에서 그가 이전에 갖지 못했던 깊은 성령 체험을 하게 되었다. 이것은 그의 생애를 완전히 새롭게 전환시키는 결정적인 사건이 되었다. 그는 그리스도에 대한 전적인 헌신과 종으로서의 삶을 살 것을 결단했고, 1922년 3월에 평양장로회신학교에 입학하게 되었다. 1925년 가을에 평양장로회신학교를 졸업한 주기철은 그 해 겨울부터 부산의 초량교회에서 목회를 시작했다. 그리고 목회 당시 신사참배 반대운동이 발단되었고, 그 투쟁은 이후 평양 산정현교회에서 그의 저항과 순교에서 정점을 이룬다. 그러나 1931년 6월, 주기철은 교회에 사의를 표명하고, 1931년 7월 마산 문창교회에 부임했다. 여기에서 시무하면서 그는 당시 경남내 교회들을 어지럽게 했던 신진리파, 남선교회의 무교파주의, 신신학 등에 대항하여 보수주의 신앙을 지키고 이들을 치리하는데 힘썼다. 그는 최후의 진리나 선은 '하나님' 앞에서만 판가름된다고 생각하는 겸손한 자였다.

"

신사참배를 반대한 순교자

오 주여, 나로 하여금 당신의 낮아지신 것을 깨닫게 하여 주옵소서. … 내가 나를 어디까지 낮추어야 당신 앞에서 합당하겠습니까? 당신이 세리의 집에 들어 가셨으니, 나는 모든 사람의 발 앞에 짓밟히는 먼지와 티끌이 되게 하여 주옵소서.

주여, 당신의 얼굴 빛 아래 내 심령의 자태를 그대로 들어 내시사 나로 하여금 애통하고 회개하게 하옵시며, 내 신경을 긴장케 하고 당신의 완전을 향하여 달음질하게 하옵소서.

오 주여, 나는 당신의 겸손을 사모하옵고 당신과 같이 되기를 원하나이다.

"

1910년 8월 한일합방 직후에 강권으로 천황의 어진영에 배례를 강요하기 시작하던 신사참배는 일제의 최후의 통치수단으로서 일제 말기에 이르러 그 절정에 달했다. 그러나 1935년의 한국교회는 나름대로 여러 난제들과 내부적 갈등 문제와 명분을 내건 교권의 싸움 때문에 교회가 일치단결하지 못하고 있었다. 이때 마산에서 조용히 목회에 전념하던 주기철에게도 신사참배 문제의 심각성은 그를 처절하게 압박하는 고통스런 문제였음에 틀림없었다. 1934년 8월의 '죽음의 준비'라는 설교에서 그는 이미 그의 굳은 결심을 말하고 있다.

"

사람이 산다는 것은 죽음을 향하여 달려 나아가는 것이며, 하루를 살았다면 사망의 문에 하루 길을 가까이 간 것이며, … 곧 생명의 심판대에서 핑계하지 말고 거짓 없이 오직 행한 대로 심판 받을 일을 잘 준비하여야 할 것이다. … 죽음에 있어서는 빈부의 차별이 어데 있으며,

형편의 다름이 무슨 상관이며, 노소의 구별이 있는가 없는가. 인생아, 아는가 모르는가 너의 사망할 일자를, … 사망이란 급박하고도 용서 없음을 알아 두라.

사망할 때에는 있던 믿음도 도로 잃기가 쉬울지언정 없던 믿음을 그때에 찾기는 어려울 것이다.

”

예언적 사명을 다한 선지자

1935년 5월에 이르러서 신사참배 강요, 한국교회의 내적 시련, 만주와 간도에서의 교회의 시련이 겹쳐 교회의 정통적 생존과 경건의 확립은 심각한 위기에 봉착했다. 이때 1935년 5월 금강산에서 총회 주최의 목사 수양회가 열렸고, 거기에서 주기철은 설교했다. 그는 거기서 그 시대의 목사가 선지자요, 예언자의 직분에 있다고 외쳤다. 그 수양회에는 목사, 선교사 200여 명이 참석하고 있었고, 본문은 마태복음 3:1-13절이었는데, 주기철의 설교는 설교 도중 일제 경관에 의하여 중지, 해산의 명령을 받았던 대단한 내용이었다. 그는 악한 권위에 대항했던 인물로서 세례 요한, 엘리야, 예레미야를 들었고 그들의 시대상황을 들어 신사가 바알이요, 아합이 천황임을 담대하게 비유로 말했다. 그리고 그는 그들을 향하여 이렇게 외쳤다.

“

"평안하다." "나라가 잘 되어 간다"고 집권 당국과 시대에 아부하는 자는 많지만, 바른 말 하는 자는 많지 못했으니, 예레미야 혼자서 하나님의 말씀대로 외쳤다. 여기에 예언자의 권위가 있다. …….

여러분, 오늘날 우리가 예레미야의 입장에 서 있지 아니한가. 대중과 시대에 아부하는가. 하나님의 말씀 그대로 외치는가.

”

주기철은 1936년 7월말까지 마산 문창교회를 사임하고, 1936년 7월 평양 산정현교회의 목사로 부임했다. 1938년에 들어서면서 우리 민족에게는 가혹한 시련들이 연이어 다가오고 있었다. 그 해 2월 일제는 '조선 육군 특별 지원병제도' 를 만들어 일제의 아시아 제패에 우리나라 젊은이들을 동원하기 시작했고, 3월에는 '조선 교육령' 이 개정되면서 교육에 있어서 식민지화가 가중되면서 일본어의 '국어 상용' 이 강제되기 시작했다. 이런 상황 속에서 기독교계에서는 이미 일본의 '황국 신민화' 정책에 호응하기 시작하는 움직임들이 나타나고 있었다. 그러한 전향들은 1938년 1월 29일, 총독부 학무국에서 교회 지도급 인사들을 초청하고 설득작업을 폈을 때부터 이미 시작되고 있었다. 1938년 2월 9일, 전국에서 가장 교세가 강한 평북 지방의 노회가 신사참배를 가결하게 되자, 분노한 몇몇 평양신학교 학생들이 격분하여 신학교 뜰에 있는 평북노회 노회장이었던 김일선의 졸업 기념 식수를 도끼로 찍어 버렸다. 일본 경찰은 이에 즉각 대응했고, 신사참배 반대에 대한 어떠한 형태의 의논이나 모임도 허용하지 않는다는 명분 아래 1938년 2월 8일 헌당예배를 며칠 앞두고 있던 주기철을 연행하여 구속했다. 물론 주기철은 이 사건과는 아무런 관련이 없었다. 구속 후 27일째 되던 날, 유계준이 경찰서에서 산정현교회 교인들이 주기철 목사를 책임진다는 신변 인수서를 쓰고 나서야 그는 석방되었다.

교회의 치욕, 신사참배의 가결

1938년 9월 9일 대한예수교장로회 제27회 정기총회가 평양의 서문밖 예배당에서 개최되었다. 1937년에 주기철은 평양노회 총대 명단에 빠져 있었다. 구속 중이었기 때문이었다. 그리고 다음 날 홍택기 총회장의 진행에 따라 신사참배를 실행하기로 가결했다. 따라서 교회의 주체성은 박탈되고, 1939년부터 총회는 현저히 황국화되고 있었다. 그 와중에서도 신사참배 거부운동에서 산정현교회는 그 본거지로서 그 사명을 다하고 있었다. 1939년 10월 21일, 주기철이 세 번째로 감옥에 있을 때 산정현교회는 다음과 같은 계고장을 일제로부터 받았다. 즉 교회 전 직원이 매주 한 번씩 신사참배를 이행하고, 설교와 교회 사무는 본 교회 직원들만이 집행하고, 선교사와 다른 사람은 관여하지 말 것, 10월 21일까지 그 실행 여부를 회답할 것 등이었다. 이에 대한 회답은 그날 3시까지 해야 하고, 신사참배를 불응할 경우에는 교회당을 폐쇄한다는 강경한 경고였다. 그러나 신사불참배 운동의 한 거대한 상징으로서 산정현교회의 신사참배에 저항하는 결의는 더욱 강해질 뿐이었다. 그러자 1940년 3월 25일 주기철이 아직 감옥에 있을 때 일제는 산정현교회 폐쇄를 명령하기에 이르렀다.

주기철은 4월에 잠시 풀려났다가 1940년 6월의 총회 직전의 교회 재건 음모자들로 몰린 한상동, 주남선 등, 수십 명이 검속된 후 다시 검거되었다. 그가 그에게 향후 설교를 금지하는 경찰의 명령을 따르지 않았기 때문이었다. 그의 나이 44세 되던 때 그는 최후의 설교를 한 후, 3년 7개월의 자신과의 싸움을 위해 떠났다. 일제의 협박하에서 노회장 최지화는 평양 임시노회를 남문밖교회에서 소집하고 주기철을 그 목사직에서 파면하는 문제와 산정현교회 제반 문제를 결정하는 치욕스런 행태를 보여 주었다. 그 후 부활주일에 노회의 교회 접수에 반대한 산정현교회 교인들의 반발에도 불구하고 일제는 교회를 폐쇄했다.

위대한 선교자

1944년 4월 13일, 그가 마지막으로 투옥된 지 3년 7개월이 되던 때 그의 몸은 이미 병고와 고문과 조식에 시달려 병감으로 옮겨졌다. 그는 나날을 그리스도를 향한 사랑과 그리움으로 버티어 나갔다. 엄청난 고문과 침묵과 격리 속에서 그는 끝없는 시간을 인내로서 감당해내야 했다. 주기철 목사님은 이런 영혼의 절규로 기도했다.

"

주님! 저 이러다가 순교 못할 것 같습니다.

순교하도록 이끌어 주옵소서!

"

일제하 한국교회가 겪은 시련은 엄청난 것이었다. 아울러 세계교회사에 있어서도 일제의 그 간악함과 잔혹함은 유래가 없는 것이었다. 한국교회에는 신사참배 반대로 당해야 했던 아픔과 함께 이와 동반하여 날뛰던 전향자들과 체제 협력자들의 만행으로 인한 고통이 가중되었다. 민족과 신앙, 이 근원적인 가치가 실질적으로 하나였던 역사 속에서, 성경적 신앙에 충실하게 살아가는 것이 바로 항일과 민족사의 정통이 되던 시대 속에서 시련과 핍박으로 인해 수많은 순교자들이 피 흘리고, 수없이 많은 신앙인들이 감옥으로 가야했고 지하로 또는 국외로 피신해야 했다. 그러나 해방의 꿈과 희망은 날로 암담해져 가는 것처럼 보였다. 그러한 민족의 고통이 극에 달했을 때 주기철은 순교의 길에서 세상에서의 마지막 기도를 드렸다.

"

내, 하늘나라에 가서 이 겨레 위해 기도하오리다.

"

그는 김익두의 부흥회에서 회심한 후, 보수주의 신앙으로 자신을 무장하고 격동의 시대 속에서 신학을 공부한 후 남북 갈등의 와중에서 균형을 잡기 위해 애쓰더니, 일제 말기 탄압과 투옥의 시련 속에서 한국과 교회의 양심, 그리고 진정한 하나님의 목자로서의 삶을 마치고 1944년 4월 21일 하늘나라로 주님의 부름을 받았다.

참고문헌 – 이 글, 주기철 목사의 생애와 그의 설교문과 기타 어록 등은 아래 문헌에서 인용, 발췌한 것이다.

민경배, 『순교자 주기철 목사』, 서울: 대한기독교서회, 1997.

사랑의 전도자

손양원

1902~1950

일제하에서 태어나 가난과 신사참배 반대운동으로 고난을 당했던 그는
여순반란사건에서 두 아들을 잃고 나서도
그 주모자를 아들로 삼아 그리스도의 사랑을 보여주었고
자신도 6.25전쟁 와중에 복음을 전하다가 순교했다.

부모로부터의 유산, 신앙

우리가 모범으로 꼽을 수 있을 만한 한국의 기독교 역사에 길이 남을 기독교 지도자를 든다면, 그리스도의 사랑을 그의 삶에 구현한 손양원을 들 수 있을 것이다. 일제하에서 태어나 가난 속에서 성장하여 공부를 하고 신앙의 순수를 지키기 위해 신사참배를 거부하다 옥고를 치뤘다. 해방 후 다시 여순반란사건으로 사랑하는 두 아들을 잃고 나서도 그 사건의 주모자를 양자로 삼아 사랑으로 보살피며 목회를 하다 6.25가 발발하자 자신도 공산주의자들의 총탄 아래서 복음의 증거자로 최후를 마친 진정한 복음의 순교자가 바로 손양원이었다. 그의 인생은 그리 길지 않았음에도 불구하고 참으로 파란많은 신앙의 삶이었다.

손양원은 1902년 6월 3일 경남 함안에서 태어났다. 그의 아버지 손종일은 38세이던 1905년 이웃 사람을 통해서 전도를 받아 예수를 믿게 되었다. 그는 신앙이 급속도로 자라 술과 담배를 멀리하고 경건생활을 시작하여 마침내 가장 큰 명절인 설날에 조상의 묘에 차려놓은 제사상을 엎어버리는 결단을 하게 되었다. 그는 친척 어른들의 폭력과 비난을 감수하면서도 꿋꿋하게 신앙을 유지해 나갔다. 그리고 그의 집에서도 조상숭배에 사용되는 모든 도구들을 일시에 제거해 버림으로서 그의 가족과 친척에 대해 전도를 시작했다. 마침내 기적은 일어나기 시작했다. 그렇게 그를 무시하고 비난했던 친척들이 하나 둘씩 예수님의 품으로 돌아오게 되었던 것이다. 가족 모두가 예수를 영접한 후 손양원의 아버지는 새벽기도와 아침저녁 가정예배, 십일조 헌금과 주일성수를 가정의 변함없는 규칙으로 만들었다. 그는 세 아들 모두를 목회의 길을 가게 인도했다. 이런 가정환경에서 자라난 손양원은 어렸을 때부터 이미 철저한 기독교적 경건을 몸에 익히게 되었던 것이다.

손양원은 이런 기독교적인 집안 분위기와 아버지의 열성 덕분에 어릴 때부터 기독교적인 교육을 받을 수 있었다. 아마도 어릴 때 이런 분위기에서 형성된 그의 강직한 신앙이 그의 평생을 지배했던 요인이었던 것 같다. 그는 11세 되던 때인 1913년에 칠원공립보통학교에 입학했다. 당시 그 학교의 일본인 교장은 학생들에게 동방요배를 철저히 강요하고 있었다. 그러나 아침 조회 시간이 되면 어김없이 치러야 하는 이 동방요배의 시간에 손양원은 홀로 고개를 꼿꼿이 들고 기도를 하는 것으로 일관했다. 교장의 위협과 경고에도 막무가내로 십계명에 금지된 우상숭배를 할수 없었던 그는 폭력에도 굴하지 않고 끝끝내 그 학교를 졸업했다.

보통학교를 졸업한 후, 그는 가난 때문에 중학교에 진학하지 못하고 서울에서 고학하며 중동중학교에 입학했으나 가는 곳마다 예수를 믿는다는 이유만으로 많은 조롱과 고생을 감수해야 했다. 그러다가 3.1운동 이후 그의 아버지가 마산형무소에 3.1운동의 주모자로 수감되었다는 이유로 그는 퇴학당하고야 말았다. 그는 고향으로 돌아와 1년을 쉬고나서 못다한 공부를 위하여 일본으로 건너가서 다시 고학을 시작했다. 그는 쓰가모 중학 야간부를 다니며 낮에는 신문 배달과 우유 배달을 해서 학비를 벌면서 주일이면 신문 배달도 중단한 채, 동경선교회에서 하는 노방전도에 동참하여 북을 메고 거리를 돌아다녔다.

그는 마음이 우울해질 때마다 조용한 곳으로 가서 기도를 드렸고, 성경을 읽었다. 그러나 그가 고향에 편지를 쓸 때마다 그의 마음속에는 조국에 돌아가서 복음전파를 하고 싶은 열망이 일었다. 결국 그는 상급학교 진학을 포기하고 조국을 위해 전도자가 되기 위해 귀국했다. 그의 아버지의 기도가 응답된 것이다.

"

> 아버님, 저는 목사가 되겠습니다. 그래서 어두운 이 땅을 밝게 비추는 등불이 되겠습니다. 그것이 사람으로 태어나 할 수 있는 일 중에 최고로 가치 있는 일이라고 생각합니다.

"

나병환자에 대한 헌신

그 후 그는 경남성경학교를 고학으로 다니며 진리를 배우기 시작했다. 이후 그는 24세부터 34세까지 10년간 경남노회에서 전도사로 종사했다. 1939년 8월 22일 그는 애양원에 전도사로 부임했다. 왜냐하면 경남노회가 신사참배에 반대하는 손양원에게 목사 안수를 주지 않음은 물론 전도사 자격까지 박탈했기 때문이다. 그는 나환자들을 너무나 사랑했다. 다음은 그의 주안에서의 그들에 대한 사랑을 표현한 노래이다.

"

주여! 애양원을 사랑하게 하여 주옵소서!

1. 주여, 나로 하여금 애양원을 참으로 사랑할 수 있는
사랑을 주시옵소서.
주께서 이들을 사랑하심 같은 사랑을 주시옵소서.
이들은 세상에서 버림을 당한 자들이옵고
부모와 형제의 사랑에서 떠난 자들이옵고
세상 모든 인간들이 다 싫어하여 꺼리는 자들이오나
오 주여, 그래도 나는 이들을 진정으로
사랑하게 하여 주소서.
2. 오 주여, 나는 이들을 사랑하되 나의 부모와 형제와
처자보다도 더 사랑하게 하여 주시옵소서.
차라리 내 몸이 저들과 같이 추한 지경에 빠질지라도
사랑하게 하여 주시옵소서.
내 만약 저들과 같이 된다면 그들과 함께 기뻐하며
일생을 같이 넘기려 하오니
주께서 이들을 사랑하사 어루만지심같이
내가 참으로 사랑하게 하여 주시옵소서.
3. 주여, 만약 저들이 나를 싫어하여 나를 배반할지라도
나는 여전히 저들을 참으로 사랑하여
종말까지 싫어 버리지 않게 하여 주시옵소서. …….
4. 오 주여, 내가 이들을 사랑한다 하오나
인위적 사랑, 인간의 사랑이 되지 않게 하여 주시옵소서.

사람을 위하여 사랑하는 사람이 되지 않게 하여 주시고
주를 위하여 이들을 사랑하게 하여 주시옵소서.
주보다는 더 사랑치 않게 하여 주시옵소서. …….
그러나 나의 일신과 부모와 처자보다는
더 사랑하게 하여 주시되
주를 사랑하는 그 다음은
이 애양원이 되게 하여 주옵소서.

5. 주여, 내가 또한 세상의 무슨 명예심으로 사랑하거나
말세의 무슨 상급을 위하여 사랑하는 욕망적 사랑도
되지 말게 하여 주시옵소서.
다만 그리스도의 사랑의 내용에서 되는 사랑으로서
이 불쌍한 영육들만을 위한
단순한 사랑이 되게 하여 주시옵소서.

6. 오 주여, 나의 남은 생이 몇 해일는지는 알 수 없으나
이 몸과 맘 주께 맡긴 그대로
이 애양원을 위하여 충심으로 사랑케 하여 주시옵소서.
아멘!

”

신사참배 반대로 인한 고난

1940년 9월 25일 손양원은 신사참배를 우상숭배로 보고 설교 때마다 그 부당성을 역설하다가 수감되어서 5년을 형무소에서 보내야 했다. 그는 여수경찰서에서 감옥생활을 시작하여 광주구치소, 광주형무소, 경성구치소를 거쳐 1943년 11월 청주구치소에서 고통스런 옥살이를 계속해야 했다. 그가 떠나면서 남긴 말은 그의 아내에게 한 “걱정 말고 기도나 해주구려” 였다. 그의 아버지는 잡혀가던 그에게 흡사 유언처럼 이렇게 마지막 당부를 했다. “애비야, 누가복음 9장 62절과 마

태복음 10장 37~39절까지를 마음에 깊이 새기래이."

예수께서 이르시되 "손에 쟁기를 잡고 뒤를 돌아보는 자는 하나님의 나라에 합당치 아니하리라" 하시니라(눅 9:62).

"아비나 어미를 나보다 더 사랑하는 자는 내게 합당치 아니하고, 아들이나 딸을 나보다 더 사랑하는 자도 내게 합당치 아니하고, 또 자기 십자가를 지고 나를 좇지 않는 자도 내게 합당치 아니하니라. 자기 목숨을 얻는 자는 잃을 것이요, 나를 위하여 자기 목숨을 잃는 자는 얻으리라" (마 10:37-39).

그가 경성구치소에 있을 때는 성경과 찬송가책을 모두 빼앗기고 불교서적을 강제로 읽어야 하는 고통을 겪었다. 일제는 손양원의 신앙이 워낙 강직하므로 사상의 변화를 유도했던 것이다. 그는 불교서적을 읽고 일본 승려와 논쟁을 해야했는데, 그것은 "어느 종교가 진리냐" 라는 것이었다. 그러나 이 토론에서 손양원을 당해낼 수 없었던 그 일본 승려는 손양원에게 폭력을 행사했고, 그날 이후 그에게는 감식의 형벌과 함께 매일 불교 서적을 읽은 후 감상문을 써내야 하는 과제가 가중되었다. 하루는 간수가 그에게 신사참배는 국민 의식이므로 거부하지 않겠다는 일종의 서약서에 신사참배는 안해도 좋으니 신사참배했다는 지장만 찍으면 출옥시켜 주겠다고 회유했으나, 그는 한마디로 그의 유혹을 거부했다.

"

하늘에 어찌 두 해가 있을 수 있고,
일국에 두 임금이 있을 수 있으랴.
우주의 주인공이 어떻게 둘 되겠으며,
십자가의 도 외에 구원이 또 어디 있으랴.

세상에는 주인도 많고 신도 많으나
여호와 이외에 다른 신 내게 없구나.
석가도 유명하고 공자도 대성이나
오직 내 구주는 홀로 예수뿐이니
내 어찌 두 신을 섬길 수 있으며,
예수님 이외에 속죄자 어디 있으랴.
이 신을 위하여는 아까울 것 무엇이며,
이 주를 버리고서 내가 어디로 가랴.
”

그가 수감된 후 그의 가족들은 이루 형언할 수 없는 고통들을 당해야 했다. 그들은 뿔뿔이 흩어져서 기다림의 고통 속에서 가난과 고난의 통로를 지나 해방이 된 후 애양원에서 다시 만났다. 그러나 이미 손양원의 아버지는 1945년 4월 그토록 고대하던 광복을 보지 못하고 머나먼 이국땅 하얼빈에서 세상을 떠난 후였다.

두 아들을 죽인 자를 자식으로

그러나 여순반란 사건은 손양원의 가족에게 다시 기나긴 고통의 터널을 마련하고 있었다. 두 아들은 끌려가서 맞으면서도 예수를 증거하다가 결국 폭도들의 총에 맞아 1948년 10월 21일 순천에서 순교했다. 그는 처음에는 비통한 마음을 억누를 길 없었으나, 당시 두 아들의 순교가 하나님의 은혜라고 설득하는 이인제의 말을 듣고 하나님 앞에서 곧 마음을 바로잡았다. 그리고 손양원은 두 아들의 영결식장에서 답사를 통하여 두 아들의 순교로 인해 오히려 하나님 앞에 감사드리며, 그의 두 아들을 죽인 원수를 회개시켜 그의 양자로 삼는 결단을 하게 된다. 그의 인간의 차원을 넘어선 그리스도 안에서의 사랑은 그가 온전한 하나님의 부름받은 종으로서 평생을 예수 안에서 헌신해왔기 때문에 가능했으리라.

❝

여러분, 내 어찌 긴말의 답사를 드리리요. 내가 아들들의 순교를 접하고 느낀 몇 가지 은혜로운 감사의 조건을 이야기함으로서 답사를 대신할까 합니다.

첫째, 나 같은 죄인의 혈통에서 순교의 자식들이 나오게 하셨으니 하나님께 감사합니다.

둘째, 허다한 많은 성도들 중에 어찌 이런 보배들을 주께서 하필 내게 맡겨 주셨는지 그 점 또한 주께 감사합니다.

셋째, 3남 3녀 중에서도 가장 아름다운 두 아들 장자와 차자를 바치게 된 나의 축복을 하나님께 감사합니다.

넷째, 한 아들의 순교도 귀하다 하거늘 하물며 두 아들의 순교이리요, 하나님 감사합니다.

다섯째, 예수 믿다가 누워 죽는 것도 큰 복이라 하거늘 하물며 전도하다 총살 순교 당함이리요, 하나님 감사합니다.

여섯째, 미국 유학 가려고 준비하던 내 아들, 미국보다 더 좋은 천국에 갔으니 내 마음 안심되어, 하나님 감사합니다.

일곱째, 나의 사랑하는 두 아들을 총살한 원수를 회개시켜 내 아들 삼고자 하는 사랑의 마음을 주신 하나님께 감사합니다.

여덟째, 내 두 아들의 순교로 말미암아 무수한 천국의 아들들이 생길 것이 믿어지니, 우리 아버지 하나님께 감사합니다.

아홉째, 이 같은 역경 중에서 이상 여덟 가지 진리와 하나님의 사랑을 찾는 기쁜 마음, 여유 있는 믿음 주신, 우리 주 예수 그리스도께 감사합니다.

끝으로, 나에게 분수에 넘치는 과분한 큰 복을 내려 주신 하나님께 모든 영광을 돌립니다. 이 일들이 옛날 내 아버지 어머니가 새벽마다 부르짖던 수십 년간의 눈물로 된 기도의 결실이요, 나의 사랑하는 나환자 형제 자매들이 23년간 나와 내 가족을 위해 기도해 준 그 성의의 열매로 믿어 의심치 않으며, 여러분들께도 감사드립니다.

”

그는 이런 엄청난 일을 겪은 후에도 변함없이 목사로서의 그의 사명을 완수해갔다. 그는 그의 양아들을 변함없는 사랑으로 그의 진정한 자식으로서 사랑했고 아낌없는 관심으로 돌보아 주었다. 그는 그의 이름 앞에 붙이는 사람들의 칭찬과 존경을 몹시 싫어했고, 능력있는 목자였음에도 불구하고 신비주의적인 색채가 섞인 기적이나 기복신앙을 경계했다. 그는 오로지 모든 영광을 하나님에게만 돌리기를 원했고, 인간 손양원은 철저히 주님 뒤에 감추었다. 그는 진정으로 하나님 앞에서 살고 일했던 하나님의 사람이었다.

그는 특별히 신자들에게 하나님의 말씀을 듣기 전에 취해야 할 태도에 대해서 권면하고 있다.

나의 부흥회 시에 먼저 읽을 것

1. 하나님의 지능을 의지하고 나의 지를 믿지 말 것.
2. 주님을 나타내지 않고 나를 나타낼까 삼가 조심할 것.
3. 성경 원리 잘 모르고 내 지식대로 거짓말하지 않게 할 것.
4. 간증시에 침소봉대하여 거짓말하지 않게 할 것.
5. 나도 못 행하는 것을 남에게 무거운 짐 지우게 말 것.
6. 내 한 마디의 말에 청중 생명의 생사 좌우 관계 있음을 깊이 알고 말에 조심, 열심도, 충성도 다할 것.
7. 이 한 시간에 성경말씀 한 마디에 인간의 영이 생사좌우되는 것을 잘 생각해야 된다(지옥에서 끌어올리게도 끌어내리게도 된다).
8. 음식과 물질에도 크게 주의할 것.

1) 주님 대신 받는 대접이니 대접받을 자격 있나 살펴라.
2) 배 위해, 입맛에 취해 먹지 말고 일하기 위해 먹으라.
3) 물질, 선물에는 하등의 관심을 두지 말라.

결론 : 오, 주여! 이 한 시간에 주 앞에 범죄되지 말게 하여 주시고, 사람 앞에 비 없는 구름처럼 은혜 못 끼치고 돌아갈까 주의하게 하소서. 또 내 생에 유일한 참고서는 오직 성경 66권이 되게 하소서. 아멘.

계속되는 고난과 순교

그러나 그의 삶 앞에는 이 후 더욱 커다란 하나님의 영광을 위한 고난의 길이 예비되어 있었다는 것을 그는 당시에는 알길이 없었으리라. 1950년 6월 25일 민족의 비극 6.25동란이 발발했다. 강산은 화염으로 뒤덮혔고 피비린내나는 전장으로 화(禍)하여 이름 없는 이 땅의 겨레가 고통을 당할 때, 손양원은 다음과 같이 기도했다.

> “
>
> … 대한민국을 위해 기도합니다. 죄의 값으로 다른 민족에게 압박을 받다가 특별하신 당신의 은총이 있어 해방된 지 5년이 되었건만, 삼팔선은 여전히 굳어져갈 뿐만 아니라 사방에서 일어나는 민족의 어려움이 이 어찌 우연한 일이겠습니까? 먼저 부르심을 받은 무리들이 옳게 그 직분을 다하지 못함인가 합니다. 아브라함의 기도를 들어주시던 주여, 불쌍히 여기소서. 굵은 베옷을 입고 재를 날리면서 회개하게 하시고 주의 진노를 거두어 주셔야겠습니다. ……….
>
> ”

그는 여러 차례 피난할 기회가 있었음에도 불구하고 끝내 그 선택의 길을 거부했다. 전쟁이 나자 서울에 있던 일부 목사들이 남쪽으로 피난을 갔다는 소식을 들은 그는 이렇게 한탄했다.

"

이거야말로 큰일이로다. 이 민족의 죄 값으로 하나님께서 채찍을 드셨는데, 서울에서 회개를 외치다 제물이 되어야 할 목자들이 양떼를 두고 내려왔다니 이를 어떻게 할꼬? 나라도 올라가야 하겠구나. …….

"

그러나 그는 길이 막혀 상경하지 못했고, 잇따른 피난의 권유에 기도한 후에 하나님의 명령을 따르겠노라고 말했다.

"

주의 이름으로 죽는다면 얼마나 영광스럽겠습니까? 나는 기왕 감옥에서 죽었을 사람입니다. 8.15 해방 이전에 죽지 않고 더 산 것만 해도 감사합니다.

… 지금 노회가 분리되고 총회가 싸움터로 변하고 남북이 갈라지고, 지도자들이 필요할 때는 교회를 지킨다 하고 위급할 때는 나 몰라라고 양떼들을 팽개치고 달아나니, 이대로 가다가는 이 나라가 소돔과 고모라처럼 될까 두렵습니다. 이 난국에 가장 급한 일이 무엇이겠습니까? 양을 먹이던 목자가 내 양떼의 신앙을 돌봐야 할 때입니다. 지금은 하나님께 의인의 피와 땀을 바쳐야 할 때입니다. 나는 비록 불의 불충하나 우리 주 예수 그리스도의 의를 힘입어 주께서 허락하신다면 이번에 제물이 되어 볼까 소원합니다.

… 우리 기독교는 본시 잘 살기 위한 종교가 아니라, 그 나라와 그 의를 구하기 위해 잘 죽기 위한 종교인 것입니다. 꼭 살아서만이 복음을 전한다고 생각해서는 안 됩니다. 씨가 죽어야 싹이 나듯이 죽어서도 얼마든지 복음을 전할 수 있는 것입니다.

"

그는 잡히기 하루 전날 밤 예배 시간에 요한 계시록 2장 10절을 가지고 "죽도록 충성하라"는 제목으로 애양원에서 유언 같은 마지막 설교를 했다.

"

…… 실제 문제에 있어서 어떻게 행하는 것이 죽도록 충성하는 것인가?

첫째로, 충(忠) 자는 입 구(口)와 마음 심(心)을 요지부동하도록 한데 못질해 놓은 글자입니다. 즉 인간의 입에서 나오는 말이 마음에서 움직여 행실로 합치되는 것이 충입니다. 감사와 회개와 찬송과 기도가 합치되어야 할 것이요, 가족이나 친우를 권면하는 말과 자기의 생활이 합치되어야 할 것이니, 우리의 언어와 행동이 합치되지 못할진대 어찌 충성이라고 할 수 있겠습니까?

둘째로, 자기가 가진 힘대로 힘을 다하는 것이 충성입니다. …….

셋째는, 죽음을 무릅쓰는 모험적 신앙이 충성입니다. 죽음을 무릅쓰고, 죽음을 두려워하지 않고, 제 죽음을 겁내지 않고, 그 나라와 그 의를 위해, 하나님을 위해, 예수 그리스도를 위해, 신앙을 지키기 위해서 피를 흘려 죽기까지 하려는 신앙이 충성입니다. 진심으로 솔직하고 단순하게 일편단심으로 주를 사랑하는 굳은 마음의 결과로 희생이 되는 법이니 이것이 자연스러운 순교일 것입니다. 따라서 앞서간 순교자들은 모두가 그 신앙생활에 있어서 순교의 준비가 평상시부터 되어 있지, 우연히 일시의 기분으로 된 일은 절대 없습니다.

넷째로, 죽는 날까지 참는 힘이 또한 충성입니다. 매일 당하는 모든 일에서 매사 매사를 해나가면서 참고 또 참아가면서, 일보 전진하는 생활이 충성입니다. 이것이 동시에 순교의 생활입니다. 땀을 흘리면서 일하고, 눈물을 흘리면서 기도하고, 피 흘리기까지 죄와 싸워나가는 것이 충성입니다. 그것이 순교입니다. 그래서 땀이 귀한 것이요, 그래서 피가 귀중한 것입니다. 오늘 하루가 내 날이요, 지금 이 시간이 내 시간인 줄 아는 자는 날마다 충성할 수 있고, 시간마다 순교의 각오를 하게 되는 것입니다. 기쁜 마음으로 만족해 가면서 죽도록 충성을 다해야 합니다. ……….

❞

그는 1950년 9월 13일 여수내무서 율촌분주소 소장 및 내무서원들에 의해 잡혀가서 거기에서도 공산주의자들에게 예수 그리스도의 복음을 증거하다가, 9월 28일 여수 미평 과수원에서 48세로 총탄에 의해 순교의 길을 걸어 그를 기다리시던 주님의 품으로 돌아갔다.

참고 문헌 - 손양원의 전기와 자전적 고백, 설교 등은, 아래 문헌에서 인용, 발췌한 것이다.

손동희, 『나의 아버지 손양원 목사』, 서울: 아가페, 1994.

한국 보수신학의 수호자

박형룡

1897~1978

일제가 교회를 탄압하던 시기에 성장하고 공부한 그는
변해가는 시대 사조에 대항하여 후학들을 가르치고
보수신학을 확립하기 위해서 모든 삶을 바쳤다.

한국 보수 신학의 수호자

한국 보수신학을 확립하고 일생을 보수적 신앙으로 일관된 삶을 살다간 박형룡은 1897년 3월 28일 평안북도 벽동에서 박기수의 장남으로 출생했다. 그는 소년시절에 김익두 목사의 설교에 감동되어 예수를 믿기로 결심하고 벽동교회에서 '예수 천당' 을 외치던 최봉석 목사로부터 세례를 받았다. 그 후 그는 평북 선천에 있는 신성 중학교에 입학하여 1916년에 졸업했다. 그 뒤에 평양에 있던 숭실전문학교에 입학하여 4년 후인 1920년에 졸업하고, 중국 남경 금릉대학교로 유학을 가서 1923년에 졸업했다. 그는 이후 미국 뉴저지주에 있는 북장로교의 신학교였던 프린스턴신학교에서 3년간 수학했다. 이 기간 동안에 그는 찰스 핫지(C. Hodge)와 워필드(B.B. Warfield)의 신학사상을 깊이 연구했고, 그레샴 메이첸으로부터 큰 영향을 받았다. 그리고 1927년 남침례교신학교에서 연구를 계속하다 1929년 1월 박사학위 논문만을 남겨놓은 채 한국으로 돌아왔다. 그는 1932년에 논문을 제출하여 박사학위를 받았다. 그는 숭실전문학교 강사와 산정현교회 전도사 일을 하다가 1930년 3월부터 평양 장로회신학교에서 변증학, 신학사상, 기독교 윤리 등을 가르치면서 교수생활을 시작했다. 해방 후에는 고려신학교와 서울 남산 장로회신학교에서 가르치다, 6.25때는 피난길에 오른 후 1953년에 대구 대신동 소재 임시 교사에서 다시 가르치는 일을 계속했다. 그는 가르치는 일과 저술작업을 1972년 그가 현직에서 은퇴한 후 1978년 작고할 때까지 변함없는 자세로 수행해 나갔다.

그는 수많은 글들을 썼다. 그의 대표적인 저술들은 교회론, 신론, 기독론 등 교의신학 7권을 비롯하여 신학난제선평과 주석들과 여러 종류의 논문들이 있다. 1978년에는 그의 저작들이 20권의 전집으로 출판되었다. 박형룡 박사의 신앙과 신학의 기초는 (구)프린스턴신학도, 벌코프를 통한 화란 개혁주의 신학도 아니었다. 무엇보다도 그의 신학의 근본적 기초는 미국 선교사들이 한국에서 전하여준 선교사들의 신학, 자신의 용어로 하자면 '청교도 개혁신학' 이었다. 이 기초 위에서 그는 (구)프린스턴신학도 읽었고, 어거스트 스트롱의 침례교신학도 읽었으며, 벌코프의 조직신학서도 수용했던 것이다.

한때, PCUSA(미국 장로교회, Presbyterian Church of U.S.A.)파송으

로 한국에 선교사로서 봉사했던 한국명 소열도(Stanely T. Soltau)는 1996년 기획되어 출판된 『죽산 박형룡 박사의 생애와 사상』에 기고한 그의 글에서 박형룡을 '성자(聖者)다운 학자'로 칭하면서, 한국에서 그가 만났던 어린 박형룡의 회심에 대한 흥미로운 기억을 증언하고 있다. 다음은 소열도 선교사가 박형룡으로부터 들었던 회심에 대한 이야기를 회고한 것이다.

"

악을 피하려는 노력

나는 그에게 어떻게 하여 주님을 믿게 되었으며 예수님이 그의 삶에서 어떤 의미를 가지고 있는지 물어 보았다. 그러자 그는 다음과 같은 이야기를 들려주었다.

"저는 원래 세 아들의 장남으로, 여기에서 약 1백 마일 떨어진 산골 마을에 부모 형제와 함께 살았습니다. 부친은 대주가(大酒家)여서 빚이 늘 끊이지 않았어요. 어느 날 우리 마을에 소식이 하나 들려왔습니다. 산 고개 너머에 어떤 조선인 선생이 와서 특별집회를 열고 있는데, 그 지역 사람들이 대단한 관심을 보인다는 겁니다. 나도 두 동생을 데리고 그의 연설을 들으러 갔지요. 그 밤에 연설자는 예수가 죄인들을 구속하기 위해 십자가에 죽었다는 이야기며, 주 예수를 믿어 죄 용서를 받은 사람들에게 하늘의 영광이 기다리고 있다는 이야기 등을 했습니다. 예수를 믿는 이들은 영광의 문으로 들어가고 믿지 않는 자들은 영원한 지옥에 떨어진다는 거예요. 그 설교를 듣고 우리 삼 형제는 큰 충격을 받았습니다. 겨울철 우리는 매 주일 산 고개를 넘어, 그 마을에 세워진 조그마한 예배당에 참석했습니다. 날이 가고 달이 가면서 저는 마음을 깨끗하게 하고 주님과 참된 교제를 가지기 위해 가능한 한 무슨 일이든 하겠노라고 작정하게 되었습니다. 그런데 나는 평소 세 사람의 스님들과 친하게 알고 지내고 있었어요. 불상들이 일본

제국 곳곳에 흔하게 널려 있잖아요. 그 사람들은 '악을 듣지 말라, 악을 말하지 말라, 악을 보지 말라' 는 세 가지 삶의 원리를 이야기해 주었습니다. 그래서 저는 이 원리를 귀감으로 삼아 마음과 생각을 순결하게 만들겠다고 결심했습니다. 먼저 귀속에 낡은 천 조각을 틀어막고서 이웃들의 지저분한 농담이나 불결한 이야기들을 듣지 않으려 했지요."

"그래, 얼마나 오랫동안 그렇게 했어요?" 내가 물었다.

"열흘 정도요."

그리고는 그는 계속 말을 이었다. "그런데 쓸데없는 짓이었어요. 그래서 저는 하루에 스무 마디로 말을 제한하고 매번 말을 할 때마다 소매 속에 넣어 둔 작은 종이 조각에 표시를 했습니다."

"그 일은 얼마나 오래 하고 또 그 결과는 어떻게 되었나요?"

"열흘을 더 기다렸으나 원하던 결과는 나타나지 않고, 마음은 여전히 불결로 가득 차 있었습니다. 절망 중에 세 번째 방법을 시도했습니다. 악을 듣지 않고 말하지 않는 것 외에도 마음에 나쁜 생각을 불러일으키는 것은 아무것도 보지 않기로 마음먹었습니다. 걸어 다닐 때 눈앞에 단 한 걸음만 보이도록 아예 낡은 수건으로 얼굴을 감쌌어요. 친구들은 제가 빨리도 미치고 있구나라고 생각했습니다. 그들의 놀림감이 될 수 밖에요."

"이 일은 얼마나 계속되었어요?"

"그것도 열흘 정도입니다. 하지만 전혀 소용이 없어서 저는 크게 낙심했습니다. 설상가상으로 부친께서는 산골 더욱 깊숙한 곳으로 이사하기로 결정을 내리셨어요. 그래서 우리는 작은 초가집을 팔았고, 그 돈으로 부친이 진 빚 일부를 갚을 수 있었습니다. 그런데 알고 보니 우리가 이사갈 곳에는 교회도, 예수 믿는 사람도 없었습니다. 그래서 부모 형제와 작별하고 백 마일이나 걸어서 선천에 왔습니다. 거기에 가면 기독교 교리에 대해 더 많이 배울 수 있는 기독교 계통의 중학교가 있다는 소리를 들은 적이 있거든요."

이 결정이 있은 후 며칠이 지나, 먼지투성이의 꾀죄죄해 보이는 한 소년이 미션 학당(중학교)에 나타나 입학을 신청했다. 수업료를 낼 만한 돈이 그에게는 없었지만 교장은 소년들에 대해 큰 사랑을 가지고 있었으며, 찾아오는 젊은이들의 성격을 판단할 수 있는 특별한 은사를 지니고 있었다. 교장은 형룡군에게 기회를 주기로 하고 그에게 입학을 허용했다. 그리고 식비와 수업료에 필요한 돈의 일부를 스스로 벌 수 있도록 작업반에서 일할 수 있게 해 주었다. 하지만 그의 마음은 여전히 불만족스러웠다. 마음을 깨끗하게 하기 위한 노력이 계속 수포로 돌아가고 있었던 것이다.

하나님을 의뢰하여 얻은 회심

어느 주일 오후, 예배가 끝난 후 그는 학구적인 인물인 한 한국인 목사님을 찾아가 자기의 고충을 털어놓았다. 진실한 하나님의 사람인 그 목사님은 그에게 이런 말을 했다.

"형룡군, '만유의 주께서 능으로도 안되고 힘으로도 안되고 오직 나의 영으로만 할 수 있다' 고 말씀하시네. 마음을 깨끗하게 하기 위한 모든 노력은 무익할 거네. 자네는 기도 가운데 모든 문제를 주님께 맡기고 그가 자네 마음속에 역사하시도록 간구해야 한다는 사실을 배우지 않으면 안되네. 오직 하나님만이 성령의 권능으로 마음을 깨끗하게 하고 순결하게 유지시킬 수 있기 때문이네."

길을 가면서 형룡군은 나에게 말했다. "저는 이 훌륭하신 목사님의 말씀을 곰곰이 생각한 끝에 하나의 짤막한 기도문을 썼어요. 제 마음이 주님을 기쁘게 할 수 있도록 주께서 불가능한 그 일을 이루시어 마음을 깨끗하게 해달라는 내용이었습니다. 이 기도를 머리 속에 넣고 매일 시간이 나면 무수하게 되풀이해 이것을 암송했습니다. 가장 적게 한 때가 백 번이었어요. 매일 이 기도를 드렸는데, 주일 날 때로는 천 번이나 되풀이하기도 했습니다."

"그건 효과가 있었나요?" 내가 물었다.

"네, 그래요. 제 생활 전체가 바뀌었어요. 전에는 결코 알지 못했던 새로운 기쁨과 평화가 가슴속에 들어와 저의 태도와 시각을 완전히 변화시켰습니다."

이와 같은 이야기가 시골길을 함께 걸어가면서 그 17세 소년이 나에게 들려준 이야기였다. 그가 나에게 마음을 완전히 털어놓은 이 일로 우리 사이에는 우정의 끈이 형성되었다. …….

❞

박형룡의 신학에 미친 영향

박형룡의 신학에 깊은 영향을 미친 배경은 무엇일까? 그는 1923년부터 1927년까지 (구)프린스턴신학교에 유학했다. 이 시기는 미합중국 장로교회 안에 근본주의 대(對) 현대주의 논쟁이 절정에 달했던 때였다. 자유주의자들이 교회 안에서 관용(Toleration)을 외치며 보수주의자들의 판단력을 흐리게 하고 있었다. 당시 박형룡은 메이첸으로부터 일평생 동안을 관통하게 되는 지대한 영향을 받았다. 이런 영향은 후일 평양신학교에서 가르칠 때 박윤선에게도 그대로 전수되어 두 사람 사이에 신학적인 동질성을 이룩하는 토대가 마련된다.

김길성 교수는 그가 받은 구 프린스턴의 신학사상을 다음과 같이 4가지로 나누어 설명했다.

첫째, 프린스턴신학교는 개혁신조학을 고백한다. 박형룡은 그 가운데 하이델베르그 신조는 언급은 하지만 수용하지는 않고, 웨스트민스터 신도게요와 고대 칼케돈 신조를 수용한다.

둘째, 프린스턴신학교는 고등한 성경관을 가지고 있는데, 성경을 영감된 정확무오한 하나님의 말씀으로 믿는다. 박형룡은 성경의 축자영감론을 수용하며, 성경의 자증성을 강조한다.

셋째, 프린스턴신학에서 보이는 스코틀랜드 보편이성론에 있어서 박형룡은 이성의 강조를 완전히 배격하지는 않고 적게 수용하는 입장을 취한다. 즉 인류의 보편 상식을 전제로 변증학을 전개하며, 귀납법적이고 실증주의적인 연구방법을 취하며, 하나님의 존재를 증명하는데 있어서 합리적 신학 방법을 어느 정도 수용한다.

넷째, 프린스턴신학에 있어서 과학적 경험주의는 19세기의 문화사조의 특색으로서 세상을 낙관적으로 전망하는데, 진화론을 신학의 방법론으로 채택한 결과이다. 박형룡은 이러한 과학적 경험주의를 완전히 배격한다.

이러한 박형룡의 신학은 성경무오 사상에 입각하는 비타협적 보수주의 신학이다. 하나님의 초자연적 계시의 말씀으로서의 성경의 무오함을 믿는 신앙이야말로 박형룡의 신학의 기초요, 본질적인 요소이다. 그는 이 신앙과 신학을 비장(悲壯)한 각오로 가르쳤고, 그것을 변증하며 수호하는 과정에서 그의 영감적 성경관을 고집하여 다른 신학과는 결코 타협하지 않는 것이 그의 신학적 특색이 되었다.

…………

전 총신대 박아론 교수는 "박형룡의 교의신학은 벌코프, 핫지, 워필드, 메이첸, 카이퍼, 바빙크, 보스 등 대표적 개혁신학자들의 신학의 꽃송이들로 엮어진 꽃다발과도 같다고 할 수 있겠다" 고 주장했다.

즉 박형룡의 신학은 '꽃다발 신학' 이라는 것이다. 그러나 이 '꽃다발 신학' 을 구성하고 있는 꽃송이들이 각 개인이라고 할지라도, 전체적인 모양과 이름은 분명한 박형룡이다. 즉 '꽃다발 신학' 은 서양의 선진개혁자들의 신학 중에서 주옥같은 것들을 골라서 그것들에 입각하여 우리 한국교회와 한국의 크리스천들을 하나님이 기뻐하시는 진리와 구원의 바른 길로 인도하며 지도하고자 하는 신학이다.

…………

자유주의를 막기 위한 신학투쟁

박형룡은 자유주의 신학의 확장을 막는 일에 공헌했다. 1934년과 1935년에 한국장로교 안에서 보수와 자유, 양자 간의 신학적 논쟁이 격렬하게 발생했다. 박형룡은 보수신학을 옹호, 변증하는데 앞장서서 자유주의 신학자인 김재준을 신학지남에서 퇴출시키는 결정적인 역할을 했다.

또한 김영주의 '모세의 창세기 저작 부인', 김춘배 목사의 '교회 안에서 여권(女權) 문제' 에도 전투적으로 투쟁하여 정통 보수신학을 지켜내는데 일조했다. 김의환은 "1945년 해방 후 조선신학교를 비롯한 자유주의 신학자들에 의해 총회가 그들의 손에 점령당할뻔한 시기에 정통신학을 사랑하는 신학생 51명이 조선신학교 내 김재준을 비롯한 자유주의 신학자들의 교육에 저항하여 총회에 진정서를 제출했다" 며 "그런 혼란기에 만주에서 귀국한 박형룡은 다시 한번 김재준의 신학을 비판하는 멍에를 매기에 이르렀다. 결국 총회에서 자유주의 신학자 김재준을 축출하여 자유주의 신학의 도전을 막는 결정적인 신학 작업을 한 사람은 다름 아닌 박형룡이었다" 고 평가했다.

박형룡은 근대과학 정신과 고등비평에도 강한 거부감을 보였다. 자유주의 신학자들이 집필한 미국 아빙돈 출판사에서 출판한 단권주석 '아빙돈 주석' 을 선교 50주년을 맞아 감리교 유형기 목사 책임하에 장로교 목사(채필근, 김재준, 송창근)들이 참여하여 번역하여 출판했다. 막상 출판하고 보니 주석의 신학적 입장이 지금까지 한국장로교회가 지켜오던 신학적인 방향과 너무 차이가 있었다. 거기에는 이미 벨하우젠의 문서비평, 궁켈의 구전, 알브라이트의 성서고고학, 역사, 신학, 그리고 전승사 등이 채용되어 있었다. 성경이 영감으로 기록된 오류 없는 하나님의 말씀이라는 구 프린스톤의 입장을 떠나 성경이 오류가 있다는 새로운 신학조류에 맞추어 기술된 주석이었다. 그래서 구독하지 못하게 했고 총회가 '표준성경주석'(1956)을 만들어 내도록 했다. 김재준의 자유주의 신학과 신정통주의 성경관을 혹독하게 비판했다. 이 모든 것은 미국에서 일어난 근본주의 대(對) 현대주의 논쟁의 본질을 간파한 그가 자유주의 신학이 한국에 뿌리내리지 못하게 하려고 노력한 결과물이었다. ………. 한국교회 일각에서는 이러한 박형룡을 근본주의자로 분류하기도 했다.

최덕성 교수는 "근본주의는 1920년대 미국에서 자유주의에 대항하여 일어난 전통적 기독교 신학운동이다. 독일신학과 계몽주의의 영향을 받은 자유주의는 객관적 계시의 말씀인 성경의 권위에 정면으로 도전했다. 즉 성경의 무오성, 그리스도의 동정녀 탄생, 대속적 죽음, 육체적 부활, 초자연적 이적 능력 등을 불신했다. 그러므로 이를 반대한 박형룡의 신학은 1920년의 미국의 근본주의 대(對) 현대주의 논쟁의 시대의 용례에 따르면 근본주의 범주에 속한다. 그러나 오늘날의 신학 개념으로 보면 근본주의가 아니라 보수신학의 원류인 것이다.

그가 소개한 신학은 성경적이며 지성적인 것이었으므로 개혁주의 정통신학이라고 하는 것이 옳다. 박형룡이 구체적으로 소개한 신학체계는 장로교회만이 아니라 감리교회, 침례교회, 성결교회 등에도 이런 저런 형태로 널리 알려지고 받아들여지고 있다. 한국교회는 전체적으로 보아 개혁주의 정통신학을 따른다고 할 만큼 이 신학이 강세를 보이고 있다. 개혁주의 신학을 수용하면서도 시대경륜설적 세대주의 천년왕국설을 받아들이고 있는 것은 이것들을 결속시킨 초기 선교사들의 노력과 바른 신학을 집대성한 박형룡의 노력 덕분이라고 할 수 있다"고 피력했다.

송길섭 교수는 "이처럼 긍정적인 면에서 보면 박형룡의 신학은, 1) 보수주의 신학수립과 발전에 공헌을 했고, 칼빈주의적 정통신학 확립에 결정적 역할을 했다. 2) 보수신앙을 심어주며 일제말기와 같은 어려운 시기에서도 핍박을 끝까지 견뎌낼 수 있는 신앙의 용기를 불어 넣어 주었다"고 강조한다.

정통 신학의 사수

박형룡은 신학과 신앙을 수호하기 위해 이미 교회 안에 깊이 들어오고 있었던 고등비평, 신신학, 그리고 신비주의, 열광운동을 신랄하게 비판했다.

> "
>
> 이단풍세를 따라 동요하면 과학교, 진화교, 범신교, 사회교는 생겨도 기독교는 없어진다. 얼마 전 목사대회 기념석상에서 어떤 다른 교파의 명사가 축사하는 말에 시세를 따라 동치 않는 것은 한국 장로교회의 특색이라고 할 때에 만장 청중이 박수 갈채를 보냈다. 서양교회의 변동은 아깝다! 아다나시우스, 루터, 칼빈, 위클리프 등의 신학을 계승하지 못하고, 나의 혈한은 청교도와 여러 경건한 교파에서 수고하여 보호한 신앙을 왜 쉽게 파기하는가? 우리 한국교회는 영구불변하자! 진리신앙의 수호자가 되기를 재삼 축원한다.
>
> 보수주의자들은 성경의 문자주의적인 해석을 고집한다. 기계적 영감설을 주장한다고 자주 비난된다. 보수주의는 성경을 전부 문자

적으로 해석하지 않으나, 과도한 비유 상징적 해석은 성경의 본의를 상실할 위험이 있으므로 그것을 경계하는 것이다. 보수주의자들의 성경 영감관은 아무리 완전영감, 축자영감을 강조할지라도 기계적 영감을 역설하는 일은 없고 유기적 영감에 멎는다.

❞

이와 같이 그는 성경에 대한 고등비평과 진화론, 강신술, 무교회주의, 범신론적 속죄론, 사회복음주의 등을 강하게 도전하여 정통신학과 신앙을 수호할 것을 호소했다. 또한 복음의 토착화 문제에 대해서도 반대 의견을 표명했다.

❝

나는 그리스도교의 사회화 뿐 아니라 소위 대한화, 민족화를 반대한다. 종교는 국경과 민족을 초월한 것이 아닌가?

❞

그의 신학사상에 대해서는 좀 더 많은 지면과 논쟁적 자료들이 필요하지만 여기서는 간단히 자신의 신학사상에 대한 그의 주장을 소개하기로 하겠다. 1947년 10월 14일 고려신학교 교장 취임식 강연에서 그는 '정통신학' 혹은 '칼빈주의 정통신학' 이라는 말을 자주 사용하고 있다.

❝

우리의 한국 예수교장로회는 창립 이후 근 60여년 간에 걸쳐 웨스트민스터 표준문서를 신앙과 예배의 모범으로 삼고 칼빈주의 정통신학을 배운 선교사와 목사의 지도 아래 신앙생활로 살아왔다. 그 결과로서 반세기 넘는 동안의 전도로 수천의 교회, 몇 십만의 신도라는 교회 역사상에 기적 같은 성공을 거둔 것이다. 그러면 이제 우리 교회가 창업기로부터 수성기에 들어가는 차제에 우리 신앙의 자손들에게, 후계하는 전도자들에게 전수할 신학이 사도적 신학의 최고로 정확한 전통이요, 우리 교회 창업기에 가장 큰 능력을 발휘한 바 있는 칼빈주의 정통신학 외에 다른 무엇이 있을 것인가? 칼빈주의 정통신학은 사도적 신학의 가장 정확한 정통일 뿐만 아니라 우리 한국교회의 성공을 설명하는 최대의 원인이니 우리교회는 이를 후세에 전수하지 않을 수 없다.

”

그러나 그가 60년대에 들어서면서부터 '근본주의' 라는 용어를 사용하는데, 아마도 박형룡이 평양신학교 교수로 재직했던 초대 선교사들의 영향을 강하게 받았기 때문에, 그의 눈에는 미국의 구학파 신학교에서 교육받았던 초대선교사들이 강조했던 칼빈주의 정통신학이 근본주의 신학과 별개의 것이 아니었으며, 핫지, 워필드, 메이첸 같은 프린스턴 신학자들이 현대주의와의 논쟁에서 지키고자 했던 신학이 근본주의였기 때문에 그가 한국교회도 이 근본주의 신학을 수호해야 한다고 주장했던 것 같다. 그러나 그는 혹자들이 비판하는 것과 같은 분리주의와 신학의 편견을 내세우는 근본주의자가 아니었으며 하나님 중심, 교회중심, 말씀중심을 내세우고 오직 하나님께 영광을 돌리고자 하는 철저한 보수신학의 보루였던 것이다.

설교준비와 설교

박형룡 박사님께서는 일생 동안 신학교에서 바른 복음, 청교도적 개혁주의 신학을 가르치셨다. 그러므로 설교 준비하실 때도 항상 성경말씀을 빛나게 하고 예수님을 강조하며, 성도들에게 믿음과 소망을 주며 격려하고 고난에 인내하며 세월을 아끼며 맡은 바 직분을 충성스럽게 감당할 것을 강조하신 것을 보았다.

박형룡 박사님의 설교는 원고를 읽어 내려가는 설교였지만 그의 진실한 삶과 겸손, 그리고 일제 강점기 때 배일사상, 독립정신을 고취했다는 죄목으로 인한 투옥(목포형무소 10개월), 망명생활, 6.25 피난생활 중에 겪은 고난, 해방 이후 밀려들어오는 자유주의 신신학과의 논쟁 등을 이겨 내신 늠름한 모습이 담겨서 그분의 모습만 보고, 잔잔한 톤의 음성만 들어도 감동이요 은혜가 되었다. 왜냐면 그분의 삶이 바로 바른 복음의 설교이셨기 때문이었다.

나는 박형룡 박사님과 같은 목사가 되겠다고 결심했다(중략). 나는 목회와 부흥회를 인도하는 일에 분주한 시간을 보내면서도 박 박사님이 설교하시는 곳마다 따라다니면서 설교의 은혜를 사모했다"라고 했다.(정문호 목사)

"박 박사님 설교는 시의 적절하고 감동을 주었다"라고 했다.(장차남 목사)

"그의 설교는 잘 준비된 원고를 그냥 읽어 내려가는 수준이었다. 그러다가 영적으로 뜨거움이 있을 때는 잠시 감정을 억제하면서 침묵하곤 했다. 박형룡 박사가 침묵할 때는 성령의 충만으로 가슴이 뜨거울 때였다"라고 했다.(정성구 목사)

실로 박형룡 박사님은 세기적인 인물이시요, 위대한 신학자요, 설교가이셨다. 설교자는 설교 내용도 중요하지만 자신이 먼저 삶을 통해 설교하고 감동을 주어야 교인들이 설교자를 존경하게 된다고 생각한다. 그렇게 될 때 설교자의 하나님 말씀 증거를 통해 교인들이 은혜 받고, 죄를 회개하고, 하나님 말씀대로 살겠다는 결단이 있게 된다고 생각한다.

대한예수교장로회(합동)가 이렇게 한국교회의 장자 교단이 된 것은 박형룡 박사님의 존경받는 신앙의 삶, 그리고 성경말씀을 빛내는 영감 있는 설교, 그리고 성경대로 믿는 보수신학의 가르침 때문이다. 이런 면에서 박형룡 박사님은 한국교회 보수신앙의 아버지이시며 또 오늘날 합동 교단이 우뚝 서게한 공로자이시며 큰 자랑이 된다. 박형룡 박사님의 가정예배와 감동적인 설교, 말씀의 생활화 신앙, 이와 같이 개혁주의 보수신학을 굳게 지키고, 전파하는 일에 고난을 이겨내시며, 일생을 헌신하신 것을 모범으로 삼는다면, 성령의 역사하심을 통해 한국교회들은 더욱 더 큰 부흥이 일어 날 것으로 확신한다.(홍정이 목사)

"

나의 아버지 박형룡

아들 박아론 박사는 "『나의 아버지 박형룡』이란 책을 쓰면서 한없이 많이 울었다. 계속하여 울었다. 책을 쓰다가 쓰던 손길을 멈추고서 울었다. 책을 쓰던 도중에도 순식간에 참지 못하고 울었다. 마치 나의 이 많은 눈물이 아버지 박형룡의 위대함에 반비례하는 그의 아들인 나의 이 못나고 못났음을 속량할 줄로 생각한 듯이 말이다"라고 썼다.

『나의 아버지 박형룡』은 한국 보수신학계의 거두이자 예장합동 총회의 지도자였던 박형룡 박사의 신학과 신앙을, 아들이자 신학자인 박아론 박사가 정리한 책이다. 저자는 박형룡 박사의 삶을 신학자와 교회정치가, 아버지로 나눠 기술하고 있다.

이 책에서 저자는 '사과상자 책상'을 자주 언급하는데, 이는 박형룡 박사의 끊임없는 학문 연구 노력을 상징적으로 보여준다. 박형룡 박사는 6. 25 전쟁 중 대구에서 개교했던 '대구 피난총신' 시절, 신학생들을 가르치고 학술지에 발표할 논문을 준비하느라 밤늦게까지 책상 앞에 앉아 있었다고 한다. 네 식구의 침실이기도 했던 그 방의 한 귀퉁이에서 희미한 전등불 아래 그가 쭈그리고 앉아 애용했던 책상은, 빈 사과상자를 엎어 놓은 '대용품 책상'이었다는 것. 그 사과상자도 오늘날처럼 작고 보기 좋은 종이상자가 아니라, 크고 조잡스럽게 생긴 나무상자였다.

박아론 박사는 "이는 아버지가 한평생 근면과 성실함으로 신학을 연구한 비상한 노력형의 신학자였다는 사실을 단적으로 보여주는 것" 이라며 " '피난민 신학자 박형룡' 은 그와 같은 근면과 성실함이 넘치는 한국 신학자로서의 삶을 아득히 먼 평양신학교 교수 시절부터 시작하여 총신대 총장직에서 물러나 서울 봉천동 자택에서 생애 말년을 보내던 은퇴 시절에 이르기까지 꾸준히 변함없이 뚜벅뚜벅 살아갔다" 고 회고한다.

또한 이 책에서 주기철 목사에 대한 비화도 발견할 수 있다. 박형룡 박사는 미국 유학을 끝내고 돌아와 평양 장로회신학교에서 변증학과 신학사상 등을 가르치며 산정현교회 전도사로 재직 중이었다. 그러던 중 강규찬 위임목사가 사임한 후 미국 유학에서 돌아온 송창근 목사가 후임으로 왔으나, 신학적 문제를 지적하며 당시 마산 문창교회에서 시무 중이던 주기철 목사를 초빙해 위임목사가 되도록 협력했다는 것이다.

박아론 박사는 "그때 일본제국주의는 조선 기독교계에 대하여 그들의 선조신(先祖神)인 '천조대신' 을 모신 신사에 가서 참배할 것을 강요했는데, 주기철 목사는 '일사각오' 의 정신으로 반대했고 박형룡 박사는 신학적으로 신사참배의 부당성을 역설하면서 반대했다." "그러나 제27회 총회에서 신사참배가 가결됐고 평양 장로회신학교도 문을 닫게 되자, 박형룡 박사는 하나님께서 예비하신 '남은 때' 가 있음을 생각하고 가족과 함께 평양을 떠나 일본 도쿄로 망명의 길을 떠났다" 고 전했다.

그리고 주기철 목사는 박형룡 박사를 환송한 후 1938년 봄 투옥돼 7년간 긴 옥고를 치르고, 1944년 4월 21일 결국 순교하게 되었다. 박형룡 박사는 1943년 여름 만주 봉천신학교에서 교수생활을 다시 시작했고, 해방 후 2년이 지날 때까지 그곳에서 신학교육에 전념하다 고국으로 돌아와 고려신학교 교장으로 취임했다. "박형룡 박사가 신사참배를 반대하지 않았다" 는 일각의 주장을 부정한 것이다.

아버지가 한국전쟁 중 '피난 신학자'를 거쳐 교단 분열기에 이르기까지는 화려한 웅변술과 진리의 절규와 같았던 설교를 거듭했지만, 이후 완전히 사라져버린 것에 대해서도 언급했다. 저자는 "이는 객관적인 사건이나 사실로 말미암았다기보다, 당신의 마음 속에서 발생한 내면적 생각의 변화에서 기인한 것 같다"며 "구태여 설명한다면, 첫째로 사역 후반기를 맞으면서 체력을 관리해야겠다는 생각과 소년 시절 예수를 믿은 후 침묵을 선호하는 습관을 키웠던 것이 되살아났기 때문이 아닌가 한다"고 분석했다. 이외에도 박형룡 박사는 진리의 절규와 웅변술을 계속 지니고 있었으나, 사람들이 이를 알아보지 못했을 수 있다는 추측도 하고 있다.

박아론 박사는 또 아버지가 20권의 신학전집을 펴낸 것 등을 들어, 미국의 19세기 신학자 찰스 핫지나 20세기 존 머리에 버금가는 세계적인 신학자였다고 강조하고 있다. 저자는 "아버지의 이름과 존재가 오늘날 한국의 장로교회 뿐 아니라 기독교계에서 서서히 잊혀지고 있다는 사실이 슬프고, 안타깝다"고 털어놓았다.

❞

이렇게 박형룡은 그의 전 생애 동안 그의 신념을 설파하면서, 총회신학교의 교장, 총신대학원의 원장, 그리고 총신대학교의 초대 학장직 등, 학교에서 후학들을 가르치다가 한국교회와 후학들에게 존경을 받으며 1972년에 은퇴하고 1978년 10월 25일 주님의 부르심을 받았다.

참고문헌 – 박형룡에 대한 생애나 그의 회심에 대한 기록, 그리고 그의 사상에 대한 글들은 아래 문헌에서 인용, 발췌한 것이다.

박용규 엮음, 『죽산 박형룡 박사의 생애와 사상』 서울: 총신대학교출판부, 1996.

http://www.christiantoday.co.kr/news/272577. 이대웅. "나의 아버지 박형룡". 2014. 6. 3.

http://blog.daum.net/cmc902/6056429. 홍정이. "존경받는 신앙의 삶이 설교의 감동과 은혜를 더했다–위대한 설교가 박형룡 박사". 미션. 2016. 7. 30.

회개를 촉구한, 한국의 예레미야

김치선

80

1899~1968

전국 "2만 8천 동네에 가서 우물을 파라"고 외쳤던 교육자이자 부흥사였다.
한국의 예레미야라고 불릴 정도로 늘 눈물로 기도하며
자신의 죄를 철저하게 회개하고, 민족의 위기를 바라보며
민족의 파수꾼이 되어 민족과 교회의 죄를 회개할 것을 촉구했다.
민족의 부흥과 복음화를 위하여 일생을 바쳤다.

유복한 가정에서 태어남

김치선 목사는 호(號)가 '고봉(高峰)'이며 1899년 10월 6일(음력: 8월 10일) 함경남도 서호진에서 부친 김영준과 모친 최연숙의 3남 2녀의 장남으로 태어났다. 그가 태어날 당시 그의 집안은 본래 고기잡이 배 40여 척을 거느린 부호였으나, 1913년에 일어난 갑작스러운 폭풍으로 모든 배를 잃었다. 남은 재산은 죽은 선원들에 대한 보상금으로 사용하여 집안이 급속하게 몰락했다. 이에 할아버지는 다시 가문을 일으키기 위하여

부인과 자식들을 서호리에 두고 영흥으로 떠났다. 하지만 뜻을 이루지 못하고 집을 떠난 지 3년 만인 1916년에 세상을 떠나고 만다. 어린 김치선의 할아버지가 세상을 떠나게 되자, 김치선의 아버지인 김영준은 가족들을 이끌고 장진으로 이거하여 그곳에서 화전민 생활을 하기로 결정했다.

평소 어린 김치선의 영특함을 알고 있었던 김치선의 서당 선생 김응보 옹은 이 소식을 듣고 "김치선만은 화전민을 만들 수 없다"하여 자신이 김치선을 키우겠다며 부친을 설득하여 그를 서호리에 남게 했다. 김치선은 기독교 신앙을 받아들여 영수가 되었던 훈장 김응보의 영향으로 신앙에 입문하게 되었다.

운명적인 만남

그런 어느 날 리터 영(영재형, 榮在馨, Lither Lisger Young, ? -1949)선교사가 함경도 서호리를 방문했다. 리터 영 선교사는 함흥에 있는 자기 선교본부에 김치선을 데려다가 사환 노릇을 시키며 공부를 시켰다. 소년은 온갖 궂은 일을 감당했다. 추운 겨울에 맨손으로 빨래까지 했다. 너무 힘이 들어 운적도 많았다. 선교사는 종종 소년이 알만한 곳에 돈을 놓아 두었다. 소년의 정직성을 시험하려는 의도였다. 그러나 소년은 한 번도 그 돈에 손을 대지 않았다. 결국 선교사는 그를 양아들로 삼았다. 그는 영재영 선교사가 설립한 영생중고등학교를 다녔다. 그가 20살 되던 1919년 3.1운동이 일어났을 때, 학교의 대표로 참여했다가 체포되어 서대문형무소에서 1년간 옥살이를 했다. 그때가 바로 그가 하나님의 소명을 깨닫고 목회자로서 자신의 생을 불태우겠다고 결심했던 가장 소중한 시기였다.

김치선은 1922년 3월 영생 중고등학교를 마치고, 곧 바로 연희전문학교 문과에 들어가 영문학을 전공했다. 방학 중에 함흥에 있는 영생고등학교 곁의 신창리교회에서 날마다 새벽기도를 드렸다. 그런 어느 날 밤중(새벽)에 '불이야 불이야' 하는 소리에 잠에서 깨어났다. 리터 영 선교사가 교장으로 있던 때에 일본 순사들의 충동에 의해 분노한 한국인 폭도들이 "서양선교사가 어떻게 한국 사람을 가르칠 수 있느냐?" 면서 관사의 문을 밖에서 닫아걸고 불을 지른 것이다. 순간 지혜를 발휘한 김치선은 이불을 물에 흠뻑 적셔가지고 몸에 둘둘 감고 창문을 깨고 들어가서 영재형 선교사 내외를 구해내었다. 그러나 리터 영 선교사의 부인은 화재의 후유증으로 하나님 곁으로 일찍 돌아가고 말았다. 상심한 리터 영 선교사는 잠시 마음의 안정을 위하여 캐나다에 귀국하여 머물렀다. 그러는 중에도 김치선의 생활비와 학비를 꾸준히 보내 왔다. 이 사건으로 인해 영재영 선교사는 김치선을 자신의 친자식같이 사랑하며 공부를 할 수 있는 길을 열어주는 후원자가 되었다.

1927년 3월 연희전문학교를 졸업한 후, 독회자가 되려고 평양신학교에 입학했다. 그런데 보수적인 신앙을 가진 영재영 선교사가 뒤에 파송되어 온 자유주의 신학을 가진 스코트 선교사와 갈등을 겪게 되자, 카나다 선교부는 영재영 선교사를 1928년 일본으로 파송했다. 김치선도 평양신학교를 중퇴하고 일본으로 건너가 신호중앙신학교(현, 고베 개혁파신학교)에 입학하게 된다. 김치선은 30세에 신학교를 졸업하고 목사안수를 받고 영재영 선교사의 도움을 받아 와가야마에 조그만 개척교회를 시작했다.

유학과 신사참배

영재영 선교사는 자기가 키운 한국인 아들을 최고의 인재로 만들고 말겠다는 결심으로 그를 미국으로 유학을 보내기에 이르렀다. 그 학교는 웨스트민스터신학교였다. 이 학교는 프린스톤신학교(Princeton Teological Seminary)가 복음주의적인 대의명분을 상실하자 복음주의 전통을 지속하고 영속화하기 위하여 설립된 학교인데, 전투적인 신학연구기관이었다. 주로 그것의 임무는 세속적인 경향들에 대항하여 전투를 하려고 준비되고 열성적인 정통주의 군사들을 훈련시키는 학교였다. 그는 1933년 미국 필라델피아의 웨스트민스터신학교에서 석사과정을 마치고, 1935년 텍사스로 가서 달라스신학교에서 한국인 최초의 신학박사 학위(논문: 모세와 오경)를 받았다. 1936년 그는 대망의 꿈을 안고 조국에서 봉사하려고 즉시 귀국했다. 그러나 그때는 식민통치가 강화되고 창씨개명(創氏改名) 등, 사회 전반에 대한 핍박이 극심했다. 그 핍박은 종교계까지 확산되어 신사참배를 강요하고 있었다. 민심은 흉흉했고 목회자들은 갈피를 못 잡고 전전긍긍하고 있었다. 이런 상황에서 김치선도 사역지를 찾지 못하고 있었다. 그때 영재영 선교사의 초청으로 다시 일본으로 건너가 신호중앙교회를 설립하여 목회를 했고, 동경으로 이전하여 YMCA 강당에서 1939년 11월 5일 동경 신숙중앙교회에서 한인 유학생들을 중심으로 목회를 시작했다. 자유주의 신학사상이 팽배하던 때에 전통적인 보수 개혁 신학에 성령운동까지 불붙이게 되어 짧은 시간에 교회는 큰 부흥을 가져왔다고 한다. 그는 여기서 일본어로 설교하라는 일본정부의 명령을 어기고 한국어로 설교하다가 체포되어 여러 달 옥고를 치렀다. 그 와중에도 목사님 가정에 큰 경사가 났다. 여러 남매 중, 아들 김세창이 출생했다. (41. 1. 3일생)

사역을 마감하고 조국으로의 귀국

출옥 후에 시골의 작은 메구로(目黑)교회에서 목회를 하다가 1944년 귀국하여 남대문교회를 담임하게 되었다. 일본이 미국의 공격을 받아 패색이 짙어지던 상황에서 김치선 목사는 이제부터는 살든지 죽든지 조국에 돌아가 복음을 전해야 한다는 생각과 민족의 해방을 조국에서 맞아야 한다는 간절한 소망으로 귀국했다. 일본에서의 사역을 마감하고 귀국한 것은 1944년 3월이었다. 그는 일제의 심한 감시 하에서도 남대문교회 6대 목사로 청빙을 받고 새벽기도를 계속하면서 민족을 위하여 한없이 우셨다. 예레미야처럼 우셨고, 위로했다. 격랑(激浪)의 역사 속에서 흔들리지 않고 활동한 증인이다.

일본이 패망하면서 한국은 해방된 흥분과 무질서, 그리고 남북 분단, 6.25전쟁 등으로 모두가 절망적인 암흑세계였다. 교계도 친일과 반일, 친공과 반공, 국내파와 해외파 등등, 혼돈과 혼란의 소용돌이 속에 모두가 다 우왕좌왕 갈피를 잡을 수 없었다. 그러나 그 와중에도 조금도 흔들림 없이 개혁주의 보수 정통신학 입장에 곧고도 굳게 초지일관 지조를 고수했다. 그야말로 반석 위에 세운 집이었다.

회개의 정의

그의 설교 가운데 회개에 대하여 이렇게 정의하고 있다. "하나님은 우리를 향하사 돌아오라는 요구뿐인 것을 알아야 한다. 너희가 나에게 돌아오지 아니했느니라. 우리는 회개하는 것이 하나님께 돌아가는 것인 것을 알아야 한다. 과거 우리의 모든 죄악을 하나님께 회개하는 것이 있을 뿐인데, 이것이 우리의 믿음인 것을 알아야 한다. 우리는 과거의 모든 부족한 것을 주님께 내어놓고 주님만 의지하는 것이 하나님께 돌아가는 것이다. 성도여! 우리는 이제 우리의 모든 부족한 것을 주님께 직고하자! 이것만이 우리의 할 일이다." 회개는 우리의 잘못된 것을 내어놓고 주님께로 돌아가서 모든 죄를 용서받는 것이다.

개인적인 회개

일제시대에 했던 신사참배의 회개 문제는 해방 이후 한국교회의 뜨거운 감자였고, 교회 분열의 원인이 되었다. 그런데 해방 후에 한국교회의 지도자들 가운데 자신의 신사참배의 죄를 공개적으로 회개한 경우가 별로 알려진 것이 없다.

남아 있는 설교들 가운데 김치선은 적어도 세 번에 걸쳐 자신의 신사참배의 경력을 인정하면서 그 죄의 용서를 구하고 있다.

첫째로, 1952년에 했던 "전쟁 중의 부흥"이란 제목의 설교에서 이방신들과 우상들을 제하여 버리지 않으면 부흥할 수 없다는 것을 지적하면서, "오늘, 여러분! 나부터 더러운 일본 우상에게 절하던 자이옵니다. 그러니 어찌 이 나라가 부흥할 수 있겠나이까? 우리는 먼저 이 더러운 것부터 다 제하여 버려야 하겠나이다"라고 했다.

둘째로, 1961년에 했던 설교에서도 자식에 대한 부모의 사랑의 마음을 말하면서 자신의 신사참배의 죄를 고백한다. "이것을 생각하면 우리 하나님 아버지께서 내가 아버지를 생각지 않고 '미소기바라이'(신도침례: "천조대신 외에는 참 하나님이 없다"고 신앙고백을 하면서) 신사참배 할 때 그 마음이 얼마나 아프셨겠나이까? 생각할 때 참 마음이 괴롭습니다. 내 아버지가 내가 감옥에 있을 때, 세상을 떠나고 미국에 가서 공부할 때, 어린 손자를 살리고 어머니가 세상을 떠날 때 나를 부르면서 치선이를 보고 죽었으면 하셨다니, 나는 부모 세상 떠나는 것을 보지 못하고 봉양하지 못하고 노엽게 했다. 이렇게 이 놈은 외국에 있어 어머니 앓으시는 줄을 몰랐다. 얼마나 불효자식이오니까? 이것은 부모에게 불효막대한 죄인데, 하나님 아버지께 대한 불효의 죄는 태산보다 더하리라. 그러나 하나님은 그와 같이 더러운 나를 그대로 버리지 아니하시고 지금까지 사랑하여 주시니 나는 어떻게 하면 좋겠습니까? … 여러분 나는 아버지 하나님을 이렇게 아프게 하고 나를 위하여 십자가에서 말로 할 수 없는 고난 받으신 주님의 마음을 아프게 한, 다시 죽어도 마땅한 죄인을 사랑하시니, 그 감사는 말로 다할 수 없습니다."

셋째로, 그는 다시 "고멜을 보라"는 설교에서 다음과 같이 고백하고 있다. "크리스천지에서 신사참배 '미소기바라이' 한 자가 교회를 설립한다고 욕질한 기사가 쓰였는데, 친구가 붉은 줄을 그 기사에 그어 보내고 내용은 없었다. 그 기사를 보고 퍽이나 고민하다가 문득 깨달아진 것은 나는 고멜이구나 하는 생각이 일어났다. … 성경에 보시는 대로 고멜은 음녀다. 이것은 무엇을 상징하느냐? … 하나님을 버리고 다른 신을 섬기는 자, 즉

이스라엘을 가르침이다. … 그러므로 나도 고멜과 같이 내 남편 주님을 버리고 일본 신사(神社)에 가서 그것들과 음행을 범했다. 나는 일본에 가서 신학을 했다.

그때 일본생도(日本生徒)들은 신사는 종교가 아니요, 다만 민심을 통일하여 대동아 전쟁에서 승리하려는 것밖에 없다고 했다. … 해방 후 회개운동이 내가 돕던 남대문교회에 일어나 회개 금식 기도회를 할 때, 내가 깨달은 것은 나의 남편 주님을 버리고 일본 귀신 아마테라스 오미가미를 섬겼으니 이는 고멜과 같이 음녀라는 것이다. 그때 나는 고멜과 같다고 하여 음녀로서 회개했다. 이것이 생각나서 오늘 그 신문의 평한 것을 보고 오늘 여러분께 나는 고멜이니 와서 보라는 뜻이다." 그는 자신을 비난하는 〈크리스천지〉 기사를 읽고 고민하다 오히려 설교시간에 자신의 죄를 공개적으로 말하면서 용서를 구하고 자신의 죄부터 철저하게 회개하는 모습을 보여주었다. 또한 그는 자신이 사사로서 가정을 다스리는 파수꾼의 사명을 다하지 못한 죄를 회개하고 있다.

> "오늘에 우리의 파수꾼들이 사사로서의 직무를 다하는 자 그 몇이나 되느냐? 여러분 파수꾼으로서의 책임을 다하시기 바란다. 먼저 가정에서 우리 어린 아이들에게 좋은 사사여야 한다. 그런데 우리는 어떠합니까? 나는 여기에 죄인인 것을 여러분께 자백할 수밖에 없다. 여러분의 용서를 구할 수밖에 없다. 성경을 보면 두려움을 금할 수 없다."

교회와 민족의 죄에 대한 회개

그는 1946년에 했던 '기독교의 본질'이란 설교에서 당시 우리 교회의 죄를 지적하고 있다. 해방 후의 교회들이 민족의 양심이 되고 민족의 상처를 싸매주는 선한 사마리아인이 되어야 하는데, 그렇지 못한 문제들을 지적하며 하나님에 대한 신앙을 회복하여 민족의 양심이 될 것을 역설했다.

"그러나 오늘 우리 교회는 참으로 국민의 양심이 됩니까? 불신자보다 더 부족한 것이 얼마나 많은지 말로 다 할 수 없습니다. 과거(過去) 우리는 그리스도인으로서의 양심을 갖지 못하고 살아왔습니다. 이제 우리의 양심은 어떠합니까? … 본래 나라 없는 사람은 자기의 양심대로 못사는 것입니다. 거짓말 아니 하면 살 수 없으니 거짓말하는 생활을 해 왔습니다. 이 점에서 우리 기독교인은 이중의 거짓말쟁이라고 할 수밖에 없습니다.

다음으로 우리의 교회는 오늘 생활 때문에 상한 심령을 낫게 하는 선한 사마리아인의 힘이 됩니까? 제사장이나 레위사람보다도 못하다고 생각하는 때가 한 두 번이 아닙니다. 일전에는 들으니 교회의 전도인(傳道人)으로 있던 이가 해방 후 전쟁왈포(戰爭曰胞)를 위하여 구호사업(救護事業)을 했는데 미군들이 의류를 수천 벌을 주었는데 그것을 팔아 사욕을 채워서, 불신자가 술을 먹고 와서 믿는다는 것들이 그렇게 하느냐고 야단을 한다고 합니다. 이것이 사실이 아니기를 진심으로 바라는 바입니다. … 오늘 우리 교회 가운데 무슨 사업을 한다고 야단하나, 결과를 보면 거의가 사리사욕을 채우려다가 고만 망하고 마는 것입니다. ………………."

1947년에 했던 설교에서는 해방 후의 대혼란은 어디서 오는가? 첫째, 조선민족과 교회의 문제도 서로 감투를 쓰겠다는 생각과 대립에서 발생하고 있고, 둘째, 그리스도 신자와 교역자간의 시기와 질투가 온 교회에 꽉 차 있으며, 셋째, 자신이 맡은 것이 천직인 줄 알아 충성하지 못하기 때문이라고 지적했다.

"북한 상공(上空)에 나타나신 그리스도"라는 설교(1952)에서는 당시 우리 조국이 대단한 위기에 처해 있는데, 주님은 우리와 북한에 있는 우리 신자들에게 여호와의 군대장관으로 나타나실 것이니 우리는 "네 발의 신을 벗으라 네 선 땅은 거룩하니라"라고 하신 여호와의 군대장관의 말을 들어야 한다. 모세에게도 동일하게 말씀하셨는데, 이 신을 벗으라는 말은 죄를 회개하라는 말씀이다. "만일 그리스도께서 우리 상공에 나타나시면 맨 처음 전도하실 때와 같이 회개하라 천국이 가까이 왔느니라"고 할 것이다. 우리의 급선무는 지금 회개하는 것이다. ………………….

❝

"오늘날 북한이나 남한에 요구하는 것은 회개인줄로 생각하나이다. 국가적으로 회개하여야 하겠나이다. 4천년에 지은 죄악을 다니엘 느헤미야와 같이 에스라같이 진정한 회개가 있어야 하겠고 다음으로 나 자체의 회개가 옴이라. 하나님이 오늘 이런 시련 중에 우리에게 요구하시는 것은 회개인 줄로 생각하나이다. 그러므로 우리는 개인으로 회개할 것이 없다고 하는 태도는 잘못된 것이며, … 우리는 다른 사람에게 속이지 맙시다. 할 일은 하여야 하는 것이외다. 하나님은 … 다만 우리의 상한 심령을 원하신다고 하셨으니 우리는 적어도 국가적 견지에서 회개하여야 한다. 천년 동안 내려오는 영국의 역사는 우리는 회개의 순종이 있었다는 것을 의심치 않는다. 우리도 여기에 힘써 회개하자, 우리의 제일 큰 죄는 불신의 죄이다. 그럼으로 우리는 이것을 회개할 때 하나님 한 분만 의지하는 믿는 신앙을 갖어야 하겠다. 여호수에 의심의 태도 이것이 죄이다."

그는 교회 안에서 발생한 심각한 윤리적 타락을 지적하며 회개를 촉구한다.

"오늘의 죄악을 보면 소돔과 고모라보다 더하다고 나는 생각한다. 여러분 보시라. 이 죄악 도성이라고 아니할 수 없는 서울 아닌가? 그런데 우리 교회라고 하는 이곳이 음탕의 죄악화가 되어 가고 있다. 전도인과 교인이 간음하는가 하면 산에 가서 기도하고 큰 권능을 얻었다 하는 사람들이 음란의 죄악에서 헤매이고, 심지어 피가름 한다하여 저의 친구의 아내는 물론 심지어 장모하고 붙어가지고 하니 이것이 어찌된 일인가? 그리고 지금에 또한 어느 사람들은 이 교회에 가서 총각이라

처녀라 하여 같이 살다가 아이까지 낳아 내어 버리고 다른 데 가서 또 총각이라 하여 속이여 여자를 못 쓰게 만들고 하는데 여러 곳으로 돌아 다닌다고 함이다. 그러나 노아만은 이런 것이 조금도 없고 진정으로 의인인 것을 그대로 나타내는 것을 알 수 있다. 여러분 우리는 노아와 같이 의인이 되어 무서운 죄악을 범치 말고 축복받으시기 바란다."

❞

민족의 파수꾼이 되어

파수꾼의 사명은 반드시 신자만을 위한 것이 아니라 국가와 전 민족을 위한 것인데, 이러한 사명을 감당하는 제일 좋은 방법은 새벽마다 나와 기도하는 것이다. 파수꾼으로서의 제사장의 제사는 우리의 기도를 가르치므로 우리는 오늘 3천만 배달의 집에 파수꾼이 되어 그리스도의 이름으로 하나님 아버지께 민족 전체를 위하여 기도해야 하겠다.("3천만 배달의 집에 파수꾼이 되자: 제사장으로서의 파수꾼의 임무." 이사야 62, 에스겔 9:3-11; 11:13)

구약의 대제사장들이 민족을 위해, 그리스도께서 자기 백성을 위해 기도하는 것과 같이 우리는 매일매일 민족을 위하여 감사와 회개의 기도를 하여야 한다. 그러면 우리는 우리의 본분을 다 할 수 있다. 제사장 직분을 다하기 위하여 회개하고, 기도하되 무시로 기도하여야 한다.("제사장의 직분." 레위기 10:17. 1964. 9. 20) 우리는 기드온의 300용사와 같이 우리 민족 3천만의 파수꾼이고 또한 3천리 금수강산을 지키는 용사와 같다고 할 수 있다.("파수꾼 되자." 겔3:16-21. 1964. 9. 27)

한국이 진정한 제사장 나라가 되길 소원

그는 눈물의 기도 끝에 해방 후에 한국을 진정한 제사장 나라로 건설하려면 이 백성이 예수를 믿어서 변화되어야 한다고 생각했다. 그래서 먼저 3천만 민족의 십분의 일인 300만 명이 하나님을 믿게 해 달라고 기도하면서 믿는 우리가 먼저 "남한의 2만 8천 동네에 가서 우물을 파야만 이 민족의 살 길이 있다"고 부르짖었고 우물을 파기 위해서는 300명의 기드온 기도 특공대가 필요하다고 했다.

이것이 그 유명한 '300만 구령운동'의 시발이며 그는 이 운동을 조직적으로 전개하기 위하여 '3백만 부흥전도회'를 결성했고 1946년에는 회장에 취임하여 70인의 전도 목사들을 전국에 파송하는 중요한 사역을 시작했다. 그 당시 유명한 부흥강사였던 이성봉 목사님, 박재봉 목사님, 사랑의 원자탄으로 알려진 손양원 목사님 등도 전도팀의 한 분이셨다.

한편, 그는 300만 부흥운동을 극대화하기 위하여 기관지로 '부흥'지를 창간하여 민족각성운동과 구령운동에 필요한 자료와 논문을 게재했다. 이 전도활동은 6.25전쟁 중에도 계속되어 막대한 영향을 끼쳤고 순교자들도 나왔다. 그리고 그는 미국의 1857~59년의 정오기도회와 평양대부흥운동시의 선교사들의 정오기도회를 이어받아 한국교회의 부흥을 위하여 정오기도회를 했다. 그는 이러한 한국교회의 부흥은 오직 성령을 받아야 하고 참된 부흥이 수반될 때 가능하다고 보았다.

김치선 목사는 기드온 300용사를 선발하여 민족복음화를 이루면서 해방된 조국을 민주국가로 건설하기 위해서는 기독교 인재를 양성하기 위한 신학교가 반드시 필요하다고 역설했다. 그토록 염원했던 소원이 결실을 맺어 1948년 8월에 남대문교회에서 야간신학교를 개설했다. 이 학교 설립목적은 북에서 내려와 주경야독해야할 사람들을 민족복음화의 중심에 세우기 위한 것이었다. 그는 1949년 1월에 교사를 서소문으로 이전하면서 윤필성 목사에 이어, 2대 교장으로 취임했다. 그리고 1950년 1월에 '대한신학교'로 개명했다. 1951년에는 장로회총회신학교 구약학 교수로 임명되었다. 그는 남대문교회에서 시무하다 6.25전쟁 이후에 사임했다. 그 후 1954년에는 남창동에 '창동교회'를 세우고 목회를 하면서 관악산 기슭에 '벧엘기도원'이라는 간판을 걸었다. 기도원은 어설픈 것이었지만 둘러싼 산 위에서부터 큰 냇물이 양쪽으로 흐르고, 크고 작은 바위가 수없이 많아서 기도처소로는 적격이었다. 그는 기도원을 찾아오는 신도들이 날마다 늘어나자 그곳에 정식 예배당을 건립할 계획을 세우고 기도하기 시작했다. 예배당을 십자가형으로 정하고 믿음으로 기초를 놓았다. 그리고 김치선 목사는 "누구든지 기도원을 찾는 사람은 반드시 돌을 안고 기도원에 올라와야 한다"라고 지시하시기를 잊지 않았다. 어린이에서 노인에까지 누구나 기도원에 올라갈 때는 돌을 들고 올라갔다. 벧엘기도원은 그렇게 해서 웅장하고 아름다운 석조기도원으로 세워질 수 있었다.

1955년 7월 중순경 인천 송도에서 대한 예수교장로회 C.E. 하기수련회가 열렸다. 거기서 그는 바위 위에 서서 새벽 설교를 하면서 발을 구르며 울면서 한국과 세계복음화를 외치며 학생들에게 미래 복음의 역군이 되기를 간청했다.

1956년에 창동교회를 한양교회로 개명했다. 대한신학교와 함께 남산 중턱으로 옮겼다. 그러나 화재가 발생하여 모두 불타게 되었다. 그 후 장로교총회가 대한신학교를 인정해주지 않자, 1961년 6월에 I.C.C.C의 칼 맥킨타이어 박사와 손을 잡고 '성경장로회'를 창립했다. I.C.C.C의 기증으로 용산구 서계동 33-2, 구 소련영사관 자리에 교사를 마련하여 현재 청파중앙교회 자리에 대한신학교(현, 안양대학교 전신)를 재건했다. 그는 학교 발전을 위해 노력하다가 1965년 교장 자리를 후대인 김세창 목사에게 맡기고 명예교장으로 물러앉았다. 1966년 가을에는 불편한 몸을 끌고 암스테르담에서 열린 I.C.C.C 국제회의에 참석하여 연설까지 했다. 회의를 마치고 미국 필라델피아 훼이스신학교에서 여장을 풀었다가 갑자기 쓰러졌다. 뇌암이었다. 그는 수술 후 소생했다. 하나님께서 살려주셨던 것이다.

그런데 2년 후, 1968년 1월이 되면서 병세가 악화되었다. 그날 1968년 2월 24일 아침이었다. 외아들 세창 목사는 미국에 있었고, 다른 형제들과 친지들은 밤을 새면서 임종을 지켜보았다. 날이 밝자 숭일교회의 전은애 전도사가 왔다. 형제들을 계속 찬송가를 부르고 있었고, 김치선 목사는 고요히 흐트러지지 않고 눈을 감고 있었다. 전도사님이 기도하기 시작했다. 그 기도가 성령께서 하시는 기도처럼 들렸다.

"하나님! 천국 천사께서 우리 목사님을 높이 들어 하나님 앞에 가게 하소서 … " 우렁차게 기도하는 순간, 목사님은 갑자기 미소를 짓더니 숨을 거두고 영원히 잠들었다. 한국의 예레미야로 불리던 눈물의 선지자 김치선 목사는 그의 유언에 따라 관악산 벧엘기도원의 제단 앞에 안장되었다.

그 무덤의 묘비에는 "이런 사람은 세상이 감당치 못하도다(히 11:38). 목회자요, 신학자요, 교육자요, 애국자인 눈물의 선지자 이곳에 잠드시다"라고 새겨져 있다.

그는 우리 민족의 방랑기에 영적인 소망을 불러 일으켜 준 선지자요, 참 스승이었다. 죽어가는 민족의 영혼을 깨우쳐 구원받게 했으며, 많은 영적 지도자를 배출하고 평생을 하나님께 바쳤다.

그는 민족의 위기를 바라보며 파수꾼이 되어 민족과 교회와 개인의 죄를 회개할 것을 촉구했다. 이 나라의 미래를 위해 기도했고 민족 복음화를 위하여 일생을 불태웠던 한국교회의 빛나는 거성이었다. 우리는 하나님 앞에서 민족과 교회를 가슴에 품고 울다 간 신학자요, 애국자인 목회자가 있었음을 알고 그의 신앙과 정신을 계승하는 계기가 되기를 바란다.

참고문헌 - 이 글은 아래 문헌에서 인용, 발췌한 것이다.

원용국 외 6인<최정인, 한성기, 강경림, 이은선, 김재규, 이은규>. "특집: 고봉 김치선 목사의 생애와 신학사상". 「신학지평」, 제13집, 2000 가을 · 겨울호. 안양대학교 신학연구소, 2000. pp. 1-184.

이은선. "한국교회와 회개운동". - 김치선 목사의 회개론. 한국복음주의협회 세미나. 교회와신앙 webmaster@amennews.com 2006년 10월 17일

김성봉. "한국의 예레미야, 김치선 목사" 『김치선』. 서울: (주) 홍성사, 2011.

http://www.christiandaily.co.kr/news/ 최복규. "한국교회의 예레미야 김치선 목사님을 기리며". 기독일보(조은식 기자). 2017. 02. 11.

http://blog.naver.com/idream2030/220424680255 "김치선을 데려다가 사환 노릇을 시키며 공부를 시켰다." 2015. 07. 19.

http://blog.daum.net/coolnight/102199. 김지용. "김치선, 한국의 예레미야". 2014. 10. 06.

한국 여성교육의 최고봉

김활란

1899~1976

예수 그리스도로부터 한국 여성을 위한 소명을 받은 그녀는
암흑의 한국사에 여성에게 교육과 진정한 삶에 대한
눈을 뜨게 했던 선각자였다.

가정의 구원

암울한 시대에 한국 여성에게 빛을 던져주었던 김활란은 1899년 2월 27일 인천에서 출생했다. 그녀의 어릴 때 이름은 '기득' 이었으며, 세례명은 '헬렌' 이었다. 그러나 후에 그녀의 아버지는 '헬렌' 을 '활란' 이라고 고쳐 불렀다. 그녀의 집은 몹시 가난했고, 많은 형제들 때문에 배고픔을 참아야 하는 날이 많았다. 그러나 그녀는 어려서부터 깊은 신앙심을 가졌기에 그런 환경의 어려움 때문에 좌절하지 않

았다.

그녀의 어머니는 인천에 온 선교사의 전도로 기독교로 개종하기 이전에는 열렬한 미신의 추종자였다. 그녀는 처음에는 예수를 전하는 선교사를 박대했으나 나중에 스스로 교회를 찾아가서 설교를 듣고 예수 그리스도를 구주로 영접하게 되었다. 어머니는 그녀의 전 가족을 교회로 인도하여, 여섯 달만에 가족 모두가 세례를 받았다. 그때 그녀는 김활란을 하나님께 바치는 기도를 했다.

"

하나님, 활란이를 이미 하나님께 바쳤사오니 주님 뜻대로 쓰여지는 합당한 그릇이 되게 하옵소서.

"

찾는 자에게 응답하신 하나님

김활란은 그녀의 나이 여덟 살 때 영화소학교에 입학했다. 19세기 한국에서 여성은 제대로 대접받지 못하는 시대였으나 기독교의 복음으로 개화된 부모는 딸도 교육받아야 한다는 사실을 인식하고 있었다. 그녀의 가족은 그 이듬해 서울로 이사를 했고, 김활란은 아홉 살에 이화학당으로 전학을 했다. 1886년 5월, 미국 북감리교 선교사인 스크랜톤(M.F. Scranton) 부인에 의해 서울 황화방(정동)에 설립된 이화학당은 1887년 민비로부터 '이화' 라는 당명을 하사받았다. 김활란은 여기서 영문학을 가르치던 아펜젤러 선생 등, 많은 사람들로부터 인정과 총애를 받으며 학업을 계속했다. 그러나 14세에 고등과를 졸업하고 아버지의 진학에 대한 반대를 극복하고 대학 예비과에 진학했던 그녀는 신앙의 의혹 때문에 깊이 고뇌하게 되었다.

"

나는 왜 살아야 하나?
죽음은 과연 무엇일까?

한 번 죽으면 다시 만나볼 수 없는 것인가?
무엇 때문에 나는 공부를 하고 있는가?

”

김활란은 예배시간에 “네 죄를 알라”라는 말을 들을 때마다 마음 한 구석에서 반항과 저항감이 일어나는 것을 어찌할 수 없었다.

“

죄는 무슨 죄인가?
왜 순진하게 공부하는 학생들에게 죄를 회개하라고 강요하는가?
내게는 고백할 아무 죄도 없다.

”

그녀가 이러한 의혹들 때문에 고통을 당하고 있던 중에 이화학당에서는 교내 부흥회가 열리게 되었다. 김활란은 이 부흥회를 통하여 그녀가 당하고 있는 신앙의 의혹과 갈등을 해결하려고 마음먹었다. 그래서 그녀는 부흥회가 끝났을 때 홀로 그 자리에 앉아서 무릎을 꿇고 하나님께 기도를 드렸다.

“

주님! 제단 밑에 부복한 주의 사랑을 입은 헬렌을 기억하여 주옵소서. 이 답답한 마음을 풀어 줄 대답을 얻기까지는 물러나지 않겠습니다. 만일 하나님이 계신다면 나의 죄가 무엇인가를 깨닫게 해 주십시오. 또 왜 우리가 오직 예수님의 구원을 받아야 할 죄인인가를 알게 해주옵소서!

”

그녀는 캄캄한 밤 작정한 시간까지 집요하게 하나님께 부르짖었다. 그녀는 신앙의 의혹과 갈등을 해결하기 위해 살아 계신 하나님의 확실한 증거를 보여 달라고 간구했다. 그러나 부흥회가 거의 끝나가고 있었는데도 주님은 여전히 그녀에게 응답하지 않고 있었다.

"

그렇다면 이제까지 내가 믿은 기독교는 헛것이란 말인가?

마침내 부흥회 마지막 날이 다가오자 그녀는 마음이 다급해지기 시작했으나 다시 마음을 가다듬고 더욱 깊은 기도를 드렸다.

오! 하나님, 이 딸을 사랑하시고 귀히 쓰시고자 하신다면 하나님을 믿을 수 있는 확실한 증거를 보여 주옵소서!

그녀가 땀에 젖어 전심으로 부르짖을 때 한 줄기 빛이 비쳤고, 그 빛 속에서 십자가에 못 박힌 예수의 모습이 나타났다. 그 빛은 그녀의 가슴속으로 스며들어왔고, 그녀는 아득히 먼 곳으로부터 처절한 여인들의 아우성과 울부짖음을 들었다. 그리고 그 소리들을 헤치고 다른 한 목소리가 들렸다.

"저 소리가 들리느냐?"
"네, 들립니다."
"저것은 한국 여성의 아우성이다. 어떻게 너는 저 소리를 듣고도 가만히 앉아 있을 수 있느냐? 저들을 건져야 한다. 그것이 네가 할 일이다."

"

그녀는 빛 속에서 주님을 만난 후 오랫동안 감사의 눈물을 흘렸고, 그 체험을 통하여 그녀의 믿음은 확고하게 되었다. 그녀는 고집과 교만, 심지어 일본을 증오하는 것까지도 죄가 된다는 것을 깨달았고, 하나님의 능력만이 모든 것을 이루신다는 것을 인식하게 되었다. 그때 그녀는 이미 한국 여성을 위하여, 조국을 위하여 그녀의 일생을 바치기로 결심했다.

여성을 위한 복음전도

1918년 3월 27일 그녀는 이화학당을 졸업했다. 정동교회에서 거행된 졸업식에서 그녀는 그 당시로서는 파격적이라 할 "여자의 고등교육과 가정과의 관계"라는 제목으로 다음과 같은 줄거리로 졸업연설을 했다.

"

> 한국 가정은 인간관계도 그러하지만 가정생활을 개선할 점이 많다. 그 개선책임은 고등교육을 받은 사람에게 있다. 사회는 여성과 남성으로 구성되며 그것은 마치 수레바퀴가 제대로 운행되려면 두 바퀴가 꼭 같아야 하는 것처럼, 그 두 바퀴를 이루는 여성과 남성의 균형이 발전하는 사회의 절대요소가 된다. 그 균형을 이루기 위하여 여성의 노력이 필요하며 한국의 발전은 고등교육을 받은 여성이 많을수록 전진이 빠르다. 고등교육을 받은 여성은 가정생활의 향상과 동시에 사회에 참여하여 활동해야 하며 우리의 발전을 저해하는 모습에서 탈피해야 한다. 또한 여성의 인격을 인정하지 않는 여성관은 변해져야 한다. 고등교육을 받은 여성들은 그 배움을 가정생활에 적용하기 위해서 창의력을 가져야 한다. 그리고 개개인이 가정에 대한 창의력을 살린다면 한국 가정은 반드시 새롭게 될 것이다.

"

그녀는 졸업 후 7인 전도대를 조직하여 생활개선과 교육, 사회, 경제의 개혁을 최대의 운동 목표로 삼고 활동했으나 일제의 감시와 탄압으로 결국 중단했다. 그 후 1922년 9월 김활란은 미국 오하이오주 웨슬리

안대학으로 유학을 떠나 이어 보스턴대학을 졸업하고 귀국해서 이화대학에서 가르치다가 1930년 여름 다시 컬럼비아대학으로 유학을 떠나 1931년 한국 여성 최초로 철학박사 학위를 취득했다.

그녀는 40세이던 1939년 4월, 아펜젤러 교장의 뒤를 이어 제7대 교장으로 취임하면서 한국의 전 고등교육기관에서 최초의 한국인 여자 교장이 되었다. 그러나 그녀는 일제시대 말에 정신대와 군대를 보내는 일본의 선전도구로 전국을 순회하는 등의 신앙 오점을 남기게 된다. 해방 후에는 이화여자대학을 명실공히 여자 종합대학교로 발전시킨 후 71세의 나이로 굴곡많은 삶을 마감한다. 그녀는 마지막으로 다음과 같은 말을 남겼다.

"

나는 인간의 생명이 영원불멸하다는 것을 믿고 날마다 하나님께서 힘 주시는 대로 더 좋은 생명의 길을 찾기 위해서 살았다. 육체적 환경에 얽매인 것을 극복하면서 제 나름대로의 승리의 길을 걸어오느라고 힘썼다. 이제 하나님께서 더 큰 사랑을 베풀 수 있는 장래를 허락하신 줄 알기 때문에 여러분에게 계속해서, 여러분 한 분 한 분을 더 많이 사랑하겠다고 약속한다.

"

참고문헌 – 김활란의 전기와 그녀의 자전적인 글들은 아래 문헌에서 인용, 발췌한 것이다.

정석기, 『한국 기독교 여성 인물사』, 서울: 쿰란출판사, 1995.

불꽃 같은 부흥사

이성봉

1900~1965

성결교의 부흥사로 전국을 다니며 집회를 인도했고
살아서 전하지 못하면 죽어서 하리라면서
하나님께 헌신하는 삶을 살았다.

지독한 가난을 넘어서

이성봉은 1900년 7월 4일 이연실과 김진실의 장남으로 출생한다. 어머니 김진실은 원치 않던 결혼에다가 집안이 워낙 가난하여 두 번이나 자살을 시도할 만큼 삶에 의욕이 없었다. 그러나 이성봉이 5세 때에 온 집안이 복음을 받아들이고 40여리 길을 걸어서 교회에 걸어 다닐 정도로 복음적인 가정이 되었다. 성봉은 뜻도 알지 못했지만 이미 6세 때에 신약성경을 완독할 만큼 어머니의 열성적인 신앙에 의

하여 영향을 받고 있었다. 이성봉은 중화경의학교에 다니다가 어머니가 신천소학교의 교원으로 초청을 받게 되면서 전학하여 14세에 졸업한다. 신천장로교회는 김익두 목사가 담임하고 있었는데 이성봉은 이의 영향을 받아 자기도 커서 훌륭한 부흥사가 되고자 하는 꿈을 가지게 되었다. 그러나 가정형편이 어려워서 중학교에 진학하지 못했고 좌절감에 빠져 인생을 포기하려고 마음먹기도 한다. 그의 집안은 이성봉이 산에 가서 땔나무를 해서 30여리나 되는 평양까지 가지고 가서 돈을 만들어 좁쌀을 사서 근근이 입에 풀칠을 하는 정도였다.

어려운 생활이 지속되자 이성봉은 돈을 많이 벌어야겠다고 생각하고 말을 사서 겨울에는 나무 장사를 하고, 여름에는 과일 장사를 하여 조그마한 과수원을 하나 사들여 운영하게 되었다. 돈을 만지면서 이성봉은 점점 교회에 등한시하고 술, 담배에 놀음판에서 밤을 지새우는 생활을 하게 되었다. 부흥사가 되고자 했던 꿈은 점점 희미해져가고 있었다. 이러한 생활이 지속되자 부모는 아들이 결혼을 하면 나아질까하여 19세 되던 해에 이성봉의 소꿉친구였던 이은실과 결혼을 시킨다.

하나님의 놀라운 은혜를 경험

하나님은 이러한 이성봉에 대하여 오래참지 않으신다. 어머니의 기도가 응답되어진 것이다. 1918년 이성봉이 21세 되던 해인 여름 과일을 팔고 술을 마시고 오던 그가 온몸이 불덩어리가 되면서 쓰러진 것이다. 친구의 부축을 받아 집에 겨우 도착하여 쓰러진 그에게 의사는 골막염이라고 진단한다. 다리를 잘라야만 한다고 했다. 당시의 심정을 이성봉은 "죽음이라는 것을 객관적으로 생각할 때에는 그저 그러려니 했지만 그 죽음이 내게로 닥쳐오니 그처럼 무섭고 잔인하고 허무할 수가 없었다. 이런 죽음에 대하여 느끼게 될 때, 나는 이제 죽어서 어디로 가느냐? … 나는 꼭 지옥의 자식이로구나! … 나는 이제 죄인인 것을 알았다. 법률상으로 지은 죄, 도덕상으로 지은 죄, 양심으로 지은 죄, 머리끝에서 발끝까지 죄인인 것을 절실히 알았다"고 표현했다. 그리하여 이성봉은 자기의 오만과 잘못됨을 회개하고 눈물의 기도를 하나님께 드리기 시작했다. 백약이 무효인 상황이었다. 이제 성경을 읽기 시작했다. 예전에는 이해가 가지 않았는데 고통 중에 읽은 성경은 꿀송이 보다도 단 말씀이었다. 그러나 이성봉의 병은 3년 동안이나 전혀 차도를 보이지 않고 그대로인 상태였다. 3년이 지나고 나서야 그런 상황조차도 하나님의 은혜요, 섭리임을 알게 되었다. 이성봉은 방탕한 생활 중에도 나라를 사랑하는 마음 때문에 1919년 대동단이라는 독립단체에 가입하여 활동하고 있었다. 그런데 임시정부에 군자금을 보냈던 것이 탄로나 동지들이 구속되고 사형을 당하기도 했다. 당연히 이성봉도 왜경에 잡혀 갔다. 그러나 주재소 소장이 이성봉을 보니 송장을 치르게 생겼다. 그래서 이성봉을 풀어주고 감시만 했던 것이다. 병이 낫기를 왜경도 기다렸지만 3년 동안에 그 사건은 종결이 되고 말았다. 몸이 회복되어 경찰서로 불려갔지만 5일 만에 석방된 것이다. 하나님의 놀라우신 은혜였다.

말로 못하면 죽음으로라도 전하리라

이제 이성봉은 완전히 거듭나서 시골학교에서 아이들을 가르치고 교회 일에도 열심을 냈다. 1925년 26세에 본격적인 교역자 수업을 위하여 신학교에 입학하려고 했으나 중학교 졸업장이 없어 뜻을 이루지 못하고 있었다. 그러나 뜻이 있는 곳에 길은 있었다. 성결교 계통의 동양선교회에서 경성성서신학원(현, 서울신학대학 전신)을 경영하고 있었는데 이곳에서는 식사를 제공하면서 교육을 시킨다는 소문을 듣게 된 것이다.

그리하여 이성봉은 1925년 3월 동양선교회 경성성서신학원에 입학하여 3년 동안 신앙 훈련을 받았는데 그곳에서 깊은 회개와 은혜를 체험했다.

신학을 마친 후 수원에서 교회를 개척(1928년)하여 시무했고, 1931년부터 6년 동안 목포 목회를 했으며, 1936년 신의주동부교회를 담임한다. 이때부터 본격적인 부흥사로 활동하게 되었다. 1937년 서울에서 모인 성결교 총회 기간 동안 이성봉 목사님은 성령의 뜨거운 불 세례를 체험했다. 1937년부터 그는 능력의 사자로 가는 곳마다 강한 성령의 역사를 일으켰다. 1937년 용정에서 부흥회를 인도할 때는 2천여 명이 회개하여 자복하는 운동이 일어났다. 1938년 성결교단에서 전국 부흥사로 지명된 후 전국을 순회하면서 한 해 동안에 50회 이상 집회를 인도했는데, 곳곳에서 회개와 기사와 이적이 일어났다.

1939년에는 신학연구를 위하여 일본에 갔으나 거기서도 동포들을 위하여 동경을 비롯한 여러 곳에서 복음을 전했다. 1941년부터는 만주지역에 가서 해방이 되던 해까지 복음을 전파했다. 이때에 재림 설교한 이유로 사리원경찰서에 1개월 동안 수감되었으며, 6개월 만에 기소유예되어 다시 만주에서 계속 집회를 인도했다.

구령과 교회부흥에 헌신

이성봉 목사님의 삶은 "구령(救靈)과 교회부흥에 헌신한 삶" 이었다. 잠자는 교회를 일깨우기 위해 농어촌교회까지 찾아가서 부흥회를 인도한 부흥사의 삶이었다. 그는 모든 기회를 전도의 기회로 삼았다. 심지어 청주에서 있었든 셋째 딸의 결혼식에 인사하러 올라가서도 몇 마디 인사를 하고는 이어 전도 설교를 했다. 그는 구령의 사명 완수를 위해서 그의 온 정력을 다해, 모든 시간과 물질과 심지어 가족까지 다 희생의 제물로 주님께 바쳤다. 순회집회하는 부흥목사로 불가피하게 가족을 위해서 작은 집 한 채를 준비했던 일이 있는데, 얼마 안 가서 어떤 교회 건축의 딱한 사정을 듣고 근근이 장만한 그 집을 선뜻 팔아 전도사의 손에 들려주고 가족은 셋방으로 옮겨 간 일도 있었다고 한다. 만주에서 집회를 인도하던 중 어머니 병환이 위급하다는 소식을 듣고 이성봉 목사는 고민하며 기도하다가 결국 어머니를 주님께 맡기고 집회를 계속했다. 그는 6.25 동란 이후에는 무너진 성결교회 제단 하나하나를 다시 세우는 교회 재건운동을 일으켰고 마지막에는 일체의 큰 집회나 외부 집회를 단절하고 매일 수십 리씩 걸어 다니며 농어촌교회들을 돌아보았다. 어떤 곳에서는 소 구루마로 덜커덩 덜커덩 돌아다니기도 하고 어떤 곳에서는 리어카를 타기도 하고 어떤 곳에서는 자전거 꽁무니에 타고 가다가 험한 길에 넘어져서 버스럭 거리기도 했다. 이성봉 목사님은 이렇게 회고했다.

"

때로는 트럭 신세도 졌습니다. 장마통에 지게로 전도 기구를 짊어지고 걷기도 했습니다. 고장 난 차를 떠밀고 대관령에서 비를 흠뻑 맞아가며 넘기도 했습니다. 새벽 차를 타고 종일 차 속에서 시달려 정신을 못 차리고 허덕일 때도 한두 번이 아니었습니다. 밤낮 침식을 잊고 하루에 천여 리를 차 속에서 산 때도 드문드문 있는 일이었습니다.

"

사도 바울과 같은 수고와 고난의 경험이었다고 생각한다. 이성봉 목사님은 때로는 1년에 82곳의 집회를 인도했고, 때로는 하루에 5, 6회의 집회를 인도하다가 과로로 쓰러지기도 했다.

현세를 초월한 깨끗한 청빈의 삶

이성봉 목사님은 청년 시절부터 철저한 회개에 기초를 둔 성결하고 깨끗한 청빈의 삶을 살았다. 그는 자신이나 세상에 대한 어떤 애착을 두지 않고 살았다. 이성의 정욕과 물질의 탐욕을 항상 경계하는 금욕적 삶을 살았다. 돈과 이성의 유혹에 빠지면 목회자의 삶은 끝장이란 말을 거듭해서 강조했다. 세상이나 세상에 있는 것들을 사랑하지 말라고 거듭해서 경고했다. 따라서 그에게는 일종의 염세주의 또는 허무주의적 정서가 나타나 있었다. 이성봉 목사님은 부흥회 때마다 '허사가' 를 즐겨 부르곤 했다.

"

"꿈결 같은 이 세상에 산다면 늘 살까, 일생의 향락 좋대도 바람을 잡누나, 험한 세월 고난풍파 일장춘몽이 아닌가, 슬프도다 인생들아 어디로 달려 가느냐"

"세상만사 살피니 참 헛되구나, 부귀영화 장수는 무엇하리요, 고대광실 높은 집 문전옥답도, 우리 한 번 죽으면 일장의 춘몽이라" 고 불렀다.

"

이성봉 목사님은 '허무주의적 정서' 를 비판적으로만 보지 않고 긍정적으로 보고있다. 기독교 신앙은 현세 부정을 통한 현세 긍정적 신앙이지만 궁극적으로는 현세 부정을 통한 내세 긍정적 신앙이기 때문입니다. 성경에는 분명히 현세 부정적 요소가 나타나 있다. "헛되고 헛되며 헛되고 헛되니 모든 것이 헛되도다" (전 1:2). "무엇이든지 내게 유익하던 것을 내가 그리스도를 위하여 다 해로 여길뿐더러 또한 모든 것을 해로 여김은, …… 내가 그를 위하여 모든 것을 잃어버리고 배설물로 여김은" (빌 3:7-8). 이성봉 목사님의 신앙과 설교에 일종의 염세주의 또는 허무주의적 정서가 나타나 있기는 했지만 그렇다고 현실교회와 사회에 대해 무책임한 것은 결코 아니었다. 이성봉 목사님은 염세주의나 허무주의를 비판하기도 했다. "영안이 밝은 사람은 인생의 존귀를 발견하는 한편에 또한 세상이 헛되다는 것을 알게 된다. 그렇다고 세상을 비관하는 염세주의도 아니요, 세상을 무시하는 허무주의도 아니다. 아브라함이 자기 땅에 있으면서 외국인이요, 나그네라고 한 것은 더욱 아름다운 본향을 사모함이니, 이 말은 천국에 목적을 두고 세상에 목적을 두지 않는 건전한 인생관을 말한다." 이성봉 목사님은 세상에 대한 애착을 부정한 것이지 세상 안에서의 믿음의 삶 자체를 부정한 것은 아니었다.

이성봉 목사님은 부흥회를 인도하실 때마다 사례비를 적지않게 받으셨지만, 그 사례비를 어려움에 처한 교회들을 위해서 사용했다. 결국 사모님과 세 명의 딸들은 가난한 살림을 할 수밖에 없었다. 셋째 딸인 의숙양이 정신여고를 다니고 있었는데 교복대신 남루한 옷을 입고 있었는데, 이성봉 목사님 댁을 방문한 김동수 청년이 의숙양을 보고 가정부라고 생각했다가 이 목사님의 딸이라는 사실을 발견하고 충격을 받고 의숙양과 교제를 하게 되었고 결국 결혼까지 했다. 김동수 청년은 나중에 한국도자기 회사의 사장이 되었다.

어느 교회에서 이성봉 목사님께서 받으시는 사례비를 자기를 위해서 사용하시지 않는 다는 이야기를 들은 담임목사님이 목사님께 사례비를 드리는 대신 아주 값비싼 귀중한 선물을 드렸다고 한다. 그런데 이 목사님께서는 감사하다는 말을 하는 대신 이런 것을 주면 내가 어떻게 사용하냐고 짜증을 내셨다는 미담도 있다.

정진경 목사님의 "내가 본 이성봉 목사" 라는 글을 보면, 이 목사님의 인품을 알 수 있는 흐뭇한 미담이 있다.

"

그는 재물 관리에 성공하신 분이시다. 그 당시 어떤 부흥사보다도 부흥회를 인도한 후에 사례비를 많이 받으신 분이다. 그러나 그는 물질을 초월했다. 물질 관리에 지나칠 정도로 철저했다. 내가 신학교를 졸업하고 1948년도에 첫 목회지인 공주교회에서 시무할 때 이 목사님이 오셔서 집회를 인도하셨다. 집회가 끝나고 얼마 안 되는 사례비를 드렸더니 그 봉투에서 돈을 꺼내 들고 몇 번이나 반복해서 세어 보셨다. 그래서 그 이유를 물었더니 그 중에서 반을 꺼내주면서 '이것은 정전도사의 몫이야' 하시고는 다시 반을 봉투에 집어넣더니 '전부를 정전도사에게 주고 싶은데 어떤 가난한 전도사를 돕기로 약속했기 때문에 반만 준다' 고 하시면서 미안해하셨다. 그 분은 물질에 청렴하신 분이다. 내가 듣기로는 사모님과 딸들에게는 지극히 인색한 분이셨다고 한다."

❞

이성봉 목사님의 삶과 신앙은 9가지로 말할 수 있다.
이것은 한국교회와 그리스도인들에게 큰 귀감이 되며,
세상을 사는 우리에게 실천해야 할 중요한 지침이 된다.

첫째, 은혜 체험적 삶이다.
둘째, 구령과 교회부흥에 헌신한 삶이다.
셋째, 현세를 초월한 깨끗한 청빈의 삶이다.
넷째, 하나님 제일주의 신앙이다.
다섯째, 예수 중심주의 신앙이다.
여섯째, 회개와 중생의 복음 신앙이다.
일곱째, 성결의 복음 신앙이다.
여덟째, 신유의 복음 신앙이다.
아홉째, 재림의 복음 신앙이다.

한국교회의 무디, 이성봉 목사님이야말로 주님 사랑과 영혼 사랑에 사로 잡혀 구령과 교회부흥 사역에 헌신하시면서 가난과 고난과 섬김의 삶을 사신 분이시다. 그리고 현세를 초월한 깨끗한 청빈의 삶을 사신 너무너무 귀중하고 보배로운 신앙의 선배님이시었다. 따라서 한국교회는 신앙의 큰 산이었던 목사님에 대해 사랑과 존경의 마음으로 오래오래 기려야 할 것이다.

목사님의 사역은 한국교회의 무디로서 계속하여 우리에게 부흥과 감동을 주었다. 1945년 해방 후 이북에서 성결교회 재건운동에 앞장섰고, 1946년 월남 후에는 남한의 성결교 재건을 위하여 순회집회를 주도했다. 1957년에는 8개월 동안 미국에서 집회를 인도하기도 했다. 1961년부터 63년까지 408교회를 순회 부흥집회를 인도했다. 1965년 7월 23일 분열된 성결교회의 합동 총회에서 간절한 마음으로 예배를 인도하시고, 8월 2일 영원한 하나님의 부르심을 받아 아름다운 천성으로 떠나셨다.

참고문헌 - 이 글은 아래 문헌에서 인용, 발췌한 것이다.
김덕래. 불꽃 같은 부흥사 이성봉 목사. 서울: 생명의말씀사, 2002.
http://www.christiandaily.co.kr/news/ 김명혁. "한국교회의-무디-이성봉-목사님을-기리며". 기독일보, 조은식. 2017. 02. 11.

한국적 기독교의 지도자

김교신

83

1901~1945

무교회주의자로서 근대 한국의 기독교 역사 속에서
서구 일변도의 기독교적 형식을 거부하고
순수 한국적 기독교의 정착과 성숙에 헌신한 그는
교육과 사회운동에도 많은 공헌을 했다.

일본에서 변화된 인생

근대 한국의 정신사에서 뚜렷이 부각되는 선각자들 중에서 김교신처럼 그의 평생을 민족과 민중, 그리고 젊은이들을 위한 평신도의 교사로서 일관되게 살다간 사람도 드물 것이다. 그래서 후세에 김교신은 진정한 한국인으로, 그의 기독교는 한국의 기독교로 각인되어 있다.

김교신은 1901년 4월 18일 함경남도 함흥 사포리에서 장남으로 태어났다. 1918년 그는 함흥농업학교를 졸업하고, 이듬해 일본에 유학하여 동경정측영어학교에 입학했다. 이때 그는 그의 유교적 인생관 및 사회관에 깊은 회의를 느끼고 고뇌하던 중이었다.

그러던 어느 날 그는 노방전도에 의해 기독교인이 되기로 결심하고 동경의 야라이쪼 성결교회에 나가게 되고, 1920년 4월 그 교회에서 세례를 받았다. 그러나 그는 조직화된 교회의 체질적 결점들과 너무나도 세속적이고 인간적인 교회의 내분을 보면서 심한 혼란과 갈등을 겪었다. 그러던 중 그는 착한 한 목사가 교회로부터 축출당하는 것을 보면서 교회출석을 단념하고, 반년 동안 방황한 끝에 '무교회 기독교'의 창시자인 일본의 기독교 지도자 우찌무라 간조의 문하에 들어가 그의 성경강의를 청강했고, 1927년초 그가 한국에 돌아올 때까지 7년간 사숙했다.

그는 1922년 중등학교 교사를 양성하는 명문 동경고등사범학교의 영문과에 입학했으나 중도에 지리, 박물과로 전과하여 1927년 3월 졸업했다. 그 7년간은 그의 인격과 신앙의 형성에 결정적 영향을 미친 시기로, 그는 신앙의 스승 우찌무라 간조의 명강의였던 '로마서 강의'를 맨 앞줄에 앉아 경청하면서 속죄의 신앙에 대한 깊은 체험을 했다. 이것은 그에게 있어서 진정으로 그의 삶을 바꾸어 놓은 계기가 된 시간들이었다. 그가 이렇게 매료된 이유는 우찌무라의 '애국심' 때문이었다. 선생은 훗날 "나는 우찌무라 선생으로부터 애국과 복음을 배웠다"고 고백한다.

사회 계몽운동가로서의 삶

1925년부터 우찌무라 간조 문하에 있던 그는 한국인 유학생 6명으로 함석헌, 송두용, 정상훈, 유석동, 양인성과 함께 '조선성서연구회'를 만들어 희랍어를 배우면서 원문으로 성서를 연구하기 시작했고,

1927년 7월부터는 동인지 「성서조선」을 월간지로 발간하기 시작했다. 이 잡지는 12년간 일제의 탄압을 받으면서도 계속 버티었으나, 1942년 3월 제158호의 권두언인 "조와(弔蛙, 개구리의 죽음을 슬퍼함)"가 민족의 희망을 노래했다는 이유로 일제에 의해서 폐간되기에 이르렀다. 이때 그는 서대문 형무소에서 1년간 옥고를 치뤄야 했다. 그는 양정고보에서 10년간 박물교사로 재직했는데, 학생들에게 진정한 애국의 길과 진지한 삶의 자세를 본으로 보여주어 그들의 일생에 지대한 영향을 끼쳤다. 이때의 그의 제자로서는 어린이 운동가 "새싹회"의 윤석중, 덴마크의 농촌운동을 우리나라에 소개한 류달영, 베를린 올림픽의 마라톤 우승자 손기정 등이 있다. 손기정은 다음과 같이 그의 스승 김교신을 회고한다. 김교신은 손기정의 마라톤 코치의 한 사람으로 동경 예선까지 따라갔다. 손기정은 이 예선에서 중간지점에서 선두로 나섰는데, 그때 선두차에 탄 김교신의 눈에서는 눈물이 흐르고 있었고, 그래서 손기정은 연도의 사람은 보지도 않고 오로지 이 스승의 눈물만 바라보며 완주해서 우승했다고 한다. 그는 말했다.

"

나는 지금까지 선생님만큼 크시고 참다우신 교육자, 그리고 애국을 여러 면으로 스스로 실천하신 분은 본 일이 없다. 참으로 선생님은 크신 분 같다.

"

성경을 기반으로 한 조국

김교신은 성경을 가장 귀한 책으로 생각했고, 이 성경의 참 의미를 해석하여 조선에 전하는 것을 그의 필생의 과업으로 생각했다. 그는 성경의 진리 위에 선 조선이 하나님이 섭리로 계획하신 그 의의를 완수할 수 있을 것이며, 하나님께 영광을 드리는 민족과 국가가 될 것이라고 생각했다.

“

성서와 조선에 : 옛사람도 책 속에 온갖 보화가 스스로 있다하여 좋은 논밭보다도 서적의 고귀한 까닭을 설파했거니와, 서적이 귀한 것 일진대 책 중의 책인 성서가 가장 고귀한 서책이다. …….

성서를 조선에 : …… 우리는 성서를 배워 성서를 조선에 주고자 한다. 더 좋은 것을 조선에 주려는 자는 주라. 우리는 다만 성서를 주고자 미력을 다하는 자이다. 그러므로 성서를 조선에, …….

조선을 성서 위에 : … 그러므로 이러한 외형적 조선 밑에 영구한 기반을 넣어야 할 것이니, 그 지하의 기초공사가 곧 성서적 진리를 이 백성에게 소유시키는 일이다. 넓게, 깊게 조선을 연구하여 영원한 새로운 조선을 성서 위에 세우라. 그러므로 조선을 성서 위에 세우기를, ………

”

그는 이렇듯 성경을 통하여 하나님 앞에서 이 민족을 새롭게 하기를 원했다. 그의 운동은 조직적인 교회나 교파의 외부에서 이루어진 것이었기 때문에 민중의 생활을 바탕으로, 자신의 온 직장생활, 그리고 전체 사회구성원을 대상으로 하는 순수한 신앙운동이었다. 세상 사람들과 기성 교회들은 이러한 이들의 모임과 활동을 '무교회' 운동이라고 불렀고, 심지어 기성의 정통교파에 도전하는 무리로 이단시하기까지 했다. 또한 김교신에 대한 우찌무라 간조의 영향력을 비꼬아 '일본식 기독교', 혹은 '우찌무라 기독교' 라고 비난하기도 했다. 그러나 이들은 다만 교회라는 하나의 거대한 조직과 교파라는 하나의 짜여진 교리에서 벗어나려 했던 것이다.

“

실천하는 신앙

조선에 필요한 기독교: 조선에는 재화도 필요하다. 힘도 필요하다.

학문도 필요하다. 위대한 작품도 필요하다. 그러나 가장 필요한 것은 기독교다. 그러나 그것은 불행히 기독교 청년회의 기독교가 아니다. 교회의 기독교가 아니다. 제도의 기독교가 아니다. 의식의 기독교가 아니다. 16세기 종교개혁자들이 체험한 기독교다. 영적 기독교다. 산 기독교다. 즉 그리스도다. 그렇다. 현재의 조선에 절실한 것은 기독교요, 그 기독교는 살아 계셔 역사하시는 그리스도 자신이다. 우리는 교회를 필요로 하지 않으나 그를 필요로 하며, 청년회를 필요로 하지 않으나 그를 필요로 한다. 그를 얻고 우리는 전부를 얻은 바 되며, 그를 잃고 우리는 전부를 잃게 된다(1928년 7월).

”

김교신을 비롯한 이 운동의 주창자들은 하나님의 섭리에 입각해서 한민족의 존재 근거를 밝히고, 그 섭리의 역사적 사명을 밝힘으로써 민족 독립의 근거와 승리를 위해 독창적으로 그들의 명제를 다듬고, 그것을 목숨을 걸고 실천한 사람들이다. 그들은 화석화되어 가면서 기독교의 생명력을 잃어버린 기성교회의 굴레를 벗고 초대 기독교의 순수한 복음과 공동체적인 신앙을 회복하기를 원했고, 본질적으로 루터의 종교개혁의 이념을 한국에 적극적으로 실현해 보고자 한 사람들이었다.

“

그들의 성서연구회는 “서당 훈장 앞에서 논어나 대학을 공부하는 것처럼 옛 조선식이요, 더욱 악기도 없고 찬양대도 없고, … 법열의 경지를 유도하는 기도술도 없고, 심리학을 응용한 설교법도 모르고, 다만 교실에서 교과서를 공부하듯이 냉랭한 학습방식으로 성서를 공부하는 것” 이었다(1931년 2월 1일자 일기 - 김교신은 1930년 6월부터 가정집회 형식으로 약 10년간 성서연구회를 주도했다).

”

그래서 그는 당시 주로 미국의 정신적, 경제적 원조를 받고 있었던 당시의 한국교회에 크게 반발했다.

"

밤 청년회 성서반에서 세계일주한다는 미국 종교가의 침입을 당하여 그 자리가 혼란에 빠졌다. 내가 불운하여 아직 경의를 표할만한 미국인 종교가에 접하지 못했음을 한하였더니, 오늘 또다시 세계일주식의 미국 기독자를 대하니 자만심이 스스로 발동함을 억제할 수 없었다. 유치하고 젖냄새 분분한 미국식 기독교가 완전히 발육되려면 우선 온갖 미국과의 관계를 그 교회와 교육기관에서부터 절연하여야 하리라. 미국 능사란 하나에 황금, 둘에 스포츠, 셋에 토오키(유성영화).

(1933년 2월 1일자 일기)

"

참 스승으로서의 삶

이런 그의 이념들은 「성서조선」을 통하여 뿌리내리기 시작했다. 그러나 그는 기성교회들의 냉대와 일제 총독당국의 검열과 내적으로는 재정적인 궁핍에 시달려야만 했다. 그러나 이런 와중에서도 그는 약 15년 동안 158호까지 월간으로 책들을 엮어 내었다. 그는 이 사업을 그의 필생의 작업으로 여겼으나 끝내 폐간해야만 했다.

김교신은 귀국하여 평생을 중학교의 평교사로 헌신했다. 학생들에게 독립정신과 민족혼을 불러일으키는 민족주의적 교육을 일관했다. 또한 창씨개명, 신사참배를 거부하고 동포들에게 그리스도교의 참된 정신과 독립정신을 계몽했다. 그는 탁월한 교육적 역량과 높은 인격과 함께 강직함과 눈물을 가진 인간적인 스승이었다. 그는 많은 제자들을 길러내면서 커다란 감화를 끼쳤다.

그는 1942년에 피검되어 옥중생활을 한다. 옥중에 있는 동안 선생은 기도에 더욱 힘썼고, 매일 주기도문을 300번 혹은 100번씩 외웠다고 한다. 말씀과 기도생활에 철저했던 선생의 영성은 대단한 경지였다.

취조한 형사는 선생과 동지들을 두고 이렇게 말했다.

> "네놈들은 우리가 지금까지 잡아온 조선놈들 중에서 가장 악질분자다. … 네놈들은 종교의 가면을 뒤집어쓰고 조선 민족정신을 깊이 심어서 백년 후, 아니 5백년 후에라도 독립할 수 있도록 그 기반을 닦으려는 악질분자다" 라고 했다.

그는 1943년에 석방된 후 공직에서 일을 할 수가 없게 되어서 흥남 질소비료 공장에 들어갔다. 그는 일본의 패망을 예측하고 강제징용의 희생을 미리 막고, 각지에 흩어지는 동지들을 규합하며 수천 동포 노동자들을 위해 헌신했다. 또한 이 공장의 한국 노동자들을 도우며, 그 공장의 사정을 잘 알아서 조국 광복의 그날에 그 공장을 인수하려는 의도를 갖고 있었던 것으로 보인다. 그는 이곳에서 일하던 중 악성 발진티푸스에 감염되어 회생하지 못하고, 1945년 4월 25일에 그가 그토록 갈망했던 조국해방을 남겨둔 채 하나님의 부르심을 받았다.

동경대학의 정교수였던 '야나이하라 다다오' 는 그의 직책을 버린 다음 김교신을 찾아 한국에 와서 서울 청년회관 강당에서 "로마서 강의" 를 하면서, "조선의 청년이여, 낙심하지 말라. 그대들은 일본이 갖지 못했던 좋은 기독교를 갖추어 세계사에 기여할 날이 올 것이다" 라고 한국 청년의 사기를 북돋아 주었던 사람으로서 김교신과 친형제 이상으로 가까웠다. 그는 이렇게 김교신의 죽음을 애도했다.

> 나다나엘이 "참 이스라엘 사람" 으로 불리워지듯 김교신은 참 조

선인이었다. 씨(氏)는 조선을 사랑하고 조선민족을 사랑하고 조선말을 사랑했다. 그러나 씨의 민족애는 고루한 배타적인 민족주의와는 다르다. 씨는 그리스도의 복음에 의해서 신생된 조선인이었다. … 씨는 그리스도에 있어 자기 백성을 사랑하고 그리스도를 전하는 것으로 자신의 애국을 삼았다. 미국식의 천박한 기독교가 아니고, 불신앙의 소련 공산주의도 아니고, 더욱 세속적인 민족운동도 아니고, 권력자에 대한 영합, 협조도 아니고, 순수한 무교회의 복음 신앙에 의해 조선의 영혼을 신생시키고 이를 자유와 평화의 바탕하에 정의의 백성이 되게 하기 위해 씨는 그 귀한 일생을 바친 것이다.

”

그는 조선에서 다시 태어난 순수한 '조선산, 그리스도교' 를 수립하고, 교회에 매달린 교조적 신앙이 아닌 조선민족의 그리스도교를 뿌리내리는 무교회주의 신앙을 주장했다. "김교신의 무교회주의는 '영원히 개혁하려는 정신' 이었다." 그런 그의 신앙은 개인적 구제의 차원이 아니라 한 사람의 조선인 그리스도인으로서 시대의식을 명확히 지니고 조선민족의 애국신앙교육과 조국독립에까지 확대되었다. 그는 신앙과 삶과 역사가 하나 되는 삼위일체적 신앙을 살아낸 사람이다.

이만열 교수는 김교신 기념사업회 강연에서 "수입신학 · 번역신학에도 심지어는 구미식의 시장화한 교회형태까지 보이면서 바알과 아세라의 전당으로 교회가 변모되는 것을 보면서, 한국교회는 김교신 선생과 동지들이 꿈꿨던 '조선산' 기독교에 귀를 기울이지 않으면 안될 것" 이라며 "이런 점에서 선생은 오늘날 한국교회에 큰 울림을 다시 던지고 있다" 고 밝혔다.

기념사업회는 이날 발표한 선언문에서 "오늘 우리가 사는 이 시대가

90여년 전, 김교신 선생이 '무교회'를 내걸고 타락한 교회와 위선적인 목회자 및 교인을 향해 '신앙의 본질회복'를 외쳤던 그때보다 더 심각한 위기상황인지도 모른다"며 "문제는 위기를 위기로 의식하지 못하는 오늘 우리의 무감각한 시대 인식"이라고 지적했다.

또한, "그동안 말없이 김교신 선생의 삶을 그대로 본받아 살기를 애써온 사람들, 선생의 신앙과 사상의 실체가 무엇인지 규명해 세상에 알리려 애써온 사람들, 그리고 오늘 한국교회의 위기상황을 가슴 아파하면서 교회의 치유와 회복을 위해 기도하며 애써온 사람들이 기념사업회의 그루터기가 될 것"이라며 "강고했던 중세 교권주의 교회에 대항해 '오직 믿음', '오직 성경'을 외치고 실천함으로 교회사 뿐 아니라 인류역사에 새로운 시대를 열었던 루터의 종교개혁, 그 신앙과 정신에 투철했던 김교신 선생의 가르침이 오늘 우리에게 절실하다"고 전했다.

작금의 우리는 이런 신앙의 정체성을 물려주는 각고의 노력과 결단을 본 받아 계승하고, 생명을 바쳐 참된 신앙의 본질을 회복해 나가야 할 것이다.

참고문헌 – 이 글은 아래 문헌에서 인용, 발췌한 것이다.
김교신의 전기적 자료와 자전적 글들과 증언들은, 아래 문헌–김정환에서 발췌.
김정환, 『김교신–그 삶과 믿음과 소망』. 서울: 한국신학연구소, 1994,
http://blog.daum.net/enlargement/18315867. 제임스강. "김교신". 2017. 7. 5.
http://www.christiandaily.co.kr/news. 이동윤. "김교신, '무교회주의'로 '신앙의 본질회복' 외쳤다." 기독일보. 2014. 11. 29.

씨알의 선각자

함석헌

1901~1989

민족주의와 기독교 정신이 풍성한 집안에서 자라난 그는
일제하 민족의 독립을 추구하는 저항의 삶을 살았고
해방 후에는 제도권 기독교의 타락을 경고하면서
민주주의를 위한 행동하는 양심으로서의 삶을 살았다.

민족의식의 함양

함석헌은 1901년 3월 13일 평안북도 용천의 바닷가 마을, 일명 사자섬이라는 곳에서 한의사였던 함형택의 장남으로 태어났다. 함형택은 매우 명망있는 한의사였다. 평안도 뿐만 아니라 서울, 만주는 물론 일본에서까지 환자들이 줄을 이을 정도였다. 마을은 가난했지만 그의 가족의 생활 수준은 여유가 있는 편이었다. 1920년대 말 함형택이 마을에 장로교회와 학교를 설립하고 장로가 되었다. 함석헌은 어려서부터 민족주의 정신과 기독교 정신으로 충만하던 집안 친척 어른들의 영향을 받았다. 특히 열렬한 기독교 신자였고 활동가였던 삼촌인 한학자 함일형을 통해 민족주의 정신과 기독교 신앙이 조화된 원형의 이념을 체득했다. 함일형은 마을에 어떤 문제가 생기거나 농민들이 불만이 있을 때 그들을 위하여 대변인 역할을 자주했다. 그런 탓에 그는 관가에 끌려가 매질을 당하기도 했다. 함일형의 장남 함석교는 장로교 목사가 되었고, 둘째 함석은은 동경에 유학을 다녀와서 민족 지도자가 되어 독립운동에 정열을 바친다. 이러한 분위기에서 함석헌이 기독교의 영향을 지대하게 받았다는 것은 당연했다. 함일형은 3.1운동 후 일본 경찰에 수감되었다가 출감 후 마을에 서양식의 장로교 사립학교를 설립한다. 함석헌은 이 학교에 다니면서 기독교와 민주주의의 영향을 받게 된다. 함석헌이 1916년에 평양고등보통학교에 입학하여 장차 의학 공부를 하려는 포부를 갖고 공부하던 가운데 3.1운동이 일어났다. 그는 3.1운동에 참가하여 3학년 때 평양고보를 중퇴하고, 21세에 정주에 있는 오산고등보통학교 3학년에 편입하여 졸업을 했다. 여기에서 그는 웰즈의 세계사, 카알 라일의 의상철학, 폭스의 일지, 쉘리의 시 모음 등, 서구 사상가의 글을 읽으며 사고의 지평을 키워갔다. 오산고보는 남강 이승훈이 세우고 고당 조만식이 교장으로 있던 학교로서 그는 거기에서 사상 형성에 결정적인 영향을 받았다.

“

오산학교의 3대 정신은 다음과 같다.
그 첫째는 청산맹호식의 민중 정신이요,
그 둘째는 자립 자존의 민족 정신이요,
그 셋째는 참과 사랑의 기독 정신이다.

”

오산학교에서 그의 사상은 남강 이승훈으로부터 깊은 영향을 받아 그의 삶의 등불이 민족주의적 교육을 통해서 불타오르게 되었다. 이승훈은 한국독립의 중요성을 강조했다. 또한 그는 유영모로부터 깊은 영향을 받았다. 유영모는 노자, 장자, 공자, 맹자를 비롯하여 다양한 동양의 고전철학을 가르쳐주었다. 그는 유영모로부터 그의 후기 사상인 "씨알"의 개념을 깨우쳤고, 그 씨알의 열매가 반세기 후에 "씨알 농장"에서 자라 결실을 맺었던 것이다. 그것은 씨알의 소리를 통한 "씨알=민중"이라는 민중주의의 현실적 이념들이었다. 다음으로 그의 삶을 변화시킨 정신적 스승은 1923년 일본에 유학했을 때 만난 무교회주의자 내촌감삼(内村鑑三)을 통해서이다. 그는 어느 날 우연히 김교신이 우찌무라 간조(内村鑑三, 1861~1930)의 모임에 나가는 것을 알게 되어 그의 소개로 우찌무라의 문하에 들어가게 되었다. 그 영향은 「성서조선」을 통한 문서활동에서 충성된 종으로서의 임무수행을 했다.[1)]

그는 동경고등사범학교 재학 중에 우찌무라 간조의 영향으로 김교신, 송두용, 정상훈 등과 함께 무교회주의 운동을 하기도 했다. 이 운동은 성서중심의 신앙생활을 추구하는 기독교 사상을 가진다. 무교회주의자들은 기독교 믿음과 신학의 근거는 눈에 보이는 교회와 전통이 아니라 성서라는 복음주의 사상을 가지고 있다. 그리하여 교회에 다니지 않고도 신앙을 유지하는 무교회주의 신앙클럽을 결성했다. 그는 귀국 후에도 무교회주의에 대한 신념을 버리지 않고, 계속 강력하게 주장했다.

민주화 투쟁

함석헌은 「성서조선」(61-83호)을 통하여 1932~1934년 동안 "성서적 입장에서 본 조선 역사"를 발표한다.

여기에서 함석헌은 지리보다는 인간을 역사의 주인으로 보았고 민중을 역사의 주체요, 원동력으로 규정한다. 또한 식민주의 사학의 병폐를 극복하고 민족주의 사학의 한계를 넘어서고자 했다. 그리하여 그리스도교적 종말론을 전제로 한 발전적 사관을 한국사에 본격적으로 적용했던 것이다.

1942년 3월 성서조선이 폐간되었는데, 일본 경찰은 여기에 관계된 김교신을 포함한 13명을 구금함과 동시에 몇백 명에 이르는 독자들과 구속하는 만행을 저지른다.

해방 전까지 일제에 의해 4번의 옥살이를 한 함석헌은 이 감방의 기회를 자신의 사상과 역사의식의 지평을 넓히고 다듬는데 사용했다. 해방 후에 함석헌은 무교회를 탈퇴하고(1952년) 퀘이커를 만나 교류한다. 퀘이커의 평화운동에 깊은 감동을 받았던 것이다. 더군다나 기독교로부터 공격을 받았고 스승인 유영모로부터도 내침을 받았다. 그리하여 1958년경부터 '퀘이커' 에 입문하게 된다.

—《퀘이커(Quaker)는 1650년대에 영국의 죠지 폭스(George Fox)가 창시한 기독교의 교파이다. "하나님 앞에서 벌벌 떤다"는 죠지 폭스의 말에서 유래했다. 한국에서는 '종교친우회' 라고 명명하고 있다. 그들은 청교도와는 달리 칼빈주의 예정설과 원죄 개념을 부인했다. 모든 사람은 자기 안에 신성을 지니고 있으므로 이를 기르는 법을 배우기만 하면 되고, 그렇게 신성만 기른다면, 모두가 구원받을 수 있다고 믿었다.[2] 퀘이커의 예배의 특징은 침묵의 예배로써, 퀘이커 각자는 침묵을 통해 내면의 빛을 볼 수 있도록 한다. 장소는 특정한 공간적 제약을 받지 않으며, 예배를 이끌어가는 별도의 성직자나 목사를 두지 않는다. 그들은 영국에서 올리버 크롬웰의 종교적 관용 정책으로 크게 확산했으나 이후 찰스 2세가 국교회 정책을 펴면서 정부에 의해 탄압을 받았던 종교이다. 함석헌은 이런 종교에 점점 심취하게 된다.》—

다른 한편으로 함석헌은 활발한 저술활동을 하는데 1956년『한국 기독교는 무엇을 하고 있는가?』, 1958년『생각하는 백성이라야 산다』등을 발표한다. 그는 간디(Mohandas Karamchand Gandi, 1869-1948)의 비폭력 무저항 해방운동, 즉 평화사상을 가장 위대한 정신으로 받아들였다. 그의 간디에 대한 존경심은 1960년대 이후에는 "실천하는 양심"으로서 그의 사회참여에서 나타난다. 1962년 미 국무성의 초청으로 미국, 유럽, 아프리카를 여행하고 있던 그가 현실에 대하여 직접적인 행동에 나서게 된 것은 1961년 독일에서 공부하고 있었던 민중신학자 안병무를 만나고부터이다. 안병무로부터 5.16 군사세력이 정치세력이 됨을 주저하지 않았다는 소리를 듣고, 1963년 귀국한 그는 "5.16을 어떻게 볼 것인가", "3천만 앞에 울음으로 부르짖는다"를 발표하는 계기로 야당인사를 위한 연설, 3선 개헌반대 투쟁위원회 참여, 민주수호 국민협의회 활동 등, 온갖 직언과 사회 활동을 하게 된다.

한편으로는 1970년「씨알의 소리」를 창간하여 자신의 씨알사상을 전개시켜 나간다. 당시의「씨알의 소리」는 장준하의「사상계」와 더불어 이 땅의 비판적 지식인과 민중의 대변지 역할을 하게 된다.

1972년 "군인정치 10년을 말한다." 1976년 3.1 '민주구국선언'에 동참하여 징역 5년, 자격정지 5년을 받았으면서도 씨알의 중요성을 인식하고 계속하여 "씨알의 혁명", "씨알의 꿈", "생각하는 씨알이라야 산다." 등의 글을 발표한다.

1980년도 광주민주화운동 이후에는 지난 시기의 자기의 종교적 신념, 역사의식, 씨알사상을 통전적으로 되씹어 내는 시기라고 할 수 있다.

서울 혜화동 대학로를 걷다 보면 길거리에 함석헌 선생의 시비(詩碑)가 나온다. '그 사람을 가졌는가?' 라는 제목과 함께 새겨진 글귀를 가만히 읽어보면 누구나 숙연해지지 않을 수 없다.

그 사람을 가졌는가? - (함석헌)

그 사람을 가졌는가?
만리 길 나서는 날
처자를 내맡기며
맘 놓고 갈만한 사람
그 사람을 그대는 가졌는가?

온 세상 다 너를 버려
마음이 외로울 때에도
"너 뿐이야" 하고 믿어 주는
그 사람을 그대는 가졌는가?

탔던 배가 가라 앉을 때
구명대를 서로 사양하며
"너만은 제발 살아다오" 할
그 사람을 그대는 가졌는가?

잊지못할 이 세상을 놓고
떠나려 할 때
"너 하나 있으니" 하며
빙그레 웃고 눈을 감을
그 사람을 그대는 가졌는가?

온 세상의 "예" 보다도 "아니오"라고

가만히 머리 흔들어
진실로 충언해 주는
그 한사람을 그대는 가졌는가?

1989년 2월 4일 새벽 '한국의 간디' , '싸우는 평화주의자' 로 불리며 일제시대와 해방 후 격동의 시대를 행동하는 지성으로 살아온 함석헌 선생이 노환으로 향년 88세에 별세했다.

톨스토이의 보편적 휴머니즘과 간디의 비폭력 평화주의를 주창한 그는 군정 및 베트남 파병, 그리고 한일 굴욕외교와 3선 개헌에 반대하며 끊임없는 저항운동을 전개하면서 85년 노벨평화상 후보에 오르기도 했다.

길다란 수염과 하얀 백발, 두루마기와 고무신으로 표상되는 그는 민주화운동의 한복판에서 시대의 대표적인 지식인으로 자리매김했고 탁월한 문장력과 웅변은 한국인의 인권과 평화의 수준을 한 단계 끌어올렸다.

참고문헌 및 각주 – 이 글은 아래 문헌에서 인용, 발췌한 것이다.

1) 함석헌, "나의 자서전: 죽을 때까지 이 걸음으로," 서울: 삼중당, 1964. / 한 숭흥, "무교회주의," 서울: 두란노, 1991.

2) 앨런 블링클리 <있는 그대로의 미국사>. 황해성 외 역. 서울: 휴머니스트, 2005. p.99.

http://news.zum.com/articles/35866374. "사상가 함석헌 선생 별세". 한국일보 2017. 02. 04.

http://blog.naver.com/jjpp6712/221016283070. 함석헌. "그 사람을 가졌는가?". 2017. 5. 28.

http://ko.wikipedia.org/wiki/(한국어 위키백과)

침묵의 성자

한상동

85

1901~1976

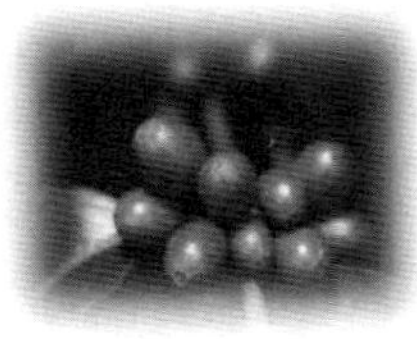

예수 그리스도를 구주를 영접하고 일제하 신사참배를 반대하다가 고난을 당했던 그는 보수신앙을 수호가기 위하여 그려신학교를 세우고 후학들을 기르고 기독교 영성을 추구했던 성자다운 삶을 살았다.

고난을 마다하지 않은 신앙

한상동은 1901년 7월 30일 경남 김해군 명지면 명지에서 한치명씨와 배봉애씨 사이의 8형제 중 넷째로 태어났다. 부친이 염전을 갖고 있어서 부유하게 살았으나, 1904년 8월 20일 해일로 인하여 모든 것을 잃고 신평으로 가서 가난하게 살아가게 되었다. 그는 6세 나던 해에 부모와 형제를 떠나, 그의 5촌 당숙이던 한금출의 집안에 양자로 들어가게 되었다. 그는 어릴 때, 다대포에서 고독한 유년 시절을 보내게

되었다. 그의 양부는 당시로서는 부자여서 생활의 어려움을 모르고 자랐다.[1)]

그는 일곱 살 때 서당에 들어가 한학을 배웠고 열살 때부터는 신식 학문을 가르치던 다대 실용학교에 다녔다. 이때 그는 애국심을 길렀고 이후 반일사상에 철저한 사람이 되었다. 이 실용학교를 졸업한 후 그는 동래 고보에서 공부했다. 그는 일본유학을 원했으나 양부의 반대로 실패하여 다대 실용학교 교사로 일을 했다.

1921년 21세 때부터 인생문제로 고민을 하다가 견디지 못하여 자살까지도 생각해 보았으나, 1924년 24세 되던 봄부터 박창근 전도사의 전도로 예수를 믿게 되었고, 주께서 불러 교회에 출석하게 되어 25세 때에 세례를 받고 신앙으로 살게 됨에 따라 핍박이 시작되었다. 우리 풍속은 특히 선조의 제사에 대하여 관심이 많은 것이다. 그런데 저는 양자로 간 사람이니만큼 본래 무자(無子)한 사람이 양자를 구함은 선조의 제사 문제가 중대한 일이 되는 것이었다. 사정이 이렇게 되고 보니 미리부터 예측한 바이었지만, 예측 그대로 양가(養家)에서 쫓겨났다. 쫓겨나왔다가 양가 부모의 감정이 좀 식어지면 다시 들어가고, 또 쫓겨났다가 또 들어가고 하여 약 3년간이나 쫓겨나왔다 들어갔다 하는 중 별별 사건도 많았다. …… 결국 문중 사람들 중에 남자로 대표되는 이들 30-40명이 모여서 일가족을 위한 사건의 회의를 하고 내게는 파양선고(破養宣告)를 한 것이다. 그때 양모 되신 어머님이 목을 매어 죽은 모양이라 대문 밖에서 들으니 온 식구들의 곡성이 진동했다. 나는 들어갈 수가 없어 대문 밖에서 듣다가 이제는 멀리 도망할 수밖에는 다른 도리가 없다고 생각했다. 그리하여 전도사를 찾아 방문하고 사연을 말한 후 도망하겠다 했더니, 오늘 밤은 전도사 댁에서 자고 내일 되어가는 형편을 보아서 어떻게 해라 하여 거기서 자고 보니, 소식이 들리는데 별세하지는 아니하셨고 목을 맨 까닭으로 아직도 괴로워하시는 모양이라 하며, 양가에서 사람을 보내어 나를 찾아 왔었다. 이는 양가에서 생각하기로 축출을 당한 자식이 자살이나 하지 않았나 함이었다. 그래서 나는 다시 양가에 들어갔으나, 가정의 불평은 여전히 계속되어 3년이란 세월을 지난 27세 되던 9월경에는 아주 축출을 당했다.

기독교를 반대하는 학부모들과 양부모 때문에 그는 학교를 그만두고 1927년 9월 호주 선교사가 운영하는 진주 광림학교에 교사로 들어갔다. 그러나 그는 마음속에 타오르는 복음에 대한 열정 때문에 그 일을 계속할 수 없었다. 그리고 1928년 9월 경성의 피어선 고등성경학교에 다녔으나 수준이 맞지 않아 복음전도의 일선으로 나섰다. 그는 주님의 복음을 전할 생각만 간절하여 마침 경남 여전도회 사업으로 전도인의 사명을 받아서 교회도 없고 신자도 없는 곳으로 전도하러 갔었다. 그는 열심히 전도했고 뜨거운 신앙의 체험도 하게 되었다. 그래서 1939년 봄 평양신학교에 입학하여 신학을 공부하고 1938년 3월 경남노회에서 안수 후 문창교회에 부임했다.

그는 은혜가 충만한 사람이었으므로 성령 안에서 복음의 메시지를 전해서 교회를 잘 돌보았다.

환난의 시작

수년 전부터 일본 국가가 강요하던 신사참배 문제로 직접 교회와 마산경찰서에서 마찰이 시작되었다.

지방 시골교회에서 오는 조사님들의 말을 들으면 신사참배 하지 않는 자는 죽지 않을 정도로 말할 수 없는 고통을 준다고 한다. 한 가지 예를 든다면, 어떤 조사님을 꿇어 앉혀 놓고 다리 사이에 큰 몽둥이를 넣어 한 시간 이상이나 있다가 그도 부족하여 순사 2명이 그 양단(兩

端) 위에 올라 앉아 다리뼈가 으스러지는지, 어찌되는지 감각이 없고 걸음도 못 걸을 지경에 이르게 한 후 집으로 보냈는데 치료한 후 겨우 불구자는 면했다고 한다. 나의 고민은 차라리 죽어지면 오히려 다행이겠는데 만일 불구자가 되면 이 일을 어찌하나 함이었다.

> 이에 나는 기도하기를 "오, 주여! 이 몸을 드리나이다. 신사참배를 반대하다가 불구자가 되어도 주님께 영광만 된다면 나는 이로써 만족하겠나이다. 전지전능하신 주여 뜻대로 하옵소서! 아멘."[2)]

이렇게 기도하는데 하루는 마산경찰서에서 마산 시내에 있는 각 교회 제직 전부를 불러 좌담회를 한다고 했다. 우리 당회에서도 각 직원들과 함께 참석했다. 경찰서장 이하 서원 전부와 시내 중등학교 교장(일본 사람)들도 참석했다. 그리하여 경찰서장이 간단히 취지 설명을 한 후 마산중학교 교장이 미리부터 단단히 준비를 하여 가지고 와서 신사참배를 하여야 할 이유에 대하여 일장(一場) 연설을 했다. 그때 연설이 끝나자 서장이 나에게 신사참배의 가부를 말하라고 했다. 나는 그 자리에 들어갈 때부터 주님께서 나와 함께 계셔 주심이 믿어졌다. 그래서 나는 중학교 교장이나 서장이 말한 것에 대하여 옳은 것은 옳다하고, 아닌 것은 아니라고 힘 있게 증거 했다. 이렇게 힘 있게 증거하게 된 것은 하늘의 권세와 땅의 권세를 다 가지신 주님께서 나와 같이 계심이 믿어졌던 까닭이었다. 그 자리에 앉았던 우리 믿는 형제들이 다 크게 두려워 한 것은 한 목사가 너무도 강하게 신사참배를 반대하였은 즉, 오늘 한 목사는 크게 어려움을 당하리라고 짐작했던 까닭이다. 우리 믿는 형제들은 나를 동정해 마지 않았으며, 한편 서원들은 서장의 명령 한 마디에 나를 검속할 태도를 보였다. 그러나 서장의 태도는 의외에도 나를 주목하여 보다가 서원들을 보면서 검속하지 말라는 뜻으로 도리질을 하여 의사를 표시했다.

아~! 나와 같이 계시는 주님은 진실로 나의 피난처가 되어 주시었다. 그리하여 우리 일행은 그 자리에서 무사히 나왔는데 같이 갔던 우리 형제들은 그 되어진 일로 인하여 큰 힘을 얻었다.

그러던 중에, 마산경찰서에서는 매일 나 혼자 불러서 갖은 곤란을 주었다. 그러는 중에 한 가지 증거 하고자 함은 신사참배를 못할 이유를 기록하여 달라고 하며 만일 그 신사참배 못할 이유가 합당치 못하면 용서할 수 없다고 위협한 것이다. 나는 기도했다.

> “나와 같이 계시는 주님이시여! 법관 앞에 설 때에 무엇을 말할까? 염려하지 말라! 내가 말할 것을 주리라 하신 주님이시여! 이제 나에게 주시옵소서”

기도하는 순간에 여섯 대지(大旨)로 신사참배 못할 이유가 환하게 알아지는데 그대로 기록하여 주었더니 서장이 나보고 “너 같으면 신사참배 못 하겠다 나가라!” 고 말했다. 주님은 지금도 살아계셔서 나와 같이 계심이 너무도 확실했다. 그러나 그 후부터 점점 형세가 흉악하여 마침내 나는 문창교회에 시무할 수가 없게 되었다. 이에 대하여 자세한 사정은 말하지 못하나 간단히 말하자면 내가 문창교회에 있으므로 나 자신의 고난은 물론이거니와 그 보다도 온 교회 교인들에게 갖은 고난을 주게 되는 것이었다. 혹 어떤 교우 중에서는 한 목사가 사임했으면 좋겠다는 이도 있었다. 이는 교우들이 너무 괴로움을 당하는 까닭이었다.[3)]

신사참배 반대운동

떠나기 어려운 나 자신! 보내기 싫은 문창교회 형제들, 아~가슴에 뭉친 한없는 한탄에서 말 못하고 흐르는 눈물은 나의 일생을 통하여 잊기 어려운 것이었다. 나는 부산으로 나와 일 년이란 세월을 가만히 침묵하고 있으면서 신사참배 반대운동을 했다. 이 운동은 점점 확산되어 마침내 전국적 문제가 되었다.

………….

기도하던 중 한국교회를 위하여 신사참배 반대운동을 철저히 할 필요가 있음을 깊이 느낀 것이다. 수양회를 마친 후 집으로 돌아왔는데 하루는 문창교회 김두석(金斗石)이라는 여학교 선생에게서 편지가 왔다. 편지 내용은 신사참배 문제로 고민이 되니 어떻게 해결할 방침이 없을까 함이었다. 나는 즉시 마산으로 가서 만나 보았으나 문제는 단순하지 못했다. 여학교 선생으로 처녀인데 이 여선생의 받는 월급으로 늙은 어머니와 홀로 있는 오빠, 이 세 식구가 그날그날 생활하여 가는 것이다. 만일 신사참배를 하지 않으면 학교 선생으로 있을 수 없으니 3 식구의 생활은 물론이고, 신사참배를 하려니 신앙 양심으로 도저히 할 수 없는 것이요, 참배를 하지 않고 그대로 선생으로 봉직하려니 남자도 견디지 못하는 일을 처녀의 몸으로는 도저히 불가능한 일이었다.

> “나와 같이 계시는 주 예수여! 이 일을 어찌하오리까?” 나는 기도하지 않을 수 없었다. 그리고 이 세 식구를 향하여 나는 이렇게 말했다. “공중에 나는 새도 먹이시는 주님께서 여호와의 계명을 지키기 위하여 신사참배를 거부하는데 그냥 내버려 두시겠습니까? 모든 생활을 주님께 맡기며 주님을 믿는 신앙으로 학교 선생직을 사직할 수밖에 없습니다” 하고 말이 떨어지자 늙으신 모친은 “나는 이대로 주림을 당하여 죽을지언정 신사참배하고 받는 월급으로 먹고 살기

는 원하지 않는다" 고 말씀하시니 김두석 선생은 쾌활하게 "나는 학교 일 보는 것 그만 두겠습니다" 하며 이제 3식구의 생사 전부를 주님께 맡긴다는 기도로 그 밤을 나하고 네 사람이 혹은 울며 혹은 기뻐하며 지냈다.[4)]

❞

일제의 신사참배를 반대하다가 교회를 사면하게 되자, 그는 본격적으로 신사참배 반대운동에 나섰다.

1939년 12월경이었다. 이인재 형님이 평양신학교에 공부하러 갔다가 신사참배 문제로 학교가 개학을 못하니 평양신학교 기숙사에 머물러 있으면서 개인교수를 받고 있었다. 이때 어떤 청년이 와서 돈 4백원을 주면서 말하기를 신사참배 반대운동에 사용해주기를 바란다고 하기로 그 돈을 가지고 나에게 찾아와서 상의하는 것이었다. …….

그리하여 이인재 형과 같이 경남 각 지방 순회하며 신사참배는 물론이고, 각자 개인 신앙 부흥운동을 시작했는데, 실행할 조목은 다음과 같았다.

1. 신사참배 하는 교회에는 출석하지 아니할 것.
   (이는 신사참배하는 목사가 그 교인을 인솔하여 가지고 수시로 신사참배하러 가기 때문이다).
2. 신사참배한 목사에게 성례를 받지 아니할 것.
3. 신사참배한 교회에 십일조와 연보를 하지 아니할 것(우리 개인 신앙 부흥운동하는 일에 연보하여 도와주기 위한 까닭이다).
4. 교회 출석 하지 않는 교인끼리 모여 예배하되 특별히 가정예배를 드릴 것. …… 등 이었다.[5)]

그는 주님께서 하시는 일에는 하나님의 영광을 위하여 주께서 우리의 피난처가 되어주심을 경험했다.

"

한상동 목사의 옥중기 – 최후의 각오[6]

1940년 7월 3일이었다. 나는 경남도 경찰부(道警察部) 유치장에 구검이 되어 인생으로서는 차마 견디지 못할 어려움을 당했다. 나는 그 어려움을 당할 때마다 사랑하는 주님께 나의 전 생명을 맡기었다. 아무리 어려운 일을 당하여도 우리 주님께서 나를 천당으로 데리고 가신다고 믿었다. 형사는 물론 나의 숨이 끊어지도록 어려움을 주었다.

그러나 나는 주님을 향하여 다른 세계에서 주님과 교제하고 있었다. 그러므로 나의 얼굴은 태연했다. 평화의 세계를 참으로 맛보았다.

주님의 그 크신 사랑을 나는 그때 맛보았다. 그 사랑은 샘솟듯 했다. 나는 갖은 어려움을 당하며 나의 몸을 자유로이 할 수도 없었다. 그때 주님께로부터 오는 한없는 그 사랑, 아~! 나는 너무 감격에 넘쳐서 울었다.

…………….

만 1년을 지나 1941년 7월 10일에 평양형무소로 이송되었다. 평양경찰서 유치장에서 하룻밤을 지냈는데, 주님의 은혜로 뜻하지 않게 여기서 주기철 목사님을 만났다. 주기철 목사님이 갇혀 계신 방으로 들여보내 주었다.

나는 너무나도 반가웠으며 그 밤은 참으로 잊을 수가 없다. 주 목사님과 모든 이야기를 하지 못하게 했다. 이것이 주 목사님과의 마지막 말씀이 될 것인 줄 나는 이미 각오한 바이었다.

"연로하신 어머님을 두고, 난 먼저 세상을 떠나는 것은 ………"
하시고 다음 말씀을 하지 못했다. 간수는 "주 목사님과 말씀 다 했지요" 했다. 부산과 다름없는 평양 간수였다. 때에 주 목사님은 눈물에 잠기어 침묵했다.

주 목사님은 80이 넘은 노모를 두고 먼저 가는 불효를 안타까워하며 그의 손을 잡고 울었다.

그는 주기철과 하룻밤을 보내고 다음 날 다른 감방으로 이송되었다. 그는 옥중에서의 무수한 고난으로 폐결핵이 재발되어 거의 죽을 지경에 이르게 되었다. 그러나 그는 하나님의 음성으로 다시 살아날 것을 확신하게 되었고 그가 다시 세상으로 나갔을 때 해야 할 일을 기도로 준비했다.

1942년 9월경이었다. 예심 판사가 30명이나 되는 소위 공범자인 우리를 차례로 불러서 간단한 심문이 있은 후이었다. 하루는 간수가 내게 와서 문을 열고 말하기를 "287번!" 하고 불렀다. 형무소에 있어서 나의 이름은 287번이었다. 7)

"3일 후에는 집으로 나가게 되었다. 그동안 많은 고생을 했다" 고 하면서 위로를 하여 주었다. 또 다른 간수들도 여러 사람이 와서 한 가지로 말하며 출옥하게 됨을 축하 하는 뜻으로 말했다. 그런지 3일 만이었다. 조반을 먹은 후 간수는 나에게 말하기를 "오늘은 법정에 가서 예심 판사를 만나보고 오늘 밤에는 집으로 나간다!" 고 했다. 그리고 나를 데리고 법정으로 가는 간수도 "오늘은 집으로 나간다!" 고 하면서 친절히 대해 주었다.

법정에 가서 예심 판사를 만났는데, 대단히 친절히 대해 주며 묻는 말이 "왜 예수를 믿었느냐?" 신앙의 동기 또는 신학을 한 동기 등을 물었다. 그리고 마지막으로 "일본 나라 '왕' 에 대하여 어찌 생각하느냐?" 했다. 물론, 일본 왕에게 충의를 다하겠다는 성의가 있을 줄 알았던 것이다. 그리하여 일본 국가를 위하여 힘써 달라는 말로 설유하고 그날 출옥 시킬 예정인 것이었다. 그리고 나도 출옥하리라고 믿었던 것이다. 그러나 주께서는 나의 마음을 주장하사 일본 왕에게 충의를 다하겠다는 말을 하지 못하도록 나의 맘을 어둡게 만들어, 온 천지가 캄캄하여 이에 대하여 한 마디도 말하지 못하도록 내 입을 막으셨다. 이 체험을 나만이 알 수 있었다.

나는 할 말이 없어 "생각하여 보지 못했다"고 대답했다. 검사의 말이 목사로서 일본 국체에 대하여 생각하여 보지 못했다는 말은 너무도 의외의 대답이라고 하여 내가 능히 대답할 수 있는 정도로서 가르쳐 준다. 그러나 나는 할 말이 없었다. 20분 가량이나 기다리다가 검사는 분이 발하여 하는 말이 "금일 우리 일본 청년들이 누구를 위하여 전지에 나가서 죽느냐?" 하며 "빠가 빠가 빠가" 하며 수십 차례 거듭하며 욕하는 말이 "이놈아 잘 묶였다. 잘 갇혔다. 이놈아 죽어라. 이놈아 썩어라" 하며 분이 나서 날뛰고, 서기 역시 분이 나서 일어섰다, 앉았다 하며 그 문제는 다 해결되었는데 말 한 마디 하지 못해서 출옥하지 못함이 심히 안타까워하는 태도이었다.

나는 형무소로 돌아와서 그때부터 더욱 심한 고난을 당한 것이다. 하나님은 전에 신사참배하지 못할 이유를 명확하게 보여주시다시피 하시더니 일본 왕에게 충의를 다 하겠다는 말은 기어코 하지 못하게 하심이었다(막 10:19-20). 진실로 주님께서 하신 말씀은 금일도 여전히 그대로 변함없이 이루시는 우리 주님이시다. 나의 폐병은 날로 위중하여 형무소에서도 이 사람은 아무래도 살지 못할 사람인 줄 알고 있으며 나 역시 타계로 갈 줄 알고 몇 번이나 "오 주여, 어서 데리고 가시옵소서. 나의 한날의 생활이 괴롭습니다" 고 부르짖었다. 나의 마음은 뜨거웠다. 주님 위하여 옥중에서 세상을 떠나는 것이 너무 감사했다. 아! 나는 진실로 나의 생명보다도 주님을 더 사모하게 되었다. 나는 밤마다 "오늘 밤이나 데리고 가실른지!" 하며 기다리는 것이었다.

주님은 다시 나에게 보여 주시었다. "결단코 세상을 떠나지 아니하리라" 하시는 것이었다. 나는 주님께 감사하며 믿었다. 의외에도 그 옥중에서 날이 갈수록 병이 물러갔다. 기침도 점점 없어지고 담도 차차 줄어지며 가슴의 괴로움도 점점 없어졌다. 이것은 이적 중에도 큰 이적이다. 이때는 더욱이 전쟁 중 일본이 최후의 발악을 하고 있을 때이다. 식료품은 짐승도 먹지 못할 것을 주는 때가 많았으며 그 방안의 공기는 더욱 무거웠다. 뿐만 아니라 정신적으로 말할 수 없는 괴로움 가운데서 병이 낫는다는 사실은 사람으로서는 너무도 상상하기 어려운 사실이며 오직 주님의 능력만이 역사하신 것이다. 형무소에서 뿐 아니라 나의 폐병으로 인하여 형무소에서 살아나오지 못할 것을 부모 형제나 기타 나와 같이 있는 사람은 다 이구동성으로 말했던 것이었다. 병이 낫기를 시작하니 형무소 안에 있는 소장 이하 소원들은 자기 국가의 정체에 반대되는 예수님의 이적을 시기하여 무한한 고난을 주는 것이었다.

당한 고난을 다 말할 수는 없으나 몇 가지 예를 든다면, 첫째, 식사에 대하여 미결에 있는 많은 사람의 밥을 가지고 와서 내 감방 문 앞에 놓고 내게 다 보인 후, 그 중에 제일 적은 밥을 골라서 내 방에 넣어주며 문을 탁 닫고는 자기에게 있는 감정을 다 풀어서 나에게 보이며 어떻게 하여서라도 내 마음을 상하게 하려고 했다. 나는 병이 낫기를 시작함으로부터 음식에 대하여는 얼마든지 먹고 싶었다. 이런 기회를 타서 나를 괴롭게 하는 것이다. 수개월뿐만 아니라 수년을 이렇게 하니 나의 육체는 피골이 상접하여 뼈만 남더니 나중에는 전신이 퉁퉁 부어 몸을 자유로 움직일 수 없었다.

…… 이렇게 부어서 생명이 위태할 때에는 좀 더 먹어서 부은 것이 좀 나아지면 다시 이 상태로 배를 골리는 것이었다.

아~! 생각하면 생각할수록 끔직하고 잔인무도했다. 그리고 시장함을 이용하여 고난을 주는 한 가지 예는, 밥을 특별히 적게 먹인 후에 일본 사람들의 김치(다꾸왕) 매우 짠 것을 가장 사랑하고 동정하는 듯이 많이 주는 것이다. 그러면 시장하던 차에 그것을 주는 대로 먹어버리고 나면 다음 문제는 물을 먹고 싶은 것이나 물을 주지는 않는 것이다. 그리하여 물을 좀 달라고 하면 "오늘 우리 국민 중에 전지에 나가서 물이 없어 곤란을 당하고 있는 사람이 얼마나 많은지 아느냐? 건방지다" 고 하면서 매를 치는 것이었다.

여름 더위에 물을 마시고 싶은 것과 또는 여름 더운 때에 뜨거운 국을 끓여서 먹을 수 없는 것을 주면서 "식기가 부족하니 속히 먹으라!" 고 하는 것이었다. 여름에는 더위로 말미암아 피부병이 생기며 가을이 되면 그 아픔이란 것은 필설로 나타내기 어렵다. 겨울이면 어름덩이가 된 밥을 다 식어진 국물에 말아서 먹고 나면 한 시간 이상은 참새 새끼처럼 벌벌 떨고 있던 것을 생각만 해도 끔직하다. 이렇게 어려운 가운데서 나의 생명이 살아서 나온 것은 참으로 주님의 신기하신 능력이요, 기적중의 기적이라고 아니할 수 없다.

주님의 사랑

1942년 2월경이었다. 옥중에 있는 나에게는 말할 수 없는 슬픈 소식이 들렸다. 즉 일본이 승리하여 싱가폴을 함락했다고 하여 형무소 안에서는 만세 소리와 의기가 양양했다. 이제 나는 이 땅 위에 살 곳이 없다는 생각과 동시에 한국교회는 어떻게 될 것인가 하고 생각할 때에 낙망의 탄식으로 나의 가슴은 터질 듯이 답답하여 견딜 수가 없었다.

견디다 못해 주님 앞에 엎드려서

"오~ 주여, 오~ 주님이시여!"

이 한 마디로 그치고 한없이 울었다. 아 나는 참으로 한없는 슬픔과 고독 가운데서 나의 가슴이 쓰라린 것은 비할 곳이 없었다. 그때 비몽사몽이었다. 사람의 시체가 보이며 그 시체에서 벌레가 나오는데 그 벌레 입에서 불이 나오는 것을 보았다. 이 사실은 즉시로 해석이 되어지는데 시체는 일본이요, 벌레는 일본 군인들이요, 불이 나오는 것은 총질하는 일본 군인들의 전쟁하는 것으로 알게 되었다. 나는 일본을 버리지 아니하시고 전쟁에는 패전하게 하시고 복음으로 구원하시려는 주님의 경륜을 생각할 때에 눈물로 감사하면서 '아 주님은 일본을 사랑하시나이다' 이렇게 기도했다. 또 한 가지 재미있는 것은 주님께서 나를 사랑하심에 있어서 지극히 적은 일로부터 지극히 큰 데까지였다. 1943년 겨울이었다. 북풍한설에 독방에서 옥중생활이란 것은, 더욱이 '평양' 에 있어서 너무도 견디기가 어려웠다. 철창 사이로 불어오는 무정한 바람! 살을 베는 듯이 올라오는 마루 사이의 바람! 어떤 날 창문 틈과 청마루 틈을 휴지로 막았더니 이것이 형무 법에 범칙이 되었던 모양이다. 어느 날 밤중이었다. 잠이 들기 전 비몽사몽간에 나 자신이 형벌을 받고 있는데 두 손이 결박을 당하고 꿇어 앉아 있는 것을 보여 주신다. 나는 잠을 깨어 내 신경이 연약한 까닭인가? 하고 다시 잠을 자려할 때에 또다시 그와 같이 형벌을 받고 있는 것을 보여준다.

이 모양으로 두 번, 세 번 보여 주어 나로 하여금 깨달아 알 때까지 보여 주었다. 나는 이것을 깨닫고 주님 앞에 엎디려 감사하고 그 이튿날 아침 일찍이 창문 틈과 청마루 틈에 막았던 종이를 빼어 버렸다. 조반을 먹은 후 간수들이 검사할 시간이 되어 나 있는 방문을 열더니 간수들의 얼굴에는 노기가 가득하여 보기에 대단히 흉했다.

이것은 수일 전부터 창문 틈과 마루 틈을 막았던 것을 보고도 모르는 척하고 상관에게 보고하여서 나를 처벌하려는 것이었다. 이날 아침에는 상관의 명령에 의하여 처벌하려는 것인데 의외에도 막았던 종이가 없어진 것을 보고 자기들의 계획대로 되지 아니했으므로 저희들끼리 고개를 흔들면서 지나가는 것이었다. 그날 석양에 간수가 나의 방문을 열고 하는 말이 일기가 매우 춥다고 하면서 나를 위로한다. 하나님은 그때 그때마다 나의 위기를 해결해 주셨다. ....

또 한 가지 재미있는 것은 처음 입옥할 때에는 성경을 허락하더니 얼마 후에는 성경을 다 거두어 가고 성경 보는 것을 허락하지 아니했다. 그러나 이것도 통일적으로 하는 것이 아니고 혹 다른 사람들에게는 허락했다. 김인선 조사님께서 내게 성경 없는 줄 알고 비밀히 「요한1서, 요한2서, 요한3서」를 간수가 보지 않는 기회를 이용하여 내 방에 던져 주었다. 나는 즉각으로 "나에게는 비밀이 없노라" 고 말하게 되었는가 하면 어느 날 간수가 와서 내게 하는 말이 "신사참배를 하겠다고 말하고서 출옥하여 참배를 아니할찌라도 누가 따라 다니면서 신사참배 하라고 말할 사람이 있겠는가?" 라고 했다.

나는 대답하기를, 나는 그렇게 수단적이 아니다. 만일 내가 형무소에 오기 전에 경찰서에서 신사참배에 대하여 생각하여 보겠다고만 대답 했더라도 아무 문제없이 이렇게 형무소에까지 들어오지 아니했을 것이다. 그러므로 나에게는 양심 그대로 말하는 것이라 하여 우리에게는 무엇이든지 비밀이 없노라고 말한 것이었다. 그런데 비밀로 던져준 이 성경을 어떻게 하느냐가 나에게 문제가 되었던 것이다.

그러나 실상은 성경을 보고 싶어 했고, 또한 주님 앞에서 조금도 양심에 거리낌이 없었다. 그리하여 나는 성경을 숨겨 가면서 간수의 눈을 피하여 보기 시작했다. 그런데 한편 형무소에서는 어떻게 하여서라도 내 방의 모든 비밀을 찾아내려고 노력하고 있는 것이었다. 어느 날 내가 성경을 비밀히 보고 있는데 갑자기 감방 문을 덜컥 열고 간수가 들어오므로 성경을 숨길 시간의 여유가 없었다.

할 수 없이 내가 방석과 같이 사용하는 담요 속에 집어 놓고 기도하기를 "오 주여! 저희 무리들의 눈을 어둡게 하시어 보지도 못하고 또한 만져 보아도 알지 못하게 하옵소서. 만일 내가 망신당하면 주님의 이름이 그릇 될까 하나이다." 이렇게 기도하고 검사를 당했다. 이날에도 주님께서 저희들의 눈을 가리워서 아무것도 발견하지 못하게 하여 무사히 통과 되었다.[8)]

99

해방과 출옥

1944년 11월경이었다. 독일이 망했다는 정보를 들은 나는 이어서 일본이 망할 것을 알았다. 나는 출옥의 날이 오늘인가? 내일인가? 하고 날마다 기다리게 되었다. 나는 이제 출옥한다면 수도원과 같은 수양원을 만들어서 일본 정치 아래서 양심이 마비되어 타락한 목사들이 수양하여 한국교회의 앞날을 새롭게 출발하도록 하며, 또한 신학교를 설립하여서 진리와 더불어 운명을 같이할 전도인을 기르며 또한 전도하여 이 나라를 기독교국이 되도록 노력하겠다고 수개월 전부터 기도했다 ....

마침내 한국 민족이 영원히 잊을 수 없는 역사적인 해방의 날 1945년 8월15일을 맞이하고 8월17일에 나는 출옥되었다. 과거 5년간의 옥중생활을 묵묵히 회고하여 볼 때 그 생활 전부가 나 자신의 힘으로 된 것은 추호도 없다. 진실로 주님은 살아계셔서 나의 생활 전부를 주관하시고 계시는 능력의 주님이심을 나는 확실히 체험했다.

"

오! 땅 위에서 주를 믿고 성도의 생애를 걷고 있는 형제여!

안심하라 주님이 살아계셔서 지금도 일하시고 계시느니라. 나는 병으로 인하여 눕기 전에는 부단히 힘 미치는 데까지 한국교회를 위하여 충성하겠다는 일편단심에 불타고 있다. 하루도 아직 수양이라고는 해보지 못했다. 나는 출옥 당시에는 행보도 잘하지 못했으나 지금은 건강하다. 이것 역시 주님의 은혜이다. 나의 폐병을 아는 사람, 내가 사경에 이르렀던 사실을 아는 자 치고 놀라지 않는 이가 없었다.

이것이 나의 체험 전부가 아니요, 대략 기록한 것뿐이다. 지금 나의 사업은 한국교회의 재건운동을 하고 있는데 재건운동이란 과거 일본 정치하의 잘못을 회개하고 기도생활과 동시에 선지자격으로 외치는 것이다. 이 사업을 위하여 나의 일생을 바치려함은, 오늘 우리 대한 민족은 아무리 하여도 주님의 복음이 아니면 살 길이 없는 까닭이다.

만천하 형제여! 기도로, 물질로, 동정을 구하노라.[9)]

"

그는 "신사참배 문제로 옥고를 치르는 동안 참 믿음을 위해 순교까지도 할 수 있는 정통 신앙심을 가져야 참 교역자가 될 수 있다는 것을 뼈저리게 느꼈다."

1945년 8월 15일 마침내 조국의 광복은 현실로 다가오고 그는 출옥하여 평양 산정현교회에서 집회를 가졌다. 산정현교회는 주기철의 후임으로 그를 담임목사로 초빙했다. 그러나 그는 어머니의 장례식에 참석하기 위하여 남쪽으로 내려갔다가 다시는 38선 이북의 땅을 밟을 수 없게 되었다. 그는 1946년 주남선, 박윤선과 함께 부산에서 고려신학교를 설립하기로 뜻을 모으고 그 일에 앞장서 진행시켰다. 그리하여 1946년 9월 20일 일신여학교(현재, 금성중고교)에서 고려신학교 개교 예배를 드리고 개학을 하게 되었다. 그는 그 학교를 발전시키는데 혼신을 다해 헌신했다.

진리에 대한 꿋꿋한 사랑으로 신사참배운동에 앞장섰던 한상동은 일제의 탄압으로 시들어버린 개혁주의 신학을 다시 일으켜서 한국 보수주의 신앙의 토대가 되도록 한 사람이다. 그는 평양신학교의 보수신학 전통을 계승하게 하기 위하여 부산에 고려신학교를 세웠고 어려움 속에서도 모든 일이 성공적으로 이루어져 가는 것을 보면서 하나님의 부르심을 받았다.

참고문헌 및 각주 - 이 글은 아래 문헌에서 인용, 발췌한 것이다.

심 군식, 『한국교회 인물 25인 약사』, 서울: 영문, 1993.

1) http://blog.daum.net/skysmile0090/7891745. 하늘소. "한상동 목사와 고려신학교". 2015. 1. 18.

2)-6) http://blog.naver.com/daleun71/220828149867. 박윤선. "한상동 목사 옥중기 '주님의 사랑' ".2016. 10. 5.

7)-9) http://blog.daum.net/parkland/15779322. 삼일교회 엮음. "출옥성도 한상동 목사님 옥중기". 2015. 08. 16.

한국 자유주의 신학의 선구자

김재준

1961~1987

진보적인 신학자요 행동가로써 한국기독교장로회를 출범시켰고
한국의 민주주의와 인권을 위하여 일하는 삶을 살았다.

민족의식을 키우며

한국 진보신학의 선구자인 김재준(金在俊)은 함석헌, 김교신, 이용도 등과 함께 1901년 20세기 첫 해에 출생했다. 그는 1901년 9월 26일(음력)에 함경북도 경흥군 아오지읍 창동에서 태어났다. 이 지역은 흔히 우리에게 아오지 탄광으로 알려진 곳이다. 아호(雅號)는 장공(長空)으로써 아버지는 김호병(金虎炳)이었고 어머니는 채성녀였다. 아버지는 한학에 상당한 조예가 있었고 벼슬에 도전했다가 실패한다.

이후 국운이 기울고 기강은 무너지고 출세가 오히려 욕이라고 생각하여 벼슬을 단념한다. 그리고 도연명(陶淵明)의 귀거래사(歸去來辭)를 읊으며 자연을 벗 삼고 시도 쓰고 마을 아이들에게 글도 가르치고 약초도 캐고 농사일도 하면서 유유자적한 여생을 보낸 선비였다.

김재준은 다섯 살 때부터 '유가적 가풍' 가운데 자라나 유학자이신 아버지로부터 천자문을 배우기 시작하여 통감, 대학, 중용, 논어, 맹자를 통독했다. 열 살이 넘었을 무렵에 신학문을 접하게 되었다. 경원 함양동의 외가가 있는 동네에 사립학교가 설립되었는데, 이 학교는 외사촌이 공동설립자였다. 외사촌이 부친을 설득하여 그들이 세운 향동학교에 김재준을 입학시키게 된다. 나이가 있었기에 3학년으로 입학시켰다. 그곳에서 2년 정도 공부하고 집에서 독서를 하면서 쉬고 있다가, 열두 살에 외삼촌의 강권으로 외가에 가서 고건원 보통학교를 2년 만에 졸업하고, 회령에 있는 2년 과정의 간이 농업학교를 다니게 되었다.

이때의 나이는 16세였고, 회령군청의 간접세과에 임시직으로 근무하게 되었다. 18세 때는 유가적 전통에 따라 집안에서 일방적으로 선택한 혼사에 의해 장분여와 결혼하게 되었다. 결혼 후 직장을 웅기의 금융조합으로 옮겼는데, 이곳은 만주나 시베리아에 망명하는 애국지사나 독립운동가들이 통과하는 관문이었다. 자연스럽게 김재준은 이들의 소식을 접하게 되었고 민족의식을 키워나가기 시작했다.

인생의 방향전환

웅기에서 김재준은 자신의 일생에 있어서 방향을 전환하게 되었는데, 그것은 만우(晩雨) 송창근(宋昌根, 1898~1950)을 만나게 된 것이다. 송창근은 웅기에서 가까운 웅상 출신으로 남대문교회의 전도사였다. 그는 3 · 1운동 다음해 독립의 노래를 작사해서 퍼트렸다고 해서 6개월을 옥살이하고 고향에서 잠시 쉬고 있었다. 송창근은 김재준을 만나서

3 · 1운동 이후에 민족이 되살아나고 있다면서 새 시대가 오는데 금융조합 서기나 하면 뭐하느냐면서 서울 유학을 권유했다. 이에 김재준은 집에도 알리지 않고서 서울로 유학을 떠났다. 그것이 1920년이었다. 나이는 이미 20살이 넘었으므로 일반학교에 들어갈 수 없었다. 그래서 한 학기에 한 학년을 속성으로 가르치는 중등학교에 입학하여 공부했다. 이 무렵에 김재준은 서울의 연합사경회가 열린 승동예배당에 호기심으로 참여하게 된다. 강사는 당시의 유명한 부흥사이던 김익두(金益斗, 1874-1950)였다. 부흥회의 마지막 날에 김재준은 예수를 영접하기로 결단했다. 김익두 목사는 이렇게 설교했다.

"

"자! 여러분! 믿으시오. 그리하면 여러분은 새 사람으로 새 세계, 새 빛 속에서, 새로운 하나님 나라 백성이 될 것이오."

김재준은 "마음이 화끈 뜨거워지고 기쁨이 충만해지며 하나님이 주시는 화평"을 체험했다. 이때부터 성경을 읽고 빠짐없이 예배에 참석하고 신학서적을 탐독한다. 그의 아버지가 "네가 환장했구나"라고 할 만큼 기독교에 미쳤던 것이다.

"옳다! 나도 믿겠다! 하고 결심하는 순간 정말 이상했다. 가슴이 뜨겁고 성령의 기쁨이 거룩한 열정을 불태우는 것이었다. 성경 말씀이 꿀 송이 같고 기도에 욕심쟁이가 됐다. 교실에서 탈락한 자연인이 교회에서 위로부터 난 영의 사람이 됐다. 새옹지마(塞翁之馬)는 하늘의 복을 내게 심는 길닦이가 된 셈이다." (손규태, p. 43)

"

그러나 김재준은 신앙을 가지게 된 여느 사람들처럼 교회에서만 지내지 않았다. 이상재(李商在,1850-1927), 윤치호(尹致昊, 1865-1945), 신흥우(申興雨, 1883-1959) 등이 중심으로 움직이는 YMCA에 출입했다. '학생계', '조선지광(朝鮮之光)', '개조', '중앙공론(中央公論)'의 잡지를 탐독하면서 종교의 사회참여의 꿈을 키우고 있었다. 이 시기에 그에게 가장 깊은 영향을 준 것은 톨스토이(Leo Tolstoi), 성 프란시스, 가가와 도요히코(賀川豊彦) 등이었다. 이들의 영향은 거의 절대적이었다. 청빈생활(淸貧生活)이 그의 주요한 화두(話頭)가 된 것은 당연했다. 김재준이 평생을 청빈과 절제 속에서 검소하게 살기로 결심하고 평생 자기 수입의 상당 부분을 아무도 모르게 가난한 사람을 돕거나 제자들의 학비 보조에 썼던 것은 이들의 지대한 영향 때문이었다.

김재준은 교회에 다니기 시작한지 3년 만인 1923년 승동교회에서 세례를 받았다. 세례가 늦어진 것은 자신은 영의 세례를 받았다고 생각했고, 더군다나 세례 받은 신자들에게서 무언가 새로운 변화를 발견하지 못해서였다. 그러다가 자신의 친한 친구 한 명이 20살의 젊은 나이로 세상을 떠나면서 갑작스럽게 세례를 받게 된다. 학교를 졸업한 김재준은 특별히 할 일도 없었거니와 몸이 아픈 관계로 낙향했다. 고향에서 건강을 회복하는 방편으로 근처의 소학교에서 교사생활을 한다. 그러다가 일본에서 유학하고 있던 송창근으로부터 도쿄(東京)로 오라는 편지를 받았다.

본격적인 신학 공부

김재준이 본격적인 신학을 공부하기 시작한 것은 일본 유학에서였다. 전혀 준비가 없이 도착한 그는 우선 도쿄 아오야마학원(青山學院) 신학부에서 청강생으로 등록하여 공부했다. 1920년대 중반의 일본은 사회주의 운동이 풍미하고 있었다. 이 신학부의 특징도 자유롭고 진보적인 신학이 주도하고 있었다. 김재준이 너무나도 자연스럽게 자유스런 신학사조에 입문하게 된 것은 당연했다. 김재준은 1928년 3월에 칼 바르트(Karl Barth, 1886~1968)의 「초월론」이란 논문을 제출하고 졸업했다. 김재준은 이때에 그리스도의 제자가 되기로 결심하기는 했으나 목사가 되어 교회의 목회를 하기 보다는 사람들을 깨우고 교육하는 일을 더 생각했던 것으로 보인다. 후일 그때의 소회를 이렇게 표현했다.

"

> "나는 내 입장이 크리스천이라는 것을 고칠 생각은 없었고, 사회 관심은 있지만 예수의 제자로서 신앙적, 신학적 의무에서 출발하는 것이지 순수한 마르크스, 레닌에서부터 시작하는 것은 아니다."(손규태, p. 38)

"

서울로 돌아왔을 때, 송창근은 미국의 프린스턴에 가 있었다. 그는 프린스턴의 입학허가증과 장학금을 보내 주었다. 이에 김재준은 윤치호가 여비를 도와줘서 1928년 9월에 미국의 프린스턴대학교(Princeton University)에 입학한다. 이때에 비로소 신학이 자신의 학문 분야임을 알게 되었고, 하나님의 정하신 경륜임을 느끼게 된다. 그곳에는 이미 한경직(韓景職, 1902~2000)과 송창근, 김성락(金聖樂, 1958~1964 숭실대학장 역임)이 유학하고 있었다. 그곳에서 메이첸(Gresham Machen, 1881~1937) 교수의 강좌를 가능한 많이 택하여 극단의 보수주의를 접하게 된다. 그곳에서 1년여를 공부하고 1929년 9월에 피츠버그에 있는 웨스턴신학교로 전·입학하여 1931년 5월에 석사학위를 받는다. 그러나 1932년 미국에 경제공황이 불어 닥치자 학비조달에 어려움이 가중되어 송창근, 한경직과 함께 귀국했다.

한국기독교장로회

4년 만에 돌아온 고향은 황폐해진 상태였다. 교회도 둘러보았지만 발 들여놓을 곳이 없었다. 그야말로 무직자로서 소일하고 있었다. 그러다가 1933년 4월에 평양의 숭인상업학교에서 일하게 되었다. 한편으로 '신학지남(神學指南)' 의 발행인 겸 동인으로 송창근, 한경직, 채필근(蔡弼近, 1885-1973) 등과 함께 일하게 되었다. 여기에서 1934년 선교 50주년을 기념하여 감리교의 유형기(柳瀅基, 1897-1989)가 발간한 '단권 성경주석' 이 문제가 되었다. 그것은 어빙돈(Abingdon) 주석을 기초로 했는데, 이것이 역사비판학을 사용했다고 하여 문제가 되어 평양노회에서 일파만파 풍랑을 일으켰다. 결국 제24회 총회에서도 금서로 지정되었다. 평양노회는 이들을 불러서 심문을 했고, 채필근은 즉각 잘못을 인정하고 재판을 할 때, 자기 글을 뺀다고 함으로서 무마되었다. 송창근, 한경직, 김재준은 신학의 자유를 억압한다고 하여서 강력 반발했으나 결국에는 심한 압박에 해명서를 발표하지 않을 수 없었다. 결국은 신학지남에 "단권 성경주석 전체로의 편집에 참여한 바가 없고, 우리가 쓴 글은 문제가 없으며, 그러나 교회가 소란한 것에는 유감으로 생각한다"는 글을 발표함으로 무마되었다. 신학지남의 편집일은 사퇴했다.

1935년 11월에 평양 기독교계 사립학교장 신사참배 거부사건을 계기로 총독부는 기독교에까지 강경책으로 전환했다. 평양의 숭인상업학교도 예외가 될 수는 없었다. 이사장은 민족의식을 고취하지 말라고 노골적으로 요구했다. 기독교계는 분열되었으며 나라는 갈수록 어려워지고 있었다. 이에 김재준은 1936년 8월에 간도 용정의 은진중학교 교목으로 가게 된다. 여기에서 그는 장차 한국 기독교의 진보적이고도 민주주의 인물들이 된 강원용(姜元龍, 1917~2006), 안병무(安炳茂, 1922~1996), 문익환(文益煥, 1918~1994) 등을 길러내게 된다. 1937년 5월에는 척박한 환경 속에서 '십자군' 이라는 잡지를 발간하기 시작했다. 이 잡지는 만주국의 간행물 제도가 까다로워지면서 1938년 2월에 중단되고 말았다. 1939년 9월에 김재준은 송창근의 요청으로 서울로 돌아온다. 송창근은 수양동우회(修養同友會) 사건으로 감옥에 있었다. 평양신학교는 신사참배 문제로 폐교가 된 상태였다. 교회는 있는데, 교역자 양성기관인 신학교가 없을 수는 없었다. 그래서 김대현(金大鉉, 1873~1940) 장로의 기부로 신학교 설립운동이 진행되고 있었다. 김재준은 실무를 맡아서 조선신학원 개교를 준비했고, 1940년 3월 승동교회 지하실에서 장차 한신대학교의 모태가 된 조선신학원을 개교한다. 일본 관헌의 억압과 위협은 갈수록 심해지고 있었으나 김재준은 이에 굴하지 않았고, 인가가 중단되었을 때에도 몰래 학생들을 모집하여 가르쳤다.

1945년 해방 후에는 교장으로 취임했다가 송창근에게 이양하고 교수로서 구약과 조직신학을 강의했다. 한편으로는 1945년 12월에 경동교회를 설립하여 목회를 했다. 1947년 구약성서의 역사적 비평과 문서비평을 학생들에게 가르치고 모세오경의 저작문제와 십계명의 배경에 관한 학설을 소개하자 학생들의 격렬한 반대가 일어났다(1947년 4월 대구총회에서 학생들이 성명서 발표함). 이 사건은 조선신학교 문제로 확대되었고, 신학논쟁과 신학교의 주도권 다툼으로 확대되었다. 그것은 1950년의 한국전쟁의 와중에서도 계속될 정도로 심각했다. 결국 1952년 조선예수교장로회 제37회 총회는 김재준을 목사직에서 51대 46으로 제명하고 한국신학대학을 총회인가에서 취소하는 결정을 내린다. 이에 1953년 6월 한국신학대학 강당에서 제38회 총회를 개최하면서 한국기독교장로회로 새로운 교단을 출범시킨다. 이로써 한국의 자유주의의 원조가 되었으며, 칼빈적인 요소를 혼합하면서 다른 교단들보다 극단적 자유주의적인 성격을 띠고 있었다. 그 후, 김재준은 1965년 9월에 제50회 총회장을 역임했다.

김재준의 신학

그리스도인으로 신학자로 또한 애국자로 살아온 김재준은 자신만의 특별한 신앙을 바탕으로 그리스도를 세상에 전하고 세상 속에서 하나님을 발견하려고 노력했다. 그렇다면 김재준은 그리스도인으로서 신학자로서 남들의 오해와 비난을 무릅쓰고 현실 정치와 역사 변혁 운동에 깊이 참여할 수밖에 없었는가를 신학적 측면에서 살펴볼 필요가 있다. 구약학을 전공했던 그는 예언자들의 '거룩한 정열' 에 대한 연구가 깊었다. 예언자들의 '거룩한 정열' 은 거룩하신 하나님의 '절대 사랑과 공의로우심', 생명 있는 것들을 긍휼히 여기시는 마음과, 공동체 속에서 정의가 강물처럼 흐르게 해야 한다는 정의 요청이 핵을 이룬다. 다시 말해서 하나님 앞에서 인간들이 자유, 평등, 평화, 사랑의 공동체를 이루면서 살아가도록 하고, 국가 권력이나 왕의 권력, 종교 제도나 종교 의례를 절대시하면서 인간을 비인간화시키는 것을 비판하고 저항하는 '우상타파 정신' 이 바로 예언자 정신이다. 또한 라인홀드 니버가 남긴 유명한 말 "정의를 위한 인간의 가능성이 민주주의를 가능케 하며, 불의로 향하는 인간의 경향이 민주주의를 필요로 한다" 는 명언을 인간 이해와 역사 이해에 있어서 변증법적, 역설적 이해로 가슴깊이 받아 들였다. 즉 인간은 누구나 이성적 분별력, 진선미를 증대시키고 추구하려는 선한 의지, 사랑과 정의와 자유가 숨쉬는 대동적 세계를 실현하고자 하는 선한 성품을 '하나님의 형상' 으로 지음 받은 인간의 품성 속에 지니고 있다고 보는 것이다. 동시에 단순한 동물적 충동만이 아니라 자유 의지를 남용하여 타인들 위에 군림하고 지배하면서 쾌감을 느끼려는 오만과 죄성이 공존한다. 그러하기에 민주주의 제도는 더욱 필요한 것이기도 하다는 것이다. 그러므로 김재준은 개인 하나하나를 좋은 크리스찬으로 만들어 사회에 내보내면, 그 사회가 자연스럽게 '정의로운 사회' 가 될 것이라고 생각하는 개인주의적 경건주의 기독교 윤리를 소박한 낙관주의 윤리라고 보았다. 더욱 중요한 것은 "말씀이 육신을 이루어 이 세상에 오셨다" 는 성육신 신앙의 진리를 어떻게 이해할 것인가 하는 문제인데, 이 문제는 모든 철학과 종교의 근본적인 문제인데 이 문제를 이해하는 입장에 있어서 그는 성 어거스틴,

칼빈, 리처드 니버로 이어지는 신학적 입장을 받아들였다. 이처럼 그가 주장한 성육신적 영성은 물질과 몸과 대지를 경시하거나 무시하는 '영지주의적 영성' 을 비판하며 차안과 피안을 대결적 구조나 분리 관계 또는 양자택일해야 할 것으로 보지 않는다. 그 양자를 통전적 구조로 파악하는 것이다. 본래적인 성서적 실재관이라고 이해한다. 그러한 김재준의 신학은 대승적 기독교 신념이 뚜렷했다.

김재준은 기독교 신앙의 근본 터전이 되고 있는 '성육신 신앙' 을 하나님이 이 세상을 사랑하셔서, 변질되어 타락하고 창조질서 관계가 깨어졌으며 본래의 정상태에서 일탈한 세계이지만, 끝까지 포기하지 않고 그리스도의 성령을 보내 새롭게 갱신하시며 속량하시는 구원사역을 지금도 지속하신다는 신앙을 고백적 신념으로 이해한다. 그러므로 그리스도인이 이 세상에서 살아가고 교회가 세상 속에 존재하는 이유는, '시한부 종말론' 자나 '타계주의자' 처럼 이 세상을 포기하거나 무책임하게 방치하는 것이 아니라, 자유, 평등, 정의, 사랑이 숨쉬는 '생명 공동체' 가 되도록 변혁시켜 가야 할 책임이 있기 때문이라고 주장한다. 그러므로 김재준이 한국의 민주주의와 인권운동을 통해 현실 변혁적 운동체 속으로 깊이 관여한 것은 본래적 신앙인의 삶에서부터의 '이탈 행동' 이 아니라 그 성실한 '실천 행동' 이라고 확신한다. 그리스도 신앙은 곧 삶 속에서 성육신하는 '생활 신앙' 이 되어야 한다고 김재준은 강조한다. 김재준은 "성육신 신앙은 현실 변혁을 지향한다" 고 확신하는 '성육신적 영성' 을 한국 개신교에 가르친 '대승적 기독교' 신학자였기 때문이다.

진보적 보수주의 – 보수적 진보주의

김재준 목사의 신학을 한마디로 말한다면, '진보적 보수주의, 보수적 진보주의' 이며 기독교사상과 한국사상의 창조적 접목을 시도했다.

그는 성서 문자 무오설에 매여 있던 말씀의 새로운 의미를 깨닫게 해 주었으며, 그러한 작업을 통해 그 말씀의 기초 위에 서야 하는 교회의 본질과 갱신의 근거를 제시함으로써 한국교회의 교권주의, 개교회주의, 물량주의를 극복할 수 있게 해 주었으며, 마지막으로 그 교회가 발을 딛고 말씀을 선포해야 하는 이 세상의 의미를 신학적으로 새롭게 인식함으로써, 이 세상 속에서의 기독교의 역할과 사명을 한국교회가 감당하고 나가야 한다는 것을 일깨워 주었다.

자유주의 신학

그의 신학은 자유의 신학이라 할 수 있을 것이다. 이것은 다만 그의 인간됨의 소질만이 아니라 '말씀의 자유' 를 말한다. 그의 신학의 주제는 하나님 말씀의 자유며, 여기서 응답의 자유와 자유 안에서의 책임이 따랐다. 그의 자유는 그가 즐겨 쓴 대로 '예수 그리스도' 의 속박 속에 있는 자유이다. 그러나 그의 신학은 겸허하다. 그는 예수 그리스도 이외에 어떠한 신학 체계도 절대화하는 것을 견딜 수 없다. '신학은 변한다' 고 했다고 해서 시비가 있었지만, 오늘에 와서 생각하면 그의 말은 옳았다. 이것은 그의 겸허한 신학의 성격을 말한다. 이 땅 위에 하나님의 말씀 이외에 '절대' 는 있을 수 없기 때문이다. 다만 인간이 할 수 있는 마지막 말은 "인간은 믿음으로 은혜로만 하나님 앞에서 의를 얻는다"는 고백뿐이다. 그는 자기 자신의 신학을 포함하여 모든 신학을 예수 그리스도에게 복종시키는 겸허한 신학자이다.

신앙과 신학의 결정체

김재준의 신앙과 신학의 결정체는 '전 우주적 사랑공동체' 라는 말로 표현할 수 있다. 다시 말해 이 말은 '하나님 나라' 에 대한 표현으로 설명 할 수 있다. '하나님 나라' 는 전체 신구약 성경의 중심 주제이며,

특히 복음서가 증언하는 바대로 예수의 복음운동의 ‘핵심 주제’ 였다. 주님이 가르치신 기도문의 중심 주제도 ‘하나님 나라’ 이다. 그런데 전통적 예수의 복음에 헬라정신 문화가 들어가면서 ‘하나님 나라’ 가 초자연적 하늘, 천당, 천국이라는 말로 대치되면서 현실적 삶을 떠난 초자연계로 변질 되었다. 그러나 김재준이 이해한 ‘하나님 나라’ 는 ‘전 우주적 사랑의 공동체’ 사상은 자연계와 초자연계, 개인과 사회집단, 기독교인과 타종교인 등, 모두가 각각의 질서와 고유한 실재 차원을 지니면서도 하나로 통하고 어우러져 생성, 발전하는 ‘전 우주적 사랑의 공동체’ 이다. 그러한 전 우주적 사랑의 공동체를 시작되게 하고 지탱하며 끊임없는 새로움과 창조적인 것으로 채워 가는 신비한 능력은 ‘우주의 내재적 자연 법칙’ 이거나 스스로 자기를 구성해 가는 ‘자연의 선택’ 이 아니라 ‘하나님의 무한한 사랑’ 이라고 보는 것이다. 이처럼 그분은 예수 그리스도의 복음을 접하여 구만리 창공을 날아오른 자유인이 되고, 하늘씨앗을 땅 속에 심는 성육신적 영성으로 영글어져, 한국에 그리스도교가 전래된 지 200년 만에 대승적 기독교 시대를 연 선구자이다. 그만큼 그는 우리 교회와 사회, 그리고 우리 민족을 사랑했다. 그가 작시한 우리 찬송가 261장 “교회의 노래” 에도 이런 그의 정신이 짙게 배어 있다.

김재준은 진보적인 신학을 가지고 사회참여와 민주주의 인권을 삶의 현장에 접목시킴으로서 한국 진보신학의 상징적인 인물이 되었다.

한국 민주화를 위한 투쟁

1961년 5 · 16 쿠데타가 일어나면서 60세가 된 전국의 대학 총 · 학장을 물러나라고 요구했다. 그해 9월 학장에서 추방된 김재준의 사회참여가 시작되었다. 1962년부터 대한일보(大韓日報)의 논설위원으로 10년을 일했다. 1965년 한일국교정상화 반대 투쟁에 나서는 것을 기점으로 1969년 삼선개헌 반대 범국민 투쟁위원회 위원장, 1971년 민주수호 국민협의회 공동의장, 1973년 유신헌법반대 민주회복을 위한 15인 시국선언 참여 등을 한다. 이미 70의 나이였던 김재준은 박정희 정권의 압박과 더불어 심신을 쉬고 좀 더 넓은 생각을 하고자 했다. 그래서 1974년 3월에 캐나다로 외유를 떠난다. 이미 1970년 9월에 '제3일'의 잡지를 발행하고 있었던 김재준은 캐나다에서 1974년 10월 이를 속간하여 1981년까지 발행했다. 캐나다에서도 1983년 9월에 귀국 때까지 한국의 민주화와 인권을 위한 투쟁을 멈추지 않는다. 1974년에 북미주의 민주단체인 국민연합의 의장으로 여러 국가를 돌면서 한국의 민주주의를 위하여 헌신적으로 활동한다. 1983년 한국으로 귀국한 김재준은 1985년까지 전국을 돌면서 민족을 위하여 기도한다. 그러다가 1987년 1월 27일 하나님의 품으로 돌아갔다.

김재준 평전

저자 김경재는 "물론 장공의 신앙 및 신학의 원점과 샘터는 예수 그리스도"라면서 "그러나 예수의 복음 씨앗이 떨어져 발아하기 위하여 옥토가 필요하듯이, 장공의 마음의 옥토는 정신사적으로 유가 전통이었는데 특히 함북 지방에 뿌리내린 실학파적 유교 정신, 곧 '실사구시(實事求是)' 정신이었다"고 지적한다.

실제 김재준은 보수 개신교의 도그마에 도전하다 1952년 보수 교단으로부터 '이단'이라는 낙인이 찍혀 파문된 바 있다. 성서의 한 자 한 자가 모두 하나님의 영감으로 기록돼 틀림 없다는 축자영감설(逐字靈感說)을 부정하는 등, 근본주의 신학을 비판했다는 이유에서다.

"

김재준 목사는 "하나님의 '말씀' 자체는 절대 무오(無誤)하나 그것을 표현하는 양식과 표현에 사용된 소재 등은 사람과 시대에 따라 다양성을 가지고 있으며, 동시에 그 시대의 범위를 벗어나지 못한 것이 적지 않다"는 입장을 견지했다.

또 "문자무오설을 배격하는 것은 성경의 권위를 파괴하려는 것이 아니라 그 권위를 정당한 기초 위에 수립하기 위해서다"라며 "성경 자체의 사실이 문자적 무오를 입증해 주지 않는데도 구차스럽게 그 학설을 고집한다는 것은 '경건한 기만'"이라고 주장했다.

한국교회가 지나치게 성서주의를 강조한 나머지 성서문자무오설(聖書文字無誤說)까지 맹신하며 예수의 권위도 마치 성서가 좌우하는 것같이 왜곡했다는 지적이다. 즉 김 목사에게 기독교란 '책의 종교'가 아닌 '예수를 닮으려는 종교'였다.

❞

아울러 저자는 김재준 목사와 기독교장로회의 사회참여를 높이 평가하면서도 김 목사의 신학과 기장(基長)의 특징이 오로지 사회구원과 교회의 역사 참여라고 단언하는 것은 잘못이라고 강조한다.

❝

"흔히 양자택일로 강요하는 '개인구원'이냐, '사회구원'이냐는 질문은 질문 자체가 잘못된 것이다. 개인구원과 사회구원은 양자택일의 성질이 아니고 동전의 앞뒤 관계, 손바닥과 손등 관계다. 다만 어느 일이 먼저 선행되어야 하는가의 관점에서 장공은 우리들의 선입견을 뒤집고 '개인의 인간혁명'이 먼저 일어나야 한다."

❞

스승의 글을 읽고 새기는 제자로서, 때로는 대화를 나누는 친구로서, 저자는 신앙의 본질과 교회론 등, 기독교의 주요 논점을 되짚으며 오늘날 한국교회에 대해 반성의 시각을 제시한다.

김재준은 예수의 부활의 역사를 한국의 현대사 속에서 구현하고 싶어했다. 한국 기독교를 토착화 시키는데 많은 공헌을 했다. 핍박받는 민중이 현실의 고난을 이겨내고 마침내 승리하는 역사, 그것이 그가 바란 조국의 미래였던 것이다. 기독교 신앙인으로 한민족의 한 사람으로, 그리고 자유와 민주를 꿈꾸는 시민으로서 김재준은 평생에 걸쳐 생명과 평화와 정의를 실천했다. 그는 고난의 현대사 속에서 부활을 꿈꾼 작은 예수였다

요즈음 자신의 안일만을 위해 신앙도 개인적이고 외골수적인 신앙을 갖는 사람들을 많이 보게 된다. 이러한 시대에 김재준 목사와 같은 사람은 참으로 귀한 사람이라 아니할 수 없다. 그리스도의 마음을 가지고 하나님의 눈으로 세상을 바라볼 뿐 만 아니라 몸소 성육신 하셨던 예수님처럼 살고자 노력했던 분이기 때문이다. 조용한 듯 때론 힘이 없어 연약해 보이기까지 하다는 말을 들었던 김재준, 그러나 지금 그에 대한 대답은 다르다. 조용하여 연약한 듯 하나 강한 영향력을 제자들과 세상 가운데 미친 사람이라고 말이다. 신학대학의 모임을 가면 아직까지도 '민족 한신' 이라는 표어 아래 한신대학교는 그리스도의 마음을 가지고 세상 가운데 나아가고 있다. 이즈음에서 우리의 모습은 어떠한가, 그리스도인으로서 신학생으로서 우리는 어떻게 살아가고 있는가를 생각해 보아야 할 때이다. 교회 안에서 또는 기독교적 울타리 안에서 다칠세라 몸 사리며 무사안일주의에 빠져 있는 건 아닌가. 하나님께서 우리에게 명령하셨던 것처럼 교회 안에서만 맴돌 것이 아니라 이젠 세상 밖으로 복음을 들고 나가야 한다. 세상의 리더로 앞장서서 나가야 한다.

참고문헌 – 이 글은 아래 문헌에서 인용, 발췌한 것이다.

주재용, 『김재준의 생애와 사상』, 서울: 풍만출판사, 1986.

손규태, 『장공 김재준의 정치신학과 윤리사상』, 서울: 대한기독교서회, 2002.

편찬위원회, 『기독교대백과사전 3권』, 서울: 기독교문사, 1991. pp. 279~281

한국판 위키백과(https://ko.wikipedia.org/wiki)

김덕형, http://weekly.chosun.com/client/news/ 주간조선 [2167호] 한국의 명가 <현대편> (29) 김재준, 2011.08.01.

김경재. 『김재준 평전(성육신 신앙과 대승 기독교)』, 서울: 삼인, 2001.

http://news.zum.com/articles/33391678. 김기훈. "'기독교 실학파' 김재준 목사의 생애 · 사상 재조명하다." 연합뉴스. 2016. 10. 4.

한국의 주경 신학자

박윤선

1965~1988

학문과 경건, 기도와 믿음의 모범이었던 그는
어려운 환경 속에서도 하나님을 의지하여 학문을 계속하였고,
일제하에서도 제자 양육과 목회에 전념했으며
신사참배의 옥고를 치른 후, 해방된 조국에서 후학을 위해 신학교를 세우며
목회와 주석저술 작업(40년간)에 생명을 바쳤다.

깨달음을 주신 하나님

1905년 12월 11일에(음력) 평안북도 철산군 백량면 장평동 해변의 작은 마을에서 장차 한국 보수신학의 거두가 된 박윤선(朴允善)이 태어났다. 아호(雅號)는 정암(正岩)이다. 부친은 박근수(朴根秀)였고, 모친은 김진신(金眞信)이었다. 박윤선 이외의 자녀는 형님 한 분과 두 누나, 그리고 여동생이 있었다. 부친은 선량했고 성실한 농부였으나 교회는 다니지 않았다. 그는 가난한 농가에서 자라났기 때문에 봄, 여름, 가을에 산으로, 들로 소를 몰고 다니기도 했다. 학교는 서당밖에는 없었으므로 9세 때부터 서당에서 한학을 공부하여 사서삼경(四書三經)을 통달했다. 박윤선의 집은 당시의 어느 집처럼 매우 가난했기 때문에 산으로, 들로 소를 몰고 나가 풀을 먹이며 공부를 했다. 그는 17세 되던 해인 1922년 어떤 끌림에 의하여 자발적으로 15리(6km) 정도 떨어진 동문동교회에 출석했다. 물론 이때는 복음을 듣되 믿음이 무엇인지 알 수는 없었다. 동년 11월에는 김애련과 결혼한다. 그는 18세이던 1923년 대동소학교에 6학년으로 편입이 되었다. 이 학교는 1885년 기독교인이던 김도순이라는 부자가 세운 학교로 아침마다 예배가 있었고 일요일에는 교실에 모여 예배를 드렸다. 그는 1924년 3월에 소학교의 과정을 마치고 졸업했고, 4월에 이승훈(李昇薰, 1864~1930)이 정주에 1907년에 세운 오산중학교(五山中學校) 2학년에 편입했다가 학기말에 학교가 휴교가 되는 바람에 선천의 신성중학교(信聖中學校)에 3학년으로 편입했다. 그는 고학을 했다. 방과 후에는 젖소를 먹이고, 우유를 배달하고, 밭에서 풀을 뽑았다. 심지어 화장실 청소, 거름 치우는 일까지 했다. 박윤선은 길선주(吉善宙, 1869~1935) 목사의 부흥회에도 참석하고 주일이면 선천북교회에 성실히 출석했으며, 방학 때는 전도대를 조직하여 마을을 방문하며 열심히 전도했으나 아직 하나님에 대한 확신이 없었다.

> “
>
> 어느 날에 정암이 학교 가까이 있는 선천의 강변을 포켓 성경을 들고서 거닐고 있을 때, 하나님의 존재에 대한 심한 회의가 밀려왔다. “하나님은 정말 계시는 걸까? 보이지 않는 하나님이 계시다는 것을 어떻게 알 수 있을까? 그런 하나님을 왜 믿는가?” 그런 회의 속에서 고민하고 있을 때 마음속에 놀라운 깨달음이 갑자기 밀려왔다. “네 손에 들고 있는 성경이 하나님이 계신 증거니라.” 그 순간

그는 마음에 강력한 신앙의 확신을 가지게 되었다.

”

그 사건 이후로 박윤선의 삶이 완전히 달라졌다. 살아계신 하나님에 대한 확실한 믿음을 가지게 되었다. 신성중학교를 졸업할 무렵에는 집안의 반대를 무릅쓰고 아내를 데리고 선천읍으로 돌아와 방 한 칸을 얻어 생활하면서 아내에게 기초 학문을 가르쳤다. 그리고 봄에 보성여학교에 입학시키고 아내의 이름을 김애련에서 김영선으로 고쳤다.

1927년 3월 23세의 박윤선은 신성중학교를 졸업하고 4월에 평양의 숭실전문학교 문과에 입학하여 1931년 졸업한다. 숭실전문학교 시절에 모란봉 뒤 숲속에서 방지일(方之日, 1911-2014) 등과 함께 소위 "조기(早起)부대"로 불리던 새벽기도 운동을 했다. 방학 때에는 만주나 고향인 철산에 가서 전도 강연을 하기도 했다. 숭실전문학교를 졸업한 박윤선은 자신의 전생애를 하나님께 드리겠다고 결심하고 4월에 평양신학교에 입학했다. 신학생 시절 그는 학문과 기도, 그리고 철저한 믿음으로 모범이 되었다. 방지일 등과 '겨자씨'라는 전도용 잡지를 발간하기도 했다. 1934년 3월에 신학교를 졸업했다. 그리고 8월 한국을 떠나서 9월에 미국 필라델피아에 도착한다. 당시는 갈 수 있는 것이 배밖에 없었는데, 무려 27일이나 소요되었다. 박윤선은 배안에서 요한계시록을 통째로 외우면서 갔던 것이다. 박윤선은 웨스트민스터신학교의 특별 학생으로 입학하여 1935년 봄 학기까지 공부했다. 공부한 내용은 히브리어, 헬라어, 복음서의 역사, 히브리어 강독, 본문 비평, 요한 문서, 예수의 탄생, 로마서 4-11장, 칼빈의 신학 등이다. 1936년 봄 학기에 동교에서 신약 신학석사 학위를 취득했다. 여기에서는 창세기 1-11장, 아람어, 공동서신, 바울과 그의 환경, 요한계시록, 성경적 종말론, 히브리어 연구, 아람어, 누가복음, 히브리서, 위기 신학, 초급 아랍어 등을 공부했다. 박윤선은 웨스트민스터에서 칼빈주의를 완전히 받아들였고, 예수를 믿는 것이 무엇을 의미하는지 알게 됐으며, 미래의 한국교회를 위하여 무엇을 가르쳐야 하는지 확실하게 알게 된 시기였다고 후일에 고백했다. 박윤선은 31살이 되던 1936년 8월 귀국하여 총회의 편집실에서 근무하며 한편으로 평양신학교에서 2년 동안 성경 원어 강사와 고등성경학교 시간 강사를 한다. 그런데 신사참배의 문제로 1938년 한 학기를 마치고 신학교가 폐교되는 사태가 벌어졌다. 이런 상황에서도 박윤선의 불타는 학문 욕구는 제어할 수 없었다. 원어와 신학을 더 공부하기 위하여 박윤선은 1938년 8월 2차 유학을 떠나 웨스트민스터에서 1년간 반틸의 지도하에 변증학을 연구했다. 1939년 10월 일본 도쿄에서 가족들과 함께 머물면서 수개월간 독일어를 공부한다. 이미 1938년 가을에 제27회 총회는 신사참배를 의결한 상태였고 평양신학교는 폐교되었으므로 학자로서의 박윤선은 할 일이 없어진 것이다. 이때에 만주의 한국인들이 신학교를 세우려한다는 소식을 듣게 된다. 이에 박윤선은 1940년 3월에 만주에 가서 신경(新京)노회에서 목사로 임직하고 오가황교회에서 목회를 시작했다. 베자상교회에서도 시무했다. 얼마 후에 봉천에서 만주신학원이 세워졌고 박형룡과 함께 여기에서 강의하게 되었다. 본래 박윤선과 박형룡(朴亨龍,1897-1978)은 신사참배를 하지 않기로 했으나 시국은 점점 험악해지고 있었기에 두 교수는 처신이 어렵게 되었다. 신경쇠약과 불면증에 걸릴 정도로 그 고통이 심각했다. 결국 박윤선은 1943년 신학교를 사임하고 봉천에서 80km 정도 떨어진 안산(鞍山)이라는 곳에 은거하면서 해방이 되는 때까지 요한계시록 주석 집필에 몰두하게 된다.

성경 주석의 완간

조국이 해방되었다. 1945년 8월 27일 박윤선은 고향에 돌아온다. 가족과 함께 고향으로 돌아와 6개월간 머무는 동안 장평교회에서 목회했다. 1946년 2월 가족과 함께 서울로 와서 이태원에서 거주한다. 4월경에 출옥한 한상동(韓尙東, 1901~1976)이 찾아 왔다. 한상동은 평양신학교 전통을 계승한 신학교를 설립하자고 제의한다. 마침내 9월 17일 부산에서 고려신학교를 개교하게 되었다. 고려신학교는 신사참배를 반대하다가 투옥된 사람들이 해방과 함께 출옥하여 신사참배에 동참했던 한국교회의 과오를 회개하고 정화하기 위해서 세워진 학교였다. 철저한 하나님, 성경, 교회 중심의 교육을 실시하고 성령의 감동과 은혜를 강조한 것은 너무도 당연했다. 박윤선은 혼신의 힘을 다하여 고려신학교의 발전을 위하여 노력했다. 다른 한편으로 학문에 대한 박윤선의 열정은 끝이 없었다. 전쟁이 끝난 어수선한 시기였지만 박윤선은 1953년 11월 네덜란드의 자유대학교에 가서 1954년 3월까지 신약학을 연구한다. 이 유학은 뜻하지 않게 3월 18일에 아내가 만취한 미군이 몰던 차에 사고를 당하여 사망하는 사건으로 끝이 났다. 귀국한 박윤선은 사고를 저지른 운전병을 선처해주기를 요청하고, 곧바로 신학교의 일에 복귀한다. 이렇게 열심을 다해 고려신학교를 위하여 헌신을 했다. 오직 하나님의 일과 학문에 대한 열정을 빼놓고 다른 것으로 박윤선을 설명할 수는 없을 정도였다. 그러나 1960년 7월에 미국 장로교 선교사 스푸너(Arthur Boyce Spooner)의 환송 예배를 위해 주일 아침에 부두에 가서 예배를 드린 것이 빌미가 되어, 신학교 이사회는 교장직에서 박윤선을 해임한다. 그래서 9월에 14년간 몸담아 왔던 고려신학교를 떠났다.

신학교 강의를 하면서도 박윤선은 틈틈이 주석을 집필했다. 요한계시록(1949), 공관복음(1953), 로마서(1954), 바울서신(1955), 히브리서, 공동서신(1956), 시편(1957), 요한복음(1958) 등의 주석이 이 시기에 집필하여 출간되었다.

1961년 2월 박윤선은 서울 서대문 동산교회에서 1964년 4월까지 목회했다. 여기서도 학문에 대한 열정은 끝이 없었다. 개혁신학교를 개설하고 학생들을 모아서 가르쳤던 것이다. 1962년 11월 서울시의 폐쇄 명령이 내려져서 중단되기는 했지만 말이다. 신학교가 폐쇄된 그 달에 총회신학교는 박윤선을 교수로 초빙하게 된다. 1963년 3월부터 박윤선은 총회신학교에서 교수, 신학대학원장, 교장 등을 역임한다. 바쁜 교수생활 중에도 1968년 7월에는 노량진에 한성교회를 개척하여 1973년까지 목회했다.

총회신학교 교수로 봉직하면서도 주석 집필은 끝이 없었다. 사도행전(1961), 소선지서(1962), 고린도전후서(1962), 이사야서(1964), 예레미아서(1965), 에스겔, 다니엘서(1967), 창세기, 출애굽기(1968), 레위기, 민수기, 신명기(1971), 잠언(1972), 욥기, 전도서, 아가서(1974)가 이 시기에 집필되어 출간되었다.

1974년 11월에 총회신학교 교수에서 은퇴했다. 박윤선은 도미하여 로스앤젤레스에서 가족들과 함께 3년 7개월을 보낸다. 룻기(1976), 사무엘서, 열왕기, 역대기(1978), 에스라, 느헤미야서, 에스더서(1979)가 집필 완료되었다.

복잡한 총신대학교 상황은 그를 내버려두지 않았다. 박윤선은 1977년 2학기에 초청 교수로 봉직했고, 한편으로 동산교회에서 목회했다. 총신대학교 상황이 더 어려워지고 있었다. 그래서 1979년 3월에 다시 총신대학교 대학원장에 취임하고 주석 완간 감사 예배를 1979년 10월에 총신대학교에서 드렸다.

그는 총 20권으로 된 주석을 출판하여 한국교회 목회자들의 중요한 지침서를 제공해 주었다. 그는 총신대학교에서 성경주석 완간 감사예배 때 이렇게 40년 주석 집필 소감을 말했다.

"

"나의 주석 저술 동기는 나 자신이 먼저 성경을 깨닫고 깊이 안

후, 확신 속에서 전하고자 함이다. 나의 마음은 항상 성경에 머물러 있었고, 성경주석 저술에 기쁨이 있었다. 내가 성경을 많이 아는 것은 아니지만, 아는 만큼은 확신하고 있으며, 또 내가 아는 그것을 형제에게 나누어 주고자 하는 마음이 항상 불타고 있으므로 계속 붓을 들게 되었다."1)

❞

그 후, 총신대학교의 상황이 해결되지 못하고 악화되자 박윤선은 이를 사임하고, 그 후임, 김희보 학장 때인 1980년 11월 여러 교수들과 남서울교회에서 합동신학원을 설립했다. 박윤선은 합동신학원의 초대 원장으로 봉직했다. 몇년 후, 합동신학원은 수원캠퍼스를 설립하여 옮기게 되었고, 여기에서 돌아가실 때까지 그가 좋아하는 학생들을 가르치다가 1988년 6월 29일 밤 10시 5분에 박윤선은 세상에서의 사명을 다하고 하나님의 부르심을 받아 합동신학대학원대학교의 뒷산에 안장되었다.

그의 소천 후에도, 정암 박윤선 박사에 대하여 선배, 동료, 제자들은 하나 같이 이구 동성으로 '내가 닮고 싶고, 존경하는 사람' 이라고 찬사를 보내고 있다.

죽으나 사나 성경

박윤선 목사님 하면 한마디로 딱 연상되는 것은 성경, 죽으나 사나 성경입니다. 오직 성경입니다.(오병세 총장, 만남 2권, p. 221)

박윤선 목사님이 주석에 미쳤으니까 그걸 해내신 것 아니겠습니까? "예수의 광인이 생명의 장인이 된다" 하는 게 저의 강연인데. 예수에 미쳐야 생명이 살아난다는 이야기입니다. 그런 면에서 상당히 존경할만한 분이고, 따라갈 만한 분이 없다고 봅니다.(권성수 목사, 만남 1권, p. 192)

박 목사님은 "죽었다가 깨어나 다시 한 세상을 산다고 해도 나는 목사가 되어 성경을 증거하겠노라"고 자주 말씀하셨고, "내가 평생에 힘써온 중요한 일은 신학 교육과 성경 주석 저술이었다"고 말씀했어요. …… 박 목사님은 성경을 성경신학적으로 체계화하는 데 만족하지 않고 말씀 한마디 한마디를 살아 있는 하나님의 말씀으로 받아먹고 말씀의 깊은 뜻을 발견하는 것을 최대의 기쁨으로 삼으셨습니다. 박 목사님에게 있어서 성경 말씀은 양식이요, 생명이요, 기쁨이요, 보화요, 등이요, 빛이었습니다. 따라서 그분의 주석과 설교에는 항상 새로운 영감과 통찰력이 나타나 있습니다. 박 목사님은 말씀을 사랑하고 사모하는 것이 무엇이라는 것을 자신의 삶으로 나타내 보여주시고 가르쳐 주신 분입니다.(김명혁 목사, 만남 1권, pp. 65-66)

주석에 완전히 일생을 바침으로써 마침내 한국교회에 유산을 남겨서 대대손손이 박 목사님의 신앙과 신학을 후대들이 배울 수 있는 이런 역사가 있었지요. 심지어 자기 가족마저도 희생한 그 부분이 느껴지는데, 참 고맙게 생각합니다.(김상복 목사, 만남 3권, p. 19)

평생 재미 붙인 건 기도

1984년 9월 24일 화성교회 11시 주일 예배 설교에서 "제가 평생 재미 붙인 것은 기도밖에 없고 또 하나님 말씀밖에 없습니다"라고 말씀하셨습니다.(공현식 목사, 만남 2권, p. 319)

웨스트민스터에 가니까 박윤선 목사님의 새벽기도는 이미 전설이 되어 남아 있었습니다. 미국에는 새벽기도라는 게 없는데 박 목사님 혼자서 그렇게 기도하시고 떠난 뒤 그때까지 유명한 전설로 남아있어서 참 자랑스러웠습니다. 또 그런 것이 어떤 의미에서는 한국교회나 한국 신학생들에 대한 웨스트민스터 교수들의 인상도 결정을 했지 않았나 싶습니다. 그때 우리가 지지리도 가난해서 완전히 장학금을 받아서 공부를 했지만 그래도 별로 무시당하지 않고 공부할 수 있었던 것도 박 목사님의 영향이 아닌가 싶습니다. 어쨌든 내 일생에 오늘의 저를 만든 데는 박 목사님의 위치가 엄청나게 중요했습니다.(손봉호 교수, 만남 1권, p. 69)

기도 없이는 그렇게 은혜로운 강의도 할 수 없어요. 그러니까 다른 교수들에게서 찾아볼 수 없는 그 은혜 충만한 영향력은 박윤선 박사님의 기도에 있는 것입니다. 내가 볼 때는 인간의 잔꾀 가지고는 그냥 안 돼요. 절대 그건 안 돼요.(정필도 목사, 만남 3권, pp. 102-103)

지금도 잊혀지지 않는 것은 기도가 막히면 열릴 때까지 기도해라, 기도가 안 나오면 나올 때까지 해라, 기도가 하기 싫으면 하고 싶어질 때까지 해라, 그러시면서 이렇게 기도할 각오가 없으면 목회할 생각하지 마라, 그렇게 얘기하셨습니다.(박삼열 목사, 만남 1권, p. 319)

기도를 할 때 어떤 마음으로 기도하느냐가 더 중요하다고 하셨습니다. 마치 낭떠러지에 뿌리를 박고 있는 나무에 매달린 자의 그런 절박한 마음으로 기도해야 한다고 하셨습니다. 이것을 놓치면 난 이제 죽는다. 그런 절박함에 대해서 목사님께서 강조하셨는데 그 말씀에 제가 큰 감동을 받게 되었습니다.(이영무 목사, 만남 1권, pp. 378-379)

박윤선 목사님이 저한테 개인적으로 자주 하신 말씀이 있습니다. "임자, 사람은 그저 기도한 만큼 되네. 더도 되지 않고 덜도 되지 않아. 꼭 그만큼 되네."(김수홍 목사, 만남 2권, p. 302)

불덩어리 설교

저는 주님을 향한 박 목사님의 열정, 그 열정에 감동을 많이 받았어요. 제가 학생이었을 때 그분의 설교는 불덩어리였습니다. 6 · 25 직후에 회개운동이 일어나고 학생운동할 때 완전히 불덩어리여서 그 불덩어리가 학생들의 영혼을 다 태우는 겁니다. 불을 질렀어요. 그래서 그분의 신앙적 열정이 첫째입니다.(김상복 목사, 만남 3권, p. 19)

설교할 때 그분은 정말 피를 토해내는 열정, 가슴을 막 쏟아내는 열정을 보이셨습니다. 장경재 목사님이 말씀하셨던 것 같은데 언젠가 한 번 설교하실 때 강대상을 치셨는데 강대상이 부서질 만큼 그렇게 설교하셨다고 합니다.(조봉희 목사, 만남 2권, pp. 360-361)

제가 목회자요 설교자로서 설교를 준비하고 설교를 하는 데 있어서 제가 좀 목숨 걸고 한다는 그런 마음이 늘 있습니다. (그 이면에 뭐가 있었느냐 하면) 제가 어린 대학생 시절에 보았던 박윤선 목사님의 열정적인 설교 때문이 아니었나 싶습니다. 노 목사님의 몸에서 뿜어 나오는 그 열정, … 설교할 때 목숨 걸고 하는 것 말입니다.(이광태 목사, 만남 1권, p. 174)

불도저같이 모든 것을 다 이렇게 쏟아 붓는 겁니다. 언젠가 그런 말씀을 들은 적이 있는데, 비누처럼 닳아지는 인생, 낭비하는 인생이 아니고 그야말로 자신의 모든 것을 다 쏟아 부어서, 하나님의 손에 의해서 정말 닳아지는 인생을 충만하게 살고 가신 분이 아닐까 싶어요. 그 열정이 부럽고 저도 남은 목회 기간 동안에 저분처럼 저렇게 그런 걸 다 쏟아 붓고 갔으면 좋겠다 싶습니다.(박완철 목사, 만남 3권, pp.203-204)

1970~80년대 아가페선교회(故 정봉석 장로: 천마화학(주), 아가페출판사 대표)에서 신안 앞바다, 20여개 섬마을 교역자들에게 매달 선교비를 보내고, 1년에 한 번 서울로 모셔서 재 충전을 위해, 말씀과 위로회를 가진 적이 있었습니다. 필자가 그때 행사를 돕는 실무자로 있었기에, 박윤선 목사님의 설교를 들을 수 있었습니다. 지금까지도 잊지 못하는 것은, 그 불덩이 같은 말씀이 섬마을 교역자들과 제 마음을 강렬하게 흔들었습니다. 미사어구 없는 간결하고도 알찬 말씀이, 영력을 더하여 제 심령을 두드리고 깨우치는 은혜 충만한 말씀이었습니다. 참으로 귀한 경험이었습니다.(필자, 김영무 목사)

가장 성도다운 모습

그분의 삶 속에 그의 신앙과 신학이 녹아나 있으십니다. 철저히 겸손하시고 진실하시고 과장이나 가식적인 것이 전혀 없는 어린아이 같은 모습을 발견하는데 그게 가장 성도다운 모습이라는 생각이 듭니다. (손봉호 교수, 만남 1권, pp. 73-75)

어린아이 같은 순전함은 누가 흉내도 낼 수 없을 겁니다. 나이가 들면 들수록 더 순전해지시더라고요. (홍정길 목사, 만남 1권, p. 103)

그분에게서 본 받아야 할 것은, 그분의 삶과 인격입니다. 명예에 붙잡히지 않고, 인기에 붙잡히지도 않고, 세상이 알던 모르던 하나님 한 분을 바라보고 진실하게 사신 분입니다. 그래서 평생 기도와 말씀에 붙잡힌 분이십니다. 이것을 본받아야 되겠죠. 예수님께서 "나는 마음이 온유하고 겸손하다"고 하셨듯이 박 목사님은 참 온유하고 겸손한 분이죠. 그리고 마음에 긍휼이 있고, 따뜻함이 있고, 사랑이 있고, 모두를 품으려고 하는 진실한 인격으로 삶을 사셨습니다. (김명혁 목사, 만남 1권, p. 66)

가정과 사명

결정적인 약점은 가족을 돌보지 못하셨다는 겁니다. 첫 번째 부인의 자녀들이 받은 일생의 충격과 고통과 눈물이 있습니다. 두 번째 부인의 아이들은 잘 돌본 거 같아요. 첫 번째 다섯 자녀들은 그 속에 말할 수 없는 상처와 한들이 있습니다. 얼마 있으면 그러한 책이 나올는지도 몰라요. 딸이 책을 썼더라고요. 그 딸의 얘기는 자기 아버지를 성자로 만들어 놨는데 우리 얘기를 들어야 균형이 잡힌다는 겁니다. …… 나도 그 말을 들으면서, 아 우리가 박 목사님에게 두 가지를 배워야 되겠구나. 하나는 먼저 말씀드린 것이고 다른 하나는 가족에 대한 겁니다. (김상복 목사, 만남 3권, pp. 21-22)

이분의 고난이라는 것은 이분의 인격과 관계가 있습니다. 이분은 가정적으로도 고난이 너무 심해서 사실 어떤 면에서는 교만할 수가 없었습니다. 그러니까 이런 고난 중에 겸손하실 수밖에 없었고 엄청나게 기도하지 않을 수 없었던 것입니다. …… 아무튼 그 자손들로 말미암은 고난이 많았습니다. 아시다시피 사모님도 전 사모님이 있고, 후 사모님이 있잖습니까? 전 사모님에게서 난 다섯 분이 다 그렇게 박윤선 목사님을 향해서 어려움을 준 것은 아니고 그 중에 둘 내지 셋이 그랬습니다. 제일 큰 고난을 준 한 자녀는 술 먹고 집에 들어와서 행패를 많이 부렸습니다. 아버지를 막 쓰러뜨리고 뒤로 잡고 막 그랬습니다. 얼마나 부끄럽겠습니까? 또 고신측에서도 유명하다는 분을 찾아가서 "이렇게 개판인 내가 박윤선 목사 아들이다." 이랬던 것입니다. 박윤선 목사님에 대해서 무슨 나쁜 얘기를 한 게 아니라 그냥 자기가 이런 사람인데, 이런 자기가 박윤선 목사 아들이다. 그랬던 것입니다. 박윤선 목사님도 소식을 듣지 않았겠습니까? 얼마나 부끄러웠겠습니까? 그러니까 그저 죽었다 하고 사시는 것입니다. (물론 나중에 그 자녀가 예수 믿고서) 박윤선 목사님 사모님 앞에 와서 잘못했다고 큰 절을 했습니다. …… 그렇게 뉘우치고 이분도 돌아가셨습니다. 또 목사 안수 받은 따님이 아버지 앞에 와서 가슴에 불을 질렀습니다. "아버지가 너무 율법적이다. 아버지가 옳지 않다." 뭐 이런 말을 하면서 대들었습니다. 그렇게 말할 수 없는 상처를 줬습니다.(김수홍 목사, 만남 2권, pp. 302-304)

자녀에 대해서 뭘 자랑하거나 하지 않고 그냥 말씀만 연구하고 전하니까 자녀에 대해서 관심이 없는 줄 압니다. 물론 상황이 중요하다 보니까 조금 소홀함은 있지만, 사실은 그게 다가 아닙니다. 제가 청년 때 본 기억이 있는데, 한번은 박 목사님이 뭔가를 이렇게 불고 계셨습니다. 그래서 보니까 풍선이었습니다. 그때가 50년대 후반이니까 옛날인데, 아무튼 그때 그 자녀가 보낸 풍선을 불고 계셨던 겁니다. 자녀들이 미국에서 보낸 것입니다. 그때는 그게 다 희귀한 것 아닙니까? 그것을 보고 제가 학자의 자녀 사랑이 참 아름다운 모습이라는 생각을 했습니다. 얘기는 잘 안 하시는데 그걸 불고 계셨습니다. 웬만하면 애들이 보낸 그런 풍선 같은 것은 그냥 무시할 텐데, 그걸 불고 계셨던 겁니다. 물론 미안한 감도 있었을 것입니다. 그러나 늘 기도하신 것은 사실 아닙니까? 하나님께 다 맡겼던 겁니다. 자녀들이 그걸 한동안 이해하지 못했습니다.(윤영탁 교수, 만남 2권, p. 243)

1988년 1월 1일에 미국에서 제가 목사님 댁에 세배를 갔습니다. 세배를 드리고 목사님이 해삼탕을 좋아하셔서 오렌지 카운티에 있는 한국계 중국식당에 가서 대접을 해드렸더니 식사를 마치고 이런 말씀을 하셨습니다. 나는 일생 동안 한 번도 가족을 데리고 피크닉을 간 일이 없다. 그리고 영어로 이렇게 말했습니다. "I regret!" 내가 그거를 후회한다. 한국말로 하기는 힘드셨는지 영어로 하셨습니다. 그러니까 너 열심히 공부하고 또 신학자의 길을 가지만 나같이 그런 실패는 하지 말아라 그런 말씀입니다. 아버지로서 나는 너무 부족했다. 또 가장으로서 집안 식구들을 돌보는 일에 내가 너무너무 약점이 많다. 이런 의미가 담겨 있는 것입니다. 하루도 피크닉을 간 적이 없고 하루도 휴일을 가진 적이 없고 오직 불철주야 시간을 집중해서 주석을 집필하셨던 것 아닙니까? (김재성 부총장, 만남 2 권, p. 166)

정암의 영향력

제 신앙의 가장 중요한 특징은 개혁주의입니다. 개혁주의는 좁은 의미에서의 신앙이 아니라 우리의 삶 전체가 하나님께 바쳐져야 한다는 사상이고, 바로 이런 사상이 어떤 의미에서 제 일생 동안의 활동에 핵심이 되었습니다. 기윤실 활동이나 지금 하고 있는 여러 가지 활동이나 시민운동을 할 때에도 이런 활동이 제 신앙과 무관하다고 생각하지 않고 나의 신앙이 바로 활동의 일부라고 생각하는데, 이게 바로 개혁주의 사상이고 그 개혁주의를 나에게 알려준 분이 박윤선 목사님입니다. 그분은 저에게 결정적인 역할을 하신 겁니다.(손봉호 교수, 만남 1권, p. 73)

저는 어떤 것보다도 박윤선 목사님의 계시의존 사색, 거기에 큰 영향을 받았습니다.(이순근 목사, 만남 3권, p. 143)

박 목사님의 가르침이 제게는 선교 지향적인 목회를 하도록 하는 데 아주 큰 영향을 준 것이라고 할 수 있습니다.(강인석 목사, 만남 3권, p. 155)

저는 구제와 선교를 목적으로 목회하는데, 그 이유는 박 목사님이 늘 수업 시간에 하신 말씀이 그 두 가지였기 때문입니다. 거기에 너무 뿌리 깊게 영향을 받아왔기 때문에 지금도 실천하고 있습니다.(장덕만 목사, 만남 3권, p. 376)

교회를 위해서 목사가 있는 것이지 목사를 위해서 교회가 있는 게 아니다. 그거는 제 마음속에 많이 남아 있습니다.(허태성 목사, 만남 3권, p. 438)

목사들은 돈 조심, 명예 조심, 여자 조심해야 한다. 지금도 그 메시지 때문에 돈에 대해서 철저히 투명하게 합니다. …… 이렇게 철저하게 하나님 중심으로 살아야지 돈 중심으로 살면 안 된다 하는 것을 제가 박윤선 목사님에게서 배운 가장 큰 가르침입니다. 제가 사역을 감당하는 것은 내 힘으로 하는 게 아니고 결국 하나님의 능력으로 하는 것이니, 자랑할 것도 없고 잘 된다고 자랑하지도 말고 안 된다고도 낙심하지도 말라는 그 뜻이 그렇게 기도하라는 말 속에 들어 있었다고 생각합니다. 그래서 죽도록 공부하고 싱싱하도록 기도하라가 제가 신학교에 들어가서 제일 크게 영향을 받은 것입니다.(원주희 목사, 만남 1권, p. 386)

유언장에 나타난 배려와 깊은 의미

박윤선 박사님이 생전에 작성(1979년 3월)한 유언장의 내용은 그분의 관심과 마음의 자세를 잘 보여 줍니다. 그분은 가족들을 위해서는 하나도 남기지 않았습니다. 그분은 주석〈박윤선, 서울: 영음사〉의 발행에 따른 인세를 다음과 같이 분배할 것을 말씀하셨습니다.[2)]

10%는, 학문성과 헌신이 뛰어난 학생을 위하여.

10%는, 너무 가난하여 공부할 수 없는 학생을 위하여.

10%는 한국의 복음화를 위하여.

30%는 해외 선교를 위하여.

10%는 군(軍) 선교를 위하여.

10%는 가난한 농촌 목회자의 자녀 교육을 위하여.

10%는 나환자나 시각장애인과 같은 장애인을 위하여.

10%는 고령의 신자들을 위하여.

- 1979년 3월 박윤선

이러한 일련의 유언의 내용을 보면, 가족들을 언급하지 않았음을 알 수 있습니다. 아마도 주석을 집필한 동기가 공적인 복음과 관련한 것이기에 공적인 일에만 사용하도록 하셨음을 알게 됩니다. 어찌됐던 가족들은 본의 아니게 소외되고 서운한 일이 되고 말았습니다.

최근에(2015년) 고(故) 박윤선 목사님의 따님이신 박혜란 님이 내신 『목사의 딸』로 인하여 박윤선 목사님의 삶을 부정적으로 이해하는 분도 있지만, 하나님 앞에 분명한 것은, 그분은 참으로 훌륭하신 주경 신학자요, 기도의 사람이요, 겸손과 섬김의 종이었습니다. 편중된 사고를 벗어나 그분의 경건한 업적을 기리고, 존경을 표하면서, 겸손히 따르고 배워야 할 것입니다.

참고문헌 및 각주 - 이 글은 아래 문헌에서 인용, 발췌한 것이다.

1) 심군식, 『한국 교회 인물 25인 약사』, 서울: 영문, 1993.

2) http://www.newsnjoy.or.kr/news/articleView.html?idxno=198708. 이석봉. "유언장으로 보는 나의 스승 박윤선 박사". 2015. 03. 19.

기독교학술원편, 홍치모, 『박윤선의 생애와 신학사상』, 서울: 백합출판사, 1993. pp. 8~28

편찬위원회, 『기독교대백과사전 7권』, 서울: 기독교문사, 1991. pp. 119~121

안만수. 『박윤선과의 만남. 1, 2, 3권』. 서울: 영음사, 2013-2015.

이승구, 『정암 박윤선 목사의 생애와 사상』, (http://www.newsnjoy. or.kr/main.html), 2015년 4월 1일~5월 7일까지 총 6회에 걸쳐 게재된 글.

https://ko.wikipedia.org/wiki/(한국어판 위키백과)

http://newspower.co.kr/sub_read.html?uid=26425. 안만수. "내가 닮고 싶은, 존경하는 사람, 정암 박윤선 박사". 2017. 07. 04.

예수를 따른 순교자

김응락

88

1906~1950

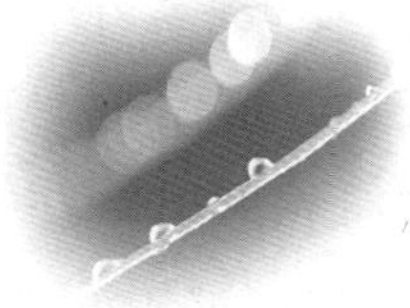

어릴때부터 경건한 신앙과 봉사로 하나님과 사람에게
사랑과 인정을 받았던 그는
해방 후 공산당의 교회탄압으로 월남하여
복음사업과 영락교회를 세우는데 헌신했으나
6.25 전쟁 중에 공산당에게 붙잡혀 순교했다.

베다니 전도교회 설립

김응락은 평안북도 의주군 고관면에서 1906년 5월 6일에 태어났다. 그의 아버지 김기평은 그 지방의 부호였으므로 그는 유복한 가정에서 부모의 사랑을 받으며 착하고 온유하며 겸손하고 강직한 인물로 자라났다. 그는 보통학교에 다니면서 주일학교에 출석하여 기독교 신앙을 배워갔고 15세 때에 세례를 받았다. 그의 열성적인 봉사활동은 곧 인정을 받아 19세에 집사로 직분받아, 용천 덕흥교회에서 집사로 봉사하기 시작하여 신의주에 이사하면서부터는 제일교회에서 집사로 12년을 봉사했다. 그는 사업이 번창하자 가난한 사람을 아낌없이 도왔고, 일신 초등학교 설립 이사가 되어 가난한 학생들을 위해 학비를 부담했다. 그는 서울에 올라온 이후에도 고아원이나 양로원을 찾아 도움을 잊지 않았고, 기독공보가 운영난으로 곤경에 빠졌을 때는 상당한 재산을 투입하여 인수하여 기독교 문화사업에 공헌하기도 했다. 그는 1944년 안동교회에서 장로 안수를 받았다.

1945년 해방이 되자 북한 지역의 기독교인들은 공산당의 교회탄압 때문에 월남했다. 신의주의 교인들은 서울에 올라오자 안동교회의 김응락 장로를 찾아 교회 설립을 간청했다. 그는 새 교회 설립 요원으로 추대되어 1945년 12월 2일 주일에 "베다니 전도교회"라는 이름을 짓고 천막을 치고 현재의 영락교회의 자리에서 27명이 첫 예배를 드렸다. 1945년 10월에 한경직 목사는 이미 신의주를 떠나 서울에 와 있었고, 그동안 집회를 준비하고 있었다. 북한을 떠나온 의지할 곳 없는 교인들이 이 교회로 몰려들기 시작했다. 교회에 마련된 '피난민 연락 사무소'는 피난민을 위하여 최대한의 편의를 도모해 주었는데 김응락은 이 일을 위하여 동분서주했다.

월남 후 혼신의 힘을 다해 교회건립

김응락은 교회 건축을 위한 책임을 지고 자기 사업을 돌보지도 않은 채 그 일에 매달렸고, 1950년 6월 4일에는 성도들의 헌금으로 350평의 아름다운 교회건물이 완성되었다. 그러나 입당예배를 드린 불과 20일 후에 6.25전쟁이 발발했다. 그날은 주일이어서 그는 북한의 남침보도를 들으면서 교회를 찾았다.

6월 25일 주일에 여느 때와 마찬가지로 4천여 성도들이 석조전 예배당에 모여 예배를 드렸다. 38선 부근에서 공산군과 국군이 서로 충돌하는 사건이 있었다는 뉴스를 방송과 신문으로 들은 교인들이었지만 모두들 흔히 있는 국지전 정도로만 생각하고 있었다.

그런데 저녁 찬양예배로 모였을 때는 교인들도 이번 사태가 심각하다는 것을 느끼고 있었다. 한경직은 교인들의 두려운 마음을 달래기 위해 어느 때보다 강한 어조로 말씀을 전했다.

"

하나님은 공의의 하나님이십니다. 어떠한 불행이 온다 할지라도 의로운 사람에게는 그것을 행복으로 바뀌게 하십니다. 성도 여러분! 지금 38선에서 불행한 사태가 일어나고 있으나 이것이 하나님의 사람을 위하여 영광을 가져오게 할는지 누가 압니까? 여러분! 어려운 일을 당할지라도 낙심하지 맙시다. 더욱 단단히 주님을 의지하고 붙드셔야 합니다.

"

교회를 사수하기로 결심

그 다음 날 저녁, 서울 시내에서도 대포소리가 들리기 시작했다.

쿵, 쿵, ~ 쿠르쿵.

멀리서 울리는 천둥 같기도 한 그 소리가 점점 가까워지면서 크게 들려오는 느낌이었다. 교계 지도자들이 이틀에 걸쳐 종로 기독교서회에 모여 대책을 논의했으나 별 뾰족한 수가 없었다.

북한군이 미아리까지 쳐들어왔다는 소문이 파다하게 퍼진 화요일 저녁, 기독교서회 대책회의를 마친 후 한경직은 교회로 와서 엎드려 기도했다.

"

"하나님 아버지, 제가 공산당을 피해 여기까지 내려왔는데 또 공산당이 쳐들어왔습니다. 제가 더 이상 어디로 피할 수 있겠습니까?

제가 여기 있다가 순교하는 것이 당신의 뜻이라면 그 뜻에 순종하겠습니다."

99

어스름이 내릴 무렵, 김치복을 비롯한 장로 몇 사람이 교회로 경직을 찾아왔다.

66

"목사님, 오늘 저녁에는 공산당이 서울 시내로 진입할 것이 틀림없습니다. 그러니 빨리 몸을 피하셔야 합니다. 공산당이 서울에 들어와 누굴 맨 먼저 찾겠습니까? 목사님 같은 분이 아니겠습니까."

"나는 순교도 각오한 몸입니다. 이번에는 공산당을 피하지 않겠습니다. 예배당 입당식을 한지 한 달도 지나지 않았는데 교회를 버려 두고 어디로 간단 말입니까?"

"이북에서 공산당을 겪어 보셔서 잘 아실 것이 아닙니까? 목사님의 목숨은 목사님 한 분만의 것이 아닙니다. 영락 5천 성도와 한국 수백만 교인들을 돌보아야 할 목자로서 공산당에게 죽임을 당할 수는 없습니다. 임시라도 몸을 피하셔야 합니다."

99

그들은 경직을 억지로 끌다시피 하여 청파동에 있는 김성호 석탄공사 총재 집으로 모시고 갔다. 김성호 총재의 부인이 영락교회 권사로 있어 그곳으로 일단 몸을 피하도록 한 것이었다. 그들은 밤새도록 불안한 마음을 안고 이야기를 나누며 기도했다.

새벽 2시가 좀 넘어 한강 쪽에서 엄청난 폭발음이 들려왔다. 그것이 한강 다리가 폭파되는 소리인 줄은 미처 상상도 하지 못했다. 어떻게 국군이 수천 명의 피난민들로 가득한 한강 다리를 폭파할 수 있겠는가? 한강 이북에 있는 수많은 국군들도 아직 철수하지 못하고 있는 판이었다.

그날 한강 다리 폭파로 다리 위에 있던 피난민과 군인 천여 명이 삽시간에 죽고 말았다. 그것도 아무 사전 경고도 받지 못한 가운데 아군의 손에 당하고 만 것이었다. 한강 이북에 있던 4만 4천여 명의 국군들도 한강 다리 폭파로 인하여 퇴로를 잃어버리고 죽거나 실종되었다.

아침이 되자, 거리에서 묵직한 쇠바퀴 굴러가는 소리 같은 것이 요란하게 들려왔다. 경직 일행은 한 청년을 시켜 바깥 거리 동정을 살펴보고 오도록 했다. 그 청년이 다시 돌아와 떨리는 목소리로 말했다.

"

"공산군 탱크들이 청파동 앞길까지 쳐들어 왔습니다."

"

이제 어떻게 해야 하나 걱정하고 있는데 영락교회 동사목사 강신명도 장로들에 의해 끌려왔다. 경직 일행은 공산군이 서울로 깊이 진입해 버렸는데 피난할 길이 있을까 염려하지 않을 수 없었다. 경직은 집에 있는 아내와 순희, 혜원, 보린원 아이들이 걱정되기도 했다.

마침내 김성호가 단호한 어조로 말했다.

"

"지금 공산군이 들어왔다고는 하지만 아직 어수선한 때이니 일단 한강둑으로 나가봅시다."

"

모두 그의 의견을 받아들여 뒤쪽으로 해서 마포로 나가 보았다. 마포 형무소가 폭파되고 있는 광경이 눈에 들어왔다. 공산군이 죄수들을 풀어주기 위해 형무소를 폭파하는지, 국군이 죄수들을 감방에 가둔 채

폭파하고 있는지 알 수가 없었다.

한강다리가 끊어져 피난을 갈 수 없는 사람들이 마포에서 나룻배를 타고 강을 건너가고 있었다. 배들은 적고 사람들은 많아 경직 일행은 아침부터 정오까지 둑에서 기다려도 배를 얻어 탈 재간이 없었다. 그런데 사공 한 사람이 나룻배를 저으며 경직을 유심히 살폈다.

"

"이거 한 목사님이 아니십니까? 제가 건네 드리겠습니다."

"

그러고는 가까이 다가와 나룻배를 둑에 대었다.

"

"일행이 있습니다.'

경직이 고맙다는 기색을 보이며 말했다.

"몇 분이나 있습니까?"

"대여섯명 됩니다."

"그 정도면 충분이 탈 수 있습니다. 어서 타십시오."

"

그리하여 그들은 그 배를 타고 강을 건널 수 있었다. 폭파된 한강다리 쪽에서 시신들이 둥둥 떠내려오고 있었다.

경직은 한강만 건너면 거기에 수많은 국군들이 방어진을 치고 있는 줄 알았다. 그러나 그런 국군들은 하나도 보이지 않고 패잔병들만 허겁지겁 피난민들에 섞여 달아나고 있었다. 얼마나 다음이 허탈하고 실망스러웠는지 몰랐다.

경직이 정신없이 안양 쪽으로 피난을 가고 있는데, 시흥국민학교 앞에서 어떤 군인들이 쫓겨가는 패잔병들을 불러모아 학교로 데리고 가는 것을 보았다. 그 맥빠진 군인들을 불러도아 어떻게 하나 하고 경직도 국민학교 교정으로 들어가 보았다. 그런데 거기에 오산학교 1년 선배인 김홍일 장군이 있는 것이 아닌가.

김 장군도 사관학교 교장으로 있다가 후퇴를 했는데, 이러다가는 안 되겠다 싶어 중국에서 일본군과 싸웠던 백전노장의 관록을 살려 패잔병들을 모아 한강 전투로 재배치 하고 있는 것이었다. 김홍일 장군의 그런 모습을 보고 경직은 다소 마음이 놓이기도 했다.

맥아더 장군도 그 다음 날 일본에서 전용기를 타고 수원 비행장으로 한강 근처까지 가서 전황을 살펴보았다. 그런데 아직도 한강을 지키는 군인들이 있는 것을 보고는 한국을 도와주기로 마음먹고 일본에 주둔하고 있던 제24사단을 급히 파견했다. 물론 맥아더는 수천 명의 국군들이 피난민에 섞여 정신없이 남쪽으로 내려가고 있는 모습들도 보았다.

민족의 운명이 백척간두에 있을 때 나라의 지도자들은 국민들을 속이고 한강 철교까지 폭파하고는 달아나기에 급급했지만, 김홍일 장군은 그 와중에서도 군인으로서 해야 할 일을 한 것이었다. 바로 이런 정신을 남강과 고당 선생들로부터 물려받은 것이 아닌가.

시흥에서 다시 안양 쪽으로 걸어가고 있는데 군인들을 실은 트럭 하나가 경직 옆에 와서 멈췄다. 경직이 무슨 일인가 하고 트럭을 쳐다보니 소위 계급장을 단 장교 한 사람이 트럭에서 뛰어내리며 소리쳤다.

“목사님, 저예요, 빨리 트럭에 타세요.”

그 장교는 영락교회 집사로 있는 김건이었다. 그리하여 경직 일행은 그 트럭을 타고 안양으로 와서 나흘쯤 머물렀다. 그때 김건은 정훈국장으로 있었기 때문에 민심 수습 차원에서 사람들을 모아놓고 시국 강연 같은 것을 해야만 했다. 그의 요청에 의하여 경직도 피난민들을 상대로 시국 강연을 몇 번 하게 되었다. 공산당은 반드시 패배할 것이니 어떤 시련에도 낙망하지 말고 마음을 굳게 먹자고 강조했다.

……서울로 들어온 한경직은 끊어진 한강 다리 근처에서 영락교회 장로 한 사람을 만났다. 그 사람이 김응락 장로가 교회 구내에서 순교했다는 소식을 경직에게 알려주었다.

김응락은 신의주 제1교회에서 12년간 봉사하다가 해방되기 전에 서울로 와 여관업과 포목상으로 큰 돈을 벌었다. 그는 고아원과 양로원들을 지원하는 한편, 재정난에 허덕이던 〈기독공보〉를 인수하여 기독언론 창달에도 힘썼다. 안동교회 장로로 헌신하다가 경직이 남한으로 내려와서 교회를 세우자 아직 마땅한 건물도 없는 영락교회로 와서 봉사했다. 특히 석조전 본당을 짓는 데 누구보다 물심양면으로 헌신적이었다.

김응락 장로는 6.25 전쟁이 일어났을 때도 피난을 가지 않고 서울에 그대로 남아 교회를 지켰다.

7월 2일, 6.25 전쟁 후 첫 주일에 그토록 주일성수를 강조하던 서울 시내의 교회들은 거의 모두 문들이 굳게 닫혀 있었다. 그러나 영락교회는 담임목사와 동사목사가 없는데도 여전히 교회 문을 열어 놓고 있었다.

그날 새벽에 유년부 부장 박동엽 장로가 교회로 와 옆문으로 들어가서 대문을 활짝 열었다. 그러자 교회 구내에 살고 있던 어느 집사가 박 장로를 나무랐다.

“

“ 지금이 어느 때인데 교회 문을 여는 거요?”

박 장로가 태연하게 대답했다.

“주일 날 예배당 문을 닫아두다니 될 말이오? 활짝 엽시다. 죽어도 열어놓고 죽읍시다.”

”

그러고는 베들레헴 성전에 모인 수십 명의 어린이들과 어린이를 데리고 온 몇 명의 부인들과 함께 예배를 드렸다. 박 장로는 그 어린이들 앞에서 순교의 메시지를 전했다.

“

“육신을 죽이는 자보다 영혼까지 죽이는 자를 더욱 두려워합시다.”

”

주일 예배를 마친 교인들은 오후에 김응락 장로 집에 모여 아무리 전쟁중이라 하더라도 교회 문은 닫을 수 없다는 결정을 내렸다. 주일 예배 사회는 시무장로가 맡고 설교는 아직 피난 가지 않고 서울에 남아 있는 목사에게 부탁하기로 했다. 그러나 그런 목사들은 신변 위험을 이유로 설교 부탁을 들어주지 않았다.

설상가상으로 그 다음 주일부터 인민군들이 영락교회를 군대 무기고로 접수하고 말았다. 돌로 튼튼하게 지어진 석조전이 무기를 보관하기에 적정하고, 무엇보다 예배당에 무기를 감추어 두면 국군과 미군들의 눈을 속일 수 있다고 판단했던 모양이다. 사람을 살리는 복음이 전파되는 예배당이 동족을 죽이는 무기들로 가득하게 되다니, 인민군의 무기고를 만들기 위해 그토록 교인들이 희생적으로 헌금하고 수고했단 말인가?

영락교회 교인들은 승동교회를 빌려 예배를 보곤 했으나 그것도 오래 가지 못하고 결국 각자 자기 가정에 숨어서 개인적으로 기도하며 신앙을 지킬 수밖에 없었다. 김응락 장로는 몰래 심방을 다니며 교인들을 격려해주었다.

인민군에게 체포

인천 상륙작전을 며칠 앞둔 9월 24일, 김응락은 교회 근방에 있는 교인을 심방하러 가다가 예배당을 그냥 지나칠 수가 없어 상황이 어떤가 하고 다가와 살펴보았다. 그런데 교회문이 굳게 잠겨있고 교회 구내는 인민군들이 철수했는지 조용했다. 그래서 구내에 교인들이 있으면 문을 열어줄까 하고 교회문을 두드려 보았다. 그러자 고필용 장로 부인이 구내에 있다가 급히 달려나와 다급하게 말했다.

“빨리 돌아가세요, 아직도 인민군들이 예배당 안에 있어요.”

그와 동시에 인민군 하나가 총을 들고 달려와 김응락에게 총을 겨누며 물었다.

“너는 누구냐?”

김응락이 지체없이 대답했다.

“나는 이 교회 장로다.”

김응락은 곧바로 중부경찰서로 연행되었다. 얼마 있으니 김인모 장로의 아들 김만이라는 청년도 끌려왔다. 그때 이미 김응락은 여기저기 얻어터져 피투성이가 되어 있었다.

죽음을 각오하고 저항하다 순교

김 장로는 며칠 동안 10년이나 형을 산 사람처럼, 모진 고문과 학대로 지친 몸에 초라한 모습으로 다시 교회까지 끌려왔다. 취조가 끝난 후 인민군은 김응락과 김만에게 수갑을 채운 채 다시 교회로 끌고 가 계단을 올라가도록 했다. 계단을 다 올라가면 본당 남쪽으로 빈 터가 있는데 거기서 총살 당하리라는 것을 두 사람은 예감했다. 그들이 서울을 철수하기 전 두 사람을 총살하려는 것이었다.

그 두 사람은 교회 계단을 올라서면서 "나의 기쁨 나의 소망되시며, 나의 생명이 되신 주, 밤낮 불러서 찬송을 드려도 늘 아쉰 마음 뿐일세"를 함께 불렀다. 그러자 계단 옆 2층에 살고 있던 전성천 목사의 장모 백 여사가 그 노래를 듣고 반가운 마음으로 뛰어 나와 덥석 손을 쥐고 그들이 서로 이야기를 나누는데 인민군도 한눈 팔고 멍하니 보고 서 있는 틈에 함께 잡혀오던 김만이란 청년을 향하여 눈짓했다. 그러자 그것을 감지한 김만이 수갑을 찬 채로 온 힘을 다해 도망쳤다. 그의 지혜로 한 청년의 귀중한 목숨을 구한 것이다.

김만을 놓친 인민군은 금방이라도 총을 쏠 듯이 흥분하며 김응락을 끌고 가려 했다. 김응락이 간곡하게 인민군에게 부탁했다.

"5분만이라도 예배당에 들어가 기도하고 나오게 해주시오."

결국 인민군은 마지막 5분의 기도 시간을 허락했다. 김응락은 석조전 예배당 안으로 천천히 걸어 들어갔다. 천장 한쪽이 무너져 있고 바닥에도 구덩이가 패어 있었다. 인민군 무기고라는 것을 눈치채고 미군이 폭격을 했는지도 몰랐다. 무기들은 이미 철수를 했는지 잘 보이지 않고 화약냄새만 진동했다. 교인들이 많은 헌금을 드리고 그것도 모자라 사재를 털어 가면서까지 세운 예배당의 처참한 모습 앞에 김응락은 가슴이 찢어지는 것 같았다.

김응락은 교회 바닥에 무릎을 꿇고 앉아 수갑을 찬 두손을 모았다.

골고다 언덕 십자가에서 피투성이가 된 채 자신의 영혼을 아버지 하나님께 부탁하신 예수의 모습이 눈앞에 떠올랐다. 지금까지 살아온 44년의 세월과 신앙생활에 헌신해온 29년의 세월이 주마등처럼 스치고 지나갔다. 지금 피난준비를 하고 있을 아내와 영걸, 영철 두 아들, 그리고 시집간 딸 성애의 얼굴이 말할 수 없이 보고 싶어졌다.

> "주여, 이 나라와 이 교회와 우리 가족과 내 영혼을 당신께 부탁하나이다."

인민군은 김응락을 본당 남쪽 빈 터로 끌고 가 무릎을 꿇게 했다. 수천명의 교인들로 웅성거리던 교회 뜰에 그 시간에는 김응락 혼자 밖에 없었다. 인민군의 차가운 총부리가 김응락의 머리에 와닿았다.

"탕!"

총성이 한 번 크게 울렸다.

그는 45세로 한참 일할 나이에 최후의 순간까지 기도하며 어린양처럼 순교의 피를 흘리고 영광된 순교로 하나님의 품에 안기었다.

김응락 장로의 비문에는 이렇게 쓰여 있다.

> "무거운 발길을 옮겨 골고다로 향하신
> 피어린 주님 발자국 따라 생을 다하고
> 의의 길 택하시오며
> 모진 붉은 돌에 쓰러지시올 때

스데반의 미소 또한 그 광채 만면에 사무치고
마지막 한 방울 피 흘리시도록
영락의 제단 부둥켜 안으사 숨을 거두셨으니
베다니 뜰에 첫 번 맺은 순교의 원공은 장하시다."

99

여러분! 김응락 장로님의 신앙을 본 받아 이 한 몸 바칩시다. 그의 생애! 잊지말고 치하합시다!

참고문헌 – 이 글은 아래 문헌에서 인용, 발췌한 것이다.
김광수, 『한국 기독교 인물사』, 서울: 기독교문사, 1974.
http://kcmma.org/board/bbs/board.php?bo_table=bdl&wr_id=174. 한국교회순교자기념사업회. "김응락 장로".
http://cy.cyworld.com/home/46399924/post/9028805 브니엘. "김응락 / 6.25 사변 중 서울에서 공산군에게 피살 됨". 2015. 04. 12.
http://newspower.co.kr/sub_read.html?uid=3202. "자랑스런 영락교회 장로들". 『한경직평전』. 뉴스파워. 2017. 06.16..(입력: 2005/02/15).

청빈한 목자의 표상

한경직

89

세계적 장로교회인 영락교회를 목회했으며
자신의 이름으로 통장을 평생 가지지 않고
청빈한 삶을 영위함으로써
목회자의 영원한 표상으로써의 삶을 살았다.

나라 잃은 민족의 아픔

한경직 목사는 1902년 12월 29일(음) 평안남도 평원군 공덕면 간리(자작마을)에서 가난한 농부의 아들로 태어났다. 그가 태어난 마을은 20여 가구의 작은 마을이었다. 마포삼열(Samuel A. Moffet) 목사와 한 석진 조사가 이 마을을 방문했을 때 마을 사람들은 대부분 예수를 믿고 있었으며, 그래서 마을 사람들이 세운 자작교회가 있었다. 그는 어릴 때부터 교회에 다니며 성경을 공부했다. 또한 그의 아버지한도풍 씨는 한경직을 서당에 보내지 않고, 선교사가 그 동네에 세워 운영하는 진광학교에 보내서 신학문을 배우게 했다. 그래서 그는 이미 어릴 때부터 기독교 신앙과 정신을 배웠고 신학문에 접하게 되었다. 그가 학교를 다니던 길에는 큰 부잣집이 있었는데 그 집 대문에는 요한복음 3장 16절 "하나님이 세상을 이처럼 사랑하사 독생자를 주셨으니 이는 저를 믿는 자마다 멸망하지 않고 영생을 얻게 하려 하심이라"는 성경 구절이 붙어 있었다. 그는 학교를 오가면서 이 성구를 암송하게 되었고 그 말씀은 그의 신앙의 기초와 신앙 정서를 형성하는 결정적인 말씀이 되었다.

진광학교를 졸업한 후, 그는 남강 이승훈 선생이 설립하고 고당 조만식 선생이 교장으로 있는 정주 오산학교에 입학했다. 그는 매우 탁월한 학생이었으므로 진광학교를 월반해서 졸업한 후 오산학교도 2학년으로 입학했다. 그는 오산학교에서 세 가지를 가슴 깊이 새기게 되었다.

첫째, 나라가 망했으므로 한국 청년들은 나라를 다시 되찾고 회복하는 일에 자신을 바쳐야 하는 애국 사상을 가져야 한다.

둘째, 조국을 되찾고 부흥시켜 강대하게 하려면 현대학문, 특히 과학을 배워야 한다.

셋째, 아무리 애국심과 과학적 지식이 풍부하다 할지라도 먼저 사람이 바르지 않으면 안되므로 예수님을 믿어야 한다.

그는 오산학교를 졸업한 후 잠시 동안 평안부근 남산골교회에서 운영하는 영성학교에서 교사로 일을 했다. 이 기간 동안 그는 독립운동에 연루되어 일본 헌병에게 잡혀가 고초를 겪기도 했다.

"

인생 목표의 전환

그는 오산학교를 졸업학고 방위량 선교사(William N.Blair)의 일을 도우면서 학비를 벌어 현대과학문명을 배워 나라에 이바지 하겠다는 생각에 평양 숭실대학 이과에 입학하여 과학을 공부했다. 왜냐하면 과학을 공부하는 것이 나라와 민족을 위해 더 큰 일을 할 수 있는 길이라고 생각했기 때문이다. 그래서 오직 이 민족을 위해 온전히 봉사할 수 있도록 간절히 기도했다. 그런데 3학년 여름방학에 방위량선교사를 도와 책을 번역하기 위해 선교사들의 휴가지인 황해도 구미포에 갔는데, 저녁에 혼자 바닷가를 거닐던 중 그는 하나님의 음성을 들었다.

"너는 장래에 이런 것도 저런 것도 할 수 있겠지만, 너는 온전히 나에게 몸을 바쳐서 복음을 위해 살아라." (나의 감사 118쪽)

그리하여 그는 과학보다는 신학을 배워야겠다는 결심을 했다. 그는 그의 온 생애를 바칠 목표를 새롭게 갖게 되는 하나님의 부르심을 받았다. 그때가 그가 하나님의 도구로 쓰임 받게 되는 소명의 순간이었다.

1925년 그는 방위량 선교사의 도움으로 미국 캔사스주의 엠포리아대학(Emporia College)에서 신학공부를 위한 준비로 철학, 심리학 등 인문학을 공부했다. 그리고 1926년부터 1929년까지 프린스톤신학교에서 신학을 전공했다. 이때 그는 신학교가 신학적인 문제로 갈등하게 되고 그 여파로 신학교가 분열되고 미국의 교회가 분열과 시련을 겪는 모습을 보았다. 그가 신학교를 졸업하고 난 후 그해 여름에 신학교는 완전히 갈라졌고 메이첸(G. Machen)을 중심으로 웨스트민스터신학교가 탄생하게 되었다. 그는 이 분쟁에 개입하지 않았고 성경과 기본적인 신학만 공부하고 기도에 열중했다. 그는 이 사건을 본 후부터 복음적인 신학을 가지면서도 열린 자세를 견지하여 신학교나 교회의 분열을 야기하지 말아야겠다고 생각하게 되었다. 그래서 그는 훗날 민족 복음화와 한국교회의 연합을 위해 노력하게 되었다.

신학교를 졸업하고 예일대학에 가서 교회사를 공부하려던 그는 학비를 위해 일을 하다가 폐병에 걸리게 되었다. 그래서 그는 뉴멕시코주 알바컬키(AbuQuerque) 요양원에서 2년간 투병생활을 해야 했다. 그는 기도와 독서를 하며 하나님께 한국에서 일할 기회를 주실 것을 간구했다. 그는 자신이 공부를 하여 세상에 이름을 떨치려 했던 생각을 내려놓고 하나님 앞에 회개했다. 그리고 이렇게 오랫동안 공부한 것을 하나님과 민족을 위해 쓰지도 못하고 죽어버린다면 너무나 허무하다는 생각이 들어서 하나님께 조국에 돌아가 2~3년이라도 소신껏 하나님의 복음을 위해 일할 수 있게 해달라고 기도했다. 그 후 콜로라도주 덴버에서 1년 더 요양한 후, 하나님의 은혜로 건강이 회복되기 시작하여 그는 겸손하고 온유하며 자기를 부인하는 헌신된 사람이 되어 1932년 여름 한국으로 돌아왔다.

일제시대의 고난

그는 조국에 돌아와 스승이던 조만식 선생의 요청으로 숭인상업학교에서 영어와 성경을 가르쳤다. 1년 후 숭실대학에서 교수로 초빙을 받았지만 일제는 그의 사상이 불온하다는 이유로 그에게 교수 자격을 주지 않았고 학교에서 추방해 버렸다.

그는 1933년 하나님께 전에 서원했던 대로 가난한 신의주 제2교회에서 목회를 시작했다. 그는 열심히 목회하여 교회를 성장시켰고 교회도 건축하게 되었다. 그는 겸손하고 온우한 성품으로 전도와 교육, 봉사를 목회의 근간으로 삼아 열심히 목회했으므로 많은 사람들의 존경을 받았다. 그리고 1939년에는 가난하고 불쌍한 고아들과 노인들을 위하여 보린원을 설립했다. 이 시기에 한경직은 일제의 신사참배의 요구를 뿌리치지 못하고 안타깝게도 신사참배를 하게 된다. 후일 한경직은 1945년 해방이 되기까지 보린원에서 고아들과 가난한 자들을 돌보며 살았다. 거기서 그는 기도와 성경을 연구하며 그리스도의 사랑을 실천했다.

영락교회와 선교활동

1945년 일제가 항복하고 소련군이 북한에 진주했고 그들은 공산당을 조직하여 북한 전역을 장악하기 시작했다. 남한에는 미군이 진주하여 군정을 시작하고 있었다. 그러자 그는 공산당의 박해를 피하여 1945년 10월 남한으로 넘어왔다. 그는 일제와 공산치하를 겪으면서 나라가 얼마나 소중한 것인가를 뼈저리게 체험하게 되었고 복음으로 나라와 민족을 바로 세우지 않으면 나라의 장래가 어렵게 된다는 것을 강하게 확신하게 되었다. 서울로 온 한경직 목사는 미국에서 공부할 때 함께 했던 송창근 목사와 김재준 목사를 만나 조선신학교에서 잠시 가르쳤다. 그들은 각각 교회를 세우기로 했으므로 한경직 목사는 1945년 12월 2일 베다니 전도교회를 세웠다. 그리고 노회에 가입할 때 지역 이름을 따라 영락교회로 이름을 바꾸었다.

이 교회는 북한에서 피난 온 사람들의 교회라는 소문이 나서 많은 북한 공산당의 박해를 피해 월남한 기독교인들과 중국과 일본 등지에서 귀국한 사람들이 모여들었다. 한경직 목사를 중심으로 영락교회는 그들을 위해 천막을 치고 먹을 것을 주고 삶을 도와주며 말씀을 전했다. 그리고 1950년에는 예배장소가 차고 넘쳐서 교회를 짓게 되었다. 그는 청교도적 경건과 삶의 훈련을 강조하여 국가적 행사에 주일의 성수를 위해 노력했다. 또한 그는 공산주의의 무신론에 반대한 철저한 반공주의자로서 기독교 복음만이 공산주의를 이기고 나라를 구할 수 있다고 생각하여 교회를 모아서 기독교 구국운동을 전개했고 공산주의자들이 활동하는 곳을 찾아 적극적인 복음 전도활동을 펼쳤다.

1950년 6월 25일 한국전쟁이 발발하자 한경직 목사는 대전에서 피난 온 목사들과 함께 '대한기독교구국회' 를 조직하고 대구로, 부산으로 옮기면서 신앙집회와 강연을 하여 국민들에게 용기와 단결, 인내와 책임을 호소했다. 그는 선무 공작대를 조직하여 파송했고, 기독 청년 지원군을 모집해서 전선으로 보냈으며, 구호사업에 앞장서서 일했다. 그는 전쟁 직전에 함께 활동했던 피얼스(Bob Pierce) 목사를 만나 전쟁으로 심령이 침체된 목사들을 위해서 수양회를 열어서 고난을 통한 하나님의 섭리와 은총을 가르쳤고 피난민과 고아들과 미망인들을 위해서 보린원을 설립하고 구호사업을 전개했는데 이것이 월드비전(World Vision)의 시작이었다. 그는 전시에도 가는 곳마다 교회를 세우고 복음을 전했으며 미군 사령부와 교섭하여 생활 필수품을 원조 받아서 피난민을 구호했다. 그는 '기독교 연합 전시 비상 대책위원회' 를 결성하여 미국의 트루만 대통령, UN 사무총장, 맥아더 사령관 등에게 한국 국민의 의사를 담은 메시지를 보내기도 했다. 또한 그는 한국정부의 대표 사절단으로 UN에 가서 UN군의 파견과 원조에 감사하는 외교적인 활동도 했다.

전쟁이 끝난 후 그는 교회를 재정비한 후 전도에 박차를 가하였고 기독교 교육사업을 활발하게 전개했다. 전도, 교육, 봉사를 목표로 하는 그의 목회로 영락교회는 계속 성장해서 2만명이 넘는 인원이 예배를 드리는 대교회가 되었다. 그는 70세가 되는 해인 1972년 말에 담임목사직을 은퇴한 후 자유롭게 복음전도 활동을 했다. 그는 피얼스 목사, 빌리 그래함 목사와 함께 해외 전도집회를 다녔고 여러 세계적인 선교대회에서 강사로도 활동했다. 그는 20세기 한국이 낳은 뛰어난 목사로서 한국에서 장로교회를 확장했고 해외 선교사역을 펼친 공로를 인정받아 1992년에는 빌리 그래함 목사나 테레사 수녀가 수상한 바 있는 템플턴 상(Templeton Prise)을 수상했다. 이 상 수상 축하예배의 인

사말에서 그는 "먼저 나는 죄인임을 고백합니다. 나는 신사참배를 했습니다. 이런 죄인을 하나님이 사랑하고 축복해 주셔서 한국교회를 위해 일하도록 이 상을 주셨습니다"라고 했다. 진솔한 고백에 청중들은 숙연했고 감동적이었다.

템플턴상은 메달과 상금을 영국 런던에 있는 버킹검궁에서 필립공이 직접 수여하는데 한 목사님은 그때 받은 상금 575,000 영국파운드(미화 약103만 불)을 영락교회 임영수 담임목사에게 주며 이 돈은 후에 북한에 그리스도의 사랑과 평화를 전하는데 사용해 달라고 하여 영락교회는 통일 후에 귀하게 사용하기 위해 보관하고 있다.

한경직 목사님은 북한의 공산주의 정권은 철저히 반대하고 싫어했으나 그들 밑에서 고통 받는 동포들에 대하여는 측은한 마음, 불쌍한 마음을 갖고 하루 빨리 그곳에 평화가 임하고 복음으로 통일이 되기를 늘 기도하셨다.

자기 자신까지 헌신한 목회자

한경직 목사는 하나님을 사랑하고 이 나라 이 민족을 사랑한 목회자였다. 그가 가진 유일한 목표는 하나님의 복음으로 이 민족을 새롭게 해야 한다는 것이었다. 50여 년간 오로지 그는 그것을 위해 자신의 인생을 바치고 하나님만을 의지하면서 살았다. 그가 목회한 영락교회는 한국의 대표적인 교회로 성장했다. 그리고 교파를 초월한 전도집회와 복음화운동, 해외선교로 한국의 기독교의 위상을 크게 올려놓았다. 그는 성경 중심의 복음주의적 신앙을 가진 목회자로서 경건한 청교도적인 생활 훈련을 몸소 실천하는 성결하고 진실하며 근면, 검소하고 절제된 청빈한 생활을 하는 모범된 신앙인격을 지닌 지도자였다. 그는 자기 자신의 명의로 된 집이나 재산을 가지지 않았다. 그는 또한 화합과 평화을 염두에 둔 에큐메니칼 정신을 강조하여 신학의 지엽적인 면, 정치, 예배의식이 조금씩 다르지만 교파를 초월하여 국가와 민족과 사회를 위한 복음 전파나 봉사를 위하여 교회 상호간의 협력과 연합사업에 적극 참여하여 한국교회의 연합사업을 훌륭하게 이끌었다.

교회의 복음전파와 함께 그는 교회의 올바른 사회봉사와 사회참여를 강조했다. 교회는 대(對)사회적인 양심을 구현하는데 앞장서서 사회를 섬겨야 한다는 것이 그의 생각이었다. 그러므로 교회는 의료봉사, 사회복지사업, 교육사업, 문화사업들에 관심을 가지고 힘써야 하며, 구원받은 성도들은 정의가 확립되고 인권이 존중되며 자유가 보장되는 바른 사회와 국가를 건설하기 위해서 힘써야 한다. 그래서 그는 대사회 봉사에도 온 힘을 기울여서 많은 복지시설을 설립하여 사회의 연약한 사람들을 돌보았으며 세계 각국의 기아 극복과 굶주린 사람들에게 식량을 보내는 일에 앞장섰다.

그는 오랜 세월 정성을 다해 성장시켜온 영락교회를 은퇴 후 교회에서 마련한 아파트를 뿌리치고 경기도 광주군 남한산성 인근 영락교회 수양관의 20평짜리 사택에서 생활했다. 또한 1992년 종교계의 노벨상이라 할 수 있는 템플턴상의 상금으로 받은 103만 달러를 모두 영락교회에 전달해서 통일 후, 북한 동포를 위해 선교와 불우이웃돕기에 사용하도록 했다. 그러면서도 그는 개척교회 목사를 만나면 자신이 입고 있던 옷마저 벗어주기가 일쑤여서 늘 소매끝이 닳은 양복을 입고 다니곤 했다. 전국에 500여개의 교회를 개척한 그는 100만원 가량의 원로목사 봉급도 선교회와 사회복지단체에 기부했다.

“

그가 평생 애송하며 그의 삶의 나침반으로 삼았던 성경구절은 데살로니가전서 5장 16~18절의 “항상 기뻐하라. 쉬지 말고 기도하라. 범사에 감사하라” 였다.

”

목사님의 가르침

한진유 장로의 목격담이다. 영락교회에 오래 동안 다닌 교인들은 한 목사님이 주일 아침마다 예배당 앞 계단에 서서 교인들을 맞으시고, 주일학교 어린이들 머리를 쓰다듬어 주시며 인사 받으시던 모습을 기억한다. 그분은 주일 또는 평일에 교회 뜰에서 교인들과 대화하는 것을 참 좋아 하셨다. 우리들은 우리를 보고 웃으시던 그 인자하고 온화한 모습을 생각하며 한 주 내내 가정에서 직장에서 우리도 평화의 사도(peace maker)가 되어야겠다는 생각을 했다.

한 목사님은 설교 때 자주 화해 · 화평 · 평화에 대하여 말씀하셨다. 내 자신이 하나님과 먼저 화해하여야 한다고 하셨고, 그러기 위해 내 안에 도사린 온갖 죄악을 고백하고 회개하고 온전히 죄 사함을 받아 하나님의 친구, 하나님의 자녀가 되어야 한다고 하셨다. 그리고 우리들은 우리의 형제 자매간에, 우리 믿는 이들 사이에 화해와 화목을 힘써야 한다고 하셨다. 그 다음 사회의 모든 사람 사이에 화목을 이루고 평화를 나누어야 한다고 하셨다.

1980년대에는 100년을 맞은 한국기독교회의 기념사업회의 총재로써 교회 연합운동을 주도했고, 1980년 한국기독교총연합회 창립을 주도해 초대 회장이 된다. 한국교회 100주년 선교대회에서는 "자유주의적 개신교 사상이 교파분열을 초래하고 있는 것은 사실입니다. 그러나 명분 없는 분열이나 교권을 탐한 인간집단의 분열은 곤란합니다"라고 했고, "기독교가 아니라고 해서 멸시하거나 충돌하는 일은 있을 수 없습니다. 뿐만 아니라 목회자는 돈과 여자와 검약에 모범을 보여야 합니다. 그리고 예수의 삶을 따라 사는 목사라면 가난해야 합니다. 일부 대도시 교회 목사의 호화스런 생활은 참 잘못된 것입니다"라고 말씀했다.

한 목사님은 100주년 사업을 할 때, 늘 "일보다 중요한 것은 화평 화합이올시다" 라고 말씀했다.

정진경 목사는 "내가 본 사람 중 한 목사님 같은 화목의 사람을 본 적이 없다. 그분이 함께 계실 때에는 저절로 화기애애하고 부드러운 분위기가 감돌았다. 일부러 그렇게 만드는 것이 아닌데도 저절로 그렇게 되어졌다" 라고 기억했다.

김준곤 목사는 "한 목사님의 신앙 품성 가운데 특별히 돋보이는 것은 화합입니다. 한 목사님은 한국교회가 100주년을 맞을 때 보수와 진보 20여개 교파와 단체를 하나로 통합 결집시켰습니다. 그가 아니면 누구도 대신할 수 없는 신앙인격의 카리스마가 구심점이 된 것입니다" 라고 했다.

빌리 그래함 (Billy Graham) 목사는 그가 1952년 한국에 와서 전도대회를 할 때 한 목사님이 설교통역을 했고, 1973년 전도대회 때에는 대회장으로 수고한 한 목사에 대하여 감사하고 있었다.

한 목사님이 돌아 가셨을 때 서울에 직접 오지 못하여 마삼락 선교사(Samuel Moffet) 편에 조사를 보냈는데, 거기서 옛날 소회를 밝히고 있다.

"그분을 아는 모든 사람은 그와 함께 있으면 주님의 임재를 느낄 수 있었습니다. — 한 목사님이 저와 제 사역에 얼마나 큰 도움을 주었는지 본인은 잘 모를 것입니다. — 한 목사님과 함께 할 때면 저 자신의 부족함을 깨우쳤으며, 제가 좀 더 그와 닮은 사람이 되기를 주님께 기도했습니다" 라고 했다.

이 조사에서 두 분의 관계가 참 아름다운 관계임을 엿볼 수 있다.

1990년에는 사랑의 쌀 나누기 운동을 전개했다. 그는 육영사업, 국내외 선교사역, 한국교회 일치를 위하여 노력했고 청빈한 삶으로써 참 목자의 표상을 보여준 한국교회의 상징이 된 귀한 인물이 되었다.

> 한경직 목사는 일생에 하고 싶었던 "백두산의 튼튼한 소나무로 북녘 고향 땅에 교회 지어 예배드리는 것이 마지막 소원입니다(1997)"라고 고백했다.

그렇지만 끝내 그는 그 소원을 이루지 못했다. 그의 한 평생의 삶이 보여주듯이 많은 시련 속에서도 하나님의 부르심에 따라 충성하며 주어진 사명을 다한 후 2000년 4월 19일 고난 주간에 하나님의 부르심을 받아 우리의 소망인 영원한 나라 하나님의 품에 안기셨다.

참고문헌 - 이 글은 아래 문헌에서 인용, 발췌한 것이다.
한경직. 『나의 감사』. 2010년.
한경직목사기념사업회. 『한경직 목사 설교전집』. 2009년.
편찬위원회. 『한경직 목사 장례예배 자료집』. 2007년.
한경직목사 탄신100주년 기념사업위원회. 『목사님들 예수 잘 믿으세요』. 2002년.
한경직목사기념사업회. 『아름다운사람 한경직』. 2000년.
김병희 편저. 『한경직목사』. 1982년.
영락교회. 『영락교회 50년사』. 1998년.
www.christiandaily.co.kr/tags/ 한진유. "한경직 목사". 한복협(기독일보, 조은식 기자). 2017. 02. 22.

한국의 헬렌 켈러

양정신

1920 ~ 2000

육신의 장애에도 불구하고 불굴의 의지로 일어선 그녀는
한국 장로교회 사상 제1호 여성목사인 하나님의 부름받은 목회자로서
평생을 복음과 사회봉사에 헌신한 그리스도 예수의 증인이다.
한국의 헬렌 켈러라고 칭하며, 자서전을 세계 7개국어로 번역되어,
세계의 불우한 사람들에게 용기와 희망을 심어주었다.

절망의 극복

우리는 우리의 기독교 역사에서 부끄러운 기억들을 많이 갖고 있지만, 또한 우리 후세대로 하여금 하나님 앞에 다시 한번 자신을 돌아보게 하는 자랑스러운 유산도 많이 갖고 있는 것이 사실이다. 여기 소개하는 양정신 또한 그의 신체적인 장애와 절망적인 환경을 극복하고, 그 생애를 통하여 하나님께 영광을 돌린 자랑스런 기독교인의 한 사람이다. 그는 불행을 낙담하지 않고 오히려 보다 큰 뜻을 성취하

는 계기로 삼았던 것이다. 그는 맹인 몸으로 성한 사람도 하기 어려운 의학, 신학, 교육학을 공부했으며 불우한 맹인들의 눈이 되고자 했다.[1)]

양정신은 1920년 10월 20일 황해도 성화군 연방면에서 그토록 애타게 아들을 기다리던 집안에 다섯 번째의 딸로 태어났다. 그녀의 어머니는 양정신이 딸인 것을 확인하고 방 한구석 삿자리를 들쳐 아기에게 덮었는데, 이를 발견한 할머니가 그 삿자리를 들쳐 아기를 구해내어 양정신은 다시 살아나게 되었다.[2)]

양정신의 아명은 '꼴찌' 였다. 어릴 때 그녀는 언니들을 따라 들로 산으로 꽃을 따면서 해가 지는 줄 모르고 놀곤 했다. 6살 되던 봄철 고향인 황해도 송화군 연방면 두메산골에 핀 진달래가 그가 마지막 본 꽃이었다. 그러던 어느 날 철없이 뛰놀던 어린 소녀는 진달래를 한아름 꺾어 안고 집에 돌아온 뒤 갑자기 열병에 쓰러져 머리에 극심한 통증을 호소했다.[3)]

가난에 찌들린 집안 형편 때문에 치료라야 아버지 등에 업혀, 20리 떨어진 읍내 공의에게 한 번 다녀온 것이 고작이었다. 그는 "닫힌 눈을 비비며 방안에 두러 누워만 있는 자식을 보고 부모들은 아예 죽어버리는 편이 낫다며 비명처럼 뇌까리곤 했다" 고 회고한다. 그는 빛을 잃고 말았던 것이다.[4)]

병신이라는 괄시보다 더 무서웠던 것은 점장이나 되라는 주위의 성화였다. 할아버지는 복술중개인이 다녀갈 때 마다 끼니를 굶기며 승낙을 받아 내려했다. 조르다 못해 짜증을 내고 매까지 서슴지 않는 그의 집안은 언제나 울음 빛이었다.[5)]

어느 겨울날 병신하고 같이 잘 수 없다고 언니들에게 쫓겨나 문밖에 쓰러졌다가 집에서 기르던 누렁이(개)가 감싸주어 동사(凍死)를 면했던 일도 있다.[6)]

하루는 양정신이 보이지 않는 채로 방에 앉아서 콩을 까고 있을 때, 한 전도사가 그 집을 방문했다. 그리고 "네부모와 형제들이 너를 버릴지라도 나는 영접하리라"는 성경 말씀을 일러주었다. 그 말씀이 양정신에게는 유일한 희망이었다.[7] 그날 그녀는 하나님의 사랑을 알게 되었고, 기도하는 것도 배우게 되었다. 그녀는 점차로 믿음이 성장하여 그녀의 장애를 극복하는 힘을 갖게 되었다.

> 하나님 나의 부모와 형제가 나를 버릴지라도 하나님 아버지는 저를 더욱 사랑하십니다. 하나님 계신 곳에 저도 있게 해 주세요.[8]

9살 되던 여름날, 이 산골을 지나던 평양맹아학교 선생이 비를 피해 이집에 하루를 묵게 되었다. "수업료와 식비의 반을 내면 교비생으로 입학시켜 주겠다"는 말에 슬픔뿐이던 어린 소녀의 가슴은 희망이 일기 시작했고 불구를 이겨보려는 의지가 움트게 되었다.[9]

몇 달 동안을 혼자 손끝을 바늘에 찔리며 옷을 꿰매 입고 빨래도 해 보이는 등 객지 생활을 익히려는 정성에 부모들도 결국 손을 들고 말았다. 결국 아버지를 따라 1929년 9월 29일 평양의 남산재 맹아학교에 입학하게 되었다. 이것이 부모로부터의 마지막 도움이었다.

벅찬 학교생활인데다가 빨래, 바느질 등, 일을 혼자서 해내느라 건강은 말이 아니었다. 단 두 벌뿐인 무명치마 저고리와 1컬레뿐인 양말로 봄, 여름, 가을, 겨울을 보냈다. 철이 바뀌어 옷을 사 입게 돈을 부쳐달라는 편지를 보냈으나 끝내 답장이 없었다.

밤을 새워가며 누더기 옷과 양말을 기워 입는 착실함은 곧 학교 전체에 알려져 교장 선생님 앞에서 바늘귀에 실을 꿰는 실연을 해 보인 적도 있다. 이 같은 고생을 해가면서도 성적은 뛰어났다. 그녀는 여러 가지 어려움에도 불구하고 3주일만에 한글과 일본어를 습득하여

그녀의 총명함을 보여 주었다. 입학한지 6개월 만에 3학년으로 월반했다.[10)]

이는 넉넉한 학우들과 어울리지 못해 함께 노는 시간이 적기도 했지만 불빛이 따로 필요 없는 손톱눈으로 밤을 새워가며 공부를 했던 덕분이다. 물론 회의와 번민으로 밤새운 날도 많았다.

가난한 죄로 도둑의 누명을 썼다가 시기심이 난 학우의 짓으로 밝혀졌을 때, 그는 밤이 깊도록 "어려운 사람들을 위해 일생을 바치겠다" 고 마음을 다졌다.

입학 당시 아버지가 보낸 학비가 모두 떨어졌을 때인 4학년 초 집으로부터 "형편이 어려워 학비를 보낼수 없으니 학업을 중단하라" 는 충격적인 편지가 날아왔다. 마침 학교 형편도 어려워 교비생을 없애도록 방침을 세웠기 때문에 그나마 면제받던 식비조차 부모가 부담해야 될 판이었다.

이때가 일생을 통해 가장 큰 회의에 빠졌던 순간이라고 양정신 여사는 회고한다.[11)] 그녀는 당시 상황과 그녀의 장래에 대해 매우 절망한 나머지 하나님의 존재에 대한 회의마저 들었다.

❝

자살 시도에서 만난 하나님

그 순간 나의 마음은 착잡했다. 아무리 살려고 해도 길이 없는 것 같고, 꼬리를 물고 줄줄이 달려오는 고생은 끝이 없을 것만 같았다. 그리고 "부모는 버려도 여호와는 영접하라" 라는 말씀이 거짓이 아닌가 하는 의심이 꼬리에 꼬리를 물고 일어나기 시작했다. 하나님이라는 존재가 희미할 뿐만 아니라 몹시 불공평한 것처럼 생각되기도 했다. 이러한 모든 생각은 결국 "죽음" 이라는 단어로 귀결되기에 이르렀다. 나는 죽음이 최선의 방법이라고 결정짓게 되었다. 나는 드디어 자살하기로 결심했다.[12)]

나는 주위 사람들이 모르게 그들에게 폐를 끼치지 않고 죽을 수 있는 방법이 무엇일까 생각했다. 골방에 들어가 이리저리 생각하던 끝에 나는 그럴듯한 방법 하나를 찾았다. 오후 4시쯤 급사가 목욕탕에 불을 피워 물을 데우려고 할 때 나는 사감선생에게 한 가지 부탁을 했다. 그날은 내가 목욕할 차례가 아니었지만 나는 떠나기 전에 한 번 더 목욕할 기회를 달라고 청했다. 사감은 쾌히 승낙했다.

나는 기숙사 뒷문 밖으로 빠져 나왔다. 그리고 거기서 돌맹이를 주워 보자기에 가득 싸 들고 돌아와 옷장 속에 넣어 두었다. 그리고 목욕탕으로 갔다. 목욕탕은 꽤 넓었는데 일본 사람이 쓰는 다다미가 여섯 장쯤 깔리는 방만한 크기였고, 꽤 깊어서 안팎에 두세 개의 층계가 있었다. 기숙사에서는 일 주일에 세 번씩 물을 데워서 30여명의 학생들과 몇몇 직원들이 목욕을 하곤 했다.

나는 이 목욕탕이 자살하는데 가장 알맞는 장소라고 생각했다. 이런 계획을 하면서 혹시 누가 내 마음을 알아챌까봐 더욱 태연하게 저녁을 먹고, 먼저 나가서 수도에서 더운물을 틀었다. 목욕 준비가 다 되자 나는 1, 2학년 애들과 어울려 재미있게 떠들어가며 말끔히 몸을 씻었다. 화재를 염려하여 이 탕에는 물을 항시 가득 채워 두곤 했다. 일을 마친 나는 빨리 시간이 가서 사감이 잠들기를 기다렸다. 소등시간이 지나고 자정이 되었다. 나는 조용히 기도실을 빠져나가 땅 위에서의 마지막 기도를 올렸다.

"주님! 가룟 유다가 예수님을 판 죄에 못지 않은 또 하나의 죄가 된 것이 자살인데, 내가 죽는 것도 죄인가요? 진실로 나는 주님을 의지하고 살려고 애를 썼지만 살 길이 없습니다. 하나님은 나를 버리지 않는다는 그 진리도 한갓 사람의 말에 지나지 않는 것 같습니다. 저의 영혼이나 받아 주세요. 예수님의 이름으로 기도드립니다. 아멘."[13]

이런 기도를 하고 나는 밤이 더 깊어지기를 기도실에서 기다렸다.

잠시 후 나는 준비했던 모든 돌을 허리와 목에 매고 어두운 목욕탕으로 가만히 들어갔다. 그런데 목욕탕이 갑자기 환해졌다. 순간 나는 깜짝 놀라서 사방을 살펴보았다. 전등이 켜졌다고는 하지만 그토록 강한 광채를 낼 수는 없었다. 나는 시멘트 바닥에 꿇어앉아 머리로부터 치마를 뒤집어썼으나 그 밝은 빛은 속속들이 스며들었다. 내 자신이 의심스러울 정도였다. 오랫동안 고심하던 끝에 나는 생각하기 시작했다.

"내 머리가 이상해졌나? 더 이상 속지 말자. 하나님은 자비하시고 궁핍한 자의 도움이라는 성경말씀에 속아서 얼마나 많은 고생과 슬픔을 그동안 참아 왔는가?"

나는 비장한 결심을 하면서 마지막 발걸음을 옮겼다. 그런데 광채는 너무 강해서 근육에 경련을 일으킬 정도로 내 주변을 둘러쌌다. 그럴수록 나는 다시 마음을 다짐하며 행동을 개시했다.

"나 같은 사람에게 광채가 비치면 무엇하고, 어둠이 덮히면 무엇하랴."

그러면서 물이 가득한 탕으로 뛰어 들어갔다. 바로 그때였다. 어떤 음성이 들려 왔다.

"나는 버리지 아니하리라. 부모도 형제도 너를 버렸으나 나는 너를 버리지 않으리라. 내가 너를 통하여 할 일이 있노라."

그러나 나는 뿌리치듯 아까 외우던 혼잣말을 고집하며 대담하게 물 속으로 들어가 푹 엎드렸다. 무거운 돌을 허리에 차고 목에 걸고 한 까닭에 내 몸은 물 속에 푹 잠기었다.

그러나 눈부신 광채는 물 속에까지 비쳐왔다. 들리던 음성도 그치지 않고 숨도 막히지 않았다. 이 빛 속에서 나는 결국 자살을 단념하고 주님 말씀에 따르기로 했다.

99

결국 양정신은 절망으로 인해 자살을 시도하던 중에 하나님의 은혜와 부르심을 체험하고 진정한 영혼의 빛을 브게 되었던 것이다.[14)]

양정신 여사가 겪어야 했던 고난은 앞 못보는 어려움만이 나니었다. 맹인을 보는 사회의 차디찬 현실이 불구 자체보다 더욱 큰 아픔을 안겨주었다. 평양맹아학교를 우등으로 졸업한 후, 평양숭의여중에 입학시험을 처렀으나 결과는 낙방이었다. 학교측은 맹인이라는 이유로 입학을 거부했다. 당시만 해도 맹아를 교육시키는 중등교육기관은 전국에 하나도 없었고 또 일반학교에서는 시설 등 문제로 맹아를 받지 않았던 것이다. 집 떠나 혼자 힘으로 국민학교를 졸업하면서 이미 장애인에 대한 일반의 편견은 스스로의 노력으로 극복할 수 있다는 걸 깨달은 양정신이었다.

시험성적은 좋으나 학교방침으로 맹인을 받지 않기로 했다는 말을 듣고 분연히 미국인 교장을 찾아갔다. "예수께서 언제 문둥이나 소경을 배척한적이 있었나요." 가슴을 찌르는 듯한 한 마디에 선교사이기도 했던 교장은 그만 손을 들고 가입학을 허락했다. 교장을 비롯한 모든 교직원을 "앞은 못 보지만 정상인 못지않은 학생이 될 수 있다"며 일일이 설득, 입학허가를 받아냈다.[15)]

맹아학교 때와는 달리 일반학생들에 끼여 배우는 학업에 많은 어려움이 있었다. 학우들의 핀잔을 들으며 수학문제 등을 손바닥에 그려 풀어가는 어려움 속에서 학업에 정진했다. 그러나 시골서 살던 가족들이 빈털터리로 모두 평양으로와 이 불구 소녀는 가족들의 생계까지 맡아야 하는 고난의 연속이었다. 수업을 마친 뒤 양털을 고르는 일 등, 고된 노동을 하면서도 부모를 봉양한다는 마음에 가슴이 뿌듯했다. 점심을 못 싸가지고 다녀 창피를 당했고 교복 마련할 돈으로 가족들의 끼니를 때운 뒤 여름철에 동복을 그대로 입고 등교하기도 했다.[16)]

1937년 일제 탄압이 미션계 교육기관에까지 뻗쳐 학교가 폐교될 때,

양정신 여사는 마지막 졸업생으로 학교를 떠났다.

당분간 학업을 계속할 길이 막연했던 그는 벽촌의 교회 등을 돌며 기독교 전도사업에 힘을 다했다. 그 집회들은 가는 곳마다 기적적인 역사와 함께 죄인들이 회개하는 성령의 역사로 큰 성과를 거두었다.[17)]

이렇게 쉼 없이 내닫기만 하는 의욕에 몸은 지탱해 나가지를 못했다. 원래 허약한 체질인데다가 어려서부터 밤을 지새우는 공부와 고된 일로 그의 건강은 나빠질 대로 나빠져 있었다.

폐렴으로 생사기로에 놓이기도

맹아학교 4학년 때 늑막염을 앓고 난 뒤 계속해서 편도선이 붓고 늑막염이 재발하고 그것이 나을만하면 폐렴에 걸리는 등 온갖 병이 괴롭혔다.

학비는 물론 생활까지 도맡아야 했던 그로서는 주위의 따뜻한 손길이 없었더라면 그대로 쓰러졌을는지도 모른다. 학기 때는 그를 대신해 평소 그의 굳센 의지에 격려를 아끼지 않던 학우들이 빨래 당번 일을 기꺼이 맡아주기도 했다.

38년 숭의여학교를 졸업, 신안주의 작은 교회에 아동담당 설교강사로 들어갔다. "앞 못 보는 처녀가 설교를 한다"는 소문이 퍼져 교인 외에도 구경꾼들이 수백 명씩 몰려들었다.

그리고 평안북도지방에서 선교사업을 벌이다 폐렴으로 피를 쏟고 당시 죽음의 집으로 불리던 모란봉 폐병원에서 몇 달 동안 죽음과 싸우기도 했다. 중병을 앓고 나서도 그는 몸을 돌볼 틈도 없이 지방교회들을 돌며 불행한 이웃을 돕자며 호소하다가 일제의 교회에 대한 탄압이 심해지던 40년, 아는 목사의 주선으로 후일을 기약하며 일본 유학을 결심, 다시 선교사들이 준 장학금으로 처음엔 오사까 시립음악학교에 입학했다.[18)]

역시 고학으로(피아노 교습 등) 공부를 하던 중, 그는 우연히 헬렌 켈러의 수기를 읽게 되었다. 그녀처럼 값진 인생을 살겠다고 마음을 굳힌 그는 의사가 되겠다는 엄청난 다짐을 스스로 했다.

"불완전한 육신으로 고통받는 이들을 위해 어려운 줄 알지만 의학공부를 하고 싶다"는 의지에 감복한 미시마의학전문학교(三島醫專: 삼도의전) 교장의 배려로 전공을 의학으로 바꿔 이 학교에 입학했다.

해부학실습(解剖學實習)선 큰 고통

현미경을 통한 미생물의 움직임은커녕 기초적인 개구리 해부조차 하기 힘든 맹인으로서는 일대 모험이었다. 다른 학생이 한두 번으로 충분한 실습을 그는 수십 마리의 개구리를 죽여가며 생체구조를 익혀야 했다. 그는 이때의 상황을 이렇게 회고했다.

> "맹인이 현미경을 볼 수 있습니까? 인체해부를 할 수 있습니까? 그러나 그것은 내 가능성을 시험하는 도전이었습니다. 최선을 다했습니다. 그 어려움은 상상에 맡기면 되겠죠."[19)]

양정신은 2학년 때 억울한 누명으로 일본 경찰에 체포되어 1년간 감옥생활을 했다. 그러나 "용서할뿐"이라며 전후사정에 입을 다물었다.

의전 재학 때 일생에 한 번 뿐인 충격적인 사건이 있었다. 매일 같이 그의 더딘 학업을 뒷바라지해주던 일본인 남학생이 구혼을 해온 것이다. 그러나 "벗은 될 수 있어도 아내는 될 수 없다"는 말의 거절로 로맨스를 끝낸 양정신 여사는 자신과 같은 불우한 처지에 있는 사람들을 위해 일생을 바치겠다는 결심을 재삼 굳게 했다. 의전을 졸업, 인턴생활을 하던 중 2차 대전이 더욱 심해져 귀국했다.[20)]

그가 귀국한 때는 1943년 태평양전쟁이 한창이던 때였다. 한국에 돌아와 황해도 사리원에서 병원을 개업했다. 빈민층 부녀자나 아이들을 대상으로 무료진료에 헌신했다. 비록 모자라는 의술이나마 약값 정도만을 받는 파격적인 인술을 펴내자 환자 수는 감당 못할 만큼 많았다. 많은 사람들의 도움이 있었지만 자신이 정상인들을 진료한다는 것에 스스로도 놀라곤 했다. 해방 뒤, 월남한 뒤에도 무료시술과 함께 교도소, 예배당을 돌며 기독교 정신을 설교했다. 6. 25때는 고아가 부쩍 늘어나면서 대구, 부산, 송도, 청주 등지서 고아 맹아들을 모아 고생을 같이 했다. 혼자 처신했던 학창시절의 어려움에 비할 바가 아니었다.[21)]

해방 후, 소련군의 북한 진주와 함께 정세가 변함을 알고 1946년 4월경 환자들과 함께 남하했다. 그녀는 남쪽에서 병원을 다시 세우기 위하여 많은 돈을 지참하고 내려왔으나, 피난길에 만난 한 장로에게 사기를 당하여 모든 것을 잃고 말았다. 이런 일이 있은 후 그녀는 그녀의 장애 때문에 사람의 육신의 병을 다루는 일이 자신에게 부적합하며, 자신은 인간의 영혼을 치료하는 의사가 되는 것을 사명으로 생각하여 신학의 길을 들어서게 되었던 것이다. 6.25 전쟁의 와중에 신학을 공부한 그녀는 대구맹아학교에서 교사생활을 시작했고, 자신의 박봉으로 전쟁고아들을 먹여 살렸다. 이런 경험들은 그녀의 인생 항로를 바꾸는 계기가 되어 그녀는 고아원 겸 맹아학교인 청주맹아학원을 세우게 되었다.[22)]

그는 해방과 함께 청주맹아학원을 설립, 운영하면서 자신의 모든 능력을 바쳐 "응달에 빛을" 뿌렸다. 모든 것을 하나님의 "부름"으로 여겼다. 많은 불행한 이웃을 돌보면서 그는 육신의 병보다는 마음의 병이 훨씬 무섭다는 깨달음을 얻게 되었다. 곧 바로 새로운 도전을 시작했다.[23)] "목사가 되자." 결심했다.

그리고 청주맹아학원의 원장자리를 박차고, 울며 매달리는 원생들을 뒤로 한채 떠났다. 그의 용기에 주위에서는 놀라움을 금치 못했다.

1946년에 한국신학대학에 입학, 신학에 몰입했으며 특히 김재준 목사에게서 많은 가르침을 받았다. 그가 신학공부에서 얻은 것은 사랑의 '말씀' 이 아니라 '실천' 이었다. 부산, 대구에도 맹아학교를 설립했다. 그리고 불우 아동교육에 진력했다.

양정신은 또 다른 도전에 나섰다. 1955년 신학과 지체부자유자를 위한 툭수교육학 공부를 하러 미국 샌프란시스코 주립대학에 입학하여 신학학사 학위를, 펜파이엔대학원서 석사학위를 받았다. 6년간의 각고 끝에 취득한 값진 학위였다. 미국생활에서 그가 보여준 무서운 극기심과 신앙에의 열정으로 그에겐 어느덧 '한국의 헬렌 켈러' 라는 칭호가 붙어 있었다.[24)]

"

세상에는 나보다 고통스러운 사람들이 많다. 그들을 위해 헌신하며 살리라.

"

더 어려운 사람들을 위한 헌신

양정신은 1951년 한국신학대학을 졸업했으나 목사안수를 받기까지는 26년을 기다려야 했다. 장로교의 뿌리깊은 여성안수에 대한 거부 때문이었다. 그러나 1973년 3월 한국기독교장로회 총회에서 여성목사 안수가 통과되고 헌법 개정이 어려움 끝에 통과되어, 그녀는 1977년 11월 8일 정기노회 때 수원에서 한국장로교회 사상 제 1호 여성목사로서 안수를 받았다.

그녀는 58세의 나이에 인천 주안에서 개척교회를 시작했다. 그녀가 개척할 당시 주안에는 기독교장로회 소속 장로교회가 하나도 없었다. 그녀는 비록 신체적 장애를 갖고 있었지만, 그녀에게는 믿음의 담력과, 오랫동안 하나님의 귀한 계획 아래서 강한 훈련과 연단으로 다져진 힘과, 삶의 일선에서 누구 못지 않은 풍부한 경험이 있었다. 그녀는 1977

년 어느 교인의 집 응접실에서 교회 창립예배를 드리고 교회 이름을 '삼일교회' 로 불렀다. 그녀의 첫 예배 때 두 명의 남녀 암환자가 찾아왔는데, 이들은 그녀의 자서전적인 글 『이 어둠을 비추이다』라는 책을 읽고 감명을 받아서, 그녀의 능력을 믿고 병을 치료받기 위해 찾아온 사람들이었다.[25)]

맹인 여자 목사가 혼자서 복음의 불모지에 복음을 전파하면서 교회를 다져간다는 것은 그 어떤 목사보다 더 힘든 일이었으나, 양정신은 모든 것을 하나님께 맡기고 최선을 다했다. 그리하여 그녀의 헌신의 결실은 아름다웠다. 1983년 삼일교회는 교회 건축 시공을 하여 이듬해에 153평의 대지에 건평 170평의 교회건물을 세웠다. 그녀가 교회를 건축한다는 사실이 알려지자, 여장로회, 기독교 여의사회, 그리고 전국 여선교회 등, 전국 각지의 사람들로부터 정성어린 헌금들이 도착하여 그녀의 교회를 건축하는 일을 도왔다. 즉 삼일교회는 여성들의 헌신된 손으로 세워진 교회였다.[26)]

"

주여!
두 눈을 가져가시고 영의 눈을 주신 주님이시여!
주님이 주신 그 영원한 빛을 세상에,
아니, 온 누리에 환하게 비추게 하옵소서.

"

가장 연약했던 한 맹인 소녀를 하나님께서는 세상의 약한 것들을 택하사 강한 것들을 부끄럽게 하신다(고전 1:27)는 하나님의 뜻처럼 하나님의 사역자로 택하시고, 부르시며, 능력의 종이 되게 하셔서, 주님의 영광을 위하여 귀히 쓰셨다. 하나님은 그 어린 소녀를 부르실 때의 약속을 잊지 않으시고 그녀를 들어 그의 일을 맡기기에 주저하지 않으셨고, 그 일들을 통해서 그를 세상에 나타내시기를 기뻐하셨다.

맹인 교수인 양정신 목사가 있습니다.

양정신 목사는 어렸을 때 맹인이 되어 쓸모없는 자라고 집안 식구들이 구박했을 때, 하나님 앞에 기도했습니다.[27)]

"

"주여! 다 쓸모없다고 말하는데, 내가 어떻게 하오리까?
딸아, 네가 눈은 쓸 수 없으나 귀는 쓸 수 있지 않느냐?
입을 쓸 수 있지 않느냐? 머리를 쓸 수 있지 않느냐?
손을 쓸 수 있지 않느냐? 하나님의 음성이 들렸습니다.
오 주여! 귀로, 하나님의 음성을 듣겠나이다.
입으로, 하나님을 찬양하겠나이다.
손으로, 하나님의 일을 하겠나이다.
머리로, 하나님을 생각하겠나이다."

"

그리고 그는 위대한 목사요, 교육학자가 되어 교수까지 되었습니다.
"내게 없는 것을 탓하지 말고. 내게 있는 것을 하나님께 가져갈 때, 그것을 통해 하나님은 일하시고, 역사하실 것입니다." 할렐루야!~*

참고문헌 및 각주 - 양정신의 전기적 기록들과 자전적 고백들은, 아래 문헌에서 인용, 발췌한 것임.
정석기, 『한국기독교여성인물사』, 서울: 쿰란출판사, 1995.
* 각주 - 1), 2), 3), 8), 12), 13), 14), 17), 22), 25), 26).
http://www.Khan.co.kr. 홍성만. "역경을 이긴 사람들<1>한국의 헬렌 켈러 양정신(揚貞信)여사(上상)", 경향신문, 1974. 07. 29. 제8873호, [3]면.
* 각주- 4), 5), 6), 7), 9), 10), 11).
http://www.Khan.co.kr. 홍성만. "역경을 이긴 사람들<2> 한국의 헬렌 켈러 양정신(揚貞信)여사(下하)", 경향신문, 1974. 07. 31. 제8875호, [3]면.
* 각주 - 15), 16), 18).
http://newslibrary.naver.com/viewer/index.nhn?articleId=1986020100329205001&edtNo= 송영승 · 손동우. "맹인 목사, 양정신-역경 딛고, "사랑의 실천". 경향신문, 1986. 02. 01. 제12415호, [5]면.
* 각주 - 19), 20), 21), 23), 24).
http://blog.daum.net/sheer67/14225061. 이중표, "열등감에 대하여", 2007. 10. 11.
* 각주 - 27)

Ⅳ. 맺음 말

회심이란 한 사람이 하나님의 역사로 인해 그가 살았고 받아들였던 기존의 삶의 양식과 가치체계를 뒤로 하고 전적으로 그리스도 예수께로 삶의 방향을 전환하는 것을 의미한다.

기독교 역사에서 한 사람의 회심은 작게는 그 개인의 삶과 그가 속한 가정과 공동체를 변화시켰고, 크게는 그가 형성 되어온 사회와 국가에 엄청난 변혁을 가져왔으며, 그 변화의 물결은 자주 영적인 도전이 되어 전 세계로 파급되었다.

그것은 세상을 바꾸는 거대한 힘이 되었고, 문명을 새롭게 전환한 획기적은 사건이 되기도 했다.

지금까지 살펴본 이 위대한 거성들, 기독교 회심자들에 대해서 우리는 다음과 같이 일반적인 특징들을 살펴볼 수 있다.

첫째, 사람으로 하여금 급진적으로 하나님을 향하여 그들의 인생 항로를 바꾸도록 한 것은 하나님의 일방적인 은혜와 간섭하심이다. 열거한 사람들의 회심 경로들을 살펴보면, 하나님께서는 당신의 백성들을 부르실 때 무한한 방법들과 도구들을 사용하신다는 사실을 알 수 있다. 이들은 하나님의 강권적인 역사에 의해 강렬한 체험을 맛본 후 대부분 극적으로 변화된 삶을 살아갔다. 물론 강렬한 고뇌를 통해 그들이 회심한 후 경험해야 했던 삶이 쉬운 것은 아니었다. 그렇지만 그들은 결국 삶을 하나님을 향하여 결단하고 두려움 없이 그 길을 걸어갔다. 여기에서 하나님께서는 성령을 통해서 그들의 연약함과 결점들을 도우셨고, 그들을 놀랍게 들어 사용하셨다.

둘째, 그들은 정열적으로 일하는 가운데서도 기도와 말씀의 묵상 안에서 하나님을 개인적으로 만나는 시간을 소중히 여겼다. 그들은 하나님에 대해 갈급한 영혼이 되어서 일생 동안 주님과 동행하기 위해 바쁜 외적 활동과 일상생활을 영위하면서 분투할 뿐만 아니라 규칙적으로 하나님과 만나는 시간을 할애했다. 하나님을 사랑하는 사람들은 하나님과의 교제 없이는 생명력을 상실한 것이나 다름없기 때문이다. 그들은 기도하는 사람들이었고 삶 자체가 그 기도의 내용이 되도록 사는 사람들이었다. 그들 역시 연약하고 약점을 지닐 수밖에 없는 나약한 사람들이었기에 다이나믹한 힘의 공급이 필요했고, 하나님과의 만남은 영적인 결핍을 채우는 유일한 길이요, 최고의 힘이요, 근원이었다. 그러므로 그들은 힘써 기도했고, 주님의 음성에 고도로 민감했으며, 성령의 임재를 경험하고자 열심히 하나님을 사모했다.

셋째, 그들은 하나님을 향한 경건과 이웃에 대한 봉사뿐만 아니라 삶에 대해서도 신실했다. 변화된 기독교인은 그 변화로 인해 삶에서의 윤리적인 변화를 하게 된다. 따라서 그들은 이제 자아 중심적인 삶이 아니라, 이전의 그 어느 때보다도 이타적인 삶의 자세를 견지하게 된다. 뿐만 아니라 그들은 이웃에 대해서는 풍요로운 사랑으로 관대했으나, 생활에 있어서는 그리스도의 이상을 위해 청빈하고 단순하면서도 철저한 생활을 영위했다. 그들은 자신에 대해서도 철저했고, 삶의 모든 면들이 다른 사람들에게는 하나의 모범이 되도록 최선을 다했다. 즉 그들의 삶 그 자체가 이웃을 구원하기 위한 선한 도구가 됨을 깊이 인식하고 있었던 것이다. 이런 의미에서 바울의 선언은 그리스도 예수 앞에서 오늘날 우리 기독교인들에게 시사하는 바가 크다고 하겠다.

내가 복음을 전할지라도 자랑할 것이 없음은 내가 부득불 할 일임이라. 만일 복음을 전하지 아니하면 내게 화가 있을 것이로다. 내가 내 자의로 이것을 행하면 상을 얻으려니와 내가 자의로 아니한다 할지라도 나는 사명을 받았노라. 그런즉 내 상이 무엇이냐, 내가 복음을 전할 때에 값없이 전하고 복음으로 말미암아 내게 있는 권리를 다 쓰지 아니하는 이것이로다. 내가 모든 사람에게서 자유로우나 스스로 모든 사람에게 종이 된 것은 더 많은 사람을 얻고자 함이라. 유대인들에게 내가 유대인과 같이 된 것은 유대인들을 얻고자 함이요, 율법 아래에 있는 자들에게는 내가 율법 아래에 있지 아니하나 율법 아래에 있는 자 같이 된 것은 율법 아래에 있는 자들을 얻고자 함이요, 율법 없는 자에게는 내가 하나님께는 율법 없는 자가 아니요 도리어 그리스도의 율법 아래에 있는 자이나 율법 없는 자와 같이 된 것은 율법 없는 자들을 얻고자 함이라. 약한 자들에게 내가 약한 자와 같이 된 것은 약한 자들을 얻고자 함이요, 내가 여러 사람에게 여러 모습이 된 것은 아무쪼록 몇 사람이라도 구원하고자 함이니, 내가 복음을 위하여 모든 것을 행함은 복음에 참여하고자 함이라(고전 9:16-23).

그리스도 안에서 일만 스승이 있으되 아버지는 많지 아니하니, 그리스도 예수 안에서 내가 복음으로써 너희를 낳았음이라. 그러므로 내가 너희에게 권하노니 너희는 나를 본받는 자가 되라(고전 4:15-16).

넷째, 그들은 삶을 전적으로 사회와 이웃을 위해 헌신했다. 많은 복음 전도자들은 부름을 받은 후, 일생을 하나님의 복음을 위하여 바쳤다. 또한 선교사들은 그들의 삶을 미지의 땅에서 복음을 전파하고 그 지역의 사람들의 삶을 돕는데 기꺼이 헌신했다. 다양한 직업을 가진 다른 이들 역시 그들이 부름받은 삶의 자리에서 그리스도의 이상에 따라 헌신했다. 그들은 받은 은사대로 그리스도 앞에 선 대사로서 삶의 다양한 영역에서 최선을 다해 그리스도의 영광과 그의 나라를 위해 기꺼이 봉사했다. 따라서 그들은 사명을 위해서 명예와 안락한 삶의 자리를 기꺼이 포기할 수 있었고, 그리스도의 부름을 그들이 최후까지 따라가야 할 단 하나의 궁극적인 목적으로 삼았다. 우리는 오늘날 사회 전 영역으로 확대되어야 할 그리스도의 이상을 바로 깨달아야 한다. 복음은 단순히 교회 안에서의, 혹은 기독교 공동체만을 위한 것이 아니라, 모든 세대의 모든 사람을 위한 것이다. 그러므로 그리스도인들은 부름받은 그리스도의 사신으로서, 각각의 삶의 영역에서 그리스도의 이름과 그의 복음과 가르침에 합당하게 행해야 하며, 철저한 봉사의 정신으로 살아가야 한다. 하나님은 이런 사람들을 통하여 성령 안에서 역사하시며, 이 세상의 변혁도 바로 이런 사람들에 의해 진정한 변혁으로 수반되어지게 된다.

현대의 영적 고갈은 우리의 인생을 피폐하게 할 뿐 아니라, 우리에게 위기감을 느끼게 해준다. 빠르게 변화하는 시대 상황 속에서 우리는 앞날을 예측하기 어려운 시간들을 살아간다. 고도로 발달하는 정보와 과학이 가져다주는 물질의 풍요로움이 인간의 모든 것을 판단하는 기준으로 자리잡아 가는 이 시대 역시 과거 어느 시대보다도 독특하고 심각한 영적 위험을 내포하고 있다. 이런 맥락에서 이런 회심자들의 회심의 순간과 삶에 대한 결단, 그리고 그들의 일생을 통해 지배했던 그리스도에 대한 믿음과 헌신들을 오늘날의 기독교회가 되새겨 보아야 한다. 비록 이곳에는 지면 관계로 더 싣지 못했지만, 한국 기독교 역사에서 하나님 앞에 부끄럽고 불행한 역사의 기억도 있었다. 허나 우리는 다양한 분야에서 탁월한 영적 지도자들을 값이 배출해 내었다. 우리는 귀한 모범을 본받되 또한 지난날의 과오도 냉정하게 직시하고 항상 개혁하고 성찰해야 한다.

오늘날, 우리는 기독교인으로서,
"진정으로 회심한 자인가?"
"복음의 빛을 모르는 많은 사람들을 어떻게 그리스도 앞으로 돌아오게 할 것인가?"
"하나님 앞에서 어떻게 살 것인가"라는 대 명제 앞에서,
시대적 사명을 절감하고, 세상을 변화시킬만한 믿음을 앙망하며 새롭게 결단합시다!
세상을 바꾼 위대한 거성들처럼,
우리도 그 아름다운 신앙의 발자취에 기쁨으로 동참합시다!
이 땅에 하나님의 나라가 속히 이루어질 수 있도록 민족과 세계 만방에 선포합시다!
이 땅에 푸르고 푸른 그리스도의 계절이 오게 합시다!
항상, 주님을 사모하며 거룩한 열정을 불태웁시다!
하나님께 영광 돌리는 축복의 주인공이 됩시다!

할렐루야! 아멘~!

찾아보기 *contents*

(ㄱ)

가가와 도요히꼬(賀川豊彦) 640-646
가성직제도(假聖職制度) 867, 868, 869, 870
간디, 마하트마(Gandhi, Mahatma) 150, 535, 536, 543, 611, 612, 613, 619, 620, 623, 625, 679, 840, 929, 932, 1017, 1019
개리슨(Garrison, William Lloyd) 347, 497
갠트, 헨리타(Gantt, Henrieta) 525, 526
게하르트, 마리아(Gerhard, Maria) 463
견진성사(堅振聖事, sacrament of confirmation) 801, 867, 869
고든(Gordon, A.J.) 465, 466
고리, 리처드(Gorrie, Richard) 809
공자(孔子) 655, 660, 911, 913, 953
교도소선교회(Prison Fellowship) 826
구세군(the Salvation Army) 408, 410, 411, 412, 416, 417, 419, 507
구아디니, 로마노(Guardini, Romano) 676
국가자유민구호협회(National-Freedmen's Relief Association) 348
국제그렌펠협회(International Grenfell Association) 519
국제복음주의학생회(International Fellowship of Evangelical Student) 811
굿맨, 크리스토퍼(Goodman, Christopher) 176
권상연 872
권일신 864, 868, 872
그라몽, 루이(Grammont, Louis) 861, 863, 875
그래함, 빌리(Graham, Billy) 690, 777-798, 814, 818, 826, 828, 1084, 1088
그레고리우스 15세 152
그레이스교회(Grace Episcopal Church) 648
그렌펠(Grenfell, Wilfred Thomason) 518, 519, 520
그리피스(Grifith, Peter Hughes) 465, 701
근본주의(根本主義: fundamentalism) 446, 514, 778, 780, 790, 965, 968, 970, 971, 1048
글라스고우(Glasgow) 181
기독학생회(Christian Union) 802
기번, 카디날(Gibbon, James Cardinal) 495
길 재 894
길리암, 토마스(Guillaume, Thomas) 167
길버트, 올리브(Gilbert, Olive) 347, 348
길선주 894, 895, 896, 897, 898, 899, 900, 901, 902, 906, 1052
김교신 500, 1004-1012, 1015, 1016,

1037
김대건 878-883
김대현 1043
김 린 469
김범우 865
김응락 1066-1077
김익두 910-919, 941, 946, 960, 976, 1037
김장환 788
김재준 917, 967, 968, 1037-1050, 1083, 1099
김정식 469
김창환 939
김치선 976-988
김활란 989-994

(ㄴ)

나겔(Nagel) 371
나니아 연대기(Chronicles of Narnia, 1950) 681
낙스, 마조리(Knox, Marjorie) 175
낙스, 존(Knox, John) 163-184
남강 이승훈 931, 940, 941, 1014, 1015, 1052, 1080
남궁억 469
노예해방(奴隷解放: Emancipation) 287, 288, 289
노예해방법 346
뉴 브룬즈윅신학교(New Brunswick Seminary) 466
뉴먼, 존 헨리(Newman, John Henry) 358-368
뉴욕대학교(New York University) 474
뉴캐슬(Newcastle) 167, 244, 534, 587
뉴턴, 리처드(Newton, Richard) 465
뉴톤, 존(Newton, John) 297-305
뉴파크 스트리트 침례교회(New Park Street Baptist Church) 440
니케아 공의회(니케아 회의: Councils of Nicaea) 56, 68
닉슨, 리처드(Nixon, Richard Milhous) 783 784, 794, 825, 829, 830, 833

(ㄷ)

다이슨(Dyson, Freeman) 686
다신교(多神教: polytheism) 58, 638
다트마우스(Dartmouth) 299
대각성운동(The Great Awakening Movement) 257, 258, 260, 343, 517
대구맹아학교 1099
대학생선교회(C.C.C.: Campus Crusade for Christ) 784
더글러스 휴(Douglas, Hugh) 164
더글러스, 존(Douglas, John) 177
덜함(Durham) 교구 166
데이, 도로시(Day, Dorothy) 666-679
데이, 아라빈다(Dey, Arabinda) 839-858
덴트, 아더(Dent, Arthur) 226
도미니크 수도회(Dominican Order) 165
독신의 문제(Single issue) 812
듀몬트, 존(Dumont) 349
드루신학교((Drew Theological Seminary) 465
디브로가르(Dibrugarh)대학 840

(ㄹ)

라고, 마리(Lago, Mary) 217

라이프니츠(Leibnitz) 725
라일리, 엘렌(Riley, Ellen) 763, 772
랑게이토(Llangeitho) 698
래드클리프 여자대학(Radcliffe, Women's University) 1108
랜돌프(Randolph) 172
럭비 스쿨(Rugby School) 800
레닌(Le'nin, Vladimir Iliich) 1041
레베카 아펜젤러, 엘리스(Rebecca Appenzeller, Alice) 471
로, 윌리엄(Law, William) 249
로마 카톨릭(Rome Catholic) 57, 93, 116, 138, 139, 152, 165, 166, 169, 171, 178, 203, 214, 358, 359, 360, 361, 362, 364, 365, 366, 368, 474, 563, 571, 667, 728, 729, 790, 812, 891
로간, 넬리(Logan, Logan) 616
로데히버, 호머 A.(Rodeibeo, Homer A.) 513
로버츠, 오랄(Roberts, Oral) 783
로슨, 제임스(Lawson, James) 181
로욜라, 이그나티우스(Loyola, Ignatius) 142-152
로우, 존(Rough, John) 166
로우, 존(Row, John) 177
로웰(Lowell, James Russell) 495
로이드 존스, 마틴(Lloyd-Jones, Martyn) 174, 216, 255, 265, 697-719
로이드 존스, 헨리(Lloyd-Jones, Henry) 697
로잔 언약(The lausanne Covenant) 789, 817
롤러드파(Lollard) 165
루드비히 112
루스, 클레어 부스(Luce, Clare Boothe) 728-733
루이스, C. S.(Lews, C. S.) 680-689, 693, 826, 831, 832, 833, 834
루터, 마틴(Luther, Martin) 17, 70, 80, 113, 116-141, 163, 202, 226, 242, 373, 439, 969, 1008, 1012
리빙스턴, 데이비드(Livingstone, David) 386-393,
리키니우스(Licinius) 64, 65, 67, 68
린위탕(林語堂, Yutang, Lin) 657-667

(ㅁ)

마니교(Manichaeism) 71, 72, 73, 74, 742
마닐라 선언문(The Manila Manifesto) 817
마르크스(Marx, Karl Heinrich) 547, 550, 553, 663, 672, 821, 823, 1039
마티노(Martineau, James) 495
마틴, 윌리엄(Martin, William) 787
마포삼열(Moffett, Sumuel Austin) 898, 899, 903, 903, 905, 906, 1079
막달렌(Magdalene) 683, 697
막센티우스(Maxentius, Marcus Aurelius Valerius) 57, 58, 59, 61, 62
막시미누스(Maximinus, Galerius) 64, 67
매리(Mary of Scots) 168
매큐벨, 루스(McCueBell, Ruth) 781
맥그리디, 제임스(McGready, James) 312, 319, 322
맥밀란, 더글러스(MacMillan, Douglas) 171
맥체인, 로버트 머레이(M'Cheyne, Robert Murray) 709
맥칸, 마크(McCann, Mark) 713
맥크리, 토마스(MaCrie, Thomas) 176

맹아학교 601, 1092, 1096, 1099, 1100
맹자(孟子) 660, 911, 1038
머거리즈, 말콤(Muggeridge, Malcolm) 743-749
머튼, 토마스(Meoton,Thomas) 668, 752-759
먼드레인(Mundelein) 676
메도디스트(Methodist) 244, 249, 254, 706
메이스레(Meiseure) 882
메이저, 존(Major, John) 100, 163, 164
메이첸, 그레샴(Machen, J.Gresham) 710, 959, 965, 966, 971, 1041, 1079
멜빌, 앤드류(Melville, Andrew) 179
모니카(Monica, Saint) 70, 71, 73, 74, 77, 79
모방(Maubant) 신부 879, 880
모택동(毛擇東)/마오쩌둥 823
모데스토(Modesto) 795
모레이(Moray) 공 170
모스크바(Moscow) 394, 546, 745, 747, 748, 933
모스크바대학교(Moscow State University) 547, 549, 550
모우, 안나(Mow, Anna) 772
몰간, 캠벨(Morgan, Cambell) 702, 714, 715
무디(Moody, Dwight L.) 444-462, 503, 506, 508, 513, 518, 521, 595, 786, 1003
무어, 토마스(Moore, Thomas) 754, 755, 757
뮬러(Mueller, George) 369-385, 428, 453, 507
미가엘(Michael) 104
미국 개혁교회신학교(the Seminary of the Reformed Church in America) 466
미국 장로교회(The Presbyterian Church in USA) 634, 959
미사제도(Mass system) 177
미어즈(Mears, Henrietta) 783
밀라노(밀란) 칙령(Edict of Milano 〈Milan〉) 56
밀라노(Milano) 67, 74
밀러, 윌리엄(Miller, William) 667
밀리치, 얀(Milic, Jan) 107

(ㅂ)

바울(Paul) 14, 20, 34, 39-55, 71, 75, 76, 78, 93, 121, 144, 224, 243, 255, 269, 275, 348, 415, 416, 521, 610, 613, 637, 663, 703, 709, 793, 811, 840, 909, 940, 999, 1053, 1104
바쿠닌(Bakunin) 676
바티칸 공의회 679
박아론 966, 973, 974, 975
박윤선 965, 1036, 1051-1065
박형룡 24, 960-975, 1054
밥 존스대학(Bob Jones University) 780
배너타인, 리처드(Bannatyne, Richard) 181
베르다예프, 니콜라이(Bertaev, Nikolai) 547
배쉬(Bash) 802, 803, 804, 805, 813
배터햄(Batterham, Foster) 668
백스터(Baxter, Richard) 194-203, 706, 709, 718

버어크, 에드먼드(Burke, Edmund) 700
윌슨, 에드먼드(Willson, Edmund) 721
버위크(Berwick) 166
버질(Virgil) 299
번연(Bunyan, John) 225-234, 614, 718
번영복음신학(The prosperity theology) 793
벌코프(Berkhof, Louis) 961, 966
베드로(Peter, Simon) 27-38, 118, 144, 521, 627, 652, 673, 863, 873
베비스(Bevis) 226
베이유, 시몬느(Weil, Simone) 734-744
베이트맨, 로버트(bateman, Robert J.) 616
베타(Beta) 373, 374
벨, 넬슨(Bell, Nelson) 781, 783
보헤미안 동포단 115
부르너(Brunner, Emil) 784
부스(Booth, William) 408-419
부시(Bush, George) 784
분리주의자(Separationists) 221, 309
분리주의자 협회(The Society of Separationists) 821
불가코프, 세르게이(Bulgakov, Sergei) 556-554
브람웰(Bramwell) 412, 418
브레이너드, 데이비드(Brainerd, David) 271-286
브리티시 위클리(British Weekly) 706
비레, 피터(Viret, Peter) 160
베렌즈(Behrends, A.F.) 465
비잔티움(Byzantium) 67, 68, 69
비튼 주교(Beaton Bishop) 165, 166
빌 브라이트(Bright, Bill) 783, 786
빌리 그래함 복음협회(Billy Graham Evangelistic Association) 792

(ㅅ)

사두(sadhu: 힌두교에서 '거룩한 사람' 〈스님, 스승〉 61, 533, 542, 631, 634, 638
사두 정치체제 61
산야시(sannyasi) 637
샌프란시스코 주립대학 1098
생키, 데이비드(Sankey, Ira David) 456, 457, 503
선교 총연맹(Allgemeine Evangelische Missionsverein) 588
선교적 신학(missionary theology) 817
선데이, 빌리(Sunday, Billy) 512-517, 786
선데이, 트리니티(Sunday, Trinity) 544
설리반(Sullivan) 601, 603, 605
설리번(Sullivan, Georgie) 712
성 베드로 대성당 891
성 앤드류 성(St. Andrews Castle) 166, 170
성모승천 대축일(Assumption Day) 187
성서신학교(Biblical Seminary) 780, 781
성서유니온(Scripture Union) 802, 810
세계 복음화 국제대회〈로잔대회〉(International Congress on World Evangelization / Lausanne Congress) 814
세계복음주의연맹(World Evangelical Alliance) 810
세례 요한(John the Baptist) 32, 793
소열도(Rev. T. S. Soltau) 962
소크라테스(Socrates) 686, 699

손양원 947-959, 987
송길섭 969
송창근 967, 974, 1038
쇼펜하우어(Schopenhauer, Arthur) 403
수, 앨버트(Hsu, Albert) 812
수사학 71, 74, 98, 117, 214, 513
수산나(Susanna) 235, 440
수양동우회(修養同友會) 사건 1042
쉐들린(Scherdlin) 575
슈메이커, 사무엘 M.(Shoemaker, Samuel M.) 647-654
슈바이처, 알버트(Schweitzer, Albert) 570-582
스왈론(Swallon, W. L.) 912, 915
스코트, 월터(Scott, Walter) 416, 978
스코틀랜드 신앙고백서(The Scots Confession:1560) 177
스코틀랜드 장로교회(Scotland Presbyterian Church) 177, 178
스코틀랜드(Scotland) 163-166, 168-170, 172-175, 177, 178, 180-182, 196, 245, 250, 255, 272, 387, 388, 481, 536, 538, 777, 966
스코필드(Scofield, C. L.) 462, 767
스콜라 철학(Scholasticism, Scholastic philosophy) 100, 727
스쿠갈, 헨리(Scougal, Henry) 250
스태포드쉬 빌(Staffordshire Bill) 713
스탠리, 헨리(Stanley, Henry) 392
스터드, 찰스 토마스(Studd, Charles Thomas) 502-511
스토다드(Stoddard) 280
스토트, 릴리(Stott, Lily) 799
스토트, 아놀드 윔슬리(stott, Arnold Walmsley) 799
스토트, 존(Stott, John) 715, 785, 789, 799-819
스토트, 존 로버트(Stott, John Robert) 799
스톤, 바르톤(Stone, Barton) 311-317
스튜어트, 마가렛(Stewart, Margaret) 176, 785
스팟티스우드, 존(Spottiswood, John) 177
스펄젼, 찰스(Spurgeon, Charles H.) 255, 428, 432-443, 453, 717
스피어, 로버트(Speer, Robert E.) 650
신복음주의(Neo-evangelicalism) 790
신비주의(Mysticism) 149, 185, 186, 187, 547, 563, 742, 752, 953, 969
신앙입문서(Abecedario espiritual) 186
신학대전(Summa theologica) 95, 100, 101, 103
신흥우 469, 1037
실리(Seeley, Julius Hawley) 490
싱, 선다(Singh, Sundar) 534, 542, 622, 631-639, 840

(ㅇ)

아 라스코(a Lasko, John) 178
아 켐피스, 토마스(a Kempis, Thomas) 143, 249
아리스토텔레스(Aristoteles) 96, 98, 100, 367
아베라본 샌드필즈(Sandfields) 705, 714, 717
아슈람(Ashram)운동 611, 612
아이젠하워, 드와이트(Eisenhower, Dwight D.) 729, 783

아퀴나스(Aquinas, Thomas) 95-103
아펜젤러(Appenzeller, Henry Gerhard) 463-472, 477, 481, 990, 994
아펜젤러, 기드온(Appenzeller, Gideon) 463
아펜젤러, 헨리 게하르트(Appenzeller, Henry G.) 463
안국선 469
안중근 920-928
알렉상드르 구베아(Gouvea. 중국명 湯士選) 870
알린(Allein) 249
알베르트(Albert) 100
암브로스(Ambrose) 74
애비뉴, 프레드릭(Avenue, Frederick) 감리교회 614
애스베리, 프란시스(Aeseuberi, Francis) 306-310
애즈베리신학교 609
앤드류(Andrews, C.F.) 163, 534-545
앨트먼(Altman) 475
양식서 475
양정신 1090-1102
어거스틴(Augustine, St.) 70-80, 95, 96, 137, 165, 186, 191, 206, 1044
어거스틴의 참회록(The Confessions of St. Augustine) 191
어드만, 찰스(Admans, Charles) 517
어빙돈 주석(Abingdon commentary) 1042
언더우드(Underwood, Horace Grant) 466-470, 473-488
언더힐, 에블린(Underhill, Evelyn) 562-569
언쇼 스미스(Earnshaw-Smith, H.) 808
에드만, 레이몬드(Edman, Raymond) 773, 783
에드워드 6세(Edward VI) 167, 172, 536
에드워드, 디모데(Edward, Timothy) 267
에드워드, 죠나단(Edwards, Jonathan) 243, 257-270, 272, 707, 708
에라스무스(Erasmus) 138, 154, 299
에머슨(Emerson, Ralph Waldo) 495
에반젤린(Evangeline) 412
에프라임 무어(Ephraim Moore)대학 840
에크, 요한(Eck, Johann) 127, 128
엥겔스(Engels, Friedrich) 823
엘리자베드 1세(Elizabeth I) 169
엘에이 시티(L.A. City)대학 840
영, 리터(영재형: Young, Lither Lisger) 977, 978, 979
예수회(Jesuit) 149-152, 200, 205, 213, 214, 215, 424, 477, 679, 863
예일대학교(Yale University) 258, 271, 272
오랄 로버츠대학교(Oral Roberts University) 783
오바마(Obama, Barack) 784
오웬, 존(Owen, John) 707, 709
오챠드(Orchard, W. E.) 649
오켄가, 존(Ockenga, Harold John) 783
옥스퍼드(Oxford) 102, 107, 194, 221, 243, 249, 356, 358, 359, 363, 366, 681, 721, 800, 813
옥스퍼드교회(Oxford Church) 370
옥스퍼드 그룹(Oxford Group) 648
옥스퍼드대학교(University of Oxford) 236, 518, 595, 658, 721, 724
옥스퍼드운동(Oxford Movement) 359, 367, 648

옥스퍼드 회의 547
옥캄 120
올 소울즈교회(All Souls Church) 809, 811, 813
왕립 원양 어선 선원 선교회(the Royal National Mission to Deep Sea Fishermen) 519
요한 바오로 2세(Pope John Paul II) 892
우찌무라 간조(内村鑑三) 489-501, 1005, 1007, 1015
울만, 존(Woolman, John) 287-296
워, 에블린(Waugh, Evelyn) 720-727
워렌, 릭(Warren, Rick) 793
워즈워드(Wadsworth, J.S.) 465, 466
워터게이트 사건(Watergate Affair) 825, 827, 829
워터스, 에델(Waters, Ethel) 690-696
워필드(Warfield, B.B.) 705, 708, 959, 966, 971
웨스트민스터 대회(The Westminster Conference) 715
웨슬리, 요한(Wesley, John) 114, 215, 235-247, 249, 254, 299, 309, 409, 413, 711, 993
위샤트, 조지(Wishart, George) 164, 165, 166, 174
위클리프(Wyclif, John) 106, 107, 108, 111, 165, 969
윈램, 존(Winram, John) 177
윌록, 존(Willock, John) 177
윌리암스, 죠지(Williams, R.J.) 453, 694, 695
윌키, 데이비드(Wilkie, David) 171
유계준 934, 935, 944
유성춘 469
유세비우스(Eusebius) 57, 63, 64, 69
유수성 937
윤유일 859, 870, 871, 873
윤지충 872
윤치호 471, 1039, 1041
을사추조적발(乙巳秋曹摘發) 사건 865, 866, 868
이가환 862, 875, 876
이규설 939
이기경 872
이기풍 903-909
이동우 862, 866, 867, 875, 876
이상재 469, 1039
이성봉 919, 989, 995-1003
이승만 469, 471
이승훈 861-877
이승훈(남강) 931, 940, 941, 1014, 1015, 1052, 1080
이원긍 469
이용도 1037
이즐링턴(Islington) 702
이토 히로부미(伊藤博文) 923, 924, 926
인디언 선교 271

(ㅈ)

전국신학교연맹(The Inter-Seminary Allince) 465
정 교 469
정약용 862, 864, 865, 868, 869, 870, 872, 876
정약전 865, 876
정약종 865, 875, 876
제1 치리서 178, 179

제1차 대각성운동 265
제1차 세계대전 570, 572, 681, 721
제2차 대각성운동 255, 312
제2차 세계대전 598, 613, 678, 727, 745
제2 치리서 179
제너럴신학교(General Theological Seminary) 648
제네바(Geneva, Geneve) 154, 155, 159, 160, 161, 167, 168, 170, 173, 176, 178
제네바대학교(Geneva University) 156
제롬(Jerome) 107, 109, 110, 165
제일공도서(Book of Common Prayer) 166
제임스 4세(James IV of Scotland) 164
제임스 5세(James V of Scotland) 164
제임스 6세(James VI of Scotland: = 제임스 1세(1566-1625): 잉글랜드 및 아일랜드 왕(1603-25); 스코틀랜드 왕으로서, 제임스 6세(1567-1625)가 통합왕이 됨; Mary Stuart의 아들) 178
제임스, 윌리엄(James, William) 673, 675
조만식 929-937
조용기 783
조이 데이빗맨 크레셤(Joy deibinmaen keuresyeom) 679
조피(Zofie) 109, 114
존스, 스탠리(Jones, E. Stanley) 609-630
존슨(Johnson) 686, 783
존슨, 린든(Johnson, Lyndon) 783
종교개혁(the Reformation) 70, 80, 106, 115, 116, 125, 128, 133, 137, 141, 155, 164, 165, 166, 168, 169, 170, 172, 174, 178, 202, 367, 1007, 1012
종교개혁자 81, 104, 105, 127, 132, 170, 173, 174, 1008
주기철 919, 931, 932, 933, 984, 937, 938-946
주문모 873, 877
지기스문트(Sigismund) 111
지황 865, 873
지즈카, 얀(Zizka Jan) 114
진리의 깃발(The Banner of Truth Trust) 715
진산 사건 872

(ㅊ)

찰스 1세(Charles I) 195
채링 크로스교회(Charing Cross Chapel) 699, 705
채필근 967, 1041, 1042
척사문(斥邪文) 867
청교도 및 개혁주의 대회(The Puritan and Reformed Conference) 715
청교도주의(Puritanism) 163, 173, 174, 706, 708
청주맹아학원 1098, 1099
최방제 879, 880
최봉석 960
최인길 864, 865, 873
최창현 865
최필공 876
추상록(memoirs) 208, 209
츄프로프(Chuprov, A.I.) 550

(ㅋ)

카르멜 수녀원(Carmelite Convent) 186, 556

카르멜 수녀회(Carmelite Sisters) 184
카르멜 수도원(Carmelite Abbey) 186, 187
카살라스(Casalis) 575
카스타누자(Castanuza) 249
카스트로(Castro, Fidel) 821
카톨릭 사도교회(the Catholic Apostolic Church) 534
카트라이트, 피터(Cartwright, Peter) 318-323
칸트(Kant, Immanuel) 1111
칼 바르트(Karl Barth) 784, 1040
칼더우드(Calderwood) 165
칼라일, 토마스(Carlyle, Thomas) 132, 174
칼빈(Calvin, John/Calvin, Jean) 70, 80, 114, 153-162, 166, 167, 173, 174, 175, 175, 248, 254, 439, 698, 707, 931, 969, 1043, 1053
칼빈주의(Calvinism) 248, 254, 319, 327, 371, 441, 705, 706, 969, 970, 971, 1016, 1053
칼빈주의적 메도디스트교회(Calvinistic Methodists Church) 254, 706
캐더린 머포드(Mumford, Catherine) 409
캐더린 부스(Booth, Catherine) 411
캠벨(Campbell, J. P.) 316
캠브리지(Cambridge) 535, 536, 543, 745
캠브리지대학교(Cambridge University) 220, 502, 521, 539, 540, 541, 681
캠브리지 트리니티대학(Cambridge Trinity University) 805
커닝햄, 로렌(Cunningham, Loren) 783
켈러, 헬렌(Keller, Helen Adams) 600-608, 1090, 1097, 1100
콕버언, 존(Cockburn, John) 164
콕스, 하비(Cox, Harvey) 785
콕크, 토마스(kokeu, Thomas) 309
콕크할레(Gokhale) 542
콘스탄티아(Constantia) 67, 68
콘스탄틴(Constantine) 56-69
콘스탄틴형의 기독교(Constantinian Christianity) 57
콜슨, 찰스 W.(Colson, Charles W.) 825-838
쿠퍼, 페니모어(Cooper, Fenimore) 416
쿠퍼, 윌리엄(Cooper, William) 265
퀘이커교(Quarkers) 217, 219, 287, 288, 290, 346
크롬웰, 올리버(Cromwell, Oliver) 174, 195, 1016
크리스처니티 투데이(Christianity Today) 792
크리스타그라하(kristagragh)운동 611
크리스푸스(Crispus, Sallustius Gaius) 67, 68
클라인, 윌리엄(Klein, William) 714
클라크(Clark, William. S.) 491, 496
클리버, 엘드릿지(Cleaver, Eldridge) 820-824
키에프대학교(Kiev University: 1901-1906) 547
킴볼, 에드워드(Kimball, Edward) 446, 447, 448, 449

(ㅌ)

타고르(Tagore, Rabindranath) 535, 544, 611, 623, 840
타문화 존중 621

타운센드(Townsend, L.T.) 465
태평양 전쟁 646, 1096
테레사(Teresa of Avila) 185-193, 639, 1084
테레즈(리쥬의 테레즈: Therese de Lisieux) 555-561
테일러, 허드슨(Taylor, Hudson) 385, 420, 431
톨스토이, 레프(Tolstoi, Lev Nikolaevich / Tolstoy, Leo Nikolaievitch) 394-407, 1040
톨킨(Tolkien, John Ronald Reuel) 686
톰슨, 프란시스(Thompson, Francis) 668
튜더, 마가렛(Tudor, Margaret) 164
튜더, 메리(Tudor, Mary) 167, 168, 176, 178
트래피스트회(The Trappists) 752
트루만, 해리(Truman, Harry S.) 1084
트루스, 서져너(Truth, Sojourner) 344-357
틴데일(Tyndale, Willaim) 174
틸리케, 헬무트(Thielecke, Helmut) 784

(ㅍ)

파렐, 기욤(프랑스어: Farel, Guillaume) 155, 160, 161, 173, 174
파렐, 윌리암(Farel, Willaim) 159
파스칼(Pascal, Blaise) 204-216, 736
파우스트(Faust) 577
파울러 감독 466, 467
파울루스 5세 152
파이우스 10세(Pius X) 555
파이우스 11세(Pius XI) 152, 556
파이우스 9세(Pius IX) 891
파이프, 에릭(Fife, Eric) 715
파키르(fakir) 638
팡세(Pensees) 206, 214, 215, 216
팬더, 블랙(Panther, Black) 820, 823
펜, 윌리암(Penn, William) 220
펠, 마가렛(Fell, Margaret) 219
평양맹아학교 1092, 1096
포르루아얄(Port-Royal) 수도원 204, 207, 213, 215, 216
폭스, 죠지(Fox, George) 114, 217-224, 1014, 1016
폭스, 크리스토퍼(Fox, Christopher) 176, 217
폰 휘겔, 배런 프리드리히(von hwigel, Baron Friedrich) 563
풀턴(Fullton) 464
프라이스, 유지니아(Price, Eugenia) 760-776
프라하대학교(University of Prague) 105, 108
프란시스(Francis, St.) 81-94, 1040
프랑소와 2세(Francois II) 168, 169
프랑크푸르트(Frankfurt) 167
프리드리히 3세(Friedrich III) 126, 129, 133, 138
프리메이슨(freemason) 800
프리벳(Freebet, F.D.) 779
프린스턴대학교(Princeton University) 259, 1041
프린스턴신학교(Princeton Seminary) 965
피니, 찰스(Finney, Charles G) 324-343, 786
피어슨, 엘리야(Pearson, Elijah) 346
피어슨, 윌리(Pearson, Willie) 543

필립스, 베단(Phillips, Bethan) 705, 712
필스버리, 파커(Pillsbury, Parker) 348

(ㅎ)

하디(Hardie, Robert Alxander) 422, 899
하버드대학교(Harvard University) 257, 658
하월즈, 리즈(Howells, Rees) 583-599
하트포드(Hartford) 465
하트포드신학교(Hartford Theological Seminary) 490
한경직 931, 1041, 1042, 1068, 1073, 1077, 1079-1089
한국, 은둔의 나라(Korea, the Hermit Nation) 465, 477
한국성교서회(韓國聖教書會: 현 대한 기독교서회) 468
한상동 943, 1020-1036
함, 모르드개 파울러(Ham, Mordecai Fowler) 778
함석헌 1003, 1013-1019
핫지(Hodge, A.A.) 465
핫지, 찰스(Hodge, Charles) 376, 961, 966, 971, 975
해리스, 호웰(Harris, Howell) 698
헌트(hunt, H.L.) 794
헤이, 머빈(Hey, Mervyn) 801, 806
헨리 7세(Henry VII) 164
헨리 8세(Henry VIII) 164, 165
헬렌 켈러의 명언(famous of Helen Keller) 606, 607, 608
호더, 토마스(Hoder, Thomas) 699
홍교만 876
홍낙민 865, 868, 875, 876
홍재기 469
화란 개혁신학교(the Dutch Reformed Theological Seminary) 473
후스, 얀(Hus, Jan) 104-115
후스파(Hussites) 114, 127, 165
휘튼대학교(Wheaton College) 781
휘틀세이(Whittelsey) 272
휫필드, 죠지(Whitefield, George) 237, 245, 248-256, 258, 272, 707, 708, 711
휴튼, 존(Hutton, John) 702
힌두교(Hinduism) 491, 611, 612, 620, 623, 631, 632, 633, 637, 638, 839, 840, 842, 843, 849, 850, 851, 854, 855, 857

(기타)

C.I.M, 중국 내륙(내지) 선교회(China Inland Mission: Oerseas Missionary Fellow- ship, OMF로 바뀜) 428, 506, 507
lords of congregation 168
PCUSA(미국 장로교회: Presbyterian Church of U.S.A.) 634, 961
W.C.C. 방콕대회(In Bangkok, WCC) 788
W.C.C.(World Council Churches) 788, 813, 814, 815
Y.F.C.(International Youth for Christ: 국제십대선교회) 785
30년 전쟁(Thirty Years' War) 225

지은이 김영무 목사

지은이는 문서선교에 큰 뜻을 갖고 아가페출판사 기획관리실장 직을 역임하면서 더욱 효과적인 사역을 실감하던 중 하나님의 부르심을 받아 총신대학교 신학대학원을 졸업하고, 교육에 더 큰 비전을 이루고 질적인 출판과 문서선교를 감당하기 위해 총신대학교 교육대학원을 졸업했다. 현재는 아가페문화사 대표로 교육과 출판, 선교에 최선을 다하고 있다.

세상을 바꾼 위대한 거성들 • 90인

2018. 12. 5 초판 인쇄
2018. 12. 10 초판 펴냄

지은이 김영무
발행인 김영무

발행처 : 도서출판 아가페문화사
07010 서울 동작구 사당4동 254-9
전화 3472-7252, 3 팩스 523-7254
등록 제3-133호(1987. 12. 11)

보급처 : 아가페문화사
07004 서울 동작구 사당3동 252-16
전화 3472-7252, 3 팩스 523-7254
온라인 우체국 011791-02-004204 (김영무)

값 55,000원

ISBN 978-89-8424-157-2 03230

이 도서의 국립중앙도서관 출판예정도서목록(CIP)은 서지정보유통지원시스템 홈페이지(http://seoji.nl.go.kr)와 국가자료공동목록시스템(http://www.nl.go.kr/kolisnet)에서 이용하실 수 있습니다. (CIP 제어번호 : CIP 2018038329)